Le présent ouvrage a été publié
avec le soutien de
**l'Académie Nicaraguayenne de la Langue**

# ANL

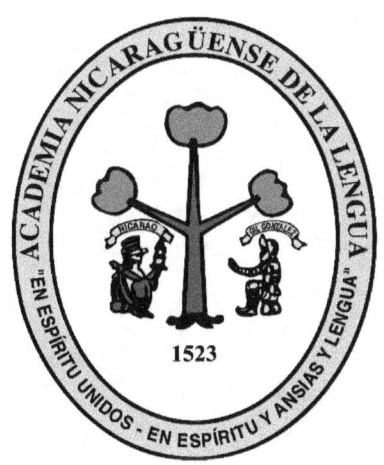

*"En espíritu unido, en espíritu y ansias y lengua."*

La Collection "*Travaux Panofskiens*" est dédiée à l'étude des oeuvres d'art de la période moderne (XIIème-XVIIIème siècles) et de la période contemporaine (XIXème-XXIème siècles), à partir de plusieurs concepts des études de l'École de Warburg, notamment représentés dans les travaux de son principal représentant Erwin Panofsky. Ces concepts sont les suivants:

La transmission des symboles culturels entre les époques, et la permanence de leur représentation;

L'étude des oeuvres d'art comme matériel pour comprendre leur époque et l'histoire des mentalités qui y est liée, c'est-à-dire, inversement, les idées, les pratiques et les moeurs, que révèlent les oeuvres d'art;

En ce sens, l'interaction entre les cosmos de cultures profane et religieuse, d'une part, et populaire, cultivée et savante, d'autre part.

Le principal apport de la présente Collection, ou son principal projet en tous cas, est d'aborder, non seulement les oeuvres de l'époque moderne, champ d'étude particulier de l'École de Warburg et de Panofsky, mais d'amplifier cedit champ à celui de la contemporanéité, en particulier des avant-gardes, afin, non seulement d'appliquer la méthode panofskienne à l'art contemporain, mais encore pour en expérimenter la pertinence dans le cadre visuel de la non figuration et de l'abstraction (soit-elle, celle-ci, thématique ou formelle).

Dr. N.-B. Barbe

**DR. NORBERT-BERTRAND BARBE**
MEMBRE HONORAIRE DE L'ACADÉMIE
NICARAGUAYENNE DE LA LANGUE

# Le Plaisir -

Jeune fille mangeant un oiseau

de René Magritte:

Analyse génétique du thème

de l'oiseau mort,

dans les arts et dans la littérature,

de Boccace et Chaucer,

à Greuze, Huidobro

et Buckowski

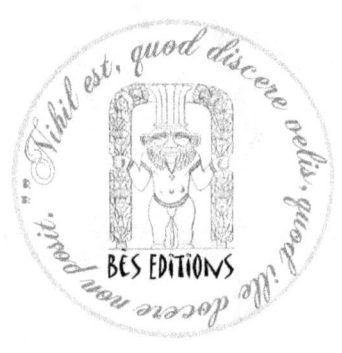

ISBN: 978-2-35424-211-4
## Collection *"Travaux Panofskiens"*

© 2019, Bès Editions

Toute reproduction intégrale ou partielle du présent ouvrage, faite par quelque procédé que ce soit, sans le consentement de l'auteur ou de ses ayants cause, est illicite et constitue une contrefaçon sanctionnée par les articles L.335-2 et suivants du Code de la propriété intellectuelle.

# SOMMAIRE GÉNÉRAL DE L'OUVRAGE

1. Une lecture autour de la question psychanalytique  1
1.1. Brève reconstruction historique d'un motif de la psychanalyse des années 1909 à 1929 et postérieures  1
1.2. Le vagin denté: une question du sexe et de la bouche, dans les études scientifiques  2
1.3. Le vagin denté: une question du sexe et de la bouche, dans la littérature contemporaine  3
1.4. Vision du tableau de Magritte  6
1.4.a. Dans le cadre précédemment énoncé: mise en place du cadre des questions méthodologiques auxquelles nous nous proposons de répondre pour comprendre l'oeuvre étudiée mise au tamis d'une vérification de son sens par l'analyse du contexte plus général de l'art du peintre  6
1.4.a.1. Élaboration des deux questions de base  6
1.4.a.2. Éclaircissement de la (plus complexe) troisième question, fondamentale, sous-jacente  7
1.4.b. Et la question de l'art  9
1.4.c. Une analyse freudienne de l'art de Magritte  13
1.4.c.1. Magritte et les mots  13
1.4.c.2. Magritte, lecteur assidu de Freud?  19
1.4.c.3. Magritte et la tradition: un cultivé libertin?  24
1.4.c.4. Magritte et l'appareil sexuel masculin comme objet métaphysique: initiation à une particulière science philosophique  50
1.4.c.5. Magritte et le corps de la femme  67
1.4.c.6. Magritte et le refoulé: de *La chambre d'écoute* aux violettes  73
1.4.c.7. La femme-objet dans l'oeuvre de Magritte  95
1.4.c.8. Révision du *corpus* et preuve par l'essai de notre théorie générale pour l'interprétation de l'oeuvre du peintre  102

1.4.c.8.1. Principes généraux      102
1.4.c.8.2. Les deux sexes      120
1.4.c.8.3. La figure de la femme et le sexe comme castration: l'exemple du papier à musique d'après Otto Nicolai      127
1.4.c.8.4. La concrétion du modèle par sa capacité à nous aider à lire le sens des oeuvres de manière générale dans l'art du peintre: processus de deuxième confirmation de notre principe d'analyse de l'oeuvre de Magritte      134
1.4.c.8.5. La maison et la table: l'entrée comme métaphore de la pénétration; le banquet comme métaphore de l'assouvissement sexuel      137
1.4.c.8.6. Les ambivalences du modèle: une explication      151
1.4.c.8.7. Considérations syntaxiques, et donc de structure sémantique, dans l'oeuvre de Magritte, qui viennent à l'appui du modèle proposé      163
1.5. Addendum: une question d'ornithologie      169
1.5.a. Les oiseaux dans l'oeuvre de Magritte: essai de reconnaissance des oiseaux dans *Jeune fille mangeant un oiseau*      171
1.5.b. Le symbolisme de la huppe      172
1.5.c. Le symbolisme du merle, de la grive et du rossignol et le symbolisme anthropophage de l'oiseau      173
1.5.c.1. Le symbolisme du merle      173
1.5.c.2. Le symbolisme du rossignol      177
1.5.c.3. Le symbolisme de l'oiseau chez les surréalistes      182
1.5.c.4. Conclusions générales de cette partie      189
1.5.d. Le symbolisme du torcol      194
1.5.e. Le symbolisme de l'oiseau de proie, une approche freudienne      197
1.5.f. Conclusion sur les figures volatiles de *Jeune femme mangeant un oiseau*      214

2. L'oiseau mort: contextualisation d'un modèle iconographique      216
2.1. Érotisme      216
2.2. Marquis de Sade      219
2.3. Gervaise      222
2.4. Greuze      226
2.5. *L'Oiseau Mort*      230
2.5.a. Greuze et la piété filiale      230
2.5.b. La division masculin-féminin dans l'oeuvre du peintre      231

2.5.c. Les "*malheurs imprévus*" des jeunes filles  234
2.5.d. Toujours le même modèle?  240
2.5.e. Portrait greuzien de "*La Femme*" et son adéquation aux théories éducatives de l'Illustration  246
2.5.f. Une reprise du thème qui en confirme le sens  265
2.5.g. Les valeurs iconographiques implicites des figures féminines avec des animaux  266
2.5.h. Un thème littéraire qui confirme les constatations iconographiques  268

3. L'oiseau comme symbole sexuel: Une étude intertextuelle du motif du rossignol dans le poème "*El espejo de agua*" de Huidobro  278
3.1. Analyse de texte  278
3.2. Comparaison avec Pablo Neruda  280
3.3. Une curieuse intertextualité avec le *Décaméron* de Boccace  285
3.4. La figure du "*rossignol*" expliquée par l'étude comparative  288
3.5. Conclusion  293
3.6. Addendum: Ernst et Magritte, confirmation générale de nos thèses autour du symbolisme de l'oiseau  293

4. Conclusion générale de l'étude  309
4.1. Conclusion maïeutique  309
4.2. "*Jésuve*" l'*Anus solaire* de Georges Bataille face à l'oeuvre de Magritte: une confirmation contextuelle de notre modèle. Pour la bonne bouche.  314
4.3. Perpétuation des motifs de Magritte  323
4.3.a. Analyse ou pas  323
4.3.b. Les motifs de Magritte dans le temps: une seconde confirmation, cette fois *a posteriori*, de notre modèle  329
4.4. Finalement,... Retour à la cage et à l'oiseau comme symboles de la perte de virginité des livres d'emblèmes à l'iconographie moderne et contemporaine  334

NOTES  339

PLANCHES

"L'amour est un oiseau rebelle
Que nul ne peut apprivoiser
Et c'est bien en vain qu'on l'appelle
S'il lui convient de refuser

Rien n'y fait, menace ou prière
L'un parle bien, l'autre se tait
Et c'est l'autre que je préfère
Il n'a rien dit, mais il me plaît"

(Georges Bizet, CARMEN)

*Le Plaisir - Jeune fille mangeant un oiseau* de René Magritte:
Analyse génétique du thème de l'oiseau mort,
dans les arts et dans la littérature,
de Boccace et Chaucer, à Greuze, Huidobro et Buckowski

## 1. Une lecture autour de la question psychanalytique
### 1.1. Brève reconstruction historique d'un motif de la psychanalyse des années 1909 à 1929 et postérieures

On trouve une référence au vagin denté dans la lettre du 20 mars 1922 qu'envoya Otto Rank[1] à Freud, à propos du texte sur "*La tête de Méduse*"[2] ("*Das Medusenhaupt*"), lequel, bien que très court[3], et publié[4] de manière posthume[5], a été souvent[6] cité comme origine du concept.

Aussi bien les *Vignaud pamphlets* (1910) comme *Anthropos* (1920), qui les reproduit, parlaient déjà de "*das mythische Motiv der vagina dentata*" in südamerikanischen Überlieferungen bei P. Ehrenreich, *Mythen und Legenden der südamerikanischen Urvölker und ihre Beziehungen zu denen Nordamerikas und der alten Welt*"[7]. La "*vagina dentata*" apparaît encore dans l'*Annual Report of the Bureau of American Ethnology to the Smithsonian Institution* de 1916[8] à propos de la "*Tsimshian mythology*"[9].

En 1923, Otto Rank, de nouveau, dans *Internationale Zeitschrift für Psychoanalyse*, publie un commentaire sur la "*vagina dentata*"[10]. Thème qui réapparaît en 1926 dans son ouvrage (compilation d'articles des années 1911-1923) *Sexualität und Schuldgefühl*[11]. Sigmund et Anna Freud le reprennent à leur tour en 1925, où ils posent d'ailleurs bien le transfert entre bouche et vagin[12]. À son tour, *The Psychanalytic Review* reprend la démonstration en 1926 de cette dérivation de la bouche au vagin, en reprenant et traduisant textuellement la formule de Freud que nous venons juste de référencer de l'année antérieure[13]. Comme reprend également, textuellement, le concept de Freud le *Zeitschrift für Kinderforschung*[14].

En France, on retrouve chez Marie Bonaparte le terme de "*vagin*" et de "*denté*" en 1949[15] dans la *Revue française de psychanalyse*, bien qu'elle considère plutôt l'idée liée au "*cloaque*" (anus)[16], ce que, comme elle le rappelle elle-même, elle développe dans son travail sur Poe[17] (*Edgar Poe, étude psychanalytique*, Paris, Denoël et Steele, 1933, 2 vol.). "*Cloaque denté*" comme "*observation intra-utérine du coït*" (selon Bonaparte, dans son analyse de "*The Pit and the Pendulum*" de 1842 de Poe, pour l'agression du pendule tranchant et des rats qui surgissent en nombre du puit[18]).

On pensera, bien sûr, aux dents de "*Bérénice*" (*Southern Literary Messenger*, Mars 1835[19]) de Poe.

## 1.2. Le vagin denté: une question du sexe et de la bouche, dans les études scientifiques

Dans la même revue, en 1929, R. de Saussure parle déjà de "*vagin denté*"[20]. Il y aborde d'ailleurs fort justement, ce que semble avoir passé outre Bonaparte, l'identité entre la bouche et le vagin denté[21]. Ce que confirme l'idée de souillure de la femme[22].

Il faut noter que c'est dans la *Revue de gynécologie et de chirurgie abdominale* que, dès 1909, l'on trouve mentionné l'hymen denté[23], bien qu'évidemment dans un sens d'apparence formelle du vagin et non de présence réelle de dents[24].

D'un point de vue anthropologique, apparaît le vagin denté, ou, plus précisément, la "*vagina dentata*", en 1918 dans une légende de *Myths and Traditions of the Crow Indians*[25], dans le *Journal of American Folklore* de 1920[26], en 1922 dans les *Anthropological papers*,[27] et en 1924 dans les "*Wappo Texts*"[28]. Apparaissant, postérieurement, le concept chez Géza Róheim en 1926 dans ses *Social Anthropology: A Psycho-analytic Study in Anthropology and a History of Australian Totemism*, par "*claire comparaison avec le motif de la mythologie d'Amérique du Nord-Ouest*"[29], puis, de là, en 1928, dans *The Psychoanalytic Review*[30].

## 1.3. Le vagin denté: une question du sexe et de la bouche, dans la littérature contemporaine

Alain Froment[31] a, de même, encore rappelé l'allusion au "*sexe mangeur*" dans les *Odes en son honneur* (1893) de Verlaine[32], la "*bouche vorace qui avale le pénis*" dans *L'Être et la Néant* (1948) de Sartre[33], et le sexe carnivore de *La route des Flandres* (1960) de Claude Simon.

De fait, s'il y a consensus, depuis Desmond Morris[34] au moins, autour de l'idée que les lèvres mises en valeur par le rouge sont un substitut symbolique, pour la station debout des humains, de la vulve visible de la femelle dans la position à quatre pattes, il est curieux que les psychologues, en gros mise à part Freud, que nous avons cité, n'en aient pas tiré la conséquence logique: que le vagin denté n'est que l'expression fantasmagorique de la bouche et de la fellation[35]. Comme le laisse d'ailleurs voir clairement le poème "*the mockinbird*" (sans majuscules) de Buckowski[36]. Nous confirment encore dans cette idée le poème cité de Verlaine, comme l'association entre le concept de vagin denté et celui d'asexualité féminine, laquelle reproduit bien, doublement, comme dans le cas étudié par Saussure[37], la division mariale versus prostituée de la vision masculine de la femme, et les deux demandes que l'homme fait communément aux entraîneuses sexuelles[38]. C'est, autrement dit encore, "*Le Portrait*" décadent, grotesque et infernal de "*La Joconde*"/"*La Chimère*" que fait Maurice Rollinat de la tentatrice ophidienne dans la partie "*Les Spectres*" de son recueil *Les Névroses* (1917), lui donnant "*Les Dents*"[39] (prémisse ou balbutiement du thème du vagin denté) comme premier attribut, en trois poèmes-portraits ("*Les Dents*"/"*Le Portrait*"/"*La Joconde*"[40]) qui se suivent (et continuent avec "*La Chimère*"[41] qui en précise le corps entier, déjà ébauché dans "*Le Portrait*").

C'est aussi, encore, auparavant, le poème XXIII de "*Spleen et Idéal*" de *Les Fleurs du Mal* (1857), qui commence par la description suivante:

"*Tu mettrais l'univers entier dans ta ruelle,*
*Femme impure ! L'ennui rend ton âme cruelle.*
*Pour exercer tes dents à ce jeu singulier,*

*Il te faut chaque jour un cœur au ratelier."*[42]

On trouve une permanence de l'association symbolique entre l'oiseau, la bouche et l'étreinte masculine, de la phrase: "*Plus palpitante que l'oiseau entre les mains d'un enfant, Mlle de Sauvebourg repoussait Norbert et se dégageait de son étreinte*" des *Esclaves de Paris* d'Émile Gaboriau[43], au vers: "*arrodillada en mi boca*" du refrain de la chanson "*Oxidado*" de l'album *La paciencia de la araña* de 1998 du groupe argentin Caballeros de la Quema.

De même encore, on rencontre antérieurement, en sens lesbien cette fois, chez Baudelaire, dans "*Femmes damnées*", aussi connu comme "*Delphine et Hippolyte*" (*Les Fleurs du Mal*, 1861, CXI), le symbolisme de la fellation:

"*Elle cherchait dans l'oeil de sa pâle victime*
*Le cantique muet que chante le plaisir,*
*Et cette gratitude infinie et sublime*
*Qui sort de la paupière ainsi qu'un long soupir.*"

Or, une fois compris l'image du "*vagin denté*" comme concept psychologique dans son origine et son sens, c'est-à-dire comme bouche face au pénis, comme le tendent à prouver les inductions, souvent involontaires et mal comprises des propres psychologues par eux-mêmes, si l'on nous permet cette formule un peu curieuse mais qui fait penser, et aussi les témoignages littéraires que nous a laissés l'histoire, il est alors évident que nous pouvons interpréter plus clairement le cas de l'oeuvre que nous propose René Magritte, avec plus de pertinence dans notre analyse.

L'association entre la femme et l'oiseau, par son chant, mais aussi en sa sensuelle figure, se lit explicitement dans le poème d'avril 1831 des *Feuilles d'automne* de Victor Hugo:

"*Madame, autour de vous tant de grâce étincelle,*
*Votre chant est si pur, votre danse recèle*
*Un charme si vainqueur,*
*Un si touchant regard baigne votre prunelle,*

*Toute votre personne a quelque chose en elle*
*De si doux pour le coeur,*

*Que, lorsque vous venez, jeune astre qu'on admire,*
*Éclairer notre nuit d'un rayonnant sourire*
*Qui nous fait palpiter,*
*Comme l'oiseau des bois devant l'aube vermeille,*
*Une tendre pensée au fond des coeurs s'éveille*
*Et se met à chanter!*

*Vous ne l'entendez pas, vous l'ignorez, madame.*
*Car la chaste pudeur enveloppe votre âme*
*De ses voiles jaloux,*
*Et l'ange que le ciel commit à votre garde*
*N'a jamais à rougir quand, rêveur, il regarde*
*Ce qui se passe en vous."*

On insistera sur "*Votre chant est si pur, votre danse recèle/ Un charme si vainqueur*" qu'ils sont propres à:

"*Éclairer notre nuit d'un rayonnant sourire*
*Qui nous fait palpiter,*
*Comme l'oiseau des bois devant l'aube vermeille,*
*Une tendre pensée au fond des coeurs s'éveille*"

On retrouve bien ici l'involontaire, et inconsciente dirions-nous, association entre la bouche de la femme et l'oiseau, que l'on retrouvera significativement encore jusque dans le célèbre moment où Michelle Pfeiffer transformée en Catwoman met dans sa bouche l'oiseau du Pingouin, après l'avoir sorti de sa cage dans le second film de la série de Tim Burton (qu'il dirigea et produisit) *Batman Returns* (1992).

### 1.4. Vision du tableau de Magritte
**1.4.a. Dans le cadre précédemment énoncé: mise en place du cadre des questions méthodologiques auxquelles nous nous proposons de répondre pour comprendre l'oeuvre étudiée mise au tamis d'une vérification de son sens par l'analyse du contexte plus général de l'art du peintre**
#### 1.4.a.1. Élaboration des deux questions de base

Une fois comprise cette problématique comme nous venons le faire, depuis le cadre de l'analyse psychanalytique contemporain, et les oeuvres, en particulier de Buckowski, plus explicite et brutale, et de Burton, plus elliptique, on peut donner une interprétation particulière de l'arbre aux oiseaux dont se nourrit la *Jeune fille mangeant un oiseau - Le Plaisir* (1927) de René Magritte, le concept allégorique, on le verra, du Plaisir comme pourrait l'être une Vertu ou un Vice, dans l'iconographie moderne, bien qu'ici parfaitement laïque et non moral, haut, comme dans les nombreuses représentations de l'époque, mais érotique, bas et de la psyché entendue contemporainement, à partir du freudisme.

Ceci dit, il faudra se demander si, arrivé là, il n'y aurait plus rien à ajouter, et, bien qu'intégré, comme nous venons de le montrer, à une série de textes, aussi bien théoriques que littéraires, qui permettent d'en comprendre le sens et d'en assumer une certaine lecture:

1. Si l'oeuvre de Magritte n'est qu'une représentation propre à un moment précis de l'histoire de l'art, des mentalités ou de la pensée (intégrée, comme nous l'avons précédemment vu, aux années [1918-1933] où commençait à être mentionné et théorisé le nouveau concept de "*vagin denté*" par la communauté savante des psychiatres);
2. Si l'interprétation que nous proposons, par contrecoup, doit se cantonner à ce contexte historiquement excessivement limité, c'est-à-dire court, de l'histoire des formes (l'imagerie dudit vagin denté) et des styles (le surréalisme, obsédé par les débats de la psychologie sur l'inconscient, et les oeuvres que l'on peut considérer comme subséquentes), ou, au contraire, si elle peut être éclairée et amplifiée par des éléments de tradition, nous

ouvrant ainsi à la véritable histoire de ce qui, dès lors, deviendrait un thème proprement dit (par sa longévité dans le temps, et son établissement comme tel).

C'est à ces deux questions simples que nous allons essayer de répondre à continuation, par une révision d'abord de l'évolution, anticipons-le tout de suite au lecteur, de ce thème dans les arts (dans la Deuxième Partie de la présente étude), puis en littérature (dans la Troisième Partie de la présente étude).

### 1.4.a.2. Éclaircissement de la (plus complexe) troisième question, fondamentale, sous-jacente

Mais aussi, avant tout, le développement que nous proposons à continuation tendra à répondre à une autre, troisième dans l'ordre ici posé, mais première dans le cadre logique, fondamentale celle-ci par rapport à l'orientation que nous avons dès l'entrée prise quant au symbolisme de *Jeune fille mangeant un oiseau*: peut-on réellement valider le caractère sexuel de l'art de Magritte? Son art est-il sexuel? En effet, personne n'a jamais assumé l'érotisme de sa peinture, comme, par exemple, au contraire, par sa lisibilité directe, on peut dire, sans erreur, que sont hautement sexuelles les photographies de Robert Mapplethorpe.

La question, au sujet de l'art de Magritte, est en effet beaucoup plus complexe, et mérite, non seulement dans le cadre restreint de notre étude, mais de manière beaucoup plus générale, qu'on s'y arrête. Elle marque les mêmes (ou similaires) limites que pour l'art de Georgia O'Keeffe. Ses fleurs sont-elles des vagins[44]? Ou est-ce une réduction? Lire, pareillement, l'oeuvre de Magritte dans le champ exclusivement - ou essentiellement - sexuel (en dehors, évidemment, de la partie qui concerne la relation lingüistique texte-image proprement dite, et le problème de la dénotation représentative, thème parallèle [au sexuel], également, sous-jacent de la plupart de ses oeuvres), serait-ce alors une lecture "*very much reduced to one particular body of work, which tends to be read in one particular way*"[45], comme pour O'Keeffe, une *Reductio ad absurdum*, ou au contraire cela permettra-t'il d'ouvrir le champ d'analyse aux substrats freudiens de l'ensemble de son expression artistique, c'est-à-dire de ses thèmes et motifs, définis par leurs récurrences?

C'est à ce point fondamental que nous allons donc nous dédier à continuation.

D'abord afin de valider notre lecture de *Jeune fille mangeant un oiseau*, car il n'y a pas d'autre moyen que celui-ci, indirect, pour réétablir dans un *corpus* sexuel plus glogal cette oeuvre particulière, qui, autrement, ne pourra se voir qu'éventuellement comme une représentation allégorique, carnivore, mais sans plus.

Ensuite pour l'intérêt premier que représente la vérification et l'éclaircissement des intensions de l'oeuvre de, sans aucun doute, l'un des principaux peintres du XXème siècle, et ce dans trois perspectives distinctes: dans son individualité (pour l'étude des pulsions personnelles); dans le mouvement surréaliste (pour l'approche de l'idéologie commune de l'une des écoles centrales des avant-gardes); et dans l'évolution de l'art dans ses processus d'abstraction (pour l'analyse méthodologique d'une iconologie possible, hors du champ restreint à l'art figuratif, considéré celui-ci, comme le fit l'École de Warburg, comme marqué par l'existence de conventions représentatives préalables: autrement dit, nous reposons, encore une fois ici, la question à laquelle nous avons répondu dans notre ouvrage *Iconologia*, dans ses deux versions de 2001 puis de 2006, lorsque disparaît le thème conventionnel, les motifs, qui persistent, peuvent-ils encore nous permettre de comprendre sérieusement, univoquement, intégralement, les oeuvres?).

## 1.4.b. Et la question de l'art

On a beaucoup débattu sur l'origine du tableau de Magritte, l'attribuant à la vision de son épouse mangeant un oiseau en chocolat[46], ou à un poème du surréaliste belge Paul Nougé[47], "*Images peintes*" (parties 4-5), qui serait contemporain, selon la date même que l'auteur indique à la fin du poème, qui ne fut publié qu'en 1956[48]:

"*1*

*Il y a dans la chambre, au milieu d'un minime désordre de linge, une femme presque nue, un cadavre d'une rare perversité.*

*N'était cette morte, rien ne viendrait troubler un intérieur aussi paisible. Tout s'y trouve d'une netteté reposante: le plancher propre, la table où l'on ne voit que peu d'objets, un haut guéridon de bois sombre. Et l'écharpe mollement retombée sur le cou, sur l'épaule, sur l'étonnante blessure, ce n'est pas sans une certaine bonne volonté que l'on imaginerait une tête coupée.*

*Sur le guéridon, - comme il se doit - un chat méditatif regarde le cadavre.*

*Tournant le dos à la morte, un jeune homme d'une très discrète élégance et d'une grande beauté, un peu penché, légèrement penché sur ce pavillon de phonographe, écoute.*

*Sur ses lèvres, peut-être un sourire.*

*A ses pieds, une valise. Sur une chaise, son chapeau et son manteau.*

*Au ras du seuil de la fenêtre, au fond de la chambre, quatre têtes regardent l'assassin.*

*Dans le couloir, de part et d'autre de la porte large ouverte, deux hommes s'avancent qui ne peuvent encore découvrir le spectacle.*

*Ils sont laids.*

*Courbés, ils rasent le mur.*

*L'un déploie un vaste filet, l'autre brandit une sorte de matraque.*

*Tout cela s'appellera: l'Assassin menacé.*

*2*

*D'abord, l'on ne distingue que les cheveux noirs et bien peignés d'un jeune homme tout vêtu de blanc, et la chute étincelante d'une chevelure rousse. Les visages sont cachés, mais la bouche de l'homme est jointe à des lèvres que l'on devine et ses mains gantées de caoutchouc rouge étreignent les seins de la femme étendue sur une table luisante, immaculée.*

*S'il venait à cette femme parfaitement nue le désir de contempler son corps, un écran léger et pourtant impénétrable lui déroberait le ventre et les jambes, ses jambes longues, vigoureuses et si tendrement abandonnées, que la crainte sans doute de déplacer une image charmante, retient seulement de se mouvoir.*

*Toutefois, sur ce qu'elle doit ignorer d'elle-même, un homme âgé se penche, vêtu de blanc lui aussi, la tête serrée dans une sorte de coiffe qui ne laisse paraître qu'un peu du visage, et les mains gantées.*

*Se penche, surveille le travail agile de ses mains.*

*L'on remarque sur le sol dallé, - on le remarque car c'est le seul objet qui s'y rencontre - une sorte de masque que, par mégarde, sans doute, l'on a laissé choir.*

*La chambre est peu garnie d'étagères de verre chargées de quelques fioles et de nombreux bibelots de métal nickelé.*

*Le vieillard vient de déplacer avec prudence deux pinces qui sont plongées dans le ventre largement ouvert, si proprement ouvert que pas une goutte de sang ne s'écoule.*
*D'une vaste vitre dépolie tombe une clarté dure, propre à mettre en évidence: les Surprises de l'Amour.*

*3*
*La surprise ne nous vient pas toujours de la révélation d'une chose tout à fait imprévue, mais encore de la distance que l'on constate par la suite entre la chose que nous avions imaginée et l'objet qui se présente à nous. Si l'on songe au corps dans ses parties habituellement cachées, l'optique imaginaire à quoi nous fait consentir le désir nous réserve de curieux étonnements. Par la vertu de ses robes légères, nous croyons ne plus rien ignorer de cette frêle jeune femme. La voici en train de se dévêtir. C'est, entre la tête pensive, les mains effilées et les pieds délicats, un être tout à fait inconnu qui prend corps, une lourde et chaude merveille charnelle, les seins durs et pointés, la violence sombre du ventre qui se concentre dans cette lourde toison tordue, pour éclater, jambes qui s'ouvrent, en un rire humide, cruel et sûr déjà de notre défaite.*
*Tout serait alors résolu si ne subsistait le mystère gainé de soie d'une présence quotidienne et pourtant sans mesure et éternellement dérobée.*
*4*
*On la trouve au coeur de l'été, à l'ombre d'un arbre robuste chargé d'oiseaux calmes que sa présence n'effarouche pas. Son maintien d'écolière serait toute son excuse, et sa robe modeste, sa chevelure sage. C'est une image familière, une rencontre sans surprise dans la campagne. Mais la pâleur du visage étonne et retient.*
*Ces yeux mi-clos, cette tête inclinée ne sont pas si faciles.*
*L'on dirait peut-être d'un corps fragile qui se penche sur son mal, qui consent, s'abandonne sans plainte...*
*Elevant jusqu'aux lèvres sans doute quelque fleur, les mains empruntent ainsi une vertu singulière.*
*Au point que l'on s'approche.*
*C'est alors que l'on surprend la pâleur de la joie, les paupières tirées sur la cruauté des songes, les dents appuyées sur le sang des lèvres, la femme fermée sur son plaisir et qui savoure, à travers des caresses de plumage, une bête docile à ne point cesser de vivre. Comme il faut bien se défendre, l'on invente par la suite la jeune fille qui mangeait les oiseaux.*

*5*
*Les lèvres sont tranchées à vif dans le blanc du visage; les yeux de métal noir, immobiles au milieu de leur immense cerne bleu. La chevelure est si lourde, l'on dirait une chevelure de pierre. La tête est sans mouvement au sommet d'un corps de femme qui est là, dévêtu sans doute, derrière ce paravent d'acier où la lumière dure des lampes atteint comme à l'extrême de sa cruauté.*
*Des roues dentées tournent aux quatre coins de la chambre, au milieu d'un bruit doux continu, contenu, un étrange chant huilé. Mais la femme ne peut être morte déjà, par instant l'on respire en approchant la bouche de la sienne, une haleine assez fraîche pour voiler l'odeur du sang qui s'égoutte, l'odeur nombreuse et musicale des gouttes de sang.*
*De grandes verticales cependant montent sans se lasser jamais, sans jamais se confondre, inflexibles, vers le chambre, au milieu d'un bruit doux continu, contenu, un étrange chant huilé. Mais la femme ne peut être morte déjà, par instant l'on respire en approchant la bouche de la sienne, une haleine assez fraîche pour voiler l'odeur du sang qui s'égoutte, l'odeur nombreuse et musicale des gouttes de sang.*
*De grandes verticales cependant montent sans se lasser jamais, sans jamais se confondre, inflexibles, vers le plafond couleur d'orage. Une main vient de paraître, dégagée on ne sait d'où, on ne sait comme, assez près par instant de la tête. La liberté de cette main est terrible. Elle tient de l'oiseau et d'un noeud de serpents. C'est elle qui a rassemblé tout le mouvement du visage durci là-haut en un regard que l'on dirait éternel, planté droit dans la muraille. Elle abandonne*

*maintenant cette tête de marbre. Elle touche cette lame, elle se crispe sur l'acier aiguisé, elle se pâme à la fraîcheur du terrible acier pâle. Jusqu'à l'instant où elle rencontre la muraille pour s'enfoncer et se confondre avec elle, jusqu'à n'être plus sur la tapisserie moisissante qu'une fleur miraculeusement rouge, témoignage léger d'un supplice admirable.*

*(1927)*"[49]

L'étroite relation entre Magritte et Nougé, le "*théoricien du groupe de Bruxelles*"[50], est si étroite et leurs productions associées, de textes sur les oeuvres[51], et/ou d'oeuvres sur les textes (cas de la, *Géante des Fleurs du Mal*, 1929-1930[52], inspirée non de Baudelaire[53], mais du texte de Nougé sur le poème de Baudelaire[54]:

"*Dans La Géante, par exemple, nous voyons un homme piteusement minuscule devant une table énorme sur laquelle est posé un grand bol de pommes. Une femme nue monstrueusement grande vient s'ajouter à l'ensemble de la scène imaginée. A droite, en guise de légende explicative, apparaît enfin le poème La Géante des Fleurs du Mal. A première vue, on est tenté de prendre ce tableau pour une illustration picturale du sonnet baudelairien. Seulement, quand on y regarde de plus près, le spectateur averti se rend compte que ce n'est pas du tout le poème qu'il croyait connaître. En réalité, c'est l'une des cinq variations sur les oeuvres de Baudelaire que l'ami de Magritte, Paul Nougé, avait composées en grande partie pour son plaisir et celui de Magritte. Nous ignorons toujours si cette variante a inspiré la peinture ou si elle a été composée pour elle. Dans tous les cas, comme le texte écrit s'avère faux (sinon aussi banal), le lecteur de signes se doit d'y reconnaître une atteinte non seulement à la notion d'auteur ou d'artiste original (que Magritte, amateur de Lautréamont, a toujours vivement rejetée), mais aussi une sorte d'attaque scripturale contre les vers poétiques canonisés. Tout se passe comme si Magritte se moquait par ce biais scriptural de l'autorité foncière de tous ses prédécesseurs illustres dans le domaine esthétique.*
*Ne manquons pourtant pas de noter que Baudelaire avait déjà déconstruit ses propres vers en les réécrivant sous la forme d'un poème en prose intitulé Le Fou et la Vénus. Voici comment. Son texte originaire établit une relation intime et déférente entre le narrateur et une jeune muse géante dans les termes suivants:*
*Du temps que la Nature en sa verve puissante*
*Concevait chaque jour des enfants monstrueux*
*J'eusse aimé vivre auprès d'une jeune géante*
*Comme aux pieds d'une reine un chat voluptueux.*
*Se plaisant à deviner si son coeur couve une sombre flamme et à parcourir à loisir ses magnifiques formes, il ne semble désirer, dit-il, que*
*Dormir nonchalamment à l'ombre de ses seins*
*Comme un hameau paisible au pied d'une montagne.*
*Grâce à l'emploi du pronom je, le narrateur des vers instaure ainsi une sorte de proximité affective entre lui et le sujet de son admiration, source de son inspiration et d'un bonheur calme et silencieux. Toutefois, le narrateur du poème en prose s'écarte de ce monde d'intimité et se manifeste textuellement surtout comme une troisième personne, observant à distance la piètre situation qualifiée d'"affligé" aux pieds d'une "colossale Vénus", il réussit par là à la rendre bien plus imposante, presque effrayante.*"[55]

Nous en revenons toujours, donc, au vagin denté), qu'il est compliqué de savoir si le texte précédent illustre la *Jeune fille mangeant un oiseau* et (dans la partie 1) *L'assassin menacé* (également de 1927[56], qui reprend d'ailleurs, dans la pose des deux policiers cachés, une image du film *Fantômas - Le Mort Qui Tue*, 1913, de Louis Feuillade[57]), comme le laisserait penser le titre que leur donne Nougé d'"*Images peintes*", ce qui permet de penser qu'il évoque des images existantes, à la manière de Philostrate dans sa *Galerie de tableaux*, ou si se sont ces textes dont traitent les peintures de Magritte[58].

Toutefois, cet intérêt détourné nous semble mettre à l'envers la question. Dès lors que le sens trouvé obtiendrait une explication génétique immédiate, cela ne serait que reporter la question de l'origine du thème d'un auteur à l'autre.

Nous ne prétendons pas que la démonstration de l'existence d'un thème apporte une réponse sur son origine au-delà des temps, mais elle permet, au moins, et, surtout, au contraire, de la réduire à l'explication de son sens, nous remettant dès lors à affronter le problème pour ce qu'il est: l'expression d'un message concret.

Dit autrement: de quoi nous sert, au fond, de savoir qui est le premier, de l'oeuf ou de la poule, de Nougé ou de Magritte, dès lors que cela ne nous permet pas de comprendre comment et pourquoi la poule pond l'oeuf. De même, savoir que Magritte se serait inspiré de Nougé résoudrait, certes, la question de l'origine du thème pour Magritte. Mais pour Nougé? D'où l'a-t-il pris? À son tour, aura-t-il vu sa femme manger un chocolat?

Par contre, produire un ordre historique d'évolution dans lequel se crée et se développe, en variant, un thème, s'il y en a un, permet de le rapprocher de nous, en l'expliquant dans sa fonction symbolique, donc dans son sens.

## 1.4.c. Une analyse freudienne de l'art de Magritte

> *"On suppose un aveugle de naissance qui soit devenu homme fait, et à qui on ait appris à distinguer, par l'attouchement, un cube et un globe de même métal et à peu près de même grandeur, en sorte que quand il touche l'un et l'autre, il puisse dire quel est le cube et quel est le globe. On suppose que, le cube et le globe étant posés sur une table, cet aveugle vienne à jouir de la vue; et l'on demande si en les voyant sans les toucher il pourra les discerner et dire quel est le cube et quel est le globe"*
> (Denis Diderot, *Lettre sur les aveugles, à l'usage de ceux qui voient*, 1749[59])

### 1.4.c.1. Magritte et les mots

Magritte[60] produisit un montage de textes et d'images: *Les Mots et les Images* (1928), qui sera publié dans *La Révolution surréaliste* l'année suivante (1929).

Magritte y représente, selon l'ordre de lecture habituel, une feuille, un bateau, un nuage, le soleil, un mur, et une maison dédoublée.

Il les accompagne de réflexions générales, propres des préoccupations de son oeuvre, sur la dénotation et la connotation lingüistiques, bien qu'il ne les nomme pas de cette façon. Ainsi, le soleil et le nuage apparaissent comme les symboles les plus clairs:

*"un mot ne sert parfois qu'à se désigner lui-même"*

Écrit-il pour le mot "*ciel*" enfermé dans le nuage. Et:

*"une image peut prendre la place d'un mot dans une proposition"*

Et il l'illustre par la phrase:

*"le soleil est caché par les nuages"*

Processus qu'il réutilisera pour la rose de *La Voix De L'absolu*[61].

On notera là plusieurs phénomènes. Tout d'abord l'utilisation hiéroglyphique de l'image du soleil qui se substitue au mot. Ensuite, l'ellipse qui lui fait représenter le ciel par le nuage. Et finalement la logique associative, qui lui fait parler, juste après le ciel qu'il représente iconographiquement par le nuage, du soleil.

Ces processus trouveront leur importance postérieurement pour nous mieux approcher de l'oeuvre de Magritte et la comprendre.

Disons, notamment, que le mur, qui est un motif récurrent de séparation, divisant le premier plan du fond, dans l'oeuvre du peintre, trouve dès le texte que nous venons de citer, sa justification; en effet, y représentant un mur, il écrit:

"*un objet fait supposer qu'il y en a d'autres derrière lui*"

La maison lui fait écrire:

"*tout tend à faire penser qu'il y a une relation entre un objet et ce qui le représente*"

Et, dès lors, il ajoute deux dessins de maison, l'un représentant "*l'objet réel*", l'autre "*l'objet représenté*"

Il va sans dire que l'insistance de Magritte à diviser, consécutivement, l'espace de ses toiles par le mur nous apporte plusieurs enseignements, de première utilité méthodologique pour notre propos:
1. Cette division est autant matérielle, c'est-à-dire visuelle, que sémantique, c'est-à-dire liée au sens même, dénotatif-connotatif, comme on vient d'ailleurs de le voir, dans la réflexion de Magritte (consciente autant qu'inconsciente, volontaire autant qu'involontaire, il n'est ni psychanalyste ni lingüiste);
2. La répétition enseigne que Magritte est un homme de coutume et de système, ce qui permet de conclure qu'en suivant sa démarche, et les récurrences visuelles qu'on y trouve, nous pourrons remonter à la source du sens des motifs de ses oeuvres;

3. Il n'est pas libre dans ses associations, mais afféré à des méthodes, qui, par leur systématicité même, sont démontables, démontrables, et remontables.

   Preuve de ces trois points l'oeuvre intitulée: *L'Atlantide* (1927), qui, bien que reprenant en partie l'iconographie minimale de ce continent perdu, de par son titre et de par ce qu'elle représente, un mur, n'est que l'illustration textuelle du principe par Magritte énoncé un an plus tard.
   Ce qui nous apporte un autre point:
4. Magritte, contrairement à ce qu'il proclame, notamment dans le titre *La Faculté imaginative*, n'a pas autant d'imagination que cela, raison pour laquelle, comme nous le verrons, la recréation d'un monde onirique, comme nombre d'autres surréalistes (comme Paul Delvaux, Salvador Dalí, Luis Buñuel ou André Breton), ultraïstes (comme Huidobro) ou dadaïstes (comme Duchamp), implique toutes les limitations du moule que l'on ne reprend pas mais que le crée. Dans leur cas, autour de la sexualité, fondement de l'esprit humain, encore accentué dès lors que, comme le critiquait de l'écriture automatique l'également belge, comme Magritte ou Delvaux, Nougé, théoricien du groupe de Bruxelles et grand ami de notre peintre, on se laisse aller au gré du courant, au fond conformiste, de ce que nous apporte notre pensée première[62]. Ils ne sont pas plus, comme groupe (et sous-groupes) plus limités que les autres avant-gardes, chacune à sa manière, enfermée dans sa propre conception tournant à vide (qui les cubes, qui le mouvement, qui les taches, etc.). C'est d'ailleurs le principe de tout groupe, de tout mouvement, de toute école. Pour cela même, l'on peut les réduire à leurs composantes.

   Qu'on ne veuille pas voir ou entendre là une critique sociale négative envers aucun courant de pensée en particulier, mais bien plutôt la proclamation affirmative d'une possibilité pas ou peu comprise jusqu'ici, notamment en ce qui concerne l'art contemporain et abstrait, de pouvoir comprendre au plus près, ce qui jusqu'ici n'avait pas pu être fait par nos sciences, les thèmes et les motifs, dans leur récurrence, et par le fait dans leur sens, des artistes individuels, en eux-mêmes, et dans leurs associations.

Disons-le plus simplement, en promeuvant l'inversion, l'oxymoron ou la métonymie comme principes à la fois fondamentaux et fonctionnels de son oeuvre, Magritte, se renvoyant sans le vouloir dans l'ordre du sociolecte (l'inversion n'est que l'affirmation à l'envers d'un concept qui n'en continue pas moins d'être encore et toujours identique à lui-même), nous permet de parcourir, à rebours, pour revenir au terme originel, son cheminement d'éloignement. Or, comme nous le mettrons en évidence dans l'oeuvre de Magritte avec plus de précision, c'est bien là le coeur du surréalisme belge pour notre peintre, comme pour son ami, l'écrivain Nougé:

"*L'on peut imaginer quelle espèce de sympathie intellectuelle eurent partagée le poète du Parti pris des choses (1942) et celui dont on sait aujourd'hui qu'il fut derrière la conception d'un bon nombre d'«images» peintes de la main de René Magritte, si leur entrevue «hasardeuse» au début des années quarante avait débouché sur une rencontre réelle. Accordant chacun une attention aiguë aux «choses» qui ensemble forment le tissu tangible des réalités quotidiennes, ainsi qu'aux mots qui les désignent, ils se sont respectivement essayé à transformer notre regard sur les objets triviaux auxquels l'oeil a cessé d'être attentif. On confrontera néanmoins la rigueur scientiste des descriptions que Ponge consacre à la définition de «choses» familières*
*et la «machination prudente» d'obstacles à la dénomination automatique de celles-ci qui fut secrètement menée par cet homme de laboratoire dont Nougé ne quitta jamais l'habit: tandis que le premier oeuvre à fonder en réalité l'étiquette nominative d'objets usuels ou d'organismes vivants en procédant à l'analyse des propriétés matérielles du signifiant qui les marque, le second s'ingénie inversement à troubler la clarté de ces rapports en disposant des pièges de nature langagière.*
*Cherchant à brouiller la perception consensuelle du monde, ce dernier sait manier l'équivoque, user de l'amphibolie des mots ou feindre l'erreur de dénomination. Il suffit de mettre en relation un objet et un mot incompatibles au regard de l'ordre logique des choses, mais dont la contiguïté inattendue invite cependant l'esprit à découvrir de mystérieux rapports, pour que se trouve pris en défaut «l'accord du sens commun» nous autorisant à parler du monde qui nous entoure. Il faut en effet se représenter la diversité des inventions qui répondraient aux désirs particuliers de chacun et l'enseignement qui en découle, à savoir que «ce n'est qu'à la faveur d'un compromis que l'existence d'un objet se sauve»: «les objets les mieux définis en apparence si l'on passe d'un sujet à un autre perdent cette identité qui leur paraissait inhérente et chacun d'eux se résout en une série d'objets réellement inconciliables. Ou mieux, ils perdent cette qualité d'objet que leur décernait le sens commun. Il n'y a plus d'objet, et même des plus simples».*
*Paul Nougé a longtemps pensé écrire un «éloge du malentendu, [un] éloge du mensonge» dans la mesure où il sait, dit-il, que «les apparences qui nous affectent ne sont pas si solides qu'elles ne le cèdent parfois à quelque mot bien choisi». Il arrive alors que s'évapore l'évidence même et dans le vide très pur qu'elle a laissé, le langage que rien ne vient plus*

*contrarier, s'installe et nous force». Aussi s'imagine-t-il introduire, dans le système réglé des valeurs langagières, une «pièce» supplémentaire venant en perturber le mécanisme logique de sorte que se disloque la syntaxe «qui fait "tenir ensemble" (à côté et en face les uns des autres) les mots et les choses». Le pari consiste à faire apparaître l'assise fragile des prévisions conceptuelles sur la base desquelles l'homme a fondé son rapport au monde: on peut alors démontrer que «tout est possible», que l'on peut radicalement modifier les structures de l'univers, inventer des objets et des sentiments nouveaux. C'est à l'aune de cet objectif que doit être mesurée la portée des «actes» que commit Paul Nougé avec la complicité de Camille Goemans et de Marcel Lecomte. Fin de l'année 1924, les trois hommes se sont fait connaître par l'envoi de tracts placés sous le signe de Correspondance: il s'agissait de lettres invitant des écrivains et des poètes à se défaire de la confiance naïve qu'ils placent dans l'exercice rhétorique du langage et à inventer des moyens d'agir dans la réalité."*[63]

Un bon exemple de transmission culturelle entre une époque et l'autre, qui met en évidence, bien qu'incidemment, mais nous y reviendrons, à continuation, dans la présente étude, et y avons déjà dédié notre ouvrage *Sur-Réalisme* (2004) au cas du groupe de *Le domaine D'Arnheim-Le château des Pyrénnées* (la prémonitoire montagne suspendue devant la ville des Phaiakiens des chapitres VIII et XIII de l'*Odyssée*, préfigurant potentiellement, pour nous, la toile *Le château des Pyrénées* de Magritte), est *La Lectrice soumise* (1928) de Magritte reprend le thème et la structure de *Femme lisant Éloïse et Abélard* de Greuze; celle-là, celle de Magritte, debout, appuyée informellement contre un mur, celle.ci, de Greuze, assise commodément; celle-là, de Magritte, baissant les yeux vers le livre qui la surprend, l'attire et la tient prisonnière, celle-ci, de Greuze levant les yeux au ciel, extatique et oublieuse du livre duquel elle relâche incidemment l'emprise; celle-là au vêtement froid d'un bleu dur, dans une ambiance nocturne, celle-ci dans les tons pastels et sa robe rose, dans une ambiance diurne; celle-là lisant probablement quelque récit contemporain haletant d'action et de mystère, révélé par le contexte aux couleurs blessantes, en cela inspirées de l'expressionisme pourrait-on dire, où notre lectrice lit sa prose, celle-ci lisant, et en atteste alors sa pose extatique rappelant anachroniquement et profanement la Sainte Thérèse du Bernin, la correspondance des deux grands amants du Moyen Âge: Éloïse et d'Abélard.

Le thème et le titre de l'oeuvre de Magritte nous introduisent à ce que nous étudierons dans les pages suivantes, et à quoi nous dédierons la

Première Partie du présent ouvrage: la relation de pouvoir, et donc de soumission, dans l'oeuvre de Magritte.

Le Polonais Rafal Olbiński[64], peintre magrittien par excellence, inverse le lien masculin-féminin en reprenant les symboles de Magritte, notamment dans sa série *Tales of Love*[65] sur la jupe féminine (qui intègre une version très magrittienne de la femme dont le corps est pris par les voile d'un navire sur une plage dans *Sailer*[66]) la femme dont la jupe est un parapluie à l'intérieur duquel il pleut sur l'homme qui le tient pour se protéger d'un temps, pourtant ensoleillé[67]. La codification de la sexualité renversant donc (sauf dans un cas où la femme nue est baignée par l'eau du parapluie dans *Unbearable piety*[68], mais la couleur rouge [des passions chez Magritte, conformément à la tradition] est toujours rose des vents pour le bateau guidé par la femme-nénuphar sur son parapluie dans une des versions de la série *Sailing*[69], et ailleurs encore, aussi, symbole et vêtement féminin, sur lequel marche l'homme comme sur un escalier vers les cieux[70] [probablement l'extase orgasmique, reprenant ainsi le motif final, en l'inversant, sans le vouloir, de "*La Petite Poucette*" d'Andersen]) les éléments de donneur et du récepteur, tout en conservant, cependant, l'idée de la fontaine. Similairement, Olbiński reprend, dans *The Catch* (*La Prise*, 2005[71]), le lien femme-poisson-mer (celle-ci continuant d'être, sous sa jupe, Mélusine-sirène et donneuse de pomme dans certaines oeuvres[72]), mais en divisant le personnage du poisson, ici conçu, implicitement, comme masculin, puisque, triplement, par la face que porte le poisson[73], la queue tenue par la femme (la perte, encore une fois, freudienne du phallus par le vagin denté [c'est encore le sourire, alternativement ouvert et fermé de la femme dans *Ballet mécanique* de 1924 de Fernand Léger[74], associé aux mouvements de va-et-vient de la balançoire, des boules et des avant-gardistes pistons, bouche ou, à la fin, s'enfonce un doigt, similairement à ce qui se passe dans *L'Âge d'Or*, 1930, de Buñuel, avec le pouce de la statue et les mains respectives des amants] - on note que la femme, de l'autre main, cache [geste d'insistance, donc de surdétermination pour le spectateur, selon le principe, connu, que l'on n'arrive à penser qu'à ce que l'on nous dit de ne pas regarder] son sexe), et l'homme (habillé, au contraire de la femme) du second plan tirant sur un nuage porté par la marée.

En ce sens, de la même manière que le concept magrittien de "*Chambre d'Écoute*"[75] peut renvoyer à celui de "*cloud chamber*"[76] (ou "*chambre à brouillard*"[77]), dans un sens, évidemment, métaphorique, sexuel et machiniste, proprement avant-gardiste (similaire et parallèle à celui qu'on trouve chez Marcel Duchamp, Max Ernst ou Francis Picabia), le principe du château dans les airs semble nous renvoyer, génétiquement, à l'astuce utilisée dans l'"*Histoire du sage Hicar*" des *Mille et Une Nuits*[78], en même temps que l'association entre aigle et rocher, tardive chez le peintre, puisqu'elle date des années 1960, à l'instar, aussi, des "*Oiseaux de Ciel*", nous paraît trouver un clair antécédent dans le logotype (et ses variantes) de l'états-unienne Republic Pictures Corporation (1935-1959)[79].

### 1.4.c.2. Magritte, lecteur assidu de Freud?

Entrer dans un essai d'explication complet de la symbolique de l'oeuvre peinte de Magritte n'est pas notre propos ici, et serait probablement une tache ardue et difficilement réalisable, bien que pas impossible.

Nous nous contenterons donc d'en retirer ici ce qui peut nous intéresser pour notre propos, c'est-à-dire l'étude de son tableau de 1927.

Magritte réutilisera de nombreuses fois ce principe de combinaison entre le texte et l'image, en usant, de fait, du nuage comme du principe informel propre à représenter ce que l'esprit y peut voir, ce qui lui fera imposer, scripturairement, ses propres mots, sur des formes volatiles de nuées, entre autres, dans: *La Pipe* (1926); *Le Miroir Vivant* (1927); *Le Monde perdu 1* (qui, entre "*paysage*" en haut à gauche et "*cheval*" en bas à droite présente deux bulles: "*personnage perdant la mémoire*" et "*corps de femme*") et *2* ("*personnage éclatant de rire*", "*horizon*", "*armoire*", "*cris d'oiseaux*"), les deux de 1928; *L'Usage de la Parole* (1927-1929), qui reproduit la partie centrale de *Le*

*Monde perdu 1*, en laissant de côté les indications scéniques qui y entouraient les deux bulles; *L'Arbre du Savoir* (1929), qui sort comme fumée d'un tuyau, naissant de "*cheval*" et s'envolant en "*sabre*".

Il faut, dès à présent, noter que plusieurs éléments fondamentaux de l'oeuvre de Magritte ne peuvent, à notre sens, s'expliquer qu'au regard de l'*Interprétation des rêves* (1900) de Freud, dans sa section pratique sur le fonctionnement des rêves (chapitre 6 "*The dream-work*"): tout d'abord, la variante: "*personnage éclatant de rire*" de *Le Monde perdu 2*, mais aussi le symbolisme sexuel de l'illumination, sur lequel nous reviendrons:

"*An excellent example of such a reversal of affect is found in a dream recorded by Ferenczi. "An elderly gentleman was awakened at night by his wife, who was frightened because he laughed so loudly and uncontrollably in his sleep. The man afterwards related that he had had the following dream: I lay in my bed, a gentleman known to me came in, I wanted to turn on the light, but I could not; I attempted to do so repeatedly, but in vain. Thereupon my wife got out of bed, in order to help me, but she, too, was unable to manage it; being ashamed of her neglige in the presence of the gentleman, she finally gave it up and went back to her bed; all this was so comical that I had to laugh terribly. My wife said: 'What are you laughing at, what are you laughing at?' but I continued to laugh until I woke. The following day the man was extremely depressed, and suffered from headache: 'From too much laughter, which shook me up,' he thought.*"[80]
"*Analytically considered, the dream looks less comical. In the latent dream-thoughts the gentleman known to him who came into the room is the image of death as the 'great unknown,' which was awakened in his mind on the previous day. The old gentleman, who suffers from arteriosclerosis, had good reason to think of death on the day before the dream. The uncontrollable laughter takes the place of weeping and sobbing at the idea that he has to die. It is the light of life that he is no longer able to turn on. This mournful thought may have associated itself with a failure to effect sexual intercourse, which he had attempted shortly before this, and in which the assistance of his wife en neglige was of no avail; he realized that he was already on the decline. The dream-work knew how to transform the sad idea of impotence and death into a comic scene, and the sobbing into laughter.*"

Dans ce même sens, le symbolisme sexuel de la lourdeur, nous allons y revenir:

"*From our study of exhibition-dreams we are already acquainted with this sensation of being inhibited in motion, peculiar to dreams, and here again we find it utilized as material always available for the purposes of any other kind of representation. The part of the dream-content which represents climbing as difficult at first, and easier at the top of the hill, made me think, while it was being related, of the well-known masterly introduction to Daudet's Sappho. Here a young man carries the woman he loves upstairs; she is at first as light as a feather, but the higher he climbs the more she weighs; and this scene is symbolic of the process of their relation, in describing which Daudet seeks to admonish young men not to lavish an earnest affection upon girls of humble origin and dubious antecedents.*"[81]

Celui des violettes[82], dans *L'Usage de la Parole II* de 1928 (où deux autoportraits se disent: "*le piano*" et répondent: "*la violette*"), et de la table mise et ornée de fleurs, dans *La Géante*, ou accompagnée de celles-ci, dans *La voix du silence* (1928):

"*An objection frequently raised by the opponents of psycho-analysis -- and recently also by Havelock Ellis -- is that, although dream-symbolism may perhaps be a product of the neurotic psyche, it has no validity whatever in the case of normal persons. But while psychoanalysis recognizes no essential distinctions, but only quantitative differences, between the psychic life of the normal person and that of the neurotic, the analysis of those dreams in which, in sound and sick persons alike, the repressed complexes display the same activity, reveals the absolute identity of the mechanisms as well as of the symbolism. Indeed, the natural dreams of healthy persons often contain a much simpler, more transparent, and more characteristic symbolism than those of neurotics, which, owing to the greater strictness of the censorship and the more extensive dream-distortion resulting therefrom, are frequently troubled and obscured, and are therefore more difficult to translate. The following dream serves to illustrate this fact. This dream comes from a non-neurotic girl of a rather prudish and reserved type. In the course of conversation I found that she was engaged to be married, but that there were hindrances in the way of the marriage which threatened to postpone it. She related spontaneously the following dream: -*
*I arrange the centre of a table with flowers for a birthday. On being questioned she states that in the dream she seemed to be at home (she has no home at the time) and experienced a feeling of happiness.*
*The popular symbolism enables me to translate the dream for myself. It is the expression of her wish to be married: the table, with the flowers in the centre, is symbolic of herself and her genitals. She represents her future fulfilled, inasmuch as she is already occupied with the thoughts of the birth of a child; so the wedding has taken place long ago.*
*I call her attention to the fact that the centre of a table is an unusual expression, which she admits; but here, of course, I cannot question her more directly. I carefully refrain from suggesting to her the meaning of the symbols, and ask her only for the thoughts which occur to her mind in connection with the individual parts of the dream. In the course of the analysis her reserve gave way to a distinct interest in the interpretation, and a frankness which was made possible by the serious tone of the conversation. To my question as to what kind of flowers they had been, her first answer is: expensive flowers; one has to pay for them; then she adds that they were lilies-of-the-valley, violets, and pinks or carnations. I took the word lily in this dream in its popular sense, as a symbol of chastity; she confirmed this, as purity occurred to her in association with lily. Valley is a common feminine dream-symbol. The chance juxtaposition of the two symbols in the name of the flower is made into a piece of dream-symbolism, and serves to emphasize the preciousness of her virginity-expensive flowers; one has to pay for them- and expresses the expectation that her husband will know how to appreciate its value. The comment, expensive flowers, etc. has, as will be shown, a different meaning in every one of the three different flower-symbols.*
*I thought of what seemed to me a venturesome explanation of the hidden meaning of the apparently quite asexual word violets by an unconscious relation to the French viol. But to my surprise the dreamer's association was the English word violate. The accidental phonetic similarity of the two words violet and violate is utilized by the dream to express in the language of flowers the idea of the violence of defloration (another word which makes use of flower-symbolism), and perhaps also to give expression to a masochistic tendency on the part of the girl. An excellent example of the word bridges across which run the paths to the unconscious. One has to pay for them here means life, with which she has to pay for becoming a wife and a mother.*

*In association with pinks, which she then calls carnations, I think of carnal. But her association is colour, to which she adds that carnations are the flowers which her fiance gives her frequently and in large quantities. At the end of the conversation she suddenly admits, spontaneously, that she has not told me the truth; the word that occurred to her was not colour, but incarnation, the very word I expected. Moreover, even the word colour is not a remote association; it was determined by the meaning of carnation (i.e., flesh-colour)- that is, by the complex. This lack of honesty shows that the resistance here is at its greatest because the symbolism is here most transparent, and the struggle between libido and repression is most intense in connection with this phallic theme. The remark that these flowers were often given her by her fiance is, together with the double meaning of carnation, a still further indication of their phallic significance in the dream. The occasion of the present of flowers during the day is employed to express the thought of a sexual present and a return present. She gives her virginity and expects in return for it a rich love-life. But the words: expensive flowers; one has to pay for them may have a real, financial meaning. The flower-symbolism in the dream thus comprises the virginal female, the male symbol, and the reference to violent defloration. It is to be noted that sexual flower-symbolism, which, of course, is very widespread, symbolizes the human sexual organs by flowers, the sexual organs of plants; indeed, presents of flowers between lovers may have this unconscious significance.*

*The birthday for which she is making preparations in the dream probably signifies the birth of a child. She identifies herself with the bridegroom, and represents him preparing her for a birth (having coitus with her). It is as though the latent thought were to say: "If I were he, I would not wait, but I would deflower the bride without asking her; I would use violence." Indeed, the word violate points to this. Thus even the sadistic libidinal components find expression.*

*In a deeper stratum of the dream the sentence I arrange, etc., probably has an auto-erotic, that is, an infantile significance.*

*She also has a knowledge- possibly only in the dream- of her physical need; she sees herself flat like a table, so that she emphasizes all the more her virginity, the costliness of the centre (another time she calls it a centre-piece of flowers). Even the horizontal element of the table may contribute something to the symbol. The concentration of the dream is worthy of remark: nothing is superfluous, every word is a symbol.*

*Later on she brings me a supplement to this dream: I decorate the flowers with green crinkled paper. She adds that it was fancy paper of the sort which is used to disguise ordinary flower-pots. She says also: "To hide untidy things, whatever was to be seen which was not pretty to the eye; there is a gap, a little space in the flowers. The paper looks like velvet or moss." With decorate she associates decorum, as I expected. The green colour is very prominent, and with this she associates hope, yet another reference to pregnancy. In this part of the dream the identification with the man is not the dominant feature, but thoughts of shame and frankness express themselves. She makes herself beautiful for him; she admits physical defects, of which she is ashamed and which she wishes to correct. The associations velvet and moss distinctly point to crines pubis.*

*The dream is an expression of thoughts hardly known to the waking state of the girl; thoughts which deal with the love of the senses and its organs; she is prepared for a birth-day, i.e., she has coitus; the fear of defloration and perhaps the pleasurably toned pain find expression; she admits her physical defects and over-compensates them by means of an overestimation of the value of her virginity. Her shame excuses the emerging sensuality by the fact that the aim of it all is the child. Even material considerations, which are foreign to the lover, find expression here. The affect of the simple dream- the feeling of bliss- shows that here strong emotional complexes have found satisfaction."*[83]

Aussi bien l'oxymoron "*voix du silence*" que la variante "*personnage éclatant de rire*", qui, d'ailleurs, mis à côté d'un arbre, se reproduira dans *Personnage éclatant de rire* (c.1929)[84], sont révélateurs, l'un pour la reconnaissance de contenu inconscient du non dit qu'il implique obligatoirement, l'autre pour l'explication directe que peut nous en apporter le texte de Freud, si nous acceptons l'idée qu'il en est à l'origine intentionnelle.

Finalement, le chapeau, l'un des objets au centre des représentations de Magritte, dans sa version élégante, anglo-belge du melon, comme symbole des parties génitales masculines:

"*(A fragment from the dream of a young woman who suffered from agoraphobia as the result of her fear of temptation.)*
*I am walking in the street in summer; I am wearing a straw hat of peculiar shape, the middle piece of which is bent upwards, while the side pieces hang downwards (here the description hesitates), and in such a fashion that one hangs lower than the other. I am cheerful and in a confident mood, and as I pass a number of young officers I think to myself: You can't do anything to me.*
*As she could produce no associations to the hat, I said to her: "The hat is really a male genital organ, with its raised middle piece and the two downward-hanging side pieces." It is perhaps peculiar that her hat should be supposed to be a man, but after all one says: Unter die Haube kommen (to get under the cap) when we mean: to get married. I intentionally refrained from interpreting the details concerning the unequal dependence of the two side pieces, although the determination of just such details must point the way to the interpretation. I went on to say that if, therefore, she had a husband with such splendid genitals she would not have to fear the officers; that is, she would have nothing to wish from them, for it was essentially her temptation- phantasies which prevented her from going about unprotected and unaccompanied. This last explanation of her anxiety I had already been able to give her repeatedly on the basis of other material.*
*It is quite remarkable how the dreamer behaved after this interpretation. She withdrew her description of the hat and would not admit that she had said that the two side pieces were hanging down. I was, however, too sure of what I had heard to allow myself to be misled, and so I insisted that she did say it. She was quiet for a while, and then found the courage to ask why it was that one of her husband's testicles was lower than the other, and whether it was the same with all men. With this the peculiar detail of the hat was explained, and the whole interpretation was accepted by her.*
*The hat symbol was familiar to me long before the patient related this dream. From other but less transparent cases I believed that I might assume the hat could also stand for the female genitals.*"[85]

## 1.4.c.3. Magritte et la tradition: un cultivé libertin?

L'association entre texte et image est une constante fondamentale de l'oeuvre de Magritte, comme, par exemple, dans ces toiles: *Interprétation 1 - La clef des songes* (1930), où réapparaît la feuille, ici intitulée "*la table*", un canif entr'ouvert "*l'oiseau*", un sac à main "*le ciel*", et une éponge dite "*l'éponge*". Le sac à main, l'éponge et la feuille, associés cette fois à la pipe, se retrouvent, peintes mais sans aucune indication textuelle dans *Le Futur des Voix* (1927). *La Clef des songes 2* (de la même année) représente un oeuf "*l'Acacia*", une chaussure de femme "*la Lune*", un chapeau melon "*la Neige*", une bougie "*le Plafond*", un verre "*l'Orage*", et un marteau "*le Désert*". Il nous semble que ces deux derniers sont logiquement nommés, d'un point de vue sociolectal, l'un ne serait-ce que par l'expression populaire "*Une tempête dans un verre d'eau*"[86], l'autre par référence biblique d'"*Une voix crie dans le désert*"[87], et par le fait, que, suivant l'ordre textuel habituel (de gauche à droite et de haut en bas), le marteau, après le verre d'eau-"*Orage*", renvoie au marteau de Thor, symbole, comme le foudre de Zeus, du tonnerre divin.

Pareillement, on note l'importance du fait que seule l'éponge ne renvoie qu'à elle-même. Or, identiquement, la version de 1935[88] de *La Clef des Songes* présente un cheval "*the door*", une horloge "*the wind*", un pot de lait ou de crème "*l'oiseau*" et une malette "*the valise*".

Dans *La Table, l'océan, et le fruit* (1927), nous retrouvons la feuille "*la table*" et le pot à lait ou à crème ici nommé "*le fruit*", qui entourent une sorte de rocher oblong "*l'océan*".

Dans *L'Usage de la Parole* (1927), Magritte, reprenant, de nouveau, les éléments de *Le Monde perdu 1* du cheval et du paysage, ici précisément décrit, organise les lieux du fusil, la chaussée, le cheval, l'horizon et le nuage, qu'il représentera autour de la figure masculine dans *L'Apparition* de l'année suivante. Cette organisation se trouve encore précisée dans *L'espoir rapide* (1927), entre: nuage, arbre, "*chaussée de plomb*", "*village à l'horizon*" et cheval.

Evidemment, la toile la plus fameuse de Magritte où se mêlent texte et image est *La Trahison des Images - Ceci n'est pas une pipe* (1929[89]), qui reprend le motif de l'antérieurement citée *La Pipe* (1926). Que, réutilisant un motif propre de son art, comme le deviendra la pipe, Magritte complétera par *Ceci n'est pas une pomme* (1964)[90].

Dans *Dieu n'est pas un saint* (c. 1935-1936)[91], Magritte associe la chaussure de femme à l'oiseau qui se pose sur elle. Nous verrons, notamment chez Boccace, comment, l'oiseau étant un symbole sexuel, phallique, dans la tradition, ce qui, par l'invocation à la figure de Dieu (autoproclamation de toute puissance que Freud et Jung ont souvent noté chez leurs patients respectifs), ne laisse que peu de doute sur l'association entre le féminin et le masculin ici.

Nous avons vu que le canif et le pot de lait sont, textuellement, "*oiseau*" pour Magritte.
Voyons ce qu'il en est visuellement.
Il semble que les oiseaux, si ce n'est celui de *La Promesse* (1950), *La Grande Famille* (1963) ou *L'Oiseau de Ciel* (1964), qui reprennent, iconographiquement, le concept lingüistique de superposition, ici entre non le mot et sa représentation, mais entre l'objet (le volatile) et sa dénotation (le ciel) - comme il l'avait déjà fait en utilisant le nuage pour penser le ciel dans ses réflexions de 1928 -, dans ses différentes versions, soient en général objets de sévices.

Ainsi en est-il, outre *Jeune fille mangeant un oiseau*, pour le moineau[92] de *L'Oiseau mort* (1926[93], de format, si on le compare avec les deux versions du *Ciel muertrier,* toutes deux de 1927[94], similaire au *Goût de l'invisible*, 1927[95], titre qu'en 1964[96], Magritte réutilisera pour une version du *Fils de l'Homme*], d'ouvertures déchiquetées - nous reviendrons sur leur symbolisme utérin chez Magritte -; notons, à ce propos, que le moineau symbolise traditionnellement la luxure[97]), dont le thème provient de Greuze (il est, ainsi aussi, lié à la mort[98] et au cycle de la vie chez Léon Tolstoï[99] - et, voire, dans les contes africains[100] -, à la réflexion sur la subsistance[101], par conséquent à l'étude des positions sociales, chez Jean de La Fontaine[102] ou Frédéric II[103]), et que reprend encore dans l'oeuvre sans titre de la même année, où l'oiseau se trouve pris dans une sorte de crochet noir, différent en cela qu'il semble issu d'une partition musicale, mais similaire à ceux, métaliques, qui retiennent le buste de *L'Ange Migratoire* (1927). C'est un crochet métalique qui apparaît dans *L'Oiseau mort*, amarré à un panneau de bois (symbole féminin). *Le Ciel meurtrier* dans sa version en collage, contemporaine de la peinture de même titre (tous deux sont de 1927), reprend l'association, dénotative, entre l'oiseau et le chant, découpant les figures ailées dans du papier à musique.

Dans *La Grande Nouvelle* (1926) le squelette de l'oiseau en boîte semble être le sujet de la situation du second plan, aux personnages en forme de mannequins pour dessinateur, qui miment la nouvelle d'une prochaine naissance (femme allitée, homme habillé).

Dans *Le supplice de la vestale*, ce sont des barres de bois qui permettent l'insertion des extrêmités, inclue la tête, dans le buste du mannequin féminin. Le *Portrait de Paul-Gustave Van Hecke* montre, sous le visage du modèle, une barre tordue (dont une représentation postérieure, tardive et musicale, sera celle - de fait au-dessus d'une plage, espace typiquement magrittien - de la couverture du premier album *Tubular Bells* de 1973 de Mike Oldfield par Trevor Key pour leur première collaboration[104]), laquelle réapparaît sur le côté gauche (pour le spectateur) de *L'Alphabet des Révélations* (1929)[105], autre oeuvre au titre métaphysique, qui réassume les symboles que l'on retrouve attribués à *Le Libérateur*: verre (à silhouette de calice, notons-le), clé, pipe, ici avec la feuille, symbole féminin, remplacé dans *Le Libérateur* par le symbole masculin de l'oiseau. Sans doute est-ce la raison pour laquelle la toile de *L'Alphabet des Révélations* semble se déchirer, pendant nécessaire de la féminine feuille, alors que l'oiseau de *Le Libérateur* contient, en sa propre figure, implicitement, l'idée de déchirure (dans un sens: l'oiseau-phallus découpant, comme dans le panneau droit de *L'Enfer* de l'*Hortus deliciarum*, ou l'oiseau déchiqueté, comme dans *Jeune fille mangeant un oiseau*). D'autre part, *L'Alphabet des Révélations* reprend la structure d'un espace noir (ici l'ardoise) à côté de figures, dans un autre espace clos, à droite (pour le spectateur), présent dans *Le Symbole déguisé*. Structure que l'on retrouve dans le jeu dialectique entre *Le Domaine enchanté I* et *III*.

On comprendra mieux l'image de l'oiseau en boîte dans *La Grande Nouvelle* si on la rapproche du poème "*L'autopsie de la vieille fille*" (1893) de Saint-Pol-Roux:

"*- Ô la voisine de l'église aux doigts jardiniers du missel!... ô la chèvrefille aux lins de nonne et coiffes de vallée!... ô la parleuse en feuilles mortes dans la brise!... ô la pucelle sans chemise!...*
*On allait voir: si c'était vrai!*
*Et les Impies écartent ainsi que les aiguilles d'un compas, voulant se rendre compte, écartent les deux jambes du corps vieil et de cire...*
*L'oiseau n'avait pas fait son nid.*
*Déçus, les Carabins jettent ce chant de coq:*
*- Cela ne prouve rien, sinon la peur de la bedaine puis du péché-qui-tette, ou que, prudente et sagace gourmande, la tartufe hantait le désir pers aux persiennes closes!... Mais nous allons savoir!*
*Les voilà qui décident la subtile autopsie - des Sens, en quelque sorte.*
*Éparpillant un zézaiement d'insectes crépusculaires, d'invisibles aciers - fines langues d'aspics - aussitôt conjugent le cadavre.*
*D'incrédules valses essoraient, en caragol, des pipes: fumées narquoises à la façon des moustaches qu'on frise.*"[106]

Dans l'illustration pour le Catalogue Samuels de 1927, la femme devient l'oiseau, comme dans *La Lumière du Pôle* (1926 ou 1927), où la queue de l'oiseau imite, précisément, le froufrou d'une jupe élégante.

A présent, d'un côté, *L'Idole* (1965) est un oiseau de pierre survolant la mer (pendant des oiseaux de Ciel), qui renvoie aussi bien à *La Naissance de l'Idole* (1926), où une quille en forme de pion d'échec (motif répétitif chez Magritte) avec un bras de mannequin pendant à un côté est en équilibre sur une longue pièce affilée qui pointe vers une mer agitée sur fond nocturne, avec à un côté un panneau pour fenêtre en bois et un miroir posés contre des escaliers, qu'à la contemporaine *Difficile traversée*, avec la même quille, associée, cette fois, à une main, qui en est totalement détachée, mais, comme on le verra chez Boccace, tient l'oiseau, avec sur le côté un similaire panneau de bois à celui de l'autre tableau, et dans le fond la même mer nocturne déchaînée.

*L'Idole* fait écho aux différentes versions de *La paix du soir*, celle du couple de colombes de pierre avec leur progéniture[107], reproduisant *L'Île au Trésor* (1942)[108], celle de 1945[109] où un seul oiseau-feuille est accompagné d'une boule, typique de Magritte, de *Tôt le matin* (1942)[110], de *Le Goût des larmes* (1946)[111], où un seul oiseau transformé en végétal est mangé peu à peu par une chenille, ou des hiboux des deux variantes *Les Compagnons de la Peur* (1942)[112] et *Image à la fenêtre*[113]. Et encore à *Gaspard de la nuit* (1965)[114], oiseau de proie regardant brûler au loin une demeure, et à celui, sorte de Phénix, volant au-dessus d'un brasier de *Les Fanatiques* (1955)[115], ceux-ci renvoyant, à leur tour, à l'oiseau de proie comme figure tutélaire de la figure de la Mémoire[116] dans *Les eaux profondes* (1941)[117].

L'ambivalence des oiseaux passe par le constatation que, d'un côté, figurant de nouveau le principe d'accumulation visuelle ornithologique de *Jeune fille mangeant un oiseau,* ils s'appliquent sur les feuilles, symbole féminin, si nous nous reportons à l'association de 1930: où la feuille était intitulée "*la table*", un canif entr'ouvert "*l'oiseau*" (on voit bien le lien avec le jeu infantin: pierre-feuille-ciseaux, entre la feuille et, ici, le canif), et un sac à main "*le ciel*", dans *Le rendez-vous*[118] (1948)[119], *Le regard intérieur* (1949)[120] - entre quilles et verre d'eau -, et *La troisième dimension* (1950)[121] alors que, de l'autre, les feuilles semblent devenir masculines dans *L'art de la conversation* (1950)[122], au côté des quilles, essentiellement féminines, pour leur rondeurs, dans l'oeuvre de Magritte, comme on peut le voir dans la version de *La Difficile traversée* (1963)[123] où un oedipien personnage masculin à la tête-oeil unique (qui fait donc lien avec *Exercices Spirituels* et en confirme le sens masturbatoire, tout comme la variante de celle-ci, *La Reconnaissance Infinie*, 1961[124], où, monté sur sa boule, gigantesque, un tout petit homme se trouve face à tout aussi énorme une bouche rouge de femme [probablement inspirée d'*À l'heure de l'observatoire - Les Amoureux*, 1934[125], de Man Ray] - qui nous renvoie au thème de la femme géante dans les toiles de Magritte -, ce qui, par la relation de proximité entre les boules-têtes d'*Exercices Spirituels* et *L'Art de Vivre*, et celle de *La Reconnaissance Infinie*, ne peut, vu en outre le titre du tableau, recevoir qu'une lecture autour de l'oralité sexuelle), et à la cravate rouge, couleur associée à la passion dans les oeuvres de Magritte, comme nous y reviendrons, sur fond de mer démontée, est accompagné par une quille, comme *Le jockey perdu* dans la forêt et le sans titre de 1925. Comme également est appuyé, dans *Moments inoubliables du cinéma* (1954)[126], à une quille un personnage au nez proéminent, comme le Magritte de *La Lampe Philosophique*, et chapeauté d'un cône, objet que l'on retrouve comme symbole phallique[127], dans *Le monde poétique 2* et *Les surprises et l'océan*, et qui se substitue au fusil appuyé au mur intérieur de *Le Survivant* dans *Le Palais des Courtisans*.

La pomme se retrouve, entre la quille et le rideau, découpés tous trois dans une partition musicale, dans *La pensée visible* (1961)[128]. Pour le symbolisme féminin de la quille et du rideau, sur lequel, pour ce dernier, nous reviendrons, et le masculin de la pomme, nous nous trouvons dès lors dans une tripartition similaire à notre sens à celle de *L'Esprit et la Forme*, 1928[129], concept liturgique chrétien du Corps et de l'Esprit, réduit au champ esthétique, représenté par le poisson, la quille et le vase. Si le poisson est un symbole féminin (ou androgyne, comme le révèle explicitement le titre *Le rêve de l'androgyne* - où, d'ailleurs, comme pour les symboles duels du petit Hans de Freud, la tête de poisson du corps humain, au-dessus de la femme à queue de sirène, marque l'inversion, que nous avons à plusieurs reprises notée dans l'oeuvre du peintre entre l'objet comme totem et l'objet comme fantasme, attribué indifféremment à l'un et l'autre sexe, mais avec cette différence d'appartenance pour l'un et d'attirance pour l'autre, cas par exemple de l'oiseau -) chez Magritte (on pense à la sirène échouée de *L'invention collective*), il symbolise ici la Forme, ou le corps du Christ (*ichtus*, pour son symbole scripturaire des premiers temps de sa religion, présence matérielle de Jésus sur la terre, mais aussi l'une des principales originelles nourritures de la liturgie eucharistique paléochrétienne), alors que le verre, calice, symbolise l'Esprit (la transbustantiation, par le processus similaire, à ceux de Zagreus ou de Mithra, du sacrifice); la quille correspondrait à la troisième partie de l'équation, l'Esprit Saint si l'on veut, puisque les deux autres substances divines sont ici divisées et représentées (spirituelle et corporelle); mais surtout, par son statut de tierce personne, elle nous induit, croyons-nous, à y voir le même rôle que tient la Vierge dans la vie de Jésus, féminin, passif, et d'accompagnement. Dit autrement, tout comme la Vierge est, au fond, un personnage relativement inopérant dans le récit évangélique, on peut lire le symbolisme du calice et du poisson depuis la tradition, référenciable, mais pas celui de la quille. Comme il faut le déduire, il devient, par là même, passif, car inopérant. En cela nous considérons qu'il reformule et confirme notre idée du symbolisme féminin de la quille chez Magritte. Une autre version de *L'Esprit et la Forme*, 1961[130], où a disparu le poisson, présente, de fait, entre la quille et la boule, dont on sait qu'elle est masculine chez Magritte, et ici ne peut que *faire tomber la quille*, selon les poèmes que nous a transmis la tradition française, un double rideau, l'un de papier musique sur fond d'un autre, plus grand, bleu, ce qui nous renvoie au bloque des oeuvres comme *La Légendes des Siècles* et l'interprétation que nous en donnons. La quille présente dans cette version de *L'Esprit et la Forme* un portrait de Magritte à la pipe en son intérieur, ce qui pourrait sembler contredire notre thèse générale sur la féménéité de la quille dans l'oeuvre du peintre, alors qu'il nous semble qu'au contraire, il s'agit là de la pulsion féminine d'être le phallus qui est ici référée, telle qu'Ellen Oliensis (2009) la définit à propos de la parricide Scylla (qui sera transformée en oiseau aigrette [et Nisos en aigle[131]]) amoureuse de Minos dans les *Métamorphoses*, VI, 6-151 (nous aborderons ici la quille dans son double maritime, comme, implicitement, dans *La Difficile traversée*, et d'objet de jeu à *tirer*):

"*The story begins with a special part, the purpureus crinis, as Scylla describes it to Minos at line 93, and all parts point back to that part, The part. We may detect its traces in a pair of line-endings, as the departing Minos orders rowers to man the "poops," impelli remige puppes (103), and Scylla sees the sea afloat with "keels," nare carinas (104)." Certainly it helps shape the description of Scylla "clinging" to the "keel" of Minos' ship, haeret carinae, as the lock is described "clinging" to Nisus' head at the very beginning of the episode, crinis inhaerebat (10). It is a fine stroke of poetic justice to have Nisus detach Scylla from the carina: he does to her what she did to him. (That the episode has come full circle is underscored by the overarching chiasmus linking lines 10 and 144:* **crini**s **inhae**re*bat* **haer**et *cornes* **invidi**osa *car***inae**.*) But Scylla is not castrated. She is herself in the place of the part which is cut off from the whole. Scylla's fate, and for Freud and Lacan this is every woman's fate, is not to have but to be the phallus. Her claim to it - her intermittently betrayed conviction that she does after all already have it (a feature of feminine psychology on which Freud commented with some bemusement) - is accordingly countered by the most literal possible enactment of what it means, properly speaking, to be a woman. By cutting her off with his hooked beak and sending her into flight, Nisus enacts his own recuperation of the masculine position as well as, and by way of, Scylla's permanent dispossession. The etymology that seals the Ovidian episode yields a similar conclusion: "transformed into a bird, she is called Ciris, a* *name she got from the shorn lock" (in avem mutata vocatur / Ciris et a tonso est hoc nomen adepta capillo, 150—1). The bird name derives from the Greek verb Κείρω ("cut, shear"), which is represented here by its Latin equivalent: Ciris ... a tonso (from tondeo). But there may be a secondary, less pointed, Latin etymology lurking in the final word of the episode, capillo, "hair": one word for "lock of hair" in Latin is cirrus. The doubleness would fit: Scylla is both the cutter and the lock."*[132]

La quille comme élément féminin est commun à la littérature contemporaine. On la trouve chez Joseph Delteil, qui, non seulement y réfère la terre de province (c'est la mère, dirons-nous) comme appartenance (elle nous appartient) dans "*L'Homme des Bois*" (14 juillet 1977):

"*Bon! Mais il paraît qu'il s'agit des provinces, et nommément de ma province. Le Languedoc, ou Occitanie. Vous savez qu'autrefois les rois de France ont joué des provinces comme un jeu de quilles, à coups de mariages, à coups de guerres, il s'agissait d'agrandir le patrimoine.*
*La province! Nonobstant que ça vousa un petit air provincial, en réalité on peut faire partie d'un vaste empire, mais votre province reste le Vivarais, ou le Yorkshire ou l'Andalousie. Au sens latin votre province c'est votre terre.*"[133]

Mais encore, dans son roman *Choléra* (1923), le souvenir érotique (selon le modèle que nous avons dit de la tradition) des filles pubères (et leur "*demi-lune*"[134], ce qui, accessoirement, confirme le symbolisme féminin de cet astre, dans la tradition mythographique gréco-latine, la littérature contemporaine, et chez Magritte, par conséquent):

"*Un autre jour, les trois filles sont dans la cave Carqueloune. Elles aiment passer là les soirées chaudes, dans cette fraîcheur de plâtre, dans ce vaste entrepôt humide, accablé de pompes et de futailles. Elles s'étendent à même le sol, sur la terre glaise, et leur groupe forme une trilogie. Des effluves vineux surgissent des foudres obscènes, du cul des comportes. Elles posent leurs cuisses à plat sur l'argile froide, et un air aromatique et rose enveloppe leurs têtes et leurs moelles. Choléra brode un pantalon crème, vide et redondant de chair. Soudain, Alice interrompt sa dentelle et Corne se regarde les ongles. L'odeur du vin suinte de toutes parts, trouble et forte. Alice et Corne roulent au milieu des fûts d'alcool. Corne, la robe en désordre, montre à quelque tonneau la peau pure de ses jambes. Elles jouent, toutes trois, parmi les barriques, et çà et là on perçoit un soupir ou une gorge. Jeux de la discordance et de la demi- lune, à la faveur d'un tonnelet en herbe, dans le hangar auguste! Jeux de trois filles pubères et vierges, jeux chastes et sans bornes, où trois cœurs sont trois quilles, où six jambes et trente doigts cherchent sans relâche la vérité.*"[135]

Chez Paul Claudel, c'est l'ivrognesse Strompo de *L'Endormie*[136] (sorte de parodie de *Les Joyeuses Commères de Windsor*, et dont il nous semble trouver une évocation comique dans Bagatelles pour un massacre de 1937 de Louis-

Ferdinand Céline), ainsi décrite par le personnage du Poète, déçu et trompé sur la nature de Strompo par la faunesse Volpilla:

"- *Ne ris pas de moi ou je te... Oh! dire qu'il n'y a rien de vrai dans tout cela ! Une nymphe des eaux, je crois bien! Si on la jetait à la mer, elle flotterait comme une gabarre! Quand je pense que tu étais là à m'embarbouiller les lèvres du bout de ton doigt trempé de miel, avec des histoires de cette vieille chose qui est là dedans, et moi, j'écoutais, les yeux blancs d'admiration. Une femme! ce n'est pas une femme, c'est une bedaine, c'est un tonneau enterré dans le sable, une baleine pâmée, une quille de navire retourné par le vent! Elle était vautrée comme les vieux chevaux facétieux à qui le dos démange en été et qui se roulent dans la poussière en gigotant languissamment. Quel monstre! Oh! quand je suis entré, son ventre était balayé par les rayons de la lune, je le prenais pour le sein d'une géante. Alors elle s'est réveillée et elle s'est mise à bafouiller je ne sais quoi d'une voix plus enrouée qu'un vieux canard, qu'un cornet de carnaval...*"[137]

Dans le mal identifié *Visages et quilles*[138] ou *Composition*[139] (version de Shéhérazade) - bien que parfois reconnu pour ce qu'il est[140] -, le visage de Shéhérazade, tel que le reproduit Magritte dans ses peintures, sort d'une quille, alors que, selon un principe similaire à celui que nous décrivons pour le concept de couple dans *Constellation*, *La Maison avec deux quilles*[141] reproduit exactement ce qu'en dit le titre, descriptif, qui a été attribué à ce dessin, la maison étant un symbole féminin dans l'oeuvre du peintre, comme nous le montrons. Dit autrement, voici, de nouveau, deux autres oeuvres où la quille s'associe, respectivement, à une figure et un symbole, chacun paradigmatique, de la féminité (bien que dans *Visages et quilles*, comme dans *Nocturne* de 1925, la quille acquiert la qualité d'un projectile potentiellement créateur [il reçoit un chapeau melon qui lui couvre la boule supérieure dans *Nocturne*] de type phallique; nous nous reportons, dans les deux cas, à l'interprétation d'Oliensis pour Scylla - de fait, Shéhérazade surgissant d'une quille comme le génie de la lampe n'est pas incongruent, s'agissant d'une légende arabe, ce surgissement n'impliquant pas obligatoirement une phallicité propre, mais plutôt, dès lors, un pendant de *La Lampe Philosophique*, puisqu'en outre, là où le nez de *La Lampe* pénètre la pipe, le cou de *Visages* surgit de la quille démontée, dont elle devient la tête, sortant de son logis, comme de la grotte dans *Les Grands Rendez-vous*; dans les deux oeuvres: *Visages* et *Les Grands Rendez-vous*, la quille coupée forme comme la base de cet étrange miroir-ciboire, corps donc de la femme [plus que pal, à différence de la poire de *Les Moyens d'existence,* du crochet d'enseigne de *Le*

*Caprice,* ou du lampadaire de *Lion, lampadaire et rose*], qui sera, en outre encore [par-dessus le marché], tenu en main par *Le Libérateur* -).

Pensons, sur la féménéité de la quille, au refrain de la chanson "*Gaby oh Gaby*" (1980) d'Alain Bashung:

"*Alors à quoi ça sert la frite si t'as pas les moules*
*Ca sert à quoi l'cochonnet si t'as pas les boules*"

Qui laisse entendre que l'objet qui touche est le masculin, le toucher (boules dans le jeu provençal, ou quilles au bowling) est féminin.

Et au vers "*les quilles à la vanille, les gars au chocolat*" de la chanson "*J'ai Dix Ans*" d'Alain Souchon, éponyme de son premier album (1974).

"*Dans "Histoire de l'oeil", le O renvoie au réseau imaginaire de la rotondité que ce récit élabore et dont font partie toutes les figures rondes associées à la sexualité telles que: assiette, testicules, oeufs, soleil, ceinture entourant un corps dévêtu, hosties, etc. Même les roues d'une bicyclette, en apparence si insignifiantes, viennent s'inscrire dans cette série: «Le pneu arrière disparaissait à mes yeux dans la fente du derrière nu de la cycliste. Le mouvement de rapide rotation de la roue était d'ailleurs assimilable à ma soif, à cette érection qui déjà m'engageait dans l'abîme du cul collé à la selle» (I, 584). L'O «est une roue», disait déjà Claudel.*
*Cette vive érotisation de la lettre O pourrait encore s'afficher d'une manière inattendue dans l'association révélatrice du cercle et du rouge. Cette couleur agressive nous offre, en effet, le signe fort d'une sexualité actualisée: dressée (c'est la couleur, par exemple, chez Réage, des cravaches, rondes et courtes, symboles phalliques par excellence) ou bien ouverte (chez Noël, c'est le «trou rouge» de la femme, l'«anus rouge» ou la bouche grenat). On pourrait relever aussi de nombreuses situations dans Histoire d'O où l'incarnat vient raviver les formes arrondies: il maquille, par exemple, les anneaux de chair (fente buccale, aréoles, lèvres vulvaires); et l'héroïne, O, dont le nom figure en lui-même on ne saurait mieux l'ouverture littérale, porte, pour son initiation à Roissy, une cape rutilante. On observera la même relation sur le plan spatial: ainsi le ton de feu de la salle ronde de flagellation chez Anne-Marie. Voici encore comment se présente, avec des proximités voisines conscientes, une figure animale d'Emmanuelle: «... sur une chaise-longue de toile rouge, une chienne blasée qu'elle appelait O» (51).*
*Cette parenté du cercle et du rouge, les rêveries mimologiques nous montreraient qu'on l'a toujours plus ou moins sanctionnée: «En vieux français, nous dit Nodier dans son Dictionnaire des onomatopées, ro s'est dit pour rouge et rot pour roue». Bernardin de Saint-Pierre, dans ses Études de la nature, a de même mis en parallèle le circulaire et le grenat. À propos de Rimbaud, Étiemble a comparé une vingtaine de tableaux d'attributions colorées aux voyelles, tableaux dressés par philosophes, écrivains, psychologues, lingüistiques. Genette reprend cette comparaison en faisant ressortir la dominante, à travers l'histoire, du rouge pour le O. C'est peut-être dû au fait que la physionomie du mot impose sa forme à la bouche: comme l'écrit M. Bernard dans Le Corps (52), dont les vues seraient aussi à verser au dossier mimologique contemporain: «Les mots se fraient un passage dans notre corps, y résonnent, comme par exemple l'adjectif 'rouge' qui donne à ma cavité buccale une forme sphérique et provoque aussi un sentiment de plénitude*

*assourdie.» Rimbaud lui-même dans son fameux sonnet des Voyelles, avant d'écrire «O bleu», avait inscrit spontanément «O rouge». «I rouge», écrit-il finalement, comme pour le marquer du sceau de sa sexualité.»*[142]

(On pense au soleil rouge de *La révélation du présent*.)

D'autre part, il nous semble que les jeux de personnages réduits à une partie de leur corps (main, oeil) ou avec un organe particulièrement proéminent (souvent la tête) se doivent, en partie, chez Magritte, comme sa systématique pétrification d'un peu toutes les figures de ses toiles, à une certaine influence de Diderot:

"*La toile d'araignée (Le rêve de d'Alembert, 1769)*
*Contre le dualisme cartésien, qui opposait l'âme et le corps, une substance pensante et une substance étendue, Diderot épouse un monisme radical, qui affirme qu'il n'existe dans la nature qu'une seule et même matière diversement formée. Le monde n'est qu'«un immense océan de matière», écrit-il. Évidemment, la conception diderotienne de la matière varie dans le temps, d'un texte à un autre, selon les modèles sollicités: la matière se définit ainsi tantôt par le mouvement ou l'énergie, tantôt par la vie ou la sensibilité. Quoi qu'il en soit, Diderot affirme que la matière peut non seulement vivre et sentir mais aussi penser et, inversement, que la pensée n'est qu'une propriété ou un effet de la matière, de certaines organisations de la matière. L'être humain est ainsi fondamentalement matériel.*
*Dans les trois dialogues qu'on appelle communément Le rêve de d'Alembert, Diderot affirme avec brio la matérialité essentielle de l'être humain, en particulier la continuité physique entre la matière inerte et la matière vivante, sentante et pensante. À cette occasion, le philosophe compare l'être humain à un «faisceau de fils» (RA, 145), un «peloton» (RA, 141) ou un «réseau» (RA, 154-155) de fils sensibles, qui tous se rencontrent en un point, les méninges, comme «une araignée au centre de sa toile» (RA, 140). «Les fils sont partout; il n'y a pas un point à la surface de votre corps auquel ils n'aboutissent» (RA, 141). Mais pour Diderot, cette sensibilité générale est une sorte de «toucher diversifié» (RA, 154). «Ce toucher se diversifie par les organes émanés de chacun des brins; un brin formant une oreille donne naissance à une espèce de toucher que nous appelons bruit ou son; un autre formant le palais donne naissance à une seconde espèce de toucher que nous appelons saveur [...]» (RA, 145), etc. De plus, il est aussi d'autres espèces de toucher, qui ne relèvent pas des cinq sens, mais d'autres parties du corps et d'autres organes, avec d'autres espèces de sensations, qui ne sont pas externes, mais internes. «Le pied, la main, les cuisses, le ventre, l'estomac, la poitrine, le poumon, le coeur ont leurs sensations particulières» (RA, 147). Ainsi, par l'intermédiaire de ce toucher généralisé, il s'établit une certaine continuité physique entre le sujet et l'objet, entre l'être humain et le monde qui l'entoure, entre l'extérieur et l'intérieur du corps et cette origine ponctuelle du réseau que sont les méninges. «Tout [est] lié» (RA, 142), conclut Diderot.*
*Mais pour établir la matérialité essentielle de l'être humain, Diderot affirme aussi une continuité génétique et historique entre la matière inerte et la matière vivante, sentante et pensante, en spéculant sur les origines de l'être humain, comme sur son avenir — ce qui témoigne d'une manière exemplaire de l'arbitraire du corps, des sens, de la vue en particulier, et des idées. Par exemple, avec beaucoup d'humour, le dialogue décrit la genèse matérielle de ses interlocuteurs: «D'abord, vous n'étiez rien», dit le médecin Bordeu à Mademoiselle de L'Espinasse. «Vous n'étiez qu'une substance molle, filamenteuse, informe, vermiculaire, plus analogue au bulbe et à la racine d'une plante qu'à un animal» (RA,*

148). Le dialogue spécule aussi sur l'évolution des espèces: «L'espèce animale [est] le produit de la fermentation [...] [Mais] qui sait si la fermentation et ses produits sont épuisés?» (RA, 130) D'autres transformations sont encore possibles. Bordeu imagine ainsi au fil des générations: un homme qui ne soit plus qu'une tête ou qu'un sexe (RA, 137), des manchots dont les omoplates se développent pour devenir des mains (RA, 137), un véritable hermaphrodite (RA, 146), etc. Bordeu imagine aussi la «possibilité d'un sixième sens», que la nature pourrait bien former «avec un brin singulier qui donnerait naissance à un organe qui nous est inconnu» (RA, 146). Le dialogue en vient même à considérer que l'on pourrait changer le cours de l'évolution, la forme des corps et des sens par quelques manipulations génétiques dans l'oeuf: «Mutilez le faisceau d'un de ses brins [...] [et] l'animal n'aura point d'yeux [...] ou n'en aura qu'un placé au milieu du front», ou «l'animal sera sans nez», «sans oreilles», «sans tête, sans pieds, sans mains» (RA, 149).

Doublez quelques-uns des brins du faisceau, et l'animal aura deux têtes, quatre yeux, quatre oreilles, trois testicules, trois pieds, quatre bras, six doigts à chaque main. Dérangez les brins du faisceau, et les organes seront déplacés: la tête occupera le milieu de la poitrine, [etc.] [...] Vous aurez toutes sortes de monstres imaginables. RA, 150

Le dialogue (l'Entretien) finit par envisager la possibilité de créer un être humain à partir de rien ou presque. Il en livre même la recette: «Avec une matière inerte, disposée d'une certaine manière, imprégnée d'une autre matière inerte, de la chaleur et du mouvement, on obtient de la sensibilité, de la vie, de la mémoire, de la conscience, des passions, de la pensée» (RA, 105).

*Galatée (Salon de 1763)*
Tout l'édifice matérialiste - comme cette apologie du toucher qu'il entraîne - repose ainsi sur cette hypothèse d'une continuité - physique et génétique - de la matière inerte à la matière sensible, de la matière sensible à la matière pensante. Mais cette thèse reste à démontrer. Étrangement, que ce soit en raison du tempérament primesautier du philosophe, du genre léger de certains de ses écrits ou des limites de la science de son époque, Diderot semble plus intéressé à imaginer les conséquences de cette thèse par des illustrations qu'à en éprouver la vérité par des expériences. Cependant, le Rêve (l'Entretien) s'ouvre sur l'exposé d'une expérience imaginaire, qui, si elle était réalisée et réussie, pourrait peut-être tenir lieu de démonstration de tout l'édifice matérialiste.

Comme le dit ici d'Alembert, pour que tout cela tienne, pour établir cette continuité entre la matière inerte et la matière sensible, «il faut que la pierre sente» (RA, 90). À quoi Diderot acquiesce, qui voit peu de différence «entre l'homme et la statue, entre le marbre et la chair»: «on fait du marbre avec de la chair et de la chair avec du marbre» (RA, 90-91). Cela se fait toutes les fois que vous mangez [...]: vous levez les obstacles qui s'opposaient à la sensibilité active de l'aliment. Vous l'assimilez avec vous-même; vous en faites de la chair; vous l'animalisez; vous le rendez sensible; et ce que vous exécutez sur un aliment, je l'exécuterai quand il me plaira sur le marbre. RA, 93

Et comment? En le rendant comestible. En guise de démonstration, Diderot propose l'expérience imaginaire suivante: «Je prends la statue que vous voyez, je la mets dans un mortier, et à grands coups de pilon...» D'Alembert s'inquiète: «C'est le chef-d'oeuvre de Falconet. Encore, si c'était un morceau de Huez ou d'un autre...» Mais Diderot répond: «Cela ne fait rien à Falconet; la statue est payée, et Falconet fait peu de cas de la considération présente, aucun de la considération à venir.» Et d'Alembert, philosophe: «Allons, pulvérisez donc» (RA, 93-94). Diderot imagine donc la suite, comme une recette: je pulvérise la statue, je mêle la poudre obtenue à quelque terre végétale et je pétrie le mélange; je l'arrose, puis le laisse putréfier «un an, deux ans, un siècle, le temps ne me fait rien»; et enfin, «lorsque le tout s'est *transformé [...] en humus [...], j'y sème des pois, des fèves, des choux, d'autres plantes légumineuses. Les plantes se nourrissent de la terre et je me nourris des plantes» (RA, 95). Et c'est ainsi que l'on transforme le marbre en chair. C.Q.F.D.*"[143]

Toutefois, il faut voir l'ambivalence notée de la quille, à laquelle nous revenons en cela qu'elle représente une modalité de la représentation du masculin-féminin dans l'oeuvre de Magritte, moins comme une incohérence, qu'elle est pourtant sans doute, ou comme une liberté, nom que l'on donne toujours à nos erreurs de logique, mais à une surdétermination par intégration. Ainsi, comme les oiseaux deviennent ciel, et, par inversion (freudienne, de l'*Interprétation des rêves*, précisément, toujours), pierre, ils finissent par contenir la végétation comme un élément masculinisé en eux, et par conséquent, duel dès lors qu'il intervient par rapport à un autre, féminin, comme le sont les quilles, lesquelles s'ornent, avec la même ambigüité, mais que nous lirons comme féminine, de branches aux formes de cornes de cerfs (elles deviennent, dirons-nous, en ce sens, moins que masculinisées ou christiques, *cuckoldisées*, par la présence du cavalier), dans *Le jockey perdu* (1926), que Magritte considérait comme sa première peinture surréaliste[144], et, pour nous, version masculine, de fait, de *La Carte Blanche* (1965)[145]. Cette dualité complémentaire entre la figure masculine et la quille branchée devenant arbre se retrouve dès le sans titre de 1925[146], où les deux figures apparaissent découpées dans du papier à musique.

En effet, cette dernière oeuvre entre dans le groupe des toiles confirmant l'identification entre la femme et l'arbre chez Magritte, que sont: *Je ne vois pas la femme cachée dans la forêt* (1929), affiche et peinture[147]; et *Découverte* (1928), où le personnage féminin s'y transforme, comme dans les peintures de Paul Delvaux[148], en arbre, ou du moins ici sa peau devient bois.

"*A better-known example of Belgian involvement in Parisian publications was Magritte's contribution to die twelfth issue of La Révolution surréaliste of December 1929 (no. 12, 1929, p. 73). Here Magritte was accorded a distinct significance. A page is occupied by his collage of 16 Surrealists photographed with their eyes shut, placed around the border of the painting inscribed with the words 'je ne vois pas la... cachée dans la forêt', the implicit words 'la femme nue' being replaced by the representation of a somewhat timorous nude. The complex statement about the relationship between words and images, which is implicit in this composition, is treated at length in Magritte's further appearance in* *the issue. He presents a detailed pictorial treatise on `les Mots et les images' in which the question of verbal and pictorial interchangeability and equivalence is treated. The implications of these deliberations are by no means conclusive but they are certainly underpinned by a reflective and, even, philosophical impetus so typical of the Brussels group and so inconsistent with the endeavours of the Parisians."*[149]

On se souvient de *L'Usage de la Parole* (1927-1929), sorte de figure humanoïde divisée en trois parties: "*arbre*", "*corps de femme*" et "*canon*". Or dans *Plante avec Mot* (1929), la corolle porte le mot: "*Canon*", lequel, rappelons-le, au milieu du XXème siècle (il faudrait pouvoir préciser quand apparaît le terme dans l'argot - dont il existe cependant[150] des équivalences en anglais[151], issues du langage du jazz, dès les années 1940[152], et en espagnol[153] -, en tous cas il semblerait qu'il provienne du concept de canon artistique)[154], désigne non seulement l'arme, mais aussi une belle femme. Quoi qu'il en soit, *Le Parfum de l'Abîme*, avec ses tours-canons, que l'on retrouve comme corne de licorne chez Magritte, et les canons-visages des *Cicérons* crachant des flammes, parallèles à des oeuvres comme *Exercices Spirituels* et *La reconnaissance infinie*, évocations plus qu'évidentes de masturbation et fellation, ou la représentation directement phallique de *La Faculté imaginative*, nous indique que cette nouvelle tête-canon pourrait n'être pas "*canon*" en cela qu'elle serait belle, mais propre à recevoir les coups des canons, tel que, autre sens génétique de l'expression populaire, dont on laissera là comme possibilité de son lien, peut-être anachronique de quelques années, avec l'oeuvre de Magritte, l'exprime *Le petit citateur* (1869):

"*ÉCOUVILLONNER. v. a. Traiter une femme comme un canon; lui bourrer le con à grands coups de pine.*
"*... On ne fait avec elle que charger, tirer, écouvillonner, recharger, décharger, etc...*"
*("Les Aphrodites.")*
.../...
*ECRÉMER UN HOMME. Le faire foutre jusqu'à ce que la crème contenue dans les récipients naturels (les testicules) soit épuisée.*"[155]

(Ce qui explique le pot à crème que l'on trouve dans les représentations de *La Clef des Songes* et *La Table, l'océan et le fruit*).

Mais, revenant au canon, de fait, on désignait dès le XIXème siècle au moins comme:

"*CANON À PISSER. Le membre viril, - que nous déchargeons dans la femme sans la tuer.*"

Et c'est pour cela que l'on parle de:

"*ENRAYER. Très-chaste façon de dire qu'on ne bande plus. On n'enraye jamais volontairement, mais au contraire malgré soi, lorsque les roues du canon se refusent à tourner, et le canon à cracher sa mitraille spermatique dans le con d'une femme. Funerata est pars illa corporis, qua quondam Achilles eram! «Elle est morte, cette partie de mon corps qui jadis faisait de moi un Achille!» Se rappeler le temps où l'on bandait fort est la seule consolation qu'on ait lorsqu'on ne bande plus du tout.*"[156]

Et encore:

"*ROUPETTES. Les testicules, - qui sont les petites roues sur lesquelles repose le canon chargé de mitraille spermatique.*
*L'expression est moderne.*
*«Ses roupettes étaient grosses et rebondies,*
*Et de poils longs et noirs abondamment fournies.»*

PROTAT.

*«Sur les roupettes granitiques*
*De l'indomptable Sarrazin*
*Il pleut.»*

B. DE MAURICE."[157]

Toutefois, le même Dictionnaire, s'il nous confirme dans nos thèses en ce qui concerne la bougie:

"*BRÛLER UN CIERGE. Tirer un coup avec une femme, qui se charge de vous faire couler.*"[158]

Et le doigt de *Lecture défendue* et *La révélation du présent*:

"*BRIGADIER DE L'AMOUR (Le). Le doigt médium, - à cause de l'assistance qu'il prête aux amants dans les jeux libertins, puisque c'est avec lui qu'on branle une femme.*
*«Quand amour perd de sa flamme,*
*Ce doigt la réveille en vous;*
*Lorsque aussi près d'une dame*
*Le Dieu cueille un beau laurier*
*Ce doigt est son brigadier.»*

*Chanson anonyme moderne.*"[159]

(Incidemment, on le voit à la fin du couplet, l'identification entre Dieu et l'homme, comme on le voit peut-être plus clairement que dans le doigt pointé, inversement de celui, traditionnel de Dieu[160], vers la terre, chez Magritte vers le Ciel - bien qu'ainsi est aussi la *Main de Justice* du Sacre de Napoléon Ier[161] -, dans le Dieu barbu assis sur sa nuée de, précisément, *Le Nuage*.)

Indique que la quille est aussi traditionnellement métaphore du membre masculin:

"*ENQUILLER UNE FEMME. La baiser, mettre la vivifique quille dans son vagin.*"[162]

Toutefois (mais pareillement le poisson est symbole du sexe masculin, comme anchois pour le jeune garçon, poisson ou goujon pour l'homme adulte, alors que le maquereau, le barbeau, le barbillon, ou le merlan désigne le proxénète, et le "*poisson sans sa sauce*" l'homme qui ne *décharge point, ou que l'on empêche de décharge*"[163], et pourtant nous ne considérons pas que les poissons, les sirènes et les baleines, dont certaines sont en couple, chez Magritte, symbolisent avant tout ou essentiellement l'univers de la masculinité, pour preuve *La Connivence* de 1965[164] avec son poisson monté sur le phallique monticule de *Dans l'Espace et Dans le Temps*, tout au contraire - de fait, *Le rêve de l'androgyne* peut permettre de comprendre partiellement la complexité du poisson chez Magritte, puisque l'a où la femme est sirène [dont la queue, comme dans *L'Aiguillon*, nous renvoie aux équivocations du petit Hans de Freud sur celle de la girafe, autre animal, bien que moins présent, mais apparaissant dans deux notables situations dans l'oeuvre du peintre, et à la jambe manquante de l'analyse de Léonard de Vinci], l'homme, qui n'a que le poisson/sexe en tête le fantasme -), pour toutes les preuves que nous apportons à notre défense, nous continuerons de la considérer, chez Magritte, pour raison dialectique, féminine (comme tend à le prouver l'*Étude de fleurs*[165] qui les orne de fleurs au lieu des boules de tête). Dit plus concrètement, il nous semble que les jockey perdus entre des forêts de quilles cornues n'auraient aucun sens si celles-ci étaient, dans ces oeuvres, des symboles masculins. Ainsi nous l'indique encore (bien que nous renvoyant à l'ambivalence des symboles chez le peintre et aux portraits de chevaux aux cornes-tours, mais cela peut nous aider indirectement à mieux comprendre les quilles branchées, comme, identiquement, le désir du pénis par la femme/quille-jument[licorne], à moins que l'on voit dans les chevaux à tour l'image de *La Belle Idée* [qui serait alors celle de porter sa corne visible toujours, pour que, comme dans l'iconographie médiévale, puisse la prendre en main les femmes au passage]) *Le Météore* (1944)[166], cheval dont l'allure, qui le fait ressembler à un élégant chevalier à la longue chevelure du XVIIème siècle (voir le *Portrait équestre de Louis XIV*, du début du XVIIIème siècle, d'après un modèle de Martin Desjardins, né Van den Bogaert[167], ou l'*Allégorie de Louis XIV en Apollon sur le Chariot du soleil, précédé par l'Aurore et accompagné par les heures*, c.1662-1667, de Joseph Werner[168]), le rend masculin (bien qu'il conserve l'oeil bleu, féminin, des peintures de Magritte, notamment de *Le Faux Miroir* et du groupe correspondant, que nous abordons ailleurs dans la présente étude, mais l'androgynie n'est pas absente des portraits de Louis XIV notamment, car n'oublions pas que Roi Soleil, c'est un Apollon, par exemple, précisément dans ce sens géniteur et solaire divin, dans *Louis XIV et la famille royale* de 1670 de Jean Nocret[169], ou, attribué au même Nocret, le portrait de *Louis XIV enfant à cheval*, c.1653?[170]), sur fond auréolé du mouvement (proprement futuriste, on pense, pour le modèle équidé, à *Élasticité* de 1912 d'Umberto Boccioni[171], ou, pour l'espace qui se modifie en fonction du mouvement, ici supposé, et non représenté, puisque le personnage reste fixe, en train de poser, à *Cycliste* de 1916 de David Burliuk[172]) du ciel s'ouvrant (similairement à la pipe de *La Liberté des cultes*) pour le nimber au milieu de la forêt (comme le soleil de *L'Écho*, de fait, dans les deux cas, de *L'Écho* et de *La Liberté des cultes* avec la même touche impressioniste), dont, métonymiquement, il représente, cheval, le cheval-cavalier qui la parcourt (pénètre, encore une fois) à toute allure, d'où probablement le titre; si l'on reporte donc cette image à celle des susmentionnés jockeys, ceux-ci apparaissent bien comme possesseurs de ces forêts de quilles(/filles). Nous noterons cependant que *L'Art de la Conversation* (1950), qui présente un groupe de quilles se dressant entre un groupe de feuilles-arbres, montrant l'ambivalence dont nous avons parlé dans l'oeuvre de Magritte, toutefois il serait grossier de vouloir prétendre que, faite dans le cadre surréaliste des associations dites libres, l'oeuvre d'aucun peintre, mais en particulier de l'un de ceux de ce mouvement pourrait se réduire à une illustre homogénéité telle que rien n'y échapperait ou ne s'en décrocherait, même partiellement.

Mais on peut quand même voir dans *L'Art de la Conversation* une transmutation ou une équivalence arbre-quille, similaire à celle de représentation métonymique que reprend, une fois de plus, la présente peinture, entre l'arbre et la feuille.

De fait, si bien désigne:

"*QUILLE. Le membre viril.*

*Ma tante dessus ses vieux ans.*
*A voulu gouster de la quille*
*Et s'est faict enfler le devant*
*D'un petit fils et d'une fille.*
*(Chansons folastres.)*
*Si fussiez allé chaque jour,*
*Cependant qu'Alix était fille,*
*Planter en son jardin la quille,*
*A l'envi chacun eût crié!*

*Jodelle.*

*Elles tâchent toujours d'abattre la quille du milieu.*

*Tabarin.*"[173]

"*Si j' suis paumé, j'enquille aux Capucins,*
*Ricord guérira ma vérole.*

*Dumoulin.*"[174]

De là:

"*JOUER AUX QUILLES. Faire l'acte vénérien.*

*La tienne joue bien aux quilles.*

Brantôme.

*Que l'un sur l'autre ils tombèrent
En jouant au beau jeu de quilles.*

(Recueil de poésies françaises.)

*Bon compagnon et beau joueur de quilles.*

La Fontaine."[175]

"*Je compris qu'un petit cadeau
N'était qu'une vétille;
Bref, je tombe dans le panneau,
Puis, de fil en aiguille,
Ell' montre tout son petit jeu:
Qu'abat la quille à Mayeux...
Qu'abat (bis) la quille?*

Alex. Marie."[176]

## Pour ce que:

"*abatteur de quilles* \a.ba.tœʁ də kij\ *masculin*

*(Propre) (Peu usité) Homme adepte au jeu de quilles.*
En dehors de la politique et de la pipe, Michu aimait assez le jeu de boules. Quelquefois le dimanche, il m'invitait à faire une partie avec lui et Laurier, grand abatteur de quilles. - (Charles Malato, Les Enfants de la liberté, L.-H. May et G. Mantoux, 1903, p. 98)
*(Figuré) Homme qui multiplie les conquêtes amoureuses.*
Vous êtes, je vois bien, grand abatteur de quilles;
Mais au reste honnête homme, et payez bien les filles. - (Mathurin Régnier, Satire XI, v. 1616, dans Œuvres choisies, V. Masson, 1836, p. 97)
Jeune, il fut un bon compagnon,
Grand abatteur de quilles,
Vieilles, jeunes, tout lui fut bon,
Soit veuves, femmes ou filles. - (Jean-Baptiste Honoré Raymond Capefigue, Pamphlet contre le roi, 1709, dans Louis XIV, son gouvernement et ses relations diplomatiques avec l'Europe, Dufey, t. 6, 1838, p. 17)
Vous êtes aussi un vaillant champion, je ne m'en étonne pas: vous êtes un grand abatteur de quilles, c'est dommage que la caillette vous tient. - (Jean-Baptiste Gouriet, Personnages célèbres dans les rues de Paris, depuis une haute antiquité jusqu'à nos jours, Lerouge, 1811, t. 1, p. 173)
À la nouvelle que Putois avait séduit Gudule, la ville fut pleine de surprise, d'admiration et de gaieté. Putois fut célébré comme un grand abatteur de quilles et l'amoureux des onze mille vierges. - (Anatole France, Putois dans Crainquebille, Putois, Riquet et plusieurs autres récits profitables, Calmann-Lévy, 1904, p. 95)

*Victor Hugo a toujours passé pour un grand abatteur de quilles, et sa femme le trompa avec Sainte-Beuve, laid et plutôt malingre. - (Henri d'Alméras, La Femme amoureuse dans la vie et dans la littérature, t. 6, Les Mal-mariées, A. Michel, 1926, p. 36)*

*Sans être un grand abatteur de quilles, Mallarmé ne se plaint jamais d'avoir les aiguillettes nouées. - (Hubert Fabureau, Stéphane Mallarmé: son œuvre: portrait et autographe, Éd. de la nouvelle revue critique, 1933, p. 63)*

*Synonymes*
*abatteur de bois*"[177]

## Et ainsi devient:

"*Abatteur de bois. Fouteur, - son outil étant considéré comme une cognée, et la nature de la femme, à cause de son poil, comme une forêt.*

*Il n'étoit pas grand abatteur de bois, aussi étoit-il toujours cocu.*

Tallemant des Réaux.

*Les beaux abatteurs de bois sont, comme les rois et les poëtes, des raræ aves.*

Baron Wodel.

*Ce Jacques était un grand abatteur de bois remuant.*

(Moyen de parvenir.)

*Il lui présenta cent mille choses que ces abatteurs de femmes savent tout courant et par cœur.*

(Les Cent Nouvelles nouvelles.)

*Je me connais en gens;*
*Vous êtes, je le vois, grand abatteur de quilles.*

Régnier."[178]

## Puisqu'en outre la quille désigne la jambe des filles:

"*Allons, la garce, haut la quille!*
*Mon vit est crânement drissé.*

A. Karr."[179]

Ce qui fait que la quille rime souvent avec fille dans la poésie française, pour évoquer cette légèreté du coureur de jupons. Chez Mathurin Régnier ("*Satyre XI*"):

"*Vous estes, je voy bien, grand abbateur de quilles,*
*Mais au reste honneste homme, et payez bien les filles.*"[180]

## La Fontaine et Marot:

"*La Fontaine, conte des Lunettes:*
*Garçon carré, garçon couru des filles,*
*Bon compagnon, et beau joueur de quilles.*

*Mais Clément Marot avait employé cette expression longtemps avant. C'est dans l'épître xxvm, au roi François Ier, où il fait le portrait d'un valet qui l'avait volé:*
*Sentant la hart de cent pas à la ronde...*
*Prisé, loué, fort estimé des filles*
*Par les bordeaux, et beau joueur de quilles.*"[181]

Et dans *Gargantua*:

"*À ce faire conviarent tous les citadins de Sainnais, de Suillé, de la Roche Clermaud, de Vaugaudry, sans laisser arriere le Couldray, Montpensier, le Gué de Vede, et aultres voisins, tous bons beuveurs, bons compaignons, et beaulx joueurs de quille da.*" (chapitre II)[182]

La meilleure preuve que l'arbre et la forêt sont des éléments féminins chez Magritte est le titre *La Géante* (1967)[183], variation sur le thème de celle de Baudelaire, mais où ici la géante est une immense feuille-arbre (représentation métonymique), associée à la boule (masculine), au rideau (aussi mis à côté d'une boule) et au bord d'eau (féminins).

En ce sens, la série *Le Sens Littéral* (1929) est intéressante: le 1 est un miroir où est écrit "*femme triste*"; le 2 présente une ardoise encadrée sur laquelle est écrit: "*Forêt*" et un autre cadre, contenant une partition musicale; le 3 sont deux objets encadrés, de dimensions totalement opposées, avec, respectivement, les mots, sur le plus grand: "*salon*", et sur le plus petit: "*forêt*"; le 5, avec deux objets encadrés, de formes plus similaires, chacun avec un mot: pour le plus petit "*Rideau*" (avec majuscule, ce qui est excessivement rare) et dans le plus grand "*cheval*".

Nous interprétons la différence de dimensions entre le salon, espace essentiellement féminin, et la forêt, masculine en cela qu'extérieure (comme la mer de *L'homme du large* et de *Difficile traversée*) et qu'il les domine (comme il domine la femme), comme l'affirmation imprimée à la série dès le début qu'elle traite de l'espace féminin. D'autre part, l'inverse différence entre le cheval, masculin, mais écrit dans un cadre plus grand que "*Rideau*", féminin, en cela qu'aux espaces concrets, la fin de la série substitue ceux de l'attraction, la femme désirant le cheval.

En cela, le dernier tableau de la série est important, car il nous ouvre à une relation implicite, mais évidente, chez Magritte entre l'intérieur, du miroir, féminin, et l'extérieur, au-delà du rideau, dichotomie au centre de la série *Le Palais des Rideaux*, dont le 1 montre un rideau aux plis soulevés, comme si quelqu'un le portait comme une cape, et, à côté, le même espace, mais vidé et ouvert au ciel, selon la dualité habituelle dans les toiles de Magritte; le 2, dans ce jeu de miroir non dit, montre deux cadres, l'un représentant un ciel, l'autre avec écrit: "*ciel*". Le 3, pareillement, mais, jeu de miroir encore, inversé et le mot ciel y est écrit en anglais: "*sky*". Le 4 une reprend le 1 en le démultipliant.

De là *Le Masque vide 1* (1928), qui divise l'espace en quatre sections écrites: "*ciel*", "*corps humain ou forêt*", "*rideau*", "*façade de maison*".

L'incertitude que nous notions autour du symbolisme de la forêt se fait, de nouveau, patent, mais toujours dans la dialectique autour de l'espace féminin. Ici, de nouveau, le corps humain, féminin, comme on le voit en comparant les deux séries, s'identifie à la forêt, qu'on entende comme une conjonction dialectique ou d'identité, exclusive ou inclusive, ce "*ou*". L'insistance, on le voit aussi, est ici le domaine du domestique (le rideau et la façade, le corps versus la forêt, restant seul le ciel comme élément extérieur à cet ensemble, comme dans d'autres toiles nous avons vu que l'objet qui se nomme pour ce q'il est marque la distance avec ceux renommés par l'art du peintre).

L'oiseau de *Le Printemps* (1965) volant au-dessus de son nid d'oeufs comme *L'homme et la forêt* (de la même année), à côté de la boule magrittienne, s'approprient la forêt par transparence comme ailleurs le ciel les oiseaux.

On note que les deux sont dans une position typique de Magritte, les oeufs ou la boule sur un mur, qui sépare l'homme ou l'espace végétal du *Printemps* du spectateur, selon le principe énoncé par Magritte dans sa théorisation de 1928 citée initialement par nous.

Alors que le couple d'oiseaux de *Nuit d'amour* (1947[184]) s'associe à la bougie allumée et au verre d'eau (de l'orage, c'est-à-dire du mouvement fluidique), *La Faculté imaginative* (1948[185]) et *La Veillée* (1961)[186] présentent la bougie sur les oeufs, dans une claire représentation visuelle de l'appareil reproducteur masculin. À l'instar de la seule et pendante *Saucisse casquée* (1929), qui n'est qu'un pénis avec son prépuce. C'est encore l'association entre le doigt géant et, à son bout, la boule (qui néanmoins ici peut être considérée comme tenant lieu de clytoris, devenant, par l'association des deux, le doigt une représentation visuelle de la quille, ronde, dont nous avons montré qu'elle est, pour cela, symbole féminin) dans *La Lecture défendue* (1936[187]) en "*référence à un texted'Aragon mis à l'index (au sens littéral chez Magritte) intitulé Le Con d'Irène.*"[188]

De là que l'Autoportrait intitulé: *La Lampe Philosophique* (1936[189]) de Magritte au nez en forme de trompe dans sa pipe, et avec une bougies allumée coulant en circonvolutions autour de la table sont deux représentations associées surdéterminant, de nouveau l'appareil géniteur masculin, comme le confirment *Le Goujat* (1938)[190], personnage au nez-corps, dont le titre et l'iconographie laissent peu de doute, et les oeuvres où, à similitude de *L'art de la conversation*, s'associent le masculin et le féminin, telles que *Le Principe d'incertitude* (1944)[191], où clairement, encore une fois, la femme (de manière très intéressante [par rapport à l'oiseau-phallus, qui est, ici "*l'Ombre*" qui l'accompagne, comme dans *Laissé derrière par l'Ombre* ou dans "*Le Corbeau*" de Poe - où, inversement, il représente l'aimée disparue -], elle conserve la posture de *Venus pudica*, qu'on lui retrouve plusieurs fois chez Magritte, quand elle n'est d'ailleurs pas simple buste [on pourrait, accessoirement, voir donc là une autre forme de priver la femme de l'usage de ses bras]) se trouve face à l'oiseau, ici comme ombre d'elle-même, ou encore *Le Masque de la Foudre* (1965-1966), où, cette fois, devant elle, apparaît une énorme pipe (le terme foudre ne laisse pas de doute sur le symbolisme de pouvoir phallique[192]), dont est évident le symbolisme phallique, pour ne pas penser directement à celui associé dans le langage populaire à la fellation, et aux oiseaux cités au-dessus des feux ou les regardant au loin:

"*Au début du XXe siècle, les fumeurs du peuple se roulaient leur cigarette, les cigarettes manufacturées apparues à la fin du siècle précédent étant réservées aux personnes de la haute société et aux femmes. Ils disaient alors qu'ils "s'en roulaient une" ou "se faisaient une pipe" (si la cigarette s'appelait aussi la 'pipe' en argot, ce serait parce que la quantité de tabac nécessaire pour fabriquer la cigarette était à peu près équivalente à celle utilisée pour une pipe).*
*De là, il est facile d'imaginer que les dames de petite vertu qui faisaient des pompiers à leurs clients, comparaient leurs gestes à ceux que font les fumeurs d'abord méticuleusement avec leurs doigts et puis le long de la cigarette avec leur langue avant d'aboutir à une 'pipe' prête à être fumée.*
*Vu qu'il est question de pipe et de fumée, on ne peut s'empêcher de lier cette expression avec "avaler la fumée" qui lui est antérieure (milieu du XIXe siècle) et qui désignait une fellation complète, avec avalement du sperme.*
*Les esprits très curieux se demanderont pourquoi on disait aussi "tailler une plume", expression maintenant oubliée?*
*D'après Cellard et Rey dans leur Dictionnaire du français non conventionnel, cela viendrait du fait qu'autrefois, et c'était une tâche plutôt réservée aux femmes, avant de tailler au canif les plumes d'oie qui servaient à écrire, il fallait en humecter l'extrémité avec la langue.*
*Et le 'pompier', alors?...*
*La même source rappelle qu'autrefois, les pompiers alimentaient leurs lances à incendie en activant à la main les pompes de leurs citernes. Ces mouvements de va-et-vient du piston dans le corps de la pompe, rappellent le fait qu'au cours d'une fellation, l'homme se fait 'pomper' par un autre type de va-et-vient, et le tout mélangé à la similitude entre 'pomper' et 'pompier' aurait fait le reste.*"[193]

Dans le film *Vacation* (2015, John Francis Daley et Jonathan M. Goldstein), s'associent, comme symboles phalliques autour du beau-frère (interprété par Chris Hemsworth) pour lequel l'héroïne a un coup de coeur: le robinet, qu'il mentionne en permanence; les oeufs, qu'il mange en abondance; le bovin qu'il éduque à manger la chair de de ses congénères. Tous éléments qui confirment donc, par leur identification autour de ce personnage, le sens que nous avons donné dans notre analyse à leurs équivalents dans l'oeuvre de Magritte. Quant à la troisième ici mentionnée, nous la divisons, en ce qui concerne Magritte, entre la figure du Minotaure, et le caractère notablement anthropophagique de l'amour dans l'oeuvre du peintre.

Identiquement, nous trouvons dans la première chanson composée par le chanteur mexicain Juan Gabriel: "*La muerte del palomo*" (1974) la confirmation du symbolisme, au travers du temps, de la colombe, associé à l'amour et à la perte (oiseau mort, que l'on retrouvera chez Greuze ou Oscar Wilde, et, sur le mode comique, chez Boccace).

Comme les longs nez de Magritte et de sa femme (ou celui rougi de la Femme) rappellent, dans l'histoire de l'art, celui du cousin Gabriel dans les dessins du jeune Toulouse-Lautrec sur les murs de l'Orangerie du Château du Bosc[194], connaissant l'anglophilie des avant-gardes francophones (notamment de Marcel Duchamp), on peut supposer que l'expression "*birds of a feather* (ici non terminée: "*flock together*")" ("*Qui se ressemble s'assemble*")[195], que l'on trouve dans le film *Jigsaw* (1949, Fletcher Markle), qui accompagne le baiser donné par l'héroïne, dangereuse femme fatale au sens strict, interprétée par Jean Wallace, est à intégrer à notre *corpus* sur la relation entre le baiser carnivore et l'oiseau.

Sur le symbolisme phallique du canon crachant le feu, de la bougie allumée, de l'allumette, et de la clé en feu (ce qui, pour reprendre, dans l'un de ses titres, le propre Magritte, fait "*Sourire* (le) *Diable*"), et donc du feu en soi (comme dans ce que nous lisons comme autant de Phénix dans les différentes oeuvres représentant des oiseaux de proie, au-dessus ou à côté de bûchers - nous développons ailleurs la question de l'activité sexuelle comme auto-mutilation dans l'oeuvre du peintre -), on se reportera plus particulièrement au tableau, intitulé: *Les Vases communiquants* (1946)[196], où, en quatre compartiments séparés, apparaissent ces différents objets.

*La part du feu*[197] (n'est-ce pas, au fond, précisément, ce qui nous brûle et nous consume? Nous en revenons toujours aux aigles-Phénix et Idole [le Christ n'est-il pas mort pour atteindre la divinité, comme Zagreus dépecé par les Titans, puis brûlé partiellement, et partiellement bu, ou comme Osiris encore?]) est ainsi, dans l'oeuvre de même titre, où l'on retrouve la bougie allumée flambant sur un chandelier à pied, les gouttes de pluies ("*l'orage*" du don du jet spermique), un moribond en attitude de gisant (principe d'auto-mutilation de l'acte d'amour) à grosses moustaches (symbole de virilité) est soigné par une vieille, sa femme ou sa bonne, qui lui apporte le souper au lit.

  La pipe devant le visage de Magritte en devient le totem, à l'instar de l'oiseau, et de la pomme, respectivement dans *La Bonne Foi* (1964-1965), *L'Homme au chapeau melon* (1964) - nous dirions, en termes freudiens, que l'ellipse sur l'oiseau dans le titre au profit du chapeau en révèle le symbole lié aux gonades (on reverra ici, par rapport au texte cité de Freud à l'amusante photographie de Magritte, entre autres autant au chapeau melon, avec le chapeau à l'envers[198]) -, et *Le Fils de l'homme* (également de 1964)[199].

  Alors que *Le Sens Littéral 1* présente le miroir de la "*femme triste*", *Le miroir magique* (1929) qui intègre le groupe nominal "*corps humain*", fait écho à *Les Reflets du temps*, un miroir au bord du rivage, avec un ornement en bois, *La fin du temps*, un miroir brisé, et *Le brise-lumière*, un miroir sorti de son cadre (tous trois de 1927), lesquels, à leur tour, font jeu avec *Le Dormeur téméraire* (1928), chronologiquement intermédiaire. On voit que Magritte travaille thématiquement par période. Les objets du rêve (incrustés dans la tête au-dessous [le subconscient, le *Ça*] du lit; c'est ainsi d'ailleurs la pierre qui se retrouve au-dessus du dormeur dans une sorte de boîte ou de cercueil dans *Le Cap des Tempêtes*, 1945[200]) y sont: le miroir, tout en haut, l'oiseau, le melon, le ruban, la bougie, la pomme. Ainsi, les niveaux y sont par étage, alternant le féminin (tout en haut le miroir, puis dans le troisième étage en partant du haut le ruban) et le masculin.

  Dans *La voix du sang*[201], la boule, avec la maison, est à l'intérieur d'un tronc d'arbre. Dans *La vie secrète* (1928)[202] elle est dans une chambre, comme la pomme d'Adam dans *La chambre d'écoute* (1952)[203], symbole cette dernière du fruit du Péché (qui, par le fait, fait pendant à *Le Fils de l'homme*)[204] dans le ventre de la mère, pour le dire en peu de paroles, dans *Les affinités électives* (1932 et 1933)[205], c'est l'oeuf qui est dans la cage.

### 1.4.c.4. Magritte et l'appareil sexuel masculin comme objet métaphysique: initiation à une particulière science philosophique

Faisons, à présent, un pas de plus: révélant la similitude morphologique entre Magritte et son épouse Georgette, bien qu'accentuée par le peintre pour l'effet du tableau, *Paysage fantôme* (1928), portrait de Georgette avec un nez proéminent comme celui de Magritte dans le fameux *Autoportrait* cité à la pipe, porte écrit au-dessus d'elle "*montagne*", au milieu du visage, surmontant la montagne, précisément, du nez, marque l'identification entre la femme et la montagne, que nous confirment les oeuvres suivantes.

Il faut tout d'abord relever que la modification par Nougé du poème de Baudelaire est la meilleure preuve du symbolisme *pétréen*[206] de la femme chez Magritte:

*"Du temps que la Nature en sa verve puissante*
*Concevait chaque jour des enfants monstrueux,*
*J'eusse aimé vivre auprès d'une jeune géante,*
*Comme aux pieds d'une reine un chat voluptueux.*

*J'eusse aimé voir son corps fleurir avec son âme*
*Et grandir librement dans ses terribles jeux;*
*Deviner si son coeur couve une sombre flamme*
*Aux humides brouillards qui nagent dans ses yeux;*
*Charles Baudelaire, "Les Fleurs du mal" (1857)*

*Alors qu'un monde bas mais de grâce prenante*
*Berce de ses couleurs l'espoir vain de vos yeux*
*Au milieu de ma vie se meut une géante*
*Méprisante, masquée, et négligeant vos dieux.*

*Son grand corps pour moi seul abandonné se pâme*
*Et libre se déploie en de terribles jeux*
*S'apaise pour renaître en une sombre flamme*
*Déchirant les brouillards qui nagent dans ses yeux*
*Charles Baudelaire, dans "La Géante" (1929-30) René Magritte*

*Au niveau formel, les choix de Baudelaire ont été retenus: la contrainte du sonnet est respectée ainsi que l'alternance de rimes masculines et féminines, qui sont identiques. Toutefois, si la mélodie des vers est étrangement ressemblante, sur le plan sémantique, une différence décisive se marque par rapport au texte «original»: dans la seconde version (si l'on peut dire), le passage du mode conditionnel au mode indicatif informe que le monde dans lequel vit la muse du poète est le nôtre, tandis que la dimension du leurre se voit retournée contre le lecteur imprudent. La poésie apparaît débarrassée de ses chimères. Son action «prend corps dans la vie sociale», comme Nougé le revendiquera explicitement en janvier 1932 à l'occasion de sa prise de position dans l'affaire Aragon.*

*Ni la catégorie du pastiche ni celle du plagiat ne permettent de rendre compte de la «nature» de la réécriture du poème de Baudelaire par Nougé. En aucun cas il ne s'agit d'une imitation ludique du style baudelairien, ni d'une parodie de l'idéologie romantique. Quant à la thèse du plagiat, elle s'effondre dès lors que l'on connaît les circonstances dans lesquelles ce texte fut rédigé. Ce poème n'était pas destiné à la publication. Il fut écrit à l'occasion d'une collaboration avec René Magritte, projetant de réaliser une toile à laquelle le poème a donné son nom: le peintre a représenté un salon bourgeois où se tient debout une femme nue, offrant lascivement sa taille de Géante (1929-1930) au regard du spectateur - c'est du moins l'effet visuel produit par le renversement de perspective qu'entraîne la figuration d'un personnage masculin plus petit au premier plan. On retrouve l'un des procédés identifiés par les deux complices comme étant susceptibles de provoquer un changement d'optique droite du tableau a été ménagé un espace libre faisant office de «marge»: s'y trouve inscrit le fameux poème réécrit par Nougé, mais signé du nom de Baudelaire.*

*Si un amoureux de la poésie baudelairienne pourra rapidement reconnaître quelle espèce de mystification soutient les rapports entre l'image peinte par Magritte et le poème, il faut avouer que la chose sera moins aisée pour le néophyte. Que l'on veuille bien oublier un instant les revendications littérales qui transparaissent à la faveur de la comparaison des deux textes et se mettre à la place d'un spectateur «non averti»: il est clair que Nougé a tout fait pour entretenir la confusion entre les deux textes. Passés les deux quatrains, où il donne un sens nouveau au poème, on constate que les tercets sont à peu de choses près identiques. Aussi le trompe-l'œil n'est-il pas seulement optique. Le terme de réécriture apparaît tout à coup moins pertinent que celui de falsification ou de dénaturation pour décrire le «produit» qui résulte de la récupération du poème de Baudelaire: on peut dire que celui-ci est passé par le prisme déformant de l'écriture nougéenne.*

*Parcourir à loisir ses magnifiques formes;*
*Ramper sur le versant de ses genoux énormes,*
*Et parfois en été, quand les soleils malsains,*
*Lasse, la font s'étendre à travers la campagne,*
*Dormir nonchalamment à l'ombre de ses seins,*
*Comme un hameau paisible au pied d'une montagne.*
*Charles Baudelaire*

*Parcourant pour toujours ses magnifiques formes*
*J'ai rampé au versant de ses genoux énormes*
*Et parfois en été, si les soleils malsains,*
*Lasse, la font s'étendre au travers de mes songes*
*Je m'endors tendrement à l'ombre de ses seins*
*Sans rêve que celui où son rêve me plonge.*
*Charles Baudelaire (Paul Nougé)*

*De même que la peinture de Magritte confère à des objets du quotidien une destination bouleversante, Nougé sélectionne une «tranche» de notre patrimoine littéraire pour lui attribuer de nouvelles orientation et finalité. Il ne s'agit ni de parodier le style de Baudelaire ni de s'octroyer la propriété des mots d'autrui, mais de donner à un matériau langagier déjà existant (ici un poème) une force d'interpellation nouvelle. De façon analogue, la rencontre d'un corps d'auteur et d'une table de jeu – l'échiquier – sur une plage de la mer du Nord consiste-t-elle à détourner de leur finalité plusieurs éléments d'une composition qui contraint à l'interrogation, à la recherche d'un sens que dans le même temps elle dérobe au regard."*[207]

Iconographiquement, nous relèvevons, nous basant sur les principes théoriques abordés originellement dans les considérations de 1928 de Magritte, la dérivation d'idée entre les deux toiles: *Paysage* et *Le Conquérant*, toutes deux de 1926, qui peuvent donc être vues comme pendant l'une de l'autre, puisqu'alors que, dans la seconde, on trouve trois éléments symboliques: un arbre vert volant dans le ciel rouge, un fond de montagnes, et le personnage à tête de morceau de bois peint d'une forme de lyre, la première représente, sur un fond polarisé, brun à gauche et bleu à droite (pour le spectateur) - division du fond qui se reproduit, devenant le thème du tableau, dans *La doublure du sommeil* (1927) -, le corps d'une femme, également duelle, puisqu'avec deux cous s'allongeant dans le dos et la privant de visage visible, corps dont les veines saillantes sont, en réalité, des racines d'arbre, similaires à celle de l'arbre dans le second tableau.

Le corps de la femme de *Paysage* se contorsionnant, comme celui de la bougie dans l'*Autoportrait* cité, est fréquent chez Magritte, on le trouve ainsi dans *L'Entracte*[208], *Le repos de l'Acrobate* et *Les Idées de l'Acrobate* (toutes trois de 1928), la dernière de ces toiles présentant un corps proprement mélusien[209]. Révisons donc, entre *Paysage* et *Le Conquérant*, le processus de dérivation: Magritte y représente la femme comme un arbre, et l'homme selon une iconographie qui ne laisse pas de rappeler l'à peine antérieur *Le Violon d'Ingres* (1924[210]) de Man Ray[211].

On retrouve le même visage de lyre peint sur un morceau de bois dans *L'homme du large* (1926), dont les pieds prennent appui sur des bouts de plancher s'évanouissant, ainsi que toute la pièce qui l'entoure, ouvrant sur l'immensité de la mer. L'homme, avec son désir d'espace du type de "*Brise Marine*" de Mallarmé, peut donc être reconnu pour un volatile dans ce tableau, pélican de Baudelaire ou simplement infidèle oiseau migrateur échappant à l'appel du quotidien domestique.

Les symboles de la montagne, pour ses pics reconnus comme des éléments féminins, l'arbre, comme on l'a dit, par juxtaposition des deux oeuvres, et la tête-lyre dont on trouve un correspondant chez Man Ray indiquent que l'ensemble des symboles qui entourent ledit *Conquérant* le renvoie dans l'ordre de la galanterie plus que dans celui de la guerre.

Le confirment deux autres toiles: en 1927 toujours, il peint *Le Sang du monde*, où les corps, avec une sorte de bourse à la place du ventre, s'y trouvent enveloppés dans les circonvolutions maritimes des coraux, les veines arborescentes se répartissant tout au long des parties corporelles et dans ces sortes d'oeufs en forme de bourses de kangourous. *Le Sens Propre*, 1929, variation sur les flèches de Paul Klee, et les essais du Bauhaus et de l'avant-garde dans les essais géométriques, divise le tableau en quatre triangles, dont, d'un seul coup, par la superposition mimétique évoquée par le peintre entre le ciel et le nuage, le triangle horizontal de droite devient "*corps de femme*", c'est-à-dire, visuellement, un buste simplifié.

Nous avons vu, précédemment, que la femme se perd dans la forêt, avec laquelle elle se confond, dans les oeuvres de Magritte.

Nous avons vu, d'autre part, que *Le Ciel meurtrier* montrait des oiseaux écrasés contre des pics. Si l'on considère, donc, que la montagne est aussi la femme, ce qui se vérifie d'ailleurs dans la mythologie universelle depuis l'Antiquité, nous découvrons un nouveau sens à ce tableau. Les oiseaux, détruits, comme celui englouti et déchiqueté par la *Jeune fille mangeant un oiseau*, deviennent autant de symboles du vagin denté, sur lequel nous avons débuté la présente étude.

Mais allons plus loin: *L'Heureux Donateur* (1966), qui se modélise sur *L'Homme et la forêt*, présente la silhouette d'un homme dont le corps laisse voir une maison (dont on a vu, qu'avec la boule, elle est dans le tronc d'arbre dans *La voix du sang*, où, pour le titre, l'image de la maisonnée ne pose pas de problème, mais la boule si, sauf si on la considère comme le symbole, encore une fois, des gonades), tient devant lui une boule.

Le symbolisme de la boule comme partie génitale masculine, non seulement se trouve renforcé par *Le Journal intime*, mais encore par *Exercices Spirituels* (1936)[212], où une femme au visage de boule l'entoure de ses bras. *Le Mouvement Perpétuel*, de l'année antérieure (1935)[213], et dont le titre fait jeu avec celui de *La Gravitation Universelle*, en est la version masculine, un athlète dont l'une des boules de ses altères devient sa tête (faisant ainsi écho à *L'Art de Vivre*), et, comme au second plan d'*Exercices Spirituels* l'on trouve la tour de chiffre, dans celui de *Le Mouvement Perpétuel* il y a des objets géométriques, associés à un barril. On notera que les deux formes cubiques entourant celle, cylindrique, du tonneau, inversant la forme espérée de l'habituel appareil génital masculin (une forme élancée entourée de deux formes rondes), n'en est qu'une variante à manière d'allusion comique (pour cela sans doute les trois objets se trouvent-ils devant une large flaque d'eau), qui surdétermine l'aspect viril du personnage avec son os à la main, idée de l'époque sur la stupidité des culturistes, et son habit d'une pièce en peau de léopard, typique des artistes de cirque, l'assimilant à un faux Hercule. De fait, les objets cubiques, avec leurs ouvertures en triangle et en cercle, insistant sur l'imbécilité de la figure, rappellent ces boîtes à trous éducatives dans les orifices desquels les poupons doivent mettre les formes géométriques correspondantes.

Dans *Le Carnaval du Sage* (c.1947-1948)[214], ce sont une baguette, un verre d'eau (encore "*l'orage*") et un fantôme (Fantômas de *Le retour de la flamme*, ombre de *Laissé derrière par l'Ombre*) qui accompagnent une femme nue, mais masquée (comme les deux pommes de *La Valse Hésitation* et *Le Domaine enchanté*) - ce qui renforce l'idée de sa nudité (identiquement à l'association de *Fillette et Fillette nue se promenant dans la rue,* 1954[215]) -, qui est dans la rue (offerte, donc, puisque, comme dans les peintures de Delvaux[216], elle quitte ici son domaine, privé, intime - comparé d'ailleurs l'image à celle de *La vie privée* -, domestique, pour sortir dans le monde extérieur, public, masculin [dans l'organisation de la société traditionnelle]). Buste de femme, qui, par sa longue chevelure et la rondeur du masque sur les yeux qui rappelle celle des seins, évoque la version blonde de *Le Viol* (1945[217], groupe de formalité archimboldesque). *Silhouette de Jeune Fille Nue*[218] reprend le modèle blond de *Le Viol*, mais en en compliquant la forme, en un jeu visuel similaire à celui de *Les Liaisons dangereuses*; *Silhouette de Jeune Fille Nue*, qui exprime la nudité comme *Fillette et Fillette nue se promenant dans la rue,* en rendant le corps entier comme visage, et, inversement, les éléments du visage comme corps, en une sorte de fractalisation à la Escher, comme l'oreille sans titre de 1956, *Silhouette de Jeune Fille Nue* permet de mieux comprendre, visuellement, l'usage des courbes de la quille à la manière de Man Ray (en cela on notera que le titre *Le violon* est très proche: "Le Viol(ons)", dans la perspective du jeu sémantique, du titre *Le Viol*) par Magritte dans *L'exposition de peinture*, et plus généralement de la relation de la femme au miroir, traditionnellement marquée, comme nous l'avons dit dès le début (c'est l'image de la Luxure et de la Vanité médiévales), mais dialectisée par le peintre, qui fait du miroir soit la femme même, soit du reflet de celle-ci une décomposition des parties de son corps, comme loupe grossissante ou anamorphique. Ce qui entre logiquement dans la méthodologie générale de l'oeuvre de Magritte, métonymique et d'inversion, et dans le cadre dénotatif-connotatif dans ses préoccupations du reflet et de l'image (donc du reglet comme image, ce qui implique peut-être aussi, en ce sens, la centralité de la figure féminine dans son oeuvre, en tant que paradigme de l'image, en tant que Muse/Galatée, en tant que genre ou sexe vivant de l'image et sur l'apparence - ce qu'implicitement met en évidence *Le Viol*, c'est d'ailleurs la lecture traditionnelle qui en a toujours été donné -, et en tant que personne-symbole de la Vanité-Luxure au miroir).

La comparaison visuelle est très nette de l'exacte même définition corporelle du modèle féminin, entre la version blonde de *Le Viol*, *Le Carnaval du Sage* et *La Philosophie dans le boudoir 2* (1962)[219] - cette dernière inspirée de la nuisette dans l'armoire (redondance du domaine féminin, et de l'intimité: habit de corps nocturne à l'intérieur de l'intérieur de la partie de l'espace non social de la maison) d'*En Hommage à Mack Sennett* (1934)[220], c'est-à-dire, pour être un peu moins elliptique que le titre de Magritte, aux

"*Sennett Bathing Beauties*"[221] -, cette dernière oeuvre dans laquelle, de nouveau, le corps féminin s'associe à un fond de planches de bois.

De là qu'il n'est pas difficile, par comparaison entre les titres, que *La Lampe Philosophique*, ne l'est pas, sauf au sens sadien, comme *La Philosophie dans le boudoir*, *Le Carnaval du Sage* est celui, contradictoire, des saturnales; et (les) *Exercices Spirituels* sont, en fait, une mise en scène masturbatoire.

De même, le titre: *Le Clairvoyant* doit, comme toujours chez Magritte, lorsqu'il utilise des noms communs ou expressions du langage courant, être pris au sens littéral, le clairvoyant est celui qui voit clairement, sous les apparences sociales, la femme nue, ajoutée et agitée par les boules (thème visuel de cette toile, mais aussi de l'une de la série *Magie Noire* et de celles de *Les Fleurs de l'Abîme*, dont le titre générique, comme l'iconographie, associée, nous y revenons par ailleurs, à celle de la toile évoquée de *Magie Noire*, renvoie, par relation dialectique visuelle et textuelle à *Les Fleurs du Mal*, de similaires motifs, et donc sens).

Et le titre *L'Espoir rapide*, du corps de femme dont la tête est canon et la main arbre, si l'oeuvre en elle-même reproduit les organisations topographiques des oeuvres avec textes contemporaines chez le peintre, par son titre, et la correspondance visuelle entre celle-ci, *Plante avec Mot* et *Exercices Spirituels* (dont les contorsions mêmes de la figure féminine, plus acrobatiques, comme celles de *Paysage*, et *La femme introuvable*, et des parallèles acrobates de Magritte, marque qu'elle est en pleine activité physique), fait écho à la symbolique sexuelle de cet "*Espoir rapide*", qui n'est pas encore de l'amour, mais provient de la forte attraction de ces femmes qui marchent dans la rue (*Le Carnaval du Sage, Fillette et Fillette nue se promenant dans la rue*).

Ne peut-on, dès lors, voir *Golconde* (1953)[222] comme l'inversion de cette attraction perpétuelle ou, pour le dire en termes magrittiens, "*Gravitation Universelle*"? Et de *Le mois des vendanges*. En effet, cette pluie d'hommes n'est pas, dans notre lecture, une pluie d'hommes, mais la pluie des hommes, laquelle confirme bien le symbolisme sexuel et masculin du nuage chez Magritte.

"(Golconde est le) *Nom donné aux diamants blancs d'une exceptionnelle pureté en provenance des anciens gisements d'alluvions situés aux alentours de Golconde (Inde).*
*Golkonda (Golconde) fut, de 1518 jusqu'au XVIIe siècle, une ville forte de l'Andhra Pradesh (Inde). Elle a été détruite en 1687 par l'empereur moghol Aurangzeb. Ses gisements de diamants, à l'époque, étaient les seuls connus au monde (jusqu'à la découverte, en 1725, des mines de diamant du Brésil).*
*C'est de cette région qu'ont été extraits depuis l'Antiquité les plus célèbres diamants, appréciés encore aujourd'hui pour leur transparence, leur pureté et leur grosseur: le Koh-i-Nor («Montagne de Lumière»), 106 carats, serti sur la couronne royale d'Angleterre et gardé à la Tour de Londres); le Grand Mogol (280 carats, aujourd'hui disparu); le Nizam (277 carats); l'Orlov (189 carats; Grigori Orlov l'offrit à Catherine II de Russie, dont il était le favori; il fait partie aujourd'hui du trésor de l'État russe); le Hope (67 carats, acheté par Tavernier aux Indes en 1642, vendu à Louis XIV; volé à la Révolution, il reparut en 1824 retaillé à 44 carats; il est aujourd'hui au Smithsonian Institute à Washington); le Pitt (410 carats); le Régent (140,5 carats; il fut acquis en 1717 par Philippe, duc d'Orléans et régent de France; conservé au Louvre, il est encore actuellement considéré comme le plus beau diamant du monde)."*[223]

Ces diamants sont les larmes d'eau qui coulent au-dessus de *La part du feu*. Le motif est inversé dans *L'Okapi* (1958)[224], où ce ne sont plus les hommes qui tombent, mais, similairement aux gouttes sur le lit du moribond de *La part du feu* dans *L'Okapi* une digitale à grande fleur se referme sur le melon et la tête du modèle masculin.

Or, étant l'okapi faisant partie de la famille des Giraffidae[225], cette oeuvre, en conséquence, apparaît comme le pendant, et en outre visuellement comme son inversion, de *Le bain de cristal* (1946)[226] à la girafe contenue dans une coupe.

"*En novembre 1946, les éditions bruxelloises Lumière, qui avaient réédité un an plus tôt "Poésie et Vérité 1942" avec des dessins de Franz Sébastien, dont le pinceau robuste grossissait dans le réalisme allégorique des intentions combattantes des poèmes, rééditent "Les Nécessités de la vie et les conséquences des rêves" précédé d'"Exemples", en respectanrt fidèlement la disposition typograhpqiue de l'édition de 1921, "à la demande de l'auteur". Ce tirage de demi-luxe s'orne de douze dessins de Magritte, d'une veine surréaliste et humoristique. Ces illustrations pusient dans le répertoire éprouvé de l'insolite magrittien: cheval à la fenêtre, chouette fumant la pipe, girafe sur un verre, fourchette géante appuyée sur une chaise, homme-poisson suspendu à un gibet. D'autres dessins s'accordent plus directement au texte: outre le portrait en frontispice, une tête de dandy décapitée et soudée à son haut-de-forme en regard du poème "Beau", une tour rongée par une chenille en regard du poème "Veillir", une fenêtre s'ouvrant dans la poitrine d'une femme en regard du sous-titre "Les conséquences des rêves". Ces rencontres heureuses tiennent peut-être du hasard objectif!*"

*C'est entre ces deux pôles, l'espérance de 1946 et la désillusion de 1949, que se situe le poème d'Éluard "À René Magritte", poème qui entend défendre et sauver ce qui peut être sauvé dans le manichéisme montant de la guerre froide. Éluard, qui se sent en harmonie avec les positions des anciens surréalistes belges, s'était rendu en Belgique à plusieurs reprises en 1947 et au début de 1948.*

*De prime abord, c'est un érotisme poétique qui imprègne le poème, et non la poésie inquiétante que Magritte s'était évertué jadis d'atteindre. Éluard a-t-il en mémoire la lettre que lui adressait Magritte le 4 décembre 1941?*

*Il fallait sans doute que je trouve le moyen de réaliser ce qui me tracassait: des tableaux où le "beau côté" de la vie serait le domaine que j'exploiterais. J'entends par là tout l'attirail traditionnel des choses charmantes, les femmes, les fleurs, les oiseaux, les arbres, l'atmosphère de bonheur, etc. (...) en gros, c'est le plaisir qui supprime toute une série de préoccupations que je veux ignorer de plus en plus."*[227]

On retrouve chez Buñuel divers éléments de Magritte: la dualité, les roses comme symbole amoureux, la girafe, l'amour comme acte sanglant et pervers:

*"En ouverture de "L'Âge d'or", un documentaire sur les scorpions - (rapporté dans l'architecture du film comme un ticket de tram, une coupure de journal ou un quelconque produit manufacturé dans une composition de papiers collés) - donne le ton de la froide objectivité à ce qui va suivre. Les quelques titres intercalés dans le déroulement des images prendront alors un sens singulier dans lequel réside une partie de la force exceptionnelle de l'art de Buñuel: l'établissement d'une distanciation qui place l'univers et la société sous le regard impassible d'un expérimentateur apparemment étranger à l'expérience. Buñuel passe du grossissement analytique des parties à une réduction synthétique de l'ensemble, cristallisant l'objet de son étude en indices statistiques; il classe les faits comme les papillons qu'Eduardo pique sur une planche dans Cumbres Borrascosas. Aucun n'est privilégié: la fondation de Rome n'a pas du grossissement analytique des parties à une réduction synthétique de l'ensemble, cristallisant l'objet de son étude en indices statistiques; il classe les faits comme les papillons qu'Eduardo pique sur une planche dans Cumbres Borrascosas. Aucun n'est privilégié: la fondation de Rome n'a pas plus d'importance que le coup de dard d'un scorpion ou, en corollaire, Rome est aussi nuisible qu'un scorpion: le Vatican en est le dard empoisonné.*

*Les titres, donc, participent activement à cette mise en évidence de la distanciation; par exemple, celui qui dit: "Ami de l'ombre, il (le scorpion) se ménage sous les pierres un abri pour échapper à l'éclat du soleil", est suivi, après plusieurs autres également de banale utilité informative, des mots: "Parfois le dimanche..." introduisant des vues de rues tranquilles où des immeubles s'effondrent aussi naturellement que fleurissent les roses.*

*.../...*

*Modot, menottes aux poings, conduit par deux gardiens, est entré en révolte; il a donné un coup de pied au toutou d'une douairière majorcaine, il a écrasé un scarabée pour prouver et se prouver qu'il n'abdiquera pas. Pour lui, le monde entier parle de l'amante; il la voit vivante sur les affiches, dans une vitrine. L'amour le rend fort. Il abattra tout ce qui fait obstacle à son désir. Il pense sans cesse à cette femme qui l'attend et il espère secrètement qu'il la rejoindra tandis qu'autour d'elle, dans le salon familial, on met au point les ultimes détails d'une réception mondaine (l'agape après la manifestation officielle) et l'on minaude quelques propos anodins: "Les Majorcains arriveront à neuf heures! - Et les musiciens? - Nous en avons engagé quatre... Six près du microphone feront plus de bruit que soixante à dix kilomètres".*

*Modot marche toujours dans la rue, indifférent à tout ce qui n'est pas la femme désirée, indifférent au vieux monsieur qui passe en shootant un violon puis le piétine. Elle, elle entre dans sa chambre à coucher; sur son lit, il y a une vache qui se repose; elle l'écarte gentiment comme si c'était un chat; elle trouve cela parfaitement naturel parce que ses pensées s'identifient à son désir et, d'ailleurs, pourquoi dans le beau monde, entre deux pékinois et un caniche ne posséderait-on pas une vache de luxe? Animal obéissant et stylé, la vache sort en faisant tinter sa clochette. La femme songe à son amant. Le vent se lève dans la chambre, lui caresse les cheveux; des nuages flottent dans le miroir orné de marguerites. L'amour nie l'espace et le temps; il remplit l'univers et l'immerge dans l'éternité. Le bruit de la clochette augmente et s'y superposent les aboiements des chiens d'un parc devant lequel se trouve Modot: deux désirs se cherchent, s'appellent, se répondent. Le monde s'engloutit dans le lyrisme. Contre cette harmonie sonore les carillons des églises seront vains. Le film atteint là son plus haut point de poésie libérante; il exalte les infinis ravissements que tient en puissance chaque avènement de l'amour. "L'Age d'or, film moral plutôt que poétique, écrit J. B. Brunius, est clairement une offensive contre l'éthique de la civilisation et des sociétés où nous vivons, en face de laquelle il prend la défense d'un grand amour interdit. C'est la «haute mission» dont il est investi que l'homme doit négliger, et c'est la respectabilité de sa famille que la jeune fille doit braver, pour pouvoir le rejoindre. Et ce n'est pas par hasard qu'on y entend la musique de Tristan et Isolde. L'irrationalité apparente de l'agression ne fit d'ailleurs pas illusion à ceux qui s'y sentirent attaqués."*

*Modot exhibe ses titres et qualités devant ses deux gardiens. Par un bref retour en arrière, nous apprenons qu'il est une notoriété (le délégué de l'Assemblée internationale de bienfaisance), que la patrie lui fait confiance et qu'elle l'a décoré pour sa vie de droiture et de sacrifice. Il n'en faut pas plus pour que les flics le relâchent. Il en profite pour bousculer brutalement un aveugle avant de s'élancer à la poursuite de Lya Lys, l'amante qui l'obsède.*

*Il faut noter que tout au long de ce récit, d'innombrables détails à peine perceptibles créent un climat de trouble: personnages qui se mordent les lèvres, présence de mains; personnages qui se mordent les lèvres, présence de mains; le doigt bandé de la femme s'impose à la fois comme une notation réaliste indéfinissablement insolite et comme un symbole de l'onanisme. Par la suite, le même trouble se manifeste, mais souvent amplifié à la manière d'un thème d'ouverture indiqué par l'un ou l'autre des instruments et, tout à coup, développé par l'ensemble de l'orchestre.*

*La réception bat son plein. Les invités ne prêtent aucune attention aux événements annexes qui se produisent: une charrette d'ouvriers qui boivent du gros rouge traverse le salon, un incendie éclate à la cuisine d'où sort, à demi-asphyxiée, une domestique qui s'évanouit; dans le jardin, le garde-chasse joue avec son jeune fils: celui-ci lui ayant fait une petite agacerie, il l'abat comme un lapin. Cet acte suscite une stupeur passagère; mais les conversations, les baisemains et les sourires polis ne tardent pas à recommencer dans l'élégante fatuité de cette "bonne société" bien-pensante, imbécile et navrante. Modot arrive. Il retrouve Lya Lys et leurs regards, commandés par l'idée fixe, passent par-dessus les colloques et les coupes de champagne. À la suite d'une maladresse - un verre renversé - Modot administre une gifle à une vieille dame. Ce geste suscite beaucoup plus de réactions indignées que l'assassinat de l'enfant. Lya Lys s'esquive vers le parc; Modot la suit tandis que les musiciens accordent leurs instruments. Les deux amants s'enlacent, se mangent des yeux, s'embrassent, tentent maladroitement d'identifier leurs deux corps à leurs deux désirs. Cette scène sublime, poignante, dérangeante, exprime simultanément l'illimité vertige des transports érotiques, et les limites qui imposent, à l'insu des partenaires, leur éducations, leurs inhibitions, leur gaucherie physique, embrouillassée encore par des vêtements non fonctionnels et accentuée par l'obscur besoin de ne pas quitter les fauteuils ("les commodités de la conversation" étant là comme un rappel voilé, honteux, des règles de la bienséance!). Ils éprouvent la vague incapacité d'assumer dans leur chair l'éblouissant défi de leurs pâmoisons. Et, subitement, le charme naissant est coupé net par l'irruption, entre eux, des contingences du passé et de celles inhérentes à leur appartenance à une classe, à une fonction publique. Un valet se présente et déclare: "Monsieur le Ministre de l'Intérieur vous demande au téléphone". Modot se lève, va jusqu'au bureau dans la villa, prend l'appareil et lance: "Canaille! Tu peux crever!". À l'autre bout du fil, suffoqué, le Ministre essaie de le convaincre (tension internationale, émeutes populaires, enfants à sauver...) Il clame sa stupéfaction puis se suicide. L'amant revient à son amante et par un dialogue intérieur niant à nouveau l'espace et le temps ils atteignent le long hurlement de la jouissance plénière: "Mon amour, mon amour, mon amour...".*

*Mais encore une fois le charme est rompu. Le chef d'orchestre barbu (préfiguration d'oncle Viridiana et du tuteur de Tristana) quitte son pupitre: ivre de jalousie il avance dans un assourdissant bruit de tambour et Lya Lys se jette à son cou avant de l'embrasser sur la bouche. C'est Modot, alors, qui est noyé par le roulement de tambour; il entre dans une rage forcenée. Il crève les oreillers, fait voler des nuées de plumes et défenestre un attirail encombrant, signes divers et confus de son esclavage: une charrue, un arbre en feu, un évêque, une girafe... défoulement définitif pendant que voltigent les plumes et que la mer bat les rochers.*

*La dernière séquence parachève le mouvement par un hommage au Marquis de Sade. Les survivants du Château de Selliny des "120 Journées de Sodome" sortent par le pont-levis après une nuit d'orgie et le Duc de Blangis (qui, "évidemment, est le Christ") retourne sur ses pas, ferme la porte et tue sauvagement l'unique et sanglante rescapée du carnage ("une fillette de treize ans environ"); il y perd sa barbe que l'on retrouve sur une croix, sous la neige et le vent, à l'instant où s'amorce en guise d'accompagnement musical un paso-doble réjouissant."*[228]

Or, on trouve chez le même Buñuel, un lien entre le papillon (associé au lion chez Magritte) et la girafe comme symboles du sexe (le cou de la girafe) et de la mort (le papillon sphynx de *La Place au soleil*, de *Le silence des agneaux* de 1988 de Thomas Harris, ou de la tête de mort faite de corps féminins de la photographie "*In Voluptas Mors*" de Dalí et Philippe Halsman, 1951[229]):

"*Cf. à la fin d'Un chien andalou (1928) le gros plan du sphinx Atropos démesurément agrandi qui envahit l'écran. L'obsession se retrouve dans «Une girafe», seul texte surréaliste de Buñuel publié dans le Surréalisme ASDLR, n° 6, p. 35. A l'emplacement de la «neuvième tache» de l'animal-gigogne, l'hôte mimétique apparaît: «A la place de la tache on découvre un gros papillon nocturne obscur, avec la tête de mort entre les ailes.»*"[230]

De nouveau, on trouve chez Freud la source des motifs de Magritte: la girafe comme symbole du "*fait-pipi*", dans le cas du petit Hans; dans ce même cas, l'ambivalence des motifs entre le masculin et le féminin; le cheval comme symbole masculin; la morsure et la castration; le train et les transports comme symboles phalliques d'action et de mouvement; surtout l'association de la girafe, chez Magritte non à la baignoire, mais au verre. Le motif du papier chiffonné et brûlé dans les oeuvres de Magritte, comme symbole féminin. Les vitres brisées (présentes chez Magritte dans *Le soir qui tombe*, 1964[231], ou *La Clef des champs*, 1936[232], au titre plus révélateur) comme symbole de masculinité (on pense à la strophe:

"*Les abribus*
*Qu'on dégomme*

*Rien que pour se prouver*
*Qu'on est des hommes*
*Plexiglas*
*Défoncé*
*Mets-toi bien devant*
*Dis-moi ce que c'est"*

De la chanson "*Lavabo*" de "*Play Blessures*" de l'album *Play Blessures* de 1982 de Bashung). La conscience sexuelle de la construction de la psyché des hommes, et chez ce petit garçon en particulier, comme sanglante et déchirante (le canif, le plombier avec ses instruments).

"*Jusque-là, dans la vie de Hans tout a fonctionné de façon harmonieuse. Totalement pris dans cette dimension d'être tout pour sa mère, il tente en vain de rester dans ce paradis et s'y perd. La question de la fonction d'un enfant pour la mère, qui est aussi une femme, est ici centrale, je la reprendrai ultérieurement.*
*La période qui précède la phobie est marquée par quelques événements importants:*
*Poursuivant son intérêt pour le «fait-pipi», avec son père, Hans dessine une girafe, lui rajoute un «fait-pipi» puis rallonge encore le trait (le petit trait horizontal est tracé par le père et indique le «fait-pipi», le «Wiwimacher»).*
*Son intérêt se dirige aussi bien vers les chevaux qu'il croise dans la rue, que vers les autres animaux, les poupées, les livres, sa petite soeur, ses parents ou les autres enfants. Son père relate de façon détaillée ses relations et ses jeux avec les autres enfants.*
*Freud souligne le caractère pervers polymorphe de la sexualité infantile, en particulier à partir d'un jeu de Hans: être vu ou voir l'autre en train de faire pipi. Enfin, quand Hans demande à sa mère si elle a un «fait pipi», celle-ci lui répond par la dénégation de sa propre castration.*
*Puis à quatre ans et trois mois, lorsqu'elle lui donne un bain et le poudre en prenant soin de ne pas toucher son pénis, il ne manque pas de l'interroger:*
*«Hans: Pourquoi n'y mets-tu pas ton doigt?*
*Maman: Parce que c'est une cochonnerie.*
*Hans: Qu'est-ce que c'est une cochonnerie? Pourquoi?*
*Maman: Parce que ce n'est pas convenable.*
*Hans (riant): Mais c'est amusant.»*
*Lorsqu'il commence sa phobie, le phallus est l'objet fondamental de ses recherches. Hans le fantasme sans arrêt, c'est l'objet qui organise son monde. M. Graf approche clairement l'aspect central du complexe de castration et la question de la différence des sexes: dans la relation de Hans avec son propre corps et avec les autres, les enfants, ses parents et les animaux, incluant un vif intérêt pour l'appareil génital de ces derniers. Les paroles de Hans témoignent de la richesse de sa pensée et confirment le polymorphisme extraordinaire de sa vie sexuelle. Je souligne l'intérêt clinique et théorique consistant à repérer le déroulement de ces activités d'investigations et leurs liens avec la sexualité, dont Freud souligne le caractère précoce et intense. Le garçon suppose l'existence naturelle d'un organe génital identique au sien chez toutes les personnes, il pense donc que la femme l'a perdu. La fille accepte la différence des sexes, mais elle succombe à l'envie du pénis, «penisneid» qui culmine dans le désir d'être un garçon ou d'avoir un enfant comme la mère. L'intérêt de Hans pour son corps, le conduit à la jouissance masturbatoire: son organe acquiert une nouvelle place et il pose clairement ses*

*doutes concernant la présence ou l'absence du phallus. Puis quelque chose change radicalement, l'érection de son pénis est un réel qui signe le surgissement de la pulsion. L'angoisse apparaît alors et confirme la discordance entre son image et la réalité (son pénis marqué du signifiant «cochonnerie». Freud souligne que les menaces de castration prononcées par la mère à quatre ans et trois mois ont alors un effet rétroactif. Le risque d'éclatement de la réalité psychique est bien présent et Hans tente de s'en protéger par le biais de son symptôme. Les tentatives de séduction ou de rejet de la mère ont bien moins d'importance que l'angoisse, car avec elle se profile la question de l'amour maternel. À ce moment précis, nous savons que le sujet peut être passif et rester capturé et parfois englué dans les signifiants de l'Autre (2) ou il peut en passer par le complexe d'OEdipe et ses prohibitions afin de sortir de cette relation de leurre. Pour le petit Hans, ce point de rencontre avec le réel de la pulsion ainsi, que le jeu imaginaire et mensonger avec la mère sont constitutifs du surgissement de la névrose avec son temps de régression et ses symptômes: l'anxiété d'abord, puis la phobie avec les chevaux d'angoisse comme tentative de percer une issue symbolique vers le père.*

*Au début du mois de janvier 1908, M. Graf envoie des notes à Freud en lui faisant part de son inquiétude face aux troubles de son fils alors âgé de quatre ans et neuf mois. Lors de l'été précédent, à Gmunden, Hans a commencé à exprimer son angoisse de perdre sa mère et celle-ci lui a répondu en le mettant dans son lit pendant que le père est absent. Un rêve confirme cette angoisse, le 7 janvier, lors d'une promenade, Hans pleure dans la rue et veut retourner à la maison pour être avec sa mère. Pendant la nuit, il a peur. Le jour suivant sa mère veut l'emmener en promenade et il refuse de sortir, puis il accepte, mais une fois dans la rue il a peur. Au retour il lui confesse: «J'avais peur qu'un cheval ne me morde.» Le soir tout recommence comme le jour précédent et après avoir obtenu un câlin, Hans dit en pleurant: «Je sais que demain encore il faudra que j'aille me promener.» Et il ajoute: «Le cheval va venir dans ma chambre.» Le même jour sa mère parle avec lui de la masturbation. Le jour suivant les parents lui disent que son angoisse en est la conséquence et lui suggèrent de rompre avec cette habitude. Ces paroles constituent la première intervention thérapeutique. Le 8 janvier est bien le point de départ de la phobie: Hans a peur qu'un cheval le morde quand il marche dans la rue. Freud décrit rigoureusement le début de l'état d'anxiété, la transformation en angoisse et le déclenchement de la phobie. Il souligne que l'angoisse correspond à une aspiration érotique refoulée. En effet, les tentatives de séduction de Hans ont échoué, sa mère le rejette et il se trouve déconcerté en réalisant qu'il ne suffit plus à la combler. Par ailleurs, dans ses relations avec les filles, Hans déploie des théories imaginaires prolongeant ainsi la relation de leurre avec la mère. Un espace vide, troublant et angoissant s'ouvre alors et l'enfant développe une phobie dont l'objet est d'ordre symbolique: il a peur d'être dévoré par la mère et qu'un cheval le morde.*

*Freud et M. Graf se rencontrent afin de convenir d'une stratégie: «Je m'entendis avec le père de Hans afin qu'il dise à celui-ci que toute cette histoire de chevaux était une bêtise et rien de plus. La vérité, devait dire son père, c'était que Hans aimait énormément sa mère et voudrait être pris par elle dans son lit. C'était parce que le fait-pipi des chevaux l'avait tellement intéressé qu'il avait peur maintenant des chevaux...*

*Je suggérais au père de commencer à éclairer Hans en matière de choses sexuelles.»*

*Même si, lors d'une promenade à Lainz, le père lui donne des explications sur la différence des sexes, Hans ne les accepte pas et continue à comparer le «fait-pipi» des grands animaux. Il aborde ainsi le complexe de castration et découvre que sa mère désire quelque chose au-delà de lui. Il cherche alors à savoir ce qu'il est pour elle. À ce moment-là, pour la mère, Hans représente un appendice indispensable, elle l'emmène partout avec elle: en promenade, aux toilettes, dans son lit. L'angoisse naît au moment où l'enfant mesure la différence entre la raison de l'amour qui lui est porté et ce qu'il peut donner en échange. Une angoisse de séparation surgit et la phobie apparaît comme une tentative d'installation d'un nouvel ordre interne et externe.*

*Deux jours avant l'entrevue avec Freud, Hans se réveille et vient se réfugier dans le lit de ses parents. Le lendemain, il raconte: «Il y avait dans la chambre une grande girafe et une girafe chiffonnée, et la grande a crié que je lui avais enlevé la chiffonnée. Alors elle a cessé de crier, et alors je me suis assis sur la girafe chiffonnée.» Cette fantaisie des girafes est* liée aux explications du père sur la différence des sexes: la mère est la girafe chiffonnée, le père la grande girafe. Telle est l'interprétation du père, Freud y ajoute celle de la représentation de la relation sexuelle. Hans a également peur de ne pas avoir le «fait-pipi» qui convient à la mère. Nous voyons-là comment l'enfant oscille entre un monde imaginaire et un monde symbolique. Il est prêt à découvrir son complexe inconscient et commence à faire connaître ses désirs relatifs à la mère.

Le 30 mars, le jour de leur unique entrevue, avant d'aller voir Freud, Hans se confie à son père: «Tu sais, j'ai pensé…Je suis avec toi à Schönbrunn, là où sont les moutons, et alors nous nous sommes glissés sous les cordes, et puis nous l'avons dit à l'agent de police qui est à l'entrée du jardin, et il nous a arrêtés tous les deux.» Au retour, il lui confesse son désir de faire des choses interdites avec lui, afin de se trouver aux prises avec la même loi: «J'étais avec toi dans le train, et nous avons cassé la vitre d'une fenêtre et l'agent de police nous a arrêté.» Pour Hans, il s'agit de transgresser quelque chose concernant la mère afin de passer dans le registre paternel et de sortir, d'une manière symbolique, de la relation imaginaire avec la mère. Lors de l'entretien avec l'enfant, à l'écoute des préoccupations du père concernant la peur de Hans des naseaux et des yeux des chevaux, Freud les met en parallèle avec le visage, les lunettes et les moustaches du père. Puis il poursuit sur le mode d'une révélation symbolique en mettant en perspective le mythe œdipien des origines: «Bien avant qu'il ne vint au monde, j'avais déjà su qu'un petit Hans naîtrait un jour qui aimerait tellement sa mère qu'il serait forcé d'avoir peur de son père et je l'avais annoncé à son père.» Plus tard, sur le chemin du retour Hans demande à son père: «"Le professeur parle-t-il avec le bon Dieu, pour qu'il puisse savoir tout ça à l'avance?" Je serais extraordinairement fier de cette attestation de la bouche d'un enfant, si je ne l'avais pas moi-même provoqué par ma vantardise enjouée.» Après cette rencontre déterminante, même si Hans met en doute le fait que le professeur Freud parle avec le bon Dieu, il mène de façon indépendante sa propre analyse. Il parle et raconte des histoires et nous assistons à ses multiples élaborations réalisées sur un mode imaginaire et fantasmatique. À l'aide d'une série de mythes destinés à réorganiser son monde, il traverse le complexe d'Œdipe.

Au début du mois d'avril, une première amélioration apparaît, puis Hans déploie ses questions autour de la peur du père et de la peur pour le père: la peur du père vient de l'hostilité contre le père et la peur pour le père vient du conflit psychique entraîné par la tendresse qu'il éprouve pour lui; celle-ci est amplifiée comme formation réactive avec l'hostilité. Hans dit ainsi sa peur de l'absence du père et commence à la symboliser. Le père poursuit ses commentaires dans le sens de l'explication œdipienne. Puis dans le courant du mois d'avril, son état se détériore très vite, sa peur s'accentue et concerne maintenant les chevaux et leurs mouvements: Hans a peur d'être emmené par le fiacre s'il se trouve dessus, il a peur des voitures chargées, du noir autour de la bouche du cheval et du bruit des sabots quand celui-ci tombe. À ce stade de l'analyse, Hans découvre un ancien souvenir précédant la phobie: un jour, en allant se promener avec sa mère il voit un cheval d'omnibus tomber et donner des coups de pieds dans tous les sens. Il éprouve alors une véritable épouvante en pensant que le cheval est mort. De plus en tombant, le cheval lui rappelle un incident concernant la blessure que Fritz s'est faite au pied en jouant.

Dans un premier temps, Hans exprime sa peur qu'un cheval le morde. Dans un deuxième temps, nous découvrons la peur profonde qu'un cheval tombe et qu'il en meure. Selon Freud, ces deux versions de la peur concernent le père et les désirs ambivalents de Hans envers lui. La phobie est qualifiée par son objet qui est le cheval, mais elle va bien au-delà pour se nouer à d'autres signifiants. Tout ce qui se joue à ce moment-là dans le discours de l'enfant révèle qu'à l'origine l'angoisse n'est pas liée aux chevaux. Le signifiant «cheval» va supporter toute une série de transformations de signifiés. Il modifie de façon singulière le monde de Hans, tel un prisme où le réel se refond d'une autre manière. Pour comprendre la fonction du cheval, il ne faut pas chercher son équivalence du côté du père, de la mère ou de l'enfant, mais il faut voir comment il opère comme signifiant dans la situation de l'enfant. Il va ainsi du jeu de leurre avec la mère, se noue sur l'intervention de la mère concernant le pénis de l'enfant («c'est une cochonnerie», est relancé par la naissance d'Anna et l'apparition de la jouissance du pénis réel, s'exprime dans la phobie des chevaux et plus tard dans celle des moyens de *transports. À ce moment de l'évolution de la phobie, le fantasme de Hans se déploie ainsi: Hans part avec les chevaux, le quai s'éloigne et il retourne avec sa mère. Ce qui est craint est désiré en même temps et cela l'angoisse. Le cheval qui tombe n'est pas seulement le père qui meurt mais aussi la mère qui accouche. Pour comprendre le cas clinique, la série des fantasmes nous donne une orientation décisive. En effet, si au début Hans vit le drame de la relation avec la mère, à la fin il affirme son désir d'être du côté du père. Hans se trouve emporté dans les fantasmes d'aller et venue vers la mère et les fantasmes de partir avec le père, même dans la transgression.*

*Le 9 avril, le père vient parler avec Freud du charivari que font les chevaux avec leurs pieds. Pendant quelques jours Hans poursuit ses associations sur le «loumf»: faire caca et faire pipi. Freud souligne que l'enfant garde son authenticité et son indépendance: comme les autres enfants, il tente d'appliquer ses théories sexuelles infantiles aux situations rencontrées. De plus, Freud a oublié d'éclairer le père sur les théories de la naissance par le complexe excrémentiel: «J'avais prédit au père de Hans, que la phobie de Hans se laisserait ramener à des pensées et à des désirs relatifs à la naissance de sa petite sœur, mais j'avais omis de le rendre attentif au fait que, pour les théories sexuelles infantiles des enfants, un enfant est un loumf de telle sorte que la voie suivie par Hans devait passer par le complexe excrémentiel. L'obscurité de la cure fut due à cette mienne négligence.» En s'occupant du complexe excrémentiel, Hans commence à manifester du dégoût: ce sont les premiers signes du refoulement.*

*Tout le développement du 14 avril, avec le fantasme de voyage d'Anna à Gmunden dans une boîte sur une cigogne, représente une fable extraordinaire témoignant de manière rétroactive des préoccupations de Hans à propos de la grossesse de sa mère et de l'origine des enfants. Malgré les mensonges du père, Hans essaie de retrouver la vérité. Finalement, le père reconnaît l'analogie entre le caca, la voiture chargée, le corps chargé de caca et l'accouchement. Les jours suivants, il continue à développer une activité mythique importante mais confuse, d'autant plus qu'à ce moment-là, les interventions du père ne sont pas toujours très habiles: «Le père de Hans pose trop de questions et pousse son investigation d'après des idées préconçues, au lieu de laisser le petit garçon exprimer ses propres pensées. C'est pourquoi l'analyse devient obscure et incertaine.» Puis Hans produit un nouveau fantasme: «Le serrurier ou le plombier a dévissé la baignoire dans laquelle Hans se trouve et lui a donné un coup dans le ventre avec son grand perçoir.»*

*Enfin, la cure se conclut sur deux fantasmes:*

*Le 30 avril, Hans joue de nouveau avec ses enfants imaginaires et se situe alors comme leur papa alors qu'avant il a toujours été leur maman. Il accepte la castration et passe d'une identification à la mère à une identification au père. Mais, il se marie avec sa mère et a beaucoup d'enfants qu'il aime et soigne à sa guise. Il noue ainsi ses aspirations érotiques et destine le père à un mariage avec la grand-mère.*

*Le 2 mai surgit le fantasme du plombier qui scelle la construction subjective:*

*«Le plombier est venu et m'a d'abord enlevé le derrière, avec des tenailles, et alors il m'en a donné un autre, et puis la même chose avec mon fait-pipi. Il a dit: "Laisse-moi voir ton derrière", alors j'ai dû me tourner et il l'a enlevé et alors il a dit: "Laisse-moi voir ton fait-pipi" [...] Il faut d'après cela rectifier l'interprétation du fantasme précédent de Hans, dans lequel le plombier était venu, avait dévissé la baignoire et lui avait enfoncé un perçoir dans le ventre. La grande baignoire signifie-le "derrière", le perçoir ou les tenailles, comme nous l'avions déjà interprété, le fait-pipi. Ce sont des fantasmes identiques.»*

*Les deux derniers fantasmes signent l'issue de la phobie et marquent de façon singulière la solution que Hans adopte quant au désir et à la jouissance.*"[233]

"*Dans son analyse, avec l'aide de son père, Hans a recours au dessin pour symboliser ses investigations concernant le «fait-pipi» des grands animaux comme la girafe. Le jeu n'a pas été utilisé systématiquement mais nous pouvons relever que l'enfant y a recours deux fois: lorsqu'il chiffonne le papier qui représente les girafes symbolisant l'accouplement et le caractère mensonger des explications des adultes concernant les cigognes et la naissance des bébés; et lorsqu'il Hans met* en scène une perforation qui n'est pas sans lien avec la question de la castration: «J'apprends l'après midi que Hans a joué toute la matinée avec une poupée qu'il appelle Grete. Par le trou dans lequel a été fixé le petit sifflet plat, il a passé un petit canif et puis il a déchiré l'entrejambe de la poupée afin de faire passer la lame au travers. Il dit alors à la bonne, lui montrant l'entrejambe de la poupée; Regarde, voilà son fait-pipi.» «Hans a hardiment pris en ses propres mains la conduite de son analyse, ses parents hésitant à lui donner les éclaircissements qu'ils lui devaient depuis longtemps et, par un acte symptomatique éclatant, il leur dit: voyez, voilà comment je me figure qu'a lieu une naissance.» Ce jeu est également à mettre en perspective avec les fantasmes du plombier concernant le pénis, son enracinement et son caractère amovible. Le jeu est introduit plus tard par Hug-Hellmuth et plus systématiquement par Klein afin de faciliter l'émergence de la parole et l'exploration de l'inconscient. Dans l'analyse de Hans nous repérons bien comment l'utilisation du jeu ouvre le chemin de la psychanalyse avec les enfants."[234]

"*Ainsi, la névrose infantile entendue comme parole articulée se déploie. Hans réalise un véritable travail d'exploration des solutions à l'impasse subjective dans laquelle il se trouve et tente ainsi de parer au désir maternel rendu menaçant par la dénégation; mais dans le même temps ce travail le soutient. Pour le garçon, le père réel joue un rôle essentiel dans l'assomption sexuelle virile. Mais pour Hans, il est défaillant et n'agit pas correctement en relation avec le désir de la mère qui apparaît alors comme insatisfait et non assujetti à la loi. Ainsi, la mère devient terrifiante, elle est dominée par une oralité dévorante: c'est elle qui se trouve derrière la peur de la morsure du cheval! Mais l'angoisse porte également sur le mouvement des chevaux et sur le fait d'être entraîné, puis d'être laissé tomber. La perspective de la chute qui se profile alors est profondément dangereuse, car c'est la stabilité même de la mère qui est perdue. C'est ainsi qu'apparaît une mère qui mord et dévore, mais aussi une mère qui tombe et laisse tomber. Il y a donc deux temps dans cette relation à l'angoisse, la morsure liée à l'amour de la mère qui vient à manquer et la chute liée au fait d'être laissé tomber. Il n'est pas étonnant que Hans y perde son assise, cette fameuse assiette des bons cavaliers! (Cf. le fantasme du plombier et du changement de «derrière»). Tout au long de cette analyse, nous suivons Hans et la série de déplacements métaphoriques qui remodèlent les permutations du signifié permettant une nouvelle organisation du réel. Son imaginaire est d'ailleurs sans cesse réactivé par les interventions un peu maladroites du père. Toute cette dynamique du signifiant échappe au père qui écoute son fils, mais qui ne l'entend pas, jusqu'au moment où Hans le fait chuter de sa position de sujet supposé savoir et continue activement son analyse. L'enfant construit alors son propre mythe et poursuit une logique de permutations et de transformations marquant son roman fantasmatique.*
*Dans ce cas, parce que le père est l'analyste de l'enfant, nous constatons l'absence de phénomènes de transfert et de répétition, néanmoins nous assistons à un fonctionnement presque pur des fantasmes de l'enfant. Lacan est d'ailleurs en désaccord avec Freud sur la question de la signification de certains d'entre eux; en particulier en ce qui concerne le dernier fantasme du 2 mai 1908, Freud dit que le père en donne une interprétation correcte, mais Lacan le réfute: «Il faut savoir lire le texte. Ce ne peut être plus frappant que cela l'est dans le dernier fantasme, qui clôture littéralement la cure et l'observation. Ce que vient changer l'installateur, c'est le derrière du petit Hans, son assiette. On a démonté toute la baraque, ça ne suffit pas, il faut changer quelque chose dans le petit Hans. Nous retrouvons là sans aucun doute le schéma de la symbolisation fondamentale du complexe de castration. On voit dans l'observation même à quel point Freud lui-même se laisse emporter par le schéma. Alors qu'il n'y a pas trace, dans le fantasme du petit Hans, d'un remplacement de ce qu'il a devant, le père fantasme et dit – Évidemment, on t'a donné aussi un autre pénis. Et Freud de lui emboîter le pas. Malheureusement il n'y a rien de pareil. On lui a dévissé le derrière, on lui en a donné un autre, et on lui a dit – Retourne-toi de l'autre côté. Ça s'arrête là, il faut prendre le texte tel qu'il est. C'est en cela que réside la spécificité de l'observation, et aussi ce qui doit nous permettre de comprendre tout l'ensemble.»*
*Hans passe du mouvement à la substitution, de girafe en baignoire et de baignoire en plombier, son imaginaire lui permet de réaliser son passage œdipien sur l'arrêt sur image du dernier fantasme: la baignoire est dévissée, le perçoir lui*

*rentre dans le ventre; l'installateur dévisse son derrière et lui en donne un plus grand. Le fantasme révèle la dimension inéluctable de la castration et marque le point d'arrêt de la phobie. La disparition du symptôme arrive donc au moment où Hans exprime de la façon la plus claire une histoire bien articulée qui concerne la castration. Selon Lacan, telle est la forme signifiante qui scande l'opération de transformation qui traduit le mouvement en substitution, la continuité du réel en continuité symbolique. C'est cela qui marque le cheminement du cas clinique. Voici comment la phobie supplée à la défaillance paternelle. En effet, il n'y aurait sans doute pas eu de phobie, mais un complexe d'Œdipe et un complexe de castration normaux si l'assomption subjective de la castration avait normalement été réalisée. Néanmoins à la fin de l'analyse, la relation ente le père et le fils n'a pas changé. Les liens restent très forts et nous assistons à une réalisation atypique du complexe d'Œdipe liée à la carence du père. Avec cette solution subjective, Hans et son père gardent chacun leur mère. N'est-ce pas une forme d'interprétation du fantasme œdipien du père et la révélation d'une résistance du père à sa propre castration? Hans assume une fonction paternelle imaginaire, il est une sorte de père mythique capable d'avoir des enfants qu'il soigne avec amour et attention. Pour lui, le partenaire féminin naît à partir d'enfants imaginaires qu'il peut faire à la mère:*
*«Cette structure originellement narcissique de ses relations avec la femme est indiquée à l'issue de la solution de sa phobie.»*
*Avec la formule finale: P (M) (M'): Hans s'inscrit dans une sorte de réduplication maternelle où, derrière la mère se loge la figure de la grand-mère (M'). Avec cette solution fantasmatique, il trouve un certain équilibre dans la paternité d'enfants imaginaires qui sont eux-mêmes les héritiers de ce phallus autour duquel a tourné tout l'enjeu originel de la relation à la mère avec son leurre, la captation de l'amour: «C'est en cela que l'on ne peut pas dire que tout soit assumé de la position relative des sexes, et de la béance qui reste de l'intégration de ces rapports.» Ces deux fantasmes suffisent-ils pour conclure la cure et sortir de la phobie? Lacan en souligne l'issue à peu près satisfaisante: Hans est libéré de sa phobie, le succès symptomatique est obtenu; il a réalisé cette continuité des lignées et se conçoit à son tour comme père en résolvant la question de l'enfant réel, mais il reste avec les énigmes de la fonction paternelle, de la sexualité parentale et de la féminité: «S'il y a quelque stigmate de l'inachèvement aussi bien de l'analyse du petit Hans que de la solution œdipienne que postulait la phobie, c'est celui-ci. Ces tours et détours du signifiant qui se sont révélés salutaires, qui ont fait progressivement s'évanouir la phobie, qui ont rendu superflu le signifiant du cheval – s'ils ont opéré, c'est à partir de ceci, non pas que le petit Hans a oublié, mais qu'il s'est oublié.» Pour conclure, je tiens à souligner l'importance de l'expérience freudienne qui affirme la constance du complexe de castration et sa cohérence avec le complexe d'Œdipe. L'histoire clinique du petit Hans confirme que dans la relation de l'enfant avec la mère, l'introduction du Nom-du-Père est un élément symbolique primordial, un point de nouage essentiel du symptôme. En effet via la métaphore paternelle, il est signifié à l'enfant que le père possède la mère et qu'il en jouit légitimement. Ceci est à la fois fondamental et problématique, la clinique en dévoile les formes d'affaiblissement, de fragmentation ou de forclusion."*[235]

Comme *Le mois des vendanges*, le titre de la fenêtre entr'ouverte: *La Lunette d'approche* (1963)[236] confirme notre analyse générale de pénétration de ce motif dans l'oeuvre de Magritte.

Confirmant, par comparaison le symbolisme implicitement masculin du nuage qui arrose tout (comme le tuyau des Frères Lumière), est la réinterprétation, peut-être, précisément d'*Exercices Spirituels,* par Fernando

Maselli, dans une série photographique plus vaste inspirée de Magritte[237], d'une femme, celle-ci mains dans ses poches, et la tête remplacée par un nuage. Bien que le symbolisme s'en dissolve alors, au profit d'une allusion plus poétique à l'expression: "*Avoir la tête dans les nuages*", Maselli remplaçant, correctement alors, la tête par le nuage, selon le principe de substitution de l'image au mot (en une technique qui permettrait de définir, au sens strict du mot "*sur-réalisme*", au moins chez Magritte, comme un hyperréalisme de la compréhension textuelle [comme la petite fille qui dessinait des poules, car chaque fois que son père sortait, sa mère, en regardant par la fenêtre, criait qu'il allait encore rejoindre sa poule, selon rapporte Françoise Dolto, ou les similaires, de fait parfois basée sur le Français, jeux de mots comme révélateurs psychologiques cités par Freud, par exemple dans l'*Interprétation des rêves* à propos de la lune]).

### 1.4.c.5. Magritte et le corps de la femme

Il nous semble que l'origine de tous ces titres part, chez Magritte, de l'idée d'un autre, lié: *La Faculté imaginative*, qui représente cette bougie-phallus dans le nid de ses oeufs-testicules. Ladite faculté imaginative étant celle de voir, comme dans les tests de Rorschach, au-delà de la représentation, ce qui n'y est pas, mais nous impose notre esprit.

Le bateau qui pointe dans au second plan d'*Exercices Spirituels*, comme le train de *La durée poignardée*, déchire, selon l'intention explicite de Magritte pour ledit train, l'espace marin (substitut équivalent du verre à eau de *Le Carnaval du Sage*, lequel trouve un écho, et très probablement de sens identique, dans le verre tenu en main de *Le Colloque sentimental*), et la tour de chiffre n'est qu'un motif sarcastique, sans doute en référence inverse (puisque chez l'Allemand, il s'agit d'une figure austère, et vêtue, en attitude profondément réflexive) au polygone et au carré magique (le combinant) de la *Melencolia I* (1514) de Dürer (laquelle a également une sphère entre ses attributs), afin de détourner l'attention du lecteur.

Ainsi *La Femme introuvable* (1928), rappelant en cela l'iconographie du contemporain *Le repos de l'Acrobate*, s'expose, en pièces, comme les oiseaux de *Le Ciel meurtrier*, dans un décor de rocher, comme un pétroglyphe. Consécutivement, la femme étant la montagne, c'est-à-dire aussi l'abysse, *Le Parfum de l'Abîme* (1928 également) montre une montagne surmontée de tours (dont on retrouve le motif comme élément central dans *La Folie Almayer*, 1951[238], cette fois avec des racines, ce qui confirme le symbolisme associé de la montagne et de l'arbre chez Magritte) qui, pour l'angle de vue oblique, rappellent fortement des canons. Et c'est ainsi qu'apparaissent, dans *Les Fleurs de l'Abîme 1* et *2* (tous deux de la même année encore) les boules, dans le premier des deux tableaux comme des fleurs poussant dans l'abîme (comme on les retrouve encore, autour d'une statue féminine, dans *Le Clairvoyant* de 1965), entourées de leurs feuilles, dans la seconde au-dessus d'une demeure muraillée (permanence de l'*Hortus conclusus*) comme OVNIs.

Magritte expliquait l'origine de ces boules:

"*J'ai amené les cloches de fer suspendues au cou de nos admirables chevaux à germer comme des plantes dangereuses au bord d'un abîme.*"[239]

Pour cette caractéristique de la femme-montagne et abîme, *Les Reflets du temps* (1928) marquent, autour de l'horloge, comme points extrêmes d'un côté le "*ciel*" et de l'autre le "*canon*". Puisqu'au fond, ce sont les deux mêmes objets, comme "*le plafond*" intimé par la bougie allumée le frôlant (pour y mettre le feu, en sens sexuel, pour faire *pompier*, peut-être?) dans l'une des associations de Magritte.

On voit explicitement dès lors que les boules sont les objets qui accompagnent le conquérant, et à la fois le produit de son action. Elles sont avant tout masculines.

La forêt, la montagne, la table, sur laquelle on les pose, la chaise, sont féminines.

Pour cela elles s'associent au buste féminin et au trombone, gros instrument à vent, symbole encore peu probablement autre que d'oralité du sexe, dans *Le Temps menaçant* (1929), *L'Inondation* (1928) au titre révélateur, *L'automate* (1928-1929).

Ainsi, l'intérieur, que nous disons féminin, se définit comme *Le Palais des Courtisans* (c.1928), avec son corps de femme qui en est la structure même, et son cône, symbole phallique qui se multiplie dans *Le monde poétique 2* (1937), avec son oeil-serpent oedipien et voyeur, entre les rideaux de la maisonnée soutenus ici hors de tout support de fenêtre, qui nous dit à peu près la même chose que *Le Bouquet tout Fait* (1957)[240], où le personnage a tatoué sur la peau du cou et sur son manteau la primavera cuando "*Flora di fiori adorna il mondo*" du poème de Laurent de Médicis selon Edgar Wind[241] dans *Le Printemps* (1478-1482) de Botticelli, sur l'obsession esthético-sexuelle chez le peintre et les surréalistes en général. Les cônes s'associant explicitement à la femme dans *Les surprises et l'océan* (1927)[242], selon le modèle de la rencontre entre les deux sexes de *L'art de la conversation*.

Ce sont encore *Les charmes du paysage* (1928), cadre vide (et pour cause, puisque ce vide représente précisément l'absence de paysage, limité par le cadre intérieur du logis - où sont indifféremment enfermés chez Magritte l'oeuf, la pomme, ou la boule -), à côté duquel est posé le fusil phallique. Ou *Le Duo* (1928 encore), où le "*fusil*" (redondant puisque le mot est écrit sur un objet oblong) est associé à un guéridon dont les ouvertures en font un objet, de nouveau, purement féminin. Fusil seul, contre un mur d'intérieur, l'objet phallique étant dans l'objet désiré, le tableau se donnant alors à la fois comme ellipse et résumé, et reprenant *L'Idée fixe*, dans *Le Survivant* (1950)[243]. C'est toujours le *Vol de colombes*[244] qui rend invisible le visage de l'homme dont elles sont les totems, et qui, similairement aux versions du *Petit Chaperon Rouge*, laissent un parterre de rouleaux dévidés de fils à coudre, et *Le coup de coeur* (1952)[245] de la rose associée à la dague.

"*Miroir*", "*corps de femme*" et pierre sont explicitement associés, les deux concepts écrits sur des pierres, dans *L'Usage de la Parole 2* (1928), renforçant ainsi l'association femme-montagne, laquelle l'est également par le rapprochement entre *Le Monde invisible* (1954)[246] et *Portrait de Stéphy Langui* (1961)[247], ce dernier reprenant le thème de *La Géante*. Femme et rocher sont encore associés dans *L'accord parfait*[248] - la récurrence, on le voit, et c'est une leçon de l'expérience scientifique, peut difficilement tromper -, où, comme les *Cicérons* tiennent des feuilles (est-ce là donc le pendant qui révèle que les mâles tiennent en main un objet féminin, la feuille-arbre [dont la double preuve de sa qualité féminine est la version qu'en a donné Magritte dans *La Géante*, mais aussi le collage intitulé: *Mauvais Ange* de 1963 de E.L.T. Mesens[249] représentant un exhibitionniste - contrepartie, donc, des récurrents voyeurs dans l'oeuvre de Magritte - ouvrant son manteau sous lequel apparaît une feuille aux yeux bleus féminins, qui à leur tour font penser à *Objet peint: OEil* et *Le Faux Miroir*], et les femmes un objet masculin?), la femme nue (comme celle de *Le Carnaval du Sage* et les oeuvres liées, que nous abordons par ailleurs) tient en main une plume (preuve alors de notre soupçon sur "*tailler une plume*"? En tout cas, c'est le lien entre elle et l'oiseau).

*L'Espion* (1928) et *Le Sourire du Diable* (1966) montrent clairement combien le domaine intérieur est celui de la femme, et, en référence au *Verrou* de Fragonard, que nous étudierons, que l'homme est cet intru, toujours attention à l'obsession, révélée par *Le Bouquet tout Fait* (la figure de la Vénus botticellienne y tenant lieu de *ready-made* à la Duchamp), que mettent en scène, nous avons parlé du symbolisme phallique du fusil, le triptyque *Les chasseurs de la nuit*, *L'Idée fixe* (tous deux de 1928), et *La Gravitation Universelle* (1943)[250], dans les deux dernières oeuvres étant explicite le rôle d'agent extérieur que joue le chasseur poursuivant sa proie femelle (à l'instar de l'envahisseur de *La jeune fille confuse* chez Greuze). En contrepartie, la femme comme intérieur est représentée avec son ventre plein de fenêtres (c'est, en ce sens, la maison maternelle de Bettelheim) dans *La vie privée* (1946)[251], version, comme aussi la structure de tableaux d'un seul corps de femme en plusieurs cadres intitulée *L'évidence éternelle* (dans ses versions brune [probablement Georgette]: 1930 et blonde [probablement Marie-Anne Crowet]: 1948) et *La Folie Des Grandeurs* (1948-1949[252], dont on note que ladite figure, sur fond décomposé de cubes bleus [lesquels, si l'on se reporte à *Une Tempête* de 1932[253], variation du thème de *L'Univers démasqué*, semblent être, comme dans *Le Cicéron*, une image symbolisée par minimalisation géométrique de la maison comme espace féminin], est accompagnée d'une bougie allumée (absent dans la seconde version de 1962[254], laquelle, comme *Les travaux d'Alexandre*, fut l'objet d'une réalisation en bronze en 1967[255]) et, dans le ciel, d'une montgolfière, substitut des oeufs des autres oeuvres, tel notamment *Le domaine enchanté II*; sur le symbolisme sexuel masculin du ballon, voir la tête gonflée au-dessus du corps du personnage de *L'Art de Vivre*, 1964[256] (dont le modèle originel est la couverture faite par Magritte pour "*L'Invention collective*" d'avril 1940[257], qui inverse la structure de la femme à tête de boule face à l'homme à tête de lion d'*Une semaine de bonté*[258], 1933-1934, de Max Ernst, et dont on trouve un parangon dans le *Mauvais Ange* de Mesens, antérieur d'une année à *L'Art de Vivre*), qui révèle que l'art de vivre est, comme dans les autres toiles aux titres évoquant similairement l'obsession érotique masculine, tels les déjà mentionnés *La Gravitation Universelle* - dont le titre fait lien logique avec l'iconographie de la présente -, *L'Idée fixe*, l'art du peintre et l'art de penser sexuellement), de Magritte des femmes-boudoirs, c'est-à-dire objets, de Dalí, tel le fameux *Visage de Mae West* (1934-1935) ou *El Gabinete antropomorfico* (1936).

On notera que les têtes-boules des figures masculines, en tant qu'excroissances, nous reviendrons sur ce concept, dands *L'Art de Vivre* et *Le Mouvement Perpétuel*, semblent, implicitemnet pouvoir marquer, aussi, le symbolisme divin (comme le montrent les référents de normes universelles auxquels s'appliquent les titres évoqués, de la plus basique: "*Vivre*" au civilisateur: "*L'Art de Vivre*" dans sa délicatesse raffinée, auserons-nous dire sadienne, similairement à *La Philosophie dans le boudoir*, en passant par la physique et irréductible du: "*Mouvement Perpétuel*") que Magritte applique au masculin et au phallique, mais il faut pour cela nous reporter à la conception (dont on sait qu'elle sera utilisée par Leibniz, Nietzsche ou John Cage) de l'Être suprême oriental:

"*7. Le même P. Longobardi remarque dans la même section, que les Chinois disent, que le Li est le grand Vide ou Espace, la capacité immense, parce que dans cette essence universelle toutes les essences particulières sont renfermées.*

*Mais ils l'appellent aussi la souveraine plénitude, parce qu'elle remplit tout, et ne laisse rien de vacant; elle est étendue au-dedans et au-dehors de l'univers. Ces matières (dit-il) sont traitées a fond dans le Chung-iung (un des livres de Confucius) depuis le chap. 20 jusqu'au 25. C'est ainsi que nous expliquons l'immensité de Dieu, il est partout, et tout est dans lui. Et c'est ainsi que le P. Lessius a dit que Dieu est le lieu des choses, et que M. Guericke, inventeur de la machine du vide, a cru que l'espace appartenait à Dieu. Pour donner un bon sens à cela, il faut concevoir l'espace, non pas comme une substance qui a des parties hors des parties, mais comme l'ordre des choses, en tant qu'elles sont considérées comme existantes ensemble, provenant de l'immensité de Dieu, en tant que toutes les choses en dépendent dans chaque moment. Et cet ordre des choses entre elles vient du rapport à leur commun Principe.*
*8. Les Chinois appellent aussi leur Li Globe ou Rond. Je crois que cela se rapporte à nos manières de parler, lorsque nous disons, que Dieu est une sphère ou un cercle, dont le centre est partout, et dont la circonférence n'est nulle part. Ils l'appellent la Nature des choses; je crois que c'est comme nous disons que Dieu est la Nature naturante, et comme nous disons que la Nature est sage, qu'elle fait tout pour une fin, qu'elle ne fait rien en vain. Les Chinois lui attribuent aussi la Vérité et la Bonté, comme nous l'attribuons à l'Être dans nos métaphysiques. Mais apparemment chez les Chinois, comme le Li est l'Être par excellence, il possède aussi la Vérité et la Bonté par excellence. Le P. Longobardi ajoute que l'auteur (je crois qu'il entend Confucius auteur du Chung-iung) prouve son dire par dix-huit passages d'autres auteurs plus anciens.*
*8.a. Pour conclure: le P. Longobardi remarque que les Chinois attribuent au Li encore toutes sortes de perfections, de manière qu'il ne peut y avoir rien de plus parfait. Il est le souverain moyen, la souveraine droiture, la souveraine pureté. Il est souverainement spirituel, souverainement imperceptible; enfin si parfait, qu'on n'y peut rien ajouter. C'est tout dire.*"[259]

Sera-ce la symbolique derrière *La Baigneuse* (1925)[260], femme en costume de bain avec, derrière elle, une énorme balle blanche ou translucide, posée comme un ornement sur une forme, apparemment architecturale, rectangulaire, devant un paysage de mer (typique du peintre); est-ce cette boule un ballon de plage, ou une allégorie d'un personnage secondaire, immanent, au sens lacanien lorsque le psychologue parle du phallus dans "*La lettre volée*". Comme tend à le confirmer la comparaison iconographique entre la boule vigileant la femme de *La Baigneuse* et la collection d'aiguës pyramides derrière le modèle également allongé dans *Les surprises et l'océan*, dont, comme souvent chez Magritte, le titre (et, quand ce n'est pas le titre, c'est l'image) ne laisse pas d'être relativement comique (en ce qui concerne, dans le sens que l'on voit ici, "*Les surprises*", l'océan étant, on le comprend bien, féminin [et, ici, donc, produit des "*surprises*" - il s'agit, en termes clairs, d'une référence à l'orgasme -], par opposition ou symétrie avec "*l'orage*", masculin [lequel renvoie, ethnopsychanalytiquement, aux dieux-tonnerre, c'est-à-dire aussi phallus, de la mythologie internationale]).

La preuve du symbolisme phallique de la montgolfière comme substitut de la boule, et de celle-ci comme gonade sont les titres, comiques et révélateurs, de *Le Journal intime* (1964)[261], la silhouette d'homme découpée sur fond de ciel (équivalent, donc, des oiseaux de Ciel) avec à ses pieds une boule (confirmant ainsi le thème et le titre de *L'Heureux Donateur*) marchant dans un intérieur au mur noir (comme le miroir-portrait qui ne reflète rien de Georgette) et au plancher de bois (symbole féminin, sur lequel s'appuyait déjà *L'homme du large*), et *Quand l'heure sonnera* (1964-1965, 1966)[262], sur un fond marin (amniotique) et de ciel gris (préparant l'orage, symbole de la pluie d'or divine, déjà mentionnée par le mythe de Danaé dans le monde classique), à côté d'une montgolfière en vol dans le ciel près d'elle. Sur le symbolisme procréateur de la lune et de l'eau, on citera encore le chapitre 6 de l'*Interprétation des rêves* de Freud:

"*Dreams of this sort are parturition dreams; their interpretation is effected by reversing the fact recorded in the manifest dream-content; thus, instead of flinging oneself into the water, read coming out of the water- that is, being born. The place from which one is born may be recognized if one thinks of the humorous sense of the French la lune. The pale moon thus becomes the white bottom, which the child soon guesses to be the place from which it came.*"[263]

### 1.4.c.6. Magritte et le refoulé: de *La chambre d'écoute* aux violettes

"*Turk: Do you like poetry?*
*Charles Randall: Yeah, I do. Roses are red, violets are blue. I wanna poke your fucking eyes out with my dick, you fuck.*"[264]
(Jon Avnet, *Righteous Kill*, 2008)

Alors que *Le Clairvoyant* est cette statue entourée de boules symboles génitaux, *Autoportrait* dénommé *La Clairvoyance* (1936[265], dont, à la mode de Magritte, l'on a une photographie[266] le représentant se peignant peignant l'oiseau à partir de l'oeuf, l'accumulation de dérivation créant le jeu de miroir entre la genèse de l'objet et celle du tableau) représente Magritte peignant un oiseau en vol à partir d'un oeuf. On peut donc dire que les boules dans la première peinture et l'oeuf dans la seconde sont en relation de sens.

Ce sont encore l'oeuf et la poule de *Variante de la tristesse* (1957)²⁶⁷ et l'immense menhir à côté de la petite maison, comme souvent rouge (les typiques constructions de briques du Nord, mais aussi peut-être la couleur de la passion, comme la gorge ardente de l'oiseau dans *La Valse Hésitation*), de *Les roses d'Ispahan* (1965)²⁶⁸, qui trouve une autre version dans *Dans l'Espace et Dans le Temps*²⁶⁹, arbre minuscule devant un gigantesque rocher, et sa variante, où l'arbre se substitue à un autre rocher, plus petit, intitulée: *Parmi les bosquets légers* (1965)²⁷⁰. Nous verrons le symbolisme de l'*omphalus*, comme attribut féminin - concrètement d'Hestia - lorsque nous toucherons la question de la représentation du nombril dans *Le Symbole déguisé*:

"*Cet aspect maternel d'Hestia renforce encore l'analogie... entre le foyer rond et cet autre objet symbolique, lui aussi de forme circulaire et à valeur de centre qu'est l'omphalos. Sur certaines représentations Hestia est figurée assise, non sur l'autel domestique, mais sur un omphalos. On sait que l'omphalos de Delphes passait pour le siège d'Hestia...*
*Renflement du sol ou pierre ovoïde, l'omphalos, qui a rapport avec la Terre et qui parfois est qualifié de Gé, représente tout à la fois un point central, un tombeau, un réservoir d'âmes et de vie (nous soulignons)...*"²⁷¹

Ce qui peut également s'exprimer, de nouveau par rapport et dans l'oeuvre de Magritte, en termes de l'analyse freudienne, ici du dernier Freud:

"*Freud à la fin de sa vie et de son œuvre, s'interrogeant sur la fin de l'analyse, se heurte à une butée qu'il juge indépassable. Il s'agit de l'angoisse de castration qui s'exprime chez l'homme par sa protestation virile et chez la femme par l'envie de pénis, en allemand penisneid. En 1937, dans son article "Analyse finie et infinie", il conclut ainsi: «On a l'impression, avec l'envie de pénis et la protestation virile, de s'être frayé un chemin à travers toutes les stratifications psychologiques jusqu'au roc d'origine, et d'en avoir fini avec notre travail. Il ne peut en être autrement, car pour le psychique le biologique joue véritablement le rôle de roc d'origine sous-jacent.» C'est ce qu'il est convenu d'appeler le roc de la castration.*"²⁷²

C'est donc *La Connaissance absolue* (c.1965)²⁷³ de l'aigle devisant la pierre, exceptionnellement horizontale (pour rendre compte de son caractère féminin, par opposition à l'aigle, et qu'il s'agit de ce que, comme le rêveur de *Le Cap des Tempêtes*, il a en tête), et celle accompagnant, à l'accoutumée, la femme, du croquis, sans titre, représentant des *Personnages assis*²⁷⁴.

Si on comprend le concept espace-temps, non comme l'avant-garde nous y a accoutumé, c'est-à-dire pseudo-scientifiquement, mais érotiquement, pour ainsi dire, on comprend facilement le principe de va-et-vient que cela peut représenter. Inversé du titre par rapport au sens de l'image, mais la renvoyant dans celle de *Dans l'Espace et Dans le Temps*, pour les motifs iconographiques de cette toile, *Parmi les bosquets légers* offre, également, de nouveau, une vision d'écrasement (comme dans le dessin sans titre de 1948[275], où, comme, postérieurement dans *La Lampe Philosophique*, un homme au nez proéminent [visuellement on pense à Pinoccchio, mais pour le thème du pouvoir on se rapproche de la nouvelle de 1832-1835[276] de Gogol], en s'élargissant ladite extrêmité, ampute proportionnellement et symétriquement celle d'une jeune femme qui lui fait face, "*imposible beso de la Venus de Milo*" pourrait-on dire, le vers de Rubén Darío, dont on trouve, ironiquement, une illustration littérale, sous forme de *ready-made* à la Duchamp, dans *Les Menottes de cuivre*, 1931[277], qui confirme la comparaison que nous faisons ailleurs entre l'oeuvre de Magritte et les figures telles que celle de *Boxing Helena* [le cubain Jorge I Nazabal Cowan, dans son *Hommage à René Magritte*[278], a bien compris cette symbolique, lorsqu'il en associe les principaux objets de cette représentation sadienne du corps féminin violenté dans l'oeuvre de Magritte: que son les chaussures de peau, le sexe offert, le corps devenu vêtement d'armoire sur sa perche, tous éléments explicitement repris de *La Philosophie dans le boudoir*, en impossibilitant les extrêmités dans un carcan de brique], relation de possession [la femme en permanente position d'ouverture, ou ses référents, dans l'art du peintre] et pouvoir que met en évidence la photographie de Magritte embrassant *L'évidence éternelle*[279] ou encore *Le Mystère de l'Ordinaire*, 1926-1938[280]), mais aussi de conséquence, à mettre en parallèle avec *La Légende des Siècles* où, sous la surveillance de l'aigle de pierre (on comprend ainsi les aigles-montagnes comme étant les personnages-symboles de *L'Idole*, lui-même de pierre, à la fois créature et créateur[281], comme Jésus dans la religion chrétienne, et comme le confirment *Les Fanatiques* et ses variantes, dont le même aigle de *Le château d'Arnheim* en arrière-plan d'un bûcher nocturne dans *Le point sur la carte*, 1955[282], ou encore *Le Minotaure No 10* et les personnages crachant le feu de la série des *Cicérons*), la chaise mégalithique supporte celle de bois, produit apparent, donc pour les matières en jeu, de la relation entre pierre et bois, l'arbre de la série *Alice au Pays des Merveilles*, dont cette oeuvre fait partie, étant dans les autres toujours représentée avec une ou deux pierres, au sol, et la poire, oblongue et donc phallique par rapport aux pommes dans les autres représentations de l'oeuvre de Magritte.

On peut, disons-le, cependant, interpréter inversement *Parmi les bosquets légers* (même si le titre ne laisse pas d'évoquer pour le contemporain, plus encore si on l'associe à la figure récurrente de la femme confondue avec la forêt et pour cela qui y est introuvable dans l'oeuvre de Magritte, l'aspect végétal du similaire, bien que distinct, *Gazon maudit* de 1995 de Josianne Balasko) et *La Légende des Siècles* dans une perspective de descendance, de fait liée au concept d'autoengendrement: en effet, la chaise de bois sur la chaise mégalithique, et le petit rocher devant le grand peuvent se comprendre, la première comme la progéniture (selon l'iconographie classique, masculine également, de Jésus assis sur le siège de Marie qui le porte et en est l'assise, de l'enfance à la Passion, comme on le voit parfaitement, respectivement dans *La Vierge à la chaise* ["*La Vierge est présentée comme «siège de la sagesse» entre les hommes et Dieu (chaise pour siège).*"[283]] de 1513-1514 de Raphaël et dans la *Pietà* de 1498-1499 de Michel-Ange), nous le supposons ailleurs dans la présente étude, et le second comme, par rapport au cycle, pour l'appeler d'une façon, de *La Géante*, le phallus qui enflera pour entrer dans la cage immense qui le contiendra, comme dans les autres oeuvres de Magritte la chambre contient la rose ou la pomme, et la cage, précisément, l'oeuf, oeuf duquel part, dans la photographie de Magritte peignant *La Clairvoyance* celui-ci pour peindre l'oiseau qui, en puissance, est son modèle.

On ne peut laisser de côté (par rapport à cette question de l'acte sexué comme auto-mutilation, le vagin denté qu'il nous semble reconnaître dans *Jeune fille mangeant un oiseau*), que dans *Le Domaine enchanté*, et son *close-up* qu'est la série *Les travaux d'Alexandre* (ample en nombre de lithographies, mais qui, de manière très notable, fut choisie, entre toutes ses réalisations, malgré le fait qu'il ne s'agisse pas, ni de loin, d'une des plus connues, par le peintre pour être l'une de ses oeuvres choisies qui furent réalisées en bronze), le tronc est aussi bûcheron de soi[284], puisqu'il tient en main une hache. Ce qui nous renvoie encore, cette fois aux derniers vers du poème *L'Union Libre* de Breton, sinon du point de vue de l'auto-mutilation, au moins de l'amour comme acte violent et d'arrachement (ce sont les bouts de bois qui permettent l'intégration des extrêmités au buste de *Le supplice de la vestale*, 1927[285], que l'on a déjà rencontré dans l'oeuvre du peintre pour *L'Oiseau mort* et *L'Ange Migratoire* [dont le titre et l'iconographie renvoient à *L'Oiseau mort*, donc aux volatiles, notamment en tant qu'*oiseaux de Ciel* chez Magritte, et, par conséquent, à la question, implicite, de la castration] - ce qui a autant à voir avec l'ambivalence des genres chez Magritte comme avec la confirmation du caractère implicitement auto-mutilatoire de l'amour dans son oeuvre, l'amour étant souvent [jusque dans *Le Caprice*] un acte de violence [de *Le sens de la nuit* à *L'assassin menacé* en passant par *L'Idée fixe* et les oeuvres similaires, dont même encore l'aspect policier, en outre par comparaison avec *L'assassin menacé*, de la version aux deux hommes de *Les enfants trouvés*, celles de pommes reprenant similairement le tronc suicidaire de *Les travaux d'Alexandre*], lié à l'eucharistie [de *L'Esprit et la Forme* à *Le mois des vendanges*, voire implicitement en passant par *La Grande Table* et *Le Banquet*] -):

"*Ma femme aux yeux de bois toujours sous la hache*
*Aux yeux de niveau d'eau de niveau d'air de terre et de feu*"

L'oblong de la poire, Chat de Cheshire à comparer au fantôme derrière la jeune fille nue de *Le Carnaval du Sage* (rappelons que dans tous les mythes de l'origine la seconde génération, qui permet la naissance de l'humanité, provient de l'inceste entre la Terre-Mère et son fils qui la viole sans qu'elle le reconnaisse, le mythe offre donc, encore une fois, un fil d'Ariane ethnopsychanalytique pour comprendre la figure du procréateur inconnu, l'Ombre de *Laissé derrière par l'Ombre*, l'Éros de Psyché), de la série d'*Alice* est remplacée ici par l'énorme monolithe de forme allongée, toujours visuellement à peu près similaire, voire identique, dans l'ensemble de l'oeuvre de Magritte.

On se souvient de l'association entre l'arbre et le similaire cadre totem en forme de pseudo-menhir de *Personnage éclatant de rire*.

Une fois que l'on associe la pierre à la femme, et l'illumination, comme le montre Freud du rêve du rieur invétéré, à la sexualité, on comprend dès lors la représentation symbolique, par Magritte, du *Principe de Plaisir - Portrait d'Edward James* (1937)[286].

De même, le ruban, qui obsessionne les hommes chez Magritte, *Le Dormeur téméraire* notamment, symbole féminin, que l'on retrouve, par deux fois, en rose et en bleu, dans *Les Objets quotidiens* (1927), est également, chez Paul Delvaux, symbole de l'offrande féminine dans *Les femmes de la galanterie* (1962[287], oeuvre dans laquelle l'on reconnaît le géologue Otto Lidenbrock[288] de Jules Verne, personnage à lunettes tiré des représentations classiques de Hetzel, et souvent reproduit par Delvaux - la femme étant donc ce territoire concret, maison ou montagne pour Magritte, objet géologique à disséquer pour Delvaux -) et, tombé au sol, de sa déposition, dans *La Joie de vivre* (1937), avec, dans cette oeuvre, de nouveau, deux éléments hautement symboliques: la fenêtre ouverte, qui nous renvoie à Magritte, et le joueur de pipeau, autre symbole de sexualité phallique, voire orale (c'est, jusque dans la mythologie, l'Orphée d'Eurydice, symbole du poète avec sa Muse [la Vénus dans le dos de Magritte], chez Cocteau dans son film de 1950, et chez l'auteur compositeur interprète contemporain Hubert-Félix Thiéfaine: "*Soufflant dans mon pipeau la chanson d'Eurydice*" dans sa chanson "*Chambre 2023 (et des poussières)*" de l'album *Alambic / Sortie Sud* de 1984).

Nous avons parlé de l'origine freudienne du symbolisme chez Magritte.

Voyons à présent une série d'oeuvres liées à la pomme, de laquelle nous avons relevé le symbolisme adamique (renforcé par la figue, fruit du

Péché sur le plafond de la Sixtine, plantée sur un classique pied de fer d'enseignes, symbole phallique doublement puisqu'à la puissance du fer qui transperce le fruit s'oppose la mollesse de celui-ci, dans *Le Caprice*, 1947[289]) dans *Le Fils de l'homme* et *La chambre d'écoute*: à ces deux[290], il faut ajouter le groupe de *La Grande Guerre* (1964), deux oeuvres[291], de *La Carte Postale* (1960), *La Grande Table* (1963, dans *La Grande Table 2*[292] les pommes, toujours de pierre, se multiplient, cette fois dans un saladier à fruit, pour, redevenues de chair, danser autour de celui-ci dans *Le Principe d'Archimède*[293], principe qui ne fait dans le tableau qu'inverser celui de Newton, révélant, par là, implicitement, le milieu aqueux où sont supposer évoluer, au-delà de la pure inversion, les pommes que, dans l'ensemble de son oeuvre, nous croyons, comme le prouve le titre de la pomme, également pétrifiée, *La parole donnée*, 1950[294], pouvoir remettre au Péché protoplastique, entendu comme métaphore de l'acte de copulation, ce que confirme le titre des séries *Le chant d'amour*, 1963, et *Les Jeunes Amours*, c.1963[295], pommes de couleurs différentes, ici, comme les oeufs dans les autres représentations, toujours trois [partie carrée du *Déjeuner sur l'herbe*? Allusion aux amours juvéniles compliquées, où chacun aime un autre impossible, similaires donc en cela à celles des, opposés - on voit, dans la présente étude, l'importance des jeux d'inversion dans l'art de Magritte -, défunts de *Huis-clos*, 1944, qui reçut deux adaptations cinématographiques l'année antérieure, en 1962: *No Exit*, également connu comme *Sinners Go to Hell* de Tad Danielewski[296], et *Huis Clos (A puerta cerrada)* de Pedro Escudero[297]? On note que dans *Le chant d'amour* les trois pommes sont les unes contre les autres, alors que dans *Les Jeunes Amours* elles volent séparées, faisant supposer, comme dans d'autres séries telles *Alice au Pays des Merveilles* ou celle des oiseaux de Ciel, qu'il s'agit là des deux moments d'un même processus; on voit, dès lors, que *Le Principe d'Archimède* combine les deux séries, c'est-à-dire l'amour consommé et sa "*Valse Hésitation*" antérieure, en ajoutant aux pommes du saladier, qui y sont ici au nombre de cinq, dont une invisible parce qu'au-dessous d'une autre - ce qui, confirmant notre analyse, porte à douze le nombre des pommes de ce tableau, dès lors le jeu de mots est facile lorsque l'on pense qu'elles vont ici "*par douze*", nous rappelant celui de Barbey d'Aurevilly qui, à la Maison Dorée, un matin que le restaurant était bondé, et que son ennemi littéraire, le vicomte de Pontmartin, attablé à manger des huîtres, lui refusa la permission de s'asseoir à ses côtés, lui jeta: "*Morbleu, vicomte, je ne comprends pas, vous êtes pourtant treize à table!*"[298], jeu de mots qui doit s'entendre en référence, non seulement à la mauvaise chance du commensal d'être attablé avec douze autres supposés convives, ce qui rappellerait les évocations des chapitres IX-X d'*Alice au pays des merveilles*, 1865, mais encore avec l'expression être: "*très à table*"[299] [être très occupé à la table] -, à celles qui virevoltent autour - transformant alors en bacchanale sexuelle ledit Principe physique: "*Tout corps plongé dans un fluide au repos, entièrement mouillé par celui-ci ou traversant sa surface libre, subit une force verticale, dirigée de bas en haut et opposée au poids du volume de fluide déplacé*"[300], sur le modèle de la plaisanterie sexuelle bien connue du participant à une orgie qui rallume sans cesse, en se plaignant: "*Organisons-nous, organisons-nous!*"[301] -]), *Mémoire d'un voyage* (1952, dont le titre renvoie à celui d'une des versions de la tour de Pise, symbole phallique, comme on le verra), *Au Revoir* (1968)[302], et *Les Belles Réalités* (1964, dans ses différentes versions[303]).

Des deux toiles de *La Grande Guerre*, Yves-Marie Bouillon (2014) écrit:

"*Le tableau de Magritte est célèbre: un homme en costume noir, cravate rouge et chapeau melon noir, nous fait face. Sa face (son visage) est entièrement masquée par une pomme verte. Le titre n'est pas toujours connu: La Grande Guerre. Le tableau est daté de 1964, précisément cinquante ans après le déclenchement de la Première Guerre mondiale. Un autre tableau porte le même titre et est daté de la même année, ce qui est moins connu. Cet autre tableau La Grande Guerre représente une femme toute de blanc vêtue, avec ombrelle, chapeau à plumes et gants, tous accessoires blancs, le sac à main pendant au bras gauche étant ornementé de gris. Un bouquet de violettes, cette fois-ci, nous masque le visage de la femme. Nous avons entrepris la publication de cet article suite au constat qu'aucun critique d'art n'a élucidé le mystère de ces tableaux et de leur titre: à notre connaissance, mais nous n'avons pas établi une revue complète de la question.*
*L'année de leur création (1964) sonne comme un anniversaire sombre du déclenchement de la dite Grande Guerre, seulement dix ans après la fin de la Seconde…*
*Le tableau représentant la femme, le moins connu, est pourtant le plus aisé à interpréter quant au titre. Quand un soldat mourait au front, promis ou marié à une femme, elle se retrouvait, selon qu'ils étaient fiancés ou mariés: veuve blanche (la robe de mariée n'avait pas eu le temps d'être étrennée) ou veuve noire (la femme était effectivement veuve, et*

*pouvait porter le deuil selon l'usage). Ce tableau pourrait s'intituler aussi bien La veuve blanche: le bouquet de violette en amplifie les résonances affectives. Symbole d'innocence, voire de virginité, en tout cas de timidité à dire son amour, la fleur représente aisément l'amour non consommé. Mais le bouquet masque le visage. L'expression des sentiments, ici du deuil, est finalement censurée – sauf, peut-être, un langage convenu, celui des fleurs, n'exprimant rien de singulier. Nous ne savons rien de cette femme, ni de l'homme à qui elle destinait sa tenue blanche. Le nom même des fleurs (des violettes, en bouquet, prenant la place de tout le visage) indique par association un élément encore plus précis: la violence. Cet autre tableau de Magritte est également connu (Le Viol, 1934), dans lequel un corps nu de femme (sans son visage, ni ses jambes) est entouré d'une chevelure et figure finalement comme un visage. Qui pourrait dénier que la violence de la guerre (violence faite aux femmes et aux hommes, par les hommes) est dénoncée dans ce bouquet de violettes qui semble comme jeté (puisque son homme est mort) à la figure de la femme promise, condamnée à rester en robe de mariée blanche, seule sur une jetée, le long de la mer?*

*Qu'en est-il de l'homme au chapeau melon et avec une pomme barrant la possibilité de voir son visage? Rappelons-nous d'abord comment Magritte choisissait ses titres. Il présentait ses œuvres, en cours ou achevées, à un cercle restreint d'amis, lesquels proposaient divers titres, le plus souvent sans rapport apparent avec le contenu pictural. Magritte escomptait précisément un travail particulier du spectateur dans la surprise qu'occasionnerait la rencontre du spectateur avec l'œuvre et son titre.*

*Nous n'oublierons pas qu'un collectif de quelques personnes (une intelligence collective, quelques-uns) participaient au choix du titre. Il se trouve qu'un des éléments-clefs de ce tableau (une forme cryptée d'obus) nous est apparu précisément dans une séquence de travail avec quelques personnes en face du tableau via un écran d'ordinateur. Prêtons-nous au jeu, puis cherchons ensuite dans d'autres tableaux du peintre les liens associatifs possibles.*

*Bien sûr, en lien avec la guerre vient vite la pomme de discorde. Celle qu'Eris («Discorde», en grec) jeta au milieu du repas de noces de Thétis et Pélée, les futurs parents d'Achille, le héros de la guerre de Troie, Grande Guerre s'il en fut, au moins en littérature. Eris jeta la pomme et proclama l'offrir à la plus belle des déesses. On sait la suite... Le berger troyen Pâris l'offre à Aphrodite, qui lui a promis en échange de pouvoir connaître Hélène... et la guerre suivit. Mais revenons au tableau. Cette pomme n'évoque en rien la discorde (sinon qu'elle est verte, peut-être...). Il semble trop tôt pour l'interpréter ainsi. Des quatre petites feuilles qui l'accompagnent, les deux plus basses pourraient presque symboliser les yeux. La pomme et ses feuilles deviendraient un masque, à proprement parler un loup. L'homme est un loup pour l'homme... Certes, la pomme est un indice, mais qui, comme le bouquet de violettes, censure par ailleurs les expressions d'affects de l'homme. Quelque chose nous dit que cette pomme ne nous empêche pas de voir seulement le visage de l'homme, elle nous empêche également de voir autre chose, qui est dans le tableau. Il est temps, comme quand l'interprétation d'un rêve rencontre un obstacle, de détourner l'attention du tableau et de penser à autre chose... bien sûr en lien avec lui.*

*Les critiques d'art ont fréquemment repéré la multiplicité des motifs de l'homme en tenue noire et chapeau (le plus souvent melon) chez Magritte: comme un symbole du bourgeois standard européen, l'homme banal, ( cf. L'homme sans qualité de Musil, Der Mann ohne Eigenschaften). Les tableaux de Magritte reprenant ce motif abondent: il serait ici trop long de les lister, mais sûrement riche d'enseignements d'en dérouler les nombreux fils associatifs.*

*Une lithographie en couleurs à caractère publicitaire datant de 1918 (!) les préfigure manifestement, avec prénom et nom de l'artiste, René Magritte, sur l'affiche. C'est un enfant vu de trois quarts tenant à main gauche une tasse de «pot au feu Derbaix» et mimant de sa main droite un salut militaire. L'enfant porte un chapeau noir à ruban: comme un chapeau melon, mais mou... Et le slogan, commençant en haut de l'affiche et finissant en bas, énonce, tout en majuscules: «POUR DEVENIR UN FORT SOLDAT... JE BOIS LE POT AU FEU DERBAIX». La propagande commerciale détourne la propagande militaire, et est signée René Magritte. L'enfant est à visage découvert. Considérer les deux tableaux intitulés La Grande Guerre (la «veuve blanche à face de violettes» et «l'homme au chapeau melon à face de pomme», tous deux de 1964) en regard de cette affiche («l'enfant au futur de soldat promouvant le pot au feu Derbaix», de 1918) forcent le constat d'une filiation des œuvres: de l'enfant soldat en 1918 vers le bourgeois au chapeau melon (soldat anonyme?) et sa veuve blanche de 1964.*

*Remarquons que le «feu» connote la guerre, que le «pot au feu» se consomme (comme la pomme), enfin que le déhanchement de l'enfant dans l'équilibre délicat entre la tenue de la tasse d'une main et le salut de l'autre féminise légèrement la silhouette (à l'inverse de la raideur de l'homme, mais allant vers la présentation en trois-quarts de la femme). Le ruban sur le chapeau mou de l'enfant préfigure la cravate de l'homme. Surtout, les couleurs de l'affiche commerciale, exclusivement dans les ocres et noirs, annoncent les deux seules couleurs du costume et du chapeau (noirs) et de la cravate de l'homme (rouge), la chemise étant cependant blanche.*

*Dans cette perspective, les deux tableaux intitulés* La Grande Guerre *pourraient être interprétés, près de cinquante ans après l'affiche commerciale vantant l'avenir guerrier de l'enfant et exactement cinquante ans après le déclenchement de la Grande Guerre, comme des remords tardifs, douloureux... et insistants: au point que Magritte commit ces deux œuvres représentant, l'une masculine, l'autre féminine, toutes deux sans visage,* La Grande Guerre.

*Si nous avons rendu justice, semble-t-il, de ce qu'il y avait bien quelque chose d'une guerre cachée dans ce tableau (celui de l'homme, avec son passé d'enfant à qui l'on enjoint de devenir «un fort soldat»), nous gardons un sentiment d'incertitude: la pomme nous cache-t-elle seulement le visage (celui d'un soldat inconnu, par exemple)? Ou nous empêche-t-elle également de voir quelque chose qui est pourtant visible? Nous savons la dénonciation par Magritte de la confusion des mots et des images:* Ceci n'est pas une pipe *et* Ceci n'est pas une pomme *(mais c'est la représentation picturale d'une pipe, d'une pomme, les deux tableaux existent). La pomme de* La Grande Guerre *bifurque notre regard d'autre chose...*

*Un tableau et sa gouache sur carton préparatoire, tous deux de 1953 et intitulés* Golconde, *accréditent fortement les associations suivantes: la multitude humaine, la ruine (Golconde fut une ville indienne, riche en mine de diamants, aujourd'hui en ruines du fait des guerres et de l'avidité humaine...), voire la mort en masse, le paysage désolé. Les tenues vestimentaires des hommes du tableau sont toutes uniformes: manteau long, chapeau melon, toujours noirs. Les tenues de la gouache préparatoire sont plus variées: certaines tenues, floues, pourraient évoquer des marins ou des ouvriers. Surtout, la raideur évoque la mort, ou au moins le garde à vous militaire. Ces hommes semblent tomber... comme des pommes: une autre association liée à la pomme, la théorie de la gravitation de Newton! Sauf que tomber (au champ d'honneur), c'est mourir.*

*Etudions ce qui distingue* La Grande Guerre *(l'homme à la pomme) de* La Grande Guerre *(la femme au bouquet de violettes): la femme semble vivante, elle tient son ombrelle des deux mains; l'homme pourrait être mort, comme un gisant debout, un simple buste sur une cheminée. Un autre tableau, intitulé* Le Fils de l'homme, *également de 1964, se distingue des détails suivant de* La Grande Guerre *(«l'homme à la pomme»): dans* Le Fils de l'homme *se voient les mains (fermées sur elles-mêmes), et surtout les yeux (ouverts, chacun à moitié caché par le bord de la pomme). L'homme est vivant, regarde derrière une pomme, laquelle ne cache pas complètement son regard. Notre focalisation sur le fruit en est bien moindre. L'homme est devant un parapet, derrière lequel se devine une mer bleutée à perte de vue, et un ciel menaçant. Par contraste, le tableau* La Grande Guerre *insiste sur la pomme, la chute verticale (pas de rédemption par le «fils de l'homme», probablement un titre ironique de Magritte), les yeux cachés.*

*Il y a divers moyens de «voir» ce qui prétend ici être indiqué. Le spectateur peut faire tourner l'image de* La Grande Guerre *de 90° à droite ou à gauche, voire de 180° (la retourner complètement). Il peut aussi prendre conscience que s'oppose à la masse sombre du costume l'ensemble suivant: chemise blanche, cravate rouge, pourtours du visage couleur chair et chapeau melon. Puis, de cette silhouette (chapeau, pourtours du visage et échancrure dessinée par le rebord du veston noir) dégager une forme d'obus, dont les rebords du chapeau dessineraient les ailettes... Cet obus tombe droit vers le bas du tableau, ce que la pomme nous masque (nous focalisons sur elle) et nous rappelle (en toute rigueur, comme*

*nous le rappelle l'association d'idée avec Newton, elle tombe!). Si la pomme tombe, l'homme aussi. C'est un homme-obus, un homme-canon, comme il s'en exhiba tant dans les foires et spectacles forains.*
*Cet essai d'interprétation de deux tableaux de Magritte portant même titre et même date de composition (La Grande Guerre, 1964) vise à considérer l'ampleur de la censure que nous subissons depuis cent ans (les effets de la guerre sur la population durant des générations), ou depuis cinquante ans (les dénonciations, conscientes ou inconscientes, de la guerre par Magritte dans ces deux tableaux). Les critiques d'art (sauf ignorance de ma part, et je serai alors heureux d'être contredit) continuent de s'en tenir aux dénégations pleines d'humour et de malice de Magritte relativement aux titres de ses tableaux. Mais que ces titres eussent été choisis par ses proches n'empêche qu'ils aient pu eux-mêmes, consciemment ou inconsciemment, lire à cœur ouvert dans les tableaux du maître, et trouver les titres les plus propres à nous pousser à les méditer longuement."*[304]

Bouillon a raison de reporter dans le cadre contextuel les deux toiles de Magritte. De fait, de nombreuses oeuvres, par leurs titres du peintre, jouent sur l'ambivalence liée au souvenir de la guerre, comme l'oiseau de proie au-dessus d'un bûcher dans *Les Fanatiques*.

Toutefois, cette insistance du peintre, sur la guerre, notamment sur la Première Guerre Mondiale, par exemple *Le Témoin* de 1938[305] - dont on note, visuellement, qu'entre les tripes sort un coeur palpitant (fonctionnellement mal localisé, donc), tel l'oeil serpentin de *Le monde poétique 2* - (bien qu'il faille reconnaître qu'encore dans les années 1970 et au tout début des années 1980 étaient nombreux les films sur la Seconde Guerre Mondiale, pourtant rapide et illusoire "*drôle de guerre*"), nous semble quand même être, pour les motifs des thèmes, plus un chantage émotionnel du peintre envers le spectateur, sans amoindrir sa reconnue idéologie anti-fasciste, qu'un concept fondamental de son oeuvre, dont elle est loin d'être réellement le centre thématique.

Dit d'une autre manière, Magritte n'est pas Grosz.

*"Changer la vie! Les surréalistes reprennent à leur compte le credo de Rimbaud comme un slogan qui claque dans un ciel noirci par la guerre et rougi par la Révolution d'Octobre. Mais à l'inverse de Rimbaud qui dans son désir de changer la vie par la poésie arrive à une impasse, les surréalistes y croient et s'engagent: tracts, slogans chocs, adhésions massives au parti communiste. Ils dressent en icônes les censurés*[1]*, les parricides*[2]*, tous ceux qui sont accusés par la société bourgeoise des pires crimes.*
*Magritte lui aussi s'engage dans cette voie révolutionnaire. De quelle façon? À quel point? Simple suiveur de son comparse Paul Nougé, lui-même fondateur du parti communiste belge en 1921 ou communiste convaincu en habit bourgeois? La réponse reste encore aujourd'hui nébuleuse.*

*Magritte, incontestablement, est attiré par la démarche révolutionnaire, l'aspect anti-bourgeois du communisme. Seulement, la vraie question sera pour lui "comment agir?". Il le fera pourtant en co-signant des tracts parmi les plus engagés du surréalisme; en dessinant des projets d'affiches pour La centrale des ouvriers textiles de Belgique dans un style que l'on qualifiera de "sur-réaliste socialiste"; en s'opposant à la montée du fascisme par la création de sa fameuse affiche révélant sous le visage de Degrelle, celui d'Hitler;... en créant en pleine guerre le surréalisme en "Plein Soleil" comme une résistance à la noirceur du monde...*

*On le voit, Magritte s'engage et en 1945, adhère au mouvement officiellement en obtenant sa carte de parti. C'est pourtant à ce moment précis, lorsqu'il sort de la sphère artistique pour côtoyer le militantisme que Magritte prendra ses distances. Il s'en expliquera à la fin de sa vie:*

*"Je dus très vite déchanter. Dès la première rencontre, un délégué du Comité central vint nous admonester, s'appuyant sur quelques notions "matérialistes" de cours du soir [...] Les séances suivantes ne furent guère plus encourageantes. Nous avions affaire à des sourds. Deux ou trois projets d'affiches me furent demandés. Tous furent rejetés. Le conformisme était aussi patent dans ce milieu que dans les sphères les plus bornées de la bourgeoisie. Au bout de quelques mois, j'interrompis mes visites et je n'eus plus, dès lors, aucun rapport avec le parti. Il n'y eut ni exclusion ni rupture, mais, de ma part, désaffection totale, éloignement définitif."*[306]

Revenons à présent sur le motif central de toutes ses peintures: la pomme. Dans les deux versions de *La Grande Guerre*, et, de fait, possiblement, pour la femme, dans une interprétation telle que la fait Bouillon, à l'homme correspond la pomme, mais à la femme le rameau de violettes.

On notera, entre parenthèses, pour mieux nous approcher du symbolisme des violettes, ici, chez Magritte, sur le fond blanc, immaculé, de ce que Bouillon même interprète comme pouvant être une femme de soldat, que John William Polidori, dans son fameux *Le vampire* (1819), décrit ainsi le souvenir que le héros retient de son amour grec (elle, jeune vierge, associée doublement aux violettes, puis, immédiatement, à la profanation par le sang [hymen, menstrues, placenta/vie-mort, ce n'est pas par hasard si le vampire a toujours été considéré comme un être extrêmement lié à la sexualité, et à la procréation, de *La jeune vampire* de J.H. Rosny Aîné[307] jusque dans ses représentations les plus contemporaines comme dans la trilogie *Twilight* de 2005-2008 de Stephenie Meyer] qui la recouvre) lorsqu'il essaie de s'en éloigner (désirée dont il est intéressant, d'un point de vue psychologique, qu'elle porte le nom d'Ianthe - celle qui, amoureuse d'Iphis, en obtiendra d'Isis, par l'intervention de Téléphuse, mère d'Iphis, le changement de sexe -, aussi bien parce qu'elle s'interpose, comme substitut, dans la relation entre le héros et le vampire Lord Ruthven [qui obtiendra, au seuil d'une fausse mort, alors qu'Iphis est protégée contre la déesse de la mort en étant élevée comme un garçon, tromperie antérieure dans le mythe à celle de dénouement chez Polidori, du jeune homme une promesse qui lui permettra de devenir l'époux de sa soeur, ce dont on pourrait donc tirer beaucoup d'enseignements, par la même symétrie d'inversion, ici d'une métamorphose amoureuse par transposition ou transfert du frère vers la soeur], que parce qu'étant celle qui l'introduit à la légende du vampire, elle sera assassinée par celui-ci):

"*Ce coup terrible avait beaucoup affaibli les forces morales d'Aubrey; et cette vivacité d'imagination qui le distinguait autrefois semblait l'avoir abandonné pour jamais. Le silence et la solitude avaient autant de charmes pour lui que pour lord Ruthven. Mais cette solitude qu'il aimait tant, il ne pouvait pas la trouver aux environs d'Athènes; s'il la cherchait au milieu des ruines qu'il fréquentait autrefois, l'image d'Ianthe se tenait auprès de lui; s'il la cherchait dans la forêt, il la voyait encore errant au milieu des taillis, courant d'un pied léger, ou occupée à cueillir la modeste violette, puis tout d'un coup elle lui montrait, en se retournant, son visage couvert d'une pâleur mortelle et sa gorge ensanglantée, tandis qu'un sourire mélancolique errait sur ses lèvres décolorées.*"[308]

Malheureusement, Bouillon ne renvoie pas à la comparaison, pourtant évidente pour nous, entre le texte, cité, de l'*Interprétation des rêves* de Freud et l'image. La blancheur est bien virginale, les violettes symboles de violence. Bouillon note le sac à main, qui se détache sur le fond blanc du vêtement. C'est la bourse contenante, déjà présente dans, l'ainsi bien nommé, *Le Sang du monde.*

Nous l'avons dit, en tant que montagne (lieu traditionnel de toutes les mythologies du lien avec le monde des Morts et l'au-delà, puisqu'associant, comme l'arbre d'ailleurs, jusque dans la tradition juive et chrétienne encore, par ses branches, notre espace au Ciel, et par ses racines, pour la montagne il s'agit, respectivement, de ses sommets et de ses grottes, au monde d'en bas), est contenante. C'est la femme-maison de *La vie privée*, avec sa fenêtre ouverte sur le monde, à l'instar de l'iconographie, fenêtre donnant sur l'extérieur aussi, de la chambre contenant la pomme de *La chambre d'écoute*. Ainsi, de *Le Sang du monde* jusqu'à *La chambre d'écoute*, le corps est celui de la femme, le sang ou les fluides ceux de la procréation, de la bougie coulante de *La Lampe Philosophique*, spermique, à cette ambiance de liquide amniotique de la femme enceinte dans *Le Sang du monde*. Laquelle on retrouve dans les deux corps dans leur voyage, nous assumons pour tout l'antérieur qu'identiquement orgasmique, de *Les Grands Voyages*, où flotte un corps, probablement le féminin, car ses jambes sont de maisons, face à un autre, dont les tentacules le rendent phallique, à l'instar de l'oeil spermatozoïque (si on le compare aux bougies en bord de mer de *Méditation* de 1936[309]) de *Le monde poétique 2*.

Les deux corps de *Les Grands Voyages* se retrouvent, tortue (dont l'aspect rappelle, précisément, le vêtement sous lequel se découvre le corps féminin dans *Le sens de la nuit*) et femme, dans *Le Vêtement de l'Aventure* (1926)[310] et dans *Le rêve de l'androgyne*[311].

*La Voleuse* (1927)[312] présente une figure, enveloppée, de la tête aux pieds, dans un costume noir, laissant seulement voir les mains, assise sur ce qui semble être un coffre de bois, à côté duquel se trouvent deux boîtes de carton, peut-être des boîtes à chaussure, ce qui pourrait être une indication féminine. La boîte en bois renvoie, pour nous, aux cercueils, pas obligatoirement de cette nature, ou aux coffres des variantes des contes de *Cendrillon* ou de *Blanche-Neige*. Les boîtes de carton plus petites, ressemblant aux boîtes à chaussures, renforcent cette association, au travers de la figure de Cendrillon.

D'un point de vue comparatif, *La Voleuse*, par son titre, serait le pendant des versions masculines: *Le retour de flammes* et *Le beau ténébreux*. En outre, elle fait pendant visuellement à *L'homme du large*, personnage entièrement vêtu de noir, et sans visage.

Il est difficile d'en dire beaucoup plus de *La Voleuse*.

Toutefois, d'un point de vue psychanalytique, elle nous intéressera au premier chef, car la forme générale du personnage recouvert dans son habit, d'une part peut infirmer la permanente association entre les visages cachés dans les peintures de Magritte et l'épisode biographique du suicide de sa mère, ou, en tous cas, la mettre en une perspective d'éloignement, et non plus, en permanence, comme un point focal, et d'autre part ladite forme reprend, jusque dans les plis qui tombent sur les pieds, celle des tortues de *Le Vêtement de l'Aventure* et *Le joueur secret* (tortue marine dans les airs, et masque sur la bouche de la femme aux mains jointes [qui, là encore, par ce geste nous renvoie, doublement, à la sexualité comme un acte violent et au mâle comme une figure divine, dans l'oeuvre de Magritte]), et à l'ombre ou chevelure qui (dé-)couvre le corps féminin dans *Le sens de la nuit*.

Une fois ceci dit, il faudra ce demander ce que cette figure peut bien signifier, pour sa récurrence, dans l'oeuvre du peintre.
Il semblerait que cette fois le symbole sexuel en soit à chercher non chez Freud, mais chez son disciple Carl Gustav Jung.

"*Il existe un paradoxe concernant cette carapace. Elle procure solidité aux tortues mythiques face aux forces chaotiques. Elle offre au reptile bienveillant une protection immédiate contre les attaques extérieures directes, «tout comme lorsque la tortue se trouve rassemblée dans la circonférence de sa carapace et qu'elle est alors en sécurité et libre de toute atteinte, et qu'elle ne ressent pas de violence» (E. Topsell, The History of Serpents, Londres, E. Cotes, 1658, p. 795).). Mais une fable rapportée par Topsell qui narre l'origine de cette spécificité de l'anatomie de la tortue imagine qu'elle n'est pas un don des dieux, mais au contraire une malédiction et une punition par eux infligée: «La raison pour laquelle la tortue transporte toujours sa maison sur son dos est, disent les poètes, fabuleuse: ils racontent qu'un jour Jupiter avait convié tous les animaux à un banquet ou à un festin de mariage. Tous étaient arrivés à l'heure dite, excepté la tortue: elle finit par arriver elle aussi, à la fin du festin, alors que toute la viande avait disparu: Jupiter s'interrogea et la questionna sur la raison de son retard. Alors elle lui répondit: Oikos philos, oikos aristos («Une maison amie et la meilleure des maisons.»), sur quoi Jupiter, furieux, la condamna à porter perpétuellement sa maison sur son dos et c'est pour cette raison, fabulent-ils, que la tortue n'est jamais séparée de sa maison.»*
*Topsell emprunta cette fable à Ésope mais l'altéra quelque peu. Dans les deux versions, une créature terrestre est maudite par un patriarche immortel et condamnée à une lenteur proverbiale et à un confinement solitaire à perpétuité. Elle est également condamnée à vivre dans son corps l'équivalent matériel de la vérité spirituelle qu'elle avance spontanément pour sa propre défense. Cette fable est malencontreusement corrompue par un ajout qui dénature la visée moraliste initiale du conte: Dieu le Père maudit et condamne cette lenteur indisciplinée, ce féminin irrespectueux, à une sorte de domesticité perpétuelle. Le christianisme a ainsi utilisé la tortue comme symbole de chasteté féminine et de réticence; la tortue était moins sujette que la plupart des animaux à l'adultère et à la fornication, du fait de sa lenteur et de son confinement au foyer (Mercatante, Zoo of the Gods, New York, Harper & Row, 1974, p. 21.).*"[313]

"*À présent, l'analysant pose la question suivante: comment respecter au mieux l'existence physique extérieure de la tortue tout en restant à l'écoute de son potentiel inhérent de signification interne? Dans un rêve:*

Il s'agenouille dans une baignoire. Il voit un filet de sperme s'écouler de son pénis et s'étirer dans l'eau du bain. Il se penche, met ses mains sous le filet de sperme et doucement le remonte à la surface, intact dans ses paumes ouvertes. Il sent un grouillement, sort le sperme de l'eau, le regarde de plus près et aperçoit une chaîne de minuscules tortues translucides. Elles sont reliées entre elles par la tête et par la queue et leurs pattes remuent comme des nageoires battant l'eau. Il remet le filet de tortues à l'eau.

Les associations les plus évidentes de la tortue comme Mère procréatrice, de la carapace comme matrice - bien que la baignoire en émail serve ici de contenant analytique -, sont contrebalancées dans ce rêve par des images de la tortue comme Père créateur, comme tête phallique émergeant du pubis. La formidable fertilité des tortues, par contraste avec leur difficulté à s'accoupler, a alimenté nombre de poèmes humoristiques et de légendes. Ogden Nash («La tortue vit entre deux ponts aplatis / Qui dissimulent pratiquement son sexe / Je trouve bien maligne la tortue / Si fertile dans un tel pétrin» (O. Nash, The Oxford Book of Quotations, Oxford, Oxford University Press, 2004).) éclaira cet aspect, mais une anecdote extraite d'une encyclopédie des us et coutumes de voyage au XVIe siècle ajoute l'insolite à la frivolité: «Toutes les tortues, des Caraïbes au golfe du Mexique, regagnent en été les îles Caïman... Elles copulent quatorze jours durant, puis pondent en une seule nuit trois cents œufs, pourvus de blanc et de jaune mais sans coquilles. Puis elles copulent à nouveau et s'étendent sur le sable; et ainsi trois fois de suite; lorsque le mâle est aveuglé et réduit à une sorte de gelée, la femelle le traîne jusqu'à la maison.»

Il s'agit là de la tortue mythique, éminemment fertile, lubrique, libidinale, contenant maternel du monde et, dans cette anecdote en particulier, femelle porteuse mais également reste de mâle gélifié. Les biologistes affirment que le sperme de la tortue mâle peut demeurer puissamment actif dans la matrice de la femelle durant cinq ans. L'étymologie indo-orientale fait dériver de ces images de fertilité la terminologie descriptive de l'acte de création. Le verbe qui englobe les concepts d'émission séminale (faire des personnes), de création (faire des mondes), de discours (faire des mots), d'imagination (faire des idées) et de rêve (faire des images) est également employé pour désigner le simple processus à travers lequel une tortue « émet », c'est-à-dire « projette » ses membres. Elle crée simplement en émergeant. C'est l'une des raisons pour lesquelles le Dieu indien est souvent représenté comme une tortue.

Si la tortue représente en partie la libido, l'énergie psychique, la créativité et l'impératif moral en termes d'émergence, alors, la lyse du rêve peut sembler contraire à toute attente: ces tortues n'ont pas nourri intellectuellement l'analysant, pas plus qu'il n'en fit un talisman ni un instrument; il les remit à l'eau. Cela exprime sa détermination à respecter la vie du symbole. Les tortues qu'il avait extraites de l'eau étaient aussi fugaces que les minuscules tortues de mer qui émergent soudainement du sable et se précipitent vers la mer. Les remettre à l'eau reviendrait à encourir le danger de perdre le contact avec elles. Mais, dans le contenant analytique, l'analysant avait eu maintes fois l'occasion d'éprouver l'insistance et l'urgence de leur progression vers l'avant. Herman Melville décrit une tortue des îles Galápagos qui avait été hissée à bord d'un navire et avait poussé une nuit entière la base du mât. Il rapporte «les avoir vues, au cours de leurs longs périples, se jeter héroïquement et inlassablement contre les rochers, cognant, se vrillant, se calant, afin de les déplacer et ainsi poursuivre, inflexibles, leur chemin» (E.L. Grant Watson, More Enigmas of Natural History, Londres, Cresset Press, 1937, p. 42-43.). Cette lente et héroïque persistance plaisait à Jung qui, désignant la tortue comme fonction transcendante, lui attribua une direction déterminée: «Le soi comme symbole de réconciliation», envisagé comme le but désiré. La tâche analytique consistait alors à demeurer conscient de toutes ces caractéristiques de l'exigence de créativité psychique chez l'analysant: sa nature androgyne, sa puissance, son mouvement insistant, son besoin de conscientisation, sa tonalité subversive."[314]

Symbole sexuel, donc, la tortue. Revenons à présent à la figure générale de *La Voleuse*.

Demandons-nous quelque chose d'élémentaire, en premier lieu: que peut-elle voler, avec seulement les mains - donc les empreintes digitales - sans gant, au contraire de l'ensemble du corps, totalement couvert? L'imagination n'aurait pas loin à aller pour penser à ce que peuvent faire ces mains de femme volant.

Si nous reprenons, encore une fois, la comparaison iconographique, on se souviendra que, dans *Le Vêtement de l'Aventure*, les mains, nues de la femme, également entièrement nue, mais portant ici une sorte de long drap lui couvrant les cheveux (dialectiquement, donc, par rapport à *Le sens de la nuit*), rappelant (on pense au symbolisme virginal de la tortue, que nous venons de citer) très clairement (et reprenant la forme, dédoublée dans *Le Palais des Rideaux I*) la guimpe des nonnes (bien qu'ici elle ne recouvre aucunement les seins), les mains nues de la femme, disions-nous, touchent les ailerons postérieurs de la tortue, là où, dans *Le rêve de l'androgyne*, elle en entoure le corps en forme de fuseau comme phallus du poisson (rappelons que, pour Freud, le poisson est, entre autres animaux, un symbole phallique[315]).

On peut alors, supplémentairement, ouvrir la comparaison avec *Souvenir de voyage* (1926)[316], qui fait jeu avec l'ensemble des oeuvres aux titres similaires (*Souvenir de voyage*/*Mémoire d'un voyage*), oeuvre dans laquelle un buste féminin, partiellement coupé, comme le profil de *Portrait de Germaine Nollens* (dans *La tentative de l'impossible* et *L'Inondation* cette découpe passe par la disparition de partie de la figure féminine, dans *La tentative de l'impossible*, s'agissant d'une représentation de Pygmalion, à la manière de Dalí, c'est le bras [au lieu de la jambre chez Léonard dans l'étude de Freud] qui manque encore à Germaine-Muse et modèle) le long de la ligne des seins, sur un fond de montagnes (symbole féminin) et de volcan (montagne à cratère ouvert, dans la ligne avec le buste), buste entouré d'un cadre, qui renvoie à *Le Palais des Courtisans* ou à *Les Liaisons dangereuses*, marquant, de même, l'inversion entre *La vie privée* (femme au ventre-fenêtre) *versus L'évidence éternelle* (un corps de femme, de fait, celui de Germaine - dans le même principe toujours de pouvoir de Pygmalion sur Galatée -, divisé à l'intérieur de différents cadres) - c'est, en outre, encore, la femme privée de liberté derrière la fenêtre (pendant, à son tour, de celle de *Le mois des vendanges*) dans *Le joueur secret*, autre version des deux antérieures (*La vie privée*/*L'évidence éternelle*) -, la comparaison avec *Souvenir de voyage*, disions-nous, est intéressante, dès lors que l'on retrouve une sorte de forme circulaire ronde, entre la houpette de poudrier de *Les Valeurs Personnelles*, la chevelure de *Le sens de la nuit*, et une flûte entourant le buste.

Notons encore deux détails:
1. La flûte est plantée dans le train du buste, rappelant la structure incommode de *Le Palais des Courtisans* et *Les Liaisons dangereuses*, où le corps féminin, comme aussi dans *L'évidence éternelle*, souffre un découpage, dirions-nous, en référence au premier roman d'Alina Reyes[317], de boucherie, mais où, outre cette découpe, déjà périlleuse, comme dans *La poupée* de Bellmer, on trouve une implicite mais très évidente, et grotesque, voire grossière, allusion au sexe anal, comme dans le non moins comique *L'invention du feu*, où un Cicéron à tête de canon, de ceux qui, dans plusieurs toiles, laissent des flammes, fait face à une femme agenouillée, lui montrant son derrière. L'allusion sexuelle est évidente, là encore, confirmant celle de la présente oeuvre, mais se double dans *L'invention du feu* d'une encore plus sarcastique allusion au jeu, populaire entre les jeunes gens, du pet et des allumettes. Comme d'ailleurs pourrait l'être au bruit du même pet le trombone associé au corps féminin dont ne reste plus, de fait, que la partie inférieure, dans *L'Inondation*.
2. La moumoutte, pour lui donner un nom, qui est à gauche (pour le spectateur) et devant (ou à côté) du buste, faisant pendant à la flûte, doublement derrière (par sa position et pour s'enfoncer à l'intérieur de celui du buste), rappelant à la fois à l'iconographie de *L'Aiguillon*, et à la fois à la chevelure de *Le sens de la nuit*, et, dialectiquement, à l'absence de chevelure de *Le Vêtement de l'Aventure*, représente, on peut le supposer, le "*gazon*" (pour reprendre le terme de Josiane

Balasko dans le film que nous citons ailleurs dans la présente étude) du pubis féminin.

*L'Aube Cayenne* (1926) présentant une série de symboles, dont nous savons à présent qu'ils sont féminins (la pièce de bois, l'arbre, les mains paraissant coudre) associées à autant d'objets phalliques (forme oblongue, qui nous renvoie aux cônes, justement, de *Le Palais des Courtisans* et *Le monde poétique 2*, bougie allumée, forme tentaculaire autour des mains).

Reprenant, à présent, le groupe de peintures à la pomme. La plus évidente à interpréter, par ce que nous venons de dire, mais aussi, plus directement, et avant tout, par l'association du titre à deux objets, l'un rond, l'autre oblong, est *Mémoire d'un voyage*, voyage qui est toujours le même, celui du sexe provoquant la naissance, comme dans le groupe étudié lié à *La Difficile traversée*.

*Au Revoir* n'est qu'une sorte de testament visuel dans la dernière période de Magritte, qui joue, néanmoins, comme l'ensemble du "cycle", pour le nommer d'une façon, sur le Péché. C'est, par dérivation et par superposition (les deux principes fondamentaux de l'interprétation des rêves décrits par Freud dans son ouvrage, et implicitement repris dans les considérations lingüistiques de Magritte originellement citées par nous de 1928), l'au revoir du peintre à son public, et celui des Protoplastes au Paradis terrestre.

En fait, intégré audit cycle, les deux pendants de *La Grande Guerre*, pour cela même, renvoient à une autre guerre, qui est le même voyage de la rencontre amoureuse, dans lequel périssent les oiseaux-phallus. Pour preuve la rose de *Le tombeau des lutteurs* (1960[318]), dans la position de la pomme et le même lieu de *La chambre d'écoute*, enfermée dans une chambre, le titre donnant le sens de la simple variation visuelle (ce sont, si l'on veut aussi, les épines de la rose, symbole de l'amour et de ses dangers, pour cela repris dans "*Le Rossignol et la Rose*" de Wilde). Ainsi, dans *Laissé derrière par l'Ombre 2*, laquelle est l'homme même (l'Éros de Psyché, en sens mythologique, et psychologique), c'est sur une grille que l'oiseau a laissé ses plumes. Les structures de bois rappellent celles de l'oeuvre sans titre représentant et retenant l'oiseau mort, et celle, correspondante, associée au miroir, en tant qu'objet féminin, dans *Les Reflets du temps*.

Preuve de l'insistance sexuelle, d'origine explicite dans la tradition freudienne, chez Magritte, et dans *La Grande Guerre*, l'insistance entre l'association de la table mise, avec sa nappe blanche, dans les trois versions de *Les Belles Réalités*, dont le titre renvoie à une image décomplexée de l'acte sexuel comme élément intégratif de la vie quotidienne, et du vase de fleurs (pas précisément des violettes, mais dans aux tonalités bluetées nocturnes, et dont la partie basse présente des fleurs, sèches ou non, il est difficile de le dire, mais si aux nuances violacées), associé quant à lui, aux oeufs, dans *Le pays des Miracles*[319] (et ses variantes *Le Plagiat 1* et *2,* respectivement de 1940 et 1945, dont le titre provient du découpage plus clair du bouquet, non plus sur le fond bleuté nocturne, mais sur celui diurne, duquel apparaît un arbre, symbole féminin, se substituant, arbre en fleurs [donc fertilisé, on pense au lien avec *Le Principe de Plaisir*], aux violettes de *Le Pays des Miracles*), qui fait écho à la poire, symbole phallique dans *Mémoire d'un voyage*, apparaissant, dans les versions d'*Alice au Pays des Merveilles*[320] (1945[321]), à la femme-tronc (que l'on rapprochera des représentations de Gala par Dalí[322], et de l'autre femme-tronc, ainsi transformée et sadiquement soumise par un autre amoureux obsessif, du film *Boxing Helena* de 1993 de Jennifer Lynch[323]), tel le Chat de Cheshire. Versions qui, à la fois, comme la pomme de *Les Belles Réalités*, sont une reproduction du même tableau à peine modifié par la touche, et, comme les oiseaux de *Ciel*, dans leurs différents titres, qui semblent une étude sur plusieurs décennies du mouvement inspirée de l'étude du mécanisme du vol des oiseaux par Marey[324], raison pour laquelle s'y accentue l'impression donnée par le Chat de Cheshire de John Tenniel.

Justifiant notre interprétation sexuelle de la série d'*Alice* par Magritte se trouve dans la représentation, devant le personnage-tronc, de la même série, également connue cette version comme *Le Domaine enchanté* (c.1950-1951)[325], de la chaise de pierre sur laquelle est posée une autre, de bois (image, de fait, reprise dans *La Légende des Siècles*, 1950[326], dont le titre, huguien, en confirme le symbolisme pour le moins chrétien, et au mieux christique), comme totem l'une de l'autre, mais encore comme symbole, inspiré de l'iconographie chrétienne, de la *Vierge à l'enfant*, chaise monolithique tutélée par la montagne-aigle, que l'on retrouve dans *La Montagne-Aigle* (1967), variation, à son tour, de la série, où ledit aigle de pierre vigile toujours un nid d'oeufs (qui n'apparaissent pas dans la version de 1967), *Le Domaine d'Arnheim* (1962), en plan plus ou moins rapproché de la montagne-aigle (selon le principe que nous venons de décrire pour *Alice au Pays des Merveilles* et *Les Belles Réalités*), et de *Les Pas Perdus* (1950).

On note que les oeufs sont, significativement, toujours au nombre de deux. Alors qu'ils sont trois dans les versions des oeufs avec la bougie, tout comme dans *Le pays des Miracles* et *Le Plagiat*, où, nous l'avons dit, l'arbre en fleurs crée une relation dialectique avec *Le Principe de Plaisir*, lequel, à son tour, avec la pierre (symbole féminin, comme le révèle *L'Usage de la Parole 2* de 1928) sur la table se concevant comme parallèle à l'oiseau-phallus tenu en main de *La Difficile traversée*. Là où, dans cette oeuvre, la main féminine (pour une confirmation que la main est, en propre, chez Magritte, une partie corporelle considérée comme féminine, on se reportera aux mouvements masturbatoires de la boule dans *Excercices Spirituels* et au *close-up* de la main, comme motif et thème central, sur le poignet de laquelle naît un visage, également de femme, dans *Les Bijoux indiscrets*, 1963[327], au titre peut-être plus directement évocateur; pareillement, il nous semble possible de voir dans *La Tempête 2*, 1944[328], le symbole du rôle masturbatoire de la femme - et, accessoirement, de nouveau, féminin de la feuille -, rôle masturbatoire que l'on retrouve dans *Exercices Spirituels*, puisqu'à côté du verre d'eau de "*l'orage*" - on voit que Magritte a réellement, au cours des années, par l'emploi systématique d'un vocabulaire propre, créé son propre argot -, se trouve une plante de deux feuilles, dont l'une devient main, le titre terminant de nous faire faire le chemin vers l'idée de ce qui suit) tient le rossignol, pour paraphraser Boccace, dans *Le Principe de Plaisir*, l'homme s'accommode à la pesanteur de la pierre qui est, comme dans

*Portrait de Stéphy Langui* et le correspondant *Le Monde invisible*, associé à la femme.

La montagne et le jeu entre pesanteur et légéreté (l'un des fondements du *Manifeste technique de la littérature futuriste* de 1912 de Filippo Tommaso Marinetti:

"*Il faut en outre donner la pesanteur (faculté de vol) et l'odeur (faculté d'éparpillement) des objets, ce que l'on a négligé de faire jusqu'ici en littérature. S'efforcer de rendre, par exemple, le paysage d'odeurs que perçoit un chien. Écouter les moteurs et reproduire leurs discours.*"[329]),

Selon la dualité encore posée par Magritte dans ses réflexions de 1928, réapparaît dans *Le château des Pyrénnées* (1959[330], sans doute l'une des oeuvres les plus célèbres du peintre, grosse masse montagneuse flottant incréiblement au-dessus de la mer, et qui, dans *La Clef de Verre*[331]*,* de la même année, apparaît posé sur les montagnes que l'on reconnaît pour être celles de l'aigle-montagne, dont il substitue, alors ici, la tête), dont il nous semble qu'on pourrait aussi lire "*périné*", dès lors que, dans le cadre de notre interprétation, l'on met en correspondance cette oeuvre avec les tours de *Parfum de l'Abîme* et *La Folie Almayer*, oeuvre de Magritte dont le titre reprend celui du roman de 1895 de Joseph Conrad, dont l'histoire fait, pour nous, écho à celle, freudienne, de l'irréprimable rieur:

"*Sur la véranda de sa maison, la folie Almayer, construite au bord d'une rivière des Indes orientales néerlandaises, Kaspar Almayer repense à sa jeunesse: jeune négociant hollandais, il a reçu l'appui du riche capitaine Lingard, le Rajah-Laut, le «Roi de la mer». Rapidement, Almayer a accepté d'épouser sans amour la fille adoptive malaise de Lingard, espérant hériter des biens et de la maison de commerce du capitaine, installée à Sambir, dans la jungle de Bornéo. Mais Lingard a perdu une bonne part de sa fortune à rechercher de l'or perdu dans les montagnes, et disparaît, alors que les entreprises d'Almayer ont une fâcheuse tendance à péricliter.*
*Almayer a eu avec son épouse une fille d'une grande beauté nommée Nina, qu'il chérit plus que tout. Après des années d'études à Singapour, Nina est revenue dans la maison de ses parents. À Sambir, elle rencontre un élégant dignitaire malais, Dain Maroola. Almayer tente d'obtenir l'aide de Dain pour retrouver l'or tant recherché par Lingard. Au lieu de cela, Dain, contre la volonté d'Almayer, épouse Nina et quitte Sambir avec elle. Le départ de Nina et de tout espoir de richesse anéantit Almayer qui demeure seul dans sa maison décrépite, n'attendant plus que la mort.*"[332]

On note que le motif rocheux de l'oeuvre de Magritte reprend celui des montagnes de Bornéo, où se perd la richesse du héros du roman. De même, l'insistance sur l'élément liquide (la rivière qui borde la propriété, le

"*Roi de la mer*"), et les amours impossibles (le désamour avec l'épouse, l'amour inconditionnel de la fille, qui trahit sa confiance) nous renvoient au champ de l'expérience frustrante (peut-être sensible par la forme oblique de l'image chez Magritte) du rieur de Freud.

### 1.4.c.7. La femme-objet dans l'oeuvre de Magritte

De manière fort intéressante *Le Domaine enchanté II*[333] montre une femme peinte à la manière de la Gala chez Dalí, tenant d'une main un oeuf, et de l'autre soutenant une colombe, avec, dans le fond, les symboles phalliques des tubes, rappelant, aussi bien, les contorsions de la figure féminine dans *Paysage* que l'oeuf spermatozoïde de *Le monde poétique 2*, dont le titre révèle, encore une fois, que la femme est contenante (la Pénélope d'Ulysse et ses courtisans), ou les tours, puisque c'en sont, des autres oeuvres que nous venons de citer.

La similitude des titres révèle donc, par leurs différences ou similitudes, chez Magritte, le sens à attribuer aux oeuvres.

*L'importance des merveilles* (1927)[334], qui préfigure de 40 ans *La Folie Des Grandeurs*, et dont le titre s'explique en cela qu'elle nous propose une femme s'ouvrant en forme de matriochka, objet sexuel se donnant, les deux concepts sont liés et importants (l'objectualisation renvoyant au rôle passif de la femme chez Magritte et dans le surréalisme, comme le laisse voir son utilisation presque essentielle de Muse, notamment chez Dalí, mais aussi chez Magritte, entre autres[335], par exemple dans l'oeuvre de Magritte *La Tentative de l'Impossible*, 1928[336], dans laquelle il se place, à l'instar de Dalí dans sa propre oeuvre, en général, mais, en particulier, dans *La mano de Dalí retirando el Vellocino de Oro en forma de nube para mostrar Gala la Aurora, completamente desnuda, muy muy lejos detrás del sol* de 1977; et, par conséquent, l'offre de soi implique un statut passif, intérieur et/ou intériorisé, une définition à l'intérieur du modèle classique, qui permet à Magritte de reprendre une formulation théorique sur les deux sexes très proche de celle des époques antérieures, que l'on retrouvera, par exemple, chez un Greuze ou un Rousseau, et pour cela, d'ailleurs ceux-ci sont importants pour comprendre l'oeuvre de Magritte, comme nous y reviendrons en détail dans la Deuxième Partie de la présente étude). Ainsi, *Le Mystère de l'Ordinaire* (1928-1939), qui réutilise la femme-objet, qui accessoirement est son épouse, de *L'évidence éternelle*, dans un contexte d'intimité (la baignoire) et de lavage du linge, notamment de nuisette, donc de voyeurisme, qui pourrait bien être mis en parallèle avec le fameuse chanson "*Les Mains d'une femme dans la farine*" de l'album *Bidonville* (1966)[337] de Claude Nougaro.

"*Mieux encore que dans la chambre j't'aime dans la cuisine*
*Rien n'est plus beau que les mains d'une femme dans la farine*
*Quand tu fais la tarte aux pommes, poupée, tu es divine*
*Rien n'est plus beau que les mains d'une femme dans la farine*
*Allez roule-moi, roule-moi la pâte, ça me plaît, ça m'émeut*
*Quand je vois voltiger les mains blanches de mon cordon bleu*
*Mieux encore que dans la chambre j't'aime dans la cuisine*
*Rien n'est plus beau que les mains d'une femme dans la farine*
*Est-ce pour ta tarte ou ta pomme que je me lèche les babines?*
*Rien n'est meilleur que les mains d'une femme dans la farine*
*Si ce n'est mes propres mains posées sur ta poitrine*
*Rien n'est plus doux que les mains d'une femme dans la farine*"

On notera que, par les deux mises en scènes photographiques de *L'évidence éternelle*, ici et dans la photographie où Magritte embrasse son oeuvre-Galatée, le peintre remplit les deux phases de l'extase nourricière de Nougaro avec sa femme-mère dans le stade oedipien et mythique de la pomme (que dialectisera Bashung postérieurement dans "*Je fumes pour oublier que tu bois*", autour de la tarte aux pommes, et "*Bijou, Bijou*", autour de la beauté féminine, mais ici non plus les mains dans la farine, mais, choisissant la chanson les rimes en "*ou*", propres aussi, si l'on veut, d'une certaine référence implicite aux leçons apprises de l'enfance, "*à genoux*"):

"*Oh! c'est pas de la tarte, la pâtisserie! Non, c'est pas du tout cuit*
*Faut l'ver la pâte et cela exige beaucoup d'énergie*
*A te voir ainsi je retrouve mon âme enfantine*
*Rien n'est plus pur que les mains d'une femme dans la farine*
*C'est comme si tu étais ma mère en même temps qu'ma gamine*

*Rien n'est plus beau que les mains d'une femme dans la farine...*"

Même stade, réccurent, chez Magritte, d'onanisme régressif, comme le montre *Les Liaisons dangereuses* (1937)[338], où la femme tient le miroir, son attribut par excellence, depuis le Moyen Âge, et dans l'oeuvre de Magritte, lequel reflète alors son dos, lequel, littéralement, vu de face, semble créer cet impossible condition d'être enceinte par l'acte sexuel (de voyeurisme de la relation du spectateur au modèle) dangereux, peut-être, en tous cas tabou, et généralement pour cela interdit. Tout ceci avec l'ici ironique position (de la partie vue de dos du corps) de *Venus pudica*, que l'on retrouve dans l'*Étude pour l'Aiguillon*.

*Alice au pays des merveilles* (1946)[339], montrant l'éternel homme au melon magrittien, mais ici avec une tête de lapin blanc, fait bien sûr moins référence au personnage en soi qu'au fait qu'à sa pénétration au début du livre. Et, pour tout dire, à l'éternel masculin, pourchasseur, comme *L'Idée fixe*, sa variante *La Gravitation Universelle*, et *Les chasseurs de la nuit* (lesquels, donc, par opposition, illuminent, comme *Le Principe de Plaisir*).

*Objet peint: Œil* (1932-1935)[340], qui reprend l'idée qu'un objet peut se substituer au mot qui le décrit, utilise ici le concept de peinture esthétique pour la dériver de la peintre sur l'oeil, qui en est le maquillage, à celle d'un oeil. La structure de l'oeuvre renvoie directement à l'idée de la femme comme intérieur, à l'instar des fragonardiens, *L'Espion* et *Le Sourire du Diable*. Ainsi, de même, *Objet peint: OEil* fait écho, dans l'oeuvre de Magritte, à *La Trahison des Images* et à l'oeil de *Le Faux Miroir* (1928)[341], également bleu (comme les miroirs aux cadres, et qui, bien sûr, reflètent le ciel, qu'ici n'y y est pourtant exceptionnellement pas représenté, de *Les yeux bleus*, 1947[342], significativement appliqués, quant à la symbolique féminine de la maison, sur les toits respectifs de demeures), qui nous dit à peu près la même chose sur la tromperie visuelle, en sens ici reprend de Saint Augustin.

Preuve que la femme s'identifie à l'intérieur, comme le sont du symbolisme phallique de l'oiseau (le titre *Le regard intérieur* de la colonie d'oiseaux divers aux couleurs vives, comme la femme des versions de *Le Traité de la Lumière,* sur l'arbre-feuille métonymique est tout à fait révélateur de cela, dans la lecture des titres de Magritte en tant qu'expressions [re]formulées à la première personne), par association, dans les portraits d'homme de Magritte, devant lesquels apparaissent, indifféremment, la pomme (proprement masculine, comme le laisse voir *Chapeau melon*[343]), adamique (que la femme ne possède pas), la pipe (incontestablement phallique dans *La Lampe Philosophique*), ou la colombe, la même que reçoit du bout du doigt, à la manière que nous verrons tout au long du XVIIIème siècle, s'étendre, le personnage féminin de *Le domaine enchanté II,* preuve donc que la femme s'identifie avec le domaine intérieur, outre l'explicite, par son titre, *La vie privée,* et *Les Palais des Courtisans,* simple tableau de corps de femme accroché dans un intérieur en plan rapproché, ou *L'Idée fixe,* et sa variante, *La Gravitation Universelle,* avec le chasseur à l'affût (qui permettent, on l'a dit, de comprendre le fusil posé contre le mur de *Le Survivant,* dont le titre même, à son tour, confirme l'idée que l'acte est un démembrement symbolique, chez Magritte, de l'homme-oiseau [l'aigle de *Le Présent*, 1939[344], n'est-il pas vêtu d'un paletot masculin, gardant ses trois boules végétales, comme celles de *Les Fleurs de l'Abîme 1,* qui remplacent ici les oeufs des autres toiles? Et celui de *Le Temps Jadis,* 1966[345], transformé en *Cicéron,* sorte de pion d'échec, similaire à ceux de la série de même nom, à côté de son bûcher, la toge des hommes romains de l'Antiquité? - le tableau, de fait, transformant le Cicéron en aigle, est autrement identique à *Les Droits de l'Homme* -]), le sont encore: *Portrait de Germaine Nollens* (1962)[346], où le corps féminin se coupe exactement et tout au long du le bord de la porte ouverte qui ouvre sur l'océan. Quoi de plus visuellement explicite? *Objet peint: OEil,* nous l'avons dit, pour sa correspondance avec les autres oeuvres autour de la serrure, et *Le Verrou,* qui les a sans doute inspiré. Voyeur extérieur, dans une dialectique similaire, bien qu'inverse à *L'assassin menacé,* où le meutrier vint de l'extérieur à tuer sa victime, et, à son tour, est mis en danger par d'autres hommes prétendant pénétrer dans cet espace intime par excellence de la chambre[347], comme le symbolisent encore, avec son titre très clair, la foule de voyeurs à l'exceptative, regardant, depuis l'extérieur, par la fenêtre ouverte de *Le mois des vendanges* (1959)[348]; la femme-cruche ou dans la cruche de *L'Orient* (1940)[349] - où l'on note que la femme, protégée ici par les bords brisés de la cruche qui la séparent du spectateur, comme dans *La Tour d'Ivoire*, les oeuvres similaires, et *Étant donné...* de Duchamp, est, comme toujours chez Magritte, associée au rocher, sur lequel el repose sa main, comme dans la série *Magie Noire* notamment, et à l'élément aqueux -, *L'Orient* dont le titre même renforce le symbolisme de génie à la Shéhérazade. Rappelons que, dans *La Table, l'océan, et le fruit*, le pot à lait y est "*le fruit*", "*l'océan*" y étant un rocher oblong.

Par son titre, *Le domaine enchanté II* s'intègre au cycle d'*Alice*, validant en celui-ci le symbolisme sexuelle de la chaise monolithique vigilée par l'aigle-montagne. *Le domaine enchanté VI* (1953)[350], à son tour, avec son ironique tour de Pise soutenue par une plume (nous avons rappelé l'ancienne signification de l'expression "*tailler une plume*" - "*Ubi está penna vostra?*"[351] -) - de laquelle nous avons deux autres versions, où la tour de Pise est le centre de l'oeuvre: l'une par la plume (*Mémoire d'un voyage*, 1949[352] [qui conserve les cubes bleus du fond] et 1958[353]), l'autre dans laquelle elle est soutenue par une cuiller (*La nuit de Pise*, 1953)[354] -, dernière restée de l'acte, si l'on se reporte encore à *Laissé derrière par l'Ombre 2*, réaffirme les symboles déjà rencontrés du trombone inversé, du corps féminin divisé en deux parties, de la femme associée à la roche, comme, encore une fois, dans le *Portrait de Stéphy Langui*, sur laquelle elle s'appuie, et à l'oiseau, perché sur elle.

La tour de Pise, penchée (ou détumescente, finalisation implicite de l'acte), nous fait penser au fait que les tours obliques du *Parfum de l'Abîme* sont, par le fait, des "*tours de l'abîme*", lesquelles peuvent s'entendre comme une contrepéterie visuelle (en inversant le "*t*" et le "*b*")[355], peut être entendue comme l'objet de plaisanteries sexuelles qu'elle a toujours été[356]:

"*Un agent commercial belge est en train de montrer à sa femme, une photo de la Tour de Pise. Elle regarde la photo, regarde son mari en fronçant les sourcils et dit:*
*- Comme d'habitude, tu avais bu ce jour-là!*"[357]

"*Le mystère de la tour de Pise est enfin résolu:*
*En ce temps là, le béton et le ciment n'existaient pas.*
*Pour faire tenir les pierres de ces édifices majestueux, on utilisait un mélange fait de sable et de chaux.*
*Partout les constructions tiennent bon, mais dans le cas qui nous occupe, tout le monde sait que la chaux de Pise empêche l'érection droite.*"[358]

Et, de fait, comme cela est le cas pour le spectateur du tableau de Magritte:

"*Si la tour de Pise penche vers la gauche, c'est qu'il va pleuvoir.*
*Si elle penche vers la droite, c'est que vous arrivez par l'autre côté de la rue!*"[359]

La preuve que les souvenirs de voyage de Magritte sont moins géographiques, réellement, que d'une espèce de voyage intérieur à la Xavier de Maistre, pour ainsi dire (on notera que la psychanalyse est univoque[360] à considérer le voyage, là où "*tout est possible*"[361], comme principe de libération de la pulsion de désir dans le rêve:

"*Existem dois trechos em que aparecem referências de Freud ao "umbigo do sonho", e ambos encontram-se em "A interpretação dos sonhos" (1900/2006); o primeiro como uma nota de rodapé no capítulo 2 e o outro em seu capítulo 7, sendo um trecho um pouco mais abrangente. No primeiro trecho Freud diz:*
*Tive a sensação de que a interpretação dessa parte do sonho não foi suficientemente desenvolvida para possibilitar o entendimento de todo o seu sentido oculto. Se tivesse prosseguido em minha comparação com as três mulheres, ela me teria levado muito longe. Existe pelo menos um ponto em todo sonho ao qual ele é insondável - um umbigo, por assim dizer, que é seu ponto de contato com o desconhecido. (p. 145)*
*E no segundo trecho há, ao que nos parece, um aprofundamento essencial:*
*Mesmo no sonho mais minuciosamente interpretado, é frequente haver um trecho que tem de ser deixado na obscuridade; é que, durante o trabalho de interpretação, apercebemo-nos de que há nesse ponto um emaranhado de pensamentos oníricos que não se deixa desenredar e que, além disso, nada acrescenta a nosso conhecimento do conteúdo do sonho. Esse é o umbigo do sonho, o ponto onde ele mergulha no desconhecido. Os pensamentos oníricos a que somos levados pela interpretação não podem, pela natureza das coisas, ter um fim definido; estão fadados a ramificar-se em todas as direções dentro da intrincada rede de nosso mundo do pensamento. É de algum ponto em que essa trama é particularmente fechada que brota o desejo do sonho, tal como um cogumelo de seu micélio. (p. 557)*
*Nos dois trechos, Freud usa a palavra desconhecido (Unerkannten); palavra que se, por um lado, designa a característica de um inconsciente povoado por pensamentos oníricos inconscientes que poderiam tornar-se conhecidos, por outro, é a designação daquilo que, sendo insondável, não se deixaria desenredar e que "nada acrescenta a nosso conhecimento do conteúdo do sonho". Há, portanto, nesse trecho, uma visão de que o inconsciente seria tanto a possibilidade de que certos pensamentos oníricos tornem-se inteligíveis, como algo que, por alguma outra razão, manter-se-ia ininteligível. Trata-se, como pensamos, de uma dupla noção de inconsciente, ou seja, de um inconsciente que poderia tornar-se inteligível e algo desse inconsciente que seria sempre desconhecido.*

*Freud, também em "A interpretação dos sonhos" (1900/2006, p. 637), nos diz, em uma conhecida formulação, que o inconsciente é a verdadeira realidade psíquica, e é aquela que por nós é a mais desconhecida e que nos é apresentada de modo tão incompleto e transformado, que o que dela podemos saber sobrevém apenas por inferência, por meio de seus derivados, e que poderia ser compreendida através de uma interpretação que a fizesse inteligível; uma interpretação na forma de uma tradução."*[362]),

Est la bougie (ainsi en atteste aussi, dans la même perspective, la pomme de *La Carte Postale*), dont les oeuvres de Magritte où elle apparaît laissent clairement voir son sens allégorique, fossilisée, qui la transforme donc en "*Idole*", comme les aigles de pierre, dans *Mémoire d'un voyage IV* (1955)[363]. On note que la bougie remplace ici l'également phallique tour de Pise, dont elle confirme, par contrecoup, notre intuition d'interprétation. Il nous vient à ce propos à la mémoire les paroles de la chanson "*Kalabougie*" de l'album *Osez Joséphine* (1991) de Bashung, lesquelles nous confirment (même si dans le cas de Bashung elles font référence à l'activité de création artistique et à ses "*éclairs*" de *génie*), en outre, dans notre interprétation de la figure masculine de *Le Principe de Plaisir*:

"*Je suis celui qui luit*
*Qui vous éblouit*
*Qu'a la bougie*
*Qu'a des éclairs*"

Le symbolisme phallique des tours est attesté, très clairement, par sa superposition au cheval dans une corne, de licorne, dans *La Belle Idée* (1964)[364], cheval à la longue crinière paraissant une chevelure féminine, comme les yeux bleus et une morphologie des traits, pour ainsi dire, qui, comme d'autres oeuvres (comme nous le proposons ailleurs aussi), nous font penser à Marie-Anne Crowet. Dans sa variante: *Le Coeur du monde* (1956)[365], on sait le symbolisme virginal de la licorne pour le Moyen Âge, oeuvre dans laquelle s'accentue l'attention portée par le peintre à la chevelure, qui la rend plus soyeuse, de la licorne à la corne en forme de tour, laquelle tour s'y allonge notablement aussi, le titre renvoie à tous les principes de découverte, toujours liés à une forme d'appropriation de la femme, comme dans *La Découverte* ou *L'Univers démasqué*.

Les fonds de cubes célestes décomposés, qui, comme nous le disions, impriment un air à la Dalí aux deux oeuvres, se retrouvent entre les deux versions citées de *Le domaine enchanté*. L'oiseau dans le II semble entraîné par la femme qui l'attire avec l'oeuf (qui indique le lien entre la procréation et les oiseaux couveurs chez Magritte), et le trombone dans le VI est en flammes (comme on le retrouve, précisément, dans *La découverte du feu*[366]), renvoyant aux oiseaux de proie face à la maison en feu ou le bûcher de *Gaspard de la nuit* et *Les Fanatiques*. On verra, en ce sens, *Le retour de la flamme* (1943)[367], avec le galant, repris de nouveau des illustrations de Fantômas (ici la couverture du premier roman, homonyme, de la série, de 1911), au-dessus de la ville, une rose à la main, et le chapeau claque, associé aux quilles, encore une fois, femelles, donc, de *Le beau ténébreux* (1950)[368]. Il est, par rapport aussi à l'oeuvre de la rose et la dague, très significatif que, chez Magritte, le couteau de l'assassin masqué se transforme en la rose, aussi bien de *Le tombeau des lutteurs* (confirmant ainsi notre interprétation de cette toile), que, donc, de *Le coup de coeur*. Le personnage devient, dès lors, le tenant de la rose, comme son pendant, le beau ténébreux (qui reprend en cela le principe énoncé pour *Le jockey perdu*), l'est des quilles (son chapeau, qui n'est miraculeusement pas ici melon, mais, par le contexte, pourrait bien l'être, remplaçant la boule de bowling), et, par là même, se substitue à la dague, qu'il devient[369], de *Le coup de coeur*.

### 1.4.c.8. Révision du *corpus* et preuve par l'essai de notre théorie générale pour l'interprétation de l'oeuvre du peintre
#### 1.4.c.8.1. Principes généraux

Une fois posés les principes antérieurs, les oeuvres de Magritte pouvant se lire selon cette grille sont infinies. Citons: *L'Univers démasqué* (1932)[370], qui reprend l'interraction entre l'univers interne de la maison et son ouverture au ciel, le nuage qui la remplira d'orage. Même représentation dans *Les Idées claires*[371], une fois assumé que la femme est la pierre, comme le montrent encore l'association entre l'espace intérieur et la pierre, à l'instar du *Portrait de Stéphy Langui*, dans *Le monde invisible*[372], *L'origine du langage*

(1955)³⁷³ reproduisant, à son tour, bien que métamorphosée, puisque transposée à l'espace ouvert de l'océan, la relation entre la roche et le ciel.

*L'anneau d'or*³⁷⁴ substitue l'opposition par la similitude entre rocher et lune, bien que celle-ci y apparaisse comme un objet tranchant, tel l'oiseau-canif d'*Interprétation 1 - La Clef des songes*. Dans *La bataille d'Argonne* (1959)³⁷⁵, dont le titre reproduit l'ambivalence évoquée avec un pseudo-discours sur la guerre, dont le sens pourtant serait ici bien difficile à spécifier, s'associent les trois objets, de la lune, du nuage et du rocher.

En fait, l'association entre deux objets duels est la base de la représentation des sexes, comme le montrent suffisamment les deux bouteilles de *L'Explication* (1952)³⁷⁶, qui font écho au lapin blanc de la version d'*Alice,* et dont l'une termine en carrotte pointue, alors que l'autre non, mais est, au contraire, débouchée (ouverte, pénétrée et pénétrable), la seconde carrotte étant sur la table à côté des deux autres objets de cette nature morte, qui n'est pas sans illustrer, là aussi, la thèse freudienne sur l'absence de pénis dans le développement de la psyché des petites filles.

*La Victoire*³⁷⁷, dont le titre ne laisse plus aucun doute sur le sens des toiles précédentes, montre comment le nuage entre, non plus simplement par le toit ouvert, mais bien par la porte entr'ouverte, comme le voyeur face à la porte de *L'Espion*, ou les chasseurs obsédés de *L'Idée fixe* et de *La Gravitation Universelle*. *La Victoire*, porte, dernier vestige de la maison, disparaissant sur un fond de plage, s'intitule, la même année (1939), *Le Poison*³⁷⁸, lorsque celui-ci pénètre dans l'espace fermé de l'intérieur. On retrouve, en 1953, cette dimension, d'inspiration dans les motifs et les thèmes magrittiens, dans *L'Aigle qui éteignit la Lumière* d'Edgar Ende³⁷⁹, qui nous semble trouver deux sources: d'un côté, encore une fois, la figure divine d'Éros, modifiée dans son mythe par ceux Zeus et l'épouse d'Amphitryon, et, judaïsé, de David et celle d'Urie, et, par conséquent, dans cette faveur de l'ombre, la seconde source possible serait, selon nous toujours, le poème "*Choruses from The Rock*"³⁸⁰ de T.S. Eliot dans sa première

"*The Eagle soars in the summit of Heaven,*
*The Hunter with his dogs pursues his circuit.*

*O perpetual revolution of configured stars,*
*O perpetual recurrence of determined seasons,*
*O world of spring and autumn, birth and dying!*
*The endless cycle of idea and action,*
*Endless invention, endless experiment,*
*Brings knowledge of motion, but not of stillness;*
*Knowledge of speech, but not of silence;*
*Knowledge of words, and ignorance of the Word.*
*All our knowledge brings us nearer to death,*
*But nearness to death no nearer to God.*
*Where is the Life we have lost in living?*
*Where is the wisdom we have lost in knowledge?*
*Where is the knowledge we have lost in information?*
*The cycles of Heaven in twenty centuries*
*Brings us farther from God and nearer to the Dust."*

On trouve bien, en effet, un cercle rouge, sur le fond du mur dans la tableau d'Ende. Et dans la dernière strophe du poème d'Eliot:

"*In our rhythm of earthly life we tire of light. We are glad when the day ends, when the play ends; and ecstasy is too much pain.*
*We are children quickly tired: children who are up in the night and fall asleep as the rocket is fired; and the day is long for work or play.*
*We tire of distraction or concentration, we sleep and are glad to sleep,*
*Controlled by the rhythm of blood and the day and the night and the seasons.*
*And we must extinguish the candle, put out the light and relight it;*
*Forever must quench, forever relight the flame.*
*Therefore we thank Thee for our little light, that is dappled with shadow.*
*We thank Thee who hast moved us to building, to finding, to forming at the ends of our fingers and beams of our eyes.*
*And when we have built an altar to the Invisible Light, we may set thereon the little lights for which our bodily vision is made.*
*And we thank Thee that darkness reminds us of light.*
*O Light Invisible, we give Thee thanks for Thy great glory!*"

Cette dialectique introduit à celle de *Mesdemoiselles de l'Isle Adam*, et aux portes ouvertes par un heureux hasard de *La réponse inespérée* (1933) et *Le Grand Matin* (1942)[381], où un couple d'oiseaux profite de l'ouverture inespérée d'une porte, non sur ses gonds, mais par un magique processus de disparition. On note que cette ouverture "*inespérée*" et celle de l'ensemble des oeuvres associées, imite vaguement la forme de l'ouverture d'un vagin (pour preuve de l'anthropomorphisme de ce type d'ouverture ou de porte [naissant sur le plancher de bois, dont nous avons dit qu'il est un symbole féminin] aux contours découpés en forme de vibration inégale à la Van Gogh chez Magritte, on citera la titre de l'une d'entre elles: *Le modèle vivant*, 1952[382], lequel titre, comme souvent, par la différence ironique promue par Magritte entre le sociolecte et l'idiolecte, doit se comprenre doublement: d'une part par le fait que la porte, pour être mouvante, acquiert ce caractère fictif de vie, qui, soit dit en passant, contredit, là encore ironiquement, les positions, répétées de Magritte, autour du fait que les images, dénotatives, ne sont pas les objets qu'elles représentent; et d'autre part, la lecture, que nous venons d'appliquer, sexuée de l'objet qui, transformé en un fantasmatique vagin, possibilité d'acceptation ou non pour celui qui prétend le franchir, comme on en voit le thème se reproduire, aussi bien dans l'oeuvre de Magritte, comme dans l'Histoire de l'Art Contemporain, de Courbet à Duchamp, selon un même modèle, répétitif, c'est-à-dire, du point de vue de la perte du thème au profit de l'insécabilité des motifs, qui a toujours retenu notre attention - et été au centre de nos travaux, dont celui-ci même - dans l'art abstrait dans le processus vers la libération de la conventionnalité représentationnelle, nous montre que, malgré tout, l'art abstrait lui-même crée, par époque, et affinités d'écoles et d'artistes, ses propres codes immutables).

Poison et victoire ensemble sont donc les deux versants d'un même processus, celui de la chasse à l'amour.

*Le Baiser* (1938)[383] présente, dans une similaire ouverture sur un paysage une boule y roulant et ricochant vers des pierres, on imagine que le baiser en est alors un de pénétration. Inversement, *Le chant d'amour* (1946)[384], s'intégrant à la série citée des pommes de 1963, l'homme-sirène (qui renvoie à la dualité, déjà notée, entre le masculin et le féminin, complémentaires et conflictuels, comme par exemple dans *Les Jours gigantesques*) pendu sur le palier d'une porte aux vitres en losanges de couleurs rappelant vaguement les vitraux des églises, évoque ce que nous avons appelé le fort caractère d'auto-mutilation de l'acte sexué dans l'oeuvre de Magritte.

On peut trouver au moins, dans cette évocation masculinisée du poisson (dont nous avons dit qu'il est, dans la langue verte, évocateur de l'appareil masculin)-sirène (c'est aussi la voiture-poisson, requin ici, alors que chez Magritte il tend à devenir mammifère marin, baleine chanteuse - mais donc ainsi renvoyant identiquement à l'activité poétique du créateur -, qui oniriquement, par sa métamorphose dans la boue du sein maternel, précisément, on revient à la valeur de mammifère de l'animal marin chez Magritte, provoque et initie Marinetti aux lois [Moïse à l'envers, descendant en étape régressive freudienne, au lieu de s'élever sur la montagne appelé métaphysiquement par la voie divine] de son *Décalogue* plus un [qui rappelle alors les onze *Thèses sur Feuerbach* par le marxiste futuriste italien, n'est-il pas l'auteur d'une "*Sintesi della concezione marxista*" et de "*L'azionariato sociale*", publiés respectivement dans *Roma futurista* du 11 Mai 1919 et du 20 Juillet de la même année, le second article ayant en premier paru dans *L'Ardito* du 31 Mai, avant d'être repris dans *Roma futurista*[385]] de son *Manifeste futuriste*, publié dans *Le Figaro* du 20 Février 1909:

"*La Mort amadouée me devançait à chaque virage pour m'offrir gentiment la patte, et tour à tour se couchait au ras de terre avec un bruit de mâchoires stridentes en me coulant des regards veloutés au fond des flaques.*
*- Sortons de la Sagesse comme d'une gangue hideuse et entrons, comme des fruits pimentés d'orgueil, dans la bouche immense et torse du vent!... Donnons-nous à manger à l'Inconnu, non par désespoir, mais simplement pour enrichir les insondables réservoirs de l'Absurde.*
*Comme j'avais dit ces mots, je virai brusquement sur moi-même avec l'ivresse folle des caniches qui se mordent la queue, et voilà tout à coup que deux cyclistes me désapprouvèrent, titubant devant moi ainsi que deux raisonnements persuasifs et pourtant contradictoires.*
*Leur ondoiement stupide discutait sur mon terrain... Quel ennui! Pouah!... Je coupai court, et par dégoût, je me flanquai - vlan! - cul pardessus tête, dans un fossé...*
*Oh, maternel fossé, à moitié plein d'une eau vaseuse! Fossé d'usine! J'ai savouré a pleine bouche ta boue fortifiante qui me rappelle la sainte mamelle noire de ma nourrice soudanaise! Comme je dressai mon corps, fangeuse et malodorante vadrouille, je sentis le fer rouge de la joie me percer délicieusement le coeur*
*Une foule de pêcheurs à la ligne et de naturalistes podagres s'était ameutée d'épouvante autour du prodige. D'une âme patiente et tatillonne, ils élevèrent très haut d'énormes éperviers de fer, pour pêcher mon automobile, pareille à un grand requin embourbé. Elle émergea lentement en abandonnant dans le fossé, telles des écailles, Sa lourde carrosserie de bon sens et son capitonnage de confort.*
*On le croyait mort, mon bon requin, mais je le réveillai d'une seule caresse sur son dos toutpuissant, et le voilà ressuscité, courant à toute vitesse sur ses nageoires.*

*Alors, le visage masqué de la bonne boue des usines, pleine de scories de métal, de sueurs inutiles et de suie céleste, portant nos bras foulés en écharpe, parmi la complainte des sages pêcheurs à la ligne et des naturalistes navrés, nous dictames nos premières volontés à tous les hommes vivants de la terre:*

*Manifeste du Futurisme*

*1. Nous voulons chanter l'amour du danger, l'habitude de l'énergie et de la témérité.*
*2. Les éléments essentiels de notre poésie seront le courage, l'audaoe et la révolte.*
*3. La littérature ayant jusqu'ici magnifié l'immobilité pensive, l'extase et le sommeil, nous voulons exalter le mouvement agressif, l'insomnie fiévreuse, le pas gymnastique, le saut périlleux, la gifle et le coup de poing.*
*4. Nous déclarons que la splendeur du monde s'est enrichie d'une beauté nouvelle la beauté de la vitesse. Une automobile de course avec son coffre orné de gros tuyaux tels des serpents à l'haleine explosive... Une automobile rugissante, qui a l'air de courir sur de la mitraille, est plus belle que la Victoire de Samothrace.*
*5. Nous voulons chanter l'homme qui tient le volant, dont la tige idéale traverse la Terre, lancée elle-même sur le circuit de son orbite.*
*6. Il faut que le poète se dépense avec chaleur, éclat et prodigalité, pour augmenter la ferveur enthousiaste des éléments primordiaux.*
*7. Il n'y a plus de beauté que dans la lutte. Pas de chef-d'oeuvre sans un caractère agressif. La poésie doit être un assaut violent contre les forces inconnues, pour les sommer de se coucher devant l'homme.*
*8. Nous sommes sur le promontoire extrême des siècles!... A quoi bon regarder derrière nous, du moment qu'il nous faut défoncer les vantaux mystérieux de l'Impossible? Le Temps et l'Espace sont morts hier. Nous vivons déjà dans l'absolu, puisque nous avons déjà créé l'éternelle vitesse omniprésente.*
*9. Nous voulons glorifier la guerre - seule hygiène du monde, - le militarisme, le patriotisme, le geste destructeur des anarchistes, les belles Idées qui tuent, et le mépris de la femme.*
*10. Nous voulons démolir les musées, les bibliothèques, combattre le moralisme, le féminisme et toutes les lâchetés opportunistes et utilitaires.*
*11. Nous chanterons les grandes foules agitées par le travail, le plaisir ou la révolte; les ressacs multicolores et polyphoniques des révolutions dans les capitales modernes; la vibration nocturne des arsenaux et des chantiers sous leurs violentes lunes électriques; les gares gloutonnes avaleuses de serpents qui fument; les usines suspendues aux nuages par les ficelles de leurs fumées; les ponts aux bonds de gymnastes lancés sur la coutellerie diabolique des fleuves ensoleillés; les paquebots aventureux flairant l'horizon; les locomotives au grand poitrail, qui piaffent sur les rails, tels d'énormes chevaux d'acier bridés de longs tuyaux, et le vol glissant des aéroplanes, dont l'hélice a des claquements de drapeau et des applaudissements de foule enthousiaste.*
*C'est en Italie que nous lançons ce manifeste de violence culbutante et incendiaire, par lequel nous fondons aujourd'hui le Futurisme, parce que nous voulons délivrer l'Italie de Sa gangrène de professeurs, d'archéologues, de cicérones et d'antiquaires."* [386]),

Une correspondance idéologique dans la pratique artistique, involontaire, de Dalí:

"*La langueur le fait baver. Dort-il, son oreiller est mouillé, que dis-je, littéralement trempé de salive. Et ceci n'est pas un point de détail du Journal du génie. Quand Dalí dort (souvent), il bave, quand il peint, il bave; j'allais écrire, quand il bave, il peint. Nous y reviendrons.*

*Grâce à Dieu, en cette période de ma vie, je 'dors' et je 'peins' encore mieux et avec plus de satisfaction que d'habitude. C'est ainsi que je dois songer à éviter les gerçures qui semblent naître à chaque coin de mes lèvres, conséquence physique inéluctable de la salive accumulée par le plaisir que me procurent ces deux divins abandons: dormir et peindre. Oui, en dormant et en peignant, je bave de plaisir. Certes d'un geste rapide ou paresseux du revers de la main, je pourrais m'essuyer lors d'un des mes paradisiaques réveils ou lors d'une de mes non moins paradisiaques interruptions de travail, mais je suis si entièrement adonné à mes délices vitales et intellectuelles que je ne le fais pas! Voilà un problème moral que je n'ai pas résolu. Faut-il laisser s'aggraver les gerçures de satisfaction, ou faut-il se forcer à essuyer la salive à temps? En attendant la solution, j'ai inventé une nouvelle méthode somnifère, méthode qui doit figurer un jour dans l'anthologie de mes inventions. En général, les gens prennent des soporifiques lorsqu'ils ont du mal à dormir. Moi, je fais absolument le contraire. C'est dans les périodes où mon sommeil atteint son maximum de régularité et son paroxysme végétal, que je décide de prendre avec une certaine coquetterie, une pilule soporifique. Alors véritablement et sans l'ombre d'une métaphore, je peux dormir comme un tronc, me réveillant intégralement rajeuni, l'intelligence brillant d'une nouvelle sève qui n'arrêtera plus de couler jusqu'à l'éclosion des idées les plus tendrissimes. Cela m'est arrivé précisément ce matin car hier soir, j'ai pris une pilule pour faire déborder la coupe de mon équilibre actuel. Et quel réveil à onze heures et demie, sur ma terrasse où j'ai pris mon café au lait et mon miel au soleil sous un ciel sans nuage et sans être incommodé par la moindre érection!*

*J'ai fait la sieste de deux heures et demie à cinq heures, la pilule de la nuit précédente continuant à faire déborder la coupe et aussi ma salive, car en ouvrant les yeux, je me suis aperçu par mon oreiller mouillé que j'avais dû baver copieusement:*

*- Mais non, me suis-je néanmoins dit, ce n'est pas encore aujourd'hui que tu vas commencer à t'essuyer, c'est dimanche! et à plus forte raison, si tu décides que cette gerçure commençante doit être la dernière. Il faut au contraire qu'elle devienne importante afin que tu puisses en savourer l'erreur biologique et en noter sur le vif toutes les incidences.*

(pp. 38-39)

Que la «gerçure commençante» soit la dernière, cela se révèle être un problème. Voici ce que nous lisons une page plus loin, en en-tête de la journée du 30 juin:

«jour destiné encore et surtout à baver.»

(p. 40)

La suite coule d'abondance:

*[...] je me suis imposé auparavant la contrainte de peindre, méticuleusement, une seule écaille, mais la plus brillante, la plus argentée possible d'un poisson volant pêché hier. Je ne me suis arrêté qu'au moment où j'ai réellement vu l'écaillé briller comme si l'habitait sa propre lumière de la pointe de mon pinceau. [...]*

*Cet exercice est particulièrement propre à me faire baver et j'ai senti la gerçure qui s'enflammait sur mes lèvres, et me piquait, brillant et s'allumant à l'unisson de l'écaillé qui me sert de modèle. L'après-midi, j'ai peint jusqu'au crépuscule, et c'est toujours le ciel qui me fait le plus baver.*

(pp. 40-41)

L'endormissement est une rêverie autour du rocher de la gerçure, «la salive coulant à flots». Cette peau en décollement est de nouveau au matin une croûte sèche. L'acte de peindre une nouvelle écaille, de la faire briller humidifie la gerçure... finissante. Tout le plaisir vient de retenir cette croûte fragile. Événement imprévu: les mouches. Elles cachent des points du tableau et s'agglutinent sur sa bouche; ceci achève l'osmose imaginaire de l'écaillé de poisson et de la petite peau sèche retenue coûte que coûte sur la lèvre. Tout à coup, Dalí se voit couvert de mouches:

*Toutes les mouches jusqu'alors réparties entre le poisson et moi, se sont rassemblées exclusivement sur ma peau. J'étais alors entièrement nu et mon corps avait été aspergé par le liquide de fixatif qui s'était renversé. Je suppose que c'est ce liquide qui les attirait car, de moi-même, je suis plutôt propre. Couvert de mouches, j'ai continué de peindre de mieux en mieux défendant la gerçure avec ma langue et mon souffle. Avec ma langue, je soulevais et ramollissais la pellicule extérieure qui semblait prête à se décoller. Avec mon souffle, je la séchais, accordant mes expirations au rythme de mes coups de pinceau. Elle était très desséquée et l'intervention de ma langue n'aurait pas suffi à en détacher une fine lamelle, vu je ne m'étais aidé d'une grimace convulsive (esquissée chaque fois que je prenais de la couleur sur ma palette). Or cette fine lamelle avait exactement la qualité d'une écaille de poisson!*

*(pp. 44-45)*

*Ce procédé vient d'être remis à l'honneur par l'Art Nouveau: le galuchat employé jadis à gainer les fourreaux des sabres. La bouche de Dalí est l'artisan laqueur. Nous en suivons le travail préliminaire de préparation, méticuleux glaçage.*
*En répétant l'opération à l'infini, je pouvais détacher de moi des quantités d'écaillés de poisson. Ma gerçure est un véritable chantier d'écaillés semblables à du mica. Dès qu'on en enlevait une, une nouvelle naissait au coin des lèvres.*

*(p. 45)*

*Blanc, transparent comme le mica, verni comme le galuchat, variante de l'argent repoussé. L'aspect brillant de l'écaillé importait. Mica, galuchat incrusté, peau de requin ou de squale.*
*Bientôt recouvert d'écaillés, Dalí s'écrie: «O mon Dieu, je deviens poisson!» la sensation physique est cette révélation. Qu'en sera-t-il s'il ouvre les yeux, les écailles lui tomberont-elles des yeux? Nous attendons que le verbe dessiller fasse son apparition; ce serait le parfait peintre voyant ou plus modestement, le réveil.*
*Maintenant, me suis-je dit, incrédule encore, je vais ouvrir les yeux et je me verrai converti en poisson. Je ruisselais de sueur et la tiédeur du soleil couchant inondait mon corps.*
*Enfin, je dessillai mes paupières...*
*Hou, j'étais recouvert d'écaillés fulgurantes!*
*Mais aussitôt j'en devinai l'origine: ce n'était que les éclaboussures séchées de mon fixatif cristallisé.*

*(pp. 45-46)*"[387]

Le sans titre de 1956[388] reprend le motif de la pendaison, mais cette fois, c'est la girafe (symbole phallique) qui est pendue, au milieu d'un espace désert (inversion du motif, récurrent chez Magritte, de la mer comme élément amniotique) semé de pierres (symboles féminins). Une *Étude*[389] de Magritte confirme, par proximité et association sur une même feuille des motifs, le lien sémantique entre la girafe dans un verre, le jockey, le corps féminin révélé par la nuisette dans l'armoire ouverte (pouvoir du voyeur sur l'objet désiré) et l'arbre-feuille brisé (ici la violence, de *Le Viol* également, de l'acte sexuel, qui détruit [ce sont *Les Jours gigantesques*] l'objet de désir, comme dans le cas des vitres du petit Hans - nous interprétons ailleurs l'arbre suicidaire de *Les travaux d'Alexandre* comme symbole de l'acte sexuel cette fois comme auto-mutilatoire -).

On pensera alors à la phrase de Boris Vian dans son deuxième roman: *Vercoquin et le plancton* (1943) - dont le titre même nous renvoie à l'ambiance liquide dans laquelle nage son héros "Vert-Coquin", à l'instar des personnages de Magritte -, quand il écrit:

"*Emmanuel avait tellement peigné la girafe, ce matin-là, que la pauvre bête en était morte. Des touffes de poils traînaient un peu partout, et son cadavre, dont on avait fait passé la tête par la fenêtre, pour pouvoir circuler, gisait sous le bureau.*"[390]

Dans cette dialectique, alors que *La durée poignardée* (1938[391], qui pourrait bien s'inspirer du *Rêve,* 1936, sur fond de paysage de New York tel que l'a photographié Man Ray la même année[392] - mais peut-être d'après l'accident de la gare Montparnasse en 1895 -, illustration de Man Ray pour *Les Mains Libres,* 1937, de Paul Éluard[393]) montre comment une locomotive Pacifics 140C ou 230G (qui apparaît dans *Ma vache et moi*, 1925, de Buster Keaton, et dans *Tintin chez les Soviets,* 1929, et *Tintin en Amérique*, 1931)[394] transperce l'espace intérieur par la cheminée (ouverture dont la métaphore vaginale dans ce contexte et dans la pièce n'échappe pas), la femme sur le nuage de *Le Pain Quotidien* (1942[395], qui fait pendant, en les préfigurant, aux deux hommes de *La Reconnaissance Infinie,* 1963[396]), rappelant les premiers vers: "*She was a phantom of delight/ When first she gleam'd upon my sight;*" du poème "*Perfect Woman*" de Wordsworth, forme de la légéreté (nous revenons au texte cité de Freud sur celui de Daudet): "*Her household motions light and free*"[397] se révèle, vue et admirée, convoitée, mais encore non offerte, comme la cavalière de *La Tour d'Ivoire* ou la Shéhérazade de *Les Grands Rendez-vous,* littéralement sur une mer de nuages (pour paraphraser le titre de Caspar David Friedrich), lointaine, derrière l'entrée de sa caverne. La toile de *La durée poignardée* de Magritte fut:

"*Créée pour le collectionneur londonien Edward James qui avait invité Magritte a décorer sa salle de bal, Magritte espérait que James l'accrochât en bas des escaliers de façon à ce que le train "poignarde" les invités se rendant dans la salle. Mais James l'avait en fait accrochée au dessus de sa cheminée.*"[398]

"*Ainsi que nous allons le montrer en procédant à un inventaire, aucune des figures (Blavier 1979: 626) d'objets arrangées dans ce tableau n'est unique dans la production de Magritte, mais ces figures sont toutefois moins typiques et célèbres que ne le sont les grelots, les nuages, les chapeaux melons, les pipes, les pommes et les bilboquets (Ibid.: 660).*

*Les vues de pièces intérieures sont fréquentes dans l'oeuvre très domestique de Magritte et permettent toute sorte de mise en scène d'objets et de personnages, nous en avons relevé plus d'une dizaine de 1926 à 1960. (Tant pour les pièces que pour les autres items, nous avons reporté les titres des oeuvres à la fin de cet article.):*
*Les représentations de planchers de bois et de panneaux muraux en bois sont très fréquentes dans son univers, tout comme les motifs de la texture du bois qu'il utilise abondamment de 1926 à 1966;*
*Un fragment de cheminée est aussi mis en scène dans L'homme du large (1926 ou 27) mais comme nous le verrons, c'est surtout le manteau de cheminée et le miroir qui figurent dans La reproduction interdite (1937) qui nous importent ici;*
*La représentation des miroirs apparaît dans les oeuvres antérieures à La durée poignardée notamment en 1926 dans Les liaisons dangereuses, puis en 1937 dans En hommage à Max Sennett. Le miroir fait son apparition sous sa forme linguistique en 1928 dans La querelle des universaux, et dans L'usage de la parole et, toujours la même année, dans les "titres" Le faux miroir et Le miroir vivant. Enfin dans l'image et dans le "titre" (encore) il apparaît dans Le miroir magique (1929). Après 1938, nous n'avons pas retrouvé de figuration de miroir dans le corpus que nous avons exploré;*
*En revanche, nous connaissons diverses figurations de bougeoirs et de chandeliers. Leur motif "tourné" est d'ailleurs très proche des "pieds de table" ou "bilboquets" en bois tourné qui abondent dans l'oeuvre de Magritte. (Voir par exemple La loi de la pesanteur, 1928). On en trouve aussi quelques exemplaires dans des photographies de Magritte;*
*Le dormeur téméraire (1928) quant à lui, cumule un miroir, une bougie et son petit bougeoir, ainsi que la cellule en bois du dormeur;*
*Le motif de la pendule est relativement rare. Il n'apparaît que dans L'idée fixe (1928), Les reflets du temps (1928), Illumination (1934), La clef des songes (1935), et un dessin "sans titre" réveil d'un nuage au dessus de la mer (1966). Les modèles d'horloges et de pendules diffèrent les unes des autres et la pendule dite "à poser" de marbre noir ou teinté de L'adurée poignardée est à notre connaissance le seul exemplaire de ce type dans l'oeuvre de Magritte;*
*Enfin, nous ne connaissons que trois autres représentations de la locomotive - à chaque fois un modèle Pacific - une composition cubiste de 1923, Composition avec locomotive, un dessin colorié intitulé Locomotive et poisson (signé mais non daté) et enfin Le rossignol (1962) dont il existe aussi une étude au crayon datée de la même année.*
*Aucun des motifs de La durée poignardée n'est donc inédit dans l'oeuvre de Magritte et tous connaîtront des succès divers après 1938.*

*L'oeuvre dans la production*
*Après avoir situé les composantes de L'adurée poignardée dans le répertoire des figures d'objets combinés par Magritte, explorons les conditions de production de cette oeuvre.*
*À l'invitation d'Edward F. W. James, Magritte se rendit pour la première fois à Londres en février et mars 1937. Il passa plusieurs semaines rue Wimpolet, chez James. Ce dernier avait commandé trois tableaux de grande taille dont une version verticale d'Au seuil de la liberté. Ces trois toiles étaient destinées à décorer la salle de bal néoclassique de la résidence londonienne de James (Sylvester 1992: 302). Après ces trois commandes, celui-ci commanda à nouveau trois tableaux: une copie du Monde poétique de 1926, une troisième version du Modèle rouge et La jeunesse illustrée. (Ces deux derniers étaient aussi destinés à la salle de bal.)*
*Magritte réalisa aussi deux autres commandes: les deux portraits aux visages cachés: Le principe du plaisir (1937) (Ibid. 1992-1997: 249)[17], portrait d'Edward James dont le visage est masqué ou remplacé par un fort éclat lumineux ("L'auréole aveuglante d'une ampoule électrique remplace le visage" [Sylvester 1978: 50]) et La reproduction interdite (1937) (Ibid. 1992-1997: 244). Dans ce second portrait de James, son visage n'apparaît pas*

*non plus. James est vu de dos devant un miroir posé sur le dessus d'une cheminée de marbre rose, mais son reflet est une autre vue de lui, toujours de dos.*
*À partir de cette série de commandes, Magritte s'était imaginé qu'un flux régulier de tableaux pourrait être envoyé à James qui deviendrait son mécène. Il savait que James avait procédé ainsi avec Dali, ce qui l'encourageait à tenter une relation commerciale avec beaucoup d'audace. Sans vergogne, il écrit à James:*
*il se fait que par hasard vous en avez trop [d'argent] et moi pas assez [...] pour éviter toute question 'commerciale' à l'avenir, je vous propose ce cérémonial: vous me ferez parvenir 100 livres à chaque début de mois d'août jusqu'en 19..., et en échange vous recevrez le meilleur tableau selon moi des tableaux récents que j'aurai faits. Je vous écris comme je peins, en méprisant complètement les habitudes équivoques 'comme il faut' et en ne me souciant que de ce qui devrait être, le monde tel qu'il est n'ayant pas encore réussi à me supprimer*

Sylvester 1992: 306

*James repoussa gentiment ce projet de mécénat forcé, et Magritte en fut fort déçu.*
*La mise en oeuvre de La durée poignardée se situe dans ce contexte de tentative de pérennisation des rapports de production.*
*Quand James acquit effectivement le tableau en 1939, Magritte crut bon de lui donner quelques consignes de mise en scène. Après lui avoir dit qu'il avait pensé à lui en peignant ce tableau - nous reviendrons sur ce point au sujet du chandelier - il note: "Je pensais que la place idéale pour 'la Durée poignardée' était en bas de votre escalier et qu'ainsi vos visiteurs seraient poignardés au rez-de-chaussée, et pourraient se présenter d'une manière intéressante au premier étage"."*[399]

On retrouve dans *La Victoire* l'alternance des deux couleurs, que renferme la femme, de *Paysage* à *Le domaine enchanté VI*. On retrouve encore ces deux couleurs dans *Le beau navire* (1942)[400] et dans la série *Magie Noire*, dans laquelle, selon la version, la femme est associée, toujours, au rocher, sur lequel elle se repose[401], aux boules qui l'entourent[402] telles des éléments végétaux, identiques à celles de *Les Fleurs de l'Abîme 1*, et à l'oiseau, qui se pose sur son épaule[403], faisant ainsi, par les couleurs et le motif de l'oiseau, écho au déjà cité *Le domaine enchanté VI*. Dans *Le beau navire*, les différents éléments cités sont substitués par la rose, comme dans *Les Fleurs du Mal* (1946)[404].

L'oiseau comme symbole masculin (bien que dans une comique et silencieuse partie à trois, il est quand même explicitement *Le Prince charmant* du titre de l'oeuvre de 1948[405], à l'air grivois, et à la tunique bleue, équivalente de et à "*Príncipe azul*" - que l'on retrouve portant les tours des licornes du groupe de *La Belle Idée* dans la gouache *Le Prince charmant* de 1948[406] -), dans un jeu amoureux avec la figure féminine, déjà présent par l'explicite, visuellement, oiseau en main de *La Diffficile traversée*, est encore mis en évidence par le vol devant la main féminine de *La Valse Hésitation*[407], qui reprend le thème de *Le Principe d'incertitude*, dont, pour plus de clarté, la version de 1950[408] présente deux pommes masquées, l'une avec un loup bleu, l'autre rose, couleurs qui, on peut le supposer, distinguent ici chacun des deux sexes. Or l'on retrouve, dans une autre version de *Le Domaine enchanté*[409], les deux mêmes pommes, cette fois s'approchant de l'arbre à la boule et à la maison de *La Voie du sang*. On y trouve aussi le tronc d'arbre bûcheron qui, d'une racine, tient la hache, de *Les travaux d'Alexandre* (1950)[410], à l'origine d'une série de lithographies (1962)[411] et d'un bronze (1967)[412].

Dans la première version citée de *La Valse Hésitation*, axée autour de la forme géométrique triangulaire, comme *Le Sens Propre*, il est difficile de savoir si les deux triangles représentent symboliquement un buste, ou sont indépendants l'un de l'autre pour l'auteur. Pour notre part, nous sommes de l'idée que celui sur la table est un symbole phallique, alors que la montagne, qui lui fait pendant, est un symbole compensatoire féminin. Dans *Les Racines du monde* (1926), variante du thème formel de *Le Sang du Monde* et *Paysage*, les montagnes, aux veines visibles, comme celles des personnages de *Le Sang du Monde* (dont le titre, on le voit, fait directement écho à la présente oeuvre), sont le cadre, féminin donc, sur lequel le manche d'un instrument à corde (simplification des visages, masculins, de *Le Conquérant* et *L'homme du large*), violon ou violoncelle (on revient, comme chez Man Ray, encore, à l'idée que l'homme, en la touchant, joue de la femme, comme le musicien de son instrument, ce que symbolise, dans le cadre des oeuvres comme *Le beau ténébreux* et *Le retour de la flamme*, *Un peu de l'esprit du bandit*[413] dont la tête, devenue violoncelle, marque ce par quoi il est préoccupé, à la fois qu'elle révèle son rôle d'envoûteur, tel Orphée ou le flûtiste de Hammelin) posé sur la féminine table, sur laquelle le personnage de *Le Principe de Plaisir* a posé la pierre, sur une surface trouée, également féminine.

*Les signes du soir* (1926)[414], sur le zinc de ce que l'on suppose un toit, une boule et un cadre ouvert, de zinc également, ouvrant sur la perspective d'autres boules et d'un arbre, sur le fond nocturne de deux montagnes, qui posent celles-ci à peu près le même problème que les triangles précédemment signalés, si nous nous laissons, une fois de plus, guider par le titre, pourraient bien être, lesdits signes, pour le symbolisme sexuel masculin que nous avons attribué aux boules, et pour l'arbre, féminin, selon notre lecture comparative, les prémisses, à l'heure où tout sombre, de la rencontre intime. De fait, par son titre, il fait pendant à *La Veillée*, qui laisse peu à l'imagination (contrairement au titre de son pendant).

Sur le symbolisme du soir comme moment de la rencontre amoureuse, outre *Les Nuits blanches* (1848) de Dostoïevski, le vers allusif: "*Plus rien n's'oppose à la nuit*" répété deux fois dans la chanson "*Osez Joséphine*" de l'album homonyme, déjà cité, de Bashung, et, plus concrètement encore, dans l'oeuvre de Magritte, au tableau *Le sens de la nuit* (1927)[415], où à côté de deux hommes, qui rappellent vaguement les policiers de *L'assassin menacé*, en bord de mer, dans une ambiance nocturne, que se tournent le dos et ferment les yeux (puisque la nuit, on dort), un main grossièrement gantée, qui pourrait être une main d'un médecin légal, dévoile de ce qui semble être une chevelure (qui renvoie à la chevelure comme parure féminine dans *L'Amour désarmé*), ou, présicément, une évocation de la tortue de *Le Vêtement de l'Aventure*, les dentelles et les jambes nues d'un corps féminin. On retrouve, dans *Le joueur secret* (1927)[416], la tortue volante au milieu d'une forêt de quilles (celle-ci reprise du *Jockey perdu*) où deux joueurs de base-ball ne prêtent pas attention à une femme à la bouche bâillonnée (par un objet qui semble de cuir et, redondant ici avec la tortue, rappelle la forme qui découvre le corps féminin dans *Le sens de la nuit*) et aux mains levées dans un espace fermé bétonné à droite, visible depuis une sorte de fenêtre ouverte.

À l'instar, nous l'avons dit, de *Le beau navire*, *Les Fleurs du Mal*, conservant le rocher sur lequel s'appuie la femme, substitue la rose à l'oiseau et aux boules. Rose qui, totémiquement, apparaît devant le visage de la femme de *Couverture du XXème siècle* (1965)[417], variation, pour s'en convaincre, de la femme de *La Grande Guerre* au visage caché par les violettes, symbole freudien de l'acte sexuel comme domination violente (on pense, pour illustrer ce concept, assumant, comme Jung, que la mentalité collective reproduit des archétypes généraux du subconscient, au mythe des Sabines), et du préalable *Le Viol* (1934[418], qui, probablement basé sur un portrait de Georgette, si on le compare à l'étude pour une affiche que fit d'elle le peintre en 1934[419], servit d'illustration de couverture à l'édition de la même année de *Qu'est-ce que le surréalisme* de Breton[420]), où ce sont les seins et le pubis qui forment les éléments du visage de la femme (la rose, dont la mystique, a toujours été métaphore du sexe féminin, d'où les nombreuses périphrases du langage châtié liées à la défloration). Ce dont ne laisse plus de doute le titre *La boîte de Pandore* (1951)[421] de la peinture montrant un homme accompagné d'une rose, blanche (pas encore touchée), avec, dans le fond, le panorama d'un édifice qui rappelle la maison dans le tronc de *Le Domaine enchanté* et *La Voie du Sang;* on retrouve dans *La boîte de Pandore*, par la combinaison de la référence mythologique à la rose, le sens, déjà abordé, de *Le tombeau des lutteurs*. *Les Moyens d'existence* (1969)[422], comme presque toujours chez Magritte, jeu de mots entre le concept habituel à quoi renvoie le groupe nominal et ce qu'il nous dit réellement, confirme, là encore, notre lecture, en associant la rose et la poire, la première naissant de la seconde, l'oblongue forme phallique produisant la rose, laquelle à notre sens ne doit pas, bien évidemment, s'entendre comme enfant né, mais comme, plus généralement, produit de la femme. Comme l'oiseau mort (Zagreus renaissant, à l'instar du pseudo-Phénix de *Les Fanatiques*) de *La Bonne Nouvelle* annonçait, au premier plan, et révélait dans sa boîte, l'action du second plan, ici la rose naît de la poire en tant que dépendance et victoire du masculin sur le féminin (telle la figue ampalée dans *Le Caprice*), en termes jungiens, de l'*Animus* sur l'*Anima*. De fait, le concept de rose comme produit de la femme est confirmé, d'une part par le symbolisme des fleurs (en général, le symbolisme féminin des fleurs n'a pas besoin d'être démontré, mais est confirmé, dans sa valeur sacrificiel de la virginité, encore une fois les roses/ourses brauroniennes, dans la nouvelle courte "*Al ladrar de los perros*" du nicaraguayen Hernán Robleto Huetes [1892-1969], on notera le nom marial de l'héroïne, qui, en un sanglant final rappelant l'histoire et la morale du conte boccacien de Nastagio degli Onesti, sera finalement déchiquetée par ses propres chiens alors que, contre l'opinion de son père, elle fuyait aux bras de son amoureux, que les chiens tueront également - l'allusion à la cloche de cristal confirme notre analyse du conte de "*Blanche-Neige et les Sept Nains*" dans un récent ouvrage, contemporain du présent -:

"*Y ella no vaciló. La florecilla timida levantaba el tallo hasta arriba, desafiando a la tempestad. Había de por medio un abnegado afán de martirio. Debía probar que lo quería e iría con él a donde él la llevara.*
*En su propia alma, abierta a la diafanidad de la resolución, los ruidos del pueblo y los propios interiores adquirían nunca oídas resonancias. Todo se le aclaraba a María Asunción, como si se hallara colocada dentro de una campana de cristal.*"[423])

Pour représenter l'acte chez Magritte (les violettes), mais encore par la rose naissant de la montagne sur le fond marin (la spermisation par les nuages-orage, indifféremment, dans l'oeuvre du peintre, de maisons, intérieurs, verres, comme dans la série de *La Corde Sensible*[424], etc.) et dont le titre *L'Utopie* (1945)[425] dû à la naissance sur la roche dure de la fragile fleur, qu'encore une fois nous rapprocherons de celle du contemporain *Le Petit Prince* (comme tend à le prouver la représentation de la rose du chapitre 6, par le propre Saint-Exupéry), indique bien le cadre symbolique de représentation de l'appétence (comme celui de *Le Plaisir* donc); le même, d'ailleurs, que celui de *La Femme du Soldat* (c.1945)[426], femme nue appuyée, la rose à la main, sur le rocher où la rose naît dans *L'Utopie*. On retrouve la même association entre la femme et la rose dans *Le roman populaire* (1944)[427], dont le titre rappelle bien le lien romantique et cliché de la rose avec la femme; idée que renforce, cette fois par substitution de l'une des deux, et donc représentation de celle-ci par celle-là, *La boîte de Pandore*. L'*Étude*[428] pour *Magie Noire* reproduit l'association entre la femme, la rose, et ici l'oiseau, adjuvant phallique.

On note que, dans les *Empresas espirituales y morales* (1613) de Juan Francisco de Villava[429], le Vierge est représenté par la fleur naissant de la terre stérile, comme l'explique l'épigramme:

*"Concibe y pare del fecundo Cielo*
*La folicita Abeja,*
*Beuiendo el xugo de la flor hermofa.*
*Y no por effo el velo*
*Preciofo cafto dexa,*
*Porque es preñez de miel dulce y fabrofa.*
*Señal marauillofa*
*Del pecho yirgen, que aunque efteril fea*
*De mejor prole celeftial fe arrea.*
*Que fon dulces conceptos*
*Sacados y bebidos*
*De entre floridos candidos preceptos,*
*Y en dulce modo por la boz paridos."*

Qui rend, de nouveau, l'oeuvre de Magritte, ici *L'Utopie*, directement dépendante, dans son iconographie comme dans son sens (nous insistons sur ces deux points), de la tradition issue, et, selon toute évidence, reprise par les surréalistes des livres d'emblèmes.

On notera que beaucoup de symboles de Magritte (tels que: l'identification de la femme à la forêt et au bois; les formes rondes de la quille associées comme chez Man Ray le violon, au corps féminin, ici il s'agit du sablier; le sens de l'eucharistie et de la déchirure par poignardement ou fenaison comme symbole de l'acte sexuel; pareillement le feu comme autodafé, on pense aux aigles survolant et surveillant des bûcher chez Magritte; la femme-maison, terre, fenêtre; mais aussi horloge, taupinière marine, mer, et sexe: le "*Val d'or*" à la majuscule inutile d'expliquer; quille marine pour calfats; liées aux clés, aux rendez-vous, on pense à Fragonard et au titres de Magritte des différents "*Rendez-vous*", "*Grands*" ou pas; liée au verre d'eau, symbole de satisfaction mais aussi de réception de liquide, et à la nacelle; aux objets phalliques comme les fusées, les aiguilles, les flèches, les violettes et les glaïeuls, les oiseaux, les plumes, ou encore à l'action de creuser, de pénétrer, donc; la femme rose, géante, nocturne; aux fesses et dos de lumière, on pense à la dialectique *La Belle de nuit* / *La Lumière des Coïncidences*, et *Les Liaisons dangereuses*; la femme essentiellement, donc, par la récurrence de ces mots dans un grand nombre de vers: fesses et dos, sein, sexe, yeux) trouvent un écho, ou une explication, dans le plus connu des poèmes de Breton, *L'Union Libre* (1931):

*"Ma femme à la chevelure de feu de bois*
*Aux pensées d'éclairs de chaleur*
*À la taille de sablier*
*Ma femme à la taille de loutre entre les dents du tigre*
*Ma femme à la bouche de cocarde et de bouquet d'étoiles de dernière grandeur*
*Aux dents d'empreintes de souris blanche sur la terre blanche*
*À la langue d'ambre et de verre frottés*
*Ma femme à la langue d'hostie poignardée*
*À la langue de poupée qui ouvre et ferme les yeux*
*À la langue de pierre incroyable*
*Ma femme aux cils de bâtons d'écriture d'enfant*
*Aux sourcils de bord de nid d'hirondelle*
*Ma femme aux tempes d'ardoise de toit de serre*
*Et de buée aux vitres*
*Ma femme aux épaules de champagne*
*Et de fontaine à têtes de dauphins sous la glace*
*Ma femme aux poignets d'allumettes*
*Ma femme aux doigts de hasard et d'as de coeur*
*Aux doigts de foin coupé*
*Ma femme aux aisselles de martre et de fênes*
*De nuit de la Saint-Jean*
*De troène et de nid de scalares*
*Aux bras d'écume de mer et d'écluse*
*Et de mélange du blé et du moulin*
*Ma femme aux jambes de fusée*
*Aux mouvements d'horlogerie et de désespoir*
*Ma femme aux mollets de moelle de sureau*
*Ma femme aux pieds d'initiales*
*Aux pieds de trousseaux de clés aux pieds de calfats qui boivent*
*Ma femme au cou d'orge imperlé*
*Ma femme à la gorge de Val d'or*
*De rendez-vous dans le lit même du torrent*
*Aux seins de nuit*
*Ma femme aux seins de taupinière marine*
*Ma femme aux seins de creuset du rubis*
*Aux seins de spectre de la rose sous la rosée*
*Ma femme au ventre de dépliement d'éventail des jours*
*Au ventre de griffe géante*

*Ma femme au dos d'oiseau qui fuit vertical*
*Au dos de vif-argent*
*Au dos de lumière*
*À la nuque de pierre roulée et de craie mouillée*
*Et de chute d'un verre dans lequel on vient de boire*
*Ma femme aux hanches de nacelle*
*Aux hanches de lustre et de pennes de flèche*
*Et de tiges de plumes de paon blanc*
*De balance insensible*
*Ma femme aux fesses de grès et d'amiante*
*Ma femme aux fesses de dos de cygne*
*Ma femme aux fesses de printemps*
*Au sexe de glaïeul*
*Ma femme au sexe de placer et d'ornithorynque*
*Ma femme au sexe d'algue et de bonbons anciens*
*Ma femme au sexe de miroir*
*Ma femme aux yeux pleins de larmes*
*Aux yeux de panoplie violette et d'aiguille aimantée*
*Ma femme aux yeux de savane*
*Ma femme aux yeux d'eau pour boire en prison*
*Ma femme aux yeux de bois toujours sous la hache*
*Aux yeux de niveau d'eau de niveau d'air de terre et de feu*."[430]

Le titre *Le baiser d'une rose*, qui représente un poisson autour duquel est enroulé un collier de perles (qui associe donc le produit des concrétions de la mer absorbées et résolues par l'huître, la femme, qui est la sirène échouée de *L'invention collective*, 1934[431] - qui est d'ailleurs aussi, par comparaison, la femme découverte, et également échouée sur la plage, de *Le sens de la nuit* -), confirme encore, comme *La boîte de Pandore*, le symbolisme féminin de la rose.

S'agissant, donc, d'un collier de perle, enroulé autour du poisson, nous rappelerons rapidement les définitions et citations suivantes:

"*ENFILER UNE FEMME - comme une perle, avec un bout de pine au lieu d'un bout de fil.*
*Voudrais-tu m'enfiler, mon petit homme?*

                                                                HENRY MONNIER.

*Si vous ne voulez pas vous laisser enfiler,*
*Par mon chien aussitôt je vous fais enculer.*

                                                                L. PROTAT.

*Leste et gai, j'enfile, j'enfile, j'enfile.*

BÉRANGER.

*C'est votre bonne fille*
*Qu'un infâme paillard honteusement enfile.*

TROTTEREL.

*Je ne m'étonne plus s'il l'a si bien enfilée, puisqu'elle est la perle des filles.*

*(La Comédie des proverbes.)*

*Votre beauté sans seconde*
*Vous fait de tous appeler*
*La perle unique du monde,*
*Il faut donc vous enfiler.*

COLLÉ."[432]

### 1.4.c.8.2. Les deux sexes

Reprenant *Les Reflets du Temps*, dans *Composition avec horloge, ciel et forêt*[433], ce sont, spécifiquement, ces deux éléments, le ciel en haut à droite (à 2 heures) et la forêt en bas à gauche (à sept heures), qui se font face, autour de l'horloge (qui est "*the wind*", le médium donc de leur rencontre et relation, dans *La Clef des Songes* de 1935). Ce qui nous montre, une fois de plus, que chaque éléments s'associe à un sexe particulier, dans une correspondance, de nouveau, similaire à celle issue de la mythologie, ici nous pensons plus particulièrement au mythe de la pluie dorée donnée par Zeus à Danaé enfermée (ce qui, iconographiquement chez Magritte, nous renverrait à *L'Univers démasqué*).

La séquence qui peut s'établir entre *La Belle de Nuit* (1932)[434] et *La Lumière des Coïncidences* (1933)[435], dans lesquels le beau corps dans la nuit est finalement illuminée par la rencontre avec la bougie, et s'offre alors de face, et non plus de trois-quarts, au spectateur, rappellent le jeu dialectique habituel chez Magritte, tout en confirmant le symbolisme sexuel, freudien, de l'illumination. Similairement, à son tour, *La réponse inespérée* (1933) et sa variante *Le Grand Matin* relèvent de cet espace de fantasme du hasard heureux dans lequel la porte, par où cherchent à entrer désespérément les chasseurs et voyeurs chez le peintre, s'ouvre, comme celle de *La Victoire*, mais ici selon le modèle de l'à peine postérieur *Passe-Muraille* (1941-1942) de

Marcel Aymé, non par ses gonds, mais par un trou permettant d'y laisser passer un homme.

*La Tour d'ivoire* (1945)[436], qui montre une cavalière, comme celle de *La Carte Blanche*, protégée par le désert, derrière l'apparente muraille de l'entrée du grotte rappelant celle d'*Étant donné...* de Duchamp, avec au-devant d'elle une rose, évoque celle du juste antérieur *Le Petit Prince* (1943), qui: "*Ayant assisté à la naissance d'une rose superbe - orgueilleuse, coquette et exigeante -, le petit prince découvre que l'amour... peut avoir des épines*"[437]. Magritte l'exprime très clairement dans une lettre à Paul Éluard:

> "*... for about two months I have been looking for a solution to what I call 'the problem of the rose.' My research now having been completed, I realize that I had probably known the answer to my question for a long time, but in an obscure fashion, and not only I myself but any other man likewise. This kind of knowledge, which seems to be organic and doesn't rise to the level of consciousness, was always present, at the beginning of every effort of research I made.... After completion of the research, it can be 'easily' explained that the rose is scented air, but it is also cruel, and reminds me of your 'parricidal rose.' I also recall a passage from Nougé's forbidden images: 'It is because of searing memory that we become aware of this faint scent of roses...'*"[438]

La série des Cicérons (1947), personnages à tête de canon tirant des boules et faisant feu, présente certaines occurrences notables: *La Terre promise*[439], deux personnages, dont l'un buvant, entre des boules, comme la femme de *Magie Noire*; *Le colloque sentimental*[440], de deux personnages à écharpe se faisant face devant une fenêtre construite diagonalement; et surtout *Les Droits de l'Homme* (1947-1948)[441], titre encore une fois détourné, mais pris au sens restrictif, des droits du mâle, puisqu'il est ici accompagné du déjà vu et analysé trombone en flammes. De fait, dans cette série, *Le Cicéron*[442] (dont la version de 1948[443] est plus paisible et neutre, comme *La Belle de Nuit* avant son illumination, il regarde, une feuille à la main, le ciel nocturne et la lune), tirant par la gueule des flammes, tient puissamment en main un carroussel de maisons, objet de la féménéité, comme on l'a vu, comme le symbolise dans le cadre psychologique Bettelheim à propos du conte de *Hansel et Gretel*, alors qu'au second plan, ce qui confirmerait notre interprétation, il nous semble reconnaître les deux personnages à écharpes de *Colloque sentimental* (que l'on retrouve dans *La Libre Académie de Belgique*,

1957[444]). *Cosmogonie élémentaire* (1949)[445] présente, allongé, un personnage crachant du feu, à côté d'une boule, et une feuille à la main, on imagine que cette cosmogonie élémentaire est celle de la création génétique, ou génésiaque, des êtres par leurs antécesseurs. Le fond en est des cubes bleus déjà rencontrés.

*La Belle captive*[446], entre, symbole masculin, un trombone en flammes, toujours, et une pierre, symbole féminin, sur une plage, se trouve posé un cadre sans toile, ou, au moins, comme souvent chez Magritte, une toile encadrée qui reproduit la séquence de partie du paysage du fond. Est-ce alors un hasard si, similairement, *L'image parfaite* (1928)[447] est un miroir qui ne reproduit pas le visage de son modèle Georgette, l'épouse du peintre. Nous indiquant ainsi à notre sens, comme *La Belle captive* et le diptyque *La Victoire-Le Poison,* ou la maison sans toiture de *L'Univers démasqué*, qui ne peut plus se protéger du nuage, que le processus de révélation (*Le Sourire du Diable*), d'illumination (*La Lampe Philosophique*), sont le but, et "*Les Droits de l'Homme*".

Ainsi, *Le beau monde* (1960)[448] est la pomme permise (d'où la beauté du monde), sur laquelle s'ouvrent des rideaux libérés d'espace intérieur, et assumant la couleur du ciel. C'est la bougie-"*plafond*" qui brûle le plafond et illumine l'espace (*Les Fanatiques*, que l'on peut aussi bien comprendre en sens positif d'*aficionados*; *Les Droits de l'Homme; Le Principe de Plaisir*; etc.). Alors que *Mémoires d'un Saint* (1960)[449] présente un rideau presque fermé sur lui-même, modèle masculin pour l'*Hortus conclusus*.

*La Philosophie dans le boudoir* (1947)[450], montre, sans surprise, les objets les plus propres de l'appareil féminin que sont les chaussures et la nuisette. Alors que *L'Univers mental* (1947 également)[451], écho de *La Belle captive* dans ses motifs*,* présente la figure féminine assise à côté de son tutélaire rocher. Chaussures, miroir et chevelure sont, dans *L'Amour désarmé* (1935)[452], les trois motifs symboliques de la représentation de la femme. On notera que le titre, ce qui est important pour comprendre la permanence des motifs de l'art moderne dans celui du XXème siècle[453], reprend un thème et une terminologie de titre qui lui est associée propres de la période moderne.

Complémentant l'antérieure *La Philosophie dans le boudoir*, *Le Minotaure No 10* (1937)[454] représente le monstre mythique entouré du trombone en flammes, de la femme matriochka de *L'importance des merveilles*, et de la paire de chaussures de *Le Modèle Rouge* (1935[455]-1939[456]).

De même, le *Portrait de Georgette* (1937)[457] l'entoure de la bougie allumée, d'un gant de femme (la main de *La Difficile traversée* et *La Valse Hésitation*), de la clé, de la colombe et du rameau, et du mot "*vague*" écrit sur un morceau de papier. *Le Libérateur* (1947)[458] contient en lui des éléments à peu près identiques: la clé, l'oiseau, la pipe, le verre. Seul le dernier élément peut se lire comme féminin, tous les autres sont masculins, la clé est celle qui permet l'ouverture de la serrure, et que l'on trouve, similaire à l'oeil bleu d'*Objet peint*, dans *Le Sourire du Diable*. *L'Échelle de Feu* (1939)[459] présente un papier, une clé et un oeuf en train de brûler. La version antérieure (1934)[460], un morceau de papier, le trombone, mais ici une chaise (féminine), qui remplace les deux autres objets (initialement masculins). On retrouve la clé en flammes dans le très intéressant et symbolique *Les Vases communiquants*. *Complaisance mentale* (1950)[461] insiste sur les motifs, montrant, dans une allusion au bien-être casanier vu depuis la perspective masculine selon nous, le feu, masculin, du foyer, et l'arbre, féminin, des racines, et, pour paraphraser une célèbre émission de télévision, des ailes.

Modèle selon nous probable de *L'évidence éternelle* et de *La vie privée*, Marie-Anne Crowet l'est aussi de *La fée ignorante* (1950)[462], titre intéressant car la peinture représente le modèle, comme les oiseaux vigilants, notamment les aigles-montagnes, associée à l'oeuf, ici unique, et à la bougie. On peut supposer, à bon droit, que son ignorance, vu la beauté du modèle, est des intentions amoureuses de son Pygmalion.

On ne doutera peut-être plus de la symbolique ici par nous énoncée en voyant que dans *Mesdemoiselles de L'Isle Adam* (1942)[463], référence évidemment au premier des *Contes Cruels* (1883): "*Les Demoiselles de Bienfilâtre*" (première parution dans *La Semaine Parisienne* le 26 mars 1874), qui, ainsi que leur nom l'indique d'ailleurs assez clairement, "*étaient, comme on dit, de ces ouvrières "qui vont en journée la nuit'*"[464], ces fausses pucelles, tenant fleur (rose?) et oiseau en main, l'oeuf à leur côté, produisent que se brûle le protecteur contour de la caverne de *La Tour d'ivoire*, dont on retrouve le modèle dans la grotte de *Les Grands Rendez-vous* (1947)[465], comme ce dernier titre entre en relation avec celui des oiseaux sur l'arbre-feuille de *Le rendez-vous*, et les motifs (dont l'oiseau, ici associé, dans la grotte, à la femme, hors d'elle) à *Le Libérateur* (dont nous verrons que, dans la série, les versions plus directement inspirées de l'original *Le Thérapeute* contiennent les oiseaux dans la cage, là où, au contraire, dans l'illustration pour Éluard la cage féminine est vide, selon la dialectique freudienne du sexe masculin absent pour les femmes):

"This facial image of the Persian queen, Sheherazade, is repeated in several other paintings from this period including Sheherazade (below) and The Liberator (below). The Sheherazade image is based on Poe's short story, "The Thousand-and-Second Tale of Scheherazade." The mysterious dark cave is similarly used in the 1928 Voice of Silence. Inside the cave are four various symbols [bird, cup, etc.] which are barely visible."[466]

Reprenons donc une dernière fois ici notre antérieur exercice de comparaison et d'association visuelle, puisqu'au fond nous y pousse la technique même, surréaliste, d'association (supposée) libre, du peintre.

*Le Panorama* (1931)[467] présente l'ouverture que nous avons étudiée dans *La Tour d'Ivoire*, mais, comme nous supposions bien, donc, que cette tour était l'espace interdit derrière le faux miroir de ce pseudo-hymen dans le tableau et ses correspondants, ici, à l'inverse, nous nous trouvons devant la boule, masculine, jetant un oeil, non plus par le trou de la serrure, mais par la fausse porte *inespérément* ouverte. On note ainsi que si le mur est de briques, solides, l'ouverture est de bois (on pense à un processus d'abandon inverse à celui des *Trois petits cochons*). De fait, la variante de *Le jockey perdu 2*[468] le montre courant, non plus dans le bois, également féminin, mais derrière l'ouverture de la grotte de *La Tour d'Ivoire*, tutélé par la boule.

C'est la même boule, monumentale, vigileant un hameau, dans *L'ombre monumentale* (1932)[469] qui explicite, et confirme, à la fois le cycle, déjà étudié, des rochers gigantesques de *Dans l'Espace et Dans le Temps*, et

*L'Attentat* (1932 également)[470], qui associe la boule et le portrait du corps féminin, comme dans - et qui est - *Le Palais des Courtisans*, avec la vue sur les fenêtres des édificies d'en face par une ouverture en arc identique à celle de *Le Rossignol,* au titre incontestablement sexuel, et inscrit dans la tradition. On y retrouve, en outre, dernier motif et, tout à la fois, indice, dans notre investigation, le cube bleu, dont on a vu qu'il symbolise (dans *La Folie Des Grandeurs* et les oeuvres similaires, où il est récurrent), à son tour, l'espace féminin de l'intimité domestique.

De là que *Le droit chemin* (1962)[471] présente la montagne-menhir du cycle de *Dans l'Espace et Dans le Temps*, mais avec, ici, devant elle, cette fois, la pomme, "*droit chemin*" donc (par opposition à la tour de Pise? Disons-le ainsi), dès lors à la jouissance.

Parallèlement, donc, dans, cette fois (par rapport à *Le jockey perdu 2*), l'ouverture se fait plus civilisée, et c'est le train de *La durée poignardée* qui traverse, sous le regard du Dieu barbu assis sur son nuage (symbole repris de l'iconographie du Moyen Âge, on la trouve par exemple dans *Le chariot de foin* de Bosch, qui confirme, ledit symbole, notre interprétation du nuage comme étant chez Magritte masculin et de force, possession, et toute puissance divine), à grande vitesse l'espace, et cela devient intéressant, de l'oeuvre, concrètement intitulée: *Le Rossignol*[472]. On comprend bien que, comme Pierre Schaeffer dans son *Étude aux Chemins De Fer* (1948), premier morceau de musique concrète[473], le titre *Rossignol* fait référence au bruit provoqué par le vent contre le train. Il ne fait aucun doute non plus qu'il joue sur le nom des fameuses locomotives de modèles réduits en tôle imprimée[474] de Charles Rossignol (1839-1889)[475], toujours très en vogue dans les années 1930[476]. Toutefois, dans le cadre plus général de notre étude, et du symbolisme du train, du nuage et de l'ouverture dans l'oeuvre de Magritte, nous y verrons l'heureuse association d'un bruit qui peut être évoqué mentalement par tous (les phrases toutes faites reprises comme titres par Magritte) et, comme toujours, de sa dérivation idiosyncrasique, dans l'élaboration d'un second sens, métaphorique et érotique, par le peintre. Ainsi, *L'Embellie* (c.1962)[477], d'une porte ouverte où cette fois a pu entrer une boule, reprenant le thème de *La Victoire* et *Le Poison*, en confirme le sens intégré au groupe de *Le mois des vendanges* (lequel, par son titre, permet d'associer le verre, non plus d'eau, symbole spermique chez Magritte, on l'a vu, mais de vin, dans *Le Colloque sentimental*, comme la métaphore, à l'instar des édifices rouges, ou de la gorge de l'oiseau de *La Valse Hésitation*, de la [sûreté de la presque] consommation de l'acte). Cette beauté de la réalisation finale est rendue par le titre: *Mona Lisa* (1962)[478], aux rideaux, de fait, rouges, de la variante de l'également apologiaque en son titre *Le beau monde* (qui évoque le "*monde*" comme "*univers*" - à l'instar, par identité de thème, dans *L'Univers démasqué* -, non comme groupe social).

*La vue amoureuse* (1935)[479], ouverture "*inespérée*" à travers une porte sur une feuille gigantesque (qui est celle de *La Géante*), une boule et un édifice rose, et *La révélation du présent* (1936)[480] de l'année suivante, doigt repris de *Lecture défendue*, qui pointe au ciel d'une maison au toit ouvert, comme dans *L'Univers démasqué*, sont les deux contrepoints de la même représentation: la pénétration (de l'univers domestique). On note que *La révélation du présent*, de nouveau, se fait sur fond de soleil rouge, or nous avons dit que cette couleur symbolise la pulsion passionnelle, ce qui se démontre dans *Les Orgues de la soirée* (1965)[481], où l'on retrouve le cavalier, cette fois sur le fond rosâtre du crépuscule, et face à d'énormes rideaux rouges. Comme *Les indices du soir*, *Les Orgues de la soirée*, précisent, indirectement, le lieu, l'intérieur, l'intimité de la maison et de la chambre, aux drapures épaisses, où se fera la rencontre.

On voit qu'une fois posée notre théorie générale de l'art de Magritte, les oeuvres particulières s'y intègrent chaque fois de manière plus systématique quant à la compréhension directe et précise que nous pouvons alors en donner, ce qui, à notre sens, est la manière de valider la pertinence de notre proposition interprétative, par l'amplitude du champ qu'elle permet de défricher.

### 1.4.c.8.3. La figure de la femme et le sexe comme castration: l'exemple du papier à musique d'après Otto Nicolai

Ceci dit, revenons sur les oiseaux de *Le rendez-vous*, *Le regard intérieur*, et *La troisième dimension* qui, par leur multiplicité, font écho à ceux de l'arbre de *Jeune fille mangeant un oiseau*. La métonymique feuille-arbre (voir *La Géante*) aux oiseaux s'associe, dans *Le Domaine enchanté III* (1953)[482], à la bougie sur un chandelier à pied de *La Porte*[483], et à une autre feuille sur laquelle s'accrochent, non plus des oiseaux, mais des boules, marquant ainsi l'identité sémantique pour Magritte entre les deux.

Comme dans *La Porte*, la bougie termine en lune, laquelle en croissant s'y accroche comme si elle en était la flamme. Cette lune est celle, posée en *close-up* dans le saladier de *La Grande Table II* (elle se substitue donc à la pomme, marquant par là même l'équivalence des deux, en tant que symboles de cette quête de l'homme, de, selon les propres termes de Magritte, cette *Gravitation Universelle* et ce *Mouvement Perpétuel*), cette fois de *La Fenêtre de Mélusine* (1953)[484], c'est-à-dire, celle par laquelle elle disparaît (la bougie soufflée et celle brisée, sur le fond de l'entrée de la grotte à la forme particulière, vaguement vaginale [ne s'ouvre-t-il pas son espace sur le soleil divin dans *L'Écho*, 1944[485], comme la pipe de *La Liberté des cultes*; le visage illuminé de l'homme-Dieu de *Le Principe de Plaisir*, à mettre en relation avec l'homme à la tête de boule de *L'Art de Vivre*; les feux ou bougies sur lesquels veillent sans cesse dans l'oeuvre du peintre les aigles "*Idole*(s)" de pierre; la dialectique d'illumination *La Belle de nuit* / *La Lumière des Coïncidences*; soleil divin de *L'Écho* identique dans sa position centrale au Dieu de *Le Rossignol* et aux objets, feuille, couple d'oiseaux-feuille, ou rose, tous objets féminins, et pendants donc, du groupe de l'autre version, précisément, de *La Belle de nuit*], propre des oeuvres du peintre, dans *Mélusine*, également de 1953[486]), celle qui, dans les toiles de Magritte, porte ou fenêtre d'ailleurs (comme l'exprime bien les deux titres: *La Porte*/*La Fenêtre de Mélusine*), s'entr'ouvre, s'ouvre ou se ferme, celle, autant, donc, de la fente (au sens double, d'ouverture, et anatomique), de cette lune croissante, thème, sujet et but de l'artiste, et, selon sa lecture, semble-t-il, de l'homme en général. Il nous semble dès lors pertinent de rappeler la définition suivante (souvenons-nous que Magritte est l'auteur, obsessif, de *Le Viol, Excercices Spirituels, La Faculté imaginative, La Philosophie dans le boudoir, En Hommage à Mack Sennett,* etc., en outre de *La Victoire, Le Poison, L'Attentat, La Lunette d'approche, L'Amateur de Coquillages, L'Idée fixe, L'Espion, Le Sourire du Diable, La Tour d'Ivoire, La réponse inespérée, La durée poignardée, Le Rossignol,* etc.):

"*ENFONCEUR DE PORTES OUVERTES. Homme qui se vante d'avoir pris le pucelage d'une foule de femmes - violées trois ou quatre cents fois par d'autres que par lui.*"[487]

La porte ouverte sans mur, sur la plage, de la série *La Victoire-Le Poison-L'Embellie*, avec les deux couleurs féminines récurrentes dans l'art du peintre, le bleu et le marron, et le rideau rouge de *Les Orgues de la soirée* sont autant d'éléments qui renforcent le symbolisme (du succès) masculin de l'ensemble.

La toile fait ainsi lien avec *Calme* (1941)[488] - dont le titre reprend le concept de satisfaction et d'accalmie des autres titres autour de l'assouvissement (les rideaux n'y sont d'ailleurs plus rouges, mais bleus de l'apaisement qui suit la passion) de la pulsion érotique (*L'Embellie, La Victoire, Le beau monde,* etc., ce que l'on pourrait exprimer en paraprasant la chanson "*Ding Dong son las cosas del amor*" de 1969 [l'année érotique pour Serge Gainsbourg] de l'argentin Leonardo Favio:

"*Hoy es lunes y la espero
Se que tiene que venir
Hoy yo quiero a todo el mundo
Y el mundo me quiere a mi*") -,

Qui reprend la femme à l'oiseau et à l'oeuf, et celle à la rose, de fait de *Le Domaine enchanté II* et de *Les Fleurs du Mal*. Mais, vues ici de dos, elles (bien que ces Trois Grâces ne soient qu'un portrait répété de Georgette, selon le principe, que nous avons déjà abordé à propos des séries de Magritte, d'évolution d'une même figure "*Dans l'Espace et Dans le Temps*") montrent, métaphoriquement, leur respective lune, la même qui s'accroche à la bougie dans *La Porte* et *Le Domaine enchanté III*, et que Freud, correctement, interprète comme métaphore du postérieur en Français.

Inversant le concept du broyage de la pierre pour obtenir de la vie, exprimé par Diderot, Magritte, dans *Le Cap des Tempêtes*, représente l'espace féminin de la grosse pierre (que l'on a vu communément associé à la femme géante, à l'arbre, ou comme mégalithe isolé, chez le peintre) surplombant le rêveur, et l'orientant vers cet espace nocturne des échanges amoureux et, aussi, du fantasme. C'est la boule immense de *L'ombre monumentale*, et c'est aussi celle de *L'Attentat*, entre autres. La tempête annoncée ici, c'est celle sous un crâne (mais ici au-dessus), c'est celle de *L'Univers démasqué*, mais surtout de l'heure grise de *Quand l'heure sonnera*, du bruit de tonnerre (la boule roulant sur le zinc pour ouvrir le passage vers le champ au-delà du cadre percé et retrouver les autres) de *Les signes du soir*, ou encore celle des larmes du ciel de *La part du feu*.

Dans *L'Amateur de Coquillages* (1952)[489], une montgolfière évolue devant une fenêtre ouverte, confirmant visuellement le symbolisme masculin de la montgolfière et féminin de la fenêtre dans l'oeuvre du peintre, et textuellement des coquillages (que l'on retrouve dans les formes de coraux d'autres peintures, dans l'image de l'éponge, marine, et dans les figures et le fond marin notamment de *Le Sang du monde*) comme symbole féminin, confirmé ce dernier par la tradition, on pense à *La Naissance de Vénus*, bien sûr, par *Sculpture*[490], buste de femme couvert de coquillages, et par l'oreille, sans titre (1956)[491], démultipliée à la manière des fractals de Escher, à tel point qu'elle en acquiert, par anamorphose, une forme de coquillage.

Entre une boule et la feuille-arbre, l'aigle-pierre tombale gigantesque sur fond crépusculaire (ici la vieillesse), et sur laquelle est gravé le mot "*ROSEAU*" en majuscule, de *La Fontaine de Jouvence* (1958)[492] prouve que la boule est symbole masculin, la feuille-arbre féminin, le crépuscule et sa couleur rouge symboles de passion, et l'aigle totem masculin du peintre. Le roseau, entre ces symboles de l'activité sexuelle plus propre de la jeunesse, brisé (puisqu'il a cassé sa pipe, pour faire allusion au monde magrittien, là encore), n'est pas chêne, mais, pour sa flexibilité et sa finesse, est une bonne métaphore de l'organe mâle.

L'ambiance crépusculaire, comme dans *Les Orgues de la Nuit* (dont les motifs - qui reprennent notamment les rideaux de *Le beau monde* -, confirment ceux, également par comparaison tripartite avec *La Tour d'ivoire*, de *La pensée visible*), de *Le poète récompensé* (1956)[493], par son titre et par son iconographie fait pendant, respectivement, à *La reconnaissance infinie*, et à *La boîte de Pandore*. Comme dans cette dernière, l'on se trouve face à un personnage de dos, dans le moment où tombe le soir (la bouche aux lèvres rouges de *La reconnaissance infinie* se substituant au soleil crepusculaire de *Les Orgues de la Nuit* et *La révélation du présent*); il a, totémiquement, comme dans *Le Bouquet tout Fait,* sur son manteau incrusté l'ambiance avec laquelle il entre en harmonie, après la récompense, dont, encore une fois, nous considérerons qu'il s'agit du désir assouvi.

Pareil, en ce sens, *Le Promenoir des Amants* (1929-1930)[494], qui, comme cela est commun chez Magritte, reprend un titre apocryphe, celui de la suite de trois mélodies composées (1909-1914) par Claude Debussy[495] à partir du poème de François Tristan L'Hermite[496], en oublie cependant l'indication de référence numérique ("*Le Promenoir des deux Amants*"), que la peinture cependant compense en mettant en scène deux cadres-miroirs du ciel posés sur le toit d'une maison (encore une fois symbole féminin), comme dans *Les signes du soir*, et similairement à ce qui se passe dans *L'Attentat* ou *L'ombre monumentale*, toutes ses oeuvres en relation dialectique avec *L'Univers démasqué* et *La révélation du présent*, de fait de titre au sens similaire (dans le cadre temporel, là où l'autre évoque le cadre spatial, "*Dans l'Espace et Dans le Temps*", encore une fois, donc). Cette fenêtre, ouverte aux voyeurs de *Le mois des vengandes*, est aussi celle de *La Lunette d'approche*, de *L'Attentat* ou de *Le Promenoir des Amants*.

Le poème de L'Hermite est sur le souvenir douloureux d'amours anciennes.

Reprenant, dans la partition de *La reconnaissance infinie*, le joyeux aria d'Anne Page, sur le point de tromper Falstaff, mais également d'être mariée, lequel n'apparaît pas dans le livret français par Jules Barbier de l'opéra *Les Joyeuses commères de Windsor* (1849) d'Otto Nicolaï[497] :

*"Wohl denn! gefaßt ist der Entschluß! Nun gilt's,*
*Die Tat besonnen zu vollführen! Du,*
*Die treue Liebe schützt, o holde Fee*
*Titania, beschütze denn auch mich*
*Und leihe mir dein weißes Flügelkleid,*
*Um licht und leicht zum schönen Ziel zu schweben!*
*Nicht eine grüne Hülle soll mich bergen,*
*Auch eine pur purrote nicht!*
*Nein, weiß sei mein Gewand,*
*Der Schleier weiß und auch der Kranz,*
*Der seine Lilien durch die Locken schlinget.*

*So schweb' ich dir, Geliebter, zu,*
*So kennst du mich, so nahest du*
*Und schwörest dich auf ewig mein,*
*Und ich mich dein - ganz dein!*

*Tief in dem hohen, dunklen Wald*
*Winkt uns verschwiegner Aufenthalt,*
*Es leuchtet uns des Mondes Silberhelle*
*Auf stillem Pfad zur heil'gen Waldkapelle.*

*Und bist du dann, Geliebter, mein,*
*Und bin ich unauflöslich dein,*
*Dann reicht Verzeihung auch die Hand*
*Und segnet unser Band.*

*O selige Träume,*
*O süßes Glück!*
*Ihr gaukelt so golden*
*Vor meinem Blick!*
*Die Wolken verschwinden,*
*Es lächelt das Blau,*
*Und Strahlen des Mondes*
*Versilbern die Au'!*
*Erfüllung, sie nahet*

*Im rosigen Glanz*
*Und reicht treuer Liebe*
*Den strahlenden Kranz!*"⁴⁹⁸

"*Well, then: - the plot is all arranged,*
*Now strikes the hour, we must be up and doing.*
*And the guardian sprite of love,*
*Enchanting fay, Titania!*
*Hear my fervent vows, and o'er me spread*
*Thy wing of dazzling light:*
*Direct me onward by its effulgence!*
*Not with a green investure will I deck me,*
*Nor yet in purple clothe my brow:*
*No! white shall be my wand,*
*My robe of white and white my wreath,*
*A crown of lilies intertwined with snowdrops.*
*With light and purity on ny brow*
*I draw near thee, and near me, thou:*
*Then swear thyself for ever mine.*
*And I, too, thine; yes, thine!*
*Deep in the forest's leafy shade.*
*Beat glitt'ring pulses through the glade:*
*The mellow moonbeam lights with silver gleaming*
*That forest shrine, whose holy radiance beaming*
*Beholds me kneel to call thee mine.*
*And consecrates my oath with thine.*
*We rise departing hand in hand*
*In Hymen's sacred band!*
*O dream of enchantment, blissful joy!*
*Your light is so golden, without alloy!*
*The clouds are dissolved in an ocean of blue.*
*And moonbeams bespangle the meadow anew.*
*Fulfilment approaches with roseate glance.*
*And love dews my senses in ecstasy's trance.*
*O, dream of enchantment! O blissful joy!*
*Your light is so golden, without alloy!*"⁴⁹⁹

Dans l'édition de M. Lévy Frères (1866)⁵⁰⁰ du livret de Barbier, les invocations néfastes de Mistress Page sont attribuées à la "*Ballade*" d'Anne:

"*On dit qu'à l'heure de minuit*
*Aux sons du cor le cerf s'enfuit!...*

*Entends là-bas*
*Herne avec fracas*
*De son trépas*
*Sonner le glas!...*
*Au noir chasseur l'enfer même applaudit!*
*Un bois de cerf couvre son front maudit!*
*Il tourne autour du vieux chêne,*
*Sifflant ses chiens qu'il enchaîne!..*
*Passant, ta fin est prochaine 1...*
*Quand il paraît, tout se flétrit!*
*La sève n'épuise et tarit!*
*Le sang dans les veines se glace!*
*Écoute!... Herne est en chasse!*
*La meute passe! l'air frémit!*
*L'oiseau du soir au loin gémit!*
*Des noirs esprits,*
*Par le ciel proscrits,*
*Entends les cris!...*
*Le cerf est pris!*
*Herne est vainqueur, et son cor infernal*
*De l'hallali donne l'affreux signal!*
*L'enfer rougit son front blême!*
*Sa bouche écume et blasphème!...*
*Dit u l'a frappé d'anathème!*
*Quand il paraît tout se flétrit!*
*La sève s'épuise et tarit!*
*Le sang dans les veines se glace!...*
*Écoute!... Herne est en chasse!"*

Ainsi, comme il l'a fait pour *La Géante* de Baudelaire, en utilisant le texte de Nougé, Magritte utilise ici des paroles: "*Bercez, Bercez mon coeur*", qui ne traduisent que très librement les vers en Allemand, ou en Anglais.

Toutefois, ce qui nous paraît symptomatique de son oeuvre ici, c'est la référence, tergiversée, qui permet l'imbrication d'une représentation de l'amour sur plusieurs niveaux: tout d'abord l'appétence, et le désir, qui sont ce que représente l'aria d'Anne; ensuite la farce et la grivoiserie, qui est le cadre de la troisième farce à Falstaff, et de l'organisation des motifs chez Magritte, qui marquent les pas de sa réinterprétation et de son appropriation de l'oeuvre ou du thème; finalement, la tromperie, faite à

Falstaff dans Shakespeare et dans l'opéra qu'en tire Nicolai, mais plus particulièrement ici au spectateur par l'apparition d'une version nouvelle, chez Magritte, comme un cadre dans le cadre. Or cette version nouvelle est celle, aussi, de l'absence même de l'aria chez Barbier, et, pour ainsi dire, de sa substitution pour l'appropriation du haineux chant de guerre et de chasse de sa mère par Anne. On pense alors immédiatement aux jockeys perdus dans des ambiances de forêts et de quilles à bois, cerfs ou arbres, dérivation de la métamorphose des femmes en bois (comme chez Delvaux en végétaux) par celle des quilles en cervidés, mais qui apparaissent ici aussi comme d'énormes symboles de la *cuckoldry*.

De là que la vision et la version de Magritte du thème de Shakespeare par Nicolai, revue cette seconde par une troisième, qui est celle de Barbier, puis par une quatrième enfin, celle de Magritte, nous permet de montrer comment, dans un cas particulier, le processus de nivellation représente un noeud gordien dans l'oeuvre du peintre belge.

**1.4.c.8.4. La concrétion du modèle par sa capacité à nous aider à lire le sens des oeuvres de manière générale dans l'art du peintre: processus de deuxième confirmation de notre principe d'analyse de l'oeuvre de Magritte**

Comme *Le Principe de Plaisir* reprend, formellement, *Le Mouvement Perpétuel* et *L'Art de Vivre*, aux titres plus qu'explicites, comme nous avons eu l'occasion de l'écrire, une série d'oeuvres de Magritte, une fois interprété son art comme nous l'avons fait, offrent une lecture directe: tout d'abord *Méditation*, avec ses bougies-spermatozoïdes au bord d'une plage. De là que *Vol de Colombes* et *Homme au chapeau melon*, qui insistent sur la présence d'oiseaux autour ou devant le visage de l'homme, dont nous avons vu que cette construction visuelle acquiert, chez Magritte, un sens très nettement totémique, réaffirment la lecture sexuelle de l'art du peintre.

En ce sens, de nouveau par le principe de compréhension de l'oeuvre par le double rapprochement iconographique (récurrence des formes ou motifs qui y sont représentées) et textuel (du titre et/ou du texte dans le tableau), attire notre attention le titre: *La chanson de la violette* (1951)[501], qui nous renvoie à l'interprétation freudienne du diptyque de *La Grande Guerre*, alors que l'iconographie du tableau, des hommes de pierre hiératiques qui, en silence, transportent des pierres, les rapprochent aussi bien de la répartition bipartite des policiers du premier plan de *L'assassin menacé*, que de *Le sens de la nuit*, où ils se tournent le dos, en même temps que des deux hommes, toujours de pierre, dont l'un frotte l'oeil de l'autre, paraissant lui quitter une saleté avec une branche à feuille apparemment de vigne (un mouchoir dans le dessin préparatoire de 1951[502] et la version de 1954, qui augmente le paysage en un chemin sur la droite[503]), dans *Journal intime* (1951)[504] - en écho, évidemment, cette oeuvre avec celle de 1964 de même titre, où les motifs orientent une lecture d'insertion du mâle-Ciel (comme les aigles-montagnes) dans l'univers féminin -. Le groupe se rapproche, évidemment, aussi, de *Les enfants trouvés* (1967 pour le dessin[505], 1968 pour la lithographie[506], contemporaine de celle, du même groupe, que nous avons vu sous le titre *Le Domaine enchanté*, représentant les deux pommes avec l'arbre suicidaire[507]), à son tour version masculine à deux personnages de la contemporaine, puisqu'elle date de 1965, *La Carte Blanche*. Dans cette version de *Les enfants trouvés*, deux hommes, entrecoupés par les troncs d'arbres, semblent chercher, non plus le Petit Poucet et ses frères, mais les pierres, ici gigantesques, qu'il a laissées derrière lui, comme preuves de son passage. On note ici l'interprétation du sens de l'arbre-bûcheron (père du Petit Poucet, castrateur, par inversion freudienne du principe des rêves, auto-châtré) avec ses deux symboles (la boule masculine et la maison féminine, dont nous disions qu'elle représentait chez Magritte la maison maternelle de Bettelheim, ce qui se prouve dès lors ici), de celui, également, des deux personnages des pommes aux masques évoquant une sexualisation de chacune, rose et bleue (par superposition, de fait, entre Le Petit Poucet et Hansel et Gretel), et la preuve que les pierres sont étroitement liées chez Magritte à la femme, en tant qu'elles en sont, là encore, son produit (on pense au mythe grec d'Athéna et d'Érichtonios).

De fait, comme dans *La Légende des siècles*, *La Femme assise. La Place au Soleil III* (1956)[508] présente, non plus une chaise de bois sur une chaise de pierre, mais une petite femme au type de princesse médiévale, assise en l'air, à côté de la chaise, ce qui est, de toute évidence, là encore, une inversion iconographique de la Vierge-siège de Jésus. Il est, dès lors, intéressant de comparer cette version de *La Place au soleil* avec ces trois autres, toutes de 1956: celle[509] du yogi au centre d'une pomme (on se souvient que, comme Newton sous son pommier, Bouddha trouve l'illumination sous un arbre de pipal à Bodh Gaya, appelé Bodhimanda ou Bo, qui peut être considéré comme la représentation même de Gautama[510]), celle[511] au lion (symbole masculin fort, seul commensal de *Le repas de noces*, 1939-1940[512], devant la table où trône seul un oeuf à la coque) se découpant sur un papillon (dont on connaît le symbolisme féminin, de Psyché aux oeuvres populaires comme *Le silence des agneaux*), et celle[513] où une prune (*Les prunes que j'ai gardées dans la glacière* étant le titre du premier recueil poétique du nicaraguayen Héctor Avellán, auto-proclamé dans cette oeuvre poète de l'homosexualité, et dont ledit recueil présente une certaine passivité de l'auteur dans ses relations amoureuses, ce qui donna à l'époque où nous le traduisîmes et l'éditâmes un débat autour de la question, centrale, de l'homosexualité non obligatoirement passive, mais représentée comme telle en la personne de l'auteur-narrateur dans le cité recueil - ce qui, pour nous, nous permet ici de citer cette oeuvre littéraire à l'appui du symbolisme féminin, ou passif, puisque triplement ronde, petite, et violette de couleur, par opposition à la poire, oblongue et grande, contenante, chez Magritte -) se dessine sur une poire, selon le principe déjà vu dans *Les Moyens d'existence* et *Mémoire d'un voyage*.

Entre toutes les versions de *La condition humaine*, celles, identiques entre elles, de 1935[514] et 1948[515], et la variante de 1949[516], reprenant le modèle de *L'Univers mental*, associent la grotte, à l'ouverture hâchée, telle que nous avons décrite dans *La Tour d'ivoire* et *Le Pain Quotidien*, et similaires, la toile qui reproduit le fond, ici montagneux, où percent des tours, et le feu ardent à l'intérieur de la grotte, on notera ces détails, phalliques, comme on l'a vu, s'introduisant, au sens strict, dans des ambiances intérieures et de gorges rocheuses, nous insistons sur les mots de cette description, qui, tous, nous renvoient à un double sens sexuel.

Il nous semble retrouver le même jeu, cette fois moins que conceptuel (qui implique la description de l'image) que visuel, par la tour pointue qui se dédouble dans la perspective de rue dans *Les promenades d'Euclide* (1955)[517], au titre en référence au premier livre des *Éléments* du mathématicien, qui traite, en particulier, des propriétés des triangles. Ce que semble confirmer *La vérité dans son bouquet de jasmins* (1954)[518], visuellement inversée, où la figure masculine, coiffée d'un cône, fait face à un visage féminin qui, rappelant vaguement les yeux de Shéhérazade dans les tableaux de Magritte la représentant, enfermée dans un losange fait écho à celui-ci comme piège à oiseau dans *Laissé derrière par l'Ombre*.

### 1.4.c.8.5. La maison et la table: l'entrée comme métaphore de la pénétration; le banquet comme métaphore de l'assouvissement sexuel

> "*En ce qui concerne les motifs de ce tableau, Magritte a déclaré que son projet initial était de peindre une locomotive puis, dit-il, 'J'ai pensé à réunir l'image d'une locomotive à l'image d'une cheminée de salle à manger dans un moment de 'présence d'esprit'.*" "[519]

Quoi de plus explicite, dès lors, que *La Maison* (1947)[520], qui inverse les éléments, en reprenant le code: l'intérieur présente l'ouverture sur un paysage, mais à travers les rideaux, volants d'une inexistante robe, et insistance sur cette même obsession, que nous essayons de décrire ici, de Courbet à Magritte, en passant par Duchamp.

Maison prénétrée ou pénétrante, telle celle de *La durée poignardée* avec son train (et la correspondante *Le Rossignol*, au titre hautement révélateur, nous l'avons déjà dit), de *La vie privée*, symbole paradigmatique du ventre de la femme-maison (que l'on retrouvera dans le cycle de *La chambre d'écoute* et similaires), ou de *La révélation du présent*, qui est, au fond, la même, comme le laisse comprendre la relation titre-image, de *L'Acte de Foi* (1960)[521], et de toutes les autres portes, ouvrant sur la lune, que nous avons vues, notamment celle, importante par son titre, de *La Fenêtre de Mélusine*. *Le dimanche des oiseaux* (1959)[522], ne montrant rien de plus que cette fenêtre avec sa robe de volants de rideaux, posée sur une chaise (celle d'*Une simple histoire d'amour?*), renforce le symbolisme évoqué (de la libération des oiseaux, que nous retrouverons chez Boccace). On note ainsi que, chez Magritte, comme par exemple dans *Le Domaine d'Arnheim* ou *L'Heureux Donateur* (qui contient la maison en lui), la lune est toujours le point focal d'attraction dans le ciel pour l'homme-aigle, ou, inversement, pour la femme, la montgolfière, comme dans le groupe *La Folie des Grandeurs, Quand l'heure sonnera, L'Amateur de coquillages*.

C'est la feuille-arbre derrière la porte fendue par l'ouverture "*inespérée*", répétée chez Magritte, du groupe de *La Tour d'ivoire*, en forme de vagin, comme nous l'avons dit, de la porte de *La Perspective amoureuse* (c.1935)[523], dont le titre, explicite, ne peut plus nous laisser de doutes sur le symbolisme dont nous parlons. Dans la version peinte[524], la feuille-arbre s'associe à la maison.

C'est, plus clairement encore, reprenant le thème de *La Difficile traversée*, mais ici avec deux mannequins de bois, celui pénétrant, par le bras tendu, l'espace fendu de la fausse porte ouvrant vers l'autre personnage, de *La chambre du devin* (1926)[525], dont le titre, métaphysique, nous renvoie aux œuvres similaires (de titres spirituels et de motifs sexuels, dans un croquis pour *La Philosophie dans le boudoir*, portant déjà son titre, et envoyé dans une *Lettre à Andrieu*, 1948[526], Magritte n'écrivait-il pas, à manière de justification: "*Les philosophes n'oublient pas toujours les robes ni les souliers de femme*"): *La Lampe Philosophique, Exercices Spirituels, Méditation*, avec exception du titre plus évident (mais c'est alors l'image qui y devient absconse, sauf si on la met en parallèle avec le titre et l'image de *Méditation* et *La Lampe Philosophique*): *Le Principe de Plaisir*.

C'est la maison dans la chambre (inversion freudienne, et reprise du thème de *La Légende des siècles*) de *La chambre de Madame Sundheim* (1960)[527] - qui renvoie au groupe de *Le Promenoir des Amants* et à *Éloge de la dialectique* (1936)[528] -, et, à l'inverse, le cheval dans la maison qui regarde par la fenêtre, écho des licornes à la tour, dans *La belle au bois dormant* (1946)[529] au titre on ne peut plus évocateur de l'intromission masculine dans l'espace féminin (si l'on se guide par l'image et son rapport au titre, encore une fois), ou encore les baguettes, symboles évidemment phalliques, volant devant la fenêtre ouverte de l'évocatrice par son titre: *La Légende dorée*[530] (la baguette dorée car croustillante, et la légende des saints, entendus ou écrits autrement, nous allons y revenir). C'est la dialectique entre *L'empire des lumières* (1953-1954)[531], maison vide mais allumée sous un ciel de jour, et entourée d'éclairage public, se reflétant sur l'espace aquatique, par opposition à *La fin du monde* (1963)[532], où, dans une ambiance similaire mais différente, plus obscure (en particulier parce que l'entrée n'est pas éclairée par un lampadaire, qu'aucune surface d'eau ne reflète plus comme un écran les différentes lumières projetées, et que la maison est vue de plus loin), arrive, de l'extérieur, un homme à l'éternel chapeau melon, et vu de dos. C'est à la fois le guerrier revenu à la maison familière, et le chasseur à l'affût de *L'Idée fixe* et des oeuvres similaires. De fait, confirmant cette idée, et en cette perspective, toujours, de conquête - au sens strict - amoureuse masculine, une variante de la maison de *L'empire des lumières* s'intitule, avec arbre et croissant de lune, *La Bonne Aventure* (1937-1939[533]), dont, effectivement, la version de 1945[534] est un homme à tête de cochon.

Or, cet homme de dos, et ces baguettes, avec le verre d'eau (toujours "*l'orage*"), c'est *L'ami intime* (1960)[535], baguette changée par une bougie allumée (ce qui confirme son symbolisme phallique) dans l'antérieur *Le chant des sirènes* (1953)[536]. D'où l'association entre la boule, phallique, et la feuille-arbre, féminine, dans *La Recherche de l'Absolu*[537].

Or, de nouveau, cette baguette volante, et ce verre, ce sont les éléments eucharistiques de *L'Esprit et la Forme*, de *Mémoire d'un voyage* (1950)[538], le "*À BOIRE/ À MANGER*", qui se substitue, sur l'aigle-pierre tombale dans *Fortune Faite* (1957)⁵³⁹ au "ROSEAU" de *La Fontaine de Jouvence* (ce qui confirme notre interprétation du sens de cette peinture). Le verre ("*l'orage*", masculin), à la forme particulière de calice, bien qu'ici transparent, et l'assiette (ronde, donc féminine), posés, à côté de l'impeccable nappe blanche (de la messe?), dans la "*chambre d'écoute*", de la version de 1962⁵⁴⁰ de *Les Valeurs Personnelles* (qui nous rappellent, en outre, ce que nous disons ailleurs dans la présente analyse de *Le Sorcier*).

C'est *Le Banquet* (1958)⁵⁴¹ du soleil rouge, crépusculaire, dont on a vu le symbolisme passionnel, qui se substitue exceptionnellement ici aux boules symboles de la masculinité, incrusté entre les arbres d'un bosquet, dont on a vu le symbolisme féminin.

Baguette, verre d'eau, colombe et oiseaux-feuilles s'associent comme autant de symboles masculins dans *La Clairière* (1944)⁵⁴², pour le titre du défrichement?, par opposition dialectique aux maisons dans l'obscurité qui les entourent de *L'empire des lumières* et *La Bonne Aventure*, ou la femme-forêt que l'on ne peut distinguer ("*Je ne vois pas...*"). Oiseau rouge (couleur de la passion, comme dans *La reconnaissance infinie* ou *La Valse Hésitation* avec son également osieau au corps entièrement rouge), s'éloignant, comme revenant d'un miroir (on pense à *Le sang d'un poète* de 1930 de Cocteau), d'une maison en flammes (qu'il aura mise?), tel l'aigle nocturne du poème d'Ende, et la quille à la double clef musicale sur ce qui seraient ses hanches (preuve, par rapport à la photographie de Man Ray, de son symbolisme essentiellement féminin chez Magritte - pour cela [?] surmontée d'un melon [à moins qu'on le voit comme le préservatif que nous interprétons plus loin dans la présente étude pour *Le bouchon d'épouvante*] à côté de la montagne de *Dans l'Espace et Dans le Temps* et d'un pingouin [pour le titre représentation de l'habit et du personnage de gala, mais peut-être aussi, plus largement, de la froideur des sentiments, comme dans la chanson de désamour "*Pingüinos en la cama*" de 2005 du guatémaltèque Ricardo Arjona] dans *L'exposition de peinture* de 1965⁵⁴³ -), dans *Nocturne* (1925)⁵⁴⁴.

Et ce sont encore le lion (que l'on retrouvera dans un croquis de Magritte associé au phallique lampadaire d'où pousse la rose, comme antérieurement de la poire, confirmant ainsi le symbolisme masculin de celle-ci), la bougie allumée, le bol de pommes, et la tour encadrée comme tableau à l'intérieur du tableau, dans *Mémoire d'un voyage* (1955)[545], le livre, le verre, la bouteille, et le bol de pommes, sur la table mise, auprès d'une fenêtre ouverte sur un rocher qui imite l'ouverture "*inespérée*" habituelle de Magritte de la même série (*Mémoire d'un voyage III*[546]), ou les mêmes éléments en *close-up* de la série (version de 1950[547]).

Ainsi, de même, *Le coucher de soleil*, dessin[548] où un crâne immense surplombe un hameau, reprenant la même structure que *L'ombre monumentale*, en tant que *Memento mori*, nous renvoie dans le cadre de l'iconographie adamique, donc de celle des pommes gigantesques, récurrentes comme symboles d'Adam chez Magritte, comme le confirment ses titres, et des boules, éléments interchangeables, donc liés tous trois, comme on le voit ici, à la symbolique de la vie humaine, donc de la sexualité, c'est-à-dire du premier Péché, associé à la reconnaissance du corps (ici de son éphémérité), donc à la tentation de Luxure.

Or cette religion magrittienne, c'est celle du pénis, comme le montre la pipe auréolée comme le Christ ressuscité (déjà reconnaissable, comme source iconographique d'inspiration dans *Le Principe de Plaisir*, si l'on pense par exemple à *La Crucifixion du Christ*, c.1890-1900, de Vasili Golinsky) de *La Liberté des cultes* (1946)[549] - dont le titre garde une certaine caractéristique de contrepèterie ("la tête libère des culs"?)-, à la manière et la touche de Van Gogh dans *Semeur et soleil couchant* (1888). Dans la version de 1961[550], la pipe, au-dessous du même croissant de lune déjà évoqué, est faite de papier à musique. De fait, on trouve chez Magritte une étude pour une *Pipe-salle à manger* (1943)[551], et le portrait de femme aux seins nus tenant une pipe dans *Communication inutile de seins et de pipe par la machine de Paul* (1950)[552], dont le titre seul nous renvoie aux saints-seins dont nous parlions il y a un instant.

L'association pipe-seins est une évocation incontestablement de l'activité sexuelle.

On assumera que le Paul ici référencé est Paul Max, dont Magritte donna un portrait en 1926[553] (il pourrait aussi bien s'agir de Paul-Gustave Van Hecke, mécène du peintre et de la modiste Honorine "Norine" Deschrijver, Van Hecke dont Magritte fit également le portrait en 1927[554] - de fait, avec le dos du crâne devenu guitarre -, réalisant parallèlement le peintre des affiches et des publicités pour Norine en 1924[555]). En effet, parolier notamment pour le musicien Paul alias Bill Buddie, frère de Magritte, dans ces mêmes années 1924-1926[556], le corps de la femme avec la pipe porte bien les marques d'une posture de tourne-disque (ce que nous interprétons comme "*la machine de Paul*"), comme le dit le titre, ici totalement inopérante, les gramophones tels que le connurent la plupart des générations, se développant au tournant de ces années 1930-1940, du Berliner Gramophone à la fin des années 1920 au Gramophone Columbia Viva-tonal Grafonola n° 111a des années 1940, en passant par le HMV Model 102 Wind-up Portable des années 1930, le Gramophone Silvertone apparaissant dès 1915[557].

*L'invention du feu*, dans sa version de 1946[558], une femme accroupie, comme offerte, prêtant le dos à un Cicéron, sur fond de mer déchaînée, confirme le symbolisme sexuel du trombone en flammes de *La découverte du feu*. Voire encore du couple de *La part du feu*.

Le personnage oedipien à l'oeil exorbité de la version de *La Difficile traversée* (1963) trouve son équivalent dans *La Femme du maçon* (1958-1959 pour les dessins, dont, dans l'une des esquisses, le visage de la femme se transforme en menton "*en taloche*")[559]. C'est encore le nez rouge[560] et comme déchiré de *La toile de Pénélope* (1958)[561]; les dessins où la femme voit naître entre ses cuisses la tête d'un homme[562], ou bien assume l'iconographie classique de la Luxure, aux seins pendants, associée à celle de la sirène, sur son rocher en bord de mer[563], par opposition aux exubérances de nez, de main ou de pipe des personnages masculins[564]; c'est le tapis de sol gris d'après un dessin de Magritte, dans lequel on reconnaît le tronc aux ramifications des ouvertures et des arbres du peintre, mais plus directement comme une vulve ouverte[565].

Confirmant notre interprétation originale (dans notre ouvrage *Iconologia*, 2001) de l'art de Magritte et de celui des surréalistes inspiré de l'époque moderne et des livres d'emblèmes, voici une évocation de l'ouvrage intitulé *The Doctor* de Robert Southey, où l'on trouvera facilement l'origine de l'oeil oedipien chez Magritte, et de *Le Faux Miroir*, comme du titre *La Voix du Sang*, ou du motif de la "*Lunette d'approche*" chez Magritte:

"*Eh bien! cette boutique de bric-à-brac, c'est précisément le livre intitulé le Docteur. Une fois accoutumé à son désordre, vous vous amusez beaucoup des trésors mutilés qu'il jette devant vous. Le vieux maître du magasin est plein d'esprit, railleur, nonchalant et de bonne compagnie: il vous explique ses curiosités avec une bonhomie très-originale. On devient amoureux (dit-il quelque part), sans s'apercevoir qu'on l'est devenu. Vous vous trouvez pris et éperdu, longtemps avant que la réflexion vous ait averti du danger. Je me souviens à ce propos du voyageur Davis qui parcourait l'Amérique-Septentrionale et qui a publié sa narration sous le titre de Quatre années et demie en Amérique. Il se dirigeait vers une localité que les habitants avaient baptisée du nom singulier de Poêle à Frire? (toutes les dénominations américaines sont bizar» res). Après avoir marché quelques temps, il rencontre un petit garçon de ferme auquel il demande: de quel côté est la Poêle à Frire? - Parbleu, répond l'autre, vous» y êtes, dans la Poêle! - On est amoureux comme cela. On se trouve dans la poêle à frire avant de s'en douter.*»
- *Ce même sujet de l'amour, qui fournit au chapitre 105 de notre Doctor une si singulière allusion, remplit d'autres originalités assez piquantes le chapitre 78 du même ouvrage. Vous y trouvez pêle-mêle Joachim Du Bellay, Shakspeare, Montalvan, Scauranus (connaissez-vous Scauramis?) Brantôme, Charles Swain et Blackmore. Dryden y figure aussi pour sa part. «Madame, dit un de ses héros tragiques, je ne céderai à personne le moindre coin de vos regards!»*
*ni not one corner of a glance resign!*
*Le Doctor cite comme une grande curiosité le sonnet de Robert Greene, qui supplie sa maîtresse de ne le regardarder que d'un seul œil et de fermer l'autre: «Pourquoi la nature a-t-elle planté deux yeux dans un beau visage?»*
*Why did nature, in fier choice combining,*
*Plant two fair eyes within a beauteous face?*
*On peut bien garder un œil pour la vertu et un œil pour le plaisir. «Ainsi faisait Vénus, qui d'un œil charmait Vulcain, et de son autre œil était agréable au dieu Mars.»*
*Venus did soothe up Vulcan with one eye;*
*With the other granted Mars his wished glee.*
*La pensée est neuve, et vous pourriez croire que jamais personne, excepté Robert Greene, ne s'avisa de cette fantaisie érotique et louche? Erreur; Chiabrera le poète lyrique, le dithyrambiste sévère, adresse la même prière à l'objet de ses vœux: «Un regard! Un regard, par pitié! - Non pas un regard tout entier, pour votre malheureux amant! Yeux chéris, je vous demande un seul de vos rayons; qu'il vienne ou du beau blanc de l'œil ou de la pupille noire!»*

*Solo un dé 'vostri raggi, occhi, girate!*
*O parte del bel bianco, o del bel nero!*
*Je ne conçois pas l'opération de ce regard qui émane du blanc de l'œil: c'est une licence poétique. Le docteur, en fait de facéties sérieusement érotiques, aurait dû citer le beau vers adressé par Ronsard à un dame préférée:*
*Vous êtes de mon cœur la seule entéléchie!*
*Enfin si le docteur donne une seconde édition de son bizarre trésor, nous lui recommanderons d'insérer dans le chapitre de L'Amour cette étrange expression d'un dramaturge espagnol, Tirso da Molina, qui dit que les sympathies humaines sont la musique du sang (la musica de la sangre).*
*L'utilité des poches, le chapitre des lunettes, la dédicace à la page 31, la préface à la page 200, le chapitre 1er qui commence après le chapitre 72; deux autres chapitres initiatoire et sub-initiatoire qui se trouvent terminer le volume; - l'histoire du gros ours, imprimée en majuscules cicéro; l'histoire du second ours, imprimée en petites capitales du caractère philosophie; celle du dernier ours, en nompareille, - deux cents citations par chapitre, des calembours dignes du marquis de Bièvre; Politien, Mordekkai, Abulfarage, le Gallois Gwillim, Homère, Barlettus, Euphues, Rustebuef (dont M. Jubinal a publié les œuvres) entrant à la fois en scène et dansant une sarabande incroyable, - voilà les puérilités, les caprices, les, niaiseries, les tours de désordre et de folie qui composent le Docteur. Plaisanterie anglaise, et plaisanterie de savant."*[566]

Disons-le d'un coup: toutes ces excroissances, chez Magritte, ont un symbolisme nettement sexuel (grande main, grand nez, grande pipe - dont *Le Goujat* et *La Liberté des cultes* confirment, si besoin en était, le symbolisme -, vulve à la Baubo - qui préfigure le combat sexuel de la forte femme aux puissantes jambes, type de *La Géante*, face à "*l'Ombre*" dans *Les jours gigantesques*, 1928[567] [dont le pendant et explication masculin est *Le Sorcier*, autoportrait de Magritte, 1951[568], où il mange littéralement à quatre mains, on notera doublement la définition toujours métaphysique du pouvoir masculin: sorcier, thérapeute ou libérateur, à la lampe philosophique,..., et le fait qu'il mange ici un repas anodin, mais dont deux ingrédients fondamentaux sont le vin et le morceau de pain qu'il porte à sa bouche, nous renvoyant aux autres associations eucharistiques dans son oeuvre, comme par exemple dans *L'Esprit et le Forme*; notons également qu'alors que la géante de *Les Jours gigantesques* est dénudée par les mains d'un invisible opposant, Magritte mangeant à quatre mains semble, par typologie visuelle au moins, céner, *liturgiquement*, le corps ainsi *profané*] -, seins pendants et décharnés).

La forme de la combattante de *Les Jours gigantesques* rappelle l'iconographie médiévale des jongleurs, que ce soit la fameuse représentation du *Bréviaire d'amour* de Maître Ermengaut (Madrid, Escorial)[569], ou celle, moins connue, des *Jongleurs et acrobates à une fête avec danse* (gravure allemande du XVIème siècle)[570], mais aussi celle du "*Danseur ou bouffon*" d'une miséricorde de stalle du XVème siècle conservée au Musée de Cluny[571], et encore de *Saint Martin partageant son manteau* au plafond (peu après 1114)[572] de l'Église du XIIème siècle[573] qui lui est dédiée à Zillis, dans les Grisons, en Suisse[574], ou d'une représentation de corps à quatre jambes du XIIIème siècle (Amiens BM 347[575]), que reprendra, probablement sans le vouloir, la *Poupée* de 1935-1936 de Hans Bellmer[576].

Les excroissances, dans l'art de Magritte, ce sont encore le membre extraordinaire de *L'Homme-Pied*[577] (on notera, au passage, de nouveau, que le pied est autre symbole phallique), également repris des sciapodes de la Renaissance, ici au nez (phallique, encore, dans l'oeuvre de Magritte, et en tant que symbole de pouvoir, au moins dans la fameuse nouvelle de Gogol) rougi comme celui du modèle féminin de *La toile de Pénélope* ou du dessin sans titre de 1948 où le nez grossissant d'un homme écrase celui d'une femme.

On trouve ainsi une représentation d'anthropophagie violente dans *La Famine* (1948)[578], où, rappelant *Jeune fille mangeant un oiseau*, dents et nez, en une sorte d'intervention entre Bosch, James Ensor et les Pieds Nickelés (apparus pour la première fois le 4 juin 19081 dans la revue *L'Épatant*, éditée par les éditions Offenstadt, fondées par les frères du même nom[579]), se joignent pour représenter cette incompréhensible et convulsive sauvagerie.

Ce sont encore les deux femmes autour d'un serpent qu'elles charment sur un rocher[580].

Les différentes versions de *La Recherche de l'Absolu* (avec le soleil rouge[581]; ou de 1948[582]: avec un rideau et une pierre; ou 1963[583]: avec une maison aux lumières allumées et une boule) confirment de nouveau le lien sémantique entre ces attributs comme objets féminins (sauf pour la boule, le soleil rouge, lié à la passion, semble majoritairement, chez Magritte, comme la lune, un symbole féminin, substitué par la rose dans *L'Invitation au Voyage*, 1961[584]), alors que le *Livre de pensées* (1954)[585] montrant en une même page, associés, cravate, oeuf, pipe et cage en dénote les valeurs masculines (excepté peut-être pour la cage). La femme qui y est présentée prise dans l'action sexuelle représente ces valeurs machistes de attributs qui l'accompagnent dans les autres compartiments de la page.

Le dessin, conservé comme des *Croquis divers* (c.1939)[586] sur une même page par les Musées Royaux de Belgique, nous semble, au contraire, représenter une seule scène, dont la femme, au centre, avec son ours(e) comme étendard, en représente les attributs: les miroirs, les rideaux, l'arbre, les pierres; des deux miroirs, celui de main semble avoir été mangé par un objet informe, mais dont la partie gauche avec un petit oeil semble être un serpent, du type du boa qui mange l'éléphant du chapitre premier de *Le Petit Prince*, ce qui retarderait la date de réalisation proposée par les Musées Royaux, et à la fois confirmerait notre idée de l'origine dans Saint-Exupéry de *L'Utopie*, attestant la lecture du livre illustré par son auteur par le peintre. On rappellera que l'ourse est la figure tutélaire associée à Artémis dans les rites de Brauron[587], et notamment au passage des jeunes filles à l'âge pubère, et ainsi à la récupération et ostentation du premier sang menstruel[588].

*"Lorsque fut répandue la légende du sacrifice d'Iphigénie, fille de Clytemnestre et d'Agamemnon dans le drame d'Euripide. La version la plus courante du drame fut mise en rapport avec le rite des "Brauronia". Iphigénie, fille de Thésée et d'Hélène, confiée à Clytemnestre, est amenée en Aulis où Agamemnon doit la sacrifier à Artémis, qui exige cette vengeance pour que le navire puisse quitter Aulis sous des vents favorables. Euripide situe ce moment fatidique sous le signe d'Orion et de Sirius poursuivant les Pléiades. La scène se passe peu avant l'aurore et Agamemnon demande: "Quel est donc cet astre qui vogue dans le ciel?" Le vieillard lui: "Sirius, il suit de près la trace des sept Pléiades et s'élance encore au milieu de sa courser."*

*Les rituels de mai sont marqués par le mythe des chasses d'Orion, puis par celui de la Grande Ourse dont le transfert aux Pléiades correspond à un changement du point de départ de l'année, d'abord solsticial puis équinoxial. Cette période est à la fois un seuil et un départ de l'année, celui des grandes initiatives humaines célébrées par des rites.*

*Dans la Grèce antique, la période correspondant au mois de mai a été la période d'une consécration de rites Initiatiques accompagnant les navigations de Thésée et commémorant le tabou du bain (celui de la Grande Ourse mais aussi rituel prénuptial fécondant) et l'identification à "l'ourse". Les fêtes de Brauron participent de l'ensemble rituel du cycle initiatique et de l'initiation sociale de "munichion" où en Attique, près de la mer, se réunissaient jeunes gens et jeunes*

*filles célébrant le culte de Thésée. Mythes et rites des calendes de mai sont solidaires, ils font intervenir les adolescents dans des rites de passage au cours desquels "chacun des deux sexes reçoit quelque chose des pouvoirs de l'autre".*
*L'un des aspects des coutumes populaires européennes du Premier mai pourrait être compris comme un commentaire imparfait du rituel hellénique, du mythe de Thésée et du mythe d'Artémis. Les filles étaient libres, non soumises à la "potesta virile" durant le mois de mai qui, dans la Grèce antique, les consacrait à Artémis. Elles devaient faire "l'ourse" avant leur mariage, c'est-à-dire racheter leur accession à la puberté. Le rituel artémisien correspond, dans nos coutumes européennes, aux croyances contribuant à écarter périodiquement du mariage les jeunes filles, tant que dure la lune rousse, c'est-à-dire durant tout le mois de mai, au moment de leurs premières "roses" ou "ourses" que les coutumes végétales de la nuit de mai semblent célébrer."*[589]

*"Cette fourchette d'âge correspond à la prépuberté physiologique requise par un rituel unanimement qualifié de πρὸ τοῦ γάμου et trouve un écho favorable dans les traits enfantins des statuettes trouvées en abondance sur le site. La déesse semble avoir exigé que le rite fût exécuté par des fillettes dont la principale caractéristique était d'être impubères, non réglées: l'apparition des premières menstruations semble avoir été fixée, sur les pourtours du bassin de la Méditerranée antique, vers la douzième année, ou même vers treize ans, au minimum donc deux ans après la fin du service des «ourses». Les sources sont claires quant au but de cette prestation: les filles devaient s'y soumettre avant de cohabiter avec un homme, pour propitier Artémis, à la veille de leur mariage, de la perte à venir de leur virginité26. Au reste, l'âge minimal de cinq ans qui, au premier abord, paraît bien tendre pour une manifestation prénuptiale, pourrait témoigner de l'altération même du rite, inéluctable dans la société évoluée d'Athènes aux siècles d'or."*[590]

Dans l'étude pour *Alice au pays des merveilles* (1946)[591], la poire est substituée par une pomme, ce qui en confirme le symbolisme proprement magrittien.

Poire et montgolfière comme symbole masculin se confirment, dans leur lien sémantique, précisément, dans les poires-montgolfières de *La Bonne Année* (1947)[592], dont les visages coléreux rappellent aussi bien la poire d'*Alice au pays des merveilles* que celle, dont le geste en est repris, de l'homme à tête de poire faisant en voltiger une autre par le mouvement de ses mains dans *Le Lyrisme* (de la même année 1947)[593].

*Heureux présage* (1944)[594], qui présente, comme *Le Printemps*, une colombe, ici non reverdie mais à la queue en fleurs, renvoyant aux mêmes colombes de *Vol de Colombes* et similaires, montre bien la métaphore printanière (comme *Le Bouquet tout fait* avec Flore jetant ses fleurs dans le dos du modèle masculin, ailleurs tenant là de la baguette, comme nous venons de le rappeler) et d'éjaculation.

On note que le symbolisme sexuel de *Souvenir de voyage* est confirmé par la version de 1961[595], une pomme à loup bleu, comparée à *Le prêtre marié*, de la même année[596], où, de nouveau sous les auspices de la lune en croissant, les deux pommes, aux feuilles rongées (par le péché, sans doute), portent un masque rose (on imagine que parce que le curé porte aussi la robe).

*Souvenir de voyage*[597] est encore le titre de la toile où une pomme de pierre se trouve, dans une ambiance nocturne, sous le croissant de lune. Dans *Les Mystères de l'Horizon* (1955)[598], ce sont trois hommes qui tournent le dos au spectateur, et semblent être les poses successives d'un même personnage (comme dans les autres oeuvres de Magritte utilisant ce principe provenant de Marey et Muybridge, et utilisé, dans les avant-gardes, par les futuristes), qui regardent trois croissants de lune.

La femme à la queue d'animal de *L'Aiguillon* (1943)[599], dès son titre, reprend l'idée, magrittienne de combinaison des principes mâle et femelle, et de possession, comme *L'invention du feu. Une simple histoire d'amour* (1959)[600], où cette fois la queue s'ajoute à une chaise (et se substitue donc à la femme lévitant à côté de la chaise de *La Femme assise. La Place au Soleil III*, comme la chaise en elle-même reproduit ici le style médiéval puissant, qui se substitue à la pierre de *La Légende des Siècles*, et reproduit celui de la chaise et de la femme lévitant de *La Femme assise*), par le symbolisme que nous avons étudié ici de la chaise, montre bien que cette queue ajoutée ne doit pas se lire comme un symbole d'hermaphrodisme, mais au contraire de possession masculine du corps féminin, comme les deux bras supplémentaires disputant à la femme son propre corps dans *Les Jours gigantesques*. On notera, en ce sens, freudiennement (par comparaison avec la question de la jambe absente dans l'étude sur Léonard), que l'*Étude pour l'Aiguillon* (1943 également)[601], qui ne présente aucune queue, mais deux femmes se faisant miroir l'une l'autre, celle de dos tenant en main la rose, symbole féminin ("*roses*"/"*ourses*" similaires aux violettes), et celle nous faisant face, en position de *Venus pudica*, ayant, au niveau du pubis, une sorte de croissant de lune (qui en fait n'en est que le contour) s'approchant visuellement de l'entrée du sexe.

Pareillement, l'oiseau au-dessus du pot ou pilier en tuyau de poêle de *Colombe* (1961-1962)[602] fait écho au *Lion, lampadaire et rose*[603], qui, à son tour, reprend *Les Moyens d'existence*, et à la *Composition*[604] préparatoire pour Shéhérazade, où les colliers autour des yeux de celle-ci s'insèrent dans une sorte de tuyau identique à celui de *Colombe*.

Le dédoublement de la figure centrale, soit-elle masculine ou féminine, que l'on trouve communément chez Magritte, et par exemple dans *La chambre de Madame Sundheim*, réapparaît donc logiquement dans *Les cornes du désir* (1959-1960)[605], dont le titre (simplement parce qu'il renvoie à la figure féminine comme objet de désir) nous intéresse tout particulièrement, et qui représente deux vêtements de femme l'un debout, derrière le second, qui est assis au premier plan, sur le fond, propre à Magritte, de mer, séparé du spectateur par son sempiternel mur.

La jambe masculine, pour ses pantalons et ses chaussures, de *Le puits de vérité* (1967)[606] et le melon (préservatif? Puisque dit "*à usage externe*") de *Le bouchon d'épouvante* (1966)[607], sorte peut-être de "*redingote anglaise*"[608] donc, nationalité originelle de ce chapeau, symbolisent, selon nous, deux pans vertueux de ce corps symboliquement sexué (la jambe-phallus, image freudienne, notamment dans son étude de Léonard; le melon-capote). On note que les deux concepts fonctionnent de paire: le puits de vérité, profond et riche d'enseignements (on y verra, là encore, une superposition et une inversion de l'intellectuel sur le sexuel); le bouchon clôt (il empêche donc les espaces de liberté vers les flores extérieures chères aux fenêtres ouvertes de Magritte) et ferme tout flux.

Quant à lui, *Le chef d'orchestre* (1955), écureil volant sur une planche de bois au milieu de la forêt de *La Carte Blanche* ou de *Les enfants trouvés*, est ce petit animal (nous avons noté, à propos de *Dans l'Espace et Dans le Temps*, la dialectique existente entre les deux rochers quant à déterminer quel est le masculin, et quel est le féminin) qui pénètre dans les trous du bois des arbres de toute la forêt. On y verra, là encore, une intention de métaphore par réduction à un sens strict des mots qu'il faut bien pour décrire la toile de la part du peintre.

Dans *Le grand style* (1952)[609], le globe terrestre est accroché au faîte d'un arbre, lequel globe se retrouve comme corps globuleux d'un personnage à tête de femme dans *Un précieux souvenir*[610]. Cet accrochement, qui rappelle celui de la rose dans une espèce d'énorme corolle (dont la forme n'est pas sans évoquer la forme découvrant le corps féminin dans *Le sens de la nuit*, tortue de *Le Vêtement de l'Aventure* ou *Le joueur secret*, et qui n'est autre que le rideau ouvert de *Constellation*, 1942[611], où le couple de colombes-feuille au-dessus du couple d'arbres est dans la position du Dieu de *Le Rossignol* au-dessus du train en marche, couple d'oiseaux-feuille qui remplace l'originelle feuille, dans la même position, et également au-dessus d'une paire d'arbres, dans *Spectacle de nature*, 1940[612] [nous dirions qu'ici la paire d'arbres, similaires et relativement séparés l'un de l'autre, renvoie ici à un ensemble exceptionnellement génital de l'objet feuille au-dessous de celle-ci, objet généralement féminin chez Magritte, alors que les deux types distincts d'arbres dans *Constellation*, s'associant au couple de colombes-feuilles, insiste plutôt sur la mise en scène du concept de couple]), au-dessus d'un hameau nocturne, dans *La Belle de nuit* (1940[613], dont nous avons dit que l'autre version, d'un buste de femme dans l'obscurité de la nuit sans éclairage, fait jeu avec *La Lumière des Coïncidences*), renvoie, évidemment, à celui de la rose au bout du lampadaire dans *Lion, lampadaire et rose*, ou à la poire dans *Les Moyens d'existence*.

Même structure, ici de *Les Orgues de la soirée-Le Banquet/Calme*, mais avec une lune blanche entre les feuilles, au-dessus d'un hameau (histoire pour écrire, avant "*Le Banquet*", soleil rouge, de l'extase et le bleu du "*Calme*" qui le suit), dans *La page blanche* (1967)[614].

*Les Valeurs Personnelles* (1952)[615] sont cette chambre, là encore typique de Magritte, "*Chambre d'écoute*", aux murs transformés en ciel (le fameux dedans-dehors magrittien), où reposent sur un lit (féminin) un peigne (phallique), sur l'armoire (féminine, contenant du corps féminin, comme dans *La Philosophie dans le boudoir*, ou dans les objets-tiroirs de Dalí) un blaireau à raser (masculin, par le fait), et, autour du verre ("*l'orage*") une allumette (pour allumer la flamme, phallique, évidemment, malgré ses couleurs psychédéliques rose et jaune - on pense, chez Magritte, aux Cicérons et aux aigles-Phénix -) et une houpette de poudrier (féminin, donc).

Il faudra, sans aucun doute, considérer que ces "*Valeurs Personnelles*", ainsi exposées, sont, pour être, précisément, personnelles, celles du peintre lui-même. Ce qui vient à réaffirmer, une fois de plus, notre interprétation de son oeuvre. *Le Sac à malices* (1959, dessin postérieur de 1964)[616], représenté selon le modèle magrittien des femmes et des aigles de pierre, dans l'ambiance de cet éternel bord de mer (de l'inconscient?), n'est-il pas le coeur lui-même à ce propos? De même, la photographie de Magritte en 1940 montre qu'il se reconnaissait en son personnage de *Le retour de la flamme*.

## 1.4.c.8.6. Les ambivalences du modèle: une explication

Sur la question mentionnée de la dualité (ou ambivalence) de la rerprésentation des sexes dans l'oeuvre de Magritte, par rapport à leurs attributs, symboles et allégories/métaphores respectifs (dont rend bien compte *Le rêve de l'androgyne*), nous avons élaboré un premier élément de réponse à partir de l'analyse freudienne du petit Hans.

Il semble que les deux oeuvres autour d'Héraclite renvoient à cette complémentarité duelle: si *Le pont d'Héraclite* (1935)[617], dont le titre n'est que l'inversion du nom du philosophe (Héraclite du Pont ou du Pontique) et le motif une illustration du Fragment 12:

"*Arius Didyne dans Eustèbe, Préparation évangélique, XV, 20, 2.
À ceux qui descendent dans les mêmes fleuves surviennent toujours d'autres et d'autres eaux.*"[618]

On y voit, en effet, le pont s'évanouissant dans l'air en fonction du mouvement de l'eau, comme si c'était le corps solide qui modélisait ses mouvements sur la déformation du corps liquide; il faut en ce sens reconnaître que les *Fragments* s'intègrent parfaitement aux positions de Magritte dans son art, citons par exemple, pour voir la presque parfaite identité entre les deux la grande sélection que l'on peut tirer, à partir seulement des dix premiers:

"*Sextus Empiricus, Contre les mathématiciens, VII 132*
*1. Ce verbe, qui est vrai, est toujours incompris des hommes, soit avant qu'ils ne l'entendent, soit alors qu'ils l'entendent pour la première fois. Quoique toutes choses se fassent suivant ce verbe, ils ne semblent avoir aucune expérience de paroles et de faits tels que je les expose, distinguant leur nature et disant comme ils sont. Mais les autres hommes ne s'aperçoivent pas plus de ce qu'ils font étant éveillés, qu'ils ne se souviennent de ce qu'ils ont fait en dormant.*

*Sextus Empiricus, Contre les mathématiciens, VII 133*
*2. Aussi faut-il suivre le (logos) commun; mais quoiqu'il soit commun à tous, la plupart vivent comme s'ils avaient une intelligence à eux.*

.../...

*Anatolius [cod. Mon.gr.384, f, 58]*
*4a. Célébrer des sacrifices sanglants ne sert pas plus a nous purifier que la boue ne laverait la tache qu'elle a faite.(Léon Robin)*

*Fragmente Griechischer Theosophien, 68*
*5. Ils prient de telles images; c'est comme si quelqu'un parlait avec les maisons, ne sachant pas ce que sont les dieux ni les héros.(Léon Robin)*

.../...

*Aristote, De sensu, 5, 443a 23*
*7.Si toutes choses devenaient fumée, on connaîtrait par les narines.*

*Aristote, Ethique à Nicomaque, Θ, 2, 1155b4*
*8. Ce qui est contraire est utile; ce qui lutte forme la plus belle harmonie; tout se fait par discorde. (Léon Robin)*

*Aristote, Ethique à Nicomaque, K5, 1176a7*
*9. L'âne choisirait la paille plutôt que l'or.*

*Ps. Aristote, Traité du Monde, 5. 396b7*
*10. Joignez ce qui est complet et ce qui ne l'est pas, ce qui concorde et ce qui discorde, ce qui est en harmonie et en désaccord; de toutes choses une et d'une, toutes choses."*

*La lyre d'Héraclite* (1963)[619] reprend le Fragment 51, dit de la Lyre et de l'Arc, sur la dualité nécessaire de toute chose:

"*Hippolyte, Réfutation des toutes les hérésies, IX, 9, 2.*
*51. Ils ne comprennent pas comment ce qui lutte avec soi-même peut s'accorder. L'harmonie du monde est par tensions opposées, comme pour la lyre et pour l'arc.*"

Les deux instruments travaillant par la force de la tension, mais d'une tension inverse, l'un fonctionnant lorsque la tension se détend, lors du tir, l'autre par la friction sonore provoquée, au contraire, par la permanence des tensions sur l'instrument:

"*The bow and the lyre are perfectly tuned to function in tension, what Heraclitus describes as an opposing (literally a back-stretching) connection. The harmony of function and sound resulting from the tension describes a quality of the Logos crucial to its nature and energy. Just as the earth hurtles through space away from the sun, so it is drawn back into the sun and as a result maintains its harmonious motion, held in orbit by that tension. The warfare between flying away and falling inward results in an eternal (relatively speaking) movement.*
*The operative Greek word here is palintropos, which appears in Fragment 16. I have translated it as "opposing coherence." Others use phrases such as "back-turning connection" or "opposing tensions." In any case, the phenomenon being described, as Heraclitus points out, is the action that takes place when a bow is drawn or that force that maintains tension on the strings of the lyre. Pulling it holds. Drawing tight, it releases. In the lyre, the musical harmony of the strings is created and maintained by this opposing tension. Heraclitus saw that nature too maintains its harmonic coherence in the tension of opposites. This state is the central characteristic of the Logos in its operation.*"[620]

Ainsi, comme les pommes aux masques respectivement rose et bleu, les deux boules superposées de *La lyre d'Héraclite*, indiquant mais sans l'illustrer véritablement l'évocation des forces de tensions citées comparativement, et métaphoriquement, par Héraclite, marron celle dans la partie terrestre de l'espace peint et bleue celle qui vole dans le ciel (le mimétisme des corps à leur environnement étant un *leitmotiv* dans l'oeuvre du peintre), reprend, semble-t'il donc, en sens sexuel, la question de la division des genres.

On retrouve la même structure, avec trois boules ou quatre boules, indifféremment de jour ou de nuit, en plan rapproché, ou flottant soit au-dessus d'un champ ouvert avec des pierres (symbole féminin) au premier plan en plein jour ou en plan rapproché, dans les quatre[621] versions de

1928[622] et 1931[623] de *La voix des airs*, reprenant l'iconographie, déjà vue, de *Les Fleurs de l'Abîme* (1928 également)[624], de nuit toujours, mais cette fois au-dessus d'un hameau (à l'instar de *L'ombre monumentale*), ce qui confirme notre idée que les oeufs dans leurs nids, comme les pommes, soient-ils trois, quatre ou plus, ne sont jamais que des multiples, ou additions (paires ou impairs), des deux (symbole du sexué) originaux.

Similairement, *La flèche de Zénon* (1964)[625], qui réutilise la philosophie grecque pour métaphoriser l'objet de la peinture (ce qui renforce notre idée de l'utilisation de la métaphysique pour designer le sexe dans l'art de Magritte), dont la structure reprend celle de *Les Idées Claires* et de *La Bataille de L'Argonne*, ne fait, au font, que peu référence au paradoxe, mais plutôt, avec son croissant de lune au-dessus de la pierre volante (récurrente, donc, comme encore dans *Le Domaine d'Arnheim*, qui en reste l'expression la plus connue chez Magritte), à ces objets féminins, comme dans *La Connaissance absolue*, où celle-ci arrive à l'aigle découvrant (ou comprenant) la pierre. Raison pour laquelle nous interprétons la flèche, qui représente le mouvement dans l'espace chez Zénon, comme symbole de la pénétration dans son mouvement pour Magritte. Les objets qui la représentent (la pierre-*omphalus* et le croissant de lune, ici comme parfois chez Magritte, on pense à *Le Domaine enchanté III* et *La Porte*, exceptionnellement phallique) renvoyant, comme nous le voyons ailleurs dans la présente étude, au fantasme de castration.

*Le premier secret* (1955)[626] représente l'arbre à tiroirs d'*Alice au pays des merveilles*, avec une seule porte ouverte dans le tronc, où repose la première création: la feuille. Il fait, évidemment, écho, par le titre et le thème, à *Le premier jour* (1943)[627], où un homme-Orphée violoniste fait danser sur ses genoux (comme Adam donna naissance à Ève de sa hanche) une petite femme-danseuse en tutu (Galatée) de boîte à musique. On retrouvera, dans la même touche et les mêmes tons à la Matisse, cette relation de pouvoir, bien qu'implicite, mais faisant la paire avec *Le mois des vendanges*, par le titre et la situation (ici une femme couchée, comme abandonnée, devant une fenêtre ouverte, là des grappes d'hommes regardant de l'extérieur par une fenêtre ouverte), dans *La Récolte*.

*La robe de Galatée* (1961)[628], femme nue (autant dire, donc, le premier vêtement de la femme à peine créée, "*l'habit d'Ève*") regardant le spectateur, avec seulement le croissant de lune au-dessus d'elle pour l'habiller, ce qui est une reprise de l'iconographie isiaque, trouve son pendant masculin dans le dessin- *Cadavre exquis* (1934) de Magritte, avec Louis Scutenaire, Irène Hamoir et Paul Nougé[629], figure masculine avec cravate (symbole phallique bien connu) et pour visage un croissant de lune (ici en tant que fantasme, on l'a vu dans l'oeuvre du peintre lorsqu'un attribut masculin est représenté avec une figure féminine, et inversement).

Le Dessin pour "*Moralité du sommeil*" de Paul Éluard (publié par *L'Aiguille Aimantée*, Bruxelles, avril 1941)[630], qui représente une chevelure longue entourant un corps qui n'est qu'une cage n'est que la version féminine que de *Le Thérapeute* (1937)[631], dont la figure fut reprise dans *Le Domaine Enchanté VIII* (1953)[632] et *Le Libérateur* (1947)[633].

Nous avons eu l'occasion de dire que ce dernier contenait une série d'objets masculins (clé, verre, pipe, oiseau). Lesquels reprennent fondamentalement ceux déjà rencontrés dans *L'Alphabet des Révélations*.

Si nous le reprenons, à présent, dans l'ordre de la comparaison avec ses variantes, lesquelles entrent en jeu, d'une part, avec l'illustration pour Éluard, et, d'autre part, avec la série *Le Domaine enchanté*, que nous avons déjà abordée, et où apparaissent certains éléments de celle du cycle alicien chez Magritte, comme nous l'avons déjà abondamment étudié, une série de constatations nous apparaissent.

Tout d'abord, *Le Libérateur* tient en main comme s'il s'agissait d'un ciboire, ce que l'on reconnaît pour le visage de Shéhérazade. Ce qui a deux conséquences: l'une de donner un sens narratif à sa valise, un sac dans la version originale, alors que la version finale le transforme en un sac de voyage (en effet, là où en 1937 le sac cousu est retenu par la main du personnage, en 1953 l'objet acquiert une poignée). Cette valeur narrative provient du contenu, non dit, du sac, qui nous renvoie tout de suite au conte d'*Ali Baba et les quarante voleurs*. La seconde conséquence est que l'oeuvre réintroduit la dialectique entre le masculin et le féminin (ainsi apparaît-il sur un fond de cubes bleus, propres des évocations féminines, puisqu'elles rappellent la forme de maison, dans *Le Domaine enchanté*, comme nous l'avons abondamment développé), qui plus est comme une relation de pouvoir, et eucharistique (donc, implicitement, anthropophage).

Regardons de nouveau le léger changement dans les éléments. La pierre gravée de 1947 se substitue aux oiseaux en cage, bien que le motif reste.

Toutefois, on peut alors reprendre la comparaison entre la version originale et celle de l'illustration pour Éluard. Bien que l'absence de reflet ne soit pas propre à la figure féminine (on note cependant que dans *Le Sens Propre*, divisé en quatre triangles égaux, celui correspondant au "*Corps de femme*" est, à différence des trois autres, un fond blanc - de fait, ils semblent fonctionner par paire: ciel bleu pour le triangle du haut *versus* mur de brique, symbole du poids et de l'argile qui sert à les fabriquer, pour celui du bas, espace noir pour le triangle de gauche pour le spectateur *versus* triangle sans fond pour celui du "*Corps de femme*" -) chez Magritte (c'est celle de *Le Symbole déguisé*, 1928[634], buste de femme, au nombril:

"*NAITRE PAR LE NOMBRIL*
*Orifice (mais complètement fermé) associé à la naissance (oui, mais comment?), le nombril est un lieu du corps source de perplexité pour le jeune enfant. Freud dès 1905, a reconnu dans ces questionnements et recherches un mode de théorisation infantile, contenant un fragment de vérité qui va venir buter sur de l'incompréhensible. Une de ces théories serait que les bébés viennent au monde en passant par là: «…le nombril s'ouvrait pour les laisser passer» [Freud, Trois Essais sur la Théorie Sexuelle, p. 125, Gallimard, 1987, (publié en 1905).] On sait que dans les mythes et les contes bien des candidat(e)s à l'humanité empruntent ainsi pour venir au monde des passages inattendus, voire peuvent sortir d'un corps masculin: le côté unisexe du nombril permet cette «rêverie» mais complique sérieusement le problème s'il s'agit de se représenter l'ensemble du processus.*
*On peut retrouver cette même interrogation «qu'en est-il du nombril?» quand il s'agit de représenter le corps du premier homme. L'idée de l'anomphalie d'Adam a eu son heure de gloire: faut-il (étant donné ce que nous dit la Bible de l'apparition de l'homme sur la terre et de son lien à Dieu) représenter Adam et Eve avec ou sans nombril? Au début du Siècle des Lumières, Jean-Baptiste Santerre répond par la négative et fait scandale avec son tableau «Adam et Eve au milieu du paradis terrestre» et chose remarquable, bien des mystères entourent désormais ce tableau qui avait l'admiration de Voltaire (?): Où est ce tableau? A-t-il été retouché? C'est un peu comme si ce que J.-B. Santerre se*

*proposait de dévoiler clairement – l'impossibilité pour Adam d'avoir un nombril – avait été comme repris par les brumes qui entourent toute origine. Cette question, «Adam et Eve avaient-ils un nombril?», arrive souvent dans les blogs où toutes les apories qu'elle engendre entre créateur et créature sont discutées, des demandes expresses d'explication sont adressées aux autorités ecclésiastiques supposées savoir, et l'ambiguïté des réponses est à la hauteur du problème. Les évangiles apocryphes sont appelés à la rescousse et c'est là aussi que le nombril trouve son explication la plus négative: la trace d'un crachat de Satan tandis que Dieu pétrissait sa glaise.*

*On ne s'étonnera pas de ce sursaut d'intérêt pour cet engramme corporel d'origine si on le rapproche des énigmes elles aussi discutées sur l'Internet concernant les modifications de la naissance dans un futur proche avec la possibilité de l'ectogenèse, annoncée par John B.S. Haldane dès 1923 [John B. S. Haldane, Daedalus or Science and the Future, Londres, 1923.] Le bébé qui aura passé toute sa vie fœtale dans la machine-mère, «l'utérus artificiel» [Henri Atlan, L'Utérus Artificiel, Seuil, 2005.] aura-t-il un nombril? Pour les uns, oui, pour les autres, non. Dans son article du Monde du 05.08.05, Yves Eudes s'interroge ainsi: «Le caractère post-humain de ces enfants entièrement conçus in vitro sera peut-être visible à l'œil nu: sans cordon ombilical, a-t-on encore besoin de nombril?» [ Yves Eudes, Le meilleur des hommes in http://www.lemonde.fr/web/article/0,1-0@ 2- 3230,36-677931,0.html] Selon E. Tong «Les enfants nés d'une machine auront des organes génitaux mais pas d'ombilics» [Rosemarie Tong: http://www.revmed.ch/infos/print.php3?sid=1603] Ces enfants incarneront-ils réellement une telle transformation de l'espèce humaine?*

*Ce nombril qui vient de se faire tant de pub dans tant de domaines est-il tout simplement en train de se préparer à disparaître…? A nouveau le mythe et les techniques se mêlent, mélange de promesses et de catastrophes, avec l'idée sous-jacente qu'une nouvelle humanité (une post-humanité) est proche, symbolisée peut-être depuis quelques années déjà au cinéma par le bébé cosmique du film de Kubrick 2001, l'Odyssée de l'espace, un bébé anomphale.*

## NAITRE AVEC «UNE CICATRICE» OMBILICALE

*Trace visible et tangible de la séparation inaugurale d'avec le placenta et le corps maternel, le nombril rappelle à tout un chacun qu'il a, en naissant, changé de monde.*

*C'est dans son travail sur «L'Image Inconsciente du Corps» que F. Dolto [F. Dolto, L'image inconsciente du corps, Seuil, 1984.] décrit et définit à la fois un narcissisme primordial et «la castration ombilicale». Elle affirme notamment que «la cicatrice ombilicale et la perte du placenta peuvent, du fait de la suite du destin humain, être considérés comme une préfiguration de toutes les épreuves qu'on nommera plus tard castrations». Reprenant à sa manière les théories de Rank, c'est en terme de mutation qu'elle parlera de la naissance, entre pertes et gains: «cette perte de perceptions connues et ce surgir de perceptions nouvelles constituent ce qu'on a appelé le traumatisme de la naissance.» Ce qui va être perdu selon elle, c'est la jouissance vampirique: «Cette éthique, celle du fœtus, est articulée au jouir d'augmenter tous les jours sa masse charnelle, c'est une éthique additionnelle vampirique, une éthique de l'amasser et du prendre.» Ce qui est définitivement gagné, c'est l'entrée en personne dans le monde des sujets parlants (parlant de lui, qui vient de naître, le nommant et nommant son être sexué, avec joie ou non). Pour Dolto donc, «c'est le langage qui symbolise la castration de la naissance, que nous appelons castration ombilicale». Ce rapport de la fermeture ombilicale à l'ouverture du langage a été approfondi par Denis Vasse [D. Vasse, L'ombilic et la voix.] qui travaille sur des dessins et des cures d'enfants psychotiques et qui remarque dans certains dessins l'existence d'un nombril ouvert.*

18

*Nous sommes là dans un ensemble d'idées qui annoncent en partie celles que Peter Sloterdijk développent dans Sphère1 (bulles) et surtout dans son chapitre «l'accompagnateur originel» [Peter Sloterdijk, Sphères I, op.cit., p. 371-428.] Il travaille longuement (en récapitulant beaucoup d'autres indications et études) sur la sortie de la vie fœtale, moment où se fait la coupure du cordon ombilical mais aussi moment où l'enfant qui naît vient d'abandonner le placenta (lequel aura – comme on sait – beaucoup de «sorts» différents selon les cultures). Si le nombril devient ainsi trace et centre du début de la vie individuelle séparée, il peut l'être de différentes manières selon les cultures et selon les individus, l'idée principale de P.S. me parait être que «le nombril» (dès lors qu'il a abandonné son placenta et toute «la caverne de la vie fœtale») n'en cherche pas moins toujours son «avec», le ce avec quoi, le ce avec qui, il a été «relié» et qui n'est pas à proprement un «objet» (comme on dit «objet» dans «la relation d'objet») mais plutôt un «nobjet» (entre rien et paradis). Pas de reconstitution nostalgique de l'habitat antérieur à la naissance chez P.S., mais toute une approche pour penser cet impensable de la constitution originaire d'un être humain préalable à sa venue au monde. Il est impossible de résumer les thèses ainsi développées sans risquer de les réifier et même de leur faire dire le contraire de ce que P.S. cherche à mettre au jour dans sa «gynécologie négative». Quelques citations seulement: «Pour éviter de s'égarer dans la théorie de la relation à l'objet, nous donnerons à l'organe par lequel le présujet plane en communiquant dans sa caverne un nom préobjectif: nous l'appellerons l'Avec» p. 385. [ Peter Sloterdijk, Sphères I, op.cit., p. 385.] Et encore: «... l'Avec aurait de bonnes raisons de s'appeler aussi l'Avec-Moi, car il m'accompagne, et moi seul, comme une ombre nourricière et un frère anonyme.» De cet «avec» disparu, de cet «accompagnateur originel», quelque chose peut être aperçu dans des représentations symboliques, des projections et des manifestations indirectes. En proposant alors de renouveler la psychologie par la philosophie, sous l'idée d'omphalodicée, P.S. rejoint en partie Dolto quand il écrit par exemple: «...l'omphalodicée est la justification du langage qui veut constamment traverser vers l'autre, face au cordon ombilical sectionné et à la trace que nous en gardons sur notre propre corps» p. 423."*[635]

Ce qui nous renvoie, parallèlement au cycle de *Parmi les bosquets légers* et aux formes de pierres levées, symboles féminins chez Magritte:

"*Au terme de notre surinterprétation, Gradiva vient se fondre dans la figure surdéterminée d'Hestia, la psychanalyse est à nouveau concernée par Psyché et tout travail théorique, toute écriture nous ramènent à l'espoir d'une naissance. Hestia siège sur un "oraphalos" et dit tout autant la virginité que la fécondité, le principe d'individuation que l'indivision androgynique. Citons ici Vernant:*
"*Cet aspect maternel d'Hestia renforce encore l'analogie... entre le foyer rond et cet autre objet symbolique, lui aussi de forme circulaire et à valeur de centre qu'est l'omphalos. Sur certaines représentations Hestia est figurée assise, non sur l'autel domestique, mais sur un omphalos. On sait que l'omphalos de Delphes passait pour le siège d'Hestia...
Renflement du sol ou pierre ovoïde, l'omphalos, qui a rapport avec la Terre et qui parfois est qualifié de Gé, représente tout à la fois un point central, un tombeau, un réservoir d'âmes et de vie (nous soulignons)...
Par son nom: ombilic, et par sa forme en saillie, l'omphalos évoque les deux cas où le nombril, au lieu de s'inscrire en creux, fait éminence: l'ombilic de la femme enceinte à la fin de la grossesse, celui du nouveau-né qui ne s'aplatit qu'après plusieurs jours. De plus, l'omphalos désigne, en dehors du nombril, le cordon ombilical qui rattache l'enfant à sa mère comme la tige relie la plante à la terre qui l'a nourrie. On comprend que les médecins grecs aient vu dans l'omphalos une racine, la racine du ventre, et que Philolaos, le pythagoricien du $V^e$ siècle, en ait fait, chez l'homme, le principe d'enracinement (rizosis) (Mythe et Pensée chez les Grecs, 3. L'organisation de l'espace, Hestia, Hermès. Maspero, pp. 121-122.)*"[636]

Encore une fois, le motif, ici du nombril, est d'origine freudienne:

"*Existem dois trechos em que aparecem referências de Freud ao "umbigo do sonho", e ambos encontram-se em "A interpretação dos sonhos" (1900/2006); o primeiro como uma nota de rodapé no capítulo 2 e o outro em seu capítulo 7, sendo um trecho um pouco mais abrangente. No primeiro trecho Freud diz:*
*Tive a sensação de que a interpretação dessa parte do sonho não foi suficientemente desenvolvida para possibilitar o entendimento de todo o seu sentido oculto. Se tivesse prosseguido em minha comparação com as três mulheres, ela me teria levado muito longe. Existe pelo menos um ponto em todo sonho ao qual ele é insondável - um umbigo, por assim dizer, que é seu ponto de contato com o desconhecido. (p. 145)*
*E no segundo trecho há, ao que nos parece, um aprofundamento essencial:*
*Mesmo no sonho mais minuciosamente interpretado, é frequente haver um trecho que tem de ser deixado na obscuridade; é que, durante o trabalho de interpretação, apercebemo-nos de que há nesse ponto um emaranhado de pensamentos oníricos que não se deixa desenredar e que, além disso, nada acrescenta a nosso conhecimento do conteúdo do sonho. Esse é o umbigo do sonho, o ponto onde ele mergulha no desconhecido. Os pensamentos oníricos a que somos levados pela interpretação não podem, pela natureza das coisas, ter um fim definido; estão fadados a ramificar-se em todas as direções dentro da intrincada rede de nosso mundo do pensamento. É de algum ponto em que essa trama é particularmente fechada que brota o desejo do sonho, tal como um cogumelo de seu micélio. (p. 557)*"[637]

  Nombril bien visible dans *Le Symbole déguisé* [acentué par la courbe prise par le corps nu de la femme au repos, apparemment assis], à côté d'un espace obscur et vide, noir, la "*chambre d'écoute*" prête à porter, mais aussi miroir ne reflétant rien et prêt à être rempli du corps et de la vie d'autres formes [d'où la récurrence du thème dans l'oeuvre de Magritte]; et à la fois celle de *La reproduction interdite*, 1937[638], où un homme face à un miroir [posé sur une cheminée, ce qui nous renvoie à *La durée poignardée* et la photographie de Magritte face à une cheminée[639], cheminée sur laquelle se trouve un exemplaire de *Les Aventures d'Arthur Gordon Pym de Nantucket*, dont les nombreuses aventures maritimes[640], avec ses répétés tempêtes et naufrages, nous renvoient au groupe de *La Difficile traversée*; les deux objets: la cheminée, qui rappelle le train "*poignard*(ant)" chez Magritte, et le livre d'Edgar Allan Poe, qui rappelle chez le peintre les "*Voyage*(s)" maritimes - implicitement du mâle dans le corps féminin -, combinés dans la présente peinture montrent leur lien sémantique sous-jacent, les voyages, maritimes, chez Poe accentuent et confirment le double sens du concept de quille comme référent chez Magritte, nautique et de jeu] ne reçoit que le reflet de son dos, non de son visage [mais il faudrait à propos de cette image reprendre aussi la question du mâle-Dieu/Oiseau-phallus, "*l'Ombre*", dans l'oeuvre de Magritte, similaire en cela à celle qu'on trouve chez Dalí, mais aussi, il faut l'ajouter, dans les traces anthropologiques de l'ensemble des mythes universels]), on note ici que la cage est vide dans l'illustration pour Éluard.

Or, et cela nous renvoie, une fois de plus, à une origine freudienne de l'art du peintre dans son approche de ses thèmes, la grande différence entre l'homme et la femme, jusque dans le cas du petit Hans, c'est la découverte de l'absence de pénis chez la seconde.

On note dès lors que la version de 1953 intègre le faux ciboire, le sac, qu'on peut bien considérer comme une métaphore de la ou des bourses, le lion, masculin, comme on l'a vu, en outre d'y être repris (pour sa position identique) de l'iconographie de Saint Jérôme, lion avec un collier de roses (les roses/ourses brauroniennes, similaires donc aux violettes/viol/violence de la sexualité - le lion saint-jérômien, dont l'iconographie dénotative ne fait plus ici de doute, et doit donc également reportée à *Mémoire d'un voyage*, n'est-il pas soigné d'une épine enfoncée dans la patte?[641], lequel lion, souvent impassible, endormi aux pieds du Saint, quand celui-ci ne lui quitte pas l'épine de la patte, a parfois des marques de tendresse particulièrement notables, comme chez Lucas Cranach, c.1515-1518[642], ou les Carracci[643] -), et le couple de colombes (repris, donc, de la version originale de 1937), symbole, opposé si l'on veut en ce sens au portrait de Shéhérazade, de la fidélité matrimoniale.

Le lion au collier de roses peut être inspiré, comme la situation topographique de *Le mal de vivre*, et *Lion, lampadaire et rose*, des sculptures (cupidons soutenant des lampadaires, et couronnant des lions de fleurs) du pont Alexandre III de Paris.

Dans les deux variantes de *Le Thérapeute*[644], comme dans la version de *Le Domaine enchanté VIII*, une des colombes se repose sur une planche au bord extérieur de la cage, alors que l'autre, restée cachée au fond, tend timidement le cou, sans s'oser s'engager.

Cet envol non explicite de l'oiseau fait écho, dans cette oeuvre qui conclut les deux séries, explicitement celle du *Domaine*, et implicitement celle du *Thérapeute*, à *Le Domaine enchanté II, III* et *VI*. Là les oiseaux, notamment en II et VI, sont associés à la femme qui, en particulier en II, en est l'entraîneuse.

Si l'on rapproche dès lors le VI avec son trombone en flammes, et sa tour de Pise soutenue par une plume, deux évocations érotiques à peine cachées, plus encore pour leur association, du VIII, le lion au collier, comme s'il venait de recevoir un prix, et la figure du personnage principal, plus proche iconographiquement du *Thérapeute*, mais qui au sens plus strict est *Libérateur* de la colombe, par le sens de ce dernier titre dû à la constatation sémantique, qui entre en choc avec la comparaison iconographique (principe fondamental de l'oeuvre de Magritte, comme il le théorise au moins dès 1928), sont autant d'éléments qui nous évoquent la satisfaction après le coït. Le "*Libérateur*" (oiseau hors de la cage) triomphant (lion au collier).

Ce qui se comprend mieux et permet, tout à la fois de mieux comprendre, *Le Voyage des Fleurs* (1928)[645], qui par le visage aux yeux de rose renvoie au cyclope devant la mer à la barque de *La Difficile traversée* (comme le canif du petit Hans nous reporte à celui appelé "*l'oiseau*" dans les associations mot-image de Magritte, le sac-valise nous y renvoie au sac à main "*le ciel*"), et surtout *Les Fleurs du Voyage* (1926)[646], l'un on le comprend bien, de nouveau par les titres, faisant pendant à l'autre, où, autour de l'arbre (aspiration masculine vers le féminin), se trouvent des roses jonchant le sol, comme autant d'amours passagères dans le chemin (vers l'arbre - la femme unique, Béatrice ou Laura -, en ce sens quelque peu mystique) de la vie.

Fonctionnent selon le même principe de séquence, tous deux traités à la Matisse avec des touches juxtaposées dans des tons pastels, *Les Présages* (1943)[647] et *Le Traité des sentations* de l'année suivante (1944)[648]. L'un représente, de dos et comme abandonnée à ses pensées au lointain, une jeune fille face à l'arbre aux oiseaux, récurrent chez le peintre; l'autre, de face, une jeune femme, le regard droit vers le spectateur, tenant son manteau ou chal négligemment tombé à terre de la main, l'autre sur les roches, avec au fond les quilles (dont nous assumons qu'ici elles ont un sens phallique). On retrouve l'association entre les quilles, la rose et la figure féminine dans *Portrait d'Arlette Magritte* (c.1950)[649].

*Le Traité des sentations* est le pendant de *Le Traité de la Lumière* (1943)[650], femme dont le corps est touché, comme Galatée, par les pinceaux du peintre (thème déjà présent, de manière latente, dans *La Tentative de l'Impossible*, tableau et photographie). À son tour, cette toile a la même thématique que la femme couchée, de type d'Ariane abandonnée (qu'on trouve souvent, pas obligatoirement pour la représenter, dans les *Bacchanales*), de *La récolte* (1943)[651].

On notera que *Le Thérapeute* (postérieur *Libérateur*) a aussi une autre version, de 1937[652] également, photographique, intitulée: *Dieu le huitième jour*, et, pour cela sans doute, une version de 1962[653] où le corps du personnage est "*le ciel*" (redondant donc avec le sac à la main/sac à main) de jour sous le ciel nocturne (jeu que l'on retrouve dans *L'empire des lumières*), avec, donc, au-dessus du personnage le croissant de lune, qui nous renvoie à *La robe de Galatée*. Ce Dieu est donc celui qui crée la femme (dans *Le premier jour*). De fait, *Dieu le huitième jour* prend tout son sens, pour notre interprétation, lorsqu'on le met en parallèle avec *Le salon de Dieu* (1948)[654], laquelle n'est autre que la sempiternelle maison récurrente dans l'oeuvre du peintre, et dont nous avons montré qu'il est un symbole nettement féminin.

On peut comparer le format du *Thérapeute/Libérateur*, bien qu'il ne porte rien d'autre que ses propres attributs, notamment aucun enfant (mais nous avons montré une certaine relation avec *Le premier jour*), aux "*hidden mothers*" des premières photographies victoriennes de portraits de famille[655], dont, de fait, preuve indirecte de l'inspiration du peintre-photographe dans ces photographies (le symbolique appelle le symbolique, comme nous l'avons souvent dit, et les oeuvres doivent souvent plus se lire par rapport aux autres oeuvres qu'à la vie anecdotique des artistes), c'est qu'il en inverse la formule dans *L'invention de la vie* (1928)[656], où c'est une figure féminine qui se trouve, visible, face à une autre (inversion peut-être aussi du fils reproduisant la situation de sa mère nous dira-t'on) cachée sous un drap. Ce qui, de fait, peut avoir un autre écho, d'après l'histoire biographique de

Magritte, abondamment reproduite, de sa mère, aussi bien avec les versions de *Les Amants*, auxquels est toujours reporté le thème, comme de *Le Viol*:

"*One image which appears in many of Magritte's paintings is that of his mother. He saw her fished from the river Sambre at the age of fourteen, she had committed suicide. The body was found naked apart from a nightgown which obscured only the face as it was tangled around her.*
*One of the best examples of Magritte's life in his work is in The Rape Magritte's mother was drowned when he was very young. She was discovered with her face veiled by her gown with her naked body showing. The Rape, therefore has three main attributes:*
*1. The woman's facial features are replaced by the torso and pelvis of a naked woman is suggestive firstly of the way males see the woman. The idea is to create a sexual image out of the woman's face, the first thing one would usually see. This is also indicated by the name of the piece 'The Rape'.*
*2. Secondly, it is an obvious reference to his mothers death and the way in which she died, with her face covered and her body naked.*
*3. Thirdly, a different idea is that one might notice that the neck and head are quite flat, almost phallic. The hair also has an unnatural appearance, perhaps that of pubic hair. This is the most striking vision and is perhaps in line with the way Magritte suggested he wanted to frighten with his paintings, to provoke. It is the rape in progress, the phallus of the face or torso, penetrating the pubic mound.*"[657]

## 1.4.c.8.7. Considérations syntaxiques, et donc de structure sémantique, dans l'oeuvre de Magritte, qui viennent à l'appui du modèle proposé

On note que *La Clef des songes 2*, le melon porte le nom "*la Neige*", qui nous renvoie à l'orage comme symbole d'expulsion spermique (le blanc, l'épanchement céleste, le recouvrement de la surface), et dans *L'exposition de peinture*, le melon couvre la quille, alors que dans *Le bouchon d'épouvante*, le melon y portant l'inscription: "*Usage externe*", évoquant sans beaucoup d'imagination, ces deux dernières ocurrences visuelles, la question du préservatif sexuel.

Ainsi, dialectiquement, dans *Un précieux souvenir*, la tête de femme termine le globe terrestre, alors que dans *Le grand style*, le globe sert de pointe à l'arbuste qui le soutient.

Or dans *L'Homme au chapeau melon*, le titre inverse la situation visuelle, puisqu'il évoque l'évidence normale, sans nommer celle anormale, la présence de la colombe devant le visage de l'homme. Cette présence qui ne peut que faire jeu avec celle de la pomme dans *Le Fils de l'Homme*, au titre si symbolique, renvoie, par conséquent (Fils de l'Homme=humanité [totémisme fusionnel entre le sujet et l'objet qui semble, publicitairement[658], le déterminer, confirmé par *L'Idée fixe*, 1927[659] - qui renvoie, par son titre et son sens sexuel, bien sûr, à la version au chasseur -, où la pomme se substitue à la tête de l'homme], pomme=symbole génésiaque [elle apparaît comme "*le fruit défendu (pomme masquée)*" dans un brouillon de dessins[660]]/péché de connaissance du corps dénudé), nous reporte, dès lors, à un complexe contexte freudien, unitaire: ici la colombe comme symbole phallique (équivalent du traditionnel rossignol, ou du "*petit oiseau*" bien connu dans le langage maternel pour définir le sexe masculin à leurs enfants), ce qui prend un sens proprement éjaculatif[661] dans *Vol d'oiseaux*, où celui-ci recouvre complètement la figure masculine, y faisant donc écho au thème de *Jeune fille mangeant un oiseau* (ce titre pouvant également, dès lors, être lu par rapport à la condition, non encore de femme, mais toujours de "*fille*" de l'héroïne néophyte et, en ce sens, catéchumène, puisqu'elle s'introduit, par là, à l'activité sexuelle active).

L'oiseau, nous le montrons dans le présent travail, est bien un *alterego* du peintre, par sa récurrence dans la série autour de *Le Domaine d'Arnheim* et des aigles-montagnes ou de pierre et dans les *Oiseaux de Ciel*, par l'association entre le peintre peignant *l'Oiseau de Ciel* dans *La Clairvoyance* et encore la mise en miroir de cette mise en miroir dans la photographie montrant Magritte peignant *La Clairvoyance*, et encore l'explicite qualité d'amant de la colombe dans *Le Prince charmant*.

On note chez Magritte, donc, une récurrence, de la dérivation, sémantiquement logique, de la réduction, proprement avant-gardiste, de l'évocation à son sens objectal strict. Ainsi en va-t-il pour l'*Oiseau de Ciel* (dont la particule inverse subtilement le sens commun de l'article contracté, ainsi le "*du*" qui renvoie à une évocation circonstanciel passagère [l'oiseau passant dans le ciel] en une caractéristique de nature [l'oiseau formé de ciel, l'animal devenant donc partie de l'espace où il se meut]).

Mais, en faisant, aussi bien dans *Le journal intime* (1964)[662] que dans *La belle société* (1965-1966)[663], du corps masculin au melon le contenant de ce même espace de ciel, le peintre confirme, par le recours lingüistique (totémique en sens psychosocial), l'identification dérivative entre l'objet et son référent.

Le même processus descriptif implicite (puisque visuel) s'opère, tant dans l'*Autoportrait* (1965)⁶⁶⁴ photographique, en relation dialectique avec celui (également photographique, de la même année)⁶⁶⁵ où le melon est mis à l'envers sur son crâne, devant l'homme au visage déplacé dont le titre ironique en donne le sens, au moins narratologique, de *Le Pèlerin* (1966)⁶⁶⁶, le visage de Magritte, par délocalisation, se substituant à celui manquant sur la toile.

Le renforcement du message visuel, dans *Comme il vous plaira* (1967)⁶⁶⁷, *L'Homme au chapeau*⁶⁶⁸, *Le cri du coeur* (1960)⁶⁶⁹, *L'Ami du l'Ordre* (1964)⁶⁷⁰, *L'Heureux Donateur* (1966)⁶⁷¹ - qui reprend l'antérieur en y introduisant la maison éclairée de *L'Empire des lumières* -, *La Pensée qui voit* (1965)⁶⁷², qui combine les deux antérieurs (et dont le titre⁶⁷³ reproduit une inversion identique à celle que nous avons dite pour l'*Oiseau de Ciel*), *L'Homme et la Forêt* (également de 1965)⁶⁷⁴, *Le Musée du Roi* (également de 1966⁶⁷⁵, avec le correspondant dessin de 1967 intitulé *Paysage de Baucis* de 1966⁶⁷⁶), *Le Thérapeute*, *Décalcomanie* (1966)⁶⁷⁷, voire *Les Mystères de l'Horizon* (1955), dans les nombreuses représentations de portes (femelles) ouvrant sur une vision de nuages (dont, en ce sens, le paradigmatique *Le Pain Quotidien* - dont le titre, tiré du "*Pater Noster*", renvoie au symbolisme eucharistique aussi bien de *L'ami intime/Le chant des sirènes* et de *Le Sorcier* [il est, en cela, intéressant que l'étude pour *Le journal intime* dans sa version de 1951, en porte, sur l'une de ses faces, une autre, précisément, pour *Le Sorcier*⁶⁷⁸] que de *L'Esprit et la Forme* de 1928 [on note, dans les deux cas de *L'Esprit et la Forme* et *La Reconnaissance Infinie*, une simplification des motifs dans les secondes versions⁶⁷⁹], tout comme les deux versions de *La Reconnaissance Infinie*, dont nous avons dit que celle de 1963 est le pendant visuel de *Le Pain Quotidien* [on retrouve encore dans *La Fenêtre*⁶⁸⁰ une représentation d'un couple d'oiseaux voletant devant une fenêtre près de laquelle est posée une cruche, symbole traditionnel de l'organe reproductif féminin⁶⁸¹, ainsi dans *L'Orient* de Magritte], marquent encore le sens sexuel -), dans les rideaux-ciel, ou dans l'autoportrait photographique portant une *Le Fils de l'Homme* en main⁶⁸² (pendant de celui de Magritte embrassant *L'évidence éternelle* et du complémentaire *Le Mystère de l'Ordinaire*), le renforcement du message visuel confirme la structure d'inversion et de retournement de l'objet sur lui-même dans l'oeuvre de Magritte.

Ainsi *Homme assis à table* (1960)⁶⁸³, en vidant son verre (contenu), provoquant, en même temps, le renversement de la table (support) de l'objet (contenant) qu'il porte à ses lèvres; ainsi, le support suit le mouvement général de l'action du sujet sur l'objet. Dans *La leçon de musique* (1964)⁶⁸⁴, qui devient *Son de Cloche* (1968)⁶⁸⁵ - le titre, ici, se complexifiant pour répondre à un plus grand rapprochement avec la figure représentée -, l'oreille (qui écoute, réceptrice) devient poignée de la cloche (productrice du son) qui en atteint le tympan. En ce sens, l'instrument (l'objet) se confond ici avec l'écouteur (le sujet), rappelant que le tympan est à la fois un instrument de musique et une membrane de l'oreille. Et provoquant ce que nous avons dit: la dérivation (objet->sujet), la réduction (de la doubleté duelle: [instrument sonore *vs* oreille humaine] vers la singularité représentative, ici par l'association) et le produit totémique qui en résulte (dont la publicité saura jouer⁶⁸⁶).

Selon un processus similaire, *Aube à l'antipode* (1966)⁶⁸⁷ dialectise *Composition avec horloge, ciel et forêt* et *Les Reflets du temps*, en mettant la montre au-dessus du nuage (ce qui, dans une lecture lacanienne, pourrait s'entendre, par surdétermination freudienne, comme le symbole normatif, de mesure temporelle, de la nuée, divine, masculine, fertilisante). Comme *La Vision*⁶⁸⁸, sorte de monticule surgissant sur le fond, accoutumé dans l'oeuvre de Magritte, de la porte-fenêtre donnant sur le ciel, dialectise, à son tour, *Portrait de Stéphy Langui, L'accord parfait, Le Monde invisible*, et, par la figure volcanique (*La tentative de l'impossible*; *Souvenir de voyage*, 1926) et monolithique du monticule, le groupe de *Dans l'Espace et Dans le Temps* et des oeuvres *Le droit chemin, L'origine du langage,* avec écho, aussi, évidemment, de la phallique Tour de Pise de *Mémoire d'un voyage* (1949 et 1958) et *La nuit de Pise*, la carotte de *L'Explication* et la pierre levée de *Le château des Pyrénnées*, avec, aussi, le melon, que nous avons rappelé, de *L'exposition de peinture*. Et la femme nue de dos dans *La robe du soir* (1955)[689] les différentes illustrations de *La vie privée*, *La Belle de Nuit/ Le poète récompensé* (pour le symbolisme de découverte nocturne du corps féminin), *La Valse Hésitation/ Le Domaine Enchanté* (avec l'oiseau voletant autour de la main récurrent).

À ce propos, la preuve du symbolisme masculin de gonades des boules dans l'oeuvre de Magritte, est leur présence dans les nuages (de l'"*orage*", donc, masculin, spermique) dans *Le rendez-vous* (1947)[690], associé aux symboles masculins de la clé, la pipe et l'oiseau, le verre renvoyant alors à sa position et situation dans *La corde sensible*.

Vu le symbolisme phallique de la bougie, dans *La Faculté imaginative*, et celui féminin de la feuille et de l'arbre, le doigt soutenant une boule dans *Lecture défendue*, l'*Étude* représentant une bougie dont la flamme est une feuille[691], au-delà de l'aspect fortement poétique visuellement de l'oeuvre, et de l'impossibilité physique, qui joue, encore une fois, comme *Homme assis à table*, sur le lien entre l'objet (ici la caractéristique du feu sur la forêt), de la dérivation et réduction à l'absurde de la représentation des idées mentales, dialectise les oeuvres citées (*La Faculté imaginative, Lecture défendue*) et *L'exposition de peinture*.

*Communication inutile de seins et de pipe par la machine de Paul* dialectise *Le Masque de la Foudre* et *La toile de Pénélope* (qui y correspond en cela que le nez de la femme se substitue à celui-pipe de Magritte dans le groupe de *La Lampe philosophique* et des dessins correspondants).

*Coffre à bijoux avec chevillette de rose*[692], à son tour, dialectise le groupe *L'Aiguillon/Une simple histoire d'amour* et celui de *L'invention du feu*. Ainsi que l'ensemble des oeuvres de Magritte autour du thème de la serrure, de *L'Espion* à *Objet peint*.

Similairement, en ce sens, l'homme tournant sur lui-même du dessin contenant les études pour *Le Sorcier* et *Le Journal intime*, par la démultiplication des jambes, dans une sorte d'image futuriste à la Boccioni ou à la Duchamp du *Nu descendant un escalier*, rappelle aussi bien celle des bras de *Le Sorcier* que de *Les Jours gigantesques*, précisément autour des jambes de la figure féminine.

*L'usage de la parole* (1961)[693], ombre de l'homme au melon sur papier musique sortant (contenu, donc) d'une boîte (concept, par le fait de la structure même de l'oeuvre, dénotatif: musique/surprise) à chaussures rose (femme/cruche/vagin/contenant) où est inscrit "*Le savoir*" (Pandore [Klee]/sexualité [pénétration]), dialectise *La reconnaissance infinie* à partir d'Otto Nicolai. Comme, en ce sens, *Rose et construction*[694], avec ses épines sortant du vase contenant les roses est une variante du *Coffre à bijoux avec chevillette de rose*, avec sa queue, qui, nous l'avons dit, dialectise et reprend celle des autres oeuvres similaires chez Magritte.

Comme *Aube à l'antipode* renvoie à *La durée poignardée* autour du thème temporel, plusieurs oeuvres d'Olbiński, renvoyant au *corpus* magrittien, utilisent le motif de la colombe[695], notamment celle[696] où le couple de colombes, dans l'ici haut-de-forme de l'homme, baisé par la brise de la figure évanescente féminine sur un fond de mer où au second plan fument les cheminées d'un long navire pénétrant dans le champ visuel de l'oeuvre, oeuvre qui donc, bien qu'apocryphe, en tant que relecture, et donc compréhension de l'art magrittien, a l'avantage de nous en confirmer certaines clés que nous y venons de trouver: le symbole phallique (valeur double des oiseaux et du navire, qui nous reporte, là aussi, à *La durée poignardée* et *Le Rossignol*) de la colombe (et de l'oiseau en général), lié au couple (donc à l'union sexuelle), le caractère éthéré (*Le pain quotidien*), mystique (c'est le *Zéphyr* de *La naissance de Vénus*) de l'essence féminine (que nous avons renvoyée à Wordsworth à propos de *Le pain quotidien*), maritime (aqueux, contenant, utérin, comme dans le *Manifeste* marinettien).

**1.5. Addendum: une question d'ornithologie**

Ce qui nous permet, une fois terminé le relativement long parcours qui aura rendu possible de mieux comprendre comment et à partir de quels signes et de quels schèmes Magritte pose les thèmes de son oeuvre, avec le central thème, donc, de l'amour compris essentiellement, comme, en général, dans l'art et la littérature surréaliste, sexuel, de remonter d'un pas, pour voir comment il intervient, dans *Jeune fille mangeant un oiseau* l'originale jeune fille à l'oiseau, propre du XVIIIème siècle, et, dans ce groupe, concrètement, le tableau *L'Oiseau mort* de Greuze, dans lequel, pour sa célébrité, nous voyons une représentation originelle de l'inspiration de Magritte.

Une fois ceci dit, et étant à peu près impossible de déterminer la validité de cette assomption, au-delà de la correspondance iconographique des deux toiles, nous n'essaierons pas de rien démontrer de plus sur Magritte dans les pages qui suivront, mais au contraire d'analyser le thème de *L'Oiseau mort*, en en créant la jusqu'à ce jour curieusement inexistante historiographie, et ainsi d'en comprendre, comme l'on dit de nos jours, les enjeux.

Ceux-ci nous renverrons, dans la Troisième Partie de la présente étude, en ultime instance, à nous rapprocher de nouvau des satellitaires mouvements du surréalisme; nous en avons vu, avec Magritte, l'école belge; nous aborderons, avec le chilien Huidobro, l'ultraïsme latinoaméricain.

Alors que la Seconde Partie, comme nous venons de le dire, prétend aborder et démonter les caractéristiques du thème de l'oiseau mort dans l'histoire des styles (iconographique ou formelle) et dans l'histoire des genres (iconologique ou sémantique), pour mieux voir les particularités de la modification qu'y a apporté Magritte, laquelle nous pouvons résumer, à partir de tout l'antérieur, en deux concepts fondamentaux: la sexualisation du thème, et sa brutalisation dans le cadre d'une vision auto-mutilatoire de la sexualité par Magritte dans son art, ce que nous venons d'étudier avec attention, et à partir de la symbolisation des actes sexuels oraux dans ce cadre par une vision machiste traditionnelle de la femme et les récentes à l'époque découvertes psychologiques autour du débat sur le nouveau vagin denté.

Cette "*Corde sensible*" est peut-être celle de la représentation du supplice de la tête de chien décapitée (on se souvient que l'athlète de *Le Mouvement Perpétuel*, homme de Cromagnon qu'il est, avec son vêtement en peau de léopard, tient à la main un os) sur le piège avec lequel joue le modèle du *Portrait de Edouard Léon Théodore Mesens* (1930), qui, reprenant le thème des hécatombes animales de *Jeune fille mangeant un oiseau* ou *Le Ciel meurtrier* (lesquels, en cela, font écho à *L'assassin menacé, Le sens de la nuit, Le retour de la flamme,* de tous les oiseaux de proie avec des bûchers, des chasseurs récurrents avec leur "*Idée fixe*", et des *Cicérons*-canons crachant le feu), forme un faux pistolet, dont le fil (qui rappelle celui au bout duquel, au XVIIIème siècle, les jeunes filles de tableaux, notamment de Jean Raoux, tenait leurs oiseaux) serait le détonateur. On pense aussi vaguement, pour ce procédé, au principe des orgues à chats, populaires aux XVIème-XVIIIème siècles et jusqu'au XIXème siècle, où il était recommandé comme thérapie pour les catatoniques[697].

Alors, disions-nous, que la Seconde Partie sera la démonstration de démontage du thème dans ses prémisses intellectuelles et morales, que Magritte, conformément à ses principes idéologiques et artistiques, comme nous l'avons aussi démontré, inversera, la Troisième et dernière Partie relancera la caractérisation sexuelle de la figure de l'oiseau dans l'art et la littérature, notamment contemporaine, nous permettant alors de fermer le cercle de notre étude, par la preuve triple: que la représentation de l'oiseau mort avec une jeune fille est un thème, donc inscrit dans une tradition; qu'au cours de son évolution, ce thème acquiert une forte charge sexuelle latente, ironiquement favorisée par certains notables antécédents dans la tradition; et que l'oeuvre de Magritte représente la concaténation de la mise en place de ces deux facteurs, au-delà du sens personnel que revêt toute oeuvre dans les antichambres obscures, silencieuses, et, à la différence des femmes-maisons qui finalement s'ouvrent à leur assaillants (dans l'art de

Magritte), fermées au monde (trop bruyant et imperceptible, trop souvent, à la simple beauté), de la pensée intime de tout auteur.

### 1.5.a. Les oiseaux dans l'oeuvre de Magritte: essai de reconnaissance des oiseaux dans *Jeune fille mangeant un oiseau*

Avant cependant d'ouvrir notre Seconde Partie sur le monde et l'époque de Greuze, que l'on nous permette d'aller dans l'ordre, et de présenter quelques brèves réflexions sur le cas d'ornithologie assez intéressant que représente *Jeune fille mangeant un oiseau*, dont, nous l'avons dit, les représentations des feuilles-arbres de Magritte[698], où nichent des oiseaux de tous types et de toutes espèces: *Le rendez-vous*, *Le regard intérieur*, *La troisième dimension*, et *Le Domaine enchanté III*, en donnent de bons antécédents.

Or, si ces oeuvres présentent notamment des oiseaux exotiques aux vives couleurs et larges queues, *Le Domaine enchanté III* (en bord de mer, et toujours avec le rocher dans un coin, attributs récurrent des personnages féminins de Magritte) semblant combiner certains des oiseaux des deux autres oeuvres pour les mettre sur une seule feuille-arbre, bien que l'on y retrouve, à côté de perroquets, qu'il ne nous appartient pas en propre de décrire, dans *Le Plaisir*, nous retrouvons un oiseau huppé, dans lequel nous croyons pouvoir découvrir une huppe fasciée, bien que Magritte la peigne presque noire; derrière la jeune fille un verdier d'Europe; suspendu à l'arbre un cassenoix moucheté, notamment pour la couleur plus foncé du dessus de sa tête, bien que Magritte le peigne jaune, ou un torcol fourmilier; dans l'oiseau que mange la jeune fille un rossignol progné ou philomèle, nous penchons personnellement plus pour le philomèle, sans raison particulière (on se souvient que l'une des toiles de Magritte, représentant un train en marche, dans la campagne nocturne, s'intitule *Le Rossignol*). Il pourrait aussi s'agir d'un merle noir[699] (*Turdus merula*), femelle pour la couleur du corps, marron-brun et non noir, et du bec, qui n'est pas jaune mais plus pâle[700]. On notera que la grive musicienne (*Turdus philomelos*), bien que sans l'excroissance notable sur l'oiseau tiré sur la branche, possède un corps taché qui la rapproche du cassenoix et du torcol fourmilier. Finalement, il nous semble que les serres de l'oiseau qui surveille la scène sans que le spectateur puisse voir toute l'ampleur de sa stature, il provient des aigles vigileants du peintre, en particulier de celui, notablement robuste, de *Les Pas Perdus*.

On retrouve des figures de volatiles similaires à celles de *Jeune fille mangeant un oiseau,* respectivement, dans l'épervier de *Les eaux profondes*, et l'aigle de *La Connaissance absolu* (la statue de la *Mémoire* dans *Les eaux profondes* y étant remplacée par une pierre, ce qui atteste l'identité thématique et sémantique des deux dans l'oeuvre du peintre); et, semblable au torcol fourmilier, dans l'oiseau à longue queue de *La Lumière du Pôle*, du type de la chevelure découvrant le corps féminin dans *Le sens de la nuit*.

## 1.5.b. Le symbolisme de la huppe

Trois éléments du symbolisme de la huppe nous intéresseront ici: elle est, dans le *Coran*, l'oiseau qui relie Salomon avec la Reine de Saba; elle est liée à la mort; et c'est l'un des personnages de différents dialogues des oiseaux, qui forment l'une des origines du genre qui intègre, évidemment, dans son évolution, les oeuvres au centre de notre étude.

"*L'oiseau de la noblesse*
*Dans le Coran, la huppe, notamment en raison de sa crête emplumée, est symbolise la beauté, la noblesse et l'opulence. D'ailleurs, cet oiseau sert d'ambassadeur à la reine de Saba, auprès de Salomon.*

*L'oiseau de la saleté*
*La huppe est à l'origine du mot "salope", que l'on prononçait à la base "sale huppe". Car cet oiseau était surtout connu pour sa saleté. D'ailleurs, Pierre Belon (un naturaliste du XVIe siècle) écrivait à son sujet: "Sa chair ne vaut rien et il n'y a personne en aucun pays qui en veuille tâter". De même, Buffon (un naturaliste du XVIIIe siècle notait: "la huppe enduisoit son nid des matières les plus infectes [...] et cela dans l'intention de repousser par la mauvaise odeur les ennemis de sa couvée*".[701]

"*2- Dans le coran: la huppe était le messager entre Salomon et la reine de Saba (Coran XXVII):(les fourmis 20-27):cliquez-ici pour lire le texte entier «Le Roi Salomon et la Reine de Saba».*

*Coran 27 - 20:*

*Salomon avait de magnifiques volières, et il se plaisait à les entendre chanter. Mais un jour il remarqua qu'un oiseau à la huppe (ara) n'était pas revenu. Peu de temps après ce superbe parleur vint se poser sur l'épaule de Salomon et dit au roi.*

*Coran 27 - 22:*
*J'ai appris ce que tu ne sais pas, je viens de Saba avec des nouvelles qui vous intéresseront.*

*Coran 27 - 23:*
*J'y ai trouvé une femme régnant sur les hommes, elle possède toute sorte de biens et elle a un très grand trône...*
*.../...*
*7.... la huppe fasciée chez les écrivains et les poètes: Aristophaneen fait le personnage central de sa comédie «Les Oiseaux», jouée en 414 avant J-C à Athènes. Et c'est aussi un des personnages principaux de la Conférence des Oiseaux, un recueil de poèmes publié par le poète perse Farid Al-Din Attar en 1177."*[702]

Dans ce cadre, il est amusant, et ce n'est sans doute pas un hasard si elle apparaît, comme premier animal tutélaire, dans le sens de lecture (pour le spectateur) traditionnel (de gauche à droite), dans le tableau de Magritte, associée à l'action sadique et violente de la jeune fille, que sa chair soit réputée non comestible.

## 1.5.c. Le symbolisme du merle, de la grive et du rossignol et le symbolisme anthropophage de l'oiseau
### 1.5.c.1. Le symbolisme du merle

À l'inverse, et rappelant les difficultés inhérentes à la déduction symbolique d'une représentation complexe, par rapport au nombre de types dans l'image, leur instabilité (par rapport aux autres représentations d'oiseaux-feuilles dans l'oeuvre du peintre - lesquelles, notons-le cependant avec emphase, reproduisent les deux mêmes principes présents dans *Jeune fille mangeant un oiseau* [ce qui double donc l'unité visuelle de l'unité sémantique]: celui numéraire d'accumulation des oiseaux, et celui d'association de ceux-ci à l'arbre, lequel remplace donc dans *Jeune fille* les feuilles des oiseaux-feuilles ou oiseaux-sur-les-feuilles, selon la manière dont on voudra les comprendre, dans les autres représentations -), et le fait que le peintre est loin de donner une figuration taxinomique des espèces[703], si nous nous basons sur l'identification de l'oiseau mangé non comme rossignol, mais comme *Turlus merula* femelle, il convient alors de noter que, dans la pratique ethnographique, notamment de chasse et alimentaire, de cet animal dans les Ardennes:

> "*Les tendeurs distinguent communément huit catégories de grives sur la base de critères de différenciation chromatiques et écologiques, alors que les espèces connues et reconnues par le Centre de Recherche sur les Migrations des Mammifères et des Oiseaux du Muséum d'Histoire Naturelle de Paris, comme séjournant ou migrant dans les Ardennes se limitent à quatre: la Grive mauvis, Turdus iliacus; la Grive musicienne, T. philomelos; la Grive litorne, T. pilaris; enfin la Grive draîne, T viscivorus. Cette anomalie s'explique d'une part par le fait que les tendeurs incluent les merles dans la catégorie Grive, et d'autre part par la constitution en tant qu'espèce distincte de la femelle du Merle à plastron, Turdus torquatus.*"[704]

> "*Ces huit catégories sont classées en deux ensembles distincts et opposés en fonction de critères de différenciation morpho-chromatiques: celles qui sont tachetées - celles qui ne sont pas tachetées (niveau D sur le schéma suivant). Les "consommateurs" rangent généralement les premières (tachetées) dans la catégorie GRIVE, les secondes (non-tachetées) dans la catégorie MERLE.*"[705]

Toutefois:

> "*Les femmes de tendeurs, intervenant pourtant dans le procès de la tenderie comme "auxiliaires" (au moment de la collecte), ne distinguent pas les grives au niveau spécifique. J'ai en effet observé la plus grande confusion lorsque je leur demandais d'identifier les échantillons naturalisés que je présentais. Bien qu'elles connaissent, pour la plupart d'entre-elles, les dénominations spécifiques, ces dernières ne semblaient accepter aucun référent précis. Même en faisant varier la situation de l'enquête (présence ou absence du mari, entretiens répétés dans le temps), la confusion non-pertinente (il ne s'agissait pas d'une inversion dénotative, ni d'une substitution de type métaphorique, mais plutôt d'une variation et d'une substitution de type métonymique) persistait. Ce qui signifiait qu'entre chacun de mes passages, le mari tendeur ne corrigeait et n'ajustait pas le niveau taxonomique utilisé par son épouse, ou bien s'il le faisait, la correction n'était pas retenue comme fonctionnelle par celle-ci. Le seul niveau opérant, restant dans son cas, l'opposition grive - merle, pertinente sur le plan culinaire: la chair de la grive est tendre et qsse, celle du merle est sèche et dure. A ce titre, la grive draine et la grive litorne, fortement dévalorisées au niveau gastronomique, étaient rangées dans la catégorie merle: "elles font partie des merles" me disait-on en les désignant. Dans ce cas précis, il semble donc que des critères de classification autres que chromatiques ou écologiques soient réellement utilisés: la taille et la qualité de la chair paraissent jouer dans le processus de différenciation des captures et de leur groupement en catégories distinctes selon un modèle qui ne coïncide pas avec celui défini par l'opposition tachetée - non-tachetée, puisqu'il accepte l'inclusion dans une même classe d'éléments tachetés (draine - litorne) et non-tachetés (merle); ce qui permettrait de supposer un fonctionnement simultané de deux systèmes.*"[706]

> "*Toutefois et d'une manière paradoxale, ce niveau n'opère pas chez les deux restaurateurs que j'ai rencontrés, pour qui la grive, en tant que capture, s'oppose au gibier (niveau B). Leur capacité diagnosique est quasiment nulle et se subordonne en partie celle des tendeurs qui paraissent de la sorte imposer les significations. L'un des deux restaurateurs m'avoua qu'il faisait totalement confiance au tendeur: "s'il me vend une grive, c'est que c'est une grive et je la fais cuire comme une grive. Noire ou blanche, Ca reste une grive et c'est aussi bon"*".[707]

Définie par ses taches, la grive, en réalité femelle du *Turdus merula*, et appelée en Ardennes "*mauvis*", se distingue donc du mâle, le merle, marquant ainsi quand même, comme la huppe, la limite du comestible et du non comestible:

> "*Le passage du merle à plastron annonce huit jours à l'avance les migrations des grives mauvis qui, avec les grives musiciennes, représentent l'espèce la plus valorisée du point de vue économique et gastronomique. Par contre les espèces que nous avons qualifiées d'indicateurs - et qui opèrent comme tels dans le procès cognitif - sont extrêmement dévalorisées. A l'exception de la gratteuse, catégorie que nous envisagerons dans une autre section, leur taille, nettement plus importante que celle des mauvis et des musiciennes, mais proche de celle des merles noirs, est un critère dévaluant qui les associe précisément aux merles dans l'adage populaire: "faute de grives, on mange des merles". D'ailleurs, ces trois espèces "se distinguent par leur peu de vitalité et le peu de finesse de leur chair" (A.L. communication personnelle du 27 Décembre 1972). La litorne "mange n'importe quoi, des asticots, de la bouse de vache et des pommes", "sa chair sent la terre et la pourriture".*
> *La compréhension et l'explication de ces croyances et représentations doivent être recherchées au niveau symbolique. Le système de représentation dont nous avons tracé le modèle (cf. Fig. 2), traduit synchroniquement une relation d'opposition entre les catégories Haut/Bas, et définit diachroniquement leur agencement, sous la forme catégorisée des séquences de passage, par une transformation d'ordre successif: Haut => Bas. A ces catégories sont associées des domaines topographiquement repérables, symbolisés par des espèces qui, de la sorte, remplissent une fonction de signalisation. La grive draine annonce les migrations et l'ouverture de la tenderie (indicateur générique initial). Elle est liée idéologiquement (dans la logique du système de représentations) au domaine des cîmes, "depuis quelques semaines, les grandes draines se poursuivent, tcherr, tcherr... au niveau des plus hautes cîmes". (FRANCOIS, 1963, p. 5). Nichant au sommet des arbres et ne s'aventurant guère dans les taillis, elle reste relativement inaccessible à l'homme, au tendeur, qui accuse et reproduit son éloignement vertical par sa dénomination courante: haute-grive (nous n'avons pu trouver le sens de ric, fanasie). Le merle à plastron traduit symboliquement, par la médiation des grives musiciennes (relation blanche - blanc-collier au niveau sémantique), le passage à l'échelle humaine en s'incorporant lexicalement l'environnement: grive de montagne (cf. aussi la relation de contiguïté avec la grive musicienne, également dénommée nicheuse, grive de pays). Il annonce la venue des grives mauvis, les roussettes, friandes de sorbier, associées au niveau technique (par la nourriture-appât) et lexical (par la couleur: le roux du dessous des ailes retenu comme trait distinctif - le roux automnal des feuilles) à la forêt, domaine et objet de l'activité humaine.*"[708]

En déterminant un ordre de valeurs entre l'accessible et l'inaccessible, entre le haut et le bas, transformé en termes de l'oeuvre de Magritte entre le métaphysique et célestiel d'une part, et le sexuel et corporel de l'autre, on retrouverait bien ici alors, dans *Jeune fille mangeant un oiseau*, la fonction de l'aigle vigilant.

Ainsi, le merle noir et la grive musicienne (tous deux turdidés, "*"turdus" signifiant grive, lui-même se rattachant à une racine tord- d'origine acoustique (comme dans outarde)*"[709]) apparaissent identiquement dans le cadre des mets préférés, ce qui est intéressant par la proximité visuelle entre l'oiseau peint par Magritte et la grive musicienne, et, de même, entre la position dans la toile entre l'oiseau mangé (s'il s'agit bien d'une femelle merle noir) et la grive musicienne, comme second met (on note qu'en outre les deux oiseaux se définissent pour être bruyant l'un, et l'autre avoir un chant complexe, ce qui la rend capable d'imiter les autres oiseaux - on pensera, dès lors, au sens sexuel du poème, cité initialement dans la présente étude, "*the mockinbird*" de Buckowski -):

*"D'une façon générale, les traits chromatiques étaient toujours donnés en premier ainsi d'ailleurs que les dénominations subséquentes, ensuite venaient les caractères écologiques ou morphologiques, rarement éthologiques.../...*
*- La grive musicienne, la blanche, ainsi appelée "parce que son corps est blanc tacheté de gris régulièrement", est la plus appréciée, avec la mauvis, de toutes les grives. Elle passe en premier (20 Septembre - 15 Octobre) et se prend, tant à l'arbre qu'à terre, lorsque le vent est au Sud. Toutefois et comme nous l'ont affirmé de vieux tendeurs, bien qu'elle ne dédaigne pas les sorbes, elle parait préférer les mûres. Avec la draine, elle est une des premières revenir nicher dans le pays (mars - avril). La hauteur du nid est repéré comme indicateur météorologique: "si le nid est bas, c'est que l'année sera pluvieuse, s'il est haut, c'est qu'elle sera sèche et que nous n'aurons point de grives".*
*- La grive mauvis est la grive par excellence. Sa sur-valorisation est en quelque sorte inversement proportionnelle sa taille, et les tendeurs s'expliquent sur ce point en disant que sa chair est plus tendre, plus fine et plus grasse (du fait qu'elle est migratrice - accumulation de graisses) que celle des autres grives, y compris la musicienne. Il y a également le fait qu'elle se prend en grande quantité et qu'elle demande, paradoxalement, une plus grande maîtrise de la technique du piégeage, étant généralement considérée comme un "désamorceur", à l'instar du merle. "La grive la plus amusante à prendre, remarque Maurice FRANCOIS, est la roussette. D'abord parce qu'on la prend en série - bien rare si une capture n'est pas aussitôt suivie de plusieurs autres, 4, 5, quelquefois 10, 20, et plus - aussi parce qu'elle sait déjouer les ruses du tendeur. A terre, elle "rivre" assei peu les lacs - moins peut-être que la blanche. Mais à l'arbre, c'est autre chose. Seule, si elle a le temps et qu'elle ne se sente pas en compétition avec d'autres pour la ruée sur le sorbier, elle devient ce que les vieux tendeurs appellent "roussette maligne", capable de désamorcer 30 ou 40 lacs sans se faire prendre. Après les gros passages, s'il reste, dispersés, quelques uns de ces solitaires, c'est un lourd tribut de "bouton" (sorbes, J.J.) que leur paie le tendeur. Aussi, les vieux tendeurs avares de sorbier disposent-ils des casse-pattes de distance en distance". (FRANCOIS, 1963, p. 7).* On dit que la sorbe la soûle et qu'elle navigue dans le sentier, ce qui permet finalement, suivant cette logique, de capturer les "désamorceurs" à terre. Le passage commence 2 à 3 jours avant la lune d'octobre et se prolonge jusqu'à la fin du mois, le plus fort ayant lieu aux alentours de la Saint Lambert, qui est curieusement le Saint-Patron de Hargnies (8), soit vers le 20 Septembre. Si l'on se reporte aux cahiers de tendeurs et que l'on pose à titre d'hypothèse une corrélation entre l'importance des passages et celle des captures, cette dernière observation faite par la plupart des tendeurs s'avère inexacte. La pointe de la courbe se situe entre le 15 et le 20 Octobre, près d'un mois après la Saint Lambert. Si, par contre, la Saint Lambert désigne dans l'esprit des tendeurs le moment où se déroule la fête patronale de Hargnies (1er Dimanche d'Octobre), la relation qu'ils établissent entre le gros des passages de mauvis et la Saint Lambert, tend à se rapprocher de la réalité statistique, mais en reste toutefois assez éloignée pour qu'elle fasse problème. Il pourrait s'agir ici d'une croyance, d'une manipulation d'ordre symbolique (appropriation) qui aurait été imposée, du fait du prestige, de l'importance numérique et du quasi monopole idéologique qu'ils exercent (9), par les tendeurs de Hargnies à l'ensemble des tendeurs du plateau ardennais - puisque nous l'avons rencontré à Haybes, La Neuville aux Haies: Hautes-Rivières et Revin - afin de suppléer à l'absence théorique de Saint Patron des tendeurs et, afin de se démarquer par rapport aux chasseurs qui se reconnaissent Saint Hubert comme Patron.
*Le passage des mauvis représente ((la migration la plus forte; on observe des vols de plus de 1 000 grives se succédant parfois à moins de 1 km. Cela dure huit jours avec des alternances d'arrêts et de passages suivant le temps et les vents dominants (. . .). Tout ce petit monde s'est nourri en se jetant sur tout ce que la forêt produit: mûres, sorbes, grains de bourdaine (appelé noir-bô dans les Ardennes) et aussi en cherchant sa pitance en grattant de-ci de-là. (A.L., communication personnelle du 27 Décembre 1971)."*[710]

## 1.5.c.2. Le symbolisme du rossignol

Margarida Madureira (2009) expose plusieurs éléments sur l'origine du thème de l'oiseau mort et son utilisation dans la littérature amoureuse médiévale qui permettent de comprendre la source, sinon directe et consciente, au moins idéologique et inscrit dans la tradition de la toile *Jeune fille mangeant un oiseau*. Et également du poème *"Y un ruiseñor aletea en mi dedo"*, que nous étudierons postérieurement, de Huidobro. Il s'agit de l'opposition entre l'auteur et l'oiseau, les deux apparaissant comme des figures complémentaires l'une de l'autre (dans le tableau de Magritte, la tristesse traditionnelle du troubadour face aux tourments infligés par sa dame, au contraire, s'identifie à la douleur de l'oiseau mangé, comme s'y identifiera la femelle rossignol se sacrifiant pour le héros de *"La Rose et le Rossignol"* chez Wilde[711]); cette représentation de la douleur étant associée aux symboles de la couvaison (on pense aux oeufs et nids récurrents chez Magritte, souvent vigilés par l'oiseau en vol). Ce chant funèbre, que reproduira Tchaïchovski dans *Le Lac des cygnes* (1875-1876), attribué pour différentes raisons, au coq (qui appelle le jour), au rossignol (considéré comme nocturne, ce qui permettra son association, dans la littérature médiévale, aux actions luxurieuses qui s'y produisent), ou encore au grillon, nous renvoie, pour Magritte, à la question, dont nous avons montré l'importance dans son oeuvre, du caractère auto-mutilatoire (comme dans le conte de Wilde donc) de l'amour:

*"Associant des gloses érotiques aux descriptions animalières empruntées aux bestiaires, le projet d'écriture du Bestiaire d'amour de Richard de Fournival s'inscrit en faux contre le mode d'expression lyrique. C'est ce qui explique l'opposition, structurante pour ce qui est des modalités de représentation de l'expérience sentimentale ainsi que des stratégies mises en œuvre pour emporter l'adhésion de la dame aux arguments du je, entre «canter» et «dire», «canter» et «conter». En fait, même s'ils furent les premiers à appliquer à la thématique courtoise les similitudes animalières héritées des bestiaires religieux, troubadours et trouvères n'en firent qu'une utilisation restreinte, limitée à des comparaisons isolées. Ceci est vrai même en ce qui concerne Rigaut de Barbezieux, le seul troubadour à en faire un emploi systématique1. Le nombre réduit de comparaisons ayant pour comparants des oiseaux, si l'on excepte les rapaces, s'avère particulièrement frappant. Par contre, la dimension symbolique de l'oiseau chanteur et de son chant, mis en scène dans le cadre de l'exorde printanier, a une portée structurante au niveau de la signification de ces textes.*
*2Dans un ouvrage récent, M. Zink insiste sur la valeur particulière attachée à l'oiseau, parmi les composants du motif de la reverdie: «Les oiseaux ne sont pas un élément parmi d'autres du décor printanier. Ils sont la voix de la nature à laquelle répond la voix du poète, la voix de l'amour, loi de l'amour, à laquelle se soumet l'amour du poète». D'où, dans les situations heureuses, la pleine intégration du troubadour dans l'allégresse de la nature, avec laquelle il s'identifie et se confond3. Le plus souvent pourtant, la chanson joue sur une représentation contrastée, qui met en évidence la brutale disharmonie entre l'état d'âme du poète et une nature resplendissante de bonheur4. Amplifiant la joie de la nature débordante de vie et d'amour, le chant des oiseaux apparaît, en conséquence, comme l'image positive, euphorique, du chant douloureux du troubadour, manifestation d'une expérience amoureuse intransitive, puisqu'elle ne trouve pas d'écho chez la dame. La relation à la fois de symétrie et de contraste entre le chant du poète et le gazouillement plein*

d'allégresse de l'oiseau met en valeur les deux pôles d'une antithèse poétique autour desquels gravite, selon P. Bec, l'expérience sentimentale du troubadour5. La voix du poète répond au chant de l'oiseau, représentation de la voix de la nature, mais son intégration à l'harmonie cosmique que ce dernier incarne est trompeuse. En fait, le poète est le seul être au monde à se trouver exclu de l'ordre de la nature. La question de la représentation adéquate et efficace des sentiments se trouve ainsi placée au centre du discours lyrique, liant «trobar» et «chantar» en vue de l'effet perlocutionnaire de la chanson.

.../...

Il est temps de revenir au thème de ce colloque, l'oiseau, pour essayer de cerner sa fonction et son sens dans l'économie signifiante du Bestiaire de Richard de Fournival. Je centrerai mon analyse sur le motif du chant, dont on a vu l'importance au sein de la lyrique courtoise. Comme dans la canso, la voix, voire le chant de certains oiseaux, y joue un rôle déterminant pour ce qui est de la dimension perlocutionnaire du texte, c'est-à-dire de l'effet visé sur le destinataire, la dame. De fait, c'est la voix le trait retenu pour les premiers animaux décrits et interprétés dans le Bestiaire: outre deux oiseaux, le coq et le cygne, il s'agit de l'âne sauvage, du grillon et du loup. L'interprétation allégorique de la «nature» de ce dernier, dont le regard condamne l'homme à la perte de son aptitude vocale (11,1-4), explique le changement de «registre» d'écriture par rapport à la lyrique amoureuse: à l'instar de celui qui se laisse le premier observer par le loup, le je, ayant livré le secret de son amour à la dame sans s'assurer au préalable des sentiments de celle-ci à son égard, a perdu le chant (11,5-12,3). L'abandon du chant au profit de la prose est donc ressenti comme un manque qu'il faudra compenser en mobilisant le fort potentiel que recèle encore la voix.

Le motif de la voix/du chant établit comme un pont entre la lyrique courtoise et le discours des bestiaires. En effet, ceux-ci accordent une attention toute particulière à la voix des animaux. Ainsi, Isidore de Séville, dont l'influence sur la configuration tant du groupe B-Is (source de la plupart des textes français) que de versions plus tardives du bestiaire est bien connue, lie l'étymologie de nombreux noms d'oiseaux à son cri ou à son chant. La voix ou le chant de certains animaux apparaissent, dans les bestiaires, comme des représentations métaphoriques du souffle qui anime la vie. Encore une fois, le rossignol constitue un exemple frappant. Celui-ci n'est pas un oiseau traditionnel des bestiaires religieux. On en trouve néanmoins une description, accompagnée de la respective glose allégorique, dans quelques versions ayant eu recours à des sources plus diversifiées: par exemple, dans le Bestiaire Ashmole 1511 (Oxford, Bodleian Library). Tandis qu'Isidore, par le truchement d'une étymologie fantaisiste, met en valeur son chant en tant que signe précurseur du jour, le Bestiaire Ashmole, tout en reprenant cette caractéristique au début de sa description, puise dans l'Hexaméron de saint Ambroise et insiste sur le chant nocturne du rossignol, par le truchement duquel cet oiseau chercherait à «réchauffer ses œufs pour faire vivre ses petits, autant par la douceur de la voix que par la chaleur de son corps» (Bestiaire Ashmole, p. 125). Le Bestiaire Ashmole lie ainsi le chant, la vie et l'amour. Même s'il s'agit ici de l'amour maternel (un autre noyau thématique des bestiaires religieux repris par Richard de Fournival18), on peut rapprocher cette constellation sémantique de la signification qui se dégage, dans la lyrique courtoise, de certains exordes printaniers qui, liant la renaissance printanière (métaphore de la vie), l'amour et le chant (des oiseaux/du poète), redonnent un élan irrépressible et vital aux sentiments du troubadour, nourrissant chez celui-ci les expectatives les plus optimistes. Je renvoie à la strophe initiale de la chanson de Bernard de Ventadour «Lancan folhon bosc e jarric», citée à la note 4.

La version longue du pseudo-Pierre de Beauvais, source d'un tiers des descriptions animalières contenues dans l'œuvre de Richard de Fournival, ajoute le rossignol au nombre des oiseaux analysés dans la version brève. Le fait que le Bestiaire d'amour supprime toute référence au rossignol procède, par conséquent, d'une intention délibérée, tenant à la nouvelle poétique mise en place dans son Bestiaire. S'inscrivant idéalement, grâce à un rapport d'homologie privilégié, dans la poétique du chant qui caractérise la lyrique courtoise, l'oiseau chanteur par excellence n'a plus de place dans le Bestiaire d'amour. Examinons tout d'abord la description qu'en offre le pseudo-Pierre de Beauvais:

Uns oiselès qui est petis, si est apelés lousegnols. Phisiologues nos dist que il se tient volentiers en beax forès et en beaus gardins, et cante tote nuit; et contre le jor se renvoisit et chante plus haut. Et quant il voit le soleil levé, si s'efforce de chanter, et demaine si grant joie de li meisme et de son chant qui tant li plaist, que por l poi que il ne se déront tot en chantant.

(P-PB, p. 15920)

Or, il se trouve que ces caractéristiques font du rossignol l'envers symétrique du coq, tel que le décrit Richard de

Fournival. En fait, à l'opposé de l'oiseau chanteur, le coq chante plus fort en pleine nuit, adoucissant son chant, devenu plus fréquent, à l'approche du jour:
car li cos, de tant com il cante par nuit plus pres de la vespree ou de la jornee, de tant chant il plus sovent; et de tant com il cante plus pres de la mienuit, si cante plus efforciement et plus engrosse sa vois.
(BA, 8,10-9,3)
Selon toute apparence, le coq prend dans le Bestiaire d'amour la place qu'occupait le rossignol dans la lyrique courtoise. Oiseau de basse-cour, le coq est pratiquement (mais pas entièrement) absent des chansons de troubadours et trouvères21. Puisqu'il ne se trouve pas parmi les oiseaux examinés dans les deux versions du Bestiaire attribué à Pierre de Beauvais, Richard de Fournival a dû puiser son inspiration ailleurs. Sans aller jusqu'à prétendre en avoir identifié la source, je tiens à souligner les nombreuses convergences que l'analyse du coq longuement développée dans l'Aviarium de Hugues de Fouilloy présente avec et la description et l'allégorie que le Bestiaire d'amour fournit de cet oiseau. Se fondant sur le livre XXX des Moralia in Job de Grégoire le Grand, Hugues, comme Richard, met en valeur les différentes caractéristiques du chant du coq, plus fort dans la profondeur de la nuit, plus doux à l'approche du jour:
Habemus vero aliud quod de galli huius intellegentia considerare debeamus, quia profundioribus horis noctis valentiores ac productiores edere cantus solet; cum vero matutinum iam tempus appropinquat leniores ac minutiores omnimodo voces format.
Disons-le, pourtant, tout de suite: le Bestiaire d'amour n'accorde aucun rôle privilégié à l'oiseau, lequel fait souvent double emploi avec d'autres bêtes. D'où parfois un effet de redondance, voire de superfluité, pour ce qui est du contenu informatif du message littéraire, mais non de la signification, ni des visées pragmatiques du discours. Le chant vigoureux du coq y est conçu comme analogue au cri de l'âne sauvage, réduit à l'horrible désespoir que lui cause une faim dévorante. Comparable à l'onagre, le coq ne chante pas, il braille: sa voix symbolise, en effet, les allégations prononcées avec force et conviction par l'amant, qui a perdu son chant. Le chant du coq apparaît, en conséquence, comme une contrefaction du gazouillement mélodieux du rossignol. Faut-il, comme le pense C. Lucken, voir dans cette inscription du «chant sous le signe de son renversement» une fonction comique, voire de ridiculisation, emblématisant «le passage du chant à l'écrit»? Comme Grégoire le Grand, Hugues de Fouilloy offre du chant du coq une interprétation très positive, dont il subsiste des traces dans la glose du Bestiaire d'amour. Figure de la prédication adressée à ceux qui vivent encore dans les ténèbres de l'iniquité, le chant nocturne du coq signifie, dans l'Aviarium, le dernier espoir de trouver, par le truchement des images violentes des terreurs du jour du Jugement, les voies du salut éternel. Il en va de même du Bestiaire d'amour, où il représente l'ultime (et vaine) espérance d'éveiller le sentiment amoureux chez la dame. Tant Hugues de Fouilloy, au moyen de la comparaison entre le coq et le prêcheur, que Richard de Fournival, utilisant l'analogie entre le chant du coq et le braiment de l'âne, soulignent l'importance de soumettre la configuration spécifique de chaque discours aux besoins et à la sensibilité de leurs destinataires. Inattendue et insolite dans le contexte de la fin'amors, l'image de l'âne à demi mort de faim accorde une force persuasive particulière au message que le poète entend transmettre à la femme aimée: celui du désespoir amoureux. Or, on l'a vu ci-dessus, c'est le désespoir causé par la conscience de l'inefficacité de la parole lyrique qui est à l'origine du changement du registre discursif. On retrouve là le double jeu de référence et de dénégation de l'intertexte lyrique.
Richard de Fournival ajoute un autre maillon à la chaîne argumentative au moyen de laquelle il justifie le caractère impératif et urgent d'une nouvelle poétique amoureuse à travers la «nature» d'un autre oiseau, le cygne, qu'il glose une fois de plus en faisant appel à l'affabulation traditionnelle de la lyrique courtoise. Le trait particulier du cygne, chantant doucement lorsqu'il prend conscience que la mort s'approche, signifie, ainsi, dans le Bestiaire d'amour, cette annihilation des sens que cause une insupportable souffrance amoureuse et que le motif de la mort d'amour représente en termes hyperboliques. Richard emprunte sa description à la version longue du pseudo-Pierre de Beauvais, qu'il suit à la lettre. Mais l'image du cygne chantant plus doucement au moment de sa mort, figure du poète qui trouve le bonheur suprême à chanter la grande souffrance qu'il endure pour l'amour de sa dame, apparaît déjà dans la lyrique courtoise; par exemple, chez Peirol:
Atressi co·l signes fai
quant vol morir, chan
quar sai que genseis morrai
et ab mens d'afan.

*(M. de Ríquer, éd., op. cit., II, p. 1117, v.1-4)*
Faut-il y voir une influence des bestiaires? En fait, l'image se trouve déjà dans des textes antiques, connus du Moyen Âge: dans les *Fables d'Ésope*, entre autres. La poésie amoureuse courtoise met d'ailleurs en scène d'autres oiseaux trouvant la mort au moment où ils atteignent la plénitude de leur chant, célébration de cette joie douloureuse propre à l'expérience paradoxale de la *fin'amors*. On ne s'étonnera pas de trouver, parmi eux, le rossignol:

*Li rosignous chante tant*
*Que morz chiet de l'arbre jus;*
*Si bele mort ne vit nus,*
*Tant douce ne si plesant.*
*Autresi muir en chantant a hauz criz,*
*Que je ne puis de ma dame estre oïz,*
*N'ele de moi pitié avoir ne daigne.*
*(Thibaut de Champagne, chanson 5, I)*

Les références dans le *Bestiaire d'amour* tant au grillon – double du cygne, curieusement remplacé dans le ms. C par le rossignol – qu'au cygne renvoient donc à l'éthique de la lyrique courtoise, mais, une fois encore, pour la refuser. Ce n'est plus, en effet, la plénitude à la fois délectable et douloureuse des sens que l'harmonie du chant du cygne au moment de mourir représente, mais une perte intolérable, sans rémission, qui mène inévitablement à l'anéantissement du *je*:

*Et pour che me sui jou pris garde ke li chanters m'a si pau valu ke je m'i puisse tant fier ke j'en perdisse nis moi, si ke ja li chanters ne m'i socourust; nomeement a chou ke je esprovai bien ke je miex cantai et ke je miex dis en chantant, adont me fu il pis. Ausi comme del chine.*

*(12,7-13,3; c'est moi qui souligne)*
Devenus mutuellement exclusifs, les termes des antithèses joie/douleur, vie/mort, dont la coexistence paradoxale structurait le sens de l'expérience amoureuse et poétique dans la lyrique courtoise, ne peuvent plus coexister dans le *Bestiaire d'amour*. Le motif de la mort d'amour n'y peut donc signifier que la privation et le manque: la privation de l'autre, qui aboutit à l'annihilation de soi. C'est ce qui explique la mise en place d'une nouvelle poétique par laquelle, sous le couvert d'une feinte objectivité, le trouvère cherche à faire accepter une conception déviante de la *fin'amors*. De fait, la nouvelle poétique se double d'un nouvel art d'aimer: c'est à la suite du rejet de la polarité dialectique vie/mort, joie/douleur, au profit d'une orientation qui tranche clairement l'antithèse, que Richard identifie, pour la première fois, son texte au moyen de la désignation générique négative de «contre escrit». L'image du chien avalant son propre vomissement exprime le désir irréalisable d'effacer l'ancien discours poétique, où le trouvère chantait l'amour de sa dame.

Le motif de la mort d'amour marque donc un tournant dans le discours du *Bestiaire*, sa réorientation dans le sens d'une nouvelle conception de l'amour et de la dame, vers laquelle l'interrogation ouvre timidement:

*Dont me doit on jugier por mort. Car par che m'avés mis en tel desconfort com il apartient a parfaite desesperance sans nule atente de merci. Et c'est li mors d'amours. Car aussi com en mort n'a point de recoivrir, aussi n'a il point d'esperance de joie d'amour la ou on n'atent merci.*
*Dont sui je mors, c'est voirs. Et ki m'a mort? Jou ne sai, ou vous ou jou, fors ke ambedoi i avons coupes.*

*(BA, 28,3-29,8; c'est moi qui souligne).*
Ce virage du discours n'est pas sans conséquence pour la représentation de l'oiseau chanteur et de son chant dans le *Bestiaire d'amour*. Loin d'avoir la transparence univoque que la lyrique lui attribuait, le chant est susceptible d'une pluralité d'effets que le «chanteur» peut utiliser dans la seule intention de leurrer son destinataire. Le chant véridique, sincère, de l'amant a son exact envers dans les jeux de séduction de la femme aimée, que l'image du gazouillement de l'oiseau, une fois de plus, représente. La calandre et le merle figurent justement ce jeu de séduction, bien que seul le second soit mentionné en raison de son chant. Je ne retiendrai donc que ce dernier. La lyrique courtoise ne le mentionne qu'exceptionnellement, dans le cadre traditionnel de l'exorde printanier. Cependant, sa signification y est bien différente de celle qu'il prend chez Richard de Fournival, qui l'associe plutôt au pouvoir de séduction irrésistible de la dame. Voici la «nature» de cet oiseau selon le *Bestiaire d'amour*:

*Fu che merveille se je fui pris? Nenil. Car vois a tant de force, k'ele escuse maintes coses ki sont desavenans. Ausi com de la merle: car encore soit che li plus lais oiseaus c'on gart en gaiole, et encore ne cante elle ke.ij. mois en l'an, si le*

*garde on plus volentiers c'autre oisel por la melaudie de sa vois.*
*(BA, 33,3-7)*
*Quelques éléments de cette brève description évoquent des traits que le pseudo-Pierre de Beauvais attribue au merle. Il ne faut pourtant pas oublier une divergence fondamentale, qui éloigne de façon décisive le Bestiaire d'amour de ce remaniement anonyme: ce dernier ne mentionne nulle part la laideur du merle; bien au contraire, la «nature» de cet oiseau, ainsi que la respective interprétation allégorique, y évoque une image entièrement positive. Il n'en va pas de même chez Richard: celui-ci appuie sur l'apparence hideuse de l'oiseau noir que justement la douceur particulière de son chant ferait oublier. Contrairement à sa pratique habituelle, Richard n'ajoute aucune glose herméneutique à cette description. Dans son ambiguïté, celle-ci n'y connote donc que les dangers que recèlent les appâts séduisants de la dame. L'association du chant doux et agréable du merle aux périls de la séduction amoureuse se trouve pourtant déjà dans l'Aviarium: «Merula dulcedine propriae vocis mentem movet in affectum delectationes. Illos autem figurate demonstrat quos voluptas carnis per suggestionem temptat». Hugues de Fouilloy élucide cette menace à travers l'histoire – qu'il puise une fois de plus chez Grégoire le Grand – de saint Benoît, tenté par le péché de luxure après avoir été en contact avec un merle; une tentation tellement irrésistible que le saint homme ne lui échappe qu'en se roulant dans les ronces et les orties. Selon le principe généralement adopté, aucune trace de cette réflexion morale ne subsiste dans le Bestiaire d'amour; Richard de Fournival conserve néanmoins le rapport entre le merle et l'expérience sensitive, encadrant sa description dans une ample explication sur les cinq sens qu'il développe par la suite, partant de sa source habituelle, la version longue du Bestiaire autrefois attribuée à Pierre le Picard.*
*On ne s'étonnera donc pas que le chant du merle possède d'évidentes analogies avec celui de la sirène, dont l'analyse précède immédiatement la référence au petit oiseau noir. Comprenant trois espèces, dont l'une est mi-femme, mi-oiseau, la sirène opère le glissement de la similitude oiseau-poète à la similitude oiseau-dame. Notons que l'une des espèces (la sirène-oiseau?) chante d'une voix de femme. Liant la séduction à la mort, ce chant emblématise la perversion du chant lyrique, transféré de l'amant à la dame. Or, si le chant du trouvère est impuissant non seulement à séduire, mais aussi à signifier la sincérité de son amour, la voix de l'aimée possède, comme celle de la sirène ou comme le roseau de Mercure, des pouvoirs redoutables, contre lesquels toute stratégie défensive est vouée à l'échec."*[712]

On pourrait penser que les caractéristiques du merle, oiseau noir associé aux mêmes valeurs que le rossignol, le cygne ou le coq, pourraient avoir été par Magritte dans *Jeune fille mangeant un oiseau* attribuées, ou, pour mieux dire, substituées pour l'aigle, oiseau tutélaire récurrent dans l'oeuvre du peintre, et dont on retrouve les serres dans cette peinture, à droite pour le spectateur.

Pareillement, selon un principe de dérivation similaire - rappelons que les oiseaux du tableau ne sont pas clairement différenciables -, entre la huppe et l'alouette huppée, cette dernière, à l'instar de la palombe, le verdier et la fauvette sont les oiseaux récepteurs des oeufs du coucou, selon Élien (2, 30)[713]. Celle-ci associée à l'amour éternel:

"*La fauvette orphée, que l'on trouve plus communément dans les bois ( et qui est un des rares oiseaux dont on entend le chant à la nuit tombée), tient son nom du fait qu'elle fut associée aux mystères de ce dieu grec qui brava et vainquit la mort pour sauver Eurydice, son épouse, des enfers.*"[714]

Ainsi, de même, la huppe, sous sa forme Hud Hud, identifiée, par le biais de Horus, à la veuve dans *Voyage en Orient* de Nerval, et apparentée au Phénix par les surréalistes[715], l'aigrette étant chez Breton et Miró, symbole de la femme[716], pour Ernst en particulier la huppe symbolisant *"l'homme-plume"* qu'est l'écrivain[717].

### 1.5.c.3. Le symbolisme de l'oiseau chez les surréalistes

L'oiseau, qui est le thème récurrent des surréalistes (qui pour quatorze d'un *corpus* établi de vingt-trois auteurs surréalistes, entre lesquels Breton, Paul Éluard, Louis Aragon, Giorgio de Chirico, Hugnet, Jacques Baron, Ribemont-Dessaignes, Vitrac, Leiris, Julien Gracq, ou Tristan Tzara, mettent les oiseaux en première place face aux référence aux autres groupes d'animaux)[718], de Paul Éluard[719], et dès les années 1930 de Georges Braque[720]. C'est aussi celui du poème, intitulé: *"Georges Braque"*, que lui dédie Éluard en 1924, antérieur aux travaux du peintre sur l'oiseau[721]:

"*Un oiseau s'envole,*
*Il rejette les nues comme un voile inutile,*
*Il n'a jamais craint la lumière,*
*Enfermé dans son vol*
*Il n'a jamais eu d'ombre.*

*Coquilles des moissons brisées par le soleil.*
*Toutes les feuilles dans les bois disent oui,*
*Elles ne savent dire que oui,*
*Toute question, toute réponse*
*Et la rosée coule au fond de ce oui.*

*Un homme aux yeux légers décrit le ciel d'amour.*
*Il en rassemble les merveilles*
*Comme des feuilles dans un bois,*
*Comme des oiseaux dans leurs ailes*
*Et des hommes dans le sommeil.*"[722]

Poème dont tous les motifs permettent de comprendre l'oeuvre de Magritte, et le symbolisme féminin des coquillages, des feuilles, des arbres et de la forêt, et masculin des oiseaux, ne serait-ce que par leur association aux hommes dans les deux derniers vers.

D'autre part:

"*Francis Ponge, qui a également collaboré avec Braque, a lui aussi été inspiré par l'oiseau. On peut trouver dans La Rage de l'expression (1952) un texte qui s'intitule «Notes prises pour un oiseau». Si l'on compare cette oeuvre aux Oiseaux de Saint-John Perse, on remarquera que les deux textes sont très différents dans leur ton, en dépit de certaines ressemblances stylistiques. Leur forme est celle du poème en prose et leur langage est parfois technique (Ponge cite même le Littré...). Il parle aussi du rapport entre le poète et le peintre et de leur face-à-face avec la matière du réel et l'oiseau («conjuration du peintre et de l'oiseau...», dirait Saint-John Perse (Oiseaux, IV):*
*«Le poète (est un moraliste qui) dissocie les qualités de l'objet puis les recompose, comme le peintre dissocie les couleurs,*

*la lumière et les recompose dans sa toile*» (*La Rage de l'expression*, "*Notes prises pour un oiseau*")."[723]

La fin du poème-calligramme de Ponge, dont nous donnons ici la transcription linéaire, reprend un motif important chez Magritte, bien que vingt-six ans plus tard, en 1953, l'anthropophagie de la figure de l'oiseau:

"*L'oiseau. Les oiseaux. Il est probable que nous comprenons mieux les oiseaux depuis que nous fabriquons des aéroplanes.*
*Le mot OISEAU: il contient toutes les voyelles. Très bien, j'approuve. Mais à la place de l's, comme seule consonne, j'aurais préféré l'L de l'aile: OILEAU, ou le v du bréchet, le v des ailes déployées, le v d'avis: OIVEAU. Le populaire dit Zozio. L's je vois bien qu'il ressemble au profil de l'oiseau au repos. Et oi et eau de chaque côté de l's, ce sont deux gras filets de viande qui entourent le bréchet.*"[724]

Et en ce qui concerne Saint-John Perse et sa collaboration avec Braque:

"*Naissance du projet*
*C'est à l'initiative très inspirée d'une petite maison d'édition provençale de livres d'art que l'on doit l'idée de la collaboration artistique entre Saint-John Perse et Georges Braque. A l'occasion des quatre-vingts ans de Braque, François et Janine Crémieux, directeurs de la maison d'édition "Au Vent d'Arles", proposèrent au peintre la publication d'un album consacré à ses dernières lithographies élaborées autour du thème de l'oiseau, sous le titre de L'Ordre des oiseaux. Les Crémieux, qui avaient déjà réuni Picasso et le poète Pablo Neruda pour un ouvrage intitulé Toros, eurent l'excellente idée de contacter Saint-John Perse pour la commande d'un texte accompagnant les oeuvres de Braque. Le poète accepta, en précisant dans une lettre à Janine Crémieux, datée du 26 janvier 1962:*
*"Je ne croyais pas devoir un jour déroger à l'interdiction que je me suis toujours faite de tout écrit de circonstance. Votre [...] lettre me laisse sans défense. Indépendamment de mon admiration pour l'œuvre du Peintre dont vous vous apprêtez à fêter le 80ème anniversaire, l'homme Braque m'est profondément sympathique. Si cela peut lui faire le moindre plaisir d'avoir mon voisinage à cette fête de ses Oiseaux, je le rejoindrai de bien grand coeur - et même un peu fraternellement, car ce mois de mai est aussi celui de ma naissance"*
*(Cahiers Saint-John Perse, no. 10, Correspondance Saint-John Perse/Jean Paulhan, 1991, p. 208).*
*S'il parle de Braque en ces termes chaleureux, c'est parce que Perse eut à deux reprises l'occasion de le rencontrer personnellement. La première fois fut le 26 novembre 1958, où il lui rendit visite à son domicile, accompagné de son épouse et de Jean Paulhan - à qui revient d'ailleurs l'idée de cette rencontre, immortalisée par une photo prise par Mme Braque, Mariette Laghaud (ci-contre).*
*La seconde rencontre eut lieu en décembre 1961, comme le rapporte d'ailleurs la "Biographie" des Oeuvres Complètes de Saint-John Perse dans la Pléiade:*
*"Bref séjour à Paris où il dîne avec Georges Braque en compagnie de Jean Paulhan" (O.C., p. XXX). Il faut croire que SaintJohn Perse avait retenu un très bon souvenir de ces entrevues, puisque sa collaboration avec Braque fut la seule qu'il consentit avec un plasticien. Si de son côté, Braque illustra plusieurs fois des oeuvres poétiques (que ce soit pour Les Ardoises du toit de Pierre Reverdy en 1918, ou la Lettera amorosa de René Char en 1963), le lien de Saint-John Perse aux arts plastiques paraît en revanche plus problématique. Dans sa jeunesse, il fut ébloui par un tableau de Gauguin qui lui inspira même un poème en 1902 (L'Animale), mais sa réticence envers la peinture n'en demeura pas moins marquée - surtout en comparaison de son engouement constant pour la musique. La concrétisation de cette collaboration avec Braque n'en est que plus précieuse, compte tenu surtout de la subtilité artistique qui en résulte.*

*La collaboration des deux artistes*

*Ayant signifié son accord au projet de Janine Crémieux, Perse approuve également le titre de l'album, L'Ordre des oiseaux, tout en prévoyant une édition ultérieure de son seul poème, sous le titre de Oiseaux. C'est que par-dessus tout, il tient à l' "indépendance" de son texte, dans cette entreprise conçue non pas comme une illustration, mais comme un réel compagnonnage. Aussi, il semble bien que la genèse du texte de Oiseaux ait préexisté à la proposition de collaboration avec Braque, et le poète précise dans une lettre à Jean Paulhan*
:
*"[...] me sachant [...] incapable d'écrire un poème de circonstance, je m'en suis tiré indirectement par cette "méditation poétique" sur l'Oiseau en général et sur l'Oiseau de Braque en particulier" (Lettre à Jean Paulhan du 10 mars 1962, in Cahiers de Saint-John Perse no. 10, p. 211). Dans le volume de la Pléiade, il précise également dans une autre lettre à Paulhan, que "les références à l'Oiseau de Braque" furent "ajoutées après coup"*
*(O.C., p. 1030). De son côté, Braque fut très satisfait de l'accord de Saint-John Perse et lui écrivit le 21 mars 1962 que la lecture de Oiseaux l'avait "beaucoup ému" (Catalogue d'exposition Les oiseaux et l'œuvre de Saint-John Perse, 1976, p. 125)."*725

On retrouve l'ambivalence et l'importance de la huppe et de ses simils chez Siant-John Perse, comme dans *Jeune fille mangeant un oiseau* et le groupe de peintures de feuilles à oiseaux chez Magritte:

*"Saint-John Perse et l'oiseau, l'être du "singulier destin"*
*L'oiseau, incitateur d'audace*
*Au tout premier rang de son bestiaire, l'oiseau représente pour Saint-John Perse un motif tout à fait crucial, tel que l'indique avant tout le nombre de ses occurrences au sein de son oeuvre. Dans le volume des Œuvres complètes de la Pléiade, une indication on ne peut plus claire atteste bien cette prédilection du poète pour l'oiseau. Il s'agit de la note qui se rapporte au recueil Oiseaux et dans laquelle il précise bien:*
*«Le thème de l'Oiseau semble avoir hanté toute sa vie Saint-John Perse» (O.C., p. 1134).*
*Tout au long de l'œuvre de Perse, et selon des aspects divers, l'oiseau ne cessera jamais d'être un incitateur d'ardeur, une vigie d'intensité existentielle et un constant appel lancé à l'homme, une exhortation au dépassement perpétuel. Rappelons au moins la première phrase de Oiseaux, I, O.C., p. 409:*
*«L'oiseau, de tous nos consanguins le plus ardent à vivre, mène aux confins du jour un singulier destin».*
*Et surtout, la seconde partie de mention, dans Oiseaux, IX, 5e laisse, O.C., p. 419:*
*«De tous les animaux qui n'ont cessé d'habiter l'homme comme une arche vivante, l'oiseau, à très longs cris, par son incitation au vol, fut seul à doter l'homme d'une audace nouvelle».*
*Dans Images à Crusoé, on est frappé par cette image si puissante que constitue tout le poème intitulé "Le Perroquet" (O.C., p. 16), primordial pour la valeur symbolique de l'animal en général. L'image, par son traitement déroutant, a de quoi surprendre et on peut fort bien comprendre que les premiers lecteurs aient pu être marqués par le déploiement d'une telle force évocatrice qui d'ailleurs, détourne quelque peu de ce à quoi on aurait pu s'attendre, à savoir une allusion exotique. Pour mieux analyser ce déploiement, il est indispensable d'envisager le poème dans son intégralité. Le lien métaphorique développé ici avec la propre situation de Crusoé est très clair: claustration dans laquelle se trouve cet oiseau est en fait le reflet de sa propre destinée d'exilé, lui qui vit le drame, de retour à la civilisation, de se sentir banni de son île et ressent durement la perte de la liberté sauvage dont il jouissait dans l'île. Son observation attentive de l'oiseau a donc un sens: «Homme à la lampe! que lui veux-tu?... Tu regardes [...]». Cette observation est d'ailleurs mutuelle: «Il tourne sa tête pour tourner son regard». Ce que voit Crusoé, c'est cette misère qui est la sienne propre, à travers l'image de cet animal tropical qui est pour ainsi dire déchu. La destinée misérable de cet oiseau enfermé est si éloignée de ce qu'elle serait dans la vie sauvage qu'il s'est transformé par sa tragédie; il a définitivement perdu sa propre identité, son éclat vivant d'animalité et n'est plus qu'un signifiant monstrueux de la misère: «C'est un autre». Médiocrité d'une trajectoire où se lit l'abandon, la négligence: «Un marin bègue l'avait donné à la vieille femme qui l'a vendu». Tout n'est que dépravation dans ce qui est le décor de sa vie; il est désormais voué à la saleté et au sinistre: «Il est sur le palier de la lucarne, là où s'emmêle au noir la brume sale du jour couleur de venelles». Horreur de la saleté,*

être vivant délaissé, vie annulée: «*Tu regardes l'œil rond sous le pollen gâté de la paupière; tu regardes le deuxième cercle comme un anneau de sève morte. Et la plume malade trempe dans l'eau de fiente»*. Le poème se clôture sur la puissante charge symbolique par laquelle se fait entendre toute la souffrance du banni, du prisonnier qu'est cet animal et qu'est Crusoé lui-même - et il n'est ici besoin pour Saint-John Perse d'aucune longue plainte, d'aucune lourdeur, simplement ceci: «*L'oiseau pousse son cri*».

*Quelques oiseaux de Saint-John Perse*
Mais ce perroquet est le symbole inversé de ce qu'est l'oiseau dans l'œuvre de Saint-John Perse en général: agent d'intensité existentielle et sommation adressée à l'homme. Il est par exemple le signe de l' «élection» du Prince dans *Amitié du Prince*, I, 1er tirade, 3e verset, O.C., p. 65:
«*[...] ô Prince sous l'aigrette, comme la tige en fleurs à la cime de l'herbe [...]*»
ou 4e verset:
«*ô Prince sous l'aigrette et le signe invisible du songe, ô Prince sous la huppe, comme l'oiseau chantant le signe de sa naissance*».
Notons bien que, suivant le goût prononcé de Saint-John Perse pour la polysémie, le terme même d' «aigrette» joue ici sur un double sens. Hormis l'oiseau, il désigne également la plume qui orne le chapeau du prince. A coup sûr, il serait faux de n'y considérer qu'un seul de ses deux sens possibles: il importe surtout de tenir compte de cette double acception. La désignation de l'oiseau est néanmoins très claire, comme le confirme la mention de la «huppe» à laquelle elle est associée, dans une formule similaire: «prince sous la huppe». La subtilité lexicale en jeu ici se confirme d'ailleurs quand on sait que le terme de «huppe» désigne également une «touffe de plumes que certains oiseaux ont sur la tête» (selon la définition du Littré). Le poète aura donc cherché à mettre ici face à face deux oiseaux, mais également deux plumes. Le sens animal de l' «aigrette» sera d'ailleurs repris plus loin dans le recueil: c'est cette aigrette qui conduit le voyageur vers le Prince, scène à l'occasion de laquelle on assiste à une sorte de transmutation humaine de l'animal, doté d'un «sourire», dans le chant IV, 1er tirade, 4e verset, OC., p. 71:
«*Et par-dessus la foule des lettrés, l'aigrette d'un sourire me guide jusqu'à lui*».
Dans le chant III, 1er tirade, 1er verset, O.C., p. 69, l'oiseau était encore une fois l'attribut naturel du Prince, l'indice de sa présence: "*Je reviendrai chaque saison, avec un oiseau vert et bavard sur le poing*". La figure de l'humanisation de l'oiseau, par le langage notamment, sera réutilisée dans *Anabase*, III, 2e laisse, 1er verset, O.C., p. 96: «*[...] l'oiseau chante: ô vieilesse!...*».
Dans *Exil*, III (3e laisse, O.C., p. 126) la «mouette» est le symbole de l'éternité de l'errance humaine:
«*Toujours il y eut cette clameur, toujours il y eut cette fureur / Et ce très haut ressac au comble de l'accès, toujours, au faîte du désir, la même mouette sur son aile, la même mouette sur son aire, à tire-d'aile ralliant les stances de l'exil*».
Dans le premier chant de *Neiges* (4e laisse, O.C., p. 157), la douceur de la venue matinale des premières neiges est magnifiquement rendue par cette comparaison de l'aube à une chouette:
«*Il neigeait, et voici, nous en dirons merveilles: l'aube muette dans sa plume, comme une grande chouette fabuleuse en proie aux souffles de l'esprit, enflait son corps de dahlia blanc*».
A travers la référence culturelle du troisième chant (6e laisse, O.C., p. 161), on peut clairement décrypter à la fois un symbole du temps et de la lumière, d'intensité vitale:
«*Et un oiseau de cendre rose, qui fut de braise tout l'été, illumine soudain les cryptes de l'hiver, comme l'Oiseau du Phase aux Livres d'heures de l'An Mille...*».
Archétype de ce registre symbolique de l'intensité existentielle, il est une image qui aura profondément fécondé les apparitions de l'oiseau dans notre corpus comme dans toute l'œuvre: c'est celle de «l' Innommé» de *Cohorte*. Dans ce poème de jeunesse (initialement appelé *Pour fêter des oiseaux* et publié, à en croire les indications de Saint-John Perse, à son insu dans La Nouvelle Revue Française par Gide), celui qui n'est pas encore Saint-John Perse, mais Alexis Saint-Leger Leger, évoque la venue d'une «cohorte» d'oiseaux tropicaux, offrant un spectacle majestueux, apparemment à des «spectateurs» postés aux vérandas de «la maison du Gouverneur» (la scène se rapporte, de toute évidence, au cadre d'enfance de l'Habitation familiale, en Guadeloupe).
C'est là un prétexte à une énumération descriptive très précise de ces oiseaux de mer, où s'esquisse ce goût de la nomination ornithologique conçue comme vecteur de la "vérité" des espèces. Tout le poème semble déboucher sur le

*moment essentiel, décisif, que constitue la venue de celui qu'on ose à peine nommer justement, celui qui, par sa majesté propre, sa transcendance, échappe à toute nomination:*
*«Voici, voici qui ne fut point, qui ne sera point nommé, celui pour nous qui toujours fut, et sera "l'Innommé"! (pour d'autres, la "Frégate-Aigle" ou "Frégate Magnificens")». (3e tirade, 1e laisse, 2e verset, O.C., p. 687).*
*Cette venue où l'identification nominale de l'oiseau fait place à l'appellation élogieuse (qui n'est pas nomination, mais marque de dévotion) place d'emblée cet oiseau dans une sorte de supériorité irréductible, qui renvoie, là encore, à une quasi-divinisation ("l'Innommé" pourrait ainsi induire également une entité supérieure que précisément on ne doit pas nommer).*
*Elle est aussi un surgissement parmi les hommes; elle s'opère dans une atmosphère de grande solennité, où le "public" qui assiste à l'approche de l'oiseau est comme saisi par une stupeur et une admiration générale qui se solde par une marque de la reconnaissance de l'"honneur" qu'a accordé l'oiseau par cette venue (3e tirade, 4e laisse, 6e et 7e verset, p. 688):*
*«il s'approche à loisir de la maison du Gouverneur - et tout le monde est aux terrasses [...] et soudain, là! le cri de tous: "Il nous a vu!"».*
*Au moins à deux reprises au sein de l'œuvre, les apparitions de l'oiseau reprendront ce motif solennel d'un "surgissement" décisif perçu comme une sommation, une présence qui s'impose. C'est d'abord dans Eloges, VIII (1e laisse, 3e verset, O.C., p. 39), le passage d'un pigeon, porteur de douceur:*
*«Un oiseau qui suivait, son vol l'emporte par-dessus tête, il évite le mât, il passe, nous montrant ses pattes roses de pigeon, sauvage comme Cambyse et doux comme Assuérus...»*
*Mais c'est surtout dans Anabase, la clôture du septième chant sur cette 6e laisse laconique (O.C., p. 106):*
*«(L'ombre d'un grand oiseau me passe sur la face)».*
*D'ailleurs, si cette dernière mention rappelle bien le motif de «l'Innommé» de Cohorte, c'est aussi parce que probablement il s'agit dans les deux cas de la présence d'un «oiseau» (un rapace plus exactement) qui, dans la poésie de Perse, a une importance primordiale: l'aigle. En cela, l'apparition de cette «Frégate-Aigle» de Cohorte est une sorte de préfiguration capitale de ce motif.*
*On sait l'intérêt qu'eut le poète pour les rites chamaniques, qu'il découvrit notamment lors de ses séjours en Chine et en Amérique et parmi toutes les références qu'il y fait dans ses poèmes, rappelons-nous au moins de l'une d'entre elles où le statut rituel de l'aigle est évoqué de façon directe (et où on peut donc voir se déployer un symbole lié aux pouvoirs des chamans): Chronique, 2e tirade, 8e laisse, O.C., p. 399:*
*"*Jadis des hommes de haut site, la face peinte d'ocre rouge sur leurs mesas d'argile, nous ont dansé sans gestes danse immobile de l'aigle [...] *»".*[726]

On voit comment la figure de l'aigle tutélaire passe d'un auteur à l'autre, en l'occurrence de Saint-John Perse à Magritte. Mais la correspondance peut aller plus loin encore; c'est le plaisir et l'obscurité:

*"L'intensité du vol selon Saint-John Perse*
*Parmi les motifs privilégiés par Saint-John Perse pour incarner dans son poème la représentation de l'oiseau, la saisie du mouvement et en particulier du vol occupe une place de choix. Aux yeux du poète, l'oiseau est avant tout cet être vivant que caractérise cette aptitude du vol; il s'y intéresse tout d'abord comme simple phénomène physique, en dehors de toute symbolique préétablie. Cet intérêt traverse le recueil de part en part, dès la suite I (O.C., p. 409):*
*«Migrateur, et hanté d'inflation solaire, il voyage de nuit, les jours étant trop courts pour son activité»*
*«Au fléau de son aile l'immense libration d'une double saison; et sous la courbe du vol, la courbure même de la terre...»*
*«Ascétisme du vol!...»*
*Par le vol, le mouvement constant, l'oiseau apparaît à Perse comme un être toujours en quête. Par ailleurs, une situation de supériorité lui est intimement conférée par cette capacité organique d'élévation - ainsi, à la suite IX (O.C., p. 415):*
*«D'une parcelle à l'autre du temps partiel, l'oiseau créateur de son vol, monte aux rampes invisibles et gagne sa hauteur...»*

*Remarquons d'ailleurs que l'épigraphe de L'Ordre des oiseaux, tirée de Amers (O.C., p. 385) saisit également l'oiseau dans son vol, dans cette situation de supériorité par rapport à l'homme, dont il voit la destinée:*
*«L'oiseau plus vaste sur son erre voit l'homme libre de son ombre, à la limite de son bien».*
*Saint-John Perse avait donné son accord pour le choix de cette citation, sélectionnée préalablement par Janine Crémieux: "La citation d'Amers que vous avez su dégager, et qui a intéressé Braque, pourrait être isolée, en épigraphe de l'Album (non de mon texte), sur une des pages liminaires. Elle suffit en effet à elle-même et concentre plus que n'en pourra dire tout mon développement" (cité par Andrew Small, "Estivation d'Oiseaux - Sur l'origine de L'Ordre des oiseaux de Georges Braque et de Saint-John Perse, in Souffle de Perse, N° 8, juin 1998, p. 71).*
*Cette supériorité est d'ailleurs opposée à la pesanteur à laquelle est associée la situation terrestre de l'homme (id.):*
*«De notre profondeur nocturne, comme d'un écubier sa chaîne, il tire à lui, gagnait le large, ce trait sans fin de l'homme qui ne cesse d'aggraver son poids».*
*En liaison directe avec la façon dont Saint-John Perse attire l'attention sur la spécificité d'une physiologie générale où tout indique l'intensité, le vol est, dans ses différents aspects, à ses différents moments, conçu comme une mobilisation intégrale de la tension qui habite l'oiseau - tel qu'à la suite VII (O.C., p. 416):*
*«... Rien là d'inerte ni de passif. Dans cette fixité du vol qui n'est que laconisme, l'activité demeure combustion. Tout à l'actif du vol et virements de compte à cet actif!»*
*«Ascétisme du vol!... L'être de plume et de conquête, l'oiseau, né sous le signe de la dissipation, a rassemblé ses lignes de force. Le vol lui tranche les pattes et l'excès de plume. Plus bref qu'un alérion, il tend à la nudité lisse de l'engin, et porté d'un seul jet jusqu'à la limite spectrale du vol, il semble près d'y laisser l'aile, comme l'insecte après le vol nuptial».*
*Perse conclut d'ailleurs la suite VII par cette phrase: «C'est une poésie d'action qui est engagée là», signifiant bien cette importance générale du vol dans cette saisie poétique de l'oiseau.*
*Plus loin, à la suite X (O.C., p. 420-21), cette intensité irréductible se mue en volupté, celle-là même qui est ressentie par l'oiseau durant le vol:*
*«Gratitude du vol!... Ceux-ci en firent leur délice [...]*
*Sur toutes mesures du temps loisible, et de l'espace, délectable, ils étendent leur loisir et leur déclaration [...]»*
*«Plus qu'ils ne volent, ils viennent à part entière au délice de l'être [...]»*
*«Et qui donc sut jamais si, sous la triple paupière aux teintes ardoisées, l'ivresse ou les affres du plaisir leur tenait l'œil mi-clos? Effusion fait permanence et l'immersion totale...»*
*Ces éléments d'intensité et de volupté peuvent, dans une certaine mesure, être retrouvés dans certaines lithographies de Braque, où la disposition spatiale même de l'oiseau induit son mouvement, son vol."*[727]

Le tranchant de l'arme, l'aube et son cri muet, la jouissance, de nouveau:

*"Chant et mutisme de l'oiseau chez Saint-John Perse et Braque*
*Dans l'œuvre de Saint-John Perse, le chant de l'oiseau a un statut particulier. Aux côtés du vol, de l'identité, de la poétique et de la métaphysique de l'oiseau, le poète mentionne le cri de l'oiseau:*
*«Et son cri dans la nuit est cri de l'aube elle-même: cri de guerre sainte à l'arme blanche» (Oiseaux, I, O.C., p. 409).*
*Il parle aussi de son mutisme:*
*«Longue jouissance et long mutisme... Nul sifflement là-haut, de frondes ni de faux. Ils naviguaient déjà tous feux éteints, quand descendit sur eux la surdité des dieux...» (Oiseaux, X, O.C., p. 420).*
*Les oiseaux de Braque ne chantent évidemment pas. Ils sont liés à l'espace visuel, au mouvement (et donc au rythme) et à la physiologie. Les oiseaux de Braque peuvent évoquer le cri et le mutisme par leur expression picturale et plastique, mais ils n'expriment jamais le chant. Il est rarement possible de discerner l'ouverture d'un bec qui signalerait un oiseau chantant dans une lithographie de Braque.*
*Faire voir et comprendre, mais non pas écouter, tel est le projet de Braque et de Saint-John Perse. Les sons des mots n'équivalent pas les chants d'oiseaux, même si leurs rythmes et leurs timbres apportent souvent un sens supplémentaire au contenu simple des mots."*[728]

La semence, la lune et les perles, métaphores que l'on rencontre aussi chez Magritte, et les couleurs, propres des oeuvres où Magritte représente les oiseaux les plus exotiques, depuis le gris, ton dominant de *Jeune fille mangeant un oiseau*, que prennent ces objets:

"*Couleur transcendée et sémantique des couleurs*
*Dans les deux suites bien précises de Oiseaux (à savoir les suites IX et XIII), on assiste à un phénomène très frappant, qui marque une profonde mutation dans la sphère sensible attachée à l'oiseau. Tout d'abord, aux troisième et quatrième laisse de la suite IX (O.C., p. 419), au cours de évocation de la coloration des oiseaux, intervient d'abord comme une sorte de "brouillage", puis une relativisation réelle de la désignation claire de la nature même de la couleur. Tout se passe en fin de compte comme si par son intensité existentielle, son extrême ardeur organique, l'oiseau parvenait désormais à dépasser toute distinction figée de la couleur, à la transcender littéralement. Pourtant, dans la poésie de Saint-John Perse, la couleur exprime généralement une identité, une ontologie, loin de tout ornement. Mais par la transcendance qui se manifeste ici, le poète place l'intégration existentielle au-delà même de cet indice ontologique de la couleur, l'oiseau se dégageait de toute trace symbolique pour rejoindre une plénitude vraie. A dessein, nous soulignons ici tout ce qui, dans le texte, incarne ce dépassement décisif:*
«*Nous l'avons vu, sur le vélin d'une aube; ou comme il passait, noir - c'est-à-dire blanc - sur le miroir d'une nuit d'automne, avec les oies sauvages des vieux poètes Song, et nous laissait muets dans le bronze des gongs. [...]*
*Mais lui, vêtu de peu de gris ou bien s'en dévêtant, pour nous mieux dire un jour l'inattachement de la couleur - dans tout ce lait de lune grise ou verte et de semence heureuse, dans tout cette clarté de nacre rose ouverte qui est aussi celle du songe, étant celle des pôles et des perles sous la mer - il naviguait avant le songe, et sa réponse est: "Passer outre!..."*»
*Tout cela débouchera, à la suite XIII (O.C., p. 426-427), dans la même acception de cette sublimation, sur une fixation métaphorique des déploiements de la couleur, en une manière d'allégorie de la coloration de l'âme humaine. La mutation est alors seulement achevée: en cette épaisseur vécue du sensible, l'oiseau s'est libéré de ce qui dans la couleur était symbole, il rejoint ce territoire fusionnel de la métaphore:*
«*Laconisme de l'aile! ô mutisme des forts... Muets sont-ils, et de haut vol, dans la grande nuit de l'homme. Mais à l'aube, étrangers, ils descendent vers nous: vêtus de ces couleurs de l'aube - entre bitume et givre - qui sont les couleurs mêmes du fond de l'homme... Et de cette aube de fraîcheur, comme d'un ondoiement très pur, ils gardent parmi nous quelque chose du songe et de la création.*»"[729]

Pour sa part, Miró associe les oiseaux, qui sont également récurrents dans son oeuvre, dans ses titres, au soleil rouge (*L'Hirondelle éblouie par l'éclat de la prunelle rouge*, 1925)[730], dont nous avons vu la symbolique chez Magritte, et aux amoureux (dans *Le bel oiseau dechiffrant l'inconnu au couple d'amoureux*, 1959)[731]. Il associe également les oiseaux à la femme dans *Constellation Femme encerclée d'oiseaux*, selon le principe que l'on retrouve dans *Jeune fille mangeant un oiseau*, dont le doublon chez Magritte est *Vol d'oiseaux* (figure masculine au visage invisibilisé par un envol de colombes tout autour de lui, symbole probablement de l'obsession phallique des fantasmes masculins). Miró, comme Magritte, associe également, en prouvant le symbolisme féminin, déjà noté par Freud, et sensible dans la chanson populaire (on pense à la fameuse "*Au clair de la lune*"), la femme à la lune et aux étoiles (reprenant en cela le thème présent dans le titre précédemment cité de lui: *Constellation Femme encerclée d'oiseaux*), dans *Femme, lune, étoile* (1949)[732].

La récurrence de la figure aviaire chez les surréalistes, et celle de l'aigle, entre autres, chez Saint-John Perse où il apparaît comme un symbole associé au Phénix, Saint-John Perse reprenant en outre symbolisme de la huppe similaire à celui d'Ernst, renvoie aux bestiaires médiévaux, notamment á l'*Aviarium* (aussi connu comme *De Avibus*) de Hugues de Fouilloy[733], qui aborde les différents oiseaux que nous allons évoquer à continuation. L'aigle:

*"The eagle received both favorable and unfavorable interpretations.*
*As the eagle renews its youth, so too can the man with "old clothes and dim eyes", who should seek the spiritual spring and raise the eyes of his mind to God. The rock on which the eagle sharpens its beak is Christ, on which man can sharpen his soul; the eagle also represents Christ, who came from heaven to catch souls, just as the eagle catches fish. The eagle's ability to look directly at the sun represents Christ's ability to look directly at God, and as the eagle lifts its young to the sun, so do angels lift worthy souls to God.*
*According to the Aberdeen Bestiary, "The word 'eagle' in the Holy Scriptures signifies sometimes evil spirits, ravishers of souls; sometimes the rulers of this world. Sometimes, in contrast, it signifies either the acute understanding of the saints, or the Lord incarnate flying swiftly over the depths then seeking once more the heights. The word 'eagle' represents those who lie in ambush for the spirit. ... The word 'eagle' also symbolises earthly power." The descent of the eagle from the sky to the earth to find food also represents the fall of Adam, who ate what was forbidden."*[734]

Il symbolise le partage de la nourriture entre les oiseaux (on pense à *Jeune fille mangeant un oiseau*); il pond toujours trois oeufs (ce qui pourrait expliquer le nombre d'oeufs chez Magritte), et il renaît à lui-même, comme le Phénix:

*"Gerald of Wales [12th century CE] (The Journey Through Wales, book 2, chapter 10): According to vulgar tradition, these mountains [of Snowdonia] are frequented by an eagle who, perching on a fatal stone every fifth holiday, in order to satiate her hunger with the carcases of the slain, is said to expect war on that same day, and to have almost perforated the stone by cleaning and sharpening her beak. (from the The Itinerary of Archbishop Baldwin through Wales (London, 1908) Everyman edition)*
*St Antony of Padua [12-13th century CE] (Sermons): The saints compared to eagles. The eagle is so called from the acuteness of its sight, because she can behold the sun with unflinching eyes. Wherefore it is said concerning it in books of natural history, that she is of very sharp sight, and compels her young ones to look at the sun before they are fully fledged. To this end she strikes them and turns them towards the sun, and, if the eyes of any one of them water, she kills him, and pays attention to the others. It is said also that she lays three eggs and throws out the third. It is asserted, moreover, that she places an amethyst in the nest with her young ones, that by its virtue serpents may be driven away. In the eagle the subtle intelligence of saints and their sublime contemplation is set forth; for they turn towards the aspect of the true Sun, to the light of wisdom, their young, that is, their works, in order that if any thing which becomes not their extraction should be concealed there, it may be brought to light by the splendour of the sun. For all iniquity is made manifest by the light. Whence, if they see that any work of theirs cannot rightly look at the sun, and is confounded by its rays and weeps, they immediately slay it... And note that the three eggs of the eagle are the three kinds of love which exist in a righteous man; the love of God, of his neighbour, and of himself. Which, last love he is*

*bound to expel altogether from the nest of his conscience... And note also, that the amethyst is a principal gem, of a violet colour, which shoots out flames and is marked with golden and purple specks; and it signifies the life of Christ, which was of a violet coloured poverty and humility, and shot forth golden flames in its preaching and in the operation of its miracles, and was marked with purple specks in its Passion. This amethyst the righteous man is bound to place in the nest of his conscience, that serpents, that is, the suggestions of devils, may be repelled from his young ones, that is, from his works. (Mediæval preachers and mediæval preaching: A series of extracts, translated from the sermons of the middle ages, chronologically arranged; with notes and an introduction (London, 1856) Neale translation)*

*Guillaume le Clerc [13th century CE] (Bestiaire): The eagle is the king of birds. When it is old it becomes young again in a very strange manner. When its eyes are darkened and its wings are heavy with age, it seeks out a fountain clear and pure, where the water bubbles up and shines in the clear sunlight. Above this fountain it rises high up into the air, and fixes its eyes upon the light of the sun and gazes upon it until the heat thereof sets on fire its eyes and wings. Then it descends down into the fountain where the water is clearest and brightest, and plunges and bathes three times, until it is fresh and renewed and healed of its old age. The eagle has such keen vision, that if it is high up among the clouds, soaring through the air, it sees the fish swimming beneath it, in river or sea; then down it shoots upon the fish and seizes and drags it to the shore. Again, if unknown to the eagle its eggs should be changed and others put into its nest, when the young are grown, before they fly away, it carries them up into the air when the sun is shining its brightest. Those which can look at the rays of the sun, without blinking, it loves and holds dear; those which cannot stand to look at the light, it abandons, as base-born, nor troubles itself henceforth concerning them. (Bestiaries and Lapidaries (London, 1896) Kuhns translation)*

*Bartholomaeus Anglicus [13th century CE] (De proprietatibus rerum, book 12): Now it pertaineth to speak ... first of the eagle, which hath principality among fowls. Among all manner kinds of divers fowls, the eagle is the more liberal and free of heart. For the prey that she taketh, but it be for great hunger, she eateth not alone, but putteth it forth in common to fowls that follow her. But first she taketh her own portion and part. And therefore oft other fowls follow the eagle for hope and trust to have some part of her prey. But when the prey that is taken is not sufficient to herself, then as a king that taketh heed to a community, she taketh the bird that is next to her, and giveth it among the others, and serveth them therewith. Austin [Augustine] saith, and Plinius also, that in age the eagle hath darkness and dimness in eyen, and heaviness in wings. And against this disadvantage she is taught by kind to seek a well of springing water, and then she flieth up into the air as far as she may, till she be full hot by heat of the air, and by travail of flight, and so then by heat the pores are opened and the feathers chafed, and she falleth suddenly in to the well, and there the feathers are changed, and the dimness of her eyes is wiped away and purged, and she taketh again her might and strength. The eagle's feathers done and set among feathers of wings of other birds corrupteth and fretteth them. As strings made of wolf-gut done and put into a lute or in an harp among strings made of sheep-gut do destroy, and fret, and corrupt the strings made of sheep-gut, if it so be that they be set among them, as in a lute or in an harp, as Pliny saith. Among all fowls, in the eagle the virtue of sight is most mighty and strong. For in the eagle the spirit of sight is most temperate and most sharp in act and deed of seeing and beholding the sun in the roundness of its circle without blemishing of eyen. And the sharpness of her sight is not rebounded again with clearness of light of the sun, nother disperpled. There is one manner eagle that is full sharp of sight, and she taketh her own birds in her claws, and maketh them to look even on the sun, and that ere their wings be full grown, and except they look stiffly and steadfastly against the sun, she beateth them, and setteth them even tofore the sun. And if any eye of any of her birds watereth in looking on the sun she slayeth him, as though he went out of kind, or else driveth him out of the nest and despiseth him, and setteth not by him. (Mediaeval Lore from Bartholomew Anglicus (London, 1893/1905) Steele edition of 1905)"*[735]

Le merle, dont on a dit qu'il peut avoir une certaine coïncidence avec l'aigle de Magritte, est un symbole de l'appétit charnel:

*"The blackbird represents those who are tempted by carnal pleasures. The blackbird in flight represents the temptation to desire. To reject the desire symbolised by the blackbird, you must discipline yourself and thus rid yourself of pleasures of the mind by inflicting pain on your flesh. A white blackbird represents purity of will."*[736]

Le milan, autre rapace proche de l'aigle, ne vole pas la nourriture des funérailles ni des dieux, bien qu'il soit extrêmement vorace, et pour cela sans doute associé aux appétits charnels, comme le merle:

"*The kite represents those who delight in carnal pleasures, especially those of the stomach. As the kite cannot catch wild birds and only hunts the weaker domestic ones, so the devil preys only on the weak in spirit.*

*Sources*
*Pliny the Elder [1st century CE] (Natural History, Book 10, 12): Kites are of the same genus as hawks but are smaller. Though they are rapacious birds and are always hungry, they do not steal food at funerals or when it has been offered to the gods. (Book 10, 21): Kites do not normally drink, and it is a direful augery if one does so.*"[737]

Comme la huppe, ainsi que nous l'avons vu, l'épervier ou faucon est considéré avoir mauvaise chair:

"*Bartholomaeus Anglicus [13th century] (De proprietatibus rerum, book 12): The goshawk is a royal fowl, and is armed more with boldness than with claws, and as much as kind taketh from her in quantity of body, it rewardeth her with boldness of heart. And two kinds there be of such fowls, for some are tame and some are wild. And she that is tame taketh wild fowls and taketh them to her own lord, and she that is wild taketh tame fowls. And this hawk is of a disdainful kind. For if she fail by any hap of the prey that she reseth to, that day unneth she cometh unto her lord's hand. And she must have ordinate diet, nother too scarce, ne too full. For by too much meat she waxeth ramaious or slow, and disdaineth to come to reclaim. And if the meat be too scarce then she faileth, and is feeble and unmighty to take her prey. Also the eyen of such birds should oft be seled and closed, or hid, that she bate not too oft from his hand that beareth her, when she seeth a bird that she desireth to take; and also her legs must be fastened with gesses, that she shall not fly freely to every bird. And they be borne on the left hand, that they may somewhat take of the right hand, and be fed therewith. And so such tame hawks be kept in mews, that they may be discharged of old feathers and hard, and be so renewed in fairness of youth. Also men give them meat of some manner of flesh, which is some-deal venomous, that they may the sooner change their feathers. And smoke grieveth such hawks and doth them harm. And therefore their mews must be far from smoky places, that their bodies be not grieved with bitterness of smoke, nor their feathers infect with blackness of smoke. They should be fed with fresh flesh and bloody, and men should use to give them to eat the hearts of fowls that they take. All the while they are alive and are strong and mighty to take their prey, they are beloved of their lords, and borne on hands, and set on perches, and stroked on the breast and on the tail, and made plain and smooth, and are nourished with great business and diligence. But when they are dead, all men hold them unprofitable and nothing worth, and be not eaten, but rather thrown out on dunghills. (Mediaeval Lore from Bartholomew Anglicus (London, 1893/1905) Steele edition of 1905)*"[738]

Le rossignol, qui crie pour appeler le jour, meurt dans des concours entre ses congénères de force de chant:

"*The nightingale has a sweet song, and loves to sing. It sings to relieve the tedium as it sits on its nest through the night. At dawn it sings so enthusiastically that it almost dies. Sometimes nightingales compete with each other with their songs, and the one that loses the competition often dies.*
*.../...*
*Sources*
*Pliny the Elder [1st century CE] (Natural History, Book 10, 43): Nightingales sing continuously for fifteen days and nights when leaves first appear in the spring. This bird has a remarkable knowledge of music, and uses all of the*

*arts that human science has developed in the mechanism of the flute. Each bird knows several songs, with the songs differing beween birds. There is great competition and rivalry between them; the one who loses the competition often dies, her breath giving out before her song. Young nightingales are taught music by their elders; they are given verses to practice, and improve their singing under the criticism of the instructor."*[739]

Quant au passereau, nom générique, qui intègre verdier, moineau ou fauvette, symbole d'érémétisme *(Lettre aux frères de Mont-Dieu* de Guillaume de Saint-Thierry, *"dix ans à peine après la rédaction présumée du "De avibus"")*[740] :

"G. Durand et G. Bachelard ont bien montré que *l'oiseau désincarné typique, c'est-à-dire de qui l'aile est plus importante que l'animalité*, est ce passereau qui "vit au ciel" selon l'heureuse expression de Jules Renard."[741]

Il est aussi symbole de Luxure à la Cathédrale de Strasbourg[742].

### 1.5.c.4. Conclusions générales de cette partie

Sans aller plus loin, on peut donc dire, en résumé, que, fondée sur les conventions du discours surréaliste autour des oiseaux comme symbole de l'Art, comme on le trouve déjà chez Baudelaire, avec son *"Albatros"*, et suivant une dichotomie similaire entre mort et vie, inadaptation ou éloignement social et envol, les oiseaux peints par Magritte dans *Jeune fille mangeant un oiseau*, et cela sans prendre en compte ceux du groupe des tableaux des feuilles à oiseaux (où, comme chez Miró, ils s'associent à la lune, comme ils le font à la femme dans *Jeune fille*), dont on pourrait trouver des correspondances, on l'a dit, là aussi, par exemple chez Saint-John Perse, représentent: la résurrection (à l'instar du Phénix, récurrent, sous sa forme d'oiseau de proie, chez Magritte) et, ironiquement, l'inmangeable (huppe, aigle); l'amour, la mort et la Luxure, en même temps que son contraire, l'abstinence, là aussi ironiquement (passereaux[743]: soit cassenoix[744] [lequel, par sa nature, en outre, de corvidé - on a vu, dans les bestiaires, les liens mythographiques du merle avec l'aigle, que, si l'on voulait, on retrouverait aussi en ce sens de protecteur d'outre-tombe dans le monde celte -, représente, visuellement de fait dans le tableau de Magritte, les valeurs intermédiaires entre les deux groupes des passereaux et de l'oiseau de proie et/ou charognard dans son habituelle, chez le peintre, attitude psychopompe, le Thot égyptien -], grive musicienne[745], verdier[746], merle noir[747], ou rossignol).

Donc, ces oiseaux, choisis par Magritte pour accompagner la vorace jeune fille, sont, ironiquement liés au limites du comestible (incomestible pour la huppe, prisé pour la *"mauvis"*), liés au processus de la renaissance (comme principe d'auto-mutilation: les bestiaires nous disent que de l'épervier ou milan que "*When its feathers become old, the hawk heats its wings in a warm wind to loosen the feathers and make them fall out; if there is no warm wind, the hawk beats its wings to heat them.*"[748]), et à l'amour, la passion et la luxure. Le rossignol, encore une fois, faisant, ici dans les bestiaires, lien entre les deux symbolismes: de mort et de sacrifice érotique.

## 1.5.d. Le symbolisme du torcol

Toutefois, un oiseau échappe à cette définition, et c'est le torcol (pour lequel, reconnaissons-le, nous penchons plus dans la reconnaissance de l'oiseau en question dans la toile de Magritte): cet oiseau est un pisciforme[749]; il nous renvoie donc, par son ordre et famille, à la figure du poisson chez Magritte, et son lien avec la définition des sexes.

D'autre part:

*"Jynx est un personnage assez confidentiel de la mythologie grecque. Son mythe repose sur des sources tardives et contradictoires qui toutes se rejoignent sur le point de la métamorphose. Le Jynx du grec ancien se traduit par «torcol».*
*La Souda, qui est une encyclopédie grecque de la fin du Xe siècle, est un ouvrage de référence, en particulier pour les citations, très souvent utilisée dans les travaux portant sur l'Antiquité, nous livre plus d'informations, fait de Jynx une nymphe, fille d'Echo ou de Péitho, la persuasion. Elle aurait voulu séduire Zeus/Jupiter par ses drogues mais aurait été changée en pierre par Héra. Elle fut surnommée «petite perverse» pour cela. Cette métamorphose en pierre est cependant minoritaire, et elle est traditionnellement associée au torcol, oiseau réputé chez les Grecs pour inspirer l'amour.*
*Cependant, il existe une autre version qui est donnée par Antoninus Liberalis: Jynx, fille de Piéros et donc mortelle, aurait avec ses sœurs voulu défier les Muses dans une compétition musicale, ce qui explique sa métamorphose en torcol. Théocrite, qui était un poète bucolique grec (vers 315 avant Jésus-Christ est décédé vers 250 avant J.C.), considéré comme l'un des sept poètes de la Pléiade poétique, met en scène, dans sa seconde idylle, une femme, Simaitha, qui essaie de retrouver l'amour de son amant en invoquant, entre autre, mais de façon répétée, Jynx, traduit le plus souvent par «torcol», mais aussi par «bergeronnette» ou «oiseau sacré», comme une figure divine capable d'agir magiquement sur un amant qui la délaisse. L'oiseau est ici invoqué selon un principe de magie sympathique. En effet, Simaitha essaie de faire revenir son amant à elle, donc de le faire regarder en arrière, vers elle, et le torcol symbolise cette opération dans son nom même (il se tord le col ou le cou).*

*La bergeronnette grise*
*Jynx, c'est-à-dire la bergeronnette, était cette fille de Pan qui fit boire à Zeus/Jupiter le breuvage qui l'enflamma pour Io, qu'il transforma en génisse pour la soustraire au regard d'Héra. Mais celle-ci l'en punit quand même en la métamorphosant en bergeronnette, oiseau que les Grecs utilisaient pour la magie amoureuse. Et c'est ainsi que la bergeronnette est devenue le symbole des enchantements de l'amour et qu'elle était dédiée à Aphrodite/Vénus, déesse de l'amour, de la sensualité et de la sexualité. D'ailleurs le chant de la bergeronnette est en parfaite harmonie avec les premiers désirs, autre raison qui lui permit de participer au culte d'Aphrodite/Vénus.*
*Par ailleurs, c'est également sous la forme d'une bergeronnette qu'est représenté le Phénix grec. En fait, cet oiseau légendaire était, à l'origine, l'oiseau Bénou de l'Egypte antique. Ce dernier était un animal sacré qui représentait l'âme de Rê, le Soleil.*
*La bergeronnette, la «lavandière» ou le «hoche-queue» de nos pays, joue dans les mythes primordiaux du Japon, un rôle de nature démiurgique. C'est d'elle, en effet, que le couple primordial, Izanagi-Izanami apprit la copulation. Sa façon de marcher en trottinant et en balançant continuellement la queue lui vaut ce surnom de «hochequeue» et sa présence au bord des rivières et des lavoirs d'autrefois est à l'origine de son autre surnom de «lavandière». La bergeronnette passe le plus clair de son temps au sol. Elle avance en trottinant à vive allure, avec des mouvements saccadés de la tête.*
*Il serait sans doute puéril d'interpréter ce fait de manière uniquement réaliste. Le rôle de l'oiseau paraît être en rapport ici avec celui du serpent dans la Genèse car il est à la fois le révélateur de l'intelligence créatrice et l'instrument de la transposition, au plan grossier, de la manifestation subtile: il révèle l'homme à lui-même.*
*Chez les Grecs aussi, la bergeronnette, présent d'Aphrodite/Vénus, est liée à l'amour et à ses philtres magiques, en particulier quand elle est fixée sur une roue tournant avec rapidité: «La maîtresse des flèches les plus rapides, la déesse née à Chypre, du haut de l'Olympe, attacha solidement sur une roue une bergeronnette au plumage varié, liée aux*

*quatre membres. Elle apporta pour la première fois aux hommes l'oiseau du délire, et enseigna à l'habile fils d'Aison des charmes et des formules pour qu'il pût faire oublier à Médée le respect de ses parents. Et c'est pourquoi la bergeronnette symboliserait les enchantements de l'amour…"*[750]

Liée, donc, aussi, au supplice, dans la mythologie:

*"La maîtresse des flèches les plus rapides, la déesse née à Chypre, du haut de l'Olympe, attacha solidement sur une roue une bergeronnette au plumage varié, liée aux quatre membres",*

Et le lexique (le torcol, effectivement:

*"Adj. — Au col de travers.*
*Lord Sinclair torcol et cravaté d'incarnadin.*
*Demoiselles Goubert.* [de Jean Moréas]"[751]),

Le torcol apparaît comme l'oiseau-symbole de la jeune fille, son alter-ego, alors que les autres oiseaux pourraient en être respectivement les proies, acceptée (la "*mauvis*") ou rejetée (la huppe).

C'est donc, effectivement, bien une allégorie du *Plaisir* que cette peinture, mais aussi de ce qui le définit, c'est-à-dire du choix, de la sélection amoureuse dans ce qui donne ou non ce *Plaisir*.

De même, une chanson enfantine allemande parle du mariage du merle et de la grive, y réapparaît le coq, symétrique du rossignol, comme nous y reviendrons, pour marquer, cette fois à similitude du rossignol, ce que l'on peut espérer de la première nuit de noces:

*"Un oiseau voulait se marier*
*Dans la verte forêt*
*Viderallala, viderallala*
*Viderallalalala*

*Le merle était le marié,*
*La grive était la mariée.*

*Les oies et les canards*
*Etaient les musiciens.*

*Le grand-duc, le grand-duc*

*Apporte à la mariée ses chaussures de mariage*

*Le coucou crie, le coucou crie*
*Il apporte sa robe (de mariée) à la mariée.*

*Le moineau, le moineau*
*Apporte l'anneau à la mariée.*

*La colombe, la colombe*
*Apporte sa coiffe à la mariée*

*L'alouette, l'alouette*
*Conduit la mariée à l'église.*

*Le coq de bruyère, le coq de bruyère*
*Etait le sacristain et le vicaire*

*La mésange, la mésange,*
*Apporte les plats à la mariée.*

*Le paon, avec sa queue bariolée*
*Fait la première danse avec la mariée.*

*Mme Grattedupied, Mme Grattedupied ("Nom de fable de la poule dans la tradition germanique"),*
*Donne à tout le monde un baiser d'adieu.*

*La mère de la mariée, c'était la chouette,*
*Elle prend congé en hululant*

*Le grand-duc, le grand-duc*
*Ferme les volets aux fenêtres.*

*Le coq chante "Bonne nuit!"*
*Maintenant, les chambres seront fermées.*

*Le mariage des oiseaux est maintenant terminé,*
*Tous les oiseaux s'envolent vers chez eux."*[752]

Il faudra alors noter que le merle est le gardien du seuil, l'initiateur d'un parcours[753], raison pour laquelle, dans la toile de Magritte, il désigne, en étant mangé, la mise en place de ce choix auquel nous faisions référence.

## 1.5.e. Le symbolisme de l'oiseau de proie, une approche freudienne

De Freud, qui semble, encore, être à l'origine de la figure récurrente des oiseaux de proie, et de leur symbolisme d'attention maternel, chez Magritte, au Loplop d'Ernst, l'oiseau de proie apparaît comme un symbole sexuel, masculin, par opposition aux valeurs de la colombe, bien que nous avons dit que l'oiseau, en général, par son statut chez Magritte, comme nous le confirmerons dans l'Histoire de l'Art, en ce que concerne le thème de l'oiseau mort (avec la notable exception, mais qui n'en est qu'une variante, du Rossignol de Wilde), est un symbole masculin (le fameux "*petit oiseau*" du langage utilisé avec les enfants pour désigner, par périphrase, le sexe masculin, lequel, effectivement, possède toujours sa paire d'"*oeufs*", comme les oiseaux volant au-dessus des nids chez Magritte, ou les vautours femelles de Horapollon, bien que ceux-ci aussi ont des oeufs incomestibles [comme des testicules ne sortent pas les enfants]):

"*Quelques oiseaux et leurs symboles illustrent le lien entre sexualité et spiritualité.*
*La colombe, symbole de l'Esprit-Saint comme de la féminité, s'oppose à l'aigle ou à l'épervier.*
*Joyce Carol Oates, dans confessions d'un gang de filles décrit de façon saisissante et sensuelle l'observation libératrice, à travers la lucarne de la cellule carcérale d'une maison de correction, d'un vol d'éperviers, par une détenue:*
*«Du pouce, l'une des gardiennes l'a pratiquement énuclée mais elle compte comme si sa vie, son âme en dépendaient: onze éperviers qui s'élèvent... descendent en vrille, si gracieux... puis s'élèvent... puis redescendent, en de larges spirales. Plumes brun-gris, camouflage astucieux. Ailes largement déployées, si puissantes qu'elles n'ont presque pas besoin de battre pour porter les grands oiseaux.*
*Des chasseurs. Les maîtres de l'air.*
*Suis-je une des vôtres? Prenez moi avec vous.»*
*«Elle observe les grands oiseaux. Littéralement, elle pleure pour les apercevoir -prédateurs seulement visibles de ce lieu infamant- et son cœur se dilate de joie en voyant leur force, leur beauté, la façon dont ils chevauchent l'air, l'adresse avec laquelle ils utilisent le vent, toujours vigilants bien qu'apparemment nonchalants, languides mêmes, dans la grâce des mouvements qui les portent au sommet d'une spirale invisible, si haute dans le ciel que Legs ne peut la voir ...elle les compte comme on égrène un chapelet sauf que les éperviers, eux, sont vivants, les éperviers sont réels: ils lui apprennent la liberté, l'astuce, la vigilance constante en présence de l'ennemi...*
*...soudain, la voici parmi eux, ses bras, douloureux pour avoir été attachés derrière le dos, sont des ailes, des ailes aux plumes brunes et aux muscles puissants qui l'élèvent dans les airs...*
*...il n'y a plus que le silence, et le ciel!»*
*La transformation en oiseau, ici, aux confins de la folie, conduit la délinquante à une initiation spirituelle.*
*L'aigle, a permis dans la célèbre chanson de Barbara, l'Aigle Noir, la troublante évocation d'un inceste vécu par la chanteuse.*

*La transformation en oiseau, entre folie et chamanisme*
La transformation en oiseau est soulignée par B. Sergent à propos de Merlin l'enchanteur, fou et oiseau, issu de la tradition celte. La transformation de Merlin en oiseau, à l'issue de sa période d'égarement est contemporaine de la folie signe l'installation dans une activité chamanique. L'auteur évoque l'ornithomorphisme fréquent des dieux celtes et également la transformation en oiseaux des chamanes de Sibérie pour voyager dans l'autre Monde et y recueillir des révélations.

II - *Constructions théoriques à partir de métaphores à l'oiseau*
1. *Freud et le vautour, ou milan de Léonard de Vinci*
Freud réalise dans Léonard de Vinci un autoportrait à l'oiseau. Celui-ci lui permet de démontrer un des axes fort de la théorie psychanalytique, la nature, sexuelle, de la pensée. Freud aimait son texte sur Léonard. «la seule belle chose que j'aie écrite», écrivait il à Férenczi, dix années après sa rédaction. Porté par une passion, soutenu par la métaphore de l'oiseau, Freud offre l'autoportrait où il se livre le plus. Le souvenir à l'oiseau était déjà cité dans un des livres préférés de Freud, «le roman de Léonard de Vinci» (1907, Dimitri Merejkovski). L'auteur russe offrait déjà, à Freud lecteur, par la qualité de son écriture, un cas clinique. A travers Léonard, Freud perçoit l'intérêt de l'étude d'une personnalité animée par la passion de l'investigation aux dépens parfois de la volonté d'aboutir, restée proche de l'enfant chercheur, avide de connaissance que Freud dû être comme un autre de ses patients le petit Hans.

A travers un souvenir d'enfance consigné par l'artiste dans ses Carnets (décrit plus loin), Freud mettra en évidence la conjonction, chez l'enfant Léonard, de la sexualité et de la pensée. L'oiseau figuré affirme le caractère sexuel de la pensée de l'artiste, et de toute pensée. Confronté à l'énigme de la différence des sexes, de la conception, de la naissance, voué à la question des origines, l'enfant se fait théoricien «génial» selon le terme de Freud. Mise en mouvement par la sexualité, désir de savoir sexuel comme désir sexuel de savoir, la pensée ne rompra plus ce lien originel et passera, comme elle par l'excitation, la tension, le contact, l'insolite, l'inattendu de la rencontre, le plaisir, l'insatisfaction et l'échec, le vacillement.

Premier et unique souvenir consigné par l'artiste dans ses carnets, ce qui accentue son pouvoir révélateur, il autorise l'interprétation de la métaphore animalière comme fantasme construit dans l'après-coup par le peintre. La métaphore à l'oiseau permet-elle à l'artiste comme au psychanalyste, tous deux chercheurs, de dépasser l'interdit, par nature sexuel, de penser?

Les conclusions qu'avança Freud, dans un mouvement d'identification et de projection intense à Léonard, sont sans aucun doute tirées de sa propre analyse. Le texte, comme tout texte psychanalytique d'ailleurs, est un autoportrait, le plus intime sans doute qu'ait donné Freud de lui même. Le roman familial du peintre se prête à accueillir celui de Freud, tous deux enfants chéris d'une mère très proche pendant leurs cinq premières années.

La métaphore de l'oiseau fut l'objet d'une controverse: Freud se servit d'une version allemande où le mot nibio (milan) italien employé par Léonard, est faussement rendu par vautour. Freud consacra une partie de sa thèse au symbolisme égyptien du vautour. Pendant trente ans, le silence pesa sur l'erreur, Lorsque le grand historien de l'art Meyer Schapiro publia en 1956 son étude «léonardo and freud», la communauté analytique s'en émut. De proche en proche, l'argument menaçait toute recherche psychanalytique menée hors les murs.

Les psychanalystes objectèrent que l'erreur factuelle, vautour ou milan n'invalidait pas la logique interne de la construction du fantasme et de l'écrit censé le traduire. Vautour ou milan, cette fois la métaphore au rapace se chargeait de porter la validité de la construction scientifique au delà de la vérité factuelle stricte. La psychanalyse, comme la littérature peuvent construire sur des faits erronés une vérité psychique, cette capacité à «mentir vrai» les réunit.

Nullement polémique, Shapiro a respecté l'étude freudienne et a reconnu son apport original. Il en a souligné le contexte objectif: le souvenir de Léonard, est rapporté parmi des notes concernant le vol des oiseaux, préoccupation scientifique et *technique du peintre pour les machines volantes. Le rapport du souvenir à la petite enfance en ferait un «motif littéraire», comme dans les contes, il annoncerait un destin d'exception aurait valeur de présage. Enfin les exemples d'association artistique de l'oiseau et de la bouche abondent.*

*L'auteur rappelle que Léonard, en rapportant ce souvenir, s'insère dans une tradition, sans être l'auteur de la scène évoquée. A quoi le psychanalyste peut répondre que la croyance collective repose sur une fantasmagorie partagée et que Léonard a puisé dans le bien commun tel élément plus que tel autre. Comme tout un chacun.*

*Le «Traité des oiseaux» consacré par Léonard au vol des oiseaux, présentait des centaines d'observations de vol d'oiseaux illustrées de diagrammes et dessin sur les battements des ailes et de la queue. Dans l'intérêt scientifique acharné, le psychanalyste verra la passion désirante de transformer l'oiseau volant, phallus aîlé, en machine soumise au pouvoir de maîtrise de l'homme.*

*J.B. Pontalis souligne, dans la préface du texte freudien, la promotion de la trinité humanissima «Anne-Marie- enfant Jésus» concurrençant la trinité divine «père-fils –Saint Esprit», accentuant la filiation maternelle du Christ, ce que l'auteur met en rapport avec un «trop de mère coincidant avec un père incertain» chez Léonard. Si Freud lit «vautour» dans le texte du souvenir et la Mout égyptienne dans Mutter, si plus tard, des disciples zélés comme Pfister reconnaîtront ce vautour dans le tableau, ne serait-ce pas parce que les vautours sont tous femelles et fécondés par le vent et que le nom de vautour en allemand est féminin? Freud rejoint alors à son insu le choix de Léonard vers la trinité féminine mettant à distance le père.*

*Alors, ajoute Pontalis:*

*«Vautour venu de la lointaine Egypte, ou milan si habile à gouverner son vol, ou encore colombe de l'Esprit-Saint…lequel saura le mieux évincer le père afin que ça soit lui qui devienne illégitime? Lequel sera le plus apte à résoudre ce paradoxe: préserver la mère de l'horreur de la copulation tout en assurant à l'enfant son lien charnel avec elle? Pourquoi ne naitrait-on pas d'un simple souffle,… ou d'un vent? Quelle étrange histoire d'oiseaux!»*

*On peut tenir l'imagination pour la reine du vrai, s'accorder à reconnaître vérité à la fiction sans trop se soucier de son adéquation parfaite à la réalité. Les savoirs ne progressent que dans l'erreur et l'excès .Alors le roman psychanalytique de Freud nous ouvre par son audace et sa liberté vers un espace psychique autre, sous-jacent. Il invite l'historien d'art comme le psychanalyste à ne pas négliger le détail, ce détail dont Barthes, plus tard soulignera toute la valeur porteuse, ce qui fait signe et ne peut que se dérober qui sert de pertuis vers cet espace inconnu. Dans le texte sur Léonard, c'est la métaphore de l'oiseau qui prend cette valeur de détail révélateur «Ce qu'on ne peut atteindre en volant, dit l'évangile qu'aimait citer Freud, il faut l'atteindre en boitant». Ainsi que le souligne Pontalis, «si nos mots boitent et que nous sommes, plus que Léonard, voués à l'inachèvement, sommes nous délivrés pour autant,- et faut il l'être?-, de l'attrait des oiseaux, de l'attrait qu'exerce sur notre langage leur vol vers le lointain?…franchissement de la mer, transgression de la pensée et par la pensée».*

*Il n'est pas inintéressant de comparer les différents souvenirs à l'oiseau, celui cité par Freud et celui figurant dans les carnets de Léonard.*

*Celui que cite Freud:*

*«Il semble qu'il m'était déjà assigné auparavant de m'intéresser aussi fondamentalement au vautour, car il me vient à l'esprit comme tout premier souvenir qu'étant encore au berceau, un vautour est descendu jusqu'à moi, m'a ouvert la bouche de sa queue, et, à plusieurs reprises, a heurté mes lèvres de cette même queue».*

*Le souvenir, d'aspect déconcertant, sent l'invraisemblance et la fable et évoque une fantasmagorie, une transformation construite par la suite et rapportée à son enfance, ce qu'on appelle en psychanalyse, un souvenir écran..*

*Dans les Carnets de Léonard:*

*«Il m'apparaissait que, étant moi même au berceau, un milan venait à moi et m'ouvrait la bouche avec sa queue et qu'il me frappait de nombreuses fois avec cette queue là, à l'intérieur des lèvres»*

Sous l'œil du psychanalyste Freud, la traduction de la fantaisie tend vers l'érotique. *Queue, coda,* désigne le membre viril, le récit évoque une fellation, un acte sexuel buccal passif évoquant le fantasme de femmes ou d'homosexuels passifs jouant dans le commerce sexuel le rôle féminin. Léonard reporte la fantaisie aux années où il recevait la tétée, le sein se substitue au pénis, cette réminiscence s'élabore chez l'artiste en fantaisie homosexuelle passive. Freud voit dans le vautour l'ancien symbole de la maternité des Egyptiens, la Mout, proche de mutter allemand (la mère). Freud renvoie Léonard à la relation précoce rapprochée avec la mère, en l'absence du père.( celle également de l'enfant Freud à sa mère). Dans la déesse Mout, Freud trouvait réunies les caractéristiques féminines et masculines, le vautour portait des seins mais aussi un pénis érigé. Il faut à Léonard imaginer que toutes les créatures possèdent un membre viril comme le sien, la représentation du manque s'avère insupportable. Avec la connaissance, tardivement acquise, de l'absence de pénis de la femme, le désir ardent pour la mère se transforme en son contraire, provoque impuissance psychique et homosexualité mais, la fixation sur l'objet ardemment convoité, le pénis de la femme, laisse des traces indélébiles. Nostalgique, la fantaisie de Léonard se situe «aux temps où sa tendre curiosité se portait sur sa mère et lui attribuait un organe génital tel que le sien». Ce récit fait témoignage de la première investigation sexuelle de l'artiste qui selon Freud s'avère déterminante pour sa vie ultérieure. La queue du vautour inverse l'acte actif de la tétée du nourrisson en une situation d'un caractère absolument passif, cette fantaisie habituelle, est essentielle et nécessaire dans l'homosexualité où elle est retrouvée couramment dans la clinique actuelle. Léonard subit l'attraction de la femme mais s'empresse de transcrire l'excitation reçue sur un objet masculin.

«et, à plusieurs reprises, a heurté mes lèvres de sa queue;...»

L'oiseau traduit l'intensité de la relation érotique à la mère du peintre, qui pourrait se traduire «ma mère a pressé sur ma bouche d'innombrables baisers passionnés» La violence des caresses de la jeune mère privée de son époux s'exprime dans la fantaisie du vautour. La fantaisie condense le souvenir d'avoir reçu la tétée et les baisers.

L'attrait pour le vol des oiseaux confirme que l'investigation infantile de Léonard était orientée vers le sexuel, pulsion de regarder et de savoir. Regarder, betrachten dans le texte, rendre prégnant ce qui doit l'être, est à la fois acte d'objectivation et mise à distance. Et cet aspect épistémophilique devait échapper au refoulement et à l'inhibition qui frappèrent ensuite sa sexualité le fixant dans un amour idéal des garçons avec peu de réalisation sexuelle. L'attrait pour le vol de l'oiseau, le but de l'homme volant, réunissent, à travers l'oiseau sexualité et spiritualité chez Léonard aussi.

La fantaisie de l'homme Freud, à travers la substitution par erreur/lapsus, du vautour au milan exprime les fantasmes de son auteur s'il n'invalide pas l'analyse psychologique du peintre. Freud se saisit à des fins inconscientes personnelles du symbole du vautour. Il y ajoute son propre «souvenir à l'oiseau». La Mout, symbole pour les égyptiens de maternité, le vautour femelle, fécondée par le vent d'est et non par un acte sexuel, qui devint pour les chrétiens le symbole de la *Vierge Marie,* expriment, à travers la métaphore de l'oiseau la théorie sexuelle infantile du psychanalyste identifié à la figure emblématique du grand peintre, figure paternelle inactivée dans sa fonction procréative, mais reconnue et fonctionnelle dans sa quête scientifique et épistémophilique, dans la pulsion de savoir et de recherche commune à l'artiste et à Freud. Grâce à cette image erronnée du vautour et à ses symboles, l'analyse de Léonard, est également l'autoportrait où Freud, son auteur, se livre le plus. Le souvenir à l'oiseau confronte le peintre et le psychanalyste à leurs théories sexuelles infantiles.

## 2. Ferenczi et le petit homme coq

Férenczi exprime Un transfert paternel violent vis à vis de Freud dans le poulailler de la psychanalyse à travers l'article sur le petit homme coq.

Le petit Arpad, cinq ans, est présenté à Férenczi qui décrira ses fantaisies avec les oiseaux du poulailler. Jusqu'à 3 ans et demi le développement mental et physique de l'enfant est normal. Brusquement au cours de l'été de ses cinq ans, son langage régresse, son intérêt ne se porte plus que sur la volaille du poulailler et de la maison de campagne. Il la *contemple avec un intérêt infatigable, imite les cris, pleure et crie à l'éloignement de la basse-cour. Même éloigné du poulailler, il ne fait que caqueter et pousser des cocoricos. Cette bizarrerie dure toute la durée des vacances. Au retour, il reprend son langage humain mais sa conversation ne porte plus que sur les coqs, poulets, canards de la ferme et il répète inlassablement un jeu où il égorge un coq et reproduit à la perfection l'agonie du volatile. Il réclame de sa mère l'achat de poulets et veut assister à leur égorgement. Il se montre terrifié par les volatiles vivants.*

*Arpad évoque un souvenir d'un poulet au plumage jaune ou brun l'attaquant de son bec sur le pénis alors qu'il urinait dans le poulailler l'été de ses deux ans et demi. La femme de chambre pansa la blessure. On trancha le cou au coq qui a «crevé».*

*Le retentissement psychique apparaît après un délai de latence d'une année entière lors du second séjour à la campagne. Férenczi retrouve dans l'interrogatoire familial ce qu'il y recherche, une menace de couper les organes génitaux à cause des attouchements voluptueux que l'enfant pratiquait sur eux, menace renforcée par la poussée libidinale accrue chez l'enfant oedipien de 5 ans.*

*Lors de l'examen de l'enfant par Ferenczi, l'investigation directe n'est pas possible.*

*Arpad continue sous forme de chants, cocorico, dessins, comptines à sublimer son profond intérêt pathologique pour ces animaux, il poursuit sous jeu de l'égorgement des poulets, et fait des rêves de volaille «crevées», il danse des heures, en proie à une grande excitation devant le cadavre des poulets vivants égorgés, exprime le désir qu'ils se réveillent et de les égorger à son tour. Les affects envers la volaille de haine et de cruauté alternent avec d'autres plus affectueux où il embrasse et caresse la bête morte, il tente de détruire mais aussitôt de réparer, consoler ou ressusciter les objets où figure une poule ou un coq.*

*Ferenczi souligne l'analogie entre «cet amour et cette haine excessifs pour la volaille et un transfert d'affects inconscients refoulés ainsi manifestés de façon détournée et déguisée, concernant ici un père respecté et aimé, en même temps haï à cause des restrictions sexuelles qu'il impose. Le coq signifie le père dans cet ensemble de symptômes. Le petit Arpad exprime d'ailleurs ses intentions castratrices avec crudité, désir de «couper le milieu», d'aveugler. Dans le même temps il formule des intentions cannibales vis à vis de sa mère.*

*Comme chez tous les enfants, les animaux, ici la volaille, se portent au secours de la construction des théories sexuelles infantiles. L'activité sexuelle incessante des coqs et des poules, la ponte des œufs et l'éclosion de la couvée fournissent matière à la curiosité éveillée par la promiscuité du domicile familial.*

*Férenczi, en écrivant «le petit homme coq» (1913) offre à Freud, -son maître admiré vis à vis de qui il se trouve en position filiale infantile-, une confirmation, un pendant au petit Hans (1909) décrit par ce dernier.*

*Le coq, symbole du soleil et du père s'avère particulièrement apte à figurer la menace de castration paternelle mais également à en protéger. Dans la religion chrétienne, il incarne le Christ annonçant la venue du jour nouveau de la foi. Dans la croyance populaire de par le monde, il est l'animal du soleil, annonce par son cri le lever du jour et chasse les démons de la nuit (symboliquement, la mère, amante fantasmatique de la nuit). Son rôle de gardien est important. La signification positive domine même si elle coexiste avec celle plus négative d'agressivité et de luxure que lui prête par exemple l'occident médiéval. On dit que les jeunes garçons sont poussés par les «démons des coqs». Toutes ces caractéristiques des coqs sont habituellement projetées par les petits garçons sur leurs pères.*

*On peut imaginer que Férenczi écrivant, pour Freud, le petit homme-coq, réponse séductrice et soumise au cas très investi, décrit par Freud, du petit Hans, dont elle validait les thèses s'adressait à Freud, «père-coq», pour lui exprimer tous les affects d'haine et d'amour qui se révèleraient ultérieurement dans leur relation analytique.*

*Balint souligne dans la préface à Psychanalyse II, de Ferenczi, le second tome des œuvres complètes écrites entre 1913 et 1919, l'inhibition relative à l'écriture et la diminution de productivité qui accompagna l' analyse de l'auteur avec Freud, en contraste avec la période de 1912 à 1915. L'enfant hongrois de la psychanalyse a pu, avant d'entreprendre cette analyse auprès du maître, exprimer ainsi son ambivalence par rapport au père –coq- soleil incarné par Freud et,* sous la forme d'un gage d'allégeance réplique au petit Hans d'approbation de la théorie du maître, quêter l'autorisation d'user de son phallus analytique sans crainte de la castration.

La métaphore du coq permet de s'adresser au maître et d'exprimer, par anticipation, (ainsi en est-il souvent de l'écriture), les valences ambivalentes agressives qui se développeront dans l'analyse ultérieure. Ce maître est figuré par le coq soleil, tout à la fois gardien de la doctrine et de son expérience analytique ultérieure, et susceptible d'exercer une rétorsion par la castration sur les attouchements voluptueux de l'élève avec la psychanalyse, phallus que Férenczi s'approprie dans l'écriture de l'article et qu'il souhaite introjecter à travers son expérience analytique avec Freud. Le petit homme coq, se fait gage d'allégeance, garant de la bonne conduite de son élève et expression de ses désirs ambivalents et agressifs vis à vis de son maître idéalisé.

A travers la métaphore du coq, Férenczi ne dénie pas le désir d'égorger son idole Freud. A travers la problématique du petit homme-coq, Ferenczi formule de façon anticipatoire brillante et hardie mains aspects de sa relation transférentielle passionnelle et ambivalente à Freud à l'origine des avatars d'une analyse douloureuse objet d'un conflit jamais résolu entre les deux hommes. Le texte éclaire en retour leur relation, passionnelle, dès avant même son origine, issue donc d'une projection idéalisée (avec la valence négative de l'idéalisation) de l'auteur sur le maître.

Lors d'une édition ultérieure de son article, Férenczi rappellera dans une note de bas de page que Freud s'est appuyé sur le cas du jeune Arpad dans Totem et tabou (1913) pour illustrer le totémisme des primitifs et qu'il qualifie l'enfant de «cas rare de totémisme primitif» .Cette note, illustrant le désir de reconnaissance de Férenczi par Freud, confirme bien la valeur de l'article «un petit homme coq» en plein champs de la relation transférentielle entre les deux hommes.

*3. Un peintre, Max Ernst crée un oiseau dit Loplop*
A partir de la période 1929-1939, Max Ernst crée l'oiseau Loplop. Narrateur, acteur et même dispensateur de lumière sur le tableau, l'être Loplop représente l'artiste, son «fantôme privé» selon les termes de l'artiste lui même, le double qui, dans le tableau assure la fonction d'impresario. Le dictionnaire du Surréalisme dénommera le peintre Ernst«le Vogelobre Loplop»

On peut donc parler d'une identification au volatile où Max Ernst apparaît en personne, dans ses scènes, sous la forme d'un oiseau. Observateur attentif, simple témoin voire prophète, voyant révélateur de la vérité, «Loplop présente Loplop», titre d'une série de tableaux à partir de 1930, déploie les différentes facettes de son auteur.

Max Ernst figure dans le film de Bunuel, l'âge d'ôr. Il y peint une toile où trône une volaille à trois ailes tendant en main présentatrice un tableau sur lequel figure le motif réitéré d'un oiseau déployé. La mise en abyme confirme la valeur de rêve dans le rêve. Loplop justifie sa propre existence par le renvoi à une image réduite de lui-même. L'artiste se présente comme peintre derrière lequel pose un troisième personnage à la main ouverte en guise de présentation. La présentation devient en elle-même objet de travail artistique, on parlera de «créateurs du présentisme»

L'oiseau Loplop exprime, ailleurs, les idées politiques du peintre en tentant d'arrêter un dragon (l'ange de foyer 1937). Il figure la défaite des républicains en Espagne. L'homme oiseau contribuera à avertir le public du peintre des dangers du nazisme et le fera à maintes fois incarcérer comme étranger hostile à partir de 1939 jusqu'à ce qu'il émigre aux USA, aidé par son amie et mécène Peggy Guggenheim."[754]


"*L'Enfant-vautour*
Le souvenir en question, autour duquel le travail de Freud tourne - comme on tourne autour d'un trou, justement -, c'est celui-ci, que Freud extrait de ses écrits scientifiques, et avec lequel Freud débute la seconde section de son petit essai: «Une seule et unique fois, écrit Freud, autant que je sache, précise-t-il de surcroît, Léonard a inséré dans un de ses écrits scientifiques une indication sur son enfance. À un endroit qui traite du vol du vautour, il s'interrompt soudain pour suivre un souvenir qui surgit en lui du fond de ses toutes premières années.

*"Il semble qu'il m'était déjà assigné auparavant de m'intéresser aussi fondamentalement au vautour, car il me vient à l'esprit comme tout premier souvenir qu'étant encore au berceau, un vautour est descendu jusqu'à moi, m'a ouvert la bouche de sa queue et, à plusieurs reprises, a heurté mes lèvres de cette même queue."»*

Bien sûr, tout de suite, Freud va situer ce souvenir du côté de la fantaisie, certes, mais il n'en fait pas moins remarquer que, pour exhumer et façonner une telle fantaisie, celle-ci doit s'appuyer sur un «rien réel», reale nichtigkeit, - ce qui peut également se traduire, remarquons-le ici, par «nullité vraie».

*Analyse*
*Alors Freud analyse bien sur cette fantaisie, comme toute création psychique (rêve, vision, délire, etc.) et, bien entendu, l'interprète, lui donne un sens, disons une signification sexuelle et inconsciente:*
Alors la «Queue», c'est, bien entendu, le membre viril en italien (coda). Et Freud en conclue immédiatement qu'il s'agit là d'un fantasme de fellation, autrement dit d'un acte sexuel, et qui plus est: à caractère passif.
Puis, Freud remonte l'équation bien connue (sein = fèces = enfant = phallus), et nous dit que cette fantaisie est certainement une ré-élaboration d'une première jouissance («vitale», précise Freud), laquelle serait restée «indestructiblement empreinte» dans le psychisme de Léonard: celle du sein, de la tétée.
Derrière cette fantaisie ne se cache donc rien d'autre qu'une «réminiscence»: «téter le sein de la mère», laquelle réminiscence est tout autant significative pour les deux sexes. Seulement-là, elle aurait été «ré-élaborée» par Léonard de Vinci, en fantaisie homosexuelle passive, et Freud précise bien, dans l'inconscient:
«Il nous est indifférent que l'accusation portée contre l'adolescent Léonard ait été justifiée ou non; ce n'est pas l'activité réelle, mais la manière de sentir qui nous fait décider si nous devons reconnaître à quelqu'un la particularité de l'inversion».

*La substitution du vautour*
Seulement là, dans cette fantaisie de la tétée, la mère a été remplacée par: un Vautour. D'où vient ce vautour et comment apparaît-il à cet endroit?
Et remarquez-bien que jusque-là, Freud n'a absolument pas besoin du fameux vautour: la fantaisie se tient sans cela. Mais Freud en rajoute une couche, il se fait plaisir, disons, et un plaisir qui a à voir, pour le coup, avec cette activité de recherche (forschung):
«Voici, dit-il, que surgit une idée, si éloignées qu'on serait tenté d'y renoncer. Dans les pictogrammes sacrés des anciens Égyptiens, "mère" s'écrit en effet par l'image du vautour. Ces Égyptiens vénéraient aussi une divinité maternelle qui fut représentée avec une tête de vautour ou avec plusieurs têtes dont l'une au moins était celle d'un vautour. Le nom de cette déesse se prononçait Mout; la similitude de son avec notre mot "Mutter" ne serait-elle que fortuite? Le vautour se trouve ainsi réellement en rapport avec la mère, mais à quoi cela peut-il nous servir? Avons-nous le droit de supposer chez Léonard cette connaissance, alors que le premier à avoir pu déchiffrer les hiéroglyphes est François Champollion (1790-1832)?»
Et là, Freud cite pour preuve à l'appui de son hypothèse, les Hieroglyphica d'Horapollon et le Livre de sagesse sacerdotale de l'Orient transmis sous le nom du dieu Hermès Trismégiste.
Alors le dénommé Horapollon, en effet, nous dit bien que les Égyptiens utilisent l'image du vautour pour désigner une mère (j'ai moi-même pu retrouver l'ouvrage, et ce Horapollon, il dit ceci):
«Quant ils voulaient dénoter une mère (...), il peignaient un vautour (...) pour ce qu'en cette espèce d'oiseaux ne s'y trouve point de mâle et sont engendrés en cette manière: Quant le vautour veut concevoir, il tourne le derrière vers la bise et demeure ainsi par cinq jours durant lesquels il ne boit ni mange, en telle forme s'emplit et conçoit; il y a d'autres genres de vautours qui ne conçoivent point au vent, mais leurs oeufs sont inutiles à géniture, seulement sont bons a

manger. (...) Par lui aussi ils dénotent la mère car être mère appartient au féminin» (Horapollon, «article 625», De la signification des notes hiéroglyphiques des Égyptiens, Traduit du grec par Jean Martin, J. Kerver, Paris, 1543).

En outre, nous précise Freud, les Pères de l'Église se seraient emparés de cette légende des vautours, afin de tirer argument de cette histoire contre les sceptiques qui ne voulaient pas croire à l'histoire Sainte, celle de la Vierge Marie, fécondée par le vent, c'est-à-dire par le souffle du Saint-Esprit.

Et Freud pense que c'est comme ça, que Léonard aurait eu vent (c'est le cas de le dire), de cette fable des vautours, et l'aurait finalement réinvesti:

«Nous pouvons maintenant nous représenter la genèse de la fantaisie du vautour chez Léonard de la manière suivante. Le jour où il lut chez un Père de l'Église ou dans un livre de sciences naturelles que les vautours étaient tous femelles et savaient se reproduire sans le concours de mâles, surgit en lui un souvenir qui se transforma en cette fantaisie, mais qui voulait dire qu'il avait été lui aussi un de ces enfants de vautour, qui avait eu une mère mais pas de père, et à cela s'associa, de la façon dont seules des impressions si anciennes peuvent s'exprimer, un écho de la jouissance qui lui avait été dispensée sur le sein maternel. (...) N'en vint-il pas ainsi à s'identifier au Christ enfant, au consolateur et rédempteur, pas seulement de cette unique femme?»

Bref, après «L'Homme-aux-rats» et peu avant «L'Homme-aux-loups», Freud nous propose Léonard en «Enfant-vautour».

«L'enfant-vautour», telle est donc, selon Freud, la condensation, l'aboutissement de sa sexualforschung, laquelle condensation, comme image subliminale ou sublimée, échappe au refoulement et fait surgir son avidité de savoir et l'oriente vers des recherches sur le vol des oiseaux.

*Vautour et phallus maternel*

Mais pourquoi, demande Freud, ce contenu mnésique a-t-il été réélaboré en une situation homosexuelle, où Léonard reçoit la queue, le pénis masculin?

Et bien précisément, dans la plupart des figurations de la Déesse égyptienne à tête de Vautour (Mout), celle-ci est également dotée par les Égyptiens d'un phallus: «son corps, caractérisé comme féminin par les seins, portait aussi un membre viril en état d'érection», dit Freud.

Or si le vautour vient à la place de la mère, c'est que notre Léonard en est resté à l'hypothèse enfantine du pénis maternel, laquelle est justement la source commune d'où procède la formation androgyne des divinités maternelles. Et ce phallus n'est pas le seul apanage de la Mout égyptienne, puisqu'on le retrouve, à l'origine, chez Neith de Sais, l'Athéna grecque, et Aphrodite notamment: «le phallus adjoint au corps féminin signifie la force créatrice originelle de la nature», la «perfection divine».

Il ne s'agit pas tant d'hermaphrodisme, au sens médical du mot, précise Freud:

«Elles [ces Déesses] ajoutent simplement aux seins, pris comme emblèmes de la maternité, le membre viril tel qu'il se trouvait dans la première représentation du corps de la mère par l'enfant. La mythologie a conservé pour les croyants cette vénérable et toute première image du corps de la mère que forme la fantaisie.»

Et Freud d'achever la traduction de la fantaisie de Léonard:

«Au temps où ma tendre curiosité se portait sur la mère et où je lui attribuais encore un organe génital tel que le mien»: «Par cette relation érotique à la mère, je suis devenu un homosexuel».

Et Freud enfonce-là le clou, du côté de la mère de Léonard cette fois:

«Ainsi, à la façon de toutes les mères insatisfaites, mit-elle son jeune fils à la place de son mari et lui ravit-elle par une maturation trop précoce de son érotisme une part de sa virilité».

Comment résumer mieux que Lacan dans Télévision cette thèse freudienne ici fondamentale:

*«L'ordre familiale ne fait que traduire que le Père n'est pas le géniteur, et que la Mère reste contaminer la femme pour le petit d'homme; le reste s'ensuit» (p. 51).*
*Mais se pose tout de même ici, chez Freud, un problème - que je laisserai ici en suspend pour le moment; car si l'on comprend bien, la sublimation se base ici sur quelque chose qui est de l'ordre d'un déni:*
*«Il est possible que dans ces figures Léonard ait dénié le malheur de sa vie amoureuse et l'ait surmonté par l'art en figurant l'accomplissement du désir, chez le garçon fasciné par sa mère, dans cette réunion bienheureuse du masculin et du féminin.»*[755]

"*Freud ("«Rêve de la mère de Freud».p. 495 de L'interprétation des rêves") y évoque les rêves d'angoisse et il écrit:*
*«Pour ma part, je n'ai plus fait de rêves d'angoisse depuis de longues années, mais je m'en rappelle un que j'ai eu vers sept ou huit ans et que j'ai interprété environ trente ans après. Il était extrêmement net et me montrait ma mère chérie avec une expression de visage particulièrement tranquille et endormie, portée dans sa chambre et étendue sur le lit par deux (ou trois) personnages munis de becs d'oiseaux. Je me réveillais pleurant et criant, troublant le sommeil de mes parents. Les personnages très allongés, bizarrement drapés, à tête d'oiseaux, je les avais empruntés à la bible de Philippson. Je crois que c'était des dieux à tête d'épervier appartenant à un bas-relief égyptien.»*"[756]

Dans l'erreur de Freud de dénomination de l'oiseau interviendrait la contamination d'un autre cas: celui de "*L'homme aux Loups*" (l'un des cinq cas, avec celui du petit Hans), dont nous noterons que le rêve de papillon machaon (animal aux "*ailes sont jaune clair avec des bordures noires contenant des cercles bleus et une tache circulaire rouge sur le bord postérieur des ailes*"[757]) préfigure, à notre sens, l'image du papillon derrière le lion de l'une des versions de *La Place au Soleil* chez Magritte:

"*III - L'erreur de Freud*
*Hé bien justement, il s'agit tout de même et précisément d'un trou, ici, - d'un trou autour duquel Freud va donc tourner -, puisqu'il s'agit d'un lapsus, d'un lapsus calami en l'occurrence, lequel concerne un «nom d'oiseau».*
*Car le problème est que le fameux oiseau auquel Léonard fait référence, est un «nibio» (en italien), et que ce «nibio», ça n'est pas un vautour, mais un milan.*
*C'est, pour la première fois, l'historien de l'art Eric Maclagan, dans un article intitulé «Leonardo in the consulting room» (Burlington Magazine for Connoisseurs, n° 42, 1923, p. 54-57) qui révèle, en 1923, cette erreur de traduction. Cette «trouvaille» a été reprise par Meyer Shapiro, dans son article «Leonardo and Freud: an art-historical study» (Journal of the History of Ideas, n° 17, 1956, p. 147-178) publié en 1956, puis récemment, par le fameux Livre noir de la psychanalyse (Vivre, penser et aller mieux sans Freud, Les Arènes, Paris, 2005), et notamment: l'article d'Han Israëls («L'Homme au vautour: Freud et Léonard de Vinci»), ainsi que l'article de Mikkel Borch-Jacobsen («Une erreur de traduction?») qui le prolonge.*
*D'où vient l'erreur? Apparemment, seulement quatre ouvrages en allemand, parmi la bibliographie citée par Freud, donnent également le passage de Léonard sur le «nibio»-milan. Sur les quatre, deux - dont celui d'Edmondo Solmi, que Freud cite abondamment -, donne pour traduction allemande de ce «Nibio», «Geier» (Vautour) au lieu de «Hühnergeier» (Milan).*

Là, se trouverait-il l'origine de l'erreur? Difficile à dire, d'abord parce que, inversement, les deux autres ouvrages en allemand qui reproduisent le souvenir d'enfance, celui de Woldemar von Seidlitz et celui de Marie Herzfeld donnent tous les deux la traduction correcte: *Hühnergeier*.

Donc: s'agit-il véritablement d'une erreur? Difficile à dire, parce que Freud, dans son essai, au moment même où il cite ce souvenir, donne, en bas de page, le texte en Italien. Or Freud connaît parfaitement bien l'Italien. Du reste, tout au long de son essai, Freud parsème littéralement son texte de citations en Italien, dont il ne fait que donner la traduction allemande en bas de page (la plupart du temps, c'est donc l'inverse). À cet égard d'ailleurs, la traduction du fameux souvenir infantile est la propre traduction de Freud.

Quand bien même il n'aurait pas connu la traduction de «nibio», il est difficile de croire qu'il n'aurait pas pris la peine de vérifier dans son dictionnaire allemand-italien après avoir reconnu les divergences de traduction entre les livres de Merejkovski et de Herzfeld.

D'autant plus difficile, que Han Israëls a pu établir que lors d'une Conférence sur Léonard donnée le 1er décembre 1909 à la Société psychanalytique de Vienne - intitulée «Une fantaisie de Léonard de Vinci», et dont il se déclare insatisfait dans une lettre à Ferenczi datée du 3 décembre à Ferenczi - Freud a bel et bien utilisé (au moins une fois) la traduction correcte, puisqu'il en est resté une trace, sous forme des minutes prises à cette occasion par Otto Rank.

D'autant plus difficile que l'on sait que Freud avait l'habitude de tracer, dans les livres qu'il lisait, un trait vertical au crayon vert ou brun, les passages qui l'intéressaient ou qu'il comptait citer plus tard. Or, s'étant rendu au Freud Muséum de Londres, Han Israëls y a consulté l'exemplaire du livre de Marie Herzfeld de la bibliothèque de Freud, et, à l'endroit précis du Hühnergeier (Milan) de Léonard, Mikkel Borch-Jacobsen, nous dit: «le sceptique pourra alors constater de ses propres yeux que Freud a bien tracé dans la marge non pas un, mais deux traits verticaux au crayon brun...»

Voilà, deux traits verticaux, une trace, de «ses propres yeux», c'est tout à fait cela, pourrait-on répondre à M. Borch-Jacobsen.

Car enfin, de quoi s'agit-il, ici, si ce n'est pas d'un lapsus?

### IV - La forschung, l'image devinette et la lettre V

Alors, partons tout d'abord, si vous le voulez bien de cette Forschung, qui est tout de même au centre de cet essai de Freud; - c'est d'ailleurs de là, rappelez-vous qu'il part, expliquant à Jung, à son retour d'Amérique, dans cette idée fixée, que:

«Ces mots [ceux de ses Trois essais]; ils n'étaient alors pas compris aussi sérieusement que je les comprends maintenant.»

Ça, ça doit vous rappelez, tout de même n'est-ce pas, un processus psychique, inconscient: quelque chose qui serait entre l'inquiétant (Unheimlich) et le déjà vu... Tout un programme, s'agissant, au plein cœur de l'ouvrage, d'un phallus maternel!

### Le rêve des Knödel

Alors, si j'ai insisté sur le signifiant «poussière» tout à l'heure, à la fois s'agissant de Freud (qui le cite d'emblée par les vers de Schiller), et à la fois s'agissant de Léonard, comparant le sculpteur au peintre (et l'on sait que Freud situe la psychanalyse, comparée justement à la peinture, du coté de la sculpture) -, si j'ai donc insisté sur ce signifiant poussière, c'est qu'il nous tient à cœur, certainement, mais aussi parce qu'il tient Freud à cœur, et on le sait notamment par ses associations sur le rêve dit des trois parques, ou des Knödel:

«*Je rêve - Je vais dans une cuisine pour me préparer un entremets. Il y a là trois femmes. L'une est l'hôtesse, elle tourne quelque chose dans ses mains, paraît faire des Knödel. Elle répond que je n'ai qu'à attendre qu'elle ait fini (il n'est pas sûr qu'elle parle). Je m'impatiente et m'en vais, fâché. Je mets un pardessus, mais le premier que j'essaie est trop long pour moi. Je l'enlève, un peu surpris qu'il soit garni de fourrure. Le second a une longue queue avec des dessins turcs. Un étranger, qui a une longue figure et une petite barbe en pointe, survient et m'empêche de le mettre, en déclarant que c'est le sien. Je lui montre qu'il est couvert de broderies turques. Il demande: En quoi les turqueries (traîne, dessins...) vous regardent-elles?... Nous sommes ensuite très amis.*»

- Les dernières associations du rêve, sur les turqueries, vous rappellent peut-être le fameux Signorelli (oubli de nom) et les fameux mœurs des turcs, concernant la mort et la sexualité. Du reste, le fameux Boltrafflo, qui vient à Freud, en lieu et place de Signorelli, est, précisément, un élève de Léonard de Vinci, et à ce titre, est incidemment cité par Freud au cours de son essai.

- Les Knödel, ce sont des boulettes de farine ou de semoule - c'est un plat très courant en Autriche -, lesquelles boulettes peuvent aussi garnies de viande: *fleischknödel*.

- Celle qui les roule (l'hôtesse du rêve), c'est la première des trois Parques: la mère qui donne la vie et aussi (mon cas dans le rêve dit Freud) la première nourriture au vivant (le sein).

Donc, une des Parques frotte ses mains comme si elle voulait faire des Knödel - «*Occupation singulière pour une Parque! Il faut trouver une explication*», dit Freud. Et là, lui revient un «souvenir» de sa «première enfance»:

«*Quand j'avais six ans et que ma mère me donnait mes premières leçons, elle m'enseignait que nous avions été faits de terre et que nous devions revenir à la terre. Cela ne me convenait pas, j'en doutai. Ma mère frotta alors les paumes de ses mains (tout à fait comme pour faire des Knödel, mais elle n'avait pas pris de pâte), et elle me montra les petits fragments d'épiderme noirâtres qui s'en étaient détachés comme une preuve que nous étions faits de terre. Je fus stupéfait par cette démonstration ad oculos et je me résignai à ce que plus tard j'appris à formuler: "tu dois rendre ta vie à la nature"*».

... «*Que nous avions été faits de terre et que nous devions revenir à la terre*»... Vous connaissez: «*Poussière, tu redeviendras poussière!*» (Genèse 3,19).

Et Freud nous précise, en note de bas de page, que les «deux sentiments qui se font jour dans cette scène», sont bien la «stupéfaction» et la «résignation à l'inévitable».

Ces Knödel, - ces boulettes de la mère -, associées, ici, avec la fourrure du pardessus, la longue queue, la petite barbe en pointe, les turqueries, un Freud "stupéfait" par la démonstration ad oculos... Ça nous parle quand même un peu tout ça:

"*Mon rêve des trois Parques, dit Freud beaucoup plus loin, est un rêve de faim, très net, mais il ramène le besoin de nourriture à la nostalgie de l'enfant pour le sein maternel et il utilise un penchant innocent pour en couvrir un plus grand qui, lui, ne peux s'extérioriser franchement*" (Traumdeutung, p. 204).

Réfléchissons: ne serait-ce pas là ce penchant plus grand du rêve des Knödel, qui viendrait, justement, faire irruption dans le sujet qui nous préoccupe - au travers de ce "Vautour-Geier" du Souvenir d'enfance de Léonard de Vinci? Non pas tant, ici, comme un lapsus, encore moins comme un jugement conscient, que les auteurs du Livre noir s'empressent bien vite à qualifier de "mauvaise foi", mais bien comme un jugement inconscient, quelque chose qui serait ici de l'ordre de ce que Freud qualifiera de "Verleugnung" dans son article sur le "Fétichisme" - c'est-à-dire: un déni!

*Scotomisation et image-devinette*

Vous savez comment Freud introduira ce déni? C'est par la «scotomisation» de Laforgue. Le scotome, c'est l'obscurcissement, à proprement parler: une lacune dans le champs visuel (due semble-t-il à l'insensibilité de certains points de la rétine).

«Lacune dans le champs visuel»... Or, en 1919, Freud rajoute une très longue note (p. 211, 213 et 215 de l'édition bilingue) avec en prime un beau dessin, reprenant le tableau du Louvre de Sainte Anne en tierce (l'agneau en prime). Cette note, c'est Oskar Pfister qui lui la suggère, lequel Pfister aurait fait une «singulière découverte»:
«Il a décelé dans le drapé, bizarrement arrangé et malaisé à comprendre, de Marie, le contour du vautour et l'interprète comme image-devinette inconsciente (voir fig. 2).» (p. 213).

Pour ma part, je n'ai jamais vu de vautour dans ce tableau, que ce soi dans l'original, ou dans le dessin joint par Pfister. Néanmoins, ce qui est curieux, c'est qu'il y a bien un tableau de Léonard de Vinci, dans lequel il y a de fameuses «images-devinettes», pour reprendre ici l'expression de Pfister. Ce tableau, Freud l'évoque, mais non pas tant pour le commenter, ce qui est dommage, mais pour illustrer la «lenteur» de Léonard de Vinci: ce tableau, c'est la Cène.
Or, chose curieuse, il ne remarque pas toutes les anomalies que Léonard de Vinci a glisser dans ce tableau. Elles ont été «révélé», pourrait-on dire, par le fameux Da Vinci Code, le livre de Dan Brown, publié en 2003. Il y en a essentiellement quatre, quatre «images-devinettes»:
- D'abord, qu'il n'y pas de Graal, sur la fresque qui est censée le représenter;
- Ensuite, le personnage assis à la droite du Christ, est une femme;
- Troisièmement, il y a un couteau qui se ballade dans une main qui ne semble appartenir à personne;
- Et enfin, - «last but not least» - le Christ et la femme à sa droite, forment une lettre: un $V$.
Je vous épargnerai tous les développements que j'ai fais l'autre jour sur ce tableau - ce n'est pas le propos de ce soir -, mais cette «devinette», peinte sciemment par Léonard de Vinci, a pour réponse ceci:
Ce $V$ de la Cène, représente le Féminin sacré (Ewig-Weibliche): il est l'ancien symbole de la déesse-planète Vénus, emblème de l'utérus, disons de la fécondité.
N'est-ce pas-là, cette déesse-même, que Freud introduit dans son texte par cette «Une-Bévue», par ce Vautour Déesse maternelle?

*L'homme à la lettre $V$*

Alors, vous allez me dire, tous ces «symboles», ces «image-devinettes», c'est de l'imaginaire! La lettre $V$, c'est «significatif» du cas de l'Homme-aux-loups; qu'est-ce que cela vient faire ici?
Éh bien justement, Freud qui n'avait pas insisté sur le Vautour dans sa Conférence de décembre 1909, il y insiste, justement, au moment de sa publication en mai 1910. Or, que s'est-il passé entre-temps? Dans sa clinique?
Hé bien l'Homme-aux-loups arrive, bien tranquillement, et se présente à Freud, au tout début de l'année 1910, au mois de janvier 1910 très précisément; c'est-à-dire, au moment même où Freud commence à rédiger son essai sur Léonard (l'essai est rédigé entre janvier et mars 1910).
Serguei Pankejeff, donc, immortalisé par le cas dit de l'Homme-aux-loups, lequel, comme le rappelait Bernard Roland l'autre jour, nous est surtout connu par le fameux rêve (cauchemar) des cinq (ou six) loups, perchés sur un arbre, en train de le regarder fixement; lesquels loups ont les oreilles dressées, taillées en pointe, comme un $V$ ou un «double» $V$; lesquels loups, encore, forment une pyramide (un $V$ là encore), dont on ne comprend pas bien si elle est inversée ou non (puisque le loup sans queue en formerai seul la base).
Ce $Vn$ c'est aussi le papillon qu'il chasse, dont il devient phobique, ce «grand et beau papillon, aux ailes rayées de jaune, terminées en pointe», un «papillon machaon» dit Freud, ou «Queue d'hirondelle», lequel forme un $V$ fixe en se posant.
Le cauchemar, Serguei le fait à cinq heure, et Freud d'insister sur ce $V$ (ce cinq romain), sans sembler vouloir savoir, dans ce cas, que c'est là l'emblème de cette divinité maternelle et phallique qu'il dépeint sous les traits de son Vautour.
Est-ce ici une simple coïncidence? Certes, Freud gardera longtemps l'Homme aux loups en analyse, mais il précise très clairement dans l'étude du cas que:

*«Le patient avait communiqué le rêve de très bonne heure et adopté très tôt ma conviction que derrière lui se trouvait dissimulée la causation de sa névrose infantile» (p. 31).*
*Très tôt, ça veut dire chez Freud, pour qui une analyse didactique peut se faire en quelques heures, ça peut assurément vouloir dire tout de suite: c'est-à-dire dès le début de l'analyse (janvier-février 1910).*
*De surcroît, la principale origine de l'erreur de Freud, comme vous l'avez peut-être deviné, se trouve dans la traduction allemande d'un roman, russe, sur Léonard de Vinci, celui de l'écrivain Dimitri Sergheïevitch Merejkovski (celui-là même que Freud cite en 1907 parmi ses livres préférés). Car en russe, en effet, le mot «korshun» désigne aussi bien un «vautour» qu'un «milan», et de fait, le traducteur allemand avait fait l'erreur de choisir le premier de ces deux termes.*
*En outre, et curieusement, nous dit Borch-Jacobsen, les fameux deux traits verticaux, que Freud a tracé dans la marge à côté du passage sur le milan dans le livre de Marie Herzfeld, - cette marque se trouve à la page V...*
*Le comble, c'est qu'à ce même endroit du fameux Livre noir de la psychanalyse, à la page 118 de mon édition, Borch-Jacobsen en commet lui-même un lapsus calami lorsqu'il souhaite écrire «vautour» en Allemand, puisqu'il écrit: «Geir» à la place de «Geier»!*
*On sait que l'Homme-aux-loups est né le même jour que le personnage intéressé de la Cène, et qu'il s'identifiait lui-aussi, tout comme Léonard de Vinci, au Christ.*
*Alors ouketi: réel de transfert ou transfert de réel? Puisqu'alors que chez l'Homme-aux-loups, la lettre (V) représente la scène (originaire), chez l'enfant-vautour, Léonard, la même lettre (V), est précisément représentante-représentée de-dans la Cène.*
*Freud n'en voulut-il «rien savoir au sens du refoulement», de ce «nibio»? Ou bien toute sublimation se construit-elle sur des nids (déni) de poussières, qui finissent toujours par nous ravir vers d'autres cieux? - Sphinges rapaces, oiseaux de proie, réel inconscient."*[758]

Le mal du pays (1940)[759] montre comment la figure ailée de l'homme, selon le principe du rêve de la mère de Freud, augmentée du symbole masculin surdéterminé de virilité du lion, en accentue la valeur phallique, dans cette idée, toujours que les voyages sont moins réels que fantasmatiques chez Magritte. Quoiqu'on a pu voir dans la présente oeuvre la représentation d'un contexte biographique très particulier:

"*Magritte originally thought of calling this painting Menopause (a period of depression) but his final title is Le Mal du Pays (Homesickness).*
*This is clearly one of Magritte's most emotionally honest paintings and instead of giving the painting one of his whimsical surreal titles like "Waiting for the Pea-Souper" (a title proposed by one of his friends that Rene considered but rejected), he chose the title that reflected how he felt...how he was lost...how he wished he could go home.*
*In May 1940 his home was invaded by the Nazis during World War II and Magritte fled with his close friends Paul Eluard and Scutenaire. It would be easy to assume then that this painting was about the German occupation of Belgium and Magritte's homesickness about having to flee the country he loved. Certainly this is an emotional component of the painting but there's much more.*
*What is homesickness for Rene Magritte? The yearning for home is one of the strongest human desires. Home for many people represents safety or freedom from concern, of being a child again- protected by your parents. Home is a place you*

belong and with every fiber of your being you wish you could return. By returning to your earliest thoughts, to the womb, you could escape the fears and torments of life.

Magritte, as we all do had this powerful yearning for home. His home life was not easy- in fact he didn't want to talk about it. He moved frequently with his two brothers when he was very young. Then when he was just 13 his mother committed suicide, drowning herself in the Sambre River. As a child becoming a young man, this was not easy. For he was the eldest and I'm sure felt some responsibility. After all, when a parent commits suicide the children blame themselves. It was somehow Rene's fault, he didn't know why...he did have a reputation as being a little hellion, of being the difficult child. I'm sure at that moment, everything he did wrong began to haunt him. Later, because he could represent his subconscious mind in his art, his mother's suicide became manifest in his painting (Another of his emotionaly honest paintings, "The Musings of a Solitary Walker" 1926, shows Magritte again turning his back on his pain while his dead mother lies dead in a tomblike state).

Magritte's father died in 1928 of diabetes leaving Rene without parents. He was alone except for his loving wife, Georgette. They were living in the suburbs of Paris at the time. Soon they too would become homesick and and after a three year sojourn to Paris, the Magritte's came home to Brussels where they could be near their remaining family members.

Six or seven years later Rene Magritte's life started to change. Leaving his happy home in Brussels, he went on his trips to London to visit Edwards James and ELT Mesens to prepare for his exhibitions. During that time Rene became involved with the young surrealist model known as the "Surrealist Phantom" of 1936, the artist Sheila Legg, who posed for surrealist events with Dali and others and was one of the most photographed surrealist woman at the time. According to one source: "Magritte, in fact, fell in love with her."

Magritte did not want to hurt Georgette or arouse her suspicions, so he arranged for his friend, Paul Colinet (1898-1957) a Belgian surrealist poet, to spend time with Georgette so she would be safe... a little too safe as it turned out. While Magritte was away Georgette and Paul Colinet became romantically involved. Georgette at one point asked Rene for a divorce.

So Rene Magritte fled Brussels, the Nazis and his marital problems for France in May 1940, five days after German troops invaded Belgium and Holland. Georgette did not go with him. Rene spent three months in Carcassonne, France, with Paul Eluard and Scutenaire.

The painting Homesickness features a forlorn Magritte as an angel leaning over a bridge contemplating the river, perhaps thinking of suicide. It reminds me of Jimmy Steward in It's A Wonderful Life standing on a bridge over the icy water with no reason to live. Magritte had the courage and honesty to paint himself, on the edge... on the brink of catastrophe. He was losing the two things he most valued in his life...his wife Georgette and his home.

What about the lion? The lion is hard to overlook. Curiously the "king of the jungle" is not threatening or menacing and looks away disinterested. Clearly the lion represents Georgette, and perhaps Magritte never understood this himself. The two are separated, not interested in each other, while Magritte contemplates his sorrow, his sadness, his rejection.

He truly has lost his home, his true love and the love of his life. When conditions allowed, Magritte returned to Brussels and reconciled with Georgette. At this point Magritte became depressed and experimented with different styles perhaps to escape his emotional demons. The 1940s was a time of change: in order to show the 'bright side of life', Magritte changed his style and began to paint impressionistic paintings inspired by Renoir. Later in 1948 he began his Vache period, partially as a reaction to the French artistic society who Rene felt rejected him.

Much of the change of the 1940s can be seen in his painting Homesickness, a painting that showed with great courage his depression over the very real threat of losing his family and home."[760]

Faisant jeu avec *Le repas de noces*, on note que, dans les deux oeuvres le lion a la patte gauche tournée vers le haut, comme le lion blessé de Saint Jérôme, ce qui renforce le symbolisme implicitement sexuel (épine-perforation) des deux oeuvres, où dans la première l'animal veille sur un oeuf à la coque. Le titre *Ménopause* (étymologiquement "*meno-, gr. μηνίαι a «menstrues» (dér. de μη ́ν «mois») et -pause, gr. παυσις «cessation, fin», de παυ ́ω «faire cesser; cesser»*"[761]) auquel pensa originellement Magritte pour *Le mal du pays* renvoie, une fois de plus, aux roses/ourses de l'activité sexuelle pubère.

"*À Carcassonne, René Magritte réalisa au moins deux toiles "Le repas de noce" et celle ci-dessus, intitulée "Le mal du pays". Elle représente le peintre tournant le dos au lion, symbole de la Belgique. Nous voilà désormais assurés que Magritte la peignit au moins un mois après son arrivée à Carcassonne, soit entre fin juin et le mois d'août 1940. L'autre enseignement c'est le témoignage de M. Eric Wielemans - belge réfugié à Carcassonne - dans ses mémoires "Un monde à l'envers".*
*Le périple s'est poursuivi via Angers et Carcassonne où nous sommes restés une dizaine de jours. C'est là que ma mère a croisé René Magritte portant une toile roulée sous le bras. Désargenté, il lui a demandé si elle voulait acheter cette toile moyennant cinq cents francs. Notre voiture était pleine à craquer et à l'époque, nous avions trop de soucis pour penser à acheter des tableaux! La toile déroulée représentait un lion et ma mère, pour trouver une excuse, répondit qu'elle n'aimait pas les lions. Aujourd'hui, cette toile est une des plus connues de notre célèbre compatriote!*"[762]

On retrouve le symbole de l'aigle comme attribut masculin à la Chaire de Sainte Gudule à Bruxelles, dont voici l'amusante, et instructive, histoire:

"*Notre siècle se plaît à s'exalter lui-même comme siècle des arts et des productions. Mais il n'y a pas longtemps qu'il justifie un peu cette prétention; et, pour que son avenir laisse de toutes parts des masses de monuments variés, originaux, hardis, comme ces siècles féconds qui sont venus entre les croisades et la réforme, époque où tous les arts s'unissaient pour élever un édifice, où tous les meubles étaient sculptés, où toutes les murailles étaient peintes, il y a encore beaucoup à faire.*
*Un sculpteur créait alors ce que rabote aujourd'hui un menuisier, ou ce que moule un pétrisseur de pâtes; un peintre animait ce que badigeonne un maçon; un ciseleur égayait ce qu'un forgeron polit au marteau et à la lime.*
*C'était le siècle des artistes, que celui où l'on festonnait une cathédrale comme un tabernacle; où les chaires et les autels, les stalles et les buffets d'orgues étaient des œuvres d'art; où les meubles et les portes, les sièges et les tables étaient sculptés; où l'on ciselait le manche du poignard, la coupe de famille, la poignée du sabre; où la miniature ennoblissait le missel de ses vives couleurs; où la gravure sur bois faisait de la chronique une galerie de tableaux; où la peinture décorait les murailles, les plafonds, les vitraux des croisées gothiques, les poutres, qui étincelaient d'arabesques; où, comme nous venons de le dire, tous les arts étaient tenus d'apporter leur tribut à tout monument.*
*Ces jours de poésie, étouffés par le polype de la réforme, commençaient à passer déjà au dix-septième siècle, devant le goût des arts dits classiques; et déjà on pouvait entrevoir que nous arriverions à la grande menuiserie de pierre, qui nous*

a dotés des larges aplats du Panthéon. Les planches, qui ont composé les meubles de l'empire, en sont la géométrique conséquence. Cependant, comme il y avait encore au dix-septième siècle des amateurs, il restait aussi quelquesuns de ces artistes originaux, qui ne disparaissent tout-à-fait que lorsque tout le monde les abandonne.

De ce nombre était Henri Verbruggen, le plus habile sculpteur d'Anvers.

Les Jésuites de Louvain, en 1699, connaissant le beau talent de Verbruggen, lui commandèrent une chaire pour leur église. Ces pères comprenaient les arts, et savaient les encourager. L'artiste fut ravi. Il lança librement sa pensée dans l'espace; puis il imagina, sur le thème qui lui était prescrit, une composition, vaste, immense, admirable, qui devait contenir comme un livre toute l'histoire de la religion chrétienne.

- Je mettrai, dit-il, au-dessus d'un globe, qui sera le globe terrestre, Adam et Ève, un moment après la désobéissance funeste qui nous a perdus tous. De ce globe qui est la terre, je ferai la chaire de vérité. La parole évangélique doit remplir le monde. Je la fortifierai,' à tous ses angles, des quatre évangélistes. Le ciel la couvrira, supporté à droite par un ange, à gauche par la vérité même; le dattier nous donnera son ombre. Les longs anneaux du serpent fatal iront de l'homme, plus bas que la terre, jusqu'à la Vierge très-sainte, plus haut que le ciel; et Marie, sur le croissant qui lui sert de marchepied, brisera avec la croix la tête immonde du tentateur. A côté de l'homme, je placerai le Chérubin, qui étend à regret l'épée flamboyante; près de la femme, jeune et belle, mais moins belle qu'elle n'eût été avant sa chute, la hideuse mort: ce sera un contraste.

Je veux, ajouta-t-il, que le divin enfant Jésus, debout devant sa mère qu'il tiendra par la main, presse du pied la gueule du monstre. Je veux que sa mère auguste brille de sa radieuse couronne d'étoiles. Je placerai là des anges immortels, de brûlants chérubins, des séraphins ardents; et le bois seul s'animera sous mes doigts.

L'artiste se mit à l'ouvrage. Il travailla avec feu, et termina le corps de sa chaire, dans tout son plan magnifique, n'en supprimant que les évangélistes. Quand il en fut aux escaliers, il résolut, dans sa petite taquinerie d'artiste, de caractériser la femme par des emblèmes satiriques. — En conséquence sur l'escalier qui se trouve à côté d'Eve, qui a péché et .qui, tient encore la pomme, il mit pour figure un paon symbole d'orgueil, un écureuil symbole de légèreté, un coq symbole de bruit, une guenon symbole de malice. - Il fit l'homme avec complaisance; ce fut un chef-d'œuvre; il fit la femme avec dépit; elle est plus roide et moins vivante. Puis, voulant compléter sa leçon, dans les emblèmes dont il ornait l'escalier qui s'élève du côté de l'homme, il plaça d'abord l'aigle, à son avis symbole de génie.

I l en était là de son œuvre, quand il eut le malheur de perdre son épouse. Cette mort le remplit de tristesse, car il était plus malicieux que méchant; et pendant longtemps il négligea son chef-d'œuvre, ne se sentant plus le courage de travailler. Enfin, pressé par ses amis, il se décida à contracter une nouvelle union, et il jeta les yeux sur une jeune veuve, nommée Cécile Byns. Celle-ci, avant de lui donner sa main, étant venue visiter son atelier, lui demanda l'explication des divers emblèmes de sa chaire. Le sculpteur rougit, n'osant trop s'expliquer, et balbutiant quelques excuses.

- C'est fort bien, dit la jeune femme, qui avait parfaitement saisi le sens des symboles. Le coq, vigilance; l'écureuil, timidité; la guenon, dépendance; le paon, noble éclat, mais aussi orgueil humilié. C'est juste. Mais, après ces symboles de qualités et de défauts, que peut-être non n'avons pas seules, comment pensez-vous désigner votre sexe?...

- J'avais commencé, reprit-il en rougissant de nouveau. Déjà vous voyez l'aigle. C'est peut-être de la superbe.

- Pas le moins du monde; l'aigle, un oiseau de proie! c'est la tyrannie brutale. Que prétendez-vous ajouter?

On ne sait ce que répondit Verbruggen; mais Cécile lui dit: — Pour être juste avec les hommes, comme vous avez cru l'être avec nous, vous mettrez auprès de l'aigle, un renard, symbole de la tromperie; un perroquet, symbole du babil vain; un singe mangeant du raisin, symbole de la hideuse ivresse; un geai, symbole de la sotte présomption. Avouez, mon cher Verbruggen, que ces qualités vont aux hommes, comme à nous les défauts de l'autre escalier; et, quand ce grand ouvrage sera terminé, je me croirai heureuse d'aller à l'autel avec vous.

*Le sculpteur ne répliqua rien. Il exécuta docilement les prescriptions, qui venaient de lui être faites. La chaire, placée dans l'église des Jésuites de Louvain, fut l'objet d'un concours universel de louanges. L'artiste épousa Cécile; et depuis, ses travaux ne se distinguèrent par aucune insulte aux femmes.*
*Après l'incompréhensible expulsion des Jésuites, Marie-Thérèse donna le chef-d'œuvre de Henri Verbruggen à l'église de Sainte-Gudule de Bruxelles. Cette magnifique chaire est là; de grandes et saintes leçons y ont été enseignées.*
*Collin De Plancy, Légendes."*[763]

L'idée sera reprise dans la "*Fable XXIV - Le geai satirique*" (on se souvient que le merle noir et la grive musicienne se définissent, on l'a dit, pour leurs chants leurs cris et leurs bruits) d'Éliphas Lévi:

"*Un geai blâmait avec aigreur*
*Les mœurs de l'aigle sanguinaire.*
*- Quels sont, s'écriait-il, les droits de ce voleur?*
*Il est roi, dites-vous?*
*On est roi pour bien faire.*
*Mais, parmi les brigands, régner, c'est dévorer;*
*Être leur sujet, c'est pleurer!*
*Non, je n'obéis pas à ce tyran sauvage!*
*- J'aime assez ce noble langage,*
*Dit un hibou qui l'entendait.*
*Le hibou, comme on sait, est l'oiseau de Minerve.*
*- Monsieur le geai, vraiment, j'admire votre verve;*
*Mais si l'aigle condescendait*
*Par aventure à se défendre,*
*Il dirait, vous aussi, que vous aimez le sang,*
*Et qu'en lui de bien loin vous cherchez à pourfendre,*
*Non pas le roi cruel, mais le maître puissant.*
*Mon ami, vous êtes un cuistre;*
*Et dans vos superbes propos,*
*L'aigle deviendrait un héros*
*Si vous étiez premier ministre.*"[764]

Laquelle idée doit sans doute être portée, comme antithèse, au moins involontaire, dans la *Self-portrait as Loplop's sister* (2000) de Sue Johnson[765], où Johnson se représente comme "*soeur d*(u) *Loplop*" d'Ernst, reprenant la pose[766] de la peintre de nature Maria Sibylla Merian dans le portrait qu'en donne la gravure de Jacob Houbraken (1700) d'après Georg Gsell[767], où Merian montre de la main (en un geste paume vers le haut inversé par rapport à la jeune fille de *L'Oiseau mort* de Greuze) une colombe morte. L'*Autoportrait* de Johnson la montre jouant avec une poire (dont nous avons dit qu'il s'agit d'un symbole phallique) suspendue en l'air comme le duodécaèdre dans le portrait de *Luca Pacioli avec son élève Guidobaldo Ier de Montefeltro* (1495), attribué à Jacopo de' Barbari[768], et accompagnée par un geai bleu sur une tortue renversée (animal que l'on retrouve chez Magritte dans *Le Vêtement de l'Aventure*). Le corps de la tortue, le coquillage allongé, et le melon ouvert y sont autant de symboles féminin, le melon coupé rappelant, comme, de façon moins évidente, le corps de la tortue, un pubis, alors que le coquillage, symbole traditionnellement féminin, par sa forme allongée fait ici jeu avec la pomme oblongue en l'air.

## 1.5.f. Conclusion sur les figures volatiles de *Jeune fille mangeant un oiseau*

L'intérêt de l'antérieure approche aux figures d'oiseaux dans la peinture *Jeune fille mangeant un oiseau* est, non seulement d'en révéler le substrat symbolique et idéologique (lequel, nous l'avons dit, confirme et accentue le sens d'activité sexuelle considérée comme anthropophage du thème), mais encore, par son ampleur, puisque les figures d'oiseaux représentées ici sont, sinon confuses, du moins non taxinomiques (ampleur inverse à la précision, parfois un peu lourde peut-être et répétitive, que nous avons voulu dans l'analyse des motifs), est d'en offrir une interprétation à la fois suffisamment précise pour être pertinente dans le cadre de notre étude, et tout à la fois suffisamment large pour essayer d'éviter les écueils basés sur une reconnaissance formelle des volatiles illustrés, ce qui se pourrait faire avec Merian, dont l'art est précis et détaillé, mais pas avec Magritte, qui est très loin d'être un peintre de nature (et l'on retrouve là la division, non plus d'un point de vue sémantique entre abstractions thématique et formelle, mais visuelle de l'évolution de l'art pictural entre peinture de nature du XVIIIème siècle et réalisme relatif de l'avant-garde, c'est la question de *La Grande Odalisque*, 1819, d'Ingres, précieux exemple de précision anatomique pour un spectateur contemporain, mais "*qui avait trois vertèbres de trop*"[769] pour la critique du XIXème siècle[770], pour avoir dans le dos plusieurs vertèbres de trop[771]).

## 2. L'oiseau mort: contextualisation d'un modèle iconographique[772]
### 2.1. Érotisme

Le concept d'érotisme dépend de l'époque depuis laquelle il est conçu. Il est différent pour l'antique qui voyait dans le phallus et la vulve des symboles divins de la fertilité, pour le moderne qui voyait en eux des images licencieuses et considérait impudique pour une femme d'enseigner plus de la cheville, ou pour l'homme du XIXème siècle qui considérait pornographiques des réctis sexuels, alors que, à la fin du XXème siècle, la pornographie est définie par la vision de l'acte sexuel lorsqu'est apparent l'organe mâle en action, étant considéré dès lors comme érotisme la suggestion de l'acte sans montrer le phallus en érection. Le confirment les films états-uniens qui présentent presque toujours des scènes de sexe. Cependant, dans les années 1970 étaient encore interdits pour pornographiques les films qui feignaient l'acte sexuel, sans que les acteurs ne baissent seulement leurs pantalons. Le cinéma de l'Âge d'Or d'Hollywood ne passait pas du baiser, au point qu'est arrivé à être le baiser le plus long du cinéma celui de 3'05" entre Ingrid Bergman et Cary Grant dans *Notorious* (1946) d'Alfred Hitchcock. Des scènes avec le sexe de la femme visible, comme dans *Basic Instinct* (1992) de Paul Verhoeven sont acceptés comme n'étant pas pornographiques.

Les arts (depuis les Vénus callipyges préhistoriques, image de la Terre-Mère procréatrice) et la littérature (hymnes du *Rig Veda*, Xème siècle av. J.-C.?, le plus ancien des *Vedas*, les *Psaumes* et le *Cantique des Cantiques*, le *Kama Sutra*, IIIème siècle) érotiques commencent comme des faits religieux. Ils dérivent dans le monde chrétien en la forme burlesque médiévale, comme il arrive aussi avec le diable. L'interdit se présente comiquement pour s'en moquer, et aussi parce qu'il fait peur, étant alors assumé par inversion. Ce sont les pièces médiévales de fort érotisme, qui passent au public cultivé dans *Le Comte Lucanor* (1335) de Don Juan Manuel, le *Décaméron* (1348-1352) de Boccace ou les *Contes de Canterbury* (1387-1400) de Chaucer, aux fins morales ou simplement sensuelles cachées. Ainsi se développent parallèlement des contes érotiques-comiques et l'amour courtois (XIIème siècle), cet amour interdit, symbole de transgression au sens positif (le chevalier-troubadour amoureux d'une femme inaccessible, mariée et/ou de situation supérieure à la sienne), qui dans les faits produisit des rituels plus concrets que les pas vers l'acceptation par la dame intouchable (du regard au salut, les épreuves de l'"*assag*" à l'adoubement, le troubadour passant de pétitionnaire, suppliant, *rogador*, à entendeur ou "*celui qui comprend*", et amant, ce dernier où, à genoux, il est, atouchements sacramentaux caressé et baisé sur le front[773]). Des auteurs comme Engels (*L'Origine de la famille*, 1884) ont vu dans la reproduction des modèles d'assujettissement féodal de l'amour courtois l'origine de l'amour romantique et de ses implications monogamiques dans la société bourgeoise (contrat entre l'homme parvenu et la dame dont la dot assure la rente). L'amour éternel au-delà de la mort romantique, dont les thèmes perdurent de Poe à Tim Burton, soutient la monogamie patriarcale de la structure bourgeoise. Ce qui implique que le nu acquiert une valeur morale au lieu de rituel: aux représentations sexuelles antiques (satyres et ménades des vases et des poteries grecques et des mosaïques et des peintures romaines, Hermès ithyphalliques à la croisée des chemins), se substituent la nudité comme symbole du Péché originel au Moyen Âge (la nombreuse génération d'Ève du panneau central de *l'Hortus deliciarum*, c.1504, de Jérôme Bosch a une correspondance dans la grenade, symbole sexuel, du *Cantique des Cantiques*, IV, 3 et 12-13), la néoplatonicienne Vénus impudique (qu'elle soit amour divin en tant que non touchée par le Péché, précisément, ou amour charnel, par nue, dont l'antithèse sera *Paul et Virginie*, 1788, de Bernardin de Saint-Pierre) et les dieux antiques devenus des allégories morales à partir de la Renaissance. Raison pour laquelle, en transposant au contexte d'aujourd'hui comme le firent les impressionnistes, en particulier Manet dans *Le Déjeuner sur l'herbe* (1863) à partir de la gravure de Raimondi, les figures des déesses nues présentées comme des femmes légères dans une partie carrée, produisit scandale, comme la poésie de Baudelaire, ce qui incita le poète à poser sa célèbre métaphore de la prostituée effrayée devant les nus du Louvre, comme le bourgeois contre ses poèmes, moins dangereux que la situation sociale contemporaine.

De la même manière, et comme les noms bibliques du démon sont ceux des dieux solaires des religions voisines des Sémites, à la prostitution sacrée des cultes de l'antique littoral méditerranéen se subtitua la virginité comme principe chrétien. Moraux également sont les thèmes médiévaux dans les miséricordes d'Aristote monté par Phyllis ou de Samson etDalíla, images du licite soumis à l'illicite, et au théâtre l'anglaise combat pour la culotte qui se devine encore dans Shakespeare, et eu du succès en France pour représenter la légèreté féminine (*Farce du Meunier*, 1496, d'André de la Vigne, inspirée du poème "*Le pet au vilain*" de Rutebeuf, XIIIème siècle) et son domaine tyrannique dans le mariage (*Farce du Cuvier*, 1532-1550) . Noblesse et bourgeoisie se libérant du joug religieux produisirent le frivole art rococo au XVIIIème siècle, et au XIXème siècle des tabatières et objets masculins avec des représentations licencieuses.

D'interdite la nudité des femmes devint l'objet d'attraction le plus puissant, les jambes ouvertes des susdits objets masculins, de *L'Origine du monde* (1866) de Courbet, ou *Étant donnés: 1° la chute d'eau 2° le gaz d'éclairage...* (1964-1966) de Duchamp, ou la plus hermétique représentation d'une vulve dans *Die Büchse des Pandora als Stilleben* (*La Boîte de Pandore comme Nature morte*) de 1920[774] de Paul Klee[775], sont synchroniques des photographies érotiques (fin du XIXème siècle-début du XXème siècle) de femmes en bas se fouettant les unes les autres. La relation hiérarchique de l'amour courtois se socialise, d'abord par des histoires de pauvres qui deviennent prostituées (*Moll Flanders*, 1722, de Defoe, *Fanny Hill*, 1749, de John Cleland), et des femmes de la haute société changées par la luxure (*Manon Lescaut*, 1731, de l'abbé Prévost, *Les Liaisons dangereuses*, 1782, de Choderlos de Laclos, *Une maison de poupée*, 1879 et *Hedda Gabler*, 1890, d'Ibsen, *Madame Bovary* 1857, de Flaubert), ensuite par des femmes fatales qui déclassent leurs amants (*Der Blaue Engel*, 1930, de Josef von Sternberg, *La Chienne*, 1931, de Jean Renoir, *Tirez sur le pianiste*, 1960, et *La sirène du Mississippi*, 1969, de Truffaut). S'inscrivant dans le dernier moment de la femme comme objet de plaisir dans la littérature érotique des années 1960 comme corps auto-offert, libre d'interdit (*Histoire d'O*, 1954, de Pauline Réage, *Emmanuelle*, 1959, y *Emmanuelle l'Anti-Vierge*, 1960, de Emmanuelle Arsan, *Le Boucher*, 1988, de Alina Reyes).

On peut ainsi dire que, alors que le Moyen Âge et le début de l'époque moderne connaissent le récit érotique (Chaucer, Boccace), bien que parfois avec une touche occasionnelle de morale, du point de vue du comique et du grivois, c'est la perspective morale et ses implications sociales que regardera, depuis le libertinage, le XVIIIème siècle, poussant une lecture sur le statut de l'individu dans la société à travers la figure paradigmatique de la femme, au XIXème siècle (Balzac, Flaubert, Ibsen, Mirbeau).

Au Nicaragua, le processus peut être lu à partir des premières poésies des années 1960 (Ana Ilce Gómez, Ligia Guillén, Vidaluz Meneses, Michelle Najlis), la contemporaine narrative de Rosario Aguilar, et les poésies des années 1970 (Gioconda Belli, Yolanda Blanco, Rosario Murillo,

Christian Santos, Daisy Zamora), jusqu'à la poésie de revendications des années 1990 (Blanca Castellón, Marta Leonor González, María del Carmen Pérez Cuadra), et le roman *Entre Altares y Espejos* (2000) de María Gallo.

## 2.2. Marquis de Sade

On considère souvent Sade comme le représentant exclusif des perversions personnelles, malpropres et violentes. Barthes ainsi le laisse supposer dans le scénario qu'il écrivit avec son contemporain Maurice Blanchot par le film *Salò o le 120 giornate di Sodoma* (1976) de Pasolini, situé sous le fascisme, les outrages sadiques y étant des métaphores de la sauvagerie de l'époque. Il semble évident que les perversions de Sade, par leur caractère extrême, lui sont très personnelles, et peuvent être étudiées du point de vue psychologique, comme un phénomène distinct. Cependant, la discipline historique enseigne qu'il n'y a pas de phénomène totalement isolé, Freud lui-même ainsi l'expose, quand, en reconnaissant chez ses patients des symptômes similaires, il en sort des règles générales du comportement humain. Paradoxalement, c'est l'article de Barthes sur Sade (*Sade - Fourier - Loyola*, 1971) qui offre la meilleure approche, en proposant de le considérer comme un philosophe libertaire de l'Illustration.

Sade propose dans ses livres, dès le titre et les premières pages de *La Philosophie dans le boudoir ou Les instituteurs immoraux* (1795), une philosophie naturaliste, comme Rousseau, dans laquelle les attractions naturelles s'opposent aux interdits sociaux créés. Est également auto-proclamée *La Philosophie dans le boudoir* illustrée et libertaire, là où Sade, dans le "*Dialogue V*", comme Voltaire (*Commentaire sur le livre Des Délits et des Peines par un avocat de province*, 1766, chap. X), et à la différence Rousseau (*Contrat social*, Liv. II, chap. 5), condamne la peine capitale. Ainsi, les thèmes de Sade ne sont pas aussi limités et personnels comme on le croit souvent. L'érotisme ouvert et ludique des peintres du rococo tels Boucher ou Fragonard montre des femmes nues, lascives, ou des parties carrées, qui sont des antécédents du *Déjeuner sur l'herbe* du XIXème siècle, ou, plus subtilement, des sensuelles *Odalisques* d'Ingres. Sont nombreux les romans qui, au XVIIIème siècle, présentent des histoires suggestives de femmes, souvent sous un vernis moral, tout comme dès le XVIIème siècle on présentait aux délectables monstres sous le prétexte d'un enseignement moral, quand on aimait surtout les merveilles de leurs histoires, qui passent joyeusement au champ naturaliste avec *Moby Dick* (1851) de Melville. Les malheureuses femmes, manipulées par les circonstances (*Moll Flanders, Fanny Hill*), voire par leurs propres fiancés (*Manon Lescaut, Les Liaisons dangereuses*), en outre de ne pas toujours se repentir (*Fanny Hill, Manon Lescaut, Les Liaisons dangereuses*), offrent une ardeur au mal qui fournit au lecteur un certain plaisir pervers à les voir devenir parfois dominatrices des hommes (*Fanny Hill, Manon Lescaut, Les Liaisons dangereuses*), ou être le jouet d'un destin social contraire (*Moll Flanders, Fanny Hill*), ou d'une descente de classe (*Manon Lescaut, Les liaisons dangereuses*) qui préfigurent les perversions plus explicites de *Belle de Jour* (1967) de Buñuel, à son tour contrepartie de la romantique *Belles de Nuit* (1952) de René Clair.

En dominant les hommes, elles mettent aussi en évidence les jeux de rôles comme le *Journal d'une femme de chambre* (1900) de Gustave Mirbeau, porté à l'écran par le même Buñuel en 1964, ou *Les Bonnes* (1948) de Jean Genet. La moralisme final du châtiment vénérien dans *Les liaisons dangereuses*, où Mme de Merteuil, instigatrice du péché, termine borgne, trouve un écho dans *Le paysanne pervertie* (1784) de Restif de la Bretonne, roman qui combine les caractéristiques des autres œuvres, étant l'histoire de l'ascension sociale d'une paysanne, sa chute dans la luxure et la prostitution attirée par une vie facile, sa rédemption dans la foi (comme *Moll Flanders*), mais qui chez Restif n'empêche pas le châtiment final. C'est encore le final tragique de *La dame aux camélias* (1848) d'Alexandre Dumas fils, de la *Traviata* (1853) de Verdi (qui s'en inspire), et de Marthe, l'amante du *Diable au corps* (1923) de Raymond Radiguet. Toutefois, contrepartie de *Le paysan perverti* (1775), qui est la version masculine, *Le paysanne pervertie* révèle que le symbolisme de ces œuvres n'a rien à voir avec le sexe, mais avec des parodies morales plus complexes et générales, étant dans les livres de Sade non seulement les femmes mais aussi les hommes qui se prêtent à des variations et des échanges de rôles. On ne peut pas non plus dire que ces thématiques sont propres du XVIIIème siècle. Elles existent antérieurement (*Mille et Une Nuits, Conde Lucanor, Décaméron, Contes de Canterbury*).

Propre est la recherche de libération du discours symbolique ou morale que représentent les récits érotiques, l'érotisme venant à être l'archétype de la question sociale (*La Philosophie dans le boudoir*, "*Dialogue V*"), par l'identification entre noblesse pervertie et désintérêt social avec Louis XV et le rococo, art orienté aux jeux d'amour, et, en contrepartie, par l'influence irrémédiable qu'en littérature, art cultivé, ont eu les dogmes impliqués par ladite l'autorité royale. Confirme notre analyse l'utilisation quasi exclusive par toutes les œuvres citées du genre épistolaire, non seulement comme élément de vérisme (par opposition au roman traditionnel), mais comme une référence au goût de la cour pour les lettres (Mme de Sévillé, Saint-Simon).

Une autre question est donc de savoir, par conséquent, si le discours de Sade favorisa une plus égalité fondamentale, ce qui peut être étudié, non plus de la responsabilité de l'auteur, mais par la façon dont son héritage a été compris, par les manifestations sadiques dans l'art et la littérature.

La réponse est double: positive, puisque Jean-Jacques Pauvert fut condamné pour éditer en premier *Juliette* (1947), ensuite *Les cent-vingt Journées de Sodome* (1954), et sous forme de souscription, les *OEuvres Complètes* (15 t., 1963-1968), de Sade, s'affirmant ainsi l'héritage de Sade comme actuel et historiquement lié aux mouvements de libération sexuelle et sociale, encore au XXème siècle. Négative, la littérature sadomasochiste présentant les types de récits suivants: homme dominé par femme, homme dominés par l'amant de sa propre épouse (ce qui renvoie ici à *La Vénus à la fourrure*, 1870, de Sacher-Masoch, père spirituel du masochisme, comme Sade l'est du sadisme), femme dominée par homme, femme dominée par l'amante de son propre époux, femme dominée par femme. Dans ces variantes en est absente une: homme dominé par homme, révélant le fondamental caractère patriarcal des œuvres sadomasochistes, et leur identité formelle avec le discours dominant (le lesbianisme satisfaisant ici le fantasme masculin, sans impliquer d'homosexualité en soi). Identiquement se fait comerce de la domination féminine (*WHAP:* "*Women Who Administer Punishment*",...), mais pas de la masculine, assumant le sadomasochisme deux éléments de définition du "*contrat de mariage*" traditionnel: le paiement de l'homme pour le service sexuel de la femme, la gratuité inverse de l'acte masculin envers la femme qui est sa propriété (*Manon Lescaut, Les liaisons dangereuses*). La non résolution globale du problème de genre à travers le discours post-sadien enseigne, et confirme par un autres voie, que le discours de Sade s'incrit dans/et doit être lu à partir de la morale de son époque. Ce n'est pas un objet atemporel, propre d'une névrose personnelle.

## 2.3. Gervaise

Dans nos travaux sur "*Érotisme*" et "*Le marquis de Sade*", nous avons étudié comment, à partir du XVIIIème siècle, se développe dans la littérature érotique la figure centrale de la jeune femme de classe moyenne supérieure et de son éducation, l'amenant le plus souvent à des situations tragiques, son expérience avec le sexe représentant l'un des paradigmes du problème de la liberté dans la société.

Cette thèse a été celle qui a donné naissance à notre Anthologie de récits érotiques intitulée: *Érotisme - Sexe et Sentiments XVIIIème-XXème siècles* (2010).

Nous aimerions, à présent, renforcer cette idée, malgré la différence entre les genres, ou en les rapprochant, et en considérant un phénomène, parallèle (au moins au XIXème siècle) à la figure de la femme, que, transversalement, l'on voit apparaître, non seulement dans le genre naturaliste, mais dans l'ensemble des différents genres, propres du siècle[776]: nous pouvons ainsi la contempler, de forme, pour nous, paradigmatique, dans la figure de Gervais dans *L'Assommoir* (1876) d'Émile Zola, blanchisseuse boiteuse mais assez jolie qui, mariée à l'ouvrier Coupeau, arrivera, avec le soutien financier de son voisin, le forgeron Goujet, à ouvrir son propre négoce de nettoyage de vêtements, jusqu'à employer trois filles (Mme Putois, Clémence, et une apprentie nommée Augustine), mais réapparaissant dans sa vie et celle de son mari son ancien fiancé qui l'avait abandonnée: le fainéant Lantier (par ailleurs père de ses deux premiers enfants: Claude et Étienne), elle, qui subvient aux besoins des deux ivrognes (son mari et son ancien amant, avec qui elle reprend sa relation, consacrés à l'alcool, en particulier dans le bar appelé L'Assommoir - c'est-à-dire, donc, "*Le Démolisseur*" - du Père Colombe, nom ironiquement symbolique de la paix et de l'harmonie, étant l'acoolisme lui-même qui provoqua la boiterie de Gervaise, à cause de son alcoolique de père Antoine Macquart lors d'une attaque de violence contre son épouse pendant la grossesse), rejetant l'offre de Goujet pour s'en aller avec lui, elle se voit forcée de vendre son entreprise, pourtant prospère si ce n'avait été pour eux deux, parce que son mari est interné dans un hôpital psychiatrique, où il meurt, et Gervaise se voit réduite à la mendicité et à la prostitution, terminant par mourir de faim sur les marches d'un immeuble, sans que personne ne remarque sa mort jusqu'à ce que seule la puanteur en avertisse enfin les voisins. Lantier s'installant dans la maison des Poisson, épicerie qui a remplacé l'entreprise de Gervaise dans le même lieu. La fille de Gervaise avec Coupeau, Anna, appelée Nana, sera l'héroïne du postérieur roman (1880) éponyme de la série *Les Rougon-Macquart*. On sait que son histoire est celle de son ascension comme semi-mondaine, de prostituée et actrice de théâtre jusqu'à devenir la maîtresse de hauts fonctionnaires du Second Empire, mais, terminant par attraper la variole, elle disparaît et meurt.

Non seulement nous voyons donc, de nouveau, cette fois dans le genre naturaliste (avec sa prétention à décrire la société, ainsi que le postule Zola dans la "*Préface*" de *L'Assommoir*), la projection du thème de la prostitution comme symbole de la soumission de la femme dans la société, mais nous voyons encore comment se présente le motif dans une histoire qui est semblable, et évidemment inspirée, dans son final, de *La Dame aux camélias* (1848) d'Alexandre Dumas Fils.

La figure de la prostituée, et le processus qui l'amène à se prostituer, devient alors la modélisation, au-delà du genre érotique, avec sa morbidité apparemment gratuite (bien que, comme nous l'avons vu dans les travaux ci-dessus, en vérité elle ne l'est pas, et nous le confirmons ici), dans toute la littérature du XIXème siècle sur la misère sociale. Elle se rencontre déjà, bien que pas comme moteur mais comme moyen du récit, dans *Les Misérables* (1862) de Hugo, avec une relation mère-fille similaire entre Fantine et Cosette (bien que, chez Hugo, celle-ci parvient à se sauver, mais seulement par le sacrifice de Valjean), et dans l'inspiration du martyre de Fantine que fut pour l'auteur la figure de Fleur-de-Marie (à qui la méchante Chouette enlève une dent) dans *Les Mystères de Paris* (1842-1843) d'Eugène Sue.

C'est ainsi que, du genre d'aventure (Sue), au genre policier et social (Hugo), pour atteindre le genre naturaliste (Zola), la femme pauvre, évolution littéraire de la Dame recherchée et sauvée de la littérature médiévale, des contes de fée (*Rapunzel*) et de la littérature néo-médiévale du. XIXème siècle, se montre à nous dans ses vêtements, non plus donc de Cendrillon ou Blanche-Neige espérant d'être sauvée par un prince, mais de femme du peuple, sauvée, originellement (dans le genre d'aventure) par un noble déguisé (le Rodolphe de Sue, même si, finalement - mais ne peut-on y voir le désir de l'auteur d'éviter, précisément, la fin des contes de fées -, elle décide, redevenue princesse dans son château, de se laisser mourir), puis par un ancien bagnard au grand coeur à la recherche de la rédemption (le Valjean de Hugo: "*Jean Valjean, c'est le Chourineur, converti par un évêque au lieu de l'être par un prince allemand; c'est encore, si l'on veut, Edmond Dantès captif, séquestré du monde, se jetant dans la mer, passant pour mort, et ressuscité sous les traits du Comte de Monte-Cristo*"[777]), et, finalement, perdue par ceux de sa propre classe sociale (les Lantier et Coupeau de Zola), réassumant ainsi la forme de l'héroïne naturaliste le destin de ses nombreux parangons de la littérature érotique du XVIIIème siècle[778].

Il devient ainsi notable que le statut de la femme dans la société soit, chez Marx et Engels, dès le *Manifeste du Parti communiste* (1847-1848), l'un de ses centres d'attention, de recherche et de réflexion (étant de nouveau étudié avec soin, juste après la mort de Marx, par Engels dans *L'Origine de la famille, de la propriété privée et de l'État*, 1884):

"*Simples soldats de l'industrie, ils sont placés sous la surveillance d'une hiérarchie complète de sous-officiers et d'officiers. Ils ne sont pas seulement les esclaves de la classe bourgeoise, de l'Etat bourgeois, mais encore, chaque jour, à chaque heure, les esclaves de la machine, du contremaître et surtout du bourgeois fabricant lui-même. Plus ce despotisme proclame ouvertement le profit comme son but unique, plus il devient mesquin, odieux, exaspérant.*
*Moins le travail exige d'habileté et de force, c'est-à-dire plus l'industrie moderne progresse, et plus le travail des hommes est supplanté par celui des femmes et des enfants. Les distinctions d'âge et de sexe n'ont plus d'importance sociale pour la classe ouvrière. Il n'y a plus que des instruments de travail, dont le coût varie suivant l'âge et le sexe.*
*Une fois que l'ouvrier a subi l'exploitation du fabricant et qu'on lui a compté son salaire, il devient la proie d'autres membres de la bourgeoisie: du propriétaire, du détaillant, du prêteur sur gages, etc., etc.*
*Petits industriels, marchands et rentiers, artisans et paysans, tout l'échelon inférieur des classes moyennes de jadis, tombent dans le prolétariat; d'une part, parce que leurs faibles capitaux ne leur permettant pas d'employer les procédés de la grande industrie, ils succombent dans leur concurrence avec les grands capitalistes; d'autre part, parce que leur habileté technique est dépréciée par les méthodes nouvelles de production. De sorte que le prolétariat se recrute dans toutes les classes de la population.*[779]

*…/… Le prolétaire est sans propriété; ses relations avec sa femme et ses enfants n'ont plus rien de commun avec celles de la famille bourgeoise; le travail industriel moderne, l'asservissement de l'ouvrier au capital, aussi bien en Angleterre qu'en France, en Amérique qu'en Allemagne, dépouillent le prolétaire de tout caractère national. Les lois, la morale, la religion sont à ses yeux autant de préjugés bourgeois derrière lesquels se cachent autant d'intérêts bourgeois."*[780]
*…/…*
*"Mais la bourgeoisie tout entière de s'écrier en choeur: Vous autres, communistes, vous voulez introduire la communauté des femmes!*
*Pour le bourgeois, sa femme n'est autre chose qu'un instrument de production. Il entend dire que les instruments de production doivent être exploités en commun et il conclut naturellement que les femmes elles-mêmes partageront le sort commun de la socialisation.*
*Il ne soupçonne pas qu'il s'agit précisément d'arracher la femme à son rôle actuel de simple instrument de production.*
*Rien de plus grotesque, d'ailleurs, que l'horreur ultra-morale qu'inspire à nos bourgeois la prétendue communauté officielle des femmes que professeraient les communistes. Les communistes n'ont pas besoin d'introduire la communauté des femmes; elle a presque toujours existé.*
*Nos bourgeois, non contents d'avoir à leur disposition les femmes et les filles des prolétaires, sans parler de la prostitution officielle, trouvent un plaisir singulier à se cocufier mutuellement.*
*Le mariage bourgeois est, en réalité, la communauté des femmes mariées. Tout au plus pourrait-on accuser les communistes de vouloir mettre à la place d'une communauté des femmes hypocritement dissimulée une communauté franche et officielle. Il est évident, du reste, qu'avec l'abolition du régime de production actuel, disparaîtra la communauté des femmes qui en découle, c'est-à-dire la prostitution officielle et non officielle."*[781]

Ce qui révèle et confirme notre première intuition et analyse, que la place des femmes dans la société, modélisé, nous l'avons dit, dans la figure littéraire de la "*bonne femme*" (que ce soit, dans la littérature érotique, la noble ou de classe moyenne supérieure, que ce soit, dans la littérature naturaliste et dans d'autres genres, la femme du peuple, la femme travailleuse et ouvrière), pervertie par la société, et ayant, au bout du compte, toujours, à se prostituer (se superposant le discours moral au discours social, la prostitution s'opposant à la virginité et à la pureté matrimoniale - dont les héroïnes d'Ibsen et la Madame Bovary de Flaubert sont les exemples les plus frappants, en cela qu'ils cherchent à briser ce modèle -), que, disons-nous, la place des femmes dans la société a servi, dans l'histoire, non seulement de l'érotisme, comme nous l'avons démontré dans nos travaux précédents, mais dans l'histoire, beaucoup plus large, des genres (ou "*styles*" en termes panofskiens et d'Histoire de l'Art), comme assise pour ouvrir (et/ou soutenir), depuis la littérature, les discours de libération (de l'individu, comme chez Kafka, et, postérieurement, des minorités, comme dans la littérature et la pensée d'après la Seconde Guerre Mondiale des noirs à l'intérieur et à l'extérieur des États-Unis et en Amérique latine[782]).

## 2.4. Greuze

L'art du peintre français Jean-Baptiste Greuze détermine certaines formes picturales propres du XVIIIème siècle, aussi bien pour sa réécriture des modèles classiques, que pour l'influence de son travail sur d'autres artistes.

Le dyptique de *La Malédiction Paternelle* sur le thème du Fils Prodigue: *Le Fils ingrat* (1777) et *Le Fils puni* (1778), peintures dont les premières versions furent exposées au Salon de 1765 et reçurent une critique enthousiaste de Diderot, racontent l'abandon violent de la maison familiale par le fils et son retour en larmes pour la mort du père.

Cependant, à la fois l'atmosphère de la chambre où se produit l'adieu, comme le bras levé de l'enfant que significativement Diderot accuse de "*jeune libertin*" ("*... il a l'air violent, insolent et fougueux; il a le bras droit élevé du côté de son père, au-dessus de la tête d'une de ses sœurs; il se dresse sur ses pieds; il menace de la main; il a le chapeau sur la tête; et son geste et son visage sont également insolents*"[783]), sont très semblables à une autre peinture du siècle: le célèbre *Verrou* (1778) de Fragonard (qui, dans l'oeuvre de celui-ci trouve des échos dans *Le Baiser à la dérobée*, 1787-1789, qui intervertit les termes, puisque c'est l'amant qui se montre par la porte entr'ouverte, la jeune fille, au lieu que sa robe glisse doucement, symbole d'abandon, du lit, saisissant ici activement une couverture pour découvrir, symbole cette fois de l'action à venir, le canapé où potentiellement, comme chez Boucher, pourrait succéder les événements consécutifs, en raison de sa relative proximité de la porte, comme le verrou avec le lit dans l'éponyme *Le Verrou*): sauf qu'à l'accumulation de personnages du tableau de Greuze représentant *Le Fils ingrat* est substituée ici la pénurie: il n'y a que les deux amants. Disparaît "*grand confessionnal de cuir noir*"[784] (Diderot) où le père était assis chez Greuze. Le lit à droite, "*couvert avec soin*"[785], passe, défait, à gauche, visibles les oreillers. Si le lit chez Greuze "*ne paraît pas trop mauvais*"[786], il est luxueux chez Fragonard, avec des draps de velours rouge suspendus. La mère accrochée chez Greuze au cou de son fils, se transforme chez Fragonard, avec le même mouvement, en le bras qui retient l'amoureuse empoudrée s'évanouissant de désir. Le bras que lève le fils en signe d'adieu chez Greuze devient chez Fragonard main levée pour cadenasser la porte en passant le verrou, d'imposer toute arrivée non désirée.

    L'allégorie biblique chez Greuze devient alors métaphore "*libertin*(e)" chez Fragonard, parodie de l'évident modèle original, à tel point que le couple mère-enfant non seulement est remplacé par le couple d'amoureux, sinon que la position qui se conserve entre les deux tableaux chez Fragonard inverse la position du groupe par rapport au spectateur: là où chez Greuze le couple fait face au spectateur, chez Fragonard il lui tourne le dos. La raison en est logique: le fondement moral de l'exemple biblique est destiné chez Greuze à avertir et à dénoncer, comme sur une scène de théâtre, alors que le principe de voyeurisme chez Fragonard (qui est paradigmatique dans son tableau *Les Hasards heureux de l'escarpolette* de 1767, où un prétendant berce une coquette, et un autre galant caché dans l'herbe profite du spectacle offert par les jupes soulevées de la femme - faut-il rappeler que "*Le corset rend la silhouette conique avec une pointe basse à la taille et une poitrine aplatie. Du XVIe au XVIIIe siècle, il n'y aura pas ou peu de réduction à la taille mais plûtot une mise en forme conique du buste. Issu de l'univers masculin et militaire, le corset est perçu comme une armure physique et morale, et n'est réservée qu'à la haute société. La femme ne porte pas de sous-vêtement sous sa robe, à l'exception de la reine Catherine de Médicis qui mettait des caleçons pour monter à cheval.*"[787], au XVIIème siècle " *La femme porte des superpositions de jupes, toujours de différentes étoffes; le buste est maintenu dans un corset lacé. La dentelle est très à la mode pour les hommes comme pour les femmes. Elle décore cols et poignets de chemises.*", et, ainsi, au XVIIIème siècle "*Les principes du vêtement féminin demeurent identiques, avec une évolution des formes et l'apparition, sous Louis XV, des paniers pour donner de l'ampleur aux jupes. L'intimité féminine n'étant pas protégée, les parties de balançoire ou les chutes offrent des occasions de coups d'œil indiscrets. La ligne redevient plus verticale sous Louis XVI, annonçant la simplicité de l'époque révolutionnaire.*"[788], on se reportera aux "*éléments du costume féminin traditionnel*" de l'exposition des Collections textiles du Musée du Vieux-Marseille en 2002[789]; "*En effet, une femme de qualité se contentait d'un jupon ou d'une chemise de toile fine, ornée de dentelle d'Alençon et ne portait aucune culotte dessous. Tandis que les hommes de classes aisées, depuis l'Ancien Régime, portaient la culotte de l'époque, un vêtement moulant couvrant séparément les jambes, de la ceinture jusqu'aux genoux ou mi mollets (le pantacourt d'aujourd'hui), accompagné de bas.*"[790]) impose la posture de dos, qui évoque pour le XVIIIème siècle l'idée de libertinage, où le spectateur, comme dans les tableaux de Boucher, découvre la femme non avertie dans son intimité sensuelle ou, comme ici et dans *Les Hasards heureux de l'escarpolette* dans ses jeux d'amour interdits. Le titre même: *Le Verrou* rappelle que nous sommes face à une représentation des amours lascives pour renvoyer dialectiquement (comme les postérieurs *L'Origine du Monde*, pubis nu caché derrière un rideau, de 1866 de Gustave Courbet, et *Étant donnés: 1° la chute d'eau 2° le gaz d'éclairage...*, dernière œuvre de 1944-1966 de Marcel Duchamp, sur le même sujet et principe que la toile de Courbet) au jardin clos qu'est la Vierge dans la théologie chrétienne.

Le principe éducatif de ces propositions ne doit pas passer inaperçu: il est très clair chez Greuze, peut-être moins chez Fragonard, même si elle se perçoit dans l'intention d'évocation libertaire (autre sens du concept de libertinage, comme nous l'avons vu sur Sade). Tant et si bien que, non seulement Fragonard reprend l'ambiance de la chambre dans *Visite à la nourrice* (avant 1784), petite scène de Noël où le père, ici agenouillé, mais toujours embrassé par la mère, et avec ses deux enfants à la porte cette fois ouverte (symbole de la pureté de l'ambiance, de même que les rideaux, souvenir byzantin que nous sommes face à une théâtralisation, donnant sur une fenêtre invisible éclairant le couple parental de lumière), visitant le bébé dans son berceau, gardé celui-ci par la vieille nourrice dans un coin dans l'obscurité, le même Greuze s'est dédié dans son oeuvre à représenter des scènes ambiguës de petites filles dans leurs chambres, se référant souvent à des images classiques: la Mélancolie dans *La prière du matin* (1775-1780), *La vieja friendo huevos* (1618) de Velásquez dans *L'enfant gâté* (1765, contemporain de *La jeune Fille qui pleure son oiseau mort*, et présenté au Salon la même année, alors que *Le Miroir brisé* y fut présenté antérieurement[791]) pour la relation entre l'enfant et l'adulte et l'organisation générale du tableau. Au chien de *L'enfant gâté* qui léche la cuiller que pour mal élevé lui abandonne le garçon insouciant est remplacé dans *Le Miroir brisé* (aussi connu comme *Le Malheur imprévu*, 1763) par un chiot qui regarde au-dessus du miroir brisé au sol.

Chardin s'était déjà dédié à la représentation de l'enfance bourgeoise, comme dans *Bénédicité* (1740), offert à Louis XV par l'artiste[792] avec son pendant, de la même année, celui-ci présenté au Salon de 1740: *La mère laborieuse*[793], et dont on retrouve la structure générale dans *La Toilette du matin* dit aussi *Le Négligé* (1740-1741) dont le *Mercure de France* écrivait en octobre 1741: "*Rien n'est plus simple en effet ni plus heureusement saisi que l'action d'une mère attentive qui attache une épingle à la coiffure de sa fille. Quelque chose de plus piquant encore, c'est le mouvement du cœur d'un enfant que l'habile peintre a trouvé l'art d'exprimer par un regard que la petite fille lance dan sun miroir, comme à la dérobée, pour satisfaire sa petite vanité et voir par elle-même si les soins de sa chère mère l'ont embellie.*"[794], ou *L'enfant au toton. Portrait d'Auguste-Gabriel Godefroy (1728-1814), fils cadet du joaillier Charles Godefroy*[795] (Salon de 1738[796]), dialectisé dans *Le Château de Cartes* (1743) comme le révèle le texte de l'estampe, inversée, qu'en fit François-Bernard Lépicié (1743)[797]:

"*Aimable enfant que le plaisir décide,*
*Nous badinons de nos frêles travaux:*
*Mais entre nous, quel est le plus solide*
*De nos projets, ou bien de vos châteaux.*"

Dont l'iconographie dérive chez Chardin de son *Le Dessinateur* (1737), ainsi que dans le comique *Le singe peintre* (c.1739[798]).

Dans *La Lavandière* (c.1735, dont les deux espaces rappellent, dans l'ordre humain, celui des intérieurs de la peinture flamande du siècle antérieur, ou ceux de *La Légende d'Arachné ou Les fileuses* de 1657 de Velásquez), à similitude de l'homme des *Bulles de savon* (c.1745), l'enfant pauvre, imitant une *Vanité* baroque, en s'aidant d'un tube fait des bulles, symbole de la fugacité des choses terrestres, tandis que dans un grand lavoir sa mère, dont le visage malheureux préfigure la jeune fille effrayée du *Miroir brisé*, lave le linge. Depuis le Moyen Age le miroir, symbole de vanité, est associée à la femme, de sorte que cet attribut si typique de l'éducation féminine pour la tradition devient chez Greuze l'objet par excellence des soins personnels et de l'attention sur l'apprentissage.

Le fait pour la jeune fille d'avoir cassé le miroir nous fait entrer dans cet espace intime du monde du voyeurisme libertin qui nous fait participer du processus de décomposition et de honte de la jeune fille, transformant en un jeu sensuel ce qui est évocation éducative chez Chardin: l'expérience des forces motrices de la nature par *L'enfant au toton*, attentif à son bureau, entouré de papiers, d'une plume et de livres, comme l'autre enfant, également à son bureau (disparus papiers, livres et plume) du *Château de Cartes*, dédié à organiser son monde et à le réduire à ses connaissances qu'il applique, comme l'autre, à des leçons pratiques.

Au monde viril de l'apprentissage et des jeux sérieux jeux, issus de l'iconographie médiévale des jeux de l'enfant Jésus inspirée des *Apocryphes*[799], s'oppose cette fois chez Greuze la jeune fille stupide, image de l'inattention, de l'orgueil, et donc du libertinage, que l'on retrouvera, toujours avec des objectifs éducatifs, au XIXème siècle avec la petite Sophie des livres de la comtesse de Ségur.

## 2.5. *L'Oiseau Mort*
### 2.5.a. Greuze et la piété filiale

Dans notre travail sur Greuze, nous avons étudié chez lui une dichotomie homme-femme, dans le domaine de l'expérimentation et l'apprentissage. En est symptomatique *Le Miroir brisé* (présenté au Salon de 1763[800]), qui reproduit, inversés, les valeurs de *L'enfant au toton* (1738) de Chardin. Alors que l'enfant mâle de Chardin, sagement assis à la table, entouré de la plume, du papier et des livres, expérimente dans la pratique le monde physique avec le toton, la fille du *Miroir*, éloignée de la table, qui est à coudre et de travaux domestiques (qui rappelle *La blanchisseuse* de 1761), se désespère pour avoir brisé le miroir, tandis qu'un chien renifle le désastre. Là où l'enfant au toton tournant dérive de l'iconographie médiévale de l'Enfant Jésus avec le moulin à vent-petite Croix, le toton possède l'identique symbolisme des tours du monde (roue de la Fortune mystique devenue objet d'expérience), dans la fille resurgit la figure, également basse médiévale, de la Luxure, femme dédiée à l'amour de soi.

Greuze s'est dédié à représenter la piété filiale, comme le confirme la série du Fils Prodigue, et les peintures qui marquent toute sa production, de *Le paralytique ou La piété filiale* (1763) jusqu'à *Le Fils puni* (1777) et *Le savetier ivre* (1778, avec le même geste du bras levé que le *Fils ingrat*, et pareillement retenu par les siens). Il faut aussi mentionner la *Charité romaine ou Cimon et sa fille Pero*, *Femme lisant Eloise et Abélard*, *Portrait d'Esprit de Baculard d'Arnaud* (hiver de 1776, quand il avait 5 ans, selon information du modèle dans une lettre conservée aux archives de la Bibliothèque Troyes[801]), *Portrait de fillette au petit chien*[802],...

## 2.5.b. La division masculin-féminin dans l'oeuvre du peintre

Au tumulte du *Miroir brisé*, avec le chiot (symbole classique de la fidélité familiale, comme dans le *Portrait des époux Arnolfini* de 1434 de Jan Van Eyck) qui renvoie à la tendre étreinte entre la propriétaire et et son animal de compagnie dans *Portrait de fillette au petit chien* et au chat noir (image traditionnelle de la sensualité) qu'Esprit a dans les bras, répond la sobriété de *L'enfant au toton*.

Identique représentation à celle du *Miroir brisé* de Greuze (avec sa variation dans la mélancolique posture, de lassitude et abandon face à la catastrophe, de la jeune servante, type de Laitière de La Fontaine, dans *Le oeufs cassés* de 1756, conservé au Metropolitan Museum of New York) nous guide dans l'évocation de l'opposition entre le caractère de narcissisme attribué classiquement aux femmes *versus* leur entrée dans la société, l'opposition entre l'expérimentation crue de la réalité *versus* l'ingénuité féminine dans le célèbre passage de *Les Misérables* de Victor Hugo[803]:

"*Fantine jeta son miroir par la fenêtre. Depuis longtemps elle avait quitté sa cellule du second pour une mansarde fermée d'un loquet sous le toit; un de ces galetas dont le plafond fait angle avec le plancher et vous heurte à chaque instant la tête. Le pauvre ne peut aller au fond de sa chambre comme au fond de sa destinée qu'en se courbant de plus en plus. Elle n'avait plus de lit, il lui restait une loque qu'elle appelait de sa couverture, un matelas à terre et une chaise dépaillée. Un petit rosier qu'elle avait s'était desséché dans un coin, oublié. Dans l'autre coin, il y avait un pot à beurre à mettre l'eau qui gelait l'hiver, et où les différents niveaux de l'eau restaient longtemps marqués pas des cercles de glace. Elle avait perdu la honte, elle perdit la coquetterie. Dernier signe. Elle sortait avec des bonnets sales. Soit faute de temps, soit indifférence, elle ne raccommodait plus son linge. A mesure que les talons s'usaient, elle tirait ses bas dans ses souliers. Cela se voyait à de certains plis perpendiculaires. Elle rapiéçait son corset, vieux et usé, avec des morceaux de calicot qui se déchiraient au moindre mouvement. Les gens auxquels elle devait lui faisaient "des scènes", et ne lui laissaient aucun repos, elle les trouvaient dans la rue, elle les retrouvait dans son escalier. Elle passait des nuits à pleurer et à songer. Elle avait les yeux très brillants, et elle sentait une douleur fixe dans l'épaule vers le haut de l'omoplate gauche. Elle toussait beaucoup. Elle haïssait profondément le père Madeleine, et ne se plaignait pas. Elle cousait dix-sept heures par jour; mais un entrepreneur du travail des prisons, qui faisait travailler les prisonnières au rabais, fit tout à coup baisser les prix, ce qui réduisait la journée des ouvrières libres à neuf sous. Dix-sept heures de travail, et neuf sous par jour! Ses créanciers étaient pus impitoyables que jamais. Le fripier, qui avait repris presque tous les meubles, lui disait sans cesse: Quand me payeras-tu coquine? Que voulait-on d'elle, bon Dieu! Elle se sentait traquée et il se développait en elle quelque chose de la bête farouche. Vers le même temps, le Thénarider lui écrivait que décidément il avait attendu avec beaucoup trop de bonté, et qu'il fallait cent francs, tout de suite, sinon qu'il mettrait à la porte la petite Cosette, toute convalescente de sa grande maladie, par le froid, par les chemins, et qu'elle reviendrait ce qu'elle pourrait, et qu'elle crèverait, si elle voulait.*
*- Cent francs, songea Fantine! Mais où y a-t-il un état à gagner cent sous par jour?*
*- Allons! dit-elle, vendons le reste.*
*L'infortunée se fit fille publique.*"

    Dans ses peintures, Greuze a présenté des variations sur l'étude masculine, comme dans l'oeuvre de 1755 (dont on trouve un autre modèle, moins explicite, dans *Un petit garçon endormi*[804]) du Musée Favre de Montpellier[805], où un enfant est présenté endormi sur un livre (toujours la question éducative implicite, et le comportement par rapport à celle-ci, de fait le titre en est: *Le petit paresseux*), la tête appuyée sur un côté d'une table vide. La gravité de l'étude silencieuse et solitaire est donc ainsi opposée à l'agitation féminine du *Miroir*. Quand se rencontrent les deux mondes: le masculin et le féminin, c'est, aussi bien dans la gravure à la fois le *Silence!* (1759)[806] que dans la peinture *L'enfant gâté* (1760-1765)[807] de même thème, quand la femme surpassée de travail, allaitant ou à l'office de la cuisine, doit supporter un enfant embêtant. Dans la peinture apparaît le chiot, comme dans *Le Miroir*. Dans la série du Fils Prodigue, la mère se désespère pour le fils, comme dans *Pero* la fille se sacrifie pour son père. Le Fils Prodigue se montre hautain devant les lamentations maternelles. *Pero* se baisse vers son père pour lui donner le sain sauveur, comme Valerius Maximus dans *Facta et dicta memorabilia* (c.30 après J.-C.). Dialectique aussi la figure du vieux *Loth et ses filles* (avant 1769)[808]. Dans *L'Accordée de Village* (1761)[809], celle-ci (portrait d'Antoinette-Clémence Ducreux, fille du peintre Joseph Ducreux et peintre elle-même[810]) soulève légèrement sa jupe, faisant du lien matrimonial une attention, idée renforcée par la poule et ses poussins juste au-dessous du couple.

Aux enfants turbulents de *Silence!* (dont la structure rappelle cependant le foyer de *La Paix du ménage*) et *L'enfant gâté* (selon Diderot, le modèle serait le même de celui de *La blanchisseuse* et de la soeur de *L'Accordée de village*, également de 1761, jusqu'à la femme de *L'enfant gâté*) répond la jeune fille briseuse des *OEufs cassés* (1756), qui essaie en vain de les ramasser, tandis qu'une vieille (qui rappelle la *Vieja friendo huevos* de Velázquez, avant 1622) et un homme se regardent dubitatifs, l'oie sortie du panier, et un enfant récupère ce qu'il peut. À l'enfant endormi sur le livre d'étude répond la jeune fille lisant émue les aventures d'Éloïse et Abélard. Ainsi, à la tempérance, parfois due à la fatigue, des enfants (l'enfant tombé sur le livre a son équivalent dans sobre *Portrait du Comte Pavel Stroganov Enfant* de 1778, et le sévèrement vêtu garçon pensif de l'*Enfant avec un livre d'école* de 1757, qui s'ennuie apparemment, par opposition à la passionnée jeune fille d'Éloïse et Abélard), répond la sensualité féminine, accentuée par les animaux domestiques. Ce dont rend compte *La veuve inconsolable* (c. 1762-1763)[811] qui, livre à la main, le fidèle chien à ses pieds, étend depuis le canapé sa main vers le buste du défunt dont le front porte les lauriers de la mort.

## 2.5.c. Les "*malheurs imprévus*" des jeunes filles

Nous avons précédemment eu l'occasion de noter la correspondance entre la jeune fille des *OEufs brisés* et la Perrette de la *Fable* de La Fontaine. Or c'est probablement le thème de *La Cruche cassée* (1772-1773), commandée par la Comtesse Du Barry, grande promotrice du premier néo-classicisme[812]. A cette cependant statique jeune fille avant le désastre répond *La jeune fille confuse - Musée de Turnus No 159*[813] du Musée Jacquemart-André[814] qui, selon le modèle de Blanche-Neige, s'affronte à un barbon tentateur qui introduit son buste par une fenêtre. Groupe compact, donc, thématiquement, avec *Les OEufs brisés, Le Miroir brisé* ou *Le Malheur imprévue* et *L'Oiseau mort*.

"*On peuplerait un couvent de ces jeunes filles de Greuze, qui songent, virginalement étonnées. La joie du peintre était de glisser dans une chaste image le soupçon délicat d'une faiblesse, afin d'y introduire le reproche sous la forme du regret. Le secret de son génie consistait à arranger toujours les choses de manière que ni la volupté ni la morale n'y perdissent rien. Pauvres jeunes filles! le miroir brisé, la cruche cassée, l'oiseau mort, elles ont à pleurer toujours quelque chose. Avec quel intéressant regret celle-ci porte au bras sa cruche fêlée, en relevant de l'autre main son tablier plein de fleurs! Elle va rentrer ainsi au logis, dolente, les yeux non pas baissés, mais ouverts au contraire par la plus touchante naïveté. Cette petite cruche était donc d'un bien grand prix? Non, ce n'est que du grès. Alors c'est que la mère est bien sévère? Non plus, les familles de Greuze sont douces et souriantes depuis l'enfant jusqu'à l'aïeule. D'où vient donc ce chagrin?...*" [815]

Ainsi prend valeur *L'Oiseau mort* (Salon de 1800[816], avec antécédent dans *La fillette à l'oiseau mort*, anonyme, premier quart du XVIème siècle, Musées Royaux, Bruxelles[817]), qui a une première version dans *Jeune fille qui pleure son oiseau mort* (Louvre, Salon de 1765), et similitude avec *Jeune fille aux colombes* (1799-1800, Salon de 1800[818], exactement contemporaine, donc, de fait, de *L'Oiseau mort*), qui, à son tour, a une autre version dans *Fillette soutenant une colombe*. On peut, également, considérer *L'Enfant à la cage*[819] (1749[820]), où l'oiseau est libéré, et la jeune fille joue avec lui d'un geste de la main et du doigt qui préfigure ceux de *L'Oiseau mort*, comme un antécédent direct du motif et du thème.

L'oiseau, avec son autre antécédent macabre dans *Femme plumant un canard* de Barent Fabritius (c.1645)[821] et sa reproduction en laisse avec un

Cupidon jouant de lui dans le mobilier français de la collection de Léopold Double[822], s'intègre d'ailleurs à une expression de l'expérience de la vie humaine chez Greuze, en comparaison à Chardin, dérivée de l'abondante iconographie de l'*homo bulla*[823], expérience des enfants, masculins ou féminins, telle qu'on la trouve chez Chardin lui-même (1734)[824], Jean-Étienne Liotard[825].

Ainsi, nous trouvons des enfants, dans le second exemple cité, mais aussi dans le *Garçon soufflant des bulles de savon* de Reinier de la Haye[826], où celles-ci s'associent, ici, au crâne, de nouveau, mais dans un sens moins pratique et plus métaphysique (de *Vanité*, en référence, donc, implicite, à l'*Ecclésiaste*), ou dans l'*Homo bulla* (c.1665)[827] de Bartholomeus Van Der Helst, qui mêle la coquille et les bulles, à l'instar encore de la fameuse, et contemporaine de l'antérieure, *Allégorie* (1663)[828] de Karel Dujardin. Ces deux dernières oeuvres s'associant, donc, thématiquement, par ces deux motifs, à *La vie de l'homme* (1665) de Jan Steen[829] (on note la parfait même cadre temporel entre les trois oeuvres):

"*The painting shows an ordinary interior with ordinary people, in a straightforward way, not particularly embellished. Yet, in this deceptively natural painting a moral is hiding. This is not a scene casually glimpsed but the presentation of a scene; it is presented, literally, by drawing up a curtain. This drawn-up curtain has a special function: it calls the scene to the viewer's attention: 'now look at this.'*
*What the viewer sees are people, young and old, male and female, drinking and playing and, above all, eating a lot of oysters. As oysters were a conventional aphrodisiac, they became a common sexual symbol - and their abundance gives this picture an unambiguous erotic meaning. But then, almost exactly where in the middle of the curtain is drawn up highest, a young boy is hiding in the attic, blowing bubble; a skull is next to him. The connotation of the skull is clear enough - and so to the contemporary audience, was the boy. He is the illustration of a classic adage: 'homo bulla' - 'man is a bubble.' The inclusion of this symbol of the insignificance of worldly pursuits unavoidably changes the meaning of this painting.*"[830]

Or, dans cette peinture de Steen, apparaît un troisième élément, au second plan à gauche, près de la fenêtre (selon un lien, donc, de symbolisme, selon nous, d'opposition: lumière-élévation [bulles-oiseau] *vs.* cage/enfermement[831]-coquilles d'huîtres [monde et appétits terrestres]), qui nous intéresse au premier chef, dans notre développement: la cage.

Nous n'en tirerons pas de conclusion particulière, autre que celles déjà présentes dans le présent travail, mais noterons que l'oiseau réapparaît, dans le même contexte, dans les *Deux enfants jouant avec des bulles de savon; à droite, un perroquet perché sur son bâton*[832] (1799) de Jean-Jacques de Boissieu[833].

On notera, dans cet apprentissage physique du monde, dans sa dissection (chez Greuze ou par le crâne, plus métaphysique, ou moral, nous l'avons dit, chez Reinier de la Haye), une certaine similitude - qui nous renvoie au poisson tenu par la queue (pêché: phallus sorti de l'eau, violenté par la femme) de *The Catch* d'Olbiński - avec l'*Antinoüs* (1958[834]) de Delvaux, homme sur la salle d'opération, entouré de femme, pendant, chez Magritte, de la femme soumise à ses tortureurs masculins dans *L'assassin menacé*.

*L'Enfant en Cage*, à son tour, est une reprise évidente des tableaux de Raoux, et de son cercle[835], de jeunes filles faisant voler des oiseaux[836], et, en particulier, aussi bien pour l'iconographie de la jeune fille que pour celle de la cage, des tons généraux bruns foncés du tableau, et du plan rapproché, de *Jeune fille nourrissant des oiseaux* (1717)[837], dont il inverse la composition et change le modèle, qui de blonde chez Raoux devient brune chez Greuze. Greuze complexifiant, en outre, le thème, en modifiant la nourriture donnée en un jeu qui combine les deux motifs fondamentaux de ce thème chez Raoux et son cercle: le jeu (des jeunes filles tenant leurs oiseaux au bout d'une corde) et la nourriture (pour la reprise presque littérale ici du tableau cité de Raoux), mais en en faisant une réflexion plus générale autour de la liberté, préfiguration de son postérieur *L'Oiseau mort* (oeuvres qui marquent respectivement les débuts et la culmination de l'art de Greuze, l'une de 1749, l'autre de 1800, tout en fixant les deux extrêmes comme une évolution organique), par le geste de la jeune fille, nous l'avons dit, lequel Greuze reprend (nous verrons que pour lui attribuer un sens expérimental dérivé de l'iconographie religieuse - ce qui confirmera, une fois encore, notre définition de la dérivation par laïcisation des symboles chrétiens à l'époque contemporaine, de Goethe à Géricault en passant par David [on se reportera à nos études sur ces auteurs], dans le processus de formation des thèmes patriotiques et nationalistes de ce moment historique -), inversé (paume vers le bas), celui du portrait, déjà cité à propos de Magritte, de Maria Sibylla Merian par Jacob Houbraken (1700), laquelle, renvoyant ainsi à son activité de peintre de nature (on pense à *Quatre pinsons de montagne morts*, c.1675[838]), y désigne un oiseau gisant posé sur la table devant elle. On notera, en ce sens encore, que la relation entre les jeunes filles de Greuze et leurs oiseaux apparaît comme plus intime, physique et émotionnelle (elles les tiennent en main, le toucher étant donc un principe sous-jacent récurrent du thème chez Greuze), que chez Raoux, où elles jouent certes avec eux, et les font voler, mais ne mettent, par ce même geste, ici de pure élégance coquette (non encore expérimental, comme il le deviendra chez Greuze), qu'en évidence la légèreté des courbes de leurs bras blancs, qui ne pointent que, si l'on peut dire, laïquement, et prosaïquement, le Ciel (qui se réduit aux ambiances fermées, que Greuze conservera souvent, bien que pas toujours [on trouve chez lui des jeunes filles avec leurs oiseaux dans des décors extérieurs], et se limite à la récupération de l'animal à moitié domestiqué). Preuve de cette simplicité thématique comme jeu érotique, chez Raoux, la rose que, d'une main, tient la *Jeune femme tenant un oiseau*, alors que de l'autre elle tient la corde au bout de laquelle elle laisse voleter l'oiseau. On peut y retrouver la persistance, implicite, du thème érotique, vaguement compris par les exégètes contemporains pour la version de l'oiseau mort de 1765 de Greuze, dont nous reparlerons, à propos, précisément des oiseaux et des fleurs, en particulier la rose, de la littérature hindouie et hindoustanie jusqu'à celle du XIXème siècle.

Alors que ces personnages féminins prendront chez Greuze un caractère plus moral, éducatif, lié à la représentation des sexes, chez Raoux, elles ne sont encore que des femmes aux mascottes (que reprendra, dans la première moitié du XXème siècle, notamment en ce qui concerne les singes, mais aussi les chats, les chiens, les perroquets ou les oiseaux[839], la mexicaine Frida Khalo dans ses nombreux *Autoportraits*[840]), typiques du goût du siècle, comme le rappellent Edmond et Jules de Goncourt, et donc de l'art, qui ne fera que les représenter en en reproduisant cette mode:

"*Point de repos, point de silence, toujours du mouvement, toujours du bruit, une perpétuelle distraction de soi-même, voilà cette vie. La femme ne veut point avoir une heure de recueillement, un instant de solide. Et même aux heures où le monde lui manque, aux heures où elle est menacée de retomber sur elle-même, il lui faut à côté d'elle, sous la main, quelque chose de vivant, de bruyant, d'étourdissant. Il faut, pour lui tenir compagnie et l'empêcher d'être, seule, le jeu et le tapage d'animaux familiers. Ici c'est un singe, la bête d'élection et d'affection du dix-huitième siècle, la chimère du Rococo, un sapajou qui prend le chocolat avec sa maîtresse en face d'un perroquet. Là, capricieux et leste, sautillant comme une phrase de Carraccioli, un écureuil court sur le damas d'une ottomane et grimpe à la rocaille d'un lambris. Les chambres à coucher et les salons se remplissent de ces jolis angoras gris dont Mme de Mirepoix s'entoure, qu'elle installe sur sa grande table de loto, et qui poussent de la patte les jetons à leur portée. Quelle femme n'a eu au moins un chien? un chien chéri, gâté, qu'on couche avec soi, qu'on fait manger sur son assiette, auquel on sert un filet de chevreuil, une aile de faisan, ou une carcasse de gelinotte, épagneul ou doguin qui règne en maître sur les oreillers et les coussins, levrette blanche ou chienne gredine dont on dit, lorsqu'elle n'est plus «Ma pauvre défunte Diane ou Mitonnette!» Et quel amour, que de soins pareils à ceux de Marie Leczinska se relevant cent fois la nuit pour chercher sa chienne! A panser de petits chiens, Lionais gagnait un château et une belle terre: on l'appelait Monseigneur en Bourgogne. Et quelles belles éducations! Il semble que ces bêtes prennent, entre les mains de leurs maîtresses, quelque chose de leur cœur ou de l'esprit du temps: Patie, le chien de Mlle Aïssé, est toujours à la porte pour attendre les gens du chevalier le chien de M. de Choiseul, Chanteloup, suit Mme de Choiseul au couvent, et la princesse de Conti dresse le sien à mordre son mari! Intelligence, caresses, immoralité même, rien ne manque dans le dix-huitième siècle à tous ces jolis petits animaux domestiques, bêtes frottées de grâce à peu près comme l'abbé Trublet était frotté d'esprit. Le Mercure est rempli des élégies que leur mort inspire. De leur vivant ils sont fameux, ils ont un nom et une généalogie c'est Filou, le chien du Roi c'est Pouf, le petit chien de Mme d'Épinay, fils de Thisbé et de Sibéli, qui manque un moment de brouiller la Chevrette et le Grandval. On les fait dessiner, on les fait graver. Cochin donne à la postérité les chats de Mme du Deffand. Les chiens de Mme de Pompadour n'ont pas seulement l'honneur de l'estampe ils ont la gloire de la pierre gravée. Poëtes, artistes et peintres les chantent ou les représentent au-dessous d'un nom ou d'une figure de femme et n'est-ce pas l'image de leur fortune que ce chien de la Gimblette, peint par Fragonard, modelé par Clodion, dans le cadre d'un conte de la Fontaine?*"[841]

La lecture du *Tableau de Paris* (1782-1783) en quatre volumes de L.S. Mercier confirme la description faite par les Goncourt:

"*"Le singe dont les femmes raffolaient, admis à leur toilette, appelé sur leurs genoux, a été relégué dans les antichambres. La perruche, la levrette, l'épagneul, l'angora ont obtenu tout à tour un rang auprès de l'abbé du magistrat de l'officier. Mais ces êtres chéris ont tout à coup perdu leur crédit, et les femmes ont pris de petits nègres... Le petit nègre n'abandonne plus sa tendre maîtresse; brûlé par le soleil il n'en paraît que plus beau. Il escalade les genoux d'une femme charmante qui le regarde avec complaisance, il presse son sein de sa tête lanugineuse, appuie ses lèvres sur une bouche de rose, et ses mains d'ébène relèvent la blancheur d'un col éblouissant. Un petit nègre aux dents blanches, aux lèvres épaisses, à la peau satinée caresse mieux qu'un épagneul ou un angora. Aussi a-t-il obtenu la préférence, il est toujours voisin de ces charmes qu'une main enfantine dévoile en folâtrant*" (L.S. Mercier, *Tableau de Paris*, op. cit.,

vol. 3, t. IV, chap, CCCCXCVIII, p. 290-291. *Les jolies femmes s'entourent de petits êtres animés, comme pour diffuser leur présence émouvante; ainsi: «nos jolies femmes ont toujours des chiens, des chats: je n'aime pas tant cela, je n'aime que mes pigeons» (marquise de Pompadour, Lettre X, à la marquise de Blagny, Lettres 1746-1752, t. 1, Londres MDCCLXXVI, p. 18; rééd. Troyes, Librairie Bleue, 1985).).*
*Les mouvements d'agitation folâtres qui déjà mettent en scène le naturel comme parure au moment de la seconde toilette sont accélérés par des présences animées et animales: les «petits» animaux, les «petits» nègres, dont les mobilités se conjuguent avec une miniaturisation. En provoquant des contrastes, en suscitant des bruits, des rires et des gestes menus, multipliés, ils accentuent le désordre mis en scène ici comme spectacle. Aux yeux de l'abbé, de l'officier, du magistrat présents, ils rehaussent l'éclat de la femme à sa toilette. Le «petit nègre» est un bijou de choix dont les mains noires relèvent la blancheur d'un col, et qui en plus permet un échange médiat de caresses et de proximités chaudes entre toutes ces présences.*
*"Tandis que l'enfant noir vit sur les genoux des femmes passionnées par son visage étranger, son nez aplati; qu'une main douce et caressante punit ses mutineries d'un léger châtiment, bientôt effacé par de plus vives caresses, son père gémit sous les coups de fouet d'un maître impitoyable: le père travaille péniblement ce sucre que le négrillon boit dans la même tasse avec sa riante maîtresse" (L.S. Mercier, Tableau de Paris, op. cit., vol. 3, t. VI, chap. DXXVIII, p. 290-291).*
*Tout bijou de prix, ici chaud et d'ébène, implique le déni du monde extérieur et celui des conditions économiques et sociales qui ont permis qu'il se constitue en spectacle. Tout éclat esthétique se fonde sur ce déni, le temps qu'il brille. La femme à sa toilette ici est la Femme, hors catégorie sociale explicitée: il s'agit soit de l'altière Laïs au «front brillant» qui «file comme l'éclair dans son brillant équipage», soit d'une femme de qualité qui «veut briller». Qui imite qui, alors, dans cette seconde toilette où se créent les fantaisies, les modes, les parures animées, animales ou exotiques? Dans quel sens est orienté le vecteur du mécanisme des distinctions? Peut-être ici forme-t-il une boucle rétroactive entre l'altière Laïs, la femme de qualité et l'ensemble des informations esthétiques, quelquefois exotiques, qui circulent en tant qu'images dans les visites, les promenades, les bals, lieux d'échanges d'informations visuelles, que la femme brillante sait capter la première. Le comble de la coquetterie est le théâtre de l'intimité lors de la seconde toilette, où elle crée autour de son corps comme une vibration de l'air, faite de mouvements accélérés, de présences miniaturisées, de gronderies légères, de rires: autant d'éclats invisibles mais efficaces de cette brillance. Il y a comme une psychologie induite par une esthétique brillante, faite de bouderie, de changements d'humeur, d'inconstances discontinues des mouvements et des paroles. Chaque fois, ces mobilités font varier sous tous ses angles l'ensemble des possibilités formelles d'une présence «riche» et «élégante»; comme un pied sur le point de perdre une mule s'expose en la cherchant.*
*"Les figures de brillance chez Mercier relèvent toutes d'une esthétique de l'accélération des mobilités. Elle est caractéristique de la scène de la seconde toilette mais peut se vérifier dans d'autres cas: Il faut donc quand on est femme avoir dans sa petite loge son épagneul, son coussin, sa chaufferette, mais surtout un petit fat à lorgnette qui vous instruit sur tout ce qui entre et de tout ce qui sort et qui vous nomme les acteurs. Cependant, la dame a dans son éventail une petite ouverture où est enchâssé un verre de sorte qu'elle voit sans être vue" (Ibid., vol. 1, t. II, chap. CXCVI, p. 320)."*[842]

## 2.5.d. Toujours le même modèle?

On reconnaît dans ces toiles pour modèle le visage de l'épouse de Greuze, la superbe Anne Gabrielle Babuty, qui l'a, volage, tant fait souffrir (raison pour laquelle il finira par s'en divorcer), et modèle déjà de *La Cruche cassée* et de l'à peine postérieure *Innocence* (premières années de 1790)[843], oeuvres d'immédiat succès qui auraient fait s'exclamer à Fragonard: "*Cet homme a dû aller au Ciel pour trouver cette vierge...*"[844], se retrouve dans à peu près toute son oeuvre, en particulier, en restant conservateur[845], dans *Tête de Femme* (c.1765)[846], *La fille à l'écoute* (années 1780)[847], *Jeune fille appuyée sur sa main*[848], *Une fille aux mains jointes*[849] (également de 1780)[850], et sa variante *Jeune fille en prière*[851] (avec un modification du jeu des mains de la version finale par rapport à ce qui nous semble en être le dessin préparatoire[852], mais dont le fond et le visage paraissent préfigurer *Jeune fille effrayé par l'orage*), les quatre autour des fines mains du modèle, comme *L'Oiseau mort*, *Buste de jeune fille portant un épagneul* (c.1786)[853], *Psyché* (1787)[854], *Souvenir ou Fidélité* (1787–1789)[855], *Bacchante* (probablement dans les années 1780)[856] et *Bacchante* (1785-1795)[857], *Tête de fille* (c.1786-1794)[858], *Jeune fille aux colombes*, *Le matin* (c.1800)[859], *Fille reposant dans un lit* (c.1800)[860], *Ariane* (dans ses deux ou trois - si l'on prend en compte le *Portrait de Jeune paysanne*[861] - versions, de fin du XVIIIème siècle[862]? et de c.1803-1804[863], la première, peut-être de la fin XVIIIème siècle, plus extatique, sorte de variation sur-sexualisée de la *Sainte Thérèse* de 1647-1652 du Bernin, que la seconde) à la couronne d'étoile et à la pose identique, bien qu'inversée, de *La Colombe retrouvée*[864], *Les jeunes mendiants*[865] (dont les motifs du chiot et du fruit, bien que racontant une autre histoire, celle de la nécessité immédiate, et toujours, par le symbole canin, de l'appui fraternel, fait écho à *Un enfant avec une pomme,* et à tous les tableaux d'enfants aux chiots du peintre), *L'agneau chéri*[866] (qui reprend la composition générale, et l'accompagnement du modèle féminin principal par un jeune enfant, des *Les jeunes mendiants*, et entre en relation formelle dialectique avec une autre oeuvre où interviennent ces deux mêmes personnages: *L'Innocence aux prises avec l'Amour*[867], variation, celle-ci, en ce sens, d' *Offrande votive à Cupidon* de 1767[868]), *Une fille avec un mouton*[869], *Une fille*[870] (parfois attribuée comme apocryphe[871]), *Fillette soutenant une colombe*[872], *Tête de femme triste*[873] (qui semble, moins le *contrapposto*, être une étude pour *Psyché* aux cheveux épars), *L'Inconsolable, Jeune fille effrayée par l'orage*[874], *Fille avec des oiseaux*[875], *Les Deux soeurs*[876], les deux parallèles *Étude de tête de femme*[877] (1780, avec son dessin préliminaire: *Tête de femme de profil*[878]) et *Tête de jeune femme* (probablement contemporaine[879], puisqu'elle ne semble qu'en être une variante du mouvement de la tête), et les érotiques *Fille reposant sur un lit, Buste de jeune femme*[880], *Jeune fille avec un épagneul*[881] dans ses différentes versions[882], *Le Réveil*[883], *La Lettre*[884] (également dans ses deux versions, dont celle de 1800-1806[885]), ou *Jeune femme à la draperie bleue* (attribué à Greuze)[886]. On retrouve, curieusement, encore ce même modèle pour *Tête de garçon* (c.1782[887]), dans *Garçon boudeur* (1780-1800)[888], tous deux probablement mal identifiés pour leurs habits (idée qui nous semble renforcée pour le premier par le parallèle *Portrait de jeune garçon*[889], qui en est une variation, tout aussi sensuelle, puisque là où la *Tête de garçon* offre un jolie décolleté et un doigt mutin jouant sur les lèvres, le second portrait encercle ce qui pourrait être la naissance de la poitrine par le col ouvert et on y retrouve, en outre, le regard perdu au ciel, typique des portraits de l'épouse du peintre), comme *Jeune garçon et chien*[890]?, et, très jeune, dans *Fillette avec un canari mort*[891], et, curieusement encore, pour la date tardive, *Un enfant avec une pomme* (c.1790-1805)[892], peut-être aussi mal datée donc. *L'Enfant à la poupée* (c. 1795)[893], *Cupidon*[894] (ce qui tendrait à révéler le caractère androgyne du modèle pour le peintre) et la correspondante *Offrande votive à Cupidon*, et encore *L'Innocence aux prises avec l'Amour*. Ainsi, par exemple, un dessin est dit: *Tête de jeune enfant les yeux levés vers le ciel*[895], quand de toute évidence c'est une esquisse pour *Souvenir*, et dont le transport apparent renvoie aussi bien aux *Ariane* qu'au général principe d'extase des portraits de son épouse par Greuze. Il nous semble que *Le petit mathématicien*[896] confirme cette impression que Greuze utilisait le modèle de sa femme, aussi bien pour peindre des enfants que des adultes, des hommes que des femmes, comme le montrent, à notre sens, assez clairement, les nombreux portraits de jeunes garçons et de jeunes filles de Greuze[897]. Elle semble même dédoublée dans *Psyché couronnant Cupidon*[898] (oeuvre qui, comme aussi [899], *Jeune femme assise*[900], allégorie des flèches de l'amour, s'intègre, par ailleurs, au groupe, déjà cité, sur le thème de Cupidon et de l'amour, central, donc, pour Greuze, autour de sa belle épouse).

De fait, dès *Innocence* (avec un agneau, probablement symbole pastoral de l'époque, et aussi quelque peu christique, bien qu'ici l'on ait à faire, comme dans certaines Allégories modernes - nous y reviendrons -, à une petite bergère, dont le thème sera repris avec une colombe[901]) et dans les autres toiles présentant une jeune fille avec un animal, notamment un mouton, on voit que Greuze représente à Anne Gabrielle comme une jeune enfant. Ainsi dans *Portrait de fillette au petit chien* et son pendant visuel (en tant que portrait inversé): *Une Fille*, ainsi que dans *Buste de fille portant un épagneul*. Tout comme, d'ailleurs, *Jeune fille appuyée sur sa main* est, pareillement, la contrepartie de *La fille à l'écoute*. Pour preuve encore, l'étude de *Tête de jeune fille*[902] pour *La fille à l'écoute*.

Toutefois, comme souvent chez les peintres (on le note notamment chez Léonard da Vinci), les visages de Greuze se ressemblent, ainsi en est-il des portraits qu'il fit de l'également peintre Jeanne-Philiberte Ledoux (1767-1840): *Fillette avec une colombe*[903] et *Une fillette en prière*[904].

La structure de *La Cruche cassée* réapparaît, avec le même modèle, dans approximativement la même posture dans *La Plainte de la montre*, tout comme celle, notamment de la mise en scène et des plis du vêtement, de *La veuve inconsolable* se retrouve, bien que sans la position, dans *La Philosophie endormie*[905], autre position de *Madame Greuze endormie ou Madame Greuze enceinte dans un fauteuil* (1759-1760)[906].

On voit que, s'il conserve la dichotomie implicite entre les valeurs traditionnelles attribuées au chien et au chat, le chien acquiert chez Greuze facilement un symbolisme érotique implicite, comme dans l'érotique *Jeune fille avec un épagneul* au sein visible. De fait, l'érotisme et la coquetterie de Mme Greuze se perçoit jusque dans les yeux extatiques tournés au ciel, dont nous avons dit qu'ils sont une constante des portraits de sa femme, et le demi-sourire à la moue amoureuse, de *La prière du matin*.

Notre idée de l'identité unique du modèle peut être soutenue par la relativement courte lecture que, s'inspirant de Diderot, sur lequel nous reviendrons, Charles Blanc fait de l'oeuvre de Greuze, dont nous avons précédemment cité l'un des premiers paragraphes, et l'incohérence visuelle, qu'il essaie de justifier, entre les visages, de femme adulte, les bustes, avantageux, et les corps, enfantins, des modèles dans les toiles du peintre:

*"Jamais Greuze ne peint, je crois, pour le plaisir de peindre; il ne se laisse pas tenter par un mur splendidement éclairé du soleil, par le chien qui passe, par le premier objet qui porte de la couleur, il ne va que là où le sentiment l'appelle. Le sentiment, voilà le domaine de Greuze. Il est le peintre, en bonne part, de ce mot sensible qu'on entend répéter tout le long du dix-huitième siècle. Aussi, dans les tableaux de Greuze, qui ne visent pas au drame, il règne je ne sais quelle tendresse, quel charme de douceur et de bonté qui s'exprime par la grâce. C'est un moraliste, mais qui est passionné pour les belles épaules, un prédicateur qui veut voir et nous montrer la poitrine des jeunes filles. Si cette chair si jolie est faible, le spectacle n'en est pas dangereux, car la faute n'apparaît que lorsque le remords la répare. Un peu de tristesse dans ces beaux yeux bleus, et l'on y voit, non la volupté, mais la conscience.*
*A quoi pense la jeune fille qui pleure son oiseau mort? Elle est placée de face, la tête inclinée sur sa main gauche, l'oiseau mort est devant elle, bien mort, hélas! il a les ailes pendantes et les pattes en l'air. Qu'elle est pensive, la jeune fille! son œil bleu est voilé de rêverie et les larmes y tremblent. Pour un oiseau perdu, la douleur est bien profonde! La mort fait soupirer ainsi, sans doute, mais l'amour aussi, à seize ans. Qu'a donc la belle enfant au regret? la tête est d'une vierge et la tristesse d'une femme. Diderot a consacré plusieurs pages, trop indiscrètes, à chercher et à trahir le secret de ce mélancolique étonnement. Pourquoi plusieurs pages? Il n'a fallu à Greuze qu'une légère touche de pinceau pour mettre tout cela dans ce regard rêveur, et n'est-ce pas aller contre la délicatesse de l'intention du peintre, que d'en ôter précisément ce qu'elle a de vague et par cela même de charmant?*
*On peuplerait un couvent de ces jeunes filles de Greuze, qui songent, virginalement étonnées. La joie du peintre était de glisser dans une chaste image le soupçon délicat d'une faiblesse, afin d'y introduire le reproche sous la forme du regret. Le secret de son génie consistait à arranger toujours les choses de manière que ni la volupté ni la morale n'y perdissent rien. Pauvres jeunes filles! le miroir brisé, la cruche cassée, l'oiseau mort, elles ont à pleurer toujours quelque chose. Avec quel intéressant regret celle-ci porte au bras sa cruche fêlée, en relevant de l'autre main son tablier plein de fleurs! Elle va rentrer ainsi au logis, dolente, les yeux non pas baissés, mais ouverts au contraire par la plus touchante naïveté. Cette petite cruche était donc d'un bien grand prix? Non, ce n'est que du grès. Alors c'est que la mère est bien sévère? Non plus, les familles de Greuze sont douces et souriantes depuis l'enfant jusqu'à l'aïeule. D'où vient donc ce chagrin?...*
*Je ne savais pas même*
*Son nom jusqu'à ce jour.*
*Hélas! lorsque l'on aime,*
*On a donc de l'amour?*
*Il faut relever dans la plupart des tableaux de Greuze un défaut saillant, mais qui, par sa nature même, trahit chez le peintre un sentiment exquis. Il est rare que la tête soit parfaitement en harmonie avec le corps, dans ces jeunes filles au chaste repentir. Le corps est d'une femme; la gorge est arrivée à une parfaite rondeur, et il n'est pas permis d'en douter,*

*car toujours la poitrine repousse l'écharpe négligente et cherche les caresses de la lumière. La femme est donc créée: le corps le dit avec grâce, mais la tête est d'une enfant, tête de douze ans sur des épaules de dix-huit. C'est un défaut, dites-vous; mais comprenez du moins le sentiment qui fit commettre à Greuze ce délicat et subtil anachronisme. Il voulait indiquer une faute, une faiblesse, il fallait bien peindre une femme; mais il voulait aussi indiquer la pudeur qui survit à la chute, et il peignait sinon la pureté même, du moins l'âge de la pureté, l'adolescence. N'enlevons pas au peintre cette inconséquence heureuse, ce serait lui ôter une partie de sa grâce.*

*Encore une observation à propos de ces jeunes filles, touchants problèmes de la virginité rêveuse. Malgré cette admirable délicatesse de son imagination, malgré ce désir, qui fut toute sa philosophie, de montrer toujours le regret dans la faute et la leçon à côté du tort, Greuze, en dépit de lui-même, ne put échapper entièrement à l'influence régnante de son siècle. Il proteste sans doute par l'honnêteté, par les alarmes de ses modèles, contre la licence, contre le sensualisme ardent de son époque, contre toute cette peinture où traînent toujours la jarretière de Mme du Barry et le mouchoir de Louis XV. Il épouse enfin de tout son cœur la révolution qui entraîne la littérature vers la morale, vers la sainteté du foyer domestique, et il lui dédie son talent. Mais cependant l'atmosphère environnante le porte, à son insu, vers la volupté. L'air qu'il respire lui conseille l'amour. Il le peindra malgré lui, sauf à le moraliser par la chasteté du pinceau et à se racheter par une inconséquence de génie. Ainsi, à travers ces étonnements de jeunes filles, la volupté se devine aisément; ces oiseaux morts que l'on pleure, ces miroirs brisés où l'on se regarde avec tristesse, ces cruches cassées que l'on rapporte en rêvant, qu'est-ce autre chose que des images complaisantes et perfides de l'amour voilé? Greuze les a signées, oui, et cette signature est le côté pudique de l'œuvre; mais le dix-huitième siècle les a signées aussi, et cette signature c'est le morceau qui manque à la cruche.*

*«... Et la grâce plus belle encore que la beauté,» voilà sans doute l'idéal de Greuze. Il aimait passionnément les femmes, j'entends leur compagnie, et il paraît que les femmes le lui rendaient bien. C'était, du reste, de part et d'autre une reconnaissance bien naturelle. «Greuze, dit M. Lecarpentier, qui l'a connu, était de taille moyenne; il avait la tête forte, le front très grand, les yeux vifs et bien fendus, une figure spirituelle. Son abord annonçait la franchise et l'homme de génie; il était même difficile de ne pas dire: Voilà Greuze, sans presque l'avoir vu.» Friand de la louange, surtout de celle des femmes, il la prodiguait lui-même tout le premier avec une chaleur affectueuse et une finesse d'artiste qui semblait toujours adresser à l'art ce qui était destiné au modèle. Greuze parlait bien, avec enthousiasme, notamment de la peinture et de lui-même. Plein de son mérite, par sa vérité naïve et un peu trop indiscrète, il se faisait des ennemis de ses envieux les plus réservés.*

*«Il est un peu vain, notre peintre! s'écrie Diderot; mais sa vanité est celle d'un enfant, c'est l'ivresse du talent. Otez-lui cette naïveté qui lui fait dire de son propre ouvrage: Voyez-moi cela! C'est cela qui est beau! vous lui ôterez la verve, vous éteindrez le feu, et le génie s'éclipsera. Je crains bien, lorsqu'il deviendra modeste, qu'il n'ait raison de l'être. Nos qualités, certaines du moins, tiennent de près à nos défauts; la plupart des honnêtes femmes ont de l'humeur, les grands artistes ont un petit coup de hache à la tête... Lorsque le salon fut tapissé, on en fit les honneurs à M. de Marigny. Poisson-Mécène s'y rendit avec le cortège des artistes favoris qu'il admet à sa table. Il alla, il regarda, il approuva, il dédaigna. La Pleureuse de Greuze l'arrêta et le surprit.*

*Cela est beau, dit-il à l'artiste, qui lui répondit: «Monsieur, je le sais, on me loue de reste; mais je manque d'ouvrage. – C'est que vous avez une nuée d'ennemis, interrompit Joseph Vernet, et parmi ces ennemis, un quidam qui a l'air de vous aimer à la folie et qui vous perdra. – Et qui est ce quidam? demanda Greuze. – C'est vous, répondit Vernet.»*

*Lorsque le peintre de marine lui adressa ce mot piquant, Greuze avait été, sur la proposition de Pigalle, agréé à l'Académie, ce qui lui avait donné le droit d'exposer ses ouvrages au Salon. Certaines critiques, lancées au milieu de l'admiration générale, lui furent tellement sensibles, qu'il résolut de faire un voyage à Rome pour y changer son style. Erreur ingénue! Eh! qu'allait-il chercher à Rome? que pouvaient lui enseigner les héros et les dieux, à lui, qui était le peintre sentimental et naïf des bonnes gens, de l'honnête bourgeois dans sa famille, de la vieille mère à son rouet, des enfants en querelle avec leur poupée? Qu'avait-il à copier les Vierges de Raphaël, destinées à l'amour divin, lui qui savait par cœur les fraîches filles faites pour la terre, et dont l'amour des hommes doit chiffonner le bonnet? Se figure-t-on le peintre Greuze visitant la chapelle Sixtine! Assurément, il dut penser alors à cette grisette qu'il avait laissée à Paris dans une mansarde, et qu'il appelait la Vertu chancelante, pauvre jolie personne que l'on a voulu séduire par une montre où est déjà marquée l'heure de sa faiblesse. Elle n'est encore que Babet; un jour elle sera Frétillon... Greuze se hâta de quitter Rome, et il s'en revint à Paris peindre la Bonne mère et le Gâteau des Rois, dans son atelier situé rue Pavée, la première porte à droite en entrant par la rue Saint-André-des-Arts.*

*Si vous entrez dans cet atelier de Greuze, vous y pourrez suivre pas à pas l'histoire touchante de la fille du peuple, depuis le jour où elle est allée imprudemment à la fontaine et en est revenue les yeux pleins de larmes et le tablier plein de fleurs, jusqu'au jour où nous la retrouverons mère de famille, portant une grappe de beaux enfants frais et roses. Elle achèvera dans les tendres austérités du devoir le rêve qu'elle avait fait à seize ans. Qui ne la connaît sous son nom de l'Accordée du village? Qui ne l'a vue passer, se rendant à la signature du contrat, appuyée sur une amie d'enfance et conduite par son fiancé, qui n'ose encore lui serrer le bras? Sa tête charmante, encadrée dans un joli bonnet, sa taille, serrée dans un corsage blanc, la rose qui est posée sur son sein épanouit lui donneraient pour fiancés tous les spectateurs, s'ils n'étaient occupés par une scène où chaque personnage joue si bien son rôle. Et, d'ailleurs, l'Accordée a tant de modestie dans son regard baissé, dans son attitude, que l'on oserait à peine lui adresser le compliment qu'elle mérite, car elle est à la fois modeste et triomphante, ravie d'être jeune, embarrassée d'être belle, émue d'être aimée.*

*Otez à Prudhon le style, le sentiment de l'antique, et vous retrouverez Greuze. Entre ces deux maîtres, il existe un lien délicat qui est la grâce. C'est par là que nous intéressent les fiancés de Greuze, ses fileuses au rouet, ses écosseuses de pois, tous ces doux ménages où règnent la paix domestique et la santé, toutes ces mères de famille montrant leurs petits Gracques, leurs trésors. La grâce est une manière de poésie qui rend les bourgeois possibles comme héros, quand la passion s'y ajoute. Or, la grâce et la passion, c'étaient le bleu et le vermillon de Greuze; il en avait toujours sur sa palette. Flamand sous le rapport du style, Greuze est éminemment Français par la pensée. Sa touche badine, légère et beurrée, dépose en courant des espèces de hachures enlacées et bien fondues: mais si elle convient à exprimer la joue colorée des enfants, le teint animé d'une jeune fille, quelquefois elle semble marteler les objets et en multiplier les plans outre mesure. La touche de Greuze ressemble un peu à la touche par méplats de Metzu, et souvent elle en exagère les qualités excellentes. Il est vrai de dire cependant que ce défaut, moins sensible dans ses ouvrages plus terminés, disparaît tout à fait dans les plus beaux. Et c'est le cas de répéter ce qu'a dit à ce sujet M. Paillot de Montabert. «Une foule de peintres qui ont été et qui sont encore fort monotones, fort insipides par la prétention de leur blaireau, sont loin cependant du fini de Greuze, qui certainement n'avait pas comme eux un pinceau lisse, uni, et un travail parfondu.» Mais, par la composition, par le côté dramatique et senti, Greuze tient à l'école française, assez pour lui faire un grand honneur, et assez peu pour être le plus original de nos maîtres. Si ses tableaux manquent parfois de l'unité optique, on y trouve, pour ainsi dire, une sorte d'unité morale qui est l'esprit de famille, et ce qui les éclaire n'est pas seulement la lumière du jour, c'est un doux rayon de philosophie."*[907]

Ce que confirme encore, probablement à propos d'une variante de *Jeune fille aux colombes*, l'opinion directe des contemporains du peintre, reproduite dans la *Correspondance secrète, politique et littéraire ou Mémoires pour servir à l'histoire des cours, des sociétés et de la littérature en France depuis la mort de Louis XV*:

"Je fors de l'attelier de Greuze: j'ai vu, Monfieur, le tableau & plus féduifant que jamais l'affemblage des couleurs ait formé fur la toile. C'eft une jeune perfonne de quinze ans, affife devant une table de porphire garnie de fleurs: deux oifeaux s'élancent d'une cage pour fe précipiter dans fon fein: elle entr'ouvre fon corfet pour les recevoir. Les graces, la naïvete de l'expreffion de la plus jolie tête poffible, une bouche dont on croit voir l'haleine s'échapper, un fein qui femble palpiter, le mouvement imprimé à toute la figure & le plus grand effet réfultant de l'enfemble de la compofition, mettront cet ouvrage au nombre de ceux qui affinent à fon auteur la réputation la mieux méritée, & à son travail le plus haut prix que jamais peintre ait obtenu pendant sa vie."[908]

## 2.5.e. Portrait greuzien de "*La Femme*" et son adéquation aux théories éducatives de l'Illustration

Greuze définit dans son oeuvre la femme comme passionnelle, casanière (voir *La complainte de la Jeune fille ou montre abandonnée*, 1775), protecteur, lié aux animaux. Là où *L'enfant au toton* présente l'expérimentation objective du monde par les mathématiques et les lois naturelles (en ce sens, Greuze, si notre interprétation visuelle est correcte, joue avec ce principe dans *Le petit mathématicien*, où il nous semble reconnaitre sa femme, toutefois il est significatif que le personnage ait toujours, malgré cette étrange similitude morphologique, été reconnu pour être un petit garçon, et non une petite fille), c'est la loi naturelle empirique de la mort, semblable à l'usure ou dégâts causés avec les œufs le Miroir brisés, qu'expérimente l'héroïne de *L'oiseau mort*. Pleurant dans la version du Louvre, comme *La veuve inconsolable*, la fillette de 1800 se contente toucher du doigt l'oiseau pattes en l'air sur la table. En 1800, l'oiseau est mort sur la table, à côté d'une soucoupe avec de la nourriture et de la cage, la fillette le regarde, en 1765 la table disparaît et c'est dans un *tondo* réduit au visage de la fillette qui ferme les yeux et se porte la main à la tête repose que l'oiseau repose sur sa propre cage ornée de fleurs. Ainsi, la tension se crée, logique chez Greuze, par complexification, entre, en 1800, l'expérience pratique (vie-mort, leurs conditions physiques: la nourriture, la vision et le toucher pour comprendre) et, en 1765, l'originelle, et plus directe, posture féminine de l'effroi (on se souvient de *Jeune fille effrayée par l'orage*), l'évanouissement, l'aveuglement lorsqu'elle s'affronte à la douleur. En 1800, la main droite touchant avec deux doigts et l'autre ouverte rappellent respectivement l'iconographie religieuse de la Madeleine[909], notamment au crâne, d'appui sur celui-ci (à la fois *Memento Mori* et symbole de la Rédemption christique, d'où le geste de ses mains, indifféremment sur le crâne, sur ses seins - *Venus pudica* ou *impudica* se rappelant de son passé, on rapprochera ainsi la posture de la fillette de *L'Oiseau mort* de celle de la *Madeleine* de Georges de La Tour, 1630-1635 -, ou au Ciel), et Saint Thomas[910], et le geste du Christ: "*Noli me tangere*" (autour duquel thème se retrouvent d'ailleurs les deux figures saintes, comme on le voit chez Abraham Janssen et Jan Wildens[911] ou Le Corrège[912]; c'est ainsi que les deux figures, et épisodes, apparaissent, consécutivement, dans les Baies 15 et 16 de l'Église de Sainte Savine dans l'Aube[913], ou dans une paire de gouaches flamandes du XVIIIème siècle[914]). Les cheveux longs en vrac 1800, recueillis en 1765, sont ainsi repris de l'iconographie de Sainte Madeleine[915] (de fait, on les retrouve chez Greuze dans la version d'*Ariane* de 1803-1804 - qui, avec son visage légèrement incliné, sa couronne d'étoiles et ses cheveux ébouriffés ("*véritable personnification de la prière, la tête légèrement penchée d'un côté*" pour reprendre une formule de Wilkie Collins à propos d'une figure masculine: "*La défaite du* [trop sensible] *Major*" Fitz-David aux charmes féminins dans *La Piste du Crime* [*The Law and The Lady*, 1875, cap. IX: "*the picture of artless entreaty, with his head a little on one side*"]), n'est pas sans rappeler l'*Allegoria dell'Inclinazione,* 1615-1616, d'Artemisia Gentileschi[916] -, ou dans d'autres oeuvres, comme, voire, dans *La prière du matin*), image de la Mélancolie, c'est-à-dire des *Vanités* baroques[917], chez Génovèse[918] et plusieurs La Tour[919]. Le désespoir romantique de la femme main sur la tête (1765) se retrouve dans *En écoutant du Schumann* (1883) de Fernand Khnopff, assimilable aussi à la jeune lectrice d'Éloïse et Abélard chez Greuze.

De fait, on trouve une certaine similitude entre la postérieure *Mélancolie* (1801) de Constance Marie Charpentier[920] et la pose au corps abattu et au regard absent de la jeune fille de *Les OEufs cassés*. Rappelons ainsi, de même, que la Mélancolie est accompagnée d'une oie et d'un bélier dans la fameuse gravure de Virgil Solis[921], comme les relations sentimentales sous-jacentes exprimées dans les oeuvres de Greuze mettant en scène sa femme sont souvent soit des moutons, soit des oiseaux, soit, encore, on l'a vu, des chiens.

La correspondance est totale entre *Émile ou de l'Éducation* (1762) et Greuze. Le toton de Chardin est remplacé chez Rousseau (Livre II) par le cerf-volant et son ombre. Le rôle de la femme-nourrice en ce qui concerne le poupon (Livre I) est exprimé dans l'enfant gâté. Le Livre V dédié à Sophie affirme que les femmes doivent apprendre à un âge précoce à être une bonne épouse, une bonne mère et une bonne fille. Ce qui est explicite dans la phrase: "*Ainsi toute l'éducation des femmes doit être relative aux hommes.*"[922] Donc, contrairement aux hommes, leur éducation ne doit pas se concentrer sur les matières théoriques. Il est tellement important pour les femmes de se consacrer aux tâches ménagères que Sophie, déclarée "*élevée... avec le plus grand soin*" est au service de sa mère comme "*femme de chambre*"[923].

La lecture d'Éloïse et Abélard par la jeune fille dans le tableau de Greuze dénote le rôle d'amante-épouse que doit avoir la femme pour l'homme, comme sa sensibilité et sa douce tendresse (Rousseau, parlant de l'éducation des jeunes filles, écrira, dans le passage déjà cité de l'*Émile*: "*elle doit apprendre de bonne heure à souffrir même l'injustice et à supporter les torts d'un mari sans se plaindre; ce n'est pas pour lui, c'est pour elle qu'elle doit être douce. L'aigreur et l'opiniâtreté des femmes ne font jamais qu'augmenter leurs maux et les mauvais procédés des maris*"[924], on se reportera en cela à la tradition issue du *Décaméron*, X-X) sont des valeurs de *L'Oiseau mort*, la référence iconographique à la Résurrection, et aux gestes de Madeleine et du Christ, aborde cette même correspondance de subordination. De même *La complainte*, qui montre une femme, dans un grenier, regardant au-delà du spectateur, ce que l'on suppose être la porte, donnant, à la différence des femmes de Vermeer, le dos à la fenêtre qui offre une faible lumière, assise très droite et avec le port d'une personne éduquée dans une chaise entre une table de chevet avec des fleurs et un lit défait où se remarque un élément rose, apparemment sa coiffe, ressemblant aux ambiance d'intérieurs de Fragonard (*Le Verrou*, 1778, *Le baiser volé*, 1787-1789;. voir notre article antérieur), bien qu'ici, par son absence, selon la conception lacanienne[925], la figure de l'homme y est surdéterminée. En effet, les objets épars (fleurs, objet à la touche rose, lit défait) renvoient à une histoire double et contradictoire (comme les deux moments auxquels elle réfère ne sont ni logiques ni obligatoirement consécutifs) de soumission féminine face à l'homme: l'acte sexuel consommé (les fleurs et la couleur rose - symboles que nous lisons comme des sécrétions sexuelles et de virginité perdue, à l'instar des violettes évoquées par Freud dans l'*Interprétation des rêves* -, l'évident lit ouvert dans lequel, de fait, repose la coiffe au ruban rose), et l'abandon par l'homme, alors que l'attend en vain la jeune fille. De même se comprend la *Femme lisant Éloïse et Abélard* comme le moment de spasme sensuel devant l'amour (d'évocation presque mystique puisque, non seulement Abélard fut un remarquable religieux, mais l'équivalent iconographique le plus proche à la pose du modèle de Greuze de corps évanoui vers l'arrière, comme l'est vers l'avant celui de *La veuve inconsolable*, est, encore une fois [comme nous l'avons dit déjà pour les versions d'*Ariane*], l'*Extase de Sainte Thérèse* du Bernin), ce pour quoi attente et don de soi sont pour l'époque (comme le confirme encore *Les Cent Vingt Journées de Sodome, ou l'École du libertinage* de Sade) les rôles de la femme, sensuelle et sensible, casanière, harmonieuse et attentionnée (jusque pour les animaux, qu'il s'agisse du chien fidèle, symbole de cette même vertu, ou l'oiseau), devant, comme seigneur et sien propriétaire, l'homme, quant à lui logique et rationnel, sociable, conquérant et entreprenant en amour comme dans les affaires.

Dans le passage cité, Rousseau l'exprime clairement:

"*Les femmes, de leur côté, ne cessent de crier que nous les élevons pour être vaines et coquettes, que nous les amusons sans cesse à des puérilités pour rester plus facilement les maîtres; elles s'en prennent à nous des défauts que nous leur reprochons. Quelle folie! Et depuis quand sont-ce les hommes qui se mêlent de l'éducation des filles? Qui est-ce qui empêche les mères de les élever comme il leur plaît? Elles n'ont point de collèges: grand malheur! Eh! plût à Dieu qu'il n'y en eût point pour les garçons! ils seraient plus sensément et plus honnêtement élevés. Force-t-on vos filles à perdre leur temps en niaiseries? Leur fait-on malgré elles passer la moitié de leur vie à leur toilette, à votre exemple? Vous empêche-t-on de les instruire et faire instruire à votre gré? Est-ce notre faute si elles nous plaisent quand elles sont belles, si leurs minauderies nous séduisent, si l'art qu'elles apprennent de vous nous attire et nous flatte, si nous aimons à les voir mises avec goût, si nous leur laissons affiler à loisir les armes dont elles nous subjuguent? Eh! prenez le parti de les élever comme des hommes; ils y consentiront de bon cœur. Plus elles voudront leur ressembler, moins elles les gouverneront, et c'est alors qu'ils seront vraiment les maîtres.*

*Toutes les facultés communes aux deux sexes ne leur sont pas également partagées; mais prises en tout, elles se compensent. La femme vaut mieux comme femme et moins comme homme; partout où elle fait valoir ses droits, elle a l'avantage; partout où elle veut usurper les nôtres, elle reste au-dessous de nous. On ne peut répondre à cette vérité générale que par des exceptions; constante manière d'argumenter des galants partisans du beau sexe.*

*Cultiver dans les femmes les qualités de l'homme, et négliger celles qui leur sont propres, c'est donc visiblement travailler à leur préjudice. Les rusées le voient trop bien pour en être les dupes; en tâchant d'usurper nos avantages, elles n'abandonnent pas les leurs; mais il arrive de là que, ne pouvant bien ménager les uns et les autres parce qu'ils sont incompatibles, elles restent au-dessous de leur portée sans se mettre à la nôtre, et perdent la moitié de leur prix. Croyez-moi, mère judicieuse, ne faites point de votre fille un honnête homme, comme pour donner un démenti à la nature; faites-en une honnête femme, et soyez sûre qu'elle en vaudra mieux pour elle et pour nous.*

*S'ensuit-il qu'elle doive être élevée dans l'ignorance de toute chose, et bornée aux seules fonctions du ménage? L'homme fera-t-il sa servante de sa compagne? Se privera-t-il auprès d'elle du plus grand charme de la société? Pour mieux l'asservir l'empêchera-t-il de rien sentir, de rien connaître? En fera-t-il un véritable automate? Non, sans doute; ainsi ne l'a pas dit la nature, qui donne aux femmes un esprit si agréable et si délié; au contraire, elle veut qu'elles pensent, qu'elles jugent, qu'elles aiment, qu'elles connaissent, qu'elles cultivent leur esprit comme leur figure; ce sont les armes qu'elle leur donne pour suppléer à la force qui leur manque et pour diriger la nôtre. Elles doivent apprendre beaucoup de choses, mais seulement celles qu'il leur convient de savoir.*

*Soit que je considère la destination particulière du sexe, soit que j'observe ses penchants, soit que je compte ses devoirs, tout concourt également à m'indiquer la forme d'éducation qui lui convient. La femme et l'homme sont faits l'un pour l'autre, mais leur mutuelle dépendance n'est pas égale: les hommes dépendent des femmes par leurs désirs; les femmes dépendent des hommes et par leurs désirs et par leurs besoins; nous subsisterions plutôt sans elles qu'elles sans nous. Pour qu'elles aient le nécessaire, pour qu'elles soient dans leur état, il faut que nous le leur donnions, que nous voulions le leur donner, que nous les en estimions dignes; elles dépendent de nos sentiments, du prix que nous mettons à leur mérite, du cas que nous faisons de leurs charmes et de leurs vertus. Par la loi même de la nature, les femmes, tant pour elles que pour leurs enfants, sont à la merci des jugements des hommes: il ne suffit pas qu'elles soient estimables, il faut qu'elles soient estimées; il ne leur suffit pas d'être belles, il faut qu'elles plaisent; il ne leur suffit pas d'être sages, il faut qu'elles soient reconnues pour telles; leur honneur n'est pas seulement dans leur conduite, mais dans leur réputation, et il n'est pas possible que celle qui consent à passer pour infâme puisse jamais être honnête. L'homme, en bien faisant, ne dépend que de lui-même, et peut braver le jugement public; mais la femme en bien faisant, n'a fait que la moitié de sa tâche, et ce que l'on pense d'elle ne lui importe pas moins que ce qu'elle est en effet. Il suit de là que le système de son éducation doit être à cet égard contraire à celui de la nôtre: l'opinion est le tombeau de la vertu parmi les hommes, et son trône parmi les femmes.*

*De la bonne constitution des mères dépend d'abord celle des enfants; du soin des femmes dépend la première éducation des hommes; des femmes dépendent encore leurs mœurs, leurs passions, leurs goûts, leurs plaisirs, leur bonheur même. Ainsi toute l'éducation des femmes doit être relative aux hommes. Leur plaire, leur être utiles, se faire aimer et honorer d'eux, les élever jeunes, les soigner grands, les conseiller, les consoler, leur rendre la vie agréable et douce: voilà les devoirs des femmes dans tous les temps, et ce qu'on doit leur apprendre dès leur enfance. Tant qu'on ne remontera pas à ce principe, on s'écartera du but, et tous les préceptes qu'on leur donnera ne serviront de rien pour leur bonheur ni pour le nôtre.*

Mais, quoique toute femme veuille plaire aux hommes et doive le vouloir, il y a bien de la différence entre vouloir plaire à l'homme de mérite, à l'homme vraiment aimable, et vouloir plaire à ces petits agréables qui déshonorent leur sexe et celui qu'ils imitent. Ni la nature ni la raison ne peuvent porter la femme à aimer dans les hommes ce qui lui ressemble, et ce n'est pas non plus en prenant leurs manières qu'elle doit chercher à s'en faire aimer.

Lors donc que, quittant le ton modeste et posé de leur sexe, elles prennent les airs de ces étourdis, loin de suivre leur vocation, elles y renoncent; elles s'ôtent à elles-mêmes les droits qu'elles pensent usurper. Si nous étions autrement, disent-elles, nous ne plairions point aux hommes. Elles mentent. Il faut être folle pour aimer les fous; le désir d'attirer ces gens-là montre le goût de celle qui s'y livre. S'il n'y avait point d'hommes frivoles, elles se presserait d'en faire; et leurs frivolités sont bien plus son ouvrage que les siennes ne sont le leur. La femme qui aime les vrais hommes, et qui veut leur plaire, prend des moyens assortis à son dessein. La femme est coquette par état; mais sa coquetterie change de forme et d'objet selon ses vues; réglons ces vues sur celles de la nature, la femme aura l'éducation qui lui convient.

Les petites filles, presque en naissant, aiment la parure: non contentes d'être jolies, elles veulent qu'on les trouve telles: on voit dans leurs petits airs que ce soin les occupe déjà; et à peine sont-elles en état d'entendre ce qu'on leur dit, qu'on les gouverne en leur parlant de ce qu'on pensera d'elles. Il s'en faut bien que le même motif très indiscrètement proposé aux petits garçons n'ait sur eux le même empire. Pourvu qu'ils soient indépendants et qu'ils aient du plaisir, ils se soucient fort peu de ce qu'on pourra penser d'eux. Ce n'est qu'à force de temps et de peine qu'on les assujettit à la même loi.

De quelque part que vienne aux filles cette première leçon, elle est très bonne. Puisque le corps naît pour ainsi dire avant l'âme, la première culture doit être celle du corps: cet ordre est commun aux deux sexes. Mais l'objet de cette culture est différent; dans l'un cet objet est le développement des forces, dans l'autre il est celui des agréments: non que ces qualités doivent être exclusives dans chaque sexe, l'ordre seulement est renversé; il faut assez de force aux femmes pour faire tout ce qu'elles font avec grâce; il faut assez d'adresse aux hommes pour faire tout ce qu'ils font avec facilité.

Par l'extrême mollesse des femmes commence celle des hommes. Les femmes ne doivent pas être robustes comme eux, mais pour eux, pour que les hommes qui naîtront d'elles le soient aussi. En ceci, les couvents, où les pensionnaires ont une nourriture grossière, mais beaucoup d'ébats, de courses, de jeux en plein air et dans des jardins, sont à préférer à la maison paternelle, où une fille, délicatement nourrie, toujours flattée ou tancée, toujours assise sous les yeux de sa mère dans une chambre bien close, n'ose se lever, ni marcher, ni parler, ni souffler, et n'a pas un moment de liberté pour jouer, sauter, courir, crier, se livrer à la pétulance naturelle à son âge: toujours ou relâchement dangereux ou sévérité mal entendue; jamais rien selon la raison. Voilà comment on ruine le corps et le cœur de la jeunesse.

Les filles de Sparte s'exerçaient, comme les garçons, aux jeux militaires, non pour aller à la guerre, mais pour porter un jour des enfants capables d'en soutenir les fatigues. Ce n'est pas là ce que j'approuve: il n'est pas nécessaire pour donner des soldats à l'Etat que les mères aient porté le mousquet et fait l'exercice à la prussienne; mais je trouve qu'en général l'éducation grecque était très bien entendue en cette partie. Les jeunes filles paraissaient souvent en public, non pas mêlées avec les garçons, mais rassemblées entre elles. Il n'y avait presque pas une fête, pas un sacrifice, pas une cérémonie, où l'on ne vît des bandes de filles des premiers citoyens couronnées de fleurs, chantant des hymnes, formant des chœurs de danses, portant des corbeilles, des vases, des offrandes, et présentant aux sens dépravés des Grecs un spectacle charmant et propre à balancer le mauvais effet de leur indécente gymnastique. Quelque impression que fît cet usage sur les cœurs des hommes, toujours était-il excellent pour donner au sexe une bonne constitution dans la jeunesse par des exercices agréables, modérés, salutaires, et pour aiguiser et former son goût par le désir continuel de plaire, sans jamais exposer ses mœurs.

Sitôt que ces jeunes personnes étaient mariées, on ne les voyait plus en public; renfermées dans leurs maisons, elles bornaient tous leurs soins à leur ménage et à leur famille. Telle est la manière de vivre que la nature et la raison prescrivent au sexe. Aussi de ces mères-là naissaient les hommes les plus sains, les plus robustes, les mieux faits de la terre; et malgré le mauvais renom de quelques îles, il est constant que de tous les peuples du monde, sans en excepter même les Romains, on n'en cite aucun où les femmes aient été à la fois plus sages et plus aimables, et aient mieux réuni les mœurs à la beauté, que l'ancienne Grèce.

On sait que l'aisance des vêtements qui ne gênaient point le corps contribuait beaucoup à lui laisser dans les deux sexes ces belles proportions qu'on voit dans leurs statues, et qui servent encore de modèle à l'art quand la nature défigurée a cessé de lui en fournir parmi nous. De toutes ces entraves gothiques, de ces multitudes de ligatures qui tiennent de toutes parts nos membres en presse, ils n'en avaient pas une seule. Leurs femmes ignoraient l'usage de ces corps de baleine par lesquels les nôtres contrefont leur taille plutôt qu'elles ne la marquent. Je ne puis concevoir que cet abus, poussé en Angleterre à un point inconcevable, n'y fasse pas à la fin dégénérer l'espèce, et je soutiens même que l'objet d'agrément qu'on se propose en cela est de mauvais goût. Il n'est point agréable de voir une femme coupée en deux comme une guêpe; cela choque la vue et fait souffrir l'imagination. La finesse de la taille a, comme tout le reste, ses proportions, sa mesure, passé laquelle elle est certainement un défaut: ce défaut serait même frappant à l'œil sur le nu: pourquoi serait-il une beauté sous le vêtement!

Je n'ose presser les raisons sur lesquelles les femmes s'obstinent à s'encuirasser ainsi: un sein qui tombe, un ventre qui grossit, etc., cela déplaît fort, j'en conviens, dans une personne de vingt ans, mais cela ne choque plus à trente; et comme il faut en dépit de nous être en tout temps ce qu'il plaît à la nature, et que l'œil de l'homme ne s'y trompe point, ces défauts sont moins déplaisants à tout âge que la sotte affectation d'une petite fille de quarante ans.

Tout ce qui gêne et contraint la nature est de mauvais goût; cela est vrai des parures du corps comme des ornements de l'esprit. La vie, la santé, la raison, le bien-être doivent aller avant tout; la grâce ne va point sans l'aisance; la délicatesse n'est pas la langueur, et il ne faut pas être malsaine pour plaire. On excite la pitié quand on souffre; mais le plaisir et le désir cherchent la fraîcheur de la santé.

Les enfants des deux sexes ont beaucoup d'amusements communs, et cela doit être; n'en ont-ils pas de même étant grands? Ils ont aussi des goûts propres qui les distinguent. Les garçons cherchent le mouvement et le bruit; des tambours, des sabots, de petits carrosses: les filles aiment mieux ce qui donne dans la vue et sert à l'ornement; des miroirs, des bijoux, des chiffons, surtout des poupées: la poupée est l'amusement spécial de ce sexe; voilà très évidemment son goût déterminé sur sa destination. Le physique de l'art de plaire est dans la parure: c'est tout ce que des enfants peuvent cultiver de cet art.

Voyez une petite fille passer la journée autour de sa poupée, lui changer sans cesse d'ajustement, l'habiller, la déshabiller cent et cent fois, chercher continuellement de nouvelles combinaisons d'ornements bien ou mal assortis, il n'importe; les doigts manquent d'adresse, le goût n'est pas formé, mais déjà le penchant se montre; dans cette éternelle occupation le temps coule sans qu'elle y songe; les heures passent, elle n'en sait rien; elle oublie les repas mêmes, elle a plus faim de parure que d'aliment. Mais, direz-vous, elle pare sa poupée et non sa personne. Sans doute; elle voit sa poupée et ne se voit pas, elle ne peut rien faire pour elle-même, elle n'est pas formée, elle n'a ni talent ni force, elle n'est rien encore, elle est toute dans sa poupée, elle y met toute sa coquetterie. Elle ne l'y laissera pas toujours, elle attend le moment d'être sa poupée elle-même.

Voilà donc un premier goût bien décidé: vous n'avez qu'à le suivre et le régler. Il est sûr que la petite voudrait de tout son cœur savoir orner sa poupée, faire ses nœuds de manche, son fichu, son falbala, sa dentelle; en tout cela on la fait dépendre si durement du bon plaisir d'autrui, qu'il lui serait bien plus commode de tout devoir à son industrie. Ainsi vient la raison des premières leçons qu'on lui donne: ce ne sont pas des tâches qu'on lui prescrit, ce sont des bontés qu'on a pour elle. Et en effet, presque toutes les petites filles apprennent avec répugnance à lire et à écrire; mais, quant à tenir l'aiguille, c'est ce qu'elles apprennent toujours volontiers. Elles s'imaginent d'avance être grandes, et songent avec plaisir que ces talents pourront un jour leur servir à se parer.

*Cette première route ouverte est facile à suivre: la couture, la broderie, la dentelle viennent d'elles-mêmes. La tapisserie n'est plus si fort à leur gré: les meubles sont trop loin d'elles, ils ne tiennent point à la personne, ils tiennent à d'autres opinions. La tapisserie est l'amusement des femmes; de jeunes filles n'y prendront jamais un fort grand plaisir.*

*Ces progrès volontaires s'étendront aisément jusqu'au dessin, car cet art n'est pas indifférent à celui de se mettre avec goût: mais je ne voudrais point qu'on les appliquât au paysage, encore moins à la figure. Des feuillages, des fruits, des fleurs, des draperies, tout ce qui peut servir à donner un contour élégant aux ajustements, et à faire soi-même un patron de broderie quand on n'en trouve pas à son gré, cela leur suffit. En général, s'il importe aux hommes de borner leurs études à des connaissances d'usage, cela importe encore plus aux femmes, parce que la vie de celles-ci, bien que moins laborieuse, étant ou devant être plus assidue à leurs soins, et plus entrecoupée de soins divers, ne leur permet de se livrer par choix à aucun talent au préjudice de leurs devoirs.*

*Quoi qu'en disent les plaisants, le bon sens est également des deux sexes. Les filles en général sont plus dociles que les garçons, et l'on doit même user sur elles de plus d'autorité, comme je le dirai tout à l'heure; mais il ne s'ensuit pas que l'on doive exiger d'elles rien dont elles ne puissent voir l'utilité; l'art des mères est de la leur montrer dans tout ce qu'elles leur prescrivent, et cela est d'autant plus aisé, que l'intelligence dans les filles est plus précoce que dans les garçons. Cette règle bannit de leur sexe, ainsi que du nôtre, non seulement toutes les études oisives qui n'aboutissent à rien de bon et ne rendent pas même plus agréables aux autres ceux qui les ont faites, mais même toutes celles dont l'utilité n'est pas de l'âge, et où l'enfant ne peut la prévoir dans un âge plus avancé. Si je ne veux pas qu'on presse un garçon d'apprendre à lire, à plus forte raison je ne veux pas qu'on y force de jeunes filles avant de leur faire bien sentir à quoi sert la lecture; et, dans la manière dont on leur montre ordinairement cette utilité, on suit bien plus sa propre idée que la leur. Après tout, où est la nécessité qu'une fille sache lire et écrire de si bonne heure? Aura-t-elle si tôt un ménage à gouverner? Il y en a bien peu qui ne fassent plus d'abus que d'usage de cette fatale science; et toutes sont un peu trop curieuses pour ne pas l'apprendre sans qu'on les y force, quand elles en auront le loisir et l'occasion. Peut-être devraient-elles apprendre à chiffrer avant tout; car rien n'offre une utilité plus sensible en tout temps, ne demande un plus long usage, et ne laisse tant de prise à l'erreur que les comptes. Si la petite n'avait les cerises de son goûter que par une opération d'arithmétique, je vous réponds qu'elle saurait bientôt calculer.*

*Je connais une jeune personne qui apprit à écrire plus tôt qu'à lire, et qui commença d'écrire avec l'aiguille avant que d'écrire avec la plume. De toute l'écriture elle ne voulut d'abord faire des O. Elle faisait incessamment des O grands et petits, des O de toutes les tailles, des O les uns dans les autres, et toujours tracés à rebours. Malheureusement un jour qu'elle était occupée à cet utile exercice, elle se vit dans un miroir; et, trouvant que cette attitude contrainte lui donnait mauvaise grâce, comme une autre Minerve, elle jeta la plume, et ne voulut plus faire des O. Son frère n'aimait pas plus à écrire qu'elle; mais ce qui le fâchait était la gêne, et non pas l'air qu'elle lui donnait. On prit un autre tour pour la ramener à l'écriture; la petite fille était délicate et vaine, elle n'entendait point que son linge servît à ses sœurs; on le marquait, on ne voulut plus le marquer; il fallut le marquer elle-même: on conçoit le reste du progrès.*

*Justifiez toujours les soins que vous imposez aux jeunes filles, mais imposez-leur-en toujours. L'oisiveté et l'indocilité sont les deux défauts les plus dangereux pour elles, et dont on guérit le moins quand on les a contractés. Les filles doivent être vigilantes et laborieuses; ce n'est pas tout: elles doivent être gênées de bonne heure. Ce malheur, si c'en est un pour elles, est inséparable de leur sexe; et jamais elles ne s'en délivrent que pour en souffrir de bien plus cruels. Elles seront toute leur vie asservies à la gêne la plus continuelle et la plus sévère, qui est celle des bienséances. Il faut les exercer d'abord à la contrainte, afin qu'elle ne leur coûte jamais rien; à dompter toutes leurs fantaisies, pour les soumettre aux volontés d'autrui. Si elles voulaient toujours travailler, on devrait quelquefois les forcer à ne rien faire. La dissipation, la frivolité, l'inconstance, sont des défauts qui naissent aisément de leurs premiers goûts corrompus et toujours suivis. Pour prévenir cet abus, apprenez-leur surtout à se vaincre. Dans nos insensés établissements, la vie de* l'honnête femme est un combat perpétuel contre elle-même; il est juste que ce sexe partage la peine des maux qu'il nous a causés.

Empêchez que les filles ne s'ennuient dans leurs occupations et ne se passionnent dans leurs amusements, comme il arrive toujours dans les éducations vulgaires, où l'on met, comme dit Fénelon, tout l'ennui d'un côté et tout le plaisir de l'autre. Le premier de ces deux inconvénients n'aura lieu, si on suit les règles précédentes, que quand les personnes qui seront avec elles leur déplairont. Une petite fille qui aimera sa mère ou sa mie travaillera tout le jour à ses côtés sans ennui; le babil seul la dédommagera de toute sa gêne. Mais, si celle qui la gouverne lui est insupportable, elle prendra dans le même dégoût tout ce qu'elle fera sous ses yeux. Il est très difficile que celles qui ne se plaisent pas avec leurs mères plus qu'avec personne au monde puissent un jour tourner à bien; mais, pour juger de leurs vrais sentiments, il faut les étudier, et non pas se fier à ce qu'elles disent; car elles sont flatteuses, dissimulées, et savent de bonne heure se déguiser. On ne doit pas non plus leur prescrire d'aimer leur mère; l'affection ne vient point par devoir, et ce n'est pas ici que sert la contrainte. L'attachement, les soins, la seule habitude, feront aimer la mère de la fille, si elle ne fait rien pour s'attirer sa haine. La gêne même où elle la tient, bien dirigée, loin d'affaiblir cet attachement, ne fera que l'augmenter, parce que la dépendance étant un état naturel aux femmes, les filles se sentent faites pour obéir.

Par la même raison qu'elles ont ou doivent avoir peu de liberté, elles portent à l'excès celle qu'on leur laisse; extrêmes en tout, elles se livrent à leurs jeux avec plus d'emportement encore que les garçons: c'est le second des inconvénients dont je viens de parler. Cet emportement doit être modéré; car il est la cause de plusieurs vices particuliers aux femmes, comme, entre autres, le caprice de l'engouement, par lequel une femme se transporte aujourd'hui pour tel objet qu'elle ne regardera pas demain. L'inconstance des goûts leur est aussi funeste que leur excès, et l'un et l'autre leur vient de la même source. Ne leur ôtez pas la gaieté, les ris, le bruit, les folâtres jeux; mais empêchez qu'elles ne se rassasient de l'un pour courir à l'autre; ne souffrez pas qu'un seul instant dans leur vie elles ne connaissent plus de frein. Accoutumez-les à se voir interrompre au milieu de leurs jeux, et ramener à d'autres soins sans murmurer. La seule habitude suffit encore en ceci, parce qu'elle ne fait que seconder la nature.

Il résulte de cette contrainte habituelle une docilité dont les femmes ont besoin toute leur vie, puisqu'elles ne cessent jamais d'être assujetties ou à un homme, ou aux jugements des hommes, et qu'il ne leur est jamais permis de se mettre au-dessus de ces jugements. La première et la plus importante qualité d'une femme est la douceur: faite pour obéir à un être aussi imparfait que l'homme, souvent si plein de vices, et toujours si plein de défauts, elle doit apprendre de bonne heure à souffrir même l'injustice et à supporter les torts d'un mari sans se plaindre; ce n'est pas pour lui, c'est pour elle qu'elle doit être douce. L'aigreur et l'opiniâtreté des femmes ne font jamais qu'augmenter leurs maux et les mauvais procédés des maris; ils sentent que ce n'est pas avec ces armes-là qu'elles doivent les vaincre. Le ciel ne les fit point insinuantes et persuasives pour devenir acariâtres; il ne les fit point faibles pour être impérieuses; il ne leur donna point une voix si douce pour dire des injures; il ne leur fit point des traits si délicats pour les défigurer par la colère. Quand elles se fâchent, elles s'oublient: elles ont souvent raison de se plaindre, mais elles ont toujours tort de gronder. Chacun doit garder le ton de son sexe; un mari trop doux peut rendre une femme impertinente; mais, à moins qu'un homme ne soit un monstre, la douceur d'une femme le ramène, et triomphe de lui tôt ou tard.

Que les filles soient toujours soumises, mais que les mères ne soient pas toujours inexorables. Pour rendre docile une jeune personne, il ne faut pas la rendre malheureuse; pour la rendre modeste, il ne faut pas l'abrutir; au contraire, je ne serais pas fâché qu'on lui laissât mettre quelquefois un peu d'adresse, non pas à éluder la punition dans sa désobéissance, mais à se faire exempter d'obéir. Il n'est pas question de lui rendre sa dépendance pénible, il suffit de la lui faire sentir. La ruse est un talent naturel au sexe; et, persuadé que tous les penchants naturels sont bons et droits par eux-mêmes, je suis d'avis qu'on cultive celui-là comme les autres: il ne s'agit que d'en prévenir l'abus.

Je m'en rapporte sur la vérité de cette remarque à tout observateur de bonne foi. Je ne veux point qu'on examine là-dessus les femmes mêmes: nos gênantes institutions peuvent les forcer d'aiguiser leur esprit. Je veux qu'on examine les *filles, les petites filles, qui ne font pour ainsi dire que de naître: qu'on les compare avec les petits garçons de même âge; et, si ceux-ci ne paraissent lourds, étourdis, bêtes, auprès d'elles, j'aurai tort incontestablement. Qu'on me permette un seul exemple pris dans toute la naïveté puérile.*

*Il est très commun de défendre aux enfants de rien demander à table; car on ne croit jamais mieux réussir dans leur éducation qu'en la surchargeant de préceptes inutiles, comme si un morceau de ceci ou de cela n'était pas bientôt accordé ou refusé, sans faire mourir sans cesse un pauvre enfant d'une convoitise aiguisée par l'espérance. Tout le monde sait l'adresse d'un jeune garçon soumis à cette loi, lequel, ayant été oublié à table, s'avisa de demander du sel, etc. Je ne dirai pas qu'on pouvait le chicaner pour avoir demandé directement du sel et indirectement de la viande; l'omission était si cruelle, que, quand il eût enfreint ouvertement la loi et dit sans détour qu'il avait faim, je ne puis croire qu'on l'en eût puni. Mais voici comment s'y prit, en ma présence, une petite fille de six ans dans un cas beaucoup plus difficile; car, outre qu'il lui était rigoureusement défendu de demander jamais rien ni directement ni indirectement, la désobéissance n'eût pas été graciable, puisqu'elle avait mangé de tous les plats, hormis un seul, dont on avait oublié de lui donner, et qu'elle convoitait beaucoup.*

*Or, pour obtenir qu'on réparât cet oubli sans qu'on pût l'accuser de désobéissance, elle fit en avançant son doigt la revue de tous les plats, disant tout haut, à mesure qu'elle les montrait: J'ai mangé de ça, j'ai mangé de ça; mais elle affecta si visiblement de passer sans rien dire celui dont elle n'avait point mangé, que quelqu'un s'en apercevant lui dit: Et de cela, en avez-vous mangé? Oh! non, reprit doucement la petite gourmande en baissant les yeux. Je n'ajouterai rien; comparez: ce tour-ci est une ruse de fille, l'autre est une ruse de garçon.*

*Ce qui est bien, et aucune loi générale n'est mauvaise. Cette adresse particulière donnée au sexe est un dédommagement très équitable de la force qu'il a de moins; sans quoi la femme ne serait pas la compagne de l'homme, elle serait son esclave: c'est par cette supériorité de talent qu'elle se maintient son égale, et qu'elle le gouverne en lui obéissant. La femme a tout contre elle, nos défauts, sa timidité, sa faiblesse; elle n'a pour elle que son art et sa beauté. N'est-il pas juste qu'elle cultive l'un et l'autre? Mais la beauté n'est pas générale; elle périt par mille accidents, elle passe avec les années; l'habitude en détruit l'effet. L'esprit seul est la véritable ressource du sexe: non ce sot esprit auquel on donne tant de prix dans le monde, et qui ne sert à rien pour rendre la vie heureuse, mais l'esprit de son état, l'art de tirer parti du nôtre, et de se prévaloir de nos propres avantages. On ne sait pas combien cette adresse des femmes nous est utile à nous-mêmes, combien elle ajoute de charme à la société des deux sexes, combien elle sert à réprimer la pétulance des enfants, combien elle contient de maris brutaux, combien elle maintient de bons ménages, que la discorde troublerait sans cela. Les femmes artificieuses et méchantes en abusent, je le sais bien; mais de quoi le vice n'abuse-t-il pas? Ne détruisons point les instruments du bonheur parce que les méchants s'en servent quelquefois à nuire.*

*On peut briller par la parure, mais on ne plaît que par la personne. Nos ajustements ne sont point nous; souvent ils déparent à force d'être recherchés, et souvent ceux qui font le plus remarquer celle qui les porte sont ceux qu'on remarque le moins. L'éducation des jeunes filles est en ce point tout à fait à contresens. On leur promet des ornements pour récompense, on leur fait aimer les atours recherchés: Qu'elle est belle! leur dit-on quand elles sont fort parées. Et tout au contraire, on devrait leur faire entendre que tant d'ajustement n'est fait que pour cacher des défauts, et que le vrai triomphe de la beauté est de briller par elle-même. L'amour des modes est de mauvais goût, parce que les visages ne changent pas avec elles, et que la figure restant la même, ce qui lui sied une fois lui sied toujours.*

*Quand je verrais la jeune fille se pavaner dans ses atours, je paraîtrais inquiet de sa figure ainsi déguisée et de ce qu'on en pourra penser; je dirais: Tous ces ornements la parent trop, c'est dommage: croyez-vous qu'elle en pût supporter de plus simples? est-elle assez belle pour se passer de ceci ou de cela? Peut-être sera-t-elle alors la première à prier qu'on lui ôte cet ornement, et qu'on juge: c'est le cas de l'applaudir, s'il y a lieu. Je ne la louerais jamais tant que quand elle serait le plus simplement mise. Quand elle ne regardera la parure que comme un supplément aux grâces de la personne et comme un aveu tacite qu'elle a besoin de secours pour plaire, elle ne sera point fière de son ajustement, elle en sera humble; et si, plus parée que de coutume, elle s'entend dire: Qu'elle est belle! elle en rougira de dépit.*

*Au reste, il y a des figures qui ont besoin de parure, mais il n'y en a point qui exigent de riches atours. Les parures ruineuses sont la vanité du rang et non de la personne, elles tiennent uniquement au préjugé. La véritable coquetterie est quelquefois recherchée, mais elle n'est jamais fastueuse; et Junon se mettait plus superbement que Vénus. Ne pouvant la faire belle, tu la fais riche, disait Apelle à un mauvais peintre qui peignait Hélène fort chargée d'atours. J'ai aussi remarqué que les plus pompeuses parures annonçaient le plus souvent de laides femmes; on ne saurait avoir une vanité plus maladroite. Donnez à une jeune fille qui ait du goût, et qui méprise la mode, des rubans, de la gaze, de la mousseline et des fleurs; sans diamants, sans pompons, sans dentelles, elle va se faire un ajustement qui la rendra cent fois plus charmante que n'eussent fait tous les brillants chiffons de la Duchapt.*

*Comme ce qui est bien est toujours bien, et qu'il faut être toujours le mieux qu'il est possible, les femmes qui se connaissent en ajustements choisissent les bons, s'y tiennent; et, n'en changeant pas tous les jours, elles en sont moins occupées que celles qui ne savent à quoi se fixer. Le vrai soin de la parure demande peu de toilette. Les jeunes demoiselles ont rarement des toilettes d'appareil; le travail, les leçons, remplissent leur journée; cependant, en général, elles sont mises, au rouge près, avec autant de soin que les dames, et souvent de meilleur goût. L'abus de la toilette n'est pas ce qu'on pense, il vient bien plus d'ennui que de vanité. Une femme qui passe six heures à sa toilette n'ignore point qu'elle n'en sort pas mieux mise que celle qui n'y passe qu'une demi-heure; mais c'est autant de pris sur l'assommante longueur du temps, et il vaut mieux s'amuser de soi que de s'ennuyer de tout. Sans la toilette, que ferait-on de la vie depuis midi jusqu'à neuf heures? En rassemblant des femmes autour de soi, on s'amuse à les impatienter, c'est déjà quelque chose; on évite les tête-à-tête avec un mari qu'on ne voit qu'à cette heure-là, c'est beaucoup plus; et puis viennent les marchandes, les brocanteurs, les petits messieurs, les petits auteurs, les vers, les chansons, les brochures: sans la toilette on ne réunirait jamais si bien tout cela. Le seul profit réel qui tienne à la chose est le prétexte de s'étaler un peu plus que quand on est vêtue; mais ce profit n'est peut-être pas si grand qu'on pense, et les femmes à toilette n'y gagnent pas tant qu'elles diraient bien. Donnez sans scrupule une éducation de femme aux femmes, faites qu'elles aiment les soins de leur sexe, qu'elles aient de la modestie, qu'elles sachent veiller à leur ménage et s'occuper dans leur maison; la grande toilette tombera d'elle-même, et elles n'en seront mises que de meilleur goût.*

*La première chose que remarquent en grandissant les jeunes personnes, c'est que tous ces agréments étrangers ne leur suffisent pas, si elles n'en ont qui soient à elle. On ne peut jamais se donner la beauté, et l'on n'est pas si tôt en état d'acquérir la coquetterie; mais on peut déjà chercher à donner un tour agréable à ses gestes, un accent flatteur à sa voix, à composer son maintien, à marcher avec légèreté, à prendre des attitudes gracieuses, et à choisir partout ses avantages. La voix s'étend, s'affermit, et prend du timbre; les bras se développent, la démarche s'assure, et l'on s'aperçoit que, de quelque manière qu'on soit mise, il y a un art de se faire regarder. Dès lors il ne s'agit plus seulement d'aiguille et d'industrie; de nouveaux talents se présentent, et font déjà sentir leur utilité.*

*Je sais que les sévères instituteurs veulent qu'on n'apprenne aux jeunes filles ni chant, ni danse, ni aucun des arts agréables. Cela me paraît plaisant; et à qui veulent-ils donc qu'on les apprenne? Aux garçons? À qui des hommes ou des femmes appartient-il d'avoir ces talents par préférence? À personne, répondront-ils; les chansons profanes sont autant de crimes; la danse est une invention du démon, une jeune fille ne doit avoir d'amusement que son travail et la prière. Voilà d'étranges amusements pour un enfant de dix ans! Pour moi, j'ai grand'peur que toutes ces petites saintes qu'on force de passer leur enfance à prier Dieu ne passent leur jeunesse à tout autre chose, et ne réparent de leur mieux, étant mariées, le temps qu'elles pensent avoir perdu filles. J'estime qu'il faut avoir égard à ce qui convient à l'âge aussi bien qu'au sexe; qu'une jeune fille ne doit pas vivre comme sa grand'mère; qu'elle doit être vive, enjouée, folâtre, chanter, danser autant qu'il lui plaît, et goûter tous les innocents plaisirs de son âge; le temps ne viendra que trop tôt d'être posée et de prendre un maintien plus sérieux.*

*Mais la nécessité de ce changement même est-elle bien réelle? n'est-elle point peut-être encore un fruit de nos préjugés? En n'asservissant les honnêtes femmes qu'à de tristes devoirs, on a banni du mariage tout ce qui pouvait le rendre agréable aux hommes. Faut-il s'étonner si la taciturnité qu'ils voient régner chez eux les en chasse, ou s'ils sont peu tentés d'embrasser un état si déplaisant? À force d'outrer tous les devoirs, le christianisme les rend impraticables et vains; à force d'interdire aux femmes le chant, la danse, et tous les amusements du monde, il les rend maussades, grondeuses, insupportables dans leurs maisons. Il n'y a point de religion où le mariage soit soumis à des devoirs si sévères, et point où un engagement si saint soit si méprisé. On a tant fait pour empêcher les femmes d'être aimables, qu'on a rendu les maris indifférents. Cela ne devrait pas être; j'entends fort bien: mais moi je dis que cela devait être, puisque enfin les chrétiens sont hommes. Pour moi, je voudrais qu'une jeune Anglaise cultivât avec autant de soin les talents agréables pour plaire au mari qu'elle aura, qu'une jeune Albanaise les cultive pour le harem d'Ispahan. Les maris, dira-t-on, ne se soucient point trop de tous ces talents. Vraiment je le crois, quand ces talents, loin d'être employés à leur plaire, ne servent que d'amorce pour attirer chez eux de jeunes impudents qui les déshonorent. Mais pensez-vous qu'une femme aimable et sage, ornée de pareils talents, et qui les consacrerait à l'amusement de son mari, n'ajouterait pas au bonheur de sa vie, et ne l'empêcherait pas, sortant de son cabinet la tête épuisée, d'aller chercher des récréations hors de chez lui? Personne n'a-t-il vu d'heureuses familles ainsi réunies, où chacun sait fournir du sien aux amusements communs? Qu'il dise si la confiance et la familiarité qui s'y joint, si l'innocence et la douceur des plaisirs qu'on y goûte, ne rachètent pas bien ce que les plaisirs publics ont de plus bruyant?"*[926]

On retrouve bien là notre geste, lié, comme nous le disions, à l'astuce dans le cadre pratique et quotidien ("*elle fit en avançant son doigt la revue de tous les plats... comparez: ce tour-ci est une ruse de fille, l'autre est une ruse de garçon*"), opposé à la verbalisation, intellectuelle et franche, de l'homme. De même, Rousseau nous offre, indirectement, une explication aux vêtements ouverts et commodes des jeunes femmes dans l'oeuvre de Greuze:

"*La femme qui aime les vrais hommes, et qui veut leur plaire, prend des moyens assortis à son dessein. La femme est coquette par état; mais sa coquetterie change de forme et d'objet selon ses vues; réglons ces vues sur celles de la nature, la femme aura l'éducation qui lui convient./ Les petites filles, presque en naissant, aiment la parure: non contentes d'être jolies, elles veulent qu'on les trouve telles: on voit dans leurs petits airs que ce soin les occupe déjà; et à peine sont-elles en état d'entendre ce qu'on leur dit, qu'on les gouverne en leur parlant de ce qu'on pensera d'elles.*";

"*Par l'extrême mollesse des femmes commence celle des hommes. Les femmes ne doivent pas être robustes comme eux, mais pour eux, pour que les hommes qui naîtront d'elles le soient aussi. En ceci, les couvents, où les pensionnaires ont une nourriture grossière, mais beaucoup d'ébats, de courses, de jeux en plein air et dans des jardins, sont à préférer à la maison paternelle, où une fille, délicatement nourrie, toujours flattée ou tancée, toujours assise sous les yeux de sa mère dans une chambre bien close, n'ose se lever, ni marcher, ni parler, ni souffler, et n'a pas un moment de liberté pour jouer, sauter, courir, crier, se livrer à la pétulance naturelle à son âge... On sait que l'aisance des vêtements qui ne gênaient point le corps contribuait beaucoup à lui laisser dans les deux sexes ces belles proportions qu'on voit dans leurs statues, et qui servent encore de modèle à l'art quand la nature défigurée a cessé de lui en fournir parmi nous. De toutes ces entraves gothiques, de ces multitudes de ligatures qui tiennent de toutes parts nos membres en presse, ils n'en avaient pas une seule. Leurs femmes ignoraient l'usage de ces corps de baleine par lesquels les nôtres contrefont leur taille plutôt qu'elles ne la marquent. Je ne puis concevoir que cet abus, poussé en Angleterre à un point inconcevable, n'y fasse pas à la fin dégénérer l'espèce, et je soutiens même que l'objet d'agrément qu'on se propose en cela est de mauvais goût. Il n'est point agréable de voir une femme coupée en deux comme une guêpe; cela choque la vue et fait souffrir l'imagination. La finesse de la taille a, comme tout le reste, ses proportions, sa mesure, passé laquelle elle est certainement un défaut: ce défaut serait même frappant à l'œil sur le nu: pourquoi serait-il une beauté sous le vêtement!/ Je n'ose presser les raisons sur lesquelles les femmes s'obstinent à s'encuirasser ainsi: un sein qui tombe, un ventre qui grossit, etc., cela déplaît fort, j'en conviens, dans une personne de vingt ans, mais cela ne choque plus à trente; et comme il faut en dépit de nous être en tout temps ce qu'il plaît à la nature, et que l'œil de l'homme ne s'y trompe point, ces défauts sont moins déplaisants à tout âge que la sotte affectation d'une petite fille de quarante ans.";*

Et, plus généralement, une définition morale du rôle joyeux mais laborieuse de l'éducation des femmes, dans une étroite relation mère-fille:

*"De la bonne constitution des mères dépend d'abord celle des enfants; du soin des femmes dépend la première éducation des hommes; des femmes dépendent encore leurs mœurs, leurs passions, leurs goûts, leurs plaisirs, leur bonheur même. Ainsi toute l'éducation des femmes doit être relative aux hommes. Leur plaire, leur être utiles, se faire aimer et honorer d'eux, les élever jeunes, les soigner grands, les conseiller, les consoler, leur rendre la vie agréable et douce: voilà les devoirs des femmes dans tous les temps, et ce qu'on doit leur apprendre dès leur enfance"; "Sitôt que ces jeunes personnes étaient mariées, on ne les voyait plus en public; renfermées dans leurs maisons, elles bornaient tous leurs soins à leur ménage et à leur famille. Telle est la manière de vivre que la nature et la raison prescrivent au sexe..."*

Ce qui permet aussi, incidemment, de comprendre, chez Greuze comme chez Friedrich[927], la correspondance duelle donnée à l'étude psychologique des sexes, chez Greuze dans l'insistance[928] (pour preuve l'évolution réflexive chez lui des motifs du thème de l'oiseau mort entre 1765 et 1800) sur le processus de révélation descriptif de leur éducation:

*"... toujours était-il excellent pour donner au sexe une bonne constitution dans la jeunesse par des exercices agréables, modérés, salutaires, et pour aiguiser et former son goût par le désir continuel de plaire, sans jamais exposer ses mœurs..."*

Et son châtiment pour la femme, comme dans *Le Miroir brisé*; comparons les propos de Rousseau:

*"... elles se livrent à leurs jeux avec plus d'emportement encore que les garçons: c'est le second des inconvénients dont je viens de parler. Cet emportement doit être modéré; car il est la cause de plusieurs vices particuliers aux femmes, comme, entre autres, le caprice de l'engouement..."*

À ceux de Diderot pour le Salon de 1765:

*"Ne pensez-vous pas qu'il y aurait autant de bêtise à attribuer les pleurs de la jeune fille de ce Salon à la perte d'un oiseau, que la mélancolie de la jeune fille du Salon précédent à son miroir cassé? Cette enfant pleure autre chose, vous dis-je."*[929]

De nouveau, la lecture de L.S. Mercier confirme, pour l'historien, ce que l'on découvre chez Rousseau et Greuze, en ce qui concerne la parure, d'abord:

*"Ne pas «briller», ne pas être «aperçue», signale un choix social, ou plutôt le choix d'un type de présence sociale, non spectaculaire. L'absence de certains signes lumineux de reconnaissance dans la présentation esthétique de soi affiche, en s'effaçant, la volonté de ne pas «paraître». Effacement hors de la vue d'une présence féminine qui ne sera effectivement plus décrite dans le Tableau de Paris. Une esthétique de la disparition, saluée avec respect par l'auteur, signale une éthique des vraies valeurs (épargne, sagesse, travail, sacrifice). Un salut respectueux qui ne s'attarde pas. Le «regard» de Mercier se fixe ailleurs, sur ce qui brille, ou plutôt sur ce qui, en brillant, dévoile une stratégie minimale, le temps de cette brillance: occuper le terrain par l'attraction et la réorientation des vecteurs visuels vers un seul point de mire: soi. Les lumières, les feux qu'allument les parures, les fards, les couleurs éclatantes sont la tactique non verbale de cette stratégie là, repérée par l'oeil perçant de l'auteur.*
*.../...*
*«Vouloir imiter une duchesse», puis exiger un bonnet de femme de notaire sont deux élans sans commune mesure; leur dissymétrie fait «tourner réellement la tête» aux femmes de la petite bourgeoisie. Vertige entre un échec (ne pas pouvoir imiter vraiment les «signes de l'opulence») et le déni de cet échec (le bonnet). La «petite-bourgeoise» qui se situe au-dessus du «second ordre de la bourgeoisie», mais en dessous de la «femme du notaire», par exemple, est alors un personnage quasi allégorique, défini par cette aspiration en suspens qui vise trop haut et qui échoue sur un bonnet. Le besoin de bonnet est d'autant plus «frénétique» que la déception est vertigineuse. La tête lui tourne en fait devant des distances sociales en pente accélérée, il n'y a plus qu'un bonnet pour arrêter la chute. Si faible que soit sa hauteur, tout bonnet se dresse en face des verticales hiérarchiques, si démesurées soient-elles. Le bonnet ne fait pas qu'afficher la place voulue dans la hiérarchie, celle de la femme du notaire, par exemple, il fait face aussi au fait même de hiérarchie dans un affrontement démesurément minuscule."*[930]

Et, des récriminations d'un mari mécontent, qui, négativement, découvre le rôle domestique qui s'espère de la femme:

*"Lorsqu'elle est très en colère, la sortie fait figure de désertion du logis conjugal. Sinon la «sortie» est le plus souvent mondaine et pérégrinatrice, courir, voir et être vue, voir passer et passer à son tour, boire des liqueurs, des cafés et des sorbets sur une terrasse en vue du Palais-Royal."*[931]

Ainsi, *L'Oiseau mort* est une expression claire de l'apprentissage pratique de la mort, mais dans une perspective non de l'esprit, mais des sentiments (la nature, la tendresse), avec des gestes marqués théologiquement (le "*Noli me tangere*" de la main gauche, et le geste de saint Thomas la main droite, qui serait, inversé, celui du Christ et des saints pointant vers le Ciel), qui évoque le double processus d'approche de la mort (la preuve tactile, de nouveau non intellectuelle - il ne s'agit pas de dissection -, et la terreur naturelle ou la perception de la fugacité du temps - ce n'est pas un hasard si c'est un "*oiseau... du ciel*", qui renvoie pour nous à *Matthieu*, 6, 26: " *Regardez les oiseaux du ciel: ils ne sèment ni ne moissonnent, et ils n'amassent rien dans des greniers; et votre Père céleste les nourrit. Ne valez-vous pas beaucoup plus qu'eux?*"[932], qui le représente -). Le visage de la petite fille avec ses tresses collées au visage en font une évocation de la Mélancolie, c'est-à-dire d'une Madeleine, méditant sur cette réflexion d'origine théologique. Le Miroir brisé rebondit sur le même sujet: une fille, plus âgée que la précédente, dans le cadre de l'imagerie médiévale classique de La Luxure et la Vanité, s'affronte à la représentation pécheresse de soi-même, révélée par la punition: le miroir s'est cassé, avec ce que cela signifie au sens populaire (sept années de malheur), petite disgrâce (le titre *La Malheur imprévu* renforce ce sens d'inattention pécheresse de la jeune fille, éloignée, non plus, comme dans la symbolique médiévale, de l'attention à la Foi et au droit chemin, et, chez Bosch par exemple dans l'image de "*Superbia*" de la roue de *Les Sept Péchés capitaux et les Quatre Dernières Étapes humaines*, c.1500, ne se rendant pas compte qu'un démon l'espionne derrière le miroir qui n'est que la représentation de la perte de soi et l'éloignement de l'âme - l'inattention de la femme permettant qu'en toute liberté se montre un rat, danger double à l'époque, de désordre du logis, mais aussi de peste noire, dans l'embrasure de la porte à droite -, mais, ici, des sains travaux domestiques, et de la préoccupation altruiste aux choses et labeurs de la maisonnée) qui acquiert ainsi une valeur déterminante (au mieux le miroir était de la mère), ambiance familiale et intime (proprement rococo donc), dans laquelle la jeune fille se meut: le monde domestique étant sa place. Ce qu'accentue la présence du familier chiot reniflant nonchalamment le miroir qui, pour la jeune fille, représente une possible réprimande. À l'insouciance initiale et aux jeux casaniers des fillettes chez Greuze répond *L'Enfant au toton* chez

Chardin, dont le vêtement sérieux, la posture droite au pupitre d'étude, le regard attentif, représentent non le jeu, mais l'étude des lois mathématiques abstraites mises en pratique (les livres, le papier et la plume nous convainquent du caractère d'expérimentation volontaire par l'enfant, contrairement à ce qui se passe avec les fillettes chez Greuze, enveloppées dans leur imprévoyance et dans leur insouciance - la manière même dont ses deux mains sont posées sur la table non seulement connote l'éducation, mais la tension vers l'objet d'étude, la toton en mouvement, ainsi la main droite reste encore fermée dans la bonne position pour faire tourner le toton). La scène centrée sur le plan rapproché, dans *L'Oiseau mort* comme dans *L'Enfant au toton*, contrairement au *Miroir brisé*, met l'accent sur l'expérimentation et l'essai comme valeurs d'apprentissage et d'attention aiguë qu'y prêtent les deux enfants (contrairement, dans le cas de la jeune fille, à l'écervelée, et, en outre, abrutie par le choc, jeune fille des *OEufs cassés* ou à celle, similaire, bien qu'obnubilée par l'objet de sa faute, du *Miroir brisé*) chacun à sa manière propre (naturel et d'expérience concrète de la vie pour la fillette; intellectuelle, livresque et spatiale pour le garçon) d'éprouver, d'appréhender et d'apprendre la réalité.

Diderot, dans sa description des tableaux du Salon de 1765, confirme notre comparaison de la série de *L'Oiseau mort* (ici *La jeune Fille qui pleure son oiseau mort*) avec *Le Miroir brisé*, du symbolisme mélancolique des deux, et amoureux du thème de l'oiseau mort[933], qui, dans la manière dont en parle Diderot, préfigure le conte "*Le Rossignol et la Rose*" (1888) d'Oscar Wilde, ainsi que le caractère purement émotif du thème de l'oiseau mort, dans une reprise, involontaire ou non, du poème de Catulle, sur lequel nous reviendrons, et finalement du sens et rôle domestique de la femme et de la mère, et de l'oubli de la jeune fille, ici par amour (avec, en ce sens, une amusante inversion du passage que nous venons de citer de *Matthieu*, 6, 26, puisqu'ici l'oiseau, en cage, meurt parce qu'on aurait oublié de lui donner ses graines); par ailleurs, on notera qu'ici encore il y a identification, comme postérieurement chez Wilde, et en général dans la littérature, entre l'état d'âme amoureux et la situation de l'oiseau qui, dès lors, le symbolise (c'est, au sens sexuel, plus explicite, on le verra encore, l'état du rossignol chez Boccace):

"*La jeune Fille qui pleure son oiseau mort.*
*La jolie élégie! le joli poème! la belle Idylle que Gessner en ferait! C'est la vignette d'un morceau de ce poète. Tableau délicieux! le plus agréable et peut-être le plus intéressant du Salon. Elle est de face; sa tête est appuyée sur sa main gauche: l'oiseau mort est posé sur le bord supérieur de lacage, la tête pendante, les ailes traînantes, les pattes en l'air. Comme elle est naturellement placée! que sa tête est belle! qu'elle est élégamment coiffée! que son visage a d'expression! Sa douleur est profonde; elle est à sou malheur, elle y est toute entière. Le joli catafalque, que cette cage! que cette guirlande de verdure qui serpente autour a de grâces! O la belle main! la belle main! le beau bras! Voyez la vérité des détails de ces doigts; et ces fossettes, et cette mollesse, et cette teinte de rougeur dont la pression de la tête a coloré le bout deces doigts délicats, et le charme de tout cela.On s'approcherait de cette main pour la baiser, si on ne respectait cette enfantetsadonleur. Toutebchanteenelle, jusqu'à son ajustement. Ce mouchoir de cou est jeté d'une manière! il est d'une souplesse et d'une légèreté! Quand on aperçoit ce morceau on dil: délicieux! Si l'on s'y arrête, ou qu'on y revienne, on s ecrie: délicieux! délicieux! Bientôt on se surprend conversant avec cette enfant, et la consolant. Cela est si vrai, que voici ce que je me souviens de lui avoir dit à différentes reprises. Mais, petite, votre douleur est bien profonde, bien réfléchie! Que signifie cet air rêveur et mélancolique? Quoi! pour un oiseau! vous ne pleurez pas. Vous êtes affligée; et la pensée accompagne votre affliction. Çà, petite, ouvrez-moi votre cœur: parlez-moi vrai; est-ce bien la mort de cet oiseau qui vous retire si fortement et si tristement en vous-même?... Vous baissez les yeux; vous ne me répondez pas. Vos pleurs sont prêts à couler. Je ne suis pas père; je ne suis ni indiscret, ni sévère.... Eh bien! Je le conçois; il vous aimait, il vous le jurait, et le jurait depuis long-temps. Il souffrait tant: le moyen de voir souffrir ce qu'on aime? Et laissez-moi continuer; pourquoi me fermer la bouche de votre main? Ce matin-là, par malheur votre mère était absente. Il vint; vous étiez seule: il était si beau, si passionné, si tendre, si charmant! il avait tant d'amour dans les yeux! tant de vérité dans les expressions! il disait de ces mots qui vont si droit à l'âme! et en les disant il était à vos genoux: cela se conçoit encore. Il tenait une de vos mains; de temps en temps vous y sentiez la chaleur de quelques larmes qui tombaient de ses yeux, et qui coulaient le long de vos bras. Votre mère ne revenait toujours point. Ce n'est pas votre faute; c'est la faute de votre mère.... Mais voilà-t-il pas que vous pleurez... Mais ce que je vous en dis n'est pas pour vous faire pleurer. Et pourquoi pleurer? il vous a promis; il ne manquera à rien de ce qu'il vous a promis. Quand on a été assez heureux pour rencontrer un enfant charmant comme vous, pour s'y attacher, pour lui plaire; c'est pour toute la vie.... Et mon oiseau?... Vous souriez. (Ah! mon ami, qu'elle était belle! ah! si vous l'aviez vu sourire et pleurer!) Je continuai. Eh bien! votre oiseau! Quand on s'oublie soi-même se souvient-on de son oiseau? Lorsque l'heure du retour de votre mère approcha, celui que vous aimez s'en alla. Qu'il était heureux, content, transporté! qu'il eut de peine de s'arracher d'auprès de vous!... Comme vous me regardez! Je sais tout cela. Combien il se leva et se rassit de fois! combien il vous dit, redit adieu sans s'en aller! combien de fois il sortit et rentra! Je viens de le voir chez son père: il est d'une gaieté charmante, d'une gaieté qu'ils partagent tous, sans pouvoir s'en défendre... Et ma mère?... Votre mère? à peine fut-il parti, qu'elle rentra: elle vous trouva rêveuse, comme vous l'étiez tout à l'heure. On l'est toujours comme cela. Votre mère vous parlait, et vous n'entendiez pas ce qu'elle vous disait; elle vous commandait une chose, et vous en faisiez une autre. Quelques pleurs se présentaient au bord de vos paupières; ou vous les reteniez, ou vous détourniez la tête pour les essuyer furtivement. Vos distractions continues impatientent votre mère; elle vous gronda; et ce vous fut une occasion de pleurer sans contrainte et de soulager voire cœur... Continuerai-je? je crains que ce que je vais dire ne renouvelle votre peine. Vous le voulez?... Eh bien! votre bonne mère se reprocha de vous avoir contristée; elle s'approcha de vous, elle vous prit les mains, elle vous baisa le front et les joues, et vous en pleurâtes bien davantage. Votre tête se pencha sur*

*elle; et votre visage, que la rougeur commençait à colorer, tenez, tout comme le voilà qui se colore, alla se cacher dans son sein. Combien cette mère vous dit de choses douces! et combien ces choses douces vous faisaient de mal! Cependant votre serin avait beau chanter, vous avertir, vous appeler, battre des ailes, se plaindre de votre oubli; vous ne le voyiez point, vous ne l'entendiez point; vous étiez à d'autres pensées. Son eau ni la graine, ne furent point renouvelées; et ce matin, l'oiseau n'était plus.... Vous me regardez encore; est-ce qu'il me reste encore quelque chose à dire? Ah! j'entends; cet oiseau, c'est lui qui vous l'avait donné: eh bien! il en retrouvera un autre aussi beau... Ce n'est pas tout encore: vos yeux se fixent sur moi, et s'affligent; qu'y a-t-il donc encore? Parlez; je ne saurais vous deviner.... Et si la mort de cet oiseau n'était que le présage! que ferais-je? que deviendrais-je? S'il était ingrat... Quelle folie! Ne craignez rien: cela ne sera pas, cela ne se peut... Mais, mon ami, ne riez-vous pas, vous, d'entendre un grave personnage s'amuser à consoler un enfant en peinture de la perte de son oiseau, de la perte de tout ce qu'il vous plaira? Mais aussi voyez donc qu'elle est belle! qu'elle est intéressante! je n'aime point à affliger; malgré cela, il ne me déplairait pas trop d'être la cause de sa peine.*

*Le sujet de ce petit poème est si fin, que beaucoup de personnes ne l'ont pas entendu; ils ont cru que cette jeune fille ne pleurait que son serin. Greuze a déjà peint une fois le même sujet; il a placé devant une glace fêlée une grande fille en satin blanc, pénétrée d'une profonde mélancolie. Ne pensez-vous pas qu'il y aurait autant de bêtise à attribuer les pleurs de la jeune fille de ce Salon à la perte d'un oiseau, que la mélancolie de la jeune fille du Salon précédent à son miroir cassé? Cette enfant pleure autre chose, vous dis-je. D'abord, vous l'avez entendue, elle en convient; et son affliction réfléchie le dit de reste. Cette douleur! à son âge! et pour un oiseau!... Mais quel âge a-t-elle donc? Que vous répondrai-je; et quelle question m'avez-vous faite . Sa tête est de quinze à seize ans, et son bras et sa main, de dix-huit à dix-neuf. C'est un défaut de cette composition, qui devient d'autant plus sensible, que la tête étant appuyée contre la main, une des parties donne tout contre la mesure de l'autre. Placez la main autrement; et l'on ne s'apercevra plus qu'elle est un peu trop forte et trop caractérisée. C'est, mon ami, que la tête a été prise d'après un modèle, et la main d'après un autre. Du reste, elle est très-vraie, cette main, très-belle, très- parfaitement coloriée et dessinée. Si vous voulez passer à ce morceau cette tache légère, avec un ton de couleur un peu vialitre, c'est une chose très-belle. La tête est bien éclairée, de la couleur la plus agréable qu'on puisse donner à une blonde: peut-être demanderait-on qu'elle fît un peu plus le rond de bosse. Le mouchoir rayé est large, léger, du plus beau transparent; le tout fortement touché, sans nuire aux finesses de détail. Ce peintre peut avoir fait aussi bien, mais pas mieux. Ce morceau est ovale; il a deux pieds de haut.*

*Lorsque le Salon fut tapissé, on en fit les premiers honneurs à M. de Marigny. Poisson-Mécène s'y rendit avec le cortège des artistes farorû gu'il admet à sa table; les autres s'y trouvèrent: il alla, il regarda, il approuva, il dédaigna. La Pleureuse de Greuze l'arrêta et le surprit. Cela est beau, dit-il à l'artiste, qui lui répondit: Monsieur, je le sais; on me loue de reste, mais je manque d'ouvrage. C'est, lui répondit Vernet, que vous avez une nuée d'ennemis, et parmi ces ennemis, un quidam qui a l'air de vous aimer à la folie, et qui vous perdra. Et qui est ce quidam, lui demanda Greuze? C'est vous, lui répondit Vernet."*[934]

Encore en 2007, Aurélia Gaillard, non seulement rappelle que "*Diderot brode un conte érotique*" autour de *La jeune fille qui pleure son oiseau mort*, mais considère, tout simplement, cette oeuvre comme une toile "*perverse et suggestive*"[935].

Sur ce "*brod(ag)e*" de Diderot, et l'esprit du temps (notamment l'oeuvre du propre écrivain), dans le sens érotique qui nous intéresse ici, on se reportera à l'étude de Walter E. Rex (1998):

"*Comme tout le monde s'accorde à le dire, le chef-d'oeuvre des articles consacrés à Greuze dans le Salon de 1765 est «La Jeune fille qui pleure son oiseau mort» (pp. 179-182)16. Et, certes, aucun texte ne révèle mieux les affinités qui existaient entre les sensibilités de ce peintre et celles de Diderot. Pour le reste, ce récit si délicatement attentif et perspicace forme le genre de compte rendu dont rêverait tout artiste.*

*Vus à travers les réactions personnelles de Diderot, les détails du tableau prennent vie et mouvement, devenant irrésistiblement une réalité pour le lecteur. Comme dans un film, la jeune fille s'anime, fait des gestes; son visage se colore tandis que le narrateur lui raconte sa propre histoire. Elle est classique: séduction, chute et conséquences. Entre temps, le narrateur, jouant le rôle d'ami compatissant, lui offre consolation et réconfort, jusqu'à ce que toute l'histoire de la jeune fille et les moindres détails de ses émotions soient mis à nu.*

*Une tradition iconographique bien établie associe oiseaux en cage et (in)continence sexuelle de la femme; si, de plus, on connaît d'autres motifs iconographiques de tableaux de Greuze se rapportant au même sujet - Le Miroir cassé, que Diderot mentionne (pp. 182-183) ou, plus évident encore, La cruche cassée - l'interprétation sexuelle de Diderot semble entièrement justifiée, et même incontestable, car Greuze affectionnait particulièrement ce genre d'allégorie savamment équivoque. Le rôle du narrateur, tandis qu'il feint de lire la pensée de la jeune fille, de compatir avec elle et de l'excuser d'avoir cédé aux charmes de son séducteur - sans parler de ses désirs à elle - et, à la fin, qu'il lui dit exactement ce qu'elle voulait entendre sur la fidélité du jeune homme (tout en faisant un clin d'oeil de connivence au lecteur), s'apparente à celui d'un maquereau ou d'un entremetteur. On songe même au passage cynique du proxénète dans Le Neveu de Rameau, où le Neveu persuade la jeune fille de surmonter ses scrupules, afin de devenir la maîtresse d'un jeune homme riche. Le Neveu lit la pensée de la jeune fille, tout comme le fait le narrateur du tableau, puis mise sur sa vanité et sa cupidité. «Et maman qui me recommande tant d'être honnête fille?» proteste faiblement la jeune fille du Neveu de Rameau, dont le Neveu a tôt fait de balayer les inquiétudes et les remords de conscience plutôt superficiels. Chose curieuse, la jeune fille du tableau, comme si elle empruntait au récit du Neveu, pose presque exactement la même question au narrateur, bien que cette question ne cadre guère avec le contexte: «Et ma mère?» (p. 181). En fait, le rôle du narrateur dans l'article du Salon consacré à Greuze est à peine un peu moins cynique que celui du Neveu: il s'imagine jouant avec les sentiments de la jeune fille, manipulant ses réponses; vers la fin, il semble même se moquer d'elle, suggérant qu'elle est une proie facile. On a presque l'impression que le narrateur est en train de la séduire lui-même - ce qui, avoue-t-il dans sa déclaration finale, est exactement ce qu'il voudrait faire: «...qu'elle est belle! qu'elle est intéressante! Je n'aime point à affliger, malgré cela, il ne me déplairait pas trop d'être la cause de sa peine» (p. 182).*

*Ici, Diderot met enfin le doigt sur l'élément de sadisme inhérent au caractère du tableau et qui est probablement l'une des raisons pour lesquelles cette image — et Greuze en a fait plusieurs versions — apparaît à notre époque désagréable, voire repoussante. Certes, l'attitude sexiste de Diderot n'est pas excusable non plus. Et cependant, il faut malgré tout reconnaître que c'est parce qu'il a bien senti, dans le tableau, la présence d'une sexualité fortement implicite18, que Diderot a compris cette oeuvre comme personne d'autre ne l'a fait en son temps. Si l'attitude de Diderot envers la jeune fille et sa séduction contient des éléments discernables de cynisme et de sadisme masculins, c'est parce qu'elle révèle, de façon perspicace et entièrement véridique, le cynisme à peine plus voilé du tableau lui-même.*"[936]

## 2.5.f. Une reprise du thème qui en confirme le sens

À trente ans de distance, en 1765[937], le peintre états-unien John Singleton Copley repris le thème de *L'Enfant au toton* (Salon de 1738), qui, outre celle du Louvre, connut plusieurs versions, dont ne subsiste qu'une seule, conservée au Museu de Arte de São Paulo[938], de Chardin, et du contemporain *L'Oiseau mort* (dont la première version: *La jeune Fille qui pleure son oiseau mort* fut présentée au Salon de 1765, et la seconde: *L'Oiseau mort* à celui de 1800[939], avec, nous l'avons dit, l'antécédent de *L'Enfant à la Cage*, et dont on trouve encore une correspondance dans *Fillette avec un canari mort*, puisque, en outre, *La jeune Fille qui pleure son oiseau mort* est conservée au Musée d'Édimbourg sous le titre: *Girl with a dead canary*[940], l'oiseau de *L'Enfant à la Cage* étant également un canari), en représentant, conjointement, assis sur une table, qui pourrait bien être d'étude, un enfant avec un écureuil qu'il tient enchaîné par le cou, dans un geste de la main qui rappelle la fillette de Greuze, se trouvant sur la table une noix ouverte par l'écureil et un verre d'eau. Ce tableau apporta une plus grande visibilité à Copley, qui fut encouragé par le portraitiste alors en vogue en Angleterre, Sir Joshua Reynolds. Ce fut ainsi Reynolds qui aida Copley dans son voyage en Europe pour se former au travers des grands maîtres du passé, en le mettant en contact avec le peintre états-unien émigré en Grande-Bretagne Benjamin West. Le tableau *A Boy with a Flying Squirrel (Henry Pelham)* (actuellement conservé au Musée des Beaux-Arts de Boston) est un portrait du demi-frère de Copley. Nous pouvons ainsi également lire cette oeuvre de Copley, renforçant par là notre interprétation de Greuze, comme une opposition, par référence à la dialectique implicite entre *L'Oiseau mort* et *L'Enfant au toton*, comme une représentation d'opposition phénoménologique entre les mondes animal et humain, entre l'Amérique (sensuelle, sauvage, intrépide) et l'Europe (civilisée, spirituelle) - opposition fréquente chez les auteurs américains (nous pensons à Enrique Rodó et à Rubén Darío par exemple) -, enfin entre la connaissance théorique (il n'y a pas de livres sur la table, bien que ce soit un homme qui est représenté) et le pratique, sentimental (l'écureuil fait du jeune garçon un archétype juvénil à la manière des, bien que postérieurs, David Crockett ou James "Grizzly" Adams, ou de tout autre de ces fondateurs de la construction du Far West, tel que les popularisera au début du XIXème siècle James Fenimore Cooper).

### 2.5.g. Les valeurs iconographiques implicites des figures féminines avec des animaux

L'association entre les figures féminines et les chats[941], les chiens[942], les oiseaux[943], notamment des colombes[944] (comme chez James Sant[945]), ou l'agneau, est iconographiquement et idéologiquement marquée.

On trouve des représentations[946] de la *Prudence* (Vittore Carpaccio[947], Van Dyke[948]) et de l'*Innocence* (Maerten Van Heemskerck, XVIème siècle[949]; Anna Rajecka[950]) avec la colombe et un serpent, en référence à *Matthieu*, 10, 16[951]: "*Voici, je vous envoie comme des brebis au milieu des loups. Soyez donc prudents comme les serpents, et simples comme les colombes.*"[952]

Également des Allégories de la *Paix* avec la colombe[953] (tel le *Portrait de jeune fille* de l'École française du début du XIXème siècle[954], dont on notera la flèche, vénusienne? comme comme épingle à cheveux), et, évidemment, de la Religion (Giuseppe Angeli[955]). On trouve, de même, la Foi avec un chien (Metropolitan Museum[956]), symbole de fidélité, nous l'avons dit, on le retrouve ainsi dans *Tobie et l'Ange* (c.1475-1480) de Filippo Lippi[957], accompagnant les deux personnages, l'ange, précisément, en ce sens, ici théologique, guidant Tobie qu'il tient par la main:

"*Le sujet de ce tableau est tiré du récit biblique du Livre de Tobie. Un Juif pieux atteint de cécité et déporté par les Assyriens à Ninive décide d'envoyer son jeune fils Tobie en Médie recouvrer une dette de dix talents d'argent. Il paye une jeune homme pour accompagner son fils qui se révèle être l'archange Raphaël (appelé archange par les apocryphes, Raphaël signifie «Dieu qui guérit»). En chemin l'ange ordonne au garçon de pêcher un poisson dans le Tigre afin d'extraire son fiel pour en faire un remède contre la cécité du père. Dans ce tableau, l'ange tient dans la main droite un mortier doré utilisé pour broyer les ingrédients destinés à fabriquer le remède. Tobie tient le poisson à la main gauche. Un petit chien blanc les accompagne, comme il est dit dans le Livre de Tobie (Tb 6:1): «Le garçon partit avec l'ange, et le chien suivit derrière».*"[958]

Il est intéressant de constater que les mêmes valeurs de douceur se détachent des Allégories modernes associées à l'agneau.

On pense, par exemple, à la Béatitude[959], de nouveau la Paix[960], la Fécondité[961], l'Humilité[962]. L'Innocence[963], la Médiocrité (qui, comme la Paix de Ripa, a droit au lion et à l'agneau)[964]; Opulence[965], Stupidité[966], Utilité[967]. À noter que, comme l'Humilité chez Ripa, la Stupidité chez Boudard, reçoivent en attribut la brebis. Plusieurs toiles représentent des dames avec des agneaux, comme celle attribuée à Caspar Netscher (1681)[968], celle du style de Peter Lely (1675), antérieurement reconnu comme portrait de Eleanor ('Nell') Gwyn[969], ou la *Sainte Agnès avec l'agneau* de Paolo Véronèse[970], qui en confirme, comme nous le disions (et si besoin en était), le symbolisme, implicitement, christique[971]. Ce qu'attestent encore les nombreuses images[972] de la Vierge comme *Divina Pastora de las Almas* (*Madre Divina Pastora* ou *Madre del Buen Pastor*)[973]. Se laïcisant et acquiérant une nouvelle vigueur le thème au XVIIIème siècle, par les jeux, à moitié érotiques, de bergère de la noblesse et de Marie Antoinette au Hameau de la Reine[974], comme nous en donnent témoignage la chanson "*Il pleut, il pleut, bergère*", tirée de l'opéra-comique en un Acte *Laure et Pétrarque* (1780) de Fabre d'Églantine[975], ou les motifs d'amours pastorales[976] des contemporaines toiles de Jouy[977].

Pour preuves encore, double, de l'association de l'agneau aux valeurs nobles de douceur et de sacrifice de l'art chrétien moderne, la *Douceur ou Mansuétude* (1650) de Lesueur[978], le Vitrail de la Gentillesse de Notre-Dame de Paris[979] et de la sculpture du Portail Ouest de la Cathédrale d'Amiens[980].

Ce qui, par rapport aux oiseaux, et pour notre propos, fait jeu avec les vitraux des Vices et de Vertus (qui forment des couples opposés), toujours de la Rosace Ouest de Notre Dame de Paris, du Dépouillement avec son Phénix face à la Luxure[981], et la Légéreté et oiseau symbole de l'envol contre le cheval cabré de la Pesanteur, qui reprend des *Carnets* de Villard de Honnecourt l'opposition entre Orgueil, le cheval débridé, et l'Humilité[982].

L'oiseau mort, relativement récurrent chez Greuze, comme on le voit, semble être un animal propre à la figure féminine. De fait, s'il joue, nous l'avons dit, sur le symbolisme du chiot, qui devient indirectement érotique, notamment dans *Jeune fille avec un épagneul*, il ne lui attribue jamais, à différence, par exemple, d'Emile Munier dans *The morning meal* (1880), le chat, qu'il ne donne qu'au jeune Esprit de Baculard d'Arnaud (exception faite, cependant, de *La dévideuse de laine* de 1759, mais cela s'explique, encore une fois, ici pour le jeu, l'expérience, physique ou corporel[le], non moral[e] ou érotique - nous insistons sur ce point, puisqu'il est au centre de notre démonstration -, que cela rend possible entre ce que l'on connaît tous: le fil que l'on enroule et l'attraction que cela semble produire sur les chats pour le dévider, ce que représente le tableau, dans lequel le chat a déjà pris entre ses pattes une partie du fil). Certes, vu, comme nous venons de le rappeler, le rôle relativement ambigu du chiot associée aux jeunes filles chez Greuze, il y a peu de différence entre l'utilisation des deux animaux dans leur symbolisme. On nous dira sans doute que, chez Munier, la fillette n'entre pas dans l'ordre de l'érotique, pour son âge même, et cela est bien certain. Non plus, d'ailleurs, que le portrait d'Esprit de Baculard d'Arnaud n'a de vrai sens sensuel, mais plutôt une notable similitude entre les traits allongés par la haute coiffure de l'enfant et la gueule du chat. Mais on trouve, quand même, chez Munier, le même esprit malin de la petite fille donnant ses miettes aux chatons, que chez l'enfant de *L'Enfant gâté*, qui gaspille la nourriture en l'offrant au chien gourmant[983].

Toutefois, l'association unique, pour ainsi dire, des fillettes au chien les renvoie donc bien dans l'ordre du domestique.

## 2.5.h. Un thème littéraire qui confirme les constatations iconographiques

Cette nouvelle impression se confirme si l'on considère que leur association aux oiseaux, notamment aux colombes, fait écho, dans l'histoire des styles, à la mouette morte qu'apporte Treplev à Nina, dans *La mouette* de 1896 de Tchekhov (Acte II), et qui, sans mettre en branle aucune théorie, puisque le texte même le dit, en est une représentation[984]:

"*TRIGORINE - Comme on est bien ici! (Apercevant la mouette:) Qu'est-ce que c'est?*
*NINA - Une mouette que Constantin Gavrilovitch a tuée.*
*TRIGORINE - Un bel oiseau. Vraiment, je n'ai aucune envie de partir. Si vous pouviez persuader Irina Nikolaevna de rester encore! Il note quelque chose dans son carnet.*
*NINA - Qu'écrivez-vous?*
*TRIGORINE - Ce n'est rien… Un sujet qui me vient à l'esprit. (Il serre son carnet.) Celui d'un petit conte: au bord d'un lac vit depuis son enfance une jeune fille… telle que vous. Elle aime ce lac comme une mouette, comme une mouette*

*elle est heureuse et libre. Mais un homme arrive, par hasard, et, par désœuvrement, la fait périr, comme on fait périr cette mouette."*[985]

Cette identification est d'autant plus forte que, dans l'adaptation de la pièce par Arthur Nauzycie dans la Cour d'Honneur du Palais des Papes au Festival d'Avignon de 2012, une longue pantomime introductive de masques d'oiseaux symbolisait la morale de la pièce[986].

On retrouve, d'autre part, dans la littérature éducative, entre les premiers textes sur la manière d'affronter la mort d'un être cher (tels les postérieurs *Dog Heaven* de 1995 et *Cat Heaven* de 1997 de Cynthia Rylant), concrètement dans *The Dead Bird* de 1938[987] de Margaret Wise[988], le sens de la mort de l'oiseau comme processus d'expérimentation de la vie et de la mort, que nous abordons pour *L'Oiseau mort* de Greuze, et aussi de renaissance, sans doute, ce dernier, à mettre en relation avec le poème "*This Compost*" de *Leaves of Grass* (1855) de Walt Whitman (notamment la deuxième partie, et dans celle-ci le vers 25: "*The he-birds carol mornings and evenings, while the she-birds sit on their nests*"):

*"Something startles me where I thought I was safest;*
*I withdraw from the still woods I loved;*
*I will not go now on the pastures to walk;*
*I will not strip the clothes from my body to meet my lover the sea;*
*I will not touch my flesh to the earth, as to other flesh, to renew me.*

*O how can it be that the ground does not sicken?*
*How can you be alive, you growths of spring?*
*How can you furnish health, you blood of herbs, roots, orchards, grain?*
*Are they not continually putting distemper'd corpses within you?*
*Is not every continent work'd over and over with sour dead?*

*Where have you disposed of their carcasses?*
*Those drunkards and gluttons of so many generations;*
*Where have you drawn off all the foul liquid and meat?*
*I do not see any of it upon you to-day - or perhaps I am deceiv'd;*
*I will run a furrow with my plough - I will press my spade through the sod, and turn it up underneath;*
*I am sure I shall expose some of the foul meat.*

*2*
*Behold this compost! behold it well!*
*Perhaps every mite has once form'd part of a sick person - Yet behold!*
*The grass of spring covers the prairies,*

*The bean bursts noislessly through the mould in the garden,*
*The delicate spear of the onion pierces upward,*
*The apple-buds cluster together on the apple-branches,*
*The resurrection of the wheat appears with pale visage out of its graves,*
*The tinge awakes over the willow-tree and the mulberry-tree,*
*The he-birds carol mornings and evenings, while the she-birds sit on their nests,*
*The young of poultry break through the hatch'd eggs,*
*The new-born of animals appear - the calf is dropt from the cow, the colt from the mare,*
*Out of its little hill faithfully rise the potato's dark green leaves,*
*Out of its hill rises the yellow maize-stalk - the lilacs bloom in the door-yards;*
*The summer growth is innocent and disdainful above all those strata of sour dead.*

*What chemistry!*
*That the winds are really not infectious,*
*That this is no cheat, this transparent green-wash of the sea, which is so amorous after me,*
*That it is safe to allow it to lick my naked body all over with its tongues,*
*That it will not endanger me with the fevers that have deposited themselves in it,*
*That all is clean forever and forever.*
*That the cool drink from the well tastes so good,*
*That blackberries are so flavorous and juicy,*
*That the fruits of the apple-orchard, and of the orange-orchard—that melons, grapes, peaches, plums, will none of them poison me,*
*That when I recline on the grass I do not catch any disease,*
*Though probably every spear of grass rises out of what was once a catching disease.*

*3*
*Now I am terrified at the Earth! it is that calm and patient,*
*It grows such sweet things out of such corruptions,*
*It turns harmless and stainless on its axis, with such endless successions of diseas'd corpses,*
*It distils such exquisite winds out of such infused fetor,*
*It renews with such unwitting looks, its prodigal, annual, sumptuous crops,*
*It gives such divine materials to men, and accepts such leavings from them at last.*"[989]

De fait, l'association entre l'expérience de la mort dans son aspect sentimental, non intellectuel, par la jeune femme, parodié par Dorothy Parker, dans son poème "*Letter From Lesbia*":

" ... *So, praise the gods, Catullus is away!*
*And let me tend you this advice, my dear:*
*Take any lover that you will, or may,*
*Except a poet. All of them are queer.*

*It's just the same- a quarrel or a kiss*
*Is but a tune to play upon his pipe.*
*He's always hymning that or wailing this;*

*Myself, I much prefer the business type.*

*That thing he wrote, the time the sparrow died-*
*(Oh, most unpleasant- gloomy, tedious words!)*
*I called it sweet, and made believe I cried;*
*The stupid fool! I've always hated birds..."*

À partir du fameux Poème III: "*Il déplore la mort du passereau*" de Catulle à son amante Lesbia, probablement à l'origine, partiellement du moins, du thème chez Greuze, voire dans la citée oeuvre anonyme flamande du XVIème siècle:

"*Pleurez, Grâces; pleurez, Amours; pleurez,*
*Vous tous, hommes aimables!*
*Il n'est plus, le passereau de mon amie,*
*Le passereau, délices de ma Lesbie!*
*Ce passereau qu'elle aimait plus que ses yeux!*
*Il était si caressant! il connaissait sa maîtresse,*
*Comme une jeune fille connaît sa mère:*
*Aussi jamais il ne s'éloignait d'elle;*
*Mais, voltigeant sans cesse autour de Lesbie,*
*Il semblait l'appeler sans cesse par son gazouillement.*
*Et maintenant il erre sur ces ténébreux rivages*
*Que l'on passe, dit-on, sans retour.*
*Oh! soyez maudites, ténèbres funestes du Ténare,*
*Vous qui dévorez tout ce qui est beau;*
*Et il était si beau, le passereau que vous m'avez ravi!*
*Ô forfait! ô malheureux oiseau!*
*C'est pour toi que les beaux yeux de mon amie*
*Sont rouges, sont gonflés de larmes.*"[990]

L'association, disions-nous, entre l'expérience de la mort dans son aspect sentimental, non intellectuel, par la jeune femme, parodié par Dorothy Parker, prend un sens historique plus direct et concret dans le long poème (de 1382 vers[991]), de fait également du début du XVIème siècle, et, selon Coleridge, "*populaire du temps de Shakespeare*"[992], sur la mort d'un moineau par John Skelton, intitulé: "*Philip Sparrow*", et modélisé sur l'Office des Morts (il commence par "*Pla ce bo*", qui en est le premier vers, et continue par diverses invocations telles "*Amen, amen, amen*" ou "*De pro fun dis cla ma vi*", v. 145, "*A Pater noster/ Lauda, anima, Dominum!*", v. 385-386, etc.), poème dont cette touche a pu être comparée[993] à la confusion entre le perroquet de Félicie, lors de l'agonie de celle-ci, et l'Esprit Saint, à la fin d'"*Un coeur simple*"[994], premier des *Trois contes* de 1877 de Flaubert.

Et, de fait, le genre littéraire qui en découle se développe de la Renaissance au XIXème siècle:

"*Throughout the Renaissance and well into the nineteenth century, the elegy for the deceased pet bird supported a minor sub-genre of poetry, bearing such titles as "On the Death of Mrs. Throckmorton's Bulfinch" by William Cowper and "Epitaph on a Robin Redbreast" by Samuel Rogers. The sentimentality of the theme is satirized in The Adventures of Huckleberry Finn in Mark Twain's account of the Grangerfords, a family whose womenfolk shed copious tears as a kind of compensation for the blood shed by their feuding menfolk. On the walls of their home are displayed the black crayon drawings of one of the daughters: "Another one was a young lady with her hair all combed up straight to the top of her head, and knotted there in front of a comb like a chair-back, and she was crying into a handkerchief and had a dead bird laying on its back in her other hand with its heels up, and underneath the picture it said 'I Shall Never Hear Thy Sweet Chirrup More Alas!'" (chap. 17).*"[995]

Ce lien de l'amour et des tendres sentiments, inversés par Parker dans son poème depuis la, dans sa lecture, féministe[996], peu romantique Lesbia, en cela que celle-ci y rompt avec le modèle, nous le révélant, par contrecoup plus clairement encore, est au centre déjà du *Parlement of Foules* (également connu comme: *Parliament of Foules, Parlement of Briddes, Assembly of Fowls, Assemble of Foules,* ou *The Parliament of Birds*) de Chaucer, débat entre les différents types d'oiseaux sous la férule de Nature, sur le droit à choisir en amour, dont le sens général s'intègre à groupe plus vaste d'oeuvres similaires de Chaucer, toujours autour de l'amour et des valeurs féminines et matrimoniales:

""*L'Assemblée des oiseaux" est un parlement d'oiseaux réunis pour juger les prétentions rivales de trois aigles a la possession d'une belle formel (femme ou femelle d'oiseau), qui perche sur le poignet de Nature. Ce poëme est une imitation d'un fabliau français. - "Le Coucou et le Rossignol" est un débat entre le premier oiseau qui représente le célibataire débauché, et le second qui est le type de l'amour honnête et de la fidélité conjugale. - Le poème de "la Fleur et la Feuille" est également une allégorie à la manière des poètes français du XIVe siècle. Une dame va errer dans un bois, un matin de printemps, et, s'asseyant sous un délicieux ombrage, elle écoute la chanson alternée d'un chardonneret et d'un rossignol. Sa rêverie est interrompue par l'arrivée de dames vêtues de blanc, couronnées de divers feuillages et suivies de chevaliers; puis viennent des dames habillées de vert. Les incidents qu'amène cette rencontre sont décrits avec beaucoup de grâce et de poésie. Les dames en blanc représentent la chasteté, les dames en vert les fidèles de Flora et de l'oisiveté; dans les chevaliers on trouve les pairs de Charlemagne, les chevaliers de la Table-Ronde, les chevaliers de la Jarretière, etc.*"[997]

Et dont la conclusion, intercalée entre les vers 679 et 680, est exprimée en Français: "*Qui bien aime a tard oublie.*"

"*Il y a un genre d'idylle qui se rencontre souvent dans la littérature allemande du moyen-âge (Voyez Menzel, Deulsche Dichlung. - Natur poesie, p 212, éd. 1858. Voy. aussi un article de L. Uhland, inséré dans la Germania, 1858, p. 129, intitulé Ralh dur Nachtigall.). C'est un dialogue établi entre des oiseaux qui con. trastent par leur caractère. Le rossignol et le coucou sont de préférence les acteurs de ce petit drame champêtre. L'un y figure comme chantre harmonieux'et amant fidèle, l'autre représente les défauts opposés aux qualités de son interlocuteur. C'est le double rôle que Chaucer leur a assigné dans une pièce qui, à n'en pas douter, vient d'un original français. En voici un fragment qui fait preuve.*

*Le Rossignol: «Maintenant retire-toi, laisse cette demeure à quiconque est doué de la voix. Chacun s'enfuit pour ne pas t'entendre; ton chant, en vérité, est fort monotone.»*

*Le Coucou: «Quelle idée! je chante aussi bien que toi; mes notes sont distinctes et nettement tranchées; et quoique je ne puisse comme toi faire d'inutiles roulades, chacun me comprend. Il n'en est pas de même de tes cris bizarres; ainsi, tu répètes sans cesse occis, occis! Que veux-tu dire?»*

*Le Rossignol: «Oiseau stupide! Quand je dis: Occis, occis! j'exprime le vœu que forme mon cœur de voir périr tous ceux qui pèchent contre l'amour.»*

*On lit dans le Roman de Dame Aye:*
*«Ce fu à unes Pàsques que yver se fenist*
*» Que foillissent cil bois, que cil pré sont flori*
*» Et chantent li oisel et mainent grant delit,*
*» Et li roussignolel qui dit oci, oci!*
*» Pucelle est en effroi qui loing set son ami,*
*» Tost change geune dame l'amor de son mari.*
*Hist. litt., t. 22, p. 348.*
*et dans une chanson de Guillaume le Vinier:*
*Trop a mon cuer esjoï*
*Li louseignols qu'ai oï*
*Qui chantant dit*
*Fier, fier, oci.oci,*
*Ceux par qui sont esbaï*
*Fin amant.*
*Hist. litt., t. 23, p. 592.*"[998]

Cette expérience de la mort dans son aspect sentimental, non intellectuel, que nie Parker, est encore celle de "*The bird is dead. That we have made so much on.*" des rites funéraires pour Innogen dans *Cymbeline* (Acte IV, Scène 2) de Shakespeare:

"*The central deaths in Loves Martyr, however, arc Chose of the Phoenix and the Turtle. Death becomes the test of how true (faithful) love an be and how that is the only true (for real) love. Chester's refashioning of the phoenix myth to make it an allegory of fidelity has attracted critical condescension. Rather than add to this, it seems worth noting that, although Shakespeare has been accused of writing cites in the manner of the 'Epitaph vpon ... Sr John Salusbury' - notably, a couple of decades ago, 'A Funeral Elegy for Master William Peter' - the charge has never stuck, whereas he was stimulated into creativity by Chester's very different sort of emblematic love-death. By the end of this chapter, and Chapter 30, some rasons for that will be apparent.*

For now, a sketch is in order. *Loves Martyr* starts with Dame Nature complaining to a parliament of the gods (a resonant enough opening for 1601) that the Phoenix is in decline. She blazons the bird as a woman (which is appropriate, in its slightly tasteless way. to a poem dedicated to a squire of the royal body). Love agrees to help and commands Nature to escort the Phoenix from Arabia to Paphos. There is some satire in the allegory. Arabia is equated with 'the plaines of white Brytania', a place that Is fruitless, base, and lacking redemptive fire. This is Elizabeth's court, not far from the white cliffs of Dover, and it contrasts with Paphos 'Ouer the mountaine tops', a location which suggests Lleweni." Paphos is the seat of 'true Honors Iouely Squire, I That for this Phoenix keepes Prometheus fire' As in the manuscript 'Epitaph'; white and red are united in the heraldry of the Turtle's face ('Bloud and sweete Mercie hand in hand'). The handsome bird's devotion is, riskily, almost that of a lover. He does not just hold an office in the royal bedchamber but will come `to this Phoenix bed'. It is, though, a bed of death. 'On a high hill', Jove declares, the Turtle will meet the Phoenix. 'And of their Ashes by my doome shal rive, I Another Phoenix her to equalize' (1-12).

Despite its apparent simplicity of purpose, *Loves Martyr* is a patchwork. It has something of the overlapping miscelleneity that one finds in the family manuscripts. Next, for instance, comes a prayer for the Phoenix, reminiscent of the loyal prayer for Elizabeth in Christ Church MS 184. There is then a Dialogue between Nature and the Phoenix (1634). Once Nature has promised to protect the Turtle against 'foule Enuy' (Denbighshire enemies at court), the Phoenix agrees to favour him and the main narrative begins. Nature flies with the Phoenix from Arabia, but they land, abandoning allegory, not in Paphos but in `this large Ile of sweete Britania'. Something of an antiquarian, Nature tells the Phoenix about the cities and worthies of England and Wales. One of these is Arthur, and we hear quite a lot about him even before the poem is interrupted by 'the Birth, Life and Death of honourable Arthur, King of Brittaine'. This has been dismissed as a huge irrelevance, but it is salient in a book about Anglo-Welsh queen/magnate relations, and the Britishness of the Tudors. It also bears on the question of succession that, in various ways, haunts *Loves Martyr*: the revenant Phoenix, the once-and-future king who is bur-ied deep with Guinevere (34-77).

Arrival in Paphos prompts a listing of the many plants that grow there, with their properties, then precious stones, then animals. It has been said that Paphos must be Ireland, where Essex led a campaign against Tyrone in 1599, but that cannot be the case because there are 'Serpents, as there are not in Ireland, albeit in 'a little corner towards the East' (113) - which might suggest, to an enthusiast for topical allegory, the eastern part of Derbyshire, the Wrexham area. After another catalogue, of birds, the Turtle appears. Initially, he is disappointing. He droops with despondency at the loss of his mate, another dove, but in the logic of the allegory this makes him an appropriate coupler with the Phoenix: he represents fidelity, not a disloyal widower, when he chastely pairs up again. Nature can now fall out of the narrative (we are on a higher plane of love), and the Phoenix and Turtle withdraw into a mutuality that is close to the core of Shakespeare's poem: `We are all one, thy sorrow shall be mine', says the Phoenix, 'thou shalt be my self'.

Chester's narrative takes a clumsy turn as the birds gather firewood for their pyre, but the scene of conflagration, which boldly varies traditional phoenix iconography, gave Shakespeare a vital emblem. The Phoenix wonders whether her rebirth could be achieved without the death of the Turtle, but the dove will not accept this. Two into one must go. Witnessed by a Pelican, who is lurking behind nearby foliage, the Turtle leaps into the pyre, which has been ignited by the sun, and is followed by the Phoenix. Here are love's martyrs. The Pelican reassures the reader that the presence in the Phoenix' heart of 'a perpetuall loue, I Sprone from the bosome of the Turtle-Doue', makes the new bird even more perfect than the old. 'Long may the new vprising bird increase', he adds (123-34). It is, we may assume, another prayer on behalf of the Queen.

It is also, at least allegorically, the consummation that Salusbury must have wished for. Like Sir Edward Stanley, buried at Tong under fines composed before his death, his epitaph was proleptic. The poetry written by Chester but also by Chapman, Jonson, and others in *Loves Martyr* constitutes his living monument eleven or so years before the poem by John Davy. The long effort at reinstatement for the Salusbury family at court is brought in the death of the Turtle to a climax of obedience and devotion. Sir John's self-sacrificing service will reinvigorate the Queen's rule. Alternatively, or *moreover - and this is where the fascination with succession in Loves Martyr comes into play—he will recur in the heart of whichever phoenix replaces the Queen. It is a fantasy of political survival, of success in a court which looks likely to be handed over to King James. The idea that James was a phoenix is, of course, prominent in the panegyrical literature that greeted his accession - as in the account of the Tudor-Stuart succession in Cranmer's prophecy at the end of Henry VIII.*

*But the epitaph-ending of 'The Phoenix and Turtle' was closer to the mark, politically, than Chester's allegory of revival: 'For these dead birds sigh a prayer' (1. 67). When the Queen died, Salusbury slipped out of the picture. The relationship in the royal bedchamber left what Shakespeare's poem calls 'no posterity' (1. 59). Sir John retired from court hop-i ng ta be recalled but he was not. A letter from him ta Cecil, written a few weeks after the Queen's death, asks 'whyther yt ys your pleasure that I shulde make my repayre to attend your honoe. The summons never came. He declined into a long illness. Ille reprint of Loves Martyr with a new title-page in 1611 may not be accidental. Was it a last call for favour? The epitaph of a dying man? If so, with what hope of influence? Interestingly, the tille page draws attention to exactly the sorts of Welsh-British historical matter that we find in Shakespeare's late romance, Cymbeline: 'The Anuals of Great Brittaine. Or, A Most Excellent Monument, wherein may be seene all the antiquities of this Kingdome The closest analogue to this book in Shakespeare's plays can be found, indeed, in the funeral rites for Innogen, and the dirge (in 'Phoenix and Turtle' metre) that is uttered over her body ('Fear no more the heat o'th' sun') by the Welsh-bred, British princes, Guiderius and Arviragus. 'The bird is dead; Arviragus cries, 'That we have made so much on' (IV. ii. 198-9, 259-82). Bath the 'Monument' which is the reprint and the play owe something to the accession of Prince Henry as Prince of Wales and Great Britain in 1610. This must have created an environment in which the interests of Salusbury seemed ready for revival. The princes death on 6 November 1612 (which generated reams of memorial poetry), like that of Salusbury a few months earlier, brought ta an end a certain Elizabethan and in Henry's case neo-Elizabethan, neo-Arthurian view of the matter of Wales, and the position of Welsh magnates, in the emergent Britishness."*999

C'est encore la mort des oiseaux qui, dans le cadre d'une représentation de l'isolement sentimental des habitants de l'île du roman *Atyniad* de 2006 de Fflur Dafydd, symbolise la relation matérique, corporelle, à la nature comme lieu transitoire (on retrouve là le symbolisme de "*This Compost*") :

*"Other equally striking examples of inherent disjunction are observed on the thematic level. Characters as well as the narrator refer to die legend saying that the island makes people break relationships established on the mainland (which is exemplified by the resident writer who breaks up with her boyfriend). Likewise, it appears that hardly any relationships established on the island are continued on the mainland — what happens on Enlli stays there, as in the case of the relationship between die writer and Tomos, the leader of the island's archaeological expedition.*

*The disjunction inscribed in Fflur Dafydd's text and allegory share an important feature: their durational character. Benjamin demonstrates that allegorical separation from meaning is most effectively manifested by passage of lime, transience and, ultimately, death which "digs most deeply the jagged line of demarcation between physical nature and significance." It is telling that Ynys Enlli is in fact an island-necropolis, even if most of the 20 000 saints buried there are purely legendary. Any attempt to corroborate the legend, however, is doomed to failure: Tomos, fearing that the excavations will be fruitless - an outcome which would mean funds being cut - plants fake bones in the site just to keep the project going. Thus the only thing the island reveals about its history are simulacra, which reflects the insurmountable gap between the past and present. Providing a distant parallel to Benjamin's ruins, in which the passage of time physically merges into the setting, are the island's lighthouse and the surrounding cottages. Because of lack of genuine belonging and connection between people and Enlli (in the novel people do not live on the island but merely sojourn there, however long they stay) the buildings do not bear any traces of having been used, as people come and go without making a place out of space: "It was difficult to tell who lived where in those houses. People coming and going, walking in and out as they do." As a result, the buildings, like ruins, may be seen as remnants of the past blended into the natural landscape. The gap manifest in death and transience is perhaps best illustrated by the migratory birds passing through the island in their thousands but, like the people, not staying long. Misguided and attracted by the lighthouse lamp, some birds are killed when hitting the tower and their corpses form part of the island's landscape. The dead birds constitute an element crucial for establishing an allegory, for "the allegorization of the physis can only be carried through in all its vigour in respect of the corpse." The bird corpse is elevated to the status of an object of longing when the writer says that she misses dying birds on cloudy nights."*[1000]

C'est, finalement, cette fois pour la figure masculine (mais fortement liée à la sentimentalité et à l´émotivité des idées politiques du XIXème siècle, qu'a popularisé, pour le lecteur contemporain, le roman national de l'époque), le critiqué par Louis Napoléon lors de sa visite à Noisot en 1851, dans les mois antérieurs à son coup d'État[1001], aigle mort sculpté par François Rude, et dont l'aile pend sous le corps défunt de Napoléon Ier de son *Napoléon s'éveillant à l'Immortalité* (dont le titre met en évidence ce que nous postulons du sentimentalisme impérialiste au tournant du siècle).

*"Exécuté par le sculpteur François Rude, ce bronze - également intitulé Le réveil de Napoléon – a été commandé au début des années 1840 par Claude Noisot, ancien grenadier-à-pied puis capitaine de la Vieille Garde. Le militaire était un fervent fidèle de l'Empereur, et avait participé aux campagnes d'Allemagne et d'Espagne en 1809, de Russie en 1812, d'Allemagne en 1813 et de France en 1814. Il avait tenu à accompagner Napoléon Ier en exil à Elbe puis, tout naturellement, avait soutenu son retour lors des Cent-Jours. Sa carrière militaire prit fin avec la défaite de Waterloo mais sa dévotion pour le souverain déchu ne s'arrêta pas pour autant.*
*Mis en temps à l'écart sous la Restauration, Claude Noisot prit sa retraite en 1835 et se consacra à l'oeuvre de sa vie: la création d'un musée et d'un parc dédiés à Napoléon Ier, avec archives et reliques du Premier Empire. Il installa ce domaine en Côte-d'Or, dans la commune de Fixin, et fit bâtir un édifice pour abriter le musée, véritable réplique du palais d'I Mulini, à Elbe. Noisot fit également tailler un escalier de cent marches sur son terrain pour rappeler l'épopée des Cent-Jours. Le retour des Cendres en 1840 inspira sans doute l'idée à Noisot de créer une statue de bronze à l'effigie de l'Empereur pour prolonger la symbolique de son sanctuaire napoléonien en Bourgogne.*
*Loin des œuvres présentant l'Empereur malade et tourmenté par l'ennui de la réclusion, la statue de Rude va à contre-courant de l'imagerie habituelle liée à Sainte-Hélène. Napoléon n'y est pas mourant mais mort - victorieux sur la mort qui plus est – puisqu'en voie de résurrection. Cette résonance avec la résurrection de Lazare dans le Nouveau Testament et avec le Jugement dernier s'exprime cependant en l'absence de toute symbolique chrétienne, avec pour seul cadre un concept abstrait non figuré de l'immortalité: Napoléon, les yeux encore clos par le sommeil censé être éternel, est ici le seul magicien thaumaturge de son retour à la vie.*
*Cette sculpture fait également référence à l'Antiquité: la position semi-couchée de Napoléon n'est pas sans rappeler les sarcophages funéraires étrusques. L'aigle, symbole impérial ici terrassé et à demi-couvert par le linceul que Napoléon retire, allié à la présence d'une chaîne qui semble brisée pour permettre à l'Empereur de se redresser, font écho au mythe de Prométhée. Le titan avait été puni par Zeus pour avoir donné le feu sacré de l'Olympe aux hommes et condamné à être enchaîné au Caucase pour se faire dévorer le foie éternellement par un aigle. Napoléon est ici un anti-Prométhée qui*

*se libère. Aucun dieu, aucune prison ne peut arrêter sa légende immortelle: l'aigle, prisonnier de Sainte-Hélène (publicité de 1901), peut désormais renaître comme le phoenix.*
*François Rude exprima dans cette oeuvre son propre attachement à l'Empire. Élève de l'école des beaux-arts en 1809 puis Prix de Rome en 1812, il fuit la Restauration et s'installa en Belgique jusqu'en 1827, date à laquelle il retourna à Paris. Son art est influencé par le néoclassicisme qu'on retrouve dans les inspirations mythologiques du Réveil de Napoléon; la posture et le message dégagés par son oeuvre en bronze font néanmoins penser au romantisme naissant dont il a été un pionnier.*
*Cette statue a été inaugurée le 19 septembre 1847 en présence de Louis-Napoléon Bonaparte, futur président de la Deuxième République puis futur Napoléon III. Un modèle en plâtre de ce monument est visible au musée du Louvre."*[1002]

## 3. L'oiseau comme symbole sexuel: Une étude intertextuelle du motif du rossignol dans le poème "*El espejo de agua*" de Huidobro

> "*Madame rêve d'atomiseurs*
> *Et de cylindres si longs*
> *Qu'ils sont les seuls*
> *Qui la remplissent de bonheur*
> *Madame rêve d'artifices*
> *Des formes oblongues*
> *Et de totems qui la punissent*
>
> *Rêve d'archipels*
> *De vagues perpétuelles*
> *Sismiques et sensuelles*"
> (Alain Bashung, "*Madame Rêve*",
> *Osez Joséphine*, 1991)

Pour comprendre le motif du rossignol chez Huidobro, qui nous permettra, postérieurement, d'aborder le sens sexuel récurrent de la poésie surréaliste (le mouvement du créationnisme de Huidobro ayant en commun avec le surréalisme son origine dada, Huidobro citant comme sources de son inspiration les poèmes de Tzara, ainsi qu'à Picabia et à Breton[1003], il faut nous concentrer sur un cas d'intertextualité curieuse et intéressante, en outre, il faut le noter, de gaie et facétieuse.

### 3.1. Analyse de texte

Le poème de Huidobro intitulée: "*El espejo de agua*" (1916, éponyme et second du recueil de neuf poèmes qui le contient[1004]) est le suivant:

"*Mi espejo, corriente por las noches,*
*Se hace arroyo y se aleja de mi cuarto.*

*Mi espejo, más profundo que el orbe*
*Donde todos los cisnes se ahogaron.*

*Es un estanque verde en la muralla*
*Y en medio duerme tu desnudez anclada.*

*Sobre sus olas, bajo cielos sonámbulos,*

*Mis ensueños se alejan como barcos.*

*De pie en la popa siempre me veréis cantando.*
*Una rosa secreta se hincha en mi pecho*
*Y un ruiseñor ebrio aletea en mi dedo"*

Nous verrons tout de suite que le narrateur se trouve dans une relation duelle, aussi bien avec lui-même (le miroir, considéré comme un objet de possession: "*mi espejo*", qui "*corriente por las noches, / Se hace arroyo y se aleja de mi cuarto*"), qu'avec la femme à qui il est dédié, et qu'il tutoie: "*en medio duerme tu desnudez anclada*".

Il ne faut pas beaucoup chercher pour comprendre que le miroir est l'image du poète, puisque, comme n'importe lequel, il reproduit sa propre image.

D'autre part, ce miroir se distingue des autres par son activité nocturne.

Il est ainsi notable que sa transformation corresponde à un double mouvement: d'éloignement du propre corps du poète, et d'intégration, centrale, de la femme/Muse, sur l'étang qui devient, pour son déversement même:

"*Se hace arroyo y se aleja de mi cuarto.*

*Mi espejo, más profundo que el orbe*
*Donde todos los cisnes se ahogaron.*

*Es un estanque verde en la muralla*
*Y en medio duerme tu desnudez anclada.*"

On notera que "*tous les cygnes*" se noient dans ce miroir. Or, en outre d'être un symbole *rubéndarien*, le cygne est aussi, si nous nous posons dans une perspective francophile, typique du modernisme et du surréalisme, le "*cygne-signe*", c'est-à-dire la représentation d'un signifiant. Enfin, le cygne ne laisse pas d'être un animal qui, s'il représente la pureté (*Le Lac des Cygnes* de 1875-1876 de Tchaïkovski), la grandeur ("*Le vilain petit canard*" de 1843 d'Andersen), est de même un symbole phallique, par son cou. Ce n'est ainsi certainement pas un hasard si Zeus a choisi d'en prendre la forme pour s'approcher de Leda.

L'opéra-ballet de Tchaïkovski exprime parfaitement les deux valeurs du cygne: la dualité (entre Odette et Odile, la fille du sorcier) et la sexualité, déjà présente dans la mythologie grecque.

### 3.2. Comparaison avec Pablo Neruda

La perception onirique du corps féminin perdu dans le miroir (qui renvoie son image), inversion, nous plaçant toujours dans le cadre mythologique, de la figure de Narcissus, "*anclad*(o)" au milieu, a, à son tour, deux valeurs forte: il révéle un processus, freudien, de détachement de la propre image afin de s'ouvrir au monde (le poète l'écrit explicitement: "*Se hace arroyo y se aleja de mi cuarto./ Mi espejo, más profundo que el orbe*"); et, en contrepartie, il ouvre les yeux du narrateur à l'image (par conséquent, la femme est clairement ici Muse) du corps étranger, féminin, qui, pour être dit: "*anclad*(o)", souffre, bien que symboliquement, une impossibilité de se mouvoir, associée au fait d'être harponné. "*Anclada*", la femme est immobile, elle est, au sens littéral, attachée à son image, en tant qu'être présent, mais en même temps absent.

Nous avons ainsi, inversés les motifs, mais présents tous les éléments, une explication possible de ce motif par la compaison avec *Veinte poemas de amor y una canción desesperada* (1924) de Neruda, en particulier dans les cinq premiers poèmes.

Citons les trois premiers et le cinquième:

"*Poema 1*
*Cuerpo de mujer, blancas colinas, muslos blancos,*
*te pareces al mundo en tu actitud de entrega.*
*Mi cuerpo de labriego salvaje te socava*
*y hace saltar el hijo del fondo de la tierra.*
*Fui solo como un túnel. De mí huían los pájaros*
*y en mí la noche entraba su invasión poderosa.*
*Para sobrevivirme te forjé como un arma,*

*como una flecha en mi arco, como una piedra en mi honda.*
*Pero cae la hora de la venganza, y te amo.*
*Cuerpo de piel, de musgo, de leche ávida y firme.*
*Ah los vasos del pecho! Ah los ojos de ausencia!*
*Ah las rosas del pubis! Ah tu voz lenta y triste!*
*Cuerpo de mujer mía, persistirá en tu gracia.*
*Mi sed, mi ansia sin límite, mi camino indeciso!*
*Oscuros cauces donde la sed eterna sigue,*
*y la fatiga sigue, y el dolor infinito.*

### Poema 2
*En su llama mortal la luz te envuelve.*
*Absorta, pálida doliente, así situada*
*contra las viejas hélices del crepúsculo*
*que en torno a ti da vueltas.*
*Muda, mi amiga,*
*sola en lo solitario de esta hora de muertes*
*y llena de las vidas del fuego,*
*pura heredera del día destruido.*
*Del sol cae un racimo en tu vestido oscuro.*
*De la noche las grandes raíces*
*crecen de súbito desde tu alma,*
*y a lo exterior regresan las cosas en ti ocultas.*
*de modo que un pueblo pálido y azul*
*de ti recién nacido se alimenta.*
*Oh grandiosa y fecunda y magnética esclava*
*círculo que en negro y dorado sucede:*
*erguida, trata y logra una creación tan viva*
*que sucumben sus flores, y llena es de tristeza.*

### Poema 3
*Ah vastedad de pinos, rumor de olas quebrándose,*
*lento juego de luces, campana solitaria,*
*crepúsculo cayendo en tus ojos, muñeca,*
*caracola terrestre, en ti la tierra canta!*
*En ti los ríos cantan y mi alma en ellos huye*
*como tú lo desees y hacia donde tú quieras.*
*Márcame mi camino en tu arco de esperanza*
*y soltaré en delirio mi bandada de flechas.*
*En torno a mí estoy viendo tu cintura de niebla*
*y tu silencio acosa mis horas perseguidas,*
*y eres tú con tus brazos de piedra transparente*
*donde mis besos anclan y mi húmeda ansia anida.*

*Ah tu voz misteriosa que el amor tiñe y dobla
en el atardecer resonante y muriendo!
Así en horas profundas sobre los campos he visto
doblarse las espigas en la boca del viento.*

**Poema 5**
*Para que tú me oigas
mis palabras
se adelgazan a veces
como las huellas de las gaviotas en las playas.
Collar, cascabel ebrio
para tus manos suaves como las uvas.
Y las miro lejanas mis palabras.
Más que mías son tuyas.
Van trepando en mi viejo dolor como las yedras.
Ellas trepan así por las paredes húmedas.
Eres tú la culpable de este juego sangriento.
Ellas están huyendo de mi guarida oscura.
Todo lo llenas tú, todo lo llenas.
Antes que tú poblaron la soledad que ocupas,
y están acostumbradas más que tú a mi tristeza.
Ahora quiero que digan lo que quiero decirte
para que tú las oigas como quiero que me oigas.
El viento de la angustia aún las suele arrastrar.
Huracanes de sueños aún a veces las tumban
Escuchas otras voces en mi voz dolorida.
Llanto de viejas bocas, sangre de viejas súplicas.
Ámame, compañera. No me abandones. Sígueme.
Sígueme, compañera, en esa ola de angustia.
Pero se van tiñendo con tu amor mis palabras.
Todo lo ocupas tú, todo lo ocupas.
Voy haciendo de todas un collar infinito
para tus blancas manos, suaves como las uvas."*

Le début du "*Poema 1*" est des plus éclairants:

"*Cuerpo de mujer, blancas colinas, muslos blancos,
te pareces al mundo en tu actitud de entrega.
Mi cuerpo de labriego salvaje te socava
y hace saltar el hijo del fondo de la tierra.
Fui solo como un túnel. De mí huían los pájaros
y en mí la noche entraba su invasión poderosa.*

*Para sobrevivirme te forjé como un arma,*
*como una flecha en mi arco, como una piedra en mi honda."*

C'est ici, contrairement à ce qui se passe chez Huidobro, le corps de la femme qui s'identifie avec le monde, mais il s'agit d'un monde "*entrega*(do)", "*socava*(do)" par l'homme et poète dans son travail fertile de (pro-)création.

C'est l'image de l'arme affilée qui termine l'évocation, surdéterminant la plaie de la femme-terre, face à l'homme-poète.

L'image des oiseaux s'interpose, comme celle du tunnel, qui renvoie immédiatement à celle de la pénétration. Elle apparaît ainsi comme première image du roman *La Désobéissance* de 1948 d'Alberto Moravia, récit d'éducation sexuelle, où le tunnel par d'où sort le train qui emporte le jeune héros symbolise son passage de l'enfance à la puberté.

Pour sa part, le "*Poema 2*" évoque le caractère nuocturne, muet, solitaire, abandonné, de la femme:

"*En su llama mortal la luz te envuelve.*
*Absorta, pálida doliente, así situada*
*contra las viejas hélices del crepúsculo*
*que en torno a ti da vueltas.*
*Muda, mi amiga,*
*sola en lo solitario de esta hora de muertes*
*y llena de las vidas del fuego,*"

Ainsi, comme chez Huidobro, la femme apparaît comme compagne de l'heure crépusculaire, dans sa solitude et sa "*muerte*". Cette partue non seulement nous indique l'idée que la femme est un partenaire silencieux, livré (pour abandonnée, comme Ariane par Thésée), mais la qualifie avec pleine évidence, à l'instar de la tentatrice pour les cénobites du Haut Moyen Âge, comme un objet produit de l'imagination, donc comme un désir des plus intimes et, au sens littéral, onaniste.

Le montre bien le "*Poema 3*":

*"Ah vastedad de pinos, rumor de olas quebrándose,*
*lento juego de luces, campana solitaria,*
*crepúsculo cayendo en tus ojos, muñeca,*
*caracola terrestre, en ti la tierra canta!*
*En ti los ríos cantan y mi alma en ellos huye*
*como tú lo desees y hacia donde tú quieras.*
*Márcame mi camino en tu arco de esperanza*
*y soltaré en delirio mi bandada de flechas."*

L'association duelle entre les pins et la mer, entre les attributs de la mer (vagues, escargots, objets, enfin, circulaires, ronds, féminins, en cela qui pas affilés) et sa pénétration par l'homme (les pins, les flèches), à lui fournis par la soumission de la femme (représentée par l'"*arc*", autre objet rond, ici, en outre, récepteur et promoteur des flèches), provoque, comme chez Huidobro, une autre association: celle du flux de la rivière (c'est-à-dire de grandes quantités de liquide): "*En ti los ríos cantan y mi alma en ellos huye/ como tú lo desees y hacia donde tú quieras.*" Ce qui, de manière similaire à ce que nous avons vu dans "*El espejo de agua*", Neruda exprime par l'image de la possession de la femme par l'homme comme un ancrage de celle-ci, non seulement en tant que principe de la détention ("*donde mis besos anclan*"), mais aussi de rencontre et d'appartenance ("*y mi húmeda ansia anida*"):

*"En torno a mí estoy viendo tu cintura de niebla*
*y tu silencio acosa mis horas perseguidas,*
*y eres tú con tus brazos de piedra transparente*
*donde mis besos anclan y mi húmeda ansia anida."*

Alors que le "*Poema 5*" reprend les motifs maritimes (vagues, coquilles: "*las huellas de las gaviotas en las playas./ Collar, cascabel ebrio* "), il insiste de nouveau sur le silence féminin du "*Poema 2*", qui sera le motif, celui-ci, de l'un des plus célèbres poèmes du recueil, le "*Poema 15*":

*"Me gustas cuando callas porque estás como ausente,*
*y me oyes desde lejos, y mi voz no te toca.*
*Parece que los ojos se te hubieran volado*
*y parece que un beso te cerrara la boca."*

Bien que l'association de la femme à l'absence (présence immanente, par opposition à la Parole créatrice de l'homme) se rencontre de manière récurrente dans le recueil (dans les poèmes 7, 8 et 15).

De là que, comme Neruda dans le "*Poema 3*":

"*En ti los ríos cantan y mi alma en ellos huye
como tú lo desees y hacia donde tú quieras.*"

Huidobro peut écrire que la présence-absente de la femme-Muse, en lui fournissant le nid dont a besoin son âme pour procréer, lui offre, en image ou en personne, la joie qui lui permet de prendre son envol, et d'arriver à faire jaillir sa rivière:

"*Sobre sus olas, bajo cielos sonámbulos,
Mis ensueños se alejan como barcos.*

*De pie en la popa siempre me veréis cantando.*"

### 3.3. Une curieuse intertextualité avec le *Décaméron* de Boccace

Ainsi se comprend, presque sans nécessité d'explication, la dernière strophe du poème, de laquelle nous venons de citer le premier vers:

"*De pie en la popa siempre me veréis cantando.
Una rosa secreta se hincha en mi pecho
Y un ruiseñor ebrio aletea en mi dedo*"

La rose secrète qui se gonfle dans la poitrine du poète est celle qui, symbole de l'amour médiéval et de la foi chrétienne (en particulier dans *Le Roman de la Rose*), est la pulsion du désir (nous ne pensons pas ici à une rose blanche ou rose, mais à la rose rouge de l'amour humain), dont le gonflement dans la poitrine n'est rien d'autre que la force de l'amour qui arrive à bon terme.

Le dernier vers, cependant, trop poétique pour l'analyse, bien que nous pouvons, identiquement, soupçonner son sens sexuel (il rappelle, en fait, pour nous, *La Valse Hésitation*, postérieure toile de Magritte, dans sa version de la main de femme avec un petit oiseau au corps entièrement rouge volant autour), puisqu'il associe deux images phalliques, le doigt et l'oiseau (également, celui-ci, que l'on trouve chez Neruda)[1005], arrive à se comprendre complètement, si nous le rapprochons avec l'action de la "*Nouvelle Quatrième*" de la "*Journée Cinquième*" du *Décaméron* (1349-1353), qui nous raconte comment: *Ricciardo Manardi est trouvé par messer Lizio da Valbona avec la fille de celui-ci. Il l'épouse et fait sa paix avec le père.*"[1006]

Comme souvent dans le *Décaméron*, le prétexte est celui de l'amour interdit entre deux jeunes personnes à l'ardent tempérament:

"*Il n'y a donc pas longtemps, valeureuses dames, que vivait en Romagne un chevalier riche et de bonnes manières, qu'on appelait messer Lizio da Valbona. Étant proche de la vieillesse, il lui naquit, par aventure, d'une sienne dame appelée madame Giacomina, une fille qui, en grandissant, devint plus belle et plus plaisante qu'aucune autre de tous les environs; et pour ce qu'elle leur était restée seule, son père et sa mère l'aimaient et la chérissaient profondément, et la gardaient avec un soin merveilleux, attendant le moment de lui faire faire quelque grand mariage. Or, dans la maison de messer Lizio venait fréquemment un jeune homme qui ne la quittait presque jamais, beau et frais de sa personne, et appartenant aux Manardi da Brettinoro. Il s'appelait Ricciardo et messer Lizio et sa femme ne s'en méfiaient pas plus que si c'eût été leur fils. Ricciardo ayant vu plusieurs fois la jeune fille, qui était très belle, très gracieuse de manières, bien élevée et déjà en âge d'être mariée, s'énamoura désespérément d'elle; mais il tenait son amour soigneusement caché. La jeune fille s'en étant aperçue, se mit, sans chercher à esquiver le coup, à l'aimer également; de quoi Ricciardo fut très content.*"[1007]

Cherchant tous deux la manière de se retrouver secrètement, ils y arrivent, par une stratagème de la jeune fille, dans la maison de ses parents, de nuit, dans la galerie où, astucieuse, et prétextant un malaise dû à la chaleur, elle fait mettre son lit. L'expression qui devient métaphorique de l'envie de la jeune fille est celle qu'elle exprime, poétiquement, pour cacher son intense désir:

"*-« - C'est vrai, ma fille; mais je ne puis pas faire chaud ou froid à ma fantaisie, comme tu le voudrais peut-être; il faut supporter le temps comme les saisons le donnent. Peut-être cette nuit fera-t-il plus frais, et tu dormiras mieux. -» «- Or Dieu le veuille, - dit la Caterina, - mais ce n'est pas l'ordinaire que les nuits aillent en se refroidissant plus on avance vers l'été. -» «- Que veux-tu donc que je fasse, dit la dame. -» La Caterina répondit: «- Si cela plaît - à mon père et à vous, je ferais volontiers faire un lit dans la galerie qui est sur le jardin, à côté de la chambre de mon père, et j'y coucherais; là, écoutant chanter le rossignol, et étant en un endroit plus frais, je serais beaucoup mieux qu'en votre chambre. -» La mère dit alors: «- Ma fille, sois tranquille; je le dirai à ton père, et comme il voudra, nous ferons. -».*"[1008]

De laquelle le père, non moins astucieux, et soupçonnant sans fille, se moque:

"«*Ayant appris la chose par sa femme, messer Lizio qui était vieux et qui, pour cette raison, était peut-être un peu revêche, dit: «- Qu'est-ce que ce rossignol dont elle a besoin pour s'endormir? Je la ferai dormir au chant de la cigale. -» Ce qu'ayant su la Caterina, non seulement elle ne dormit pas la nuit suivante, plus par dépit qu'à cause de la chaleur, mais elle ne laissa point dormir sa mère, se plaignant à chaque instant de la chaleur grande. Sa mère, voyant cela, alla trouver le lendemain matin messer Lizio et lui dit: «- Messire, vous ne tenez guère à cette jeune fille; qu'est-ce que cela vous fait qu'elle couche sur cette galerie? Elle n'a pas eu un moment de repos pendant toute la nuit; en outre, faut-il vous étonner que ce lui soit un plaisir d'entendre changer le rossignol, elle qui n'est qu'une enfant? Les jeunes gens désirent ce qui leur ressemble. -» Messer Lizio, entendant cela, dit: «- Allons, qu'on lui fasse un lit comme vous l'entendrez, qu'on y mette tout autour des rideaux de serge, et qu'elle y couche et entende chanter le rossignol tout son saoul. -»*"[1009]

Réussissant ainsi, après beaucoup d'insistance, la fille son envie, elleindique à son amant qu'il peut passer:

"*La jeune fille, à cette nouvelle, fit promptement faire un lit dans la galerie, et comme elle devait y coucher la nuit suivante, elle guetta jusqu'à ce qu'elle eût vu Ricciardo, auquel elle fit un signe convenu entre eux, et par où il comprit ce qu'il devait faire.*"[1010]

Et, installés les deux, Boccace nous dit: "*Et après de nombreux baisers, ils se couchèrent ensemble, et prirent, presque toute la nuit, joie et plaisir l'un de l'autre, faisant chanter plusieurs fois le rossignol.*"[1011]

Mais, ne se terminant pas ici, la métaphore prend soudain une autre teinte, beaucoup plus concrète, quand, le matin du jour suivant, le père veut entrevoir comment sa fille a dormi dans la galerie, et se trouve face à ce spectacle:

"«*Les nuits étant courtes, et le plaisir ayant été grand, le jour vint sans qu'ils y songeassent; et ils étaient encore si échauffés tant de la température que du long amusement, qu'ils s'endormirent sans avoir rien sur eux, la Caterina enlaçant de son bras droit le col de Ricciardo, et le tenant de sa main gauche par cette chose que vous avez la plus honte de nommer quand vous êtes avec des hommes. Ils dormaient de cette façon sans se réveiller quand, le jour venu, messer Lizio se leva; et, se rappelant que sa fille était couchée sur la galerie, il ouvrit doucement la porte et dit: «- Voyons un peu comment le rossignol a fait dormir la Caterina, cette nuit. -» Et ayant fait quelques pas, il leva les rideaux de serge dont le lit était entouré, et il vit Ricciardo et sa fille, tout nus et découverts, qui dormaient en se tenant embrassés comme il a été dit plus haut. Ayant parfaitement reconnu Ricciardo, il sortit de la galerie, et étant allé dans la chambre de sa femme, il l'appela en lui disant «: - Sus, sus, femme; lève-toi et viens voir; ta fille avait tellement envie du rossignol, qu'elle l'a pris et qu'elle le tient dans sa main. -» La dame dit: «- Comment cela peut-il être? -» Messer Lizio dit: «- Tu le verras, si tu te dépêches de venir. -» La dame, s'étant empressée de s'habiller, suivit sans bruit messer Lizio, et tous deux étant arrivés vers le lit, et les rideaux ayant été écartés, madame Giacomina put voir manifestement comment sa fille avait pris et tenait le rossignol qu'elle désirait tant entendre chanter. De quoi la dame, se tenant pour fortement jouée par Ricciardo, voulut crier et lui dire des injures; mais messer Lizio lui dit: «- Femme, garde-toi de dire un mot, si tu as mon affection pour chère, car en vérité, puisqu'elle l'a pris, il sera sien. Ricciardo est gentilhomme, riche et jeune, nous ne pouvons avoir avec lui qu'une bonne alliance. S'il veut s'en aller d'ici tranquillement, il faudra d'abord qu'il l'épouse; de sorte qu'il se trouvera avoir mis le rossignol dans sa propre cage et non dans celle d'autrui. -» Sur quoi, un peu consolée, et voyant que son mari n'était point courroucé du fait, et que sa fille après avoir eu une bonne nuit s'était bien reposée et avait pris le rossignol, la dame se tut."*[1012]

Le père de la jeune fille tend alors son piège au garçon, le laissant se réveiller, et lui imposer mariage sous peine de mort. Alors la jeune fille, effrayée:

"*Pendant que s'échangeaient ces paroles, la Caterina avait lâché le rossignol, et s'étant renfoncée sous la couverture, s'était mis à pleurer fort et à prier son père de pardonner à Ricciardo; d'un autre côté, elle suppliait Ricciardo de faire ce que voulait messer Lizio, afin qu'ils pussent avoir, tous deux longtemps et sans crainte de pareilles nuits.*"[1013]

Pour ce qu'entre la peur et l'amour, et par l'effet des deux, l'amoureux se laissa persuader sans opposer résistance, et, marié les deux, Boccace termine ainsi le conte:

"*Eux partis, les jeunes gens s'embrassèrent de nouveau, et n'ayant pas cheminé plus de six milles pendant la nuit, ils fournirent encore deux milles avant de se lever, et mirent ainsi fin à la première journée. Puis, s'étant levés, et Ricciardo s'étant entretenu plus longuement avec messer Lizio, quelques jours après, comme il convenait, en présence des amis et des parents, il épousa de nouveau la jeune fille et la conduisit à sa maison en grande fête. Et par la suite, il oisela longuement avec elle aux rossignols, en paix et à son grand contentement, de nuit et de jour, comme il lui plut. -*"[1014]

## 3.4. La figure du "*rossignol*" expliquée par l'étude comparative

Le dernier point, incompréhensible, de la centralité dans le poème de Huidobro de l'image du rossignol, s'éclaire dès que l'on révise la tradition.

Aussi bien John Keats (dans le poème "*Ode to a Nightingale*", de son recueil *Odes* de 1819:

" *Already with thee! tender is the night,
And haply the Queen-Moon is on her throne,
Cluster'd around by all her starry Fays;*

*But here there is no light,*
*Save what from heaven is with the breezes blown*
*Through verdurous glooms and winding mossy ways.*

*I cannot see what flowers are at my feet,*
*Nor what soft incense hangs upon the boughs,*
*But, in embalmed darkness, guess each sweet*
*Wherewith the seasonable month endows*
*The grass, the thicket, and the fruit-tree wild;*
*White hawthorn, and the pastoral eglantine;*
*Fast fading violets cover'd up in leaves;*
*And mid-May's eldest child,*
*The coming musk-rose, full of dewy wine,*
*The murmurous haunt of flies on summer eves.*

*Darkling I listen; and, for many a time*
*I have been half in love with easeful Death,*
*Call'd him soft names in many a mused rhyme,*
*To take into the air my quiet breath;*
*Now more than ever seems it rich to die,*
*To cease upon the midnight with no pain,*
*While thou art pouring forth thy soul abroad*
*In such an ecstasy!*
*Still wouldst thou sing, and I have ears in vain -*
*To thy high requiem become a sod.*"[1015]),

Comme Andersen (dans le conte "*Le Rossignol et l'Empereur de Chine*", 1843:

"- *Continue, petit rossignol, continue.*
- *Oui, répondit le rossignol, si tu veux me donner ton beau sabre d'or, et ton riche drapeau, et la couronne de l'empereur.*
*Et la Mort donnait à mesure chaque joyau pour une chanson, et le rossignol continuait toujours; il disait le cimetière paisible où poussent les roses blanches, où le tilleul répand ses parfums, où l'herbe fraîche est arrosée des larmes des survivants. Et la Mort fut prise du désir de retourner à son jardin, et s'évanouit par la fenêtre comme un brouillard froid et blanc.*
- *Merci, merci, dit l'empereur. Merci, petit oiseau céleste; je te reconnais bien; je t'ai chassé de ma ville et de mon empire, et cependant tu as mis en fuite les méchantes figures qui assiégeaient mon lit; tu as éloigné la Mort de mon cœur. Comment pourrais-je te récompenser?.../...*
- *Une seule chose: ne raconte à personne que tu as un petit oiseau qui t'informe de tout. Crois-moi, tout n'en ira que mieux.*"[1016]),

Oscar Wilde (dans le conte "*Le Rossignol et la Rose*":

"*"Look, look!" cried the Tree, "the rose is finished now;" "but the Nightingale made no answer, for she was lying dead in the long grass, with the thorn in her heart.*
*And at noon the Student opened his window and looked out.*
*"Why, what a wonderful piece of luck!" he cried; "here is a red rose! I have never seen any rose like it in all my life. It is so beautiful that I am sure it has a long Latin name;" and he leaned down and plucked it.*
*Then he put on his hat, and ran up to the Professor's house with the rose in his hand. The daughter of the Professor was sitting in the doorway winding blue silk on a reel, and her little dog was lying at her feet.*
*"You said that you would dance with me if I brought you a red rose," cried the Student. "Here is the reddest rose in all the world. You will wear it to-night next your heart, and as we dance together it will tell you how I love you."*
*But the girl frowned.*
*"I am afraid it will not go with my dress," she answered; "and, besides, the Chamberlain's nephew has sent me some real jewels, and everybody knows that jewels cost far more than flowers."*
*"Well, upon my word, you are very ungrateful," said the Student angrily; and he threw the rose into the street, where it fell into the gutter, and a cart-wheel went over it.*
*"Ungrateful!" said the girl. "I tell you what, you are very rude; and, after all, who are you? Only a Student. Why, I don't believe you have even got silver buckles to your shoes as the Chamberlain's nephew has;" and she got up from her chair and went into the house.*
*"What a silly thing Love is," said the Student as he walked away. "It is not half as useful as Logic, for it does not prove anything, and it is always telling one of things that are not going to happen, and making one believe things that are not true. In fact, it is quite unpractical, and, as in this age to be practical is everything, I shall go back to Philosophy and study Metaphysics."*
*So he returned to his room and pulled out a great dusty book, and began to read.*"[1017]),

Ou Paul Verlaine (dans le poème "*Rossignol*" des *Poèmes saturniens*, 1866:

"*Plus rien que la voix célébrant l'Absente,*
*Plus rien que la voix -ô si languissante!-*
*De l'oiseau qui fut mon Premier Amour,*
*Et qui chante encor comme au premier jour;*
*Et, dans la splendeur triste d'une lune*
*Se levant blafarde et solennelle, une*
*Nuit mélancolique et lourde d'été,*
*Pleine de silence et d'obscurité,*
*Berce sur l'azur qu'un vent doux effleure*
*L'arbre qui frissonne et l'oiseau qui pleure.*"),

Montrent clairement (bien que moins le conte d'Andersen, même si l'absence du rossignol, qui tue presque l'empereur, comparée au poème de

Verlaine, éclaire son substrat amoureux, pareillement qu'en le rapprochant du conte de Wilde, autour de la relation entre l'amour et l'absence) que le rossignol est symbole d'amour. Au XVIIIème siècle, Couperin composa, entre ses *Pièces pour clavecin*, un "*Le Rossignol-en-amour*" (Troisième Livre de ses pièces pour clavecin, 1722, contenu dans: "*Ordre 14ème de clavecin in D major: Le rossignol-en-amour; Double du rossignol; La linote-éfarouchée; Les fauvétes plaintives; Le rossignol-vainqueur; La Julliet; Le carillon de Cithére; Le petit-rien*"). Dans les danses et rondes de mai, l'on chantait en honneur au rossignol amoureux, comme dans la chanson "*Rossignol qui vole*" dans le Comté de Nice[1018], avec ce final très éclairant: "*Et moi qui suis sagette, le rossignol qui vole*".

Apparaissant dans plusieurs allégories d'Eliphas Lévi[1019], on le retrouve à la Renaissance, chez Ronsard, Du Bartas ou Magny[1020]. Il apparaît également dans la poésie perse[1021], pour se transporter progressivement de la poésie amoureuse à la mystique, à travers des œuvres de Saint Bonaventure, John Pecham, Benedetta Carlini ou Suster Bertken d'Utrecht[1022], et Shakespeare, P.C. Boutens, et Guido Gezelle[1023]. Dans les *Lais* de Marie de France[1024], se mêlent des éléments qui apparaissent dans plusieurs contes de Boccace, par la représentation d'une femme mariée qui, pour parler avec son amant la nuit, prétexte vouloir entendre le rossignol, de sorte que son mari ordonne d'une tuer un, et elle envoyant le corps de l'oiseau à son amant, tout en en gardant le dans un coffre précieux qui ne l'abandonnera jamais plus (plusieurs contes de Boccace traitent de la vénération des reliques du défunt amant, en particulier les Narrations I, IV et IX de la Quatrième Journée).

"*En persan et en turc, le mot "bulbul" ou "bülbül" rime avec "gul" ou "gül" (=rose) et ce hasard pourrait, entre autres, expliquer pourquoi il existe dans la littérature du Proche Orient des centaines de poèmes traitant de l'amour entre le rossignol et la rose. Le chanteur nocturne chante son désir pour la beauté suprême de la rose qui éclôt, ou il l'invite à boire avec lui. Dans la poésie turque du dix-septième siècle, le rossignol couleur de terre entre en scène comme l'amant fougueux de la rose rouge-feu, qui le consume en cendres: d'où le jeu de mots "gül" (= rose) et "kül" (= cendre); et aussi le fait que le mot "khakistār" (= cendres) ait pu signifier ensuite rossignol.*"[1025]

Chez Andersen, la couleur du rossignol est raillé par les membres de la Cour, alors que la relation passionnée entre le rossignol et la rose qui provoque sa mort est au centre du conte de Wilde (renforcé par l'abandon de l'oiseau, représenté comme femelle: "*she*" par Wilde, donc se sacrifiant pour son amour pour l'étudiant inconscient).

C'est dans la poésie contemporaine (à partir du romantisme) qu'apparaît, comme on la trouve dans la poésie surréaliste (en particulier dans la poésie de Paul Éluard[1026]), la relation entre le rossignol et la labeur poétique[1027]. Ainsi, déjà au Moyen Âge:

> "*Le rossignol peut être vu à la fois comme un symbole du printemps et de l'amour profane (comme le rossignol dans "La Grive et le Rossignol"), une image de l'artiste (du poète et du musicien), le défenseur de la poésie lyrique. De son côté, le hibou peut être considéré comme un moraliste, le représentant de la vie monastique et l'incarnation de la poésie religieuse et didactique... Les thèmes abordés par les deux volatiles sont aussi très variés, comme nous l'avons déjà dit, mais ceux du Bien et du Mal, du péché et du pécheur reviennent constamment.*"[1028]

Déjà dans le "*Prologue général*" des *Contes de Canterbury* de Chaucer, apparaît la figure du rossignol pour décrire la personnalité passionnée et amoureuse du fils du Chevalier, l'Écuyer, ainsi décrit: "*So hote he loved, that by niehtertale He loved so hotly, that at night/ He slept no more than doth a nightingale. He did no more sleeping than a nightingale*"[1029], ce que la note de l'édition de 1987 de Pedro guardia Masso[1030] éclaire: "*El ruiseñor simboliza el amor; como duerme poco, es testigo potencial de las escenas amorosas*".

Ainsi, dans le Conte du Valet du Chanoine, la référence burlesque (contre le prêtre naïf trompé par un chanoine alchimiste) au rossignol, associée aux évocations amoureuses, est, comme dans le conte de Boccace, la preuve de la relation d'équivalence symbolique entre cet oiseau, son chant et relation amoureuse:

> "*This sotted priest, who gladder was than he?*
> *Was never bird gladder against the day;*
> *Nor nightingale in the season of May*
> *Was never none, that better list to sing;*
> *Nor lady lustier in carolling,*
> *Or for to speak of love and womanhead;*
> *Nor knight in arms to do a hardy deed,*
> *To standen in grace of his lady dear,*
> *Than had this priest this crafte for to lear;*"[1031]

### 3.5. Conclusion

Nous voyons donc que, alors que tout le poème de Huidobro est une allusion sexuelle, propre au surréalisme, lequel, par la double technique de l'écriture automatique et de l'orientation onirique de ses textes, réduit les thèmes essentiels de la psychanalyse, parce que, laissé libre l'esprit produit peu qui n'ait une valeur sexuelle, comme l'a bien remarqué Freud à une question qui lui avait été posée à propos de Jung (reproduite par Freud lui-même dans une note à l'un de ses textes), la conclusion en est une métaphore phallique historiquement référencée, ce qui permet à la fois de comprendre le motif et de vérifier notre lecture du poème dans son ensemble.

### 3.6. Addendum: Ernst et Magritte, confirmation générale de nos thèses autour du symbolisme de l'oiseau

On trouve dans l'*Histoire Naturelle* (c.1925, publié en 1926) d'Ernst de clairs antécédents, en écho, des oeuvres de Magritte. Notamment *Entre dans les continents*[1032], dont le titre et l'image, de verres à pied, renvoie aux coupe à nuage et verre à champagne à girafe de Magritte; *Les Fausses positions*[1033] et *Il tombera loin d'ici*[1034], structures de barres verticales qui, par leurs titres, exprime une métaphore sexuelle évidente, à mettre en parallèle avec l'évocation de la Tour de Pise par Magritte; *Le Fascinant cyprès*[1035], *Les Moeurs des feuilles*[1036], *Les Épouvantails*[1037], *Les Pampas*[1038], et, avec les titres plus évocateurs encore: *Les Confidences*[1039], *Elle garde son secret*[1040], *Le Start du châtaignier*[1041], *Les Champs d'honneur, les inondations, les plantes sismiques*[1042], la récurrence des feuilles chez Magritte (Hans Arp reprendra aussi le motif dans ses *Feuilles jumelles*, 1949[1043]), leur symbolisme féminin (voir, ici, l'explicite titre, en ce sens d'affirmation du genre: *Elle garde son secret*), et sexuel (*Les Épouvantails, Le Start du châtaignier, Les Champs d'honneur, les inondations, les plantes sismiques*, par l'association de plantes différentes, et leurs titres, évoquant des actions soit de mouvement mis en marche: "*Le Start*", ou de gloire militaire, donc virile: "*Les Champs d'honneur*", renforçant le concept d'activité sexuelle métaphorique de ces associations, notamment dans le cas, comique, du chardon et de l'arbre, plus que châtaignier, à grosses châtaignes-boules, également dans leur bogue [testicules dans leur scrotum] de *Le Start du châtaignier*); *L'Idole*[1044], raisin gigantesque, qui, s'inspirant de *La Feuille de Vigne* (1922)[1045] de Picabia (à son tour inspirée d'*Œdipe explique l'énigme du sphinx*, 1808, repris en 1827[1046], d'Ingres, et, en outre, reprenant l'association duelle entre une forme, masculine, longiligne, et féminine, circulaire, de *Prenez garde à la peinture*, 1916[1047]) - dont le nez du personnage (qui réapparaît dans *Dresseur d'animaux*, 1923[1048]) est un phallus substitutif à celui caché par la vigne -, préfigure *La chambre d'écoute*. Similairement, *Un coup d'oeil*[1049], qui reprend les structures de bicyclette de *Novia* de Picabia (1916-1917)[1050] - symbolisme implicitement sexuel de la "*petite reine*" que l'on retrouve encore chez Marcel Duchamp (*Avoir l'apprenti dans le soleil*, 1914[1051]) et chez Alfred Jarry ("*La course des dix mille milles*", chapitre V de *Le Surmâle*, 1902[1052]) -, préfigure l'oeil de Magritte, à l'instar de *L'Œil cacodylate* (1921)[1053] de Picabia, ou encore, précisément, de la plus directe représentation d'un l'oeil de la série d'*Histoire Naturelle* par le même Ernst[1054]. Tout particulièrement, *Les Moeurs des feuilles* (qui s'intègre à une série sur ce principe d'emprisonnement, avec: couple d'oiseaux de *Les diamants conjugaux*[1055], pivert a ventre ouvert de *L'origine de la pendule*[1056], planche de bois cassée à son sommet de *Rasant les murs*[1057], fil serpentant sur le gazon de *Les cicatrices*), avec sa feuille monumentale pris au piège entre deux troncs, rappelle les nombreuses images de Magritte de feuilles uniques, également colossales, dans des paysages, substituant les arbres, ou entrant en dialectique avec l'un d'entre eux[1058].

Similairement, *Le rêve de l'androgyne* (1924) de Magritte trouve un écho dans *La femme et son poisson* (1936) de Man Ray pour l'illustration de *Les Mains Libres* de Paul Éluard, tous deux peut-être inspirés du poisson de l'affiche pour *La Révolution surréaliste* du 1er Décembre 1924.
Man Ray reprendra l'association entre la femme et le poisson dans les versions de 1938 et 1941 de *Pisces*, étendant la correspondance à l'*Éventail sans titre* (également de 1936), où, cette fois, c'est la bouche, que l'on

retrouve dans *Lèvres en or* (sans date) et *À l'heure de l'observatoire - les amoureux* (1932-1934), bouche dont le modèle furent, pour lui, la photographie des lèvres de Lee Miller, après leur séparation, forme, éventuellement, d'exorcisation pour la douleur de la rupture. La bouche-oeil de l'*Éventail sans titre* se rencontre, préalablement, dans l'oeuvre de l'artiste, dans *L'œil dans la bouche* (1933), en attestant, pour nous, le symbolisme castrateur (l'oeil, on le sait, étant oedipien, et l'énucléation un symbole de castration). Ce qui, dans notre *corpus*, en outre, préfigure la version de 1961 de *La reconnaissance infinie* de Magritte[1059], avec son petit homme à chapeau melon sur un globe regardant les lèvres rouges d'une bouche transformée en soleil crépusculaire (les versions de 1963 de *La reconnaissance infinie*[1060] présentant deux hommes suspendus dans les nuages).

Un tel rapprochement confirme notre thèse, par développement historique et inversion, de *La reconnaissance infinie* comme allégorie (pour son titre même) de la fellation.

La présente interprétation du groupe des bouches de Magritte et de Man Ray trouve encore sa confirmation dans l'oeuvre d'Ernst.

Non seulement il produit un oeil-poisson intitulé *L'évadé*[1061], variante du simple oeil, de même titre[1062], tous deux d'*Histoire Naturelle*. Mais encore, il offre, avec insistance, des images d'oiseaux dans son oeuvre.

Notamment, en ce qui nous concerne, ici, celle d'*OEdipe Roi* (1922[1063]), qui, faisant allusion, évidemment, par son titre, au cycle de Sophocle, présente deux têtes d'oiseaux, l'une prise dans une sorte de haie de bois lui soutenant le cou (comme les Chimères de *La jeune chimère* et de *Chimère Rouge*), probablement, donc, figure féminine, et l'autre plus grande et à cornes, probablement mâle, têtes prises dans un trou-trappe, les cornes du mâle étant prises, à leur tour, par un fil, qui semble provenir (l'image ne le montre pas, car il part vers le haut) de l'instrument comprenant la main piquée soutenant la noix entrouverte passant par une fenêtre. Dans le fond, on aperçoit, motif également présent chez Magritte, une montgolfière.

En ce sens, *OEdipe Roi* apparaît comme un collage peint, reproduisant l'illustration "*Expérience sur l'élasticité, faite avec une noix*" de l'article "*Physique sans appareils - Expérience sur l'élasticité*" "*Communiqué par M.F. Desjalets à Wassy*" du No 956 du 26 Septembre 1891 de la populaire revue *La Nature*[1064].

Ne peut-on, malgré tout, y voir la représentation de l'idée qu'exprime Freud dans *L'interprétation des rêves* à propos de ceux-ci s'ouvrant, par la méthode comparative, comme deux noix que l'on casse l'une contre l'autre[1065]?

De fait, l'image, modifiée par Ernst, devient, sinon méconnaissable, du moins change d'aspect.

La reprise directe du symbole pourrait être, ici, indirectement confirmée par deux oeuvres, qui nous semblent aussi mettre en scène un autre passage de *L'interprétation des rêves*: *Justitia ou Metzgerladen* (1919)[1066], où s'affrontent deux femme, la Justice avec sa balance[1067], et la bouchère[1068], et l'illustration de l'animal pour le recueil *Je ne mange pas de ce pain-là* (1936)[1069] de Benjamin Péret[1070].

En effet, si cette seconde renvoie au titre du recueil de poésies de Péret, lequel réfère, à son tour, probablement, à l'expression populaire de rejet de la corruption, avec sans doute un second référent dans le mot prêté à Marie-Antoinette[1071], pour le poème, par exemple, "*Louis XVI s'en va à la guillotine*", car l'ensemble du recueil est une charge contre l'autorité, civile ou religieuse, voire contre les institutions, quelles qu'elles soient, même populaires, comme le Tour de France (voir le poème "*Le Tour de France cycliste*"), elle nous fait cependant penser au rejet de nourriture évoqué, en sens sexuel par Freud dans l'extrait suivant, car le dessin d'Ernst n'est en rien une illustration du texte, mais plutôt un personnage de sa propre invention, unijambiste, à serre, corps de phasme, yeux disproportionnés, oreilles de lapin et cornes, ensemble qui renvoie aussi bien au lapin de la queue du poisson de *Ceci est une autoroute vers le Ciel* (1956[1072]) qu'aux cornes de l'oiseau mâle d'*OEdipe Roi*.

De même, *Justitia ou Metzgerladen.*

"*An intelligent and cultivated young woman, reserved and undemonstrative in her behaviour, reported as follows: I dreamt that I arrived too late at the market and could get nothing either from the butcher or from the woman who sells vegetables. An innocent dream, no doubt; but dreams are not as simple as that, so I asked to be told it in greater detail. She thereupon gave me the following account. She dreamt she was going to the market with her cook, who was carrying the basket. After she had asked for something, the butcher said to her: 'That's not obtainable any longer,' and offered her something else, adding, 'This is good too.' She rejected it and went*
*on to the woman who sells vegetables, who tried to get her to buy a peculiar vegetable that was tied up in bundles but was of a black colour. She said: 'I don't recognize that; I won't take it.'*
*The dream's connection with the previous day was quite straightforward. She had actually gone to the market too late and had got nothing. The situation seemed to shape itself into the phrase 'Die Fleischbank war schon geschlossen ['the meat-shop was closed']. I pulled myself up: was not that, or rather its opposite, a vulgar description of a certain sort of slovenliness in a man's dress? However, the dreamer herself did not use the phrase; she may perhaps have avoided using it. Let us endeavour, then, to arrive at an interpretation of the details of the dream.*
*When anything in a dream has the character of direct speech, that is to say, when it is said or heard and not merely thought (and it is easy as a rule to make the distinction with certainty), then it is derived from something*
*actually spoken in waking life—though, to be sure, this something is merely treated as raw material and may be cut up and slightly altered and, more especially, divorced from its context. In carrying out an interpretation, one method is to start from spoken phrases of this kind. What, then, was the origin of the butcher's remark 'That's not obtainable any longer'? The answer was that it came from me myself. A few days earlier I had explained to the patient that the earliest experiences of childhood were 'not obtainable any longer as such,' but were replaced in analysis by 'transferences' and dreams. So I was the butcher and she was rejecting these transferences into the present of old habits of thinking and feeling.—What, again, was the origin of her own remark in the dream 'I don't recognize that; I won't take it'? For the purposes of the analysis this had to be divided up. 'I don't recognize that' was something she had said the day before to her cook, with whom she had had a dispute; but at the time she had gone on: 'Behave yourself properly!' At this point there had clearly been a displacement. Of the two phrases that she had used in the dispute with her cook, she had chosen the insignificant one for inclusion in the dream. But it was only the suppressed one, 'Behave yourself properly!' that fitted in with the rest of the content of the dream: those would have been the appropriate words to use if someone had ventured to make improper suggestions and had forgotten 'to close his meat-shop.' The allusions underlying the incident with the vegetable-seller were a further confirmation that our interpretation was on the right track. A vegetable that is sold tied up in bundles (lengthways, as the patient added afterwards) and is also black, could only be a dream-combination of asparagus and black (Spanish) radishes. No knowledgeable person of either sex will ask for an interpretation of asparagus. But the other vegetable—'Schwarzer Rettig' ['black radish']—can be taken as an exclamation—'Schwarzer, rett' dich!' ['Blacky! Be off!']—, and accordingly it too seems to hint at the same sexual topic which we suspected at the very beginning, when we felt inclined to introduce the phrase about the meat-shop being closed into the original account of the dream. We need not enquire now into the full meaning of the dream. So much is quite clear: it had a meaning and that meaning was far from innocent.*"[1073]

C'est dans le second paragraphe de l'article de *La Nature* qu'on trouve le sens de l'image utilisée par Ernst:

"*Voici une expérience sur l'élasticité, des plus faciles à réaliser avec une simple noix ; elle est très intéressante et arrête quelquefois celui qui ne l'a jamais vue: Tenez une noix entre le pouce et le médius et de façon que l'index se trouve en contact avec la partie pointue de la noix, la fente en contact avec le pouce et le médius; en serrant fortement la noix entre le pouce et le médius, la fente va s'ouvrir légèrement dans le haut, parce que la pression a diminué le diamètre de la noix, et dans le sens où la pression n'a pas eu lieu, il a augmenté puisque la fente se produit.*

*Cela compris, trouvons un fort en électricité et disons-lui qu'en cité, faite avec une noix, frottant la noix sur de la laine, sur la manche, par exemple, on peut dégager assez d'électricité pour que la noix adhère à l'index; en effet, après avoir frotté (plus ou moins longtemps, suivant l'appréciation du mystificateur) lâchez le pouce et le médius, la pression n'existant plus, la noix reprend son diamètre, c'est-à-dire la fente se referme et l'expérimentateur a tout simplement l'épiderme pincé dans la fente, et la noix reste suspendue à l'index. Après avoir exécuté la suspension de la noix à l'extrémité du doigt, ou fait vérifier qu'il n'y a pas de colle après le doigt ni après la noix, toujours si on continue la mystification."*[1074]

Le pincement du doigt, représenté par les différents objets (harpon-filet de pêche; cône [*Conus*[1075]], visible derrière la noix), marque le processus même d'ouverture, et, par suite, d'emprisonnement. On se retrouve, de nouveau, dans l'allusion au vagin denté, logique par rapport au, plus qu'antique, freudien titre utilisé par Ernst.

Le motif du poisson réapparaît dans *Ceci est une autoroute vers le Ciel* d'Ernst (que reprend le thème dans *Le bijoutier du Ciel*, 1954[1076], lequel n'est autre que Loplop décomposé), sorte de fleuve-poisson, sur la queue lequel nage un canard, évocation du symbole paléochrétien du Christ, et reproduction du symbole du poisson-phallus associé à la femme-sirène chez Man Ray et Magritte.

L'oeil percé, quant à lui, associé au bras et à la main, apparaît dans le collage *Sans titre* (1921)[1077].

*Au premier mot limpide* (1923), illustration du poème d'Éluard:

"*The painting was actually part of a series of murals in the house of the surrealist poet Paul Éluard (1895-1952) in Eaubonne, a few kilometers north of Paris, and it was discovered just in 1967 under layers of old paint and wallpaper. The title comes from one of Éluard's poems:*

*Au premier mot limpide*

*Au premier mot limpide au premier rire de ta chair*
*La route épaisse disparaît*
*Tout recommence.*

*La fleur timide la fleur sans air du ciel nocturne*
*Des mains voilées de maladresse*

*Des mains d'enfant.*

*Des yeux levés sur ton visage et c'est le jour sur terre*
*La première jeunesse close*
*Le seul plaisir.*

*Foyer de terre foyer d'odeurs et de rosée*
*Sans âge sans raison sans liens*
*L'oubli sans ombre.*"[1078]

Représente:

"*A female hand reaches through an opening on a wall, with fingers awkwardly crossed (often likened to a naked woman's crossed legs), and seems to be holding precariously a small bright red sphere (or maybe fruit). This in turn is connected by a crude contraption of string, nails and a colored pin to a huge phasmid (a stick insect) oriented upwards, its mouthparts just barely protruding above the wall, offering only a tiny hint of the insect's existence to anyone who observes behind the separation barrier. On either sides of the wall two nearly identical plants with long wooden stems have grown to exactly equal heights. The clear blue sky, the simple geometric pattern of the scene, the choice of colors, the meticulously rendered shadows are all reminiscent of De Chirico's paintings, offering to the scene a strong dream-like atmosphere of stillness and silence and a sober feeling of some eminent disaster. Indeed, if the ball slips from the crossed fingers it will pull the insect down with it to the unseen ground, right at the moment that the insect seems to be reaching (at last?) the top of the wall making itself clearly visible to both sides.*"[1079]

On y retrouve, donc, le fil, la main (dans l'ouverture, selon un modèle qui se retrouvera dans *Une semaine de bonté*, soit dans la main tendant une sorte de coquille ouverte sur laquelle semble être posée une plume[1080], soit dans la main coupée pointant vers le bas présentée, apparemment matrimonialement, par un homme à tête de lion à une femme tenant une main inversement levée vers le haut, dans l'autre un nid rempli d'oisillons - ce qui nous induit à l'hypothèse matrimoniale [d'autant que les deux mains, celle présentée par l'homme et celle de la femme, en se rencontrant presque, singent le geste de la *Naissance d'Adam* de la Sixtine, donc la création génésiaque de l'humanité] -, et coiffée d'une coquille[1081], récurrent paradigme vénusien ce dernier élément des collages d'Ernst, comme nous nous y attardons dans notre Ouvrage, dans la présente Collection, sur Duchamp), ici aussi jambes croisées (l'avant-bras modifié, ici le poigné devenant un portrait endormi, apparaît aussi chez Magritte dans *Les Bijoux indiscrets*, 1963[1082], en référence au roman de 1748 de Diderot: "*allégorie, qui est la première œuvre romanesque de Diderot*, [et] *dépeint Louis XV sous les traits du sultan Mangogul du Congo qui reçoit du génie Cucufa un anneau magique qui possède le pouvoir de faire parler les parties génitales («bijoux») des femmes*"[1083]), contredisant la boule rouge, clitoridienne?, atteinte avec difficulté et délicatesse au travers de cette ouverture double semées d'arbres se terminant en artichaut (ou en tyrse, reprenant, en cela, l'iconographie incertaine des thyrses sculptés baroques[1084]).

De fait, pour les XVIème-XVIIème siècles, l'artichaut est un aliment aphrodisiaque[1085]. Tout comme l'asperge[1086] (comme l'indiquent Pline[1087], l'*Ayurvéda*[1088] et Freud[1089], de nouveau), dont Ernst fait une représentation à la Giacometti[1090] comme deux pistils levés, l'un à tête ronde, l'autre carrée, plus bas (encore le thème du couple), dans *Les Asperges de la lune* (1935). Dont Ernst reprend d'ailleurs l'association dans *Fille et Mère* (1959[1091]), confirmant ainsi la dualité des deux figures entre elles (voir aussi la photographie d'Ernst dans son atelier avec le modèle du totem en plâtre pour sa réalisation en verre[1092]).

Couple inversé d'*Aqua Submersus* (1919)[1093], sont le corps féminin (mannequin noir aux formes totalement rondes), qui fait écho à ce que l'on peut supposer être le masculin (en ce qu'il s'associe aux solides cubiques du second plan, reproduisant la dichotomie Mercure-Fortune de l'iconographie de la Renaissance) se submergeant dans la piscine, a le rond du clitoris bien visible et dont l'ombre reproduit la forme de montgolfière du second plan d'*OEdipe Roi*.

Le jeu d'emprisonnement, du doigt d'*OEdipe Roi*, de la main de *Au premier mot limpide* (les doigts enfantins évoqués par Éluard dans son poème - on note dans celui-ci définit la femme selon trois valeurs identiques à celles de la Voie Lactée pour *Le Grand Verre*: "*rire de ta chair/* [où] *La route épaisse disparaît.../... fleur sans air du ciel nocturne.../... foyer d'odeurs et de rosée*"), est propre de l'image féminine chez Ernst, puisqu'on la retrouve dans *Vive l'amour (Le Pays Charmant)* (1923[1094]), *Sainte Cécile ou le piano invisible* (de la même année 1923[1095]) dans un *caldarium*[1096] ressemblant plus ici à une Vierge de Fer pour les pointes, bien qu'externes, qu'il apparente. Voire encore dans le totémique collage d'*Une semaine de bonté*[1097], où une femme surmontée, comme d'un *alter-ego* mésoaméricain précolombien, par un iguane tient la main d'une amie, celle-ci de dos au spectateur, ce qui reprend le motif du double spéculaire des séries des *Liaisons dangeureuses* de Magritte et de *Femme au miroir* de Delvaux, d'autant qu'ici un cadre, au-dessus d'elles, représente deux autres visages de femmes, l'une brune, l'autre blonde, équivoquement proches, comme prêtes à s'embrasser fougueusement.

Dans *OEdipe Roi*, la naissance du harpon semble avoir la forme d'une pomme coupée à la moitié. Ce petit objet blanc, qui, pour nous, fait écho aux trois points en ligne d'*Aqua Submersus* (de l'astre-horloge, de son reflet dans l'eau de la piscine, et du clitoris du mannequin), réapparaît aussi, sous une autre forme dans un *Sans titre 1*[1098], sous la forme plus organique d'une structure pelvienne en coupe surgissant (comme une indication de planche anatomique) d'un bulbe d'apparence très utérine, au milieu de figures à la fois végétales florales (ouvertes, donc, en ce sens, symboliquement féminines) et microbiennes peut-être sous-marines (motif propre d'Ernst, mais aussi présent dans certaines oeuvres de Magritte), et, surtout, dans *Nageur aveugle* (1934[1099]), bouton semblant d'étamine au centre d'un cercle entouré d'une ceinture en rideau de bois, bouton dont l'iconographie nous renvoie très directement à celle du motif que nous venons de citer d'*OEdipe Roi*. Lequel bouton est au centre d'une étoile de mer (oursin de mer inversé) dans *L'Unique et sa propriété* (1925)[1100], le titre renvoyant à celui de l'ouvrage de 1844 de Max Stirner, nous indique le sens d'appropriation objectale[1101] de ce symbole par Ernst.

De fait, pour terminer de nous convaincre, une variante de *Nageur aveugle* (de la même année 1934[1102] - le groupe s'intègre à celui de *Paysage avec des Effets Tactiles*, 1934-1935[1103], nous renvoyant aux essais synoptiques de Duchamp des années 1920; *Paysage avec des Effets Tactiles* où les graines spermiques sont substituées par les oiseaux phalliques -), plus claire, représente des graines faisant leur chemin dans les nervures du bois. Ce qui permet de comprendre le titre, en référence au parcours spermatozoïde.

Adolph Gottlieb, dans *Oracle* (1947)[1104], reprend, comme élément central de cette évocation sexuelle (au-dessus d'un calice denté rappelant celui, qui ne l'est pas, mais symbolise un utérus - comme, ici, l'étamine qui, à l'image de celle d'Ernst, le surmonte - de *La boîte de Pandore en Nature Morte*, 1919[1105]-1920[1106], de Klee), l'étamine de *Nageur aveugle*.

Ainsi, la sauterelle, que l'on trouve accrochée au mur d'*Au premier mot limpide* illustre, similairement, dans cette métaphore biologique de la procréation humaine, la *Forme Humaine*[1107], précisément, comme l'indique le titre de l'oeuvre homonyme.

*Forme Humaine* de face, nous saluant de ses gros doigts de main (par opposition au pied gigantesque, léonardien, en référence à l'interprétation freudienne, du *Baiser*, 1927[1108]), mais figure qui n'est pas n'importe quelle "*Forme Humaine*", mais celle d'un mâle, avec ses quatre boules ornant une longue trompe feuillue, deux boules au niveau de chaque épaule ou joue, et les deux autres au niveau espéré de la ceinture.

*Deux Enfants sont menacés par un rossignol* (1924)[1109], qui nous réintroduit dans notre *corpus* autour du rossignol:

"*A red wooden gate affixed to the painted surface opens onto a painted scene dominated by blue sky. At left, a female figure brandishes a small knife; another falls limp in a swoon; a man atop the roof carries off a third, his hand outstretched to grab a real knob fastened to the frame. The title of the work (inscribed at the base), was inspired by a fever dream the young Max Ernst experienced while in bed with measles.*
*As Ernst recalled in third-person, the dream was "provoked by an imitation-mahogany panel opposite his bed, the grooves of the wood taking successively the aspect of an eye, a nose, a bird's head, a menacing nightingale, a spinning top, and so on." A poem Ernst penned shortly before making this work begins, "At nightfall, at the outskirts of the village, two children are threatened by a nightingale.*'"[1110]

Identiquement associé à l'ouverture et à la maison (maternelle, selon l'interprétation de Betellheim, puisqu'OEdipe pèche en revenant chez lui), comme *OEdipe Roi*, le bouton, sur lequel appuie l'homme volant, fait lien avec le symbolisme clitoridien de cet objet, tout en marquant, à partir de la théorie freudienne, le lien, dans l'oeuvre d'Ernst, entre *Aqua Submersus* et le présent groupe d'*OEdipe Roi-Deux Enfants sont menacés par un rossignol*:

> "*This material, then, consisting of sensations of movement of similar kinds and derived from the same source, is used to represent dreamthoughts of every possible sort. Dreams of flying or floating in the air (as a rule, pleasurably toned) require the most various interpretations; with some people these interpretations have to be of an individual character, whereas with others they may even be of a typical kind. One of my women patients used very often to dream that she was floating at a certain height over the street without touching the ground. She was very short, and she dreaded the contamination involved in contact with other people. Her floating dream fulfilled her two wishes, by raising her feet from the ground and lifting her head into a higher stratum of air. In other women I have found that flying dreams expressed a desire 'to be like a bird'; while other dreamers became angels during the night because they had not been called angels during the day. The close connection of flying with the idea of birds explains how it is that in men flying dreams usually have a grossly sensual meaning; and we shall not be surprised when we hear that some dreamer or other is very proud of his powers of flight. [1909.]*
> *Dr. Paul Federn (of Vienna [and later of New York]) has put forward the attractive theory that a good number of these flying dreams are dreams of erection; for the remarkable phenomenon of erection, around which the human imagination has constantly played, cannot fail to be impressive, involving as it does an apparent suspension of the laws of gravity. (Cf. in this connection the winged phalli of the ancients.) [1911.]*
> *It is a remarkable fact that Mourly Vold, a sober-minded investigator of dreams and one who is disinclined to interpretation of any kind, also supports the erotic interpretation of flying or floating dreams (Vold, 1910–12, 2, 791). He speaks of the erotic factor as 'the most powerful motive for floating dreams,' draws attention to the intense feeling of vibration in the body that accompanies such dreams and points to the frequency with which they are connected with erections or emissions. [1914.]*
> *Dreams of falling, on the other hand, are more often characterized by anxiety. Their interpretation offers no difficulty in the case of women, who almost always accept the symbolic use of falling as a way of describing a surrender to an erotic temptation. Nor have we yet exhausted the infantile sources of dreams of falling. Almost every child has fallen down at one time or other and afterwards been picked up and petted; or if he has fallen out of his cot at night, has been taken into bed with his mother or nurse. [1909.]*
> *People who have frequent dreams of swimming and who feel great joy in cleaving their way through the waves, and so on, have as a rule been bed-wetters and are repeating in their dreams a pleasure which they have long learnt to forgo. We shall learn presently [pp. 410 ff.] from more than one example what it is that dreams of swimming are most easily used to represent. [1909.]*"[1111]

*Sanctuaire* (1965[1112]) reprend l'image de la maison, ici cage, sur fond de lune, et d'arbrisseaux phalliques (en confirmant donc le symbolisme dans *Forêt et Soleil*, comme de la cage en tant que contenant d'oiseaux [équivalent de la maisonette à portail en bois de *Deux Enfants sont menacés par un rossignol*, qui en divisait le sens représentationnel]), comme dans la variante de *Forêt et Soleil*[1113], où un anneau bleu apparaît au-dessus d'une forêt de pics texturisés ressemblant à des échelles avec leurs degrés (notamment pour la terminaison de toutes en deux branches soutenant les flexibles degrés), sortes de bambous pointant comme pour passer à travers cette rondeur, dont la forme s'assimile à celle, plus claire, des épis de *Végétaux sous la lune* (c.1966[1114]).

Et, en haut de *Sanctuaire*, on trouve le bouton, ici jaune, dont le sens revêt, en essence, celui du téton de *Prière de toucher* (1947[1115], emboîtage pour l'édition de luxe du catalogue de l'exposition *Le Surréalisme en 1947* à Galerie Maeght de Paris) de Marcel Duchamp:

*"Ce sein postiche en caoutchouc mousse, que l'auteur invite à toucher, suppose bien évidement un geste licencieux. Mais Duchamp n'est pas dupe: une image plane, la photographie de ce sein, ne mériterait pas tant d'égard (un coup d'œil suffit!). L'objet par son volume autant que par son apparence mimétique (couleurs) ne peut qu'inviter, ne serait-ce que par soucis d'en vérifier la réelle nature, au contact physique. En d'autres termes, la prière s'avère superflue. Par contre la formule mérite un moment d'être examinée. Prière de toucher, s'oppose à l'habituelle injonction que l'on croise dans les musées, car d'habitude et surtout pour les sculptures (sauf lorsque celles-ci relèvent d'un rituel établi) c'est l'interdiction de toucher qui est de rigueur. Toucher, en ces circonstances, c'est, potentiellement, risquer d'abîmer l'œuvre exposée. Ici, comme le répètent à satiété les gardiens de musées, les parents respectables ou les enseignants consciencieux, «On ne touche qu'avec les yeux!»: mission impossible, pour comprendre pleinement la réalité d'un volume, sa texture, sa chaleur ou son grain. Ce sens de perception dont on nous prive, et qui permettraient pourtant de mieux voir et de comprendre une œuvre en trois dimensions est, à bien y réfléchir, assez scandaleux.*
*Si toucher c'est salir, l'invitation de Duchamp est à cet égard assez provocatrice: Salissez ce sein que je ne saurais voir! («Saillissez: pronounce Sally says» [Extrait d'un télégramme envoyé par Duchamp pour le vernissage d'une exposition 1963]). Couché sous la couverture du boîtier, cette réplique d'un sein ressemble en fait par analogie formelle à ces interrupteurs des années 40 (en laiton ou en zinc avec base en porcelaine) ou, éventuellement, à ces sonnettes de vélo, que l'un comme l'autre il fallait bien toucher pour obtenir quelques lumières et prévenir, aux divers dangers de la voie publique."*[1116]

Le principe de boîte, comme dans *Deux Enfants sont menacés par un rossignol*, ou de cadre en trompe-l'oeil, repris de Cornelis Norbertus Gijsbrechts ou Gysbrechts[1117], et récurrent chez Ernst[1118], est ici donné par la superposition sur le fond bleu délavé d'un enfermement du dessin des formes végétales entre un fond gris et les barreaux de la cage.

Le symbolisme phallique de l'oiseau et son lien à la figuration féminine est explicite dans "*La colombe poignardée et le jet d'eau*" de *Calligrammes* (1918[1119]) Guillaume Apollinaire, où les figures poignardées des "*jeunes filles*" d'antan, selon un principe repris[1120] d'Eustache Deschamps et de François

Villon, énumère "*les souvenirs*" d'amis et d'amours perdus, notamment, comme l'indique l'oeil dans la partie basse, "*à la guerre au Nord*".

S'il est bien vrai que la "*colombe s'extasie*" du "*jet d'eau*" qui remémore les amitiés perdues, d'artistes (nommés par leurs noms et prénoms) ou de simples inconnus (nommés par leurs prénoms), et que la base de cette fontaine est un oeil christique, ici plus que de surveillance, de douleur, il n'en reste pas moins, selon notre lecture, que, similairement à l'association chez Vicente Huidobro dans "*El espejo de agua*", où, là aussi, le miroir d'eau est un objet lié à l'art du poète, mais qui appelle l'image finale phallique (même si on nous rétorquera qu'elle a alors une valeur essentiellement liée au chant poétique, nous y reviendrons), ces colombes, s'extasiant à la fontaine du poète n'en sont pas moins de "*douces*" amies aimées, et, pour si cela était peu, aux "*chères lèvres fleuries*". Encore une fois, "*jeunes filles*", donc nubiles (les "*jeunes filles en fleurs*" de Marcel Proust, les fiancées vierges de Duchamp ou d'Ernst).

L'homme portant l'enfant emmailloté dans *Deux Enfants sont menacés par un rossignol* fait pendant à la fois à la femme au couteau et à celle évanouie qui semble porter un nimbe.

La femme au couteau symbolise la castration[1121], l'homme à l'enfant touchant le bouton-clitoris l'acte sexuel, renforcé, on l'a vu, par l'action de voler, alors que l'oiseau, doublon de l'homme, permet de comprendre, sans doute, la seconde femme, comme doublon, à son tour, de celle au couteau. Celle-ci étant dans l'action, l'autre, évanouie et nimbée, dans la passivité virginale, selon le principe de tripartition, récurrent chez Ernst (*Trois jeunes filles en de belles poses*, 1927[1122]; *Ceci est une autoroute vers le Ciel*), et qu'éclaire *Une Vierge, une épouse et une veuve* (1956[1123]), où, similairement, la Vierge est représentée, dans la partie basse, aquatique, par la jambe à jarretière et le bouquet de la fiancée (non encore touchée, donc). Ici, la porte ouverte (*hortus deliciarum,* par opposition à la virginité de l'*hortus conclusus*) explicite, à son tour, la situation de divergence entre les figures. D'autant qu'elle fait jeu avec l'arc (voûte chez Dora Maar[1124]), destiné au passage triomphal des vainqueurs guerriers, surmonté par ce qui semble être la Statue de la Liberté avec sa main levée, ombre dont la pose dialectise celle du monument en troisième plan, avec son dôme et son campanile. On est donc bien dans une dichotomie entre virginité (la femme allongée, inconsciente, auréolée)-sainteté (l'église avec son dôme et son campanile)/sexualité (la porte ouverte, l'homme à l'enfant)-violence (la femme au couteau).

Si l'on espérait un élément de plus de confirmation du symbolisme clitoridien du bouton-étamine dans les oeuvres précédemment citées, notamment *Nageur aveugle* et *Deux Enfants sont menacés par un rossignol*, on l'obtient dans *Ci meurent les cardinaux* (1962[1125]), où il devient rosace sur un fond d'ocres, de rouges et de jaunes. Or l'on sait que la rosace est un symbole virginal, pour cela dans les églises gothiques celle d'entrée est réservée à la généalogie de la Vierge et du Christ[1126], et le cardinal représente les règles, raison pour laquelle sa mort renvoie, par contrecoup, à l'activité sexuelle, comme on en trouve l'évocation comique dans la poésie érotique[1127]. En ce sens, évidemment, l'explosion jaune dans ce milieu rouge, autour de la rosace, partant donc d'elle, en symbolise, comme la "*rosée*" des notes de la *Boîte Verte* pour *Le Grand Verre* de Duchamp[1128], l'excitation orgasmique.

*Le Rossignol chinois* (1920)[1129], portrait hybride, reprend l'association entre la figure de l'oiseau, l'éventail-chapeau féminin, récurrent dans l'oeuvre d'Ernst[1130], et les bras extatiques de femme.

*Justitia ou Metzgerladen,* si l'on accepte notre antérieure proposition de lecture à partir du rêve analysé par Freud, et de ses implications sexuelles, reprend la division que nous venons de décrire pour *Deux Enfants sont menacés par un rossignol*, et y présente, en outre, le motif central identique du couteau.

Nous avons, dans *Justitia ou Metzgerladen*, quatre personnages: un boucher miniature, apparaissant littéralement sous le poids de la balance de la Justice; la Justice, portant la balance, et, comme la femme fuyant de *Deux*

*Enfants sont menacés par un rossignol,* un couteau de boucherie, remplaçant la traditionnelle épée; la bouchère, avec le même couteau enfoncé dans une motte de beurre, qu'elle montre au spectateur; et, au fond, une figure féminine en miniature, dans une perspective exagérée, comme souvent chez Ernst (on retrouve la technique dans *La Lettre,* 1924[1131]).

L'équivalence des deux figures de la Justice et de la bouchère ne fait donc aucun doute, la différence y étant que l'une est une femme mariée, l'autre un symbole de Vertu (dialectique autour des statuts sociaux de la femme que l'on retrouve aussi bien chez Ernst que chez Duchamp[1132]).

La femme du fond fait pendant à un autre élément, un triangle renversé, dont l'ombre est brisée. Devenant ainsi deux triangles distincts, l'un compétent, l'autre inopérant, comme symbole phallique, il semble montrer les deux options offertes au spectateur et au boucher (le spectateur, comme le rêveur de Freud, semblant alors occuper le rôle de voyeur et celui d'acteur en tant que boucher): pour le spectateur, la Justice de la balance et du bon poids ou les changements subtils de pesage du commerce, avec son étale et sa technique prostituée de vente à la gueulée. Pour le boucher, la vertu castratrice de la Justice, ou l'affection beurrée de la bouchère, sans qu'on ait qu'à référer, pour éclairer l'image, à la scène, certes postérieure, du *Dernier Tango à Paris* (1972, Bernardo Bertolucci)[1133].

On retrouve le triangle en contingence avec un second objet, une sphère[1134], dans une structure de restriction, un grillage (nous rappelant la *Vénus* de Man Ray, *Jean Cocteau faisant son autoportrait en fil de fer,* et les photographies de corps nus, féminins, rayés par la lumière de stores ou autres par Erwin Blumenfeld, André Steiner, Max Dupain, Fernand Fonssagrive, Herb Ritts, Lucien Clergue, ou Man Ray lui-même[1135]) qui semble vouloir prendre la forme du globe qui cogne contre lui, dans *Zu: Samuel Beckett* (1967)[1136], nous rappelant en cela le corset en rideau de bois du bouton central de *Nageur aveugle.*

Notons, finalement, que, confirmant le symbolisme sexuel de l'avalement dans la relation entre la bouche et l'oiseau (ici, "*le petit oiseau qui va sortir"*), Man Ray, dans "*La Photographie qui console*"[1137] (*XXe Siècle*, I, No 2, Paris, 1938[1138]), écrit:

"*Souriez, car vos dents ne sont pas seulement faites pour manger ou pour mordre.*
*Si la menace des durs petits oiseaux, dont la fiente est destructrice, paralyse vos gencives, faites quand même une grimace pour plaire au photographe - et à votre très optimiste famille.*
*Souris aussi, Photographe, mais si ta main tremble trop, laisse là ton appareil et prends un pinceau. Le tremblement de ta main passera pour un excès de sensibilité. Mais que tu photographies la plus belle femme du monde ou bien une pomme de terre, tu feras le même geste, et tu réussiras infailliblement si tu tiens, sans trembler, ton appareil.*
*La peur et la colère, comme l'amour, ont, dans la peinture, accompli des miracles. Des cures miraculeuses.*
*Les engins compliqués fabriqués par les hommes demandent, si l'on veut s'en bien servir, beaucoup de calme. Depuis que notre amour pour eux a remplacé celui que nous avions pour nos semblables, les catastrophes vont en augmentant.*
*Consolation: "La plume est plus puissante que l'épée, l'encre plus indélébile que le sang", et le noircissement d'une plaque d'argent par la lumière nous sert couramment à confirmer ces proverbes.*"

## 4. Conclusion générale de l'étude
## 4.1. Conclusion maïeutique

L'étude précédente a été divisée en trois grandes parties: l'approche de l'oeuvre peinte de Magritte dans une perspective psychanalytique et sexuelle; celle de l'oeuvre de Greuze, remise dans son époque, dans le cadre du système de pensée du XVIIIème siècle et de l'Illustration, et, dans ce cadre, de la connexion idéologique, peu ou pas notée (sauf, à notre connaissance, par Barthes), avec le naturalisme de Sade; finalement, un retour au surréalisme, avec l'analyse du poème de Huidobro, et de son fonds culturel implicite, et, au mieux, inconscient, dans la tradition.

La première partie, essentiellement dédiée à comprendre l'oeuvre peinte de Magritte, commence par la question de l'apparition, dans le discours psychanalytique, du concept de "*vagin denté*", et son apparition subséquente dans l'art et la littérature, qui inclue, dans la lecture que nous en faisons, *Jeune fille mangeant un oiseau*.

La seconde et la troisième reprennent le thème de l'oiseau mort dans les oeuvres, respectivement, de Greuze et de Huidobro, en essayant de tisser le fin fil d'Ariane qui en unit la réutilisation dans le temps, à travers les peintres, les auteurs et les différentes époques.

Dans ce cadre, la seconde section de la première partie, disproportionnellement plus grande que la première, sur la question de l'origine psychanalytique du concept de "*vagin denté*", tente de démontrer l'existence, dans l'oeuvre de Magritte d'un fond récurrent autour de la question sexuelle, en le mettant en évidence, afin de valider, par correspondance, la possibilité de l'interprétation sexuée de *Jeune fille mangeant un oiseau*.

La deuxième partie entre alors dialectiquement, de nouveau, comme la seconde section de la première partie par rapport à la première section, en jeu avec la première partie, en cela qu'elle essaie de montrer, inversement, l'origine morale et éducative du thème de l'oiseau mort, afin, cette fois, de rendre palpable deux faits symptomatiques:

D'une part que le thème moral est modifié par Magritte, dans une perspective purement surréaliste et, donc, freudienne (d'où, pour ce faire, le développement, à notre sens indispensable, pour arriver à cette conclusion, de la seconde section de la première partie);

D'autre part que le thème de la toile de Magritte provient d'une tradition, c'est-à-dire qu'il n'est pas la simple mise en scène d'une idée individuelle, comme les exégètes tendent à l'interpréter cette oeuvre en partticulier (et les oeuvres en général), et cela est de grande enseignement pour l'Histoire générale des Styles, et l'Histoire de l'Art, en même temps qu'il confirme, de nouveau, l'orientation de l'ensemble de nos études antérieures dans la même ligne, depuis *Iconologia* (2001) et *Sur-Réalisme* (2004).

Ainsi résumé, dans ses grandes lignes, nous voyons que la question posée par la présente étude, à la fois centrale et sous-jacente, est la validité des points d'ancrage de l'abordage des oeuvres par l'analyse, ou, pour le dire en termes plus nettement freudiens, dans le processus d'analyse.

Les deux options, de toujours, s'ouvrent alors au lecteur:

Soit considérer le processus analytique, en ce qu'il démontre l'existence de récurrences, suffisamment satisfaisant pour y croire;

Soit considérer, au contraire, qu'existant ou non lesdites récurrences, elles sont mal ou erronément lues par l'analyste.

Cette alternative, dans notre cas, puisque nous la compliquons d'un double approche: dans le cadre horizontal de la lecture ésotérique et contextuelle de l'oeuvre, et dans le cadre vertical de l'exposée par nous reproduction synchronique du thème, au long de plusieurs siècles, et de deux périodes historiques.

Il serait prétentieux, voire simplement irréel, en cela qu'impossible, de satisfaire conjointement et de réunifier autour des conclusions de la présente étude, et par le voie unique de sa démonstration, ses deux positions. Nous nous en remettons en cela à Rabelais sur cette impossibilité, lorsqu'il écrit:

"*Es Calendes Grecques, respondit Panurge; lors que tout le monde sera content, & que serez heritier de vous mesmes.*"[1139]

Toutefois, prétendant à une "*critique de la critique critique*", nous utiliserons ici la maïeutique, laissant le choix au lecteur, au bout de notre développement, de choisir ses propres réponses.

Diachroniquement:
1. Sur la question de la possibilité d'une lecture sexuelle de *Jeune fille mangeant un oiseau*: nous l'avons dit, précédemment, il est à peu près impossible de la vérifier, sauf à retrouver une preuve écrite, ou enregistrée, autographe, par Magritte lui-même, ou, à défaut, de mémoire, par ses proches. Toutefois, cela empêche-t'il l'évaluation exogène du problème? Nous pensons que non. Et en voici la raison: comme dans une scène de jugement légal, si les preuves apportées montrent la possibilité de cette lecture (et nous ne demandons pas obligatoirement la condamnation de l'artiste à cette lecture par le lecteur, mais qu'il nous reconnaisse au moins ladite possibilité s'il la voit ajustée au nombre des preuves remises), n'est-il pas juste, ou, comme diraient les Anglais, *fair enough*, de nous en donner, dès lors, le bénéfice du doute raisonnable, ainsi créé, nous permettant alors que soit débattue et portée au banc de la justice intellectuelle, au profit, précisément, de l'intelligence des oeuvres, notre cause?
2. Sur la question de la possibilité d'une lecture sexuelle de l'oeuvre peinte de Magritte: si les oeuvres présentent d'indéniables récurrences, pour le moins étranges et curieuses, en ce qu'elles permettent la reproduction suffisante de cette lecture (citons, cela sera suffisant pour notre cause ici: *La Lampe Philosophique, L'invention du feu, La Veillée* - nous aimerions y ajouter encore les images de la tour de Pise à la plume -), ne doit-on pas considérer que cette récurrence, si elle reste une *muta poesis*, n'en offre pas moins des indices, comme, reprenant de nouveau notre métaphore criminelle, des traces propres à faire débat?
3. Sur la possibilité de la lecture sexuelle de *Jeune fille mangeant un oiseau* à partir d'une reconnaissance de la possible lecture sexuelle de l'oeuvre peinte de Magritte: si on nous reconnaît que l'ensemble de l'oeuvre peinte de Magritte tend à laisser suffisamment d'indices précis d'une orientation sexuelle, cette même trace dans *Jeune fille mangeant un oiseau* (et il suffit pour mettre en évidence cette trace, notons-le bien, de comparer simplement la toile de Magritte avec "*the mockinbird*" de Buckowski) n'apporte-t'elle pas le même degré de preuve indirecte, et, dès lors, renforcée par la preuve, indirecte mais toujours ésotérique (c'est-à-dire interne au *corpus* de l'oeuvre du peintre), ne s'impose-t'elle pas plus fortement en raison

proportionnelle de la force symétrique de l'importance de l'évocation sexuelle dans l'oeuvre générale du peintre, et de son mouvement (présenté chez Huidobro pour la question de l'oiseau)?

(Ouvrons ici une parenthèse, avant de voir les points concernant le synchrétisme, et, dans cet entre-deux, précisons que deux éléments fondamentaux se portent d'eux-mêmes à l'appui de notre thèse, les deux ayant à voir avec le titre choisi par Magritte: diachroniquement, *Le Plaisir* nous renvoie bien dans le champ sémantique de l'ordre freudien du sexuel, nous en accepterons les nuances, mais, en échange, on nous acceptera que l'association entre la violence macabre et l'*Eros* sont deux valeurs pleinement étudiées déjà, si ce n'est pas Freud lui-même, pour ne pas toujours le citer, du moins par Georges Bataille dans *L'Érotisme* de 1957; synchroniquement, ce titre de *Le Plaisir*, en ce qu'il se présente, plus encore par l'association avec une figure féminine aux attributs animaux, apparaît comme propre d'une allégorie, notamment de livre d'emblèmes, donc comme ayant un référent tout à la fois iconographique, idéologique et théorique, proprement moderne.)

Synchroniquement:
4. Sur la possibilité de démontrer l'existence d'un thème, c'est-à-dire d'une tradition représentative, et de ne pas voir *Jeune fille mangeant un oiseau* comme la peinture d'un fantasme seulement partagé par le peintre: si nous montrons que le thème de l'oiseau mort se diffuse dans la tradition, comment nous rejeter cette preuve simple et concrète? Ne serait-ce pas comme nier, non pas le problème plus complexe de lequel des deux tourne autour de l'autre, mais nier l'évidence de la relation physique, due à la simple observation à l'oeil nu, entre le soleil et la terre (nous voulons insister ici sur la différence de niveau entre la simple observation directe: il y a thème dès lors que plusieurs oeuvres représente la même chose au cours d'un temps suffisamment long, par exemple une période historique, et déduction: que signifie le thème)?
5. Sur la possibilité de comprendre le sens d'un thème, dès lors que les illustrations qui le composent sont différentes en motifs et en situations représentées: dès lors que nous pouvons réintroduire ces images dans l'oeuvre de l'artiste qui les a produites, et que cette

oeuvre entre en jeu avec les débats de son époque, ne peut-on assumer, avec, là encore, au moins un certain degré de doute raisonnable, que les débats contemporains ont provoqué, ou influencé, directement ou indirectement, ces représentations, et que ces représentations, si elles offrent, en outre (ce qui, pour notre expérience, est souvent le cas), un certain degré de récurrence dans l'oeuvre de l'artiste, et, voire, au mieux, encore dans les oeuvres de plusieurs artistes de la même période, renforcent, par leur répétition même, cette possibilité qu'elles ne soient pas des représentations fortuites, mais prédéterminées par une sorte d'influence, soit interne, c'est-à-dire psychologique: obsessive, soit externe, c'est-à-dire sociale: à la mode du temps, ou dans la mentalité de l'époque?

6. Sur la possibilité de comprendre les modifications d'un thème: si l'on assume que les différences entre les oeuvres autour d'un même thème (variations autour d'un même thème, pour paraphraser la chanson "*Tandem*" de Serge Gainsbourg, chez un seul auteur: on pense aux nombreux poèmes, parties de suites, de différents auteurs intitulés, ou sous-titrés: "*Sur le même thème*") ou ses modifications dans le temps (variations dues aux différences d'approches d'un même thème par différents auteurs, dans la même période, ou au long de différentes époques, tous les thèmes existants ou ayant existés pouvant être évoqués sur ce point - c'est pour cela même, c'est-à-dire, concrètement, pour ce principe de reprise [laquelle implique, obligatoirement, des modifications, ne serait-ce qu'au niveau de la touche, mais aussi des motifs, repris ou non, qui le composent], qu'ils sont des thèmes -), en premier ne sont pas le fait du hasard, et en second ne créent pas une incohérence irréductible entre les différentes oeuvres reproduisant le thème, les rendant totalement différentes les unes des autres (thèse d'Arnold Van Gennep autour des noms du Père Noël, ou de Jean Bayet sur l'Herclé [Hercule] étrusque), ne faut-il pas, si l'on admet (voir le point antérieur) que le sens des thèmes est analysable comparativement (ésotériquement dans l'oeuvre de l'auteur, exotériquement dans le contexte des oeuvres de l'époque), que les modifications entre auteurs ou périodes, voire entre auteurs et périodes (ce qui est le plus commun, en ce qui concerne la variabilité d'un thème: plus il s'étend dans le temps plus il change ou

est modifié), proviennent, donc, non pas du simple fait du hasard, mais de l'idée que l'artiste concret, ou sa période, applique aux thèmes marqués par la tradition, et que la nouvelle génération prétend, ou désire, renouveler (le meilleur exemple de cela n'est-il pas la reprise formelle, idéologiquement inversée ou totalement transformée, des symboles païens par l'Église chrétienne tout au long de son histoire, et sur tous les continents, notamment européen, puis américain, où elle s'est imposée[1140])?

Concluons, scholastiquement, en disant que si *A posse ad esse non valet consequentia* ("De la possibilité d'une chose on ne doit pas conclure à son existence"), il faudra quand même reconnaître qu'*Ab esse ad posse valet* ("De l'existence d'une chose on conclut à sa possibilité").

## 4.2. "*Jésuve*" l'*Anus solaire* de Georges Bataille face à l'oeuvre de Magritte: une confirmation contextuelle de notre modèle. Pour la bonne bouche.

> "*Tous les mots en "al" font leur pluriel en "aux". Par exemple: un anal, des anaux. Sauf dans le cas d'une jeune mariée. Parce que, pour une jeune mariée, on un dit un trousseau et deux trous sales.*"
> (Coluche)

On comprend mieux le sens parodique de violence et de sexe dans l'oeuvre de Magritte si on le reporte au texte de jeunesse *L'Anus solaire* (1927) de Georges Bataille[1141], qui correspond, temporellement, aux premières années de l'entrée de Magritte dans son propre art comme surréaliste à Paris (1926-1930[1142]).

Pour simplifier, nous découperons le texte de Bataille en parties en indiquant à quelles oeuvres, groupe d'oeuvres, ou concept elles nous renvoie chez Magritte.

Sur le monde comme parodie tout d'abord, concept commun aux deux auteurs:

*"Il est clair que le monde est purement parodique, c'est-à-dire que chaque chose qu'on regarde est la parodie d'une autre, ou encore la même chose sous une forme décevante.*
*Depuis que les phrases circulent dans les cerveaux occupés à réfléchir, il a été procédé à une identification totale, puisque à l'aide d'un copule chaque phrase relie une chose à l'autre; et tout serait visiblement lié si l'on découvrait d'un seul regard dans sa totalité le tracé laissé par un fil d'Ariane, conduisant la pensée dans son propre labyrinthe."*

Sur le visage éclairé du modèle de *Le Principe de Plaisir* (et, ajouterons-nous, au passage, l'importance du verbe dans l'oeuvre de Magritte, où Pedro Rojas voit, avec une certaine raison, "*de lointains, diffus mais persistants échos du Cours de lingüistique générale*"[1143] de Ferdinand de Saussure, publication posthume, en 1916, de deux de ses disciples, Charles Bally et Albert Sechehaye, mais qui reprend, aussi, surtout, en outre, la théorie des "*objets bouleversants*" de Nougé qui se proposait de "*désaffecter le langage et les formes de leurs fonctions habituelles pour les vouer à de nouvelles missions*"[1144]):

*"Mais le copule des termes n'est pas moins irritant que celui des corps. Et quand je m'écrie: JE SUIS LE SOLEIL, il en résulte une érection intégrale, car le verbe être est le véhicule de la frénésie amoureuse."*

Sur le symbole récurrent de l'horloge comme élément diviseur de l'espace du tableau (*Les Reflets du temps*, *La Clef des Songes*, *La durée poignardée*, *Composition avec horloge, ciel et forêt*):

*"Et si l'origine n'est pas semblable au sol de la planète paraissant être la base, mais au mouvement circulaire que la planète décrit autour d'un centre mobile, une voiture, une horloge ou une machine à coudre peuvent également être acceptées en tant que principe générateur."*

Sur le mouvement rotatif comme objet sexuel, de *Le Mouvement Pertépuel* à *La Gravitation Universelle* et *Exercices Spirituels*, ou dans l'hommes à tête de globe dans *L'Art de Vivre*:

*"Les deux principaux mouvements sont le mouvement rotatif et le mouvement sexuel, dont la combinaison s'exprime par une locomotive composée de roues et de pistons.*
*Ces deux mouvements se transforment l'un en l'autre réciproquement.*
*C'est ainsi qu'on s'aperçoit que la terre en tournant fait coïter les animaux et les hommes et (comme ce qui résulte est aussi bien la cause que ce qui provoque) que les animaux et les hommes font tourner la terre en coïtant."*

Sur la consécutive application d'une terminologie mystique ou métaphysique à l'élément sexuel dans les titres des oeuvres de Magritte:

"*C'est la combinaison ou transformation mécanique de ces mouvements que les alchimistes recherchaient sous le nom de pierre philosophale.*
*C'est par l'usage de cette combinaison de valeur magique que la situation actuelle de l'homme est déterminée au milieu des éléments.*"

Sur l'intégration de symboles à l'hasard, mais cependant énumérés ici, dans l'oeuvre de Magritte pour représenter cette sexualité à l'état brut: la paire de souliers de *La Philosophie dans le boudoir, Le Minotaure, Le modèle rouge*; les oeufs dans *La Veillée*, et un grand nombre d'oeuvres, notamment en relation aux aigles-montagnes; le nez féminin, détruit, dans *La toile de Pénélope* et le dessin sans titre de 1948; le pot de crème dans *La Clef des Songes* et *La Table, l'océan, et le fruit*, dont nous avons analysé le symbolisme potentiellement sexuel, confirmé, mais comme pot à moutarde (car celle-ci monte au nez-phallus, sans doute), chez Bataille:

"*Un soulier abandonné, une dent gâtée, un nez trop court, le cuisinier crachant dans la nourriture de ses maîtres sont à l'amour ce que le pavillon est à la nationalité.*
*Un parapluie, une sexagénaire, un séminariste, l'odeur des oeufs pourris, les yeux crevés des juges sont les racines par lesquelles l'amour se nourrit.*
*Un chien dévorant l'estomac d'une oie, une femme ivre qui vomit, un comptable qui sanglote, un pot à moutarde représentent la confusion qui sert à l'amour de véhicule.*"

Le principe sexuel de l'androgynie masculine dans *Le rêve de l'androgyne* et sa reproduction dans *Le Vêtement de l'Aventure*, par identification avec la femme (ce que nous avons vu comme une question complexe pour l'analyse dans les symboles de l'oeuvre de Magritte, comme le sont, par exemple, le poisson ou mammifère marin, les quilles, etc.):

"*Un homme placé au milieu des autres est irrité de savoir pourquoi il n'est pas l'un des autres.*
*Couché dans un lit auprès d'une fille qu'il aime, il oublie qu'il ne sait pas pourquoi il est lui au lieu d'être le corps qu'il touche.*
*Sans rien en savoir, il souffre à cause de l'obscurité de l'intelligence qui l'empêche de crier qu'il est lui même la fille qui oublie sa présence en s'agitant dans ses bras.*

*Ou l'amour, ou la colère infantile, ou la vanité d'une douairière de province, ou la pornographie cléricale, ou le solitaire d'une cantatrice égarent des personnages oubliés dans des appartements poussiéreux."*

Sur le symbolisme sexuel du miroir décevant (qui ne renvoie pas de reflet, aussi bien, nous l'avons dit, pour les hommes que pour les femmes) dans l'oeuvre de Magritte:

"*Ils auront beau se chercher avidement les uns les autres: ils ne trouveront jamais que des images parodiques et s'endormiront aussi vides que des miroirs.*"

La porte et la fenêtre ouvertes comme symboles féminins de cet *Unheimliche* (en termes freudiens) ou (dans sa traduction française) "*inquiétante étrangeté*" de l'Autre qu'est la femme en tant que compagne sexuelle inconnue (d'où peut-être les figures voilées de Magritte, comme dans *Les Amants*, plus que rappel du suicide maternel, et la femme bâillonnée et mains tendue enfermée seule dans une étrange chambre [version inverse de la réconfortante *La chambre d'écoute*] de *Le joueur secret*):

"*La fille absente et inerte qui est suspendue à mes bras sans rêver n'est pas plus étrangère à moi que la porte ou la fenêtre à travers lesquel[le]s je peux regarder ou passer.*
*Je retrouve l'indifférence (qui lui permet de me quitter) quand je m'endors par incapacité d'aimer ce qui arrive.*
*Il lui est impossible de savoir qui elle retrouve quand je l'étreins parce qu'elle réalise obstinément un oubli entier.*"

On peut, en outre, reconnaître dans le passage précédent, qui suit directement les deux antérieurs dans le texte de Bataille (leur séparation par découpe étant de nous), l'attitude abandonnée, indolente et lascive de la femme dans *Le rêve de l'androgyne, Le Vêtement de l'Aventure, Les Grands Voyages,* et *Le sens de la nuit* (où l'on ne voit pas son visage, mais une longue chevelure emmêlée, comme dans *L'Amour désarmé*, où tête et pieds se rencontre, par la chevelure sortant de la paire de chaussure, seul, et pour cela paradigmatique, objet féminin, avec la nuisette translucide laissant apparaître clairement les seins et le pubis - autant dire le corps nu -, dans *La Philosophie dans le boudoir*).

Dans le cadre de la rotation universelle initialement évoquée par Bataille, la présence des astres dans les cieux magrittiens, notamment du soleil rouge dans *Les Orgues de la Nuit* et les oeuvres dont nous avons rapproché cette peinture, et l'association avec *La Mémoire*, comme dans *Les eaux profondes*:

"*Les systèmes planétaires qui tournent dans l'espace comme des disques rapides et dont le centre se déplace également en décrivant un cercle infiniment plus grand ne s'éloignent continuellement de leur propre position que pour revenir vers elle en achevant leur rotation.*
*Le mouvement est la figure de l'amour incapable de s'arrêter sur un être en particulier et passant rapidement de l'un à l'autre.*
*Mais l'oubli qui le conditionne ainsi n'est qu'un subterfuge de la mémoire.*"

Confirmant notre antérieure supposition que les visages voilés ne sont pas obligatoirement des illustrations, contrairement à ce qui a toujours été cru, chez Magritte du suicide maternel, l'apparition récurrente des cercueils, souvent par parodie d'oeuvres classiques, notamment de Manet, qui peuvent acquérir ici, si on les reporte au texte de Bataille, un symbolisme sexuel:

"*Un homme s'élève aussi brusquement qu'un spectre sur un cercueil et s'affaisse de la même façon.*
*Il se relève quelques heures après puis il s'affaisse de nouveau et ainsi de suite chaque jour: ce grand coït avec l'atmosphère céleste est réglé par la rotation terrestre en face du soleil.*"

Dans ce cadre général, l'image des maisons ouvertes, aux toits défoncés, notamment par le doigt médium dans *La révélation du présent*:

"*Ainsi, bien que le mouvement de la vie terrestre soit rythmé par cette rotation, l'image de ce mouvement n'est pas la terre tournante mais la verge pénétrant la femelle et en sortant presque entièrement pour y rentrer.*"

Le symbolisme sexuel de la locomotive, dans *La durée poignardée* et *Le Rossignol*:

"*Toutefois, il n'y a pas de vibrations qui ne soient pas conjuguées avec un mouvement continu circulaire, de même que sur la locomotive qui roule à la surface de la terre, image de la métamorphose continuelle.*"

La récurrence des arbres et des feuilles, d'une part, des fleurs et des roses, de l'autre, comme symboles sexuels dans les oeuvres de Magritte:

"*Les êtres ne trépassent que pour naître à la manière des phallus qui sortent des corps pour y entrer.*
*Les plantes s'élèvent dans la direction du soleil et s'affaissent ensuite dans la direction du sol.*
*Les arbres hérissent le sol terrestre d'une quantité innombrable de verges fleuries dressées vers le soleil.*
*Les arbres qui s'élancent avec force finissent brûlés par la foudre ou abattus, ou déracinés. Revenus au sol, ils se relèvent identiquement avec une autre forme.*
*Mais leur coït polymorphe est fonction de la rotation terrestre uniforme.*"

Le symbolisme sexuel, toujours associé à la femme, de l'élément marin, chez Magritte:

"*L'image la plus simple de la vie organique unie à la rotation est la marée.*
*Du mouvement de la mer, coït uniforme de la terre avec la lune, procède le coït polymorphe et organique de la terre et du soleil.*"

Et, contrairement, comme nous y avons insisté, le symbolisme masculin du nuage et de l'orage (et donc du verre d'eau) dans les oeuvres du peintre:

"*Mais la première forme de l'amour solaire est un nuage qui s'élève au dessus de l'élément liquide.*
*Le nuage érotique devient parfois orage et retombe vers la terre sous forme de pluie pendant que la foudre défonce les couches de l'atmosphère.*
*La pluie se redresse aussitôt sous forme de plante immobile.*"

Confirmant les deux derniers points, et le symbolisme des animaux marins, souvent représentés en couples par Magritte, et expliquant la forme clairement phallique du poisson au corps (ou pénis, donc) caressé par la femme dans Le rêve de l'androgyne (comme la boule dans Exercices Spitiruels):

"*La vie animale est entièrement issue du mouvement des mers et, à l'intérieur des corps, la vie continue à sortir de l'eau salée.*
*La mer a joué ainsi le rôle de l'organe femelle qui devient liquide sous l'excitation de la verge.*"

Encore confirmé par les phrases suivantes, en ce qui concerne, plus spécifiquement, les poissons et animaux marins, récurrents dans l'oeuvre de Magritte:

*"La mer se branle continuellement,*
*Les éléments solides contenus et brassés par l'eau animée d'un mouvement érotique en jaillissent sous forme de poissons volants."*

Puis Bataille revient aux arbres comme symboles sexuels, explicitement ici phalliques, toutefois nous voulons interpréter, par rapport à Magritte, la négation des arbres, par la comparaison avec les hommes, de la direction vers le soleil (qui est aussi l'anus, ici, donc, dès le titre, rappelons-le), comme une image implicitement inverse de ce que lui attribue Bataille (c'est une sorte de double négation), comme il l'a fait auparavant, attribuant à l'homme un caractère androgyne, dès lors qu'il se réunit (ce qui, dans l'histoire de la philosophie au moins depuis Platon, apparaît comme logique, mais aussi en alchimie, évoquée par Bataille, comme super-structure interprétative du monde, et antérieurement dans la religion, au moins judéo-chrétienne, par le mythe de la naissance d'Ève):

*"Les végétaux se dirigent uniformément vers le soleil et, au contraire, les êtres humains, bien qu'ils soient phalloïdes, comme les arbres, en opposition avec les autres animaux, en détournent nécessairement les yeux."*

Le symbolisme sexuel de la couleur rouge, reprise dans beaucoup d'oeuvres magrittiennes, de *Les Orgues de la Nuit* à *La toile de Pénélope*, entre autres:

*"Quand j'ai le visage injecté de sang, il devient rouge et obscène.*
*Il trahit en même temps, par des réflexes morbides, l'érection sanglante et une soif exigeante d'impudeur et de débauche criminelle.*
*Ainsi je ne crains pas d'affirmer que mon visage est un scandale et que mes passions ne sont exprimées que par le JÉSUVE."*

Le jeu de mots (principe magrittien aussi), entre Vésuve et *"Jésuve"* rappellera, et confirmera, le sens sexuel que nous avons donné à notre lecture du motif, également italien, de la tour de Pise (bien que basse médiévale, puisque construite sur deux cents ans entre 1173 et 1372, alors que la fameuse éruption volcanique qui détruisit Pompéi en 79 est antique), associée à la plume qui la caresse (comme la main de la femme dans *Le rêve de l'androgyne*), chez le peintre.

Le symbolisme sexuel, anal, des volcans, que nous avons évoqué par rapport à la flûte qui y est, parallèlement, mise dans le derrière du mannequin, dans *Souvenir de voyage* (1926):

"*Le globe terrestre est couvert de volcans qui lui servent d'anus.*
*Bien que ce globe ne mange rien, il rejette parfois au dehors le contenu de ses entrailles.*
*Ce contenu jaillit avec fracas et retombe en ruisselant sur les pentes du Jésuve, répandant partout la mort et la terreur.*
*En effet, les mouvements érotiques du sol ne sont pas féconds comme ceux des eaux mais beaucoup plus rapides.*
*La terre se branle parfois avec frénésie et tout s'écroule à sa surface.*
*Le Jésuve est ainsi l'image du mouvement érotique donnant par effraction aux idées contenues dans l'esprit la force d'une éruption scandaleuse.*
*Ceux en qui s'accumule la force d'éruption sont nécessairement situés en bas.*"

Le symbolisme sexuel de la chevelure, présentée de manière insistante comme informe ou pubique, dans *Le sens de la nuit* et *Souvenir de voyage* (1926):

"*Les ouvriers communistes apparaissent aux bourgeois aussi laids et aussi sales que les parties sexuelles et velues ou parties basses: tôt ou tard il en résultera une éruption scandaleuse au cours de laquelle les têtes asexuées et nobles des bourgeois seront tranchées.*"

Associant les deux derniers éléments (que, de fait, l'on trouve combinés dans *Souvenir de voyage*), à savoir le volcan-anus et la laideur de l'humanité (microcosme) comme parodie des astres (macrocosme), le monde du bas (l'humain, le sexuel, la Vénus humaine) par opposition à celui d'en haut (les planètes, la Vénus divine):

"*Désastres, les révolutions et les volcans ne font pas l'amour avec les astres.*
*Les déflagrations érotiques révolutionnaires et volcaniques sont en antagonisme avec le ciel.*
*De même que les amours violents, ils se produisent en rupture de ban avec la fécondité.*
*À la fécondité céleste s'opposent les désastres terrestres, image de l'amour terrestre sans condition, érection sans issue et sans règle, scandale et terreur.*
*C'est ainsi que l'amour s'écrie dans ma propre gorge: je suis le Jésuve, immonde parodie du soleil torride et aveuglant.*"

Cet "*Anus solaire*", bas, laid, sexuel, violent, qui perd ses valeurs positives (ce soleil noir, ou saturnien[1145]), devient, dans les dernières lignes du texte de Bataille (en conclusion, donc, en synthèse de tout l'antérieur, d'où son importance), aspiration castratrice et auto-mutilation, comme chez Magritte, notamment dans *Jeune femme mangeant un oiseau*, aspiration violente, telle qu'on la retrouve dans les versions de *Le Viol*, travaillée d'un point de vue de correspondance entre les sexes dans le diptyque de *La Grande Guerre*. Cette équivalence ("*l'anus* [est] *la nuit*") fonctionne, paradoxalement (selon le principe de dualité: homme-astre, anus-soleil, comme chez Magritte dans *Le Plaisir-Le Principe de Plaisir*, dont les référents, respectivement, ouvrent et ferment le texte de Bataille), comme dualité, telle que nous l'avons définie dans *La Belle de Nuit/La Lumière des Coïncidences* (et, comme dans *Souvenir de voyage* de 1926, relation anale hétérosexuelle, par le jeu de mots, principe également habituel chez Magritte, "*anneau*"/"*anus*", l'anneau étant, notons-le, à son tour, dans la tradition, symbole de l'union et du mariage[1146], et par conséquent de la virginité ou de la conservation de celle-ci, comme le disent Saint Augustin et Louis de Grenade[1147]):

"*Je désire être égorgé en violant la fille à qui j'aurai pu dire: tu es la nuit.*
*Le Soleil aime exclusivement la Nuit et dirige vers la terre sa violence lumineuse, verge ignoble, mais il se trouve dans l'incapacité d'atteindre le regard ou la nuit bien que les étendues terrestres nocturnes se dirigent continuellement vers l'immondice du rayon solaire.*
*L'anneau solaire est l'anus intact de son corps à dix-huit ans auquel rien d'aussi aveuglant ne peut être comparé à l'exception du soleil, bien que l'anus soit la nuit.*"

En un essai de comprendre et de résoudre cette représentation de cette androgynisation de la compréhension du sexe comme activité de violence chez Bataille[1148] ou Magritte (nous y avons abondamment insisté), on pourra citer à Susan Gubar (1989):

"*Given Magritte's fascination with Freud, we might view the painting as an image of Medusa, the woman whose face Freud associated with female genitalia, the sight of which petrify (horrify and amuse) men. Arguing that the growing boy relinquishes his belief in the mother's penis when he discovers the female is "castrated," Freud identified castration with precisely the decapitation Magritte's figure emblematizes in Le Viol. Also, Magritte's erect female figure resembles Freud's Medusa, who not only "repels sexual desires" and "displays the terrify-ing genitals of the Mother" but whose snakey locks "replace the penis, the absence of which is the cause of the horror" (Freud, "Medusa's Head," 1922, 105). Because what triggers loathing (female genitals presumed to be castrated) also mitigates that loathing (the erection that reassures the man of his difference), Sarah Kofman's analysis of Freud's theory - specifically his belief that*

*"Woman's genital organs arouse an inseparable blend of horror and pleasure" (Korman, 1985, 85) - can help explain the mixture of revulsion and desire associated with the inspection of female body parts both in Magritte's painting and in so much surrealist art.*
*The self-enclosed autonomy and erect unicity of Magritte's central figure, however, also recall "the woman's (mother's) phallus which the little boy once believed in and does not wish to forego" because its absence demonstrates that "his own penis is in danger" (Freud, "Fetishism," 1927, 199). But what Freud actually demonstrates in his writing about the phallic mother is that disbelief in the woman's phallus eventually proves to the little boy that his own penis is not in danger. Like Medusa, the omnipotent mother must be (defined as) castrated by Freud as well as by Magritte precisely because she is not, and thus the painting provides evidence for Susan Luric's speculation that penis envy is a fantasy constructed to solve the terrifying problem that "women possess the whole range of individual powers that the male identifies with his penis and yet have 'no penis' (Lederer, 1980, 166). Unveiling the body of the phallic mother, Magritte dephallicizes it, as if to demonstrate that his representation of her castration reduces the threat of his own vulnerability or subjugation."*[1149]

On voit donc, finalement, bien les nombreux points de cohésion entre le texte de Bataille et l'oeuvre peinte de Magritte.

Et, nous devons le dire, il nous semble que l'on pourrait répéter cet essai de comparaison avec à peu près toutes les oeuvres des artistes de la période (nous l'avons montré antérieurement dans la présente étude entre Magritte et Nougé, et également entre le peintre et Breton).

### 4.3. Perpétuation des motifs de Magritte
### 4.3.a. Analyse ou pas

Ainsi, de la même manière qu'est une leurre vouloir faire cas aux dénis de Magritte de toute analyse[1150] (avec la ligne souvent citée de sa lettre de 1963: "*Le mystère, par définition, est réfractaire à tout système*"[1151] où, en quelque sorte en cela dans la ligne de son ami Nougé[1152], il contredit explicitement la thèse de Breton, en le citant:

*"Car contrairement à l'ouverture du "Surréalisme et la peinture" où Breton affirme que l'oeuvre plastique "se référera donc à un modèle intérieur ou ne sera pas", Magritte rejette tout modèle, même et surtout intérieur."*[1153]),

Ou de son influence freudienne:

*"La ressemblance s'identifie à l'acte essentiel de la pensée: celui de ressembler. La pensée ressemble en devenant ce que le monde lui offre (...) L'inspiration est l'événement où surgit la ressemblance. La pensée n'est ressemblante qu'en étant inspirée (cité dans Noël, 1976, p. 34).*

*On est donc renvoyé à une autre «syntaxe» que celle de la propo-sition verbale, à un autre mode de liaison, lié à la similitude mimétique entre la pensée et les choses.*
*Ce processus de «pensée», lié à du «visible» et relativement incons-cient, n'est pas du même ordre que la production des idées. Si Magritte a d'abord décrit son expérience décisive d'une oeuvre de Chirico, comme la possibilité de «voir une idée», il corrigera plus tard: «une idée ne saurait être vue par les yeux, les idées n'ont aucune apparence visuelle, donc aucune image ne peut représenter une idée» (cité dans Noël, 1976, p. 34).*
*Cette disjonction entre les notions de pensée et d'idée permettra à Magritte de rejeter toute hypothèse d'interprétation psychanalytique de ses oeuvres, car celle-ci relève, dit-il, d'un «système d'idées» et non pas de la «pensée» elle-même.*
*Cette pensée a affaire à deux types d'objet visuel, visible ou non. Dans une lettre, Magritte explique, à propos de La Grande Guerre (1964), que ses tableaux doivent leur intérêt à l'existence devenue consciente pour nous du visible apparent et du visible caché - qui ne sont jamais séparés dans la nature. Quelque chose de visible cache toujours autre chose de visible (Waldberg, 1965, p. 248).*
*L'analogie est frappante avec le vocabulaire psychanalytique, qui parle de niveaux manifeste et latent, ici transcrits en termes de visibilité, là où Freud parle de « figurabilité», dans le rêve. Non seulement, chez Magritte, le passage du visible apparent au visible caché est prévu, mais en chemin, certains phénomènes d'inhibition sont reconnus, dans la difficulté pour le sujet humain de découvrir sans effort ce que la nature accomplit de soi, l'union du visible et du caché.*"[1154]

(Dès lors qu'il peignit *La Clef des Songes* dès 1927, soit au début de ses années formatives dans le mouvement surréaliste, peinture, à l'origine, comme souvent chez Magritte, d'une série, qu'il développera tout au long des années, peinture, donc, qui, mêlant texte et images en une relation de correspondance apparemment libérée de toute contingence sociolectale préalable:

"*From 1926 to 1930 Rene Magritte was very productive, sometimes painting three canvases a week. He had just become under contract with Paul-Gustave Van Hecke who controlled "the majority of his output" in exchange for a monthly stipend. Not only did he start producing surrealist paintings and developing his mature style but he experimented with painting words on canvases. By the time he'd moved to Paris in 1927 Magritte painted a crude image of a pipe and labeled the painting La Pipe. The same year, 1927, Magritte published an essay entitled "Les Mots et Les Image" in which he points out by means of little sketches a number of relations between words and paintings. As a result, in his 1927 painting The Interpretation of Dreams Magritte began placing words in his paintings. This marks a period of about four years where he would produce over 40 paintings that used written words to provoke thought about the meaning of images and words.*"[1155],

Par cette méthode même de production artistique promouvant l'obligatoire affirmation qu'il ne fait alors que reprendre la technique et pratique freudienne dans *L'Interprétation des rêves*[1156]), il apparaît comme présomptueux prétendre analyser l'oeuvre du peintre sans la remettre dans le contexte comparatif des textes et des oeuvres des artistes de son époque, afin de pouvoir en comprendre les motifs récurrents.

Exemplifiée, cette dualité de la question de la méthode se pose dans les termes suivants:

Pour une part, il faut, certes, prendre garde aux dérivations du sens figuré vers le sens concret ou pratique (le pied de la lettre) dans les oeuvres de Magritte, ainsi la relation nuage/pierre dans *La Bataille de L'Argonne* , par l'implicite lien entre la légéreté de l'un et la pesanteur de l'autre, contredite par l'image, renvoie au jeu d'enfants "*Pierre-feuille-ciseaux*", et dans *Le paysage fantôme,* le mot "*montagne*" qui barre le visage de Georgette, dont on a dit qu'elle avait un visage très similaire à celui du peintre dans les oeuvres de celui-ci, semble n'être rien de plus qu'une allusion ironique à son nez relativement proéminent. Toutefois, aussi bien le concept de montagne associé à la femme renvoie-t-il à celui de la montagne symbole du lien entre l'au-delà (des morts, souterrain) et le domaine céleste (des dieux, le ciel) et de la Terre-Mère, aussi bien le nez (phallus substitutif, comme la jambe chez Léonard selon Freud), en outre surdéterminé par l'implicite identité visuelle entre le peintre et son épouse, renvoie-t-il aux nez brisés des femmes (*Animus* vainqueur de l'*Anima*) dans les dessins de Magritte.

Toutefois, et d'autre part, cette réduction du symbolique au concret n'implique pas, tout au contraire, un abandon du second degré, mais un retour (selon un cadre d'opposition similaire à celui qui affrontait Freud et Jung, le premier, interrogé sur son disciple, sans le critique, disant penser, contrairement à lui, qu'il fallait se réduire à l'étude des phénomènes les plus élémentaires de la psyché, c'est-à-dire aux sexuels, pour les épuiser avant d'entrer dans toute autre approche) vers des schèmes les plus basiques de la mentalité, dont, notamment, l'expression de la sexualité (proprement surréaliste, comme nous l'avons dit) contre l'amour romantique (selon une thèse implicitement influencée par le marxisme, et que reprendront les structuralistes, dans les années 1960 [suivis en cela par les artistes comme Niki de Saint Phalle ou Piero Manzoni], en s'intéressant au corps, à la sexualité et à la mort, comme, ces deux derniers, phénomènes du premier, fondamentaux pour comprendre la formation de la pensée des groupes humains).

On rapprochera ainsi, dans cette perspective, la bougie de *La fée ignorante* de l'oeuf coque (coq/mâle) mis (auto-sacrifice) sur la freudienne nappe blanche de *Le repas de noces*, que garde le lion (autre alter-ego de la masculinité).

De fait, dans ce jeu de correspondances dans l'oeuvre de Magritte, le titre: *Le Banquet* (avec son soleil rouge, de symbolisme érotique ou passionnel; en ce sens, le crâne, que l'on déduit solaire pour le titre, de *Le coucher de soleil* renvoie au bucrane qui sert de visage au personnage de *Le Minotaure No 10*), s'il n'est pas une référence à l'acte de manger en soi (bien qu'il s'inscrit en lien direct avec les scènes récurrentes de table, dont notamment les natures mortes aux pommes - symboles du Péché protoplastique, voir *La chambre d'écoute* - de pierre ou non, dans les oeuvres du peintre), mais, au contraire, une référence directement littéraire, comme cela est commun chez Magritte (à Héraclite, Euclide, Sade, etc.), l'allusion à *Le Banquet* de Platon renvoie alors bien, implicitement, au thème, central, de l'amour, donc, freudien (la pomme-Péché-ventre féminin dans *La chambre d'écoute*, une nouvelle fois), du sexe.

Inversement, mais similairement, et parallèlement, *Le bain de cristal*, dont le titre et l'iconographie ne peuvent que nous renvoyer à Blanche-Neige dans son cercueil de verre, représentant une girafe (phallus) à l'intérieur d'un verre (se montrant ainsi comme un pendant du nuage au-dessus du verre de *La Corde Sensible*, renforçant ainsi l'identité par dérivation entre le calice et le vagin-*Boîte de Pandore* chez Klee), fait également écho à l'association de la femme à l'ombre de l'oiseau (Dieu/phallus lacanien/*Unheimliche* freudien) dans *Le Principe d'incertitude*.

Les couleurs rouge et bleu de la femme dans *Le beau navire* reprennent celles de la baleine dans *Le Domaine enchanté VII*.

Cette relation contenant-contenu (ainsi la *Silhouette de Jeune Fille Nue* reprend le modèle de *matriochka* de *La Folie des Grandeurs*) se répète dans *L'invention de la vie* (1928)[1157], où Magritte, inversant, de nouveau, le principe des "*Hidden Mothers*" victoriennes sur les photographies d'enfants[1158], montre une femme à côté d'un personnage voilé, ce que l'on peut comprendre comme une reprise, différente, du thème de la chambre-utérus, à laquelle renvoie, similairement, *L'Écho*, représentant un arbre au bord de l'ouverture, dont on sait, par son titre, qu'elle représente dans les portes de Magritte l'entrée vaginale (dont on peut, sans nul doute, rapprocher l'idée de celle émise par Tzara dans la conclusion de son article "*D'un certain automatisme du goût*" de la revue *Minotaure*, Nos 3-4, 1933[1159], qui en confirme clairement notre interprétation:

"*L'architecture «moderne», si hygiénique et dépouillée d'ornements qu'elle veuille paraître, n'a aucune chance de survivre — elle pourra vivoter grâce aux perversités passagères qu'une génération se croit en droit de formuler en s'infligeant la punition d'on ne sait quels péchés inconscients (la mauvaise conscience peut-être due à l'oppression capitaliste) —, car elle est la négation complète de l'image de la demeure. Depuis la caverne, car l'homme habitait la terre, «la mère», en passant par la yourte des Esquimaux, forme intermédiaire entre la grotte et la tente, remarquable exemple de construction utérine à laquelle on accède par des cavités à formes vaginales, jusqu'à la cabane conique ou demi-sphérique pourvue à l'entrée d'un poteau à caractère sacré, la demeure symbolise le confort prénatal. Quand on rendra à l'homme ce qu'on lui a ravi pendant l'adolescence et qu'enfant encore, il pouvait posséder, les royaumes de «luxe, calme et volupté» qu'il se construisait sous les couvertures du lit, sous les tables, tapi dans les cavités de terre, celles à entrée étroite surtout, quand on verra que le bien-être réside dans le clair-obscur des profondeurs tactiles et molles de la seule hygiène possible, celle des désirs prénataux, on reconstruira les maisons circulaires, sphériques et irrégulières dont l'homme a conservé le souvenir à partir des cavernes jusqu'aux berceaux et à la tombe, dans sa vision de vie intra-utérine qui, elle, ne connaît pas l'esthétique de castration dite moderne. Ce sera, en faisant valoir à ces aménagements les acquisitions de la vie actuelle, non pas un retour en arrière, mais un réel progrès sur ce que nous avons pris comme tel, la possibilité qu'on donnera à nos désirs les plus puissants, parce que latents et éternels, de se libérer normalement.*"[1160]).

Idée confirmée par le *Sans titre (La vie de famille)*[1161], qui représente deux arbres (couple) sur lesquels se découpe, respectivement, sur le tronc de l'un une porte, et sur le tronc de l'autre une fenêtre (ces entrées au domaine de la "*maison maternelle*" étudiée par Bettelheim à propos de *Hansel et Gretel*). Dans le même sens, *La Vie Heureuse* (1944)[1162] représente une femme-foetus (relation contenant-contenu, de nouveau, comme dans *L'invention de la vie* - ici, comme dans le cas des *Hidden Mothers,* par inversion possible des Èves anatomiques[1163] [comme ainsi dans *L'âge des merveilles*, 1926[1164], facilement rapprochable, dans sa structure visuelle, des femmes-meubles de Dalí] -; ce qui renvoie, aussi, dans l'oeuvre de Magritte, au niveau lingüistique de la relation signifié-signifiant, référent-référé), fruit mûrissant (toujours le lien au Péché originel, comme avec la pomme de *La chambre d'écoute*/*Le Fils de l'homme* [au titre, ainsi, christique]) sur un arbre-feuille (correspondante relation métonymique).

"*FOLIUM, il. Du mot grec φύλλον; c'est aussi le feuillet d'un livre, parce qu'on écrivait autrefois sur des feuilles d'arbres. 1° Feuille d'arbre. Gen. 3.7. Consuerunt folia ficus: Adam et Eve entrelacèrent des feuilles de figuier, sc. pour couvrir leur nudité. Ps. 1.3. Folium ejus non defluet: L'homme de bien est comparé à un arbre dont les feuilles sont toujours vertes et ne tombent point. Jerem. 17.8. Prov. 11.28. Ezech. 47.12. etc.*"[1165]

On notera, en ce sens, dans la représentation des oiseaux exotiques sur des arbres-feuilles chez Magritte, dont la version narrative est *Le Plaisir - Jeune femme mangeant un oiseau,* montre un certain écho de l'abondante faune de Jan Brueghel l'Ancien, que l'on retrouve notamment dans sa peinture de *Le Jardin de l'"Éden avec la Chute de l'Homme* (c.1617)[1166], peinte en collaboration avec Rubens pour les figures.

Similairement, si l'on se reporte au cas de Greuze, la correspondance iconographique dans les airs perdus des figures féminines de *Souvenir* et d'*Ariane* renvoient au thème de l'abandon féminin, d'où le lien avec *Sainte Thérèse en Extase,* dans une dialectique implicite entre les valeurs d'abandon (extase du souvenir/mystique ou physique) et d'abandonnée (lien physique-mystique en la figure du dieu du corps Dionysos), comme le révèle assez encore la comparaison de *Souvenir* et d'*Ariane* avec les deux versions de *Bacchante*.

### 4.3.b. Les motifs de Magritte dans le temps: une seconde confirmation, cette fois *a posteriori*, de notre modèle

On doit relever, pour confirmer notre interprétation des motifs dans l'oeuvre de Magritte, que la rose rouge, associée à la Belle dans les versions contemporaines de *La Belle et la Bête* (l'états-unienne de 2017 de Bill Condon s'inspirant de la française de 2014 de Christophe Gans, qui, comme le montre l'intervention, inutile, d'adjuvants dont le sens s'apprend finalement: ce sont les chiens de la horde de chasse de la Bête, s'inspire à son tour du dessin animé de 1991 de Gary Trousdale et Kirk Wise pour les Studios Walt Disney, lequel fut, à notre sens, malgré son succès, une pauvre adaptation du film culte de 1946 de Cocteau, mais avec des *leitmotivs* propres du groupe Disney, comme les adjuvants, ici théière et autres, que reprend la version états-unienne avec Emma Watson, fermant ainsi le cercle), à l'instar de la robe rouge, en dialectique directe avec la blanche, y exprime un symbolisme sexuel évident, renvoyant à la figure sous-jacente de Blanche-Neige (nous reportons sur celle-ci à notre ouvrage, publié aux mêmes éditions, sur elle), comme on le voit, notamment, par la réapparition dans l'histoire de la Belle du lit de pseudo-gisante, remplaçant le cerceuil de verre. On note, en ce sens, qu'une fois possédée par la Bête, et retournant chez son père, mourant, la Belle a changé sa robe blanche pour une rouge, selon un principe que l'on retrouve déjà dans "*L'Homme au Sable*" du conte de Hoffmann étudié par Freud, où la découverte de l'amour correspond pour le héros, chronologiquement, au second moment, après la mort du Père. De même, antérieurement, lorsque Belle arrive dans la demeure de la Bête pour sauver son père, elle continue de porter sa robe blanche, mais, symbole d'offrande donc, sous un chaperon rouge.

Elle continue de porter la même robe rouge pour la mort de la Bête, laquelle passe par un symbolique submergement (baptême/retour utérin) aquatique (comme dans le *Manifeste* de Marinetti).

Il en va similairement, toujours dans lesdites versions, de l'ouverture en forme très précisément identique à celles des peintures de Magritte, bien que très probablement sans inspiration directe (bien que la première des deux versions est française), mais pour sens général de la figure à forme vaginale. Ouverture, de fait, du passage vers le monde de la Bête.

La rose rouge, que la Belle tient dans son lit chez la Bête, dans le film de 2014, montre assez comment perdure le symbolisme médiéval de la Rose mystique (de *Le Roman de la Rose* par exemple) à l'époque contemporaine.

Ainsi, le toucher que lui impose la Belle dans la bande-annonce de 2017, rappelle, non seulement la rose sur son rocher (montagne-rocher, récurrent chez Magritte) en bord de mer (élément marin, féminin, utérin), mais aussi la bouche rouge au-dessous de la boule de papier à musique, sur lequel nous nous sommes déjà attardé, *La reconnaissance infinie* (précisément, d'ailleurs, dans le cadre de la correspondance du motif avec la question de la porte et de l'ouverture chez Magritte).

Dans le cadre de notre étude, on pourrait rapprocher, visuellement, cela à l'évocation de *Le Bonheur de la Maison* de Jean-Paul Richter, traduit par Nerval, lorsqu'il écrit:

*"Adieu, l'eau pure épanchée par une main blanche, les fils de fer pour se rouler autour, et le vert treillis losangé où pendre ses clochettes purpurines, votre maîtresse est partie avec les beaux jours et le soleil! Et toi, petit moineau qu'elle aimait, tu n'auras plus ni chènevis, ni grains d'orge, ni baisers d'une bouche rose, ni sommeil sur un sein de neige dont les battements te berçaient! Va chercher ailleurs un abri contre la pluie et la grêle. Cesse de becqueter ces vitres et de les frapper de ton aile: Maria ne t'entend pas; elle est loin, bien loin d'ici! ils l'ont emmenée là-bas, et tu ne la verras plus!... Elle a emporté l'âme de la maison!"*[1167]

Tout comme l'on pourrait, inversement et tout à la fois parallèlement, comparer l'identification récurrente des figures masculines chez Magritte à l'oiseau du poème "*Ibo*" de *Les Contemplations* (1856) de Victor Hugo:

*"Vous le savez, vous que j'adore,*
*Amour, raison,*
*Qui vous levez comme l'aurore*
*Sur l'horizon,*

*Foi, ceinte d'un cercle d'étoiles,*

*Droit, bien de tous,*
*J'irai, liberté qui te voiles,*
*J'irai vers vous!*

*Vous avez beau, sans fin, sans borne,*
*Lueurs de Dieu,*
*Habiter la profondeur morne*
*Du gouffre bleu,*

*Âme à l'abîme habituée*
*Dès le berceau,*
*Je n'ai pas peur de la nuée;*
*Je suis oiseau.*

*Je suis oiseau comme cet être*
*Qu'Amos rêvait,*
*Que saint-Marc voyait apparaître*
*À son chevet,*

*Qui mêlait sur sa tête fière,*
*Dans les rayons,*
*L'aile de l'aigle à la crinière*
*Des grands lions.*

*J'ai des ailes. J'aspire au faîte;*
*Mon vol est sûr;*
*J'ai des ailes pour la tempête*
*Et pour l'azur.*"[1168]

      Dans la version de 2014, la porte se trouve en 40'03" et 46'21"; dans la bande-annonce officielle du film de 2017[1169], elle est en 0'50", et la rose, qui la conclut, en 1'15", l'héroïne l'allant toucher, ce qui renforce, en général, l'association Blanche-Neige/Belle-au-Bois-dormant/Chaperon Rouge, que nous étudions dans notre ouvrage sur ces contes (comme, identiquement, la table abondamment fournie de la Bête, confirme, par son association dérivative historique au dieu de Psyché qui l'amènera auprès de Proserpine, le lien du personnage masculin de la Bête à Dagdé et aux figures de dieu chthonien pourvoyeur, centre de ladite étude que nous faisons dans l'ouvrage sur Blanche-Neige).

Identiquement encore, la photographe Christine von Diepenbroek, dans ses oeuvres, fait de l'oeuf et de l'oiseau des symboles très clairement masculins (à l'instar des boules vertes[1170], qui rappellent aussi Magritte), les oeufs y étant maltraités par ce que la tradition classique considérerait comme des mégères castratrices, symboles, comme l'on dit aujourd'hui, de la prise de pouvoir (nous aimons, en ce sens, mieux la clarté supplémentaire de l'expression espagnole: "*apoderamiento*") par les femmes, propres de cet utilisation commune dans les oeuvres audiovisuelles contemporaines (des films aux vidéoclips[1171]), bien que faisant survivre, paradoxalement, le fonds machiste de la conception de la femme (pute-vierge/femme fatale-soubrette soumise; en un mot l'*Anima* jungienne); on comparera, ainsi, notamment les images représentant la plancheuse d'oeufs à la bouche tordue[1172] par l'intensité de sa labeur, mais aussi de perversité implicite, et la boulangère tortureuse de corps masculin[1173] qui, les yeux surlignés d'un fort trait de rimmel, regarde avec sévérité le spectateur. Alors que, parallèlement, comme chez Magritte encore, la femme y devient une figure marine (de poulpe ici), évidemment par son caractère maternel et utérin, là encore.

Les oeufs sont, chez elle, de manière récurrente, associés aux oiseaux, et, précisément, à ce caractère maternel de la femme, avec l'oeuf dans sa bouche[1174] ou accompagnée de poussins qui tournent autour d'elle[1175]. Ainsi, d'ailleurs, derrière la plancheuse d'oeufs, on trouve une poule pondeuse au second plan d'une perspective d'intérieur en pièces en enfilade, à la manière des peintures hollandaises du XVIIème siècle.

Alors que la mer (et la figure marine) sont plutôt féminine(s) (l'océan primordial)[1176], comme nous venons de la dire, la pluie est, de nouveau, là encore, comme, antérieurement, chez Magritte, un symbole spermique, comme le montre la femme, objet vue à travers les verres-parebrise masculins et mouillée par elle[1177], telle une contemporaine Danaé, qui dialectise en outre la figure de la pucelle(-"*Bimbo*") à sauver, avec la fausse intellectualité d'un livre que, nue dans une position totalement innocente du type de *La naissance de Vénus* de Botticelli paraissant surfer sur les flaques d'eau, elle utilise pour se protéger des gouttes (que l'on comparera avec la publicité de la première moitié des années 2010 pour la libraire Hispamer de Managua où, pour inciter à la lecture, l'affiche présentait l'utilisation qu'un singe faisait d'un livre en l'ouvrant pour s'en coiffer [figure commune de contradiction entre d'une part le non-/ou faux/humain, récurrente dans les peintures de Gabriel von Max telles *Chanson sans paroles*, c.1900[1178], *Le Critique*[1179], *Singe saoûl*[1180] ou *Singe regardant une peinture*[1181] - ce dernier reprenant *Le singe peintre*, c.1739, de Chardin et ceux, peintres ou musiciens[1182], d'Alexandre-Gabriel Décamps, dont celui, à exactement un siècle de distance, son *Singe peintre* de 1840[1183], thème qui perdure jusqu'à l'ouvrage *Monkey Painting* de 1997 de Thierry Lenain[1184] -, et d'autre part le sage, que l'on retrouve ainsi souvent comme statuettes[1185], pied de table[1186] et presse-livres[1187], ou dans des groupes de figurines de porcelaine japonaises[1188]], tel un classique fou, ou, ici, le comique sauvage illettré et inculte, que l'on peut rapprocher en ce sens de cette exclamation du XIXème siècle: "*Croyez-vous donc que les nègres lisent les journaux et savent ce qui se passe en dehors de leur île? Ils croient ce que disent leurs sorciers, voilà tout.*"[1189], ou du parallèle chien aux livres de l'image d'internet au discours raciste[1190]).

Dans la photographie intitulée *Flying Thoughts,* Von Diepenbroek reprend, dans le même sens, le motif du livre et de la femme qui s'en coiffe - comme les mannequins apprenant à se tenir droites -, en outre de se couvrir la tête, dans une mosquée, avec des livres (probablement les *Écritures*) volant tout autour d'elle[1191], superposant ainsi les figures, sur-sexualisée d'une part et désexualisée de l'autre, de la femme dans la société régie, encore une fois, par la dichotomie Femme-objet (des affiches et de la publicité) *versus* Vierge mysticisée.

On note, toutefois, une dialectisation de l'oiseau en cage chez Von Diepenbroek: d'un côté, le cygne (reconnaissable au bord noir du bec)-jars[1192] (dans la relation carnivore que l'on retrouve aussi bien, on l'a vu, chez Magritte, que chez la photographe, avec la métaphore de ses récurrents oeufs frits), avec son large cou, pris en bras par une femme vêtue de noir[1193] (à rapprocher, donc, de la freudienne blanche mariée à la violette de *La Grande Guerre*), à noter que sur le pas d'une porte, significativement fermée (*hortus conclusus*, donc, revendiqué), est un symbole clairement phallique (et de perte de virginité, pour l'usage des couleurs), alors que, de l'autre, l'oiseau en cage (comme l'oiseau mort, associé à la jeune fille en représente ses vertus d'apprentissage pratique, par opposition celles du jeune garçon, chez Greuze) représente la femme, laquelle s'y dédouble et s'y surprend et apeure de ce miroir symétrique d'elle-même[1194].

## 4.4. Finalement,... Retour à la cage et à l'oiseau comme symboles de la perte de virginité des livres d'emblèmes à l'iconographie moderne et contemporaine

Entre les deux oeuvres représentant *Une Jeune fille, qui pleure son oiseau mort* (1765, The National Galleries of Scotland, Édimbourg), commentée par Diderot pour le Salon de la même année:

"*Le sujet de ce petit poëme est si fin, que beaucoup de personnes ne l'ont pas entendu; ils ont cru que cette jeune fille ne pleuroit que son serin...*
*Ne pensez-vous pas qu'il y auroit autant de bêtise à attribuer les pleurs de la jeune fille de ce Salon à la perte d'un oiseau, que la mélancolie de la jeune fille du Salon précédent à son miroir cassé? Cet enfant pleure autre chose, vous dis-je.*"[1195]

Et *L'Oiseau Mort* (1800, Musée du Louvre) de Greuze, la première version reprenant le thème du *Malheur Imprévu ou Le Miroir brisé* (1763, The Wallace Collection, Londres)[1196], que reprendra dans un sens érotique Maurice Millière dans ses deux versions (1918 et c.1920[1197]), reprenant Catulle:

"*Pleurez, Grâces; pleurez, Amours; pleurez, vous tous, hommes aimables! il n'est plus, le passereau de mon amie, le passereau, délices de ma Lesbie! ce passereau qu'elle aimait plus que ses yeux!*
*Il était si caressant! il connaissait sa maîtresse, comme une jeune fille connaît sa mère: jamais il ne quittait son giron, mais sautillant à droite, sautillant à gauche, sans cesse il appelait Lesbie de son gazouillement.*
*Et maintenant il suit le ténébreux sentier qui conduit aux lieux d'où l'on ne revient, dit-on, jamais. Oh! soyez maudites, ténèbres funestes du Ténare, vous qui dévorez tout ce qui est beau; et il était si beau, le passereau que vous m'avez ravi!*
*O douleur! ô malheureux oiseau! c'est pour toi que les beaux yeux de mon amie sont rouges, sont gonflés de larmes.*"[1198]

A un support sexuel déterminé par les livres d'emblèmes, et reconnu aussi bien par Louis Hautecoeur (1913):

"*Greuze décidément connaît tous les artifices des nocturnes promeneuses qui, après s'être déguisées en jeunes veuves, jouent les tendrons…. Ce n'est pas un défaut de composition, c'est un raffinement. Diderot, cet honnête paillard, ne comprenait-il point que Greuze opposait à la maturité de ces corps déjà féminins la candeur de ces visages d'enfants?*"[1199]

Lorsque Diderot fait mine d'hésiter sur l'âge du modèle, ou en dénonce l'ambigüité:

"*Mais quel âge a-t-elle donc?… Sa tête est de quinze à seize ans, et son bras et sa main, de dix-huit à dix-neuf. C'est un défaut de cette composition qui devient d'autant plus sensible, que la tête étant appuyée contre la main, une des parties donne tout contre la mesure de l'autre.*"[1200]

Que par Norman Bryson (1981):

"*Le fait est que, tandis que Diderot se sent suffisamment à l'aise pour amener en pleine conscience et visibilité du discours ce que Greuze ne veut pas dire, celui-ci est inhibé et la crudité de son langage symbolique est le plus qu'il peut faire pour exprimer son intérêt pour l'érotisme. L'image lui est utile parce que son aspect figuratif fait contact avec le plaisir sexuel, sans qu'il soit besoin de représenter explicitement la sexualité interdite. La peinture lui permet d'échapper à sa censure psychique: dans cette imagerie qui s'offre à la publicité et aux commentaires, il conserve une partie pour son usage privé: privé à ses yeux, mais évident pour n'importe qui d'autre.*"[1201]

On ne retrouve donc pas seulement l'expression de l'oiseau envolé comme symbole de la virginité perdue dans l'emblème "*Reperire, perire est*" ("*Découvrir, c'est périr*") du *Proteus* (1618) de Jacob Cats, à l'explicite légende:

"*La boîte a été ouverte, l'oiseau s'est enfui. Oh Virginité, fleur fragile qui nous échappe si facilement.*
*De doos was op-ghedaen, de voghel was ontvloghen. Ach Maeghdoms, meeps gewas! dat ons soo licht ontglijt.*"[1202]

Mais dans un grand nombre d'oeuvres[1203], comme *Enfants jouant devant un groupe d'Hercule* (1687) Adriaen van der Werff, sorte de *Choix d'Hercule* divisé en deux registres: la Vertu combattante en haut, representée par Hercule, et le Vice en bas, par les enfants se dédiant aux plaisirs secrets, comme le montre le doigt sur la bouche de l'un d'entre eux; *L'Oiseau échappé* (début du XVIIIème siècle) de Nicolas Lancret, dont la structure générale de l'image reprend celle de "*La femme séduite par son mari*", illustration pour

*Les contemporaines* (1780) de Rétif de la Bretonne (XCVIème Nouvelle du XVIIème Volume); *Fille avec une cage à oiseaux assise sur un lit* (fin du XVIIIème siècle) de Jean-Frédéric Schall avec sa cage ouverte directement posée sur le lit; le plus évident encore, pour la pose du modèle et la mise du vêtement *The lost bird* (c.1860-1870[1204]) de Charles Chaplin; *The Caged Bird* (1907) de John Byam Liston Shaw; et les évidentes versions de positions des modèles, notamment de la partie des seins, dans les oeuvres de François-Martin Kavel (début du XXème siècle): *La cage vide* et *Jeune femme en déshabillé*, cette dernière que l'on peut comparer avec *Onteora* (1912) de John White Alexander; similairement au lit lieu de la cage chez Schall, c'est devant le sexe de la figure féminine qu'elle est tenue dans *La cage ouverte* (c.1930) d'Icart; on notera la version masculine de l'oiseau mort dans *His first grief* (1910) de Charles Spencelayh[1205].

On retrouve encore l'oiseau en cage, plus explicitement associé au sexe féminin mesuré par un satyre dans *Le satyre maçon*, gravure de la série *Lascivie* (c.1584-1586) d'Agostino Carracci, reprise modifiée de "*Vanitas Vanitatvm et Omnia Vanitas*" (1578) de Hieroymus Wierix, avec l'homme mondain (*Mundanus Homo*) au démon sur l'épaule qui nous renvoie au *corpus* de notre étude sur *Le Songe du Docteur*, dans la présente Collection.

Dans cet ensemble, il faut noter l'apparition, qui nous rappelera la référence initiale à Buckowski, du chat à côté de l'oiseau[1206], ainsi dans les *pin-up* d'Olivia De Berardinis et de Duane Bryers, cette dernière où les deux figures se mêlent à la forme phallique de la traversée isolée et du poteau électrique où, nous montrant son derrière d'en haut, sans le vouloir, la *pin-up* poursuit son chaton alors qu'un oiseau lui dispute le poste; Spencelayh lui-même évoquant les deux figures (le seul qui les associe à la figure masculine), ici le chat mangeur d'oiseau dans *That Damned Cat*; comme similairement Icart dans *Le chat et la cage* (1928), et, antérieurement, prenant le prétexte de la guerre comme élément d'érotisation, Henry Gerbault dans l'illustration "*Pendant l'alerte N'ai-je rien oublié?...*" pour *Fantasio* (1918); *La Toilette* (1742) de François Boucher[1207]; *Jeune fille sortant un oiseau de sa cage* (École de Boucher, milieu du XVIIIème siècle); *Le Repos* (1759) de Jean-

François Colson; *La Harpiste* (début du XIXème siècle) de George Francis Joseph; *Son perroquet favori* (1872) d'Adrien de Boucherville; *Jeune fille et son chat* (1866) de Charles Nahl; *Le chat et l'oiseau* (fin du XIXème siècle) de Sophie Gengembre Anderson; *Petite fille avec un chat* (également de la fin du XIXème siècle) de Walter Osborne; *Le chat et la cage* et *Un chat méfiant* (les deux de nouveau de la fin du XIXème siècle) d'Antonio Gisbert (le riche intérieur au chat ayant fait tomber la cage à terre dans *Un chat méfiant* rappelant celui où apparaît, inversement, le chat de dessous un lourd tissu posé sur une chaise dans *Son perroquet favori* de Boucherville); *Jeune fille avec un chat et une cage à oiseau* (c.1902) de Francesco Vinea; *La femme pendue* (1908) d'Heinrich Zille, qui, dans un style expressioniste, accentue la sexualité dans un cadre morbide et de pauvreté où, néanmoins la tristesse ridicule de la femme en lingerie pendue marque la distance entre cette vie qui continue dans sa violence, du chat cherchant à manger l'oiseau, et la sexualité involontaire de la suicidée dans sa chambre au mur au ciment tombé laissant voir la structure, l'auto-pendaison elle-même n'étant pas sans avoir un sens de sexualité perverse.

*Jeune fille sortant du lit* de Schall, avec son chat poursuivant le perroquet, doit être mis en parallèle avec *L'Amoureux caché et le chien indiscret* du même artiste[1208]. La nudité de la *Jeune fille sortant du lit* (sorte de souvenir du *Verrou* de Fragonard pour la position de la femme et l'énorme alcôve) faisant écho à la difficulté de la maîtresse prise entre son chaperon lisant et le chien révélateur. *Le chat et les chardonnerets* (École suisse, première moitié du XIXème siècle) présentent s'affrontant, seuls, le chat et les oiseaux, alors que *La charmeuse* (1890) de Léon Herbo, au contraire, montre la jeune femme à l'oiseau, commun de notre *corpus*, entre autres chez Greuze et Ledoux. L'un des oiseaux du *Chat et les chardonnerets*, faisant écho au thème du satyre maçon, porte le fil d'où pend un petit sceau pour retirer de l'eau. La gravure *Minet aux aguets* (1796) de Debucourt, comme la peinture *Méfie-toi du chat!* (1820) de Louis Léopold Boilly, cette fois avec un jeune homme tenant à la main l'oiseau que voudrait bien attraper un chat (masculinisation du modèle, donc, comme *His first grief* de Spencelayh), insistent encore sur la violence du félin contre l'oiseau, comme encore la plaque de porcelaine de Woodhouse (1836) *Le chat et l'oiseau*.

Le même oubli des travaux matériels au profit de l'amour, que dans *Une Jeune fille, qui pleure son oiseau mort* ou *Méfie-toi du chat!* associe, de nouveau, le chat et l'oiseau aux ébats de *The rustic lover* (*Le paysan amoureux*, 1786) de Francis Wheatley avec la jeune paysanne.

*La belle cuisinière* (avant 1735) de Boucher, avec son oeuf brisé aux pieds de la jeune fille, et son chat détripant un oiseau, associés à la marmite couverte et à la clé pendue à la jupe, symboles encore de virginité[1209], comme la substitution de l'oiseau par un jeune homme à moitié caché dans *Femme et enfant, d'après l'Antique* (recto, fin du XVIIème-début du XVIIIème siècles) de Nicolas Fouché[1210] mettent encore en évidence le symbolisme sexuel des motifs.

Chat et moineaux s'associent encore dans la *Fable* II du Livre XII de La Fontaine.

L'oiseau en mains se trouve entre celles du dauphin dans le portrait de *Marie-Thérèse Charlotte de France, dite Madame Royale et son frère, le dauphin Louis-Joseph Xavier François de France* (1784[1211]) d'Élisabeth Vigée Le Brun, inspiré de celui du *Comte d'Artois et sa soeur, Madame Clotilde* (1763) de François-Hubert Drouais[1212].

[1] *The Letters of Sigmund Freud and Otto Rank: Inside Psychoanalysis*, édition: E. James Lieberman, Robert Kramer, Dr Gregory C Richter, "*Minor Letters*", Baltimore, John Hopkins University Press, 2012, p. 309.

[2] "*I have not read the article in the R [?], but only leafed through it, and in so doing I observed that the originally split o$\Omega$, pleasurable significance reappears in the beautification of the head (the Greek ideal of beautification). The vagina dentata could certainly be relevant as well.*" (*Ibid.*)

[3] Il s'agit en vérité d'une note plus que d'un article. Citons le paragraphe central toujours évoqué pour justifier le concept, tout en notant que le terme n'y apparaît pourtant pas: "*If Medusa's head takes the place of a representation of the female genitals, or rather if it isolates their horrifying effects from their pleasure-giving ones, it may be recalled that displaying the genitals is familiar in other connections as an apotropaic act. What arouses horror in oneself will produce the same effect upon the enemy against whom one is seeking to defend oneself. We read in Rebelais of how the Devil took flight when the woman showed him her vulva.*" (http://home.utah.edu/~sgs0889/laugh3.html)

[4] "'*Das Medusenhaupt.*' First published posthumously. Int. Z. Psychoanal. Imago, 25 (1940), 105; reprinted Ges. W., 17,47. The manuscript is dated May 14, 1922, and appears to be a sketch for a more extensive work." (*Ibid.*)

[5] Dans *The Standard Edition of the Complete Psychological Works of Sigmund Freud*, ed. and trans. James Strachey et al., London, Hogarth Press, Vol. 18, 1955, p. 273.

[6] W. J. T. Mitchell, *Picture Theory: Essays on Verbal and Visual Representation*, University of Chicago Press,, 1995, p. 176; Karen Bassi, *Acting Like Men: Gender, Drama, and Nostalgia in Ancient Greece*, University of Michigan Press, 1998, note 85 p. 137; *Get Your Ass in the Water and Swim Like Me: African-American Narrative*, édition: Bruce Jackson, New York, Routledge, 2004, p. 20; Barbara Creed, *The Monstrous-Feminine: Film, Feminism, Psychoanalysis*, New York, Routledge, 2012, p. 2; Ellen Sinkman, *The Psychology of Beauty: Creation of a Beautiful Self*, Plymouth, Rowman & Littlefield, 2012, p. 29; Danielle Knafo, Kenneth Feiner, *Unconscious Fantasies and the Relational World*, New York, Routledge, 2013, p. 173; Lisa Rado, Modernism, *Gender, and Culture: A Cultural Studies Approach*, New York, Routledge, 2013, p. 53;, *The Medusa Reader*, édition collective, New York, Routledge, 2013, p. 85; Elisabeth Young-Bruehl, *Freud On Women*, New York, Random House, 2013, s/n; *Get Your Ass in the Water and Swim Like Me: African-American Narrative*, édition: Bruce Jackson, New York, Routledge, 2004, p. 20; Karen Bassi, *Acting Like Men: Gender, Drama, and Nostalgia in Ancient Greece*, University of Michigan Press, 1998, note 85 p. 137; sans oublier, bien sûr, Jacques Derrida, *Dissemination*, 1972, The Athlone Press - University of London, 2004, p. 60.

[7] *Vignaud pamphlets: American archaeology*, 1910, p. 1088; *Anthropos*, Zaunrithsche Buch, Kunst und Steindruckerei, 1920, Vol. 14-15, p. 1088.

[8] *Annual Report of the Bureau of American Ethnology to the Smithsonian Institution*, 1916, Vol. 31, pp. 1008, 1036, 1037.

[9] Franz Boas, Henry W. Tate, *Tsimshian mythology*, G.P.O., 1916, pp. 1018, 1034, 1036. Référence reproduite dans l'*Annual Report of the Bureau of American Ethnology to the Secretary of the Smithsonian Institution*, U.S. Government Printing Office, 1933, Vol. 1-48, p. 1098.

[10] "*Das Weib ist böse, will ihn psychisch (Junggesellenwunsch) und physisch binden, das heißt, versucht seinen Penis festzuhalten, für sich zu behalten, ihn zu kastrieren (Vagina dentata).*" (*Internationale Zeitschrift für Psychoanalyse*, T. IX, 1923, p. 438)

[11] Otto Rank, *Sexualität und Schuldgefühl. Psychoanalytische Studien*, dans *Internationale Psychoanalytische Bibliothek*, Nr. XXI, 1926, p. 112.

[12] "*Die Ersetzung des Mundes durch die Vagina erklärt die auch folkloristisch gut belegte unbewußte Vorstellung der Vagina dentata, die in keinem Falle männlicher Sexualstörung — sei sie neurotischer oder perverser Natur — zu vermissen ist;*" (Freud, *Internationale Zeitschrift für Psychoanalyse*, T. XI, p. 418.

[13] "*The libido displacement from the mouth to vagina explains the unconscious concept of the vagina dentata, widespread in folklore, which is not lacking in any case of sexual disturbance, whether of a neurotic or perverse nature, in men.*" (*The Psychoanalytic Review*, 1926, T. XIII, p. 135)

[14] "*Verf. behauptet, daß die Ersetzung des Mundes durch die Vagina, durch die unbewußte Vorstellung der Vagina, durch die unbewußte Vorstellung der Vagina dentata festgehalten werde,...*" (Zeitschrift für Kinderforschung, Berlin, J. Springer, 1926, Vol. 32, p. 221)

[15] Marie Bonaparte, "*De la sexualité de la femme*", *Revue française de psychanalyse: organe officiel de la Société psychanalytique de Paris*, Paris, G. Doin et Cie, Janvier-Mars 1949, No 1, "*c) De l'évolution de la passivité chez la fille et chez le garçon*", pp. 21-22, 32-33.

[16] "*Le cloaque a commencé à se manifester comme organe erotique lors de la première phase anale. Alors, comme tout le long de la vie, le cloaque est un organe passif, comme l'était aussi en grande partie la bouche dans la phase primitive, avant que n'y poussent les dents. Le cloaque, lui, ne sera jamais denté, sauf dans les fantasmes des impuissants qui le redoutent tel chez la femme, ou dans*

*certaines croyances primitives (1: "Chez certains primitifs, le vagin tics belles-mères est considéré comme redoutable parce que denté, en répression sans doute de l'inceste transposé de la mère à la bel le-mère."); le cloaque, lui, restera toute la vie le support essentiel de la passivité. Aussi l'accentuation particulière de cet érotisme anal passif primitif est-il un signe de prédisposition aux attitudes psychosexuelles passives, quel que soit par ailleurs le sexe du sujet." (Ibid., pp. 21-22 et note 1 p. 22.)*

[17]"*Il convient de rapporter ici les idées de Melanie Klein relativement à la peur primitive de la petite fille devant sa mère. Melanie Klein fait remonter cette angoisse à la lin de la première année de la vie où, d'après elle, s'instaurerait, et ceci dès après le sevrage et en réaction hostile à celui-ci, le complexe d'OEdipe positif de la petite fille, orienté déjà et passivement, vaginalement, vers le père. La petite fille, dans la vision de la scène primitive où jouerait un rôle central celle des «parents unis», serait jalouse, d'une part, de ce que la mère a l'air d'allaiter le père, mais que, d'autre part, le père, avec son pénis, semble &lt;lt; allaiter &gt;gt;; à son tour celle-ci: conceptions de nourrisson, le nourrisson ne connaissant, de corps humain à corps humain, que ces sortes de relations. Alors, la petite fille, ainsi en proie à la jalousie orale, aspirerait à absorber, sucer, dévorer, l'intérieur du corps maternel; entrailles, faeces, foetus, pénis paternel inclus, et, en talion de ces désirs agressifs, développerait la peur qu'il en soit de même fait à son propre corps; c'est ce complexe de castration interne qui engendrerait, chez la fille, le premier surmoi. Les ogresses des contes, qui si souvent dévorent les enfants, seraient des projections de cette mère fantasmatique, cannibale par talion, qui hante l'imagination de nos petits enfants. Telles sont les vues de Melanie Klein.*
*Je crois, quant à moi, qu'elles contiennent une part de vérité, mais que leur auteur tend à trop les moraliser. L'enfant est certes très agressif, mais il est aussi, et de très bonne heure, très libidinal; ses pulsions cannibales envers la mère sont, et ceci dès le début, une expression, non pas seulement de l'agression, de la haine, mais encore de l'amour. On «aime» ce que l'on mange; on ne mange pas que pour détruire, mais aussi pour s'incorporer ce qu'on aime, et les amoureux «se mangent de baisers». Le sadisme originel de l'enfant envers sa mère est tout chargé d'infantile amour; les pulsions alors sont encore étroitement intriquées.*
*Au début, le drame sadique amour plus agression se jouait à deux: nourrice et nourrisson. Ce n'est qu'ensuite qu'il se joue à trois: nourrisson, nourrice et rival. Envers l'un l'agression vient alors prédominer, l'amour étant drainé vers l'autre. Cet ensuite peut certes être parfois précoce, mais le bébé connut en premier lieu sa nourrice seule avant de percevoir auprès d'elle un rival.*
*Aussi n'est-ce à mon avis que secondairement que l'agression contre le rival, ou plutôt ici la rivale, puisqu'il est question de la petite fille, vient se superposer à l'agression sadique amoureuse première. Alors le talion d'être mangé pour avoir voulu manger (1) se teinte de morale et commence à s'élever l'édifice, qui deviendra si imposant, du surmoi.*
*Mais revenons-en aux stades précoces de la peur du talion d'après Melanie Klein. D'après celle-ci, le clitoridisme de la femme, la phallicité de la petite fille, ne seraient jamais biologiquement primaires, mais secondairement développés.*
*C'est la peur de la mère, à qui son enfant jalouse voudrait arracher l'intérieur du corps, les entrailles, le faetus le pénis paternel inclus, qui le plus contribuerait à faire renoncer la petite fille à ses primitifs appétits cloacaux et à'la faire se rejeter vers la phallicité, laquelle est du moins sans danger pour l'intérieur du corps.*" (Ibid., pp. 44-45)
Note 1: "*Voir dans mon Edgar Poe, à propos de l'interprétation du conte de Bérénice, les idées de Freud lui-même, à propos du «vagin denté», sur le cannibalisme redouté de la part de la mère par l'enfant.*"
[18]Jacques Berchtold, *L'étreinte abhorrée: peur et phobie des rats dans la littérature et le cinéma*, La Rochelle, Rumeur des âges, 1995, p. 52.
[19]https://fr.wikipedia.org/wiki/B%C3%A9r%C3%A9nice_(Poe)
[20]R. de Saussure, "*Fragments d'analyse d'un pervers sexuel*", Revue française de psychanalyse, 1929, T. 3, N0 4, pp. 640, -642, 646. Concept qu'il reprend en 1932 dans "*Le Dogme de la famille irréprochable*", Revue française de psychanalyse, 1932, T. 5, No 4, p. 514.
[21]"*Ces dessins montrent ensuite une analogie symbolique complète entre tête, pénis, bras et jambes. Les seins ont ici souvent la même valeur. Nul doute que le monstre ne soit une représentation très primitive de Robert qui a été élaborée avec le cours des années. Il a servi de miroir à tous les conflits de sa petite enfance. Le monstre, c'est le diable (père) que l'on veut châtrer pour qu'il soit moins dangereux. La fig. 4 que le malade désigne comme étant celle qui a pour lui la plus grande valeur émotive montre bien cette castration. Elle est un symbole à la fois du père châtré et, par autopunition, de T.... châtré.*
*Cette fig. 4 fait allusion au jeu de l'érotique orale. C'est la bouche du monstre qui a châtré; elle est au bas de la figure... Le malade nous apprend par son dessin du 24 novembre que la figure du monstre est aussi le tronc de sa mère. Au bas du tronc se trouve le vagin. Il y a donc parallélisme entre le vagin et la bouche dentée. Dès lors on ne s'étonne plus que Robert, dans ses rapports avec sa femme, s'effraie du vagin denté.' qu'il lui attribue.*" (Saussure, *ibid.*, 1929, p. 639)
[22]"*Il se voit souvent déféquer sur des femmes pour les souiller. L'image est parfois plus précise et la défécation a lieu dans la bouche de la femme. L'anus est aussi le vagin denté.*" (Ibid., pp. 641-642)
[23]"*Le bord libre peut présenter des incisures, des dénis, des denticules, d'où les noms d'hymen à incisures, d'hymen denté, d'hymen denticulé.*" (Revue de gynécologie et de chirurgie abdominale, Volume 13, 1909, p. 583)
[24]"*L'hymen denticulé (fig. 24 et 25) présente toute une série de petites dents que l'on retrouve ordinairement en même temps sur le méat, sur la partie profonde de la face interne des petites lèvres, et parfois sur le vagin (fig. 26).*" (Ibid.)

²⁵Robert Harry Lowie, *Myths and Traditions of the Crow Indians*, dans *Anthropological Papers of the American Museum of Natural History*, 1918, Vol. XXV, part 1, pp. 167-168 et note 1 p. 168.
²⁶*Journal of American Folklore*, 1920, 573.
²⁷*Anthropological papers*, 1922, Vol. 25, p. 168.
²⁸Paul Radin, "*Wappo Texts*", *University of California Publications in American Archaeology and Ethnology*, 1926, Vol. 19, p. 95.
²⁹Géza Róheim, *Social Anthropology: A Psycho-analytic Study in Anthropology and a History of Australian Totemism*, New York, Boni and Liveright, 1926, p. 64.
³⁰*The Psychoanalytic Review*, Philadelphie, W.A. White & S.E. Jelliffe, 1928, Vol. XV, p. 477. La relation entre l'"*Hollow tree and vagina dentata*" eut un tel succès qu'on la retrouvera dans *Mental Health Bulletin*, Vol. 17-22, 1940, p. 307; *Folk-tales of Mahakoshal*, Oxford University Press, 1944, p. 305; G. Legman, *Rationale of the Dirty Joke: An Analysis of Sexual Humor*, 1968, New York, Simon and Schuster, 1996, p. 156; Peter G. Roe, *The Cosmic Zygote: Cosmology in the Amazon Basin*, Rutgers University Press, 1982, pp. 149-159; Elizabeth J. Currie, John E. Staller, *Mortuary Practices and Ritual Associations: Shamanic Elements in Prehistoric Funerary Contexts in South America*, Oxford, Archaeopress, 2001, p. 141; et, de nouveau, dans Lynne Hume, *Ancestral power: the Dreaming, consciousness and Aboriginal Australians*, Melbourne University Press,, 2002, p. 82.
³¹Alain Froment, *Anatomie impertinente: Le corps humain et l'évolution*, Paris, Odile Jacob,, 2013, p. 214.
³²"*VI*

*Mais après les merveilles*
*Qui n'ont pas de pareilles*
*De l'épaule et du sein,*
*Faut sur un autre mode*
*Dresser une belle ode*
*Au glorieux bassin.*


*Faut célébrer la blanche*
*Souplesse de la hanche*
*Et sa mate largeur,*
*Dire le ventre opime*
*Et sa courbe sublime*
*Vers le sexe mangeur*"
³³Voir Régine Detambel, à propos de l'ouvrage *Le ventre des philosophes* (1989) de Michel Onfray, sur le site http://www.encres-vagabondes.com/magazine/onfray.htm: "*Sartre n'aimait pas les crustacés. On le sait par La Cérémonie des adieux de Simone de Beauvoir, qui interrogea notamment le philosophe sur ses répugnances en matière de nourriture: «Les crustacés, les huîtres, les coquillages, répondit Sartre. En mangeant des crustacés, je mange des choses d'un autre monde. Cette chair blanche n'est pas faite pour nous, on la vole à un autre univers. (...) C'est de la nourriture enfouie dans un objet et qu'il faut extirper. C'est surtout cette notion d'extirper qui me dégoûte. Le fait que la chair de la bête est tellement calfeutrée par la coquille qu'il faut utiliser des instruments pour la sortir au lieu de la détacher entièrement. C'est donc quelque chose qui tient au minéral.»*
*Dans L'Etre et le Néant (1948), Sartre posera que «la nourriture c'est le 'mastic' qui obturera la bouche; manger, c'est, entre autres choses, se boucher. (...) Manger, en effet, c'est s'approprier par destruction, c'est en même temps se boucher avec un certain être.» Et, plus loin: «Sans aucun doute, le sexe est la bouche, et bouche vorace qui avale le pénis.» Onfray associe alors la diététique sartrienne et l'inappétence du philosophe en matière sexuelle, telle que la rapporte Simone de Beauvoir: «L'acte sexuel proprement dit n'intéressait pas particulièrement Sartre. (...) Je (lui) reprochais de considérer son corps comme un faisceau de muscles striés et de l'avoir amputé de son système sympathique.»*"
³⁴"*Obscene mouth gestures often make play with the tongue as a symbolic penis and the lips as a symbolic vagina. A common form of sexual invitation, for example, is the slow protrusion of the tongue from between open lips, repeated several times to simulate copulation. And there is a sexual invitation performed by South American males that involves the slow wagging of the tongue from side to side within the half-open lips.*" (Desmond Morris, *The Naked Man: A study of the male body*, Londres, Vintage Books, 2012, s/n) "*Beneath the pubic hair, and partly obscured by it, is a small vertical slit created by the pair of outer labia - fleshy folds that protect the more delicate inner labia which flank the vaginal opening. At the top of the slit is a small hood of flesh that partially covers the clitoris, a small and highly sensitive button of flesh just above the urinary opening, the urethra.*" (Morris, *The Naked Woman*, Londres, Vintage Books, 2011, p. 204)

[35] Comme le prouvent les nombreuses scènes de "*cumshot*" et "*deepthroat*" d'internet, par exemple, avec insistance sur la figure de la femme à lunettes (la maîtresse d'école, la bourgeoise - équivalent symbolique, là encore, ou métaphore de l'intellectuelle, la ou le sérieux(se), "*quatre yeux*" de la primaire et du secondaire -) qui reçoit le sperme sur ses lunettes.

[36] Charles Buckowski, *The Pleasures of the Damned: Selected Poems 1951-1993*, New York, Ecco (HarperCollins), 2012, p. 1: "*the mockingbird had been following the cat*
*all summer*
*mocking mocking mocking*
*teasing and cocksure;*
*the cat crawled under rockers on porches*
*tail flashing*
*and said something angry to the mockingbird*
*which I didn't understand.*

*yesterday the cat walked calmly up the driveway*
*with the mockingbird alive in its mouth,*
*wings fanned, beautiful wings fanned and flopping,*
*feathers parted like a woman's legs,*
*and the bird was no longer mocking,*
*it was asking, it was praying*
*but the cat*
*striding down through centuries*
*would not listen.*

*I saw it crawl under a yellow car*
*with the bird*
*to bargain it to another place.*

*Summer was over.*"

Il faudra, évidemment, assumer que le jambes de femme entre les fauces du félin renvoient à une image similaire à celle de Magritte, l'oiseau, en réalité, par inversion, n'étant autre que le pénis, nous y reviendrons, et la gueule du chat la bouche qui l'accueille. Nous ne déciderons pas s'il faut voir là l'expression d'une homosexualité latente chez l'auteur (de fait, nous croyons que l'humanité, comme beaucoup d'autres espèces, est foncièrement bisexuelle).

[37] "«Si je me représente ma femme comme féminine, ça me gâte mon plaisir. Je pense au monstre double d'Aristophane dans le Banquet de Platon. Il dit que les sexes ont été créés par une punition des dieux. Autrefois chaque individu avait les deux sexes. La pédérastie doit être quelque chose de très proche de ce que j'éprouve. Je ne suis pourtant pas attiré vers les jeunes gens, parce que les parties féminines et surtout les seins ne sont pas développés chez eux. Les seins et les pieds: m'intéressent, le vagin me laisse indifférent parce que le milieu du corps a trop longtemps été tabou pour que je puisse encore m'y intéresser. Si une femme n'avait que le vagin couvert, c'est alors qu'elle m'intéresserait le plus.»

Le besoin de châtrer sa femme qui s'exprime aussi par l'idée qu'elle ne doit pas avoir de sexualité, ressort particulièrement bien dans ce rêve nécrophile. Il ne peut jouir d'elle que s'il peut la châtrer auparavant. Rêve:

«Ma femme est morte, elle a une peau parcheminée, nauséabonde qui rappelle la peau de la plante des pieds. Il me semblait que je devais l'embrasser quand même. Partout où je l'embrassais sa peau redevenait normale et la vie revenait.»

«J'éprouve souvent le besoin de voir le vagin de ma femme quoique je le connaisse parfaitement bien. Au début de mon mariage, j'avais l'idée que c'était honteux pour une femme de savoir comment un homme était fait. J'avais l'impression que cela la souillait et que c'était incompatible avec la vie supérieure qui doit être l'apanage de la femme. C'est pourquoi la femme du peuple m'excite plus.» La femme du peuple, comme la prostituée, peut être souillée, elle éveille déjà une idée anale parce qu'elle est inférieure. Le coït, dans l'inconscient de Robert, est fortement lié à un acte anal. Souvenons-nous que vers dix ans, il a eu cette représentation de façon tout à fait consciente. Un jour aussi, il dit: «Je me demande si l'horreur d'introduire ma verge dans le vagin n'est pas liée au dégoût de tous les lavements qu'on m'a faits dans mon enfance.»

Il est probable qu'à un stade plus inconscient encore, il ait perçu le lavement comme un acte par lequel sa mère le coïtait. L'ambivalence déclanchée par cette idée s'est traduite par un dégoût pour l'acte d'une part et d'autre part par une intensification des tendances féminines.

*«De même qu'à mon idée, la verge était de trop chez l'homme, la cavité me paraissait de trop chez la femme. L'idéal c'était la poupée asexuée. Cette asexualité comme norme me paraissait évidente. Je ne m'imaginais pas du tout que la femme pût éprouver des sensations voluptueuses. Je croyais les femmes de purs esprits. Je les avais idéalisées, tandis que je faisais des hommes des êtres effraynts, des brutes, des impurs, des dangereux à cause de leur folie sexuelle. Encore maintenant je ne puis me figurer que la configuration de la femme est naturelle.»*
Ce désir d'asexualité est naturellement lié à la peur de castration :
*«Quand je suis dans le vagin, j'ai l'idée que je devrais sentir la coupure, l'idée même de castration produirait la volupté... J'aimerais que ma verge ne soit pas en sécurité dans le vagin de ma femme...».* " (Saussure, 1929, pp. 660-661)

[38]"*Martha Stein (1974) sur les clients de call-girls, il apparaissait que l'acte le plus demandé aux femmes était la fellation. Nombre de clients, en particulier les plus vieux, disaient leur insatisfaction devant le refus de leur femme de pratiquer ce type d'acte. L'autre acte le plus demandé était celui de la femme se tenant au dessus de l'homme. Selon Stein, à peu près la moitié des hommes assumait un rôle passif, laissant à la prostituée la responsabilité des initiatives. Certains hommes payent aussi les prostituées pour être sexuellement dominés, violentés, humiliés, tyrannisés ou dégradés de manières diverses. Il apparaît donc que les hommes, quand c'est possible, préfèrent abandonner leur position de pouvoir construite socialement, afin d'en adopter une autre qui les autorise à relâcher le contrôle et ignore la demande d'une performance sexuelle.*
*Se joue ici un jeu de pouvoir complexe et contradictoire. L'homme ne domine pas ici la femme de manière visible. Pourtant, il utilise son pouvoir pour construire une situation où les rôles traditionnels sexuels sont inversés. En réalité, le pouvoir de la femme qui serait lié à sa position dominante n'est qu'une illusion. Il en va de même avec la volonté de l'homme de relâcher le contrôle. En réalité la valeur de la femme reste contingente au fait qu'une «prostituée reste une prostituée». Elle n'a pas de réelle valeur en tant que sujet humain. Dans le regard du client, sa valeur reste au contraire uniquement liée à son corps et à sa performance sexuelle. On peut dire que le client déshumanise en fait la prostituée et refuse de reconnaître en elle autre chose que son corps et sa performance sexuelle. (O'Connell Davidson 1998:150). Cependant, il est probable que cette vision sera contestée par l'homme lui-même, en particulier par ceux qui s'engagent dans ce que Cohen définit comme une finalité prostitutionnelle. (Voir plus haut). Ce type de relation présuppose un accord tacite, où les deux parties participent à la mise en scène «romantique» de la relation, et qui camoufle les aspects économiques et commerciaux de la transaction. (Bang Fossum 2001:72).*" (Sven-Axel Månsson, Université de Göteborg, "*Les pratiques des hommes «clients» de la prostitution: influences et orientations pour le travail social.*", traduction de Malka Marcovich, mars 2003, p. 7, http://www.sosfemmes.com/sexwork/doc/mansson_trad.pdf)

[39]"*Je les revois à des époques reculées*
*Ces merveilleuses dents, froides, immaculées,*
*Et qui se conservaient sans toilette ni fard*
*Dans la virginité blanche du nénufar.*

*Le fait est que ces dents étaient surnaturelles*
*À force de blancheur et de clarté cruelles,*
*Et que dans les recoins les plus fuligineux*
*Elles avaient encore un reflet lumineux*
*Comme un éclair lointain, la nuit, dans une plaine ;*
*Et puis, au frôlement continu d'une haleine*
*Qui musquait le soupir, la phrase et le baiser,*
*Elles passaient leur vie à s'aromatiser!*
*Joignant le plus souvent leurs mignonnes arcades,*
*Elles rendaient la voix grinçante par saccades*
*Avec je ne sais quoi d'humide et de siffleur.*
*Comme dans le calice embaumé de la fleur*
*On voit luire au matin des perles de rosée,*
*Ainsi dans cette bouche indolente et rosée*
*Elles m'apparaissaient, opale et diamant,*
*Dont mon œil emportait un éblouissement.*
*Oh! quand, jolis bijoux des gencives si pures,*
*Ces petits os carrés, habiles aux coupures,*

*Plutôt faits pour trancher que pour mâcher, brillaient*
*Dans l'entre-bâillement des lèvres qui riaient,*
*Que de fois une envie inquiète et farouche*
*M'a pris de les humer aussi comme la bouche,*

*Et d'y faire dormir le chagrin qui me mord!*
*Ainsi que sur les dents d'une tête de mort,*
*J'imaginais déjà la rouille de la terre*
*Sur la mate pâleur de cet émail dentaire;*
*Je voyais la mâchoire horrible ricanant*
*Dans une bière, et puis à la fin s'égrenant.*
*Elles perdaient parfois leur attitude étrange*
*Quand elles s'amusaient d'une écorce d'orange,*
*D'un brin d'herbe ou de fil, d'une paille, d'un fruit,*
*Ou quand elles faisaient craquer à petit bruit*
*Les amandes, les noix, les marrons, l'angélique,*
*Dans un grignotement de souris famélique.*
*En tout lieu, raffinant le meurtre et le dégât*
*Elles martyrisaient longuement le nougat,*
*Massacraient les gâteaux, et lentes et câlines*
*Se délectaient au goût vanillé des pralines.*
*Ces quenottes alors prenaient un air mutin*
*Et s'épanouissaient dans un rire enfantin.*
*Quand elles miroitaient sans montrer leurs gencives,*
*Elles étaient toujours funèbres et pensives,*
*Semblant me dire: «Avance!» ou me dire: «Va-t'en!»*
*Ou bien, dignes d'orner la bouche de Satan,*
*Comme en arrêt devant une pâture humaine,*
*Mon pauvre cœur peut-être! Une couche de haine,*

*De sarcasme et d'horreur y venait adhérer*
*Quand elles se mettaient à me considérer,*
*Ces infernales dents, ces adorable niques*
*Qui se faisaient un jeu de paraître ironiques,*
*Dont le regard était morsure, et qui le soir*
*Avaient le froid sinistre et coupant du rasoir.*" (Maurice Rollinat, *Les Névroses*, Paris, Fasquelle, 1917, pp. 310-312)

[40]*Ibid.*, pp. 310-315.
[41]*Ibid.*, pp. 316-318.
[42]Charles Baudelaire, *Les Fleurs du mal*, Paris, Poulet-Malassis et de Broise, 1857, p. 57.
[43]Émile Gaboriau, *Les esclaves de Paris*, Paris, E. Dentu, 1874, T. II: "*Le secret des Champdoce*", p. 89.
[44]Hannah Ellis-Petersen, "*Flowers or vaginas? Georgia O'Keeffe Tate show to challenge sexual clichés*", https://www.theguardian.com/artanddesign/2016/mar/01/georgia-okeeffe-show-at-tate-modern-to-challenge-outdated-views-of-artist
[45]"*Achim Borchardt-Hume, the Tate Modern's director of exhibitions, said a key reason for hosting the retrospective was to offer O'Keeffe the "multiple readings" she had been denied in the past as a female artist.*
"*O'Keeffe has been very much reduced to one particular body of work, which tends to be read in one particular way,*" *he said.* "*Many of the white male artists across the 20th century have the privilege of being read on multiple levels, while others – be they women or artists from other parts of the world – tend to be reduced to one conservative reading. It's high time that galleries and museums challenge this.*'" (*ibid.*)
[46]Nathalia Brodskaïa, *Le Surréalisme - Genèse d'une Révolution*, New York, Parkstone International, 2012, p. 175.
[47]http://www.renemagritte.org/young-girl-eating-a-bird.jsp
[48]Geneviève Michel, "*René Magritte et la métaphore transfigurée*", *Écrire, traduire et représenter la fête - VIII Coloquio de la Asociación de Profesores de Filología Francesa de la Universidad Española*, Universitat de València, 2001, note 1 p. 303.
[49]Paul Nougé, *Histoire de ne pas rire*, Lausanne, L'Âge d'Homme, 1980, pp. 289-292.
[50]Michel, p. 303.
[51]*Ibid.*, p. 309.
[52]http://www.mattesonart.com/1926-1930-surrealism-paris-years.aspx
[53]"*Du temps que la Nature en sa verve puissante*
*Concevait chaque jour des enfants monstrueux,*

*J'eusse aimé vivre auprès d'une jeune géante,*
*Comme aux pieds d'une reine un chat voluptueux.*

*J'eusse aimé voir son corps fleurir avec son âme*
*Et grandir librement dans ses terribles jeux;*
*Deviner si son cœur couve une sombre flamme*
*Aux humides brouillards qui nagent dans ses yeux;*

*Parcourir à loisir ses magnifiques formes;*
*Ramper sur le versant de ses genoux énormes,*
*Et parfois en été, quand les soleils malsains,*

*Lasse, la font s'étendre à travers la campagne,*
*Dormir nonchalamment à l'ombre de ses seins,*
*Comme un hameau paisible au pied d'une montagne.*"
[54]Stamos Metzidakis, "*Magritte au carrefour de la peinture et du poème en prose*", *Magritte au risque de la sémiotique*, Publications des Facultés universitaires Saint Louis de Bruxelles, 1999, p. 208.
[55]Nathalie Roelens, "*Les modalités de l'invisible magrittien*", *Magritte au risque de la sémiotique*, p. 209.
[56]https://www.moma.org/rails4/collection/works/79267?locale=en
[57]*Ibid.*
[58]Michel Draguet, *Magritte: son oeuvre, son musée*, Paris, Hazan, 2009, p. 59.
[59]Denis Diderot, *Œuvres complètes*, éd. Dieckmann-Varloot, T. IV "*Le nouveau Socrate - Idées II*", Paris, Hermann, 1978, pp. 55-56.
[60]Sauf référence contraire, toutes les références visuelles, incluses leurs datations, utilisées à continuation pour la relation texte-image chez Magritte sont reprises des sites http://www.mattesonart.com/1926-1930-surrealism-paris-years.aspx, http://www.mattesonart.com/1949-1960-mature-period.aspx et http://www.mattesonart.com/1961-1967-later-years.aspx
[61]http://www.paintingstar.com/static/gallery/2012/11/02/52d23843b3b7a.jpg?La+Voix+De+L%27absolu+Art work+by+Rene+Magritte
[62]D'un point de vue sociologique, nous avons vu, dans un pays comme le Nicaragua, où l'information n'arrive qu'extrêmement peu, comment cette impossibilité initiale, qui oblige les étudiants, et la société en général, à utiliser ses propres facultés, et à tout créer, intellectuellement, à partir de soi, sans compter véritablement sur les antécédents que, dans d'autres régions du monde sont des plus basiques, au lieu d'agrandir le champ des possibles, le réduit au minimum, autarcique et refermé sur lui-même, que peut produire l'esprit individuel sans aucun apport externe. Comme une plante qui ne recevrait jamais la lumière ni les particules d'eau que porte la brise.
[63]Nathalie Gillain, "*Du Géant à l'échiquier. Paul Nougé au pied de la lettre*", *Interférences littéraires*, Nouvelle série, No 2, "*Iconographies de l'écrivain*", Mai 2009, pp. 113-114.
[64]https://en.wikipedia.org/wiki/Rafa%C5%82_Olbi%C5%84ski
[65]https://www.artsper.com/fr/artistes-contemporains/pologne/5826/rafal-olbinski
[66]https://storage.gra1.cloud.ovh.net/v1/AUTH_10e1a9235c63431c95e5b84a247830db/prod/artwork/72025_1_m.jpg; https://www.mutualart.com/Artwork/RED-UMBRELLA/106311DEBCE1D980;
[67]https://www.artsper.com/fr/oeuvres-d-art-contemporain/edition/48507/tales-of-love-umbrella
[68]https://www.pinterest.com/pin/393502086166570666/ et https://image.slidesharecdn.com/lafemmeenrouge128-170218213053/95/la-femme-en-rouge128-rafal-olbinski-50-638.jpg?cb=1487455120
[69]https://www.slideshare.net/michaelasanda/la-femme-en-rouge128-rafal-olbinski, planche 50 de 64
[70]https://www.pinterest.com/pin/393502086166570645/
[71]https://www.liveauctioneers.com/item/43632010_rafal-olbinski-b-1943-the-catch-2005-acrylic-oil
[72]https://www.slideshare.net/michaelasanda/la-femme-en-rouge128-rafal-olbinski, planche 6 de 64; et https://www.pinterest.com/pin/393502086166570520/
[73]"*To the less comprehensible male sex-symbols belong certain reptiles and fish, notably the famous symbol of the snake.*" (http://www.bartleby.com/283/10.html)
[74]https://www.youtube.com/watch?v=yrfibt6Bkwc

[75]"*We already know the room as a symbol. The representation may be extended in that the windows, entrances and exits of the room take on the meaning of the body openings. Whether the room is open or closed is a part of this symbolism, and the key that opens it is an unmistakable male symbol.*" http://www.bartleby.com/283/10.html)
[76]Évoqué par Scott Turow, *Innocent*, New York et Boston, Grand Central, 2010, p. 265.
[77]"*Une chambre à brouillard est un détecteur de particules qui montre sous la forme de traînées de condensation le passage des particules nucléaires dans la matière. Il s'agit d'une enceinte (étanche ou non) dans laquelle une phase vapeur d'eau ou d'alcool sursaturée est présente. La sursaturation est créée via deux principes physiques différents:
Par expansion du volume de l'enceinte via un piston: il s'agit des chambres à expansion ou Chambre de Wilson (1911)
Par refroidissement du support de l'enceinte: il s'agit des chambres à diffusion ou Chambre de Langsdorf (1939)*" (https://fr.wikipedia.org/wiki/Chambre_%C3%A0_brouillard)
[78]https://fr.wikisource.org/wiki/Les_Mille_et_Une_Nuits/Histoire_du_sage_Hicar
[79]https://en.wikipedia.org/wiki/Republic_Pictures; on notera que correspond la fin des activités de ce studio cinématographique avec le commencement pour le peintre du développement et de la systématisation du thème dans son oeuvre picturale.
[80]*IV*, http://www.yorku.ca/pclassic/Freud/Dreams/dreams6d.htm
[81]"*II. "A Beautiful Dream"*", http://www.yorku.ca/pclassic/Freud/Dreams/dreams6a.htm
[82]Notons que les violettes, associées par l'emblématique au lys, sont traditionnellement symboles de pureté, candeur et modestie (Fr. de Cannart d'Hamale, *Monographie historique et littéraire des lis*, Malines, J. Ryckmans-Van Deuren, 1870, pp. 19-30), ce qui dialectise leur symbolisme selon Freud, mais, à notre sens, dans une perspective qui ne le contredit pas, puisqu'en étant, dès lors, une surdétermination par inversion (viol[ence effectuée à la virginité] *vs.* pureté virginale) selon le modèle de la théorie freudienne même.
[83]"*8. The question of symbolism in the dreams of normal persons*", http://psychclassics.yorku.ca/Freud/Dreams/dreams6b.htm
[84]http://www.artvalue.com/auctionresult--magritte-rene-1898-1967-belgiu-personnage-eclatant-de-rire-2817285.htm
[85]"*The hat as the symbol of a man (of the male genitals)*", http://www.yorku.ca/pclassic/Freud/Dreams/dreams6b.htm
[86]https://fr.wiktionary.org/wiki/temp%C3%AAte_dans_un_verre_d%E2%80%99eau
[87]https://fr.wikipedia.org/wiki/Marc_(%C3%A9vang%C3%A9liste)#Le_lion_de_saint_Marc
[88]http://dailyserving.com/2013/12/magritte-the-mystery-of-the-ordinary-1926-1938-at-moma/
[89]*Ibid.*
[90]http://francoisquinqua.skynetblogs.be/magritte/
[91]*Ibid.*
[92]"*Extrait du catalogue Collection art moderne - La collection du Centre Pompidou, Musée national d'art moderne, sous la direction de Brigitte Leal, Paris, Centre Pompidou, 2007: Le motif de l'oiseau mort apparaît en 1926 avec les premières œuvres «surréalistes» de René Magritte (un collage, L'Oiseau mort de 1926-1927, montre un moineau couché sur le flanc). Ses tableaux ont alors pour ambition de provoquer chez le spectateur un «effet bouleversant». Le sadisme qui consiste à associer l'idée de mort ou de violence à l'image convenue de la fragilité et de l'innocence — le petit oiseau — s'inscrit dans cette stratégie. Plusieurs œuvres recourent, en 1927, à ce procédé. Le Plaisir montre une jeune fille dévorant un oiseau à pleines dents. L'image est inspirée à Magritte par sa femme Georgette qu'il voit manger un animal en chocolat. Les formules qu'il explore pour susciter un «bouleversement», «la création d'objets nouveaux, la transformation d'objets connus, le changement de matières pour certains objets, […] l'utilisation de certaines visions du demi-sommeil ou de rêves…» (R. Magritte, «La Ligne de vie II», Écrits complets, édition établie et annotée par André Blavier, Paris, Flammarion, 1979, p. 143) ne satisfont pas son confident Paul Nougé, qui leur préfère la cruauté du Plaisir: «…Malgré leur efficacité certaine, je ne puis m'empêcher de penser que ce n'est pas dans cette direction que nous ferons une découverte importante, mais bien dans la voie qu'indiquait la toile que je ne puis oublier : la jeune fille mangeant un oiseau. (cité in cat. rais. I, p. 217). Magritte conçoit une variation à partir du Plaisir en peignant Le Ciel meurtrier (cat. rais. I, n o 153) qui multiplie par quatre l'effet de son premier tableau. Les oiseaux à demi-dévorés laissent entrevoir leurs viscères chocolatés. Ils s'impriment de façon régulière sur la toile à la manière des motifs des papiers peints qu'a conçus Magritte, quelques années plus tôt.*" (https://www.centrepompidou.fr/cpv/resource/c6bz6q/rdKX6n5)
[93]https://www.pinterest.fr/pin/535998793142116275/
[94]https://www.pinterest.fr/pin/535224736949447839/ et https://www.centrepompidou.fr/cpv/resource/c6bz6q/rdKX6n5
[95]https://www.simondickinson.com/artwork/le-gout-de-linvisible-1927/
[96]http://www.artnet.com/artists/ren%C3%A9-magritte/le-go%C3%BBt-de-linvisible-zoT2Ivjnd-j6tKXKoibNRQ2 et https://art.biblioclub.ru/picture_120014_vkus_nevidimogo/

⁹⁷"*Plusieurs de quatre oiseaux se souhaitent la vie,*
*Du cigne, du moineau, du cocq et du corbeau.*
*Du cigne, il est certain, plus vieillit, plus est beau.*
*Du moineau la luxure est bien tard assouvie.*
*Du cocq qui a jouy, nature le convie*
*D'estre brusque et gaillard, belle grace d'oyseau.*
*Du corbeau les longs jours est un monde nouveau,*
*Car sa vie en mil ans par la mort n'est ravie.*
*Qui du cigne nous faict la beauté souhaiter,*
*Du lubrique moineau la luxure appeter,*
*Du cocq qui a iouy la belle & brusque grace.*" (*La Mvse Chasseresse, dedié a la Royne Mere Regente. Par Gvillavme dv Sable, l'un des plus anciens Gentil-homme de la uenerie du Roy*, Paris, Aux fraiz et defpens de l'Autheur, 1611, "*Sonnet accomply*", p. 48)

"Ce ne fut pas le corbeau, mais le moineau que la symbolique du Moyen-âge opposa à la colombe regardée en tant qu'emblème de la Chasteté; aussi voyons nous souvent cette vertu personnifiée par une jeune femme montée sur une licorne et qui tient en main soit un lis fleuri, soit une colombe. La luxure, au contraire, monte une chèvre ou un bouc et porte sur l'épaule ou sur la main le moineau. Ainsi la voyons-nous sur le Livre d'Heures de Marguerite d'Orléans,comtesse d'Angoulême à la fin du XVe siècle; l'enlumineur, Simon Marmion, croit-on, y peignit un ardent jouvenceau chevauchant une chèvre blanche et tenant en main le moineau. Au-dessus, ce mot: Luxur... Plus tard, au cours du XVIe siècle, Goltzius gravant une «Luxure», la fit féminine, l'accompagna d'un bouc et lui mit en main le moineau libidineux, à qui ses ébats d'accouplement ont valu ce rôle symbolique. Grecs et Romains avaient déjà, bien avant notre ère, consacré ce caractère lascif du moineau, et le pieux commentateur de Catulle, le cardinal Politianus, l'a souligné dans ce qu'il a dit du moineau de Lesbie." (Louis Charbonneau-Lassay, Le bestiaire du Christ: la mystérieuse emblématique de Jésus-Christ: 1157 figures gravées sur bois par l'auteur, Archè, Bruges, Desclée de Brouwer, 1940, rééd. Milan-Paris, Arche, 1994, "*Le moineau*", p. 495)

"*Petit moineau, délices de Climène,*
*Qui l'amusez par sauts et tours badins,*
*Chassez, mordez galants bruns et blondins,*
*Que Cupidon à ses genoux amène.*

*À mes rivaux livrez guerre traîtresse ;*
*Becquetez-les surtout quand leur tendresse,*
*S'émancipant, veut dérober faveurs*
*Qu'Amour ne doit qu'à mes vives ardeurs.*

*Daignez servir le beau feu qui me brûle,*
*Suivez Climène et gardez ses appas.*
*Quoique ne sois tant disert que Catulle,*
*Vers louangeurs ne vous manqueront pas.*" (Chapelle, "*Stances au moineau de Climène*", dans *Œuvres de Chapelle et de Bachaumont*, éd. de Tenant de Latour, Paris, Chez P. Jannet, Libraire, 1854, p. 137)

"*À présent, je vais parler du moineau, du friquet, de la soulcie.*
*Ces trois oiseaux sont évidemment de la même famille: s'ils diffèrent entre eux par quelques variations de plumage, par quelques habitudes, tous les ornithologues ne les ont pas moins classés avec raison dans le genre moineau. Les paysans et les gens du monde nomment moineau tout petit animal qui vole. En Espagne on se sert dans ce sens du mot pajaro, les Latins avaient aussi cette coutume; Pline dit: Passeres dici possunt omne & aves minimae.*
*L'oiseau le plus connu, le plus commun qui existe en France et en Europe, c'est le moineau. Nous en avons trois espèces bien distinctes. La soulcie ou moineau des bois, le friquet ou moineau de campagne, et le moineau franc; nous allons commencer par celui-ci. On rencontre bien quelquefois des moineaux blancs ou de la couleur du café au lait; mais ce sont des bizarreries, ne s'attachant qu'à l'individu et non à la famille.*
*Ici nous ne pouvons pas craindre l'amphibologie; le moineau franc ne saurait être confondu avec aucun autre oiseau. On le rencontre partout, dans les lieux habités par l'homme; on dirait qu'il fut créé pour vivre à nos dépens. Paresseux à l'excès, il ne sait pas ou ne veut pas prendre la peine de construire un nid; quelquefois il s'empare de celui de l'hirondelle et l'en chasse; le plus souvent il ramasse une botte de foin dans la mitre d'une cheminée, et là, sans art, sans précaution, il pond, couve et fait éclore ses petits.*
*Les Hébreux nommaient le moineau tsippor à cause du tsip, tsip, qui est son cri ordinaire. Les Latins l'appelaient passer, Schwenckfeld fait dériver ce mot de patiendo, parce que cet oiseau tombe en épilepsie. En Languedoc, on donne au mal caduc le nom de*

maladie des moineaux; *lou maou de las passeras*. Linnée et Gmelin nomment le moineau *passer domesticus*. En Italie il s'appelle *passera*, en Espagne *gorrion*, en Allemagne *husspar* ou *haussperling*, en Angleterre *house-sparrow*, en Pologne *wrobel-domowy*. Dans quelques provinces de la France on le nomme *moucet, moisson, moine, moinet, paisse, passe, passereau*; à Paris *pierrot*, et sa femelle *pierrette*, en Provence *passèroun* ou bien *passèroun dè tooulisse*, pour le distinguer du *friquet passèroun saouzin*.

L'abbé Prévôt, dans son *Manuel lexique*, assure que *moineau* vient du mot grec *monos*, seul, dont on a fait *moine*. Le moineau ne vit pas seul, et lorsque l'Ecriture Sainte dit: *Factus sum sicut passer solitarius in tecto*, ce n'est pas du moineau qu'elle entend parler, mais du merle solitaire: solitaire de Brisson, paisse solitaire de Belon, *passera solitaria* d'Olina. Notre moineau aime la société de ses frères et surtout celle de ses sœurs; au temps des amours, lorsque tous les autres oiseaux vivent tranquillement dans leur ménage, le moineau, pendant que sa femme couve, ne se fait pas scrupule d'aller visiter ses voisines. Probablement le moineau a pris son nom de *moine*, parce que la couleur de ses plumes ressemble à celle de l'habit que certains ordres religieux portaient jadis. Voici comment Belon s'exprime à ce sujet: «Cestuy, dit-il, est nommé moineau, parce qu'il semble porter un froc de la couleur des enfumez.»

Chez les anciens le moineau était le symbole de la lubricité; on le consacrait à Vénus à cause de sa grande fécondité. Le char de cette déesse était représenté attelé de deux moineaux ou de deux colombes. Les Romains attribuaient aux œufs du moineau et surtout à sa cervelle une grande vertu aphrodisiaque. Ces deux vers de Martial le prouvent.

*Ardet et tenera passer durabitur alvo*
*Si vis esse salax, det cerebella tibi.*

Gesner donne aux œufs du moineau la même propriété: *ova passerum in cibo sumpta Venerem augent*. Avis aux personnes dont la montre retarde; quant à moi, je ne garantis point la recette; car, grâce à Dieu, je n'ai jamais eu besoin de l'essayer. L'éditeur des portraits d'oiseaux de Belon a mis ces quatre vers au-dessous de la gravure qui représente un moineau:

*Du passereau tant grande est la luxure*
*Que par cela ses jours sont abregez;*
*Vous qui vivez en tcelle enragez*
*Voyez ici combien nuyt telle ordure.*

Le verset XIV du Lévitique ordonne que pour se purifier on offrira deux moineaux vivants: *qui purificatur offerat duos passeres vivos*. On ne manquait jamais à ce cérémonial dans les sacrifices que les Hébreux faisaient quand ils étaient guéris de la lèpre. Ils donnaient ainsi une garantie de la pureté de leur vie future. *Ita illâ oblatione significabatur, hunc leprosum jam mundatum iterum admitti ad societatem publicam, simul tamen innuitur, vitandas post hæc esse nimias voluptates mundanas*. Je ne crois pas qu'il existe un animal aussi ardent en amour; j'en ai vu qui recommençaient vingt fois de suite, et *horresco referens*; j'en ai vu d'autres qui, probablement ne trouvant point de femelles disponibles, se servaient d'un autre mâle. Celui-ci se prêtait à la circonstance, bientôt après il prenait sa revanche, et à tout instant chacun changeant de rôle, il n'y avait pas de raison pour que cela pût finir.

Sous le rapport prolifique, il existe une grande ressemblance entre le moineau et le lapin; ces deux animaux ont reçu de la nature un don admirable: nous n'en possédons que l'ombre. Et voilà pourquoi, lorsqu'un homme, dans certains exercices, montre plus d'aptitude que le vulgaire, on dit de lui: «C'est un fameux lapin; il se dépêche comme un pierrot.» Le lapin a conquis l'épithète de *fameux* par des exploits sans nombre; on ne dit point: un fameux lièvre, un fameux cerf, mais un fameux lapin; non que cet animal soit plus brave que le cerf, mais parce qu'il possède à un degré très-élevé des vertus admirables et enviées.

Or vous concevez facilement qu'avec de telles dispositions le moineau doit beaucoup produire. Il fait trois ou quatre couvées par an, chacune de cinq ou six petits; ainsi vous avez beau éclaircir leurs rangs, bientôt il n'y parait plus." (Elzéar Blaze, *Le Chasseur aux filets ou La Chasse des dames*, Bruxelles, J.J. Jamar, 1839, cap. XI "*Le moineau, le friquet, la soulcie* ", pp. 207-213)

"À propos: on dit que messieurs les curés demandent qu'on s'occupe sérieusement des moyens de détruire les moineaux qui nuisent fort aux récoltes. N'est-il pas venu dans l'idée du facétieux Duchêne de partir de là pour une comparaison: la voici. Je trouve un rapprochement singulier entre les moines et les moineaux, et comme on demande à détruire les uns, je crois, foutre, qu'il sera fort sage de balayer les autres. Car les moineaux sont méchans et voraces, les moines sont vindicatifs et gourmands. Les moineaux sont voluptueux jusqu'à la luxure; c'est en cela que les moines leurs ressemblent le plus. Les moineaux très-goulus, mangent le bled que le cultivateur prend bien de la peine à semer, encore du moins s'ils nous enchantoient comme l'alouette, le rossignol et le pinçon; mais quel gozier que celui des moineaux! Les moines sans l'avoir ni cultivé, ni gagné, mangent le meilleur pain, de bonnes franchipannes, de bons pâtés du Périgord et leurs travaux se réduisent à chanter comme les corbeaux, à brailler du latin qu'ils comprennent à-peu-près comme le père Duchêne Ôh! la superbe existence! et ces bienheureux tondus, mille millions de malédictions! sont peut être plus de cent mille fainéans logés comme des princes, couchés comme des marquises, on les rencontre partout, promenant nonchalament l'ennui, la crasse, le ridicule, l'oisiveté, l'ignorance et l'embonpoint. O! les braves gens que les moines.

Faites-moi de tous ces bougres-là des citoyens, et tirez-en parti. Rendez-les utiles. Vuidez ces riches monastères, et faites-en des manufactures, des maisons civiques pour la réunion des amis des Lois et de l'ordre. Avez-vous besoin, pour loger trois ou quatre enfroqués bouffis de graisse, d'avoir des maisons superbes, élevées à grands frais par le charlatanisme qui trompa nos aïeux? Des régimens tout entiers logeroient dans ces vastes demeures: faites-en des cazernes." (*Les Vitres cassées*, par le véritable Père Duchêne, *député aux Etats généraux*, Paris, Chez Chalon, 1791, pp. 11-12)

[98] "*Sur les rives de la Méditerranée le moineau fut attaché au symbolisme de la mort: la cigale chante dans les orangers, dans les pampres des vignes ou sur les lauriers roses; le moineau, guidé par son chant, va vers elle, la découvre et la tue.*
*Dans notre symbolisme populaire d'Occident, le moineau figure la petite maraude, celle des jardins où il détruit ou gâte les fruits et ravage les semis; celle aussi du colombier où il pille effrontément la nourriture des colombes. Les anciens Égyptiens avaient déjà stigmatisé cet oiseau comme le type emblématique du pillard de graine dans les basse-cours et dans les champs.*" (Charbonneau-Lassay, "*Le moineau*", p. 495)
[99] Léon Tolstoï, *Contes et fables*, trad. d'Ély Halpérine-Kaminsky, Paris, Librairie Plon, 1888, "*Histoire d'un moineau*", pp. 99-104, et "*Le moineau et les hirondelles*", pp. 183-184.
[100] René Basset, *Contes populaires d'Afrique*, Paris, E. Guilmoto, Éditeur, 1903, "*Le moineau et la poule*", pp. 55-57.
[101] Paul Arène, *La vraie tentation du grand Saint Antoine: contes de Noël*, Paris, G. Charpentier, 1880, "*La première neige*", pp. 35-44.
[102] Jean de La Fontaine, *Fables choisies*, Paris, Chez Claude Barbin, 1694, Troisième Recueil, Livre XII, "*II. Le Chat & les deux Moineaux*", pp. 10-13.
[103] *Oeuvres primitives de Fréderic II ou Collection des ouvrages qu'il publia pendant son règne*, Amsterdam, sans nom d'éditeur, 1790, T. III *Poésies du Philosophe de Sans-Souci*, "*Le Serin et le Moineau: Fable*", pp. 351-352.
[104] "*The cover design was by Trevor Key of Cooke Key Associates (with Brian Cooke), who went on to create the covers of many Oldfield albums. The triangular bell on the album cover was inspired by a tubular bell Oldfield had dented while playing. The "bent bell" image on the cover is also associated with Oldfield, even being used for the logo of his personal music company, Oldfield Music Ltd. The image was also the main focus for the cover art of the successive Tubular Bells albums. Tubular Bells has also been issued as a vinyl picture disc, showing the bent bell on a skyscape.*
*The sleeve notes include a couple of tongue-in-cheek warnings: "In Glorious Stereophonic Sound – Can also be played on mono-equipment at a pinch" and "This stereo record cannot be played on old tin boxes no matter what they are fitted with. If you are in possession of such equipment please hand it into the nearest police station*"."
(https://en.wikipedia.org/wiki/Tubular_Bells#Album_artwork)
[105] http://jjjackieee.tumblr.com/post/67296940165/ren%C3%A9-magritte-l-alphabet-des-revelations-1929
[106] Saint-Pol-Roux, *Les Reposoirs de la procession*, Paris, Mercure de France, 1893, T. I, pp. 76-77.
[107] http://www.christies.com/lotfinder/Lot/rene-magritte-1898-1967-la-paix-du-1370693-details.aspx
[108] https://www.pinterest.com/pin/572872015081554503/
[109] http://www.artnet.com/artists/ren%C3%A9-magritte/la-paix-du-soir-MsmTzsGyLVAtHwdrzTTz8g2
[110] https://www.pinterest.com/pin/52424783142321929/
[111] https://s-media-cache-ak0.pinimg.com/736x/e2/51/62/e2516285359fba0a2be9675d574157b3.jpg
[112] https://www.fine-arts-museum.be/fr/la-collection/rene-magritte-les-compagnons-de-la-peur?artist=magritte-rene-1
[113] https://www.pinterest.com/pin/572872015073814032/
[114] https://www.pinterest.com/pin/515943701042844226/
[115] https://www.pinterest.com/pin/572872015078513945/
[116] Du modèle de la longue série, comme souvent chez Magritte, dont, par exemple le tableau de 1948, https://www.wikiart.org/en/rene-magritte/memory-1948-1
[117] https://www.pinterest.com/pin/572872015079661015/
[118] http://www.christies.com/lotfinder/paintings/rene-magritte-le-rendez-vous-5615612-details.aspx
[119] Deux versions: http://www.the-athenaeum.org/art/detail.php?ID=81042 et http://www.the-athenaeum.org/art/detail.php?ID=79635
[120] http://www.the-athenaeum.org/art/detail.php?ID=84887
[121] https://www.pinterest.com/pin/572872015073813850/
[122] https://www.pinterest.com/pin/381961612122120345/
[123] http://www.mattesonart.com/Data/Sites/1/magritte/The%20Difficult%20Crossing%20II%20La%20Traversee%20Difficile%201963.jpg
[124] https://www.pinterest.com/pin/533043305873624541/
[125] http://www.artnet.com/artists/man-ray/a-lheure-de-lobservatoire-les-amoureux-_rsSRITtpZ02W8ujYgQyaw2
[126] http://www.mattesonart.com/Data/Sites/1/magritte/Moments%20Inoubliables%20du%20Cinema,%201954.jpg
[127] Cf. ainsi par ex. également, comme confirmation du nez en tant que métaphore clairement phallique, l'affiche du film pornographique de Sid Shattuck (https://getyarn.io/yarn-clip/7bdb806d-b37d-4c3d-beaa-536a1e3f2962), où des *pin-ups* chevauchent l'appendice gigantesque d'un personnage-tête (la tête en soi - pensons au sens freudien

bien connu de la décapitation masculine par des héroïnes féminines - étant un second objet phallique, qui encadre ce promontoire cyranesque en forme de montagne russe), dans *The Nice Guys* (2016, Shane Black).

[128]https://www.pinterest.com/pin/506584658069802524/

[129]http://www.mattesonart.com/Data/Sites/1/magritte/The%20Spirit%20and%20Form%20L'Esprit%20et%20la%20Forme%201928.jpg

[130]http://www.the-athenaeum.org/art/detail.php?ID=105589

[131]"*Alors que Minos assiège la ville de Mégare, il réussit à gagner la faveur de Scylla, fille du roi. Celle-ci, profitant du sommeil de son père, coupe la mèche de cheveux qui lui garantit l'immortalité et la sécurité de sa ville. Mégare tombe, mais Scylla, tourmentée par le remords, se métamorphose en aigrette.*
*Cette trame fait l'objet de nombreux motifs. La première occurrence de la légende se trouve dans les Choéphores d'Eschyle. Le chœur énumère une liste de forfaits: le meurtre de Méléagre par sa mère Althée, le crime des Lemniennes, meurtrières de leurs maris, ainsi que celui de Scylla, qui n'est pas nommée. Chez Euripide, Scylla est corrompue par Minos grâce à des colliers d'or crétois.*
*La seconde occurrence se trouve dans le Ciris («l'Aigrette»), un poème attribué par les Anciens à Virgile mais probablement apocryphe. Ici, Minos poursuit un dénommé Polyidos, qui prend refuge à Mégare. Les Moires prédisent que la ville ne tombera pas tant que Nisos conservera sa mèche. Parallèlement, Héra punit Scylla, coupable d'une offense à son encontre, en la rendant amoureuse de Minos: elle coupe la mèche, tuant ainsi son père. Finalement, elle est traînée derrière les bateaux de Minos, sans doute pour parricide, jusqu'à ce qu'Amphitrite, prise de pitié, la métamorphose en aigrette. Zeus transforme alors Nisos en aigle, prédateur de l'aigrette.*
*Ovide livre ensuite la version la plus connue du mythe: Minos se rend à Athènes pour venger le meurtre de son fils Androgée par le roi athénien Égée. En chemin, il assiège Mégare. Scylla, apercevant Minos des remparts de la ville, s'en éprend et coupe la mèche. Minos, horrifié, abandonne Scylla, qui se jette dans la mer. Son père et elle sont ensuite métamorphosés.*"
(https://fr.wikipedia.org/wiki/Scylla_fille_de_Nisos)

[132]Ellen Oliensis, *Freud's Rome: Psychoanalysis and Latin Poetry*, Cambridge University Press, 2009, p. 107.

[133]http://josephdelteil.net/extrait.htm

[134]Pierre Tesquet, *Clefs pour Choléra: étude sur une œuvre de Joseph Delteil*, Paris, Pierre Jean Oswald, 1974, p. 62, commente ainsi: "*Dans la cave Carqueloune les trois filles se livrent entre elles à des jeux que Joseph Delteil dit être des jeux de la discordance et de la demi- lune», la véritable sensualité féminine exige de la lune une autre puissance.*"

[135]*Oeuvres complètes de Joseph Delteil*, Paris, Chez Bernard Grasset, 1984, pp. 117-118.

[136]"*... rédigée probablement vers 1886-1887. Claudel, qui avait alors environ dix-huit ans, envoya son manuscrit au comité de lecture du Théâtre de l'Odéon. Le manuscrit, tombé dans l'oubli, fut retrouvé en 1925 et publié en fac-similé. La pièce fut ensuite publiée en 1947 dans la Bibliothèque de la Pléiade, dans le tome I de l'édition du Théâtre de Claudel. Farce symboliste, L'Endormie se déroule dans une atmosphère féerique, poétique et bouffonne proche du Songe d'une nuit d'été.*
*Dans une clairière illuminée par la lune, de jeunes faunes s'ébattent tandis que le vieux Danse-la-Nuit évoque la nymphe Galaxaure: telle la Belle au bois dormant, elle attend que son prince charmant vienne la tirer de son sommeil. C'est alors que fait irruption la faunesse Volpilla. Cette farceuse joue un tour à Strombo, une vieille ivrogne, à qui elle promet du vin pour la faire courir et la précipiter dans un trou. Puis entre en scène le Jeune Poète. Porté par ses rêves poétiques et érotiques, il s'est introduit dans ce monde faunesque en poursuivant l'horrible Strombo qu'il avait prise pour une jolie nymphe. Volpilla en profite pour le tromper à son tour. Lui parlant de Galaxaure, Volpilla et Danse-la-Nuit font croire au jeune homme qu'il est l'élu dont les pouvoirs poétiques doivent réveiller la belle endormie. Ils font chanter le poète devant le trou où Strombo cuve son vin et le jettent dans les bras de l'énorme femelle, ce qui provoque la fureur du jeune homme. La pièce se conclut sur une farandole de faunes qui font d'ultimes agaceries au Jeune Poète berné.*" (http://www.paul-claudel.net/oeuvre/lendormie)

[137]Paul Claudel, *Théâtre I*, Paris, Collection "*La Pléiade*", Gallimard, 1965, p. 17

[138]http://www.artnet.com/artists/ren%C3%A9-magritte/visages-et-quilles-TB0hLGOTRBMh5y723jQecg2

[139]http://www.artnet.com/artists/ren%C3%A9-magritte/komposition-med-gon-och-munnar-_ZClpybkNJRYZITqtjyZvg2

[140]https://fr.pinterest.com/pin/360639882632927091/

[141]http://es.artsdot.com/@@/8EWR7N-Rene-Magritte-Les-Bijoux-indiscrets

[142]Gaétan Brulotte, *Œuvres de chair: figures du discours érotique*, Paris, L'Harmattan et Les Presses de l'Université Laval, 1998, p. 209.

[143]Olivier Asselin, "*Le marbre et la chair: le modèle tactile dans l'esthétique matérialiste de Diderot*", *Études françaises*, Vol. 42, No 2, 2006, pp. 15-19.

[144]Brodskaïa, p. 175.

[145]https://www.wikiart.org/en/rene-magritte/the-blank-signature-1965

[146]https://www.pinterest.com/pin/148618856429733979/

[147] "*Peinture signée en bas à droite: «magritte»; titrée au dos sur le châssis: La femme cachée et inscrit «(Breton)».*

*«Magritte est venu s'installer à Paris en 1927 où, d'après divers témoignages, il participait aux réunions de la rue Fontaine ou des cafés élus par les surréalistes. Il a été accepté dans le groupe surréaliste entre avril 1928 et février 1929. Le séjour parisien de Magritte, même s'il ne dure que trois ans, correspond à une période de production intense.» (d'après José Vovelle, Le surréalisme en Belgique, Bruxelles, André de Rache, 1972, pp. 69-71)*

*Pour la parution de l'«Enquête sur l'amour» dans le n° 12 de La révolution surréaliste Magritte imagina un montage où autour de son tableau, La femme cachée, sont réunis les portraits de seize surréalistes les yeux clos, à savoir de gauche à droite et de haut en bas: Alexandre, Aragon, Breton, Bunuel, Caupenne, Dalí, Eluard, Ernst, Fourrier, Goemans, Magritte, Nougé, Sadoul, Tanguy, Thirion, Valentin.*

*Cette enquête concernait «l'idée d'amour, seule capable de réconcilier tout homme, momentanément ou non, avec l'idée de vie». «Ce mot: amour, auquel les mauvais plaisants se sont ingéniés à faire subir toutes les généralisations, toutes les corruptions possibles (amour filial, amour divin, amour de patrie, etc.), inutile de dire que nous le restituons ici à son sens strict et menaçant d'attachement total à un être humain.»*

*Les réponses étaient attendues de la part «de ceux qui ont véritablement conscience du drame de l'amour (non au sens puérilement douloureux mais au sens pathétique du mot)»*

*Parmi les réponses à l'enquête, celle de Breton, concernant le passage de l'idée d'amour au fait d'aimer est étroitement liée à la signification du tableau de Magritte: «Il s'agit de découvrir un objet, le seul que je juge indispensable. Cet objet est dissimulé: on fait comme les enfants, on commence par être «dans l'eau», on «brûle». Il y a un grand mystère dans le fait que l'on trouve.» («Enquête sur l'amour», in: La révolution surréaliste, n° 12 - cinquième année, 15 décembre 1929, pp. 65-76)*

*Du «sens profond de tableau de Magritte nanti de son étrange inscription - qui joue, bien entendu, sur l'assertion bien connue concernant "l'arbre qui cache la forêt", étendue ici à "l'éternel féminin" dissimulé derrière chaque femme prise individuellement» Ferdinand Alquié nous en propose une séduisante explication dans Philosophie du surréalisme (Flammarion, Paris, 1955, p. 207): «Car tout objet, même évident, paraît d'abord nous cacher sa vraie réalité: elle ne se révèle qu'à notre inquiète attention. C'est ce que traduit la composition de Magritte imposant à nos yeux une femme nue trop visible, et l'entourant des mots: «Je ne vois pas la... cachée dans la forêt». José Pierre (présentation et commentaires de, précédés d'un texte d'André Breton, Tracts surréalistes et déclarations collectives 1922-1939, Tome I, 1922-1939, Paris, Eric Losfeld Éditeur, 1980, pp.425-426)*

*Quant à l'état de la peinture, d'après David Sylvester «si (la peinture) est disparue c'est parce que son état s'est gravement détérioré. Elle a considérablement noirci au fil des ans. Breton a voulu la nettoyer et une bonne partie de la couche de peinture s'est désagrégée. Plus tard, un restaurateur a stoppé la dégradation et laissé le tableau dans l'état où nous le voyons à présent. (Mais) à propos de ce que j'ai appelé une grave détérioration, il serait beaucoup plus juste de parler d'une transfiguration miraculeuse. L'accident arrivé à La femme cachée est peut-être le plus gratifiant qui ait jamais frappé une œuvre d'art moderne depuis la cassure du Grand Verre de Duchamp. Là où le corps s'est décomposé en un réseau de craquelures, une lueur dorée émane des interstices. Ces zones brisées et lumineuses de la peinture font un peu le même effet que la surface écaillée d'une icône délabrée.»*

*«Friction et désaccords ont jalonné les relations de Breton et de Magritte sans briser, toutefois, le lien d'estime qui les unit en profondeur.» Patrick Waldberg (René Magritte, Bruxelles, André de Rache, 1965, p. 223)*"
(http://www.andrebreton.fr/work/56600100382980)

[148] N.-B. Barbe, *Iconologia*, 2001, in *Sur-Réalisme*, 2004.
[149] Ramona Fotiade, *André Breton: The Power of Language*, Exeter, Elm Bank Publications, 2000, p. 133.
[150] http://www.expressio.fr/expressions/etre-canon.php
[151] http://blog.dictionary.com/bomb/
[152] http://english.stackexchange.com/questions/151370/did-the-slang-term-the-bomb-meaning-very-cool-come-from-the-american-jazz-sc
[153] María Ángeles Calero Fernández, *Sexismo lingüístico: Análisis y propuestas ante la discriminación sexual en el lenguaje*, Madrid, Narcea Ediciones, 1999, pp. 99-100.
[154] http://www.expressions-francaises.fr/expressions-e/2753-etre-un-canon.html
[155] J.-Ch.-X., Le petit citateur - Notes érotiques et pornographiques - Recueil de mots et d'expressions anciens et modernes, sur les choses de l'amour, etc., pour servir de complément au Dictionnaire érotique du professeur de langue verte, Paphos, s/n, 1869, p. 128.
[156] Alfred Delvau, *Dictionnaire érotique moderne - Par un professeur de langue verte*, Freetown, Imprimerie de la Bibliomaniac Society, 1864, p. 118.
[157] *Ibid.*, p. 263.
[158] *Ibid.*, p. 54.
[159] *Ibid.*

[160] Cf. par ex. http://jessehurlbut.net/wp/mssart/?tag=veil; http://jessehurlbut.net/wp/mssart/?tag=heavens-open et https://en.wikipedia.org/wiki/Hand_of_God_(art)
[161] https://en.wikipedia.org/wiki/File:Main_Justice_Louvre.jpg
[162] Delvau, p. 118.
[163] Delvau, *Dictionnaire de la langue verte - Argots parisiens comparés - Deuxième édition, entièrement refondue et considérablement augmentée*, Paris, E. Dentu, 1867, p. 31; *2ème édition revue, corrigée, considérablement augmentée par l'auteur, et enrichie de nombreuses citations*, Neuchâtel, Imprimerie de la Société des Bibliophiles Cosmopolites, 1874, pp. 23, 33, 44, 52, 230 et 329.
[164] https://www.wikiart.org/en/rene-magritte/the-connivance-1965
[165] http://www.artnet.com/artists/ren%C3%A9-magritte/etude-de-fleurs-3NSFxJLlsjTCEJxMT4QmhA2
[166] https://fr.pinterest.com/pin/454511787376310788/ Voir aussi le croquis *Carte postale avec deux croquis, Le Météore*, également de 1944, sur le site: http://artsalesindex.artinfo.com/auctions/Rene-Magritte-526722/Postcard-with-two-sketches,-Le-Meteore-1944
[167] http://www.alaintruong.com/archives/2012/04/09/23972054.html
[168] http://ressources.chateauversailles.fr/Louis-XIV-en-Apollon-dans-le-char-du-soleil-precede-par-l-Aurore-et-accompagne
[169] https://commons.wikimedia.org/wiki/File:Jean_Nocret_-_Louis_XIV_et_la_famille_royale_-_Google_Art_Project.jpg
[170] https://commons.wikimedia.org/wiki/File:Louis_XIV_jeune_%C3%A0_cheval.jpg
[171] http://www.keithgarrow.com/images/movements-futurism-boccioni-elasticity.jpeg
[172] https://auctionata.com/en/o/24448/david-burliuk-1882-1967-futurist-painting-cyclist-1916
[173] *Dictionnaire érotique moderne par un professeur de langue verte - Nouvelle édition, revue, corrigée considérablement augmentée par l'auteur et enrichie de nombreuses citations (Alfred Delvau)*, Bâle, Imprimerie de Karl Schmidt, 1850, p. 325.
[174] *Ibid.*, p. 368.
[175] *Ibid.*, p. 228.
[176] *Ibid.*, p. 293.
[177] https://fr.wiktionary.org/wiki/abatteur_de_quilles
[178] Delvau-Bâle, p. 2.
[179] *Ibid.*, p. 204.
[180] *OEuvres* de *Mathurin Régnier augmentées de trente-deux pièces inédites avec des notes et une introduction par M. Édouard de Barthélemy*, Paris, Poulet-Malassis, 1862, p. 146.
[181] *Ibid.*, note 2 p. 146.
[182] *Oeuvres de Rabelais édition variorum, augmentée de pieces inedites, des Songes drolatiques de Pantagruel, ouvrage posthume, avec l'explication en regard; des remarques de Le Duchat, de Bernier, de Le Motteux, de L'Abbe De Marsy, de Voltaire, de Ginguene, etc.; et d'un nouveau commentaire historique et philologique, par Esmangart et Eloi Johanneau*, Paris, ChezDalíbon, 1823, T. I "La vie de Gargantua et de Pantragruel en cinq livres", p. 116 et note 8 pp. 116-117.
[183] https://www.fine-arts-museum.be/fr/la-collection/rene-magritte-la-geante?artist=magritte-rene-1
[184] https://www.pinterest.com/pin/405394403941076697/
[185] https://www.pinterest.com/pin/381961612122120410/
[186] https://www.pinterest.com/pin/52424783142008455/
[187] https://www.fine-arts-museum.be/fr/la-collection/rene-magritte-la-lecture-defendue
[188] *Le Dossier pédagogique Magritte*, Service Éducatif, Musées Royaux des Beaux-Arts de Belgique, note 4 p. 19, http://www.extra-edu.be/pdf/Magritte_FR.pdf
[189] http://francoisquinqua.skynetblogs.be/magritte/
[190] https://www.fine-arts-museum.be/fr/la-collection/rene-magritte-le-goujat?artist=magritte-rene-1
[191] https://www.pinterest.com/pin/533043305873700477/
[192] Sur la foudre et le serpent comme symboles phalliques, cf. Aby Warburg, Le Rituel du serpent: récit d'un voyage en pays pueblo, Paris, Macula, 2003.
[193] http://www.expressio.fr/expressions/tailler-une-pipe.php
[194] http://www.naucellois.com/le-chateau-du-bosc.html et http://www.naucellois.com/IMG/jpg/caricature_et_cheval_de_lautrec.jpg
[195] http://www.linguee.fr/anglais-francais/traduction/birds+of+feather.html
[196] https://www.pinterest.com/pin/385761524316428406/
[197] https://fr.pinterest.com/pin/63261569746268707/

[198] http://www.art-madrid.com/noticia/Rene-Magritte-La-trahison-des-images
[199] http://francoisquinqua.skynetblogs.be/magritte/
[200] http://www.mattesonart.com/Data/Sites/1/magritte/The%20cape%20of%20the%20tempests%201945.jpg
[201] https://www.pinterest.com/pin/572872015073207733/
[202] https://www.pinterest.com/pin/381961612122120325/
[203] http://francoisquinqua.skynetblogs.be/magritte/
[204] Pour une interprétation comparative de ces deux toiles, cf. notre étude intitulée "*Magritte*" dans *La representación: Problema iconográfico central del Arte Contemporáneo*, Universidad de Málaga, pp. 114-224, http://www.revistakatharsis.org/Revista_katharsis_n_11_2012_ensayos.pdf
[205] http://jennifersanchezart.blogspot.ca/2013/03/highlights-at-morgan.html affinites electives 1932; https://joemontesinosi.files.wordpress.com/2009/12/las-afinidades-electivas-1933-magritte.jpg
[206] Nous utilisons ici le surnom que les Thessaliens donnaient à Neptune, car ils croyaient qu'il avait entr'ouvert les rochers afin de libérer le fleuve Pénée.
[207] Gillain, pp. 124-125.
[208] http://fr.wahooart.com/@@/8XYU63-Rene-Magritte-Entracte
[209] https://sites.google.com/site/siresdepons/Home/09-legendes
[210] http://www.getty.edu/art/collection/objects/54733/man-ray-le-violon-d'ingres-ingres's-violin-american-1924/
[211] Dont, similairement, l'association entre la femme et le violoncelle réapparaît dans le film *Zouzou* (1934) de Marc Allégret, probablement en allusion à cette emblématique photographie de Man Ray.
[212] http://last-picture-show.tumblr.com/post/105691564742/ren%C3%A9-margritte-exercices-spiritueles-1936
[213] https://www.wikiart.org/en/rene-magritte/perpetual-motion-1935
[214] http://www.4-construction.com/es/revista/fotografias/ciudades-en-las-pinturas-de-de-rene-magritte_8178/13670/ et http://www.sothebys.com/en/auctions/ecatalogue/2014/impressionist-modern-art-day-sale-n09220/lot.127.html
[215] https://www.pinterest.com/pin/454159943656506227/
[216] Les peintures de Magritte, tel *L'âge des merveilles*, http://www.artnet.com/artists/ren%C3%A9-magritte/l%C3%A2ge-des-merveilles-N6AE5pDHuVLOc9OXUUik6w2, doivent certainement, dans leur thème et leur visualité, à son collègue, également Belge, Paul Delvaux.
[217] http://provokr.com/art/magritte-at-the-pompidou/
[218] https://fr.pinterest.com/pin/433119689147460964/
[219] http://www.mattesonart.com/Data/Sites/1/magritte/The%20Philosophy%20in%20the%20Bedroom%20II%201962.jpg
[220] http://www.mattesonart.com/Data/Sites/1/magritte/Homage%20to%20Mack%20Sennett%20En%20Memoire%20de%20Mc%20Sennett,%201934.jpg
[221] "*Also beginning in 1915, Sennett assembled a bevy of girls known as the Sennett Bathing Beauties to appear in provocative bathing costumes in comedy short subjects, in promotional material, and in promotional events like Venice Beach beauty contests. Two of those often named as Bathing Beauties do not belong on the list: Mabel Normand and Gloria Swanson. Mabel Normand was a featured player, and her 1912 8-minute film The Water Nymph may have been the direct inspiration for the Bathing Beauties. Although Gloria Swanson worked for Sennett in 1916 and was photographed in a bathing suit, she was also a star and "vehemently denied" being one of the bathing beauties. Not individually featured or named, many of these young women ascended to significant careers of their own. They included Juanita Hansen, Claire Anderson, Marie Prevost, Phyllis Haver, and Carole Lombard. In the 1920s Sennett's Bathing Beauties remained popular enough to provoke imitators like the Christie Studios' Bathing Beauties (counting Raquel Torres and Laura La Plante as alumnae) and Fox Film Corporation's "Sunshine Girls" (counting Janet Gaynor as alumna). The Sennett Bathing Beauties would continue to appear through 1928.*" (https://en.wikipedia.org/wiki/Mack_Sennett#Sennett_Bathing_Beauties) on trouve des photographies prises par Sennett lui-même de ses "*beautés*" sur les sites https://www.picsofcelebrities.com/celebrity/mack-sennett/pictures/mack-sennett-news.html et http://138.23.124.165/collections/permanent/object_genres/photographers/sennett/gallery.html
[222] http://www.mattesonart.com/Data/Sites/1/magritte/Giaconda%201953.jpg
[223] http://blog.legardemots.fr/post/2010/09/23/Golconde
[224] http://www.the-athenaeum.com/art/detail.php?ID=87744
[225] https://fr.wikipedia.org/wiki/Okapi
[226] https://www.wikiart.org/en/rene-magritte/the-cut-glass-bath-1946

[227] Jean-Charles Gateau, *Éluard, Picasso et la peinture (1936-1952)*, Genève, Librairie Droz, 1983, p. 235.
[228] Freddy Buache, *Buñuel*, Lausanne, L'Âge d'Homme, 1980, pp. 17-23.
[229] http://culturainquieta.com/es/fotografia/item/2470-in-voluptas-mors.html
[230] *Mélusine - Cahiers du Centre de Recherches sur le Surréalisme*, No VII "*L'âge d'or l'âge d'homme*", Paris, L'Âge d'Homme, 1985, note 64 p. 179.
[231] https://www.pinterest.com/pin/42362052719812551/
[232] http://www.museothyssen.org/thyssen/ficha_obra/3
[233] Frédérique Berger, *Symptôme et structure dans la pratique clinique - De la particularité du symptôme de l'enfant à l'universel de la structure du sujet*, Doctorat en Psychologie, Mention: Psychologie Clinique, Psychopathologie, Psychanalyse, Sous la direction de Claude-Guy Bruère-Dawson, Université Paul Valéry - Montpellier III, 2003, pp. 35-43.
[234] *Ibid.*, pp. 46-47.
[235] *Ibid.*, pp. 68-71.
[236] http://www.mattesonart.com/Data/Sites/1/magritte/Field%20Glass%20aka%20La%20Lunette%20d'approche,%201963telescope.jpg
[237] http://www.123inspiration.com/fashion-editorial-inspired-in-the-work-of-rene-magritte/
[238] https://www.wikiart.org/en/rene-magritte/almayer-s-folly-1951
[239] "*I caused the iron bells hanging from the necks of our admirable horses to sprout like dangerous plants at the edge of an abyss.*" (Suzi Gablik, *Magritte*, Greenwich, New York Graphic Society, 1970, 1970, p. 183)
[240] http://rene-magritte-paintings.blogspot.com/2007/08/le-bouquet-tout-fait-1957.html
[241] Edgar Wind, *Los misterios paganos del Renacimiento*, Barcelona, Barral, 1972, cap. VII et VIII, pp. 119-144.
[242] http://www.christies.com/lotfinder/Lot/rene-magritte-1898-1967-les-surprises-et-4905166-details.aspx
[243] https://www.pinterest.com/pin/383720830721946723/
[244] https://lockerdome.com/6298127896424001/6943343624066580
[245] https://www.pinterest.com/pin/291819250827910263/
[246] https://www.wikiart.org/es/rene-magritte/invisible-world-1954
[247] https://www.wikiart.org/en/rene-magritte/portrait-of-stephy-langui-1961
[248] https://www.pinterest.com/pin/385761524317280106/
[249] http://www.invaluable.com/auction-lot/edouard-leon-theodor-mesens-belgium-1903-1971-167-c-8c431d2cae
[250] http://www.mattesonart.com/1943-1947-sunlit-renoir-period.aspx
[251] https://www.pinterest.com/pin/405394403941279004/
[252] http://rene-magritte-paintings.blogspot.com/2007/08/la-folie-des-grandeurs-1948-1949.html
[253] http://totallyhistory.com/rene-magritte-paintings/
[254] https://www.menil.org/collection/objects/1855-megalomania-la-folie-des-grandeurs
[255] http://www.christies.com/lotfinder/Lot/rene-magritte-1898-1967-la-folie-des-5650361-details.aspx
[256] http://www.mattesonart.com/Data/Sites/1/magritte/The%20Art%20of%20living%201964.jpg
[257] https://www.fine-arts-museum.be/fr/la-collection/rene-magritte-dessin-pour-la-page-de-titre-de-linvention-collective-avril-1940?artist=magritte-rene-1
[258] https://www.fine-arts-museum.be/fr/la-collection/rene-magritte-dessin-pour-la-page-de-titre-de-linvention-collective-avril-1940?artist=magritte-rene-1
[259] Gottfried Wilhelm Freiherr von Leibniz, *Discurso sobre la teología natural de los chinos*, éd. de Lourdes Rensoli Laliga, Buenos Aires, Prometeo, 2005, pp. 151-152.
[260] file:///D:/Escritorio/WORKS/MAGRITTE/PICS/Belgique%20-%20Ren%C3%A9%20Magritte_%20La%20baigneuse%201925.html
[261] http://www.mattesonart.com/Data/Sites/1/magritte/Le%20Journal%20Intime,%201964.jpg
[262] http://www.mattesonart.com/Data/Sites/1/magritte/When%20the%20Hour%20%20Strikes%20Quand%20l'heure%20sonnera,%201964-65,%201966.jpg
[263] "*9. Dream of a chemist*", http://www.yorku.ca/pclassic/Freud/Dreams/dreams6b.htm
[264] http://www.imdb.com/title/tt1034331/quotes
[265] http://francoisquinqua.skynetblogs.be/magritte/
[266] http://elhurgador.blogspot.com/2012/01/manos-la-obra-i-magritte-pollock-freud.html
[267] https://www.pinterest.com/pin/515943701045546526/
[268] http://archiveofaffinities.tumblr.com/post/18775283945/ren%C3%A9-magritte-the-roses-of-ispahan-1965
[269] http://www.sothebys.com/en/auctions/ecatalogue/2006/impressionist-modern-art-day-sale-n08241/lot.447.html

[270] *Ibid.* Et http://www.artnet.com/artists/ren%C3%A9-magritte/parmi-les-bosquets-l%C3%A9gers-mMLgTqkx759h13xFYEzc8A2 et http://www.mattesonart.com/Data/Sites/1/magritte/Among%20the%20groves%20%20legers%20Parmi%20les%20bosquets%20legers,%201965.jpg

[271] Michel Servière, "*Gravida-Gravida*", *Psychanalyse et anthropologie prospective: actes du colloque du Centre d'anthropologie prospective de l'Institut de philosophie de l'Université de Rouen (1973)*, Paris, P.U.F., 1974, p. 62.

[272] Jean-Claude Razavet, *De Freud à Lacan - Du roc de la castration au roc de la structure*, Louvain-la-Neuve, De Boeck Supérieur, 2008, p. 13.

[273] http://www.the-athenaeum.org/art/detail.php?ID=221092

[274] http://www.artvalue.fr/auctionresult--magritte-rene-1898-1967-belgiq-untitled-personnages-assis-1488285.htm

[275] https://www.fine-arts-museum.be/fr/la-collection/rene-magritte-sans-titre?artist=magritte-rene-1

[276] https://fr.wikipedia.org/wiki/Le_Nez

[277] http://www.mattesonart.com/Data/Sites/1/magritte/Les%20Menottes%20de%20cuivre.%201931.jpg

[278] http://www.arteenventa.com/America/Cuba/Ciudad_de_La_Habana/Playa/foto_78582.htm

[279] http://nodularity.tumblr.com/post/22059124815/rene-magritte-with-his-wife-georgette

[280] http://regardintemporel.tumblr.com/post/103659974701/grigiabot-rene-magritte-the-mystery-of-the

[281] Sur le symbolisme de l'autoengendrement, cf. notamment Georges Devereux, *Femme et mythe*, Paris, Flammarion, 1982.

[282] http://www.mattesonart.com/1949-1960-mature-period.aspx

[283] https://fr.wikipedia.org/wiki/La_Vierge_%C3%A0_la_chaise

[284] Nous renvoyant à *La voix du sang* (dont, pour le titre, il est bon de relever que dans l'arbre se superposent une boule et une maison, symboles, respectivement, phallique - testiculaire - et maternel - la maison bettelheimienne -, la transformation de "*voie*" en "*voix*" pourrait bien faire référence à l'acte en lui-même, c'est-à-dire à l'extase orgasmique); notons, en ce sens, qu'""*Un albero tagliato*" *was an idiomatic expression for a castrated man, a sign of powerlessness that might further amplify this image. See* Emision, "*Asleep in the Grass of Arcady.*"" (Maria Ruvoldt, *The Italian Renaissance Imagery of Inspiration: Metaphors of Sex, Sleep, and Dream*, Cambridge University Press, 2004, note 7 p. 196). Faut-il induire, par le texte d'Henri Michaux ("*La lune, lassée d'être toujours derrière, cette fois se présente devant les arbres de la forêt, devant une maison isolée, toute naturelle, pas moins particulière, et faisant rêver, la même apparemment qui chaque mois refait ses éternelles figures qui se suivent sans surprise.*") d'"*En marge d'"En rêvant à partir de peintures énigmatiques'*", 1972, Michaud, *Œuvres complètes*, Paris, Gallimard, 2004, T. III, p. 707), puisque "*Dans* (une) *variante, l'auteur met l'accent sur la cîme fendue de l'arbre qui s'orne d'un feuillage touffu et révélateur dans son omniprésence (Voir cat. No 68).*" (René Magritte: Fondation de l'Hermitage (donation famille Bugnion), Lausanne, 19 juin-18 octobre, 1987, Fondation de l'Hermitage, 1987, p. 194), un motif anal, par les deux portes ouvrantes de l'arbre (à mettre, dès lors, en relation avec les vasistas de Francis Picabia, cf. notre ouvrage, dans la présente Collection, sur *Le Grand Verre*), et par association avec le tronc coupé, symbole lingüistique de castration en italien, nous venons de le dire, et présenté par la hache dans la version des *Travaux d'Alexandre*. Ainsi: "*Rudolf Koella (2005) Mit seinem Landsmann Paul Delvaux (Inv. GE30DL) zählt René Magritte zu den wichtigsten Vertretern des sogenannten veristischen Surrealismus, der überhaupt eine belgische Spezialität war. Seit seinen Anfängen Ende der zwanziger Jahre zeichnet sich sein Schaffen vor allem dadurch aus, dass es Aspekte der realen Welt fast übertrieben exakt wiedergibt, sie aber in einen ihnen völlig fremden Kontext versetzt. Dies erklärt, weshalb von Magrittes Bildern eine so irritierende Wirkung ausgeht. Das vorliegende großformatige Gemälde, das der Künstler mit einem kleinen Entwurf in Gouachetechnik vorbereitet hatte, war erstaunlicherweise gar nicht als selbständiges Kunstwerk gedacht, sondern als Modell - oder wie man früher sagte: als Karton für ein Wandbild. Mit Hilfe dieser Vorlage bereitete Magritte 1953 ein riesiges Auftragswerk von 72 Metern Länge vor, das den großen Spielsaal des Kasinos von Knokke an der belgischen Kanalküste schmücken sollte. (Vgl. David Sylvester/Sarah Whitfield/Michael Raeburn, René Magritte: Catalogue raisonné, Bd. III, Houston/Antwerpen 1993, Nr. 791 (7). - Hier ist auch die erwähnte Gouache abgebildet (Bd. IV, Antwerpen 1994, Nr.1366).) Das achtteilige «surrealistische Panorama», dem der Künstler den Übertitel* Die verwunschene Gegend *gab, zitiert Themen und Motive, die ihn seit Ende des Krieges intensiv beschäftigt hatten. Allein auf dem vorliegenden siebten Teil sind gleich drei solcher früher behandelten Motive zu erkennen: Stammen die maskierten Äpfel aus dem Bild* La valse hésitation, *so bezieht sich der Baumstrunk mit der Axt auf* Les travaux d'Alexandre *und der Baum mit den Schubladen auf* La voix du sang. *(Vgl. Sylvester/Whitfield/Raeburn 1993 (wie Anm.1), Nrn. 738, 731, 625.) In einer kleinen Publikation, die Magritte mit dem befreundeten Dichter Paul Colinet nach Abschluss der*

*Arbeiten herausgegeben hat, sind diese Themen und Motive poetisch umschrieben. Zum vorliegenden Bild Nr. VII heißt es: «Man entdeckt am Meeresufer zwei sich besuchende Äpfel, die von sehr weit hergekommen sind. Sie lächeln verhalten, von allem befremdet, was sie erblicken. Ein Baumstrunk windet sich in seinem Unheil. Ein stehengebliebener Baum lüftet seine Geheimnisse.» (Paul Colinet/Rene Magritte, Le Domaine enchanté, panorama surrealiste de René Magritte, Knokke 1953. - Der Text zu Bild Nr. VII lautet wörtlich: «Il y a, sur le rivage de la mer, deux pommes/visiteuses, venues de tres loin. Elles sourient/en sourdine, étrangères à ce qu' elles regardent./Une souche d'arbre se crispe sur son désastre. / Un arbre resté debout révèle ses secrets.»).*" (https://www.reddit.com/r/museum/comments/8grzno/ren%C3%A9_magritte_the_enchanted_domain_1953) En ce sens, comme "*Le titre (La voix du sang) fut donné par Paul Colinet au cours d'une soirée passée chez les Rakofsky.*" (*René Magritte: Fondation de l'Hermitage (donation famille Bugnion), Lausanne, 19 juin-18 octobre, 1987*, p. 194), il n'est pas inutile de faire mention du dessin, par Magritte, de *Colinet faisant dans son vase*, http://www.artnet.fr/artistes/ren%C3%A9-magritte/paul-colinet-faisant-dans-son-vase-RijLU6MZN4IqHaXMLQicGA2, titre manuscrit par l'artiste (tout en précisant, cependant, que Colinet y est représenté urinant en chemise de nuit et debout dans un pot de chambre). Ajoutons que *La voix du sang*, avec sa boule au-dessus d'une maison dans une sorte d'arbre osirien les contenant, ouvert par des battants d'écorce, peut, par son titre encore, faire penser que, dans l'ordre machiste, de l'art surréaliste en général, et magrittien en particulier, et résolvant indirectement, ou, du moins, appuyant notre analyse de la Voie Lactée du *Grand Verre* comme objet interne de type prostate-poitrine, aussi bien dans sa trompe que dans ses espaces à pistons, la maison est une poitrine, et la boule une pomme d'Adam, en outre par correspondance avec le groupe parallèle du couple de pommes du *Domaine enchanté* , ce qui expliquera, par le thorax vocalisé implicitement par la boule, dans une végétalisation de l'humanité similaire à celle que l'on trouve notamment dans la série d'*Histoire Naturelle* (1925-1926) de Max Ernst. Cela peut être confirmer par deux voix différentes, se recoupant: d'une part, le lien de titre avec *La voix du silence*, freudienne pièce à la table tendue de nappe blanche à côté d'un piédestal recevant un vase de violettes, et de forme, par le biais, de nouveau, du *Domaine enchanté*, avec *La chambre d'écoute*. De l'autre, par le fait que Magritte représente bien, en 1960 et 1961, des accumulations de maisons (ce qui nous renvoie à ce que nous venons de dire par rapport à notre analyse du *Grand Verre*, et dans celle-ci, à notre comparaison entre l'oeuvre duchampienne et celle de Louise Bourgeois) intitulées *La Poitrine*, https://www.pinterest.fr/pin/343821752780104819/?lp=true et https://www.pinterest.fr/pin/224335625169446635/, d'autant que la pièce *La Maison d'os* de Roland Dubillard en Novembre 1962 au Théâtre de Lutèce, mise en scène par Arlette Reinberg, le fut avec un dispositif scénique de Pedro Soler et des sculptures de Tomshinsky, "*construit comme une cage thoracique*" (Marie-Claude Hubert, *Le nouveau théâtre : 1950-1968*, Paris, Honoré Champion, 2008, p. 251); on peut encore citer l'extrait de Maxime Alexandre (*Die Tat*, Zurich, Janvier 1951, pp. 230-231, dans *Cahiers du Centre de Recherche sur le Surréalisme Mélusine No XVIII Maxime Alexandre, un surréaliste sans feu ni lieu*, Lausanne, L'Âge d'Homme, 1998) pour preuve du lien entre la figure féminine et la maison (nous l'avons dit, bettelheimienne): "*Les images liées aux trois sœurs demeurent intimement mêlées aux images de mon village natal. Je ne peux évoquer les unes sans les autres. Les trois sœurs m'ont accompagné jusqu'à aujourd'hui. Je les nomme sans exagération et avec la meilleure conscience du monde mes anges gardiens. Mes rêves prouvent qu'elles le sont vraiment. Parfois quand je me promène dans ma maison natale, je rencontre les trois sœurs réunies dans l'une des chambres. Elles forment un tribunal d'anges, et me récompensent toujours pour mes bonnes actions, jamais elles ne trouvent de quoi me réprimander. Je sais que je ne le mérite pas toujours, mais elles me permettent d'oublier tout ce qui est dur et mauvais en m'attirant affectueusement contre leur poitrine. Je rêvai un jour que je les rencontrais sur le seuil enneigé un soir de réveillon: elles me prirent par la main et me conduisirent très vite dans la pièce chauffée et solennellement illuminé où m'attendait une aimable société. Les trois sœurs étaient chez elles dans ma maison.*" On retrouve encore le lien maison-femme-gazon-mur-ravin-poitrine chez Éluard, dans un rapport dialectique que rencontre Jean-Charles Gateau, Paul Éluard et la peinture surréaliste (1910-1939), Genève, Librairie Droz, 1982, p. 269, entre les poèmes "*La Liberté*" et "*C'est elle*", ce dernier des *Mains Libres* (1937) que nous reproduisons à continuation:

"*Sur cette étoile de gazon c'est elle
C'est elle dans cette maison déserte*

*C'est elle dans cette rue sombre*
*C'est elle sur ce monument*
*C'est elle parmi ces sauvages*
*C'est elle sur ce sein mendiant*
*C'est elle dans la neige là*
*Toujours derrière un mur*
*Comme au fond d'un ravin.*" (https://lesmainslibresmanrayeluard.wordpress.com/2014/09/22/7-cest-elle/)
On trouve déjà chez Charles Cros, au début de "*Lassitude*" (*Le Coffret de santal*, Paris, Tresse, 1879, p. 272), le lien entre maison et, sinon poitrine, au moins âme:
"*Pendant de longues périodes dans la vie courte, je m'efforce à rassembler mes pensées qui s'enfuient, je cherche les visions des bonnes heures.*
*Mais je trouve que mon âme est comme une maison désertée par les serviteurs.*
*Le maître parcourt inquiet les corridors froids, n'ayant pas les clefs des pièces hospitalières où sont les merveilles qu'il a rapportées de tant de voyages.*"
Notons, finalement, qu'aussi bien *La voix du silence* comme *La chambre d'écoute*, que nous avons citée parallèlement, par leurs titres respectifs renvoient bien à l'idée vocale, comme *La voix du sang*, laquelle, à son tour, fait pont entre les deux (par la double référence vocale, par le titre: *La voix du silence/du sang*, et progénitrice, par le thème: *La voix du sang/La chambre d'écoute*), donc de cage thoracique que nous supposons dans *La voix du sang*. Ajoutons encore à cela le fait que, comparée à *La chambre d'écoute*, *La voix du sang* présente la maison (symbole féminin de l'intimité domestique et donc, nous l'avons dit, maternelle) à l'intérieur du tronc, la boule pointant au-dessus, comme le doigt dans *Lecture défendue/La révélation du présent* (pour ce qu'il faudra donc bien donner à cette boule une interprétation, avant tout, sexuelle). C'est "*l'appartement de mon corps*" de Paul Féval: "*Voyez! vous pouvez me frapper, vous ne le trouverez pas dans l'appartement de mon corps! J'ai défiance de vous. Vous êtes mes ennemis! tous!*" (*Les Habits Noirs 3 La rue de Jérusalem*, Paris, Marabout Géant, 1967, p. 86; cf. aussi, dans le même volume, à propos des chameaux: "*C'est des vilaines bêtes, mais fidèles à l'amitié et qui gardent une poire pour la soif dans l'intérieur de leur tempérament... Est-ce que vous dormez, papa Badoît? Hé! là-bas! Mon narré n'est pas de votre goût, peut-être?*", p. 207) En de même sens, comme nous le notons dans le texte du présent Volume, on rapprochera ce concept du *Visage de Mae West (pouvant être utilisé comme appartement surréaliste)* de Salvador Dalí.

[285]http://www.the-athenaeum.org/art/detail.php?ID=94283
[286]https://www.pinterest.com/pin/515943701045128585/
[287]http://artandopinion.tumblr.com/post/26435539224/women-of-gallantry-1962-paul-delvaux
[288]"*Con relación a esos recuerdos de la niñez de Delvaux, cuentan sus biógrafos que este queda profundamente impresionado cuando con nueve años, lee el libro de Julio Verne "Veinte mil leguas de viaje submarino" que le había dejado el que era secretario de su padre y que pocos meses después leerá con avidez "Viaje al centro de la tierra" libro que con motivo de su primera comunión, le regalaría su tía Adela y que le convertiría ya en un ferviente lector de Verne.*
*Aquellos libros, los grabados que ilustraban los mismos y muchos de sus personajes quedarán para siempre en el recuerdo de Paul Delvaux que, a partir de 1939, comenzará a colocar a dichos personajes en muchos de sus lienzos, acción que repetirá ya de forma intermitente hasta 1971, fecha en que pinta su "Homenaje a Julio Verne", cuadro que hoy visitamos.*
*En este cuadro podemos observar como dentro de una de las grandes estaciones o tinglados portuarios característicos en la obra de Delvaux, aparecen dos personajes clásicos de las novelas de Verne, el geólogo Otto Lidenbrock y el astrónomo Palmyrin Rosette. Otto Lidenbrock es el hombre que con las gafas sobre la frente escruta con una especie de lupa alguna pieza o algún tipo de material mientras Palmyrin Rosette, el individuo situado más al fondo, parece observar a la adolescente del sombrero naranja.*
*Otto Lidenbrock es el profesor que en la novela de Verne, "Viaje al centro de la Tierra" emprenderá la aventura de intentar llegar a las entrañas de la tierra después de un largo periplo que comenzará con la entrada por el volcán Sneffels, un volcán apagado de Islandia. Delvaux colocará al personaje Otto Lidenbrock en muchos de sus cuadros y siempre con la misma imagen y copia fiel del grabado que apareció en la primera edición de la novela publicada en 1867 e ilustrada por Edouard Riou. Así, veremos siempre al mismo Otto Lidenbrock, en la serie de lienzos titulada "Las fases de la luna" o en "El Congreso". También aparece en algunos cuadros sin el aspecto del antiguo grabado como es el caso de "Le Sabbat" donde le representa elegantemente vestido contemplándose en un gran espejo o en "El homenaje a Fellini", uno de los últimos cuadros de Delvaux.*

El astrónomo Palmyrin Rosette es el personaje extraído de la novela "Héctor Servadac. Viajes y aventuras a través del mundo solar " en el que Palmyrin, junto con otros personajes, viaja a través del sistema solar a lomos de un gigantesco cometa. También la imagen de Palmyrin, está extraída de los grabados realizados para la primera edición de la novela de Verne en 1877 por el dibujante Paul Philippoteaux. A Rosette le encontraremos también, siempre con su pajarita y su largo abrigo, en numerosos cuadros entre ellos, "Los astrónomos", "Las señoritas de Tongres" y "Dulce noche" o, como en el cuadro que hoy vemos, coincidiendo con Otto Lidenbrock.
En este "Homenaje a Julio Verne" se dice que el joven desnudo que mira tímidamente al suelo corresponde a Paul Delvaux que se representa aquí como en un recuerdo testimonial de su encuentro con la sexualidad y el abandono de la niñez. La adolescente desnuda es una de las "belles de nuit" como el llamaba a esas mujeres de mirada perdida que pueblan sus cuadros y que él decía que los iluminaban con su sensualidad. Al fondo, en el horizonte, se divisa un barco que también nos trae a la cabeza pasajes marinos de las novelas de Verne." (http://desdeelotroladodelcuadro.blogspot.com/2012/05/hommage-jules-verne-paul-delvaux.html)

[289]http://www.artnet.com/artists/ren%C3%A9-magritte/le-caprice-G5pPGjKnYhS59o_JhMSnvA2

[290]Deux origines possibles pour celles-ci: les fruits énormes, produits idéologiques de la propagande de guerre du "*Think big!*", Francine Stalport, *Je vous Aime Devinez Qui?... L'art de la carte postale*, Paris, La Martinière, 2013, p. 177, représentant des oignons, cochons, maïs, melons, ou gibiers gigantesques, *ibid.*, pp. 180-187, montrent, aussi, une tout aussi colossale paire de pommes rouges sur un wagon de transport, qui peuvent bien avoir inspiré les pommes, notamment de *La chambre d'écoute*; et l'article "*Chronique d'Abraham*" de Max Goth, dans le No 3 (1er Mars 1917) de *391*, s/n, où est affirmé: "*Toute faculté d'invention demeurant dévolue aux seuls fils d'Abraham, les fils d'Adam doivent se contenter de la seule faculté de découverte. Trois pommes sur un compotier, nous l'avons dit, peuvent induire tel fils d'Adam en un perpétuel étonnement. Trois pommes sont trois pommes. Et c'est vert. Et c'est rouge. Et c'est rond. Ces découvertes peuvent suffire à toute une vie.*"

[291]La femme à la violette étant reproduite sur le site https://www.wikiart.org/en/rene-magritte/the-great-war-1964-1?utm_source=returned&utm_medium=referral&utm_campaign=referral

[292]https://www.pinterest.com/pin/342555115390277252/

[293]http://www.mattesonart.com/1949-1960-mature-period.aspx

[294]*Ibid.*

[295]http://www.mattesonart.com/1961-1967-later-years.aspx

[296]https://en.wikipedia.org/wiki/No_Exit_(1962_film)

[297]https://es.wikipedia.org/wiki/Huis_Clos_(A_puerta_cerrada)

[298]"*Un beau matin, le grand écrivain était arrivé un peu en retard; la salle du restaurant était bondée de jolies femmes et de boursiers apoplectiques, dont quatre écaillères aux bras nus, aux muscles ronflants comme des cariatides de Puget, arrivaient à peine à satisfaire la fringale. Il n'y avait plus qu'une seule place libre, et c'était en face de Pontmartin, auquel un garçon venait d'apporter une douzaine de cancales, blanches, grasses, ruisselantes de fraîcheur, admirables... Barbey, que son goût pour les bivalves incitait à l'amabilité, sinon à l'indulgence, s'approcha, et désignant le siège demeuré vacant: — Vous permettez, vicomte? Mais l'autre, avec une glaciale insolence: — Je regrette beaucoup, Monsieur, mais j'ai l'habitude de déjeuner seul... Barbey d'Aurevilly s'était cabré sous l'injure, mais, tout de suite, désignant les huîtres de son jonc à béquille d'or, il s'écria, d'une voix tonnante: — Morbleu, vicomte, je ne comprends pas, vous êtes pourtant treize à table! Puis il sortit tranquillement, pendant que Pontmartin, atterré, complètement abasourdi, eût trouvé la riposte.*" (Marcel Paquet, *Critique au ralenti*, Namur, J. Godenne, 1935, pp. 127-128) D'après les souvenirs racontés par Stéphane Mallarmé. L'épisode se tint: "*Boulevard des Italiens*, (à) *la Maison Dorée - dont la délicate ornementation de style Renaissance est l'oeuvre du sculpteur Lechesne mort il y a quelques années dans la misère - était un des plus fameux restaurants des Boulevards. On y soupait au champagne et l'on y dégustait des huîtres d'une fraîcheur incomparable, des mollusques d'une renommée universelle. Barbey venait souvent déjeuner là, bien qu'il fût sûr d'y rencontrer nombre des ennemis que lui avaient attirés ses article "à l'huile de vitriol" et, parmi eux, le vicomte Armand de Pontmartin, critique célèbre sous l'Empire, adversaire acharné de Sainte-Beuve et ennemi personnel de Barbey d'Aurevilly qui, à maintes reprises, l'avait vertement fustigé dans ses chroniques.*" (Gustave Le Rouge, *Verlainiens et décadents*, Paris, Julliard, 1993, pp. 204-205)

[299]http://www.paris-art.com/tres-a-table/ et, à l'inverse, "*Ne pas être très à table, (faire semblant)*" (http://www.onvousremplace.com/category/non-classe/)

[300]https://fr.wikipedia.org/wiki/Pouss%C3%A9e_d'Archim%C3%A8de

[301]Dont voici la variante, extraite du site http://www.yiu.net/forum/viewtopic.php?f=7&t=88&start=1320&st=0&sk=t&sd=a&sid=7a2f214ee1ae769c50e335844b38ec40&view=print: "*C'est une belle soirée avec plein de jeunes réunis chez l'un d'eux. Quelqu'un propose une partouze. Vote unanime de l'assemblée: l'aventure commence.*

*La lumière s'éteint. Des gémissements surgissent. La soirée prend de l'ampleur. Tout d'un coup, un type rallume la lumière. Tout le monde réagit: "p'tain, tu fais chier, ferme ca..." Il éteint, tout reprend et quelques minutes après, il allume à nouveau. Même réaction des convives: il eteint.*
*Quelques minutes après, il allume encore une fois la lumière. Les protestations reprennent, mais là le type s'enerve en disant: "Ah non hein, cette partouze elle est nulle: ca fait trois fois que je me fais enculer et j'ai toujours pas baisé..."*[1]

[302] Toute cette série étant reproduite sur le site http://www.furgaleria.pl/blog/73/Zakazany+owoc+czyli+o+jab%C5%82kach+w+sztuce..html

[303] http://www.christies.com/lotfinder/Lot/rene-magritte-1898-1967-les-belles-realites-5616094-details.aspx; http://arthistorynewsreport.blogspot.com/2015/02/magritte-at-auction.html; http://www.furgaleria.pl/blog/73/Zakazany+owoc+czyli+o+jab%C5%82kach+w+sztuce..html

[304] Yves-Marie Bouillon, "*«La Grande Guerre» de Magritte: deux tableaux et un seul titre...*", http://psychologuebrest.fr/blog/la-grande-guerre-de-magritte-deux-tableaux-et-un-seul-titre/

[305] https://www.pinterest.com/pin/412290540866822005/

[306] "*10. Magritte et le communisme: "Changer la vie"*", XTRA-EDU, le site d'EDUCATEAM - Service éducatif - Musées royaux des Beaux-Arts de Belgique, http://www.extra-edu.be/Theme10?PHPSESSID=2abec29397429feb127af53bb29b8342

[307] https://www.ebooksgratuits.com/html/rosny_la_jeune_vampire.html

[308] Florent Montaclair, *Le vampire dans la littérature romantique française, 1820-1868: textes et documents*, Presses Universitaires de Franche-Comté, 2010, traduction de l'anglais par John William Polidori, pp. 216-217.

[309] https://www.wikiart.org/en/rene-magritte/meditation-1936

[310] https://es.pinterest.com/pin/473863192025920867/

[311] https://es.pinterest.com/pin/473863192027078990/

[312] https://www.fine-arts-museum.be/fr/la-collection/rene-magritte-la-voleuse?artist=magritte-rene-1

[313] Stephenson Craig, "*La tortue*", *Cahiers jungiens de psychanalyse*, 2/2008, No 126, p. 56.

[314] *Ibid.*, pp. 66-67.

[315] "*Most of those animals which are utilised as genital symbols in mythology and folklore play this part also in dreams: the fish, the snail, the cat, the mouse (on account of the hairiness of the genitals), but above all the snake, which is the most important symbol of the male member.*" (*The Interpretation of Dreams*, Chapter 6E "*Representation in dreams by symbols: some further typical dreams*", https://books.eserver.org/nonfiction/dreams/chap06e)

[316] file:///D:/Escritorio/WORKS/MAGRITTE/PICS/Ren%C3%A9%20Magritte%20_%20Souvenir%20de%20voyage%20_%20Images%20d%E2%80%99Art.html

[317] Cf. notre travail sur "*Alina Reyes et le corpus naturaliste*", *Quipos*, No 127, Juin 1995, pp. 9-14.

[318] http://mimisato.blogspot.com/2015/11/rene-magritte_89.html

[319] https://www.pinterest.com/pin/572872015079655546/

[320] http://www.paintingstar.com/static/gallery/2011/05/04/52d237e8917c8.jpg?Alice+au+pays+des+Merveilles+Artwork+by+Rene+Magritte; http://zedlande.free.fr/album/tableaux/Magritte,%20Ren%E9/alice%20au%20pays%20des%20merveilles.jpg; http://www.mattesonart.com/Data/Sites/1/magritte/Alice%20in%20Wonderland-%201952.jpg; http://www.artnet.com/WebServices/images/ll00396lldG2bEFgVeECfDrCWvaHBOcP5C/ren%C3%A9-magritte-alice-au-pays-des-merveilles.jpg

[321] https://www.wikiart.org/en/rene-magritte/alice-in-wonderland-1945

[322] N.-B. Barbe, "*Salvador Dalí*", *Nuevo Amanecer Cultural*, 6/8/2005, p. 10.

[323] Le court-métrage *La Cravate*, https://www.youtube.com/watch?v=CaGMHROrgxQ, (https://fr.wikipedia.org/wiki/La_Cravate) de Jodorowsky étant une préfiguration, qui, pour le thème initial central du chapelier et du changement de chapeau (les difficultés pour trouver un chapeau chez Prévert se transformant inconformité des corps avec leurs têtes chez Jodorowsky), renvoie à *L'affaire est dans le sac*, https://www.youtube.com/watch?v=UlOsmELnNnI, (1932, https://fr.wikipedia.org/wiki/L%27affaire_est_dans_le_sac) des frères Pierre et Jacques Prévert, de *Boxing Helena*, présentant, inversement, l'homme-tête (prépuce, le changement de cravate dans le film de Jodorowsky renforçant ce concept par le symbolisme phallique connu de l'objet) posé comme buste vénéré dans la chambre de la femme.

C'est, sans doute, la même référence, de nouveau freudienne, qu'il faut chercher au chapeau, comme à la cravate chez Jodorowsky, soit-dit en passant, en tant que symboles de l'organe génital masculin, là encore, comme souvent, dans l'interprétation des rêves, bien que cette fois dans le dixième chapitre de la Seconde Partie de son *Introduction à la psychanalyse* (1917, "*Introduction à la psychanalyse (Vorlesungen zur Einführung in die Psychoanalyse) est un ouvrage qui reproduit des cours donnés par Freud de 1915 à 1917, «devant un auditoire composé de médecins et de profanes des deux sexes» et publié en 1917.*" (https://fr.wikipedia.org/wiki/Introduction_%C3%A0_la_psychanalyse)):

"*To the less comprehensible male sex-symbols belong certain reptiles and fish, notably the famous symbol of the snake. Why hats and cloaks should have been turned to the same use is certainly difficult to discover, but their symbolic meaning leaves no room for doubt. And finally the question may be raised whether possibly the substitution of some other member as a representation for the male organ may not be regarded as symbolic. I believe that one is forced to this conclusion by the context and by the female counterparts.*

*The female genital is symbolically represented by all those objects which share its peculiarity of enclosing a space capable of being filled by something—viz., by pits, caves, and hollows, by pitchers and bottles, by boxes and trunks, jars, cases, pockets, etc. The ship, too, belongs in this category. Many symbols represent the womb of the mother rather than the female genital, as wardrobes, stoves, and primarily a room. The room-symbolism is related to the house-symbol, doors and entrances again become symbolic of the genital opening. But materials, too, are symbols of the woman—wood, paper, and objects that are made of these materials, such as tables and books. Of animals, at least the snail and mussel are unmistakably recognizable as symbols for the female; of parts of the body the mouth takes the place of the genital opening, while churches and chapels are structural symbolisms. As you see, all of these symbols are not equally comprehensible.*

*The breasts must be included in the genitals, and like the larger hemispheres of the female body are represented by apples, peaches and fruits in general. The pubic hair growth of both sexes appears in the dream as woods and bushes. The complicated topography of the female genitals accounts for the fact that they are often represented as scenes with cliffs, woods and water, while the imposing mechanism of the male sex apparatus leads to the use of all manner of very complicated machinery, difficult to describe.*

*A noteworthy symbol of the female genital is also the jewel-casket; jewels and treasure are also representatives of the beloved person in the dream; sweets frequently occur as representatives of sexual delights. The satisfaction in one's own genital is suggested by all types of play, in which may be included piano-playing. Exquisite symbolic representations of onanism are sliding and coasting as well as tearing off a branch. A particularly remarkable dream symbol is that of having one's teeth fall out, or having them pulled. Certainly its most immediate interpretation is castration as a punishment for onanism. Special representations for the relations of the sexes are less numerous in the dream than we might have expected from the foregoing. Rhythmic activities, such as dancing, riding and climbing may be mentioned, also harrowing experiences, such as being run over. One may include certain manual activities, and, of course, being threatened with weapons.*

*You must not imagine that either the use or the translation of these symbols is entirely simple. All manner of unexpected things are continually happening. For example, it seems hardly believable that in these symbolic representations the sex differences are not always sharply distinguished. Many symbols represent a genital in general, regardless of whether male or female, e.g., the little child, the small son or daughter. It sometimes occurs that a predominantly male symbol is used for a female genital, or vice versa. This is not understood until one has acquired an insight into the development of the sexual representations of mankind. In many instances this double meaning of symbols may be only apparent; the most striking of the symbols, such as weapons, pockets and boxes are excluded from this bisexual usage.*

*I should now like to give a summary, from the point of view of the symbols rather than of the thing represented, of the field out of which the sex symbols are for the most part taken, and then to make a few remarks about the symbols which have points in common that are not understood. An obscure symbol of this type is the hat, perhaps headdress on the whole, and is usually employed as a male representation, though at times as a female. In the same way the cloak represents a man, perhaps not always the genital aspect. You are at liberty to ask, why? The cravat, which is suspended and is not worn by women, is an unmistakable male symbol. White laundry, all linen, in fact, is female. Dresses, uniforms are, as we have already seen, substitutes for nakedness, for body-formation; the shoe or slipper is a female genital. Tables and wood have already been mentioned as puzzling but undoubtedly female symbols. Ladders, ascents, steps in relation to their mounting, are certainly symbols of sexual intercourse. On closer consideration we see that they have the rhythm of walking as a common characteristic; perhaps, too, the heightening of excitement and the shortening of the breath, the higher one mounts.*

*We have already spoken of natural scenery as a representation of the female genitals. Mountains and cliffs are symbols of the male organ; the garden a frequent symbol of the female genitals. Fruit does not stand for the child, but for the breasts. Wild animals signify sensually aroused persons, or further, base impulses, passions. Blossoms and flowers represent the female genitals, or more particularly, virginity. Do not forget that the blossoms are really the genitals of the plants.*

*We already know the room as a symbol. The representation may be extended in that the windows, entrances and exits of the room take on the meaning of the body openings. Whether the room is open or closed is a part of this symbolism, and the key that opens it is*

an unmistakable male symbol." ("*Part Two: The Dream. X. Symbolism in the Dream*", http://www.bartleby.com/283/10.html, nous augmentons un peu la citation en prévoyant d'un futur travail sur Marcel Duchamp),
Que l'on retrouve (pour les chapeaux) dans *C'est le chapeau qui fait l'homme* (1920, https://www.moma.org/learn/moma_learning/max-ernst-the-hat-makes-the-man-1920) d'Ernst.
"*To make The Hat Makes the Man, Max Ernst cut, pasted, and stacked images of men's hats clipped from a sales catalog. The suggestively phallic towers and tongue-in-cheek title inscribed on the work, "C'est le chapeau qui fait l'homme" ("The hat makes the man") were likely inspired by Sigmund Freud's book The Joke and It's Relation to the Unconscious (1905), in which the famed psychoanalyst identified the hat—a requisite accessory for bourgeois men—as a symbol for repressed desire. The visual pun adds a new, bawdy spin to the cliché.*
*In this work and many others, Ernst clipped illustrations from advertisements or articles, arranged them partially by chance, and then drew or painted around his absurd configurations. "These changes," Ernst recalled, were "reproductions of what was within me, recorded a faithful and fixed image of my hallucination. They transformed the banal pages of advertisement into dramas that revealed my most secret desires."*" (William Rubin, *Dada, Surrealism, and Their Heritage*, New York, The Museum of Modern Art, 1968, p. 49 (la référence à *Le Mot d'esprit et sa relation à l'inconscient* est erronée.)
On notera que renvoie, comme *La cravate*, à la posture de *Boxin Helena* la jambe coupée de la femme dans *L'Armure* (1925) d'André Masson (très vraisemblablement en clin d'oeil à l'analyse freudienne de Léonard de Vinci), oeuvre ainsi décrite par Masson lui-même (et dont l'absence de tête fait, en tant qu'inversion, et donc symbole de castration, écho dans l'oeuvre de Man Ray à *Histoire de la science* de 1936/*The bicycle* de 1950 et "*Narcisse*" du recueil recueil *Les Mains Libres* de 1937 en collaboration avec Paul Éluard [sur le lien à ces oeuvres, cf. notre ouvrage sur *Le Grand Verre*]):
"*Cette armure féminine, elle a un aspect de cristal. La tête est remplacée par une flamme, le cou coupé. Le sexe voisine avec une grenade ouverte: le seul fruit qui saigne. Un oiseau s'approche de l'aisselle (le nid). Le corps armé est environné de banderoles de papier mimant les courbes du corps féminin.*" (Jean-Charles Gateau, *Paul Eluard et la peinture surréaliste: 1910-1939*, Genève, Librairie Droz, 1982, p. 132)
Évidemment, l'oiseau (voir, dans l'oeuvre de Magritte, le groupe *Catalogue Samuels/La Lumière du Pôle*) associé à cette décapitation renforce son symbolisme de castration et nous renvoie, pour cela nous citons ici cette oeuvre, à notre *corpus* (et ici, en outre, aussi, pour leur cadre chronologique commun) autour de la toile représentant *Le Plaisir* de Magritte.
Dans la pièce de théâtre *La Queue du Diable* (2001, Christian Dob, https://www.youtube.com/watch?v=OwLCTPnIWms), on retrouve le symbole de la cravate, comme dans le court-métrage *La Cravate* (1957), premier film, ce dernier, d'Alejandro Jodorowsky, https://www.youtube.com/watch?v=H1rhIqZDs2Q, où le visage de l'homme dans la cloche de présentation sur la cheminée, préfiguration inverse de la femme-relique de *Boxing Helena*, fait ainsi, dans notre *corpus*, le lien avec la récurrente représentation de Salomé, Judith ou encore Yaël par Artemisia Gentileschi (Cf. *The Artemisia Files: Artemisia Gentileschi for Feminists and Other Thinking People,* University of Chicago Press, 2006).
La plume, comme symbole phallique, se retrouve dans le blason, http://www.lesartsdecoratifs.fr/IMG/jpg/m5021_a-2015-0675-jt.jpg, du lit de parade de la fameuse courtisane Valtesse de la Bigne, réalisé par Édouard Lièvre (c.1875, http://www.lesartsdecoratifs.fr/francais/musees/musee-des-arts-decoratifs/parcours/xixe-siecle/splendeurs-des-courtisanes/lit-de-parade-de-valtesse-de-la-bigne), et décrit par Zola dans *Nana* (1880):
"*Cependant, Nana nourrissait un dernier caprice. Travaillée une fois encore par l'idée de refaire sa chambre, elle croyait avoir trouvé: une chambre de velours rose thé, à petits capitons d'argent, tendue jusqu'au plafond en forme de tente, garnie de cordelières et d'une dentelle d'or. Cela lui semblait devoir être riche et tendre, un fond superbe à sa peau vermeille de rousse. Mais la chambre, d'ailleurs, était simplement faite pour servir de cadre au lit, un prodige, un éblouissement. Nana rêvait un lit comme il n'en existait pas, un trône, un autel, où Paris viendrait adorer sa nudité souveraine. Il serait tout en or et en argent repoussés, pareil à un grand bijou, des roses d'or jetées sur un treillis d'argent; au chevet, une bande d'Amours, parmi les fleurs, se pencheraient avec des rires, guettant les voluptés dans l'ombre des rideaux. Elle s'était adressée à Labordette qui lui avait amené deux orfèvres. On s'occupait déjà des dessins.*

*Le lit coûterait cinquante mille francs, et Muffat devait le lui donner pour ses étrennes.*" (Émile Zola, *Nana*, Paris, G. Charpentier, 1881, p. 456)

[324]E.-J. Marey, "*Le mécanisme du vol des oiseaux éclairé par la chronophotographie*", *La Nature*, No 757, 3 Décembre 1887, pp. 210-215,
[325]http://www.the-athenaeum.org/art/detail.php?ID=107249
[326]https://www.pinterest.com/pin/383720830721946732/
[327]http://www.mattesonart.com/Data/Sites/1/magritte/the%20indescret%20Jewels%20Les%20Bijous%20Indiscrets1963.jpg
[328]http://www.mattesonart.com/Data/Sites/1/magritte/The%20Tempest%201944.jpg
[329]https://www.uni-due.de/lyriktheorie/texte/1912_marinetti1.html
[330]https://www.wikiart.org/en/rene-magritte/the-castle-of-the-pyrenees-1959?utm_source=returned&utm_medium=referral&utm_campaign=referral
[331]https://www.wikiart.org/en/rene-magritte/the-glass-key-1959
[332]https://fr.wikipedia.org/wiki/La_Folie_Almayer
[333]http://www.christies.com/lotfinder/Lot/rene-magritte-1898-1967-le-domaine-enchante-5737658-details.aspx
[334]http://www.laboratorio1.unict.it/lezioni/02-magritte/pagine/03.htm
[335]Voir sur ce sujet, à notre connaissance peu traité, et complexe, le texte de notre conférence intitulée: "*El estatuto objetual de las mujeres en el surrealismo a través del estudio de 3 figuras sobresalientes: Simone Kahn, Gala Dalí, Elsa Triolet*", et donnée dans le cadre de la Francophonie, Ambassade de France et Cafetin Literario Kolschitzky, Masaya, 23 de mars 2013.
[336]Le titre que donnent les Musées Royaux de Belgique de la version photographique de cette oeuvre est: *La fidélité des images*, https://www.fine-arts-museum.be/fr/la-collection/rene-magritte-la-fidelite-des-images?artist=magritte-rene-1
[337]https://fr.wikipedia.org/wiki/Bidonville_(album)
[338]https://fr.wikipedia.org/wiki/Liste_d'%C5%93uvres_de_Ren%C3%A9_Magritte
[339]http://dramagraz.mur.at/dramagraz/index.php?menue=produktionen&produktion=alice.txt&menue_prod=alice%27s%20pics&back=index.php?menue=start
[340]https://www.artsy.net/artwork/rene-magritte-painted-object-eye-objet-peint-oeil
[341]https://www.moma.org/collection/works/78938?locale=en
[342]http://www.the-athenaeum.org/art/detail.php?ID=95192
[343]https://chorribobadas.files.wordpress.com/2011/06/magritte_bowler_hat.jpg?w=640
[344]http://es.wahooart.com/@@/8XYU76-Rene-Magritte-El-presente
[345]http://www.christies.com/lotfinder/Lot/rene-magritte-1898-1967-le-temps-jadis-6010052-details.aspx
[346]https://www.pinterest.com/pin/148618856432623803/
[347]N.-B-. Barbe, *Mythanalyse du héros dans la littérature policière: de Dupin, Lupin et Rouletabille aux superhéros de bandes dessinéees et de cinéma*, 2006.
[348]https://www.wikiart.org/en/rene-magritte/the-month-of-the-grape-harvest-1959
[349]https://www.pinterest.com/pin/52442783141829530/
[350]http://www.artnet.com/artists/ren%C3%A9-magritte/le-domaine-enchant%C3%A9-vi-YNbpKEqB4zhzc24paAmeWQ2
[351]De fait, l'épisode de Lucrèce Borgia face au cardinal de Lisbonne Jorge da Costa, qui lui demande "*Ubi está penna vostra?*" (https://sites.google.com/site/diarioborjaborgia/1501-semestre-2o), révèle, et confirme, le double sens, sexuel ("*penna*"/"*pene*"), cf. *Secrets d'Histoire: "Lucrèce Borgia, une femme au Vatican*", diffusé sur France 2 le Jeudi 28 Juin 2018, https://rutube.ru/video/1ba83dfbb42f6797f5d56b5bb0fa0e15/, 43'20''-43'55''), du mot plume, en italien même, étant l'Italie le pays, précisément, où se trouve la Tour de Pise:
"*On the following Thursday the Pope rode to Rocca di Papa and returned in the evening during a heavy rain-storm to the castle Gandolfo. On Friday, the 30th of July, he went again through torrents and storm to Genzano. On Saturday, the last of July, he proceeded in the same weather from Genzano to Sermoneta. Before leaving Rome he handed over his room, the whole palace, and the current affairs to his daughter Lucretia, who also occupied the papal rooms during his absence. He charged her also to open the letters sent him, and, in case any difficulty should arise, to consult Cardinal Costa and the other cardinals whom she might call upon for that purpose.*

*It is said that at one occasion Lucretia sent for Costa and explained the order of the Pope and a pending case. Costa considered the case as being without importance and said to Lucretia that when the Pope brought up these affairs before the consistory there was the Vice-chancellor or another cardinal who kept the record for him. It would be proper therefore if there were some one present who would note down the conversation. Lucretia answered: "I understand quite well how to write!" Costa asked: "Where is your pen?" Lucretia understood the meaning and joke of the cardinal. She smiled and they brought the conversation to an end in good humor. I was not consulted about these matters."* (Historical Miniatures - A Series of Monographs Edited by Dr. F.L. Glaser, New York, Nicholas L. Brown, 1921, Vol. II *Pope Alexander VI and his court - Extracts from the Latin diary of Johannes Burchardus Bishop of Osta and Civita Castellana, Pontifical Master of Ceremonies*, pp. 151-152)

On en trouve encore la forme dans les plaisanteries contemporaines, comme par ex. ces deux-ci:
*"Prima di fare l'amore.*
*Lui: - "Ho una penna nelle mutande"*
*Lei: - "Cosa ci fai con una penna nelle mutande?"*
*Lui: - "Nel caso che non vengo ti scrivo"*" (http://www.qbarz.it/la-sai-questa.htm?barza=1387)
*"In Sicilia Pierino dice alla maestra:*
*- Maestra mi hanno fottuto la penna!*
*E la maestra:*
*- Pierino non si dicono queste cose!!!*
*- Ma cosa ho detto di male? Ho detto solo che mi hanno fottuto la penna!*
*La maestra:*
*- Pierino si dice a me hanno rubato la penna, a te hanno rubato la penna, a noi hanno rubato la penna...*
*- Miii maestra... ma chi se le fotte tutte queste penne???*" (https://www.barzellette.net/cerca.php?q=penna)

[352]http://www.magritte-gallery.com/index.php/lithographies/lithographies-60-x-40-cm/souvenir-de-voyage-memory-of-a-journey-rene-magritte-lithograph.html
[353]http://www.mattesonart.com/1949-1960-mature-period.aspx
[354]http://www.artnews.com/2012/10/09/newly-discovered-magrittes/
[355]https://lapoulequimue.fr/la-tour-de-labime/
[356]On pourrait même aller plus loin, et faire une lecture des motifs de l'oeuvre, puisque aussi bien la Tour de Pise, la femme et la plume permettent de référer à la fois, donc (par la Tour de Pise), à l'"*Italianisme: L'homosexualité, c'est comme la grippe (espagnole) et les capotes (anglaises), ça ne peut pas venir de chez nous. «En France, on la dénomma "vice italien" à peu de frais, explique Jean-Luc Hennig, même si, naturellement, celui-ci existait bien avant François Ier et les guerres d'Italie.» Pendant deux siècles, on considéra que cette perversion ne pouvait venir que de l'autre côté des Alpes, une pensée propagée notamment par les pamphlets huguenots contre les papistes de Rome. En 1558, le poète Joachim du Bellay écrit dans ses Regrets: «Le Français corrompu par le vice étranger/ Sa langue et son habit n'eût appris à changer/ Il n'eût changé ses mœurs en une autre nature». Saint-Simon, pour parler des appétits de l'abbé Servien, mort en 1716, parle de «goût italien». Et lorsque l'on veut pousser la précision jusqu'à une ville précise, c'est Florence, considérée comme la cité la plus corrompue, qui remporte la palme. «Il avait florentiné toute la maison» se dit d'une personne transmettant son «vice».*" (http://next.liberation.fr/sexe/2014/01/28/mignon-allons-voir-en-culonie_976158) et (respectivement par la femme et la plume) à l'expression d'être: "*AU POIL ET À LA PLUME, AU POIL COMME À LA PLUME*
*«Bougre au poil, et bougre à la plume,*
*Bougre en grand et petit volume»*
Scarron, La Mazarinade, 1651; réédité en 1867 sous le titre *La Pure vérité cachée*.
Le duc de Saint-Simon disait du Grand Prieur, frère du duc de Vendôme, qu'il était *"au poil et à la plume"*.
*Mémoires*, tome 13, p. 298.
«On vit le marquis de Villette faire de la parente de Voltaire, de cette moderne Vénus, un jeune et joli Ganymède; méthode qu'il avait étudiée par goût, sous le chantre immortel de *La Henriade* [Voltaire] qui, dans sa jeunesse, au poil comme à la plume, s'amusait à ces jeux innocents, et fonda à Ferney une nouvelle Gomorrhe.»
Anonyme, *Les Enfants de Sodome à l'Assemblée Nationale*, 1790." (https://laconnaissanceouverteetsesennemis.blogspot.com/2015_04_12_archive.html); "*Dans le dictionnaire*

LITTRÉ: *Être au poil et à la plume* = être adonné aux femmes et à l'amour contre nature. «*Le frère de Vendôme avait tous les vices de son frère; sur la débauche, il avait de plus que lui d'être au poil et à la plume*» SAINT-SIMON, tome 5, chapitre VIII." (http://www.louvrepourtous.fr/A-Versailles-le-frere-tres-gay-de,159.html#nb13)
Expression dérivée de la chasse ("*dressé au poil et à la plume* \dʀɛ.se ɔ pwal e a la plym\ (Chasse) Dressé à chasser, à arrêter toute sorte de gibier, comme lièvres, perdrix, etc.
Ce chien est dressé au poil et à la plume, est au poil et à la plume", https://fr.wiktionary.org/wiki/dress%C3%A9_au_poil_et_%C3%A0_la_plume);
Dont on trouve un sens plus large établi à la même époque du règne de Louis XIV (on notera cependant ici, au passage, le sens féminin du "*poil*"):
"*Monsieur le Receveur, nous nous verrons autre part qu'ici, et je vous ferai voir, que je suis au poil, et à la plume. La Comtesse d'Escarbagnas, sc. 8.*
L'expression avait été utilisée, sur le mode ironique, par le narrateur du Roman bourgeois (1666) de Furetière:
*Elle n'avait voulu prendre d'autre nom de guerre ni de roman que le sien: car le nom d'Angélique est au poil et à la plume, passant partout, bon en prose et bon en vers, et célèbre dans l'histoire et dans la fable. (Livre premier)*
Le mot "*poil*" pouvait en outre avoir une connotation grivoise, comme l'indique Antoine Oudin, Curiosités françaises (1640):
*Il a trop pris du poil de la bête. i. il a fait l'acte vénérien par excès (p. 434)*" (http://moliere.paris-sorbonne.fr/base.php?Au_poil_et_%C3%A0_la_plume)
Bien que le sens bisexuel de l'expression soit également nettement attesté comme expression de bisexualité, comme par exemple dans la: "*chanson contre Mazarin*
*Sergent à verge de Sodome,*
*exploitant partout le royaume,*
*bougre bougrant, bougre bougré,*
*et bougre au suprême degré,*
*bougre au poil, et bougre à la plume,*
*bougre en grand et petit volume,*
*bougre sodomisant l'état*
*et bougre du plus haut carat.*
*Bougre à chèvres, bougre à garçons,*
*bougre de toutes les façons...*" (http://lgbt51.free.fr/glossaire.htm)
et dont les équivalents suffisamment proches sont bien connus ("*Être à voile et à vapeur*", "*Être aux deux*" [Québec], "*Comer/ ser carne y pescado*"/"*Funcionar a gas y electricidad*"/"*Ser a dos bandas*"/"*Cazar/Funcionar a pelo y a pluma(s)*" [Espagne], "*Ir para atrás y para adelante*"/"*Ser ambidiestro*" [Argentine], "*To swing both ways*"/"*To bat for both sides*" [Angleterre], http://www.expressio.fr/expressions/marcher-etre-a-voile-et-a-vapeur.php).

[357]Jérôme Benoît, *Que des Blagues*, Morrisville, Lulu, 2010, pp. 166-167.
[358]https://fr.pinterest.com/pin/426082814726694132/
[359]https://www.humour.com/blagues/si-la-tour-de-pise-penche-vers-la-gauche-cest-quil-2.htm
[360]Jacque Derrida, *Résistances de la psychanalyse*, Paris, Galilée, 1996, p. 27; Francesca Manzari, *Écriture derridienne: entre langage des rêves et critique littéraire*, Berne, Peter Lang, 2009, pp. 57 et 62-63; Ricardo Trapé Trinca, "*Um breve comentário sobre o "umbigo do sonho", de Freud*", Jornal de Psicanálise, São Paulo, 2015, Vol.48, No 89, pp. 117-126.
[361]Idan Oren, "*Le nombril de la réalité: le traumatisme rend la psychanalyse possible*", http://www.forumlacan.com/es/2016/03/01/le-nombril-de-la-realite-le-traumatisme-rend-la-psychanalyse-possible/#_ftn1
[362]Trinca, p. 117.
[363]http://www.mattesonart.com/Data/Sites/1/magritte/Memory%20of%20a%20voyage%20IV%201955.jpg
[364]http://renemagritte-art.tumblr.com/post/105917393569/the-fine-idea-1964-rene-magritte
[365]https://www.pinterest.com/pin/385761524316968042/
[366]https://www.pinterest.com/pin/342555115390321436/

[367] http://www.mattesonart.com/1943-1947-sunlit-renoir-period.aspx
[368] http://www.mattesonart.com/1943-1947-sunlit-renoir-period.aspx
[369] Sur la diffusion des héros-épée, du cycle d'Arthur à la mythologie ossète, cf. Georges Dumézil, *Le Livre des héros, légendes ossètes sur les Nartes*, Gallimard, 1965.
[370] https://www.pinterest.com/pin/148618856432973516/
[371] http://www.christies.com/lotfinder/Lot/rene-magritte-1898-1967-les-idees-claires-4701835-details.aspx
[372] https://www.pinterest.com/pin/148618856429564424/
[373] https://www.pinterest.com/pin/347269821250561443/
[374] https://www.pinterest.com/pin/456622849696237071/
[375] http://www.renemagritte.org/the-battle-of-the-argonne.jsp
[376] https://www.wikiart.org/en/rene-magritte/the-explanation-1952
[377] http://es.wahooart.com/@@/8XYU8M-Rene-Magritte-La-victoria
[378] http://www.mattesonart.com/Data/Sites/1/magritte/Poison%201939.jpg
[379] https://www.tumblr.com/search/the%20eagle%20that%20extinguishes%20the%20light
[380] http://www.tech-samaritan.org/blog/2010/06/16/choruses-from-the-rock-t-s-eliot/
[381] http://www.mattesonart.com/Data/Sites/1/magritte/Early%20Morning%20Le%20Grand%20Matin,%201942.jpg
[382] file:///D:/Escritorio/WORKS/MAGRITTE/PICS/Luxembourg%20-%20Ren%C3%A9%20Magritte_%20Le%20mod%C3%A8le%20vivant%201952.html
[383] https://www.fine-arts-museum.be/fr/la-collection/rene-magritte-le-baiser?artist=magritte-rene-1
[384] https://www.fine-arts-museum.be/fr/la-collection/rene-magritte-le-chant-damour?artist=magritte-rene-1
[385] Cité *in* Ernest Lalongo, *Filippo Tommaso Marinetti: The Artist and His Politics*, Madison, Teaneck, Fairleigh Dickinson University Press, 2015, notes 61-62 p. 110 (on se reportera d'ailleurs à l'ensemble de la bibliographie qui y est présentée). Sur Marinetti et le marxisme, cf. aussi Antonio Gramsci, "*¿Revolucionario Marinetti?*", *L'Ordine Nuovo*, 5 Janvier 1921, publié sans nom d'auteur, réed. *Revista de la Universitat Politècnica de Catalunya*, 1979, No 4, p. 19; Amadeo Bordiga, "*Gli intellettuali e il marxismo*", *Battaglia Communista*, No 18, 4-5 Novembre 1949, sans nom d'auteur, réed. *Le Prolétaire*, N° 447, Décembre 1998-Janvier 1999, accessible en Français sur les sites: http://www.pcint.org/03_LP/510/510_bordiga-intellectuiels-marxisme.htm et http://www.sinistra.net/lib/upt/prolac/muto/mutoqmicef.html; Richard Humphreys, *Futurismo: Movimientos en el Arte Moderno (Serie Tate Gallery)*, Londres, Tate Gallery, y Madrid, Encuentro, 2000, p. 71; "*Marinetti (1876-1944) et Mussolini: du futurisme au fascisme*", http://art-et-propagande.ensa-bourges.fr/?p=1302; et sur cette ambivalence, cf. en particulier Gérard Conio, *Le Formalisme et le futurisme russes devant le marxisme: problèmes de la révolution culturelle*, Lausanne, L'Âge d'Homme, 1975, p. 164; Hal Foster, *Dioses prostéticos*, Massachusetts Institut of Technology, 2004, réed. Madrid, Akal, 2008, p. 129; et Yves-Alain Bois, Benjamin H. D. Buchloh, Hal Foster, et Rosalind E. Krauss, *Arte desde 1900*, Madrid, Akal, 2006, p. 90; ainsi que Gramsci, "*Lettre à Trotsky sur le mouvement futuriste italien*", Moscou, du 7 Septembre 1922, https://www.marxists.org/francais/gramsci/works/1922/09/gramsci_090822.htm
[386] Filippo Tommaso Marinetti, *Poupées Électriques - Drame en trois actes avec une Préface sur le Futurisme*, Paris, E. Sansot & Cie, 1909, pp. 9-22.
[387] Frédérique Joseph, "*Il peint, il bave. Sur l'œuvre écrite de Salvador Dalí*", *Littérature*, 1991, No 81: "*Peinture et littérature*", pp. 47-49.
[388] http://www.christies.com/lotfinder/Lot/rene-magritte-1898-1967-sans-titre-5993714-details.aspx
[389] http://www.artnet.com/artists/ren%C3%A9-magritte/etude-x8u_faYlwEjL670ECldEog2
[390] Cité dans J. K. L. Scott, *From Dreams to Despair: An Integrated Reading of the Novels of Boris Vian*, Amsterdam et Atlanta, Rodopi, 1998, p. 64.
[391] http://imagesanalyses.univ-paris1.fr/v4/?p=274#
[392] http://www.artnet.com/artists/man-ray/new-york-JfbI522CCdevtdSfQ4CSug2
[393] https://www.lettresvolees.fr/eluard/reve.html
[394] *Ibid.*
[395] https://www.dma.org/collection/artwork/ren-magritte/our-daily-bread-le-pain-quotidien
[396] Dans ses deux versions de cette même année (seul la configuration des nuages y change): https://www.pinterest.com/pin/772437773559272949/ et http://aima007.blogspot.com/2015/03/rene-magritte.html
[397] https://www.poets.org/poetsorg/poem/perfect-woman

[398]http://www.magritte-gallery.com/index.php/la-duree-poignardee-time-transfixed-rene-magritte-lithograph.html

[399]Bernard Darras, "*Sémiotique du système des objets dans la poétique de Magritte. La durée poignardée entre aisthésis et semiosis*", *Recherches sémiotiques / Semiotic Inquiry*, Association canadienne de sémiotique / Canadian Semiotic Association, Vol. 28, No 3 - Vol. 29, No 1, 2008-2009, pp. 86-89.

[400]http://www.mattesonart.com/Data/Sites/1/magritte/The%20Proud%20Ship-%20Le%20Beau%20navire,%201942.jpg

[401]https://www.wikiart.org/en/rene-magritte/black-magic-1945

[402]http://sinenglish.ru/wp-content/gallery/magritte/the-black-magic-2.jpg

[403]https://www.refinandonuestrossentidos.com/pintura-galeria-virtual/pintura-galer%C3%ADa-virtual-viren%C3%A9-magritte/

[404]https://www.pinterest.com/pin/148618856429546267/

[405]https://www.pinterest.com/pin/493073859188949214/

[406]https://www.fine-arts-museum.be/fr/la-collection/rene-magritte-le-prince-charmant?artist=magritte-rene-1

[407]https://www.pinterest.com/pin/148618856431558085/

[408]https://www.wikiart.org/en/rene-magritte/the-hesitation-waltz-1950

[409]https://juancarlosboverimuseos.wordpress.com/category/pinturas-del-museo-albertina/

[410]https://www.paulmccartney.com/sites/default/files/ArtForum/March2015/Magritte/the-labours-of-alexander-1950(1)_web.jpg

[411]"*Etching in black ink. 1962. Signed in pencil. Dated 1962. Numbered 43 in pencil from the edition of 60. (There were also 25 impressions numbered to XXV and 15 artist's proofs inscribed as 'e.a.') Etched and printed at the Atelier Georges Le Blanc, Paris. Edition published by Galleria Schwarz, Milan, for the album: 'Surrealism Between the Two Wars'.*
Ref: Kaplan and Baum – The Graphic Work of René Magritte no 1" (http://www.williamweston.co.uk/item/exhibition/146/7)

[412]"*Late in his life, Magritte commissioned eight of his paintings to be reproduced in the three dimensional bronze form. In 1967 Magritte chose the paintings that were to be transposed. The models of the sculptures were cast in wax and Magritte approved and signed the works to be completed in bronze. Unfortunately, the artist died before the sculptures were completed. The inspiration for this sculpture, The Labors of Alexander, was originally painted in 1950. The image of the felled tree had been used in several of Magritte's paintings. This image, like most of the artist's works, questions the common sense of the viewer. A tree has recently been cut and the ax is now secured underneath the root of the tree stump. Who could have chopped down the tree? Where are they now? Could the tree be responsible for its own demise? How did the ax get under the tree root? These questions are, of course, left unanswered.*" (http://www.neworleanspast.com/art/id63.html)

[413]http://totallyhistory.com/rene-magritte-paintings/

[414]https://www.pinterest.com/pin/552183604293189725/ et https://www.pinterest.com/pin/347269821250195176/

[415]https://www.pinterest.com/pin/347269821250195250/

[416]https://www.wikiart.org/en/rene-magritte/the-secret-player-1927

[417]https://www.pinterest.com/pin/405394403940812890/

[418]http://www.magritte-gallery.com/index.php/artiste/?___store=french&___from_store=default

[419]http://www.mattesonart.com/Data/Sites/1/magritte/Georgette%20Magritte,%20Study%20for%20Poster%20%201934.jpg

[420]André Breton, *Qu'est-ce que le surréalisme?*, Bruxelles, René Henriquez, 1934.

[421]http://artgallery.yale.edu/collections/objects/51863

[422]https://www.pinterest.com/pin/148618856431988807/

[423]*Hernán Robleto Huete*, Colección "*Para que Leamos*", Managua, Amerrisque, 2012, p. 67.

[424]"*A short list of other exact comparisons between Achmet and Freud is as follows: vessel symbolizes vagina; urination into a vessel, coitus;...*" (Steven M. Oberhelman, *The Oneirocriticon of Achmet: A Medieval Greek and Arabic Treatise on the Interpretation of Dreams*, Texas Tech University Press, 1991, note 27 p. 83)

[425]https://www.pinterest.com/pin/484277766153619262/

[426]http://www.the-athenaeum.org/art/detail.php?ID=105207

[427]http://www.artnet.com/artists/ren%C3%A9-magritte/le-roman-populaire-xWtv0DNiOcmvY0o1q-t4TQ2

[428]http://www.artnet.com/artists/ren%C3%A9-magritte/etude-dQT6Z5hQOpjww2vRFRvYgQ2

[429]Juan Francisco de Villava, *Empresas espirituales y morales*, Baeça, Fernando Diaz de Montoya, 1613, 1ème partie, fol. 59.

[430] http://bacdefrancais.net/union-libre-breton.php
[431] http://www.antroposmoderno.com/antro-version-imprimir.php?id_articulo=1026
[432] Delvau-Neuchâtel, pp. 164-165.
[433] http://es.wahooart.com/Art.nsf/O/8EWR64/$File/Rene-Magritte-Composition-with-clock-sky-and-forest.JPG
[434] http://www.mattesonart.com/Data/Sites/1/magritte/the%20beauty%20of%20Night%20la%20Belle%20de%20Nuit%201932.jpg
[435] http://www.mattesonart.com/Data/Sites/1/magritte/Light%20of%20Coincidence%20La%20Lumi%C3%A8re%20des%20Co%C3%AFncidences,%201933.jpg
[436] http://www.mattesonart.com/Data/Sites/1/magritte/The%20Ivory%20Tower%20La%20Tour%20d'ivoire,%201945.jpg
[437] https://fr.wikipedia.org/wiki/Le_Petit_Prince
[438] David Sylvester et Sarah Whitfield, *René Magritte - Catalogue raisonné*, T. "*III. Oil paintings, objects and bronzes 1949-1967*", Londres, The Menil Foundation, Philip Wilson Publishers, 1993, p. 197.
[439] http://www.mattesonart.com/Data/Sites/1/magritte/The%20PromisedLa%20Terre%20promise,%201947%20Land.jpg
[440] http://www.mattesonart.com/Data/Sites/1/magritte/The%20symposium%20sentimental%20Le%20colloque%20sentimental%20%201947.jpg
[441] http://www.mattesonart.com/Data/Sites/1/magritte/The%20Rights%20of%20Les%20Droits%20de%20l'homme,%201947-48Man.jpg
[442] http://www.mattesonart.com/Data/Sites/1/magritte/The-Cicerone_-1947.jpg
[443] http://www.mattesonart.com/Data/Sites/1/magritte/The%20Cicerone-%201948.jpg
[444] http://www.the-athenaeum.org/art/detail.php?ID=103391
[445] http://www.mattesonart.com/Data/Sites/1/magritte/Elementary%20Cosmogany,%201949.jpg
[446] http://www.mattesonart.com/Data/Sites/1/magritte/Magritte%20Fair_Captive.jpg
[447] http://www.mattesonart.com/Data/Sites/1/magritte/The%20Perfect%20Image%201928.jpg
[448] https://www.pinterest.com/pin/143904150571346014/
[449] http://utpictura18.univ-montp3.fr/GenerateurNotice.php?numnotice=A0311
[450] http://www.mattesonart.com/Data/Sites/1/magritte/philosophy%20in%20the%20bedroom%201947.jpg
[451] http://www.mattesonart.com/Data/Sites/1/magritte/The%20Mental%20Universe%20L%E2%80%99Univers%20Mental,%201947.jpg
[452] http://www.mattesonart.com/Data/Sites/1/magritte/love-disarmedL'Amourdesarme,%201935.jpg
[453] Sur Magritte et les livres d'emblèmes, cf. notre ouvrage, précédemment cité, *Sur-Réalisme*.
[454] http://www.mattesonart.com/Data/Sites/1/magritte/minotaur%20no.%2010%201937.jpg
[455] https://www.centrepompidou.fr/cpv/resource/cLjzM5/r6rKo4q
[456] http://www.mattesonart.com/Data/Sites/1/magritte/Magritte-TheredmodelII1939.jpg
[457] http://www.mattesonart.com/Data/Sites/1/magritte/Georgette-%201937.jpg
[458] http://www.mattesonart.com/Data/Sites/1/magritte/The%20Liberator%201947.jpg
[459] http://www.mattesonart.com/Data/Sites/1/magritte/The%20Ladder%20of%20Fire,%201939.jpg
[460] https://www.pinterest.com/pin/454793262343823296/
[461] http://www.mattesonart.com/Data/Sites/1/magritte/Mental%20Complacency-1950.jpg
[462] http://www.mattesonart.com/Data/Sites/1/magritte/The%20Ignorant%20Fairy%201950.jpg
[463] http://www.mattesonart.com/Data/Sites/1/magritte/L'isle%20Adam's%20Young%20Ladies%20Misses%20de%20l'Isle%20Adam%201942.jpg et http://www.christies.com/lotfinder/Lot/rene-magritte-1898-1967-mesdemoiselles-de-lisle-adam-5840855-details.aspx
[464] Villiers de l'Isle Adam, *Contes Cruels*, Paris, Calmann Lévy, 1893, p. 5.
[465] http://www.mattesonart.com/Data/Sites/1/magritte/High-level%20Meetings-%201947.jpg
[466] http://www.mattesonart.com/1947-1948-vache-period.aspx
[467] http://www.mattesonart.com/Data/Sites/1/magritte/theview%20Le%20Panorama,%201931.jpg
[468] http://www.mattesonart.com/Data/Sites/1/magritte/the%20jockey%20perdu%202.jpg
[469] http://www.mattesonart.com/Data/Sites/1/magritte/The%20Monumental%20Shadow%20(L'ombre%20monumentale)%201932.jpg
[470] http://www.mattesonart.com/Data/Sites/1/magritte/Act%20of%20Violence%20%20L'Attentat,%201932.jpg

[471] http://www.mattesonart.com/Data/Sites/1/magritte/The%20Straight%20Path%20(Le%20droit%20chemin)%201962.jpg
[472] http://www.mattesonart.com/Data/Sites/1/magritte/the%20nightingale.jpg
[473] https://www.youtube.com/watch?v=N9pOq8u6-bA
[474] http://www.brightontoymuseum.co.uk/index/Category:Charles_Rossignol
[475] http://neufchef.fr/qui-est-charles-jacques-rossignol/
[476] https://www.delcampe.net/fr/collections/jouets-anciens/locomotive-de-train-a-clef-lux-eclair-cr-charles-rossignol-annees-30-233833653.html
[477] http://www.mattesonart.com/Data/Sites/1/magritte/The%20improvement%20L'embellie%20c.1962.jpg
[478] http://www.mattesonart.com/Data/Sites/1/magritte/Mona%20Lisa%20circa%201962.jpg
[479] http://www.mattesonart.com/Data/Sites/1/magritte/the%20amorous%20vista-%201935.jpg
[480] http://www.mattesonart.com/Data/Sites/1/magritte/the%20revealing%20of%20the%20present%201936.jpg
[481] http://www.mattesonart.com/Data/Sites/1/magritte/The%20Organs%20of%20the%20Night%20Les%20Orgues%20de%20la%20Soiree%201965.jpg
[482] http://www.mattesonart.com/Data/Sites/1/magritte/Le%20Domaine%20Enchant%C3%A9%20(III)%201953.jpg
[483] https://www.pinterest.com/pin/292593307013022538/
[484] https://www.pinterest.com/pin/187321665728479979/
[485] http://www.christies.com/lotfinder/Lot/rene-magritte-1898-1967-lecho-4050443-details.aspx
[486] http://www.the-athenaeum.org/art/detail.php?ID=104015
[487] Delvau-Neuchâtel, p. 165.
[488] http://www.mattesonart.com/Data/Sites/1/magritte/the%20calm%201941.jpg; duquel on rapprochera le dessin, c.1940: http://www.artnet.com/artists/ren%C3%A9-magritte/dessin-original-DHuseEqVV6-2LE9Gxn7htQ2
[489] https://www.pinterest.com/pin/562175965969524445/
[490] http://es.wahooart.com/A55A04/w.nsf/OPRA/BRUE-8EWRBA
[491] http://www.mattesonart.com/Data/Sites/1/magritte/Untitled%20(Shell%20In%20The%20Form%20Of%20An%20Ear)%201956.jpg
[492] https://www.pinterest.com/pin/800444533740842502/
[493] https://www.pinterest.com/pin/503981014525321036/
[494] http://nsmn1.uh.edu/dgraur/Publications.html
[495] https://fr.wikipedia.org/wiki/Le_Promenoir_des_deux_amants
[496] "*Auprès de cette grotte sombre*
*Où l'on respire un air si doux*
*L'onde lutte avec les cailloux*
*Et la lumière avecque l'ombre.*

*Ces flots lassés de l'exercice*
*Qu'ils ont fait dessus ce gravier*
*Se reposent dans ce vivier*
*Où mourut autrefois Narcisse.*

*C'est un des miroirs où le faune*
*Vient voir si son teint cramoisi*
*Depuis que l'Amour l'a saisi*
*Ne serait point devenu jaune.*

*L'ombre de cette fleur vermeille*
*Et celle de ces joncs pendants*
*Paraissent être là-dedans*
*Les songes de l'eau qui sommeille.*

*Les plus aimables influences*
*Qui rajeunissent l'univers,*

*Ont relevé ces tapis verts*
*De fleurs de toutes les nuances.*

*Dans ce bois ni dans ces montagnes*
*Jamais chasseur ne vint encor;*
*Si quelqu'un y sonne du cor,*
*C'est Diane avec ses compagnes.*

*Ce vieux chêne a des marques saintes;*
*Sans doute qui le couperait*
*Le sang chaud en découlerait*
*Et l'arbre pousserait des plaintes.*

*Ce rossignol mélancolique*
*Du souvenir de son malheur*
*Tâche de charmer sa douleur*
*Mettant son histoire en musique.*

*Il reprend sa note première*
*Pour chanter d'un art sans pareil*
*Sous ce rameau que le soleil*
*A doré d'un trait de lumière.*

*Sur ce frêne deux tourterelles*
*S'entretiennent de leurs tourments,*
*Et font les doux appointements*
*De leurs amoureuses querelles...*"
(http://poesie.webnet.fr/lesgrandsclassiques/poemes/francois_tristan_l_hermite/le_promenoir_des_deux_amants.html)

[497] *Les joyeuses commères de Windsor - Opéra-comique en trois actes de Jules Barbier - Musique Otto Nicolai*, Paris, Choudens, s/d, pp. 181 (fin de la partie de Mrs Page: "Écoute! Herne est en chasse"), correspondant à "*Naht Herne mit seiner Meute,/ Und alles fällt ihm zur Beute!*" (*Die instigen weiber von Windsor - Romisch-phantastiche oper in drei akten mit Tanz, nach Shakespeare's gleichnameigem Lustspiel gedichtet von G.S. Wolenthal, musik von Otto Nicolai*, "Dritter Akt", "Recitativ und Arie", Berlin, s/n, 1877, p. 25), "*Doth Herne for ever tarry,/ And lures who pass for his quarry*" (sortie de Mrs Page et entrée d'Anne, p. 11 de l'édition de *The merry wives of Windsor, comic opera in three acts*, Boston, O. Ditson, 1900, Acte III, p. 11.) -182 (début de la pièce No 15: "*2ème Tableau - Choeur*": "Esprits ailés,/ D'azur voilés..." (pp. 83ss.), correspondant à "*Chor*": "*O süßer Mond!/ O holde Nacht!*" (*Die instigen weiber von Windsor*, p. 26), "*Chorus*": "O silver night,/ O lovely night!..." (édition de Ditson, p. 11).

[498] *Die instigen weiber von Windsor*, pp. 25-26.

[499] Ditson, Acte III, p. 11.

[500] *Les joyeuses commères de Windsor: opéra comique en trois actes par Jules Barbier*, Paris, M. Lévy Frères, 1866, p. 63.

[501] https://www.wikiart.org/en/rene-magritte/song-of-violet-1951

[502] https://www.fine-arts-museum.be/uploads/vubisartworks/images/magritte-11744-4-l.jpg

[503] http://www.artvalue.com/auctionresult--magritte-rene-1898-1967-belgiu-journal-intime-1303160.htm

[504] http://www.tendreams.org/magritte.htm

[505] https://www.fine-arts-museum.be/fr/la-collection/rene-magritte-dessin-pour-les-enfants-trouves?artist=magritte-rene-1

[506] http://www.sothebys.com/en/auctions/ecatalogue/lot.73.html/2013/old-master-modern-contemporary-prints-l13160

[507] http://www.christies.com/lotfinder/Lot/after-rene-magritte-les-enfants-trouve-de-5189568-details.aspx

[508] https://www.fine-arts-museum.be/fr/la-collection/rene-magritte-la-femme-assise-la-place-au-soleil-iii?artist=magritte-rene-1

[509] http://www.artnet.com/artists/ren%C3%A9-magritte/past-auction-results/100

[510] http://www.cercle-de-samsara.com/t2027-l-arbre-de-l-illumination-de-bouddha

[511] http://www.artnet.com/artists/ren%C3%A9-magritte/la-place-au-soleil-58fHUfEIAWwO6BytVU1uCw2
[512] https://s-media-cache-ak0.pinimg.com/originals/b1/4e/31/b14e31917d086219f5aadde74ae4323a.jpg
[513] http://www.artnet.com/artists/ren%C3%A9-magritte/la-place-au-soleil-9fwgLu96D80AZ36S_YUZdA2
[514] http://www.the-athenaeum.org/art/detail.php?ID=173280
[515] http://www.the-athenaeum.org/art/detail.php?ID=109755
[516] http://www.artnet.com/artists/ren%C3%A9-magritte/past-auction-results/93
[517] https://pavlopoulos.wordpress.com/articles/rene-magritte-the-promenades-of-euclid-1955/
[518] http://www.artnet.com/artists/ren%C3%A9-magritte/la-v%C3%A9rit%C3%A9-dans-son-bouquet-de-jasmins-xXd0geWxqDpP5ungjqLEeg2
[519] Darras, p. 89: "*Lettre à Hornick, 8 mai 1959, Fonds A. Bosmans, Bruxelles. Cette lettre est connue par un brouillon que Magritte a envoyé à son ami André Bosmans le 11 mai 1959, la lettre elle-même n'a pas été retrouvée.*" (note 22)
[520] https://www.pinterest.com/pin/535224736949447116/
[521] http://www.the-athenaeum.org/art/detail.php?ID=94186
[522] http://www.artnet.com/artists/ren%C3%A9-magritte/le-dimanche-des-oiseaux-cidrtsKgzS7Xqq4Trb94Gw2
[523] http://www.the-athenaeum.org/art/detail.php?ID=73341
[524] https://s-media-cache-ak0.pinimg.com/originals/0a/80/02/0a8002299aa32e2f9d80d24cb7aa62f7.jpg
[525] http://www.the-athenaeum.org/art/detail.php?ID=103301
[526] http://www.artnet.com/artists/ren%C3%A9-magritte/lettre-%C3%A0-andrieu-8aG_H06co-Mw3jHd9l2DVA2
[527] https://www.flickr.com/photos/23416307@N04/26268111271
[528] https://fr.wikipedia.org/wiki/1936_en_dada%C3%AFsme_et_surr%C3%A9alisme
[529] http://www.the-athenaeum.org/art/detail.php?ID=244879
[530] https://www.pinterest.com/pin/405394403941535512/
[531] http://www.the-athenaeum.org/art/detail.php?ID=245008
[532] http://www.the-athenaeum.org/art/detail.php?ID=117229
[533] Daté 1937: http://www.sothebys.com/en/auctions/ecatalogue/2013/impressionist-modern-art-evening-sale-l13006/lot.19.html;; 1938: http://curiator.com/art/rene-magritte/la-bonne-aventure-good-fortune; 1939: https://www.pinterest.com/pin/572379433867118338/
[534] https://www.fine-arts-museum.be/fr/la-collection/rene-magritte-la-bonne-fortune?artist=magritte-rene-1
[535] http://www.the-athenaeum.org/art/detail.php?ID=109564
[536] http://www.mattesonart.com/Data/Sites/1/magritte/The%20Song%20of%20the%20Sirens%20Le%20Chant%20des%20Sirenes%201953.jpg
[537] https://www.fine-arts-museum.be/fr/la-collection/rene-magritte-le-recherche-de-labsolu?artist=magritte-rene-1
[538] http://www.mattesonart.com/Data/Sites/1/magritte/Memory%20of%20a%20Journey%201950.jpg
[539] http://www.the-athenaeum.org/art/detail.php?ID=79339
[540] http://www.the-athenaeum.org/art/detail.php?ID=126997
[541] http://www.the-athenaeum.org/art/detail.php?ID=86306
[542] https://es.pinterest.com/pin/473863192025920875/
[543] http://www.artnet.com/Magazine/reviews/mason/mason10-24-11.asp
[544] http://el-guia-del-laberinto.tumblr.com/post/119215251945/artishardgr-ren%C3%A9-magritte-nocturne-1925
[545] https://www.wikiart.org/en/rene-magritte/memory-of-a-voyage-1955
[546] http://es.wahooart.com/@@/9H5R83-Rene-Magritte-Recuerdo-de-un-viaje-III
[547] https://image.slidesharecdn.com/lartdelaconversation-magritte-150923232544-lva1-app6892/95/lart-de-la-conversation-ren-magritte-amentaliste-16-638.jpg?cb=1443051135
[548] http://skullcollecting.tumblr.com/
[549] http://www.the-athenaeum.org/art/detail.php?ID=109850
[550] http://www.artnet.com/artists/ren%C3%A9-magritte/la-liberte-des-cultes-hFfSvPwU5GLZJp6xJIZLdg2
[551] http://www.artnet.com/artists/ren%C3%A9-magritte/pipe-salle-a-manger-3ybVdGLrkqlE55ErhCaqZg2
[552] https://www.fine-arts-museum.be/fr/la-collection/rene-magritte-communication-inutile-de-seins-et-de-pipe-par-la-machine-de-paul?artist=magritte-rene-1
[553] http://www.the-athenaeum.org/art/detail.php?ID=109870
[554] http://www.mattesonart.com/Data/Sites/1/magritte/Gustave%20van%20hecke%201927.jpg
[555] http://www.mattesonart.com/1926-1930-surrealism-paris-years.aspx

[556] http://7511christian.wixsite.com/belgatone/paul-magritte
[557] http://www.silvertoneworld.net/century/index.html
[558] http://www.artnet.com/artists/ren%C3%A9-magritte/linvention-du-feu-IKtGeUshDyhBJl1haEhUaA2
[559] http://www.christies.com/lotfinder/Lot/rene-magritte-1898-1967-la-femme-du-5580466-details.aspx, https://www.fine-arts-museum.be/fr/la-collection/rene-magritte-la-femme-du-macon?artist=magritte-rene-1 et http://www.artnet.com/artists/ren%C3%A9-magritte/etude-pour-la-femme-du-macon-Pwr55ksYHoabnHF-P2Eznw2
[560] Référence freudienne? "*On account of certain events which had occurred in the city of Rome, it had become necessary to remove the children to safety, and this was done. The scene was then in front of a gateway, double doors in the ancient style (the 'Porta Romana' at Siena, as I was aware during the dream itself). I was sitting on the edge of a fountain and was greatly depressed and almost in tears. A female figure—an attendant or nun—brought two boys out and handed them over to their father, who was not myself. The elder of the two was clearly my eldest son; I did not see the other one's face. The woman who brought out the boy asked him to kiss her good-bye. She was noticeable for having a red nose. The boy refused to kiss her, but, holding out his hand in farewell, said 'Auf Geseres' to her, and then 'Auf Ungeseres' to the two of us (or to one of us). I had a notion that this last phrase denoted a preference.*" (Freud, *The Interpretation of Dreams The Complete and Definitive Text*, trad. de James Strachey, ftp://lutecium.org/pub/Freud/doc/1900_the_interpretations_of_dreams.doc, p. 449)
[561] https://www.fine-arts-museum.be/fr/la-collection/rene-magritte-la-toile-de-penelope?artist=magritte-rene-1
[562] https://www.fine-arts-museum.be/fr/la-collection/rene-magritte-sans-titre-75?artist=magritte-rene-1
[563] https://www.fine-arts-museum.be/fr/la-collection/rene-magritte-sans-titre-76?artist=magritte-rene-1
[564] https://www.fine-arts-museum.be/fr/la-collection/rene-magritte-quinze-croquis?artist=magritte-rene-1
[565] https://www.fine-arts-museum.be/fr/la-collection/rene-magritte-dapres-un-dessin-de-tapis-de-sol-gris?artist=magritte-rene-1
[566] Philarète Chasles, *Le dix-huitième siècle en Angleterre - Études humoristiques - Les Excentriques - Les Humoristes - Psalmanazar - Cruden - Mystères de Londres au XVIIIe siècle, etc. Daniel De Föe - Le Dernier Des Humoristes - Sophie Dorothée - Lady Esther Stanhope*, Paris, Librairie d'Amyot, 1846, pp. 128-131.
[567] http://www.christies.com/lotfinder/Lot/rene-magritte-1898-1967-les-jours-gigantesques-5584761-details.aspx
[568] http://www.the-athenaeum.org/art/detail.php?ID=128306
[569] http://henrilasserre.centerblog.net/2.html
[570] http://www.gettyimages.com/detail/news-photo/jugglers-and-acrobats-at-a-dance-party-engraving-germany-news-photo/466302055#jugglers-and-acrobats-at-a-dance-party-engraving-germany-16th-century-picture-id466302055
[571] http://4.bp.blogspot.com/-EGr48WE50lg/VO7N2aug_0I/AAAAAAAAZtQ/7wpmyF3nX48/s1600/Paris-Mus%C3%A9e%2Bde%2BCluny-Misericordes%2B011.jpg
[572] http://www.wanderland.ch/fr/services/curiosites/sehenswuerdigkeit-0579.html
[573] https://fr.wikipedia.org/wiki/Zillis-Reischen
[574] http://www.eg.bucknell.edu/~lwittie/sca/garb/europe_class/europe_bliaut.html, fig. 18; et http://www.alamy.com/stock-photo-geographytravel-switzerland-grisons-zillis-churches-and-convents-saint-8015085.html
[575] http://www.bognorphoto.com/historiador-descubre-garabatos-800-anos-en-libros-antiguos.html
[576] https://artsessioncentrepompidou.wordpress.com/2014/03/07/zoom-sur-les-collections-hans-bellmer-la-poupee-193536/
[577] http://www.artnet.com/artists/ren%C3%A9-magritte/lhomme-pied-npuOBymtPLlPdWhdJlDAJw2
[578] https://www.fine-arts-museum.be/fr/la-collection/rene-magritte-la-famine?artist=magritte-rene-1
[579] https://fr.wikipedia.org/wiki/Les_Pieds_nickelés et http://matthieu.chevrier.free.fr/faq.html
[580] https://www.fine-arts-museum.be/fr/la-collection/rene-magritte-sans-titre-74?artist=magritte-rene-1
[581] http://www.artnet.com/artists/ren%C3%A9-magritte/la-recherche-de-labsolu-rAn3pD5bjBRgufZvl_fBdQ2
[582] http://www.artnet.com/artists/ren%C3%A9-magritte/la-recherche-de-labsolu-zdPkgCUQ0SUeEN7Bn1Pe_A2
[583] http://www.artnet.com/artists/ren%C3%A9-magritte/la-recherche-de-labsolu-rWd8lFB3PD1V313O7RkwSQ2
[584] http://www.the-athenaeum.org/art/detail.php?ID=96171
[585] http://www.artnet.com/artists/ren%C3%A9-magritte/livre-de-pens%C3%A9es-iBeQKskyly2fUyA580M2TA2
[586] https://www.fine-arts-museum.be/fr/la-collection/rene-magritte-croquis-divers?artist=magritte-rene-1

[587] Lilly Kahil, "*Le sanctuaire de Brauron et la religion grecque*", *Comptes rendus des séances de l'Académie des Inscriptions et Belles-Lettres*, 132ème Année, No 4, 1988. pp. 799-813.
[588] Alain Testart, *Des mythes et des croyances: esquisse d'une théorie générale*, Paris, Fondation de la Maison des Sciences de l'Homme, p. 359.
[589] Antoinette Glauser-Matecki, *Le premier mai ou le Cycle du printemps*, Paris, Imago, 2002, "*Le mythe d'Artémis et l'"arktéia"*".
[590] Pierre Bonnechère, *Le sacrifice humain en Grèce ancienne*, Presses universitaires de Liège, Centre International d'Étude de la Religion Grecque Antique, 1994, pp. 28-29.
[591] http://www.artnet.com/artists/ren%C3%A9-magritte/studie-f%C3%BCr-alice-im-wunderland-Rv9HNz-yNqLtlXu5hoE0qw2
[592] https://www.fine-arts-museum.be/fr/la-collection/rene-magritte-la-bonne-annee?artist=magritte-rene-1
[593] https://www.fine-arts-museum.be/fr/la-collection/rene-magritte-le-lyrisme?artist=magritte-rene-1
[594] https://www.wikiart.org/en/rene-magritte/favorable-omens-1944
[595] http://www.mattesonart.com/Data/Sites/1/magritte/Souvenir%20de%20voyage%201961.jpg
[596] http://www.mattesonart.com/Data/Sites/1/magritte/The%20Married%20Priest%201961.jpg
[597] http://www.binbin.net/compare/Golconde-by-Rene-Magritte.htm
[598] https://en.wikipedia.org/wiki/The_Mysteries_of_the_Horizon
[599] http://www.the-athenaeum.org/art/detail.php?ID=81235
[600] http://www.artnet.com/artists/ren%C3%A9-magritte/une-simple-histoire-damour-gCY9hFOeHFktu-eISvXOng2
[601] http://www.artnet.com/artists/ren%C3%A9-magritte/etude-pour-laiguillon-zd_ctQwto1mIPDpnhDy7MQ2
[602] http://www.the-athenaeum.org/art/detail.php?ID=97500
[603] http://www.artnet.com/artists/ren%C3%A9-magritte/a-lion-a-streetlight-and-a-rose-4wBHNL0Wl7M7M1gytqgEig2
[604] http://www.artnet.com/artists/ren%C3%A9-magritte/komposition-med-gon-och-munnar-_ZClpybkNJRYZITqtjyZvg2
[605] http://renardises.blogspot.com/2016/12/les-cornes-du-desir.html
[606] http://www.artnet.com/artists/ren%C3%A9-magritte/le-puits-de-v%C3%A9rit%C3%A9-H4yop_K9st-24bE_BCMZcQ2
[607] http://www.artnet.com/artists/ren%C3%A9-magritte/le-bouchon-depouvante-xO7g2NCVOjgK2o2p2i4fRQ2
[608] "*En 1709, le journal anglais Tatler évoque le préservatif, appelé «condom», comme ayant été conçu par un «éminent» médecin anglais éponyme, mais le succès de son invention aurait fini «par rendre toute allusion à son nom contraire aux usages de la décence». De fait ce personnage n'a jamais existé.*

*Quelques dizaines d'années plus tard Giacomo Casanova lui donne le nom de «redingote anglaise» et fait un usage important de ce «petit sac de peau que les Anglais ont inventé pour éviter au beau sexe de s'inquiéter.»*

*En 1844, Charles Goodyear et Thomas Hancock commencent la production en masse de préservatifs en caoutchouc, à la suite de la découverte accidentelle du procédé de vulcanisation par Goodyear, en 1839. Ce modèle de préservatif est lavable et réutilisable.*

*Le premier préservatif en latex sera, quant à lui, fabriqué vers 1880, mais ce nouveau modèle sera alors très peu utilisé, jusqu'aux années 1930 où il se démocratisera peu à peu.*" (https://fr.wikipedia.org/wiki/Pr%C3%A9servatif)
[609] http://www.christies.com/lotfinder/Lot/rene-magritte-1898-1967-le-grand-style-4856956-details.aspx
[610] https://www.fine-arts-museum.be/fr/la-collection/rene-magritte-sans-titre-un-precieux-souvenir?artist=magritte-rene-1
[611] http://www.artnet.com/artists/ren%C3%A9-magritte/constellation-wFi__sqwME3FK3VY1LQJfg2
[612] https://uk.pinterest.com/pin/547961479643436178/
[613] https://www.pinterest.com/pin/527413806336842569/
[614] http://web.upla.cl/revistafaro/03_estudios/03_miranda.htm
[615] http://www.the-athenaeum.org/art/detail.php?ID=109877
[616] https://www.pinterest.com/pin/170785010844739616/;  http://www.artnet.com/artists/ren%C3%A9-magritte/dessin-pour-le-sac-%C3%A0-malice-X4gygf1OdPrMa2RSZyGC9w2  et http://www.andrusierautographs.com/product/magritte-rene-1898-1967-2/
[617] https://www.pinterest.com/pin/347269821250184741/
[618] Nous citons ici la version de https://fr.wikisource.org/wiki/Fragments_d%E2%80%99H%C3%A9raclite, laquelle est la traduction française de 1919 (?), selon l'indique le site http://philoctetes.free.fr/heraclitus.htm

(laquelle varie notablement, dans le texte et la numérotation, de celle de Paul Tannery, *Pour l'histoire de la science hellène - De Thalès a Empédocle*, Paris, Félix Alcan, 1887, pp. 193ss.), de celle de John Burnet, *Early Greek philosophy*, Londres, A. and C. Black, 1908, pp. 146ss., laquelle, à son tour, est la traduction de l'édition de Hermann Diels, *Die Fragmente der Vorsokratiker*, Berlin, Weidmannsche buchhandlung, 1906, T. XII *Heraclites*.

[619] http://www.the-athenaeum.org/art/detail.php?ID=108265 et http://www.christies.com/lotfinder/Lot/rene-magritte-1898-1967-la-lyre-dheraclite-5650869-details.aspx

[620] Richard G. Geldard, *Remembering Heraclitus*, Berwick-upon-Tweed, Royaume Uni, Lindisfarne Books, 2000, pp. 39-40.

[621] https://en.wikipedia.org/wiki/The_Voice_of_Space

[622] http://christselentis.blogspot.com/2014/06/blog-post_23.html

[623] https://www.guggenheim.org/artwork/2593; https://uploads3.wikiart.org/images/rene-magritte/the-voice-of-space-1928-1(1).jpg et https://www.albrightknox.org/artworks/197613-la-voix-des-airs-voice-space

[624] http://christselentis.blogspot.com/2014/06/blog-post_23.html

[625] http://www.milartgranada.com/wp-content/uploads/2016/11/La-flecha-de-Zen%C3%B3n.-1964.-Colecci%C3%B3n-Privada.-300x252.jpg

[626] http://www.the-athenaeum.org/art/detail.php?ID=87153

[627] https://es.pinterest.com/pin/473863192025920874/

[628] https://es.pinterest.com/pin/AV2G0v4Mv0P97dOIQYHnyUNHebpgtTuhY10XhSGYAqhn-wPyfpKlqjY/

[629] https://www.fine-arts-museum.be/fr/la-collection/rene-magritte-louis-scutenaire-irene-hamoir-paul-nouge-cadavre-exquis?artist=magritte-rene-1

[630] https://www.fine-arts-museum.be/fr/la-collection/rene-magritte-dessin-pour-moralite-du-sommeil-de-paul-eluard-publie-par-laiguille-aimantee-bruxelles-avril-1941-1941?artist=magritte-rene-1

[631] http://artexpert.co/post/92730352229/le-th%C3%A9rapeute-the-healer-1937-ren%C3%A9-magritte

[632] http://jigiart.blogspot.com/2009/12/rene-magritte-alexander-iolas_04.html

[633] https://www.wikiart.org/en/rene-magritte/the-liberator-1947

[634] https://www.pinterest.com/pin/215539532138278334/ et https://wanford.com/the-disguised-symbol-1928-rene-magritte

[635] Geneviève Lombard, "*Le blog et le nombril*", *Champ psychosomatique*, 3/2006, No 43, pp. 125-134.

[636] Servière, p. 62.

[637] Trinca, p. 117.

[638] https://en.wikipedia.org/wiki/Not_to_be_Reproduced

[639] https://www.erudit.org/revue/rssi/2009/v28-29/n3-1/1005864ar.html?vue=figtab&origine=integral&imID=im4&formatimg=imPlGr

[640] À bord de l'Ariel (cap. I), du Grampus (II-XIII), et du Jane Guy (XIV-XX).

[641] "*La légende dorée raconte l'histoire de la rencontre du saint et du lion. Se promenant dans le désert saint Jérôme se retrouve en face d'un lion qui, au lieu de l'attaquer, se lèche la patte d'un air malheureux.
Saint Jérôme, plein de pitié, retire l'épine qui le blessait. Accompagné du lion reconnaissant, il rejoint son monastère où le fauve jette d'abord l'effroi et la crainte. Mais devant sa douceur et son affection pour le saint, les moines se prennent d'amitié pour le lion et le chargent de garder l'âne du monastère. Mais un jour, le lion revient seul car des bédouins avaient enlevé l'âne. Accusé de l'avoir mangé, le lion subit avec patience et humilité la pénitence qui lui fut infligée, puis disparut. Il retrouva les voleurs, les mit en fuite puis ramena l'âne au monastère mais, épuisé par ses recherches, il expira aux pieds de saint Jérôme.*" (http://www.1oeuvre-1histoire.com/saint-jerome-lion.html)

[642] https://commons.wikimedia.org/wiki/File:Lucas_Cranach_d.%C3%84._-_Der_heilige_Hieronymus_(ca.1515-18,_Veste_Coburg).jpg

[643] http://www.michaelfinney.co.uk/catalogue/category/item/?asset_id=2625

[644] Celle citée, la plus connue, et celle reproduite sur le site https://www.wikiart.org/en/rene-magritte/the-therapeutist

[645] http://www.the-athenaeum.org/art/detail.php?ID=109776

[646] http://www.the-athenaeum.org/art/detail.php?ID=116397

[647] http://www.the-athenaeum.org/art/detail.php?ID=94473

[648] http://www.the-athenaeum.org/art/detail.php?ID=77314

[649] http://www.the-athenaeum.org/art/detail.php?ID=127000

[650] http://www.the-athenaeum.org/art/detail.php?ID=109868

[651] https://jsb2013.files.wordpress.com/2013/01/the-harvest-19431.jpg

[652] http://www.metmuseum.org/art/collection/search/265368
[653] http://www.christies.com/lotfinder/Lot/rene-magritte-1898-1967-le-therapeute-5869322-details.aspx
[654] https://es.pinterest.com/pin/473863192025920873/
[655] "http://www.telegraph.co.uk/culture/photography/10475137/Early-Victorian-family-portraits-and-the-disappearing-mother.html; https://www.theguardian.com/artanddesign/gallery/2013/dec/02/hidden-mothers-victorian-photography-in-pictures; https://www.theguardian.com/artanddesign/2013/dec/02/hidden-mothers-victorian-photography; http://www.boredpanda.com/hidden-mother-victorian-baby-photography/; *"The first photographic images in the late 1820s had to be exposed for hours in order to capture them on film. Improvements in the technology led to this exposure time being drastically cut down to minutes, then seconds, throughout the 19th century. But in the meantime, the long exposures gave us a few unmistakable Victorian photography conventions, such as the stiff postures and unsmiling faces of people trying to remain perfectly still while their photograph was being taken.*
*Seems children were just as squirmy then as they are today, because another amusing convention developed: photographs containing hidden mothers trying to keep their little ones still enough for a non-blurry picture. These fantastic portraits of children (found via Retronaut) all contain their mother, disguised as chairs or camouflaged under decorative throws behind them. Can you spot all the mothers (and one father)?*" (https://ridiculouslyinteresting.com/2012/01/05/hidden-mothers-in-victorian-portraits/)
[656] http://www.renemagritte.org/the-invention-of-life.jsp
[657] http://www.renemagritte.org/rape.jsp
[658] Cf. en cela nos considérations ci-dessous sur la thèse doctorale en architecture (inédite, 2017) de Jorge Minguet Medina, *Obliteración en la arquitectura del tardocapitalismo*, Universidad de Málaga, sous la dir. de Carlos Tapia, pp. 20-22.
[659] https://www.pinterest.com/pin/412290540866822006/ et http://tumblr.lonequixote.com/post/102423682129/the-fixed-idea-rene-magritte
[660] http://www.artnet.com/artists/ren%C3%A9-magritte/tableaux-sheet-of-18-ink-sketches-CpawJeEqyHndZc9CtYI1DQ2
[661] "*In the case of other female dreamers the dream of flying had the significance of a longing: If I were a little bird; others thus become angels at night because they have missed being called that by day. The intimate connection between flying and the idea of a bird makes it comprehensible that the dream of flying in the case of men usually has a significance of coarse sensuality. We shall also not be surprised to hear that this or that dreamer is always very proud of his ability to fly.*
*Dr. Paul Federn (Vienna) has propounded the fascinating theory that a great many flying dreams are erection dreams, since the remarkable phenomenon of erection which so constantly occupy the human phantasy must strongly impress upon it a notion of the suspension of gravity (cf. the winged phalli of the ancients).*" (Freud, *The interpretation of dreams*, New York, The Macmillan Company, 1913, p. 237)
"*But he himself betrays it to us through a transparent veil, in that he connects his impulse to investigate with the vulture phantasy, and in emphasizing the problem of the flight of the bird as one whose elaboration devolved upon him through special concatenations of fate. A very obscure as well as a prophetically sounding passage in his notes dealing with the flight of the bird demonstrates in the nicest way with how much affective interest he clung to the wish that he himself should be able to imitate, the art of flying: "The human bird shall take his first flight, filling the world with amazement, all writings with his fame, and bringing eternal glory to the nest whence he sprang." He probably hoped that he himself would sometimes be able to fly, and we know from the wish fulfilling dreams of people what bliss one expects from the fulfillment of this hope.*
*But why do so many people dream that they are able to fly? Psychoanalysis answers this question by stating that to fly or to be a bird in the dream is only a concealment of another wish, to the recognition of which one can reach by more than one linguistic or objective bridge. When the inquisitive child is told that a big bird like the stork brings the little children, when the ancients have formed the phallus winged, when the popular designation of the sexual activity of man is expressed in German by the word "to bird" (vögeln), when the male member is directly called l'uccello (bird) by the Italians, all these facts are only small fragments from a large collection which teaches us that the wish to fly signifies in the dream nothing more or less than the longing for the ability of sexual accomplishment. This is an early infantile wish.*" (Freud, *Leonardo da Vinci and a memory of his childhood*, New York, Barnes & Noble Books, 2003, pp. 58-59)
"*Once he found a little bird, still naked, which had fallen out of the nest and, taking it for a tiny human being, had been filled with dread. Analysis demonstrated that all the tiny creatures, caterpillars and insects he had raged against had signified tiny children in his mind.*" (Freud, *The Wolfman and Other Cases*, New York, Penguin Books, 2003, p. 280)
"*Alors Freud analyse bien sur cette fantaisie, comme toute création psychique (rêve, vision, délire, etc.) et, bien entendu, l'interprète, lui donne un sens, disons une signification sexuelle et inconsciente:*
*Alors la «Queue», c'est, bien entendu, le membre viril en italien (coda). Et Freud en conclue immédiatement qu'il s'agit là d'un fantasme de fellation, autrement dit d'un acte sexuel, et qui plus est: à caractère passif.*

*Puis, Freud remonte l'équation bien connue (sein = fèces = enfant = phallus), et nous dit que cette fantaisie est certainement une réélaboration d'une première jouissance («vitale», précise Freud), laquelle serait restée «indestructiblement empreinte» dans le psychisme de Léonard: celle du sein, de la tétée.*" (http://psychanalyste-paris.com/Le-Leonard-de-Vinci-de-Freud.html)
"*Lilith: Je donnerai la becquée à ton sexe comme un petit oiseau (p. 59).*" (Pascale Auraix-Jonchière, "*Lilith de Rémy de Gourmont: perversion et dérivation du mythe*", Mythes de la décadence, Presses Universitaires Blaise Pascal, 2001, p. 66)
"*Elle n'a pas de «zizi», lui dit-on; on ne lui dit pas qu'elle a un zizi fait autrement, une vulve, un vagin, un clitoris; on est même embarrassé pour nommer les organes de la fille, à la richesse de mots désignant l'organe mâle (petit oiseau, bébête, etc.) correspond une relative pauvreté pour les organes femelles.*" (Colette Chiland, *Changer de sexe - Illusion et réalité*, Paris, Odile Jacob, 2011, p. 100)
"*La comparaison avec la chasse est très courante, notamment quand le petit oiseau n'est pas le sexe masculin (pourtant le mot πουλί est d'un emploi consacré en grec, comme dans bien d'autres langues, pour le désigner), mais le sexe féminin.*" (Emmanuelle Karagiannis-Moser, Le bestiaire de la chanson populaire grecque moderne, Presses Paris Sorbonne, 1997, p. 205)
"*Ce n'est pas une fable, ni l'opération du Saint-Esprit, mais la réalité: l'hymen ne protège pas de la grossesse et les jeunes filles jeunes qui couchent avec un garçon sans rapport sexuel complet doivent déjà s'habituer à prendre la pilule, car la contraception commence bien avant le premier rapport. Voltaire le disait à sa façon lorsqu'il soutenait que la virginité est «un petit oiseau qui s'envole quand la queue lui vient».*" (Philippe Brenot, *Le sexe et l'amour*, Paris, Odile Jacob, 2003, p. 167)
[662] http://www.artnet.com/artists/ren%C3%A9-magritte/le-journal-intime-2lL.JCgIYxjN6VIR6Hv_LSg2
[663] http://cultura.elpais.com/cultura/2012/10/22/album/1350924657_256263.html#1350924657_256263_1350925064 et http://www.maca-alicante.es/?p=16422
[664] http://www.magritte.be/oeuvre-magritte-fr.html
[665] https://www.pinterest.com/pin/12455336449607053/
[666] https://fr.pinterest.com/pin/460070918153961830/
[667] http://www.artnet.com/artists/ren%C3%A9-magritte/comme-il-vous-plaira-yPCN_ejTIpesKCYwA99aBA2
[668] http://www.artnet.com/artists/ren%C3%A9-magritte/lhomme-au-chapeau-FpMmYVwWtbaGsQ6jzSVh2w2
[669] https://www.pinterest.com/pin/54324739233255603/
[670] http://www.mattesonart.com/Data/Sites/1/magritte/upholder%20of%20the%20lawL'Ami%20de%20l'ordre,%201964.jpg
[671] http://www.museedixelles.irisnet.be/images/presentation-du-musee/collections-permanentes/rene-magritte-lheureux-donateur-1966-coll-musee-dixelles-c-sabam-photo-mixed-media/view
[672] http://www.mattesonart.com/Data/Sites/1/magritte/The%20Thought%20Which%20Sees,%201965.jpg
[673] "*The Thought Which Sees*", http://www.mattesonart.com/1961-1967-later-years.aspx
[674] http://www.mattesonart.com/Data/Sites/1/magritte/Man%20and%20the%20Forest%20L'Honitneet%20la%20foret,%201965.jpg
[675] http://fr.wahooart.com/@@/8XYUDJ-Rene-Magritte-Le-mus%C3%A9e-du-roi
[676] http://www.artnet.com/artists/ren%C3%A9-magritte/paysage-de-baucis-iDZAvHcC5JXUQdOWWTSLMQ2 et http://www.artnet.com/artists/ren%C3%A9-magritte/paysage-de-beaucis-INj30azIHiTKehoIZO0NVA2
[677] https://theartstack.com/rene-magritte/decalcomania-1966
[678] "*Quatre études sur une feuille pliée: 1. Etude pour "Journal intime"; 2. Deux études pour "Le sorcier"; 3. Sans titre; 4. Sans titre*", https://www.fine-arts-museum.be/fr/la-collection/rene-magritte-quatre-etudes-sur-une-feuille-pliee-1-etude-pour-journal-intime-2-deux-etudes-pour-le-sorcier-3-sans-titre-4-sans-titre?artist=magritte-rene-1
[679] Selon le principe d'abstraction que nous avons étudié pour l'art préhistorique dans "*Arte*", Nuevo Amanecer Cultural, 1/10/2005, p. 10.
[680] http://www.artnet.com/artists/ren%C3%A9-magritte/la-fen%C3%AAtre-3QaaQnhjpqZWSHGS6jN8vw2
[681] Siny: - amphore, cruche, pot, réceptacle, creux
- sexe féminin, utérus, femme, matrice" (Christiane Rafidinarivo, *Empreintes de la servitude dans les sociétés de l'océan Indien: métamorphoses et permanences*, Paris, Karthala, 2009, p. 219)
"*Kumbh Mela – qui peut être traduit par « fête de la cruche » – est un pèlerinage hindou qui a lieu quatre fois tous les douze ans, à tour de rôle, dans quatre villes sacrées du nord de l'Inde: Haridwar, Ujjain, Nasik et Allahabad. Selon la légende, dieux et démons firent une alliance provisoire pour élaborer l'Amrita, le nectar de l'immortalité. Mais quand la Kumbha, la cruche – contenant l'Amrita apparût, les démons s'en emparèrent et s'enfuirent, pourchassés par les dieux. Durant douze jours et douze nuits, ils combattirent pour sa possession. Lors de cette bataille, quatre gouttes d'Amrita tombèrent là où sont actuellement situées les quatre villes qui accueillent la Kumbh Mela.
Les racines historiques de ce pèlerinage pourraient être recherchées dans les cérémonies organisées au temps des semailles, lors desquelles les pots de grains étaient trempés dans les eaux des fleuves sacrés avant d'être mis à germer. Les fleuves ont toujours joué un rôle*

*majeur dans l'histoire du continent indien depuis la civilisation de la vallée de l'Indus. La cruche, qui évoque la forme de l'utérus est, en outre, symbole de fertilité.*" (https://antoineetaurore.wordpress.com/2013/04/08/maha-kumbh-mela-ferveur-et-demesure-de-linde-ordinaire/)
"*25. Cruche (étant plus particulièrement une figuration de la femme).*" (Jennifer Decaux, "*Les symboles berbères*", https://www.jenniferdecaux.com/single-post/2016/05/11/Le-Symbolisme-des-tapis-berb%C3%A8res)
"*Le deuxième objet, X, est une calebasse à chanvre. Le chanvre indien, nous dit le commentaire, est une acquisition récente des Mongo qui assimilent au tabac. En tous cas, l'élément important du récit est la calebasse qui est, en général, le symbole de la féminité. Selon les sociétés ou les circonstances, elle évoquera la fécondité de la femme, sa sexualité, son rôle de dispensatrice d'enfants ou de nourricière. Chez les Nzakara de la République Centrafricaine où il n'y pas de calebasse, la "marmite" évoque la féminité; si elle est retournée le fond en haut, l'allusion est sans équivoque celle du sein maternel; deux contes nzakara font ressusciter une personne de cette façon. Un autre conte mongol roule sur ce thème; une calebasse retournée provoque la résurrection d'une femme. Dans le conte qui nous retient, cette calebasse semble représenter le sein maternel.*" (Anne Laurentin-Retel, "*Structure et symbolisme: Essai méthodologique pour l'étude des contes africains*", Cahiers d'études africaines, Vol. 8, No 30, 1968, pp. 212-213)
"*La calebasse utérus maternel se refuse être accouchée ou accoucher du cadet tant que aîné en est frustré.*" (Ibid., p. 224)
[682]https://www.pinterest.com/pin/240309330087003103/
[683]http://www.artnet.com/artists/ren%C3%A9-magritte/man-seated-at-table-A1E7RkANnwzKZZ5TiXICOg2
[684]http://www.artnet.com/artists/ren%C3%A9-magritte/la-lecon-de-musique-Cyz-2BZ5CQBoalJ8O-sNrA2
[685]http://www.artnet.com/artists/ren%C3%A9-magritte/son-de-cloche-d5EmPwpD2SdeTT9YVHfutA2    et http://www.artnet.com/artists/ren%C3%A9-magritte/la-le%C3%A7on-de-musique-T0oM8AmUJTtMr62U0SIR7A2
[686]L'analyse que nous avons produite il y a plusieurs années déjà (*Deux essais pour comprendre la publicité aujourd'hui*, 2004) trouve en ce sens une confirmation dans la thèse de Minguet Medina, où il expose comment "*El nuevo objetivo de la publicidad será identificar al consumidor con el producto. Hacer que el producto sea visto como un medio de expresión de las cualidades personales y distintivas del consumidor*": "*Simultáneamente y en coherencia con muchas de estas emergencias, se produce el triunfo de las doctrinas psicológicas opuestas a las freudianas dominantes. Del control socializador y homogeneizador sobre un subconsciente sexual y violento, se pasa a la libre expresión del mismo como elemento liberador y comunicativo en una afirmación catártica del individuo ante la sociedad (Curtis 2002). De la aplicación de estas teorías a las diversidades emergentes de la sociedad, en un marco productivo más flexible surgieron pronto nuevas estrategias comerciales. En vez de recurrir a la satisfacción de deseos inconscientes, la nueva publicidad incidirá en la exaltación de las diferencias individuales frente a la homogeneidad social. En vez de intentar moldear la sociedad a imagen y semejanza de una producción invariable y monolítica, la nueva publicidad exaltará las diferencias para acoger una producción cada vez más amplia y variada.*
*A través de este fundamental giro de sentido, y como Gartman resume muy bien, "estimular el consumo masivo tomó prioridad sobre la conformidad con la producción masiva" (Gartman 2009, p. 294). Se va conformando así un nuevo tipo de sociedad en el que el individualismo cobra una importancia creciente. La heterogeneidad es el nuevo motor del mercado. Cuantas más necesidades y formas de expresión personal y social surjan, más productos se podrán crear para tratar de satisfacerlas.*
*La cualidad exaltada de los productos no será ya su valor de uso, su calidad o durabilidad. Ni siquiera es ya el objetivo principal excitar "el deseo del consumidor de poseer algo un poco más nuevo, un poco mejor un poco antes de lo necesario". (Brooks Stevens, en Dannoritzer 2011) El nuevo objetivo de la publicidad será identificar al consumidor con el producto. Hacer que el producto sea visto como un medio de expresión de las cualidades personales y distintivas del consumidor. Algo que le hará más feliz y más completo, tanto interiormente, como a ojos de los demás.*
*Bajo esta nueva perspectiva, se produce una fuerte estetización de la mercancía. "La producción estética actual se ha integrado en la producción de mercancías en general:..." (Jameson 1995, p. 17-18)8. El diseño y la imagen de los productos cobrarán una importancia creciente. Así, aunque la producción real se desplace a lugares recónditos del planeta, e incluso se subcontrate, los departamentos de diseño de productos se considerarán parte de los núcleos duros de las empresas y no sólo permanecerán en las sedes centrales, sino que ganarán importancia dentro de ellas. Mientras se pierden millones de empleos en los sectores de producción, se apreciará un desarrollo de las consultorías de diseño y marketing y, en general, una terciarización de la economía.*
*Como una consecuencia natural de este proceso, se producirá un desarrollo sin precedentes del concepto de marca comercial. En mercados siempre crecientes y cada vez más variados, la necesidad de visibilidad y distinción requiere de la creación de un imaginario corporativo tan impactante y reconocible como sea posible. Por otro lado, la marca supone ascender un nuevo peldaño en la implicación del consumidor. Éste no se identificará ya necesariamente con un producto u otro, sino que lo hará con la marca completa. Frente a la creciente oferta de un mercado cada vez más complejo, la marca le proporciona al consumidor la confianza y la certeza de cumplir con sus objetivos de imagen y status social. La consecución de este objetivo se realizará a través de la llamada "ingeniería del consentimiento" (Curtis 2002). Los intereses de los consumidores serán sondeados a través de encuestas, reuniones, etc. Se les agrupará, cada vez con más precisión, según sus perfiles sociales y sus aspiraciones de forma que puedan definirse como "grupos*

*objetivo" (targets). Se producirá un considerable desarrollo de los estudios sociales, así como del diseño y la publicidad de cara a encajar en el mercado un número siempre creciente de productos."* (pp. 20-22)

Or, peut-être peut-on voir dans cette dérivation modale de l'objet (les qualités du produit, qui passent au second plan du discours publicitaire, au profit d'une conception plus psychologisante, idéologiquement orientée sur l'auto-apologie consensuelle et complaisante), un effet, au moins dans le domaine conceptuel, des essais du surréalisme, orienté d'une part vers l'intériorité poussée à l'extrême de l'expérience absolument individuelle, et d'autre part, on le voit en particulier chez Magritte qui en a peut-être été le plus systématique compositeur, vers la relation objectale inversée.

[687] http://www.artnet.com/artists/ren%C3%A9-magritte/aube-a-lantipode-vZfifjAK2cX0Y2QLmHdH8g2
[688] http://www.artnet.com/artists/ren%C3%A9-magritte/la-vision-uKcBzeA6VZOGs9kurP62kg2
[689] http://www.artnet.com/artists/ren%C3%A9-magritte/la-robe-du-soir-Ko1gT11B4oSE8Yb8Gg2OHQ2
[690] http://www.artnet.com/artists/ren%C3%A9-magritte/le-rendez-vous-WnNabkH_Xnd0Eom8fPBrmw2
[691] http://www.artnet.com/artists/ren%C3%A9-magritte/etude-Tio189Uj8iGeASPOrmfAHQ2
[692] http://www.artnet.com/artists/ren%C3%A9-magritte/schmuckk%C3%A4stchen-mit-rosentrieb-pyrSuUmFWwim_rHFhp6IyA2
[693] http://www.artnet.com/artists/ren%C3%A9-magritte/lusage-de-la-parole-Q82bACwWNdTa7SQkBH5FtQ2
[694] http://www.artnet.com/artists/ren%C3%A9-magritte/rose-and-building-zp30ANHN4SKBSHsGvlVpDQ2
[695] https://fr.pinterest.com/pin/427349452128870842/ et https://s-media-cache-ak0.pinimg.com/originals/4e/8e/e9/4e8ee97be990d1cabd0f17497cd5b878.jpg
[696] https://s-media-cache-ak0.pinimg.com/originals/4e/8e/e9/4e8ee97be990d1cabd0f17497cd5b878.jpg
[697] https://fr.wikipedia.org/wiki/Orgue_%C3%A0_chats
[698] Ce qui nous renvoie à la description des oiseaux du verger de "*Comment l'Amant parle a Oyseuse; Qui luy fut assez gracieuse*" de la première partie par Guillaume de Lorris du *Roman de la Rose*, dans lesquels nous retrouvons une grande proximité avec ceux décrits dans la toile *Le Plaisir* de Magritte et ses suites de feuilles-arbres à oiseaux, se détachant tout particulièrement, dans *Le Roman de la Rose*, le coucou, pour nous de caractère implicitement sexuel, déjà, comme nous semble-t'il, laisse supposer le texte:

"*Tant estoit beau ce lieu ramaige*
*Que bien sembloit divin ouvraige*
*Car comme il me sembla de faict*
*En aucun Paradis ne faict*
*Si bon estre comme il faisoit*
*Au verger qui tant me plaisoit.*
*D'oyseaulx chantans y eut assez*
*Par tout le jardin amassez,*
*En ung lieu avoit estourneaulx*
*En l'autre malars et moyneaulx*
*Pinsons, pyvers, merles, mesanges*
*Qui ne sembloient oyseaulx, mais anges*
*Brief homme n'en vit oncques tant,*
*La estoit le geay caquetant*
*Le verdier s'y esjouyssoit*
*La tourterelle y gémissoit*
*Et y desgorgeoit la linote*
*Le chant que nature luy note.*
*En autre lieu vy amassées*
*Force kalandes, qui lassées*
*Furent de chanter aux enuis*
*Car les rossignolz et mauvis*
*Sceurent si haultement chanter*
*Qu'ilz vindrent a les surmonter.*

377

*Ailleurs aussi sont papegaulx*
*En chantz et plumes non égaulx*
*Qui par ces vertz boys ou ilz hantent*
*Incessamment sifflent et chantent,*
*Mais par sus tous oyseaulx beccus*
*Se firent ouyr les cocus*
*Qui en plus grant nombre se y trouvent*
*Car au jardin d'Amours se couvent.*
*Bien fut leur chappelle fournie*
*Et plaine de grant armonie*
*Car leur chant estoit gracieulx*
*Comme une voix venant des cieulx.*"

[699] Les deux identifications du torcol fourmilier et du merle noir nous ont gentiment été fournies par Mme Sandrine Thibaut-Lecornu du Service Accueil/Conseils LPO de la Ligue pour la Protection des Oiseaux, sise à Rochefort. La précision du sexe du merle est nôtre. Elle confirme nos autres interprétations: griffes d'aigle, verdier d'Europe et huppe fasciée.
Toutefois, M. Bertrand Mennesson, de l'Association des Naturalistes des Yvelines, nous propose (bien que similaires en beaucoup de points, en ce qui concerne les reconnaissances ornithologiques, aux indications de Mme Thibaut-Lecornu, et de notre opinion générale, en ce qui concerne la fidélité en couleurs et en formes de Magritte) les spécifications suivantes: "*Je pratique souvent l'identification sur photo qui n'est déjà pas toujours facile mais il s'agit en l'occurrence d'un exercice inhabituel!*
*L'artiste n'a manifestement pas cherché à représenter les couleurs réelles ce qui ne facilite pas l'opération...*
*Le seul oiseau vraiment identifiable par sa forme générale et la distribution des taches de couleur est la Huppe fasciée en haut à gauche de l'image.*
*Aucun des autres ne peut faire l'objet d'une identification au niveau de l'espèce, tout juste au niveau de la famille.*
*L'oiseau derrière la tête de la jeune fille ressemble à un fringille par sa queue légèrement fourchue et son bec conique. Sa taille importante peut faire penser à un Verdier d'Europe mais ça pourrait être un pinson voir un moineau...*
*L'oiseau sur la branche basse ne semble pas être un Cassenoix moucheté car il n'en a pas la queue ni le bec ni le cou. Je pencherai plutôt pour un pic, par exemple un Pic vert ou un Pic épeiche voir un Torcol fourmilier.*
*L'oiseau sur la branche haute est manifestement un rapace de par sa position et ses serres. Ça peut être un aigle mais aussi un pygargue, un balbuzard, une buse...*
*Quand à l'oiseau dans la bouche de la jeune fille il est encore plus difficile à caractériser. De par sa taille et la forme du bec je ne me prononcerai pas pour un rossignol, je penserai plutôt à une grive (dont il existe 4 espèces en Europe).*"
M. Dominique Crickboom de l'Union Française des Centres de Sauvegarde de la Faune Sauvage UFCS, confirme lui aussi l'identification du torcol fourmilier, mais est, au contraire, en désaccord avec les autres reconnaissances, et en propose une nouvelle pour l'oiseau perché à la tête invisible, dans lequel il voit plutôt une corneille: "*Sauf erreur de ma part l'oiseau tendu sur la branche serait un Torcol fourmilier. A droite il s'agit bien d'une huppe fasciée. Dans la bouche: vu la taille de l'oiseau il ne peut en aucun cas s'agir d'un rossignol qui tiendrait dans une seule main. Celui qui est perché à droite sans la tête me fait plus penser à une corneille quand à celui derrière la tête je n'en ai aucune idée.*"
[700] http://www.planetofbirds.com/passeriformes-turdidae-blackbird-turdus-merula
[701] http://1001symboles.net/symbole/sens-de-huppe.html
[702] http://ile-des-poetes.over-blog.com/article-24688197.html
[703] Jean Jamin, "*De la grive imaginée à la grive imaginaire - Essai sur le symbolisme et la connaissance des grives chez les Ardennais du plateau*", L'homme et l'animal, - Ier Colloque d'Ethnozoologie, Paris, Institut International d'Ethnosciences, 1975, p. 298: "*Un des aspects critiquables de la démarche ethnoscientifique américaine me semble précisément résider dans son postulat implicite de cette "équivalence cognitive" des informateurs, par là même, dé-socialisés sinon dé-culturés. Chacun est vu comme le dépositaire privilégié et l'utilisateur "moyen" du code culturel. Une telle démarche, outre qu'elle révèle la pesanteur linguistique, suppose une conception non-différentielle quant au contenu de l'éducation, et nie ou néglige les phénomènes de sélection, de manipulation, de confiscation du ou des code(s) symbolique(s). Faute d'envisager la dynamique du phénomène classificatoire à des niveaux même formels, et faute de poser le problème des relations entre structures de codification, de communication et de subordination, elle se condamne à découper la réalité socio-culturelle en "domaines" et à voir dans la culture une simple juxtaposition de taxonomies. Or, la culture*

*accessible et immédiatement repérable, même en société traditionnelle où, d'une façon générale, la culture para% et est postulée comme homogène, c'est-à-dire socialement non-différenciée, est celle de la catégorie-classe dominante."*
[704] *Ibid.*, p. 299.
[705] *Ibid.*, p. 301.
[706] *Ibid.*, p. 303.
[707] *Ibid.*, p. 304.
[708] *Ibid.*, p. 306.
[709] https://fr.wikipedia.org/wiki/Turdidae
[710] *Ibid.*, pp. 308-309.
[711] Le thème de la rose et de l'oiseau se trouve déjà, lié à l'hiver et à la perte des beautés de la fleur, mais avec un final heureux, puisque malgré la perte de ses attraits, l'étourneau en reste aimé, à la différence du poète, selon celui-ci indique dans la morale du poème, dans "*La rose et l'étourneau, Fable. À la Princeffe d'Henin après fa petite verole (Elle étoit aimée du Chevalier de Coigny)*", *Nouveau mercure de France*, T. III, 1775, *Numéro Cinquième*, pp. 13-14:
"*L'aimable fille du printemps,*
*La rose, à qui tout rend hommage,*
*Vit au nombre de ses amants*
*Un étourneau du voisinage.*
*Sans regret il avait quitté*
*De ses frères la troupe errante*
*Pour ranger son âme inconstante*
*Sous l'empire de la beauté.*
*Perché sur un buisson d'épine*
*Où la rose tenait sa cour,*
*Il ne cessait à sa voisine*
*De jurer un fidèle amour. —*
*Mille autres amants, lui dit-elle,*
*Chaque jour m'en jurent autant;*
*Mais, si je cessais d'être belle,*
*Aucun d'eux ne serait constant. -*
*Ah! dit l'oiseau, vous verrez naître*
*En moi des feux toujours nouveaux;*
*J'ose en prendre à témoin le maître*
*Des roses et des étourneaux.*
*Le petit dieu dans sa volée*
*Entendit faire ce serment,*
*Il retint son souffle un moment*
*Et la nature fut glacée;*
*La rose en perdit ses appas.*
*Son éclat, sa fraîcheur passèrent;*
*Zéphyrs, papillons délogèrent,*
*L'étourneau ne délogea pas.*
*Calmez, lui dit-il, vos alarmes,*
*Si mon cœur suffit à vos vœux,*
*Il vous reste bien plus de charmes*
*Qu'il n'en faut pour me rendre heureux. -*
*Sans faire une épreuve nouvelle,*
*L'Amour, étonné du succès,*
*A la fleur rendit ses attraits*

*Et l'oiseau seul fut aimé d'elle.*

*De la rose facilement*
*On devine la ressemblance:*
*C'est moi qui suis l'oiseau constant,*
*Mais je n'ai pas sa récompense."*

Déjà présent dans *L'Esprit des journaux, françois et étrangers*, 15 Décembre 1774, T. VI Partie I, Imprimerie du Journal, date du 30 Décembre 1774, pp. 151-152, mais sans la dédicace explicative ("*À la Princeſſe d'Henin après ſa petite verole (Elle étoit aimée du Chevalier de Coigny)*"), où elle est dite reprise de la *Gazette univerſelle de Littérature*, cette Fable est attribuée à Delille dans *L'Esprit des journaux français et étrangers, par une société de gens de lettres*, Juillet 1807, 3ème trimestre, T. VII, Bruxelles, Imprimerie de Weissenbrich, 1807, pp. 253-254.
Confirment l'attribution les *Œuvres de La Harpe, de l'Académie française, accompagnées d'une notice sur sa vie et sur ses ouvrages*, Paris, Chez Verdière, 1820, T. XII *Correspondance littéraire*, pp. 362-363; le poème étant est reproduit dans les *Poésies fugitives de Jacques Delille*, Chez L. G. Michaud, 1818, pp. 178-180. Il est encore repris dans les éditions des *Oeuvres complètes de Jacques Delille*, par A.-V. Arnault et J. Maubach de Bruxelles, Imprimerie de J. Maubach, 1819, T. V, pp. 69-70, et par Arnault de Paris, Chez Édouard Leroy, 1835, T. V, pp. 69-70.
Toutefois, l'attribution n'est pas aussi claire, puisque le poème est, également, reproduit dans les *Poésies du Chevalier de l'Isle, capitaine de dragons, mort à Paris, en 1783*, Bruxelles, Imprimerie du prince Charles de Ligne, 1782, pp. 14-15 (cité dans son édition de 1781 dans le *Catalogue des livres et manuscrits formant la bibliothèque de feu M.J.B. Th. de Jonghe Officier de l'Ordre de Léopold*, Bruxelles, F. Heussner, 1860, T. I, No 2706, p. 306), il va sans dire que en l'attribuant à cet auteur; attribution, à son tour, que confirment les *Mémoires secrets de Bachaumont de 1762 à 1787*, Paris, Brissot-Thivars, et A. Sautelet et Cie., 1830, T. IV 1772-1774, pp. 391-392, encore citées dans la "*Notice sur Madame de Polignac et autres Dames*" des *Facéties révolutionnaires sur Madame de Polignac*, Neuchâtel, Société des Bibliophiles Cosmopolites, 1872, p. XI. Le poème est reproduit, avec cette même attribution dans les *Pieces échappées aux XVI premiers Almanachs des Muses*, Paris, Chez la Veuve Duchêne, 1781, pp. 123-124.
Divergence notée, pour un auteur non nommé, dans *L'intermédiaire des chercheurs et curieux: (Notes and Queries francais.) Questions et réponses, communications diverses à l'usage de tous littérateurs et gens du monde, artistes, bibliophiles, archéologues, généalogistes, etc.*, Paris, Chez Mme Ve Benj. Duprat, 1864, 1ère Année 1864, p. 287: "*Traduttori, traditori (Vid. pp. 98, 124, 208). - La bibliothèque de Versailles possède un manuscrit in-12 (E. M-9,) qui contient des pièces de vers retouchées et améliorées par un ami de la perfection dont le nom m'échappe. Il s'est attaché aux fables et en a corrigé plusieurs entre autres La Rose et l'Etourneau, du chevalier de l'Isle. Ce n'est que demi-mal, dira-t-on. Mais La Fontaine y passe aussi. Il ne trouve pas grâce devant ces gens-là.*
*(Maubeuge.) H. De L'Isle.*"
On ne saurait préciser s'il s'agit simplement d'une erreur pour la vague homonymie entre Jacques Delille (1738-1813) et Jean-Baptiste-Nicolas de l'Isle (1735-1783, http://data.bnf.fr/12099233/jean-baptiste-nicolas_de_lisle/), "*correspondant de prédilection du prince de Ligne qui l'appelle:/ le dieu du couplet et du style épistolaire, qui, pour faire croire qu'il dînait avec la reine, le dimanche chez les Polignac, y arrivait le premier au sortir de table.*" (http://marie-antoinette.forumactif.org/t426-le-chevalier-de-l-isle-et-marie-antoinette), "*Chansonnier, fabuliste, satyrique mordant et conteur badin, rival souvent heureux des Boufflers, des Ségur, des Bertin, auteur de mémoires précieux, ami et correspondant de Voltaire, du prince régnant de Deux-Ponts, du président Hénault, de l'abbé Barthélemy, des Rohan, de madame du Deffand, du prince de Ligne, commensal des Choiseul, des Polignac et des Coigny, trente ans notre poète éparpilla ses vers à tous les coins de France.*", pour lequel "*Sainte-Beuve, si hospitalier à plusieurs poètes qui avaient vu l'histoire fermer devant eux les portes de son panthéon, écrivait le 14 avril 1863 une lettre de félicitations au savant archéologue lorrain, Henry de l'Isle, pour le remercier, au nom des lettres françaises, d'avoir consacré quinze ans à rassembler les oeuvres éparses du rimeur le moins soucieux de gloire littéraire qui ait jamais existé, nous avons dit le chevalier de l'Isle.*" (http://toutsurlagenealogie.blogspot.com/2011/07/jean-baptiste-nicolas-de-lisle-un-poete.html), ou d'une appropriation volontaire, comme le dit Henry De L'Isle dans l'extrait cité de *L'intermédiaire des chercheurs et curieux*.

[712] Margarida Madureira, "*La mort de l'oiseau chanteur et la poétique amoureuse du Bestiaire d'amour de Richard de Fournival*", *Déduits d'oiseaux au Moyen Âge*, Presses universitaires de Provence, 2009, pp. 193-204.
[713] Arnaud Zucker, P*hysiologos: le bestiaire des bestiaires*, Grenoble, Jérôme Millon, 2004, p. 138.
[714] http://vanille63.centerblog.net/rub-la-symbolique-des-oiseaux--2.html
[715] Claude Maillard-Chary, *Le bestiaire des surréalistes*, Presses Sorbonne Nouvelle, 1994, p. 303.
[716] *Ibid.*, pp. 264-265.
[717] *Ibid.* p. 54.
[718] *Ibid.* pp. 10-11.
[719] Claude Maillard-Chary, *Paul Éluard et le thème de l'oiseau: La phénixologie du grain d'aile*, Paris, L'Harmattan, 2009.
[720] http://www.sjperse.org/oiseaux.visions2.html
[721] Marina Ondo, *La Peinture dans la poésie du XXe siècle*, Saint-Denis, Connaissances et Savoirs, 2014, T. I, pp. 180-181.
[722] http://www.ipoesie.org/un-oiseau-s-envole
[723] http://www.sjperse.org/oiseaux.visions2.html
[724] https://lejournaldejuliette.wordpress.com/2013/06/03/un-poeme-calligrame-du-poeme-de-ponge-notes-prises-pour-un-oiseau-1953/
[725] http://www.sjperse.org/oiseaux.html
[726] http://www.sjperse.org/oiseaux.visions1.html
[727] http://www.sjperse.org/oiseaux.analyse1.html
[728] *Ibid.*
[729] *Ibid.*
[730] https://en.maremagnum.com/rare-books/l-hirondelle-eblouie-par-l-eclat-de-la-prunelle-rouge-1925/117837898
[731] https://www.artsy.net/artwork/joan-miro-le-bel-oiseau-dechiffrant-linconnu-au-couple-damoureux-the-beautiful-bird-revealing-the-unknown-to-a-pair-of-lovers-plate-xx
[732] http://www.utl-kreizbroleon.fr/crconf/conf1314/miro.html
[733] http://bestiary.ca/prisources/psdetail1086.htm
[734] http://bestiary.ca/beasts/beast232.htm
[735] *Ibid.*
[736] http://bestiary.ca/beasts/beast531.htm
[737] http://bestiary.ca/beasts/beast544.htm
[738] http://bestiary.ca/beasts/beast249.htm
[739] http://bestiary.ca/beasts/beast546.htm
[740] ()*Bestiaires médiévaux: nouvelles perspectives sur les manuscrits et les traditions textuelles*, International Reynard Society. Colloque, Baudouin van den Abeele, Université Catholique de Louvain, 2005, p. 87.
[741] Jean-Paul Clébert, *Bestiaire fabuleux*, Paris, Albin Michel, 1971, p. 32.
[742] Marie-Josèphe Wolff-Quenot, *Le bestiaire mystérieux de la Cathédrale de Strasbourg*, Strasbourg, Dernières Nouvelles d'Alsace, 1983, p. 124.
[743] "*Les Passeriformes (ou passériformes en français) sont le plus grand ordre de la classe des oiseaux. Le taxon regroupe en effet plus de la moitié des espèces d'oiseaux. Les oiseaux de cet ordre sont dénommés passereaux de manière générique, mais sont également souvent qualifiés d'oiseaux chanteurs d'après leur appellation «songbirds» par les anglophones. Ils étaient autrefois aussi appelés oiseaux percheurs.*" (https://fr.wikipedia.org/wiki/Passeriformes)
[744] "*Ordre: Passeriformes/ Famille: Corvidae*" (https://fr.wikipedia.org/wiki/Cassenoix_mouchet%C3%A9)
[745] [745] "*Ordre: Passeriformes/ Famille: Turdidae/ Genre: Turdus*" (https://fr.wikipedia.org/wiki/Grive_musicienne)
[746] "*Ordre: Passeriformes/ Famille: Fringillidae/ Genre: Chloris*" (https://fr.wikipedia.org/wiki/Verdier_d%27Europe)
[747] "*Ordre: Passeriformes/ Famille: Turdidae/ Genre: Turdus*" (https://fr.wikipedia.org/wiki/Merle_noir)
[748] http://bestiary.ca/beasts/beast249.htm
[749] "*Ordre: Piciformes/ Famille: Picidae/ Genre: Jynx*" (https://fr.wikipedia.org/wiki/Torcol_fourmilier)
[750] http://www.sylvie-tribut-astrologue.com/tag/la-bergeronnette-est-devenue-le-symbole-des-enchantements-de-lamour/
[751] Jacques Plowert, *Petit glossaire pour servir a l'intelligence des auteurs decadents et symbolistes*, Paris, Vanier-Bibliopole, 1888, p. 93. "*Il y a là-dedans des choses que je ne pense plus qu'à demi; des affirmations qui ne laissent que de m'inquiéter. J'aurais pu additionner de notules certains paragraphes; mais passons, car je dirai prochainement toute ma pensée sur la matière, en tête de l'oeuvre qui occupe mes heures présentes. Néanmoins, je voudrais rectifier un passage de ma lettre à M. Anatole France; (c'est là,*

*question de sentiment). J'y disais: J'admire Baudelaire tout en estimant Lamartine. Il est probable qu'un artifice de bien dire m'induisit à cette assertion, car, à la vérité, il me semble avoir toujours admiré Lamartine autant que Baudelaire, je n'ose pas ajouter davantage. Voilà un aveu sincère, et M. France pourrait à son tour me faire grâce de torcol et bardocucule, deux bons vieux mots que j'ai employés quelque part et qui l'irritent. Pourtant torcol est net et bien formé, quant à bardocucule, il signifie la mante à capuchon des anciens Gaulois: une vestiture nationale, que diable!*" (Jean Moréas, *Les Premières armes du Symbolisme*, Paris, Léon Vanier, 1889, p. 8)

[752]"*Ein Vogel wollte Hochzeit machen*
*In dem grünen Walde*
*Viderallala, viderallala,*
*Viderallalalala*

*Die Amsel war der Bräutigam,*
*Die Drossel war die Braute.*

*Die Gänse und die Anten,*
*Die war'n die Musikanten.*

*Der Uhu, der Uhu*
*Der bringt der Braut die Hochzeitsshuh'.*

*Der Kuckuck schreit, der Kuckuck schreit,*
*Er bringt der Braut das Hochzeitskleid.*

*Der Sperling, der Sperling,*
*Der bringt der Braut den Trauring.*

*Die Taube, die Taube,*
*Die bringt der Braut die Haube.*

*Die Lerche, die Lerche,*
*Die führt die Braut zur Kirche.*

*Der Auerhahn, der Auerhahn,*
*Der war der Küster und Kaplan.*

*Die Meise, die Meise*
*Die bringt der Braut die Speise.*

*Der Pfau mit seinem bunten Schwanz*
*Macht mir der Braut den ersten Tanz.*

*Frau Kratzefuß, Frau Kratzefuß,*
*Gibt allen einen Abschiedskuß.*

*Brautmutter war die Eule,*
*Nahm Abschied mit Geheule.*

*Der Uhu, der Uhu*
*Der macht die Fensterläden zu.*

*Der Hahn, der krähet: Gute Nacht!*
*Jetzt wird die Kammer zugemacht.*

*Die Vogelhochzeit ist nun aus,*

*Die Vögel fliegen all' nach Haus.*" (http://www.mamalisa.com/?t=fs&p=267&c=38)

[753]"*Les oiseaux, dans la mythologie celtique, sont presque exclusivement des émissaires de l'Autre Monde, messagers des dieux (en fait, ils appartiennent à la Déesse mais elle peut les «prêter» aux dieux) ou dieux eux mêmes, métamorphosés pour visiter les hommes. Ils peuvent être aussi l'esprit des hommes dans une des phases de leur existence, ou de leur parcours initiatique, illustrant alors les diverses étapes de la vie spirituelle.*

*Certains s'accordent habituellement sur le fait que ce sont des corbeaux, mais Philip Carr Gomm voit des merles (peu cités dans la mythologie) dans les oiseaux de Rhiannon (l'équivalente de notre Rigantona/Epona, Grande Reine de l'Autre Monde et de celui ci) qui veillent sur la tête de Bran le Béni et sur ses sept compagnons en route pour l'enterrer sur la Colline Blanche à Londres, face à la France ( c.f. «Mabinogi de Branwen»). Ce sont les mêmes oiseaux que le géant Yspadadden demande au héros Culhwch de lui rapporter dans le conte du cycle primitif d'Arthur, «Culhwch et Olwen», et s'«ils réveillent les morts et endorment les vivants» c'est parcequ'ils sont psychopompes, qu'ils sont associés à l'Autre Monde et qu'ils servent de liens entre celui ci et le nôtre: en d'autres termes, ce sont des gardiens du Seuil.*

*Au nombre de leurs épreuves, Culhwch et la troupe d'Arthur doivent aussi délivrer Mabon, enlevé et séquestré la 3ème nuit de sa naissance, dont la présence est indispensable à la capture du sanglier divin Twrch Trwyth ( c'est parfois une truie divine, symbole de la Déesse Mère), symbole du pouvoir sacerdotal dont Arthur veut s'emparer pour réaliser la dualité temporel-spirituel. Certaines nuits, on entend encore parfois passer cette chevauchée fantastique (la Chasse Arthur), équivalente à la Chasse sauvage nordique.*

*Pour retrouver Mabon, Gwrhyr Gwalstawt Leithoedd, druide magicien (héritier des traditions chamano-druidiques) qui parle toutes les langues des hommes et les langages des animaux (comme Merlin, symbole de la Connaissance druidique primordiale, après sa retraite dans la forêt – d'ailleurs Markale voit dans «Merlin» une rencontre phonétique entre le mot «Merle» et le nom gallois Myrddin) interrogent successivement les cinq animaux primordiaux: le Merle de Cilgwri, le Cerf, le Hibou/Chouette, l'Aigle et enfin le Saumon.*

*Le Merle est ici encore le gardien du seuil, l'initiateur d'un parcours initiatique qui mène vers la Sagesse et la Connaissance symbolisées par le saumon qui remonte à la source de toute chose, et identifiés à Mabon, équivalent de Maponos, notre Bélénos jeune: jeune dieu soleil, retenu prisonnier par les forces de la Nuit, fils de Modron, divinité solaire et manifestation de la terre Mère, qui, délivré, naît au solstice d'hiver.*

*C'est justement au solstice d'hiver que le sorbier (dont les baies sont un régal pour les oiseaux chanteurs, et notamment les merles) atteint une grande puissance: dénudé et recouvert de givre, il semble couvert d'étoiles et exprime la manifestation de la lumière au moment le plus sombre de l'année. Arbre des déesses, plus particulièrement associé à Brigit (= Rhiannon = Rigantona), proche de l'eau et des rivières, il est lui aussi au seuil de l'Autre Monde, ainsi donc qu'au seuil de la nouvelle année solaire.*"
(https://lecheminsouslesbuis.wordpress.com/2008/08/26/le-merle-dans-la-mythologie-celtique/)

[754]Martine Estrade, "*Métaphores sur l'oiseau, messagères entre rêve et fantasme*", texte écrit dans le contexte d'une recherche multidisciplinaire sur le thème de l'oiseau de la Société des Etudes Euro Asiatiques, http://www.martine-estrade-literarygarden.com/psychanalyse-art/psychanalyse-art-metaphore-oiseau.php

[755]Christophe Bormans, "*Freud et le souvenir d'enfance de Léonard de Vinci*", Texte de l'intervention au séminaire interne de l'École Psychanalytique de la Salpêtrière (14 décembre 2005), http://psychanalyste-paris.com/Le-Leonard-de-Vinci-de-Freud.html

[756]http://psychanalyse.canalblog.com/archives/2011/02/25/20481344.html

[757]http://www.papillons.info/machaon/

[758]Bormans.

[759]https://www.wikiart.org/en/rene-magritte/homesickness-1940

[760]http://www.mattesonart.com/homesickness-by-rene-magritte-a-review.aspx

[761]http://www.cnrtl.fr/etymologie/m%C3%A9nopause

[762]http://musiqueetpatrimoine.blogs.lindependant.com/archive/2016/04/09/quand-le-peintre-rene-magritte-habitait-carcassonne-218613.html

[763]Hippolyte Noël, *Instructions sur la Liturgie ou Explication des Prières et des cérémonies de la Messe et des principales pratiques du culte divin avec de nombreux traits historiques à la suit de chaque instruction*, Paris et Lyon, Librairie Catholique de Perisse Frères, 1861, T.II, pp. 296-297. Repris de J. Collin de Plancy, *Les Douze convives du Chanoine de Tours*, Paris, Paul Mellier, et Lyon, Guyot Père et Fils, 1845, pp. 368-377.

[764]Éliphas Lévy, *Philosophie occulte - Première Série - Fables et symboles: avec leur explication où sont révélés les grands secrets de la direction du magnétisme universel et des principes fondamentaux du grand œuvre*, Paris, Librairie Germer Baillière, 1862, pp. 93-94.

[765]http://faculty.smcm.edu/srjohnson/altenc/recent/self/index.htm

[766]*Ibid.*

[767]https://de.wikipedia.org/wiki/Datei:Merian_Portrait.jpg

[768] https://commons.wikimedia.org/wiki/File:Pacioli.jpg

[769] "*De toutes parts des voix se sont élevées, graves et solennelles «Recueillons La Leçon d'Ingres.»* Le pluriel conviendrait mieux peut-être, puisque chacun a cherché et rapporté la leçon souvent contradictoire dont il avait besoin ou simplement envie. Par exemple, le groupe des «synthétistes de l'objectivité picturale», c'est la dernière définition que, pour nous mettre en goût, ait proposée un des exégètes des cubistes, une fois de plus et avec une audace d'affirmation encore accrue, s'est réclamé de lui. N'est-il pas le maître de la «déformation»? N'a-t-il pas donné l'exemple de travailler «le dos tourné à la nature»? En effet, dès l'apparition de l'Odalisque, il ne manqua pas de critiques pour remarquer qu'elle avait «trois vertèbres de trop». Le «goître» de la Belle Zélie, le «cou de girafe» de Thétis, l'épaule décrochée de madame de Sénones, le bras de la Renommée dans l'Apothéose d'Homère excitèrent tour à tour la verve ou l'indignation.*" (André Michel, "*Après l'exposition d'Ingres*", La Revue de Paris, T. III, Mai-Juin 1921, p. 790)

[770] Auguste-Hilarion de Kératry, qui dédie une partie de son *Annuaire de l'école française de peinture au lettres: sur le salon de 1819*, Paris, Maradan, pp. 108-109, à l'*Odalisque*, mais qui n'y exprime pas directement cette opinion, recueillie verbalement par Amaury-Duval, *L'atelier d'Ingres - Souvenirs*, Paris, G. Charpentier, 1878, p. 282.

[771] "*Pilier de la peinture française du XIXe siècle, Ingres n'a pas eu que des admirateurs. Cet ardent défenseur de la tradition classique est accusé d'avoir pris des libertés avec les règles anatomiques élémentaires. «La Grande Odalisque», qui expose au Louvre un dos démesurément long, en est une illustration. Jean-Yves Maigne et coll. publient dans une revue britannique une étude qui le réhabilite.*

*L'Odalisque a été comparée à 9 modèles d'aujourd'hui. Couchée depuis près de deux siècles dans une pose voluptueuse, «la Grande Odalisque» est certainement le tableau le plus connu de Jean-Auguste Dominique Ingres. Depuis sa naissance (1814), son anatomie particulière a cependant alimenté les critiques autant que la beauté de l'oeuvre a fasciné des générations d'amateurs d'art. Trois vertèbres en trop: c'est le diagnostic le plus souvent émis à propos de ce modèle hors du commun. Quant aux raisons qui ont conduit le peintre à cette audace, elles restent aujourd'hui encore débattues. Il est à l'évidence impossible que l'élève de David, premier grand prix de peinture en 1800, qui fut directeur de la Villa Medicis and président de l'Ecole des beaux-arts, ait pu commettre pareille erreur.*

*Délaissant pour une fois les plaintes de lombalgiques, Jean-Yves Maigne (rééducation fonctionnelle, Hôtel-Dieu, Paris) a voulu résoudre l'énigme et s'est atelé à l'examen de cette illustre patiente avec l'aide de Gilles Chatellier et d'Hélène Norlöff. Le résultat de leurs recherches va paraître très prochainement dans le «Journal of the Royal Society of Medicine».*

*Un travail d'arpenteur.*
*Leur objectif a été d'appréhender de façon précise les mensurations rachidiennes et pelviennes de l'Odalisque. Pour ce faire, ils ont d'abord effectué ce travail de mesure chez 9 jeunes femmes «en chair et en os», ni scoliotiques ni obèses, en s'appuyant sur des repères anatomiques visibles: 7e vertèbre cervicale, fossettes des épines iliaques postéro-supérieures, partie inférieure des fesses. Les données chiffrées ont été exprimées en unités de hauteur de tête (mesurée du vertex au menton). Ces mesures ont été reportées sur l'Odalisque après correction de l'effet de perspective. Les résultats montrent un allongement du dos de presque 15 cm (IC 95 %: 12,3 - 17,6 cm), soit l'équivalent de 5 vertèbres. Il se répartit entre rachis lombaire (+ 8 cm) et bassin (+ 6,8 cm).*

*Pour ses auteurs, cet allongement excessif du rachis lombaire et du bassin a peut-être pour but de marquer avec force une séparation physique entre visage et pelvis. Cette emphase corporelle, cet accent anatomique ne seraient là que pour souligner le fossé existant entre un corps voluptueux dévolu au plaisir d'un homme - le sultan -, fonction symbolisée par l'hypertrophie pelvienne, et des pensées en rapport avec la condition d'une femme de harem: leur visage est décrit par la critique comme énigmatique, distant, voire triste. A moins que, comme le pensent d'autres analystes, cette impassibilité du faciès ne soit là que pour arrêter le regard érotique du spectateur. Ou encore que le peintre ait simplement voulu reproduire la femme idéale, lui qui disait «N'étudions le beau qu'à genoux»...*" (http://fr.bio.medecine.narkive.com/TC2mU83g/la-grande-odalisque-aurait-cinq-vertebres-de-plus)

[772] La présente Partie développe les éléments de nos études parues en série dans notre section *Cultura Logia* (2005-2008) du Supplément Culturel *Nuevo Amanecer Cultural* de *El Nuevo Diario*: "*Erotismo*", 4/2/2006, p. 10. "*Marqués de Sade*", 4/3/2006, p. 10. "*Greuze*", 14/4/2007, p. 10; "*El ave muerta*", 2/8/2008, p. 3.

[773] Luis G. La Cruz, *El secreto de los trovadores*, Madrid, Edita América Ibérica, 2003, pp. 28-30.

[774] http://reproarte.com/de/themenauswahl/aquarell/29400-die-buechse-der-pandora-detail

[775] Étudiée par Erwin et Dora Panofsky, *La Boîte de Pandore*, Paris, Hazan, 1990, p. 96 et Fig. 58.

[776] Cf. notre livre: *Apparition de nouvelles structures narratives: les genres littéraires du XIXème siècle*, 2010.

[777] Cf. sur ce point et les autres coïncidences entre *Les Misérables* et les romans contemporain le même texte: Armand de Pontmartin, "*Les Misérables par M. Victor Hugo - Premier article. (Les six premiers volumes.)*", 5 juillet 1862, dans *Le correspondant: recueil périodique: religion, philosophie, politiques, sciences, littérature, beaux-arts*, Paris, Charles Douniol, 1862, Vol. 56, p. 545. De fait, l'influence du roman de Sue, comme on le sait aussi, a été beaucoup plus large et variée, cf. par ex. dans *Le Fils du Diable* de Paul Féval, critiqué par E.B. dans la revue *La Renaissance*, 2 Année, No 13, 17 mai 1873, Section "*Théâtres*", dans *La Renaissance Litteraire et Artistique, 1872-1873*, Gevène, Slatkine, 1973, p. 126.

[778] Cf. nos articles sur: "*Erotisme*" et le "*Marquis de Sade*".
[779] Sur la question de l'"*Enfance*" dans la société et son symbolisme, cf. notre article éponyme et correspondant article: "*Niñez*", *Nuevo Amanecer Cultural*, 1/9/2007, p. 10.
[780] Karl Marx et Friedrich Engels, "*I. Bourgeois et prolétaires*", https://www.marxists.org/francais/marx/works/1847/00/kmfe18470000a.htm#sect1
[781] *Ibid.*, "*II. Prolétaires et communistes*", https://www.marxists.org/francais/marx/works/1847/00/kmfe18470000b.htm
[782] Cf. notre livre: *Arturo Andrés Roig y el problema epistemológico*, UNAN-Managua, 1997, 1998.
[783] *Oeuvres complètes de Diderot revues sur les éditions originales*, T. X: "*Beaux-Arts - Première Partie (Arts du dessin)*", p. 355: "*Salon de 1755 - 119. Le Fils ingrat. Autre esquisse*".
[784] *Ibid.*, p. 354.
[785] *Ibid.*
[786] *Ibid.*
[787] http://www.karine-lingerie.fr/histoire-de-la-lingerie
[788] http://www.ville-bourges.fr/site/culture_lingerie-histoire?accessibilite=1
[789] *Les belles de mai: deux siècles de mode à Marseille: collections textiles du Musée du Vieux-Marseille (XVIIIe-XIXe siècles)*, Exposition du 11 juillet au 31 décembre 2002, Direction des Musées de Marseille, 2002, p. 83.
[790] "*Pendant des siècle, femmes et hommes vécurent sans cet accessoire qui est une invention relativement récente, et son "utilité hygiénique" l'est encore plus!*
*Depuis la nuit des temps, et encore au Moyen Age (401-1500), femmes et hommes allaient les fesses nues sous leurs jupes et leurs pantalons, et ce jusqu'au milieu du XIX° siècle, et personne ne s'en offusquait, bien au contraire.*
*La bienséance voulait que les femmes vertueuses devaient aller sans culotte, et que cette dernière (ancêtre du pantalon) était réservée aux femmes aux moeurs légères, aux vieilles dames et aux malades pour se protéger du froid, ainsi qu'aux servantes (uniquement lorsqu'elles faisaient les carreaux). Les jeunes filles de moins de 14 ans portaient également cette sorte de panty bouffant en coton, mais devaient le quitter passé cet âge.*
*En effet, une femme de qualité se contentait d'un jupon ou d'une chemise de toile fine, ornée de dentelle d'Alençon et ne portait aucune culotte dessous. Tandis que les hommes de classes aisées, depuis l'Ancien Régime, portaient la culotte de l'époque, un vêtement moulant couvrant séparément les jambes, de la ceinture jusqu'aux genoux ou mi mollets (le pantacourt d'aujourd'hui), accompagné de bas.*
*Au XVI° siècle, malgré la tentative de Catherine de Médicis d'imposer le caleçon aux dames de sa cour, le costume des femmes en général, qu'elles soient de grande ou de petite condition, resta la même et le redevint pour sûr après elle.*
*C'est durant la révolution française (vers 1790), que le pantalon (inventé par les gaulois) refis surface grâce aux révolutionnaires qui l'arboraient en signe de contestation: c'est pourquoi les aristocrates les appelèrent des "sans culottes".*
*Mais ce n'est qu'au cours du XIX°siècle que "le pantalon de lingerie" commença à être porté comme sous vêtement.*
*Il fut importé d'Angleterre où il était porté par les jeunes filles lors de leurs séances de gymnastique. A l'époque, on lui crinoline.jpgprédit un avenir éphémère, car celui-ci dépassait très légèrement de la robe, à la hauteur des chevilles. Les stylistes le firent alors plus court et comme par sa longueur il ressemblait à l'ancien vêtement d'homme, ils appelèrent ce nouveau sous vêtement "culotte". Elle était fermée pour les hommes, mais les femmes la portaient essentiellement fendue pour permettre la miction et les rapports sexuels.*
*De plus, avec l'arrivée de la crinoline, la culotte s'imposa comme une obligation. En effet, chaque femme s'asseyant dans ces paniers de métal, renversait sa robe et laissait voir l'intégralité de ses jambes et de son sexe. Si elle se penchait en avant, le phénomène se reproduisait dans l'autre sens, laissant impudiquement voir ses fesses.*
*Il fallut attendre bien plus tard pour voir apparaître la "petite" culotte.*
*C'est à partir du XXe siècle, que les petites culottes telles que nous les connaissons, se démocratisent et font leur entrée dans le quotidien des femmes grâce, notamment, à l'invention de Pierre Valton, le père de la célèbre marque "petit bateau".*
*Au début de ce siècle, elles sont larges avec des fronces à la taille retenues par une ceinture boutonnée. Elles sont fendues, les jambes descendant jusqu'aux genoux et ornées d'un volant souvent superbement brodé. En effet, à cette époque, la mode des robes moulantes rendent ces culottes gênantes, et plutôt que de revenir en arrière et ne pas en porter (pour des raisons d'hygiène), la mode crée la culotte courte (également appelée short) qui s'arrête donc au-dessus du genou.*
*Peu à peu, elles se ferment et, comme les jupes, diminuent de longueur pour ne plus avoir de jambe du tout. Les fronces de la taille sont remplacées par des pinces, le bas de la jambe se termine par un ourlet souvent ajouré, avec sur le côté, une broderie assortie à celle du devant de la chemise.*
*Les années suivantes firent raccourcirent davantage la culotte et lui donnèrent le visage qu'on lui connaît désormais, jusqu'au string des années 1980, et là c'était pour la discrétion.*

*Ce n'est donc que depuis deux siècles seulement, qu'en France, l'Homme utilise la culotte comme sous vêtement, mais à la campagne, dans les années 40, beaucoup n'en portaient toujours pas.*" (http://thequeencharlotte.over-blog.com/article-l-histoire-des-sous-vetements-feminins-le-port-de-la-culotte-49194710.html)

[791] *OEuvres de Diderot*, Paris, Chez A. Belin, 1818, Tome Quatrième Première Partie, pp. 90-91.

[792] http://www.louvre.fr/oeuvre-notices/le-benedicite

[793] http://cartelfr.louvre.fr/cartelfr/visite?srv=car_not_frame&idNotice=10250

[794] Cité par http://utpictura18.univ-montp3.fr/GenerateurNotice.php?numnotice=A7484

[795] http://cartelfr.louvre.fr/cartelfr/visite?srv=car_not_frame&idNotice=10854

[796] http://cartelfr.louvre.fr/cartelfr/visite?srv=car_not_frame&idNotice=10854

[797] http://data.bnf.fr/16860131/francois-bernard_lepicie_le_chateau_de_cartes/  et http://www.harvardartmuseums.org/collections/object/354739?position=4

[798] http://cartelfr.louvre.fr/cartelfr/visite?srv=car_not_frame&idNotice=10842

[799] Notre ancien Professeur à l'Université de Paris X-Nanterre, M. Jean-Pierre Suau, avait retenu notre attention sur les représentations médiévales de l'enfant Jésus soutenu par la Vierge Marie et jouant avec un petit moulin. Inspiré d'un jeu médiéval, selon lui. Nous ajouterions à cela, en rapport avec le symbolisme du "*moulin mystique*" mis en branle par Moïse dans un châpiteau de Vézelay, où "*le moulin qui broie et affine le grain de Ancien Testament est le Christ mais est le Christ qui est broyé dans le pressoir de la croix*" (Michel Zink, "*Moulin mystique - À propos d'un chapiteau de Vézelay: figures allégoriques dans la prédication et dans l'iconographie romanes*", Annales - Économies, Sociétés, Civilisations, Année 1976, Vol. 31, No 3, p. 481). Pareillement, M. Suau, "*Un dessin à la plume inédit de 1333 aux Archives Départementales de la Haute-Garonne - La Vierge et l'Enfant d'un registre de la commanderie hospitalière de Magrian (Aude)*", Les Amis des Archives de la Haute-Garonne - Petite Bibliothèque No 174 (*Supplément à la «Lettre des Amis» N° 246 du 31 décembre 2010*), notamment p. 7 et notes 17-19, évoque la présence d'un oiseau dans les mains de l'Enfant Jésus, sans en donner d'interprétation, et se contentant de rappeler que beaucoup d'analyses divergentes en ont été proposées. Et bien, nous voudrions rappeler que, similairement, il est possible de comprendre cet oiseau, comme le moulin, que l'on trouve également, donc, communément dans les mains de l'Enfant Jésus, comme un symbole mystique, celui-ci inspiré des colombes auxquelles, dans l'*Évangile de Thomas l'Israélite*, le petit Jésus donne vie, préfiguration de la Résurrection et de la Salvation par la Descente aux Limbes (le crâne d'Adam au pied de la Croix car régénéré par le sang du Christ dans les *Crucifixions*), et que, par typologie, dans le même texte, il est facile de considérer comme le tout premier signe de son art curatif de la Mort:

"*CHAPITRE II.*

*L'enfant Jésus étant âgé de cinq ans (01), jouait sur le bord d'une rivière, et il recueillit dans de petites fosses les eaux qui coulaient, et aussitôt elles devinrent pures et elles obéissaient à sa voix. Ayant fait de la boue, il s'en servit pour façonner douze oiseaux, et c'était un jour de sabbat. Et beaucoup d'autres enfants étaient là et jouaient avec lui. Un certain juif ayant vu ce que faisait Jésus, et qu'il jouait le jour du sabbat, alla aussitôt, et dit à son père Joseph: «Voici que ton fils est au bord de la rivière, et il a façonné douze oiseaux avec de la boue, et il a profané le sabbat.» Et Joseph vint à cet endroit, et ayant vu ce que Jésus avait fait, il s'écria: «Pourquoi as-tu fait, le jour du sabbat, ce qu'il est défendu de faire?» Jésus frappa des mains et dit aux oiseaux: «Allez!» Et ils s'envolèrent en poussant des cris. Les Juifs furent saisis d'admiration à la vue de ce miracle, et ils allèrent raconter ce qu'ils avaient vu faire à Jésus.*

*.../...*

*CHAPITRE V.*

*Et Joseph appelant à lui l'enfant, l'admonestait, disant: «pourquoi fais-tu ces choses-là? on prend de la haine contre nous et nous serons persécutés.» Jésus répondit: «Je sais que les paroles que tu viens de prononcer ne sont pas de toi, mais de moi; je me tairai cependant à cause de toi, mais eux, ils subiront leur châtiment.» Et aussitôt ses accusateurs devinrent aveugles, et ceux qui virent cela furent fort épouvantés, et ils hésitaient, et ils disaient: «Chacune de ses paroles est suivie d'effet, soit pour le bien, soit pour le mal et amène des miracles.» Et lorsqu'ils eurent vu que Jésus faisait semblables choses, Joseph se levant, le prit par l'oreille et le tira avec force (02). L'enfant fut courroucé et lui dit: «Qu'il te suffise de chercher et de ne pas trouver; tu as agi en insensé; ne sais-tu pas que je suis à toi? car je suis à toi pour que tu ne me molestes nullement.*

*CHAPITRE VI.*

*Un maître d'école, nommé Zacchée qui était près d'eux, entendit Jésus parler ainsi à son père, et il s'étonna fort de ce qu'un enfant s'exprimât ainsi. Et peu de jours après il alla vers Joseph et il lui dit: «Ton enfant est doué de beaucoup d'intelligence; confie-le moi afin qu'il apprenne les lettres, et je lui donnerai en même temps tout genre d'instructions, lui enseignant surtout à respecter la vieillesse et à aimer les gens de son âge.» Et il lui enseigna toutes les lettres depuis l'alpha jusqu'à l'oméga, expliquant nettement et soigneusement la valeur et la signification de chacune. Et Jésus regardant le maître Zacchée, lui dit: «Toi qui ignores la nature de la lettre Alpha, comment enseignes-tu aux autres ce que c'est que le Bêta. Hypocrite, enseigne-nous d'abord, si tu le sais, ce que c'est que*

*la lettre Alpha et alors nous te croirons quand tu parleras de la lettre Bêta.» Et il se mit alors à presser le maître de questions sur la première lettre de l'alphabet et Zacchée ne put donner de réponses satisfaisantes. Et, en présence de beaucoup d'assistants, l'enfant dit à Zacchée: «Écoute, maître, quelle est la position du premier caractère, et observe de combien de traits il se compose, et combien il en renferme d'intérieurs, d'aigus, d'écartés, de rejoints, d'élevés, de constants, d'homogènes, d'inégale mesure.» Et il lui expliqua les règles de la lettre A (03).*
CHAPITRE VII.
*Lorsque Zacchée entendit l'enfant exposer tant de choses, il resta confondu de sa science et il dit aux assistants: «Hélas! malheureux que je suis, je me suis donné un sujet de regret et j'ai attiré sur moi du déshonneur en attirant cet enfant chez moi; reprends-le, je t'en prie, mon frère Joseph; je ne peux soutenir la rigueur de ses raisonnements, et je ne saurais m'élever jusqu'à ses discours. Cet enfant n'est pas né sur la terre; il peut avoir de l'empire sur le feu; il a peut-être été engendré avant que le monde n'existât; j'ignore quel est le ventre qui l'a porté et quel est le sein qui l'a nourri; je suis tombé dans une grande erreur; j'ai voulu avoir un disciple et j'ai trouvé que j'avais un maître; je vois, mes amis, quelle est mon humiliation, car moi, qui suis un vieillard, j'ai été vaincu par un enfant, et mon âme sera abattue, et je mourrai à cause de lui, et dès ce moment, je ne puis plus le regarder en face. Et quand la voix publique dira que j'ai été vaincu par un enfant, qu'aurai-je à répondre et comment parlerai-je des règles et des éléments du premier caractère après tout ce qu'il en a dit? Je ne connais ni le commencement, ni la fin de cet enfant Je t'en conjure donc, mon frère Joseph, ramène-le chez toi: il est quelque chose de grand, ou un Dieu, ou un ange, je ne sais.»*
CHAPITRE VIII.
*Et comme les Juifs donnaient des conseils à Zacchée, l'enfant se mit à rire et il dit: «Maintenant que les choses portent leurs fruits et que les aveugles de cœur voient: je suis venu d'en haut pour les maudire et pour les appeler à des objets plus élevés, ainsi que m'en a donné l'ordre celui qui m'a envoyé à cause de vous.» Et lorsqu'il eut fini de parler, aussitôt tous ceux qui avaient été frappés de sa malédiction furent guéris. Et, depuis ce temps, personne n'osait provoquer sa colère de peur d'être maudit de lui et frappé de quelque mal.*
CHAPITRE IX.
*Peu de jours après, Jésus jouait sur une terrasse, au sommet d'une maison, et l'un des enfants qui jouaient avec lui, tomba du haut du toit et mourut; les autres enfants voyant cela, s'enfuirent, et Jésus descendit seul. Et lorsque les parents de l'enfant qui était mort furent venus, ils accusaient Jésus de l'avoir poussé du haut du toit, et ils le chargeaient d'outrages. Et Jésus descendit du toit et il s'approcha du cadavre de l'enfant, et il éleva la voix, il dit: «Zénin, (c'était le nom de l'enfant) lève-toi et dis-moi si c'est moi qui t'ai fait tomber.» Et l'enfant se levant aussitôt, répondit: «Non, Seigneur, tu n'as point causé ma chute, et bien au contraire, tu m'as ressuscité.» Et tous les spectateurs furent stupéfaits. Les parents de l'enfant glorifièrent Dieu à cause du miracle qui s'était opéré et ils adorèrent Jésus.*
CHAPITRE X.
*Quelques jours après un jeune homme était occupé à fendre du bois, et sa hache lui échappa des mains, et elle lui fit au pied une profonde blessure, et il mourut ayant perdu tout son sang. Et comme l'on accourait vers lui et qu'il y avait une grande rumeur, Jésus alla avec les autres, et se faisant faire place, il traversa la foule, et il mit les mains sur le pied du jeune homme et aussitôt il fut guéri. Et il dit au jeune homme: «Lève-toi, fends du bois et souviens-toi de moi.» Et quand la foule eut vu ce qui s'était passé, tous adorèrent Jésus, en disant: «Vraiment, l'esprit de Dieu réside en cet enfant.»"* (Troisième et Dernière Encyclopédie Théologique ou Troisième et Dernière Série de Dictionnaires sur toutes les parties de la Science Religieuse, Paris, J.-P. Migne, 1856, T. XXIII: *Dictionnaire des Apocryphes, ou, Collection de tous les livres Apocryphes relatifs a l'Ancien et au Nouveau Testament, pour la plupart, traduits en français, pour la première fois, sur les textes originaux, enrichie de préfaces, dissertations critiques, notes historiques, bibliographiques, géographiques et théologiques*, T. I, pp. 1141-1146)

[800]http://utpictura18.univ-montp3.fr/GenerateurNotice.php?numnotice=A0061
[801]Jean-Paul Hauty et Agnès Rossi, "Musée Saint-Loup de Troyes - Lire un tableau: *Portrait de Esprit de Baculard d'Arnaud*", Le Bulletin, No 29-30, http://www.cndp.fr/crdp-reims/ressources/brochures/blphg/bul2930/hauty%20rossi.htm
[802]Dans ses deux versions: http://parismuseescollections.paris.fr/fr/musee-cognacq-jay/oeuvres/portrait-de-fillette-au-petit-chien#infos-principales et http://utpictura18.univ-montp3.fr/GenerateurNotice.php?numnotice=A1144
[803]Victor Hugo, *Les Misérables*, 1862, Tome I: Fantine, París, Émile Testard, 1890, pp. 349-350.
[804]https://www.mutualart.com/Artwork/A-sleeping-young-boy/E6DB282225CC714E
[805]http://utpictura18.univ-montp3.fr/GenerateurNotice.php?numnotice=A4527
[806]https://www.royalcollection.org.uk/collection/405080/silence
[807]http://utpictura18.univ-montp3.fr/GenerateurNotice.php?numnotice=A0389
[808]http://cartelfr.louvre.fr/cartelfr/visite?srv=car_not_frame&idNotice=11108
[809]http://www.louvre.fr/oeuvre-notices/l-accordee-de-village
[810]https://fr.wikipedia.org/wiki/L'Accord%C3%A9e_de_village

[811] http://artuk.org/discover/artworks/the-inconsolable-widow-209482
[812] http://www.louvre.fr/oeuvre-notices/la-cruche-cassee
[813] https://www.delcampe.net/fr/collections/cartes-postales/arts-peintures-tableaux/c-postale-peinture-greuze-la-fille-confuse-musee-de-tournus-241817335.html
[814] http://art.rmngp.fr/fr/library/artworks/jean-baptiste-greuze_la-fille-confuse_huile-sur-toile
[815] Charles Blanc, "*Étude sur Greuze*", *L'Artiste - Revue du XIXe siècle*, Octobre-Novembre-Décembre 1868, pp. 117-118.
[816] http://cartelfr.louvre.fr/cartelfr/visite?srv=car_not_frame&idNotice=11701
[817] https://www.fine-arts-museum.be/fr/la-collection/ecole-des-pays-bas-meridionaux-la-fillette-a-loiseau-mort?letter=e&page=4
[818] http://artuk.org/discover/artworks/girl-with-doves-209453
[819] http://www.wikigallery.org/wiki/painting_321716/(after)-Greuze,-Jean-Baptiste/A-girl-with-a-canary-and-an-open-cage
[820] René Schneider, *L'art français: XVIIIe siècle, 1690-1789*, Paris, Henri Laurens, 1926, p. 161.
[821] https://fr.wikipedia.org/wiki/Barent_Fabritius
[822] Paul Lacroix, *Un mobilier historique des XVIIe et XVIIIe siècles*, ParisTypographie de Ch. Meyrueis, 1865, s/n, avant-dernière planche.
[823] Cf. http://pre-gebelin.blogspot.com/2009/01/homo-bulla-vanitas.html et https://www.historyofbubbles.com/homo-bulla/
[824] http://wikihistart.clefebvre.profweb.ca/index.php/CHARDIN,_La_bulle_de_savon_,_1734
[825] https://www.repro-tableaux.com/a/jean-etienne-liotard-1/children-blowing-bubbles.html
[826] http://www.artnet.fr/artistes/reinier-de-la-haye/a-young-boy-blowing-soap-bubbles-UwLHZmoFfr55EEBrL4hUfQ2
[827] https://www.repro-tableaux.com/a/van-der-helst-bartholomeu/homo-bulla-a-boy-blowing.html
[828] https://www.wga.hu/html_m/d/dujardin/allegory.html
[829] https://www.wga.hu/html_m/s/steen/page2/life_man.html
[830] https://www.wga.hu/html_m/s/steen/page2/life_man.html et http://pre-gebelin.blogspot.com/2009/01/homo-bulla-vanitas.html
[831] Selon un symbolisme de la cage que nous rencontrons récurrent à l'époque, avec un exemple paradigmatique, pour nous, dans les gravures du *Theatrum vitae humanae* (1596) de Jean Jacques Boissard, cf. notre ouvrage, dans la présente Collection, sur Andrea Mantegna.
[832] Nous prenons pour titre la description qu'en donne Charles Le Blanc, dans son *Manuel de l'amateur d'estampes*, Paris, P. Jannet, 1854, T. I, p. 420.
[833] https://commons.wikimedia.org/wiki/File:Jean-Jacques_de_Boissieu_Zwei_spielende_Knaben_und_ein_Papagei_1799.jpg
[834] https://www.1000museums.com/art_works/paul-delvaux-antinous; on relèvera, en ce sens, le double caractère passif et homosexuel d'une part, et osirien, donc phallique, de l'autre, du personnage (et ainsi, de même, parallèlement, sa position offerte, sur la table, tel un bel Adonis, dans la peinture de Delvaux, aussi près à se faire prendre et manger que disséquer par ses femmes dansant entre elles [nous rappelant ces vers: "*Toutes ces femmes qui se turlupinent/ Et moi qui baragouinais*", de la chanson "*S.O.S. Amor*", 1985, d'Alain Bashung]): "*Peu de choses sont connues d'Antinoüs avant sa rencontre avec Hadrien. Il naît en Bithynie (province d'Asie Mineure) à Mantinium, un bourg de la cité de Bithynium-Claudiopolis (actuelle Bolu). Sa date de naissance ne peut être déterminée que par référence à celle, relativement bien connue, de sa mort: Antinoüs meurt en octobre 130, alors qu'il est encore jeune homme. Sur la base des représentations statuaires, qui le montrent âgé de 20 ans au plus, on s'accorde à placer sa date de naissance vers 110-112.*
*Aucun texte ne mentionne le lieu ni la date de sa rencontre avec Hadrien. Selon toute vraisemblance, elle a lieu à l'hiver 123 ou au printemps 124, lors de la visite de l'empereur à Claudiopolis. Il devient alors le favori d'Hadrien. Sa présence dans l'entourage impérial n'est mentionnée officiellement qu'en 130, lors du voyage d'Hadrien en Égypte. En octobre, probablement le 25, il trouve la mort noyé dans le Nil, dans la région d'Hermopolis Magna dans des circonstances restées mystérieuses. Plusieurs explications sont avancées dès l'Antiquité. Hadrien lui-même évoque un simple accident5, mais plusieurs auteurs y voient un sacrifice rituel où Antinoüs aurait servi de victime volontaire, soit pour prolonger les jours d'Hadrien6, soit pour des pratiques divinatoires.*
*Hadrien est très affecté par la mort de son favori. De leur côté, les Égyptiens divinisent le jeune homme: ils voient dans les noyés du Nil les serviteurs d'Osiris. Une ville est même fondée sur le fleuve, Antinoupolis. Hadrien encourage le développement de la nouvelle religion en multipliant les œuvres d'art à l'effigie du jeune homme. Les Grecs reconnaissent également en Antinoüs un avatar d'Hermès. En 131–132 sont fondés les Antinoeia, jeux réservés aux éphèbes mêlant épreuves gymniques et concours musicaux. On*

*distingue les Antinoeia «de la ville», c'est-à-dire Athènes, et ceux d'Éleusis. Mantinée, cité-mère de Bithynium, accueille le culte avec une ferveur particulière, d'autant plus que le nom du jeune homme rappelle celui d'Antinoé, fondatrice mythique de la ville. Son nom est donné à une constellation formée de cinq étoiles de l'actuelle constellation de l'Aigle; mentionnée par Ptolémée dans son Almageste, elle sera finalement fondue dans l'Aigle. À Rome, le culte est reçu plus froidement, mais finit par s'implanter. Ce sera le dernier grand culte introduit avant l'arrivée du christianisme.*

*Antinoüs dans l'art et la littérature*
*Les représentations artistiques d'Antinoüs se sont multipliées après sa mort par noyade dans le Nil, en 130. La plupart sont des statues, identifiables par les traits spécifiques du garçon et son attitude: tête tournée et penchée, yeux tournés vers le bas. La villa hadrienne est la source principale de ces représentations.*
*Antinoüs nous est surtout connu aujourd'hui par les nombreuses sculptures à son image, sorte de personnification de la beauté idéale. On peut citer:*
*la statue colossale d'Antinoüs avec les attributs de Dionysos-Osiris au Vatican*"
(https://fr.wikipedia.org/wiki/Antino%C3%BCs#Biographie)

[835]http://www.artnet.com/artists/jean-raoux/portrait-of-a-young-girl-marie-cochin-with-aa-sWRDqdMKf0MRXfe2FQgiMQ2; http://www.artnet.fr/artistes/jean-raoux/jeune-femme-tenant-un-oiseau-9mDN3D0SsgtnVnd3430MrQ2; http://www.artnet.fr/artistes/jean-raoux/an-interior-with-a-young-girl-playing-with-a-song-0caIB1brhhZb48e_rPe_Dw2 et http://www.artnet.fr/artistes/jean-raoux/an-interior-with-a-young-girl-playing-with-a-song-GfaGKJ-dQ1Ddw_tF7-SBOA2

[836]https://new.liveauctioneers.com/item/35289586_after-jean-raoux-french-1677-1734-19th-century-oil?utm_source=Auction+Email&utm_medium=email&utm_content=lot104&utm_campaign=20150322kodner; http://a397.idata.over-blog.com/2/72/00/88/gemmes/telemann-quixotte-biondi/jean-raoux-jeune-fille-jouant-avec-oiseau.jpg et http://www.artactu.com/jean-raoux-1677-1734-virtuose-et-sensuel-article00281.html

[837]http://artifexinopere.com/?m=20141230

[838]http://www.art-prints-on-demand.com/cgi-bin/apod#rahmenanker

[839]Cf. le site http://www.anothermag.com/design-living/1467/frida-kahlos-monkeys-dogs-birds

[840]https://s-media-cache-ak0.pinimg.com/736x/42/9a/57/429a5783f00c20e6a6ce1866b29022b4.jpg; https://userscontent2.emaze.com/images/e4e65972-d9f4-4f4a-a166-c3c9acb43335/ee00fc5f-f7a5-4cfb-970f-0f81c3df15cf.jpg; https://userscontent2.emaze.com/images/e4e65972-d9f4-4f4a-a166-c3c9acb43335/2a2d7968-64d9-4e7c-a8c5-26e2a1ec1b88.png; https://s-media-cache-ak0.pinimg.com/736x/79/bf/78/79bf782b19094266b19d64664bdf2e3f.jpg; http://3.bp.blogspot.com/-aLZU1v2qkVE/VQxhDAE7WSI/AAAAAAAABXR8/TYQuH4LpVNc/s1600/Frida%2BKahlo,%2B1930s-40s%2B(13).jpg; http://3.bp.blogspot.com/-aLZU1v2qkVE/VQxhDAE7WSI/AAAAAAAABXR8/TYQuH4LpVNc/s1600/Frida%2BKahlo,%2B1930s-40s%2B(13).jpg; https://s-media-cache-ak0.pinimg.com/236x/2d/4a/f0/2d4af0326bc1d9e1256f75a1620df359.jpg; https://s-media-cache-ak0.pinimg.com/736x/04/17/3f/04173f0867aebbf9fdc986c6dc8680dd.jpg

[841]Edmond et Jules de Goncourt, *La femme au XVIIIe siècle*, Nouvelle édition, revue et augmentée, Paris, G. Charpentier, 1882, pp. 122-124.

[842]Véronique Nahoum-Grappe, "Briller à Paris au XVIIIe siècle", *Communications*, 46, 1987: *Parure pudeur étiquette*, sous la direction de Olivier Burgelin, Philippe Perrot et Marie-Thérèse Basse, pp. 149-151.

[843]http://artuk.org/discover/artworks/innocence-209404/search/actor:greuze-jean-baptiste-17251805/page/2

[844]http://www.taringa.net/post/arte/19052401/Serie-Los-Pintores---50---Jean-Baptiste-Greuze.html

[845]http://artuk.org/discover/artworks/search/actor:greuze-jean-baptiste-17251805/page/4, http://www.artnet.com/artists/jean-baptiste-greuze/past-auction-results/15 et http://nevsepic.com.ua/art-i-risovanaya-grafika/page,4,15421-zhan-batist-grez-jean-baptiste-greuze-1725-1805-170-rabot.html

[846]https://www.pinterest.com/pin/14144186306970398/

[847]http://artuk.org/discover/artworks/the-listening-girl-209425/search/actor:greuze-jean-baptiste-17251805/page/1/view_as/grid

[848]http://artuk.org/discover/artworks/girl-leaning-on-her-hand-209470/search/actor:greuze-jean-baptiste-17251805/page/3

[849]http://artuk.org/discover/artworks/a-girl-with-joined-hands-210131/search/actor:greuze-jean-baptiste-17251805/page/1/view_as/grid

[850]https://commons.wikimedia.org/wiki/File:Greuze-jeune_fille_aux_mains_jointes.JPG?uselang=fr

[851]https://fotki.yandex.ru/users/latyshonok-l/album/438486/?&p=2

[852] http://cp12.nevsepic.com.ua/78-4/1355626705-1154735-www.nevsepic.com.ua.jpg
[853] http://artuk.org/discover/artworks/bust-of-a-girl-holding-a-spaniel-131954/search/actor:greuze-jean-baptiste-17251805/page/2
[854] http://artuk.org/discover/artworks/psyche-209408/search/actor:greuze-jean-baptiste-17251805/page/2
[855] http://artuk.org/discover/artworks/the-souvenir-209419/search/actor:greuze-jean-baptiste-17251805/page/1/view_as/grid et http://www.npr.org/sections/therecord/2012/12/07/166414108/melloncollie-mystery-girl-the-story-behind-an-iconic-album-cover
[856] http://artuk.org/discover/artworks/bacchante-209430/search/actor:greuze-jean-baptiste-17251805/page/2
[857] http://artuk.org/discover/artworks/a-bacchante-229428/search/actor:greuze-jean-baptiste-17251805/page/1/view_as/grid
[858] http://www.nationaltrustcollections.org.uk/object/446783
[859] http://artuk.org/discover/artworks/le-matin-131955/search/actor:greuze-jean-baptiste-17251805/page/2
[860] http://www.nationaltrustcollections.org.uk/object/446785
[861] http://simscontent.ucoz.ru/forum/112-1502-5 et http://alenarterevista.net/wp-content/uploads/2015/02/Joven_Campesina_Greuze.jpg
[862] https://commons.wikimedia.org/wiki/File:Jean-Baptiste_Greuze_-_Ariadne_2.jpg
[863] http://artuk.org/discover/artworks/ariadne-209446/search/actor:greuze-jean-baptiste-17251805/page/2
[864] http://www.geocities.jp/greuze/Museum/Pushkin.html
[865] http://artuk.org/discover/artworks/the-young-mendicants-196572/search/actor:greuze-jean-baptiste-17251805/page/1/view_as/grid
[866] https://iamachild.files.wordpress.com/2011/10/lagneu-chc3a9ri.jpg
[867] http://www.artnet.com/artists/jean-baptiste-greuze/linnocence-aux-prises-avec-lamour-IiMFnuLsoXidUt3QmLTk_g2
[868] http://theredlist.com/wiki-2-351-861-414-399-424-view-rococo-profile-greuze-jean-baptiste.html
[869] http://artuk.org/discover/artworks/a-girl-with-a-lamb-113991/search/actor:greuze-jean-baptiste-17251805/page/2
[870] http://artuk.org/discover/artworks/a-girl-113987/search/actor:greuze-jean-baptiste-17251805/page/3
[871] https://www.nationalgallery.org.uk/paintings/follower-of-jean-baptiste-greuze-a-girl
[872] https://iamachild.files.wordpress.com/2011/10/young-girl-holding-a-dove.jpg
[873] http://a-l-ancien-regime.tumblr.com/post/14878791677/jean-baptiste-greuze-1725-1805-head-of-a
[874] https://www.flickr.com/photos/mazanto/15842575725
[875] https://conchigliadivenere.wordpress.com/category/greuze-jean-baptiste/
[876] http://galeriidearta.blogspot.com/2014/08/jean-baptiste-greuze-21-august-1725-4.html
[877] https://www.pinterest.com/pin/332281278736745228/
[878] http://www.artnet.com/artists/jean-baptiste-greuze/t%C3%AAte-de-femme-de-profil-c8OSYnGEGizcB-REB4QkwA2
[879] https://www.pinterest.com/pin/401805597986703333/
[880] http://galeriidearta.blogspot.com/2014/08/jean-baptiste-greuze-21-august-1725-4.html
[881] http://artgalleryenc.com/fr/Encyclopedia/Work/Details/110526/A-Young-Child-with-a-Spaniel
[882] Dont la plus champêtre https://iamachild.wordpress.com/2011/09/01/jean-baptiste-greuze-1725-1805-french/
[883] http://www.artnet.com/artists/jean-baptiste-greuze/le-r%C3%A9veil-Hql7Eaf0X3H1rh3RFjiObg2
[884] https://www.pinterest.com/pin/401524123010735512/
[885] http://www.photo.rmn.fr/archive/10-510477-2C6NU0QIG5TI.html
[886] http://www.artnet.com/artists/jean-baptiste-greuze/jeune-femme-%C3%A0-la-draperie-bleue-QFKetMvajnczt3JSgQ46Iw2
[887] http://artuk.org/discover/artworks/head-of-a-boy-209417/search/actor:greuze-jean-baptiste-17251805/page/3
[888] http://artuk.org/discover/artworks/the-sulky-boy-86436/search/actor:greuze-jean-baptiste-17251805/page/3
[889] http://www.ourpaintingsales.com/girl-weeping-over-her-dead-canary-c1765-p-56129.html
[890] https://iamachild.files.wordpress.com/2011/09/jeune-garcon-et-chien.jpg
[891] http://artuk.org/discover/artworks/girl-with-a-dead-canary-44677/search/actor:greuze-jean-baptiste-17251805/page/3
[892] http://www.nationaltrustcollections.org.uk/object/446784

[893] https://magasindesenfants.hypotheses.org/5491
[894] https://artchive.ru/artists/1009~ZhanBatist_Grez/works/281783~Kupidon et http://www.globalgallery.com/search/artist/jean-baptiste+greuze
[895] http://www.artnet.com/artists/jean-baptiste-greuze/t%C3%AAte-de-jeune-enfant-les-yeux-lev%C3%A9s-vers-le-ciel-UA2Pktx2ppaYxUNEDqNlXQ2
[896] https://en.wikipedia.org/wiki/File:Greuze-Le_petit_math%C3%A9maticien.JPG
[897] http://www.the-athenaeum.org/art/detail.php?ID=253951; http://www.the-athenaeum.org/art/detail.php?ID=75369; http://www.the-athenaeum.org/art/detail.php?ID=242571; http://www.the-athenaeum.org/art/detail.php?ID=183473; http://www.the-athenaeum.org/art/detail.php?ID=75448
[898] http://www.the-athenaeum.org/art/full.php?ID=75393
[899] http://www.musba-bordeaux.fr/fr/GreuzeLINCONSOLABLE
[900] http://www.liveinternet.ru/users/natusicka/post337339987/
[901] http://galeriidearta.blogspot.com/2014/08/jean-baptiste-greuze-21-august-1725-4.html
[902] https://unsognoitaliano.blogspot.com/2011/07/greuze.html
[903] https://www.pinterest.com/pin/285204588881767201/
[904] https://www.pinterest.com/pin/142426406942571922/
[905] http://catalogue.bnf.fr/ark:/12148/cb44527458d, http://parismuseescollections.paris.fr/fr/petit-palais/oeuvres/la-philosophie-endormie-ou-madame-greuze-d-apres-greuze#infos-principales et http://demodecouture.com/wordpress/wp-contents/uploads/2010/03/1777_MoreauAfterGreuze_LaPhilosophieEndormie.jpg
[906] http://utpictura18.univ-montp3.fr/GenerateurNotice.php?numnotice=A0381
[907] Charles Blanc, "*Étude sur Greuze*", *L'Artiste - Revue du XIXe siècle*, Octobre-Novembre-Décembre 1868, pp. 117-121.
[908] , *Correspondance secrète, politique et littéraire ou Mémoires pour servir à l'histoire des cours, des sociétés et de la littérature en France depuis la mort de Louis XV*, Londres, Chez John Adamson, 1787, T. X, pp. 219-220
[909] http://art-figuration.blogspot.com/2011/06/saint-jerome-marie-madeleine-vanite-et.html; http://www.paulbert-serpette.com/catalogue/categories/tableaux-dessins/peintures-autres-genres/sainte-marie-madeleine-huile-sur-cuivre-flandres-xvieme-siecle; http://www.anticstore.com/guido-cagnacci-1601-1663-atelier-ecole-bolonaise-vers-1650-marie-madeleine-45093P; https://commons.wikimedia.org/wiki/File:Guy_Fran%C3%A7ois_-_Ste_Marie-Madeleine_p%C3%A9nitente.jpg; https://collections.lacma.org/node/247903; http://art-figuration.blogspot.com/2011/06/saint-jerome-marie-madeleine-vanite-et.html; https://biblodiac.wordpress.com/2015/02/; http://leblogdebrigittemasson.blogspot.com/2015/08/marie-madeleine.html
[910] https://commons.wikimedia.org/wiki/File:Museo_di_orsanmichele,_verrocchio,_incredulit%C3%A0_di_s._tommaso_03.JPG; http://everypainterpaintshimself.com/article_images_new/Incredulity_of_ThomasThe-Maesta-Altarpiece-The-Incredulity-of-Saint-Thomas1308Museo_dellOpera_del_Duomo_Siena.jpg; http://atonementparish.blogspot.com/2015/07/st-thomas-apostle.html
[911] https://commons.wikimedia.org/wiki/File:Janssens-Wildens-Noli-me-Tangere-Dunkerque.jpg
[912] https://www.museodelprado.es/aprende/enciclopedia/voz/noli-me-tangere-correggio/0f7ee75f-5b0e-40bc-946b-c6a38dad8d19
[913] http://www.mesvitrauxfavoris.fr/aube%20sainte%20savine%20suite.htm
[914] http://www.anticstore.com/noli-me-tangere-l-incredulite-saint-thomas-51162P et http://www.antiquites-en-france.com/item/102134/noli-me-tangere-l---incredulite-de-saint-thomas
[915] http://www.j-guitardleroux.com/wp-content/uploads/2014/05/marie-madeleine-cosimo-rosseli.jpg; http://p5.storage.canalblog.com/54/00/906468/84671823_o.jpg; http://cartelfr.louvre.fr/cartelfr/visite?srv=car_not_frame&idNotice=2438; https://fr.pinterest.com/pin/464855992769071673/; http://www.pilefacebis.com/sollers/IMG/jpg/Marie_Madeleine_Titien.jpg; http://imagessaintes.canalblog.com/archives/2009/04/15/13393853.html; http://hiveminer.com/Tags/mariemadeleine/Recent; https://www.pinterest.com/pin/258253359857439123/; https://de.wikipedia.org/w/index.php?title=Datei:F09.St-Junien.0045.jpg&filetimestamp=20101218131245; http://brush-fires.blogspot.fr/; https://www.pinterest.com/pin/375769162628277931/; http://a404.idata.over-

blog.com/3/74/87/29/06529649lw2-smm--quentin-metsys-xvi-louvres.jpg; http://www.j-guitardleroux.com/wp-content/uploads/2014/05/donatello-_maria_maddalena.jpg; http://marchesfolkloriques.e-monsite.com/pages/les-saints/sainte-marie-madeleine.html
[916]http://almacattleya.blogspot.com/2011/08/artemisia-gentileschi-la-passione-di.html
[917]http://www.ilturista.info/blog/11570-Francesco_Hayez_in_mostra_a_Milano_alle_Gallerie_d_Italia/#.WH_1NVV97IU; http://sollertias.tumblr.com/post/105546422697/marcuscrassus-merle-hughes-mary-magdalene-in; https://www.pinterest.com/pin/410742428494910147/; http://anais.perrin.free.fr/poitiers/fabre.html; http://wunderkammern.fr/wp-content/uploads/2016/03/Luca-Giordano-Marie-Madeleine-p%C3%A9nitente.jpg; http://3.bp.blogspot.com/--ZLsRMbqftM/VcpzMRDl3-I/AAAAAAAABSA/_CK5qBCXe14/s1600/art%2BDomenico%2BFetti%2BSainte%2BMarie%2BMadeleine%2BGranet%2B07%2B15_copie.jpg; http://2.bp.blogspot.com/-d0SQsOtuHaI/VR6uU0FahJI/AAAAAAAAQDw/ZEqMqmEUeb0/s1600/lucrina_Fetti_The_Repentant_St_Mary_Magdalene.jpg et http://figuration55.rssing.com/chan-12688080/all_p8.html
[918]https://commons.wikimedia.org/wiki/File:Artemisia_Gentileschi_-_Mary_Magdalene_in_Ecstasy.jpg?uselang=fr; https://commons.wikimedia.org/wiki/File:Artemisia_Gentileschi_%E2%80%94_Conversione_della_Maddalena_(Maria_Maddalena_penitente.jpg; https://it.wikipedia.org/wiki/File:Artemisia_Gentileschi_Mary_Magdalene_Pitti.jpg; https://commons.wikimedia.org/wiki/File:Artemisia_Gentileschi_Mary_Magdalene3.jpg?uselang=fr
[919]https://commons.wikimedia.org/wiki/File:Georges_de_La_Tour_007.jpg?uselang=fr; http://www.metmuseum.org/art/collection/search/436839; https://es.pinterest.com/pin/71213237827876379/; https://commons.wikimedia.org/wiki/File:Alfred_Stevens_(1823%E2%80%931906)_-_Maria_Magdalena_-_1887_-_MSK_Gent_17-03-2009_12-18-27.JPG
[920]https://commons.wikimedia.org/wiki/File:Charpentier,_Constance_Marie_-_Melancholy_-_1801.jpg et http://mentalfloss.com/article/18699/melancholy-misattribution-constance-charpentier
[921]https://www.pinterest.com/pin/541346817687533624/
[922]*Collection complète des oeuvres de J.J. Rousseau*, Genève, s/n, 1782, T. V, p. 211.
[923]*Ibid.*, p. 273.
[924]*OEuvres Complètes de J.J. Rousseau avec des Notes historiques et une Table analytique des Matières*, Paris, Chez Alexandre Houssiaux, 1852, T. II, p. 641.
[925]Cf. notre étude sur "*La Lettre volée*" de Poe: "*Lacan y la psicologia de los espacios; lo íntimo en "La carta robada"*", http://postgrados-farq-uni.blogspot.com/
[926]*OEuvres Complètes de J.J. Rousseau*, T. II, pp. 636-644.
[927]Cf. notre étude: "*Caspar David Friedrich y el pensamiento de su época*", Nuevo Amanecer Cultural, 8/12/2007, p. 6.
[928]Cf. aussi, en ce sens le catalogue de l'exposition du Musée Bargoin: *Greuze et Diderot: vie familiale et éducation dans la seconde moitié du XVIIIème siècle*, Conservation des Musées d'Art de la ville de Clermont-Ferrand, 1984.
[929]*OEuvres de Diderot*, Paris, Chez A. Belin, 1818, Tome Quatrième Première Partie, p. 90.
[930]Nahoum-Grappe, pp. 136-138.
[931]*Ibid.*, p. 145. D'après "*L.S. Mercier, op. cit., vol. 3, t. VI, chap. CCCCLVII, p. 15-17.*"
[932]https://www.info-bible.org/lsg/40.Matthieu.html#6
[933]Encore aujourd'hui, Aurélia Gaillard, *Pour décrire un salon: Diderot et la peinture, 1759-1766*, Presses Universitaires de Bordeaux, 2007, pp. 106-107, non seulement rappelle que "*Diderot brode un conte érotique*" autour de *La jeune fille qui pleure son oiseau mort*, mais considère, tout simplement, *L'Oiseau mort* comme une toile "*perverse et suggestive*". Sur ce "brodage" de Diderot, et l'esprit du temps (notamment l'oeuvre du propre écrivain), dans le sens érotique qui nous intéresse ici, voir Walter E. Rex, "*Diderot contre Greuze?*", Recherches sur Diderot et sur l'Encyclopédie, No 24, 1998, pp. 14-15: "*Comme tout le monde s'accorde à le dire, le chef-d'oeuvre des articles consacrés à Greuze dans le Salon de 1765 est «La Jeune fille qui pleure son oiseau mort» (pp. 179-182)16. Et, certes, aucun texte ne révèle mieux les affinités qui existaient entre les sensibilités de ce peintre et celles de Diderot. Pour le reste, ce récit si délicatement attentif et perspicace forme le genre de compte rendu dont rêverait tout artiste.*
*Vus à travers les réactions personnelles de Diderot, les détails du tableau prennent vie et mouvement, devenant irrésistiblement une réalité pour le lecteur. Comme dans un film, la jeune fille s'anime, fait des gestes; son visage se colore tandis que le narrateur lui raconte sa propre histoire. Elle est classique: séduction, chute et conséquences. Entre temps, le narrateur, jouant le rôle d'ami*

*compatissant, lui offre consolation et réconfort, jusqu'à ce que toute l'histoire de la jeune fille et les moindres détails de ses émotions soient mis à nu.*

*Une tradition iconographique bien établie associe oiseaux en cage et (in)continence sexuelle de la femme; si, de plus, on connaît d'autres motifs iconographiques de tableaux de Greuze se rapportant au même sujet - Le Miroir cassé, que Diderot mentionne (pp. 182-183) ou, plus évident encore, La cruche cassée - l'interprétation sexuelle de Diderot semble entièrement justifiée, et même incontestable, car Greuze affectionnait particulièrement ce genre d'allégorie savamment équivoque. Le rôle du narrateur, tandis qu'il feint de lire la pensée de la jeune fille, de compatir avec elle et de l'excuser d'avoir cédé aux charmes de son séducteur - sans parler de ses désirs à elle - et, à la fin, qu'il lui dit exactement ce qu'elle voulait entendre sur la fidélité du jeune homme (tout en faisant un clin d'oeil de connivence au lecteur), s'apparente à celui d'un maquereau ou d'un entremetteur. On songe même au passage cynique du proxénète dans Le Neveu de Rameau, où le Neveu persuada la jeune fille de surmonter ses scrupules, afin de devenir la maîtresse d'un jeune homme riche. Le Neveu lit la pensée de la jeune fille, tout comme le fait le narrateur du tableau, puis mise sur sa vanité et sa cupidité. «Et maman qui me recommande tant d'être honnête fille?» proteste faiblement la jeune fille du Neveu de Rameau, dont le Neveu a tôt fait de balayer les inquiétudes et les remords de conscience plutôt superficiels. Chose curieuse, la jeune fille du tableau, comme si elle empruntait au récit du Neveu, pose presque exactement la même question au narrateur, bien que cette question ne cadre guère avec le contexte: «Et ma mère?» (p. 181). En fait, le rôle du narrateur dans l'article du Salon consacré à Greuze est à peine un peu moins cynique que celui du Neveu: il s'imagine jouant avec les sentiments de la jeune fille, manipulant ses réponses; vers la fin, il semble même se moquer d'elle, suggérant qu'elle est une proie facile. On a presque l'impression que le narrateur est en train de la séduire lui-même - ce qui, avoue-t-il dans sa déclaration finale, est exactement ce qu'il voudrait faire: «...qu'elle est belle! qu'elle est intéressante! Je n'aime point à affliger, malgré cela, il ne me déplairait pas trop d'être la cause de sa peine» (p. 182).*

*Ici, Diderot met enfin le doigt sur l'élément de sadisme inhérent au caractère du tableau et qui est probablement l'une des raisons pour lesquelles cette image — et Greuze en a fait plusieurs versions — apparaît à notre époque désagréable, voire repoussante. Certes, l'attitude sexiste de Diderot n'est pas excusable non plus. Et cependant, il faut malgré tout reconnaître que c'est parce qu'il a bien senti, dans le tableau, la présence d'une sexualité fortement implicite18, que Diderot a compris cette oeuvre comme personne d'autre ne l'a fait en son temps. Si l'attitude de Diderot envers la jeune fille et sa séduction contient des éléments discernables de cynisme et de sadisme masculins, c'est parce qu'elle révèle, de façon perspicace et entièrement véridique, le cynisme à peine plus voilé du tableau lui-même."*

[934]*OEuvres de Diderot*, Paris, Chez A. Belin, 1818, Tome Quatrième Première Partie, pp. 88-91.
[935]Aurélia Gaillard, *Pour décrire un salon: Diderot et la peinture, 1759-1766*, Presses Universitaires de Bordeaux, 2007, pp. 106-107.
[936]Walter E. Rex (1998), "*Diderot contre Greuze?*", *Recherches sur Diderot et sur l'Encyclopédie*, No 24, 1998, pp. 14-15.
[937]http://www.mfa.org/collections/object/a-boy-with-a-flying-squirrel-henry-pelham-34280
[938]Philippe Cros, Paris, Adam Biro, 1999, p. 73. Il date *L'Enfant au toton* de 1737.
[939]http://cartelfr.louvre.fr/cartelfr/visite?srv=car_not_frame&idNotice=11701
[940]Edmond Pilon, *J.-B. Greuze, peintre de la femme et la jeune fille du XVIIIe siècle*, Paris, L'Édition d'Art, 1912, pp. 24-25.
[941]https://realismoenlapintura.files.wordpress.com/2011/03/the-morning-meal.jpg
[942]https://www.1stdibs.com/furniture/wall-decorations/paintings/regency-george-iii-period-oil-painting-aristocratic-girl-her-dog/id-f_5860033/; http://www.alaintruong.com/archives/2016/05/30/33889117.html; http://www.artchive.com/web_gallery/J/James-Sant/Little-Red-Riding-Hood.html; https://en.wikipedia.org/wiki/File:Giacomo_Balla,_1912,_Dinamismo_di_un_Cane_al_Guinzaglio_(Dynamism_of_a_Dog_on_a_Leash),_Albright-Knox_Art_Gallery.jpg
[943]http://joserosariodiarias.blogspot.com/2016_05_01_archive.html
[944]http://www.oceansbridge.com/oil-paintings/product/134946/ayoungwomanholdingadove; http://dl82qlevzt17e.cloudfront.net/uploads/images/_lightBox/Girl-Holding-a-Dove-by-Fragonard.jpg; https://www.pinterest.com/pin/567383253034723702/
[945]http://www.christies.com/lotfinder/Lot/james-sant-ra-1820-1916-portrait-of-5492467-details.aspx; http://www.artnet.com/artists/james-sant/a-girl-with-a-dove-q6a-bJUtRungvO8X_Zabcw2
[946]http://www.artnet.com/artists/frans-floris-the-elder/an-allegory-of-innocence-or-prudence-with-a-woman-QLK5bYz4hvOpii_EAlgEwg2
[947]https://www.high.org/Art/Permanent-Collection/CollectionDetails?deptName=European%20Art&objNum=58.36&pageNumber=0#.WID_clV97IU
[948]https://commons.wikimedia.org/wiki/File:Venetia,_Lady_Digby_by_Sir_Anthony_Van_Dyck.jpg et http://www.tarotforum.net/showthread.php?p=4069549: "*Flemish artist Anthony van Dyke worked and achieved fame*

*in England. His portrait of Lady Venetia Digby, a woman with a scandalous past who married very well, shows her as allegory/personification of Prudence, holding in one hand the dove, in the other the serpent.*"
[949] http://bowes.adlibhosting.com/Details/collect/38
[950] https://www.pinterest.com/pin/418905202819712992/ et http://cyfrowe.mnw.art.pl/dmuseion/docmetadata?id=27966&show_nav=true
[951] Cf. Edward J. Olszewski, *Cardinal Pietro Ottoboni (1667-1740) and the Vatican Tomb of Pope Alexander VIII*, Philadelphie, American Philosophical Society, 2004, note 86 p. 170.
[952] https://www.info-bible.org/lsg/40.Matthieu.html#10
[953] http://www.christies.com/lotfinder/Lot/french-school-early-19th-century-portrait-of-5493924-details.aspx; http://www.gettyimages.com.au/detail/news-photo/peace-and-justice-oil-on-wood-martin-de-vos-flemish-news-photo/113450811#peace-and-justice-oil-on-wood-martin-de-vos-flemish-mannerist-painter-picture-id113450811; http://www.britishmuseum.org/research/collection_online/collection_object_details.aspx?assetId=978327001&objectId=3356786&partId=1; http://www.britishmuseum.org/research/collection_online/collection_object_details.aspx?assetId=964668001&objectId=3349174&partId=1
[954] http://www.christies.com/lotfinder/Lot/french-school-early-19th-century-portrait-of-5493924-details.aspx
[955] http://www.allposters.com/-sp/Allegory-of-Religion-Veiled-Woman-Dove-of-the-Holy-Spirit-and-Cross-Posters_i13183792_.htm
[956] http://www.metmuseum.org/art/collection/search/436761?img=0
[957] https://www.pinterest.com/pin/549509592013885280/
[958] https://fr.wikipedia.org/wiki/Tobie_et_l%27Ange_(Lippi)
[959] Cesare Ripa, *Iconologia, or, Moral emblems*, Londres, Benj. Motte, 1709, Fig. 38 p. 10.
[960] *Ibid.*, Fig. 115 p. 54.
[961] Ripa, *Iconologie, ou Explication nouvelle de plusieurs images, emblèmes et autres figures hyérogliphiques des vertus, des vices, des arts, des sciences... Tirée des recherches et des figures de César Ripa, desseignées et gravées par Jacques de Bie et moralisées par J. Baudoin*, Paris, Chez l'Auteur, 1636, "*Première Partie*", Fig. LIX, p. 88.
[962] *Ibid.*, Fig. LXXVIII, pp. 112-113.
[963] Jean-Baptiste Boudard, Benigno Bossi, Giuseppe Pezzana, *Iconologie tirée de divers auteurs: ouvrage utile aux gens de lettres, aux poëtes, aux artistes, & généralement à tous les amateurs des beaux arts*, Parme, Chez l'Auteur, T. II, p. 127. Faisant pendant à l'Innocence, sur la page de gauche, on trouve l'Injustice, *ibid.*, p. 126, avec son âne, qu'une intéressante coïncidence iconographique fait vaguement ressembler à *La Laitière* de 1784 de Greuze, appuyée sur son cheval, https://marie-antoinettequeenoffrance.blogspot.co.uk/2010/04/art-du-jour-milkmaid.html
[964] *Ibid.*, p. 177.
[965] *Ibid.*, T. III, p. 39.
[966] *Ibid.*, p. 147.
[967] *Ibid.*, p. 177.
[968] https://2.bp.blogspot.com/-Fgqi6bTTa6o/UxdXTjtFBQI/AAAAAAABo5Y/tIwsUZUQlE0/s1600/1681+attributed+to+Caspar+Netscher+(Dutch+artist,+1639-1684)+Lady+with+a+Lamb.jpg
[969] https://1.bp.blogspot.com/-rjx0WGQyH4U/UyfBIxuqbeI/AAAAAAABpis/X17DHuz9EHA/s1600/After+Peter+Lely+(English+artist,+1618-1680)+Eleanor+'Nell'+Gwyn+(1651%E2%80%931687)+As+Shepherdess+with+Lamb.jpg
[970] https://2.bp.blogspot.com/-8JDchjfteZw/UPDeZGgLzVI/AAAAAAABU9s/ft96FFvk_mU/s640/Paolo%2BVeronese%2B%2528Paolo%2BCaliari%2529%2B%2528Italian%252C%2B1528-1588%2529%2BA%2BLady%2Bor%2BSaint%2BAgnes.jpg
[971] Comme d'ailleurs pour l'oiseau, et le rossignol: "*There is a copy of the first of these poems* ("*In Cotton MS. Nero C ix, leaves 195—226, we find eight Latin poems by John Hoveden, chaplain of Queen Eleanor, mother of King Edward. There can be little doubt that this writer is the same as the author of the present treatise.*", p. 59: Practica Chilindri *de John Hoveden*) *in the Lambeth MS. 410, and another in Harleian MS. 985 with the heading: Incipit tractates metricus N. de hondene, de processu christi & redempcionis nostre, qui aliter dicitur philomena. At the end are merely these words: Explicit liber qwi uocatwr philomena. It appears from Nasmith's Catalogue that there is a French version of the poem in Corpus Christi College, Cambridge, MS. 471, intitled, Li rossignol, ou la pensee Iohan de Hovedene, clerc la roine d'Engleterre, mere le roi Edward de la neissance et de la mort et du relievement et de l'ascension Iesu Crist et de l'assunipcion notre dame.*" (*Essays on Chaucer: His Words and Works*, The Chaucer Society, Londres, N. Trübner & Company, 1874 p. 62)

[972] http://www.alpacas.com/ArtGallery/ProductDetails.aspx?productID=411;
https://www.pinterest.com/pin/404338872774578567/;
https://www.pinterest.com/pin/404338872774578623/;
https://www.pinterest.com/pin/404338872774578569/;
http://www.antiquaexcelsa.com/images/Barroco_colonial_espanol/grandes/Divina_pastora.jpg;
https://www.pinterest.com/pin/404338872774578604/;
https://commons.wikimedia.org/wiki/File:DivinaPastora1.jpg
[973] https://es.wikipedia.org/wiki/Divina_Pastora_de_las_Almas
[974] "*Cherchant un refuge dans la vie paysanne, la Reine n'hésite pas à venir y voir traire des vaches et les brebis soigneusement entretenues et lavées par les domestiques.*

*Habillée en paysanne, en robe de mousseline et chapeau de paille, une légère badine à la mainnote 10, avec ses dames de compagnie, elle utilise les seaux en porcelaine de Sèvres spécialement décorés à ses armoiries par la Manufacture Royaled 5. L'endroit est complètement clos, par des grilles et des fossés; on y entre depuis Trianon soit par un chemin couvert et sinueux, qui donne à découvrir avec surprise les plus petites maisons, soit par la lisière du bois des Onze-Arpents et d'une prairie à pente légère formant de minuscules cascades, qui offre une vue plongeante sur la maison principale et le village de Saint-Antoine.*

*Malgré son aspect idyllique, le hameau est une véritable exploitation agricole parfaitement gérée par un fermier désigné par la Reine, avec ses vignes, champs, vergers et potagers qui produisent fruits et légumes consommés par la table royale. Selon les instructions de la Reine, les animaux élevés à la ferme proviennent de Suisse dont les races animales sont réputées les plus authentiques, ce qui confère souvent au lieu le nom de «hameau suisse».*

*Seuls les intimes de la reine Marie-Antoinette sont autorisés à accéder au hameau, incontestable marque de faveur, ce qui ne manque pas d'alimenter les rumeurs sur ce qui se déroule au sein de ce domaine. Le comte de Vaudreuil, le baron de Besenval, la comtesse de Polignac avec sa fille Aglaë de Guiche et sa belle-sœur Diane, et le comte d'Esterhazy sont de ceux-là. Le prince de Ligne ne manque pas une occasion de visiter le hameau ou, pour le moins, de se tenir informé des nouvelles du lieu. La reine apprécie la compagnie de sa belle-sœur, Madame Élisabeth, et de la princesse de Chimay13. Madame Campan, première femme de chambre, et la comtesse d'Ossun, dame d'atours, accompagnent la Reine en toutes occasions. On est loin des préséances en usage au château: «Je n'y tiens point de cour, j'y vis en particulière», affirme la Reine. Les enfants profitent aussi de cette relative simplicité: même Madame Royale, jugée par sa mère trop imbue de son rang, est envoyée ramasser avec les autres enfants du hameau les œufs du poulailler, dans un joli panier enrubanné.*

*Les invitées se doivent d'être en tenue simple et sans apparat, robe claire de percale, fichu de gaze ou chapeau de pailleg. On y joue au billard ou au trictrac, on se promène dans les jardins le long de l'étang. On danse aussi sur la pelouse, gavottes et contredanses, au son d'un petit orchestre. La Reine, pour oublier les libelles qu'elle trouve parfois sur ses meubles, aime chanter et jouer du clavecin devant ses proches. Il est rare que le roi Louis XVI se rende au hameau, la liberté de ton n'en est donc que plus aisée: les repas sont plus légers et plus simples qu'au château et on s'y amuse pendant qu'à quelques pas de là, dans un château vide de toute animation de cour, la noblesse entretient haines et jalousies. Ces collations se terminent généralement par une visite à la laiterie pour y déguster des fromages parfois mêlés de fruits rouges récemment cueillis. On se plaît d'ailleurs à côtoyer les «petites gens», à les voir vaquer à leurs occupations et on s'intéresse même à leur sortd. De temps à autre, la Reine s'éclipse vers son boudoir au bras du comte de Fersene. Mais c'est l'après-midi du 5 octobre 1789 que, mandée par un messager du roi alors qu'elle se trouve dans sa grotte, elle jette un dernier regard vers son hameau qu'elle ne reverra plus.*" (https://fr.wikipedia.org/wiki/Hameau_de_la_Reine)

[975] https://fr.wikipedia.org/wiki/Il_pleut,_il_pleut,_berg%C3%A8re
[976] http://www.fabricsandpapers.com/item/view/2979-provence-toile-de-jouy-fabric; https://s-media-cache-ak0.pinimg.com/736x/59/dd/89/59dd89704a6d9dc98bda385cef42c74f.jpg
[977] *Revue de Pau et du Béarn*, Vol. 30, 2003, p. 212.
[978] http://www.artic.edu/aic/collections/artwork/47159
[979] http://cathedrale.gothique.free.fr/Notre-Dame_de_Paris_Rose_Ouest_Vices_Vertus_2.htm
[980] http://www.medievalart.org.uk/Amiens/West_Facade/VirtuesAndVices/AmiensWest_Quatrefoil_06U_Gentleness.html
[981] "*Ce couple de médaillons pourrait s'intituler, de façon plus classique, la vertu de la pureté face au vice de la luxure. Cependant ce serait perdre la dynamique de ces concepts. La pureté n'est pas un état, mais un chemin que nous acceptons de prendre, ou non. C'est un chemin exigeant comme l'indique l'oiseau d'or dans le brasier.*

*En effet cet oiseau peut être assimilé à l'oiseau Phénix, fabuleux et mythique, qui renaît de ses cendres après s'être immolé volontairement. Les charbons ardents vont détruire ses matières adustibles et hétérogènes, ne laissant que l'or pur au fond de la coupelle en cendre d'os (opération chymique de la coupellation). Cette opération est un véritable supplice pour les matières impures, agrégées à l'or. Elles vont disparaître dans la coupelle, sous l'effet d'un feu très violent. Seul l'or apparaîtra, à l'issue de l'opération chymique utilisée par les essayeurs et les orfèvres du moyen-âge. Une fois la coupelle refroidie, la partie pure, l'or, apparaît, épurée, comme l'oiseau d'or de ce médaillon. C'est un processus dynamique, semé de souffrances et de renoncement, mais qui libère et révèle la partie pure de soi, étouffée sous les haillons des vices."* (http://cathedrale.gothique.free.fr/Notre-Dame_de_Paris_Rose_Ouest_Vices_Vertus.htm)

[982]*Ibid.*

[983]Ainsi l'a lu Diderot (*OEuvres de Diderot*, Tome Quatrième Première Partie, pp. 91-92) au Salon de 1765: "*L'Enfant gâté.*

*Tableau de deux pieds six pouces de haut, sur deux pieds de large.*

*C'est une mère placée à côté d'une table, et qui regarde avec complaisance son fils qui donne sa soupe à un chien. L'enfant présente sa soupe au chien avec sa cuiller. Voilà le fond du sujet. Il y a des accessoires; comme, à droite, une cruche, une terrine de terre où trempe du linge; au-dessus, une espèce d'armoire; à côté de l'armoire, une glane d'ognons suspendue; plus haut, une cage attachée au côté de l'armoire, et deux ou trois perches appuyées contre le mur. De la gauche à la droite, depuis l'armoire, règne une sorte de buffet sur lequel l'artiste a placé un pot de terre, un verre à moitié plein de vin, un linge qui pend; et derrière l'enfant, une chaise de paille, avec une terrine. Tout cela signifie que c'est sa petite blanchisseuse d'il y a quatre ans qui s'est mariée, et dont il se propose de suivre l'histoire.*

*Le sujet de ce tableau n'est pas clair. L'idéal n'en est pas assez caractéristique; c'est, ou l'enfant, ou le chien gâté. Il pétille de petites lumières qui papillotent de tous côtés 1 et qui blessent les yeux. La tête de la mère est charmante de couleur; mais sa coiffure ne tient pas à sa tête, et l'empêche de faire le rond de bosse. Ses vêtemens sont lourds, surtout le linge. La tête de l'enfant est de toute beauté, j'entends de beauté de peintre; c'est un bel enfant de peintre, mais non pas comme une mère le voudrait. Cette tête est de la plus grande finesse de touche; les cheveux bien plus légers qu'il n'a coutume de les faire; c'est ce chien-là qui est un vrai chien! La mère a la gorge opaque, sans transparence, et même un peu rouge. I l y a aussi trop d'accessoires, trop d'ouvrage. La composition en est alourdie, confuse. La mère, l'enfant, le chien et quelques ustensiles, auraient produit plus d'effet. Il y aurait eu du repos qui n'y est pas."*

[984]Martin Meisel, *How Plays Work: Reading and Performance*, Oxford University Press, 2007, p. 215; Maria Ignatieva, "The Flight of the Dead Bird - Chekhov's "The Seagull" and William's "The Notebook of Trigorin"", *Adapting Chekhov: The Text and Its Mutations*, New York et Londres, Routledge, 2013, p. 63.

[985]Anton Tchekhov, *La mouette*, https://www.argotheme.com/tchekhov_la_mouette-theatre.pdf, pp. 41-42.

[986]"*Pas le spectacle le plus consensuel du Festival d'Avignon 2012, mais l'un des plus singuliers. Dans la cour d'honneur, la représentation de la Mouette de Tchekhov, revue par Arthur Nauzyciel, s'étirait sur quatre heures et quart. Le spectacle, repris au Théâtre de Gennevilliers à partir de jeudi, dure quarante-cinq minutes de moins. Mais conserve sa distribution d'origine et son étrangeté.*

*Avec, en ouverture, une longue pantomime de morts-vivants affublés de masques d'oiseaux, dans un décor d'apocalypse: une grève de sable noir parsemée de débris métalliques. «Il faut peindre la vie non pas telle qu'elle est ni qu'elle doit être, mais telle qu'elle se représente en rêve»: cette réplique de Treplev, au début de la pièce est une des clés de la mise en scène de Nauzyciel qui transforme l'histoire en cauchemar, où tout est joué d'avance et où les quatre principaux personnages sont les reflets les uns des autres.*

*Les deux actrices, Nina la jeune et Irina la vieillissante (Marie-Sophie Ferdane et Dominique Reymond), peuvent même échanger leurs répliques, figures jumelles d'un rêve brisé. De même, les deux écrivains, Treplev l'écorché (Xavier Gallais) et Trigorine le trop lucide (Laurent Poitrenaux), sont deux figures d'une malédiction qui transforme la révolte en résignation.*" (http://jeremie.broutard.pagesperso-orange.fr/equinoxe1314/la_mouette.html)

[987]https://www.buffalolib.org/vufind/Record/143768/Reviews

[988]Pour les références bibliographiques de ces ouvrages et du thème, cf. Alice Crosetto et Rajinder Garcha, *Death, Loss, and Grief in Literature for Youth: A Selective Annotated Bibliography for K-12*, Lanham, Toronto et Plymouth, Scarecrow Press, 2012, pp. 120-121.

[989]Walt Whitman, *Leaves of Grass*, Washington, Smith & McDougal, 1872, pp. 341-343.

[990]*Poésies de Catulle*, traduction de Charles Héguin de Guerle, Paris, Panckoucke, 1837, pp. 5-7.

"*Lugete, o Veneres Cupidinesque*
*et quantum est hominum venustiorum!*
*passer mortuus est meae puellae,*
*passer, deliciae meae puellae,*
*quem plus illa oculis suis amabat;*
*nam mellitus erat, suamque norat*
*ipsa tam bene quam puella matrem,*
*nec sese a gremio illius movebat,*
*sed circumsiliens modo huc modo illuc*
*ad solam dominam usque pipiabat.*
*qui nunc it per iter tenebricosum*

*illuc unde negant redire quemquam.*
*at vobis male sit, malae tenebrae*
*Orci, quae omnia bella devoratis;*
*tam bellum mihi passerem abstulistis.*
*o factum male! o miselle passer!*
*tua nunc opera meae puellae*
*flendo turgiduli rubent ocelli.*"

[991] Gordon Braden, *Sixteenth-Century Poetry: An Annotated Anthology*, Malden, U.S.A., Oxford, et Victoria, Australie, Blackwell Publishing Ltd, 2005, pp. 7-37.

[992] Anthony Edwards, *John Skelton: The Critical Heritage*, New York et Londres, Routledge, 2013, "*38. Samuel Taylor Coleridge on 'Philip Sparrow' 1827, 1836*".

[993] Leonard Lutwack, *Birds in Literature*, University Press of Florida, 1994, pp. 160-161.

[994] "*Une vapeur d'azur monta dans la chambre de Félicité. Elle avança les narines, en la humant avec une sensualité mystique; puis ferma les paupières. Ses lèvres souriaient. Les mouvements du cœur se ralentirent un à un, plus vagues chaque fois, plus doux, comme une fontaine s'épuise, comme un écho disparaît; et, quand elle exhala son dernier souffle, elle crut voir, dans les cieux entrouverts, un perroquet gigantesque, planant au-dessus de sa tête.*" (Gustave Flaubert, Paris, Louis Conard, 1910, pp. 63-64)

[995] Lutwack, pp. 161-162.

[996] Vernon Loggins, *I Hear America...: Literature in the United States Since 1900*, New York, Biblo & Tannen Publishers, 1967, pp. 301-302.

[997] Gustave Vapereau, *Dictionnaire universel des littératures: contenant I. Des notices sur les écrivains de tous les temps et de tous les pays... l'analyse et l'appréciation des principales œuvres individuelles, collectives, nationales, anonymes, etc... II. La théorie et l'historique des différents genres de poésie et de prose, les règles essentielles de rhétorique et de prosodie... III. La bibliographie générale et particulière...*, Paris, Hachette et C, 1876, art. "*Chaucer*", p. 441.

[998] E.-G Sandras, *Étude sur G. Chaucer considéré comme imitateur des trouvères - Thèse présentée à la Faculté de Lettres de Paris*, Paris, Auguste Durand, 1859, pp. 107-108.

[999] Jonathan Post, *The Oxford Handbook of Shakespeare's Poetry*, Oxford University Press, 2013, pp. 236-238.

[1000] Aleksander Bednarski, "*Hiraeth as Alegorical Form: Fflur Dafydd's "Atyniad"*", *New Perspectives in Celtic Studies*, Cambridge Scholars Publishing, 2015, pp. 86-87.

[1001] Ariel Plotek, *Allegory in the Age of Realism: Monumental Sculpture in France, 1848-1880*, Ann Arbor, Michigan, ProQuest, 2008, p. 60.

[1002] https://www.napoleon.org/histoire-des-2-empires/objets/napoleon-seveillant-a-limmortalite/

[1003] Cf. Martin Puchner, *Poetry of the Revolution - Marx, Manifestos, and the Avant-gardes*, Princeton University Press, 2006, p. 173; Bruce Dean Willis, *Aesthetics of Equilibrium - The Vanguard Poetics of Vicente Huidobro and Mário de Andrade*, Purdue University Press, 2006, p. 53; Norma Angélica Ortega, *Vicente Huidobro Altazor y las vanguardias*, México, UNAM, 2000, p. 257; et Marisa Martinez Pérsico, *Leopoldo Marechal entre la cuerda poética y la cuerda humorística*, Città di Castello, Nuova Prhomos, 2013, p. 29.

[1004] Cf. sur ce recueil l'article d'Ana Maria Cuneo Macchiavello, "*Analisis de "El Espejo de agua", poema de Vicente Huidobro*", *Revista Chilena de Literatura*, Universidad de Chile, No. 8, Avril 1977, pp. 67-82. Et, sur la figure du rossignol dans la poésie de Huidobro, celui d'Oscar Hahn, "*Vicente Huidobro o las metamorfosis del ruiseñor*", *Revista Chilena de Literatura*, Universidad de Chile, No. 40, Novembre 1992, pp. 97-104.

[1005] On notera que, comme le Loplop, "*présent dés 1928 dans les collages de Max Ernst*", http://lescarnetsdecelineweiss.over-blog.com/2016/10/max-ernst-episode-1-loplop-et-max-ernst.html ("*La tendance de Max Ernst à s'identifier à l'oiseau se manifeste très tôt, soit disant dès 1906, avec Hornebom, son perroquet trouvé mort le 5 janvier, jour de la naissance de sa petite soeur Loni. Mais force est d'avouer que seuls Loplop et Perturbation, réunis en 1929 dans La Femme 100 têtes, parvinrent à servir tous les desseins, même les plus cyniques de Max Ernst. Rapidement, Loplop devient cet oiseau de proie, séducteur et provocateur, cabot et dangereux, et cependant capable de compassion. Aussi, en conclusion, interrogeons-nous sur la dissolution de Loplop. Au vu de l'oeuvre de Max Ernst, il semble que Loplop, incarné ou stigmatisé, disparaisse progressivement entre 1931 et 1935 au profit d'autres visions de substitution, tels les avions présents dans le Jardin gobe-avions (1935). À l'avion, Ernst ajoute L'Ange au foyer (1937), ainsi qu'une figure de soldat dans Henri IV, la lionne de Belfort, l'ancien combattant (1935) qui prend les traits d'un oiseau esseulé et perplexe, très éloigné de la superbe arrogance de Loplop. Paradoxalement, Loplop s'éclipserait au moment même où le thème de «l'oiseau noir» s'impose avec force dans la représentation artistique des années 1940-1970. Alors certes, nous retrouvons dans Galapagos (1955) de discrets clins d'oeil à Loplop, comme les*

*mains gantées qui apparaissent au coeur des deux astres centraux. Ensuite, la figure située au milieu et en contrebas des deux astres en question n'est pas sans rappeler une position assez archétypale de Loplop: jambes arquées; elle évoque aussi un geste tout aussi archétypal de Loplop: celui de l'objectivation de l'image présentée, propre au traditionnel Loplop pnesenten. Si ce n'est qu'ici Loplop va au-delà de la simple présentation de l'image; Loplop— sexué — pourrait tout autant tirer sa révérence! Loplop, «le double créé», le supérieur des oiseaux, «cet oiseau unique, écrivit Breton, en qui il convient de reconnaitre Max Ernst», quitterait la scène. La disparition de Loplop — en tant qu'entité reconnaissable et nommée coïncide ainsi avec l'arrivée d'Hitler au pouvoir en Allemagne en 1933. Face à l'aigle emblématique du nazisme, il parait très probable que Loplop, dont la sauvagerie s'était beaucoup radicalisée au cours des années précédentes, n'avait d'autre issue que de s'esquiver. En fait, il s'agit d'une absence, très durable, et non d'une disparition à proprement parler. Loplop réapparait dans l'oeuvre de Max Ernst au seuil des années soixante-dix, las comme usé ou mûri, au moment où l'oiseau générique s'impose massivement à d'autres artistes. Était-ce, pour Max Ernst, une façon de mêler sa voix à celles de ses contemporains, une manière d'exprimer sa volonté sourde de croire encore en cet homme bafoué, désarmé et souffrant face aux atrocités de son temps? Sans doute, était-ce aussi pour lui le moment le plus propice à une réconciliation avec son double?*",
Stéphanie Le Follic-Hadida, "*Le parcours illustré de l'oiseau*", *Max Ernst, l'imagier des poètes*, Presses Universitaires Paris-Sorbonne PUPS, 2008, pp. 168-169; cf. aussi Werner Spies, *Max Ernst - Loplop. L'artiste et son double*, trad. de Claire de Oliveira, Paris, Gallimard, 1997), est une figure *alter-ego* du poète, Huidobro lui-même, dans sa fonction créatrice de chant (le "*Pájara azul*" de Rubén Darío aussi), et de prêtre suprême ("*Les Poètes sacrés*" du vers 12 du "*Prologue*" des *Poèmes saturniens* [1866, https://fr.wikipedia.org/wiki/Po%C3%A8mes_saturniens], *OEuvres complètes de Paul Verlaine*, Paris, Librairie Léon Vanier, 1902, T. I, p. 3, et "*Les Aèdes, Orpheus, Akaïos*" du vers 23, *ibid.*, p. 4): "Muy significativo es el verso "un ruiseñor ebrio aletea en mi dedo". A la vez que simil de la figura del poeta, esta avecilla, omnipresente en la obra huidobriana, simboliza la inspiración artística y la eternidad del canto lírico, igual que en la tradición europea. Las metamorfosis que sufre el ruiseñor de libro en libro ilustran inmejorablemente las diferentes etapas de la evolución poética de Huidobro. Ella empieza con el tradicional "ruiseñor alado", de Ecos del alma ("Como un ruiseñor alado/ va volando mi canción"), sigue con el "ruiseñor ebrio" de El espejo de agua; continúa con el "ruiseñor mecánico" de Ecuatorial, símbolo de la nueva era tecnológica y de la poesía creacionista, y culmina en Altazor con el proteico "rosiñol" ("rosignol"), que, pensando en francés, le permite intercalar cada una de las notas de la escala musical:
Pero el cielo prefiere el rodoñol
Su niño querido el rorreñol
Su flor de alegría el romiñol
Su piel de lágrimas el rofañol
Su garganta nocturna el rosolñol
El rolañol
El rosiñol (413).
*Consigue de este modo que el canto del ruiseñor creacionista sea emitido por su propio cuerpo verbal.*
*Una manifestación explícita de lo que implica el ruiseñor para Huidobro seencuentra en una carta dirigida a Roberto Suárez, puesta como preámbulo a lanovela La próxima. Escribe Huidobro*: "Es tan admirable el canto de los ruiseñores que ha podido resistir a los malos poetas del mundo durante tantos siglos". Y añade: "Y nadie como tú para explicar, para sentir la voz de ese pájaro ebrio de su propia alma" (241-42).
*Retengamos la frase "ebrio de su propia alma". En esa misma novela hay o tras dos referencias a la "ebriedad". Alberto Duren, uno de los personajes del relato, dice que "el hombre necesita de una cierta ebriedad", la que define como "un escalofrío lírico". Y Alberto Roe, protagonista de la novela, es más preciso aún al llamarla "una nueva energía" (311). Pero otra vez son las disquisiciones teóricas de Huidobro en su "Manifiesto de manifiestos" las que arrojan luz definitiva sobre la asociación del ruiseñor con la ebriedad. La ebriedad lírica no debe vincularse con algún sopor mental análogo al que produce la ingestión de alcohol o drogas, ni con el "desarreglo de los sentidos" a la manera del inconsciente surrealista. La"ebriedad" o "delirio poético" es "la facultad que tienen algunas personas de excitarse naturalmente hasta el transporte, de poseer un mecanismo cerebral tan sensible que los hechos del mundo exterior pueden ponerlos en dicho estado de fiebre y alta frecuencia nemónica". Este delirio no es un estado subconciente, fruto del adormecimiento del cerebro, sino un estado de superconciencia*: "La super-conciencia se logra cuando nuestras facultades intelectuales adquieren una intensidad vibratoria superior, una longitud de onda, una calidad de onda, infinitamente más poderosa que de ordinario", *escribe. No obstante, Huidobro insiste en distanciarse del automatismo psíquico surrealista, puntualizando que en este proceso larazón juega un papel central*: "Ella es el tamiz y la organizadora del delirio, y sinella vuestro poema sería una obra impura, híbrida" (725).
*Si bien la intensidad vibratoria del ruiseñor ebrio no es aún suficientemente poderosa y no consigue impulsarlo con fuerza definitiva hacia el espacio de la lírica moderna, no cabe duda de que ese volátil ya es un mínimo antepasado de Altazor y que ocupa un lugar preciso en la ornitología poética hispanoamericana, que va del cisne modernista al búho posmodernista, del búho al ruiseñor ebrio y de éste al sumo pájaro, el Alto Azor. La encarnación de la teoría de Huidobro en unapráctica más sólida y coherente no ocurrirá sino en 1918 con la publicación de Ecuatorial, primera piedra de la Vanguardia en lengua española y concreción plena de la voluntad*

*inaugural del poeta.*" (Osear Hahn, "*Vicente Huidobro o las metamorfosis del ruisenor*", Revista Chilena de Literatura, No 40, 1992, pp. 102-103) Or, c'est comme "*petit Dieu*" que Huidobro se fait représenter sous la figure du Rossignol, petit Dieu dont on sait (cf. notre ouvrage sur Marcel Duchamp dans la présente Collection) qu'il est symbole, comme nous l'avons d'ailleurs vu ici, dans le présent *corpus*, du phallus masculin, à l'instar du soleil (cf. aussi, à ce sujet, notre ouvrage sur Duchamp). "*Huidobro, que desde sus inicios vincula la figura delpoeta con la del ruiseñor ("Ruiseñor que cansado de la tierra/ alzaste el vuelo alalto firmamento"), sólo en 1916 da muestras de que se prepara para levantar elvuelo hacia otros espacios de la imaginación. La metamorfosis de Huidobro comienza a vislumbrarse, por fin, en el libro titulado El espejo de agua.*

*Esta plaquette de apenas nueve poemas, publicada originalmente en BuenosAires, y que causara tantas polémicas al ponerse en duda injustamente la veracidad de su fecha de publicación, se abre con el célebre "Arte poética", manifiesto queplantea en verso lo que antes Huidobro había proclamado en prosa: las bases de una estética renovadora, por la que se insta a los poetas a inventar "mundos nuevos". Además contiene la famosa calificación del poeta como "pequeño Dios" o creador de cosmos verbales.*" (Ibid., pp. 98-99) "Que en "*El espejo de agua*" Huidobro utilice la figura de un espejo aunque sea de agua resulta bastante paradoja a primera vista, porque el espejo es el símil más socorrido para ilustrar la concepción mimética, o sea la doctrina que concibe a la obra de arte como mero reflejo de la realidad. El espejo representa exactamente lo contrario de la estética creacionista y de ello Huidobro está muy consciente. "Toda la historia del arte diría más tarde no es sino la historia dela evolución del Hombre-Espejo hacia el Hombre-Dios"." (Ibid., p. 100)

[1006]Boccace, *Le Décaméron (1350-1354)*, traduction de Francisque Reynard, Paris, G. Charpentier et Cie, Éditeurs, 1884; le texte y est référencé comme "*Nouvelle IV*" de la "*Cinquième Journée*". Nous conservons la dénomination de Boccace: "*Novella Quarta - Ricciardo Manardi è trovato da messer Lizio da Valbona con la figliuola, la quale egli sposa, e col padre di lei rimane in buona pace.*" de la "*Quinta giornata*". Reynard ne respecte pas non plus la division des paragraphes dans l'original, ni la séparation à la ligne pour les dialogues.

[1007]Ibid., p. 306. "*Non è adunque, valorose donne, gran tempo passato che in Romagna fu un cavaliere assai da bene e costumato, il qual fu chiamato messer Lizio da Valbona, a cui per ventura vicino alla sua vecchiezza una figliuola nacque d'una sua donna chiamata madonna Giacomina, la quale oltre ad ogn'altra della contrada, crescendo, divenne bella e piacevole; e per ciò che sola era al padre e alla madre rimasa, sommamente da loro era amata e avuta cara e con maravigliosa diligenza guardata, aspettando essi di far di lei alcun gran parentado.*

*Ora usava molto nella casa di messer Lizio, e molto con lui si riteneva, un giovane bello e fresco della persona, il quale era de' Manardi da Brettinoro, chiamato Ricciardo, del quale niun'altra guardia messer Lizio o la sua donna prendevano, che fatto avrebbon d'un lor figliuolo. Il quale, una volta e altra veggendo la giovane bellissima e leggiadra, di laudevoli maniere e costumi e già da marito, di lei fieramente s'innamorò, e con gran diligenza il suo amore teneva occulto. Del quale avvedutasi la giovane, senza schifar punto il colpo, lui similmente cominciò ad amare; di che Ricciardo fu forte contento.*"

[1008]Ibid., p. 307. "- *Figliuola mia, così è il vero; ma io non posso far caldo e freddo a mia posta, come tu forse vorresti. I tempi si convengon pur sofferir fatti come le stagioni gli danno; forse quest'altra notte sarà più fresco, e dormirai meglio.*

- *Ora Iddio il voglia,* - *disse la Caterina* - *ma non suole essere usanza che, andando verso la state, le notti si vadan rinfrescando.*
- *Dunque,* - *disse la donna* - *che vuoi tu che si faccia?*

*Rispose la Caterina:*

- *Quando a mio padre e a voi piacesse, io farei volentieri fare un letticello in su 'l verone che è allato alla sua camera e sopra il suo giardino, e quivi mi dormirei, e udendo cantare l'usignuolo, e avendo il luogo più fresco, molto meglio starei che nella vostra camera non fo.*

*La madre allora disse:*

- *Figliuola, confortati; io il dirò a tuo padre, e come egli vorrà così faremo.*"

[1009]Ibid., pp. 307-308. "*Le quali cose udendo messer Lizio dalla sua donna, per ciò che vecchio era e da questo forse un poco ritrosetto, disse:*

- *Che rusignuolo è questo a che ella vuol dormire? Io la farò ancora addormentare al canto delle cicale.*

*Il che la Caterina sappiendo, più per isdegno che per caldo, non solamente la seguente notte non dormì, ma ella non lasciò dormire la madre, pur del gran caldo dolendosi.*

*Il che avendo la madre sentito, fu la mattina a messer Lizio e gli disse:*

- *Messer, voi avete poco cara questa giovane. Che vi fa egli perché ella sopra quel veron si dorma? Ella non ha in tutta notte trovato luogo di caldo, e oltre a ciò maravigliatevi voi perché egli le sia in piacere l'udir cantar l'usignuolo, che è una fanciullina? I giovani son vaghi delle cose simiglianti a loro.*

*Messer Lizio udendo questo disse:*

- *Via, faccialevisi un letto tale quale egli vi cape, e fallo fasciar dattorno d'alcuna sargia, e dormavi, e oda cantar l'usignuolo a suo senno.*"

[1010]*Ibid.*, p. 308. "*La giovane, saputo questo, prestamente vi fece fare un letto; e dovendovi la sera vegnente dormire, tanto attese che ella vide Ricciardo, e fecegli un segno posto tra loro, per lo quale egli intese ciò che far si dovea.*"

[1011]*Ibid.* "*... e dopo molti baci si coricarono insieme, e quasi per tutta la notte diletto e piacer presono l'un dell'altro, molte volte faccendo cantar l'usignuolo.*"

[1012]*Ibid.*, pp. 308-309. "*Ed essendo le notti piccole e il diletto grande, e già al giorno vicino (il che essi non credevano), e sì ancora riscaldati e sì dal tempo e sì dallo scherzare, senza alcuna cosa addosso s'addormentarono, avendo a Caterina col destro braccio abbracciato sotto il collo Ricciardo, e con la sinistra mano presolo per quella cosa che voi tra gli uomini più vi vergognate di nominare.*
*E in cotal guisa dormendo, senza svegliarsi, sopravenne il giorno, e messer Lizio si levò; e ricordandosi la figliuola dormire sopra 'l verone, chetamente l'uscio aprendo disse:*
*- Lasciami vedere come l'usignuolo ha fatto questa notte dormir la Caterina.*
*E andato oltre, pianamente levò alta la sargia della quale il letto era fasciato e Ricciardo e lei vide ignudi e scoperti dormire abbracciati nella guisa di sopra mostrata; e avendo ben conosciuto Ricciardo, di quindi s'uscì, e andonne alla camera della sua donna e chiamolla, dicendo:*
*- Su tosto, donna, lievati e vieni a vedere, ché tua figliuola è stata sì vaga dell'usignuolo che ella è stata tanto alla posta che ella l'ha preso e tienlosi in mano.*
*Disse la donna:*
*- Come può questo essere?*
*Disse messer Lizio:*
*- Tu il vedrai se tu vien tosto.*
*La donna, affrettatasi di vestire, chetamente seguitò messer Lizio, e giunti amenduni al letto e levata la sargia, potè manifestamente vedere madonna Giacomina come la figliuola avesse preso e tenesse l'usignuolo, il quale ella tanto disiderava d'udir cantare.*
*Di che la donna, tenendosi forte di Ricciardo ingannata, volle gridare e dirgli villania; ma messer Lizio le disse:*
*- Donna, guarda che per quanto tu hai caro il mio amore tu non facci motto, ché in verità, poscia che ella l'ha preso, egli sì sarà suo. Ricciardo è gentile uomo e ricco giovane; noi non possiamo aver di lui altro che buon parentado; se egli si vorrà a buon concio da me partire, egli converrà che primieramente la sposi; sì ch'egli si troverrà aver messo l'usignuolo nella gabbia sua e non nell'altrui.*
*Di che la donna racconsolata, veggendo il marito non esser turbato di questo fatto, e considerando che la figliuola aveva avuta la buona notte ed erasi ben riposata e aveva l'usignuolo preso, si tacque.*"

[1013]*Ibid.*, pp. 309-310. "*Mentre queste parole si dicevano, la Caterina lasciò l'usignuolo, e ricopertasi, cominciò fortemente a piagnere e a pregare il padre che a Ricciardo perdonasse; e d'altra parte pregava Ricciardo che quel facesse che messer Lizio volea, acciò che con sicurtà e lungo tempo potessono insieme di così fatte notti avere.*"

[1014]*Ibid.*, p. 310. "*Partiti costoro, i giovani si rabbracciarono insieme, e non essendo più che sei miglia camminati la notte, altre due anzi che si levassero ne camminarono, e fecer fine alla prima giornata.*
*Poi levati, e Ricciardo avuto più ordinato ragionamento con messer Lizio, pochi dì appresso, sì come si convenia, in presenzia degli amici e de' parenti da capo sposò la giovane, e con gran festa se ne la menò a casa, e fece onorevoli e belle nozze, e poi con lei lungamente in pace e in consolazione uccellò agli usignuoli e di dì e di notte quanto gli piacque.*"

[1015]*The Poetical Works of John Keats - A New Edition*, Londres, Edward Moxon, 1853, pp. 209-210, strophes 4-6.

[1016]Hans Christian Andersen, *Contes*, Librairie Hachette et cie, 1856, pp. 322-324. Le conte apparaît ici sous le titre incomplet "*Le Rossignol*".

[1017]Oscar Wilde, *The Happy Prince And Other Tales*, illustrations de Walter Crane et Jacomb hood, Londres, David Nutt, 1888, pp. 39-41. Il n'est pas sans intérêt de constater que Wilde personnifie le rossignol ici comme femelle. on note que, de manière récurrente (M. Garcin de Tassy, *Histoire de la Littérature Hindoui et Hindoustani*, Paris, Oriental Translation Committee of Great Britain and Ireland, 1847, T. II "*Extraits et Analyses*", pp. 458, 463, 474, 495-496, 512, 553), dans la littérature hindouie et hindoustanie, "*La femme est comparée à la rose, et l'homme au rossignol, par allusion aux amours du rossignol et de la rose*" (*ibid.*, note 2 p. 495).

[1018]http://mtcn.free.fr/lyrics/roussignou-vola.php

[1019]*Fables et symboles avec leur explication où sont révélés les grands secrets de la direction du magnétisme universel et des principes fondamentaux du grand œuvre*, Paris, G. Baillière, 1862.

[1020]Yvonne Bellenger, *Le jour dans la poésie française au temps de la renaissance*, Tübingen, Gunter Narr Verlag, et Paris, Jean-Michel Place, 1979, pp. 169-170.

[1021]Cf. par ex. Mary Bonnaud, *La poésie bachique d'Abû-Nuwâs - Signifiance et symbolisme initiatique*, Presses Universitaires de Bordeaux, 2008, p. 233.

[1022]Martien J. G. de Jong, *Le présent du passé - Essais de littérature comparée*, Presses universitaires de Namur, 1994, pp. 284-286.

[1023]*Ibid.*, pp. 286-302.

[1024] Cf. aussi Philippe Ménard, *Les Lais de Marie de France - Contes d'amour et d'aventure du Moyen âge*, Paris, PUF, 1979, pp. 105, 160, 236.
[1025] Martien J. G. de Jong, pp. 283-284.
[1026] Cf. Claude Maillard-Chary, *Le surréaliste poésie bestiaire des Surréalistes*, Presses Sorbonne Nouvelle, 1994 p. 113.
[1027] Martien JG de Jong, pp. 286-302.
[1028] Marie-Françoise Alamichel y Josseline Bidard, *Des animaux et des hommes*, Presses Paris-Sorbonne, 1998, p. 35.
[1029] Geoffrey Chaucer, *Canterbury Tales: Literary Touchstone Classic - Revised Edition*, Clayton, Delaware, Prestwick House Inc, 2013, pp. 13-14.
"*Of this young squire Chaucer saith -*
*"So hote he loved, that by nightertale*
*He slep no more than doth the nightingale."*
*We all know how the nightingale employs the night - and here it is implied that so did the lover. Mr. Horne spoils all by an affected prettiness sug ested by a misapplied passage in Milton.*
*"His almorous ditties nightly fill'd the vale;*
*He slept ho more than does the nightingale.'"* (*Blackwood's Edinburgh Magazine*, Juillet 1845, p. 116)
[1030] Madrid, Cátedra, 1987, 2009, nota 10 p. 69.
[1031] John Saunders, *Canterbury Tales, from Chaucer*, Londres, Charles Knight & Co., 1845, Vol. I, p. 184.
[1032] https://www.moma.org/collection/works/94246?artist_id=1752&locale=fr&sov_referrer=artist
[1033] https://www.moma.org/collection/works/94232?artist_id=1752&locale=fr&sov_referrer=artist
[1034] https://www.moma.org/collection/works/94231?artist_id=1752&locale=fr&sov_referrer=artist
[1035] https://www.moma.org/collection/works/94241?artist_id=1752&locale=fr&sov_referrer=artist
[1036] https://www.moma.org/collection/works/94242?artist_id=1752&locale=fr&sov_referrer=artist
[1037] https://www.moma.org/collection/works/94237?artist_id=1752&locale=fr&sov_referrer=artist
[1038] https://www.moma.org/collection/works/94230?artist_id=1752&locale=fr&sov_referrer=artist
[1039] https://www.moma.org/collection/works/94233?artist_id=1752&locale=fr&sov_referrer=artist
[1040] https://www.moma.org/collection/works/94234?artist_id=1752&locale=fr&sov_referrer=artist
[1041] https://www.moma.org/collection/works/94238?artist_id=1752&locale=fr&sov_referrer=artist
[1042] https://www.moma.org/collection/works/94236?artist_id=1752&locale=fr&sov_referrer=artist
[1043] https://www.moma.org/collection/works/16421?artist_id=11&locale=fr&sov_referrer=artist
[1044] https://www.moma.org/collection/works/94243?artist_id=1752&locale=fr&sov_referrer=artist
[1045] http://www.tate.org.uk/art/artworks/picabia-the-fig-leaf-t03845
[1046] https://fr.wikipedia.org/wiki/%C5%92dipe_explique_l%27%C3%A9nigme_du_sphinx
[1047] http://archives-dada.tumblr.com/post/142398330811/francis-picabia-prenez-garde-%C3%A0-la-peinture-watch
[1048] *Francis Picabia: Materials and Techniques*, édité par Michael Duffy, Talia Kwartler, Natalie Dupêcher, et Anne Umland, MoMa, 2017, Fig. 12 p. 36.
[1049] https://www.moma.org/collection/works/94226?artist_id=1752&locale=fr&sov_referrer=artist
[1050] http://piratesandrevolutionaries.blogspot.com/2011/04/phenomenal-dada-machinery.html,
http://byricardomarcenaro.blogspot.com/2012_07_11_archive.html,
http://drouotstatic.zonesecure.org/images/perso/zoomsrc/LOT/97/77462/165.jpg
[1051] http://www.ciclosfera.com/ciclosfera-8-ultimatum/ et http://www.toutfait.com/issues/volume2/issue_5/articles/powers/powers2.html
[1052] Alfred Jarry, *Le Surmâle*, Paris, La Revue Blanche, 1902, pp. 87-133.
[1053] https://www.centrepompidou.fr/cpv/resource/co4yLBM/r8K7zM et https://www.moma.org/audio/playlist/36/587
[1054] http://www.kunstmuseum-bonn.de/en/collections/max-ernst/
[1055] http://collectie.boijmans.nl/en/object/119737/Les-diamants-conjugaux/Max-Ernst
[1056] http://collectie.boijmans.nl/en/object/119738/L%27origine-de-la-pendule/Max-Ernst
[1057] http://collectie.boijmans.nl/en/object/119733/Rasant-les-murs/Max-Ernst
[1058] Comme dans les versions de *La Géante*, https://www.google.com.ni/search?q=magritte+geante&tbm=isch&source=iu&ictx=1&fir=WlLqC-cQ61y9FM%253A%252CUHlWGF-G9sSuIM%252C_&usg=__YomuD6SijcIB3-RpELnQvkPYSxQ%3D&sa=X&ved=0ahUKEwiqgdrUvo_ZAhXIuVkKHZmEBIoQ9QEIKTAB#imgrc=_, notamment https://c1.staticflickr.com/9/8868/17319599195_9177c9eebd_b.jpg

[1059]https://za.pinterest.com/pin/567101778054731302/
[1060]https://www.pinterest.com.mx/pin/344173596504130464/?autologin=true et
https://www.pinterest.com/pin/486599934721802759/
[1061]https://www.moma.org/learn/moma_learning/max-ernst-levade
[1062]https://theartstack.com/artist/max-ernst/l-evade-1926
[1063]https://www.pinterest.fr/pin/540291286522912115/?autologin=true
[1064]*La Nature. Revue des sciences et de leurs applications aux arts et à l'industrie. Journal hebdomadaire*, Paris, Masson, 1891, Dix-Neuvième Année, Deuxième Semestre, No 940 à 965, p. 272.
[1065]"*When in the course of a piece of scientific work we come upon a problem which is difficult to solve, it is often a good plan to take up a second problem along with the original one—just as it is easier to crack two nuts together than each separately.*" (The Penguin Freud Library, Vol. IV, "*IV. Distortion in dreams*", p. 216)
[1066]https://theartstack.com/artist/max-ernst/justitia-metzgerladen
[1067]Peut-on encore y voir une surdétermination de la référence freudienne, par le biais, aussi, de l'allusion au salé-non salé et à la "*balance*" de la symétrie bilatérale? "*But the short remark at the end of the dream to the effect that 'Ungeseres' denoted a preference over 'Geseres' opened the door to associations and at the same time to an elucidation of the word. An analogous relationship occurs in the case of caviare; unsalted ['ungesalzen'] caviare is esteemed more highly than salted ['gesalzen']. 'Caviare to the general,' aristocratic pretensions; behind this lay a joking allusion to a member of my household who, since she was younger than I, would, I hoped, look after my children in the future. This tallied with the fact that another member of my household, our excellent nurse, was rec ognizably portrayed in the female attendant or nun in the dream. There was still, however, no transitional idea between 'salted—unsalted' and 'Geseres—Ungeseres.' This was provided by 'leavened—unleavened' ['gesäuert—ungesäuert']. In their flight out of Egypt the Children of Israel had not time to allow their dough to rise and, in memory of this, they eat unleavened bread to this day at Easter.../... My concern about one-sidedness had more than one meaning: it could refer not only to physical one-sidedness but also to one-sidedness of intellectual development. May it not even be that it was precisely this concern which, in its crazy way, the scene in the dream was contradicting? After the child had turned to one side to say farewell words, he turned to the other side to say the contrary, as though to restore the balance. It was as though he was acting with due attention to bilateral symmetry!*" (Freud, *The Interpretation of Dreams The Complete and Definitive Text*, pp. 450-451)
[1068]"*Metzgerladen {m} EN butcher's butcher's shop*" (https://en.bab.la/dictionary/german-english/metzgerladen)
[1069]https://www.moma.org/collection/works/215711
[1070]Que reproduit intégralement le site: http://melusine-surrealisme.fr/site/Peret/Je%20ne%20mange%20pas.htm
[1071]https://fr.wikipedia.org/wiki/Qu%27ils_mangent_de_la_brioche
[1072]http://es.wahooart.com/A55A04/w.nsf/OPRA/BRUE-8EWLJQ et https://www.pinterest.es/pin/568157309234683425/
[1073]*The Interpretation of Dreams The Complete and Definitive Text*, pp. 206-207.
[1074]*La Nature*, p. 272.
[1075]https://fr.wikipedia.org/wiki/Conus_(coquillage)
[1076]https://www.pinterest.es/pin/364791638548817828/
[1077]https://www.pinterest.com/pin/314829830180893332/
[1078]https://pavlopoulos.wordpress.com/2016/08/17/at-the-first-clear-word-a-max-ernst-comment-on-aristotle-and-surrealism/
[1079]*Ibid.*
[1080]https://78.media.tumblr.com/df19944219048528f38360b78d95d31a/tumblr_muqg5s410A1r0b7w5o4_1280.jpg
[1081]http://www.ogerblanchet.fr/html/fiche.jsp?id=3119418&np=1&lng=fr&npp=20&ordre=2&aff=&r=
[1082]https://www.moma.org/collection/works/60750
[1083]"*On trouve un trope comparable, que Diderot doit avoir connu, dans le fabliau égrillard Le Chevalier qui fist parler les cons. L'idée même de faire parler l'appareil génital féminin, grâce à une intervention magique, se retrouve dans une histoire de Caylus datant de 1747.*" (https://fr.wikipedia.org/wiki/Les_Bijoux_indiscrets)
[1084]Cf. sur ce point notre ouvrage sur Andrea Mantegna, dans la présente Collection.
[1085]"*C'est un aliment aphrodisiaque, non mentionné dans la Bible, mais présent dans les traités botaniques du XVIème siècle où il était un emblème de la découverte botanique, une sorte de symbole de l'exotisme. Son aspect curieux lui donne une connotation liée à l'extravagance. Les égyptiens l'utilisaient dans leurs hiéroglyphes pour traduire l'idée de la fragilité humaine.*" (https://vanitesamsterdam.wordpress.com/2014/04/12/quelques-exemples-de-symboles-des-vanites-les-fruits-et-legumes/)

Cf. aussi Ém. Jozan, *Traité pratique des maladies des voies urinaires et des organes générateurs de l'homme et de la femme*, Paris, L'auteur, 1862, p. 746; et *Histoires de légumes: des origines à l'orée du XXIe siècle*, sous la dir. de Claude Foury et Michel Pitrat, Paris, INRA, 2003, p. 200.

[1086]*Histoires de légumes: des origines à l'orée du XXIe siècle*, ibid.

[1087]*Histoire naturelle de Pline Traduction Nouvelle par M. Ajasson De Grandsagne*, Paris, C.L.F. Panckoucke, 1832, T. XIII, p. 218; Guy Fuinel, *Arbres et plantes médicinales du jardin*, Paris, Fernand Lanore, 2002, p. 35.

[1088]Vinod Verma, *L'ayurveda science de la vie nutrition sexuelle et guérison*, Paris, Les Deux Océans, 1994, p. 117.

[1089]"*L'interprétation de Freud se trouve corroborer avec l'épisode de la marchande de légumes: un légume allongé, que l'on vend en bottes: «un légume noir, cela peut-il être autre chose que la confusion produite par le rêve, de l'asperge et du radis noir? Je n'ai besoin d'interpréter l'asperge pour personne, mais l'autre légume paraît aussi une allusion à ce même thème sexuel que nous avons deviné depuis le début, quand nous voulions symboliser tout le récit par la phrase : la boucherie est fermée».*" (Christian Colbeaux, "Œdipe, rêve de Freud (l'Ascience des rêves 4)", 18/04/2013, http://colblog.blog.lemonde.fr/2013/04/10/oedipe-reve-de-freud/)

[1090]" *Ernst spent the summer of 1934 with the sculptor Alberto Giacometti in the Swiss village of Maloja. There, he carved and painted a group of oval river stones. Upon his return to Paris, Ernst continued to pursue his interest in sculpture, turning to plaster as his material of choice. The anatomical punning and oblique erotic allusion manifest in Lunar Asparagus typify Ernst's work in three dimensions. The Museum acquired the original plaster version in 1937; it was later cast in bronze, at the artist's request, and painted white to emulate plaster.*" (https://www.moma.org/collection/works/81616?include_uncataloged_works=1&locale=es&package_id=MEBP&sov_referrer=package)

[1091]https://www.pinterest.com/pin/524387950354242502/

[1092]https://www.pinterest.com/pin/524387950354229500/

[1093]http://usw2-uploads0.wikiart.org/images/max-ernst/aquis-submersus-1919.jpg!PinterestLarge.jpg

[1094]http://frenchart.umsl.edu/home/french/le-vingtieme/max-ernst-vive-lamour-ou-pays-charmant-1923/

[1095]https://www.pinterest.co.uk/pin/431782683007050428/

[1096]"*Cette peinture reprend la légende de sainte Cécile qui est morte en martyr de manière particulièrement horrible à Rome au 5ème siècle. Si l'on en croit la légende de son martyre, sainte Cécile n'était pas a priori destinée à devenir la patronne des musiciens. C'était une jeune patricienne romaine appartenant à l'illustre gens Caecilia. Chrétienne, elle avait fait vœu de virginité, mais ses parents l'obligèrent à épouser le noble Valérien. Elle le convertit le jour des noces, il se fit baptiser, mais fut arrêté et martyrisé. Cécile fut à son tour condamnée : on voulut la faire mourir étouffée par la vapeur du caldarium des thermes, mais une rosée miraculeuse vint la sauver. Ordre fut donné de la décapiter mais le bourreau maladroit ne parvint pas à détacher sa tête du corps, et, comme la loi romaine interdisait de porter plus de trois coups, Cécile n'expira qu'au bout de trois jours! La légende veut que sa souffrance fût accompagnée par les notes d'un orgue céleste et sainte Cécile est devenue la sainte patronne de la musique d'église. Max Ernst choisit un motif rarement utilisé du martyre du saint par son représentant emmuré dans un caldarium.*" (http://www.academia.edu/6803535/Max_Ernst_-Sainte_C%C3%A9cile_-Le_piano_invisible)

[1097]https://www.pinterest.com/pin/229472543492796143/

[1098]http://es.wahooart.com/A55A04/w.nsf/O/BRUE-8EWLP8/$File/MAX-ERNST-UNTITLED-1.JPG

[1099]"*The mysterious imagery of this painting recalls Ernst's interest in exploiting the visual language of science (and specifically biology and geology) in his Dada overpaintings and collages of the late 1910s and 1920s. Although a specific source image has not been identified, the impression is of a highly magnified cross section of some sort of plant ovary or botanical specimen, writ large and translated into oil on canvas. The precision of Ernst's lines, some in graphite pencil, contrast with his soft blending of pigments, which surround the elliptically erotic central motif with a luminous glow.*" (https://www.moma.org/collection/works/79200)

[1100]William S. Rubin, *Dada Surrealism and Their Heritage*, MoMA, 1968, Fig. 112 p. 86.

[1101]"*Pour Max Stirner, l'Ego, qui est Unique, ne peut être la propriété de qui, ou de quoi, que ce soit, donc ne peut être la propriété de l'État, y compris de l'État démocratique. Pour lui le libéralisme politique conduit à l'esclavage du «Moi» et le libéralisme social, à la nationalisation des propriétés, c'est-à-dire au vol de ce qui appartient au «Moi».*

*Par ce «Moi unique», Stirner entend se hisser au-delà de toute détermination sociale, prolétaire ou bourgeoise. Il ne propose pas de transformer le monde conformément à un idéal, mais d'agir avec lui selon son propre intérêt: à l'idéalisme doit succéder l'égoïsme. Comment devenir ce «Moi égoïste»? En évacuant tout ce qui ne m'appartient pas en propre, qui m'est extérieur, autant dire le «sacré»: Dieu, État, Église, religion, autorité, morale, liberté, vérité, justice, humanité. Et les «sentiments donnés» tel que la conscience, la famille, le mariage, l'abnégation, le dévouement, la loi, le droit divin, la piété, l'honneur, le patriotisme, etc.*

*Association des Égoïstes*

*C'est l'Ego qui est propriétaire de toute chose, et il ne peut être dépossédé. C'est pourquoi Stirner affirme que l'organisation sociale ne peut être basée que sur une Association des Égoïstes, tous souverains, qui n'ont d'autre objectif que celui d'être ce qu'ils sont. L'association contractuelle et contingente ne permettant à chaque individu que de réaliser ce que sa puissance seule ne peut accomplir:*
«*Personne n'est pour Moi un objet de respect; mon prochain, comme tous les autres êtres, est un objet pour lequel j'ai ou je n'ai pas de sympathie, un objet qui m'intéresse ou ne m'intéresse pas, dont je puis ou dont je ne puis pas me servir. S'il peut m'être utile, je consens à m'entendre avec lui, à m'associer avec lui pour que cet accord augmente ma force, pour que nos puissances réunies produisent plus que l'une d'elles ne pourrait faire isolément. Mais je ne vois dans cette réunion rien d'autre qu'une augmentation de ma force, et je ne la conserve que tant qu'elle est ma force multipliée. Dans ce sens-là, elle est une - association».*" (https://fr.wikipedia.org/wiki/L%27Unique_et_sa_propri%C3%A9t%C3%A9#Structure)

[1102]http://www.lamedrivers.com/blog/wp-content/uploads/2011/04/Ernst_-_1934_-_blindswimmer.jpg
[1103]Rubin, Fig. 186 p. 129.
[1104]Rubin, Fig. 283 p. 181.
[1105]https://www.pinterest.es/pin/290834088421423449/
[1106]https://www.akg-images.fr/archive/La-boite-de-Pandore-en-nature-morte-2UMDHUVYGZEC.html
[1107]http://www.lamedrivers.com/blog/wp-content/uploads/2011/04/ernst45_-_Human_Form.jpg
[1108]"*From humorously clinical depictions of erotic events in the Dada period, such as Little Machine Constructed by Minimax Dadamax in Person, Max Ernst moved on to celebrations of uninhibited sexuality in his Surrealist works. His liaison and marriage with the young Marie-Berthe Aurenche in 1927 may have inspired the erotic subject matter of this painting and others of this year. The major compositional lines of this work may have been determined by the configurations of string that Ernst dropped on a preparatory surface, a procedure according with Surrealist notions of the importance of chance effects. However, Ernst used a coordinate grid system to transfer his string configurations to canvas, thus subjecting these chance effects to conscious manipulation. Visually, the technique produces undulating calligraphic rhythms, like those traced here against the glowing earth and sky colors.*
*The centralized, pyramidal grouping and the embracing gesture of the upper figure in The Kiss have lent themselves to comparison with Renaissance compositions, specifically the Madonna and Saint Anne by Leonardo da Vinci (Collection Musée National du Louvre, Paris).¹ The Leonardo work was the subject of a psychosexual interpretation by Sigmund Freud, whose writings were important to Ernst and other Surrealists. The adaptation of a religious subject would add an edge of blasphemy to the exuberant lasciviousness of Ernst's picture.*" (https://www.guggenheim.org/artwork/1132)
[1109]https://www.moma.org/learn/moma_learning/max-ernst-two-children-are-threatened-by-a-nightingale-1924
[1110]*Ibid.*
[1111]Freud, *The Interpretation of Dreams The Complete and Definitive Text*, pp. 404-405
[1112]https://www.pinterest.com/pin/478929741608750751/
[1113]https://maryannadair.files.wordpress.com/2016/03/max-ernst-forest-sun.jpg?w=900
[1114]https://www.pinterest.co.uk/pin/126241595785478632/
[1115]https://www.centrepompidou.fr/cpv/resource/cBKoXpz/rkqX9d
[1116]http://ap.over-blog.org.over-blog.org/article-19688488.html
[1117]Voir, à ce sujet, notre ouvrage sur Marcel Duchamp, dans la présente Collection.
[1118]On le trouve ainsi, par exemple aussi, dans *Deux Fruits* (1924), Fig. 85 p. 116 de *Max Ernst: a retrospective*, New York, The Solomon R. Guggenheim Museum, 1975; ou dans *Le Facteur Cheval*, http://es.wahooart.com/A55A04/w.nsf/O/BRUE-8EWLL8/$File/MAX-ERNST-LE-FACTEUR-CHEVAL.JPG
[1119]https://commentairecompose.fr/la-colombe-poignardee-et-le-jet-d-eau
[1120]Comme le fera, à son tour, Paul Éluard dans "*Les Gertrude Hoffman girls*" de la section "*Nouveaux poèmes*" du recueil *Capitale de la douleur* (1926):
"*Gertrude, Dorothy, Mary, Claire, Alberta,*
*Charlotte, Dorothy, Ruth, Catherine, Emma,*
*Louise, Margaret, Ferral, Hariet, Sara,*
*Florence toute nue, Margaret, Toots, Thelma,*

*Belles-de-nuits, belles-de-feu, belles-de-pluie,*
*Le cœur tremblant, les mains cachées, les yeux au vent*
*Vous me montrez les mouvements de la lumière,*
*Vous échangez un regard clair pour un printemps,*

*Le tour de votre taille pour un tour de fleur,*

*L'audace et le danger pour votre chair sans ombre,*
*Vous échangez l'amour pour des frissons d'épées*
*Et le rire inconscient pour des promesses d'aube.*

*Vos danses sont le gouffre effrayant de mes songes*
*Et je tombe et ma chute éternise ma vie,*
*L'espace sous vos pieds est de plus en plus vaste,*
*Merveilles, vous dansez sur les sources du ciel.*" (Éluard, *Capitale de la douleur*, Paris, Gallimard 1966, p. 107)

[1121]"*Surrealism's defining preoccupations: dreams and the unconscious (Ernst said the work was inspired by a "fevervision" he had experienced as a child); sexuality (as represented, for instance, by the woman's phallic knife); and incongruous juxtapositions. In Two Children Are Threatened by a Nightingale, a girl, frightened by the bird's flight (birds appear often in Ernst's work), brandishes a knife; another faints away. A man carrying a baby balances on the roof of a hut, which, like the work's gate (which makes sense in the picture) and knob (which does not), is a three-dimensional supplement to the canvas.*" (https://www.moma.org/collection/works/79293)

[1122]https://www.mutualart.com/Artwork/Trois-jeunes-filles-en-de-belles-poses/1C5ED6BA2D2890FA

[1123]http://www.artnet.com/artists/max-ernst/a-maiden-a-widow-and-a-wife-p54Hili5wXJ-PLgmYQaHHQ2

[1124]Cf. notre ouvrage sur Duchamp, dans la présente Collection.

[1125]https://www.christies.com/lotfinder/Lot/max-ernst-1891-1976-ci-meurent-les-5404199-details.aspx

[1126]"*L'art médiéval du vitrail et des cathédrales est orienté vers la rosace symbole de la Vierge Marie, qui forme souvent le cœur de la rosace en vitrail. «A Chartres, la rosace nord, associée à l'étoile polaire et à la nuit, représente la glorification de la Vierge. Marie est entourée de douze colombes et d'anges porteurs des dons du Saint Esprit. Les figures de l'Ancien Testament représentent l'humanité qui attend la lumière du Christ. Toute la rosace est dans les teintes bleues».*"
(https://fr.wikipedia.org/wiki/Rose_mystique#Image_de_la_rosace)

[1127]"*CARDINAL (Avoir son). Avoir ses règles.*
*La jeune fille un peu pâle et tout éplorée*
*À son amant chéri fit cet aveu fatal*
*Qu'elle avait pour neuf mois, perdu son cardinal.*

T. du Bordel.*" (*Le petit citateur: notes érotiques et pornographiques : recueil de mots et d'expressions anciens et modernes, sur les choses de l'amour, etc., pour servir de complément au Dictionnaire érotique du professeur de langue verte. Par J.-CH-X. Bachelier ès-Mauvaises Langues*, Bruxelles, Paphos, 1869, p. 71)

[1128]Cf., de nouveau, à ce propos, notre ouvrage sur Duchamp, dans la présente Collection.

[1129]http://aucieletsurlaterre.blogspot.com/2012/02/le-rossignol-chinois.html

[1130]Cf., encore une fois, notre ouvrage sur Duchamp, dans la présente Collection.

[1131]https://www.wikiart.org/en/max-ernst/the-letter-1924

[1132]Cf., de nouveau, à ce propos, notre ouvrage sur Duchamp, dans la présente Collection.

[1133]"*La scène considérée comme la plus choquante, et donc la plus célèbre, est la scène de viol par sodomie, où du beurre sert de lubrifiant. Cette scène a été préparée par Marlon Brando et Bertolucci, à l'insu de Maria Schneider. Bien que l'acte soit simulé, les larmes de Maria Schneider sont bien réelles car elle fut extrêmement choquée par le jeu brutal de Marlon Brando. Des années plus tard, elle déclarera à ce sujet qu'elle assimilait cette scène à un viol et qu'elle n'a jamais pardonné à Bertolucci. Elle déclare avoir «perdu sept ans de (sa) vie» entre cocaïne, héroïne et dégoût de soi et repoussé des rôles directement inspirés de celui de Jeanne. Bertolucci, lors de la disparition de l'actrice en février 2011, dira avoir regretté de ne pas s'être excusé avant sa mort. En 2013, Bertolucci dira se sentir coupable mais ne pas regretter car il voulait que Maria Schneider ressente de la rage et de l'humiliation: il voulait capturer sa réaction «en tant que fille et non en tant qu'actrice.»*"
(https://fr.wikipedia.org/wiki/Le_Dernier_Tango_%C3%A0_Paris#Film_%C3%A0_scandales)

[1134]Laquelle il faudrait encore lire en fonction de notre analyse de la figure sphérique en dualité avec un espace plan dans notre ouvrage déjà référencé sur Duchamp, dans la présente Collection.

[1135]Cf. ibid.

[1136]http://www.artnet.com/artists/max-ernst/zu-samuel-beckett-KD75gRnd4RHutk-iuOLDnw2; "*To Samuel Beckett "From an abandoned work"*" (https://www.pinterest.com/pin/559783428654663292/)

[1137]http://www.binocheetgiquello.com/html/fiche.jsp?id=3891882&np=1&lng=fr&npp=20&ordre=&aff=2&r=

[1138]https://www.universalis.fr/encyclopedie/man-ray/ressources/

[1139]François Rabelais, *Le Tiers Livre des Faits et Dicts Héroïques du bon Pantagruel*, Paris, Imprimerie de Michel Fezandat, 1552, "*Chapitre III. Comment Panurge loue les debteurs & emprunteurs.*", p. 25.

[1140]Comme nous le montrons, grain de paille dans l'immense littérature sur le sujet, respectivement pour l'iconographie de l'Espérance et celle de la *Crucifixion,* dans les chapitres correspondants de notre ouvrage, déjà cité, *Iconologia.*
[1141]Georges Bataille, *OEuvres Complètes*, Paris, Gallimard, 1970, T. I, pp. 81-86.
[1142]http://www.mattesonart.com/1926-1930-surrealism-paris-years.aspx
[1143]Pedro Rojas, "*El Surrealismo: contextos e ideologías*", *Ver y leer a Magritte*, Cuenca, Universidad de Castilla La Mancha, 2000, p. 30.
[1144]*Les oubliés des avant-gardes*, sous la dir. de Jean-Pol Madou et Barbara Meazzi, Université de Savoie, Laboratoire langages, littératures, sociétés, 2006, p. 270. Comme cela est très visible si l'on y compare les citations de Magritte, reproduits *in* Jongen, notamment chapitre IX.
[1145]Sur ce thème dans la traditon, cf. notre ouvrage *Mythes (autour du dieu du pet)*, Mouzeuil-Saint-Martin, Bès Éditions, 2001.
[1146]Joseph Pierre Chassan, *Essai sur la symbolique du droit, précédé d'une introduction sur la poésie du droit primitif*, Paris, Videcoq Fils Aîné, 1847, art. "*Anneau, bague*", pp. 146-147.
[1147]"*Cette même conception d'une vierge nous est encore représentée par cette pierre qui se détacha de la montagne sans l'aide d'aucune main. Daniel dit qu'elle renversa la statue de Nabuchodonosor (c. 2), et qu'après cela elle crut si fort qu'elle remplit tout le monde. Par cette pierre tous les docteurs tant catholiques que juifs, ont entendu le règne de Jésus-Christ, comme nous verrons ci-après. Mais de dire qu'elle se détacha d'une montagne sans l'aide d'aucune main, que nous peut signifier cela plus probablement, que la conception de ce nouveau roi, qui fut faite par la vertu du Saint-Esprit, sans aucune participation d'homme? Ceci est le grand secret que Salomon avec toute sa sagesse avoue n'avoir jamais pu concevoir (Prov. 50). "Car après avoir confessé qu'il y avoit trois choses qu'il avoit bien de la peine à comprendre (savoir le chemin d'un aigle dans l'air, d'un navire sur l'eau, et du serpent sur la pierre), il en ajoute un quatrième, lequel lui étoit entièrement caché. Celui-ci étoit la voie de l'homme dans la fille; on comme Pagninus a traduit, dans la vierge; parce qu'il ne pouvoit savoir comment cet homme de qui il parle, n'étoit entré dans la vierge, ni comment il en étoit sorti." Par ces comparaisons ce grand sage a voulu nous apprendre à quel point le mystère de cet enfantement virginal étoit incompréhensible; car il est bien certain que personne ne sauroit connoître la trace du chemin par où l'aigle vole, ni du navire sur l'eau, ni du serpent sur la pierre. Or, ce sage en disant que ces voies lui étoient fort difficiles à connoître, comme à la vérité elles sont impossibles, et qu'il ignoroit entièrement la quatrième, il nous fait bien comprendre combien cette dernière voie étoit plus incompréhensible que les autres; et ceci étoit le mystère de la conception et de la nativité de notre Sauveur. Par là nous avouons que la vierge très-sainte fut toujours vierge très-pure, soit avant ou après l'enfantement. Et en effet celui qui venoit pour réparer et rétablir toutes les choses gâtées et corrompues, ne devoit pas diminuer l'intégrité de sa très-sainte Mère. Celui-là donc qui sortit du sépulcre, quoiqu'il fût fermé et scellé avec la pierre qui étoit dessus, pouvoit bien sortir aussi des entrailles d'une vierge sans blesser sa virginité. Or, puisque Salomon confesse qu'il ne comprenoit pas l'entrée ni la sortie de cette voie, il n'est pas étrange que nos esprits grossiers ne la puissent pas comprendre; étant certain, comme dit Eusèbe d'Emesse, que Dieu peut faire plusieurs choses que nous ne pouvons pas concevoir.*
*Mais pour preuve de ceci, nous avons un exemple qui est rapporté fort à propos par saint Augustin au vingt-deuxième livre de la cité de Dieu, et qui arriva de son temps. Il enparle en ces termes: "Il y avoit à Carthage une dame de très-grande condition, nommée Pétronca, qui souffroit d'une fort grande maladie; les médecins n'y pouvant trouver de remède, un juif lui en enseigna un, qui fut de faire un cordonnet de ses cheveux, de passer une bague dedans, et de passer ce cordon en ceinture sur sa chair. Poussée du désir de recouvrer sa santé, et ayant donné croyance à ce conseil, elle l'exécuta; étant ensuite partie de Carthage pour aller visiter les reliques de saint Étienne, elle arriva au bord d'une rivière voisine d'une de ses maisons, où elle coucha cette nuit-là; s'étant levée le lendemain pour continuer son chemin, elle vit à ses pieds la bague qu'elle avoit portée en ceinture; surprise de ceci, elle mit la main à ce cordon qu'elle avoit ceint, lequel elle trouva fort bien attaché avec tous ses nœuds, comme elle l'avoit attaché elle-même. Elle crut alors que l'anneau devoit être rompu, et que c'étoit ce qui l'avoit fait tomber; mais l'ayant ramassé, elle vit qu'il étoit tout entier: ce miracle si évident lui fut comme un gage de sa santé; et elle jeta à l'heure même, et la bague et le cordon de cheveux où elle étoit attachée." Saint Augustin avec grande raison rapporte ce miracle pour convaincre ceux qui ne croient point que le Sauveur soit ressuscité, son saint sépulcre étant clos et fermé, ni qu'il ait pu sortir du ventre de sa très-sainte Mère en conservant sa pureté virginale. "Que les incrédules, dit ce saint, aillent donc s'informer de ce qui est arrivé à cette dame d'une naissance très-noble, mariée très-noblement, fort considérable par elle même, et fort considérée dans la ville où elle faisoit sa demeure, et par ce miracle qui a tant de rapport avec les autres, qu'ils croient que Jésus-Chsist a pu faire pour sa propre gloire, ce qu'il fit alors pour celle de saint Étienne son serviteur. Car sans doute celui qui a pu tirer une bague sans la rompre, de la ceinture où elle étoit passée, a bien pu tirer son corps glorieux du sépulcre, quoique la porte fût fermée, aussi-bien que des entrailles de samère vierge sans blesser sa virginité.'"* (Louis de Grenade, *Le catéchisme, ou Introduction au symbole de la foy où il est traité des excellences de la religion Chrestienne, & de ses principaux mysteres*, Paris et Lyon, Chez Perisse Frères, 1825, T. IV, pp. 159-162)
[1148]"*Anus solaire*" androgynisé et auto-mutilé que se retrouve aussi bien, en tant qu'obsession (au sens psychanalytique), dans les thèses littéraires comme sociales de Bataille, au travers d'un concept, autrement mal

interprété, de la "*double exclusion*" (pour nous l'anal-vaginal, le sexe "*androgyne*" pour reprendre le mot de Magritte, "femme-qui-n'est-pas-un-homme-mais-est-quand-même-la-"*femme avec un pénis*"-de-Freud-c'est-à-dire-l'adolescent" [l'*Anus solaire* ne termine-t-il pas sur cette image du viol de la jeune adolescente?]): "*Dans La notion de dépense, à l'intérieur des modes de dépense symboliques que représentent la littérature et le théâtre dans leur ensemble, Bataille opère une nouvelle distinction. Il réserve une place et un traitement privilégiés à une certaine poésie, restreinte, secrète: «un résidu extrême-ment rare de ce que (ce mot) sen à désigner vulgairement» et pour lequel la dépense «cesse d'être symbolique dans ses conséquences». Le terme de poésie, appliqué ici «aux formes les moins dégradées», c'est-à-dire «les moins intellectualisées», «peut être considéré comme synonyme de dépense: il signifie en effet, de la façon la plus précise, création au moyen de la perte. Son sens est donc (conclut Bataille) voisin de celui de sacrifice». Sacrifice comme auto-sacrifice car les mots de cette poésie, loin d'assurer une maîtrise, renferment et portent en eux la mort, la «perte» directe, physique, de celui qui en use - ou qui croit en user, s'usant plutôt à les utiliser. Celui-là ces mots «le voue(nt) [...] à la misère, au désespoir, à la poursuite d'ombres inconsistantes qui ne peuvent rien donner que le vertige ou la rage». Ils le contraignent à choisir entre une double forme d'exclusion sociale: l'exclusion de fait, expulsion scatologique qui est celle du déchet, ou, forme moins violente mais plus ignominieuse, la «renonciation», la récupération objective à laquelle aboutit «une activité médiocre, subor-donnée à des besoins vulgaires et superficiels». Au point où nous en sommes ce choix a des allures de feinte, une sorte de marché de dupes puisque, dans Le dossier hétérologique, le «poète maudit», «le forçat sur lequel toujours se referme le bagne», et, plus tard, le castré volontaire, tous dépassant la mesure par en bas, finissent par se rejoindre: tous souverains noirs marqués, stigmatisés, sacrés du côté gauche. L'intérêt du texte vient d'ailleurs, de montrer que dès 1934, au plus fort de la passion politique, Bataille a déjà pensé l'équivalence générale entre l'écriture (la poésie) et l'auto-sacrifice.*" (Jean-Michel Heimonet, *Le mal à l'œuvre - Georges Bataille et l'écriture du sacrifice*, Marseille, Parenthèses, 1987, p. 78); "*Thinking friendship and community through the figure of die brother results in an exclusionary masculine model which has dominated Western philosophy and politics:
the double exclusion that can be seen at work in all the great ethico-politico-philosophical discourses on friendship, namely, on the one hand, the exclusion of friendship between women, and, on the other, the exclusion of friendship between a man and a woman? This double exclusion of the feminine in the philosophical paradigm of friendship would thus confer on it die essential and essentially sublime figure of virile homosexu-ality. Within the familial schema, whose necessity I mentioned earlier, this exclusion privileges the figure of the brother, die name of the brother ...
This exclusionary model of friendship and community, which des Bataille to die tradition of Western philosophy and politics, is visible in his reliance on models of community that are dominated by men. Denis Hollier has speculated that Bataille's work at die rime of the College of Sociology relies on a concept of virile unity that excludes women (CS, xvii) and Susan Rubin Suleiman has traced the persistence of this language of virility from 1930s into "Inner Experience"*." (Bejamin Noys, *Georges Bataille: A Critical Introduction*, Londres et Sterling, Virginia, Pluto Press, 2000, p. 57)
[1149]Susan Gubar, "*Representing Pornography: Feminism, Criticism, and Depictions of Female Violation*", *For Adult Users Only: The Dilemma of Violent Pornography*, sous la dir. de Gubar et Joan Hoff, Indiana University Press, 1989, pp. 60-61.
[1150]Sur Magritte et la question de l'intelligibilité de son oeuvre, cf. René-Marie Jongen, *René Magritte ou la pensée imagée de l'invisible - Réflexions et recherches*, Publications des Facultés universitaires Saint Louis de Bruxelles, 1994, notamment chapitres VIII-IX.
[1151]*Ibid.*, p. 154.
[1152]Nougé, pp. I-II; et Martine Renouprez, Introducción a la literatura belga en lengua francesa - Una aproximación sociológica, Servicio de Publicaciones de la Universidad de Cádiz, 2006, p. 91: "*Sus posiciones van también en contra de sus allegados: Magritte, Mesens, Lecomte y Goemans quisieron fundar la revista "Période" en 1924 y el proyecto fue saboteado por Nougé en un contra-prospecto.*"
[1153]Thomas Amos, *Bruxelles surrealiste*, Tübingen, Narr Francke Attempto Verlag GmbH, 2013, p. 110.
[1154]Fernande Saint-Martin, *L' Immersion Dans l'Art - Comment Donner Sens aux Oeuvres de 7 Artistes: Le Maître de Flémalle - Q. Leduc - Magritte - Mondrian - Lichtenstein - Rothko - Molinari*, Presses de l'Université de Québec, 2010, p. 61.
[1155]http://www.mattesonart.com/1926-1930-surrealism-paris-years.aspx
[1156]Comme l'expose similairement à nous Laurie Edson, *Reading Relationally: Postmodern Perspectives on Literature and Art*, University of Michigan Press, 2000, pp. 46-48: "*Magritte has experimented with this distinction between visual and verbal sign in a different way in The Apparition. By inscribing words in rocklike forms that cast shadows of their own, he creates the impression of having endowed those words with the mass and density of real objects. The form called fauteuil, for instance, is the same "weight" in the painting as the image representing the man. By providing language with mass so that, like an object, it casts a shadow, Magritte approaches Ponge's well-known "semantic materialism," his conception of a language with density.
In The Key of Dreams, however, where words do not appear inscribed inside massive forms, we tend to assign those words a lower status by saying that they function as labels, for a label, by convention, serves to explicate and classify something that precedes it temporally and dominates it in importance. But why do we assume that the words serve as labels and refer to the image? Even though*

*the words in The Key of Dreams do not appear as "solid" as those in The Apparition, they are no less solid than the images accompanying them; both words and images are merely signs painted on canvas. If we say that these images are mislabeled, our very response confirms the problem that Magritte has for-mulated here. For in order to distinguish or comprehend, we ourselves have followed conventions of labeling by calling one group of signs "language" and the other group "image." If we accept both, however, as painted entities, that is, painted on the canvas by Magritte, then there is actually an equivalence between them.*

*In demonstrating an equivalence between language and image, Magritte echoes ideas expressed by Freud in The Interpretation of Dreams (1900), particularly in the section on the dreamwork, where Freud maintains that words, like images, should be treated as "things" that undergo condensation and displacement in dreams: "The work of con-maintains that words, like images, should be treated as "things" that undergo condensation and displacement in dreams: "The work of condensation in dreams is seen at its clearest when it handles words and names. It is true in general that words are frequently treated in dreams as though they were things, and for that reason they are apt to be combined in just the same way as are presentations of things." just as the work of condensation, for example, can result in what Freud calls a single "composite" or "collective" image in dreams, so too does condensa-tion produce certain word-formations and verbal transformations. In dreams, then, as in Magritte's The Key of Dreams, neither word nor image assumes priority."*

[1157] https://www.flickr.com/photos/klausfehrenbach/4329055906    et
https://www.pinterest.com/pin/562387072200716643/

[1158] Les représentations photographiques des enfants morts est un thème qui s'est amplement développé au XIXème siècle, en Angleterre, en Europe, aux États-Unis et en Amérique Latine, cf. Omar Delgado, "*Visiones de la Muerte en México - Que digan que estoy dormido*", *Muy Interesante*, Novembre 2015, No 11, p. 58.

[1159] Tristan Tzara, "*D'un certain automatisme du goût*", *Minotaure,* Nos 3-4, 1933, pp. 81-84.

[1160] https://melusine-surrealisme.fr/henribehar/wp/?p=979

[1161] https://www.fine-arts-museum.be/fr/la-collection/rene-magritte-sans-titre-la-vie-de-famille?artist=magritte-rene-1

[1162] https://www.pinterest.com/pin/551691023086085987/

[1163] https://www.pinterest.com/stagejudith/doctors-and-nurses/    et
https://www.pinterest.com/pin/317574211196251522/

[1164] http://www.artnet.com/artists/ren%C3%A9-magritte/l%C3%A2ge-des-merveilles-N6AE5pDHuVLOc9OXUUik6w2

[1165] Charles Huré, *Dictionnaire universel de philologie sacrée*, T. II, *Encyclopédie théologique ou Série de Dictionnaires sur chaque branche de la Science Religieuse,* T. VI, Paris, Abbé Migne, 1846, art. "*Folium*", p. 307.

[1166] https://en.wikipedia.org/wiki/The_Garden_of_Eden_with_the_Fall_of_Man

[1167] Jean Paul Richter, *Faust et le Second Faust suivi d'un choix de Poésies allemandes*, Paris, Garnier Frères, 1877, trad. de Gérard de Nerval, "*Le Bonheur de la Maison*", p. 429.

[1168] Victor Hugo, *Les Contemplations*, Paris, Nelson, 1856, p. 339.

[1169] https://www.youtube.com/watch?v=nGwBDchDLPg

[1170] https://storage.googleapis.com/imgfave/image_cache/1335740240871269.jpg

[1171] Cf sur ce thème le texte de notre conférence: "*El estatuto objetual de las mujeres en el surrealismo a través del estudio de 3 figuras sobresalientes: Simone Kahn, Gala Dalí, Elsa Triolet*", dans le cadre de la Francophonie, Ambassade de France et Cafetin Literario Kolschitzky, Masaya, 23 de mars 2013, et celui de notre article: "*Porqué las Mujeres Conformaron Nuestra Manera de Pensar*"", *Gojón*, No 25, Second Semestre 2014, pp. 384-409, et *Soul Lotus*, http://www.soul-lotus.com/porque-las-mujeres-conformaron-nuestra-manera-de-pensar/

[1172] https://anotherkindofgrass.files.wordpress.com/2015/05/200.jpg?w=736&h=489

[1173] https://1x.com/images/user/80b33ce67da898639892ed2a0d68215d-ld.jpg

[1174] https://anotherkindofgrass.files.wordpress.com/2015/05/200-11.jpg?w=738&h=489

[1175] https://anotherkindofgrass.files.wordpress.com/2015/05/200-10.jpg?w=738&h=488

[1176] http://4.bp.blogspot.com/_MmboII8qKD0/TEzUi5srEnI/AAAAAAAAFiE/NxY6byGXsYY/s1600/CHRISTINE-VON-DIEPENBROEK.jpg

[1177] https://4.bp.blogspot.com/-UySFg_aAVFY/WHOF31tsruI/AAAAAAAAJyo/XkGbeJijW58hHoOg9pKbxScWh6O2FsRcACLcB/s1600/christine_von_dipenbroek.jpeg

[1178] http://www.gabrielvonmax.com/songwithoutwords.html

[1179] https://new.liveauctioneers.com/item/11057758_gabriel-von-maxthe-critic

[1180] https://es.pinterest.com/pin/526639750147811822/

[1181] http://1.bp.blogspot.com/-8SVM75fv4eM/U_YXdoMm7wI/AAAAAAAAKQA/jYN9_RHuels/s1600/Decamps_singe_peintre.jpg;
[1182] http://1.bp.blogspot.com/-NkaHu7SButQ/U_YXSHmSKyI/AAAAAAAAKP4/59BaL56KENw/s1600/Decamps_06.jpg
[1183] http://www.gabrielvonmax.com/monkeyviewingpainting.html
[1184] Thierry Lenain, *Monkey Painting*, Reaktion Books, 1997, photographie reproduite du site: https://michaelleong.wordpress.com/2010/04/07/monkeys-poetry-painting/
[1185] https://www.alibaba.com/product-detail/Customed-modern-garden-sculpture-bronze-monkey_60144531126.html?s=p; https://www.alibaba.com/product-detail/Popular-Design-monkey-reading-book-statue_60443005268.html?s=p; https://www.alibaba.com/showroom/monkey-reading-book-statue.html; https://www.alibaba.com/product-detail/High-quality-monkey-reading-book-statue_60096898569.html?s=p
[1186] https://new.liveauctioneers.com/item/10475323_figural-monkey-with-book-pedestal-side-table-gi
[1187] http://www.ebay.com/bhp/monkey-bookends; https://www.alibaba.com/showroom/monkey-reading-book-statue.html
[1188] https://encrypted-tbn2.gstatic.com/images?q=tbn:ANd9GcRdl5IaDol4dsMm1WPGUFPTlmSQZQeLAP5PE6t7Oxg26PaaPiIC et https://encrypted-tbn3.gstatic.com/images?q=tbn:ANd9GcSxDG-Ox5CysOrctoqXyvplD3shT-0gsEmn8Z03Oa1SYSLPzTZ3
[1189] Gustave Aimard, *Les Vaudoux*, Paris, Amyot, 1867, p. 56.
[1190] https://www.google.com.ni/search?q=gr8+b8+m8+i+r8+8+8&tbm=isch&tbs=simg:CAQSkwEJqJl0K9D2F_1sahwELEKjU2AQaAAwLELCMpwgaYgpgCAMSKOIdwxTLFLsUwhThHdsdzBTEFL8U9D31PYg9tzieNJ80iT23KbQppSIaMPiJAgU048ZTPwF7a4BCBP_1LRQCiBE4a2OCNpsNi-8rH6D_1yrhPoi5NrgFONNLgLNyAEDAsQjq7-CBoKCggIARIE9yD6uAw&sa=X&ved=0ahUKEwjB2oSrzPTSAhUJ5iYKHTF-DPsQ2A4IGCgB&biw=1366&bih=613#imgrc=_
[1191] http://s1019.photobucket.com/user/bperry1397/media/Photography%20and%20Photographers%20Modern/Christine%20von%20Diepenbroek/ChristinevonDiepenbroek-FlyingThoughts.jpg.html
[1192] Bien qu'ici l'animal soit de toute évidence un cygne, pour le bord noir du bec, la tenue par la femme de l'animal comme s'il s'agissait d'une oie prête à être déplumée, ou d'une cornemuse prête à être jouée (renvoi au rôle instrumental des oeufs dans les autres photographies de l'artiste), ne laisse pas d'affirmer ce sens terrien, selon l'expression consacrée, c'est-à-dire pratique et paysan de l'animal; or, s'il est difficile de distinguer chez les oies les mâle de la femelle, http://www.lavoixdupaysan.org/lejournal/courrier.php?subaction=showfull&id=1351281476&archive=&start_from=&ucat=3&, au moins deux races le permettent, le mâle, selon un principe similaire à celui de "*Le Vilain Petit Canard*", y étant blanc, et la femelle grise ou bicolore: ce sont la race normande et la Pilgrim, *ibid.* et https://fr.wikipedia.org/wiki/Oie_domestique#Races
[1193] http://s1019.photobucket.com/user/bperry1397/media/Photography%20and%20Photographers%20Modern/Christine%20von%20Diepenbroek/11009978-lg.jpg.html
[1194] http://i1019.photobucket.com/albums/af312/bperry1397/Photography%20and%20Photographers%20Modern/Christine%20von%20Diepenbroek/ChristinevonDiepenbroek.jpg
[1195] *OEuvres de Diderot, publiées, sur les manuscrits de l'auteur, par Jacques-André Naigeon, de l'Institut national des sciences, etc.*, Paris, Chez Desray et Deterville, An VI - 1798, T. XIII, p. 195.
[1196] "*La victime*
*Cette fille à moitié coiffée, à moitié habillée, était en train de se pomponner sur un coin de table, avec la houpette posée sur la boîte à poudre. Un faux mouvement et le miroir est tombé. Maintenant elle se désole, les mains jointes, le buste penché pour constater la casse. Seule touche amusante: le petit chien qui jappe, croyant être attaqué.*

*Le désordre ambiant*
*La table est surchargée d'objets et de boîtes, à moitié recouverte d'une nappe glissante. Le désordre est partout, tout tend à déborder hors de sa place naturelle: les livres du marbre de la cheminée, les bobines de la boîte à ouvrage, le rideau lit sur la table.*

*Tout tend à tomber: le collier de perles extrait de sa bourse se récupère in extremis dans le tiroir entrouvert, d'où s'échappe à son tour un ruban. Et un châle noir incongru est posé sur le bord du dossier.*

*Un malheur peut en cacher un autre*
Tous le monde comprend bien que le malheur dont il s'agit dans le titre originel du tableau est celui que promet le miroir brisé, mauvais présage. Mais vu le désordre lourdement souligné, «Le malheur prévisible» aurait été un meilleur titre.
A moins que le «malheur» dont Greuze nous parle ne se limite pas à la casse d'un petit miroir.

*Ces filles qui lisent*
La bougie et les livres posés sur la cheminée montrent que c'est ici que la fille s'assoit pour lire tard. Implicitement, la boîte à ouvrage repoussée du pied vers l'âtre montre qu'elle préfère la lecture à la couture.
Le débordement des objets, leur propension à la chute semblent constituer une sorte de portrait psychologique de la jeune lectrice, en proie aux dérèglements et aux risques moraux de cette activité nocturne.

*La servante absente*
Le cordon qui pend le long de la cheminée suggère qu'elle aurait pu sonner la servante pour ranger, pour l'aider à se faire belle.
L'absence de la servante (depuis un certain temps, à voir le désordre accumulé) est inexplicable chez une jeune fille visiblement fortunée (le collier de perles).

*Le visiteur incognito*
Une tasse de chocolat (boisson connue pour échauffer les sens) est posée sur un plateau à coté des livres (connus pour échauffer l'imagination).
Et si la jeune fille avait reçu une visite, mais fait elle-même le service en se gardant bien de sonner la servante?
Et si, lorsque le visiteur est devenu trop pressant, là encore elle s'était abstenue de sonner?
Et si tout ce désordre désolant n'était pas l'obstacle à la visite, mais le résultat de celle-ci?

Ouvrir sa boîte à ouvrage, sa boîte à bijoux, sa bourse, son tiroir, tremper sa houpette ou planter sa bougie: il faut bien reconnaître que la «grande fille en satin blanc,pénétrée d'une profonde mélancolie», comme la décrit Diderot, est cernée par une collection de métaphores qui pourraient bien être le sujet véritable du tableau.
Ainsi, le parefeu devant la cheminée ferait allusion à la situation qui prévalait antérieurement, tandis que le miroir brisé serait l'image de l'acte irréversible par lequel son état de véritable jeune fille est définitivement perdu." (https://artifexinopere.com/?p=1289)
[1197] *Ibid.*
[1198] *Poésies de C.V. Catulle Traduction nouvelle par Ch. Héguin de Guerle,* Paris, C.L.F. Panckoucke, 1837, "*III. Il déplore la mort du passereau*", pp. 5-6.
[1199] Louis Hautecoeur, *Greuze*, Paris, Halcan, 1913, p. 126.
[1200] *OEuvres de Diderot,* T. XIII, p. 195.
[1201] Norman Bryson, *Word and image, French Painting of the Ancient Regime,* Cambridge University Press, 1981, p 151.
[1202] http://emblems.let.uu.nl/c161820.html
[1203] http://artifexinopere.com/?p=4975
[1204] https://artuk.org/discover/artworks/the-lost-bird-45319/search/venue:the-bowes-museum-3516/page/39/view_as/grid
[1205] https://artifexinopere.com/?p=1295
[1206] Cf. http://artifexinopere.com/?p=4873
[1207] "*Côté paravent*
Nous sommes au lever. La jeune femme en déshabillé blanc vient d'être maquillée (la mouche au coin de l'oeil) et sa chevelure poudrée (la grande houpette par terre, et l'éventail pour chasser l'excès de poudre). Maintenant elle rattache sa jarretière, tandis que la servante lui présente un bonnet à choisir.

*Côté parefeu*
Le feu vient d'être rallumé (le soufflet par terre). Le pare-feu est placé de manière à renvoyer la chaleur vers le lit. Noter la tablette permettant de poser de petits objets, qui est ici relevée. Autre accessoire sur le côté droit: un bougeoir vide, sous lequel pend une bourse à ouvrage.
Sur le manteau de la cheminée, un bougeoir allumé, un bâton de cire à cacheter, une lettre ouverte, un faisan en porcelaine et un ruban rose, jarretière surnuméraire.

*Sur la petite table à droite de la cheminée, la théière du petit déjeuner fume déjà à côté de deux tasses. Boucher s'amuse à montrer le bord d'une troisième soucoupe, mais qui ne prouve pas qu'on attend quelqu'un (ce peut être pour le beurre, la confiture, les sucre..).*

Un espace féminin
*Pare-feu et paravent délimitent un espace douillet, strictement féminin, renvoyé à sa clôture autarcique par les miroirs de la cheminée et de la table de toilette. Même le regard qui guette par dessus le paravent est celui d'un portrait de femme, dans le style d'une femme-artiste: la pastelliste Rosalba Carriera.*

La porte entrouverte
*Aussi la porte entrouverte pose problème, insinuant au sein de ce lieu protégé la possibilité d'un courant d'air, d'une intrusion qui semble à la fois autorisée (la clé sur la serrure) et limitée (la table qui bloque l'ouverture).*

Les oiseaux
*Le paravent est orné de volatiles dans des branchages: deux oiseaux exotiques s'affrontent du regard, un moineau volette humblement, un faisan de fantaisie attend son tour.*
*Dans le contexte de La Toilette, il est légitime y voir, selon une des métaphores les plus fréquentes au XVIIIème siècle (voir L'oiseau chéri): celle des admirateurs de la belle, pour l'instant condamnés à faire tapisserie.*
*Le seul autre oiseau de la pièce est le faisan en porcelaine, posé sur la cheminée, la queue avantageusement dressée près de la bougie phallique, du mot d'amour et du bâton de cire si facile à faire fondre: à coup sûr, le faisan miniature symbolise ici le soupirant en titre, celui qu'on attend, mais qui ne sera admis à s'introduire qu'après s'être réduit à la dimension de la fente qu'on a bien voulu lui entrouvrir.*
*La dame qui habite ici reçoit, mais ne se laisse pas envahir.*

Le chat
*Il s'étire voluptueusement entre les jambes de sa maîtresse, frôlant son bas de satin de sa queue de velours, dans une continuité charnelle. Tandis que celle-ci noue sa jarretière, il fait l'inverse, déroulant la pelote, comme s'il anticipait le dévergondage à venir. Et s'amusant avec ce substitut, en attendant le véritable oiseau.*
*A noter que la pelote est tombée de la bourse à laquelle le fil est resté accroché. Sans doute un trait d'humour: la belle s'entend à vider les bourses de leurs «pelotes», (au sens figuré, magot amassé).*
*Ainsi le chat rend visible la part sexuelle de sa maîtresse*
*— joueuse, nonchalante, vorace —*
*qui dans cet instant de détente gît extravaginée hors de la robe.*

Le chat invisible
*Pelote de toilette: est un petit coffret dans laquelle les dames serrent leur bagues et autres choses dont elles ont besoin à leur toilette, et qui est rembourrée sur le couvercle pour y fourrer les épingles. Dictionnaire universel, Furetière, 1727*
*Il y a donc caché dans le tableau un «chat» invisible, évoqué par la robe de chambre fourrée ; et une seconde pelote dans laquelle il plante ses griffes: la boîte hérissée d'épingles.*

La dévideuse de laine
Greuze, 1759, Collection Frick, New York
*A titre de preuve a contrario, voici ce qu'une jeune fille sérieuse fait avec une pelote et un chat: l'une, elle l'enroule ; l'autre, elle l'ignore.*
*A remarquer la lettre B taillée dans la traverse de la chaise: il pourrait s'agir d'une jeune sœur d'Anne-Gabrielle Babut, que Greuze venait d'épouser cette année là (et qui ferait bientôt scandale par ses nombreux amants — mais ceci est une autre histoire).*

Une dame sur son divan
Boucher, 1743, Collection Frick, New York
*L'année d'après La Toilette, Boucher s'auto-citera avec gourmandise dans ce portrait de sa femme, Marie-Jeanne Buzeau, alors âgée de 27 ans.*
*Revoilà le fameux paravent, mais relégué sur la marge droite: ici les soupirants ne sont pas bienvenus.*
*La pelote de laine reste reliée par son fil à la bourse: l'absence de chat laisse injustifiée sa présence — sinon pour recycler une détail de La Toilette qui avait dû être particulièrement remarqué.*
*Sur l'étagère, nous retrouvons le ruban rose et la théière qui pour l'heure ne fume pas, pointée vers la tasse retournée: Madame lit, et n'est pas d'humeur galante pour l'instant...*

*...même si un mandarin la contemple d'un air énamouré en griffonnant sur ses genoux,*

*à côté d'un bout de papier signé François Boucher: autoportrait de l'artiste en porcelaine."*
(http://artifexinopere.com/?p=4873)
[1208]http://romapedia.blogspot.com/2016/03/barberini-palace-national-art-gallery.html
[1209]"*Car l'œuf cassé n'est pas la seule allusion à l'aventure de la belle cuisinière. Ainsi, la marmite couverte, à côté des clefs, rappelle que, si la jeune fille est encore fermée, elle est déjà en ébullition, le couvercle prêt à sauter.*" (http://artifexinopere.com/?p=4873)
[1210]"*Ce dessin reprend le même thème de la consommation réitérée, en remplaçant le chat par la cage: une fois que l'oiseau est sorti, tout autre oiseau peut y élire domicile, solution de remplacement qu'insinue l'Amour ailé.*" (Ibid.)
[1211]"*Une réplique autographe, de moindres dimensions, d'après la toile de Versailles, mentionnée dans le livre de comptes de l'artiste à la date de 1789 (ancienne collection Roberto Polo, ventes à Paris, 30 mai 1988 et 7 novembre 1991), fut exécutée sans doute après la mort du dauphin qui, souffrant de rachitisme, disparut en 1789.*" (http://marie-antoinette.forumactif.org/t2253-portraits-de-madame-royale-et-de-louis-joseph-par-e-vigee-le-brun-1784-et-1789)
[1212]"*Comme l'a montré Joseph Baillio, l'artiste reprend ici la formule du double portrait d'enfants dans un paysage mise en oeuvre par François-Hubert Drouais dans les années 1760.*

*Le comte d'Artois et sa soeur, Madame Clotilde (château de Versailles), exécutéen 1763, constitue le modèle de notre tableau. Thème et composition sont en effet très proches.*

*Le comte d'Artois pose la main sur l'épaule de sa cadette, la fille de Marie-Antoinette, de même, sur celle de son jeune frère.*

*Les enfants, chez Drouais, jouent avec une chèvre, ici avec des oisillons. Le comte d'Artois serre une touffe d'herbe dans une main, le dauphin tient un volatile.*

*Mme Vigée Le Brun insiste davantage sur la relation fraternelle unissant les deux personnages.*

*Ainsi Madame Royale porte-t-elle sur son jeune frère un regard protecteur.*

*Relevons encore, avec Xavier Salmon, que l'intégration des deux enfants dans le paysage fonctionne mieux dans le tableau de Mme Vigée Le Brun que dans celui de Drouais.*

*Exposé au Salon de 1785, le tableau, qui portait le n° 85, reçut un accueil enthousiaste.*

*L'abbé Soulavie commenta: «[...]la tête de Madame Royale, fille du roi, est pleine de grâce. Madame Le Brun y a puisé son savoir dans l'art des belles physionomies où elle excelle.»* " (Ibid.)

# PLANCHES[1]

[1] Les oeuvres reproduites à continuation et dont les titres ne mentionnent pas de nom d'auteur sont de Magritte lorsqu'ils sont en italiques, et de Greuze lorsqu'ils ne le sont pas.

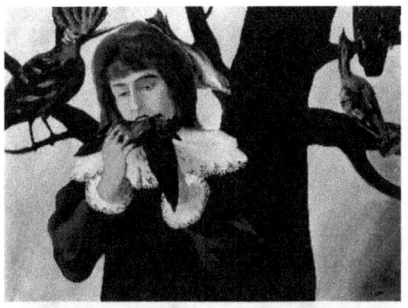
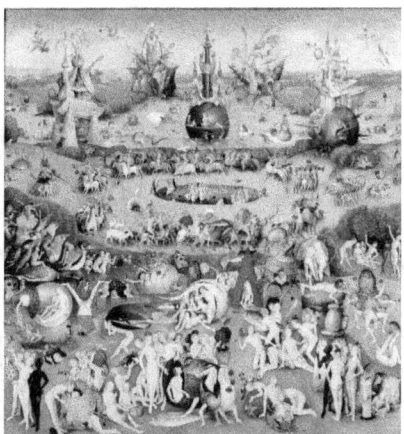
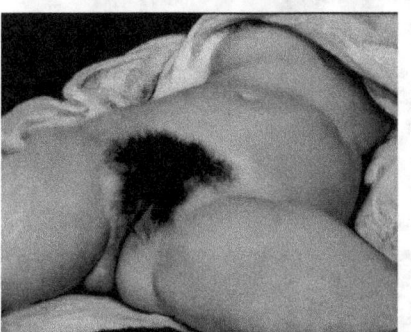
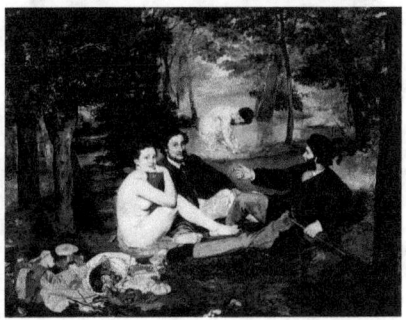
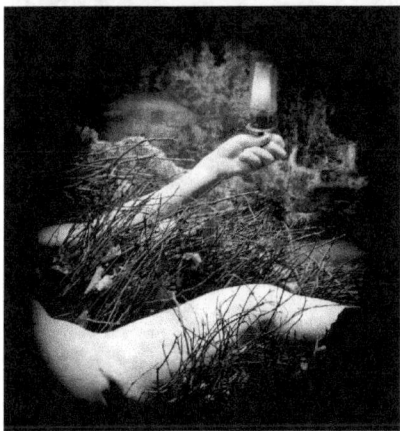

René Magritte, *Le Plaisir - Jeune fille mangeant un oiseau*; Jérôme Bosch, *Hortus Deliciarum*, panneau central; Édouard Manet, *Le Déjeuner sur l'herbe*; Gustave Courbet, *L'Origine du monde*; Marcel Duchamp, *Étant donnés: 1° la chute d'eau 2° le gaz d'éclairage...*

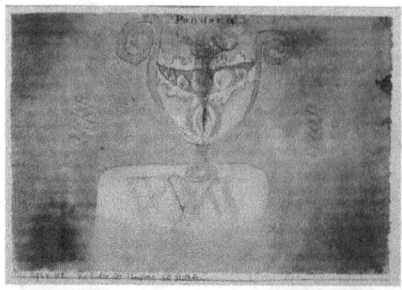
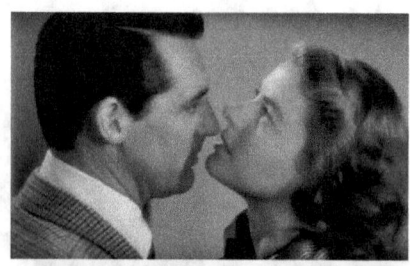
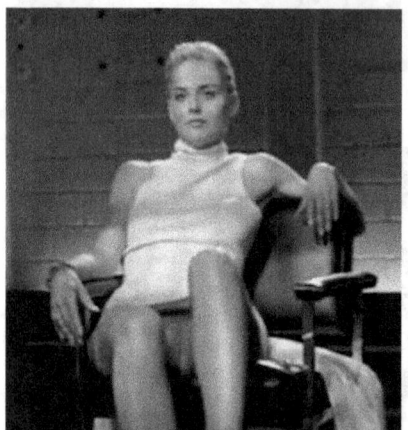
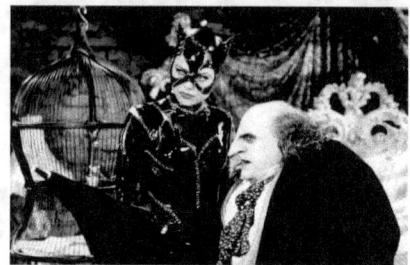
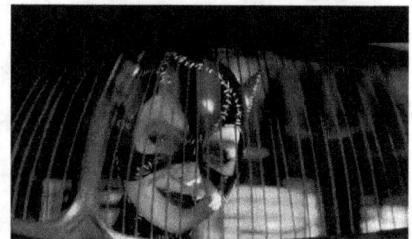
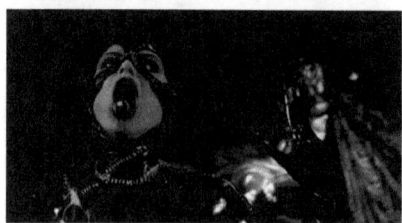
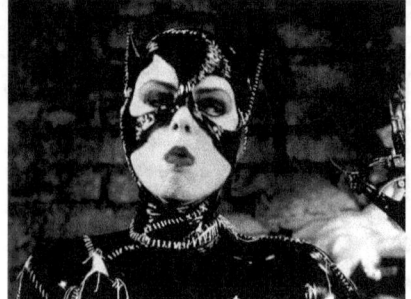

Paul Klee, *La Boîte de Pandore comme Nature morte*; Alfred Hitchcock, *Notorious*; Paul Verhoeven, *Basic Instinct*; Tim Burton, *Batman Returns*

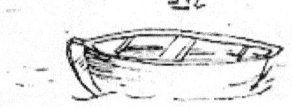
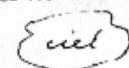
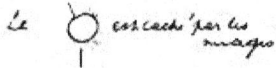
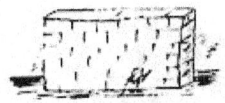
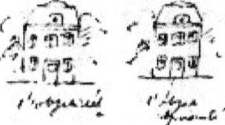

Les mots et les images

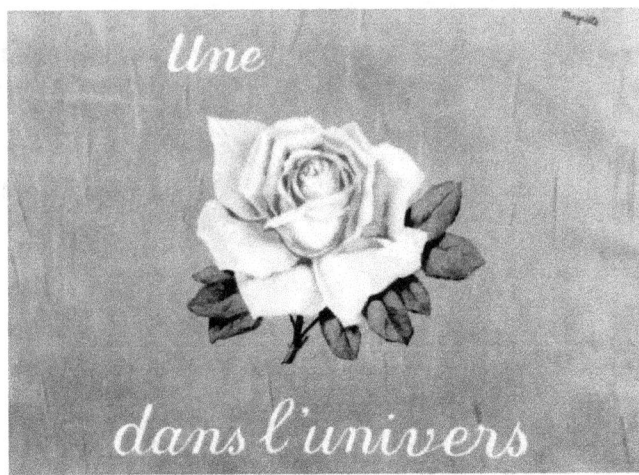

La Voix De L'absolu

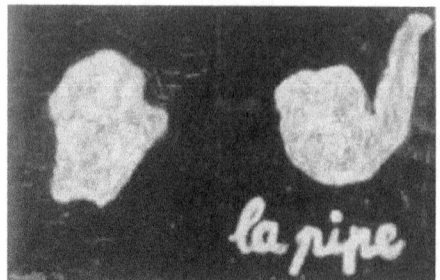
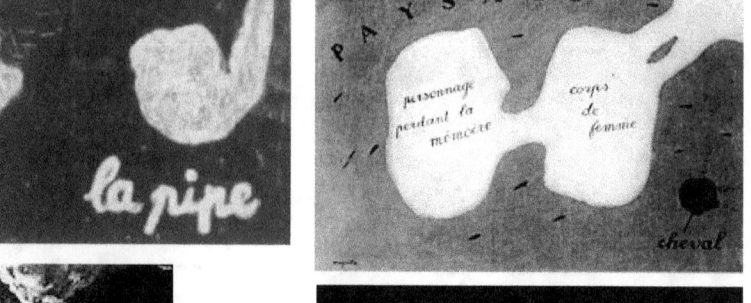
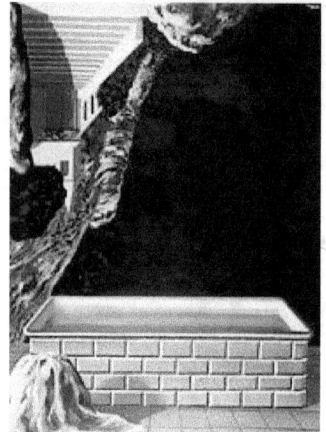
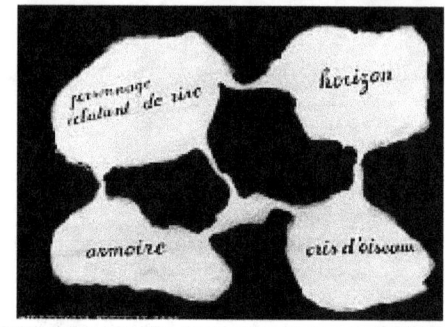
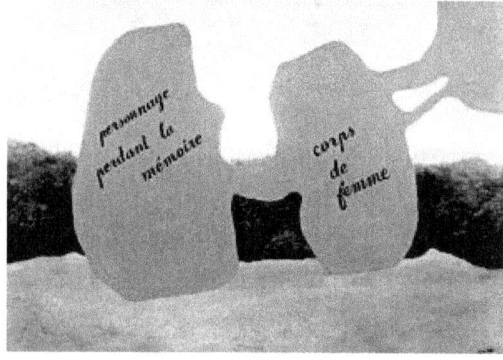
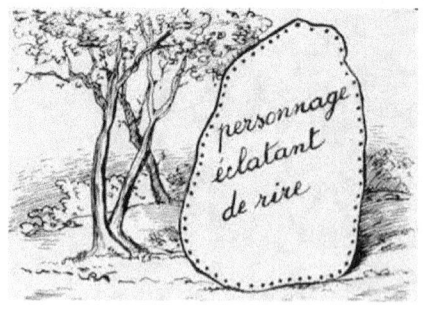

De droite à gauche, et de haut en bas: *La Pipe; Le Miroir Vivant; L'Atlantide; Le Monde perdu 1 et 2; Personnage éclatant de rire*

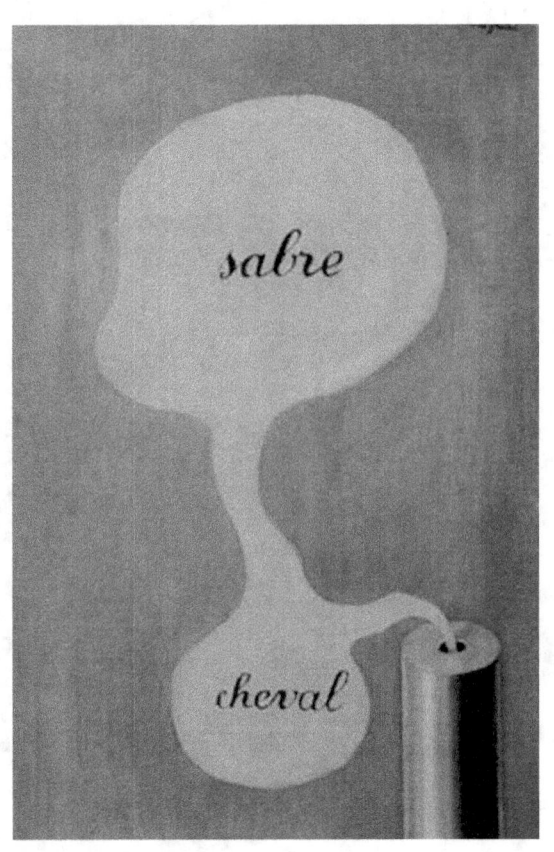

*L'Usage de la Parole* (1927-1929)

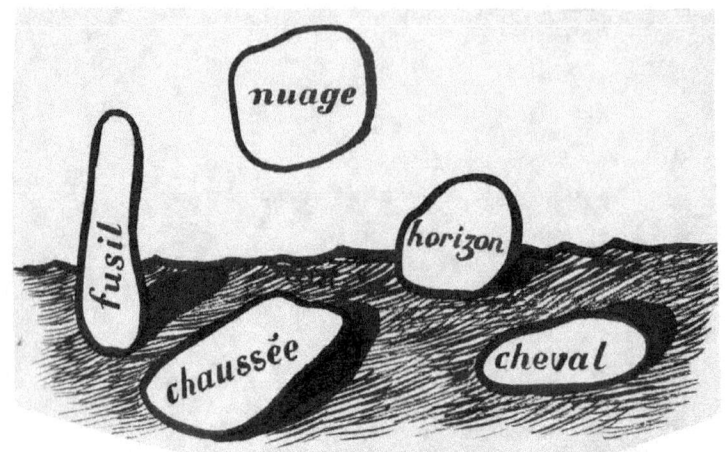

*L'Arbre du Savoir*

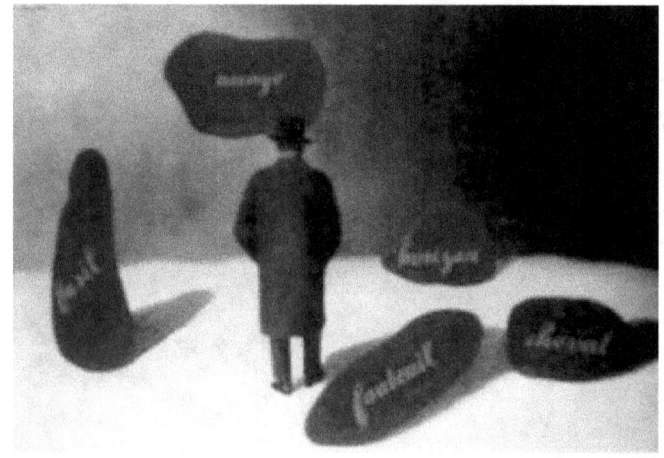

*L'Usage de la Parole* (1927)

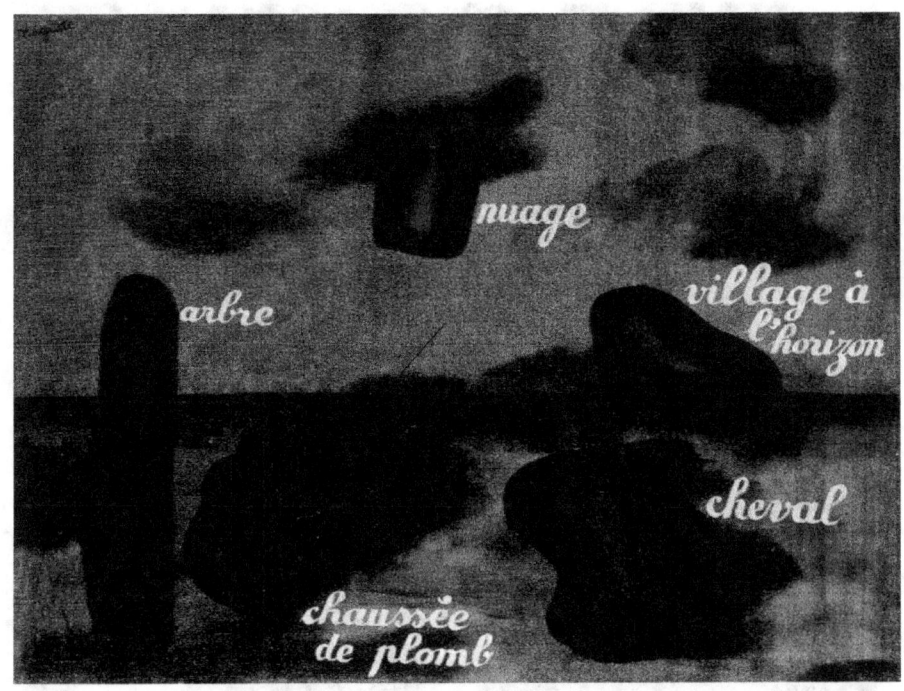

L'Apparition

Colinet faisant dans son vase

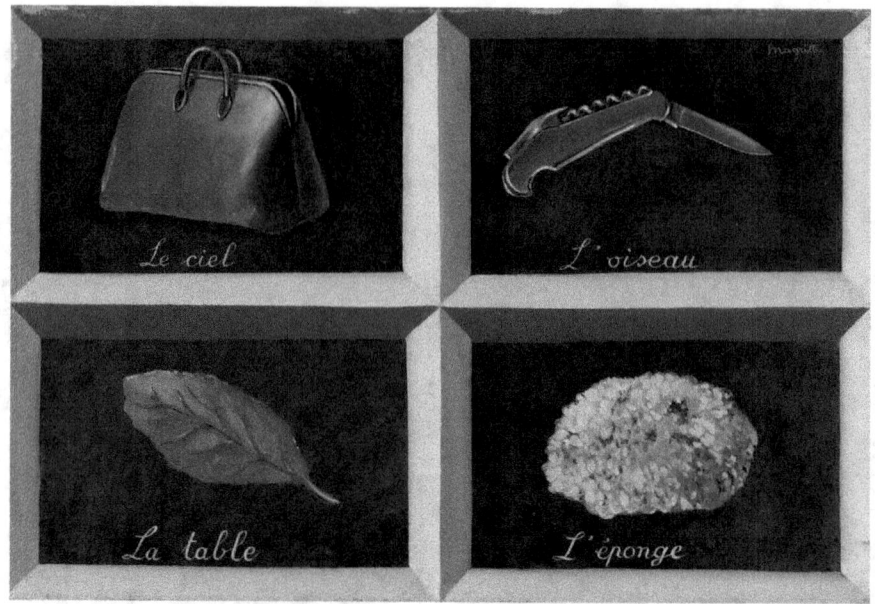

Interprétation 1 - La clef des songes

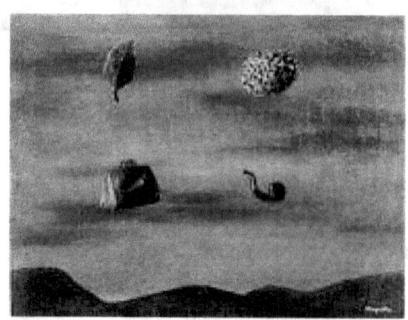

Le Futur des Voix

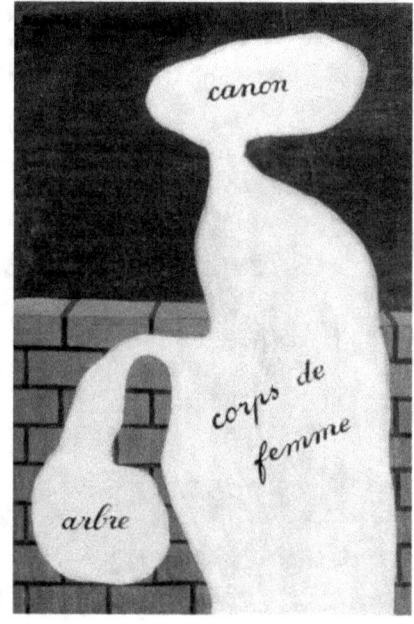

L'espoir rapide

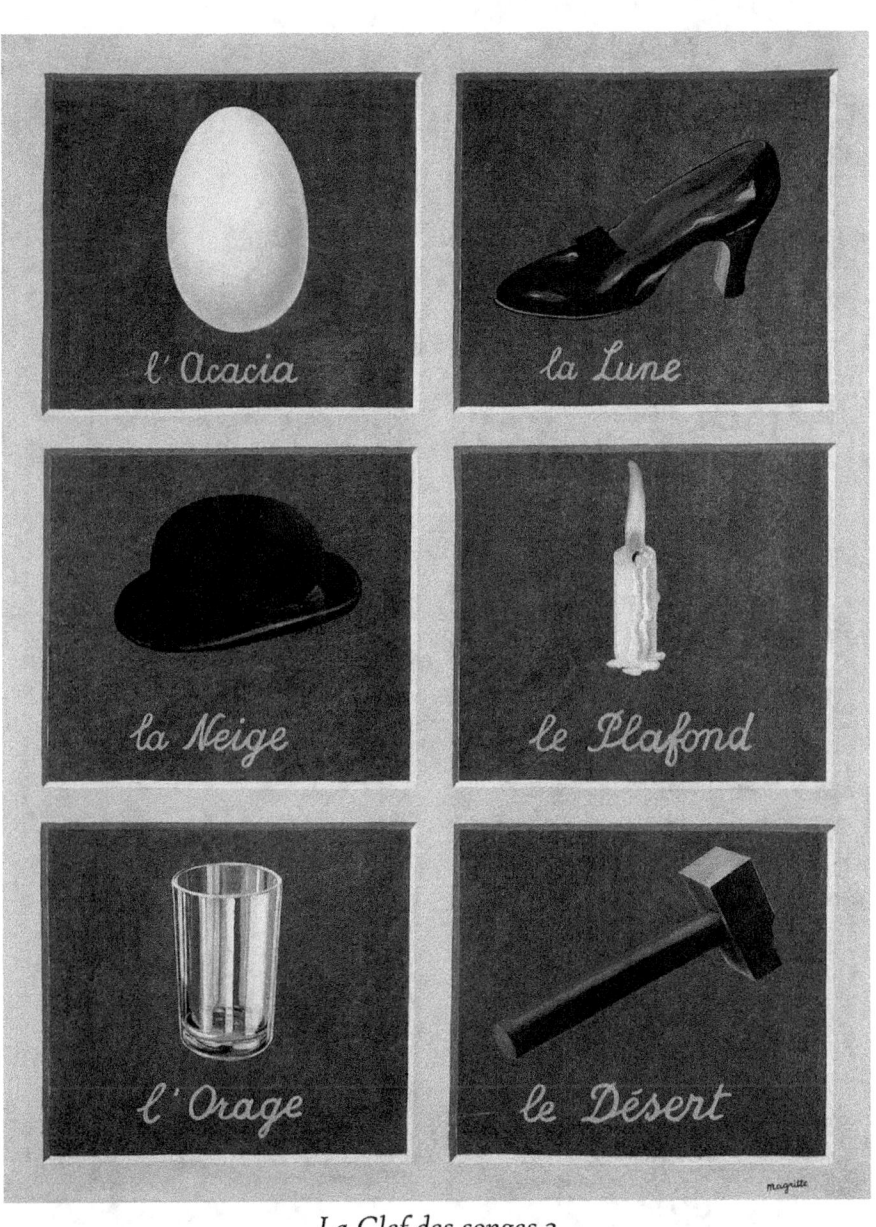

La Clef des songes 2

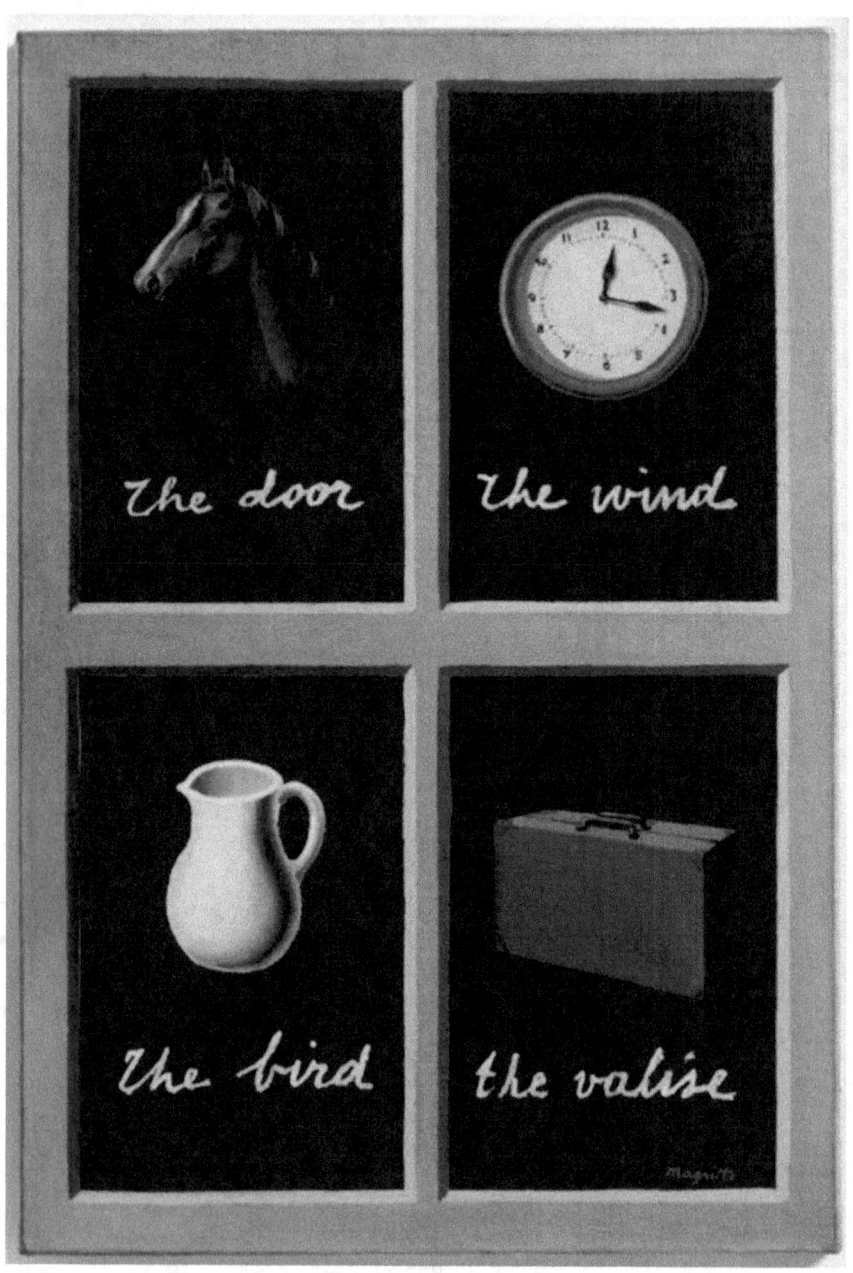

La Clef des songes (1935)

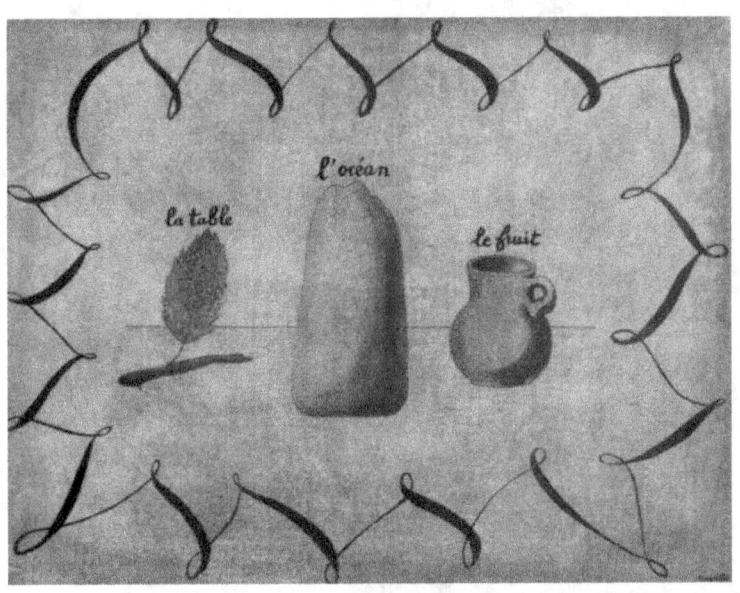

*La Table, l'océan, et le fruit*

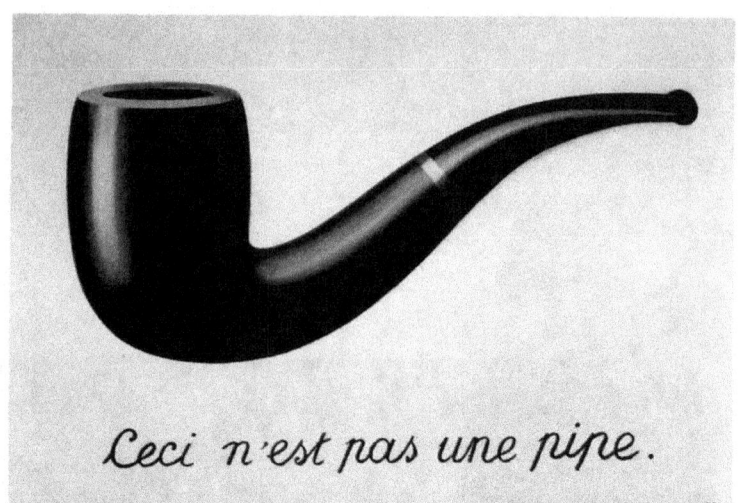

*La Trahison des Images*

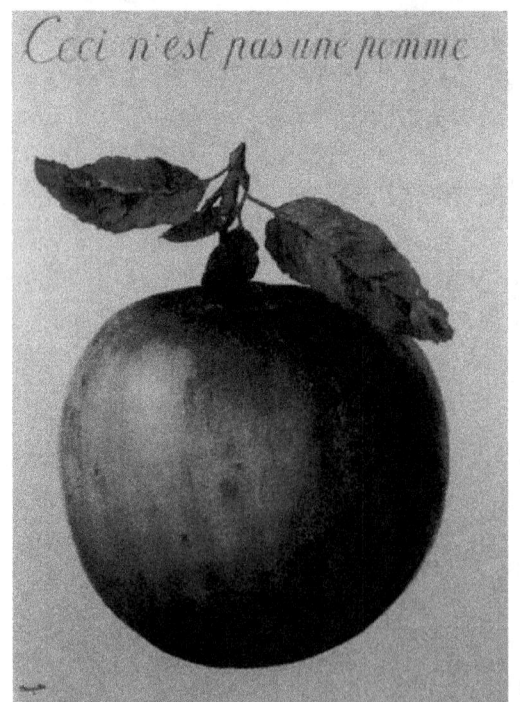

*Ceci n'est pas une pomme*

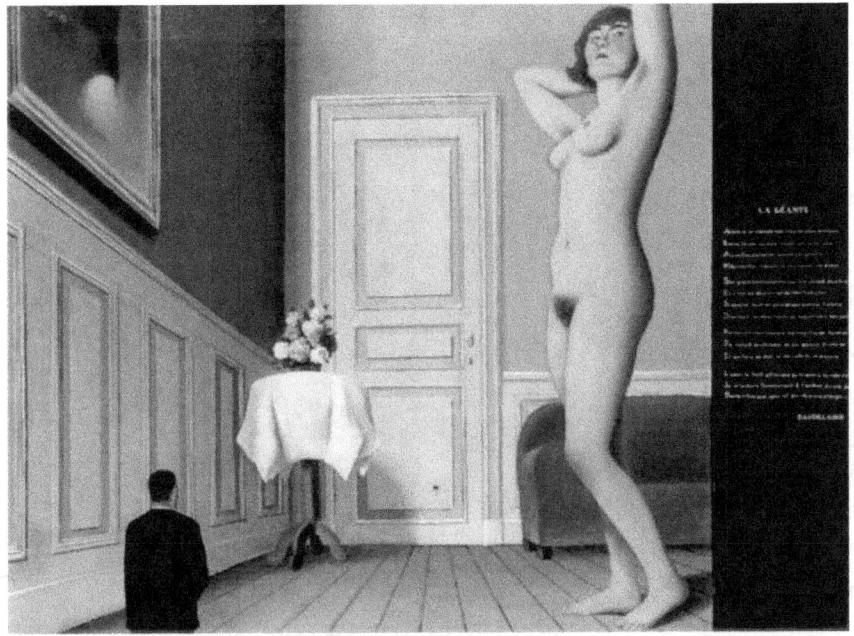

*La Géante*

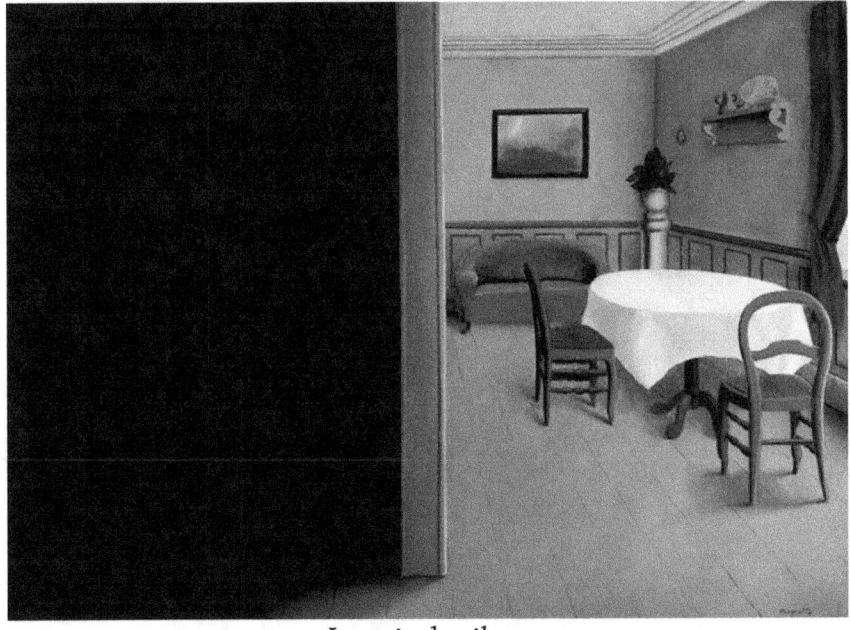

*La voix du silence*

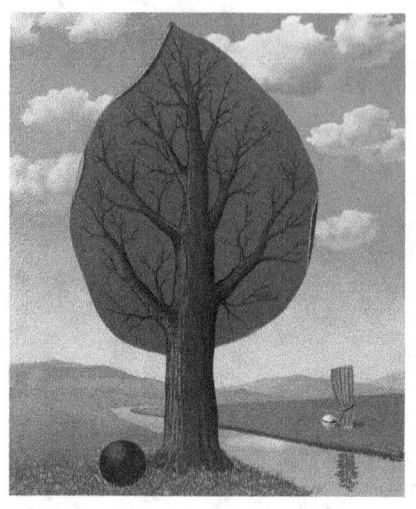 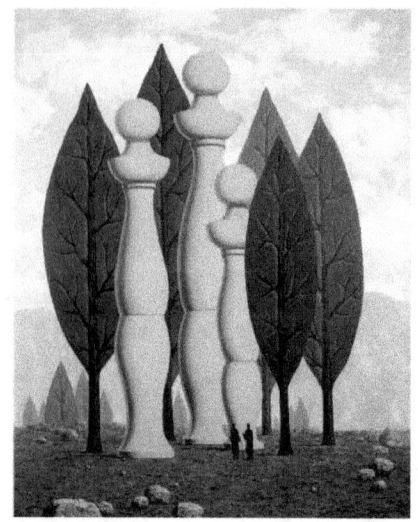

*La Géante* (1967); *L'Art de la Conversation*

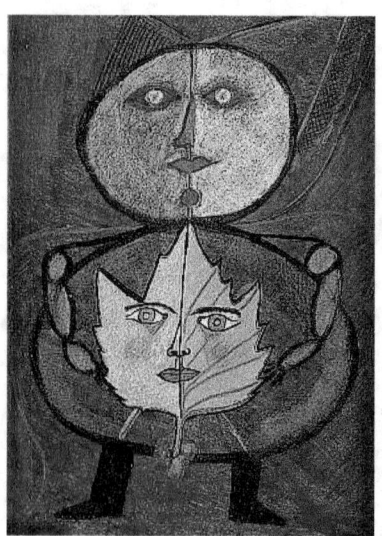

E.L.T. Mesens, *Mauvais Ange*

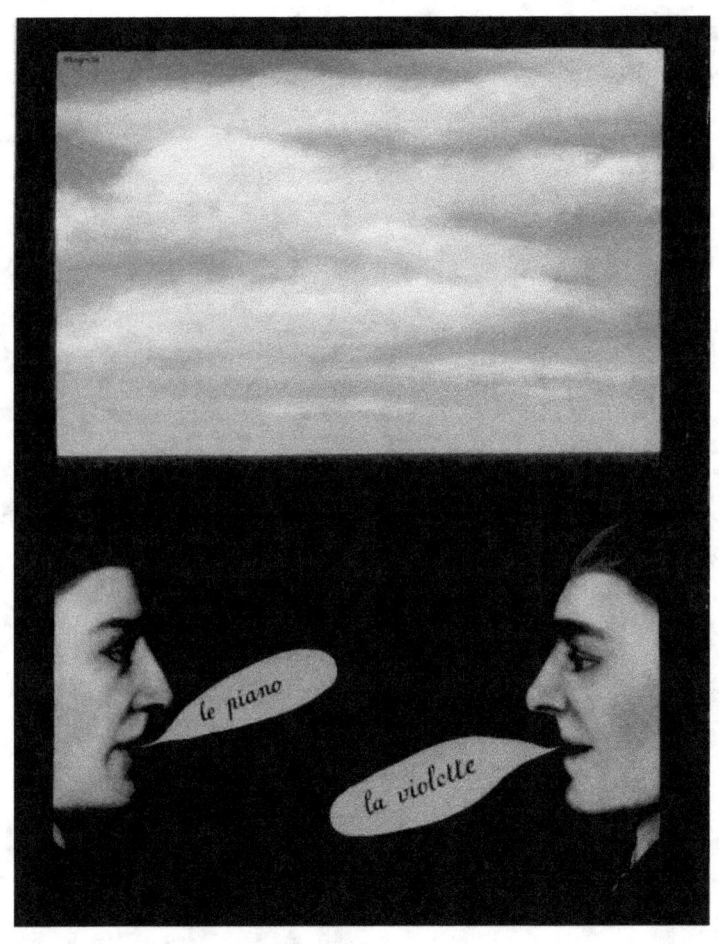

*L'Usage de la Parole II* (1928)

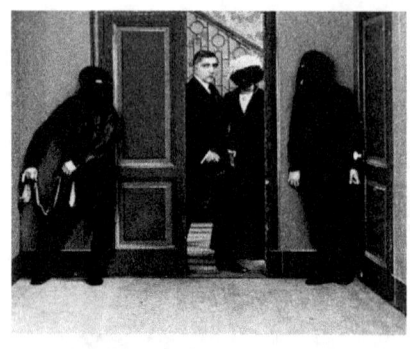

Louis feuillade,
*Le Mort Qui Tue*

Ci-dessous: *L'Assassin menacé; Le mois des vendanges; Le sens de la nuit; Le baiser d'une rose; L'invention collective*

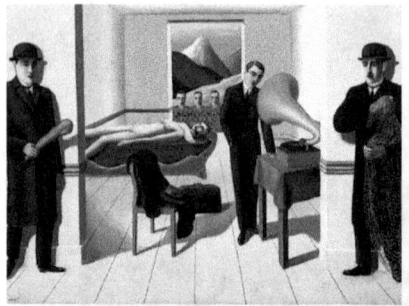
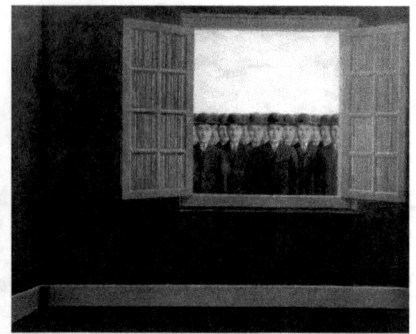
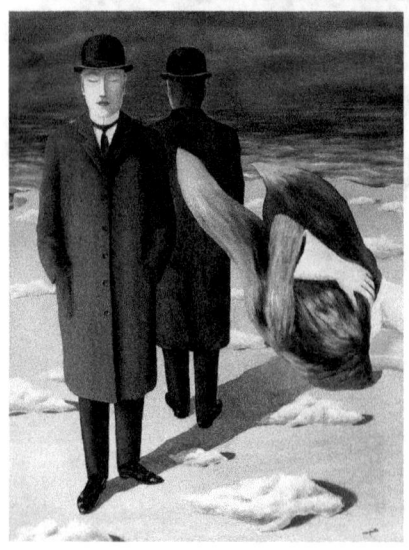
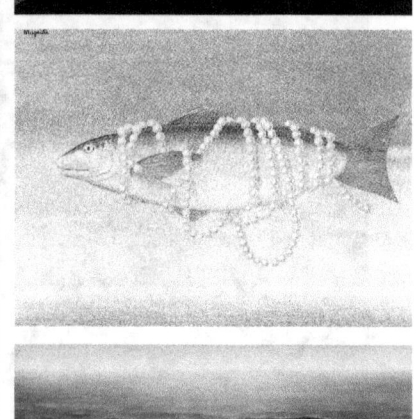
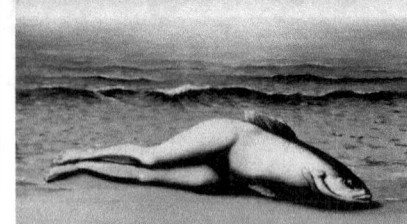

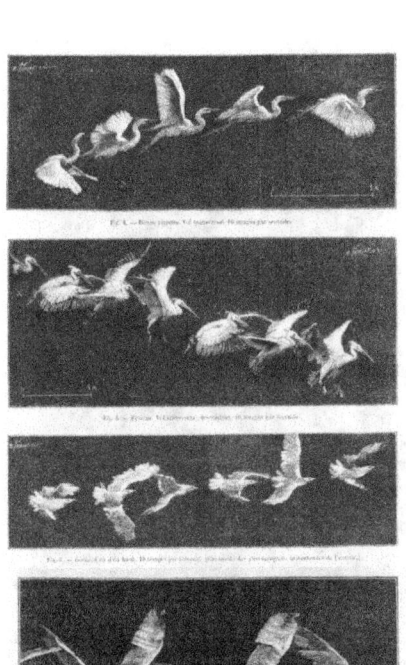
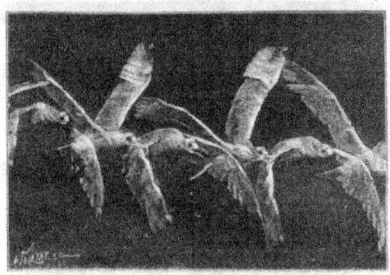
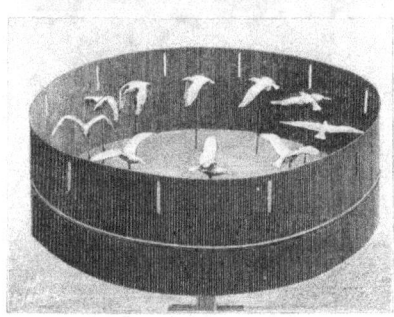

E.-J. Marey, "*Le mécanisme du vol des oiseaux éclairé par la chronophotographie*"

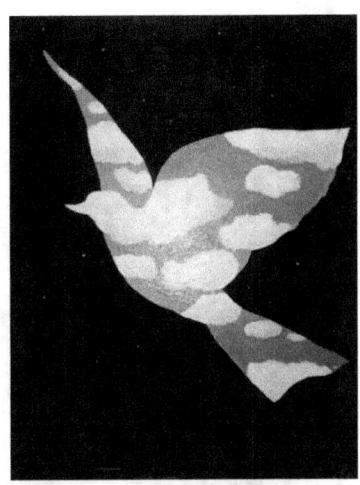

*La Promesse*

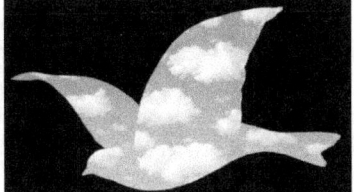

*L'Oiseau de Ciel*

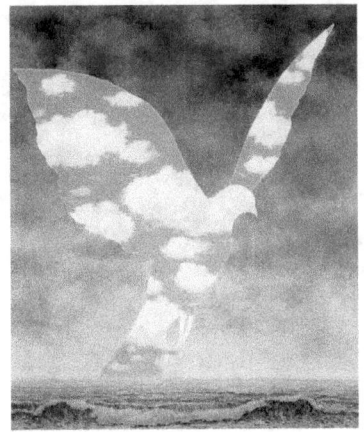

*La Grande Famille*

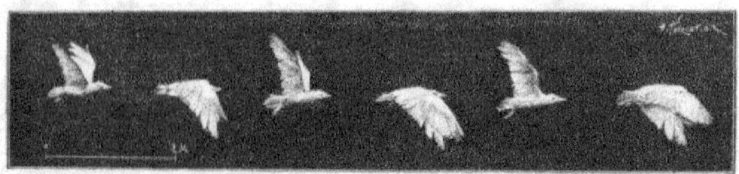
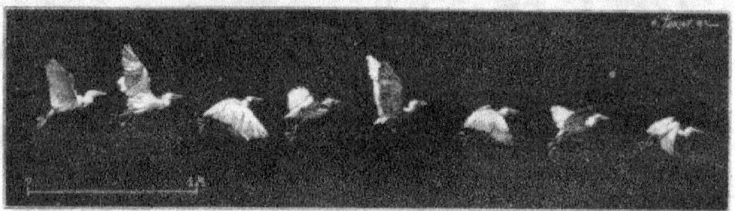
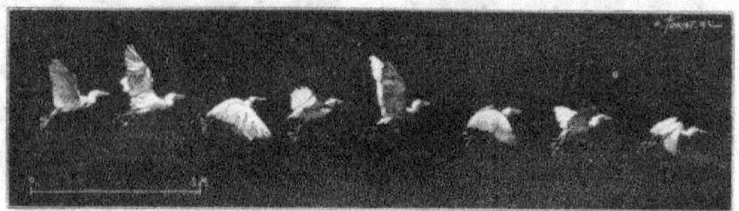
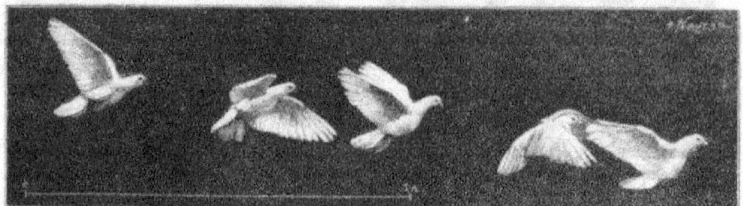

E.-J. Marey, "*Le mécanisme du vol des oiseaux éclairé par la chronophotographie*"

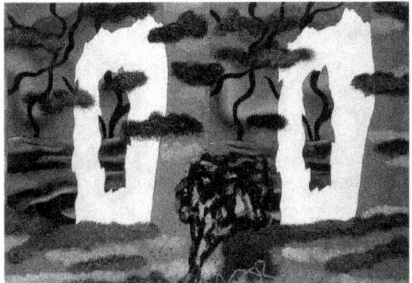

Le Goût de l'Invisible, 1927

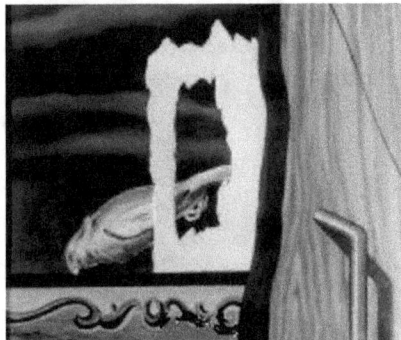

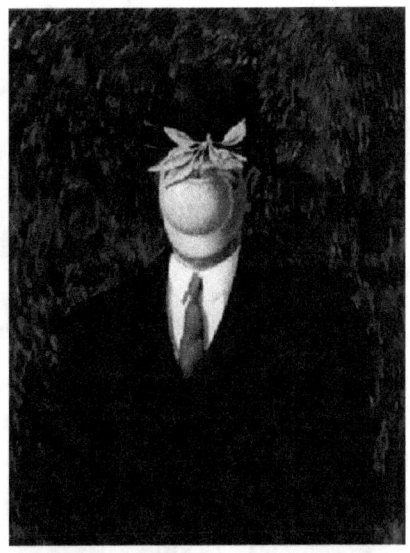

Le Goût de l'Invisible, 1964

L'Oiseau mort

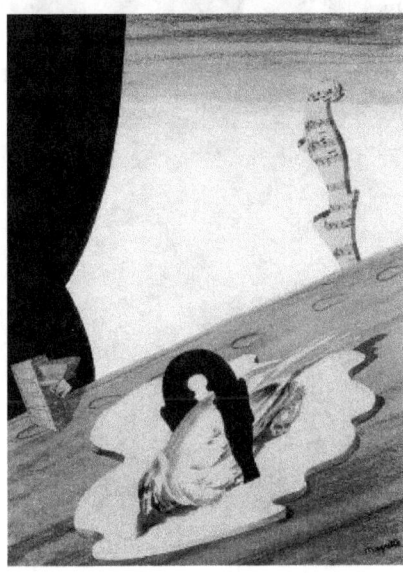

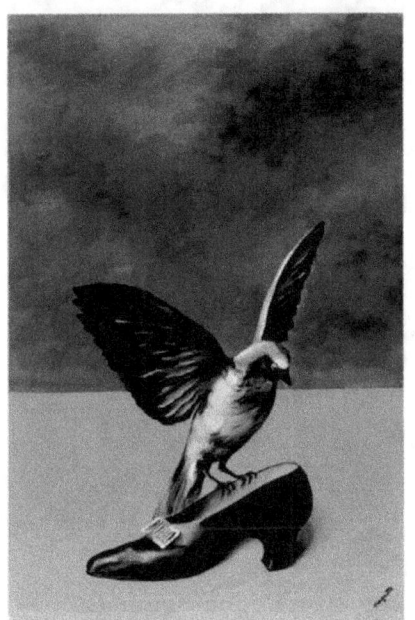

Dieu n'est pas un saint
Sans titre représentant l'oiseau mort

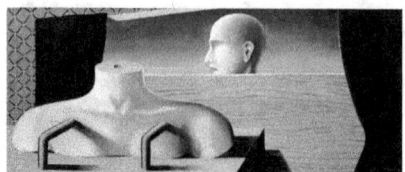

*L'Ange Migratoire*

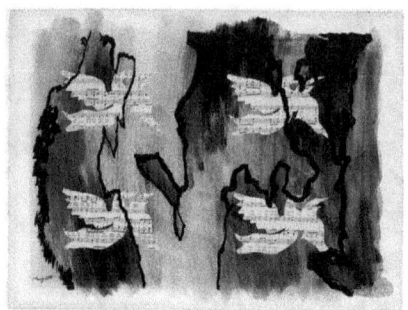

*Le Ciel meurtrier,
collage et peinture*

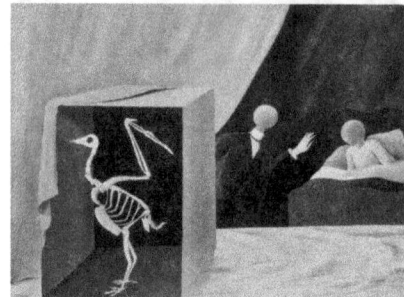

*La Grande Nouvelle*

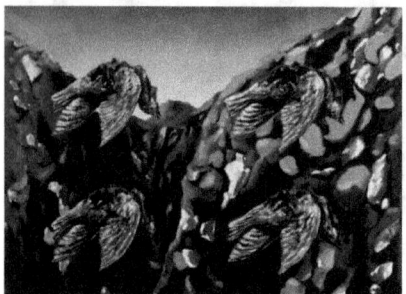

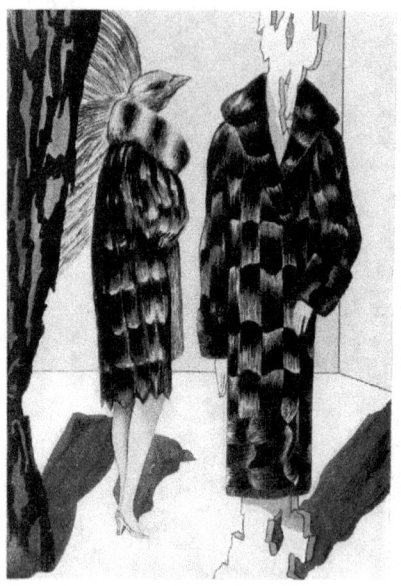

Catalogue Samuels

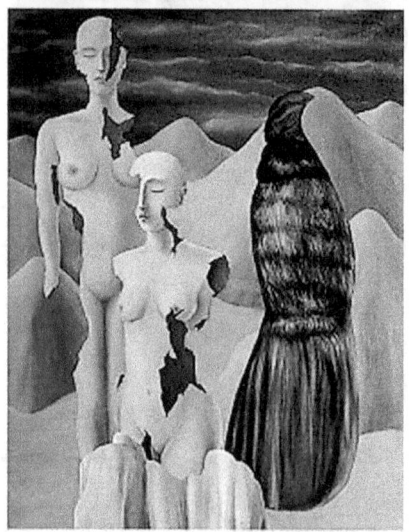

*La Lumière du Pôle*

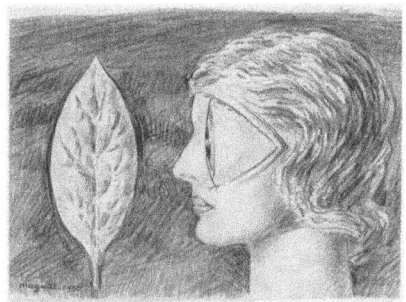
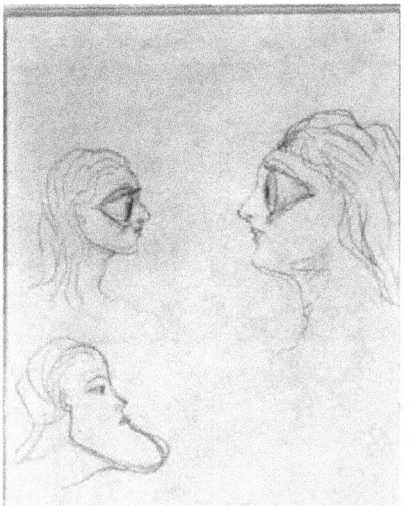
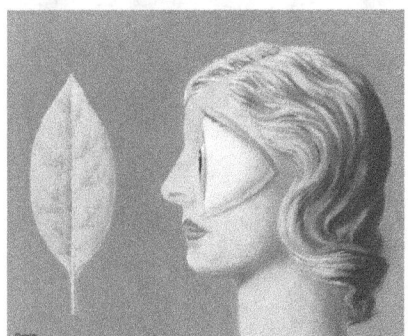
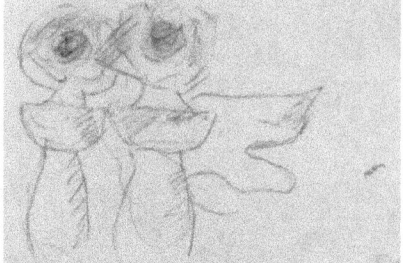
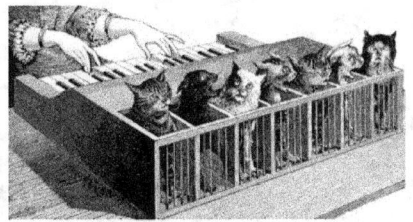
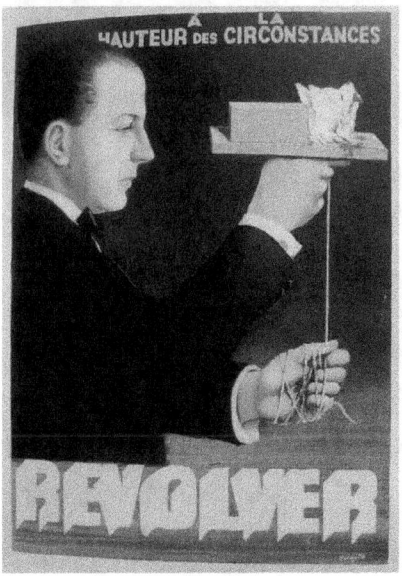

La Femme du maçon, dessins, 1958 et 1959 (dans l'ordre chronologique); La Femme du maçon; Étude de fleurs; Portrait de E.L.T. Mesens; Orgue à chats, La Nature, 1883

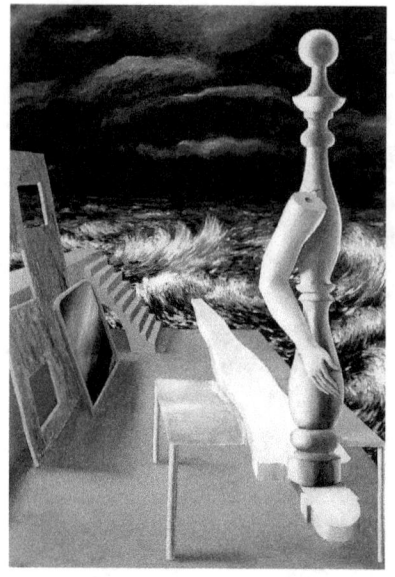

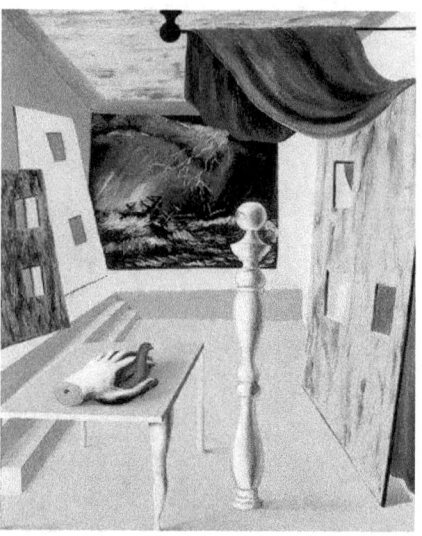

La Difficile traversée

La Naissance de l'Idole

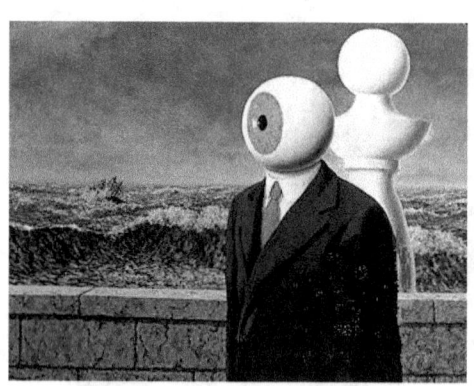

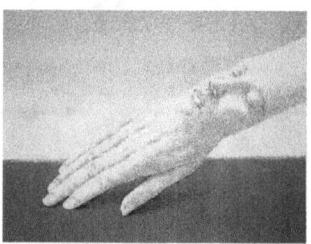

Les bijoux indiscrets

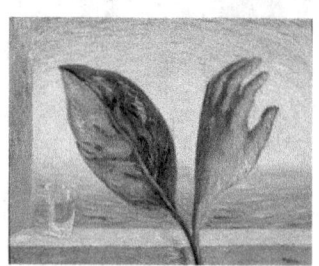

La Difficile traversée (1963)

La Tempête 2

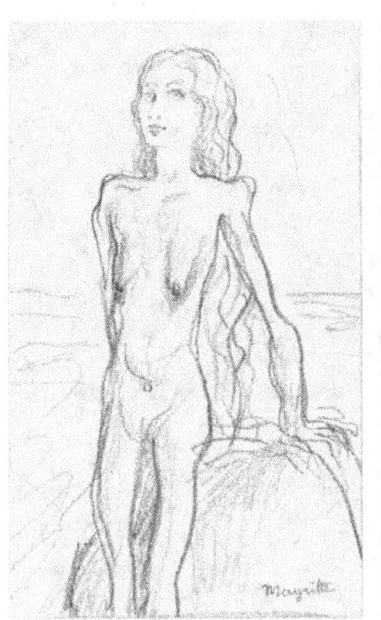
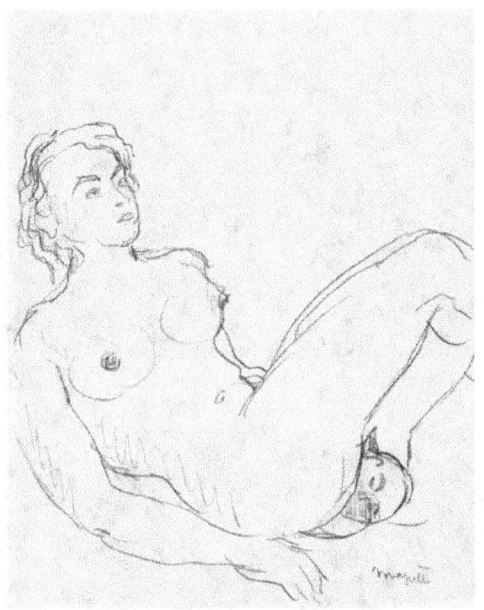

Dessins sans titres

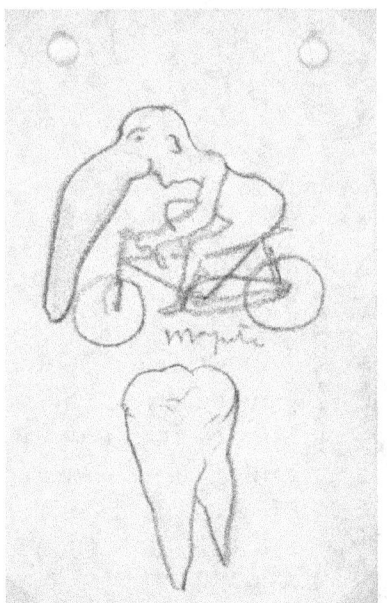
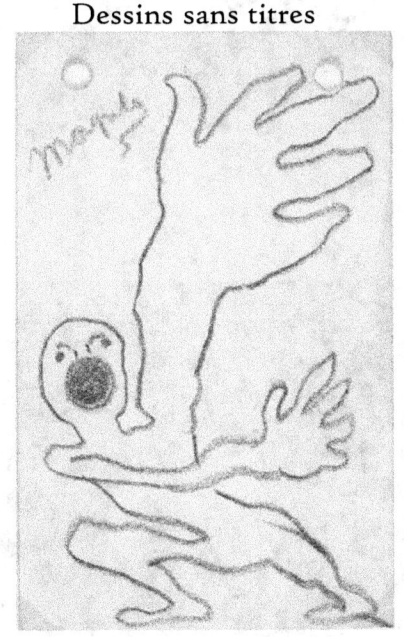

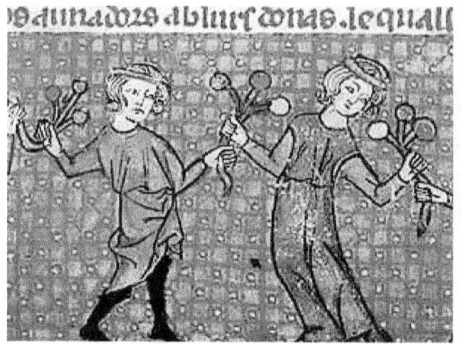
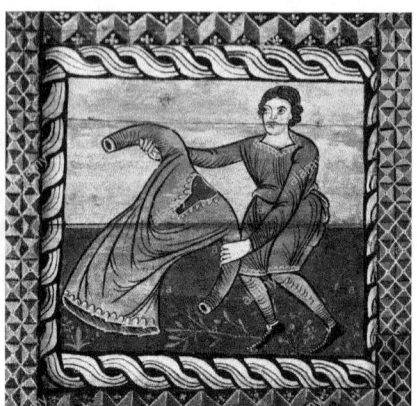
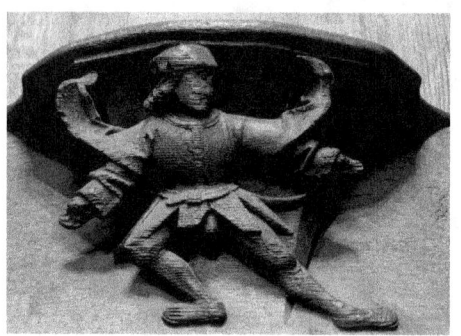
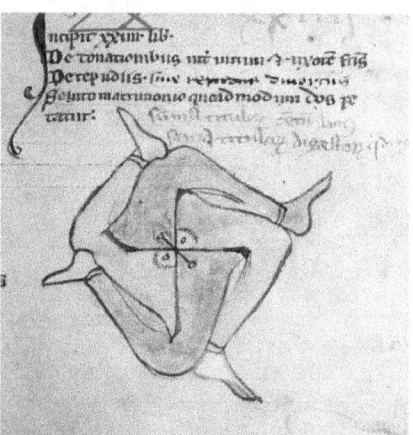
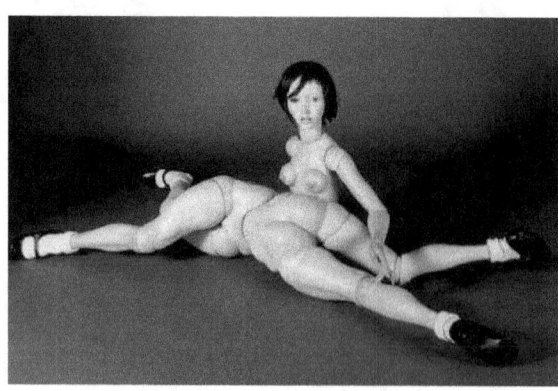

De gauche à droite, et de haut en bas: Jongleurs du *Bréviaire d'Amour* de Maître Ermengaut; Saint Martin, Église de Zillis, Suisse; Miséricorde de stalle, Musée de Cluny; Amiens BM 347; Hans Bellmer, *Poupée*

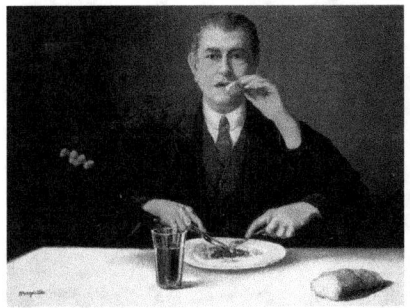

*Le Sorcier*

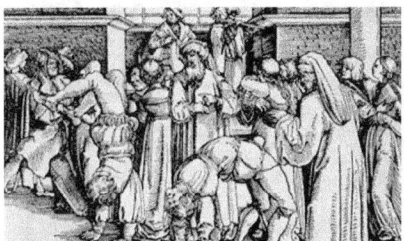

*Jongleurs et acrobates à une fête avec danse*, gravure allemande du XVIème siècle

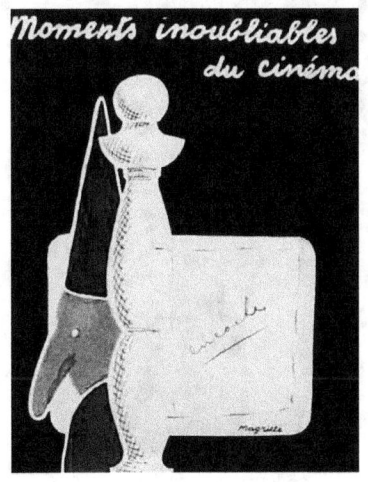

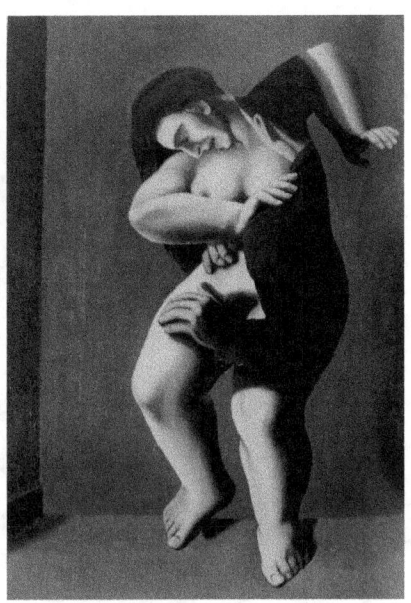

*Les Jours gigantesques*

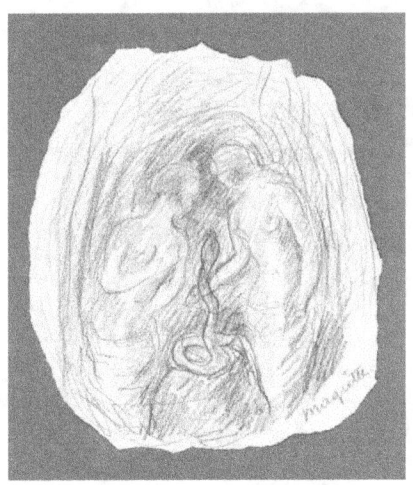

Dessin sans titre

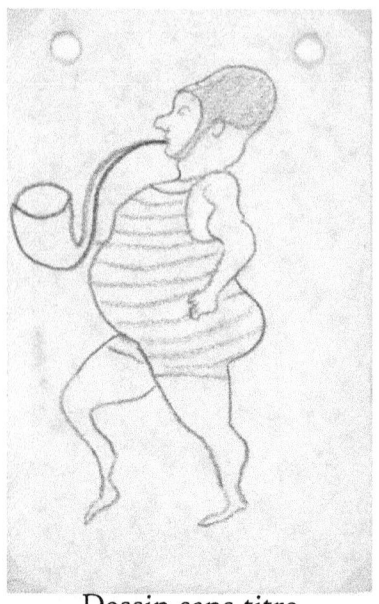
Dessin sans titre

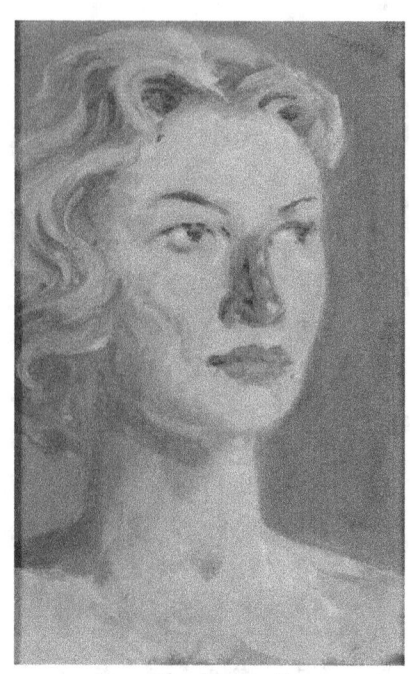
La toile de Pénélope

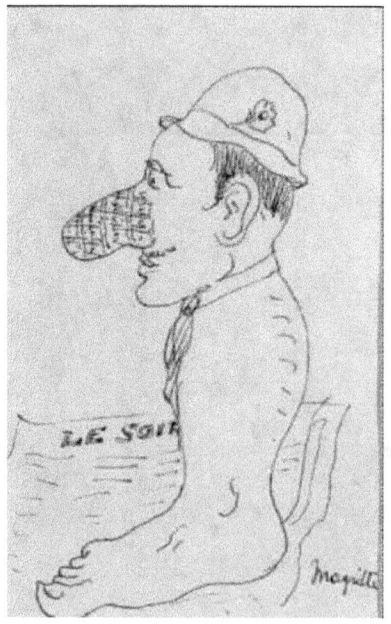
L'Homme-Pied

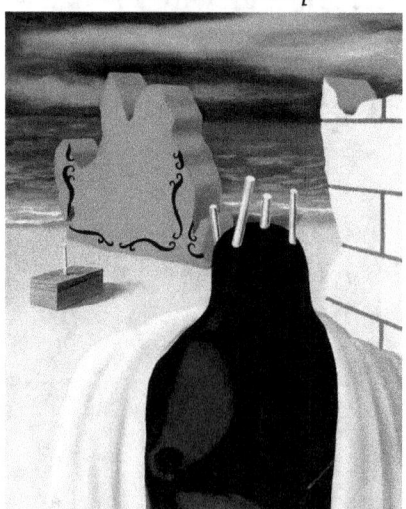
Le supplice de la vestale

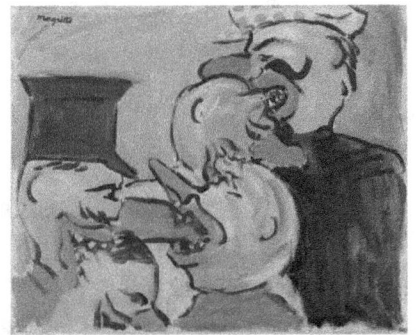
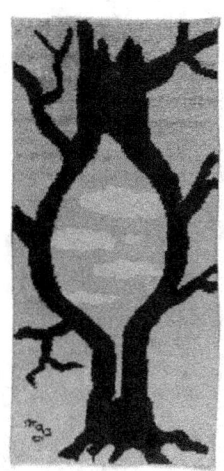
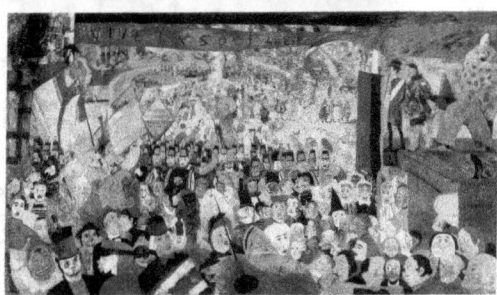
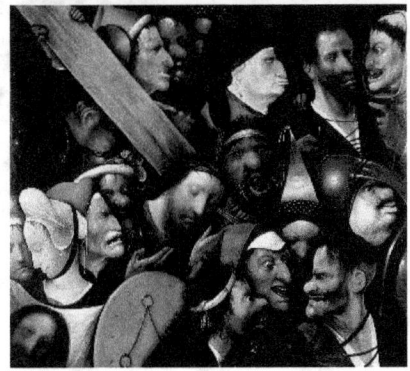
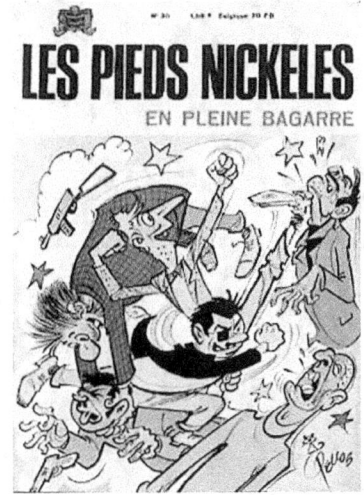

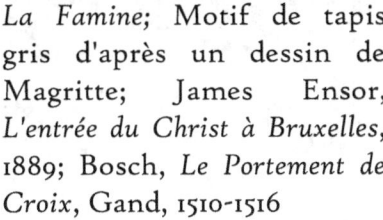

*La Famine*; Motif de tapis gris d'après un dessin de Magritte; James Ensor, *L'entrée du Christ à Bruxelles*, 1889; Bosch, *Le Portement de Croix*, Gand, 1510-1516

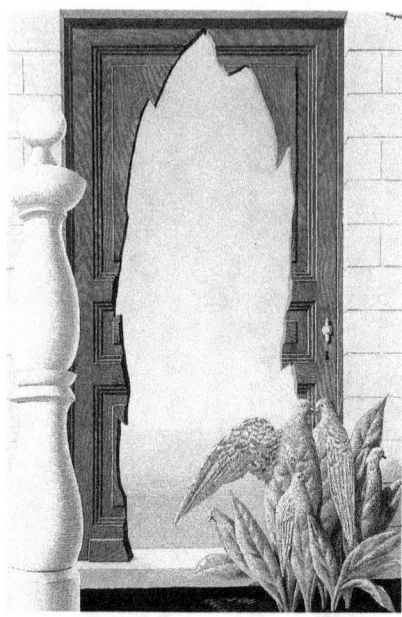

Tôt le matin

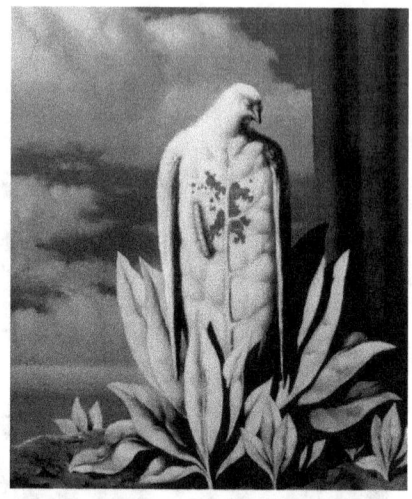

Le Goût des larmes

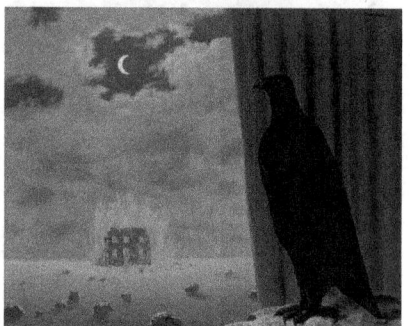

Gaspard de la nuit

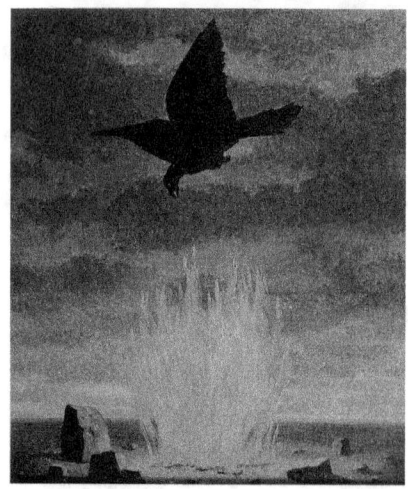

Les Fanatiques

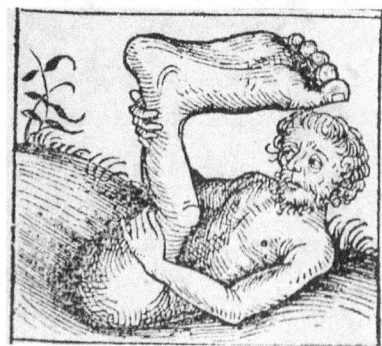

Sciapode, *Chroniques de Nuremberg*, Hartmann Schedel, 1493

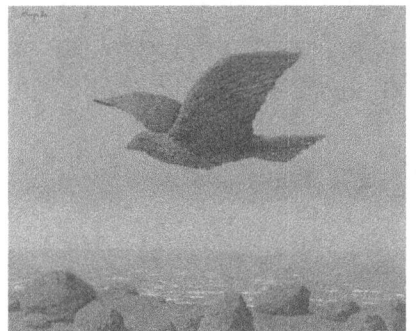
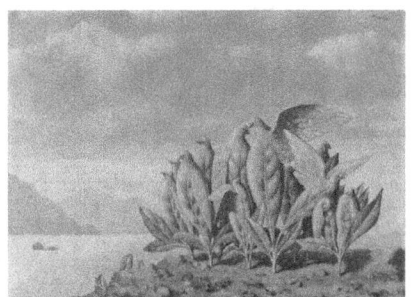
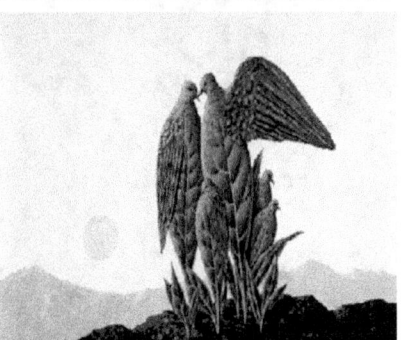
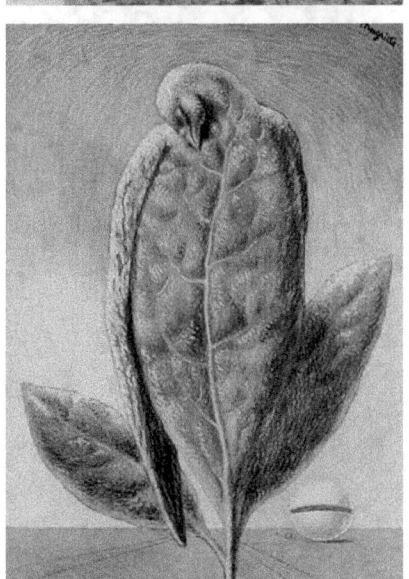
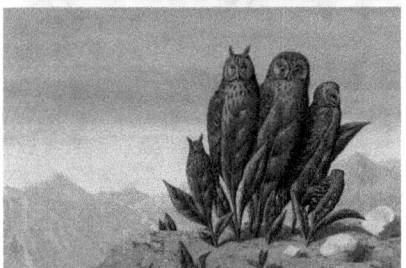

L'Idole; L'Île au Trésor; La paix du soir; La paix du soir (1955); Les Compagnons de la Peur; Image à la fenêtre

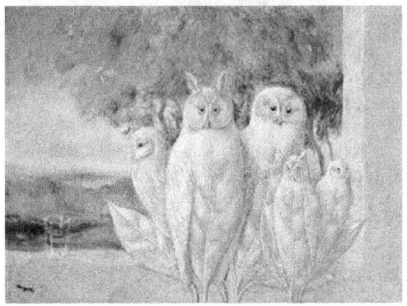

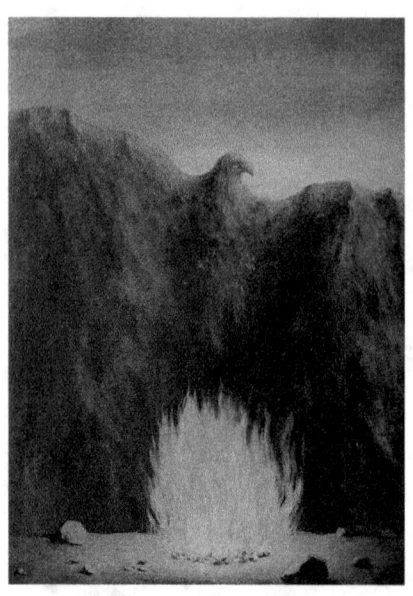

*Le point sur la carte*

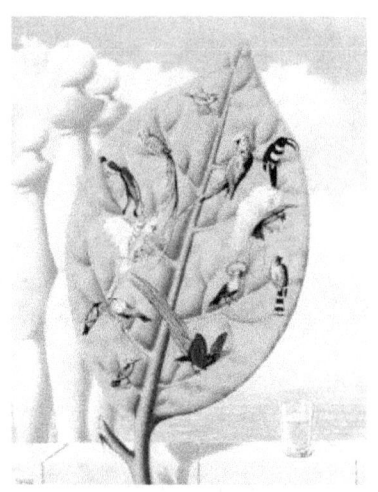

*Le regard intérieur*

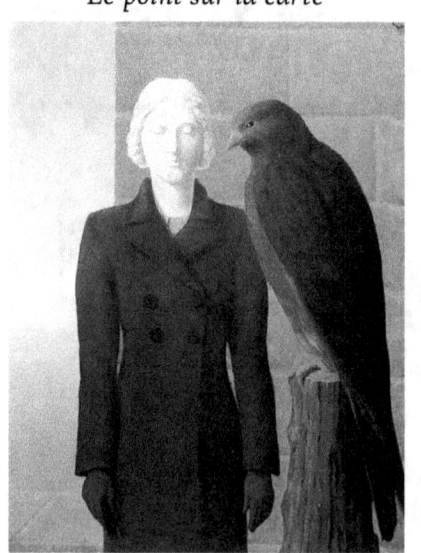

*Eaux profondes*

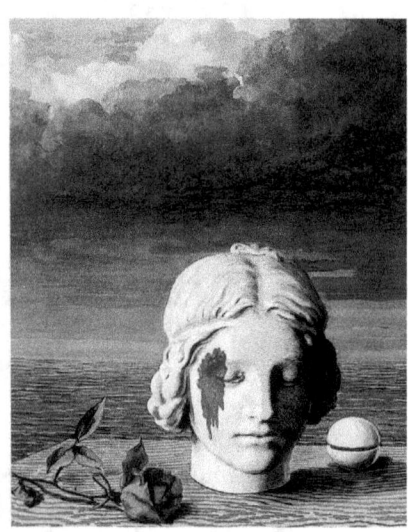

*Mémoire*

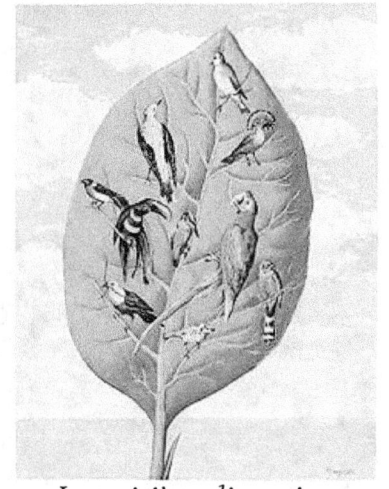

*La troisième dimension*

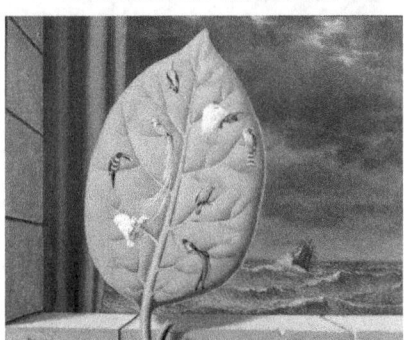

*Le rendez-vous*

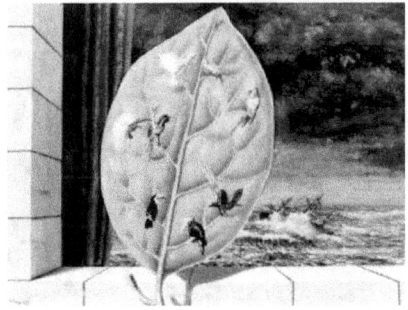

*Le rendez-vous, variante*

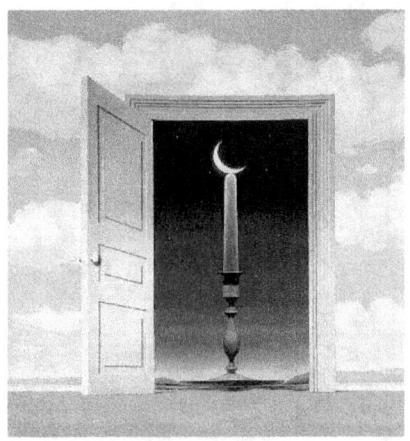

*La Porte*

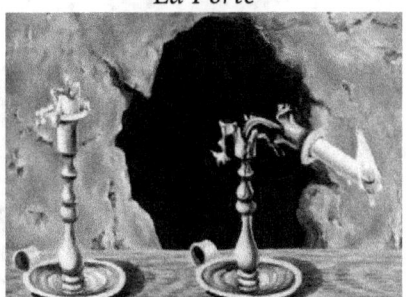

*Mélusine*

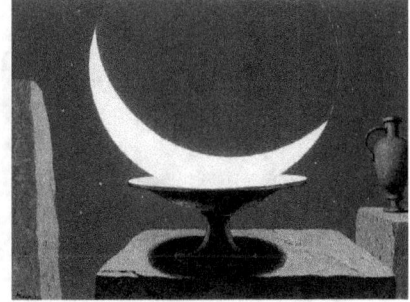

*La Fenêtre de Mélusine*

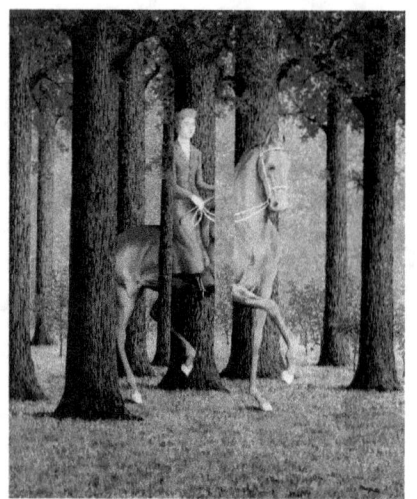

*La Carte Blanche*

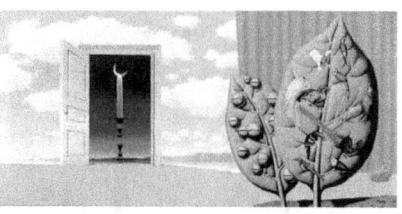

*Le Domaine enchanté III*

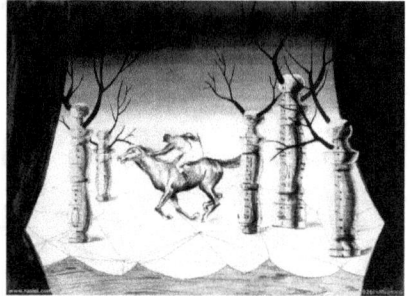

*Le jockey perdu*

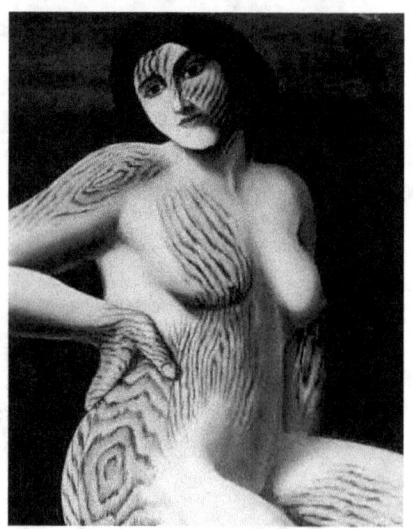

*Découverte*

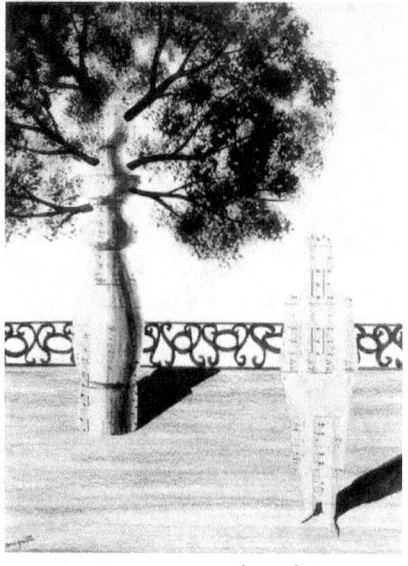

*Sans titre (1925)*

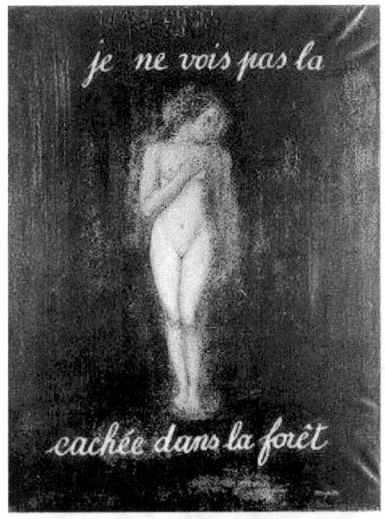 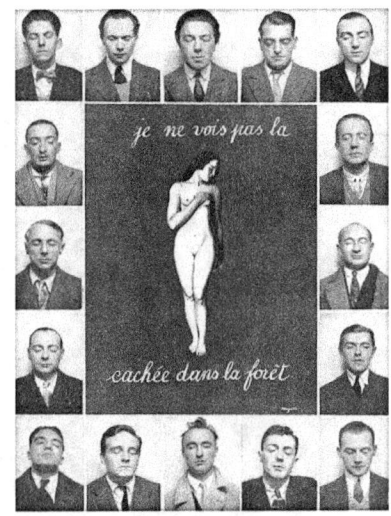

*La femme cachée dans la forêt*, affiche et peinture

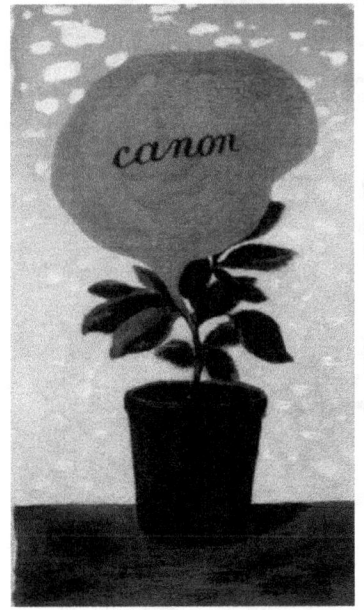

Plante avec Mot

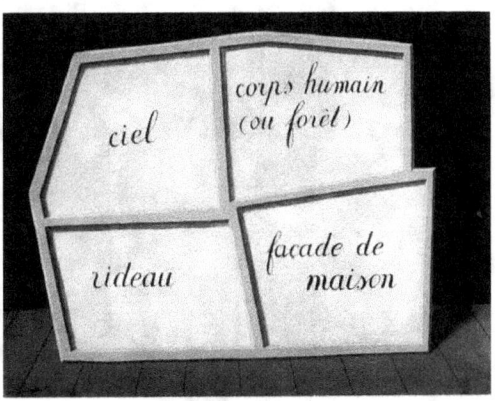

Le Masque vide 1

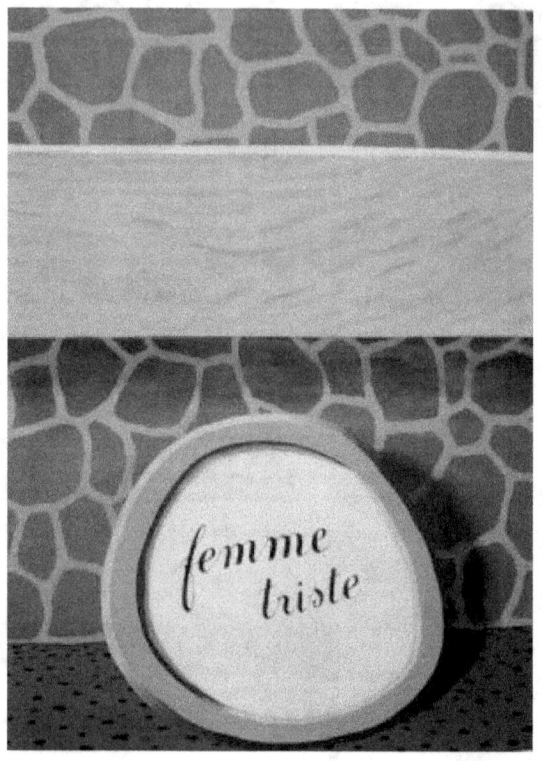

*Le Sens Littéral 1 à 2* (ordre numérique)

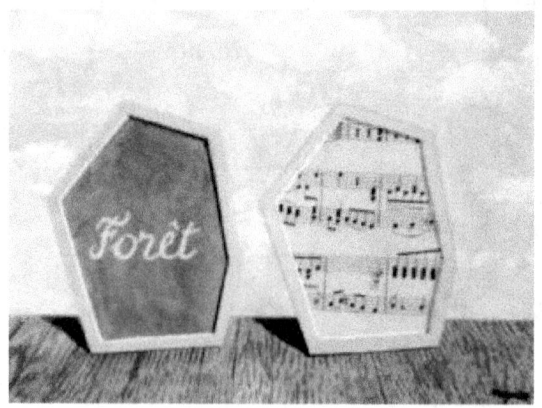

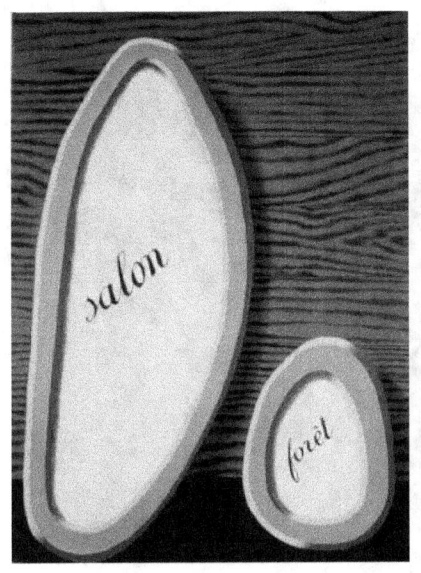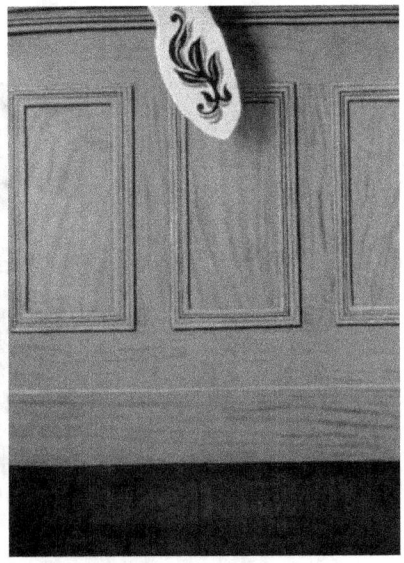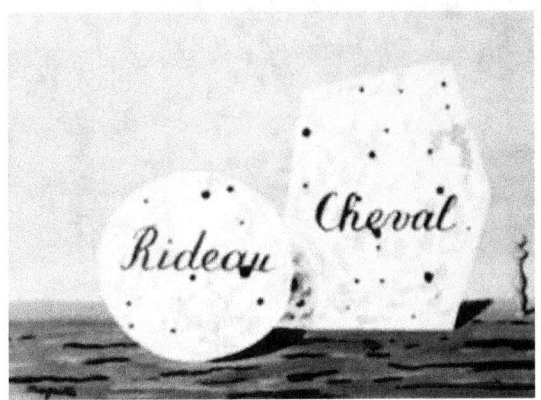

*Le Sens Littéral 3 à 5* (ordre numérique)

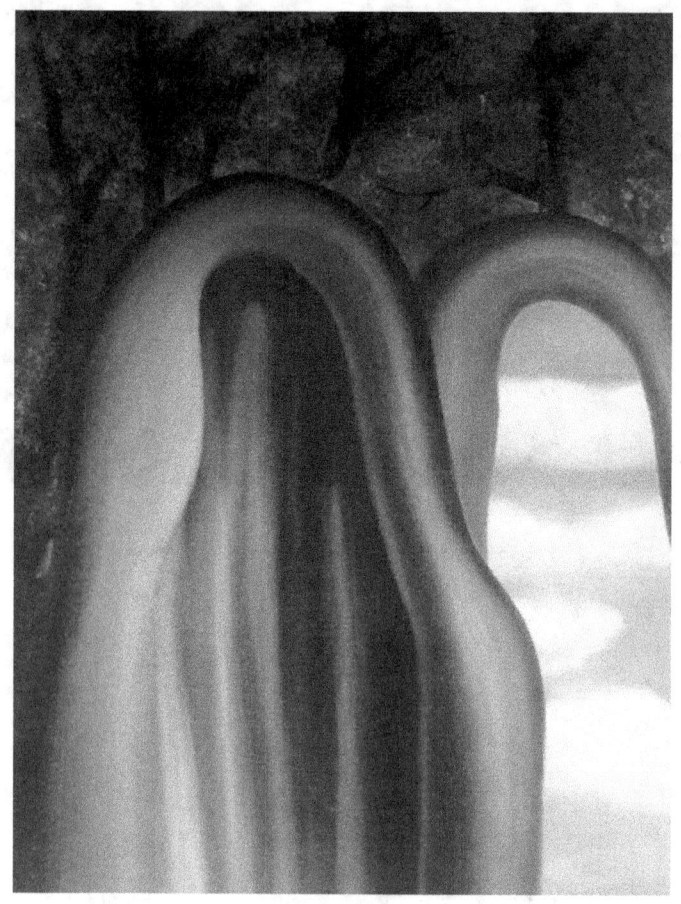

*Le Palais des Rideaux 1*

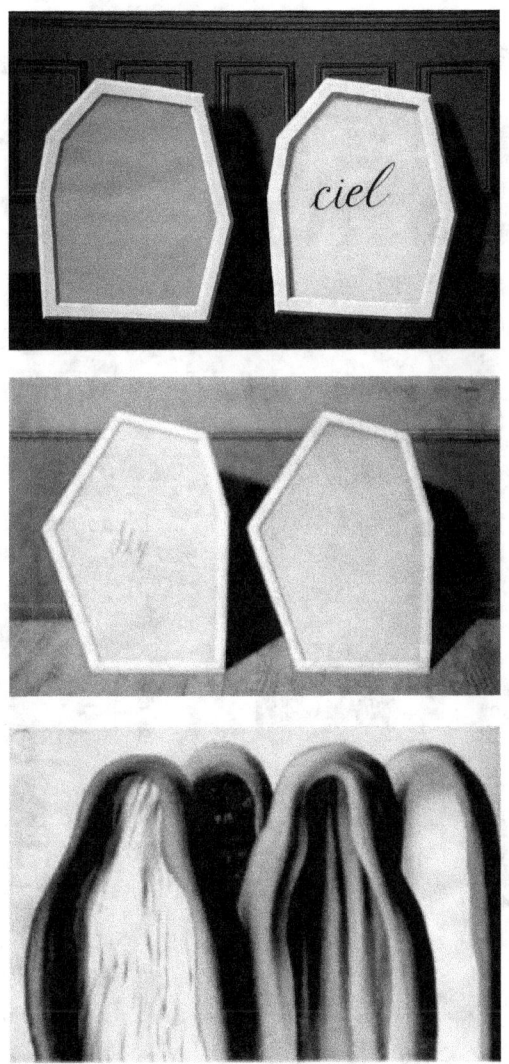

*Le Palais des Rideaux 2 à 4* (ordre numérique)

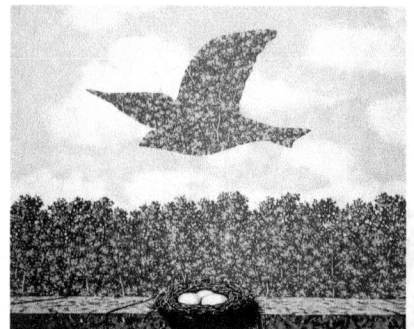

*Le Printemps*

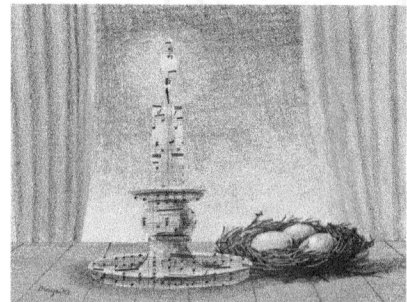

*La Veillée*

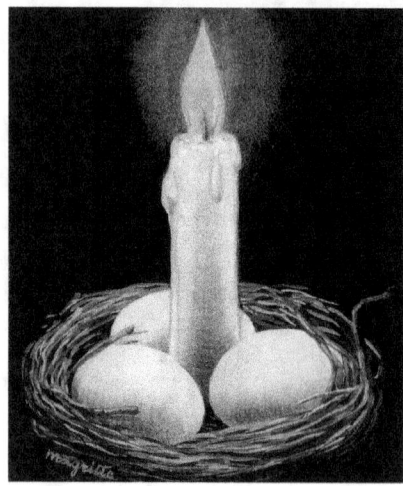

*La Faculté imaginative*

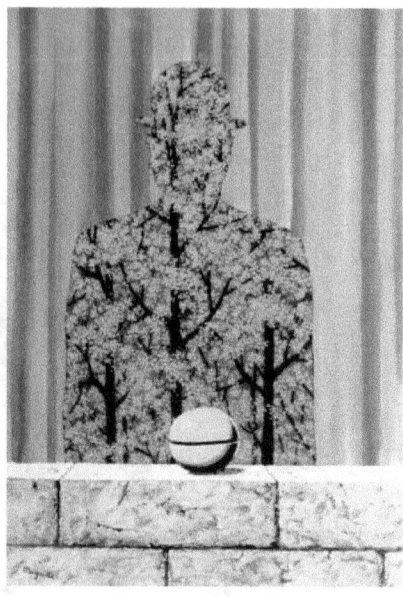

*L'homme et la forêt*

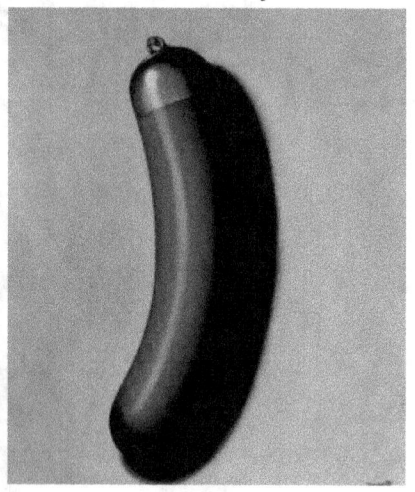

*Saucisse casquée*

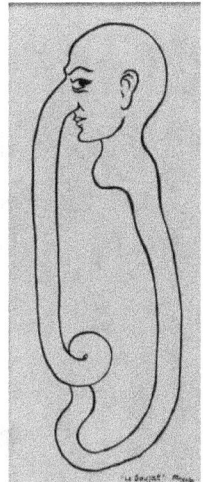
Le Goujat

La Lampe Philosophique

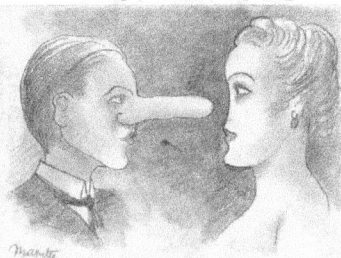
Sans titre de 1948

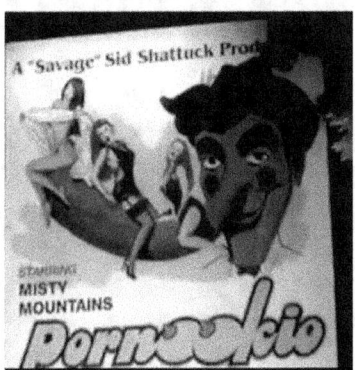
Affiche pornographique dans le film *The Nice Guys*

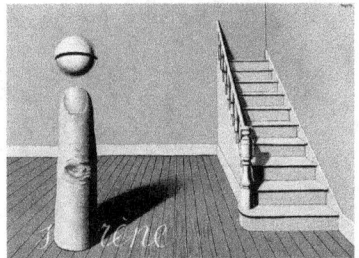
Littérature défendue

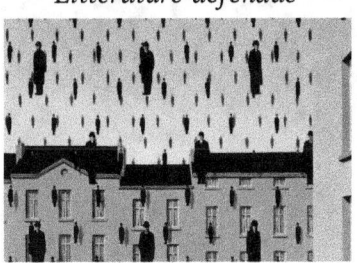
Golconde

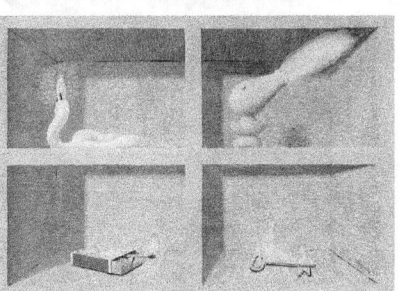
Les Vases communiquants

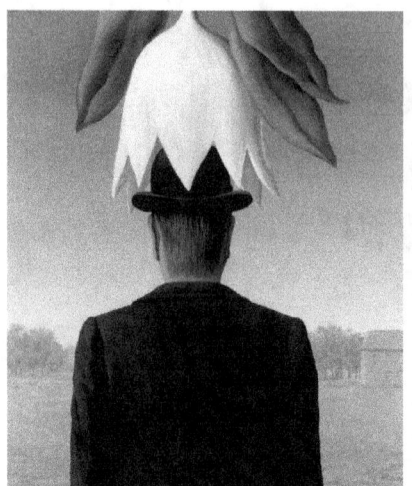

*L'Okapi*

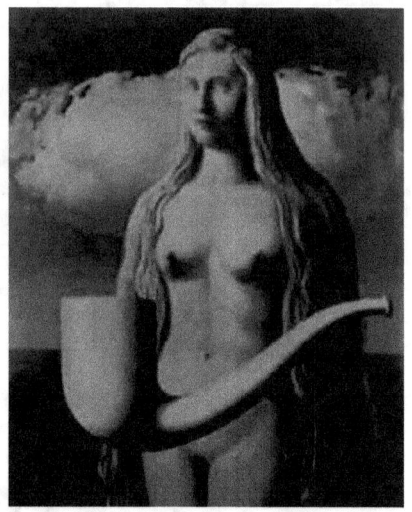

*Le Masque de la Foudre*

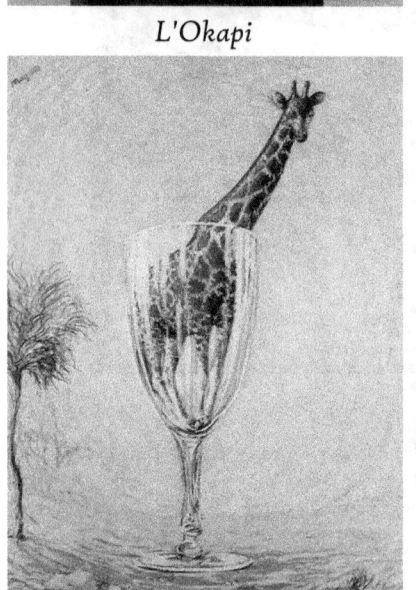

*Le bain de cristal*

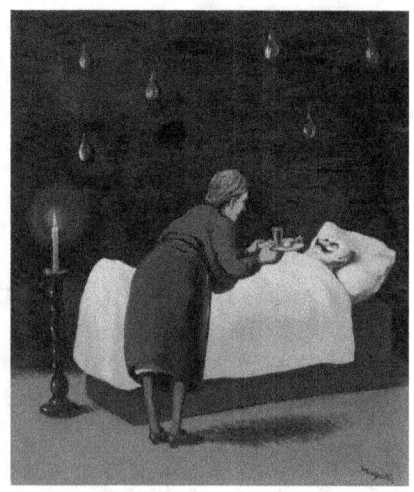

*La part du feu*

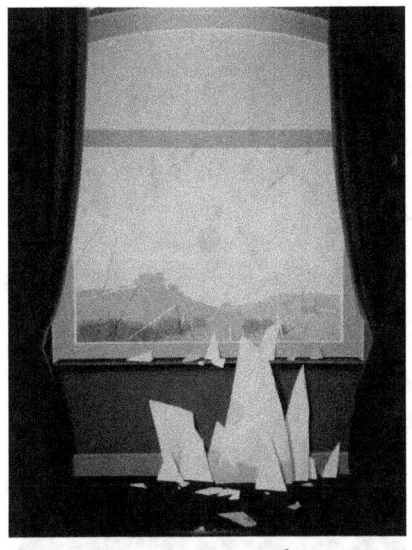
*Le soir qui tombe*

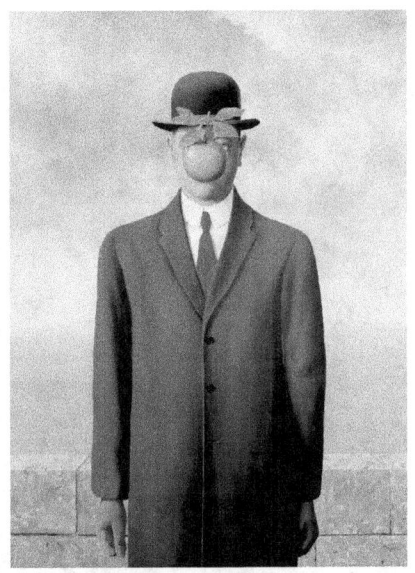
*Le Fils de l'homme*

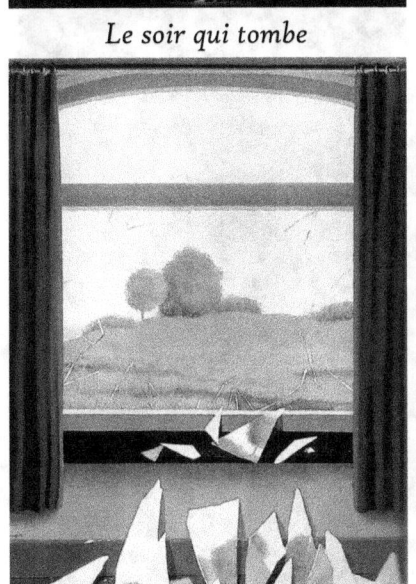
*La Clef des champs*

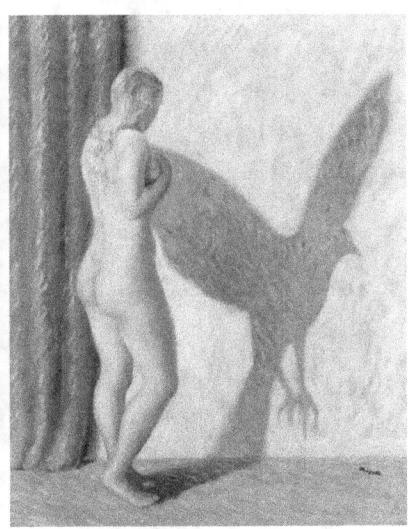
*Le Principe d'incertitude*

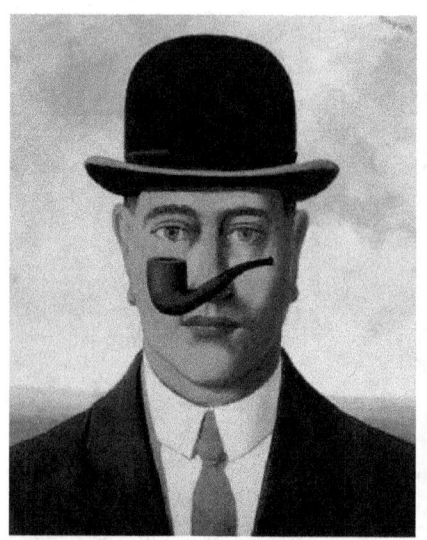
La Bonne Foi

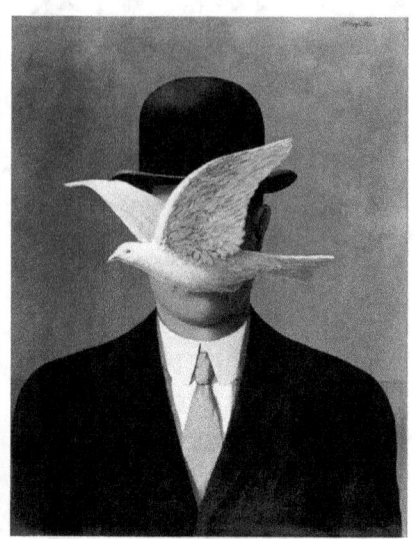
L'Homme au chapeau melon

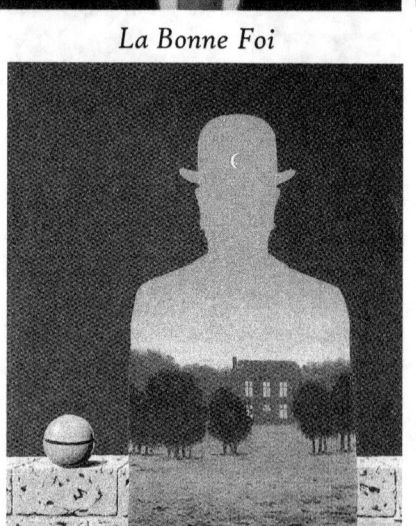
L'Heureux Donateur

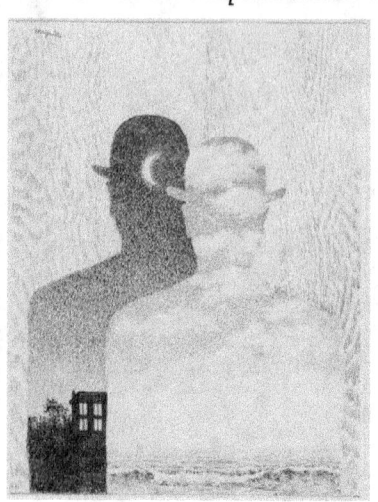
La Pensée qui voit

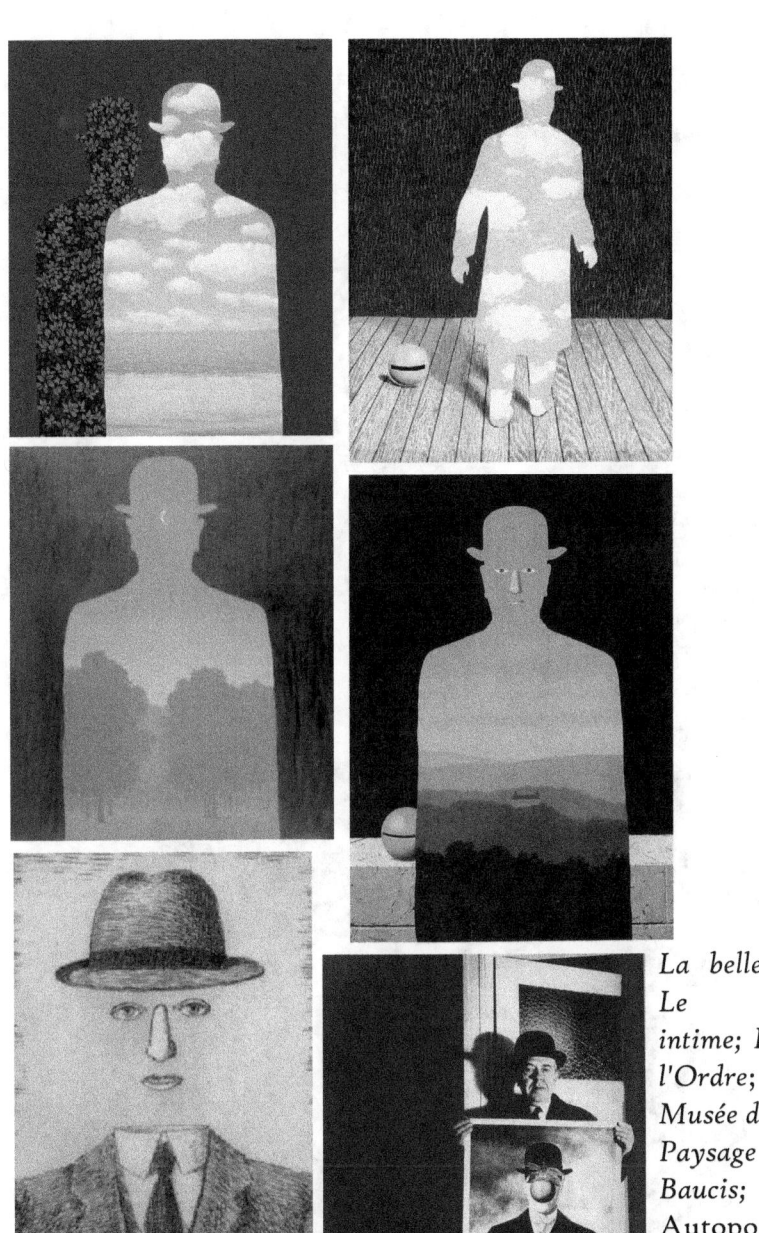

*La belle société; Le journal intime; L'Ami de l'Ordre; Le Musée du Roi; Le Paysage de Baucis;* Autoportrait photographique avec *Le Fils de l'Homme*

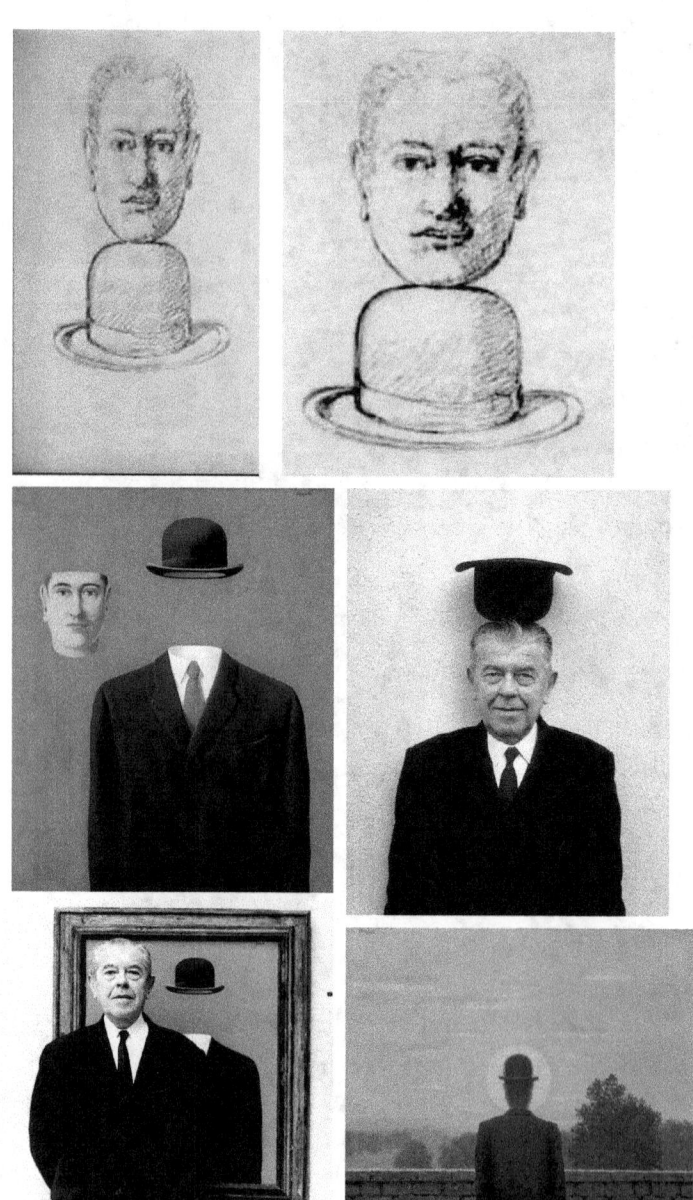

*Comme il vous plaira*; *L'Homme au chapeau*; *Le Pèlerin*; deux *Autoportraits* photographiques (1965); *Le cri du coeur*

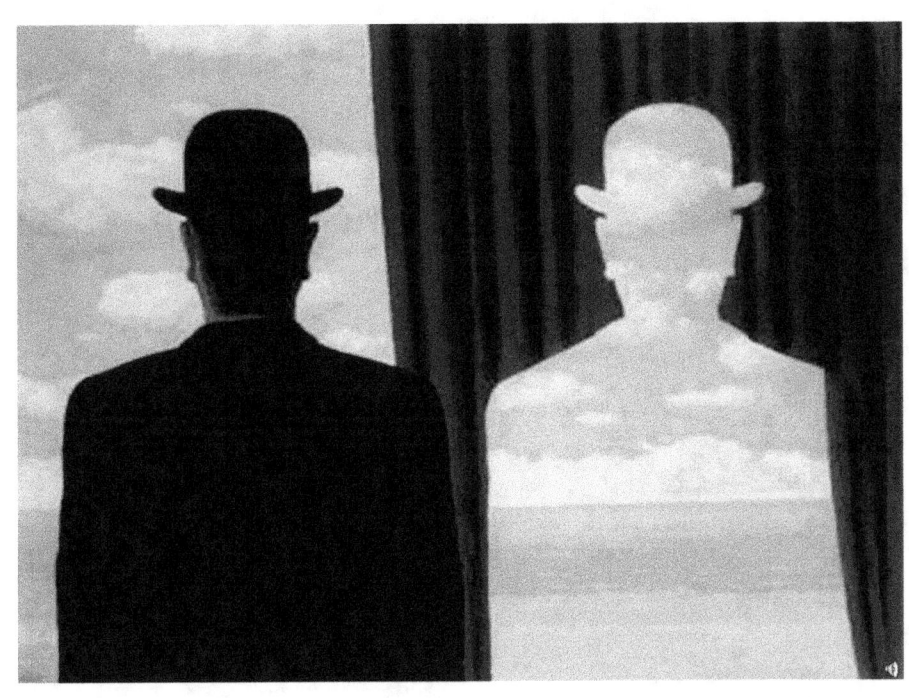

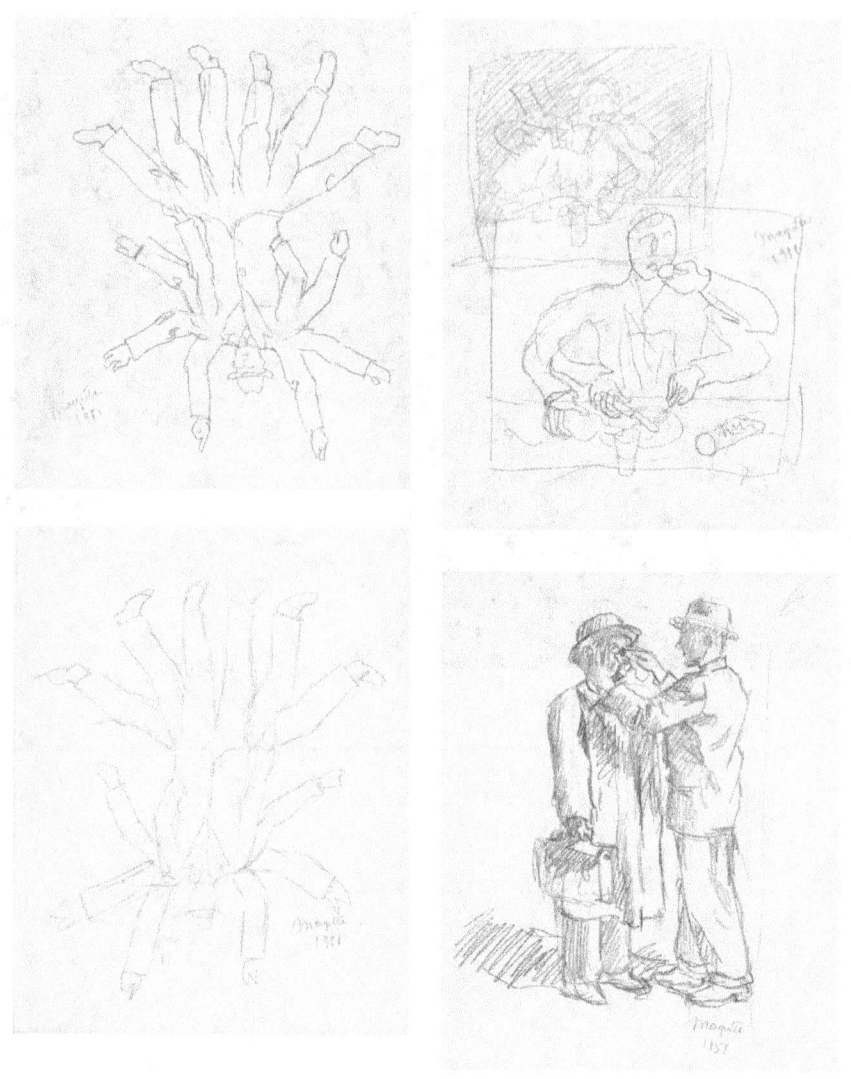

Quatre études sur une feuille pliée: 1. Etude pour "Journal intime"; 2. Deux études pour "Le sorcier"; 3. Sans titre ; 4. Sans titre

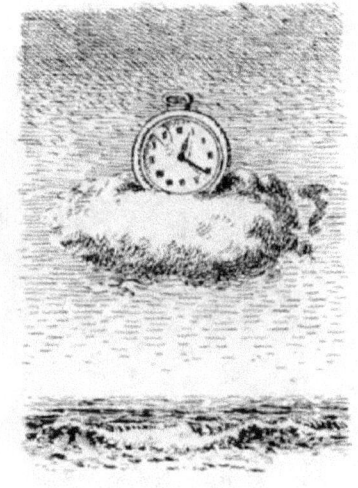

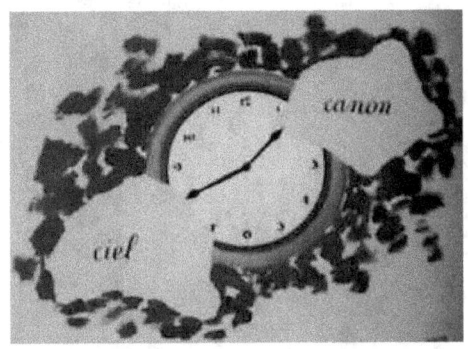

Les Reflets du temps

Aube à l'antipode

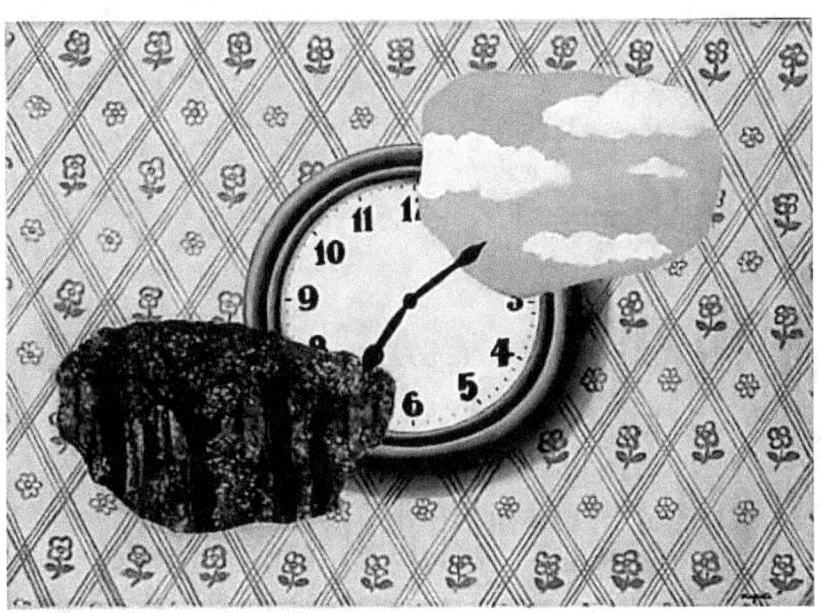

Composition avec horloge, ciel et forêt

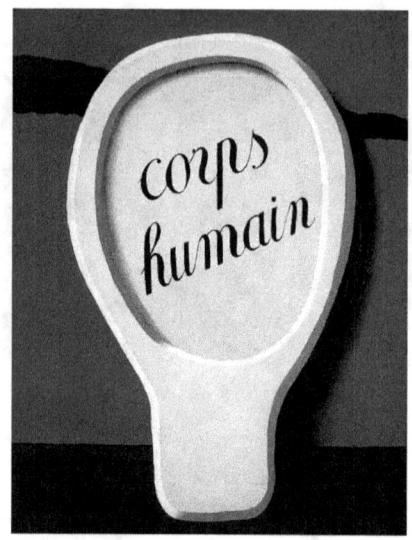
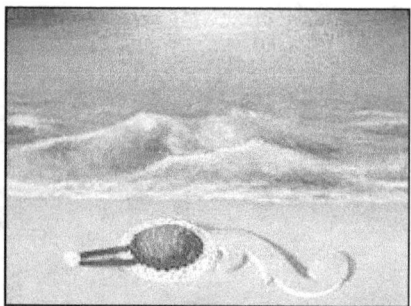
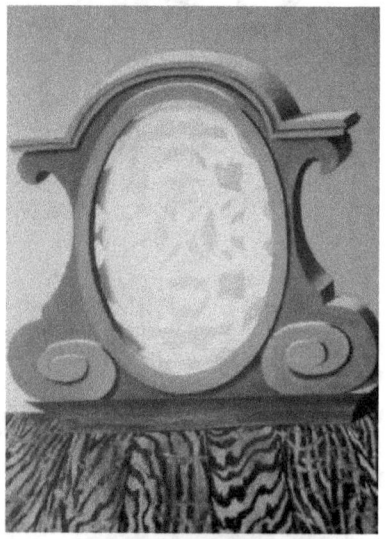

De gauche à droite, et de haut en bas: *Le Sens Littéral 1; Le miroir magique; La fin du temps; Le brise-lumière; Le Dormeur téméraire*

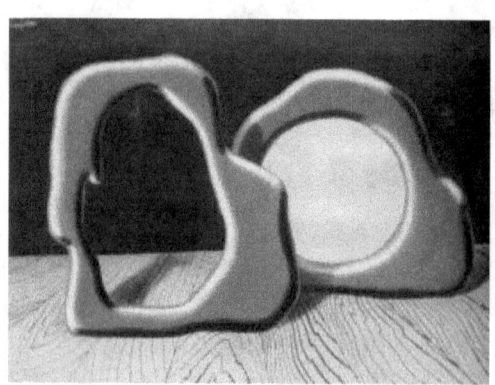
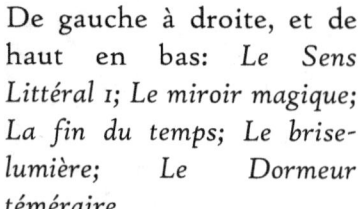
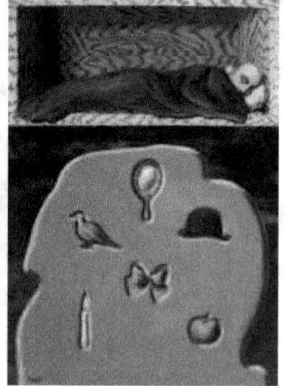

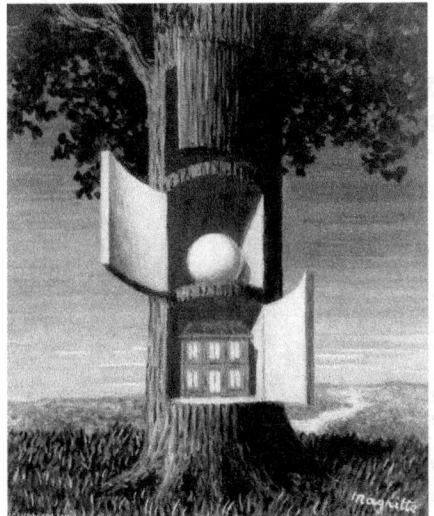 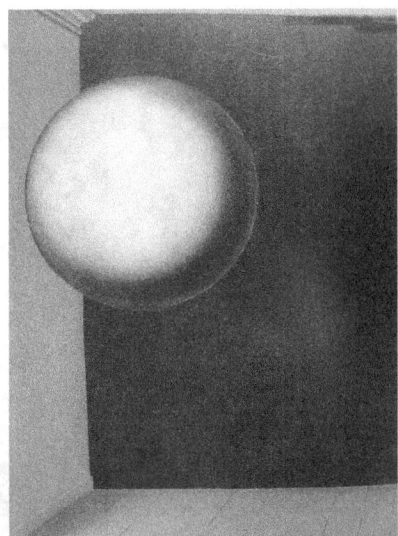

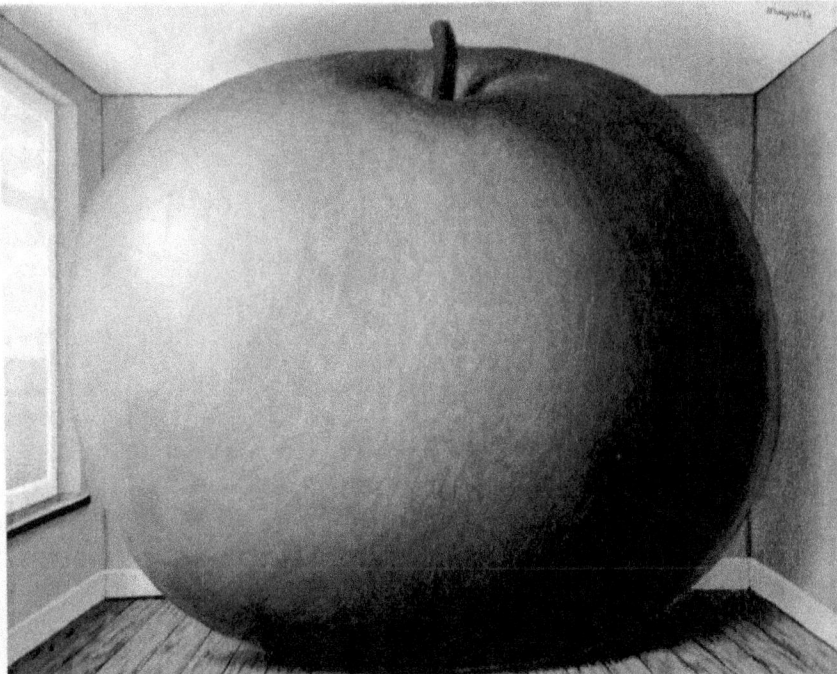

De haut en bas, et de gauche à droite: *La voix du sang; La vie secrète; La chambre d'écoute*

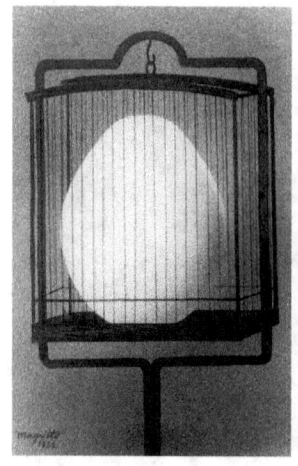
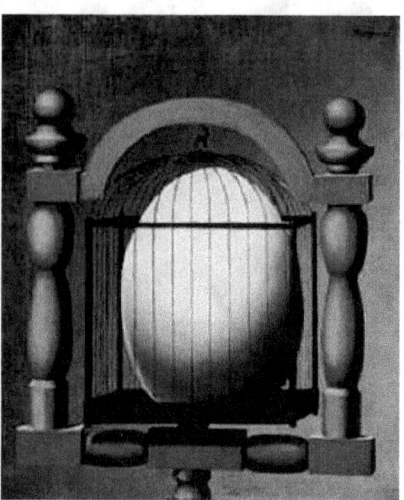
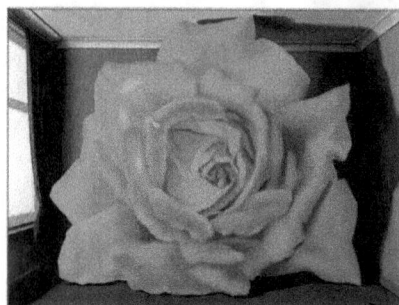
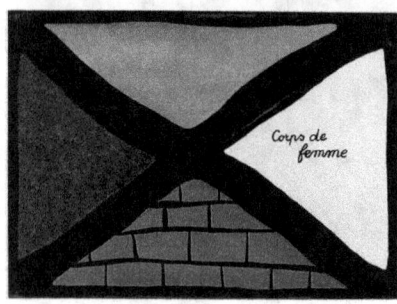
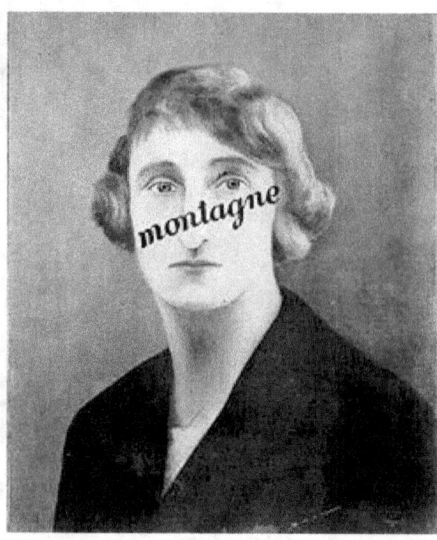

Les affinités électives (1932 et 1933); Le tombeau des lutteurs; Paysage fantôme; Le Sens Propre

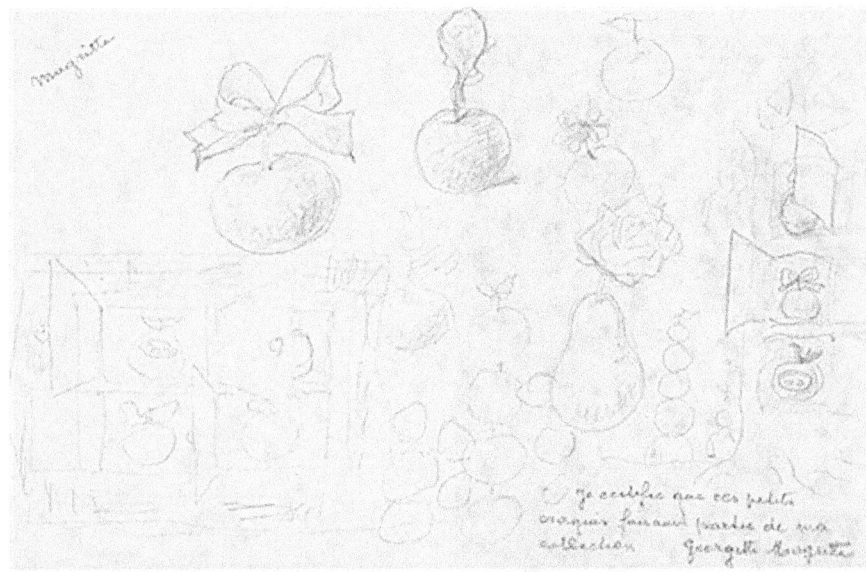

Études pour *La voix du sang*, recto

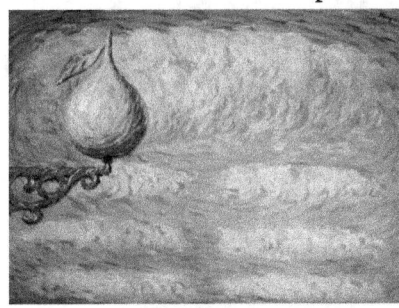

*Le Caprice*

Michel-Ange, *Le Péché originel*, Chapelle Sixtine, 1508-1512

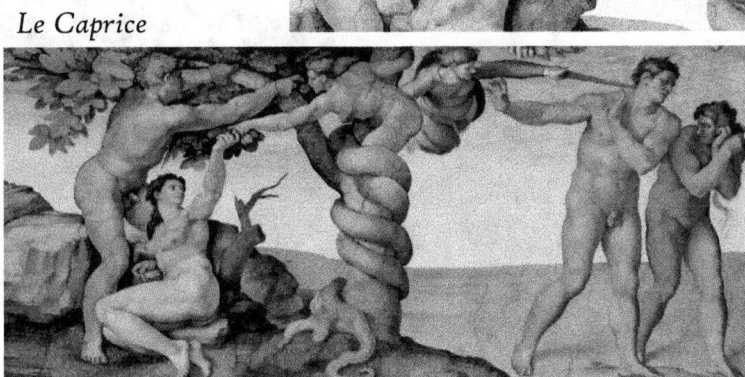

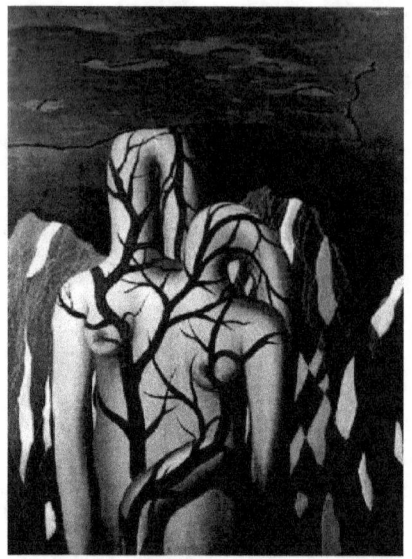

*Paysage*

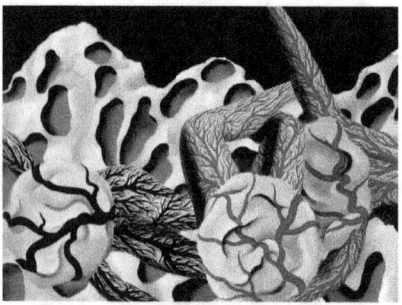

*Le Sang du monde*

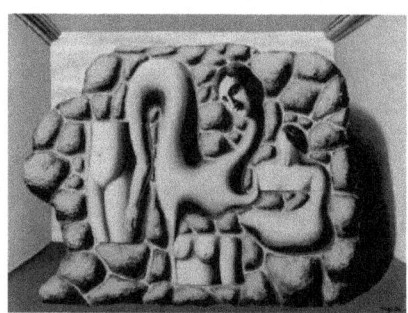

*Le repos de l'Acrobate*

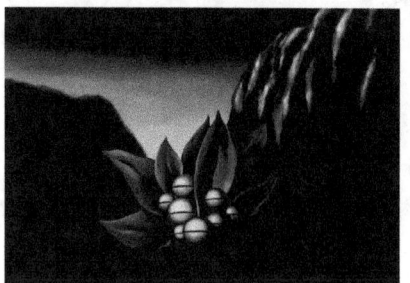

*Les Fleurs de l'Abîme 1*

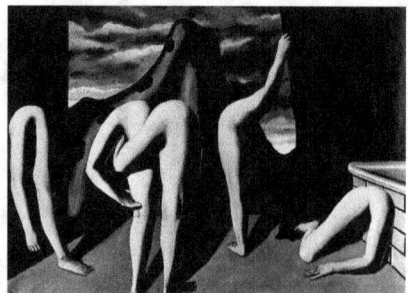

*L'Entracte*

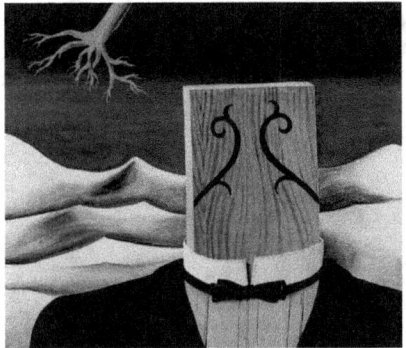

*Le Conquêrant*

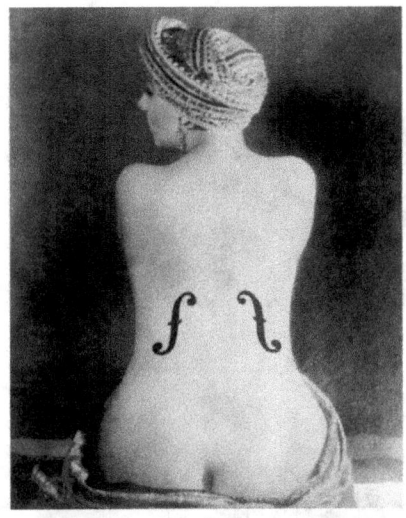

Man Ray, *Le violon d'Ingres*

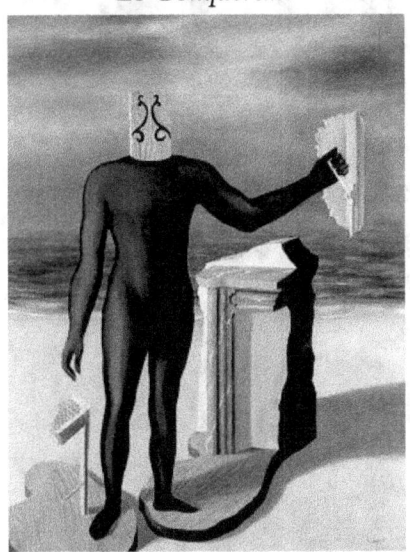

*L'homme du large*

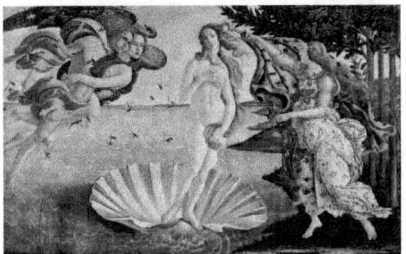

Botticelli, *La naissance de Vénus*, 1484-1486

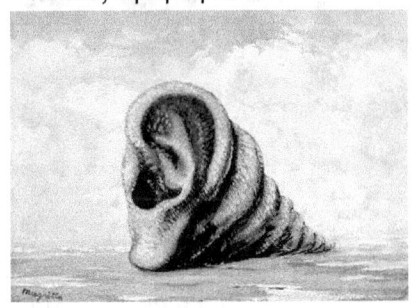

*Sans titre* (1956)

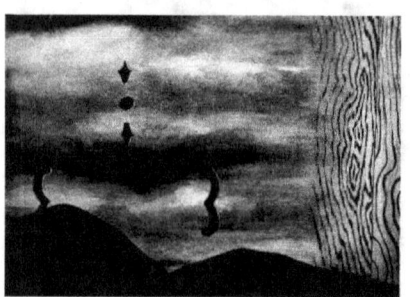
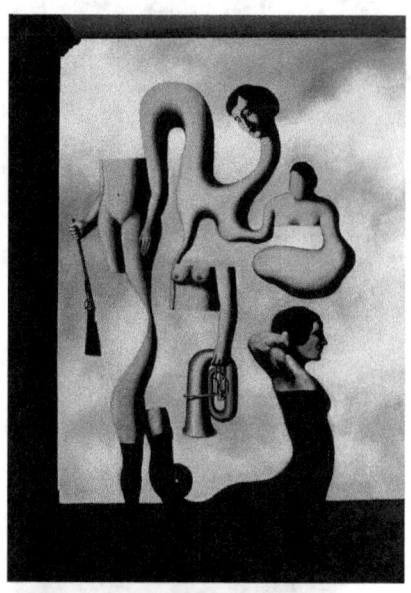
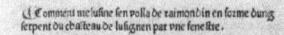
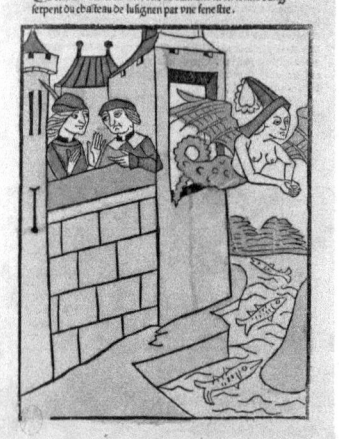
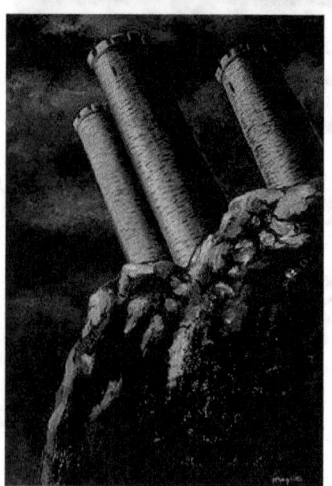
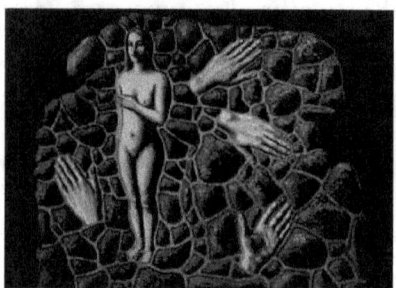

*La doublure du sommeil; Les Idées de l'Acrobate;* Jean d'Arras, *Le Livre de Mélusine, Mélusine dragon s'envole,* août 1478; *La Femme introuvable; Le Parfum de l'Abîme*

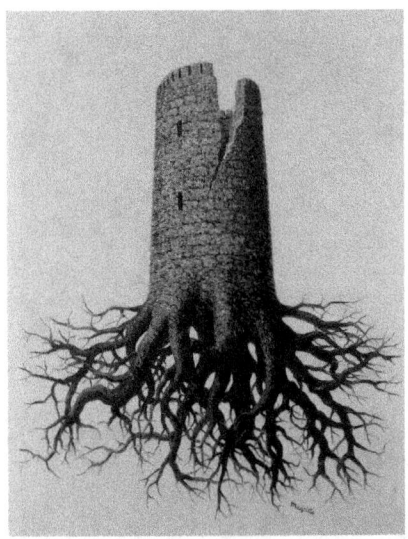

*La Folie Almayer*

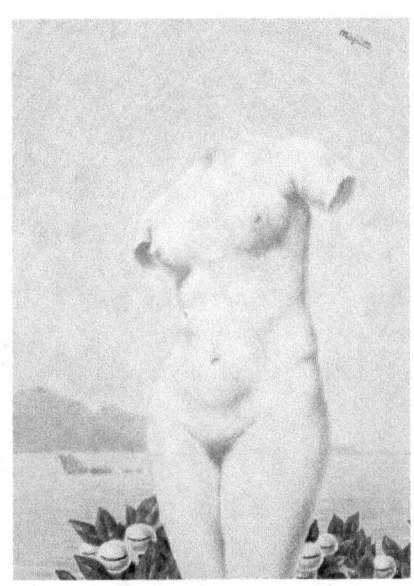

*Le Clairvoyant*

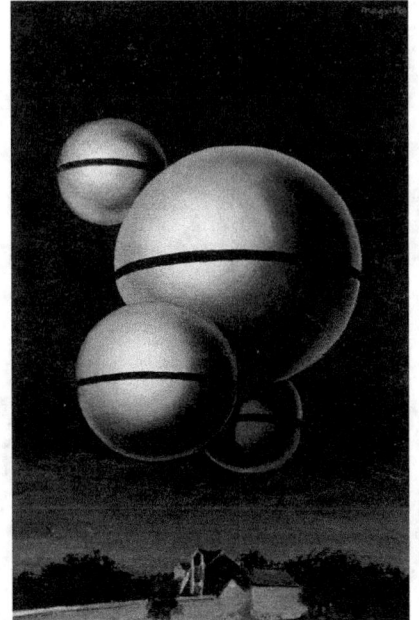

*Les Fleurs de l'Abîme 2*

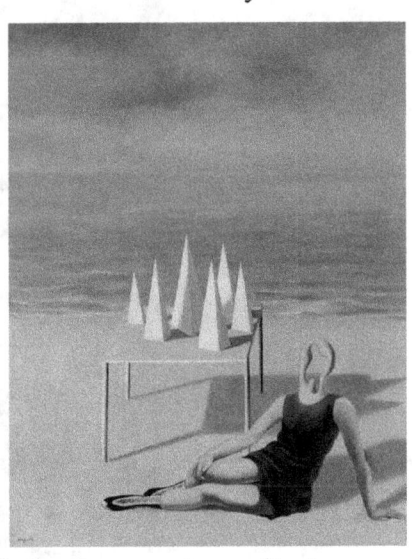

*Les surprises et l'océan*

De gauche à droite, et de haut en bas: *Les Reflets du temps*; *Le Temps menaçant*; *L'Inondation*; *L'automate*

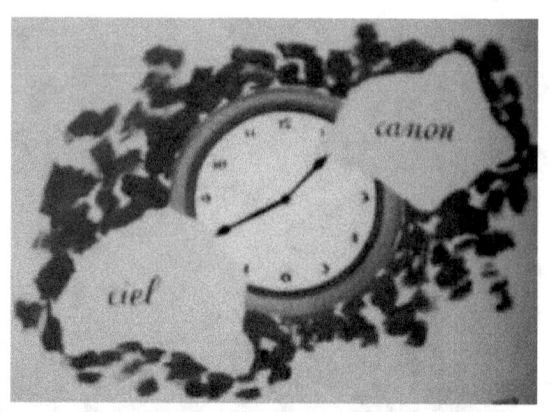
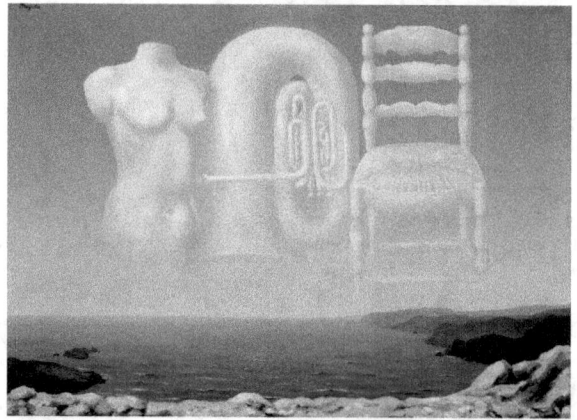
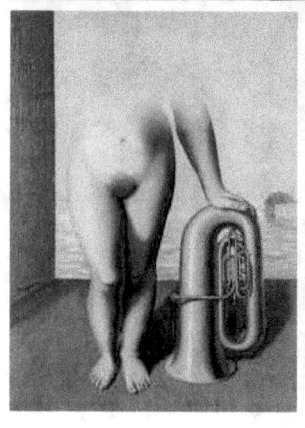
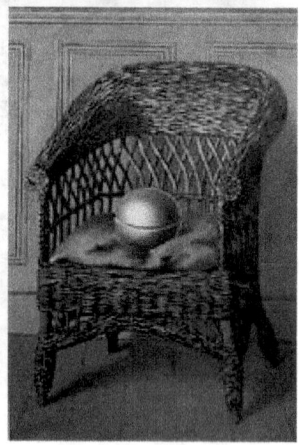

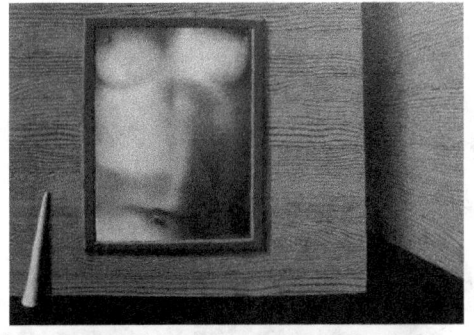
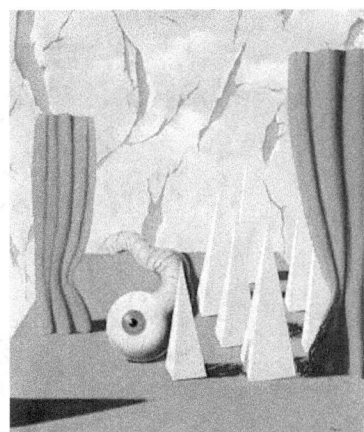
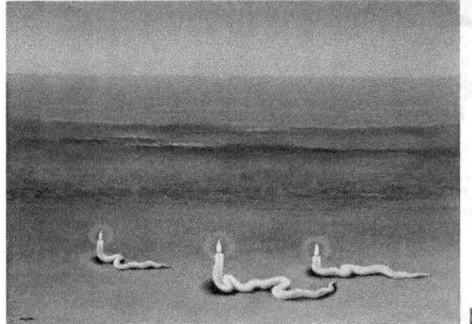
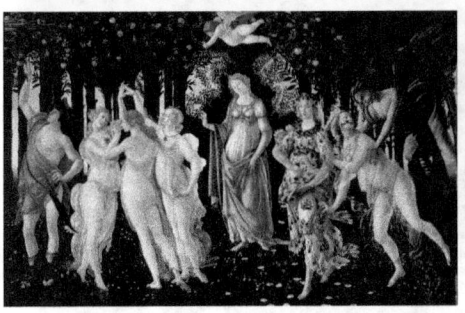
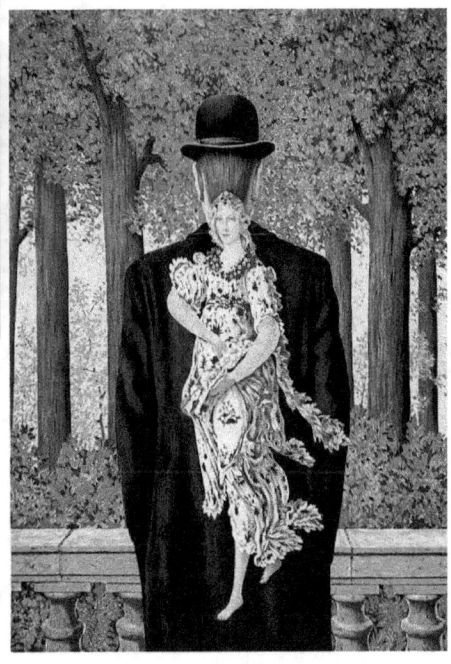

*Le Palais des Courtisans; Le monde poétique 2; Méditation; Sandro Botticelli, Le Printemps; Le Bouquet tout Fait*

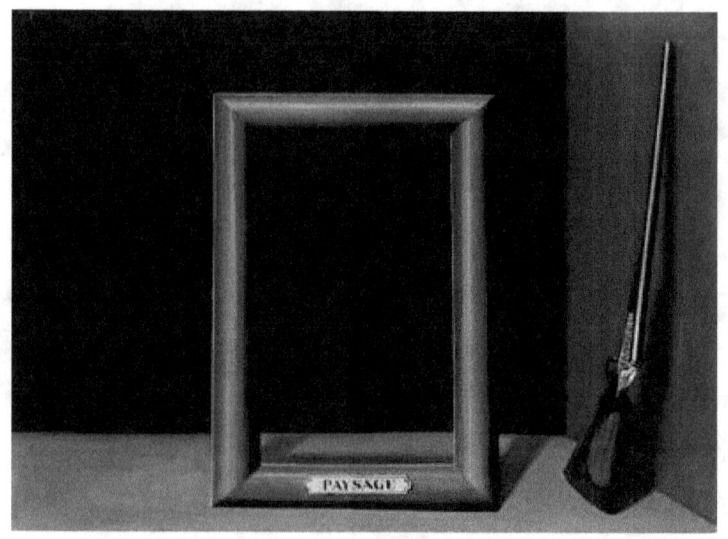

*Les charmes du paysage*

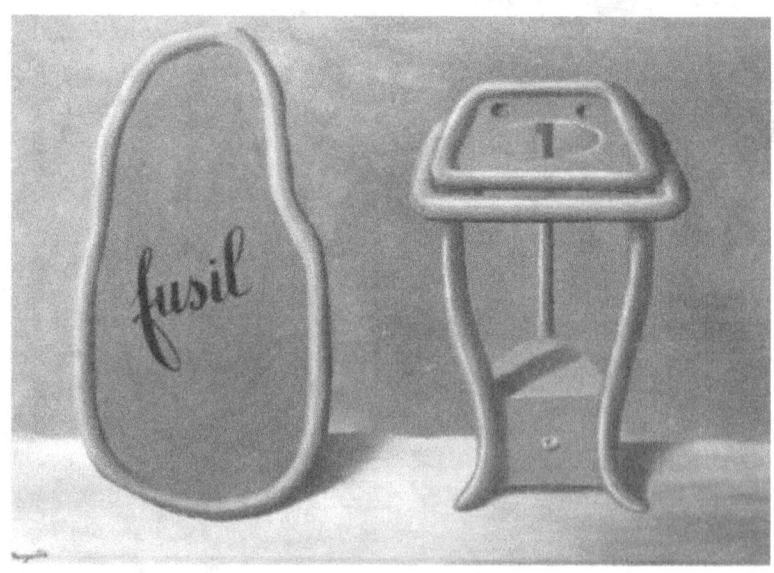

*Le Duo*

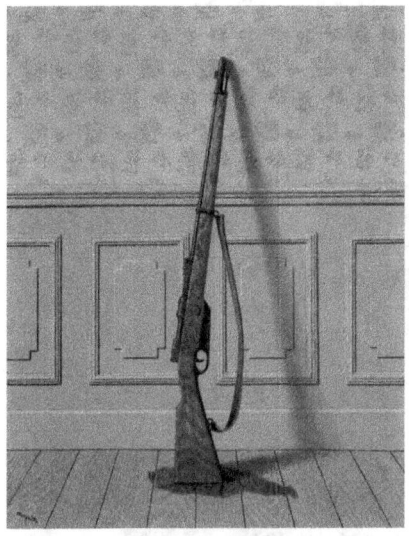

*Le Survivant*

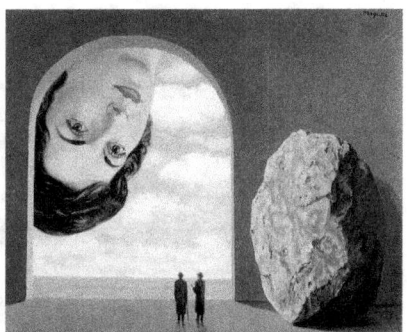

*Portrait de Stéphy Langui*

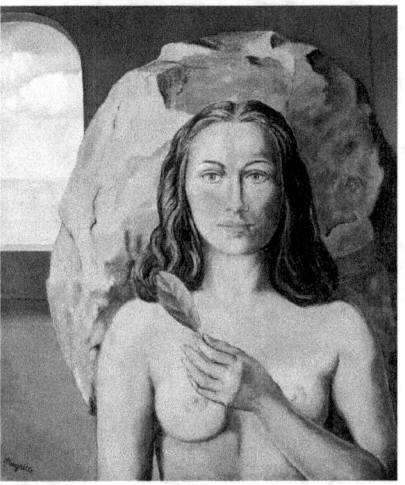

*L'accord parfait*

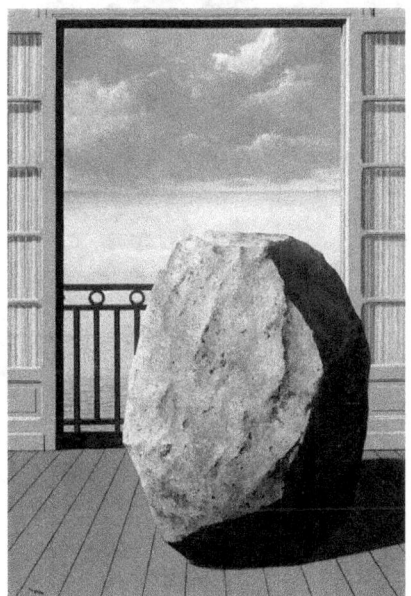

*Le Monde invisible*

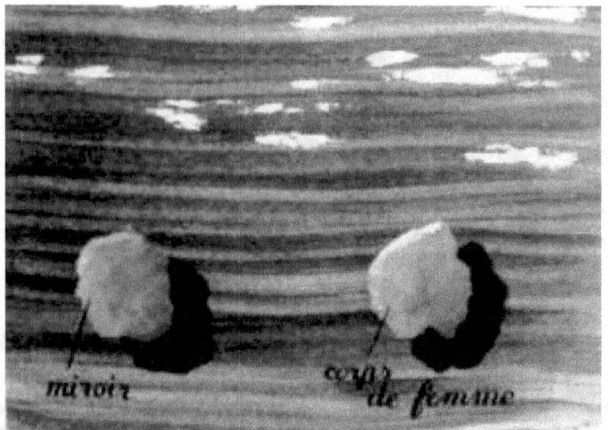

L'Usage de la Parole 2

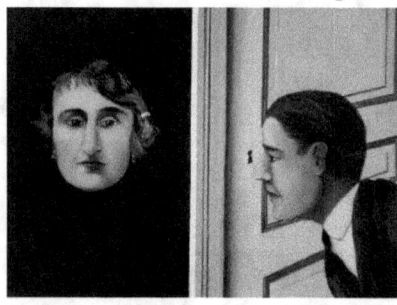

L'Espion

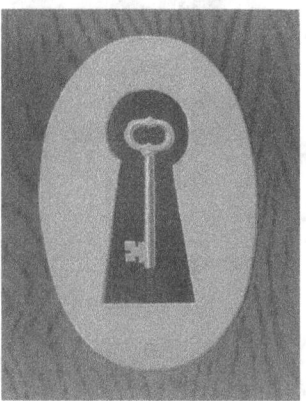

Le Sourire du Diable

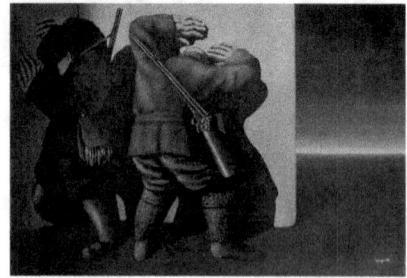

Les chasseurs de la nuit

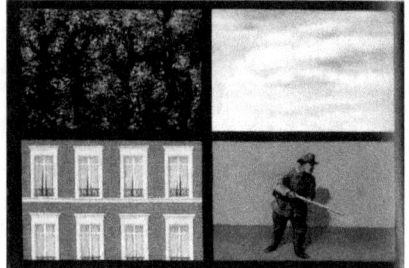

L'Idée fixe

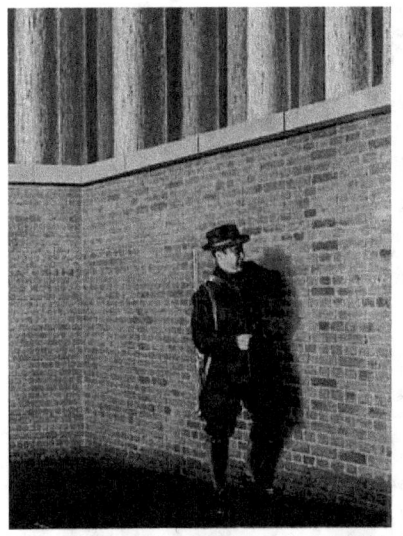

*La Gravitation Universelle*

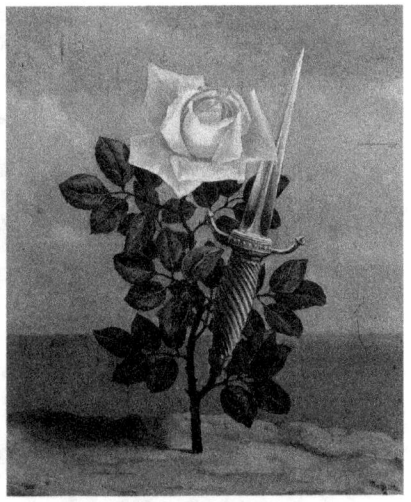

*Le coup de coeur*

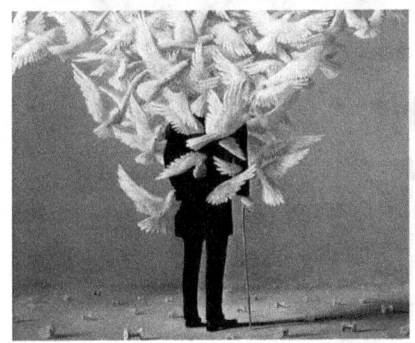

*Vol de colombes*

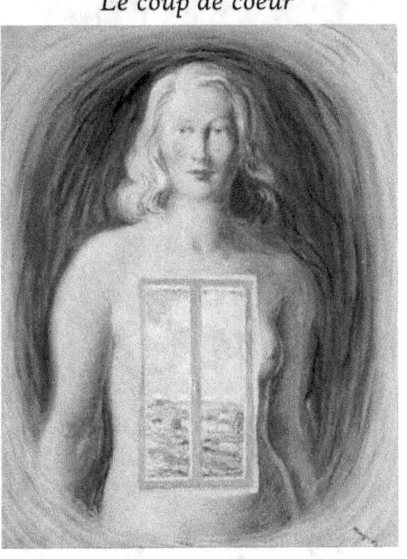

*La vie privée*

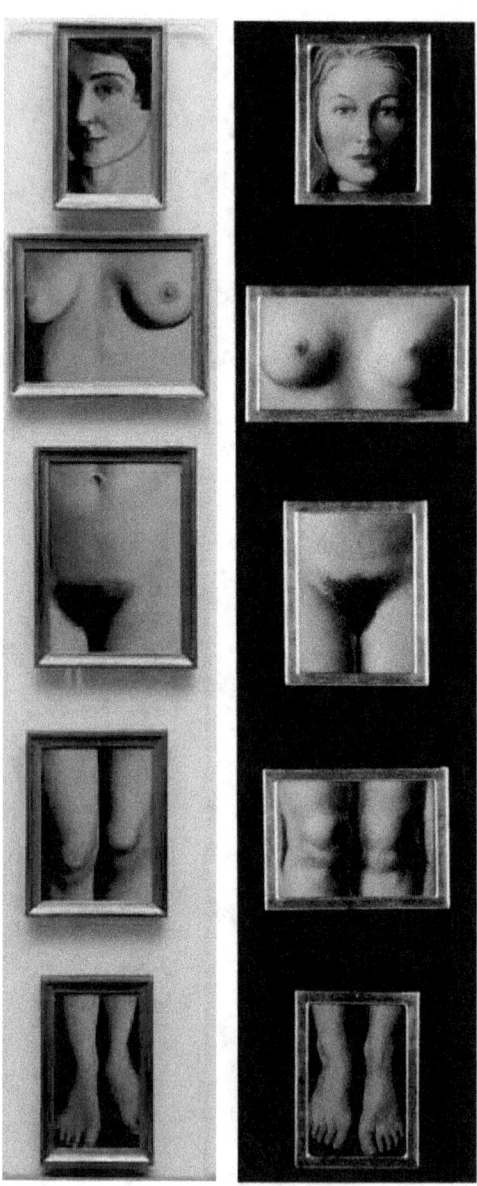
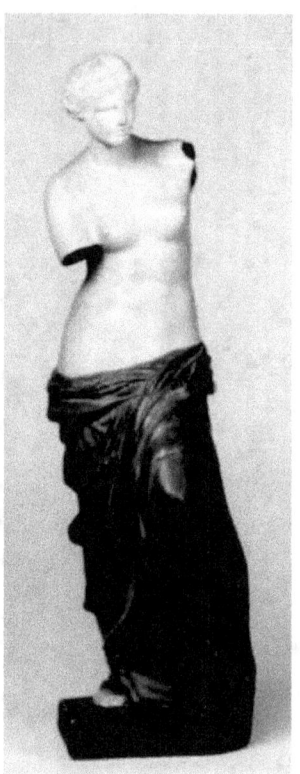

*Les Menottes de cuivre*

*L'évidence éternelle*, versions brune et blonde

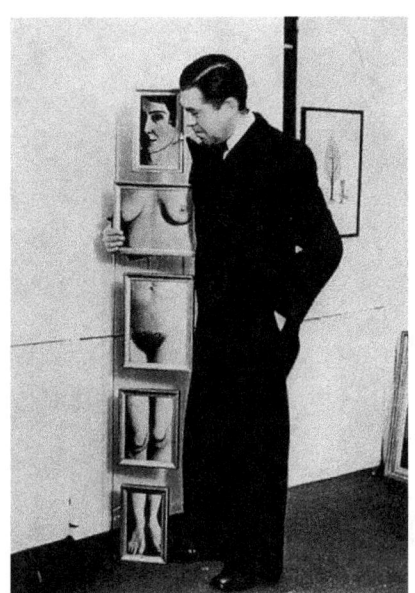 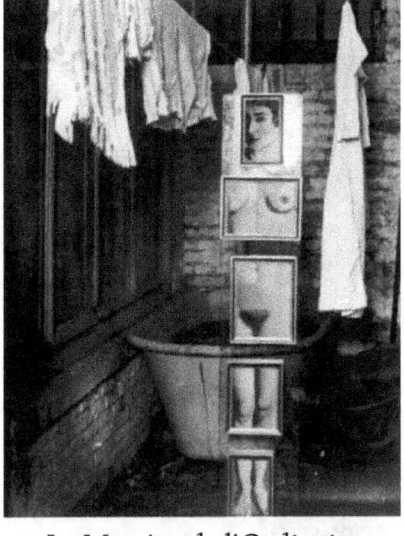

Le Mystère de l'Ordinaire

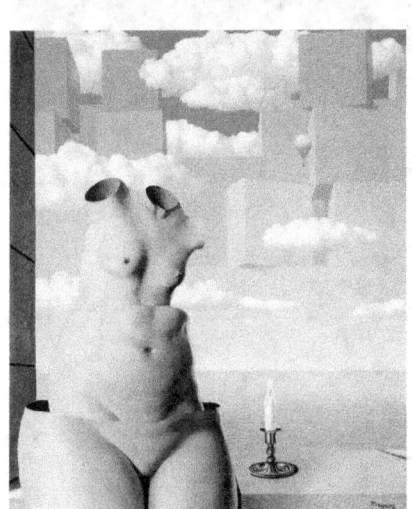

La Folie Des Grandeurs

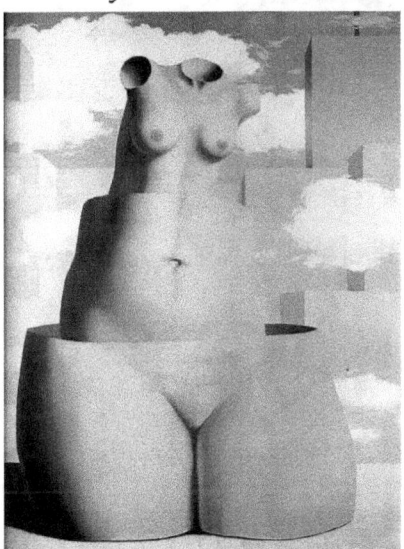

La Folie Des Grandeurs 2

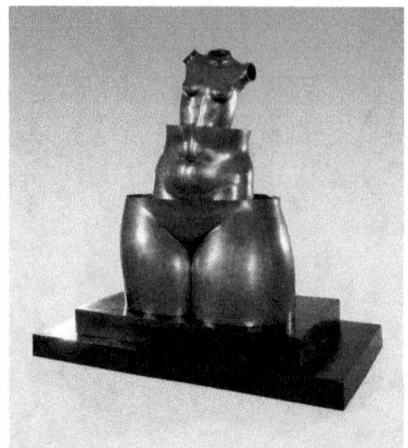

*La Folie Des Grandeurs*, bronze

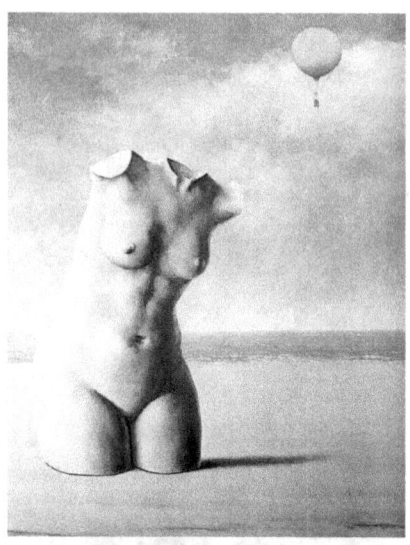

*Quand l'heure sonnera*

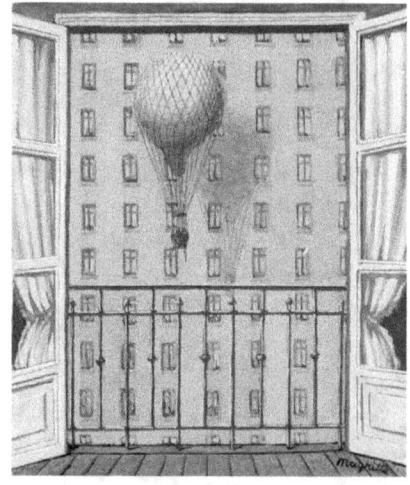

*L'Amateur de Coquillages*

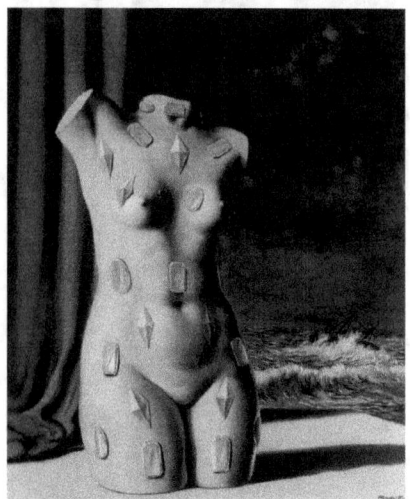

*Sculpture*

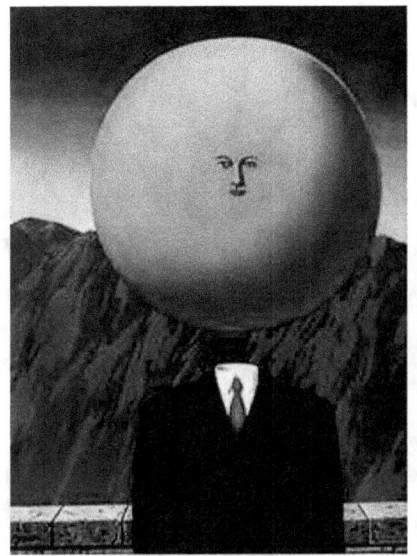

L'Art de Vivre

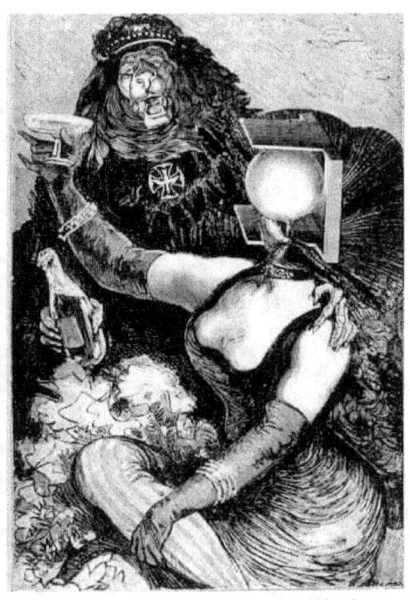

Max Ernst, *Une semaine de bonté*

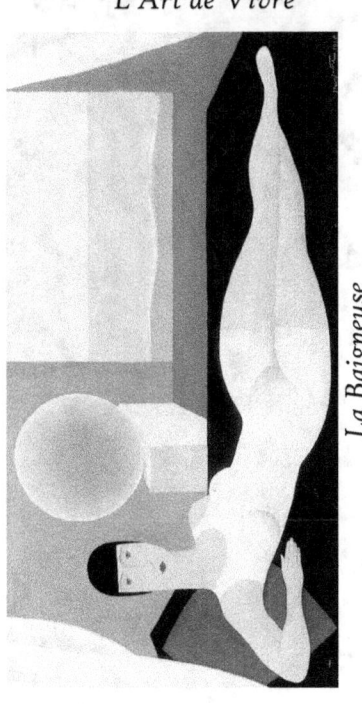

*La Baigneuse*

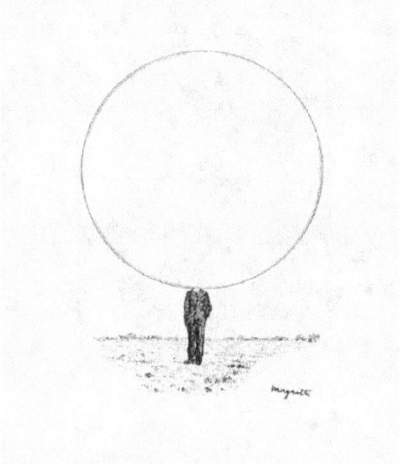

Dessin pour la page de titre de "*L'Invention collective*", avril 1940

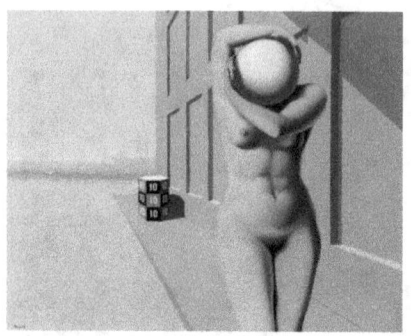

*Exercices Spirituels*

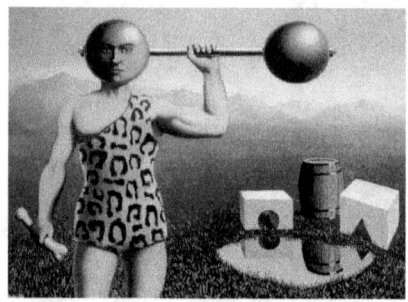

*Le Mouvement Perpétuel*

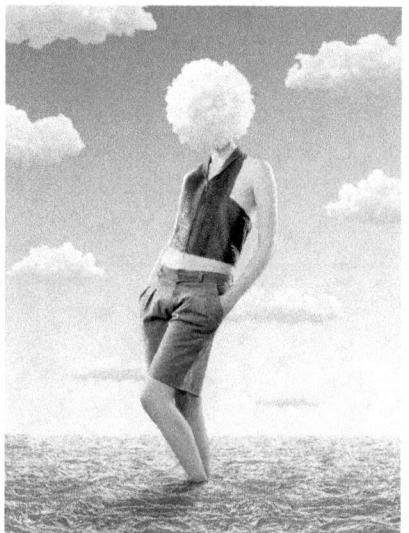

Fernando Maselli,
Photographie inspirée de
l'oeuvre de Magritte

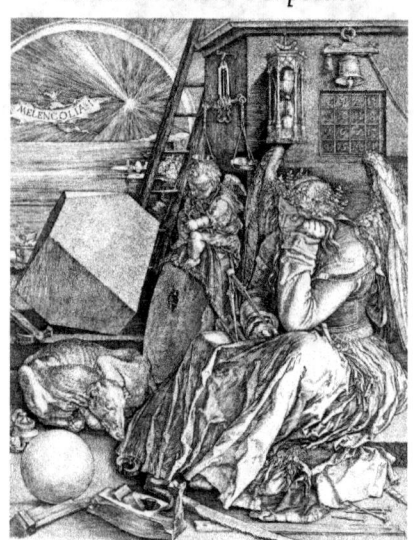

Albrecht Dürer, *Melencolia I*

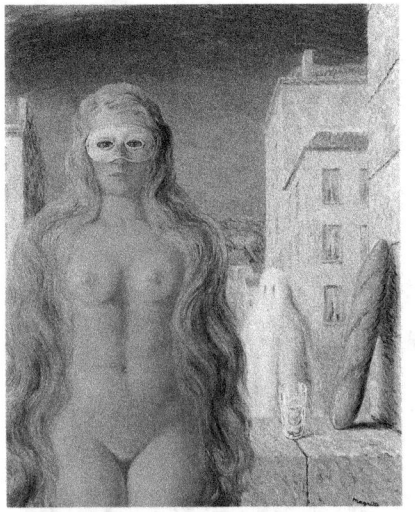

*Le Carnaval du Sage*

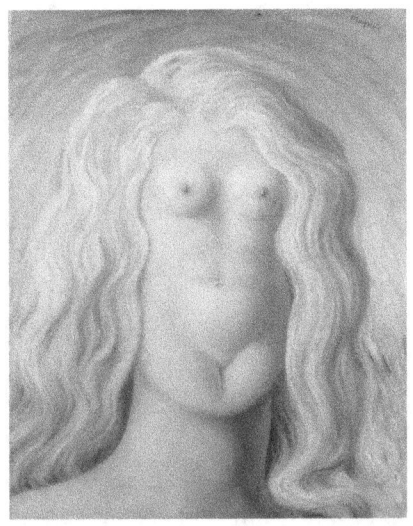

*Le Viol* (1945)

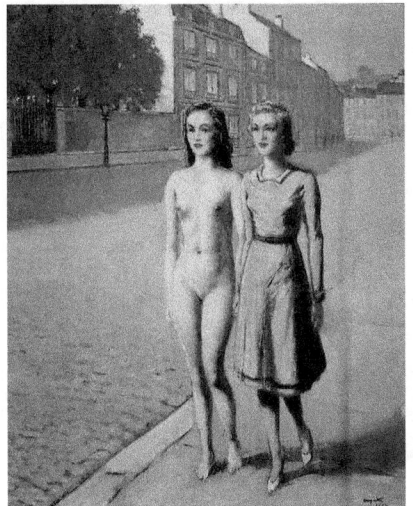

Fillette et Fillette nue se promenant dans la rue

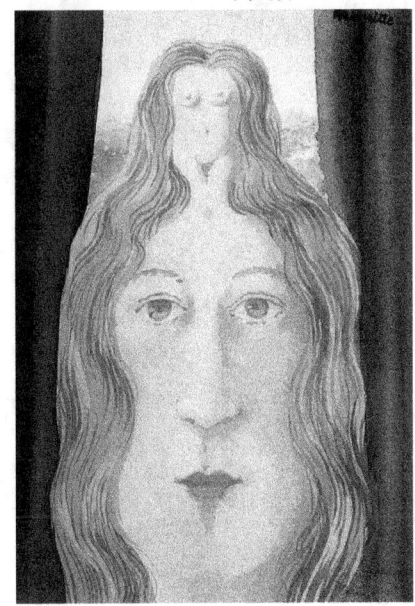

*Silhouette de Jeune Fille Nue*

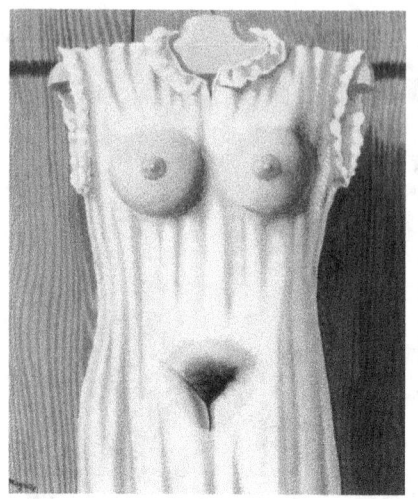

*La Philosophie dans le boudoir 2*

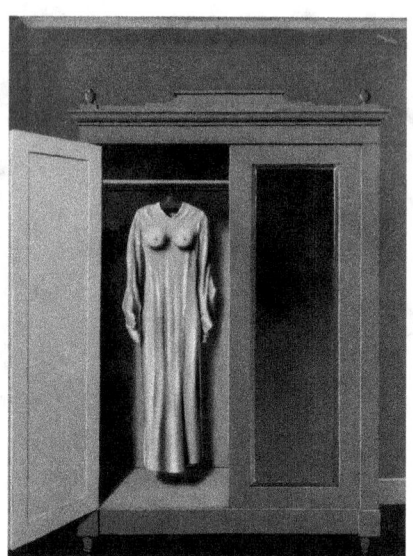

*En Hommage à Mack Sennett*

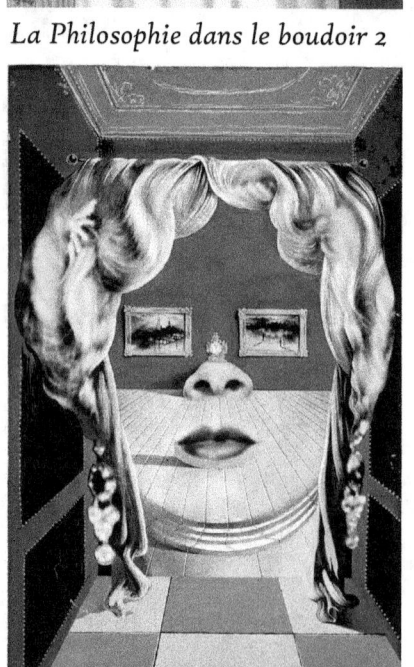

Salvador Dalí,
*Visage de Mae West*

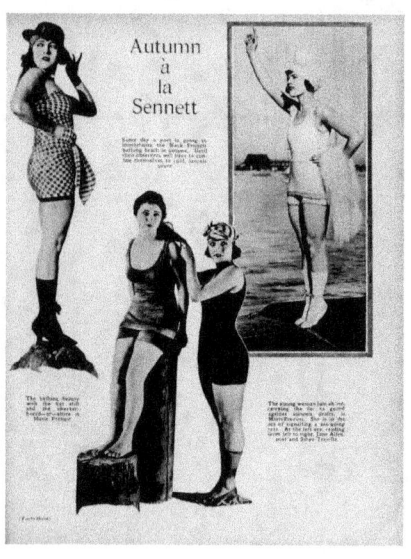

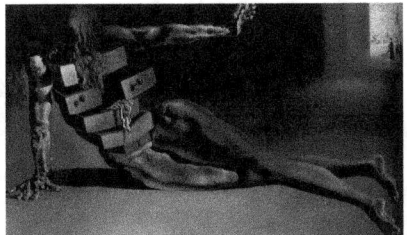

Salvador Dalí,
*El Gabinete antropomorfico*

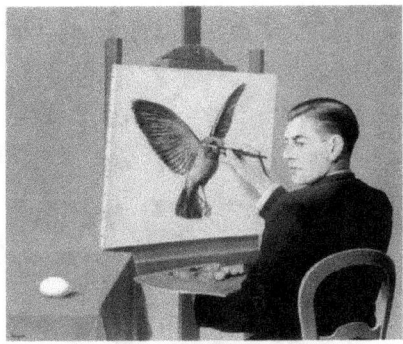

*La Clairvoyance*

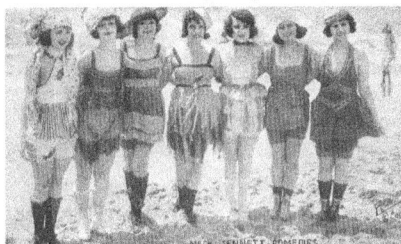

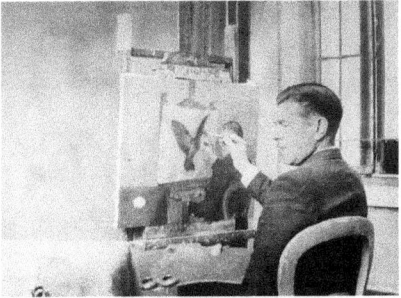

*Photographie de Magritte
peignant La Clairvoyance*

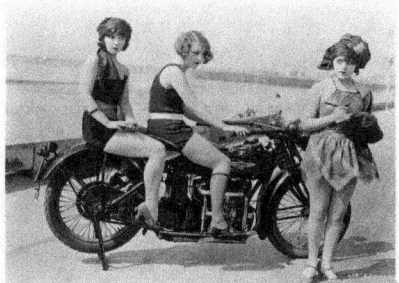

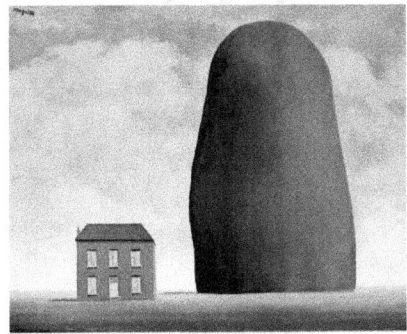

*Les roses d'Ispahan*

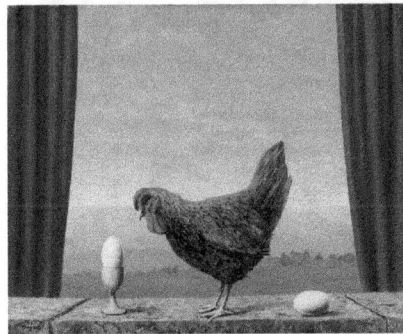

*Variante de la tristesse*

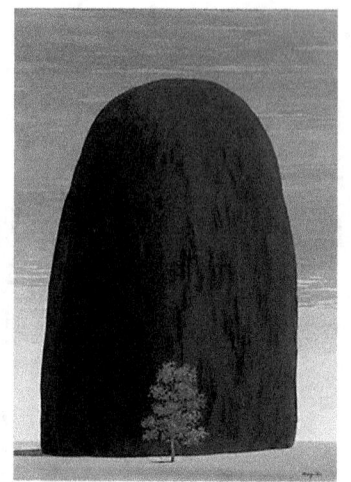

Dans l'Espace et
Dans le Temps

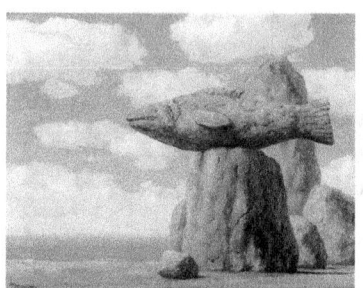

La Connivence

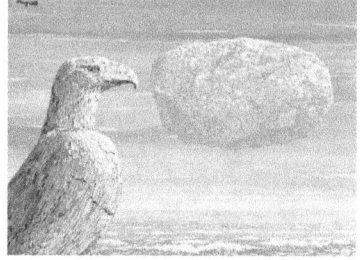

La Connaissance absolue

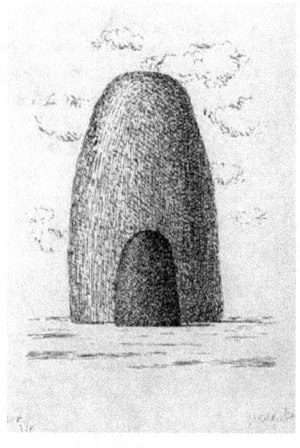

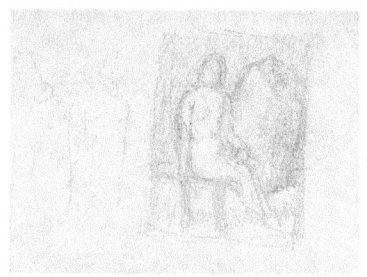

Personnages assis

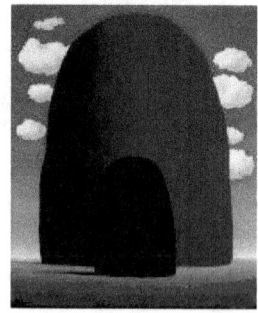

Version papier de
Parmi les bosquets
légers, peinture et
dessin

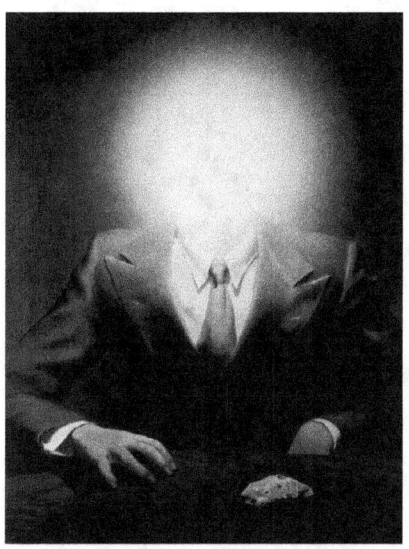

*Le Principe de Plaisir -
Portrait d'Edward James*

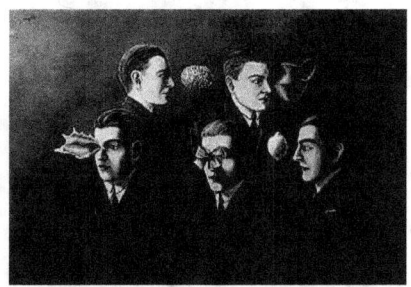

*Les Objets quotidiens*

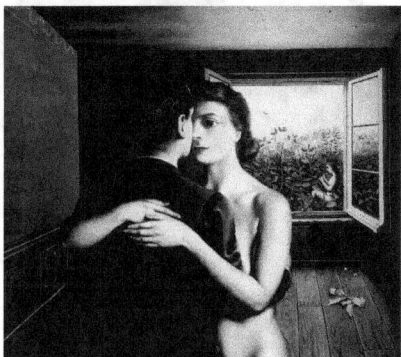

Paul Delvaux,
*La Joie de Vivre*

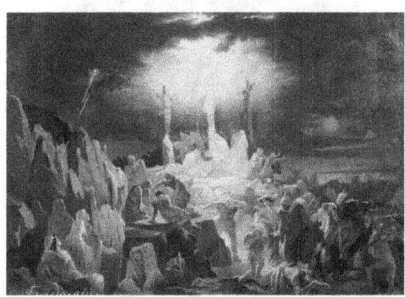

Vasili Golinsky,
*La Crucifixion du Christ*

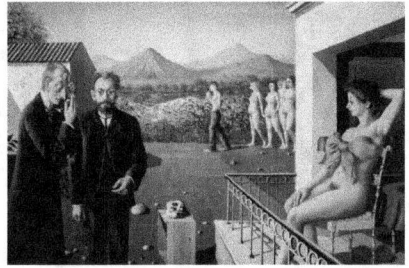

Paul Delvaux,
*Les femmes de la galanterie*

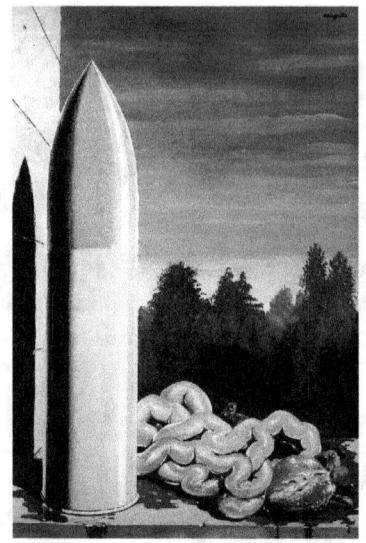

Le Témoin

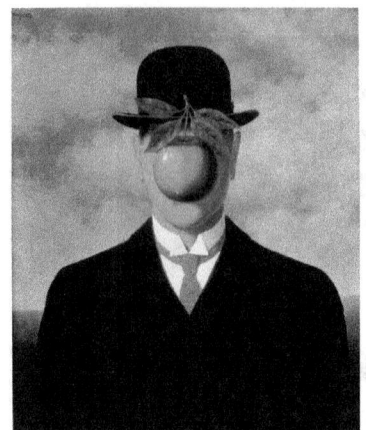

La Grande Guerre

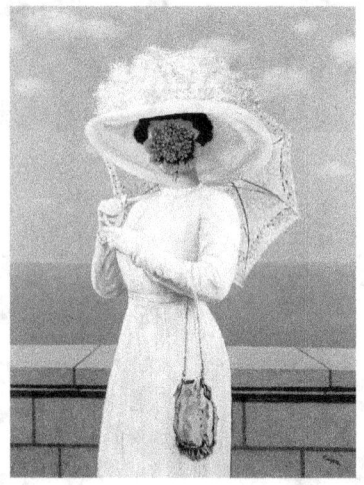

La Grande Guerre

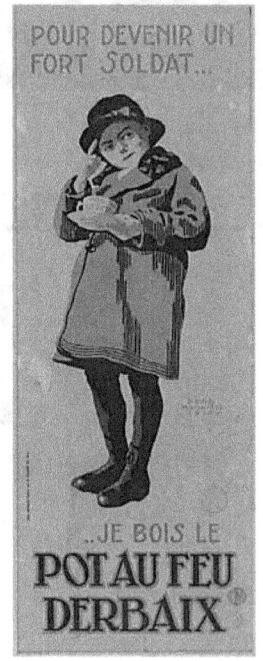

Pour devenir un fort soldat ...
je bois le pot au feu Derbaix

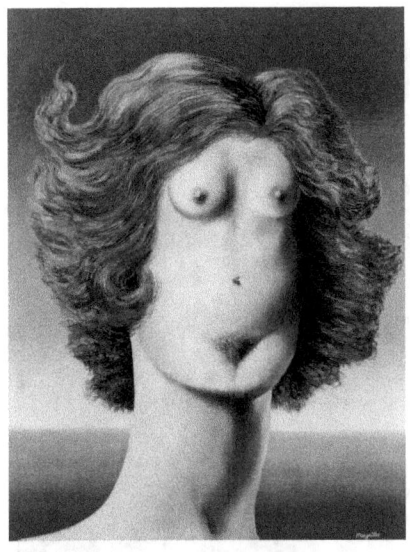

*Le Viol* (1934)

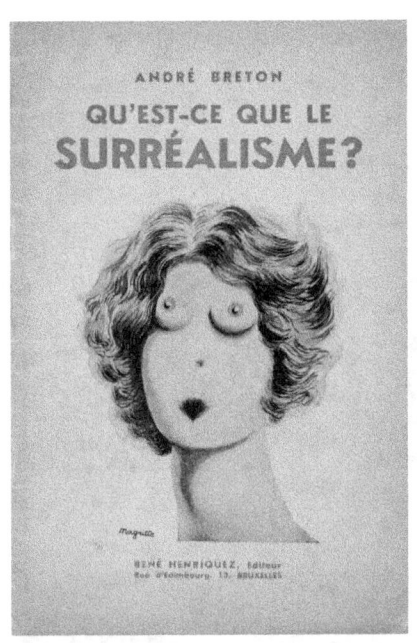

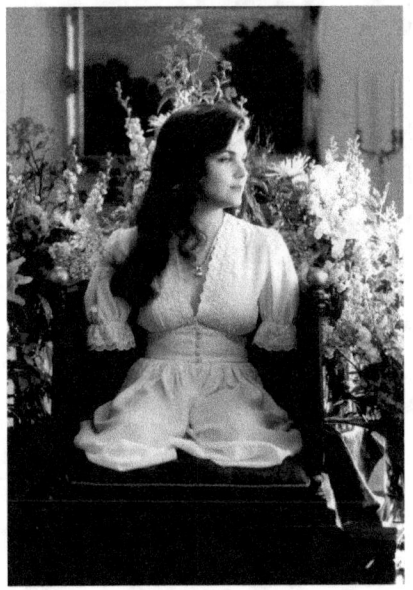

Jennifer Lynch,
*Boxing Helena*

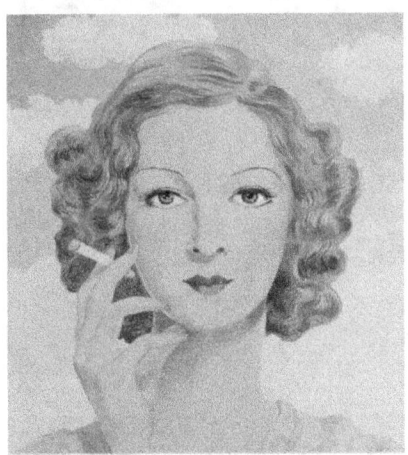

*Portrait de Georgette Magritte
- Étude pour une affiche*

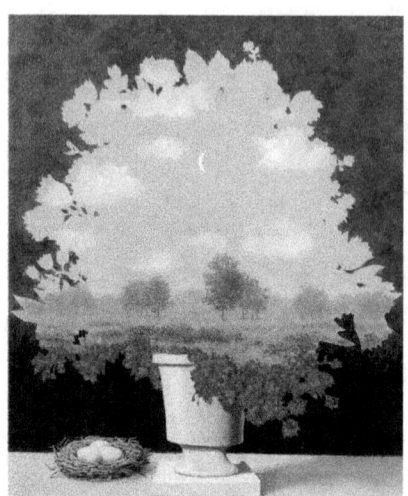

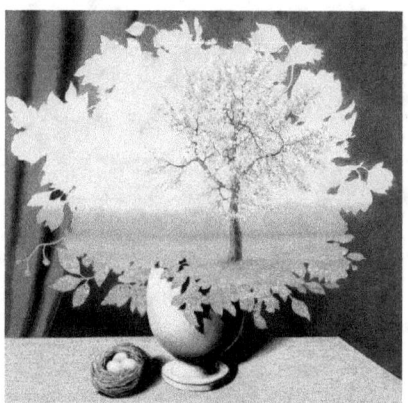

Le Plagiat 1 et 2

Le Pays des Miracles

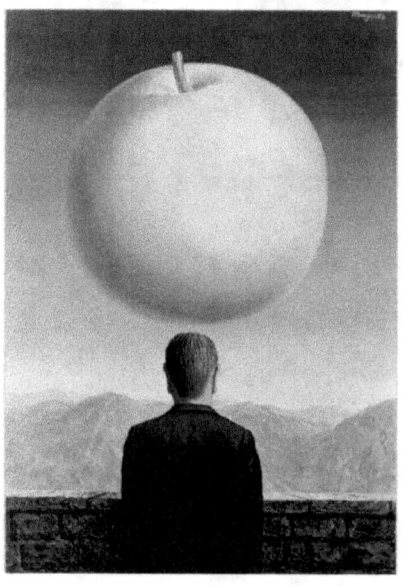

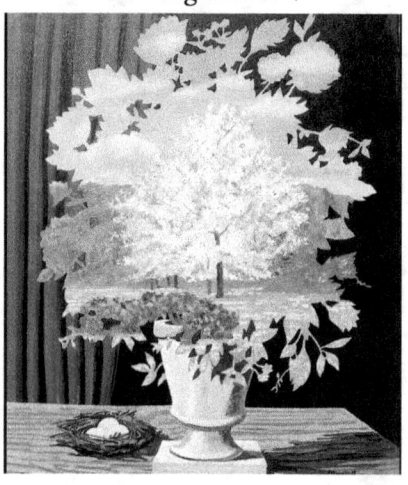

La Carte Postale

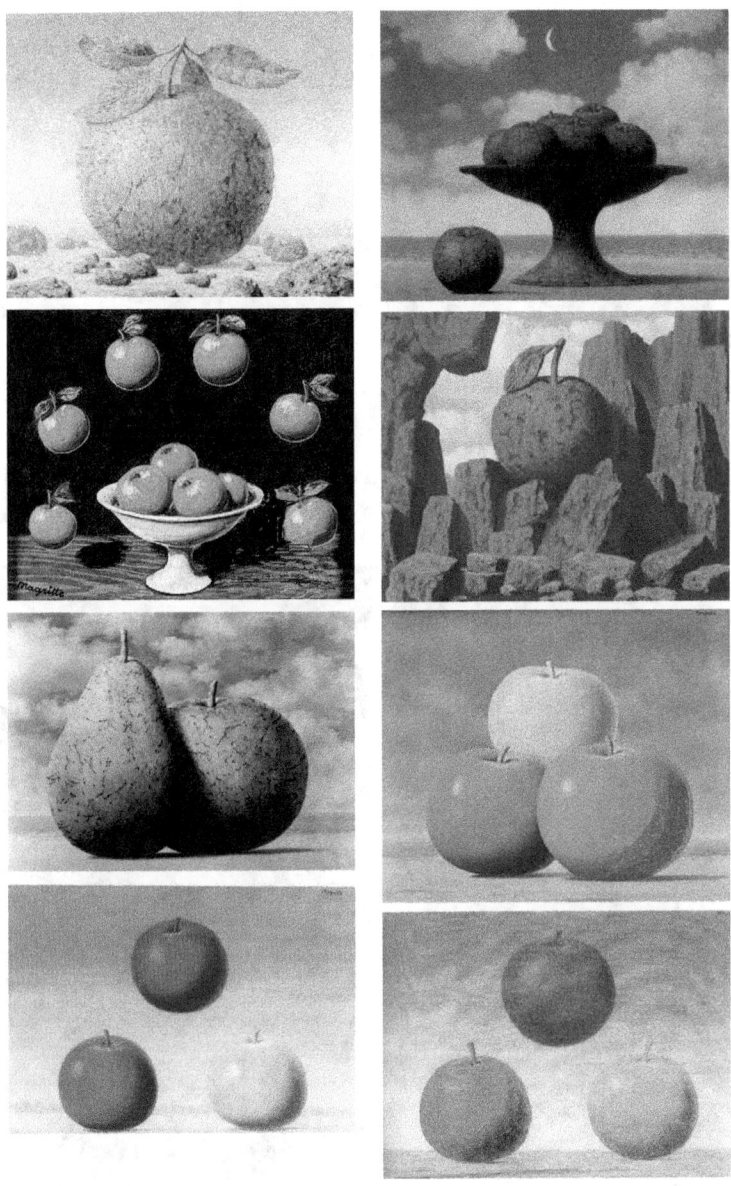

*La Grande Table 1 et 2; Le Principe d'Archimède; La parole donnée; Mémoire d'un voyage; Le chant d'amour 1; Les Jeunes Amours 1 et 2*

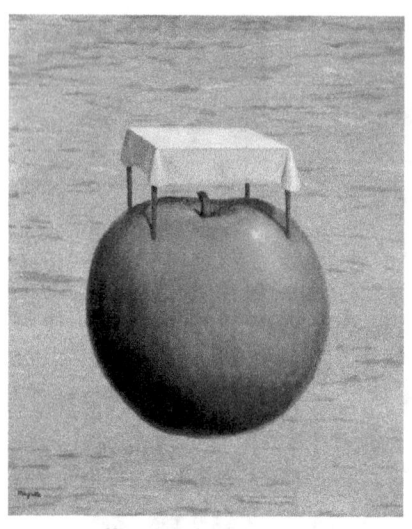
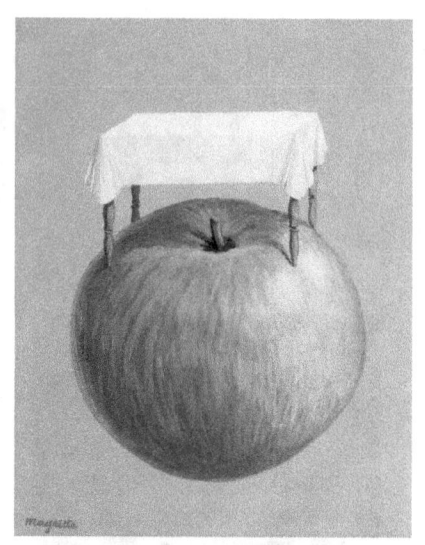

*Les Belles Réalités*, 3 versions

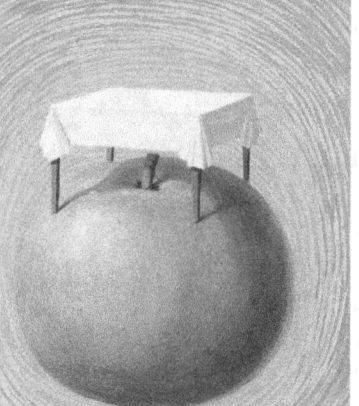
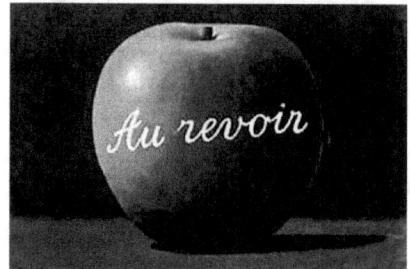
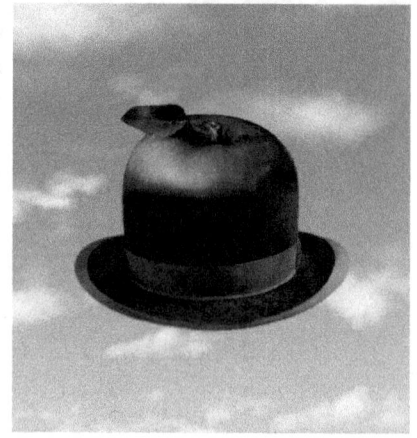

*Chapeau melon*

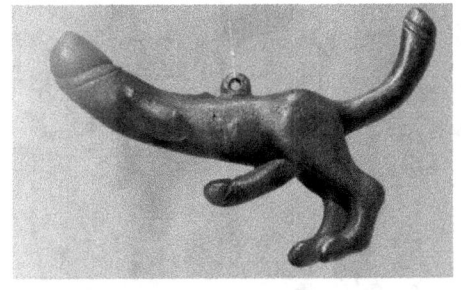
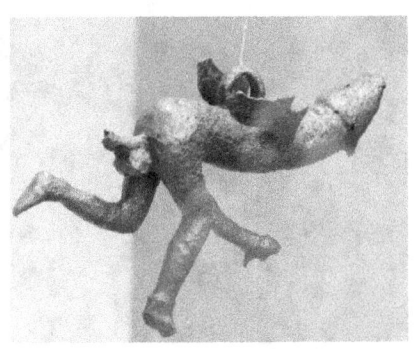

*Tintinnabula*, 100-300

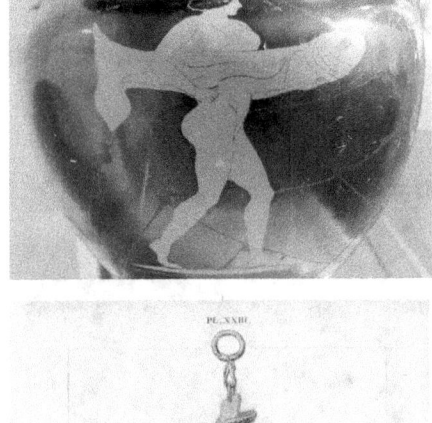

Cratère, Peintre de Pan, 470 av.J.-C.

*Tintinnabulum*

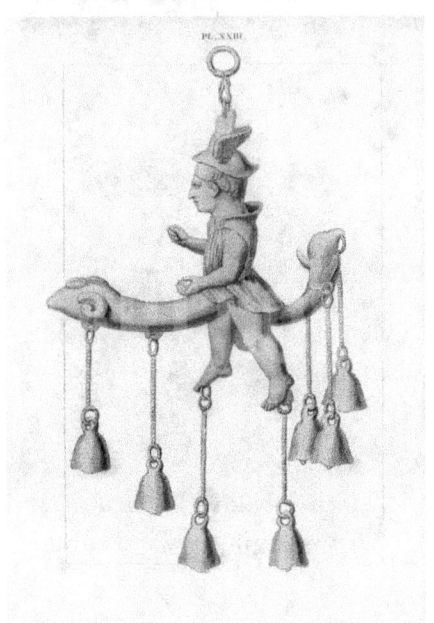

Lampe de bronze en forme d'Hermès-phallus par A. Delvaux

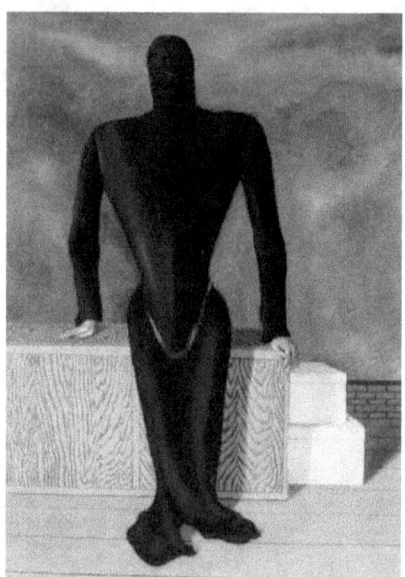

La Voleuse

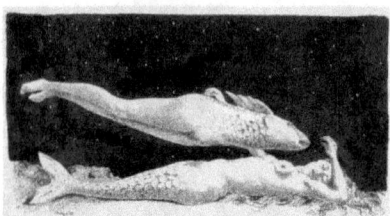

Le rêve de l'androgyne

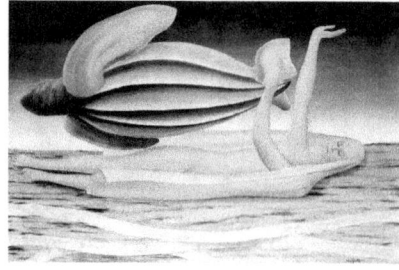

Le Vêtement de l'Aventure

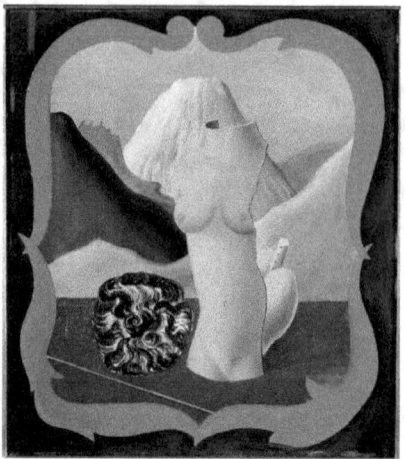

Souvenir de voyage, 1926

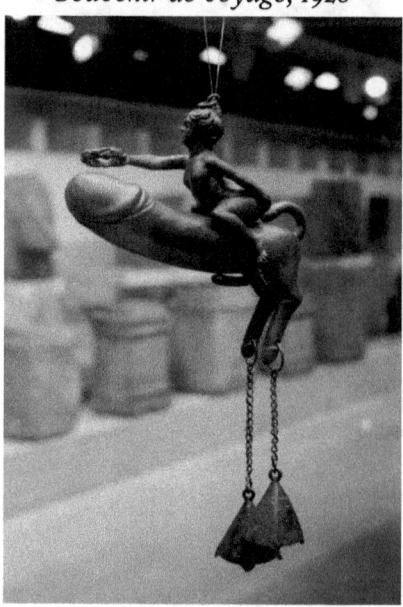

Tintinnabulum, Museu de Arqueologia de Catalunha

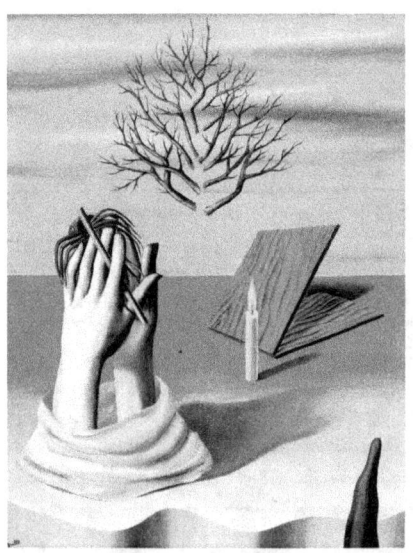

L'Aube Cayenne

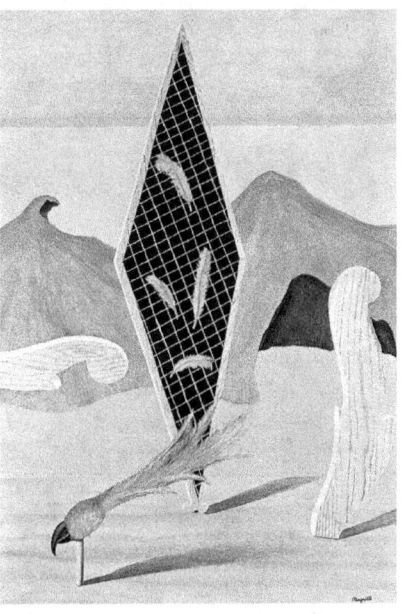

Laissé derrière par l'Ombre 2

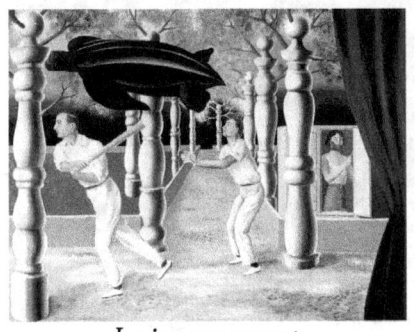

Le joueur secret

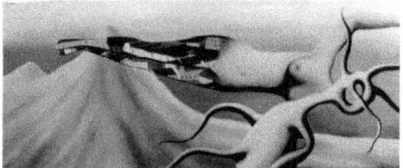

Les Grands Voyages

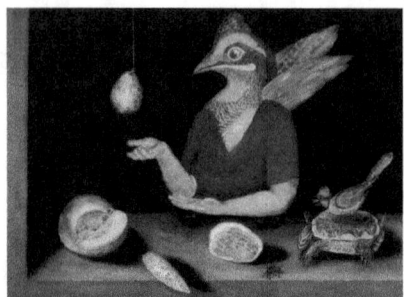
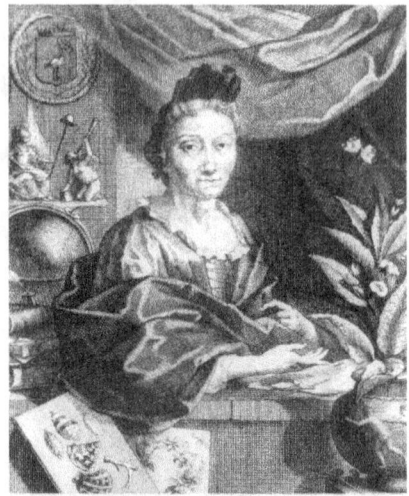
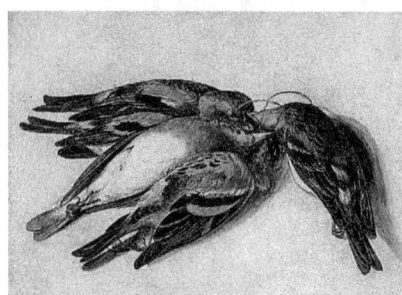
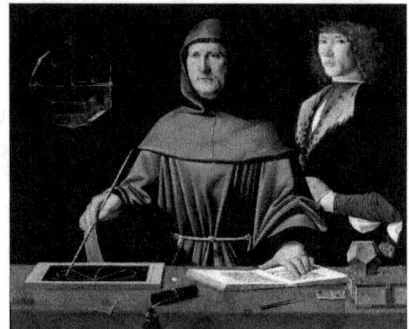

Sue Jhonson, *Self-portrait as Loplop's sister*; Jacob Houbraken, *Portrait de Maria Sibylla Merian*, d'après Georg Gsell; Anna Maria Sibylla Merian, *Quatre pinsons de montagne morts*; *Luca Pacioli avec son élève Guidobaldo Ier de Montefeltro*, attribué à Jacopo de' Barbari

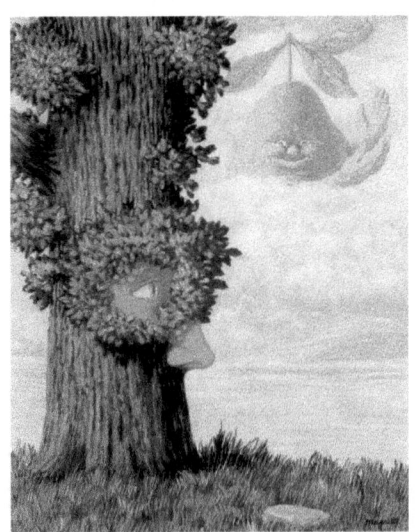
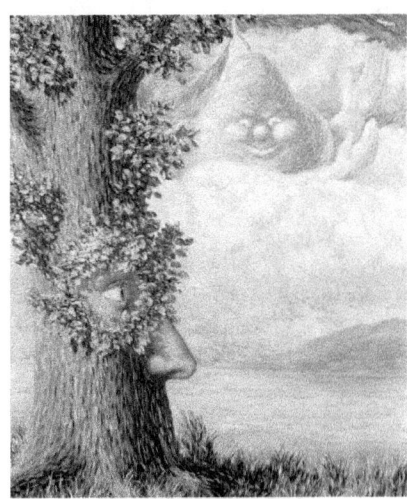
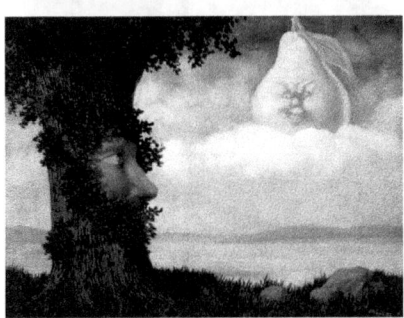
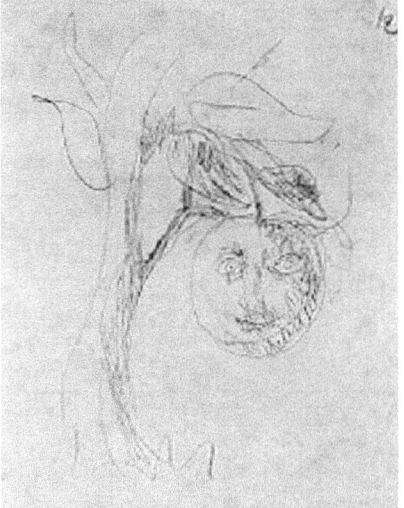

*Alice au Pays des Merveilles*
et étude pour la série

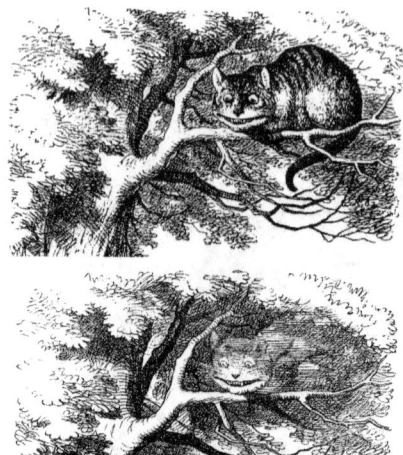

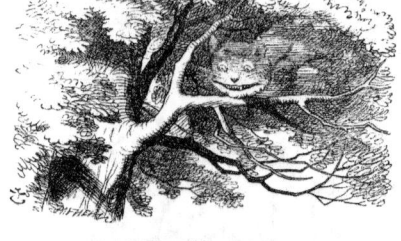

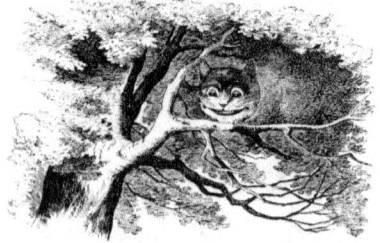

John Tenniel, illustrations pour *Alice au Pays des Merveilles*, 1865

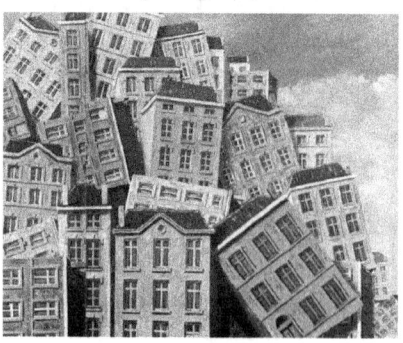

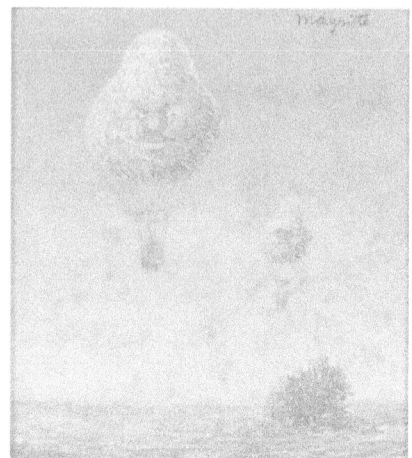

La Bonne Année

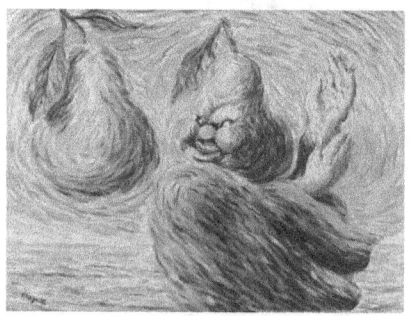

Le Lyrisme

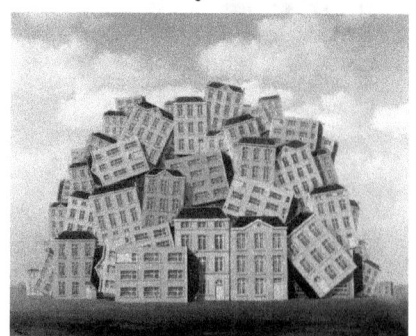

La Poitrine, 1960 et 1961

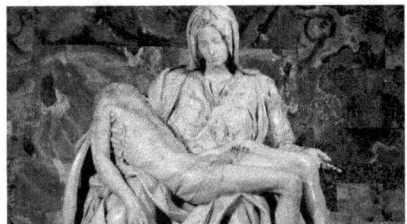
Michel-Ange, *Pietà*

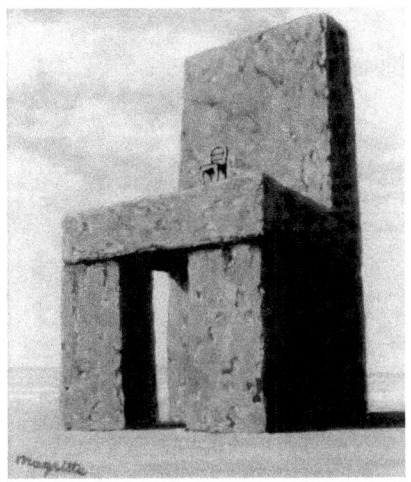
*La Légende des Siècles*

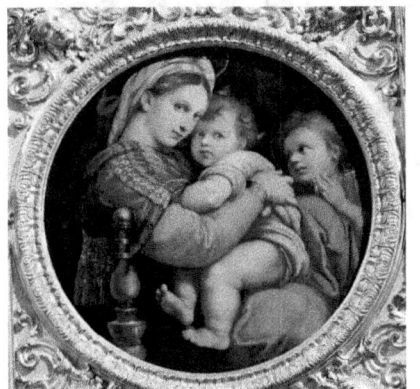
Raphaël, *Vierge à la chaise*

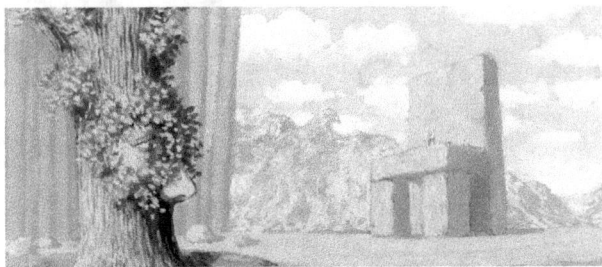
*Le Domaine enchanté*

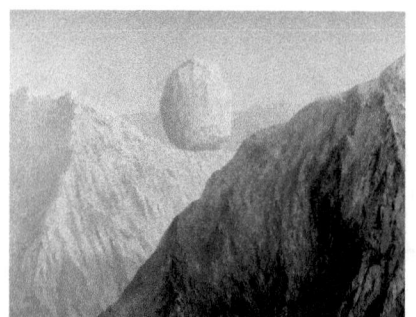
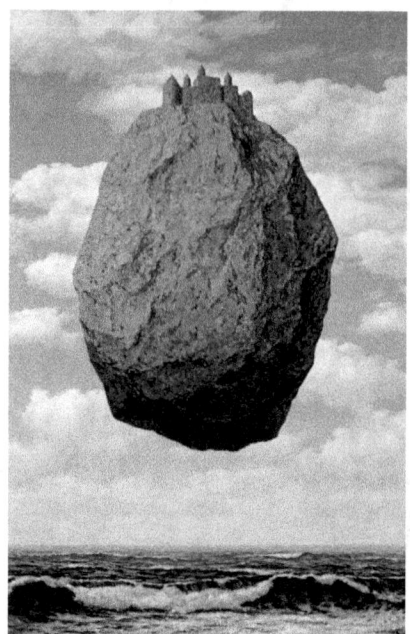
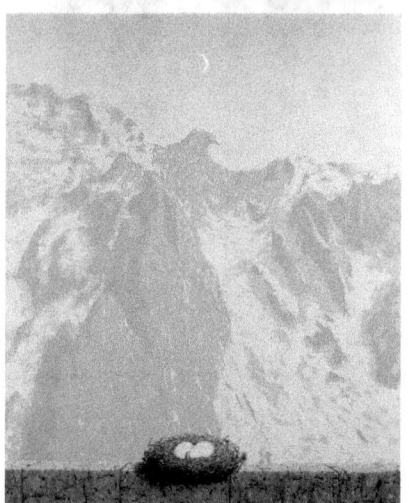
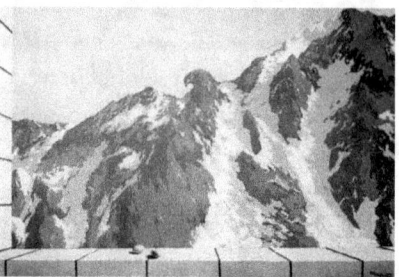
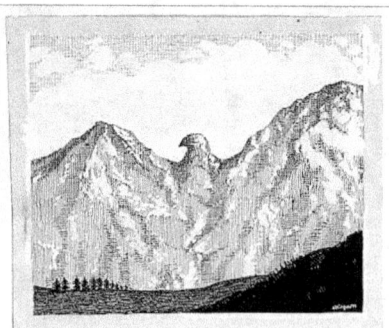

*La Clef de Verre; Le château des Pyrénnées; Le Domaine d'Arnheim, 2 versions; La Montagne-Aigle*

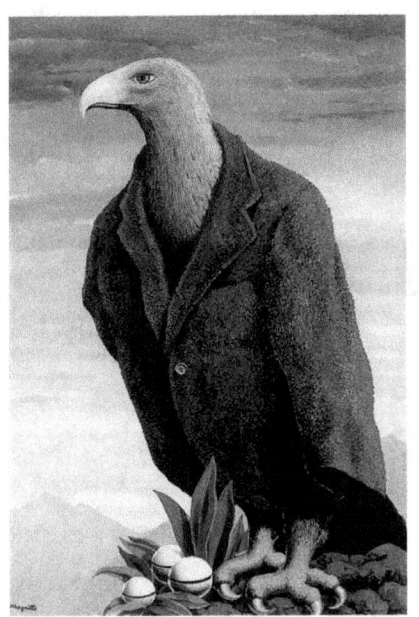

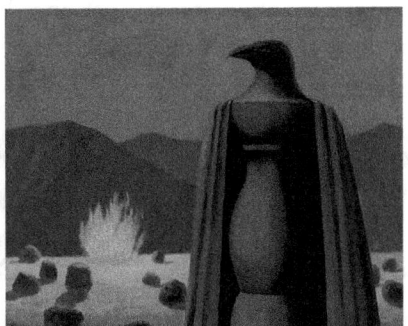

*Le Temps Jadis*

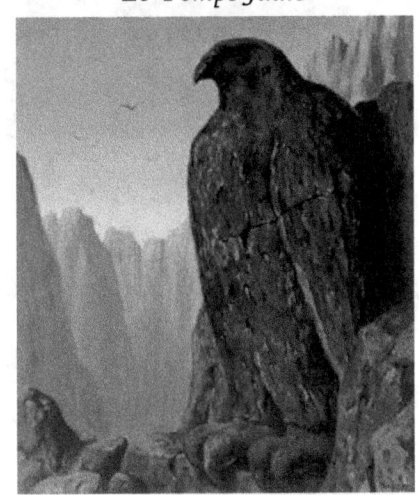

*Le Présent*

*Le domaine enchanté II*      *Les Pas Perdus*

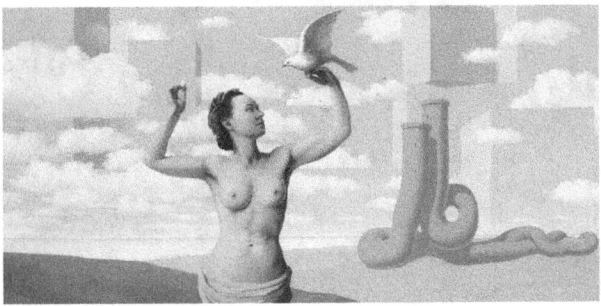

De haut en bas, et de gauche à droite: *Le domaine enchanté VI;*
*L'importance de merveilles; Alice au pays des merveilles* (1946)

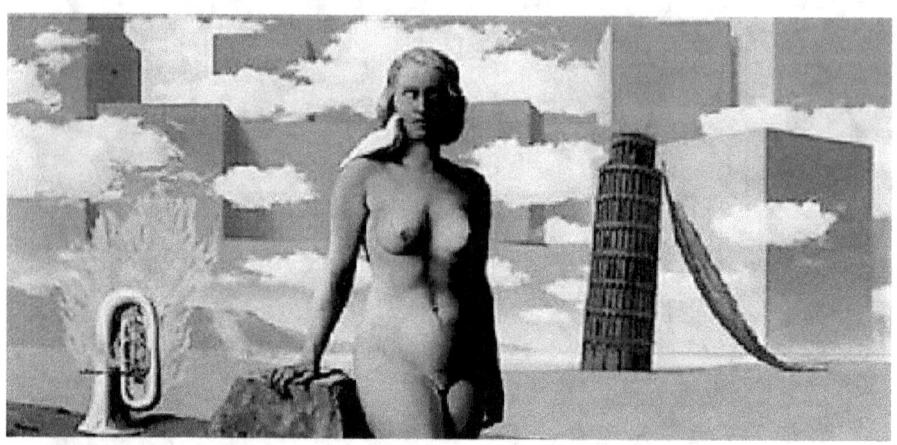

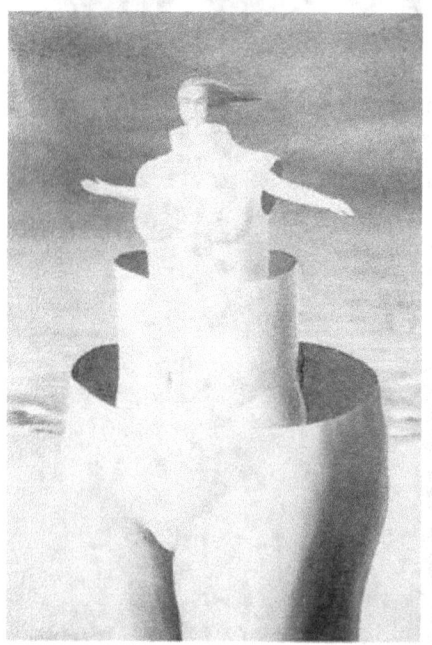

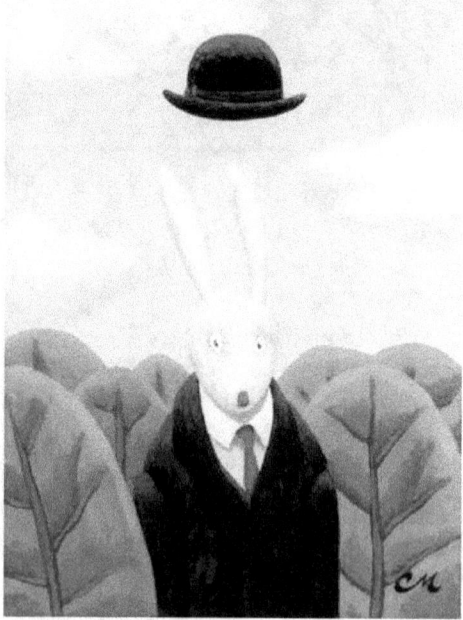

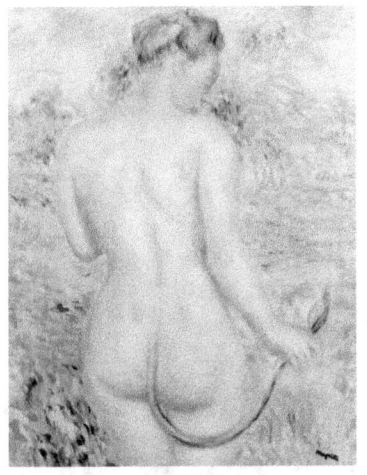
L'Aiguillon

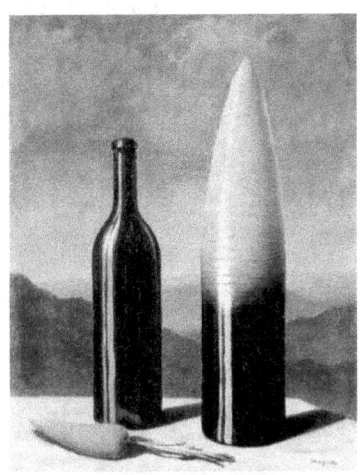
L'Explication

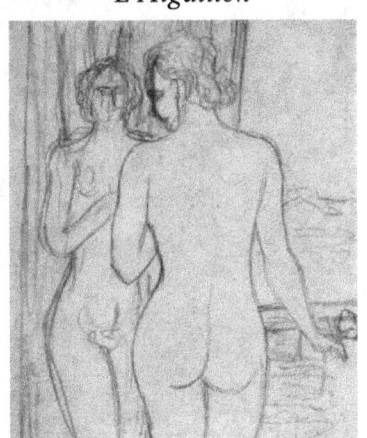
Etude pour l'Aiguillon

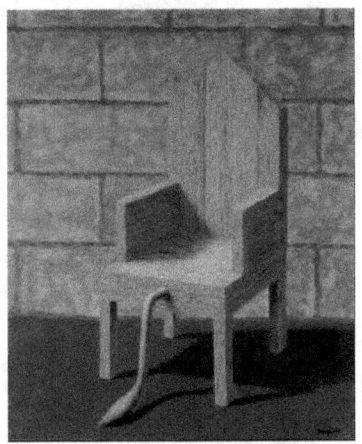
Une simple histoire d'amour

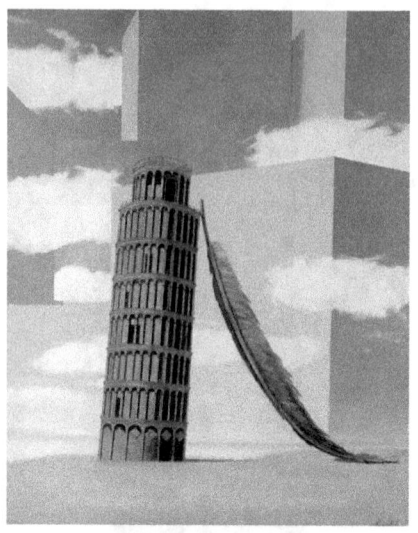
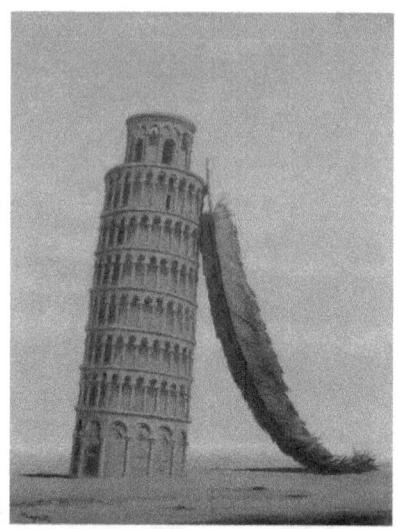
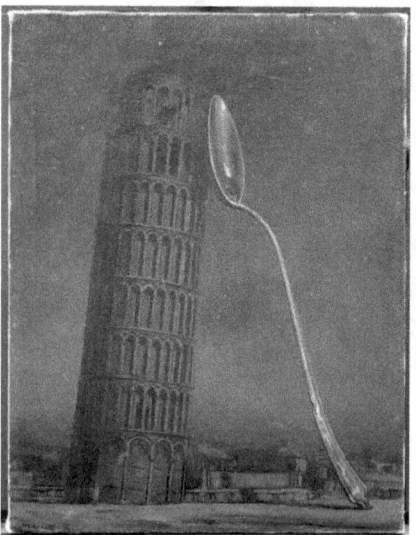
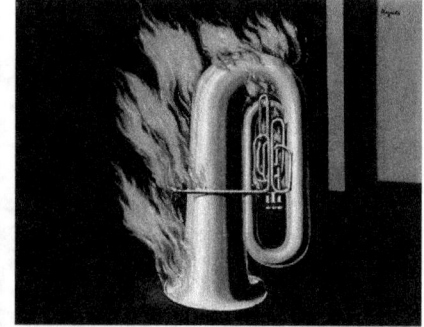

De haut en bas, et de gauche à droite: *Mémoire d'un voyage*, 1949 et 1958; *La nuit de Pise*; *La découverte du feu*

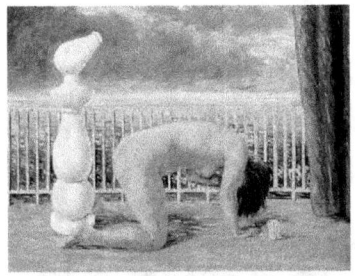
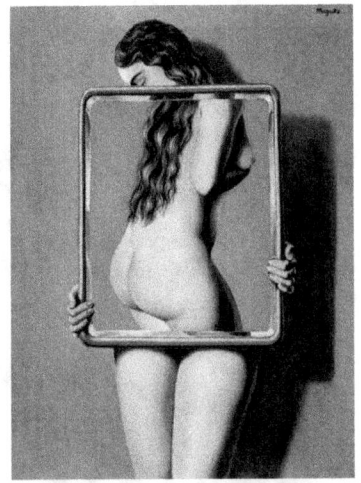
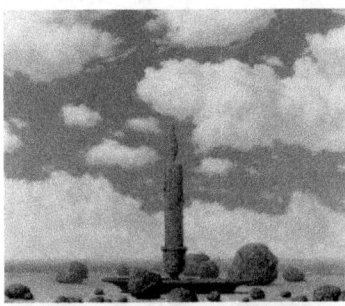
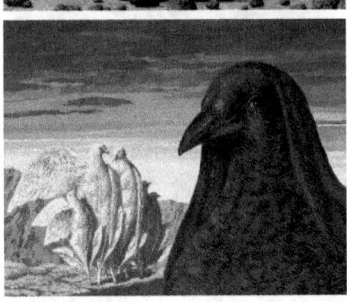
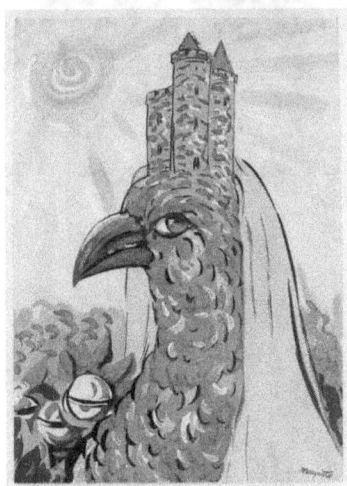
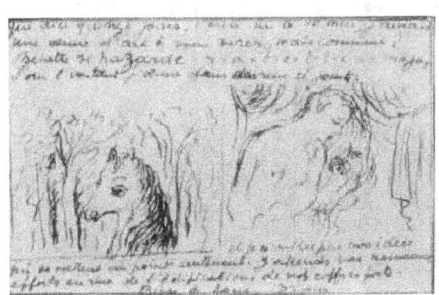

L'invention du feu; Les Liaisons dangereuses; Mémoire d'un voyage IV; Carte postale avec deux croquis, Le Météore; Le Prince charmant, peinture et gouahce

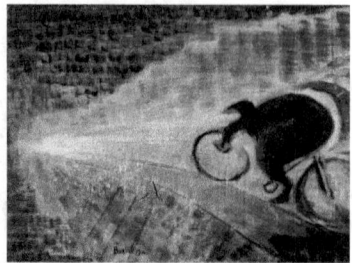
David Burliuk, *Cycliste*

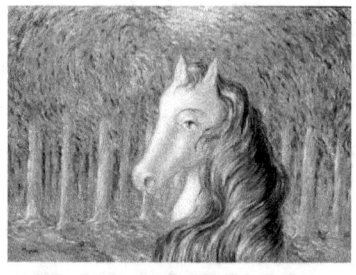
*Le Météore*

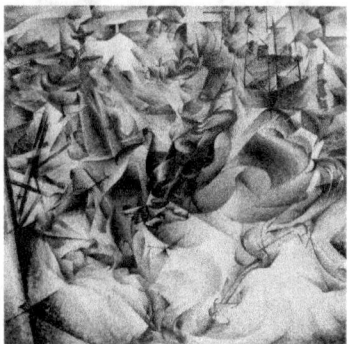
Umberto Boccioni,
*Élasticité*

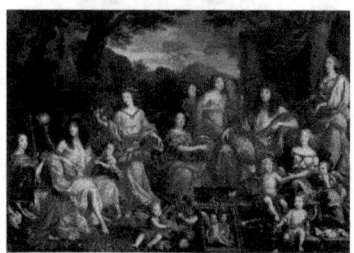
Jean Nocret, *Louis XIV et la famille royale*

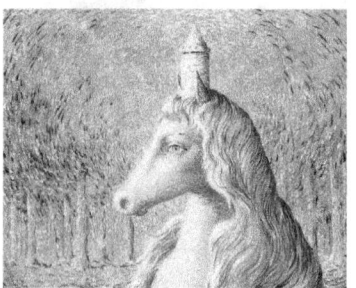
*La Belle Idée*

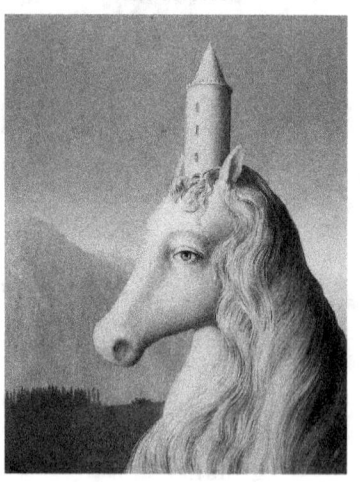
*Le Coeur du monde*

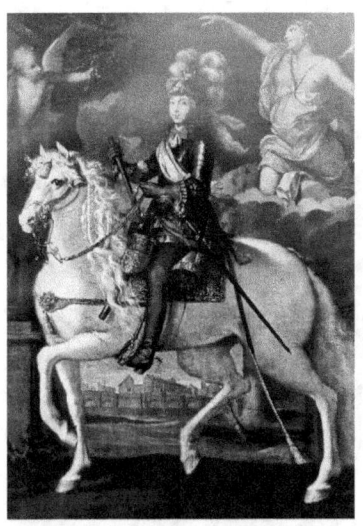

Portrait équestre de Louis XIV. D'après un modèle de Martin Desjardins, né Van den Bogaert

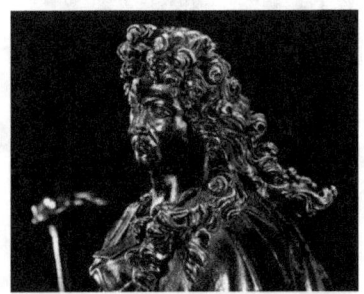

*Louis XIV enfant à cheval*, attribué à Jean Nocret

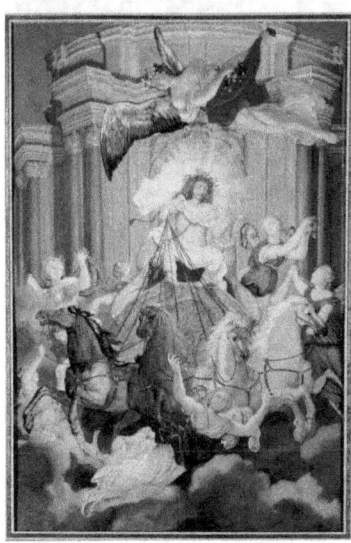

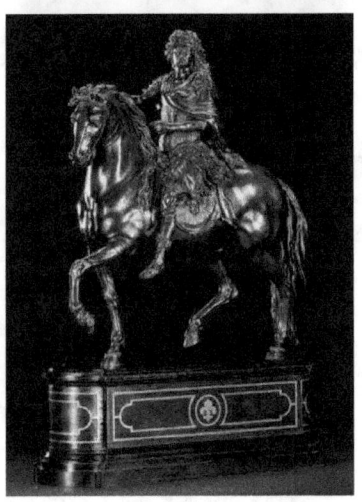

Joseph Werner, *Allégorie de Louis XIV en Apollon sur le Chariot du soleil, précédé par l'Aurore et accompagné par les heures*

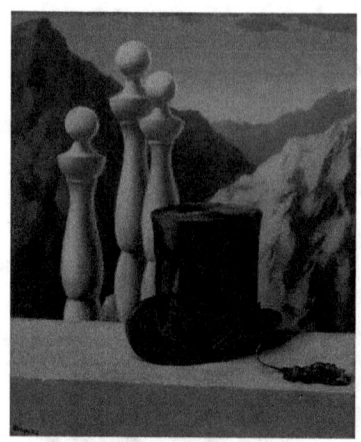

*Le beau ténébreux*

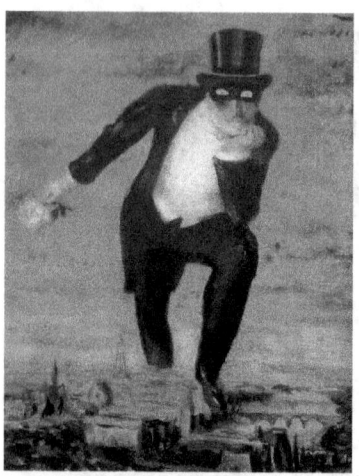

*Le retour de la flammes*

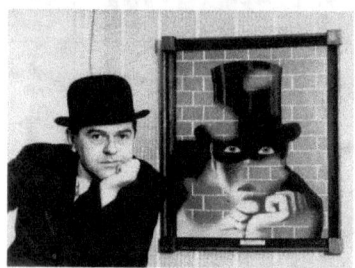

Photographie de Magritte en 1940

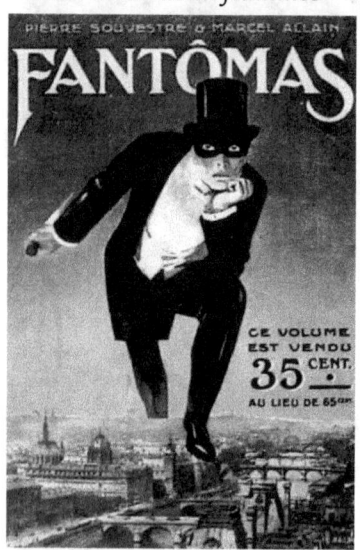

Pierre Souvestre et Marcel Allain, *Fantômas*, Arthème Fayard, 1911, couverture

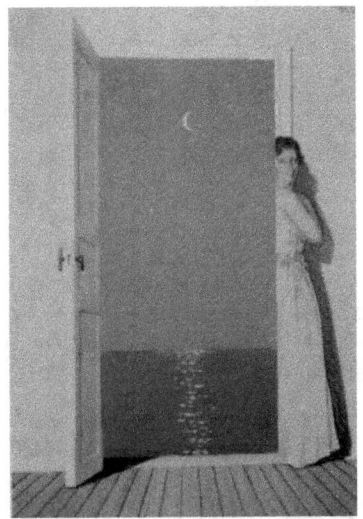
*Portrait de Germaine Nollens*

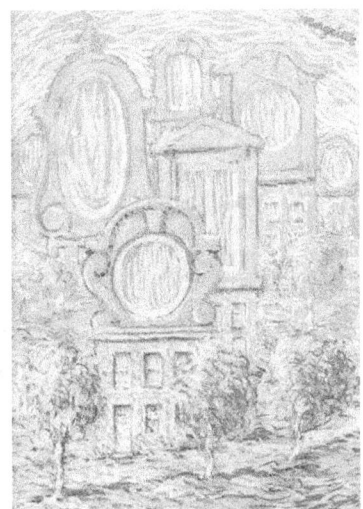
*Les yeux bleus*

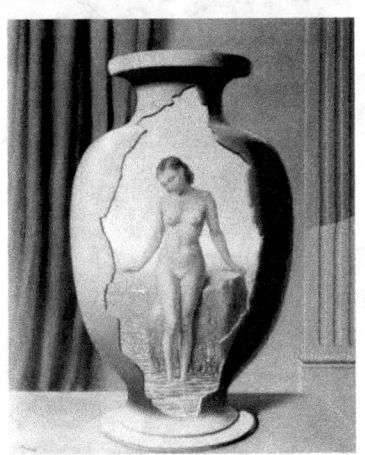
*L'Orient*

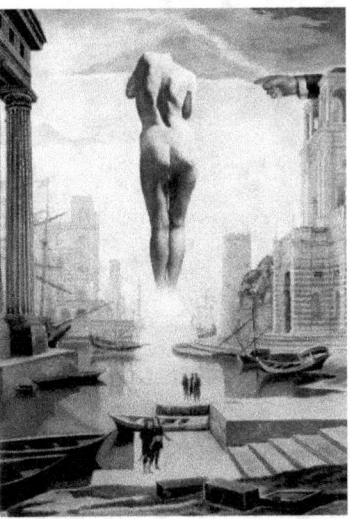

Salvador Dalí, *La mano de Dalí retirando el Vellocino de Oro en forma de nube para mostrar Gala la Aurora, completamente desnuda, muy muy lejos detrás del sol*

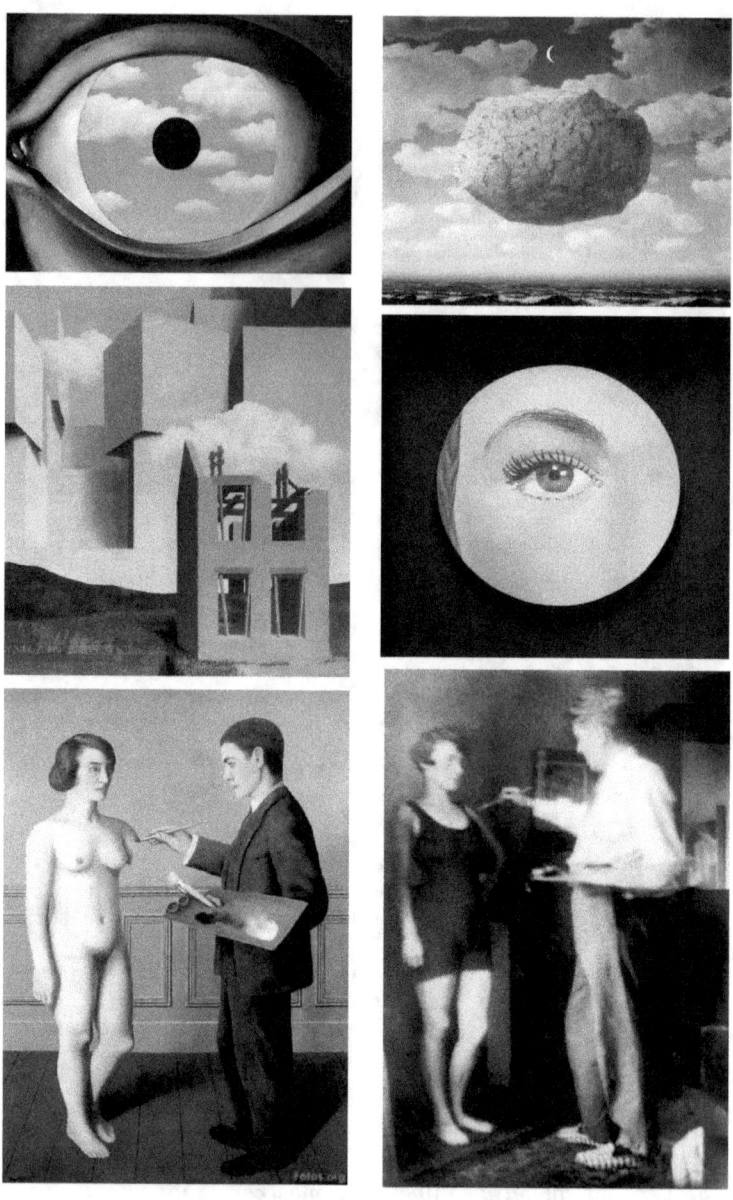

Le Faux Miroir; La flèche de Zénon; L'Univers démasqué; Objet peint: OEil; La Tentative de l'Impossible, peinture et photographie

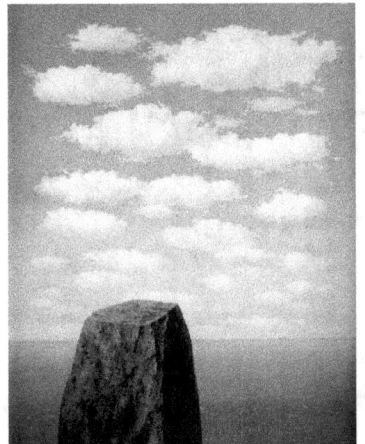

*L'origine du langage*

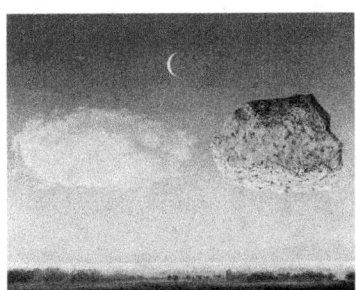

*La bataille d'Argonne*

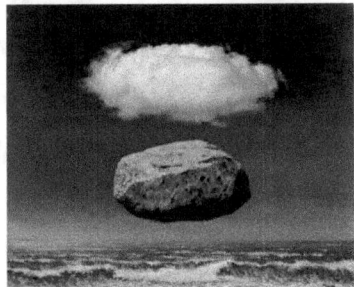

*Les Idées claires*

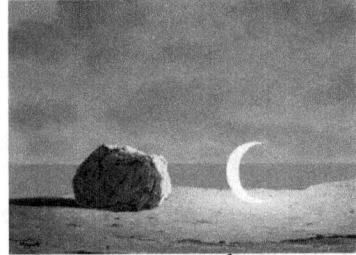

*L'anneau d'or*

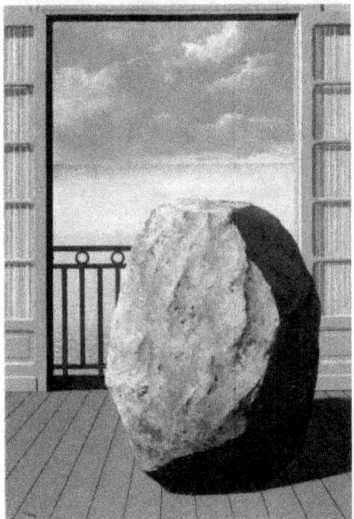

*Le monde invisible*

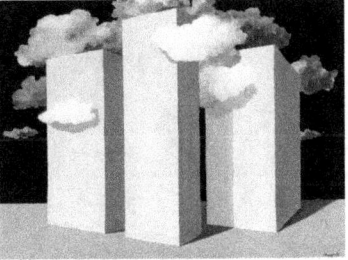

*Une Tempête*

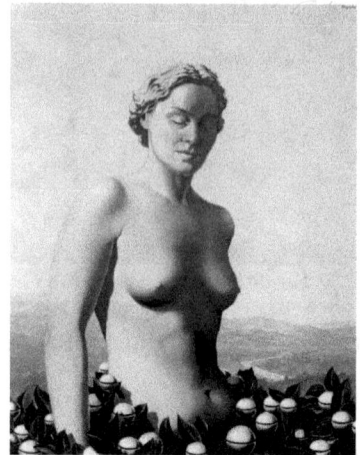

*Magie Noire, 2 versions*

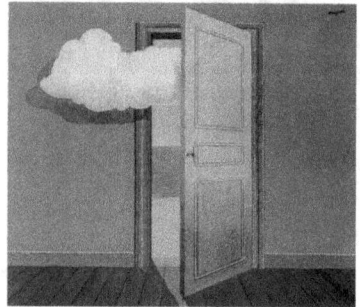

Edgar Ende, *L'Aigle qui éteignit la Lumière*

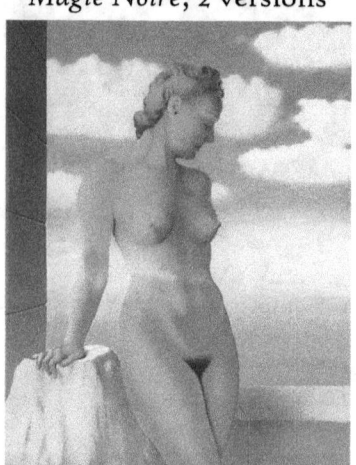

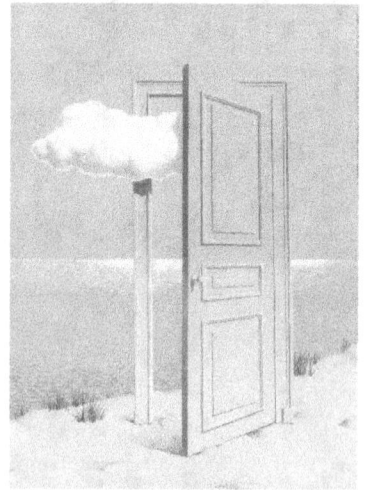

*Le Poison*

*La Victoire*

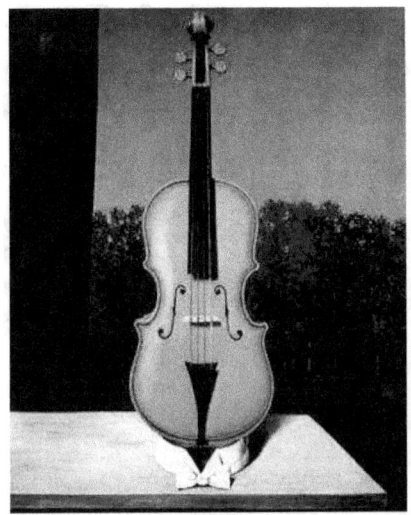
*Un peu de l'esprit du bandit*

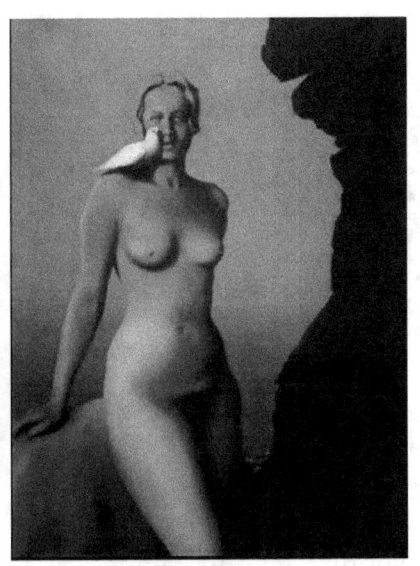
*Magie Noire*

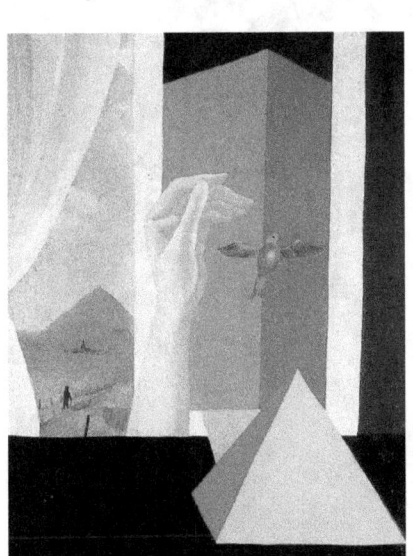
*La Valse Hésitation*

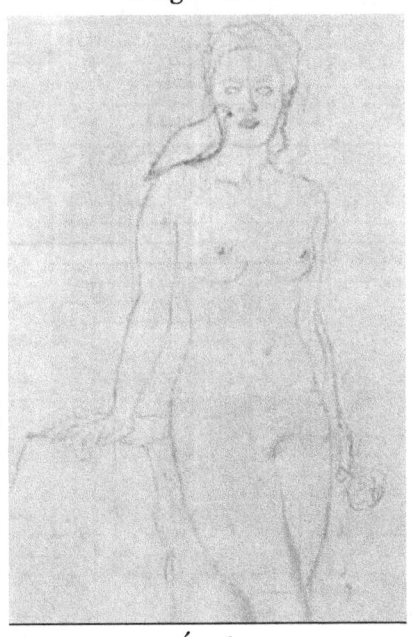
*Étude*

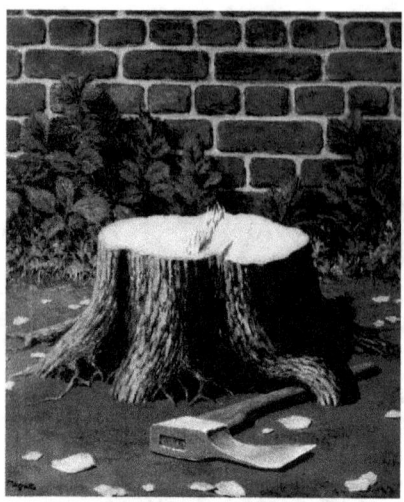

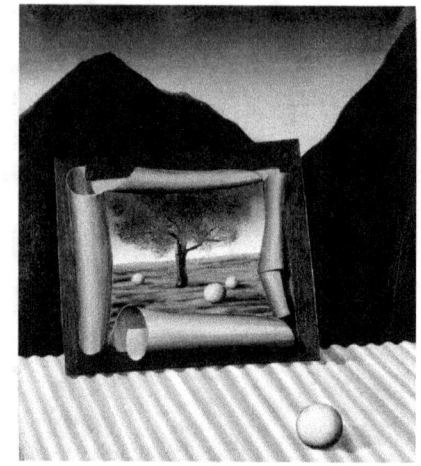

Les signes du soir

Les travaux d'Alexandre, peinture, lithographie et bronze

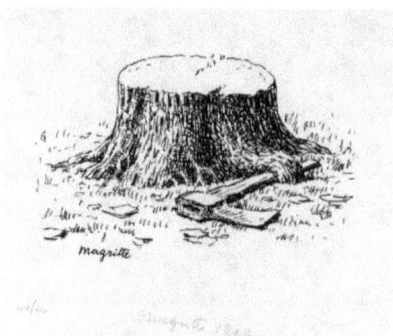

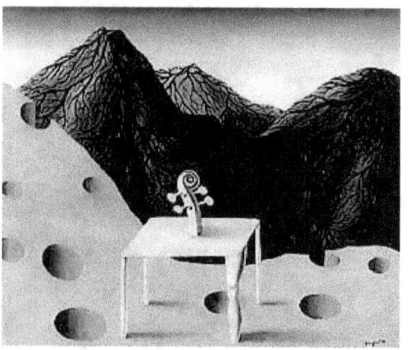

Les Racines du monde

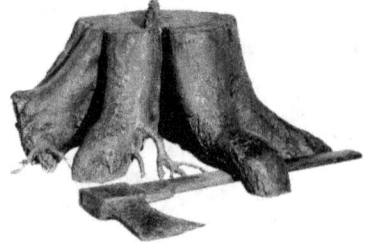

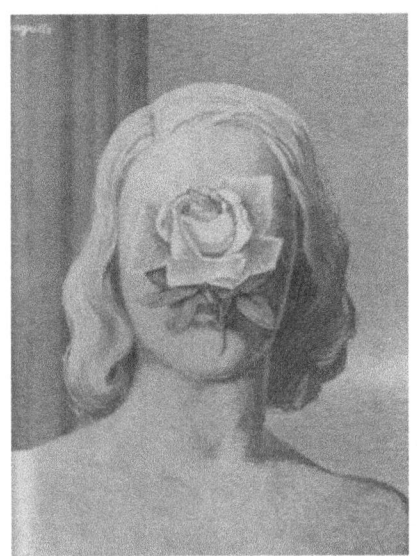

Couverture du XXème siècle

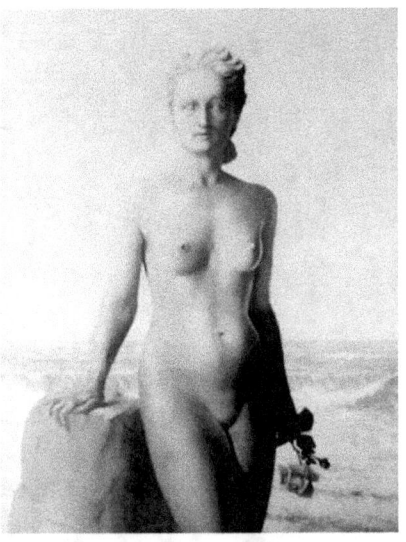

Le beau navire

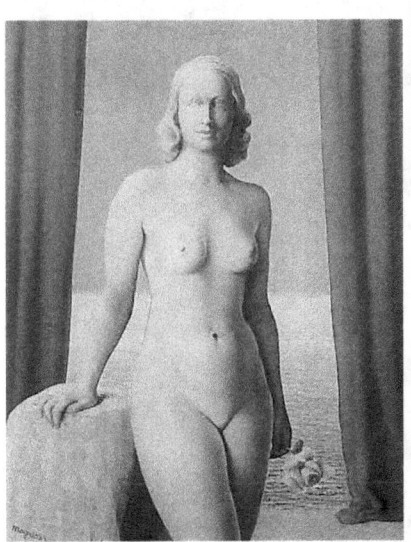

Les Fleurs du Mal

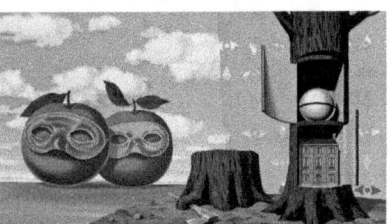

Le Domaine enchanté

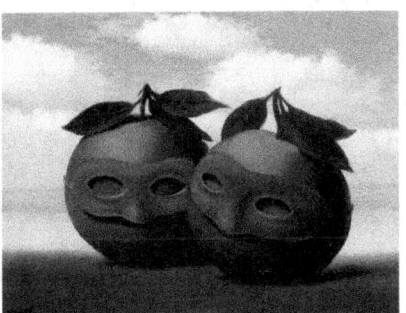

La Valse Hésitation

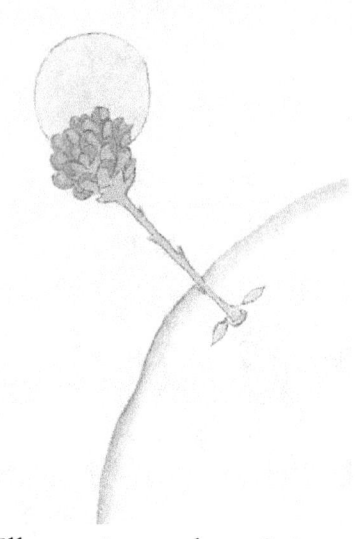

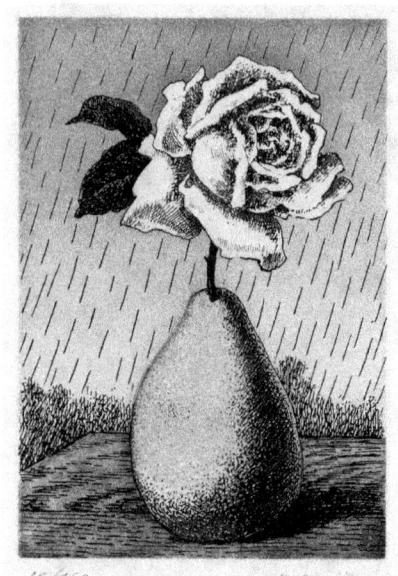

Illustration de Saint-Exupéry pour *Le Petit Prince*

*Les Moyens d'existence*

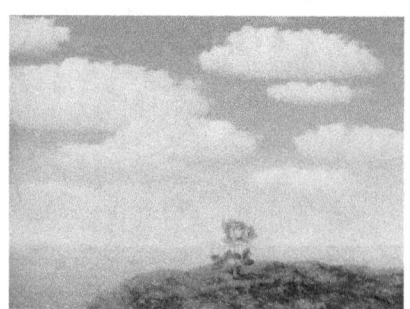

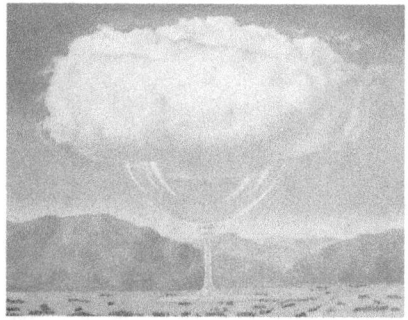

*L'Utopie*

*La Corde Sensible*

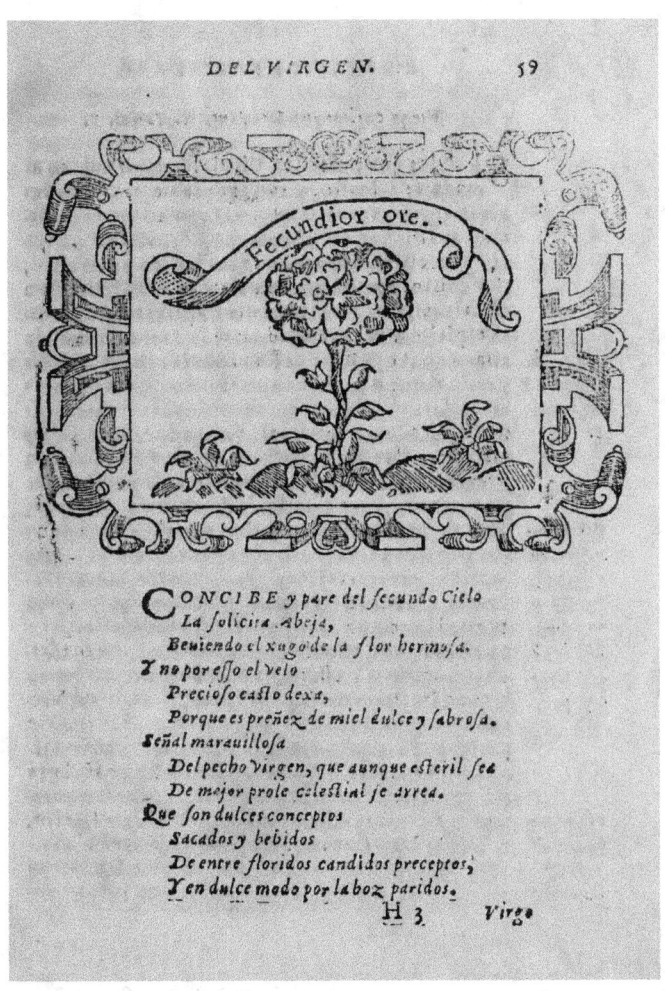

Juan Francisco de Villava, *Empresas espirituales y morales*

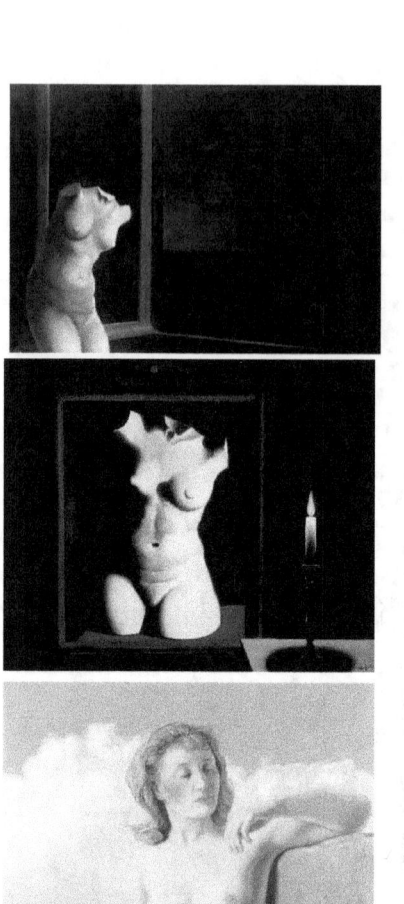
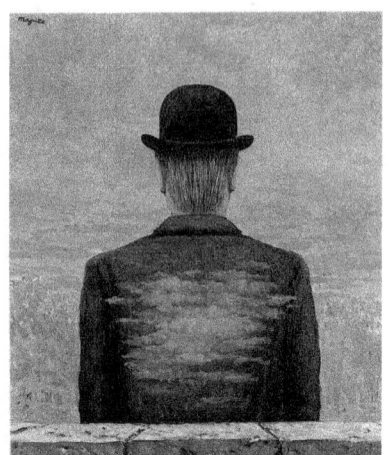
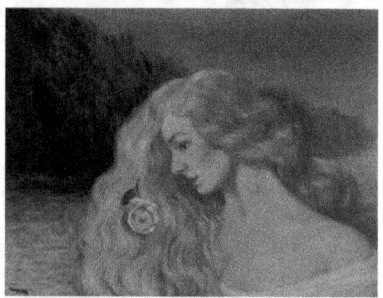
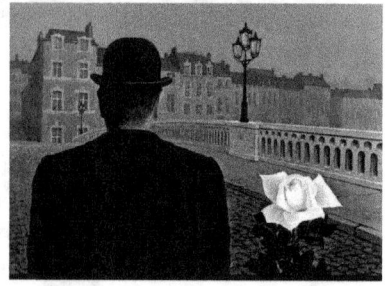

La Belle de Nuit; Le poète récompensé; La Lumière des Coïncidences; Le roman populaire; La Femme du Soldat; La boîte de Pandore

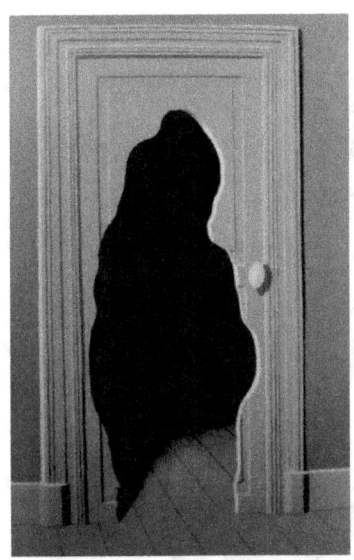

*La réponse inespérée*

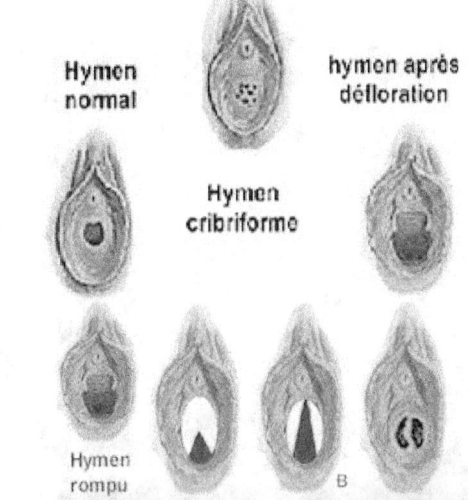

*Le Grand Matin*

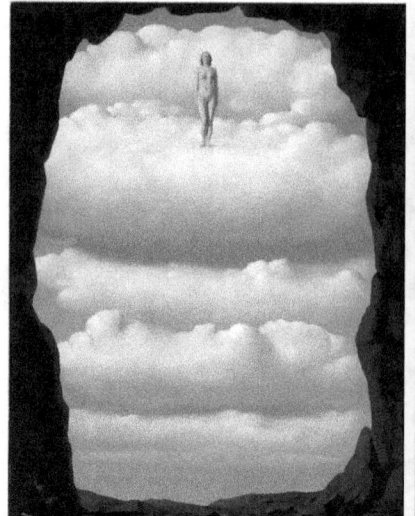

*La pain quotidien*

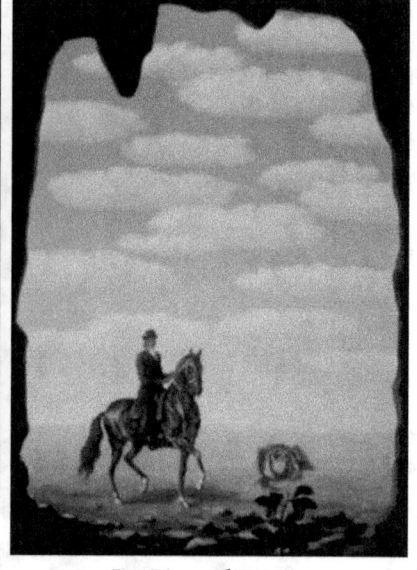

*La Tour d'ivoire*

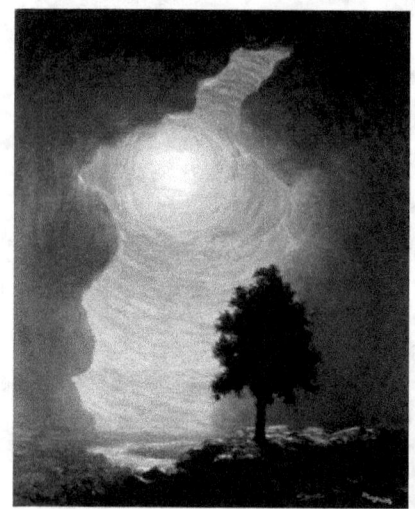

*L'Écho*

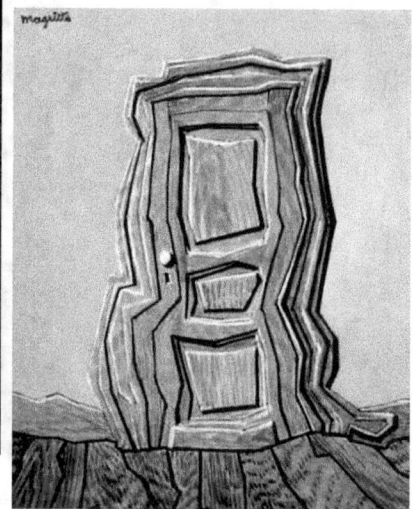

*Le modèle vivant*

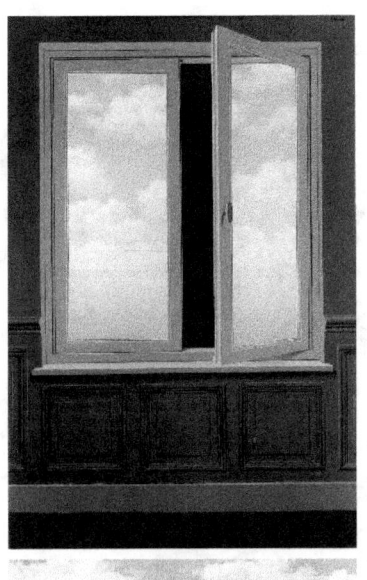
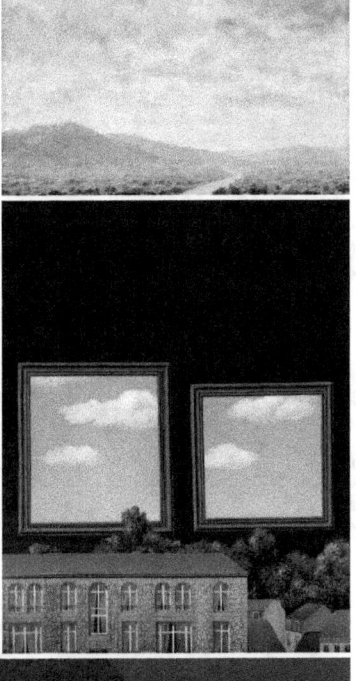
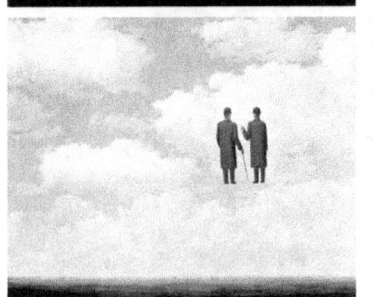

*La Lunette d'aproche; La Reconnaissance Infinie (2 versions, 1963); L'Attentat; Le Promenoir des Amants*

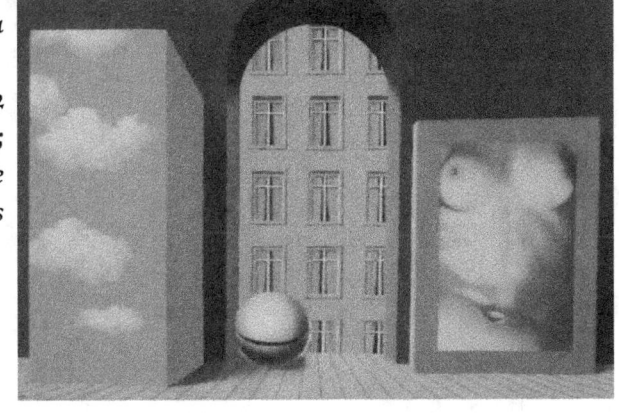

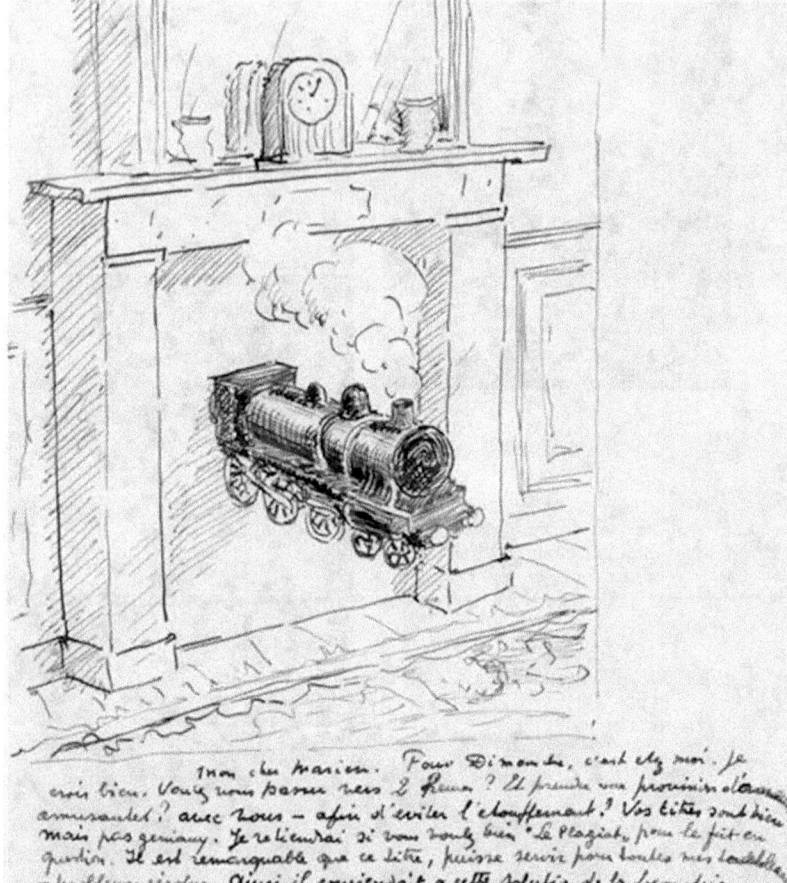

*La durée poignardée*

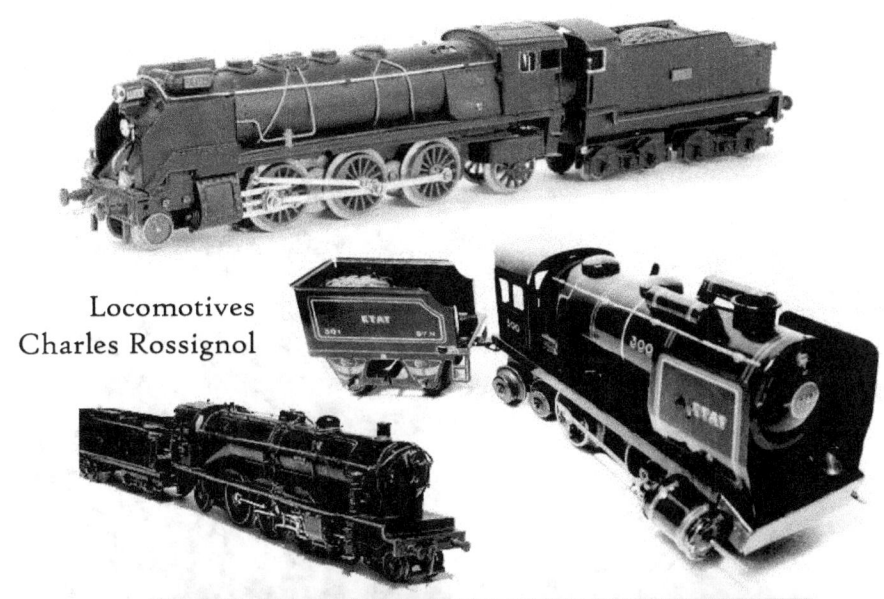

# Locomotives
# Charles Rossignol

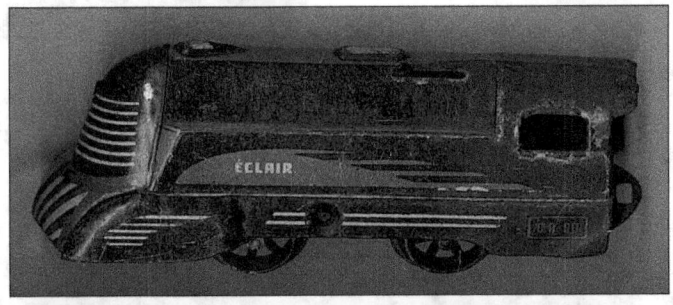

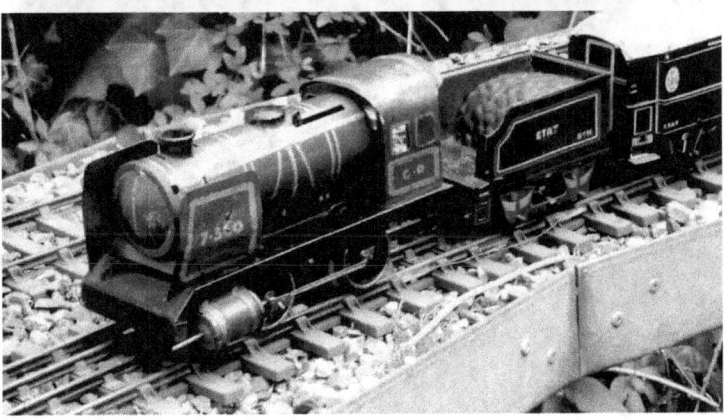

Magritte posant devant une cheminée

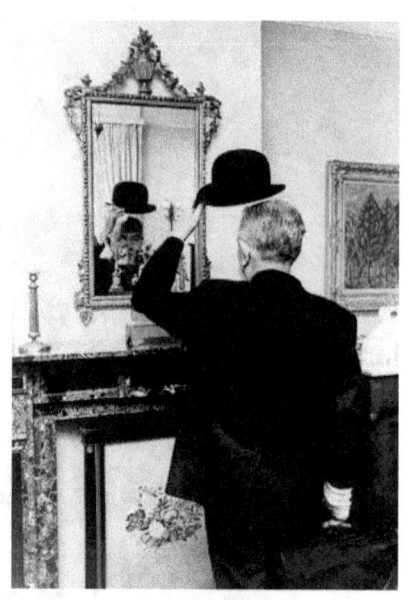

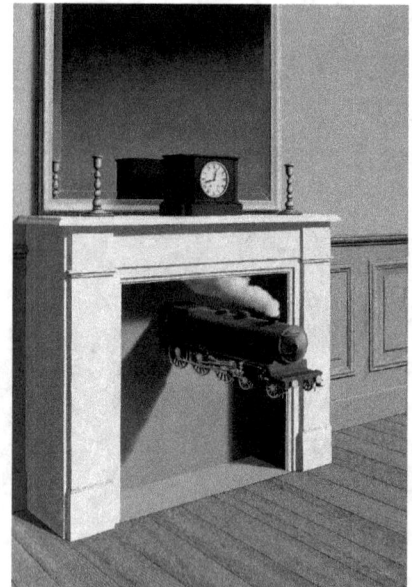

La durée poignardée

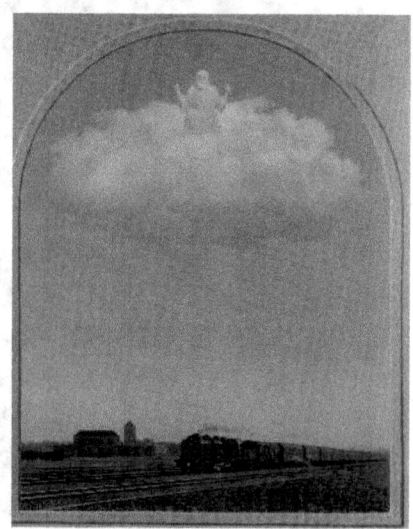

Le Rossignol

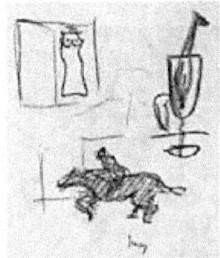 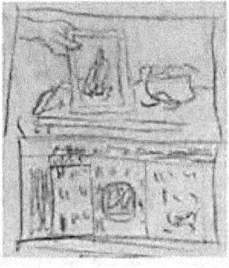 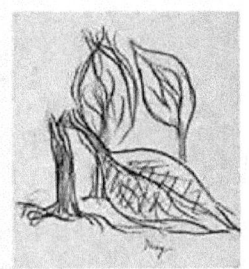

*Étude*

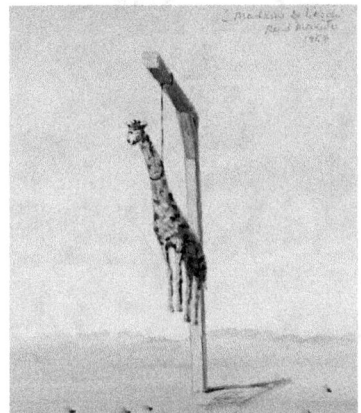

Sans titre, 1956

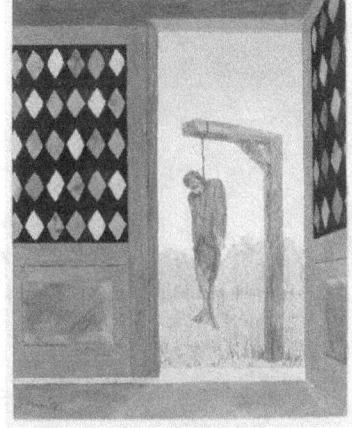

*Le chant d'amour*

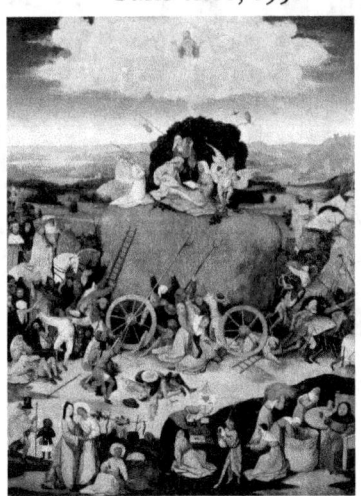

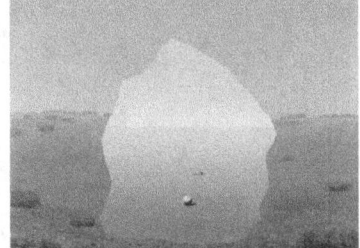

*Le Baiser*

Bosch, *Le chariot de foin*, 1500

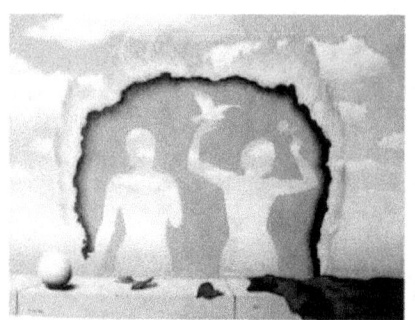 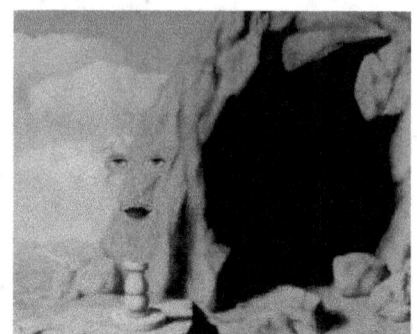
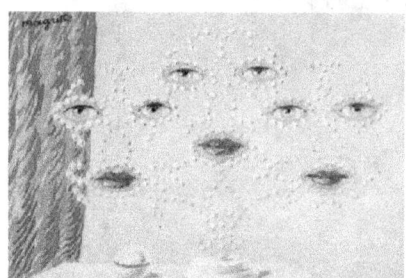 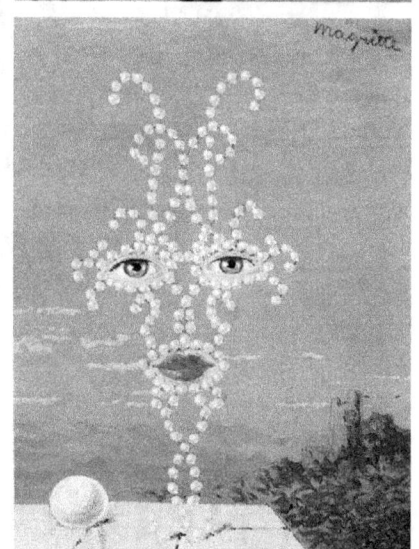
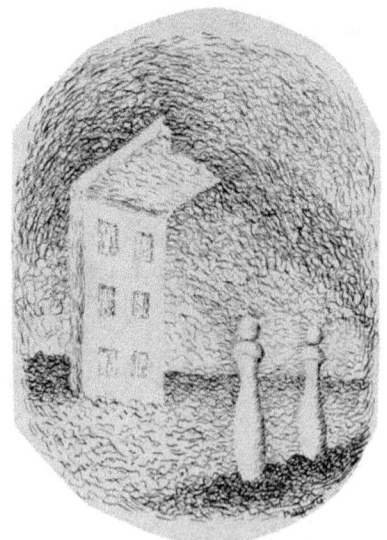

*Mesdemoiselles de L'Isle Adam; Les Grands Rendez-vous; Shéhérazade (c.1947); Shéhérazade (1950)*

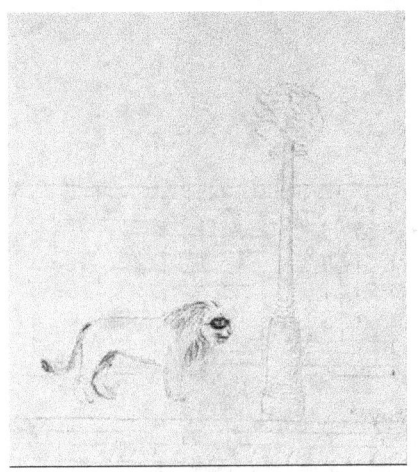
*Lion, lampadaire et rose*

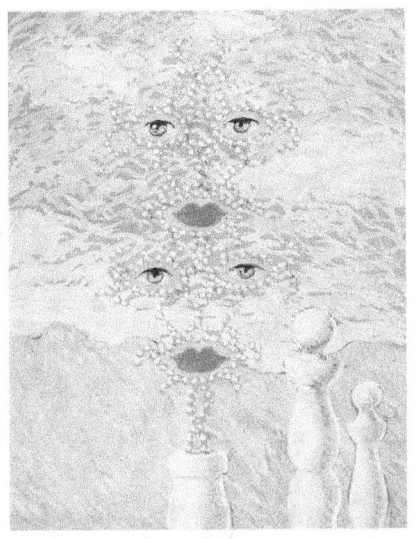
*Composition - Visages et quilles*

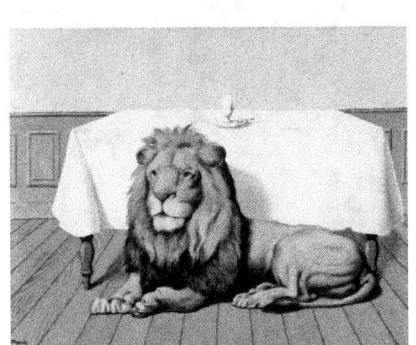
*Le repas de noces*

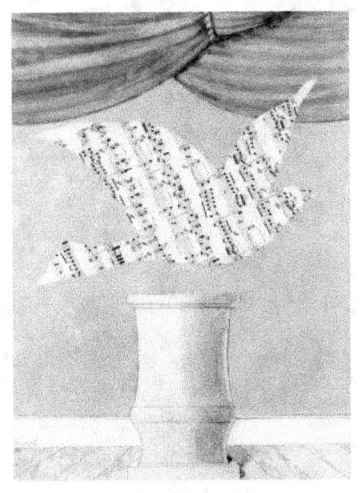
*Colombe*

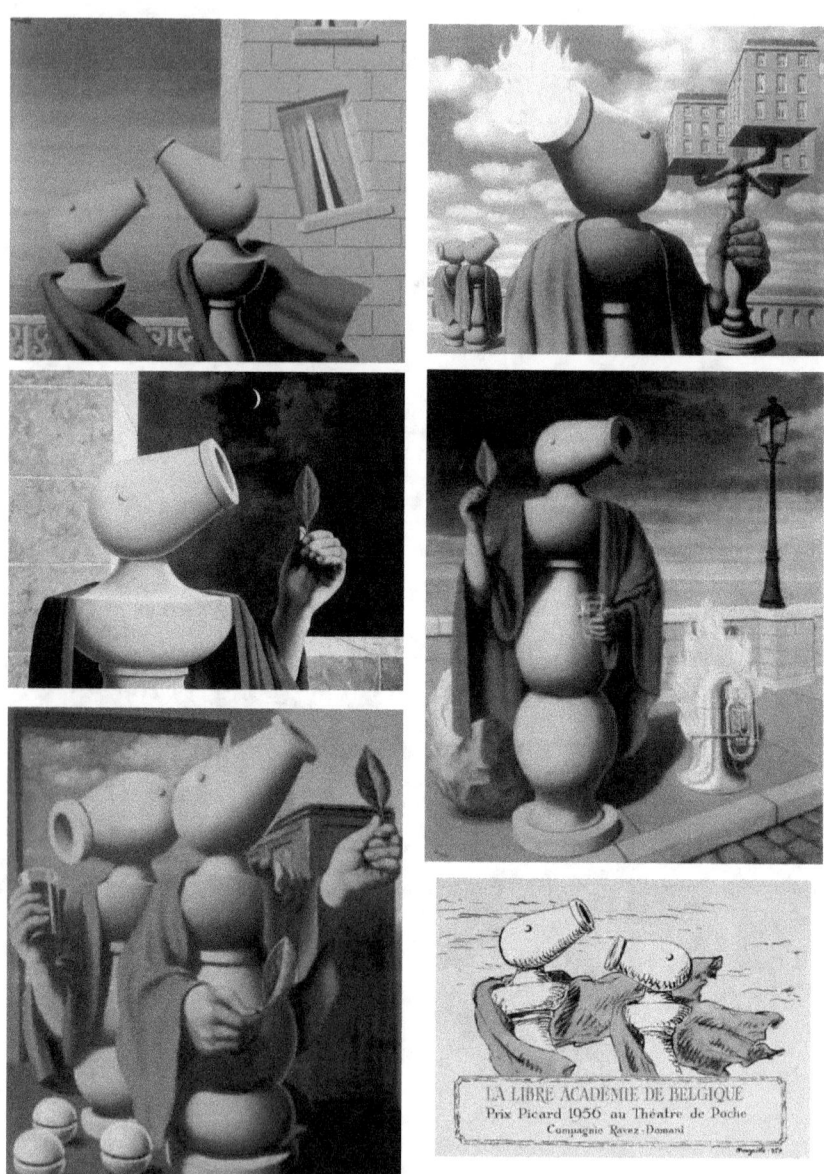

*Le colloque sentimental; Le Cicéron,* 2 versions; *Les Droits de l'Homme; La Terre promise; La Libre Académie de Belgique*

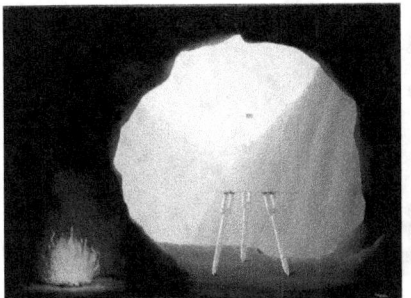
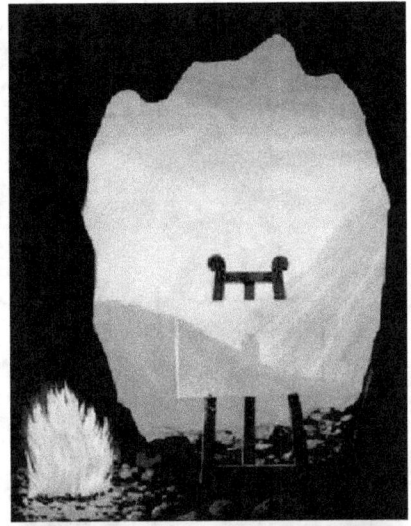
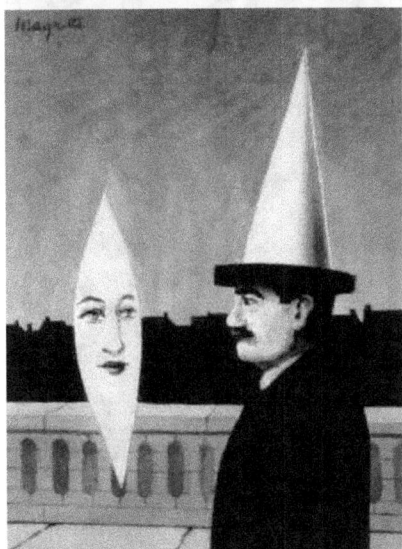
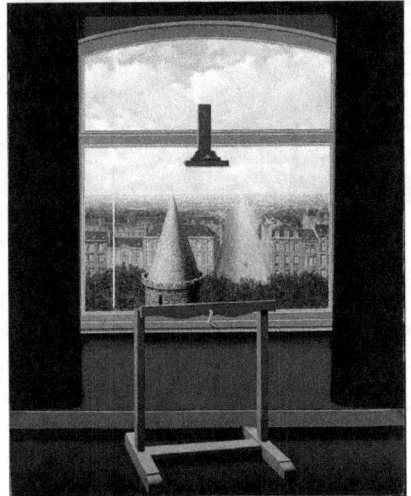
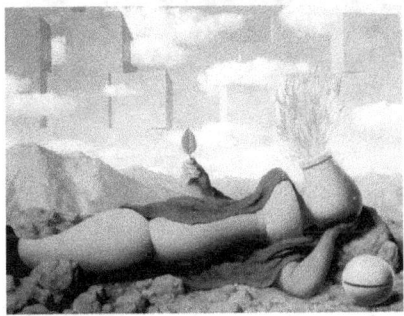

*La condition humaine*, 1935-1948; *La condition humaine*, 1949; *La vérité dans son bouquet de jasmins*; *Les promenades d'Euclide*; *Cosmogonie élémentaire*

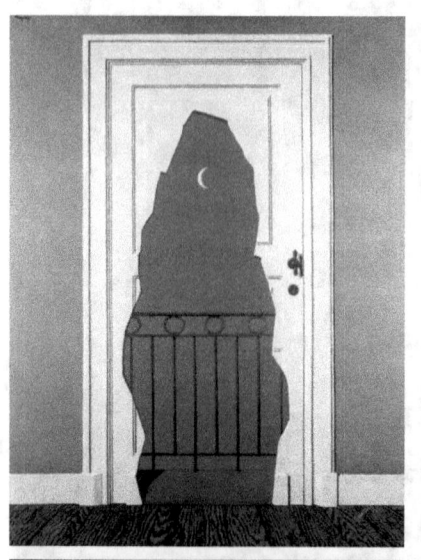
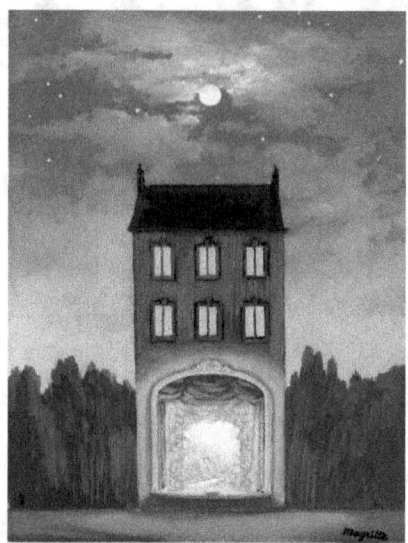
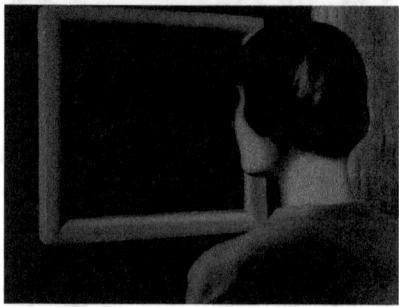
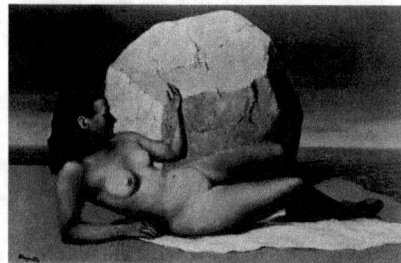

L'Acte de Foi; La Maison; L'image parfaite; La Belle captive; L'Univers mental

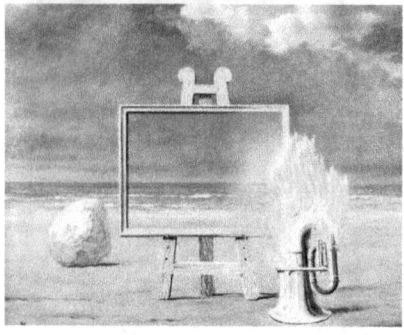

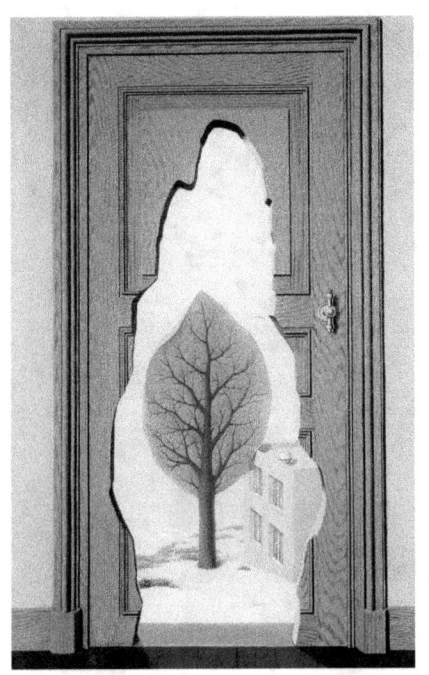

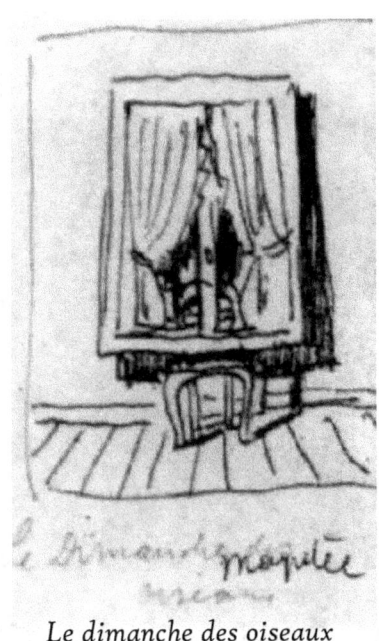

Le dimanche des oiseaux

La Perspective amoureuse,
peinture et dessin

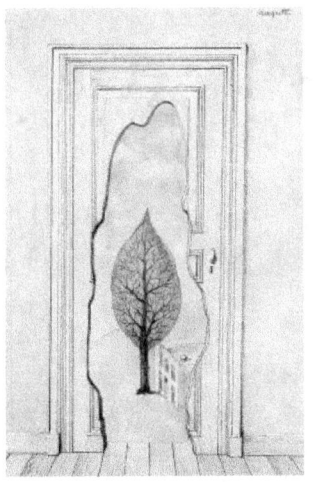

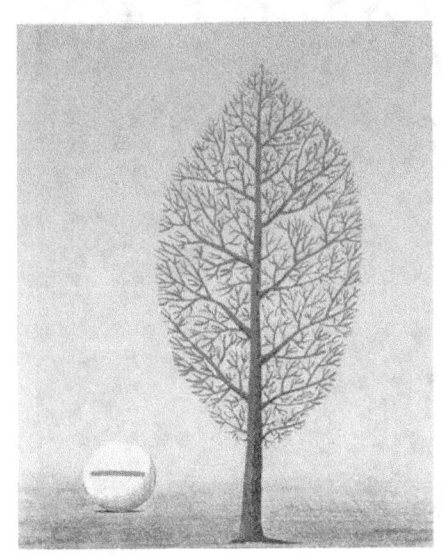

La Recherche de l'Absolu

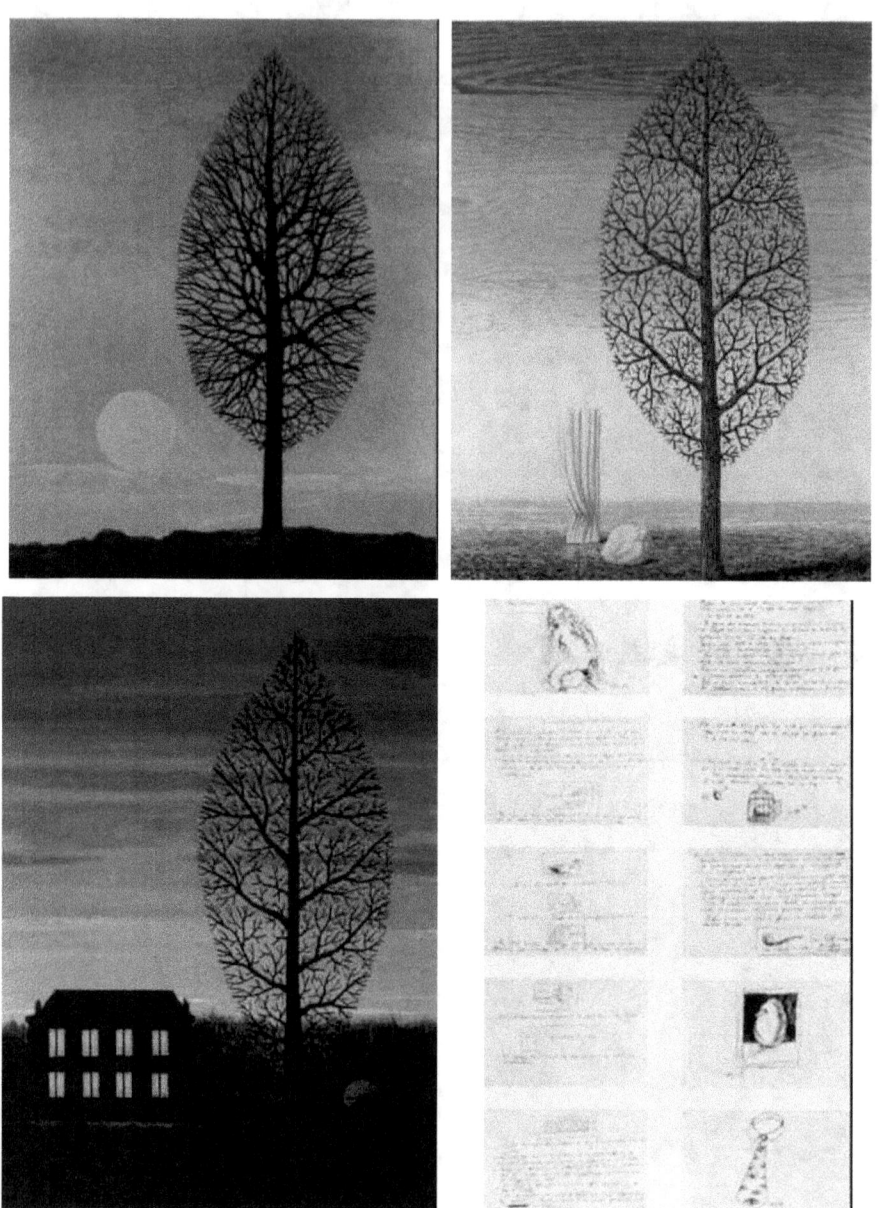

De gauche à droite, et de haut en bas: *La Recherche de l'Absolu*, 3 versions; *Livre de pensées*

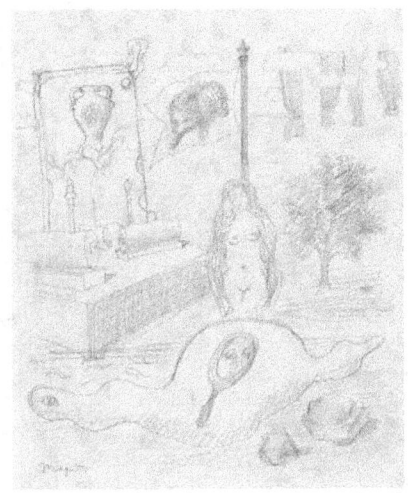

*Croquis divers*

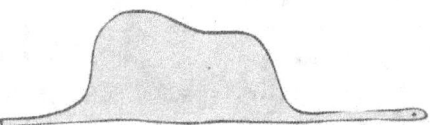

*Mon dessin ne représentait pas un chapeau. Il représentait un serpent boa qui digérait un éléphant*

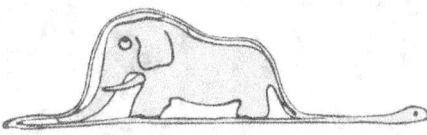

*J'ai alors dessiné l'intérieur du serpent boa, afin que les grandes personnes puissent comprendre. Elles ont toujours besoin d'explications*

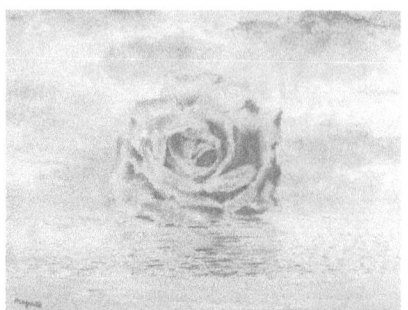

*L'Invitation au Voyage*

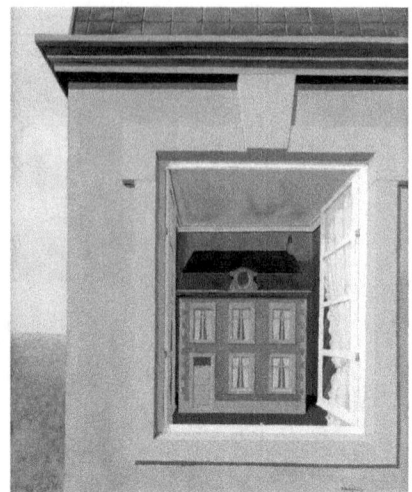

*Éloge de la dialectique*

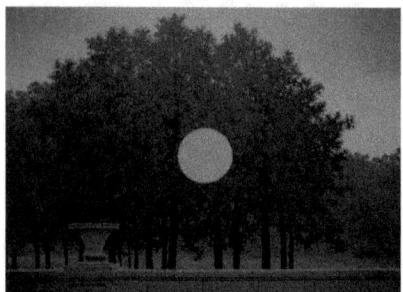

*Le Banquet*

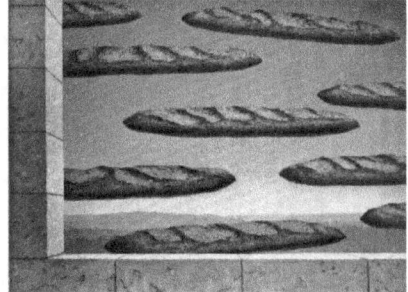

*La Légende dorée*

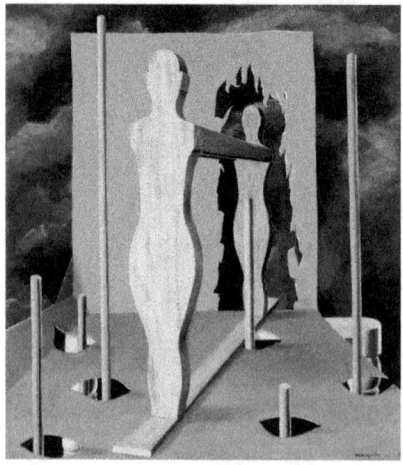

*La chambre du devin*

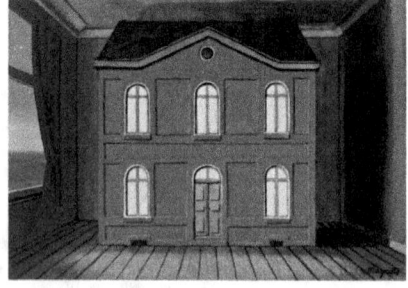

*La chambre de Madame Sundheim*

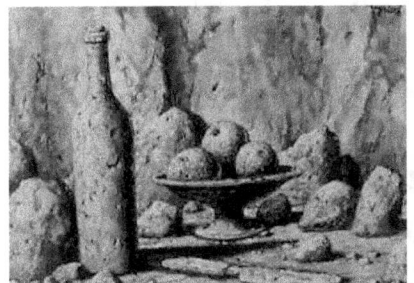
*Mémoire d'un voyage, 1950*

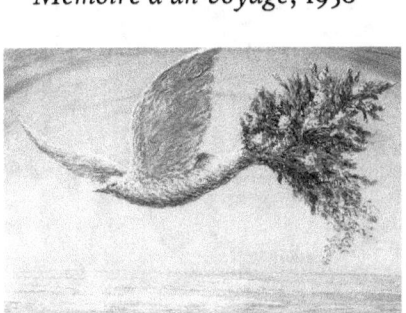
*Heureux Présage*

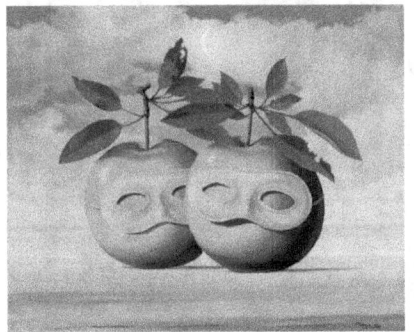
*Le prêtre marié*

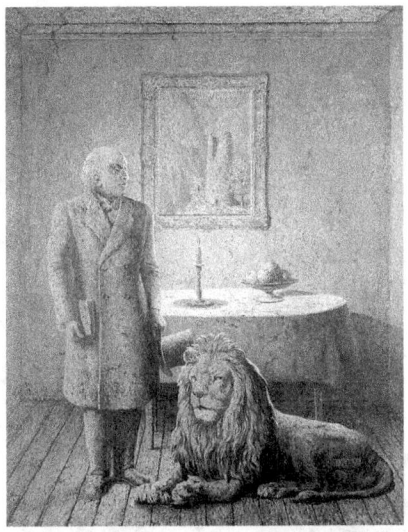
*Mémoire d'un voyage, 1955*

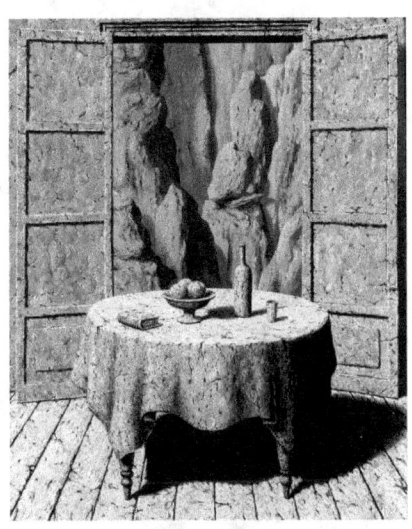
*Mémoire d'un voyage III*

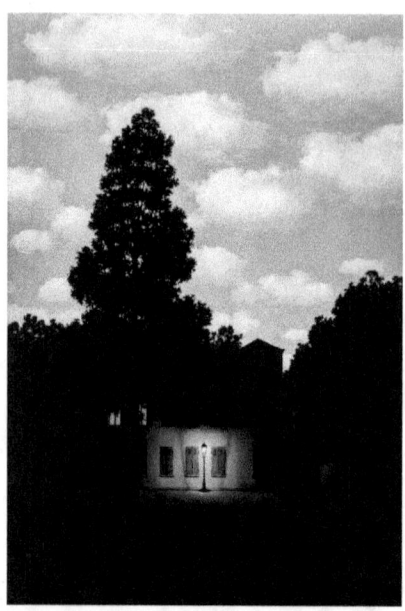

L'empire des lumières

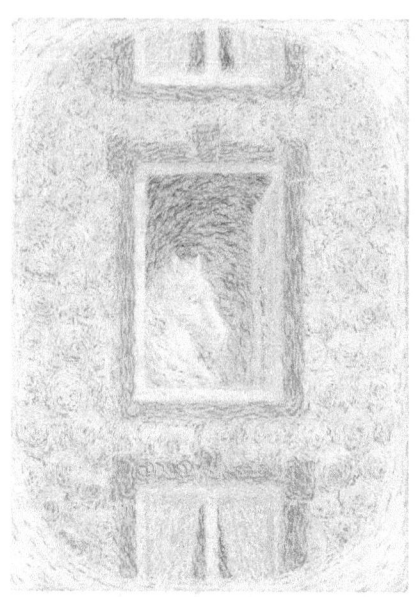

La belle au bois dormant

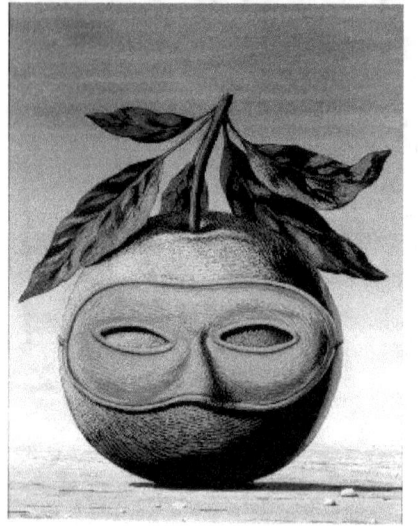

Souvenir de voyage, 1961

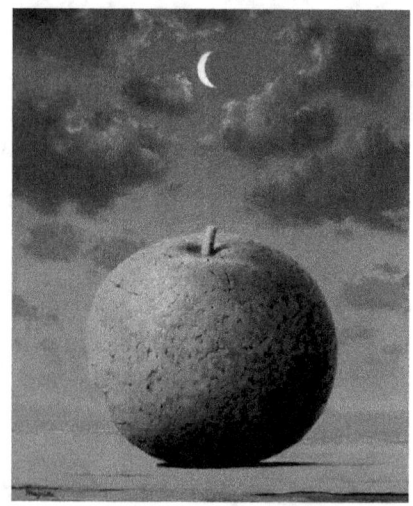

Mémoire d'un voyage

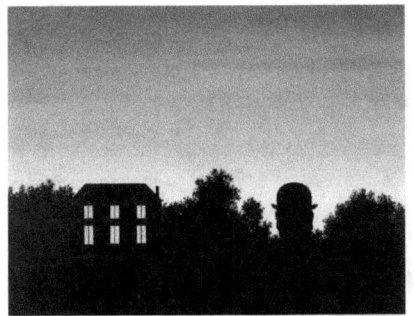

*La fin du monde*

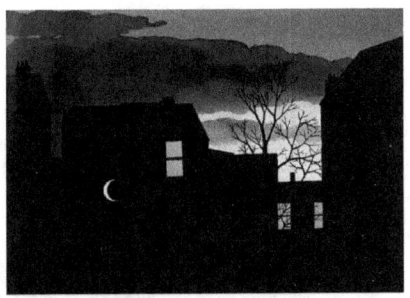

*La Bonne Aventure;* au-dessous versión de 1945

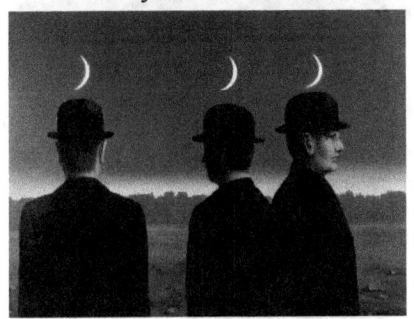

*Les Mystères de l'Horizon*

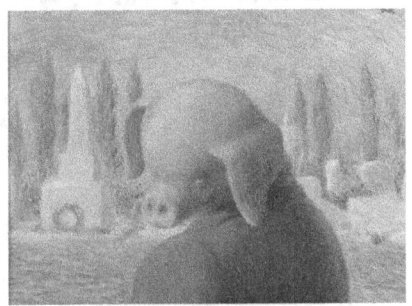

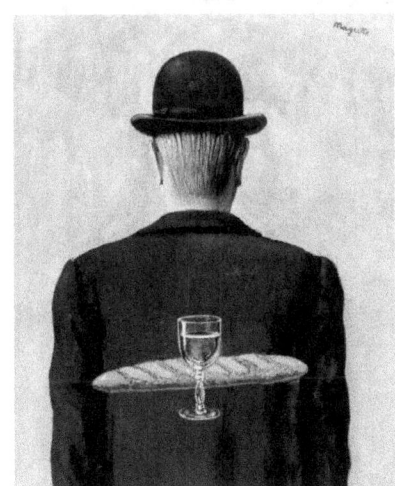

*L'ami intime*

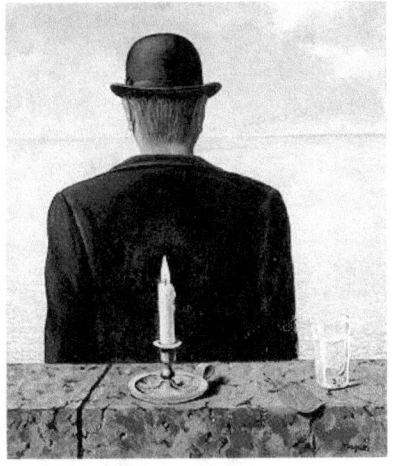

*Le chant des sirènes*

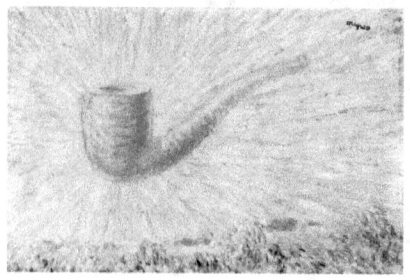 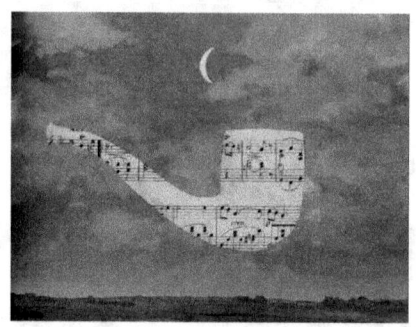

*La Libertés des cultes,*
*1946 et 1961*

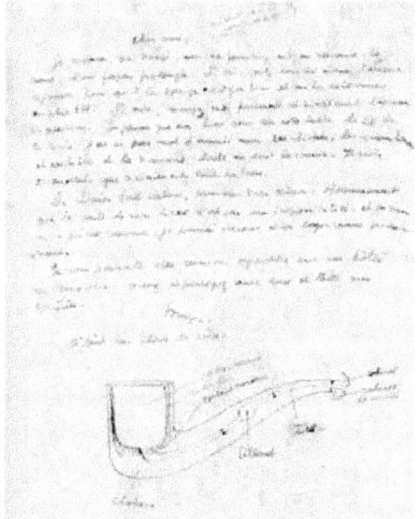 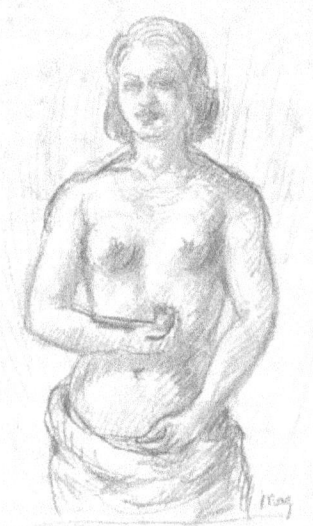

*Pipe-salle à manger*     *Communication inutile de*
*seins et de pipe par la*
*machine de Paul*

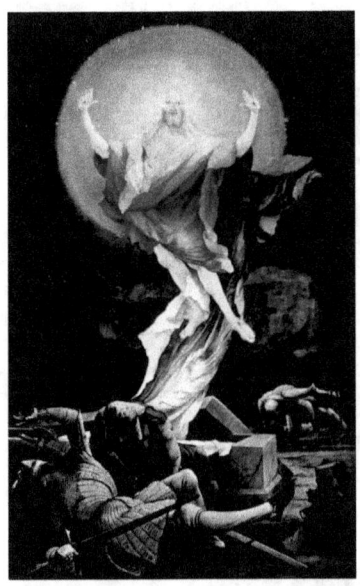

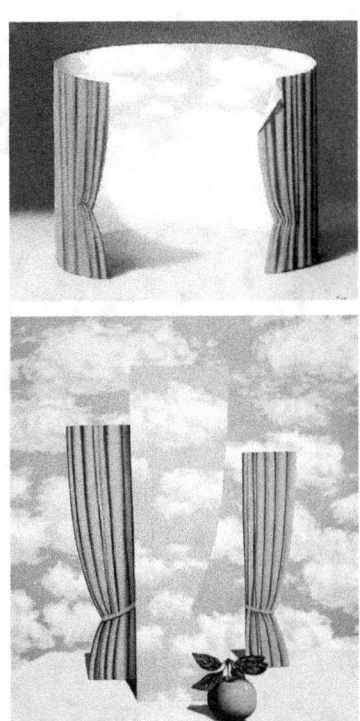

Matthias Grünewald, *La Résurrection du Christ*, panneau droit du Retable d'Isenheim, 1512-1516; Vincent Van Gogh, *Semeur et soleil couchant*, 1888

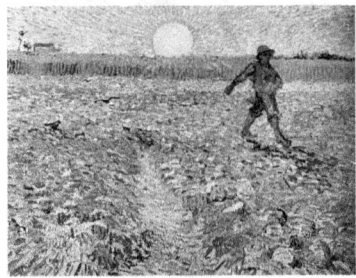

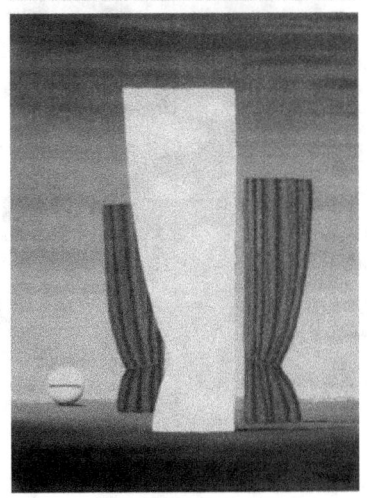

*Mémoires d'un Saint; Le beau monde; Mona Lisa*

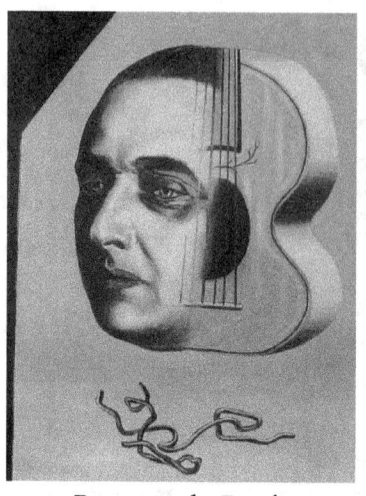

Portrait de Paul-
Gustave Van Hecke

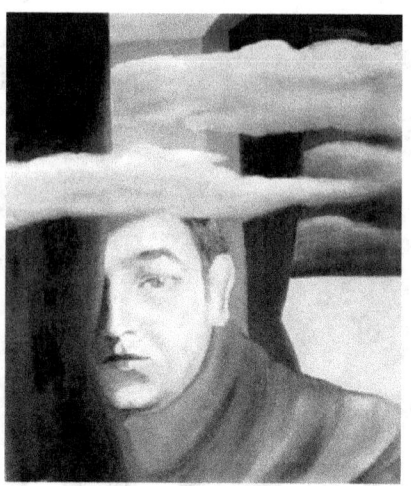

*Portrait de Paul Max*

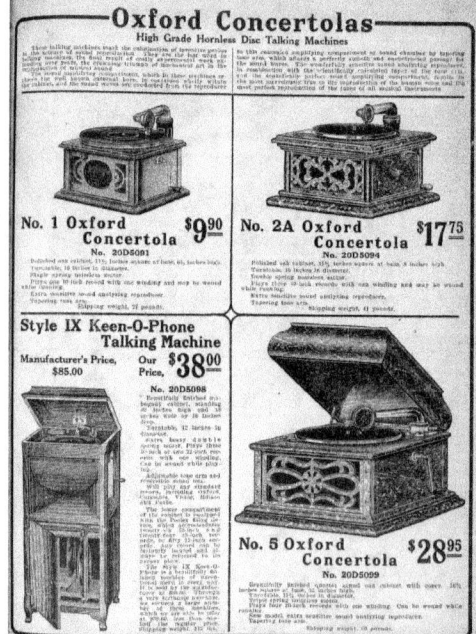

Silvertone Gramophone, 1915

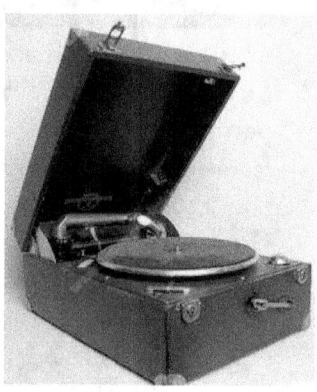

Columbia Portable
Gramophone, années
1940

Lettre à Andrieu

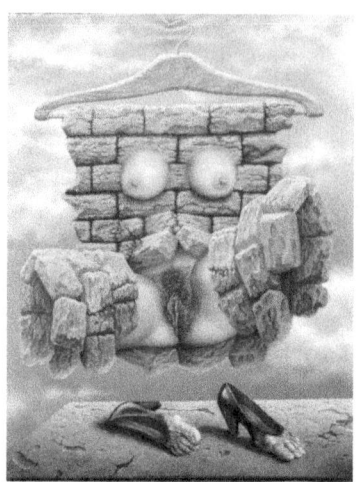

Jorge I Nazabal Cowan,
*Hommage à René Magritte*

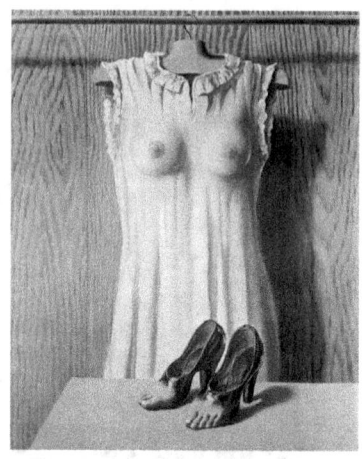

*La Philosophie dans le boudoir*

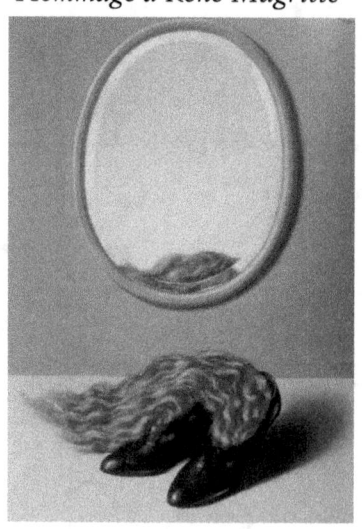

*L'Amour désarmé*

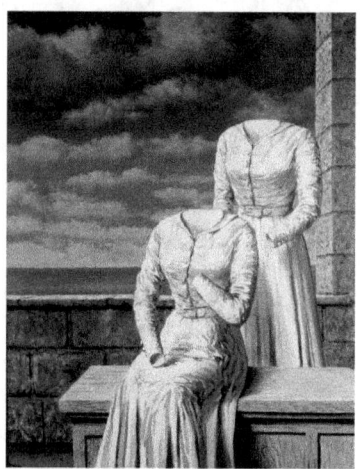

*Les cornes du désir*

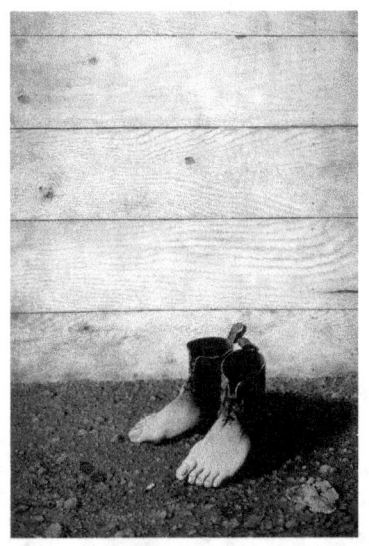

*Le Modèle Rouge*

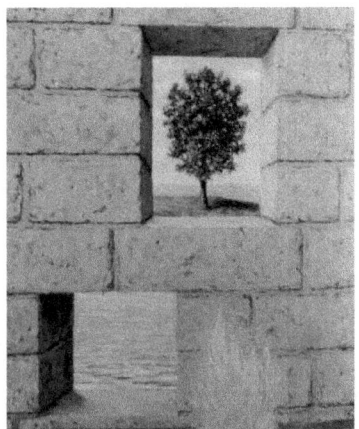

*Complaisance mentale*

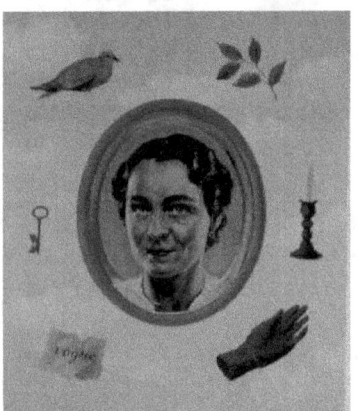

*Portrait de Georgette (1937)*

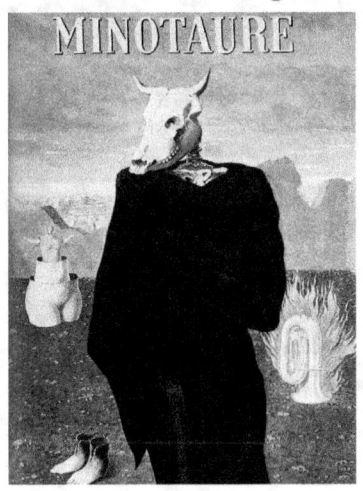

*Le Minotaure No 10*

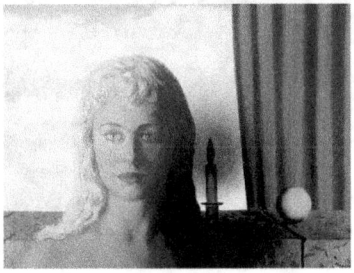

*La fée ignorante*

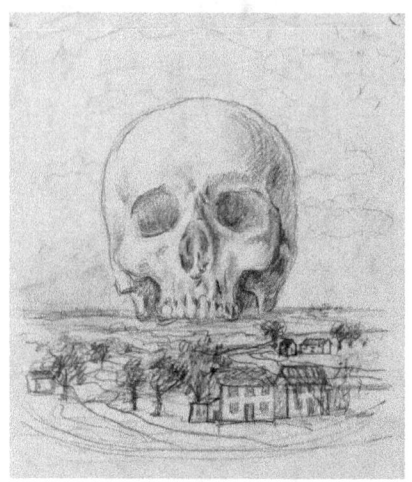

*Le coucher de soleil*

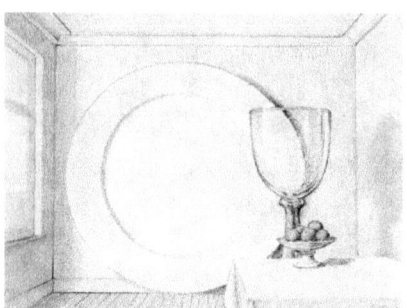

*Les Valeurs Personnelles*, 1962

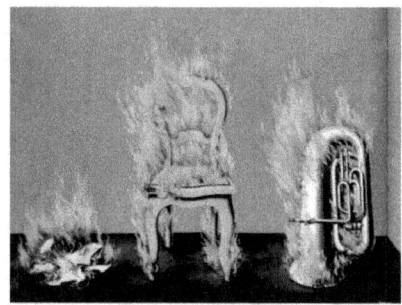

*L'Échelle de Feu* (1934)

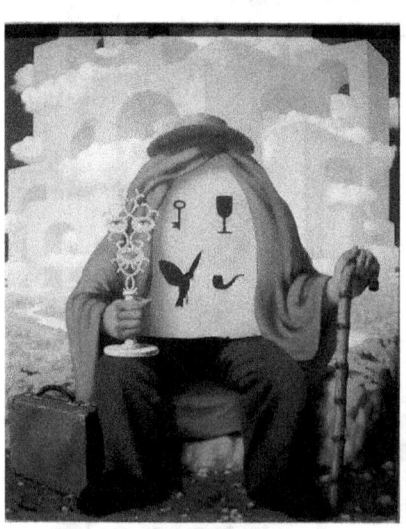

*Le Libérateur*

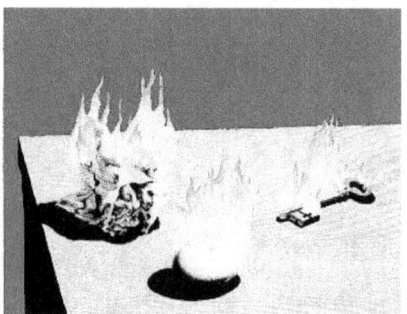

*L'Échelle de Feu* (1939)

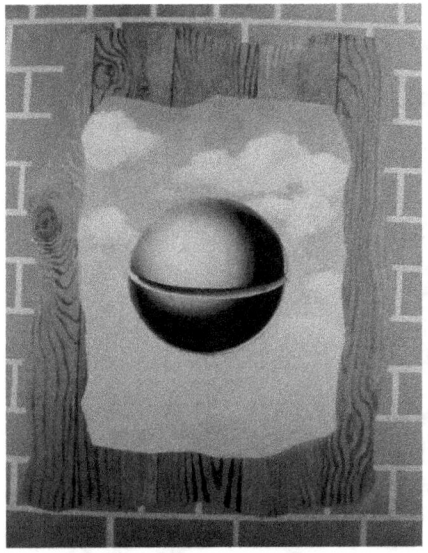

Le jockey perdu 2

Le Panorama

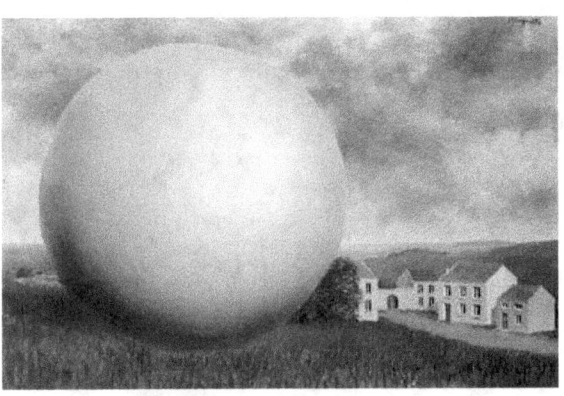

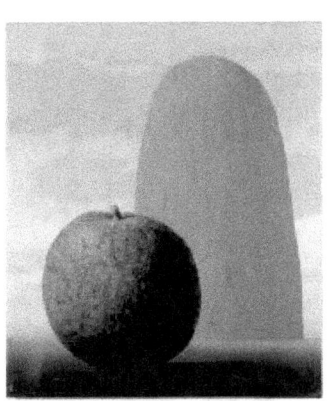

L'ombre monumentale

Le droit chemin

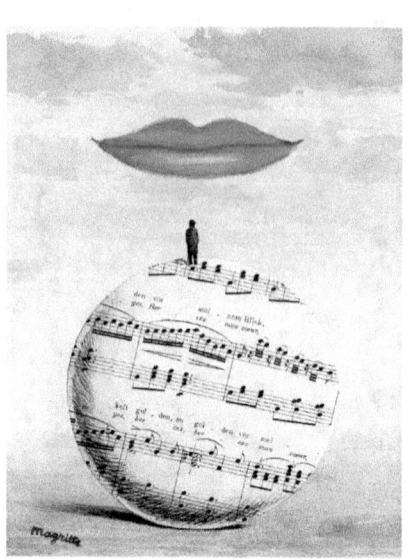

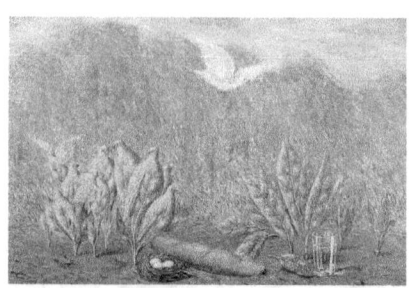

La Clairière

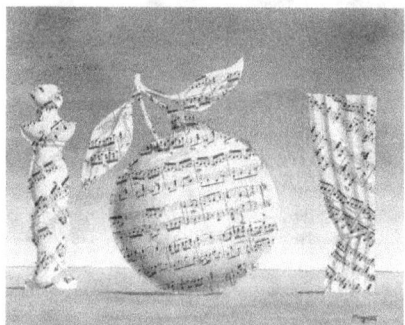

La Reconnaissance Infinie (1961)

La pensée visible

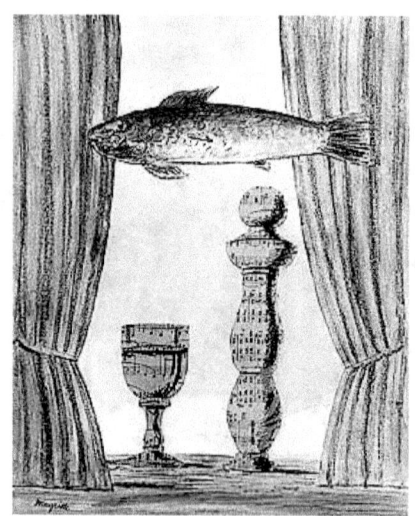

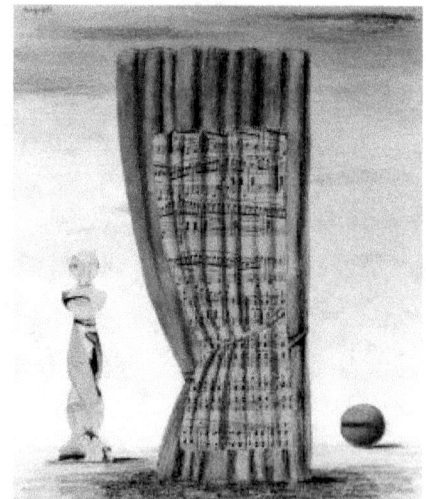

L'Esprit et la Forme, 1928 et 1961, dans l'ordre chronologique

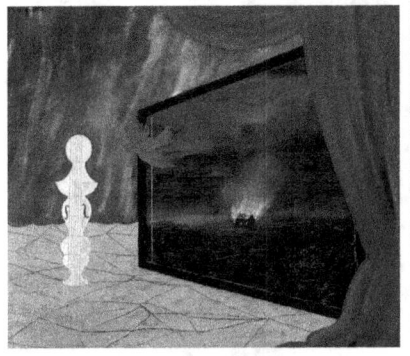

*Nocturne*

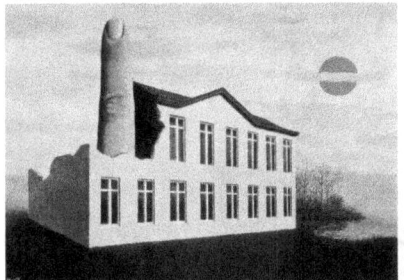

*La révélation du présent*

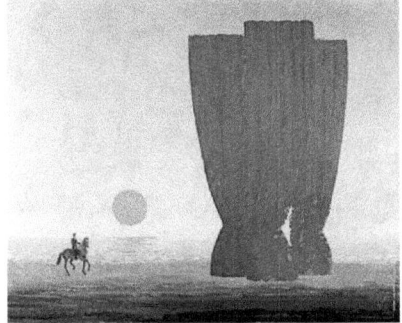

*Les Orgues de la Nuit*

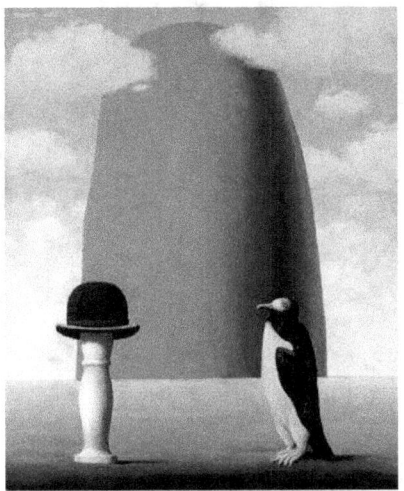

*L'exposition de peinture*

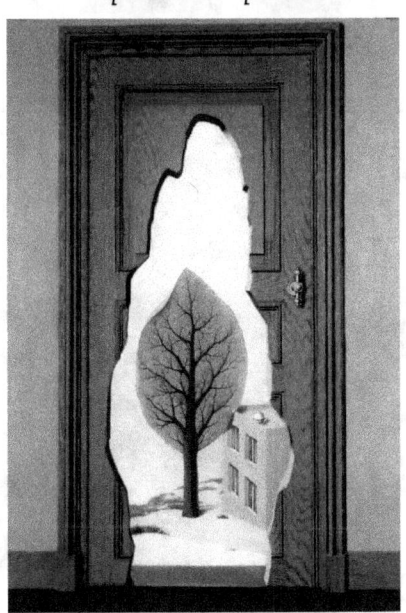

*La Vue amoureuse*

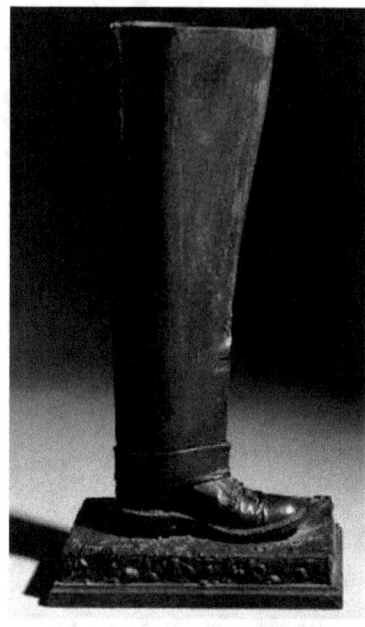

Le puits de vérité　　　　Le bouchon d'épouvante

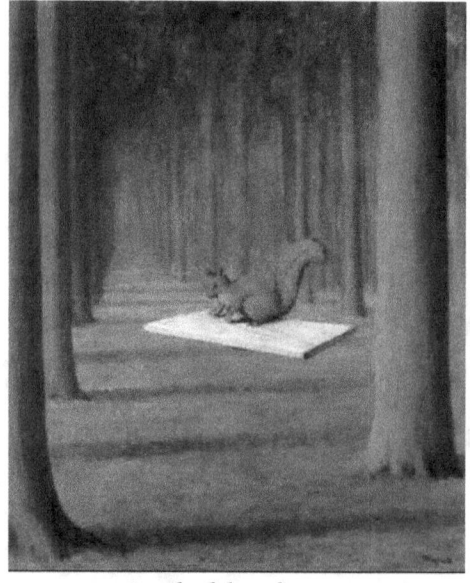
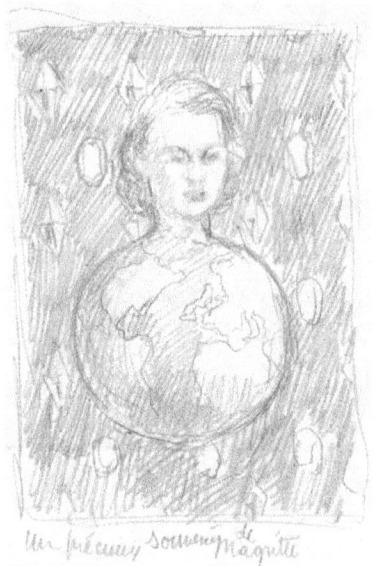

Le chef d'orchestre　　　　Un précieux souvenir

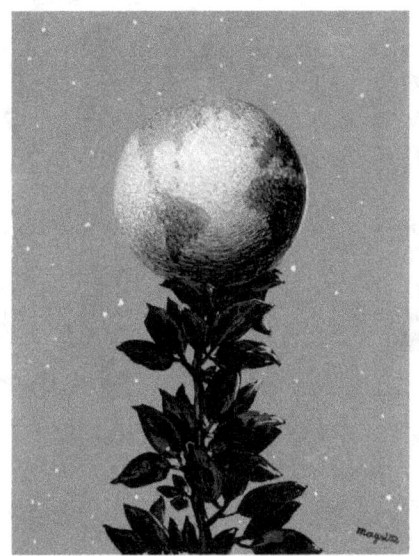

*Le grand style*

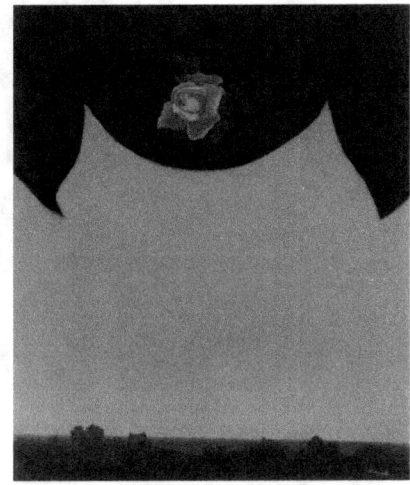

*La Belle de nuit*

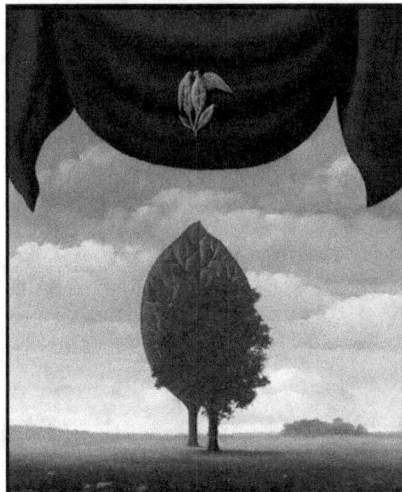

*Constellation*

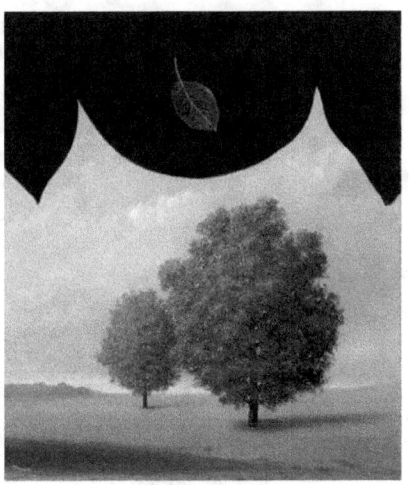

*Spectacle de nature*

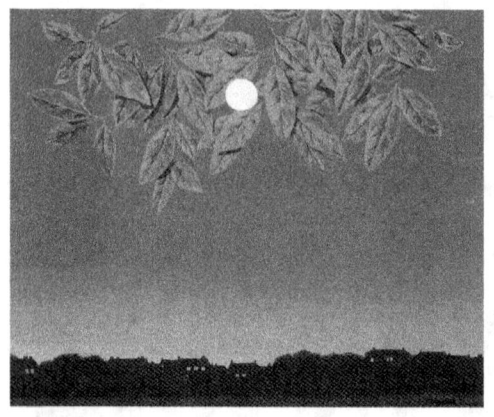
*La page blanche*

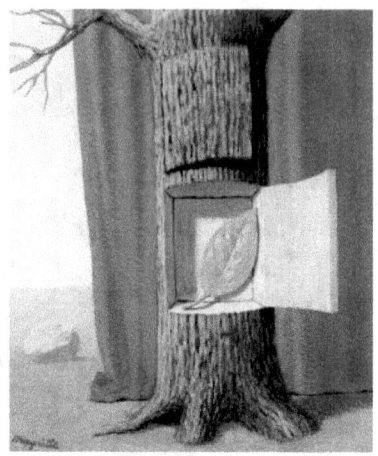
*Le premier secret*

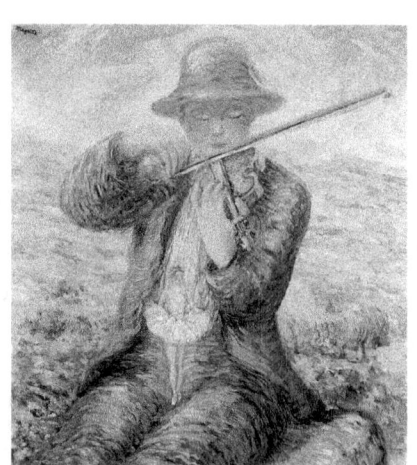
*Le premier jour*

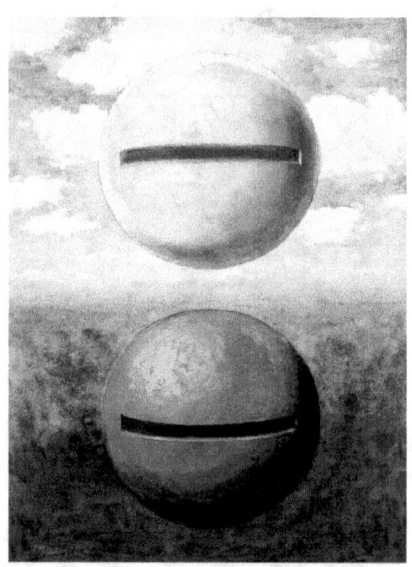
*La lyre d'Héraclite*

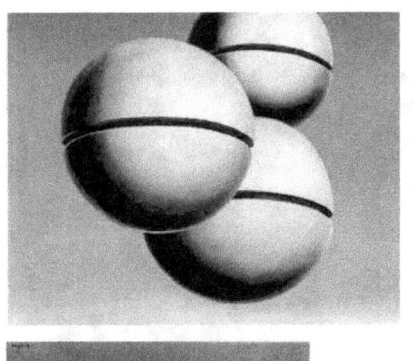
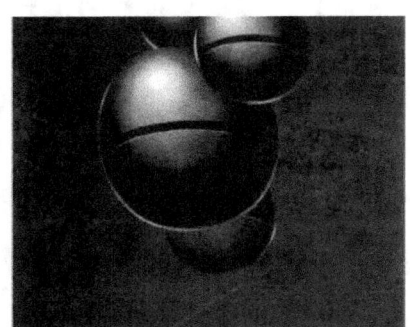
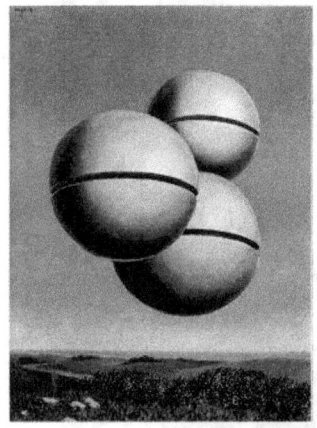
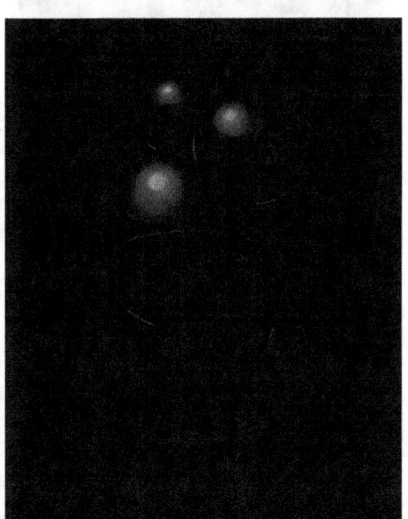
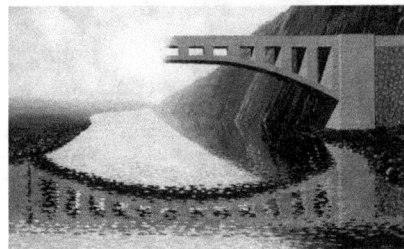

*La voix des airs*, 3 versions de 1928; La *voix des airs*, 1931; *Le pont d'Héraclite*; *Les Valeurs Personnelles*

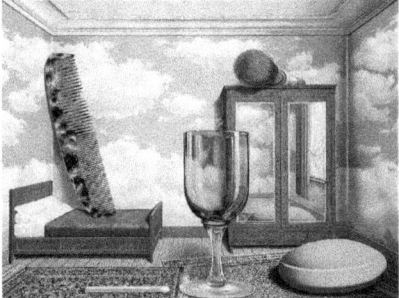

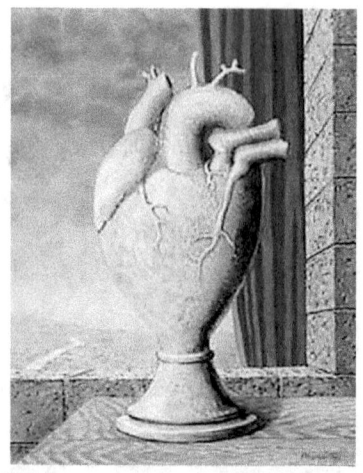 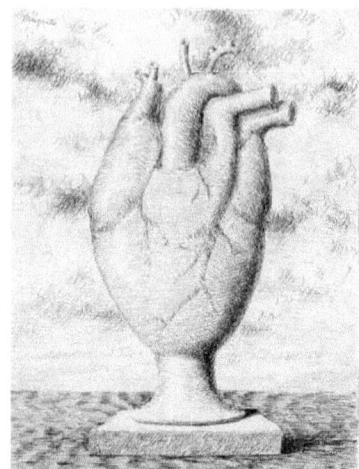

*Le Sac à malices*, peinture et dessin

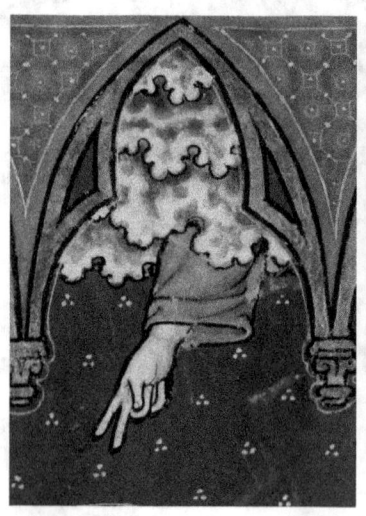 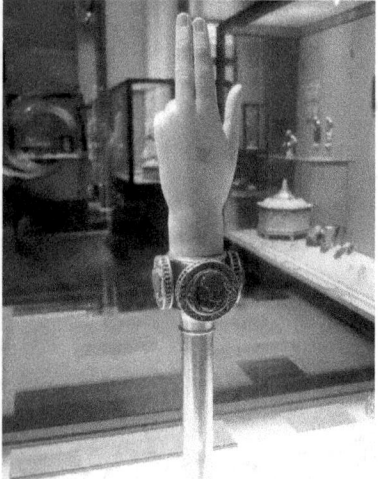

*Images de la vie du Christ et des saints*, Bibliothèque Nationale de France, Département des manuscrits, NAF 16251, fol. 76r.; *Main de Justice* réalisée pour le sacre de Napoléon Ier, incluant l'anneau de saint Denis, provenant du trésor de Saint-Denis. Ivoire, cuivre, or et camées, 1804

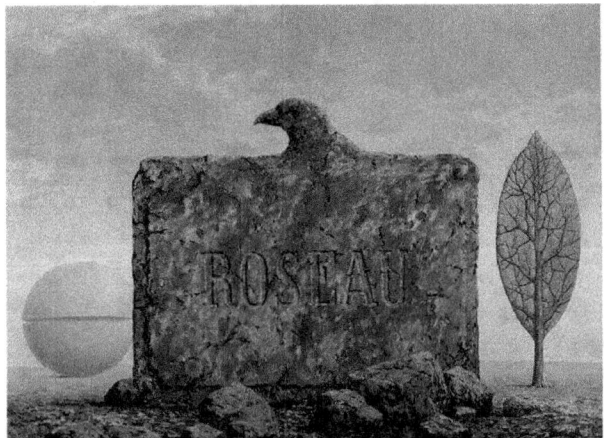

*La Fontaine de Jouvence*

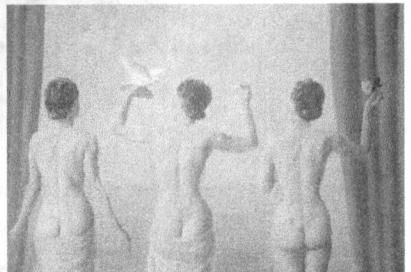

*Calme*

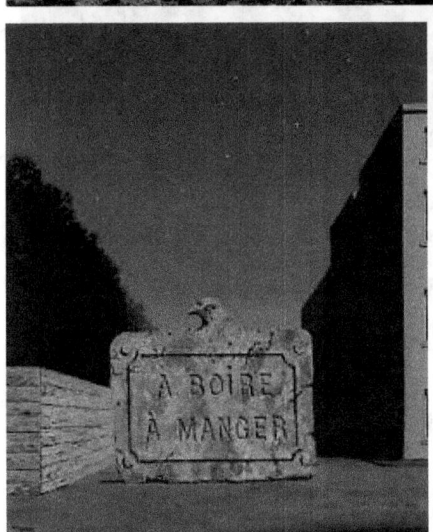

*Fortune Faite*

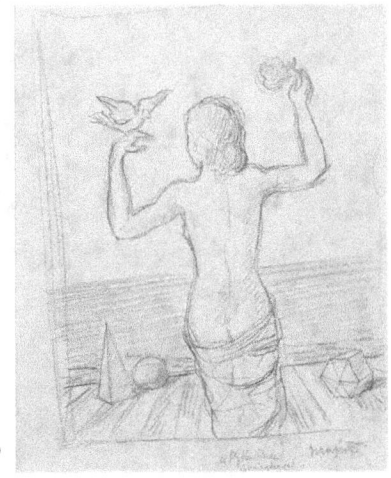

*Dessin, c.1940*

*Les enfants trouvés; La chanson de la violette; Les enfants trouvés*, dessin préparatoire; *Journal intime*, peinture et dessin, 1951; *Journal intime*, 1954

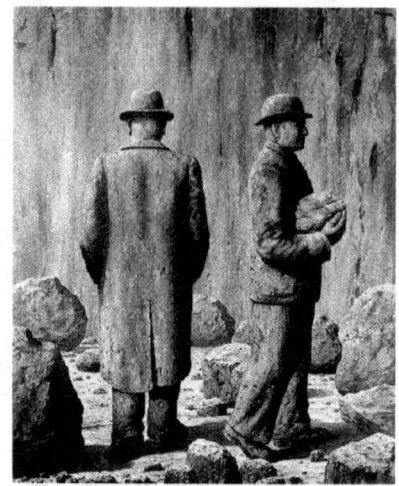
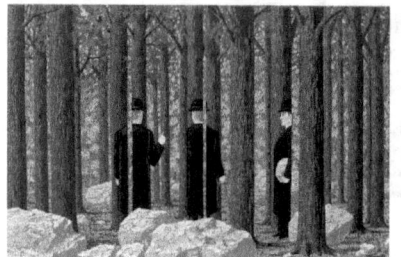

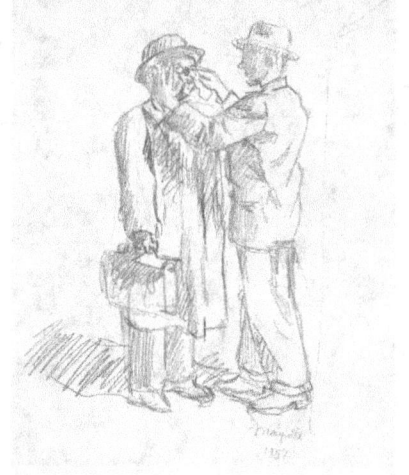
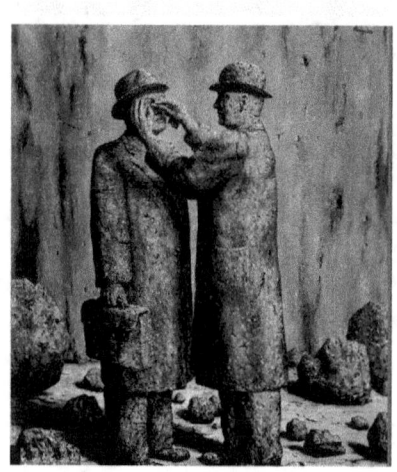
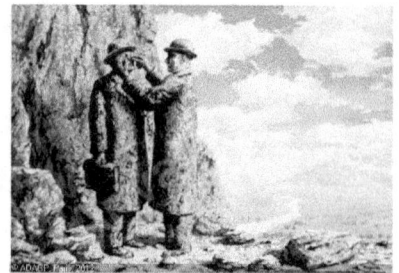

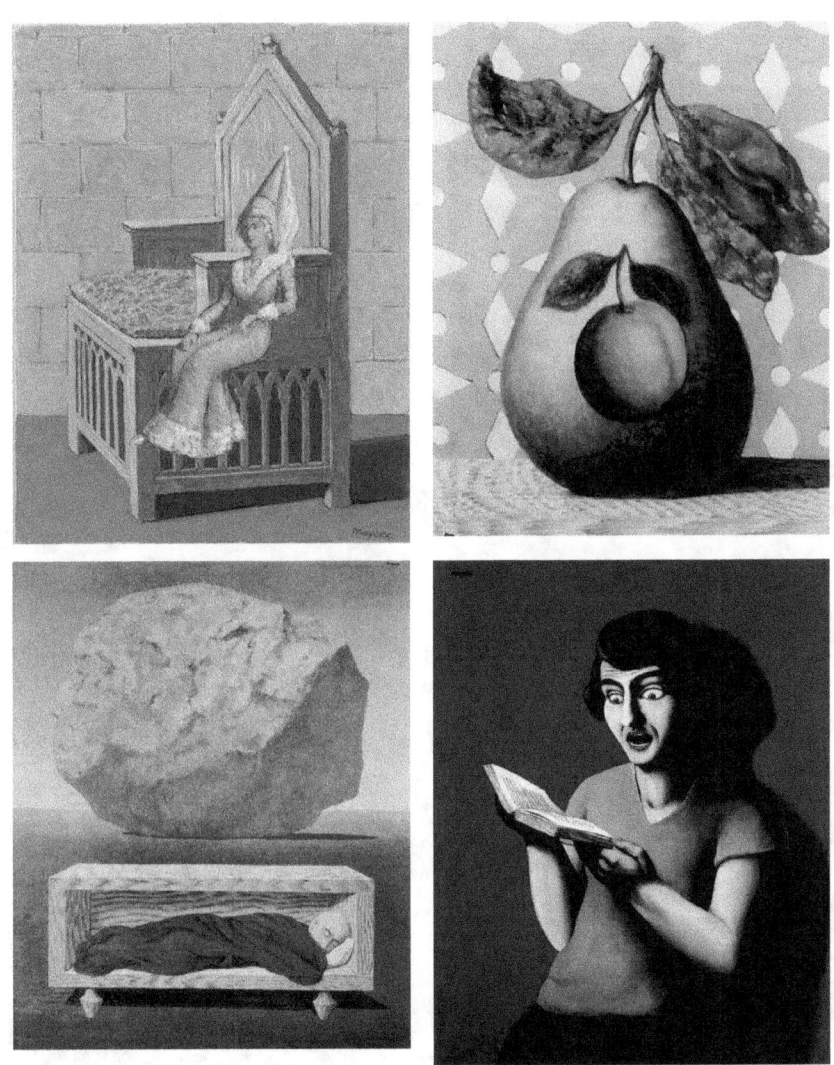

*La Femme assise. La Place au Soleil III; La Place au Soleil; Le Cap des Tempêtes; La Lectrice soumise*

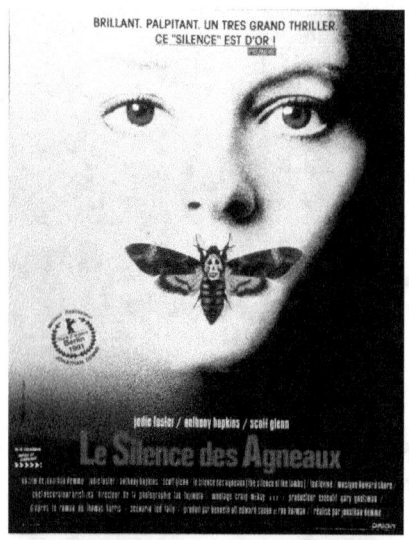
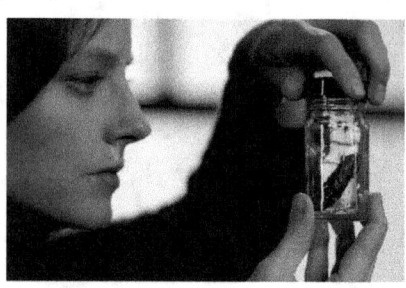
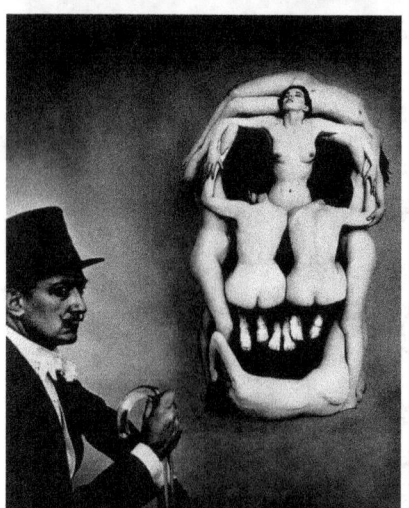
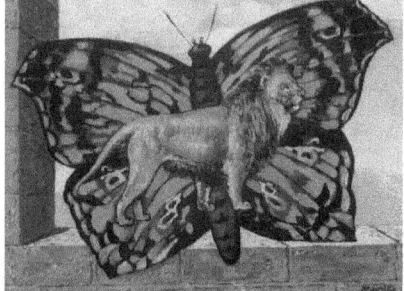
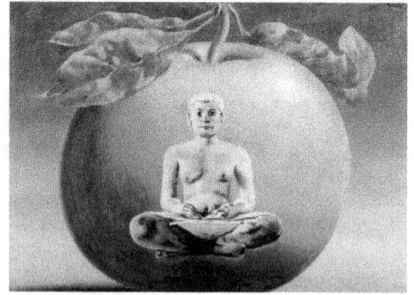

Dalí et Philippe Halsman,
*In Voluptas Mors*

Deux versions de: *La Place au Soleil*

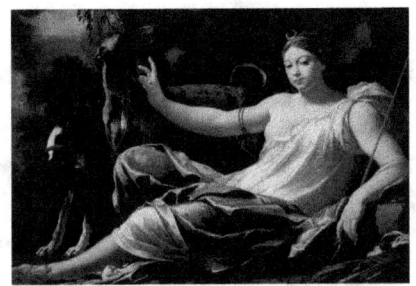

Simon Vouet, *Diane*, 1637

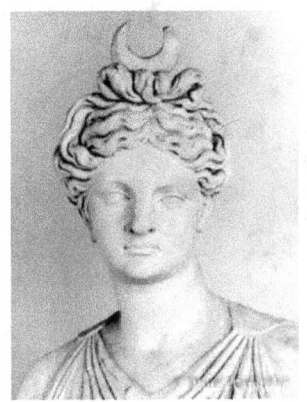

*Diane*, Musei Capitolini, Inv. Scu 61

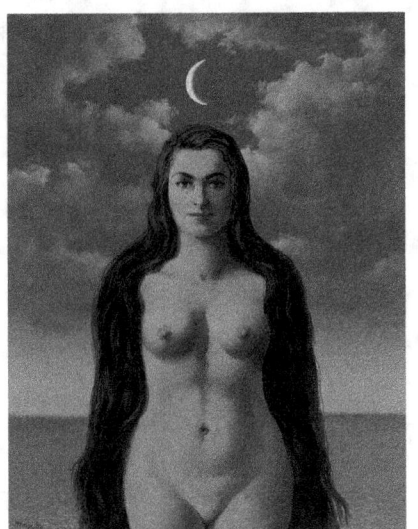

*La robe de Galatée*

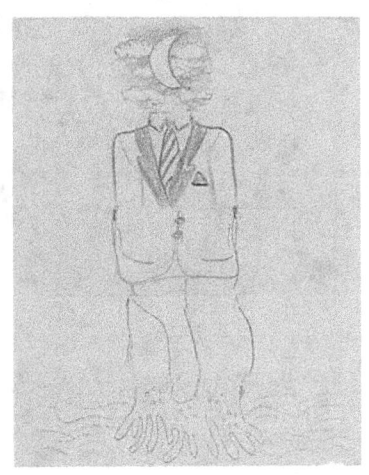

Magritte - Louis Scutenaire - Irène Hamoir - Paul Nougé, *Cadavre Exquis*;

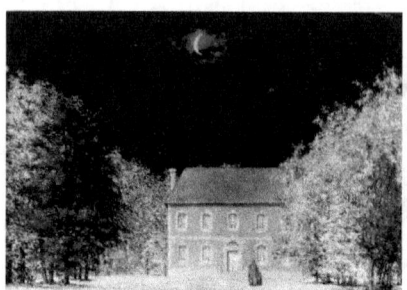
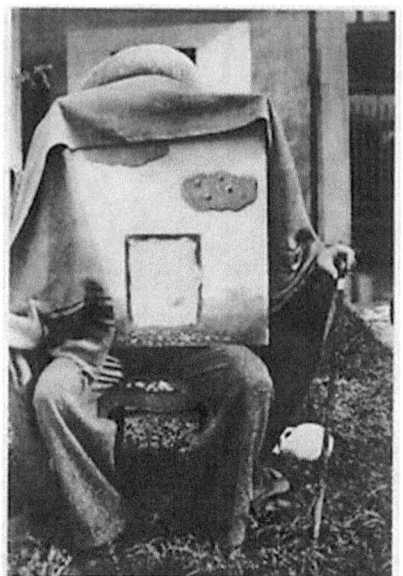
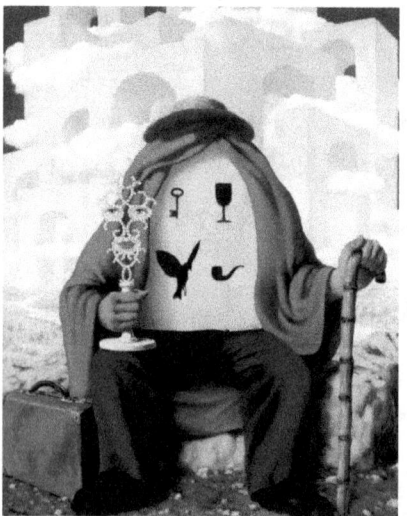
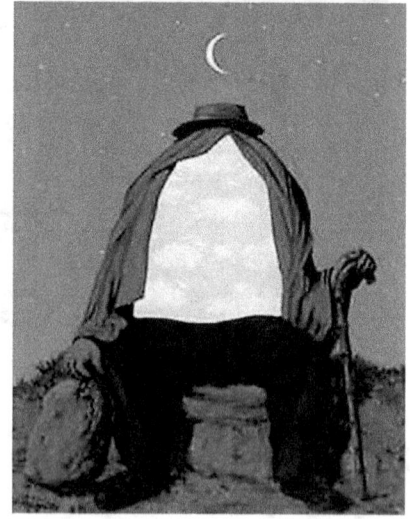

*Le salon de Dieu* ; *Dieu le huitième jour*; *Le Libérateur*; *Le Thérapeute*, variante

Dessin pour "*Moralité du sommeil*" de Paul Eluard; *Le Thérapeute*, 2 variantes, et bronze de 1967

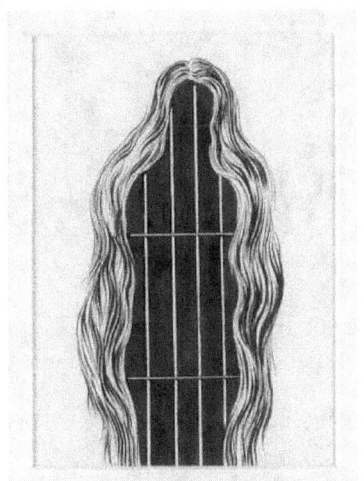
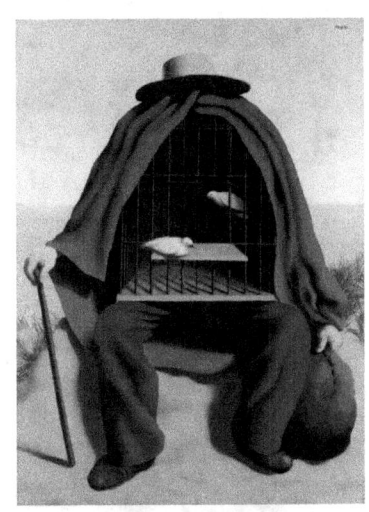
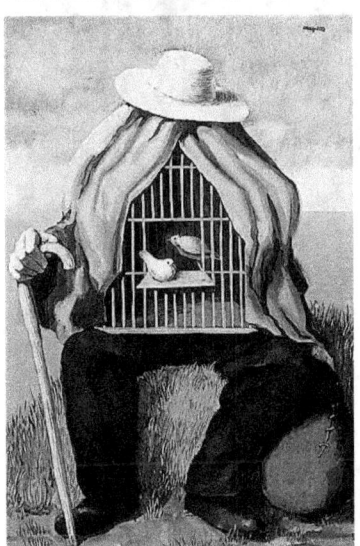
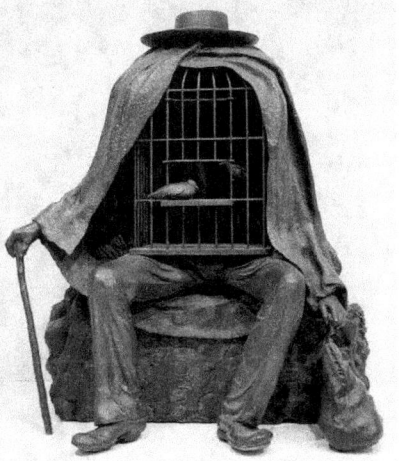

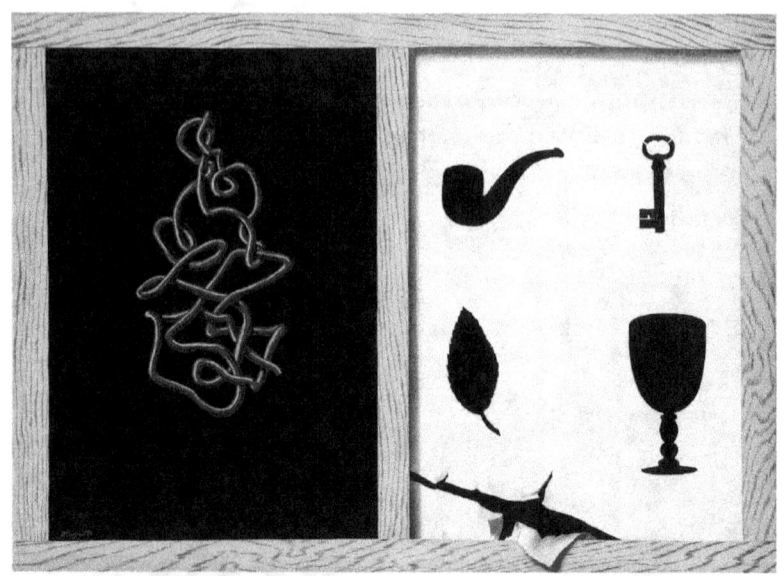

L'Alphabet des Révélations

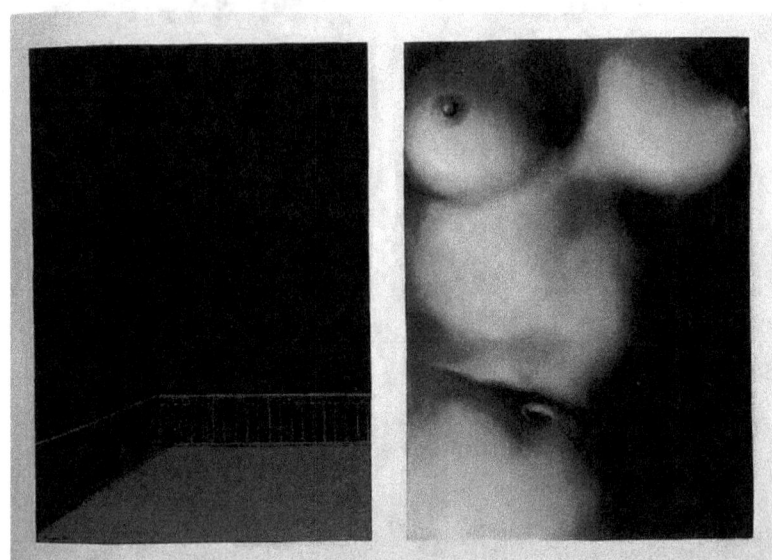

Le Symbole déguisé

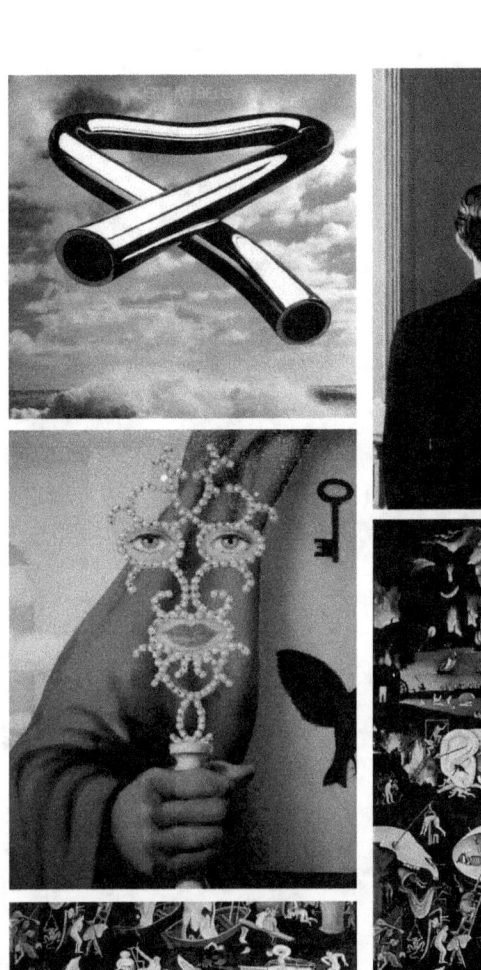
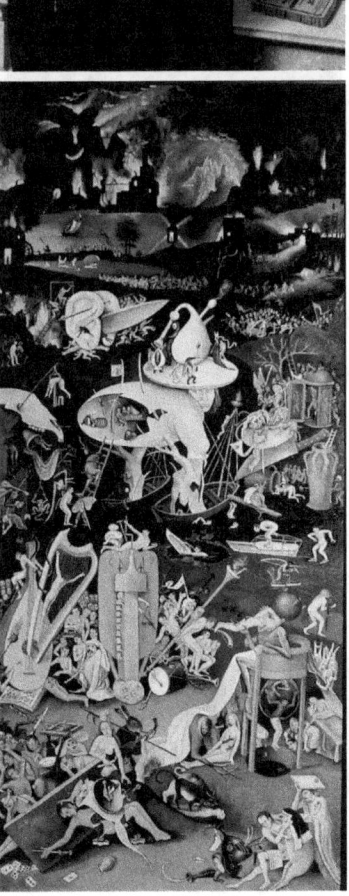
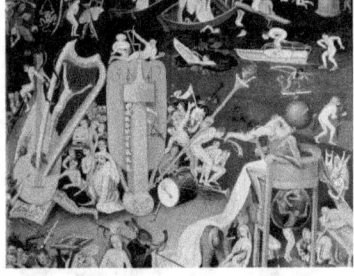

*La Reproduction interdite*; *Le Libérateur*, détail; Jérôme Bosch, *Hortus Deliciarum*, panneau de droite

*Le Domaine Enchanté*, I à VIII, dans l'ordre numérique

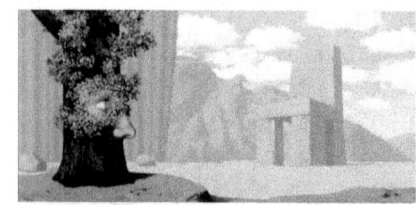
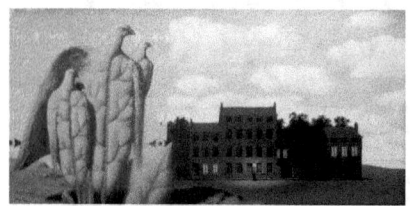
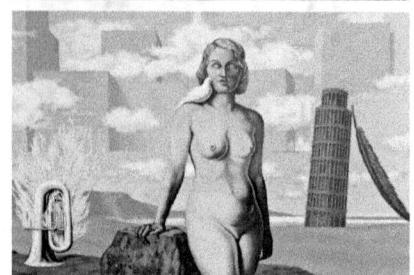
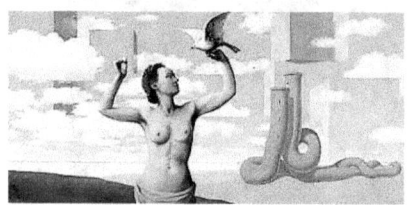
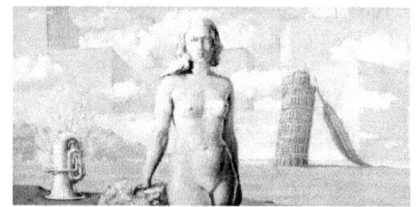
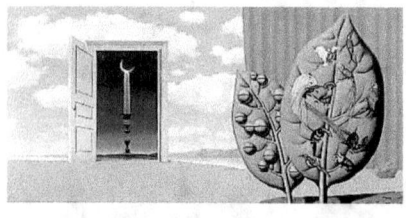
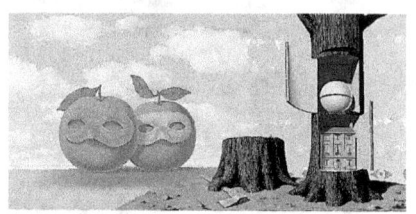
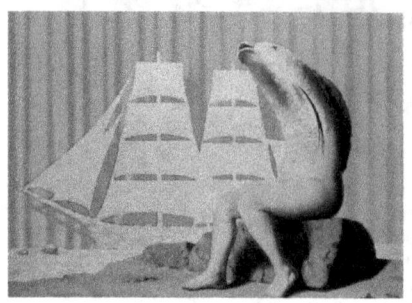
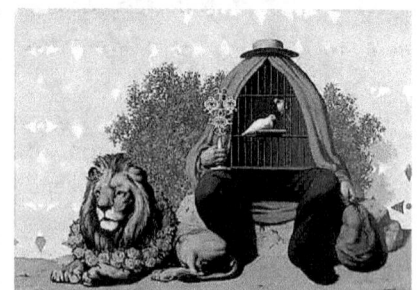

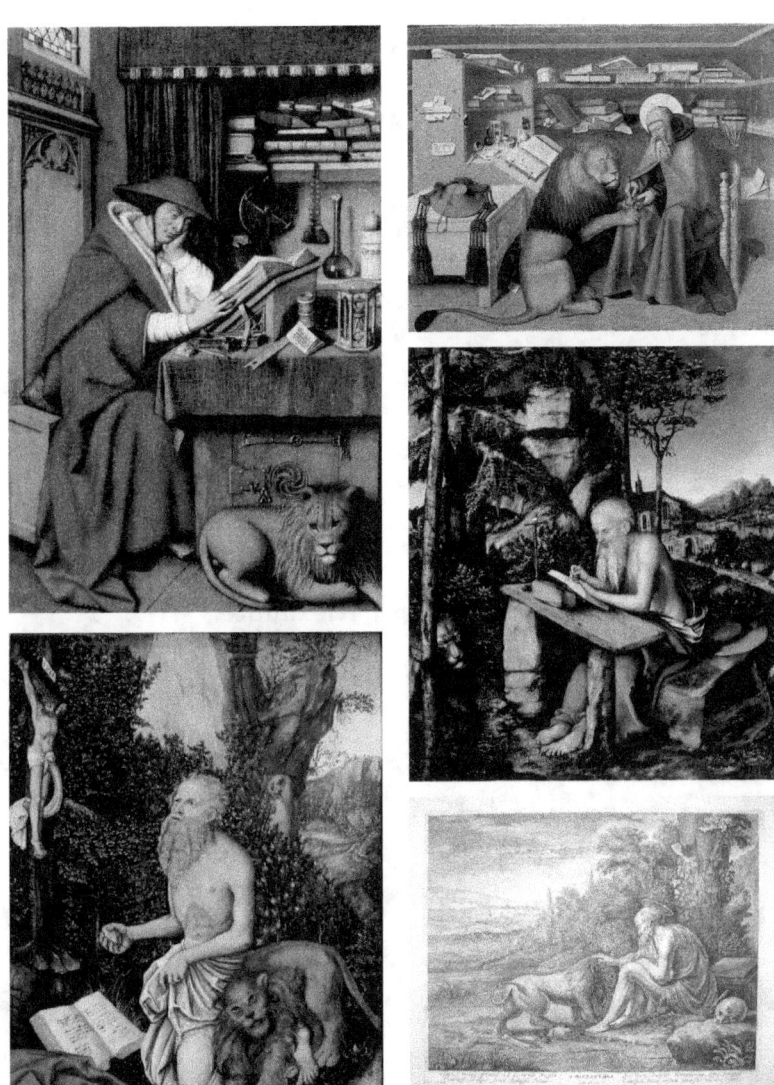

Jan van Eyck, *Saint Jérôme*; Antonello da Messina, *Saint Jérôme dans son Étude*, c.1440-1470; Lucas Cranach, *Saint Jérôme*; Lucas Cranach, *Saint Jérôme*, c.1515-1518; Carracci, *Saint Jérôme*

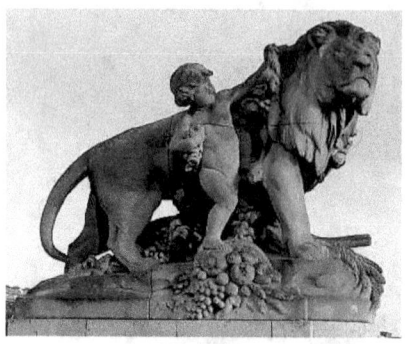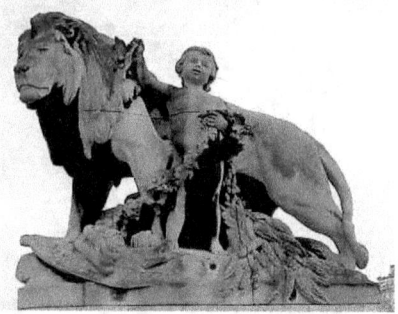

Georges Gardet, *Lions à l'enfant*, 1900, Pont Alexandre III, Paris, Rive droite, amont

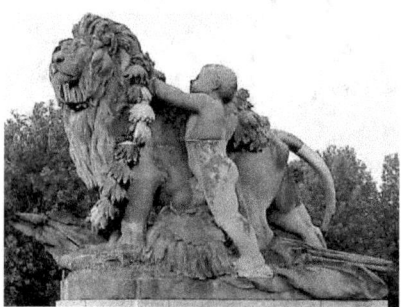

Jules Dalou, *Lion conduit par un enfant*, 1900, Pont Alexandre III, Paris, Rive gauche, amont

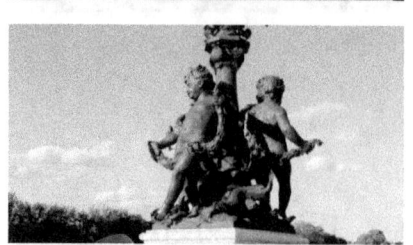

Les lampadaires du Pont Alexandre III

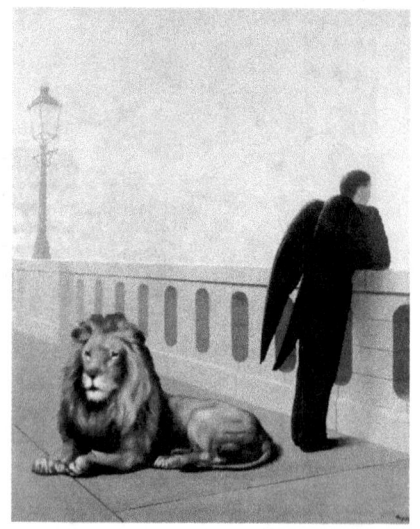

*Le mal du pays*

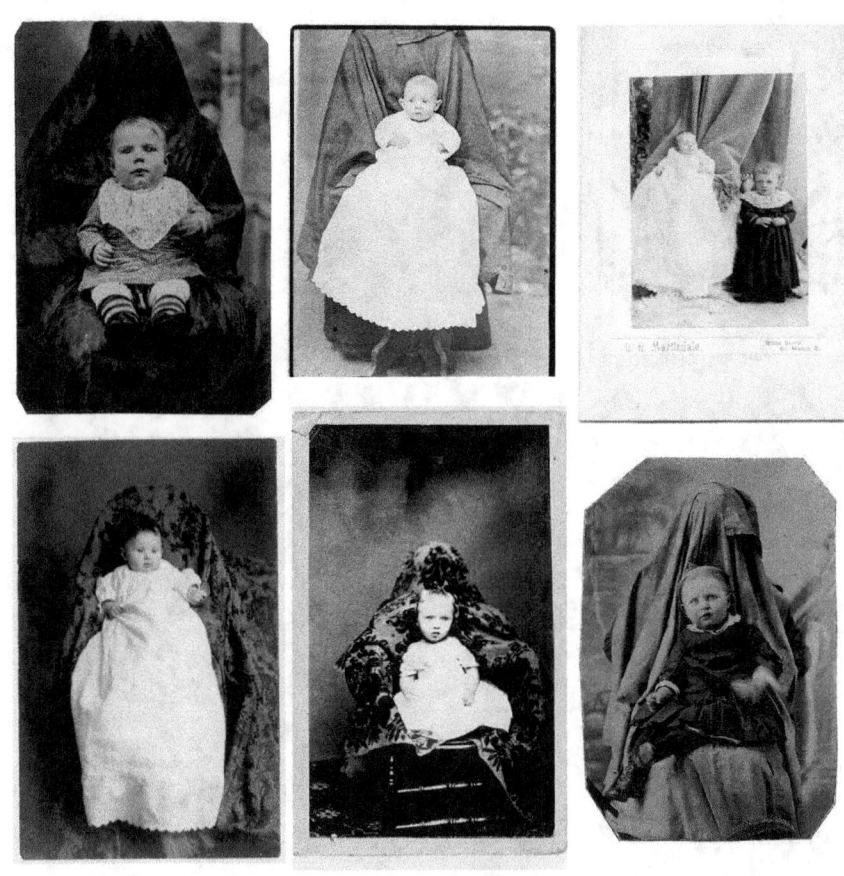

*"Hidden Mothers"* victoriennes

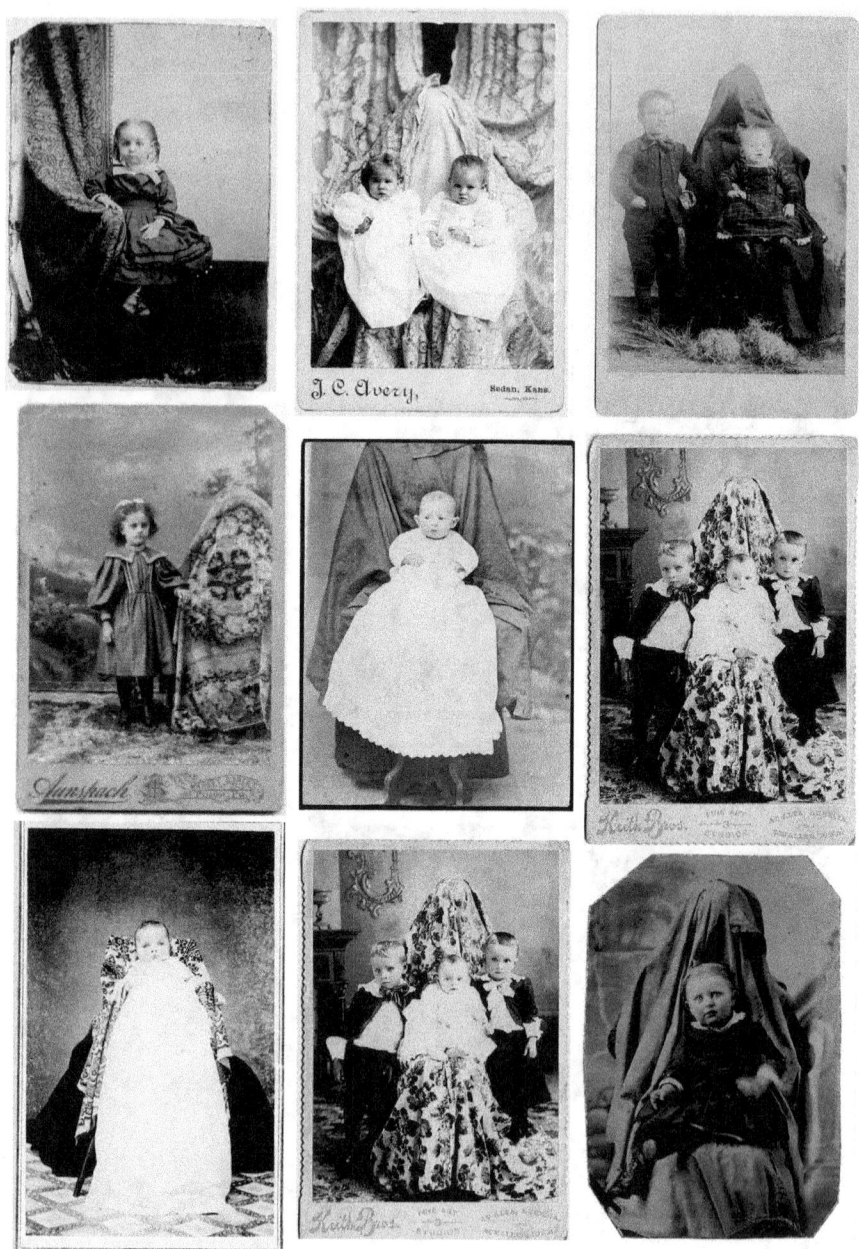

*"Hidden Mothers"* victoriennes

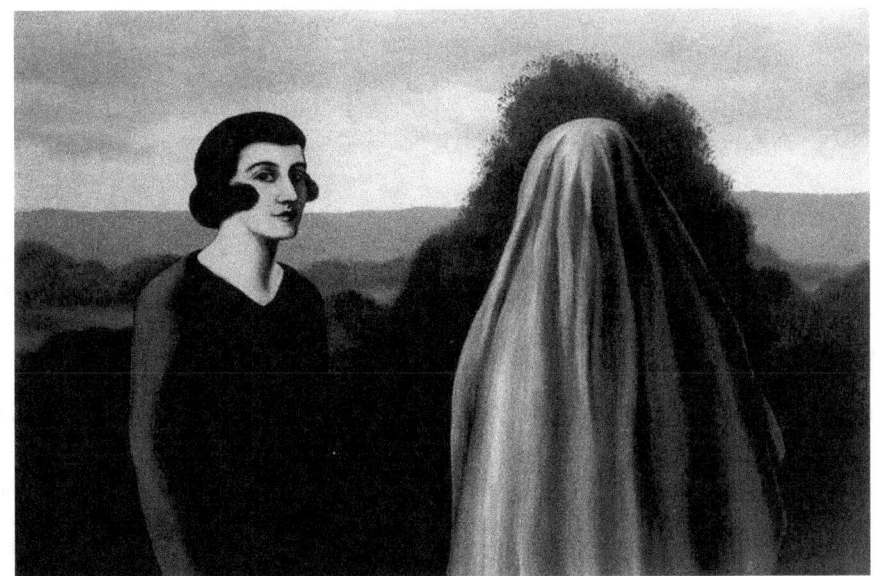
*L'invention de la vie*

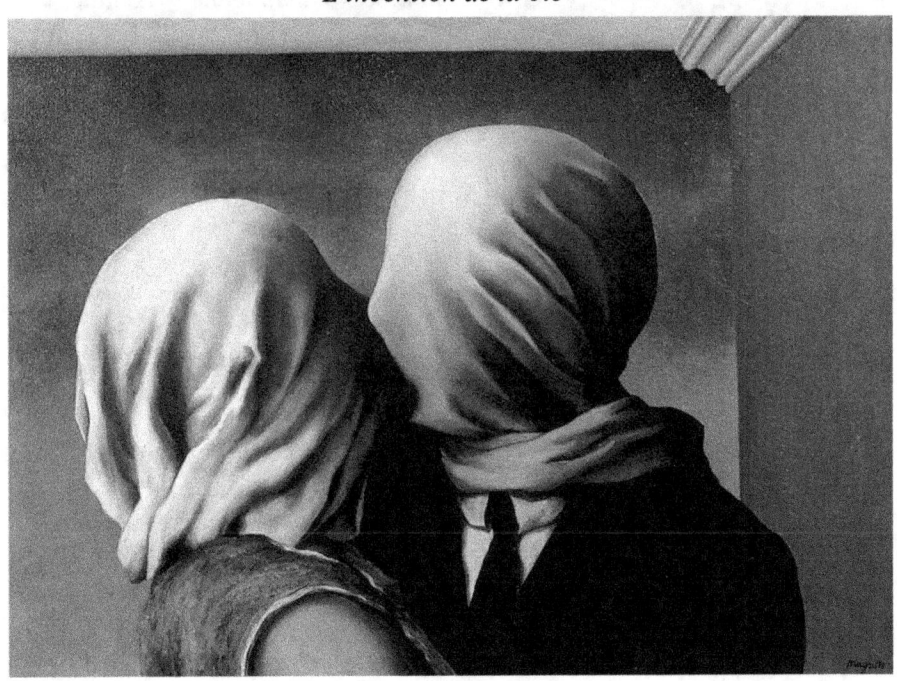
*Les Amants II*, 1928

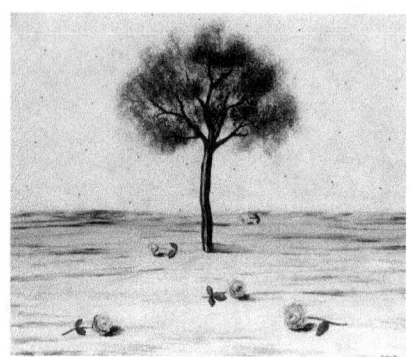

*Les Fleurs du Voyage*

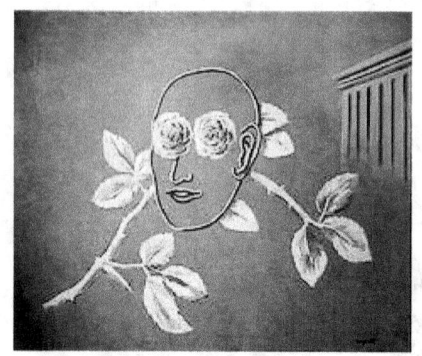

*Le Voyage des Fleurs*

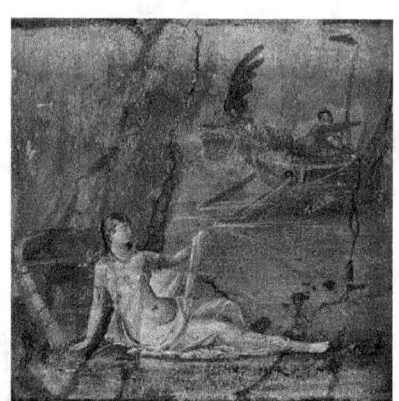

*Thésée abandonne Ariane, Maison de l'alcove, Herculanum; Angelica Kauffmann, Ariane abandonnée, 1774; Le Titien, Bacchanale des Adriens, 1523-1524*

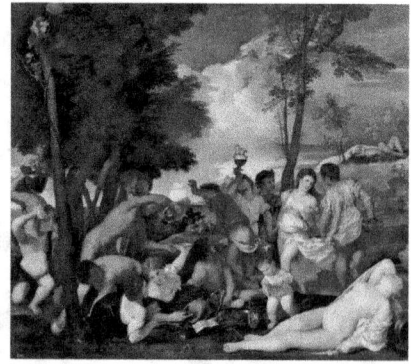

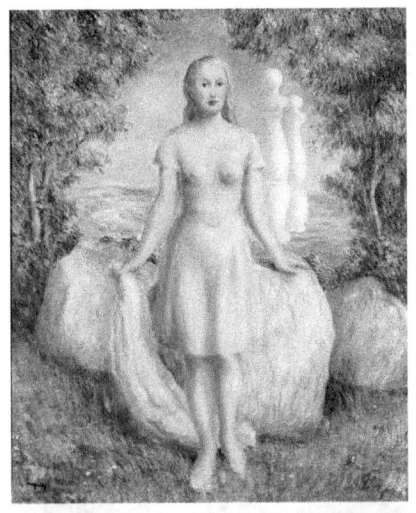

Le Traité des sentations; La Récolte; Le Traité de la Lumière; Les Présages; Portrait d'Arlette Magritte

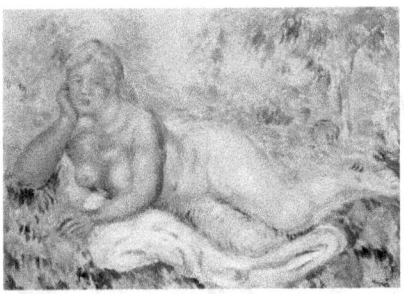
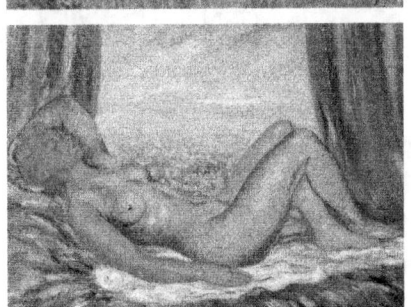
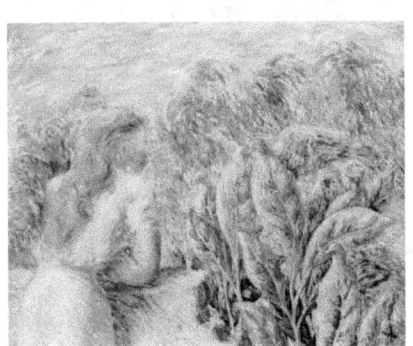
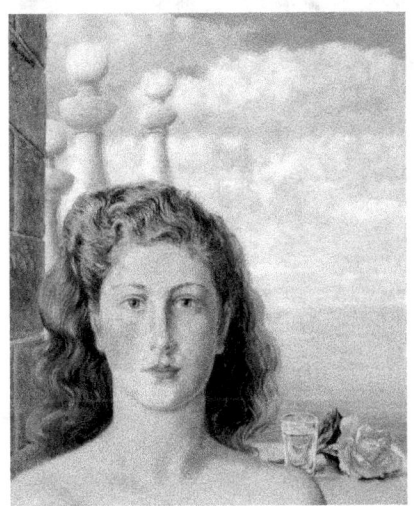

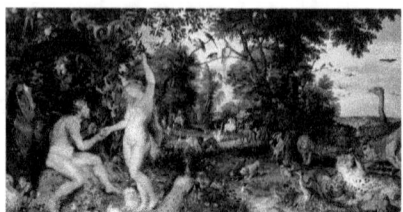

Pierre Paul Rubens et Jan Brueghel l'Ancien, *Le Jardin de l''Éden avec la Chute de l'Homme*

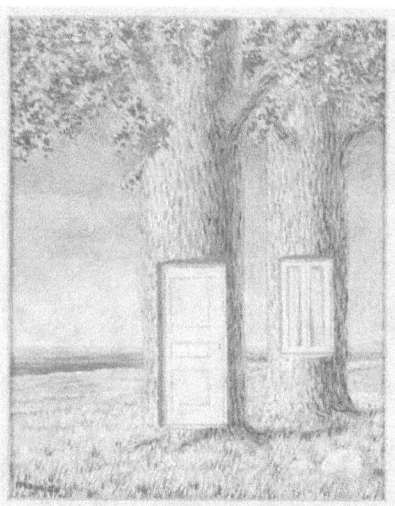

*Sans titre (La vie de famille)*

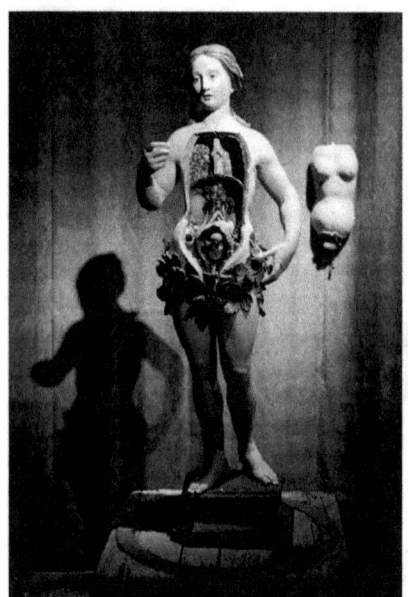

*Ève anatomique,*
XVIIème siècle

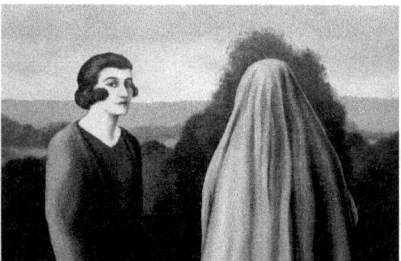

*L'invention de la vie*

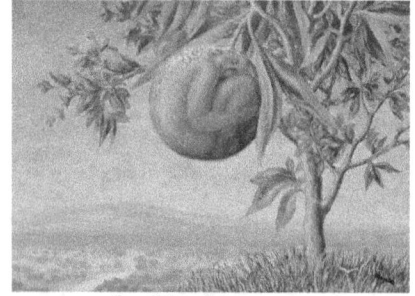

*La Vie Heureuse*

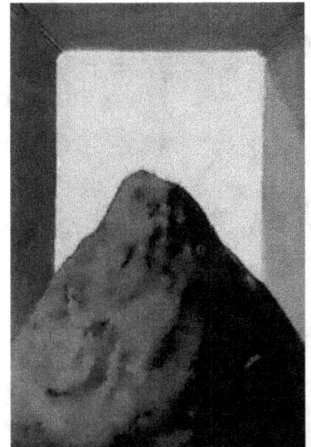
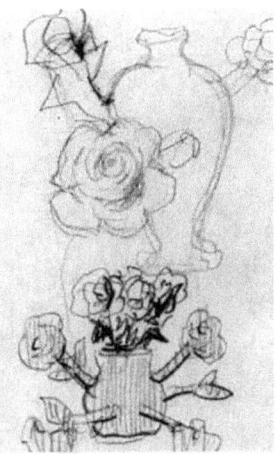
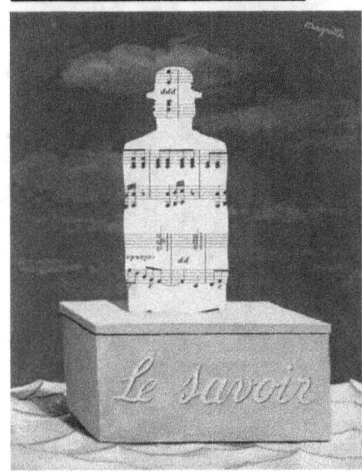
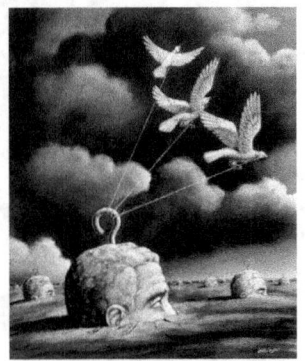

*La Vision; Rose et construction; L'usage de la parole;*

Rafal Oblinski, deux oeuvres

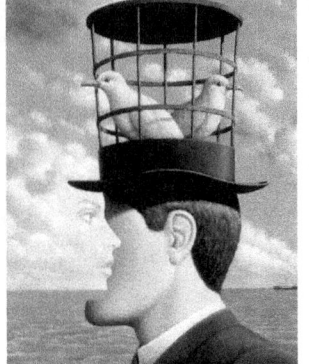

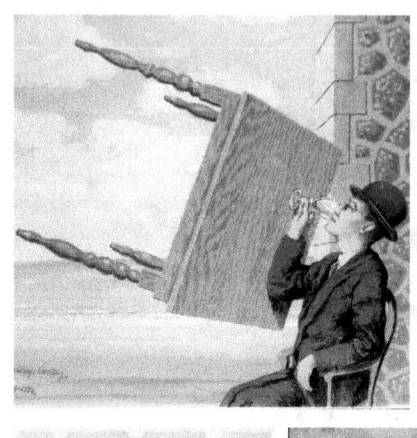
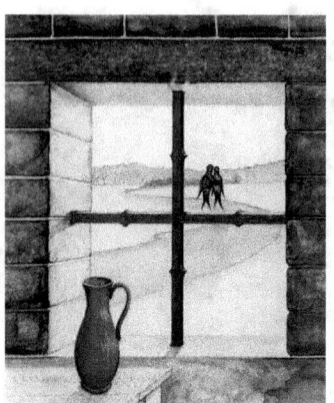
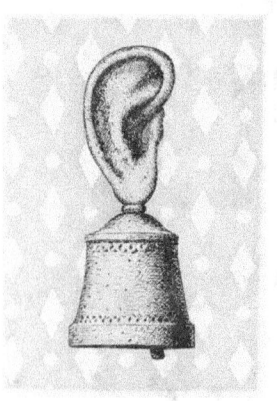
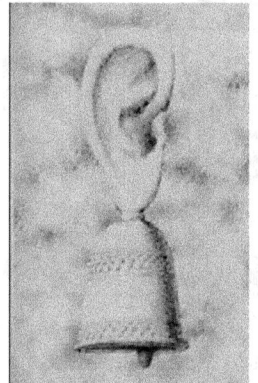
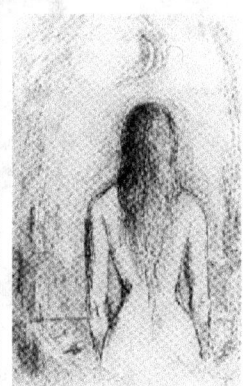
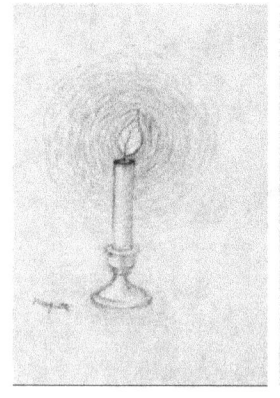
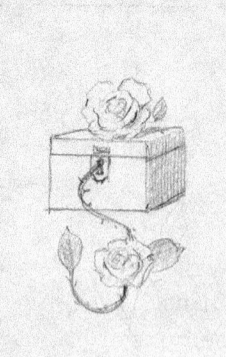

*Homme assis à table; La Fenêtre; Son de cloche; Le Leçon de musique; La robe du soir; Le rendez-vous; Coffre à bijoux avec chevillette de rose Étude*

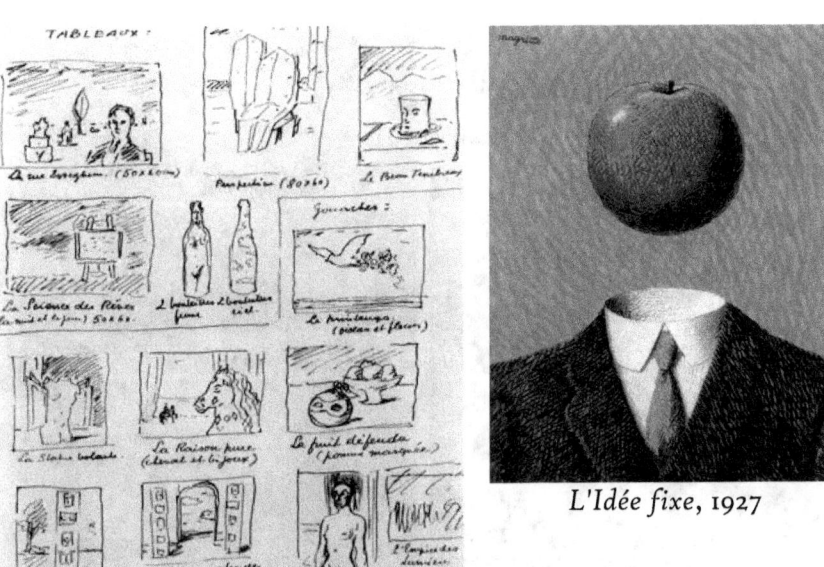

L'Idée fixe, 1927

Dessin

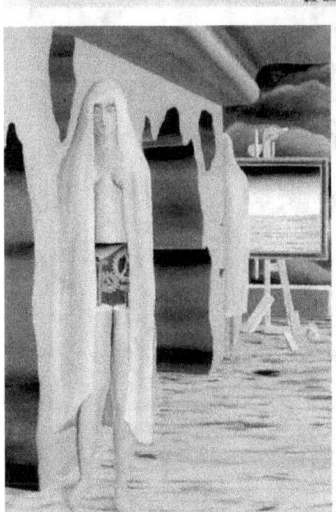

L'âge des merveilles

Le rendez-vous

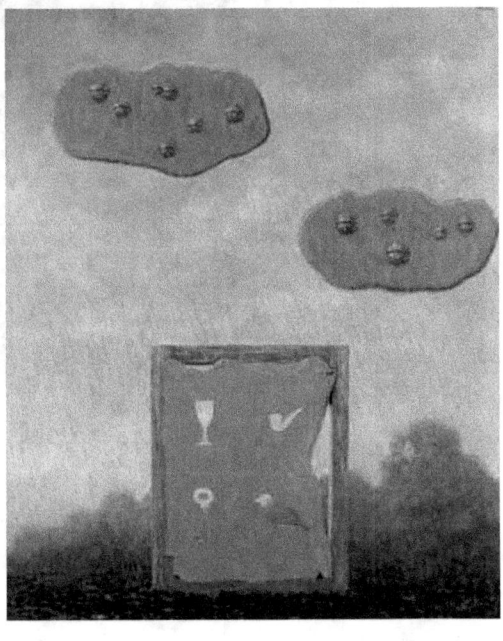

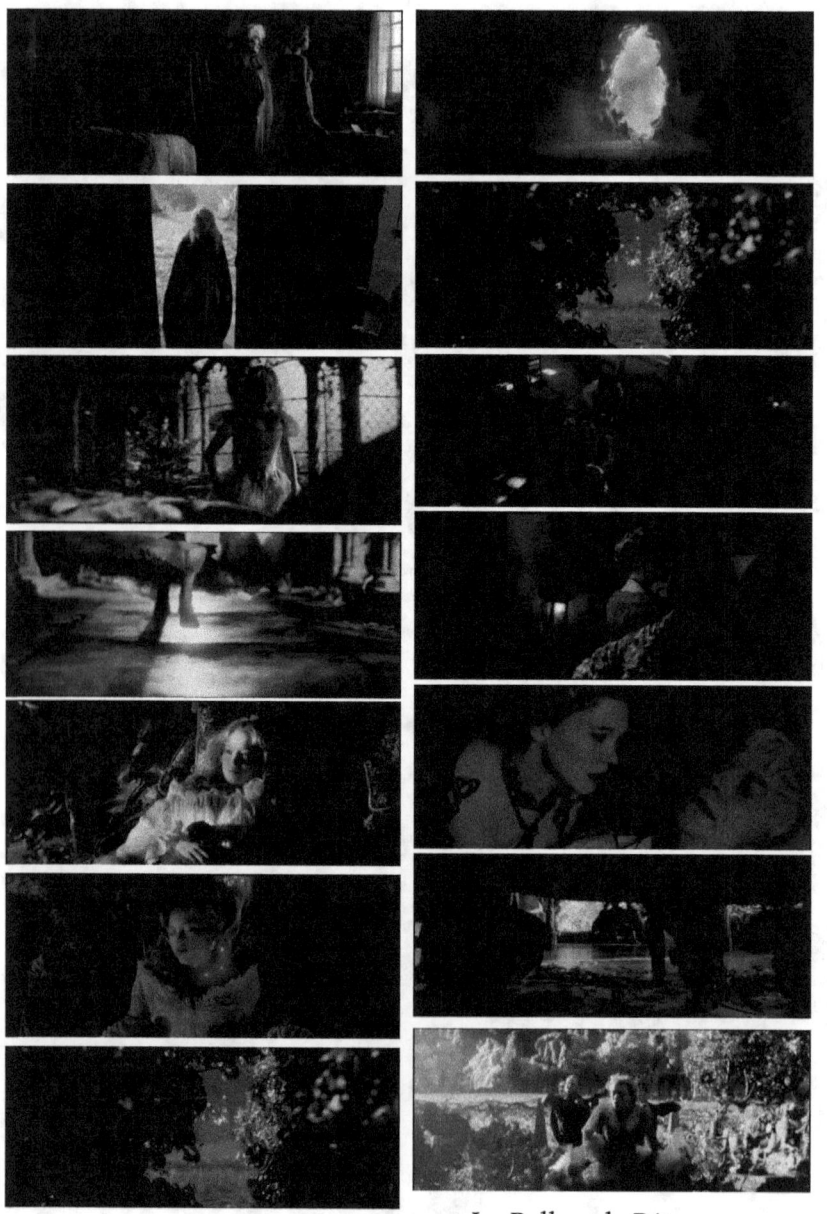

*La Belle et ls Bête*, 2014

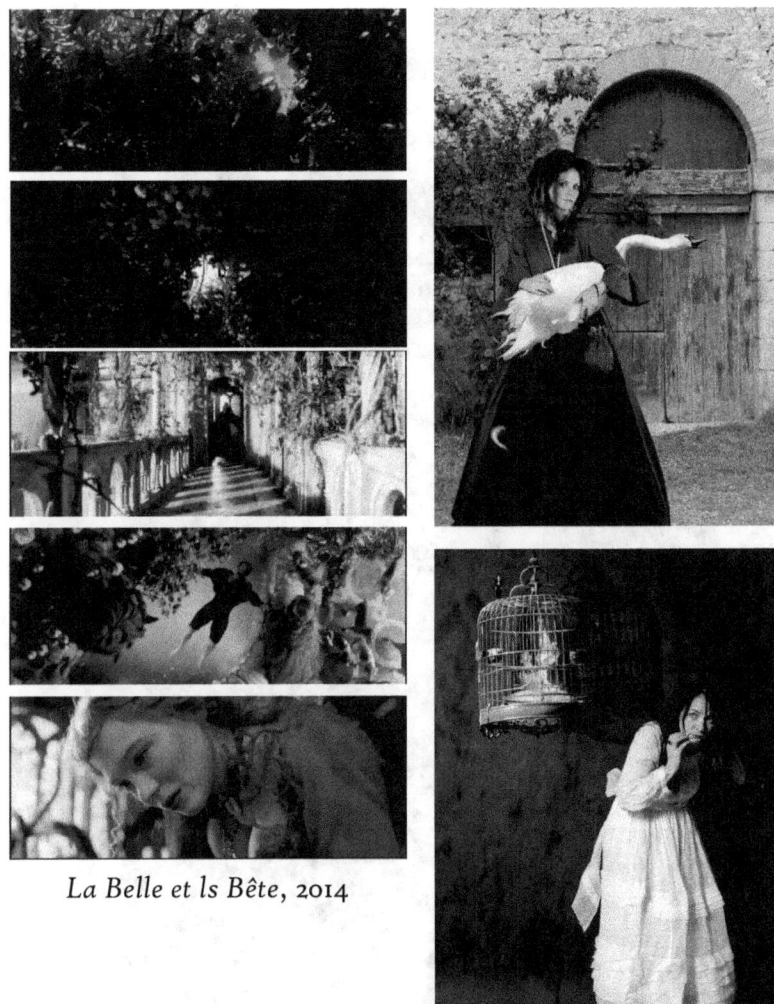

*La Belle et ls Bête*, 2014

Photographies de
Christine von
Diepenbroek

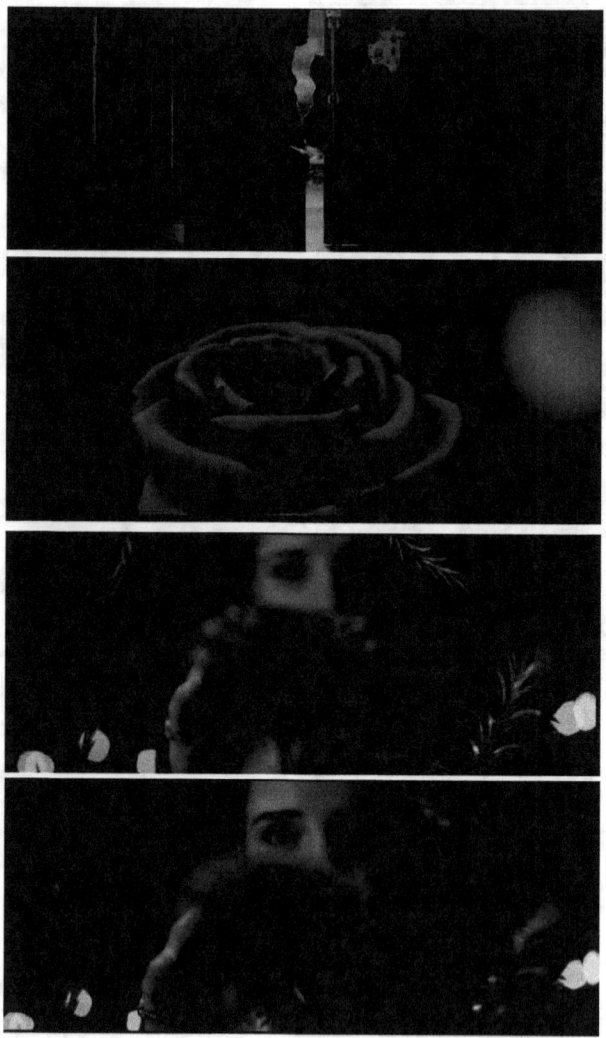

*La Belle et ls Bête*, bande-annonce, 2017

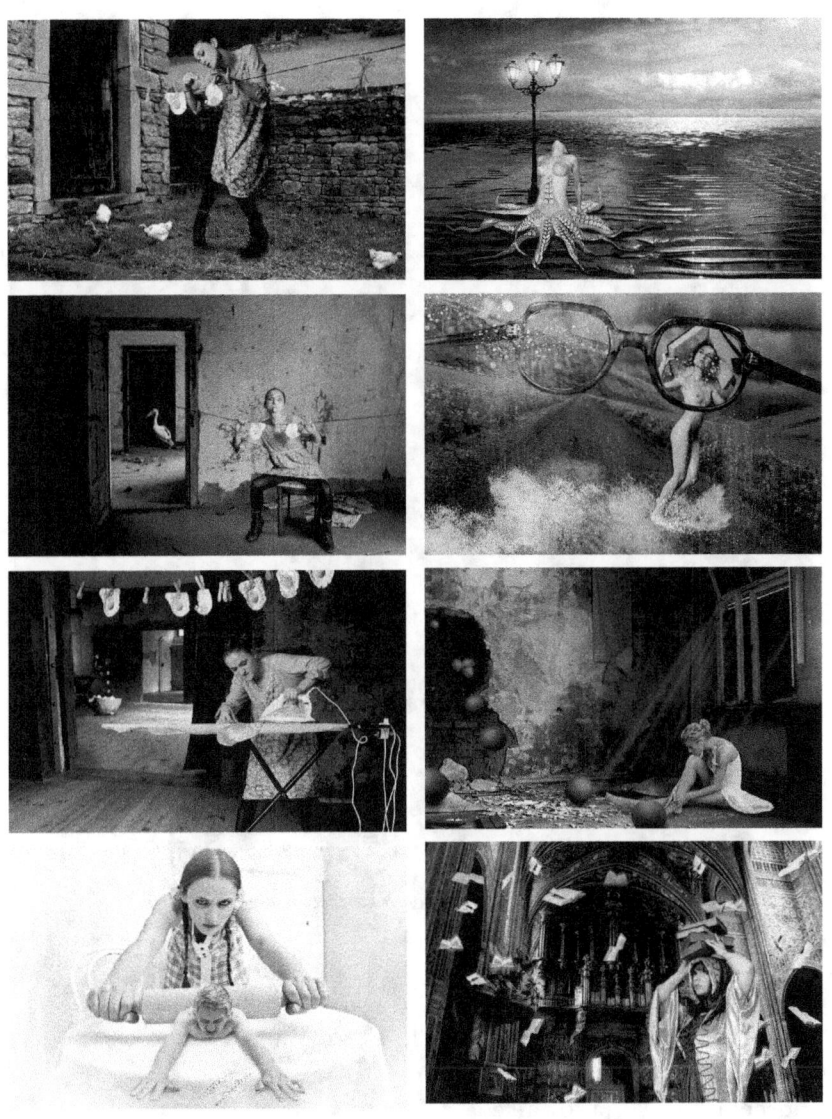

Photographies de Christine von Diepenbroek

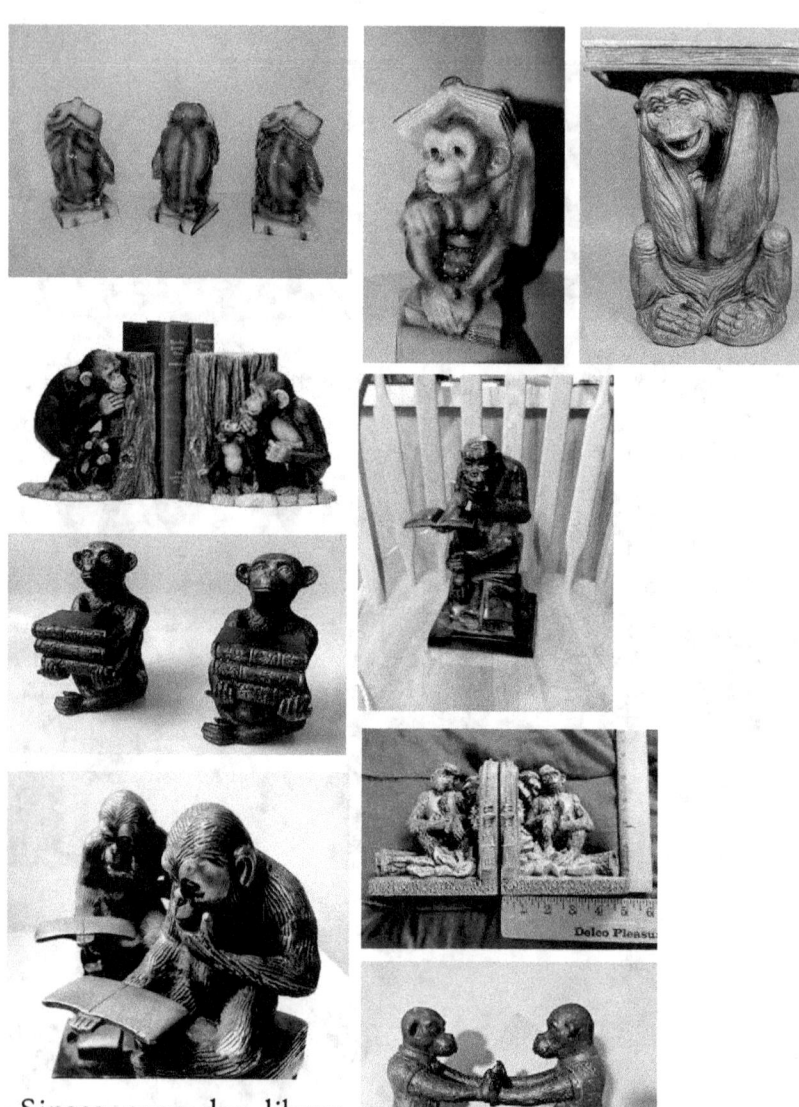

Singes avec des libres: porcelaine japonaise, pied de table, presss-libres et statuettes

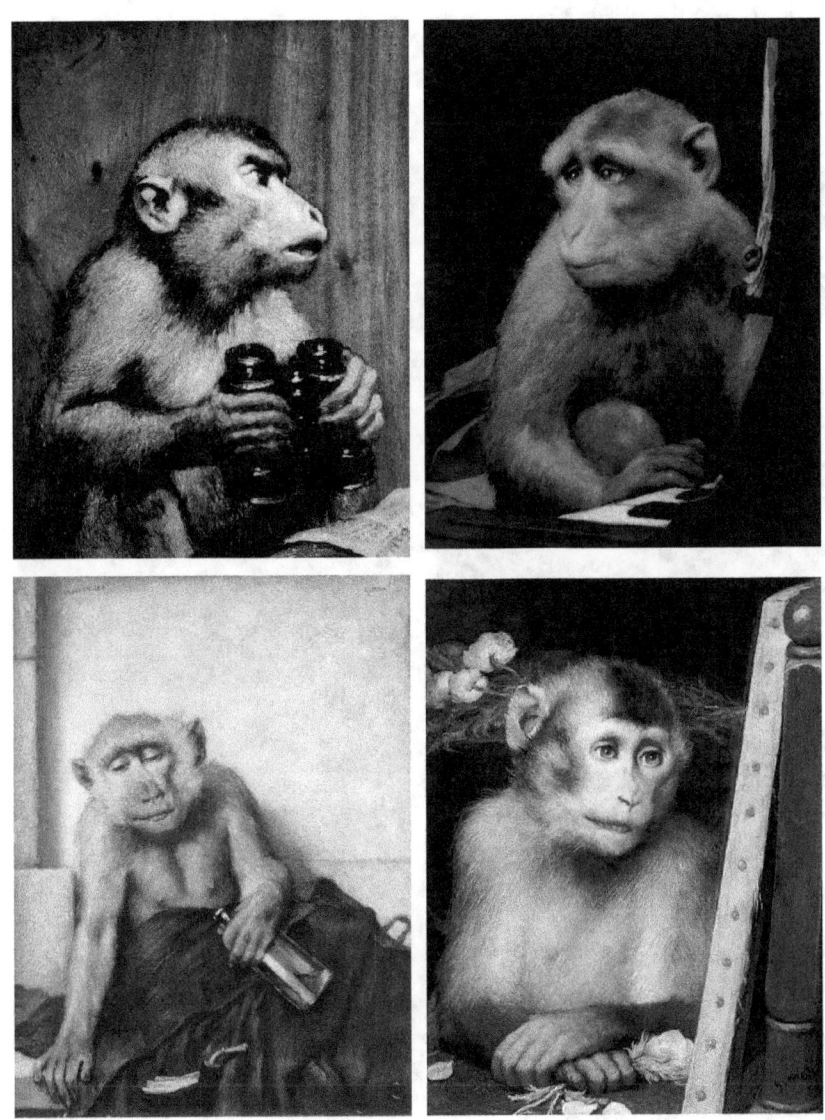

Gabriel Cornelius Ritter von Max, *Chanson sans paroles*, c.1900, *Le Critique*, *Singe saoûl* et *Singe regardant une peinture*

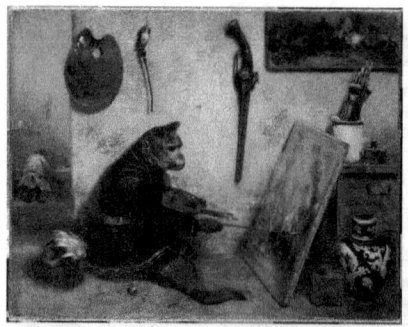

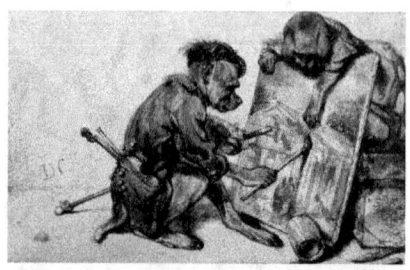

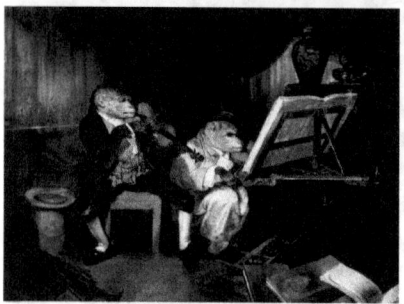

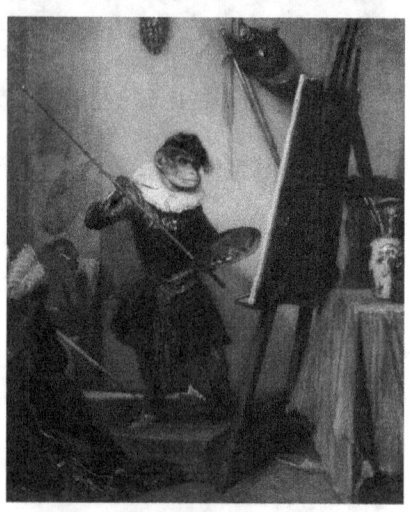

Alexandre-Gabriel Decamps, *Le Singe peintre dit Intérieur d'atelier*; *Le singe peintre*, collection privée; *Les singes musiciens*, 1836; *Le singe peintre*, 1840

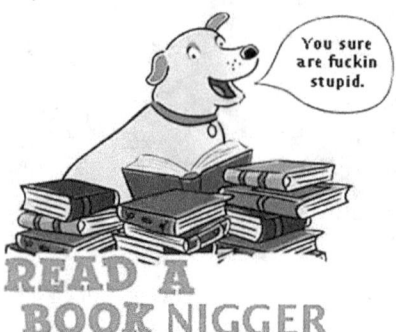

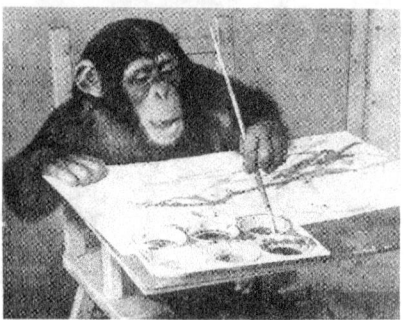

Thierry Lenain, *Monkey Painting*

Verdier d'Europe
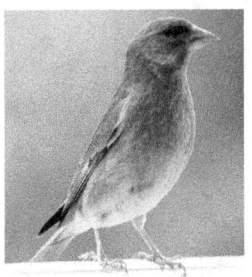

Cassenoix moucheté
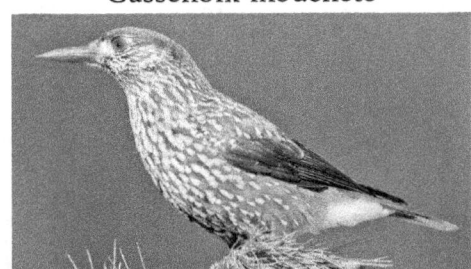

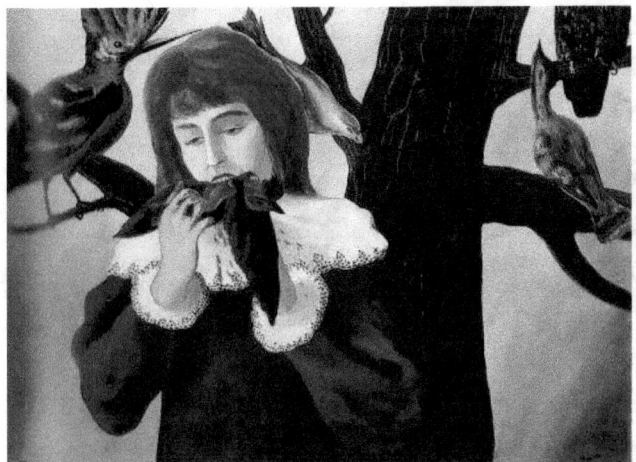

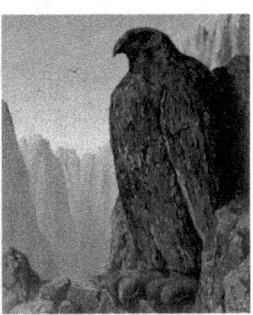

Huppe fasciée
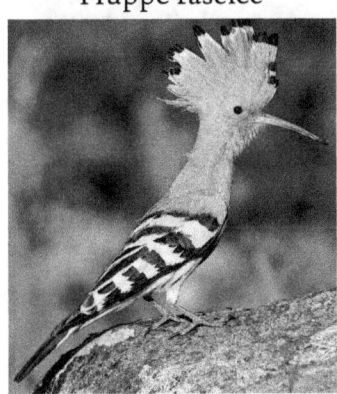

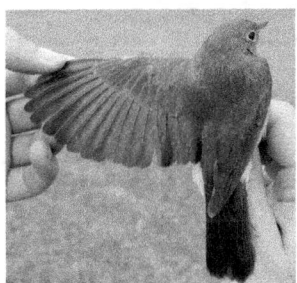
Rossignol philomèle

Verdier d'Europe

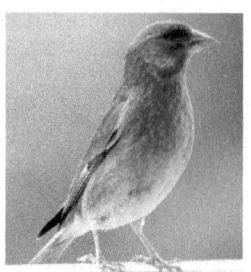

Torcol fourmilier

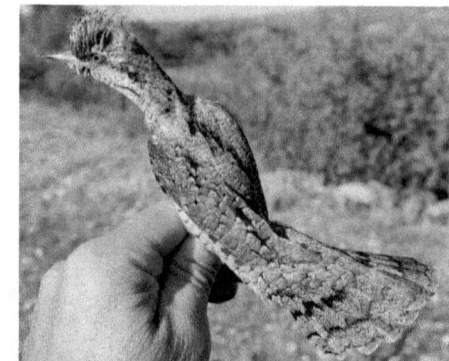

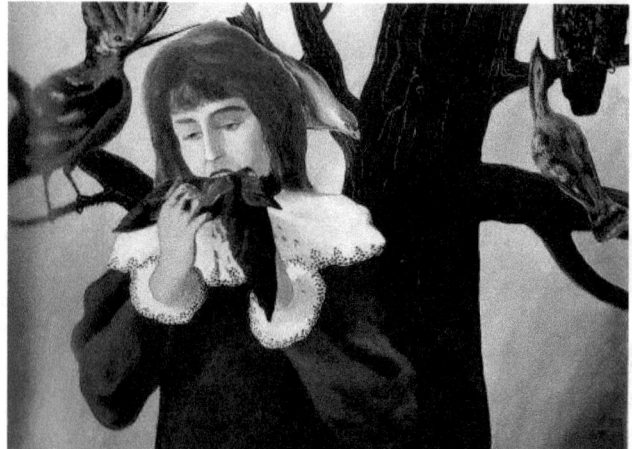

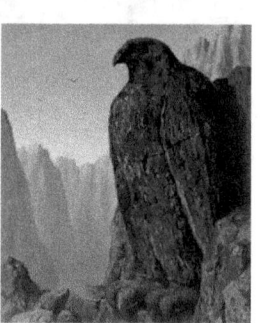

Huppe fasciée

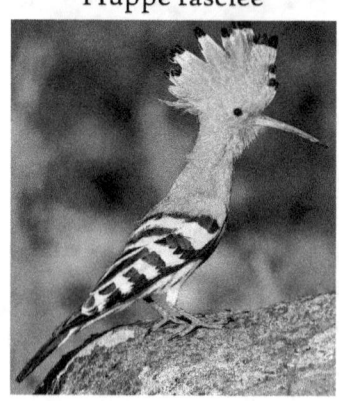

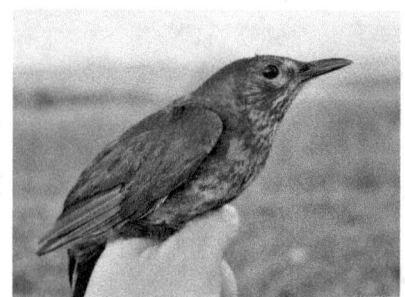

Merle noir femelle

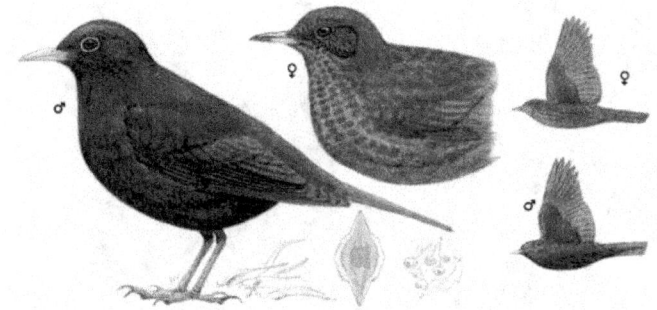

Merle noir

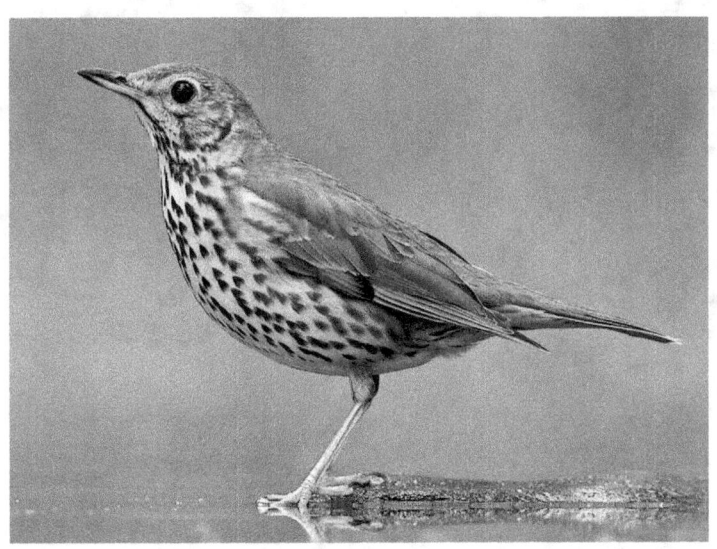

grive musicienne

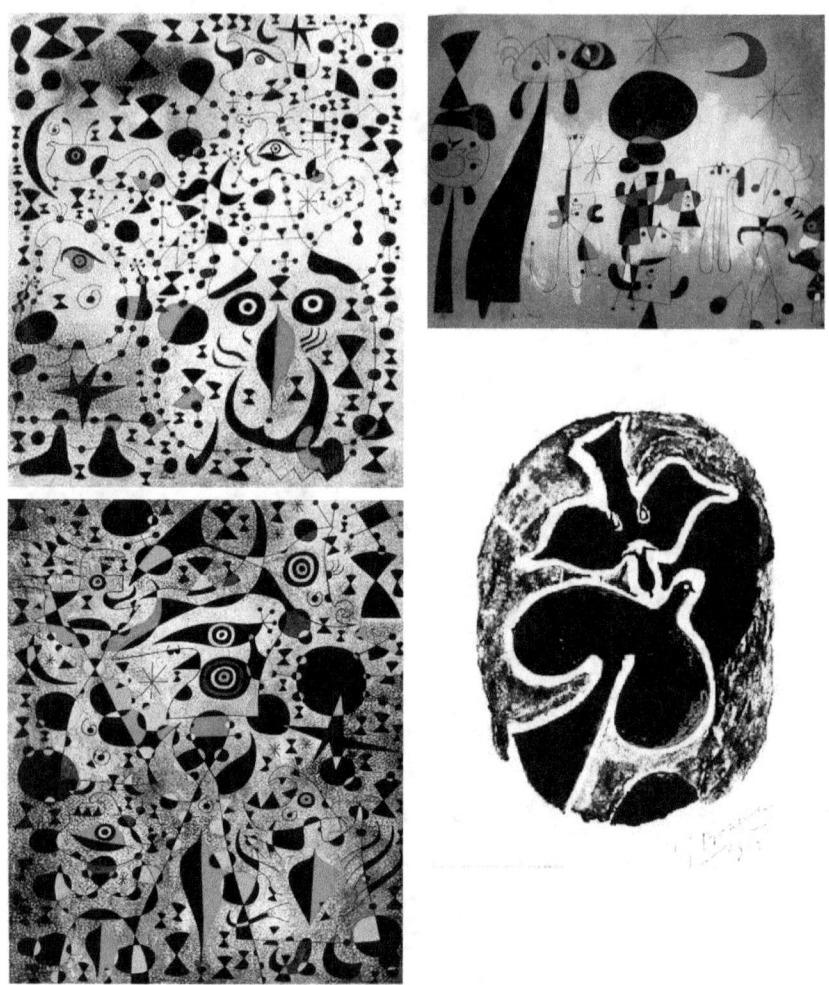

Joan Miró, *Le bel oiseau dechiffrant l'inconnu au couple d'amoureux*; Joan Miró, *Femme, lune, étoile*; Joan Miró, *Constellation Femme encerclée d'oiseaux*; Georges Braque, *Oiseau*, plafond du Louvre

"Notes prises pour un oiseau", Francis Ponge, 1953.

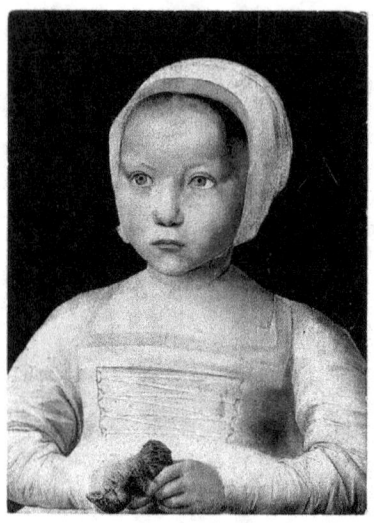

La fillette à l'oiseau mort, anonyme, premier quart du XVIème siècle

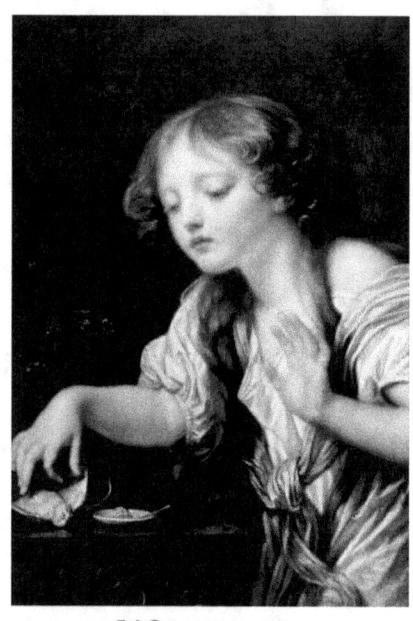

L'Oiseau mort

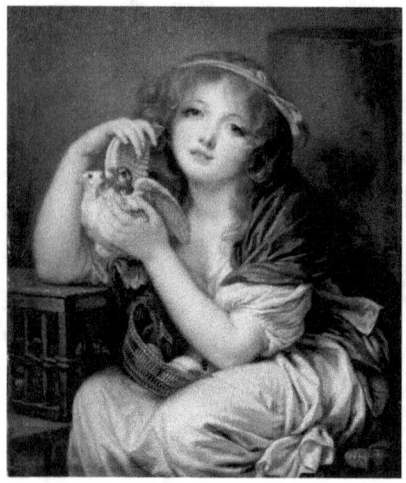

Jeune fille aux colombes

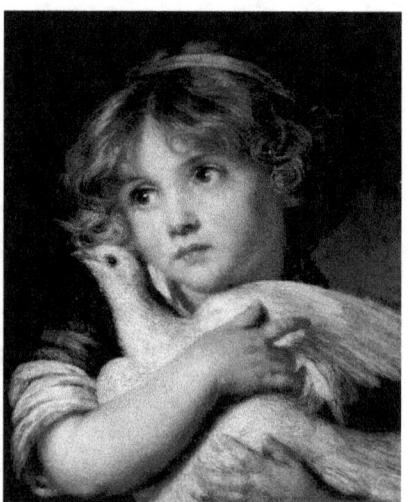

Fillette soutenant une colombe

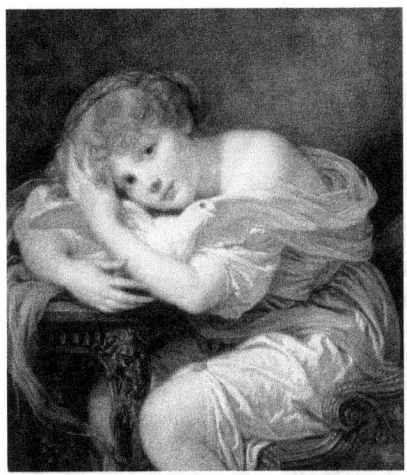
Jeune fille à la colombe

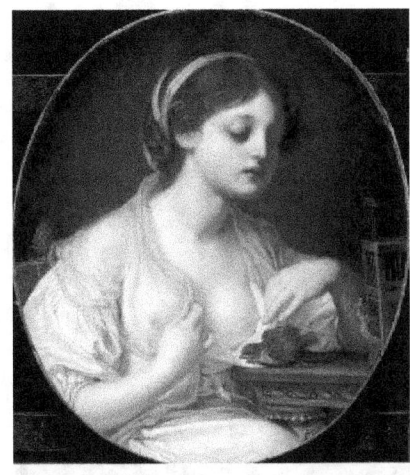
Jeune fille avec des oiseaux

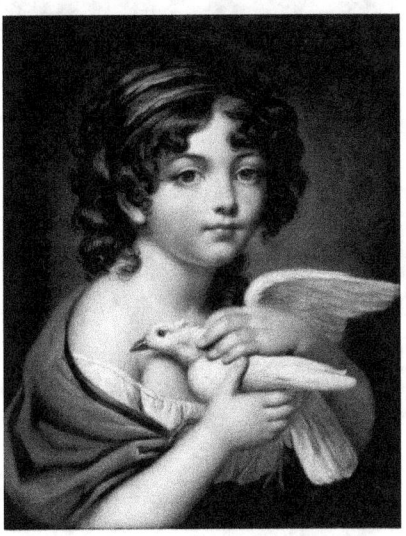
Jeanne-Philiberte Ledoux,
Fillette avec une colombe

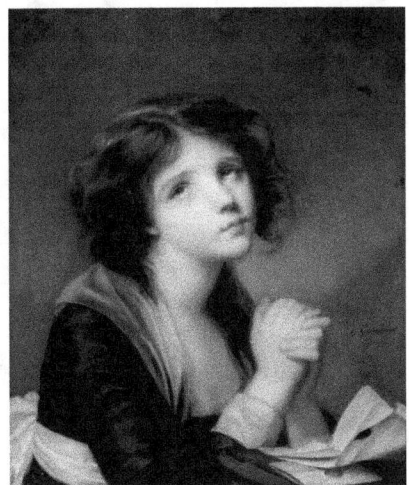
Jeanne-Philiberte Ledoux,
Fillette en prière

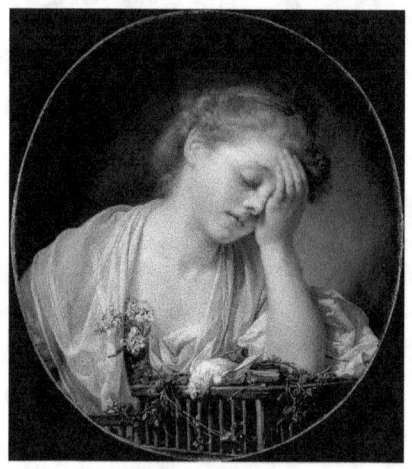

Jeune fille pleurant son oiseau mort

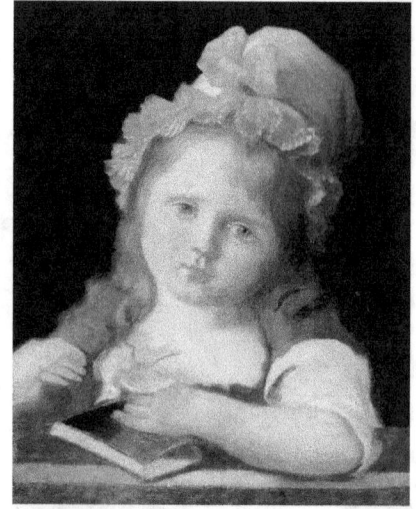

Fillette avec un canari mort

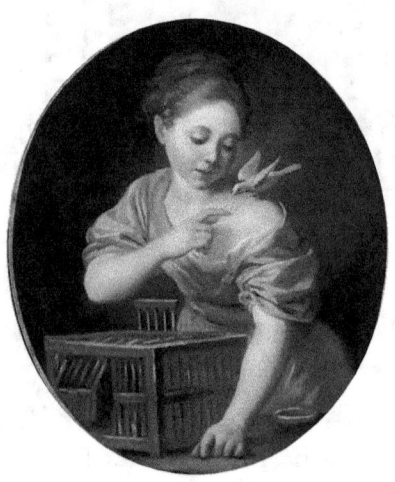

L'Enfant à la Cage

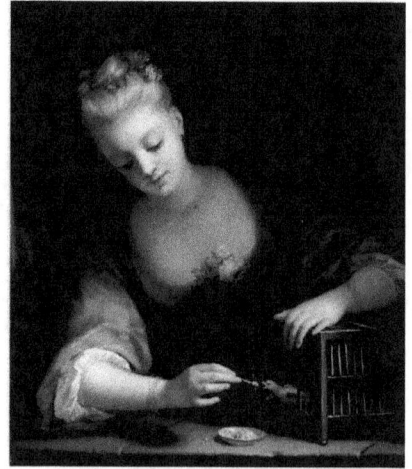

Jean Raoux, *Jeune fille nourrissant des oiseaux*

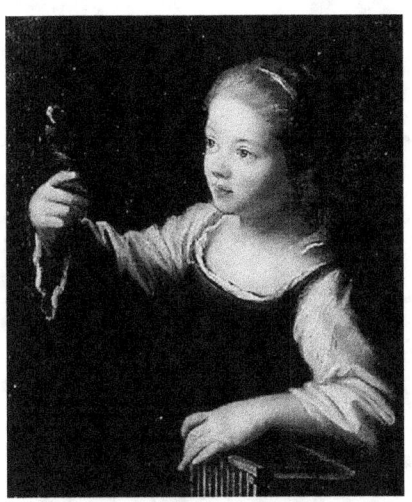

Cercle de Jean Raoux, *Portrait d'une jeune fille (Marie Cochin?) Avec un chardonneret perché sur son doigt*

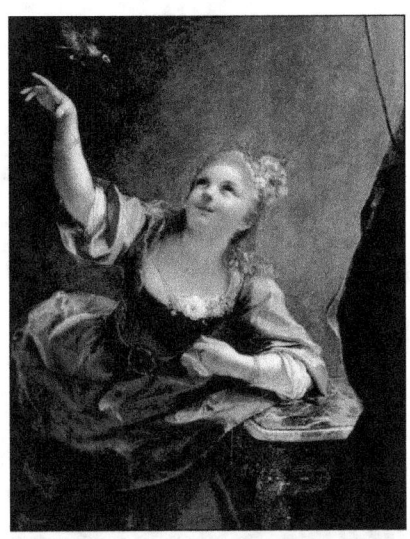

Jean Raoux, *Jeune fille jouant avec un oiseau au bout d'une corde*, 1717

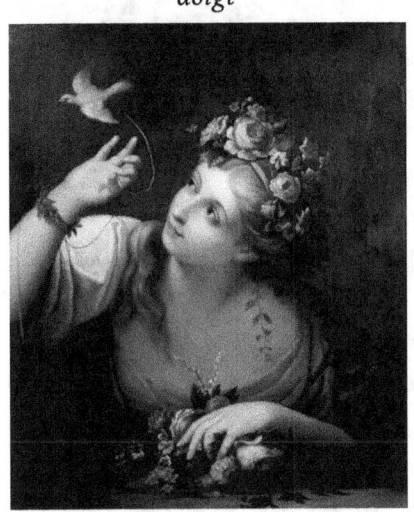

Jean Raoux, *Jeune beauté avec un oiseau de compagnie*

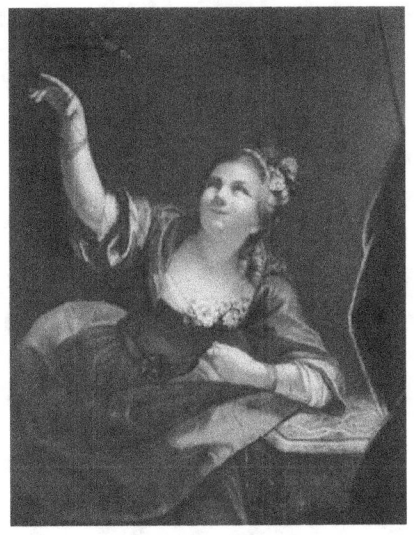

Cercle de Jean Raoux, *Un intérieur avec une jeune femme jouant avec un oiseau*

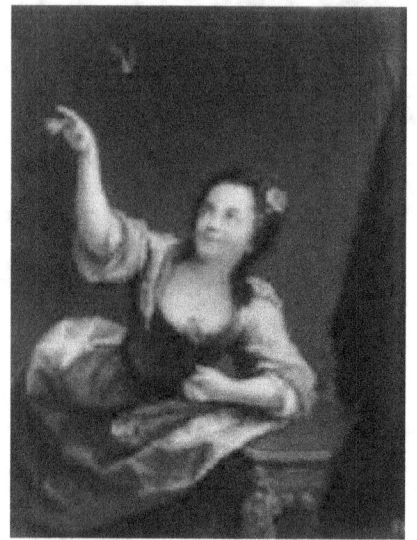 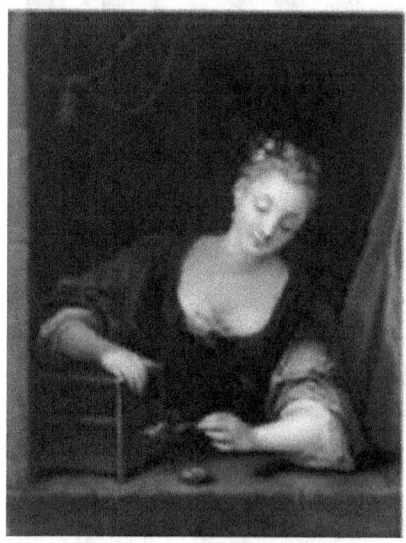

Cercle de Jean Raoux, 2 portraits de *Jeune femme tenant un oiseau*

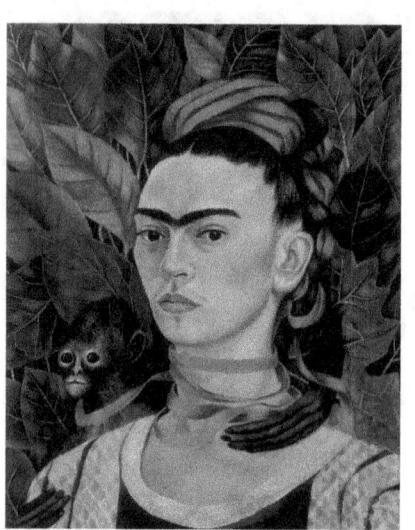 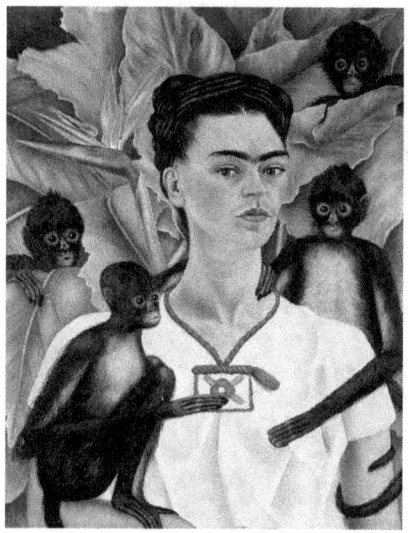

Frida Khalo, *Autoportraits*

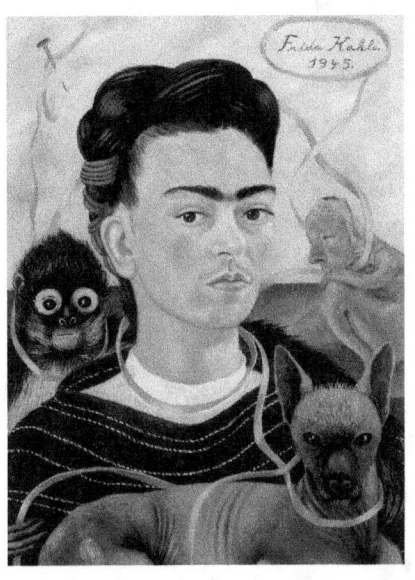
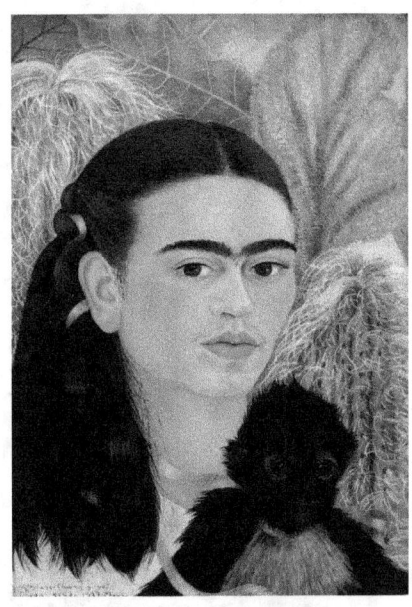
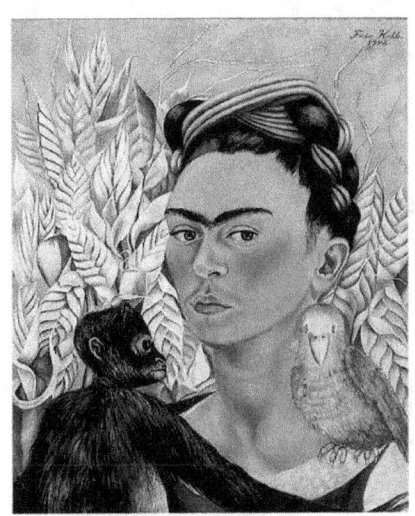
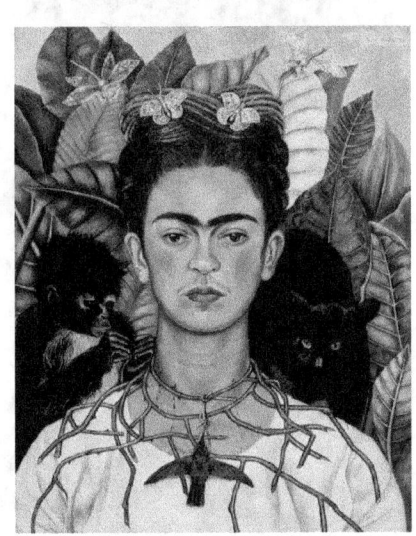

Frida Khalo, *Autoportraits*

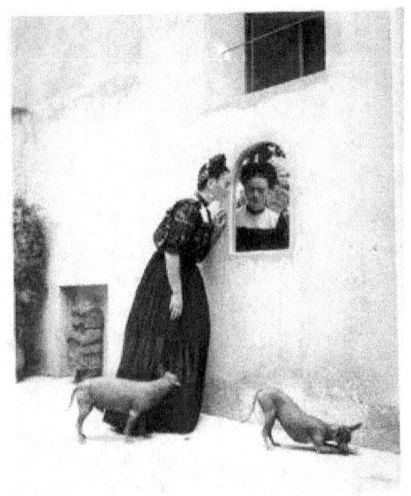
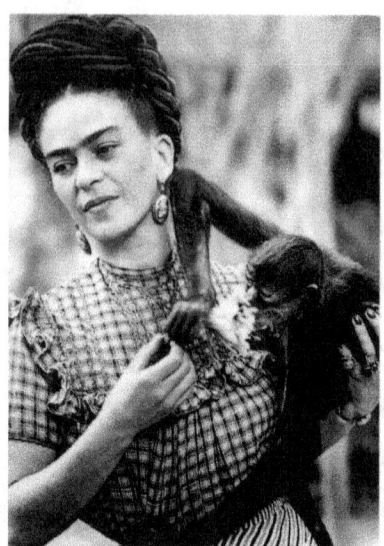
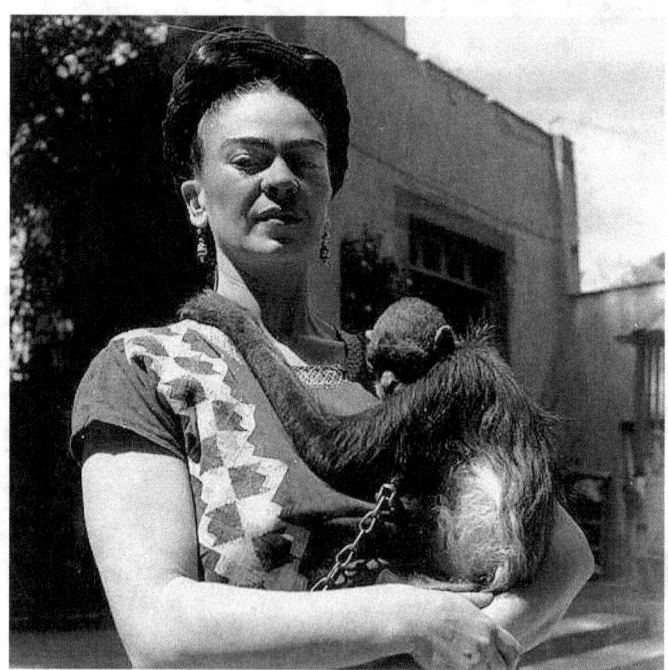

Frida Khalo, *Portraits photographiques*

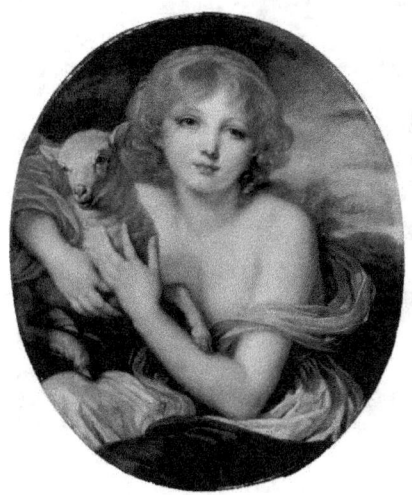

Innocence

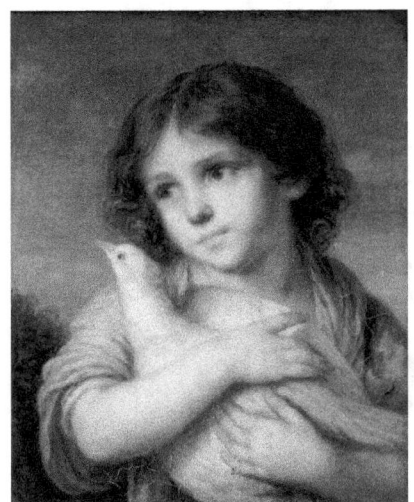

Innocence – Jeune fille avec une colombe

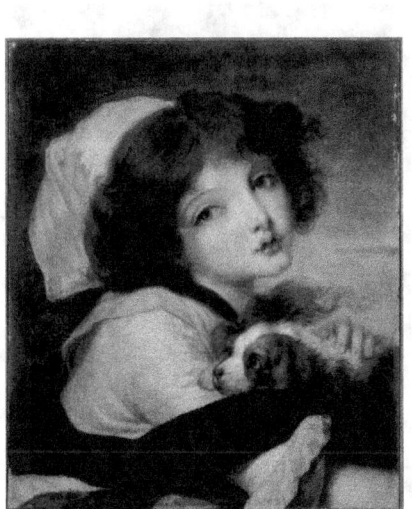

Portrait de fillette au chien

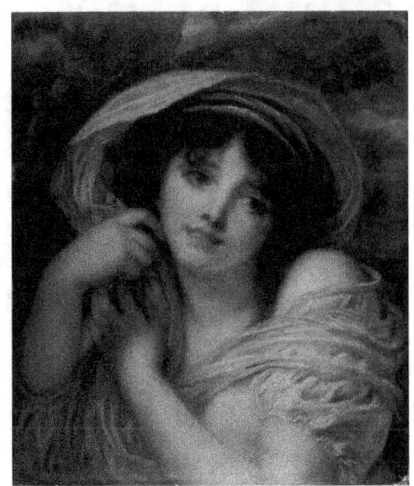

Un Fille

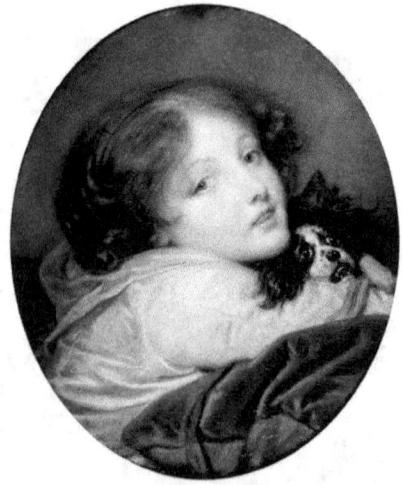

Buste de fille portant un épagneul

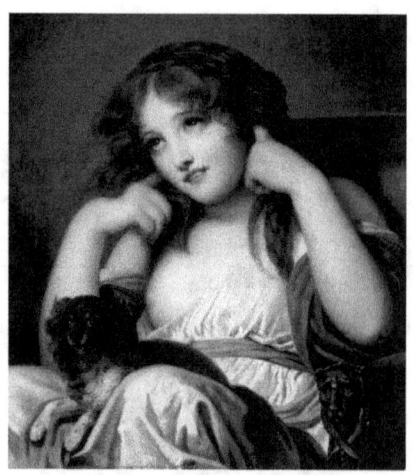

Jeune fille avec un épagneul

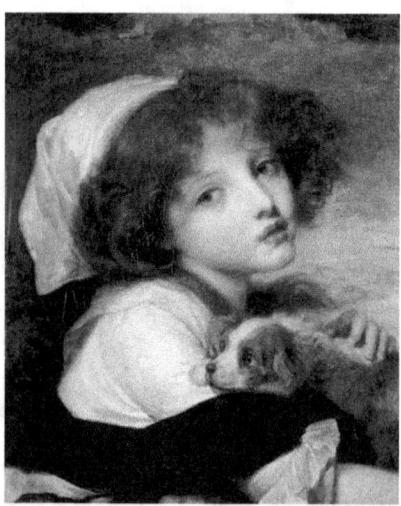

Jeune fille avec un épagneul

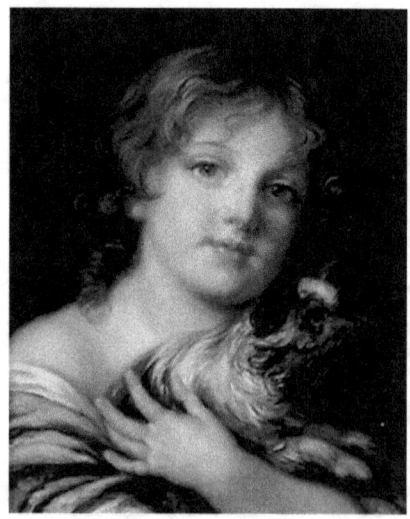

Jeune fille avec un chien

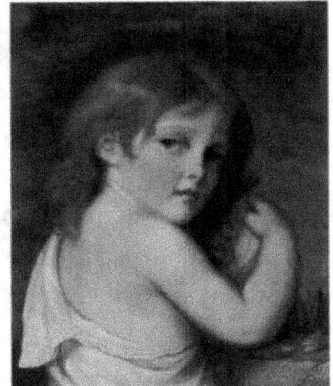 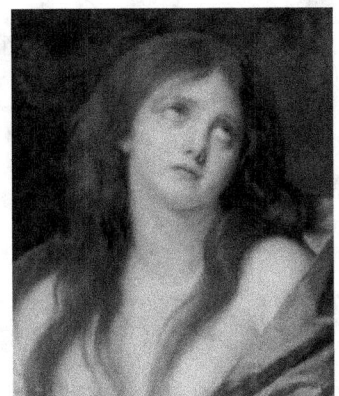

Portraits de jeunes filles

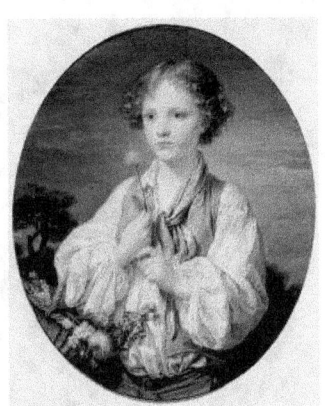 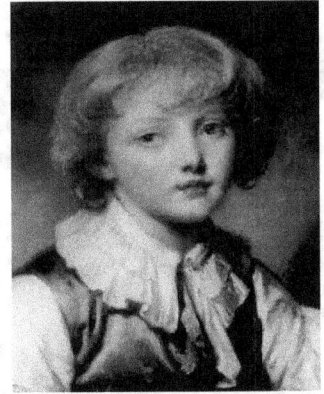

Portraits de jeunes garçons

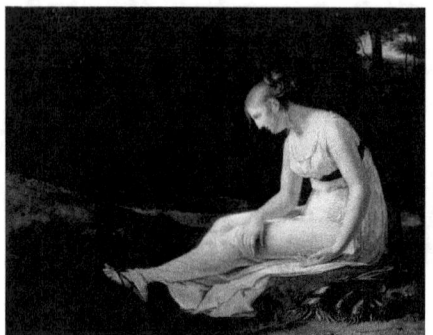

Constance Marie
Charpentier, *Mélancolie*

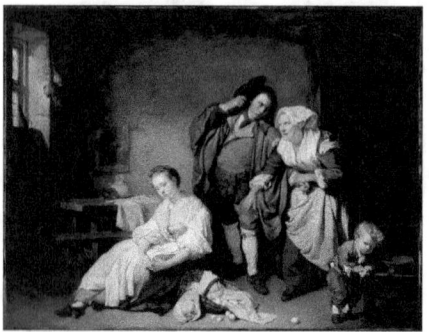

Les Œufs cassés

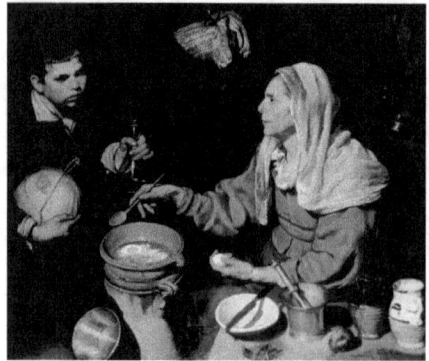

Velásquez, *Vieja friendo huevos*

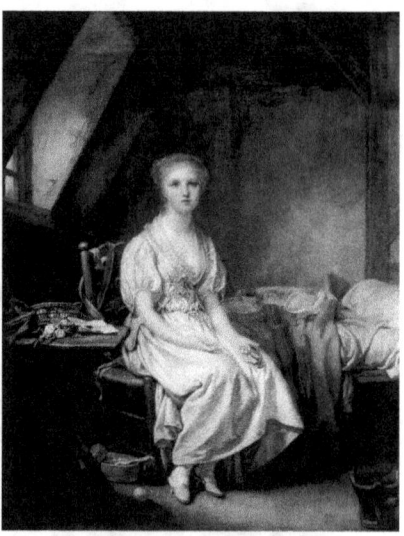

La Plainte de la montre

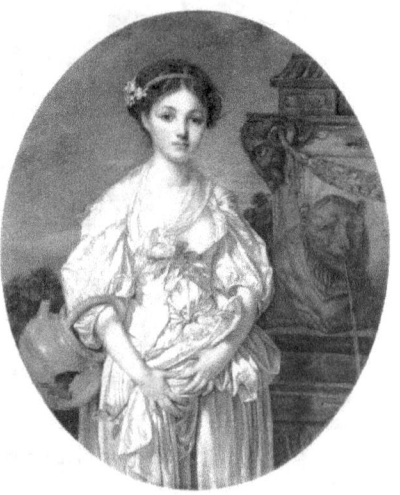

La Cruche cassée

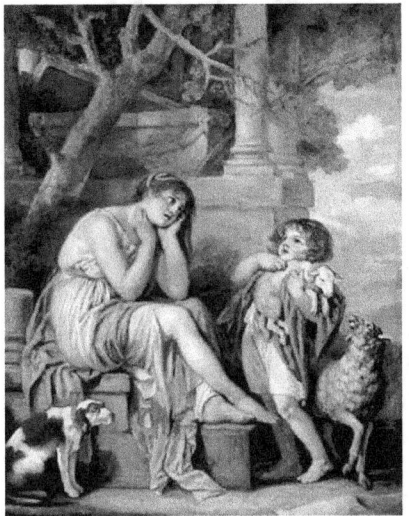
L'agneau chéri

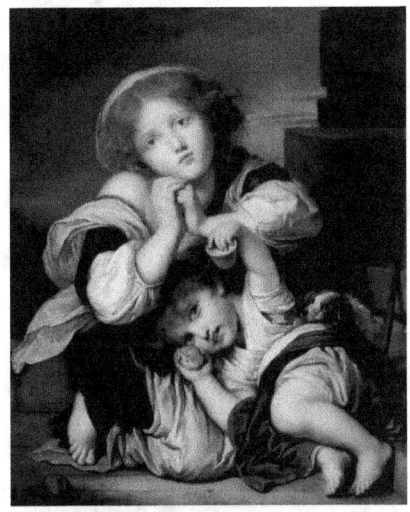
Les jeunes mendiants

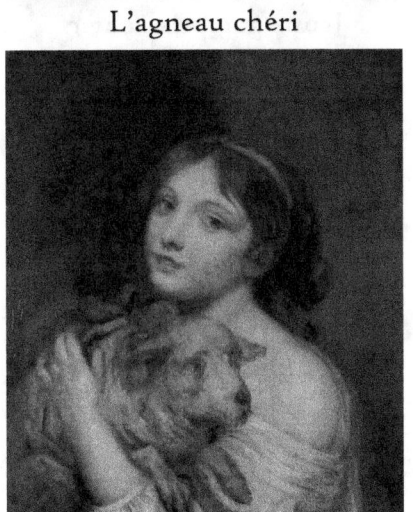
Fille avec un mouton

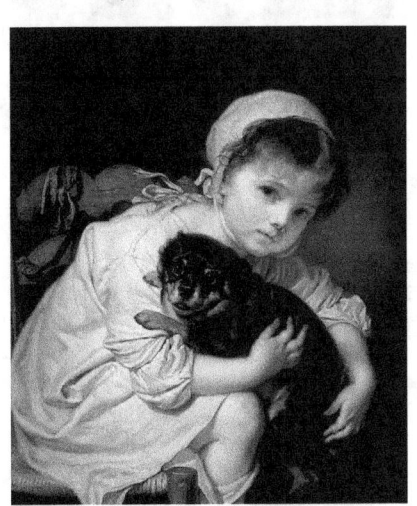
Une jeune enfant qui joue
avec un chien

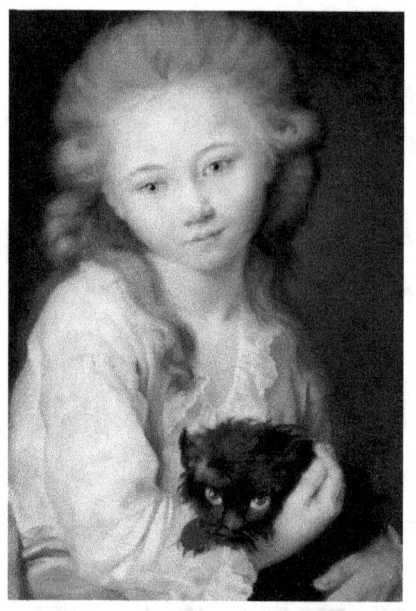

Portrait d'Esprit de Baculard d'Arnaud

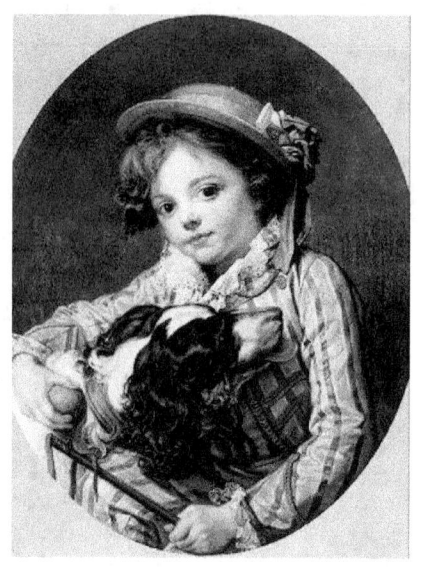

Jeune garçon et chien

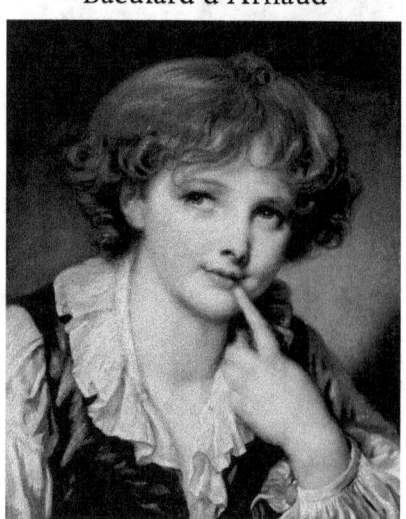

Tête de garçon

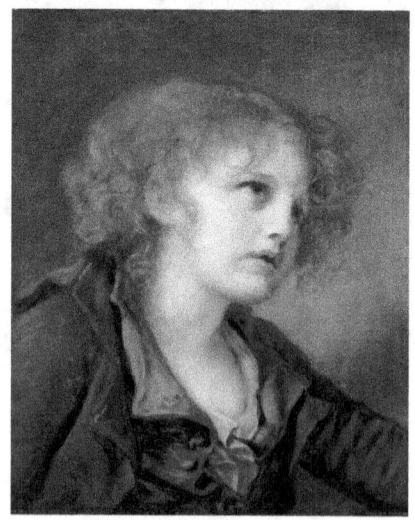

Portrait de jeune garçon

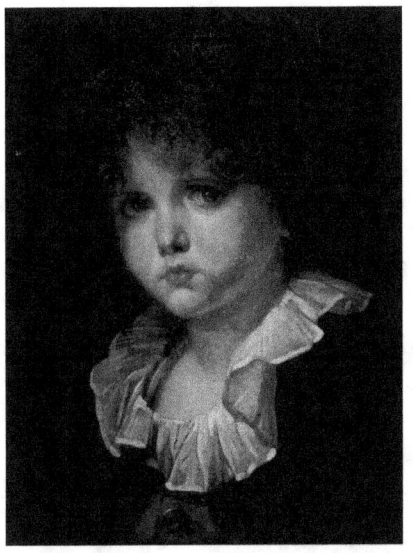
Garçon boudeur

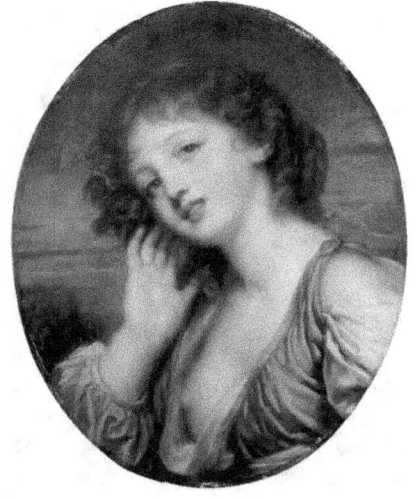
La Fille à l'écoute

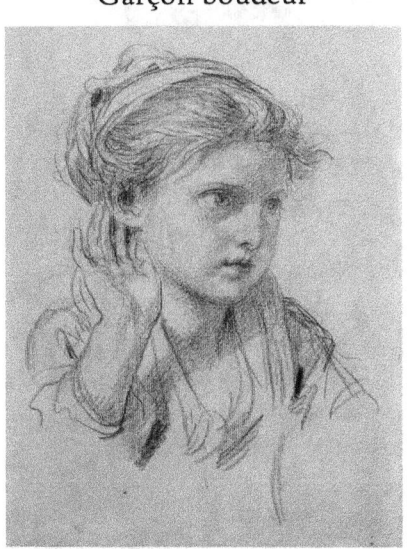
Tête de jeune fille

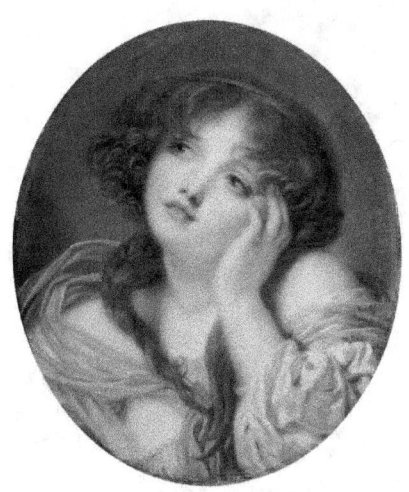
Jeune fille appuyée sur sa main

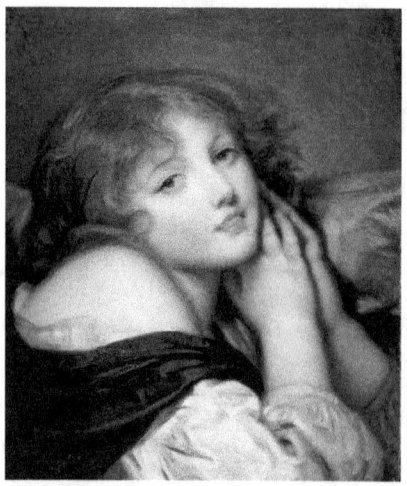
Fille aux mains jointes

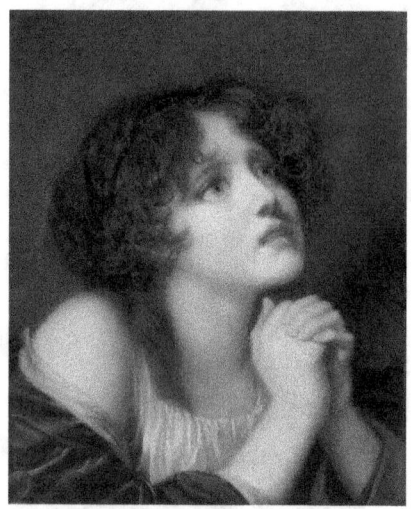
Jeune fille en prière

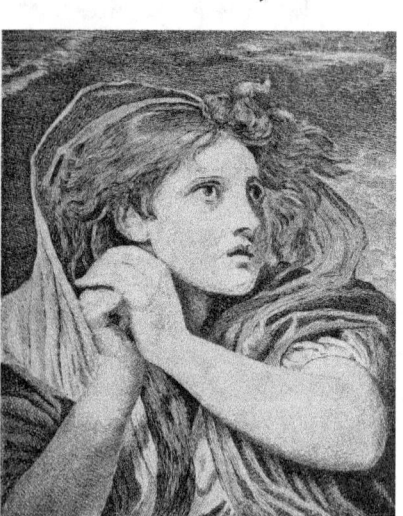
Dessin préparatoire

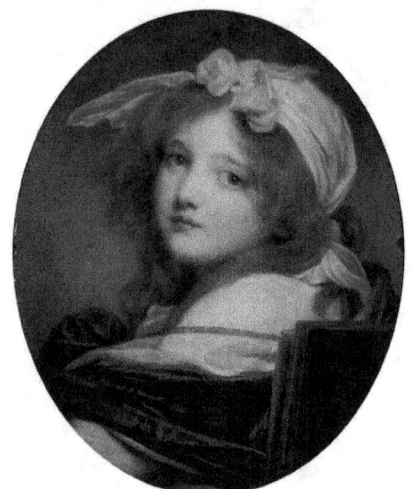
Le Matin

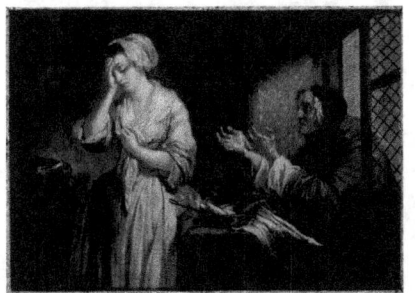
La fille confuse

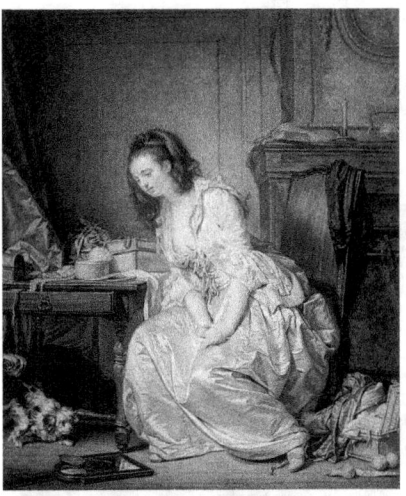
Le miroir brisé

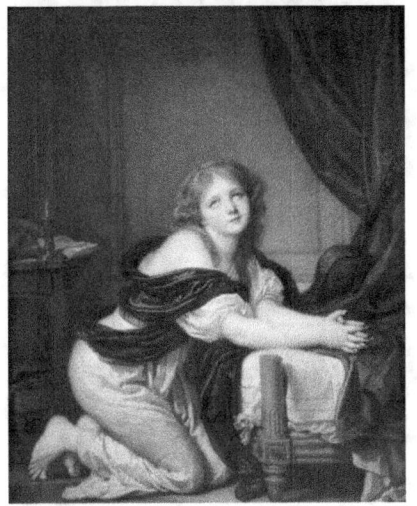
La prière du matin

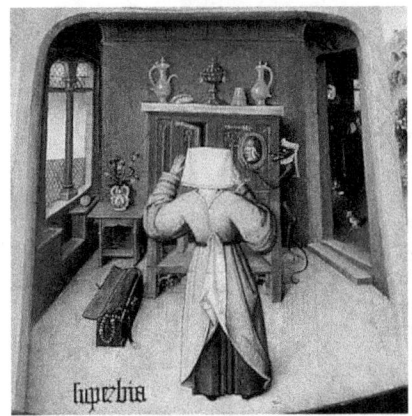
Bosch, *Superbia*, *Les Sept Péchés Capitaux*

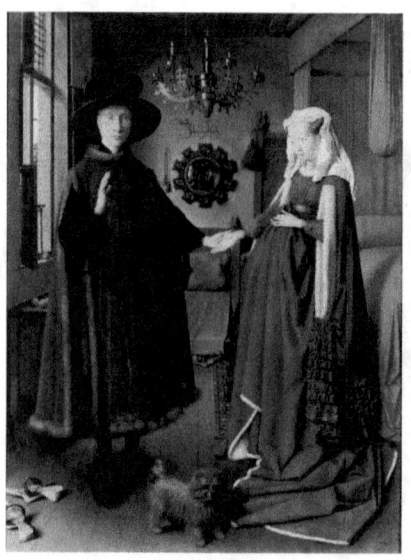

Jan van Eyck, *Portrait des époux Arnolfini*

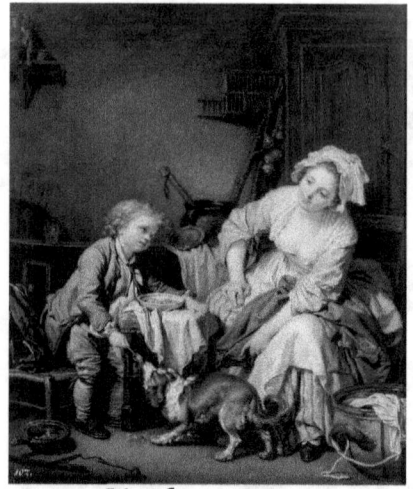

*L'enfant gâté*

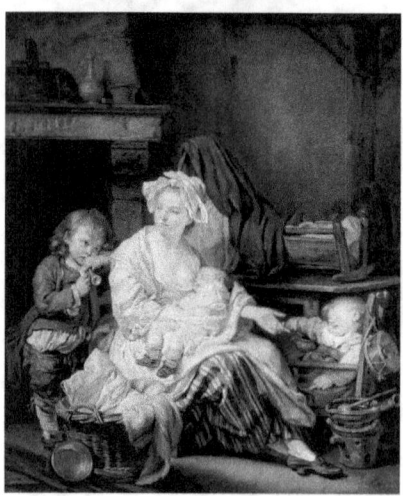

*Silence!*

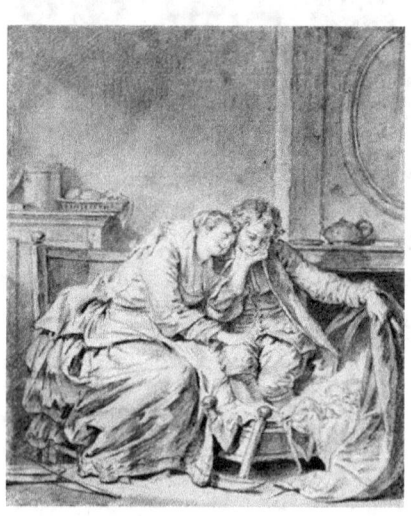

Jean Michel Moreau le Jeune d'après Greuze, *La paix du ménage*

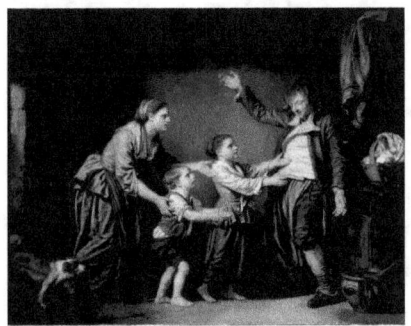
Le savetier ivre

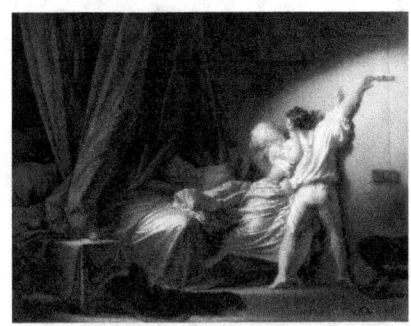
Fragonard, *Le Verrou*

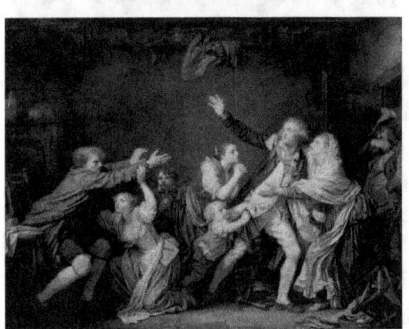
Le Fils ingrat

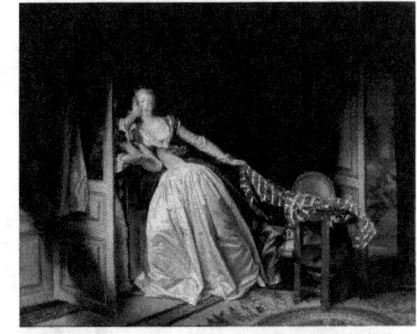
Fragonard, *Le baiser à la dérobée*

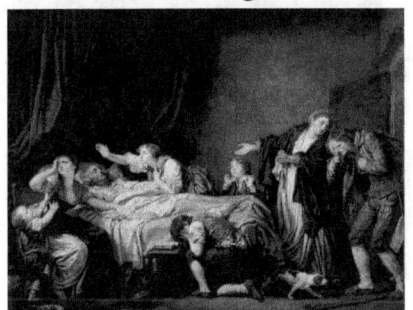
Le Fils puni

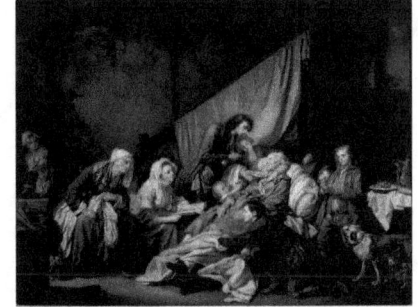
Le paralytique ou la Piété filiale

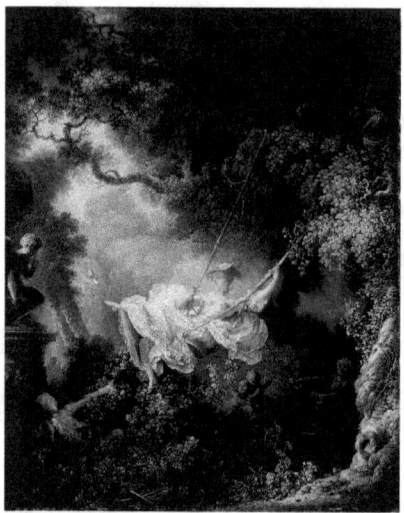

Fragonard, *Les Hasards heureux de l'escarpolette*

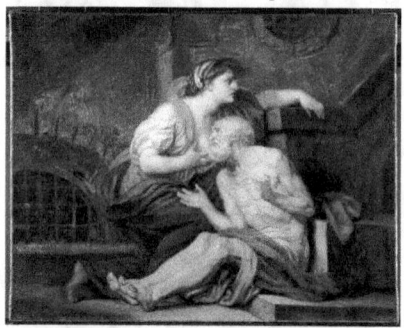

Cimon et sa fille Pero

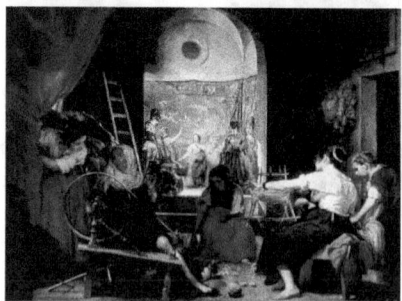

Velásquez, *Les Fileuses*

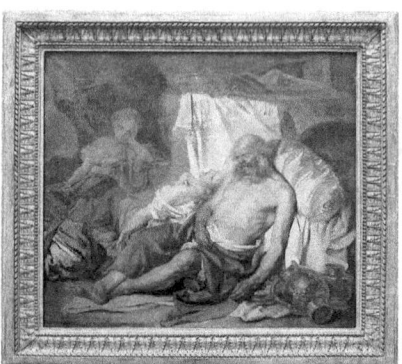

Loth et ses filles

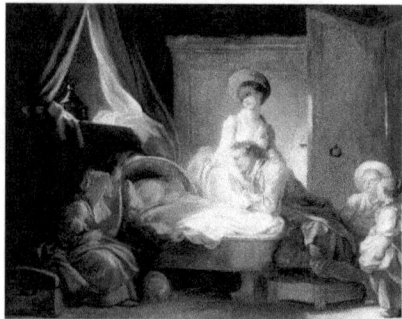

Fragonard, *La visite à la nourrice*

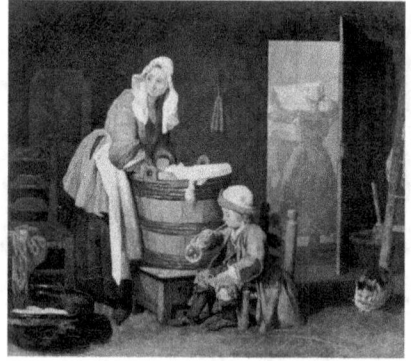

Chardin, *La Lavandière*

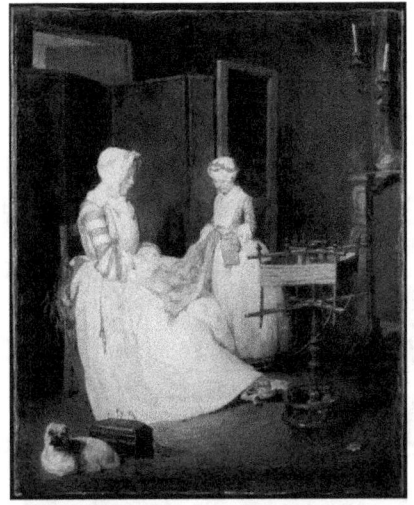

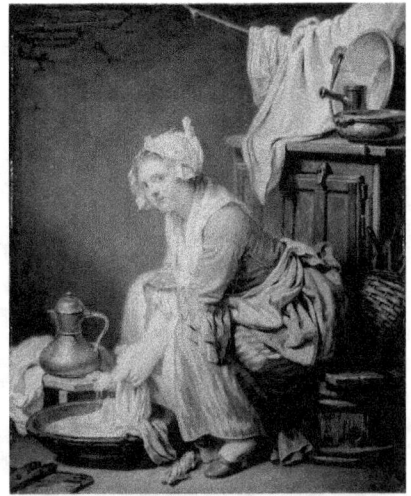

La Blanchisseuse

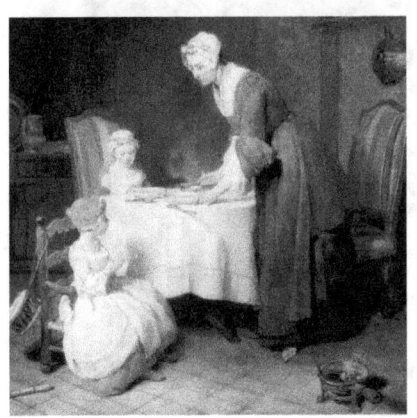

Chardin, *Le Bénédicité*

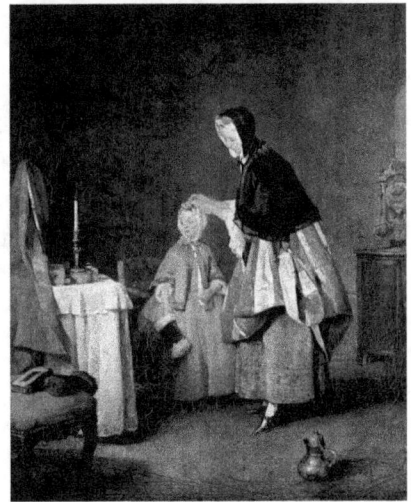

Chardin, *La toilette du matin*

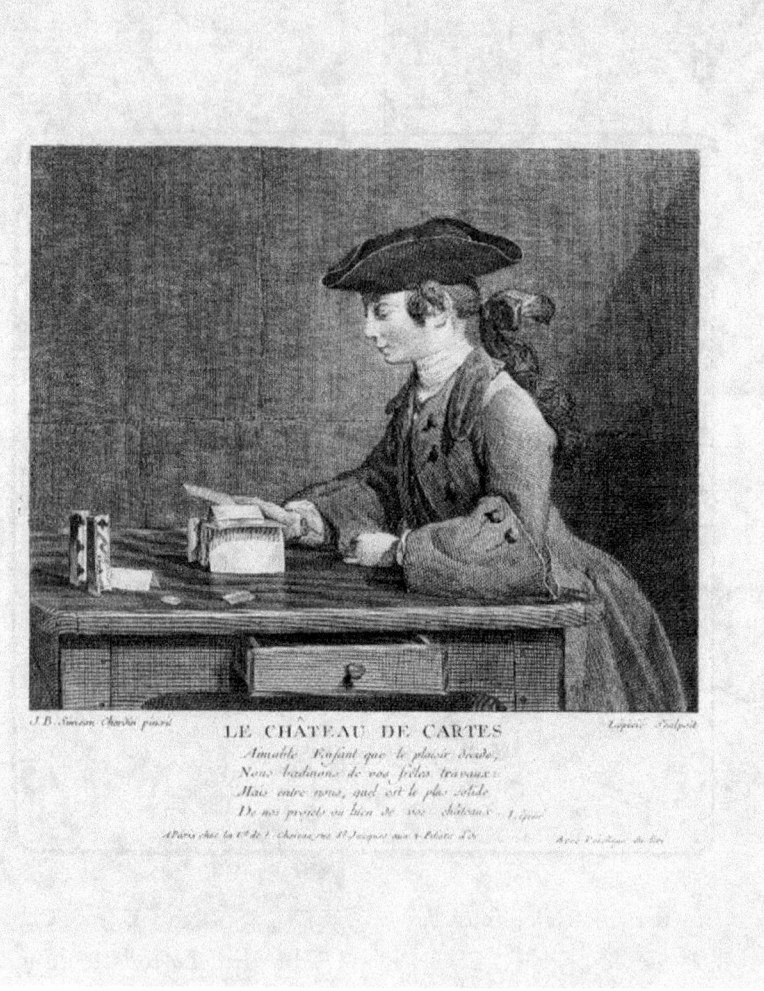

François-Bernard Lépicié d'après Chardin, *Le château de cartes*

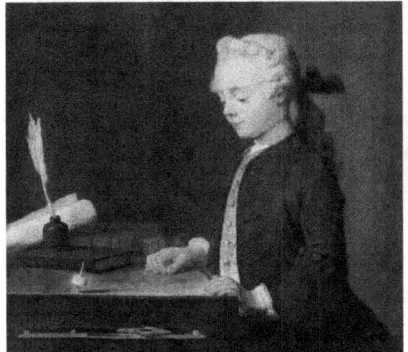

Chardin, *L'enfant au toton*

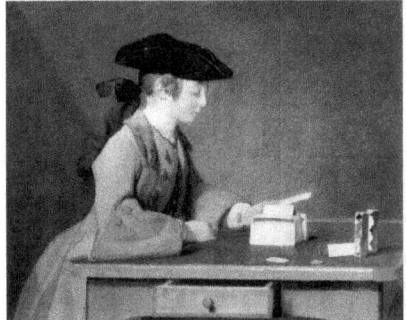

Chardin, *Le château de cartes*

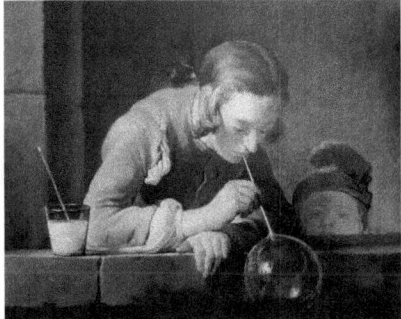

Chardin, *Les bulles de savon*

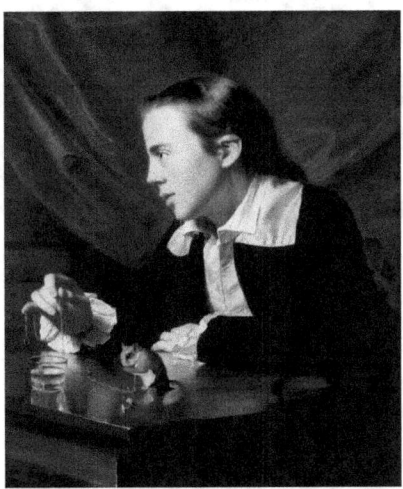

John Singleton Copley, *A Boy with a Flying Squirrel (Henry Pelham)*

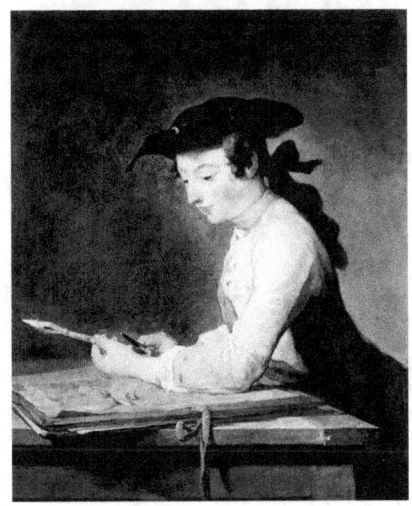

Chardin, *Le Dessinateur*

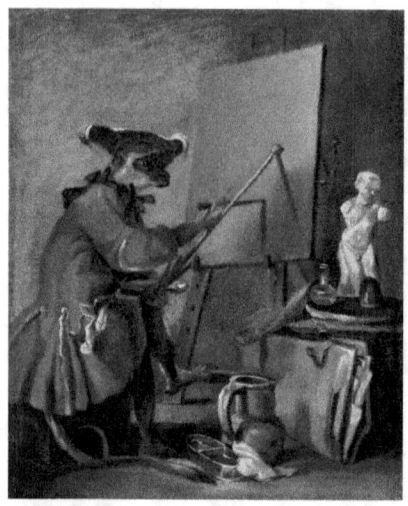
Chardin, *Le singe peintre*

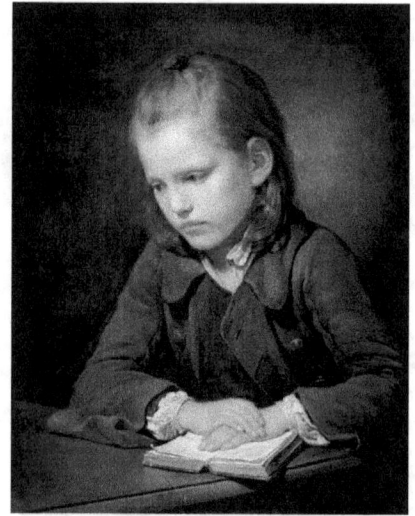
Enfant avec un livre d'école

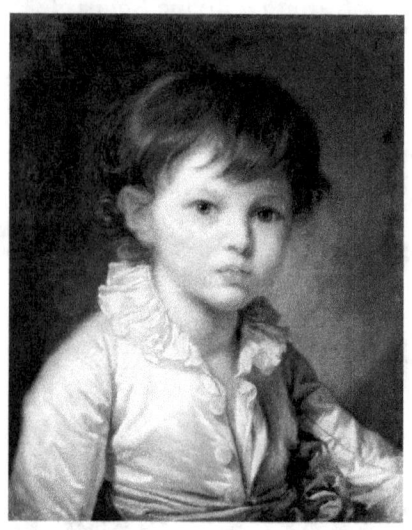
Portrait du Comte Pavel Stroganov Enfant

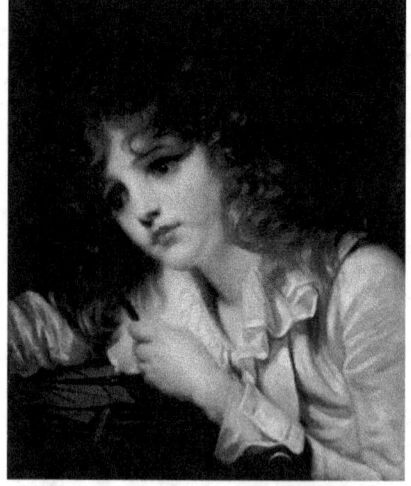
Le petit mathématicien

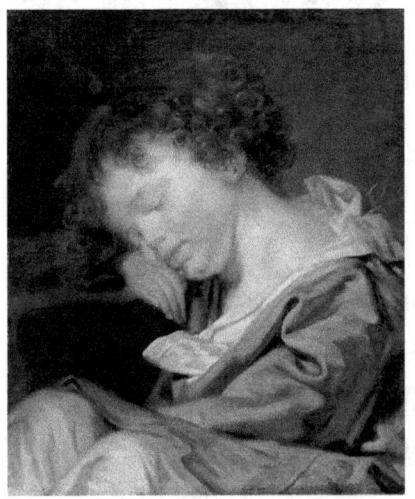
Un petit garçon endormi

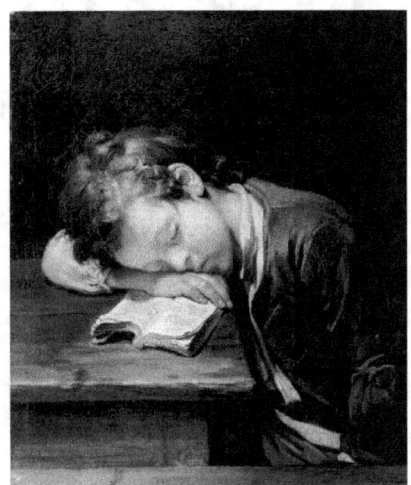
Le petit paresseux

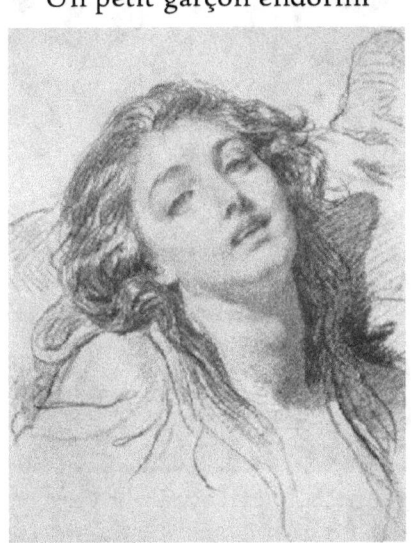
Tête de femme

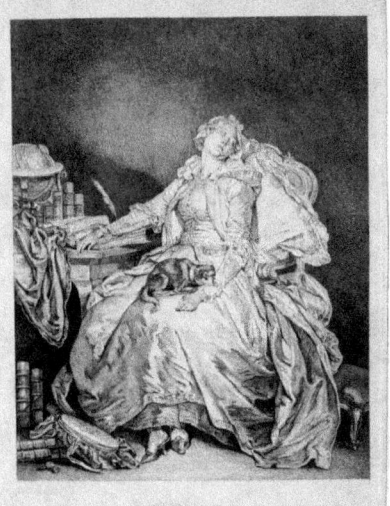
Jean-Michel Moreau, gravure d'après Greuze, *La philosophie endormie*

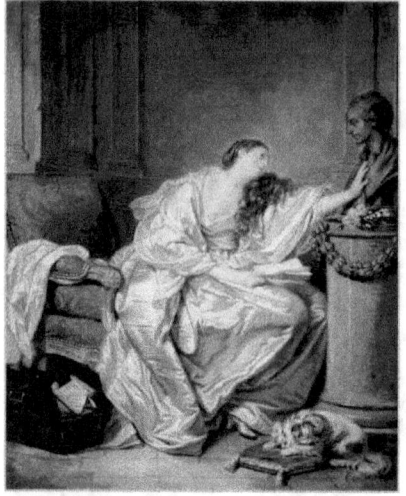
La veuve inconsolable

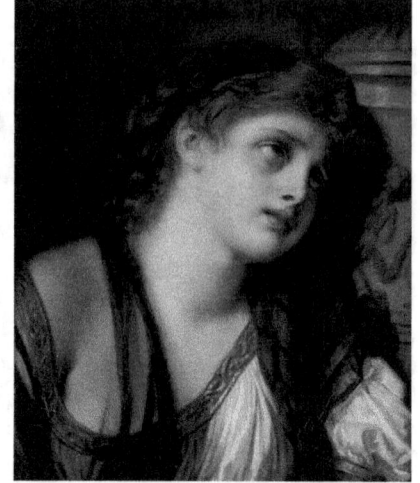
L'Inconsolable

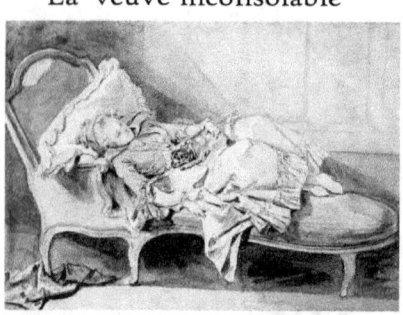

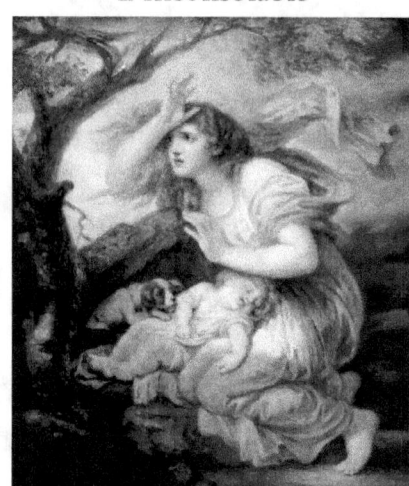
Jeune fille effrayée par l'orage

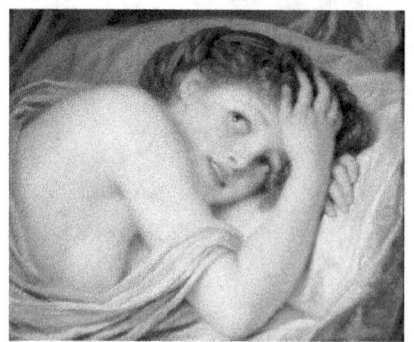
Fille reposant dans un lit

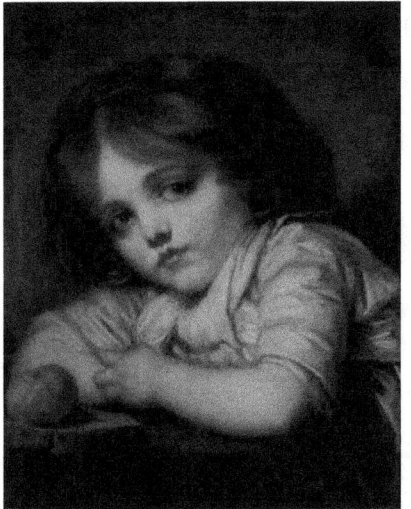
Un enfant avec une pomme

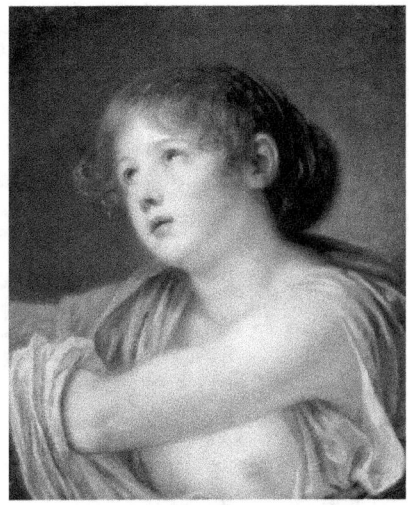
Buste de jeune femme

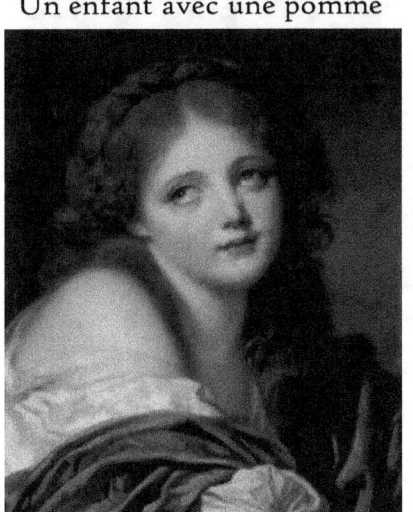
Tête de fille

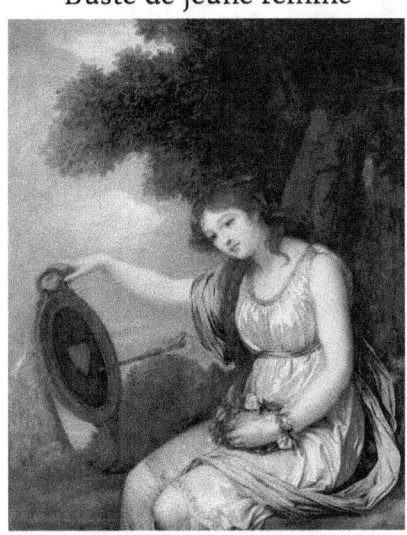
Jeune fille assise

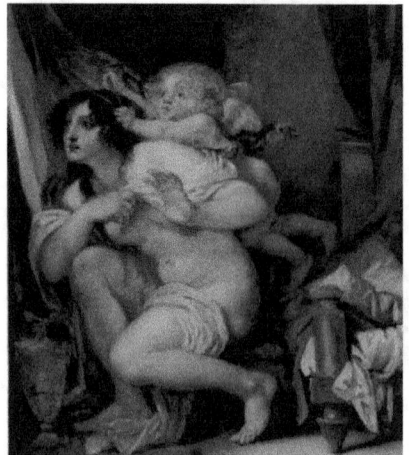

L'Innocence aux prises avec l'Amour

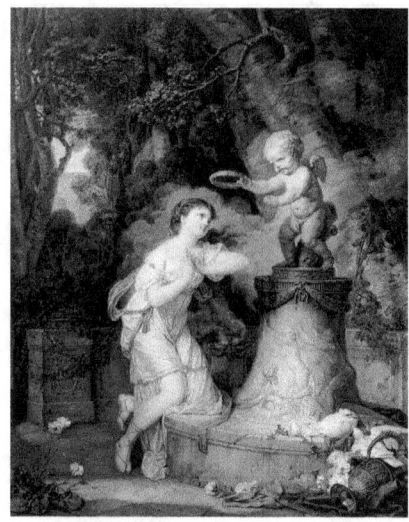

Offrande votive à Cupidon

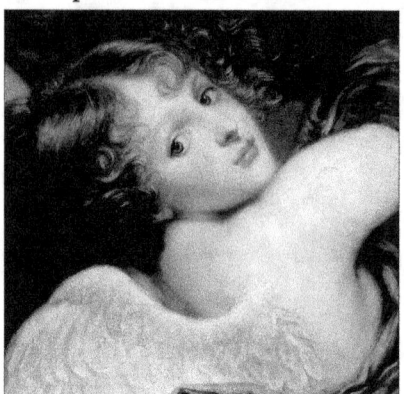

Cupidon

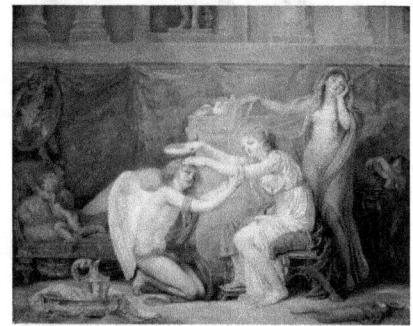

Psyché couronnant Cupidon

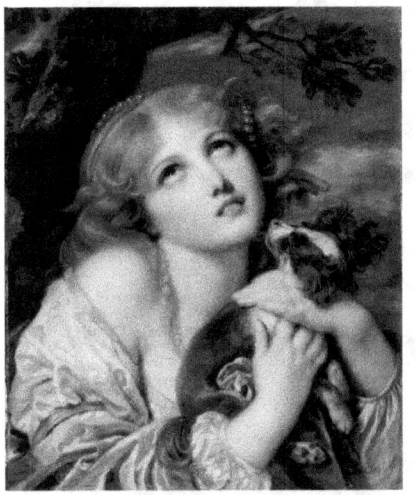

Souvenir

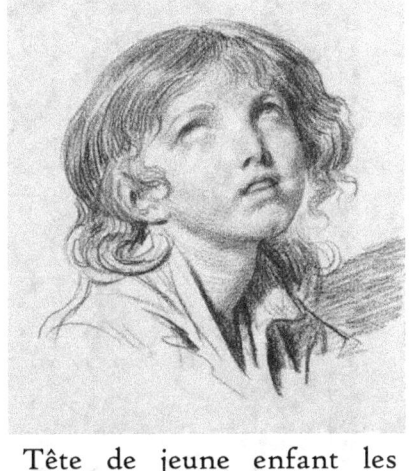

Tête de jeune enfant les yeux levés vers le ciel

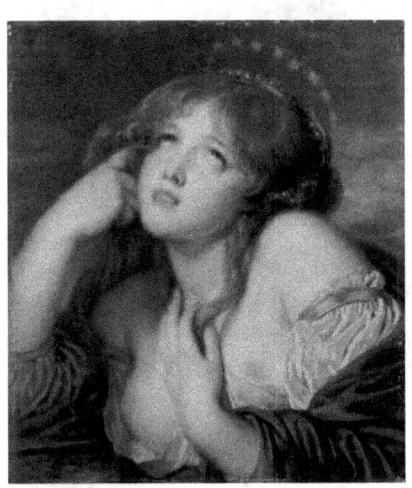

Ariane, c.1803-1804

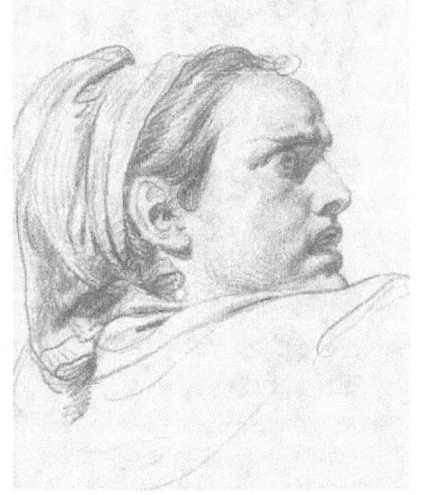

Tête de femme de profil

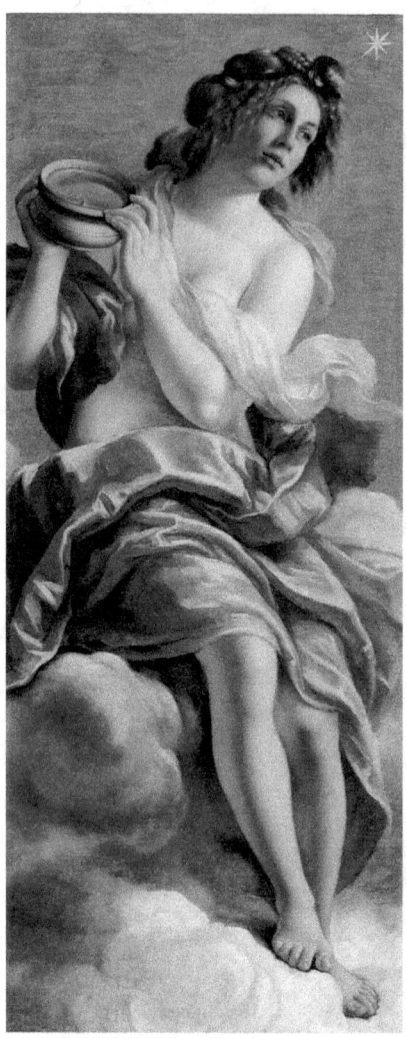

Artemisia Gentileschi,
*Allégorie de l'Inclination*

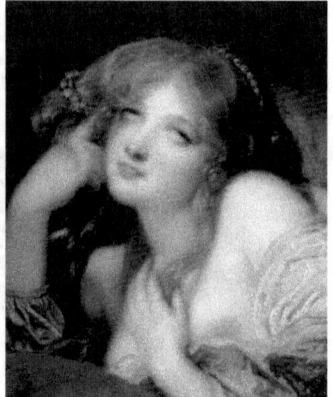

Ariane

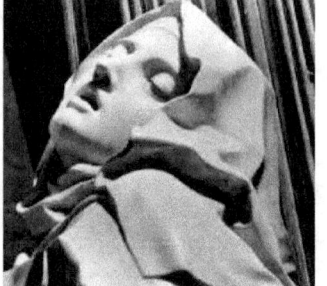

Bernin, *Extase de Sainte Thérèse*

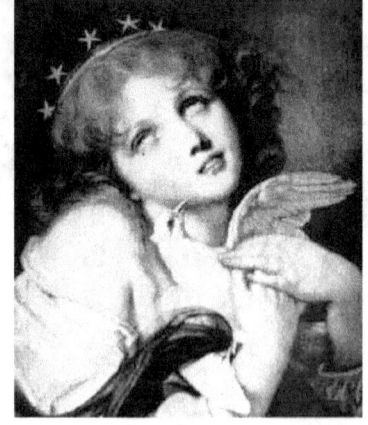

La Colombe retrouvée

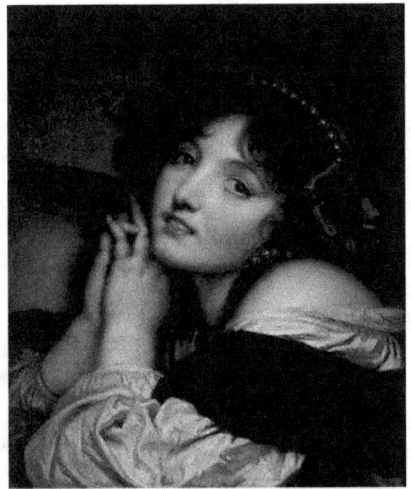

Portrait de Jeune paysanne

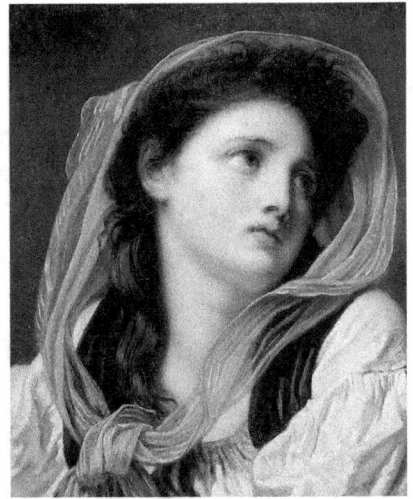

Tête de jeune femme

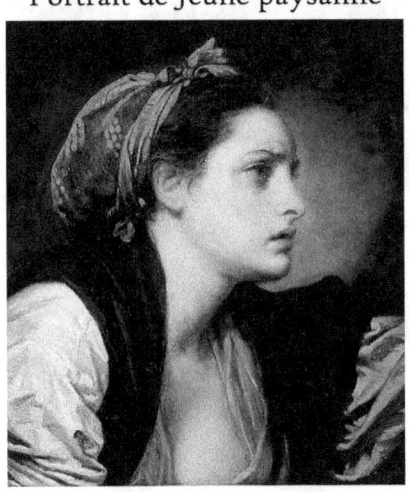

Étude de tête de femme

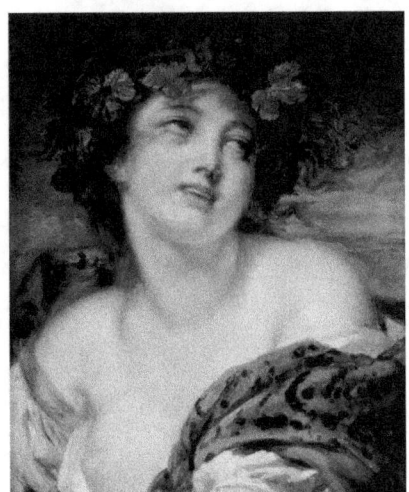

Bacchante

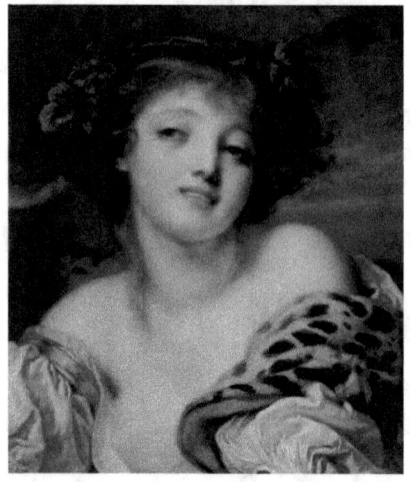
Bacchante, 1785-1795

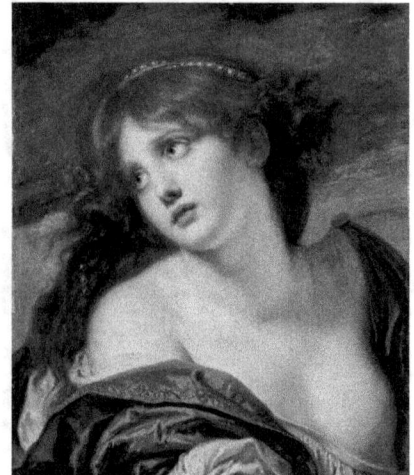
Psyché

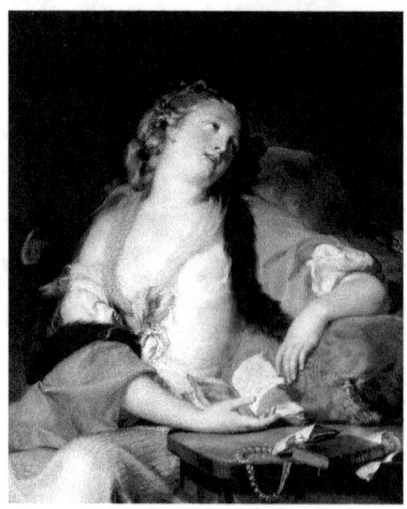
Jeune fille lisant Éloïse et Abélard

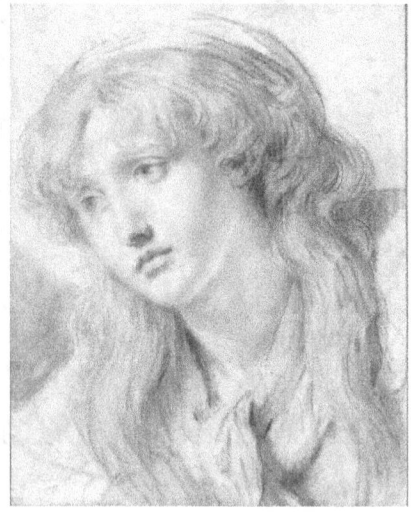
Tête de femme triste

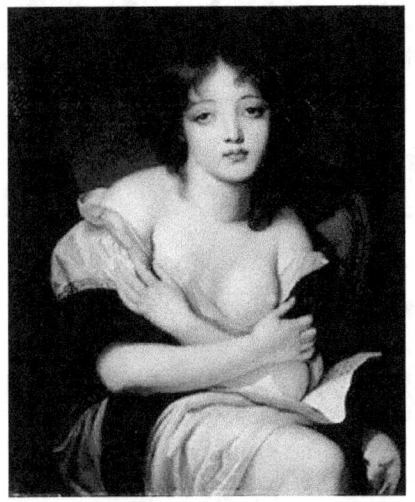
La Lettre

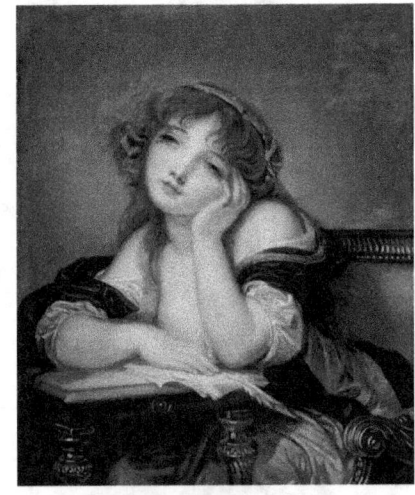
La Lettre, 1800-1806

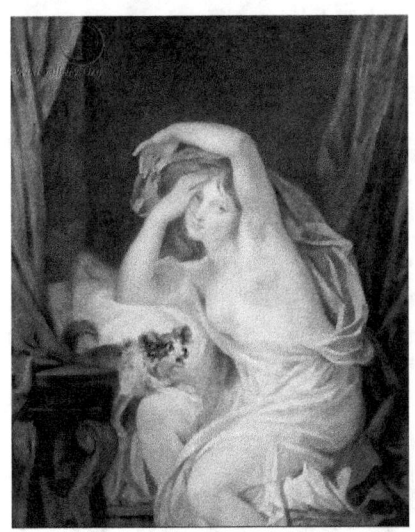
Le Réveil

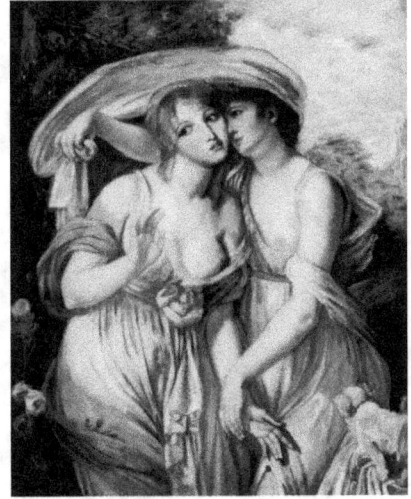
Les Deux Soeurs

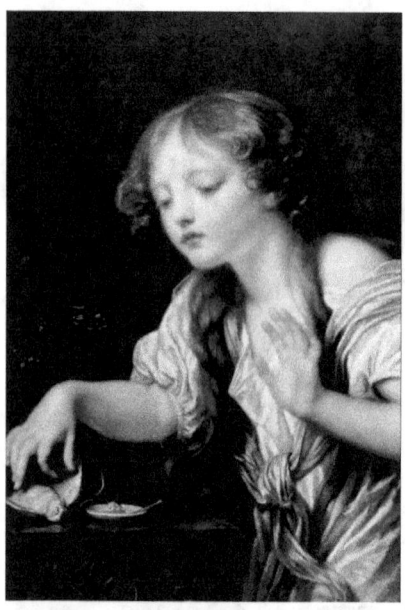

L'Oiseau mort

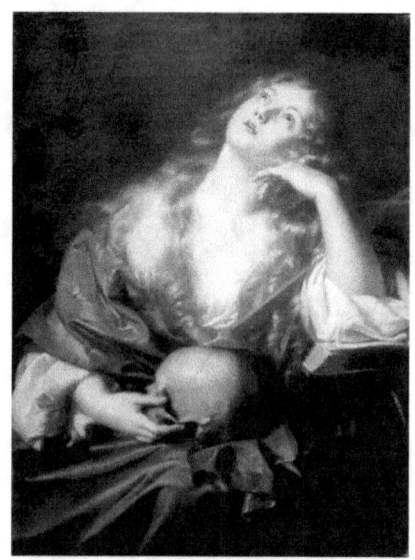

Nicolas Régnier. *Marie-Madeleine pénitente*, c.1655-1660

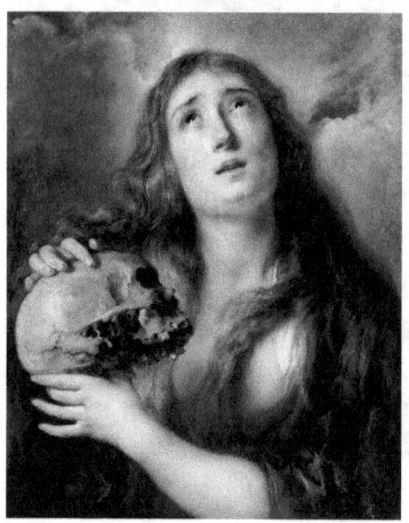

Jan Boeckhorst. *Marie-Madeleine méditant sur un crâne*, c.1650

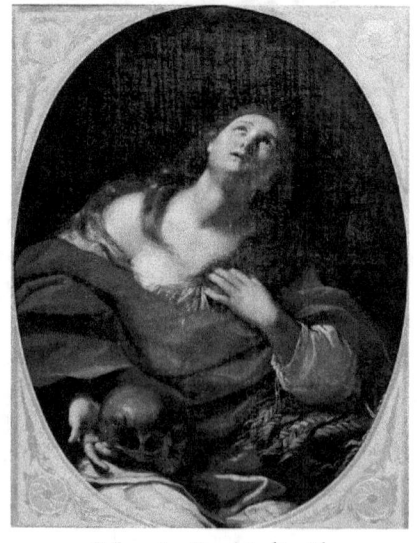

Mattia Preti dit Il Calabrese, *Sainte Marie-Madeleine*

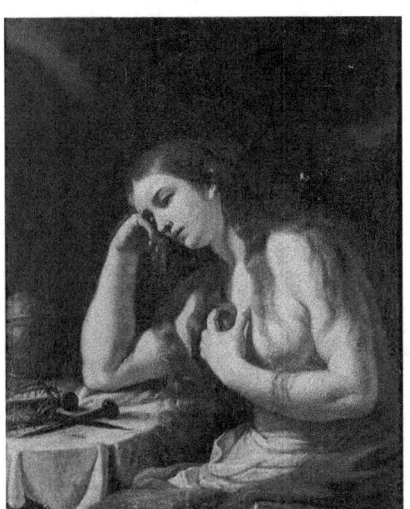

Attribué à Mattia Preti dit Il Calabrese, *Sainte Marie-Madeleine*, 1653-1661

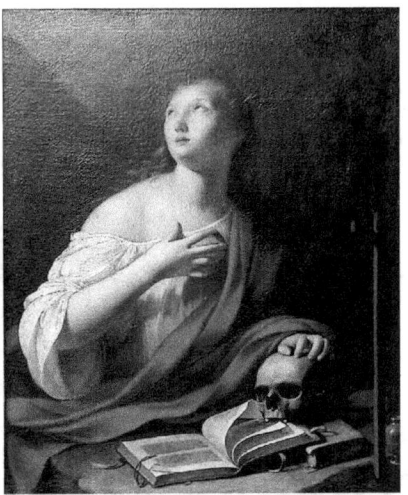

Guy François, *Marie Madeleine pénitente*, c.1620-30

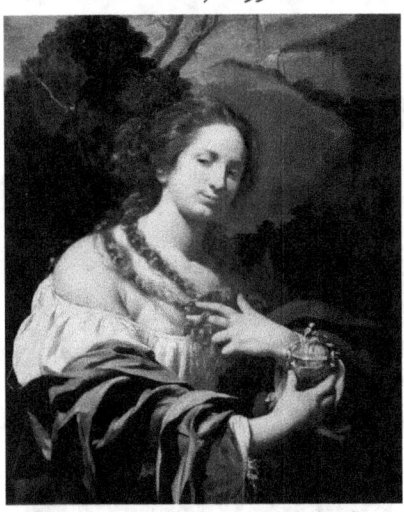

Simon Vouet, *Virginia Da Vezzo, épouse de l'artiste, en Marie Madeleine*, c 1627

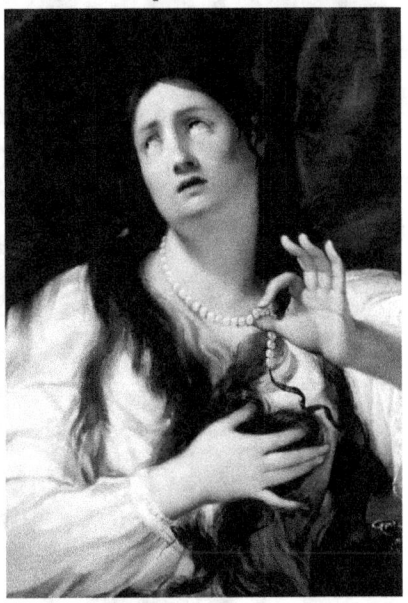

Atelier de Guido Cagnacci, École Bolonaise, *Marie Madeleine*, c. 1650

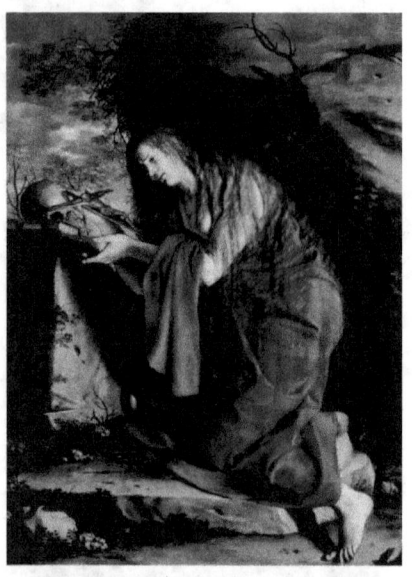

Orazio Gentileschi, *Marie Madeleine en pénitence*, 1615, collection privée

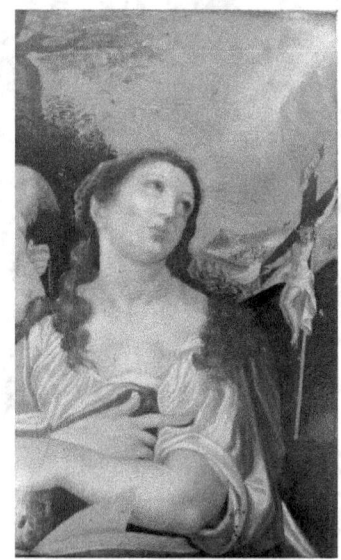

*Sainte Marie-madeleine*, Huile Sur Cuivre, Flandres, XVIème Siècle

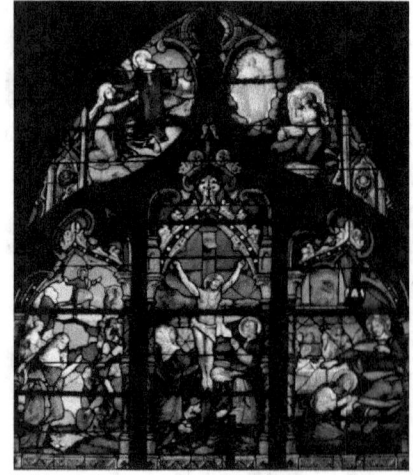
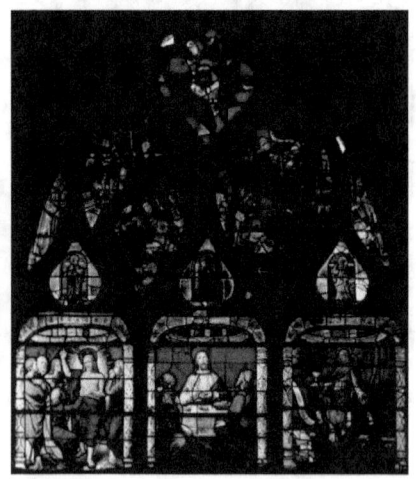

*Noli me tangere* et *Incrédulité de Saint Thomas*, Baies 15 et 16, Église Sainte Savine, Aube

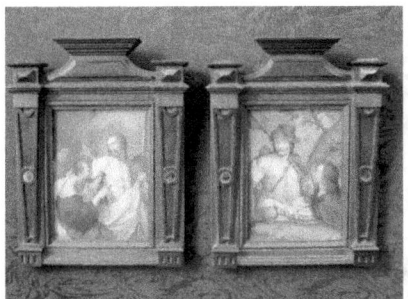

*Noli me tangere* et *Incrédulité de Saint Thomas*, Paire de gouaches flamandes, XVIIIème siècle

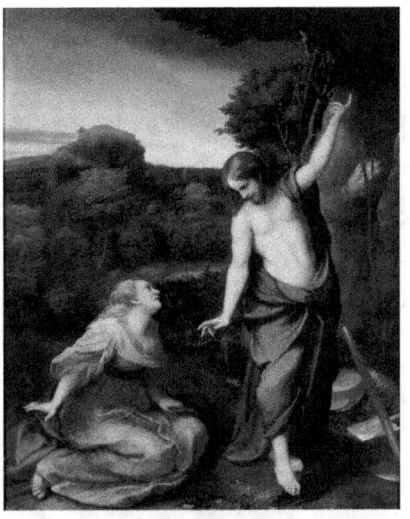

Corrège, *Noli me tangere*, c.1525

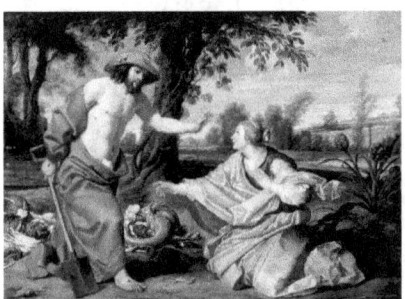

Abraham Janssens et Jan Wildens, *Noli me tangere*, c.1620

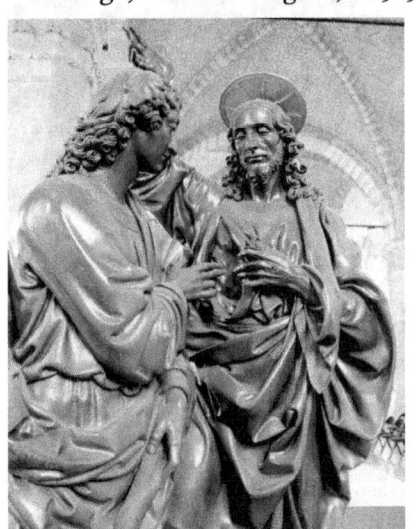

Andrea del Verrocchio, *Incrédulité de Saint Thomas*, 1467-1483

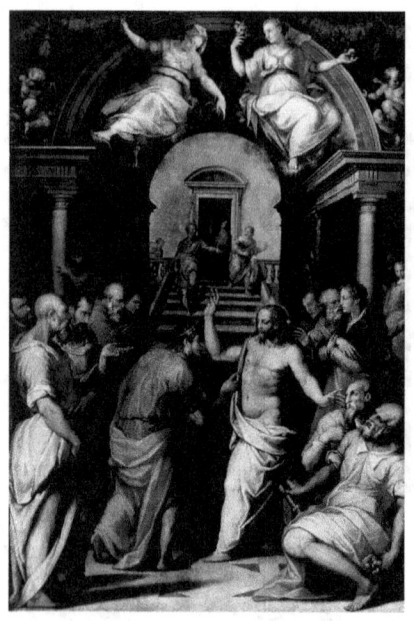

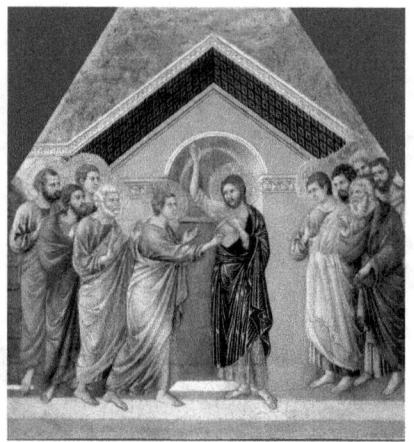

Duccio, Tempera sur bois. *Incrédulité de Saint Thomas*, *Maestà*, Sienne, 1308-13011

Giorgio Vasari. *Incrédulité de Saint Thomas*, Basilique Sainta Croce, 1572

De haut en bas et de droite à gauche dans les prochaines pages: *Marie Madeleine* par (et/ou conservé à): Cosimo Rosseli; Gregor Erhart; Église d'Écoui (Eure); Titien; Jan Polack; Francesco Hayez; Francesco Lupicini; Diego Ribeira; Maître du Salomon Wildenstein; Anonyme c. 1430 du Musée National de Varsovie; Moretto da Brescia, 1540-1550; Collégiale de Saint-Junien (Limousin); Donatello; Himmelfahrt Der Heiligen, 1510; Cathédrale de Moulins (Bourgogne), XVIème siècle; Quentin Metsys, XVIème siècle; Bruxelles, vers 1500, conservé au musée de Cluny; Guido Reni

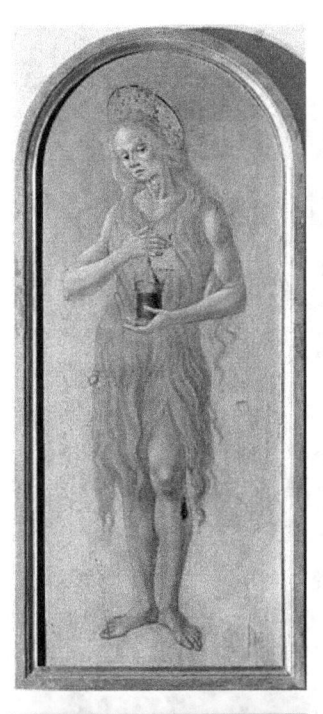
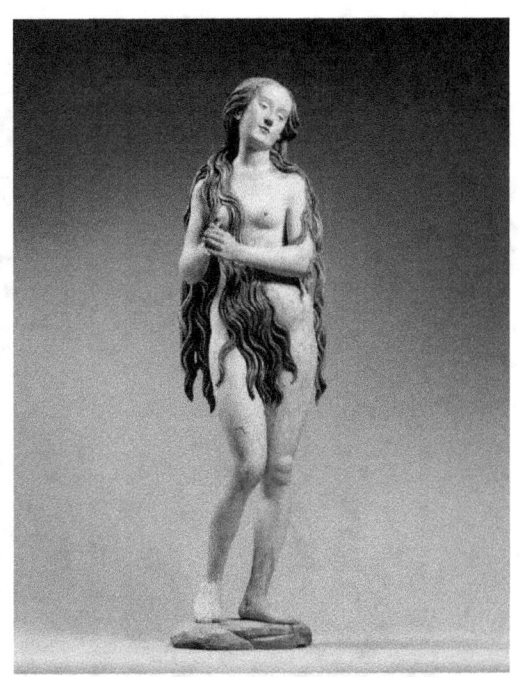
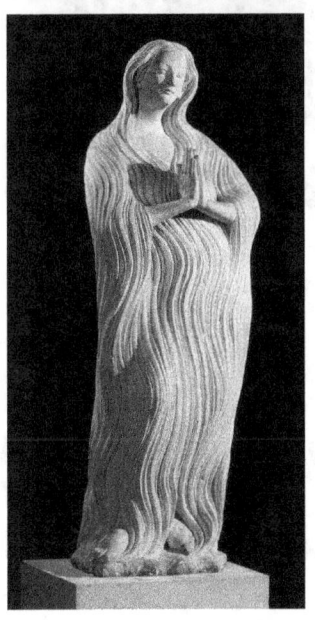
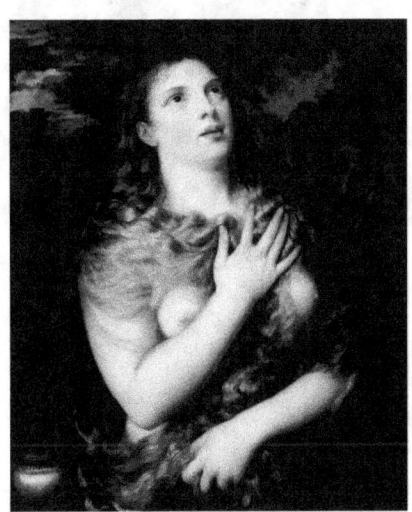

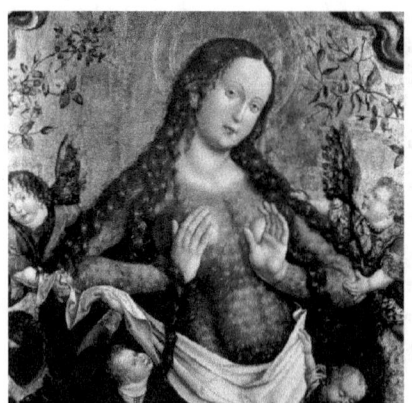
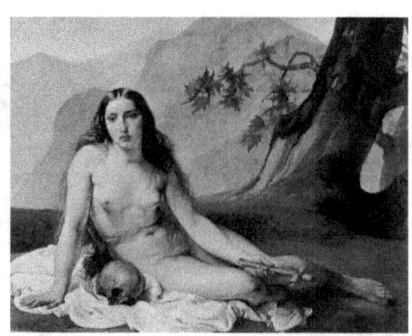
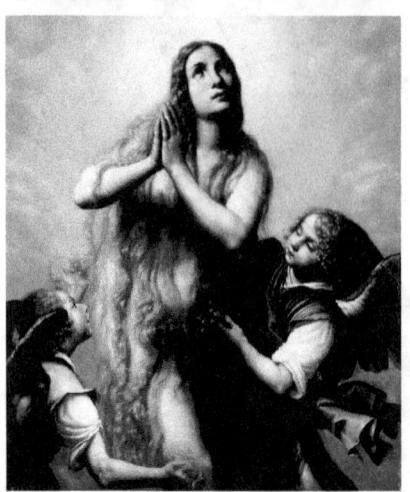
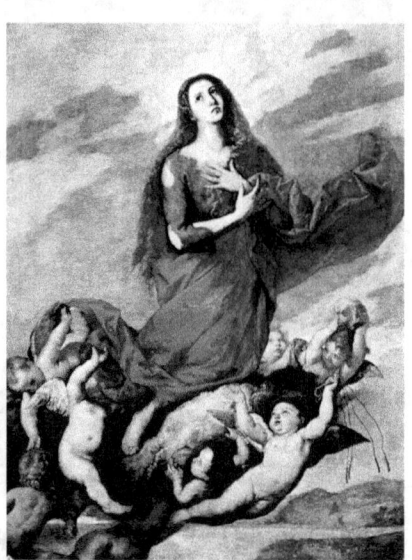
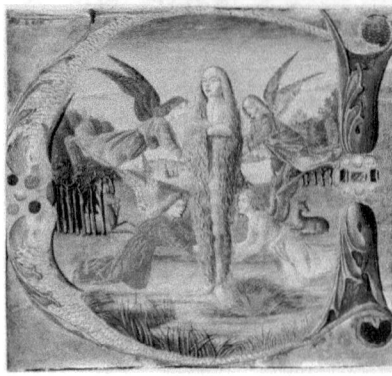

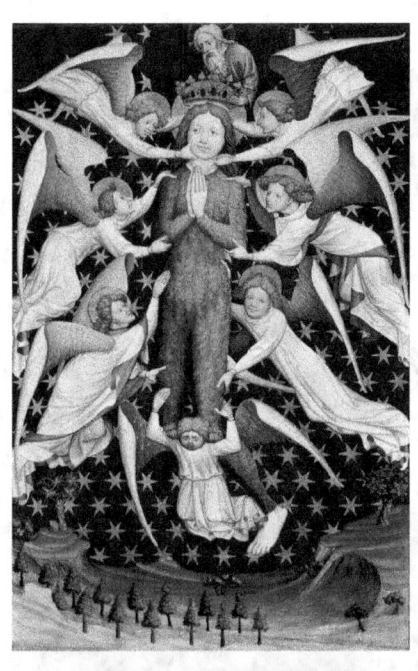
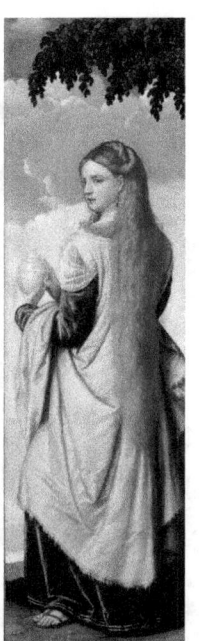
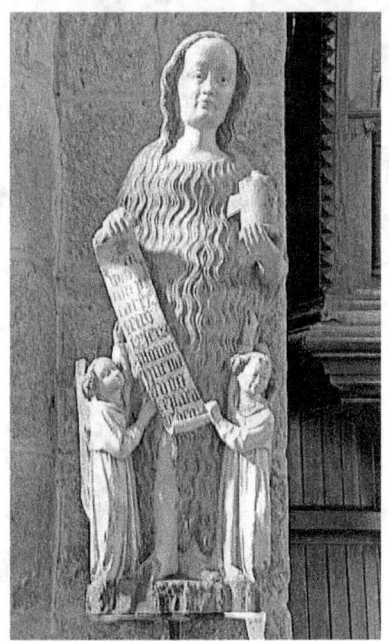
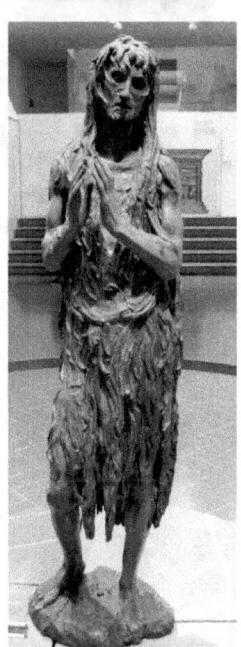

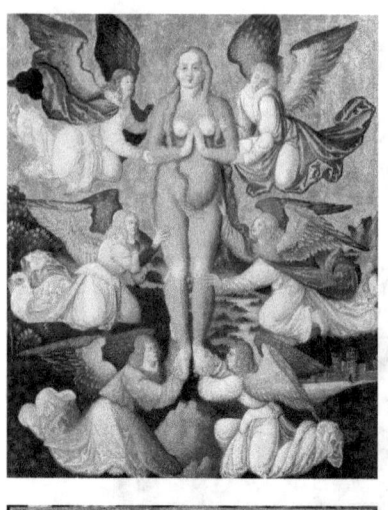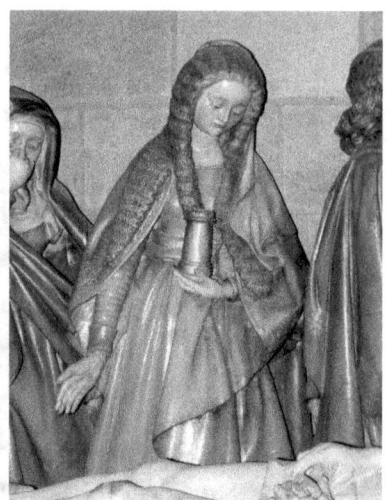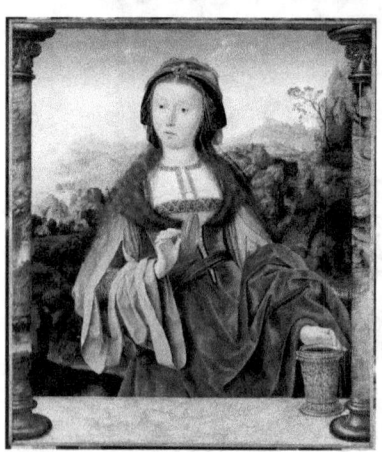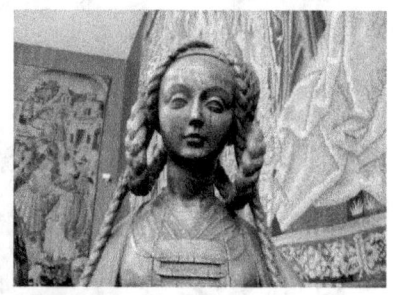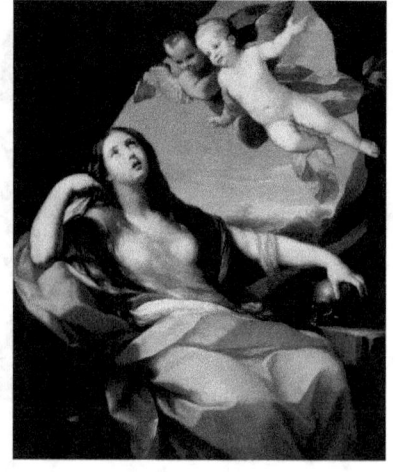

Dans les pages suivantes, de haut en bas, et de gauche à droite: Marie Madeleine en attitude mélancolique par: Francesco Hayez; Merle Hughes; Alfred Stevens; Domenico Fetti; François-Xavier Fabre, *Allégorie de la mélancolie ou Délia pleurant la mort de Corydon*; Luca Giordano; Domenico Fetti; Lucrina Fetti (copie d'une oeuvre de son frère Domenico Fetti)

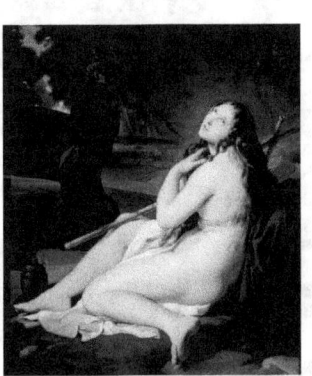
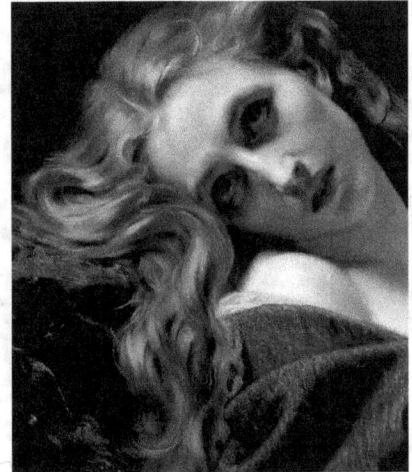
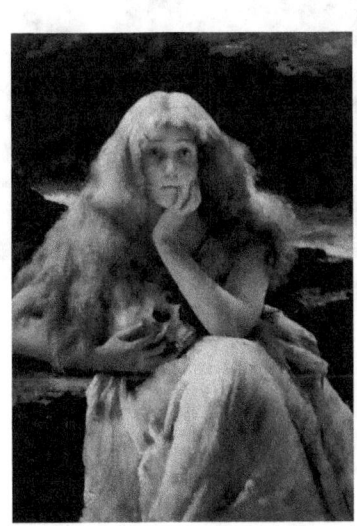
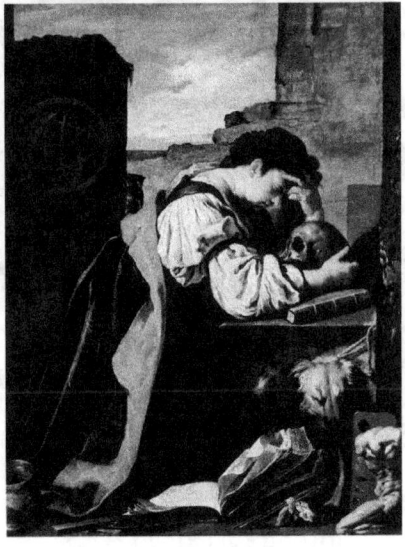

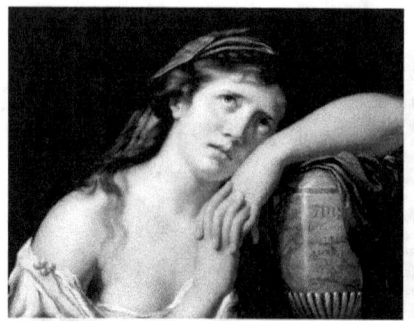

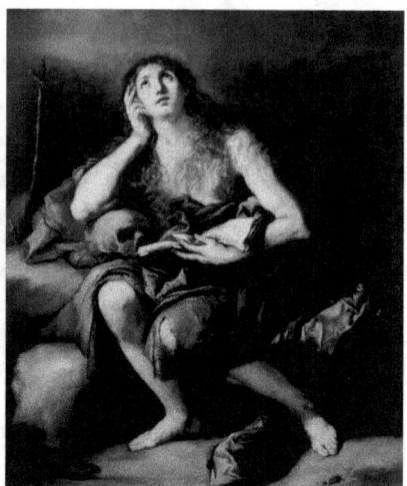

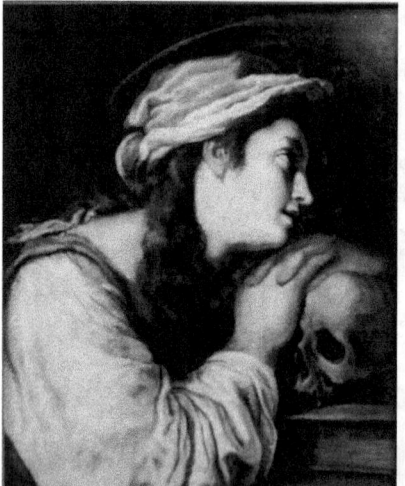

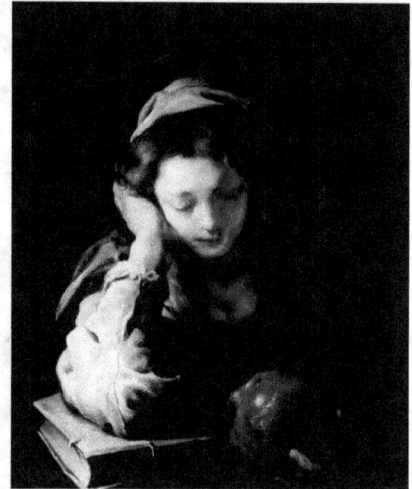

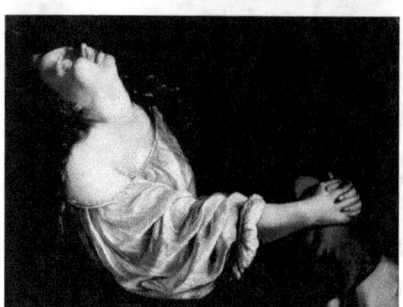

Artemisia Gentileschi,
*Marie Madeleine in estasi*,
1611 ou 1613--1620

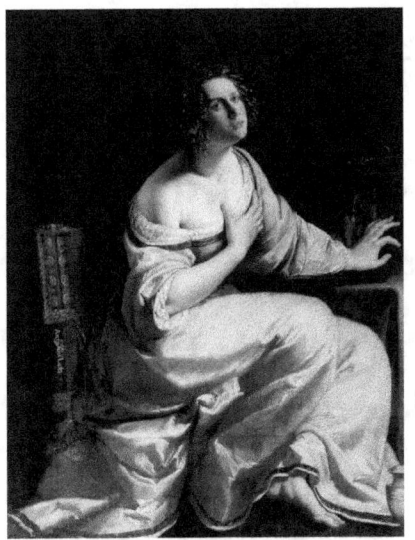

Artemisia Gentileschi, *La Conversion de Madeleine*, c.1615-1616, palais Pitti, Florence

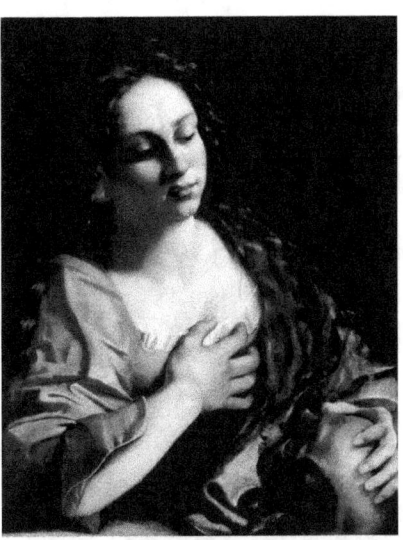

Artemisia Gentileschi, *Maddalena penitente*, 1615-1616 ou 1631

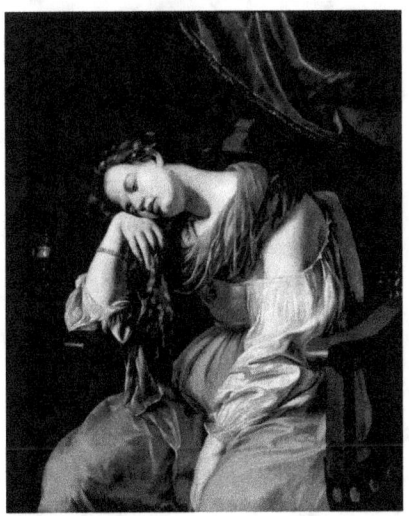

Artemisia Gentileschi, *Conversione della Maddalena*, 1621-1622

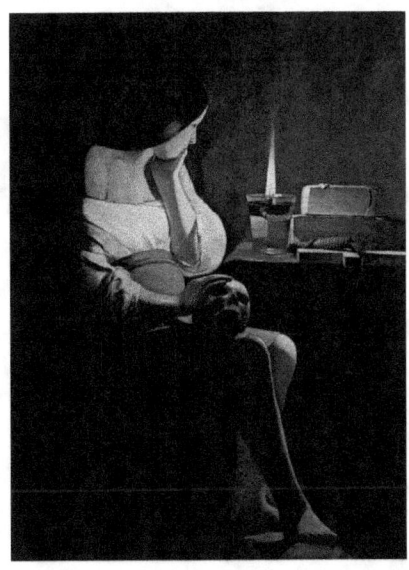

George de la Tour, *Marie Madeleine à la veilleuse*, 1630-1635, Louvre

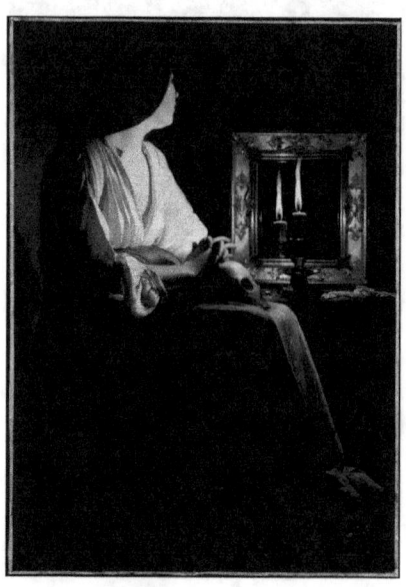

George de la Tour, *Marie Madeleine pénitente*, Metropolitan Museum

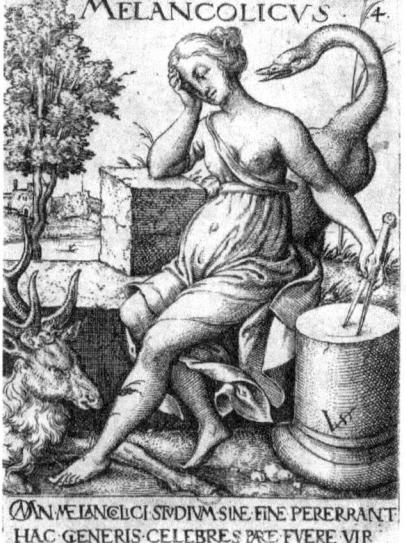

Virgil Solis, *Mélancolie*

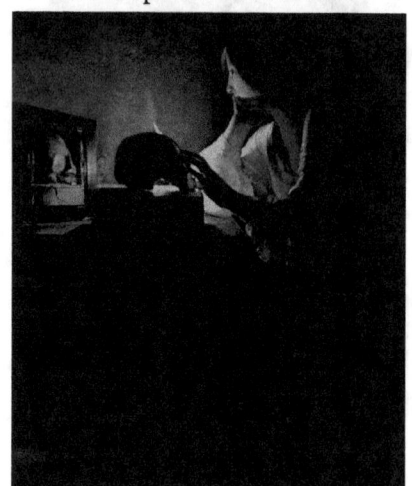

George de la Tour, *Marie Madeleine*

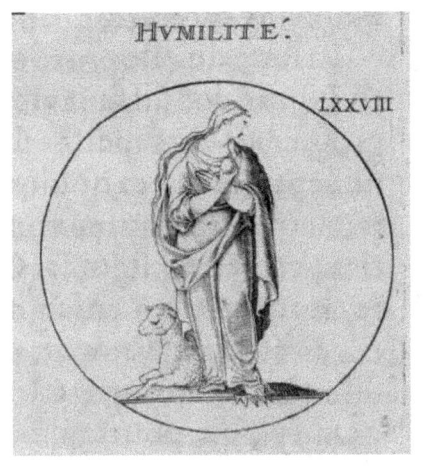
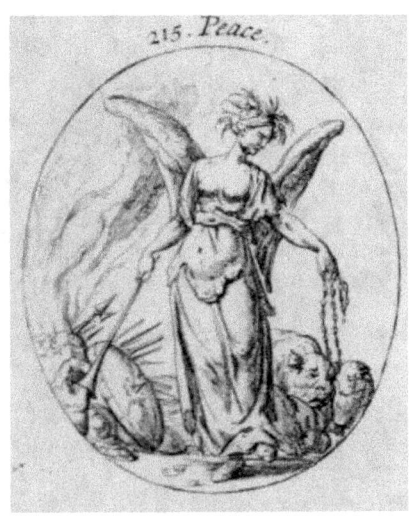
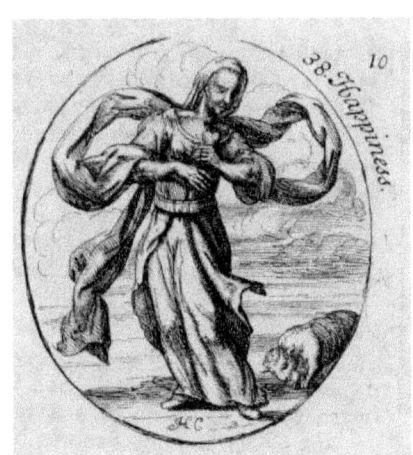

Ripa, *Iconologie*

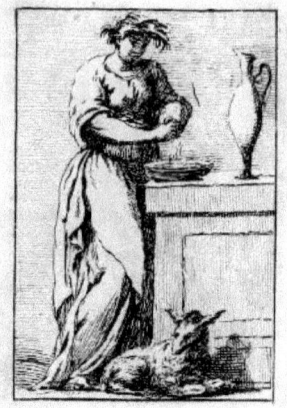

INNOCENCE. | INNOCENZA.

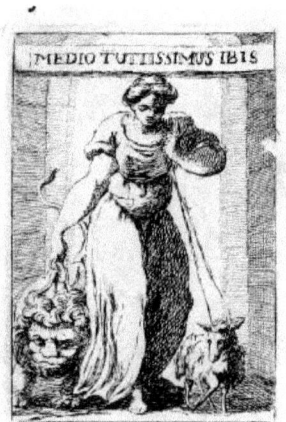

MÉDIOCRITÉ. | MEDIOCRITÀ.

Boudard, *Iconologie*

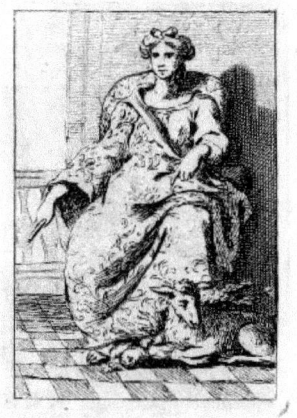

OPULENCE.     OPULENZA.

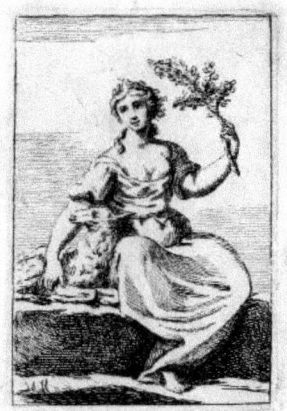

UTILITÉ.     UTILITA'.

Boudard, *Iconologie*

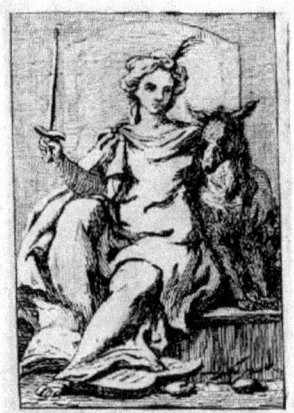

INJUSTICE.  |  INGIUSTIZIA.

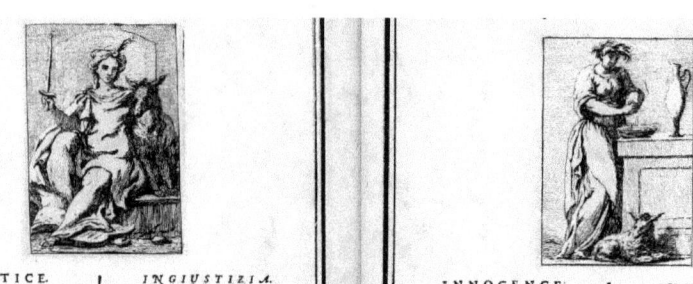

Boudard, *Iconologie*

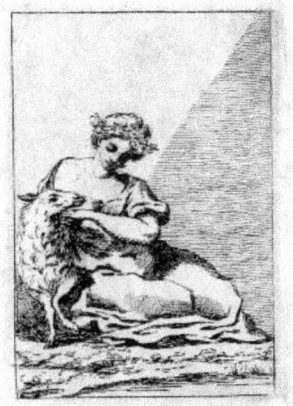

Boudard, *Iconologie*

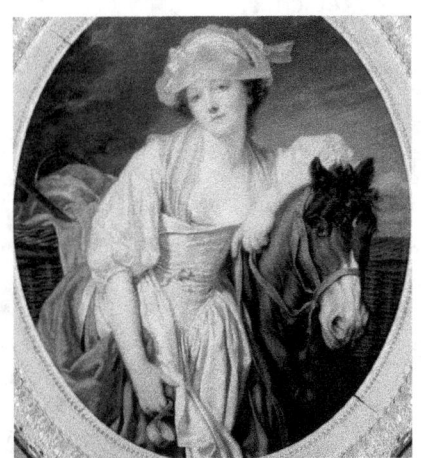

La Laitière

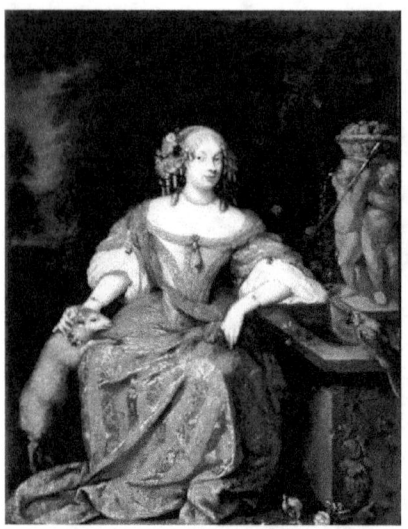

Attribué à Caspar Netscher, *Dame avec un agneau*, 1681

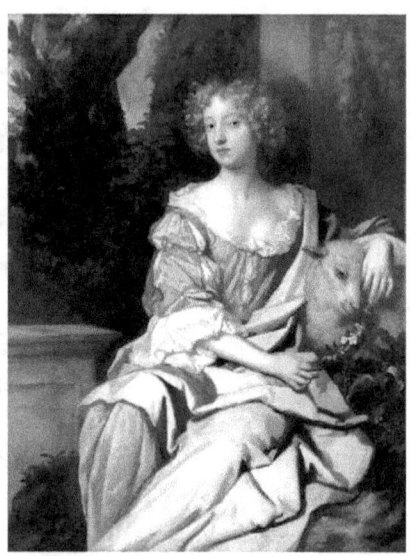

Style de Peter Lely, possible *Portrait d'Eleanor ('Nell') Gwyn*, 1675

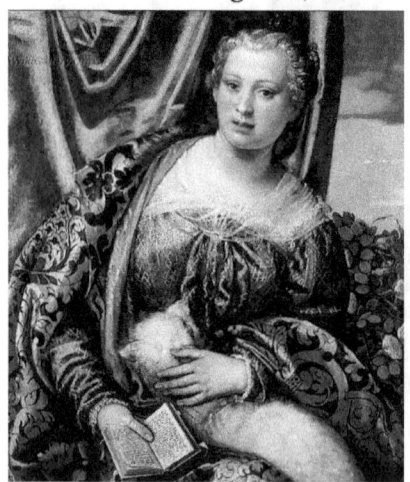

Paolo Veronese, Sainte Agnès avec l'agneau

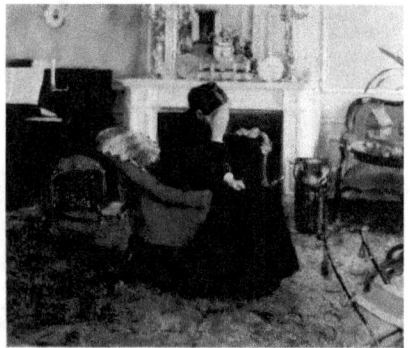

Fernand Khnopff, *En écoutant du Schumann*

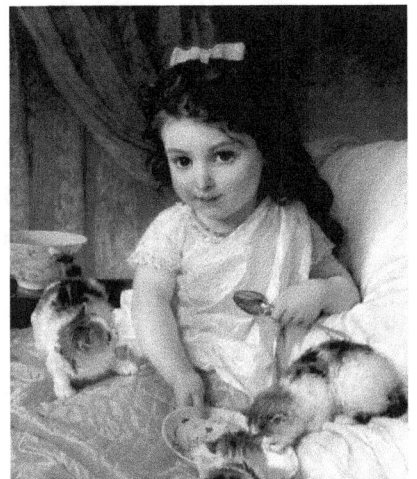
Emile Munier, *The morning meal*, 1880

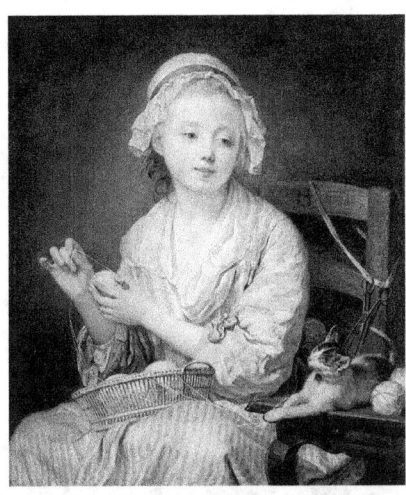
La dévideuse de laine

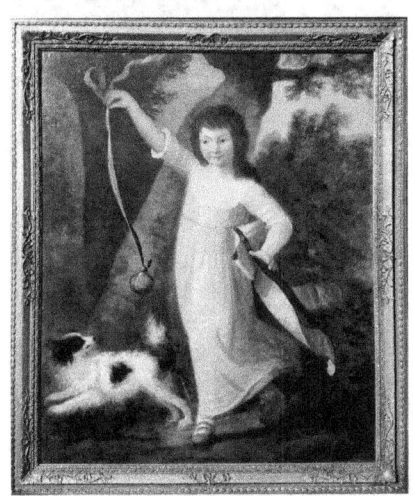
*Aristocratic Girl with Her Dog*, Régence ou époque de George III

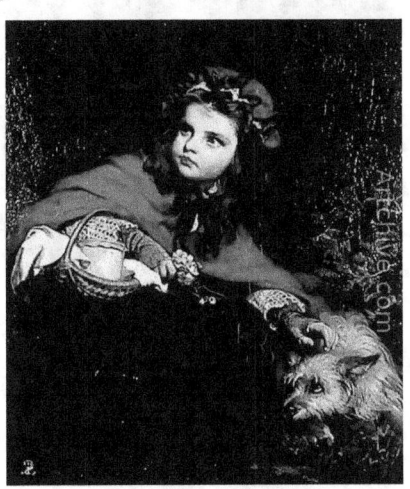
James Sant, *Little Red Riding Hood*

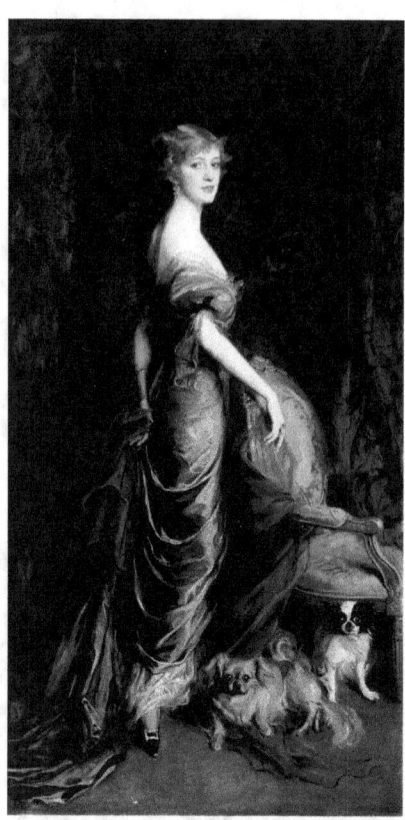

Philip de László, *Portrait of Mrs. George Owen Sandys, née Dulcie Edythe Angela Redford*, 1915

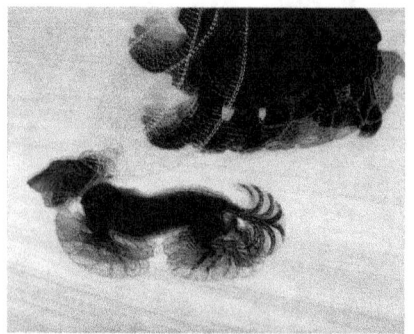

Giacomo Balla, *Dynamisme d'un chien en laisse*, 1912

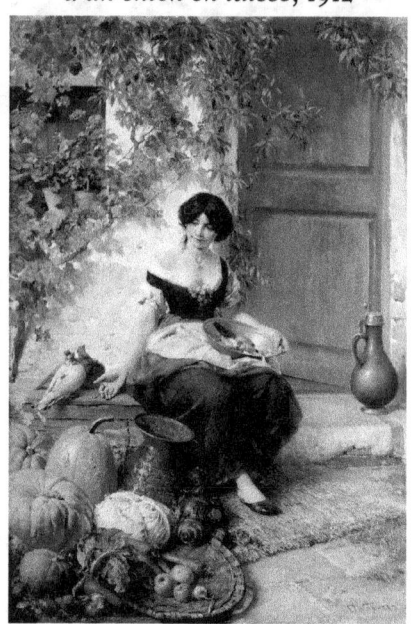

Ferdinand Wagner le Jeune, *Alimentant les pigeons*

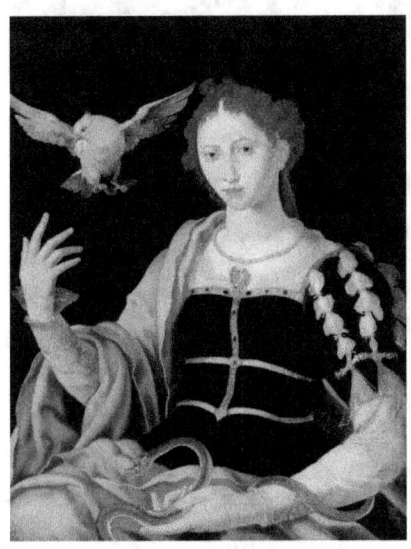

Maerten Van Heemskerck, *Allégorie de l'Innocence et de la Fraude*

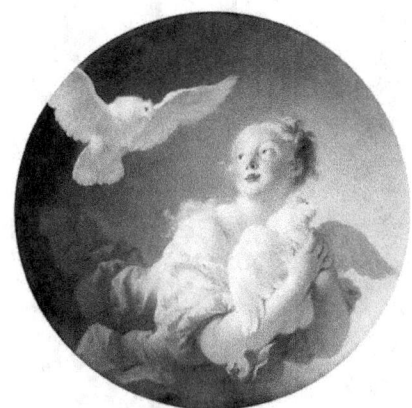

Fragonard, *Jeune femme avec deux colombes*

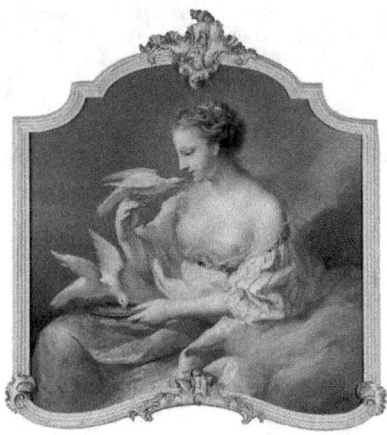

François Boucher, *Allégorie - Jeune femme avec une colombe*

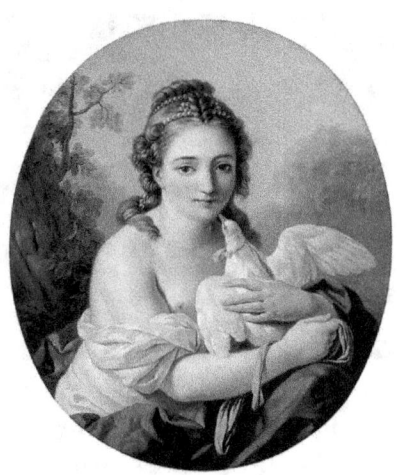

Louis Jean Francois Lagrenee, *Une jeune femme portant une colombe*

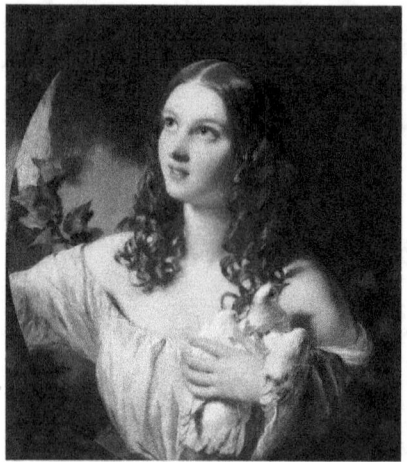

James Sant, *Portrait of a young girl holding a dove*

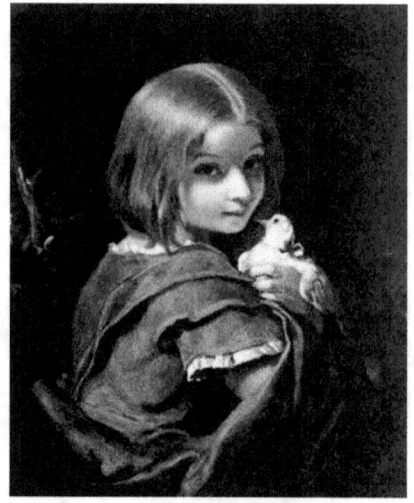

James Sant, A *girl with a dove*

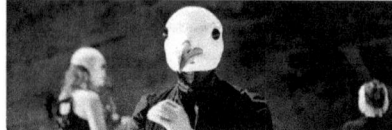

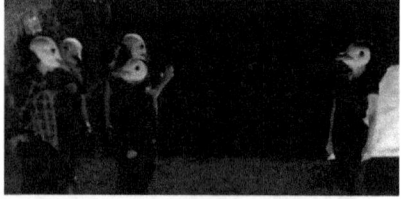

*La Mouette* de Tchekhov, mise en scèn par Arthur Nauzyciel, Festival d'Avignon, 2012

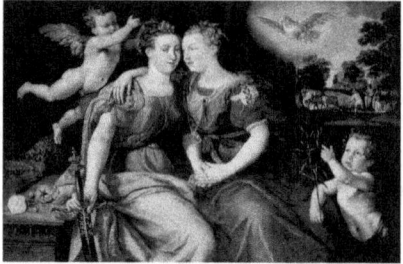

Martin de Vos, *Allégorie de la Justice et de la Paix*, debut du XIXème siècle

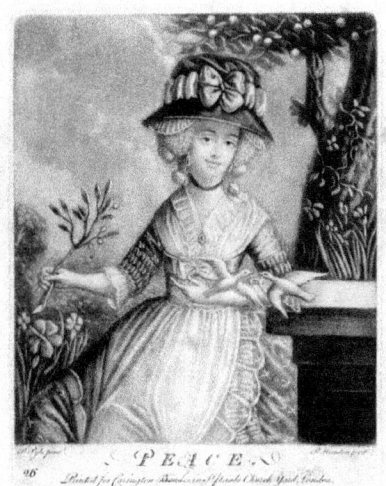

Richard Houston, d'après Robert Pyle, *Allégorie de la Paix*, Londres, c.1766-1775

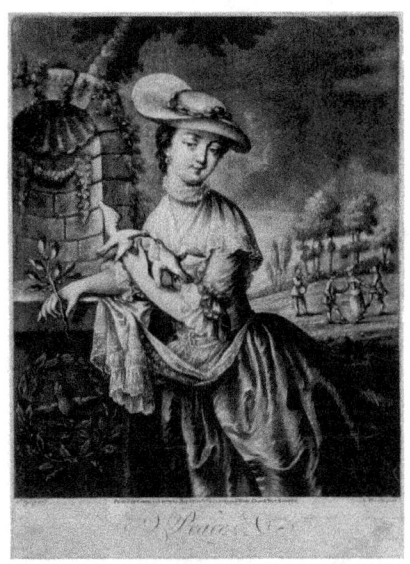

Richard Houston, d'après Robert Pyle, *Allégorie de la Paix*, Londres, c.1766-1775

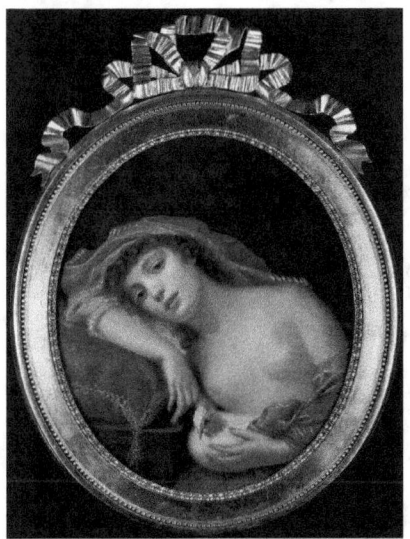

Anna Rajecka, *Jeune fille avec une colombe (Allégorie de l'Innocence?)*, c.1789-1790

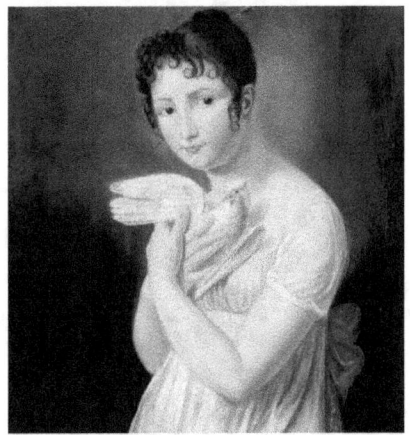

École française, *Allégorie de la Paix*, debut du XIXème siècle

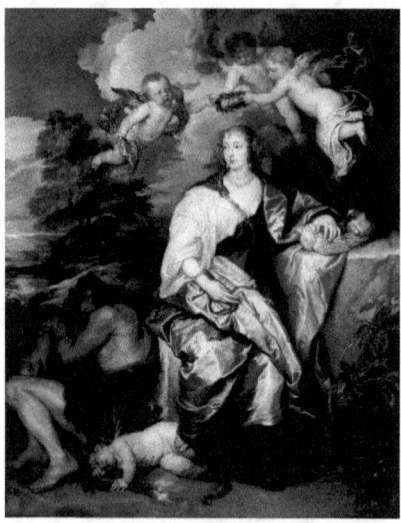

Anton van Dyke, *Portrait of Lady Venetia Digby - Allégorie de la Prudence*, 1633-1634

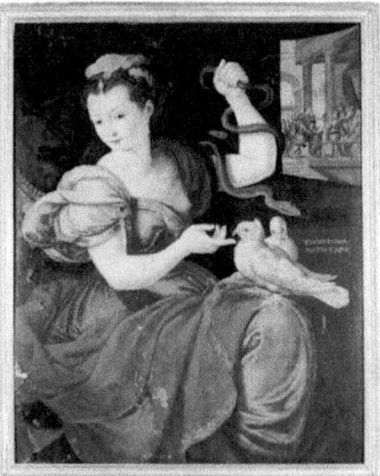

École de Frans Floris l'Ancien, *Une allégorie de l'Innocence ou de la Prudence avec une femme tenant deux serpents et deux colombes sur son genou, et avec le Christ devant Pilate en arrière-plan*

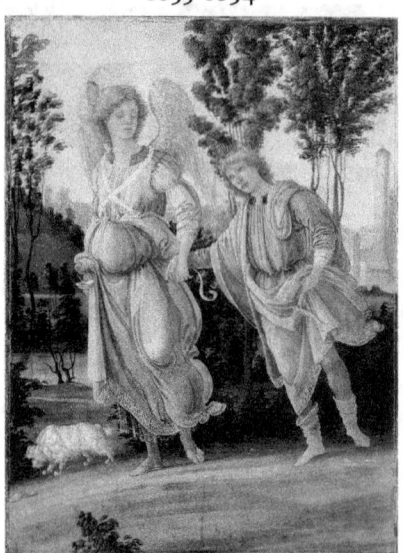

Filippo Lippi, *Tobie et l'Ange*

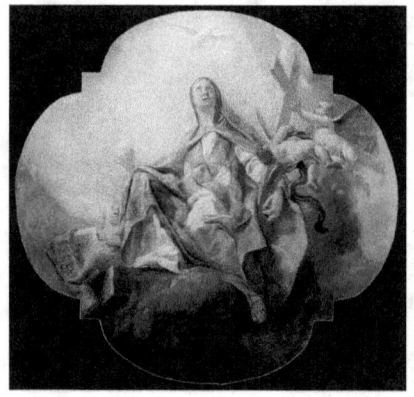

Giuseppe Angeli, *Allégorie de la Religion*

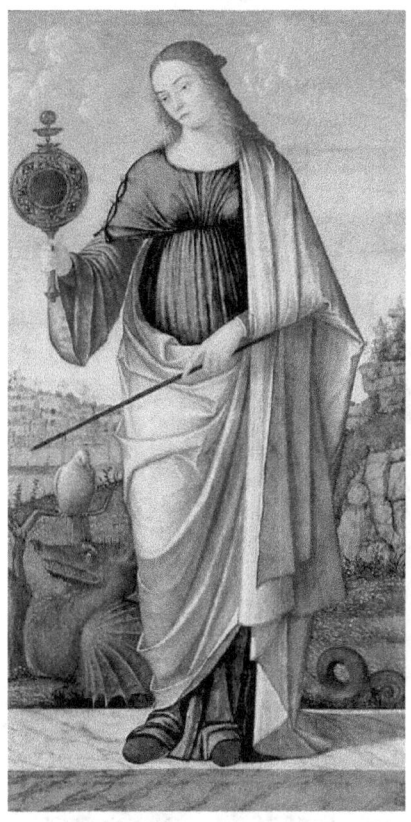

Vittore Carpaccio, *Allégorie de la Prudence*, c.1525

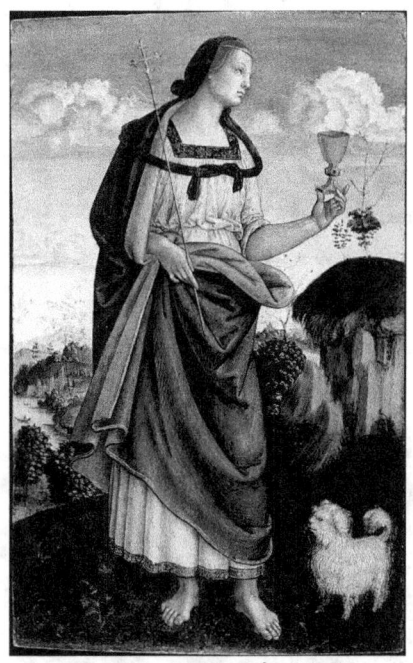

Anonyme (École ombrienne, Italie), *Allégorie de la Foi*, c.1500

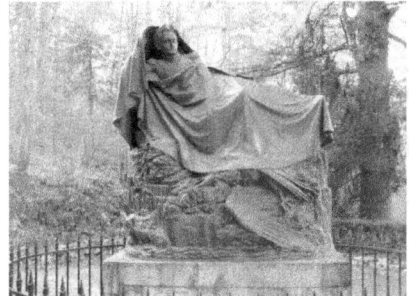

François Rude, *Napoléon s'éveillant à l'Immortalité*

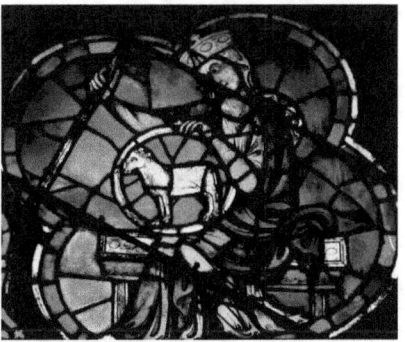

*Gentillesse*, Vitrail de la Rosa Ouest de Notre Dame de Paris

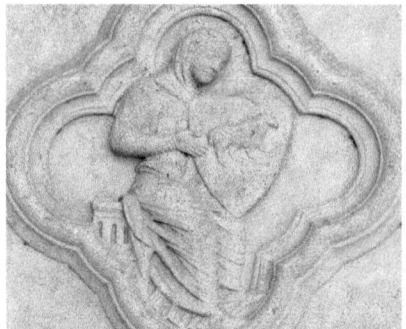

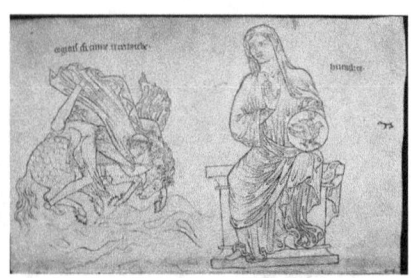

*Gentillesse*, Portail Ouest de la Cathédrale d'Amiens

*Carnets* de Villard de Honnecourt, *Orgueil* et *Humilité*

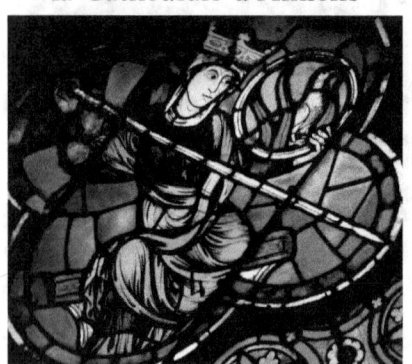

*Dépouillement* et *Légéreté*, Vitrail de la Rosa Ouest de Notre Dame de Paris

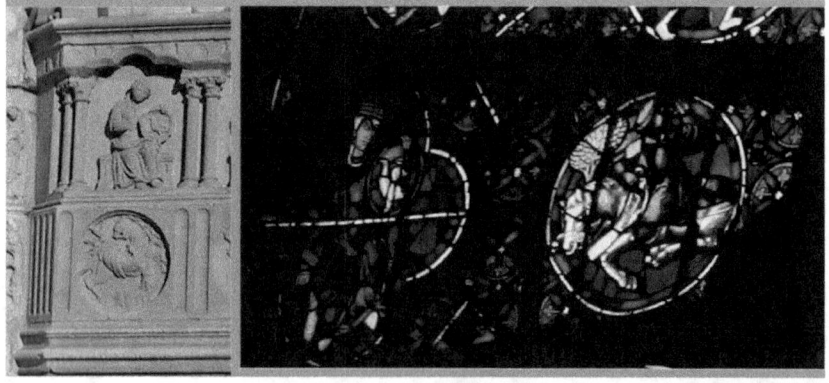

*Légèreté* et la *Lourdeur*, Vitrail de la Rosace Ouest et Bas-relief du Portail Royal, Notre Dame de Paris

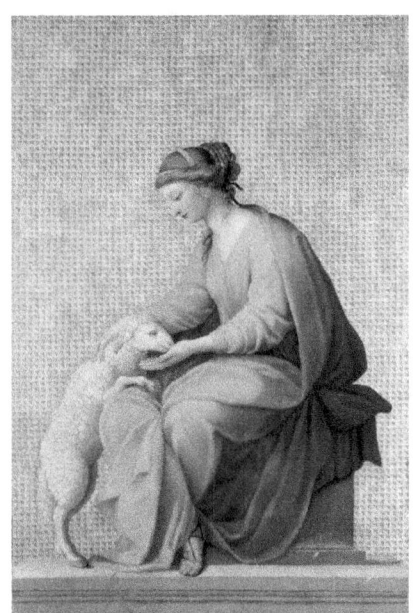

Eustache Le Sueur, *Douceur ou Mansuétude*

Dans les pages suivantes, de haut en bas, et de gauche à droite: *La Divina Pastora* par: 3 oeuvres de l'École de Cusco, Pérou; José Joaquín Magón; Manuel Samaniego et Bernardo Rodríguez; José Campeche Jordán; Mariano Bellver

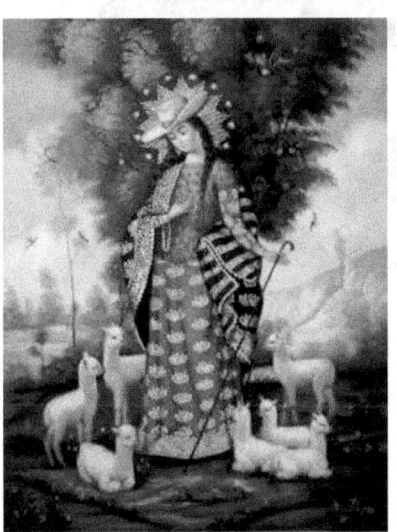

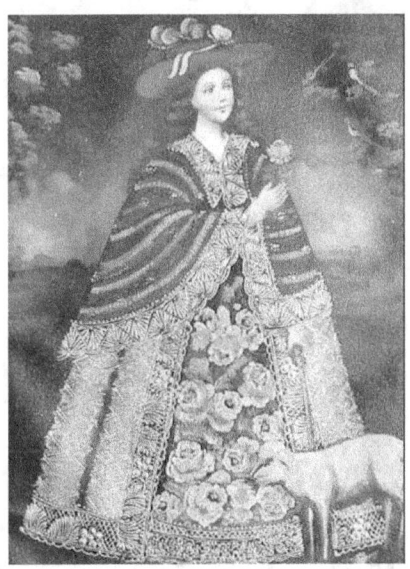

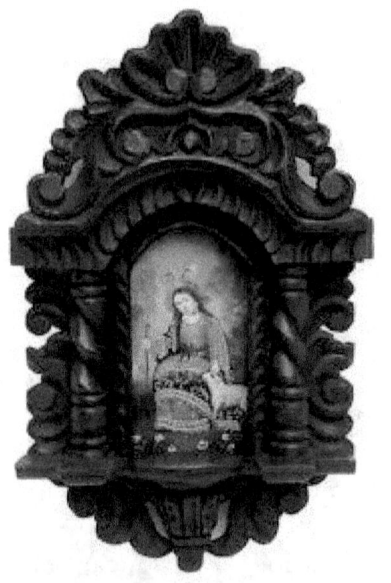
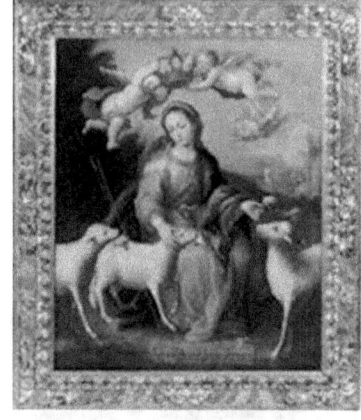
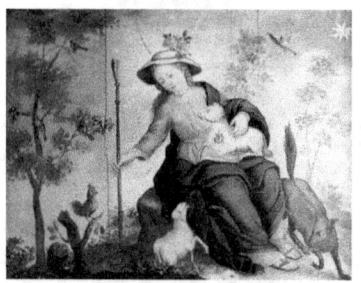
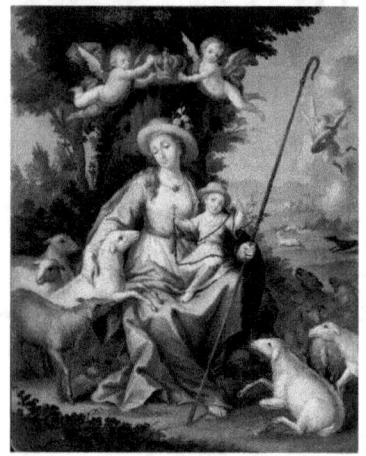
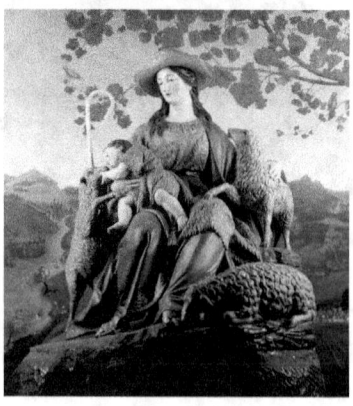

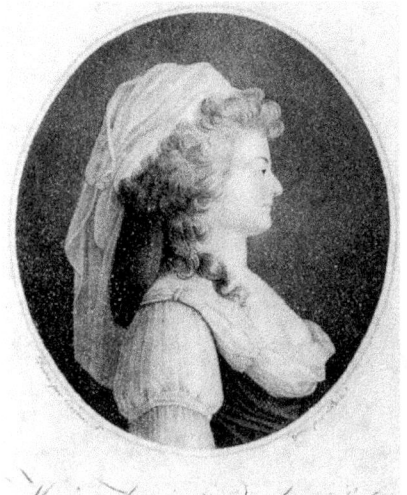

*Marie-Antoinette en fermière*,
dessin de Césarine F...,
gravé par Riotti, 1791

Toile de Jouy

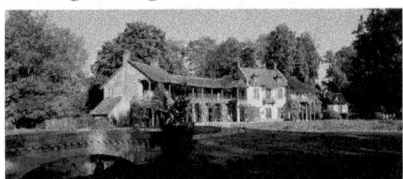

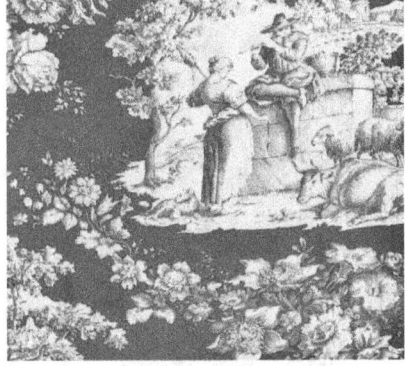

La Maison de la Reine,
Hameau de la Reine,
Versailles

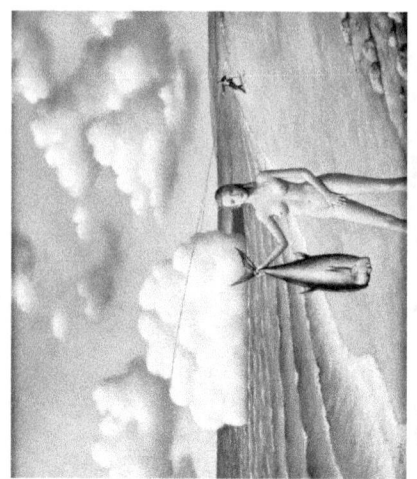

Rafal Olbiński, *The Catch*

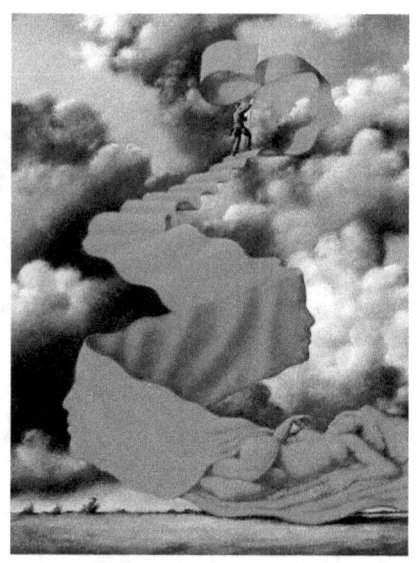

Rafal Olbiński

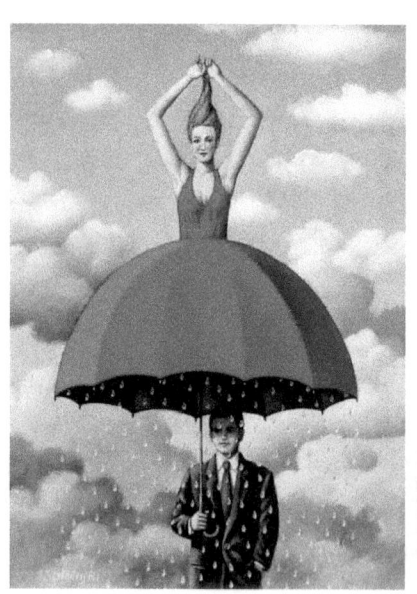
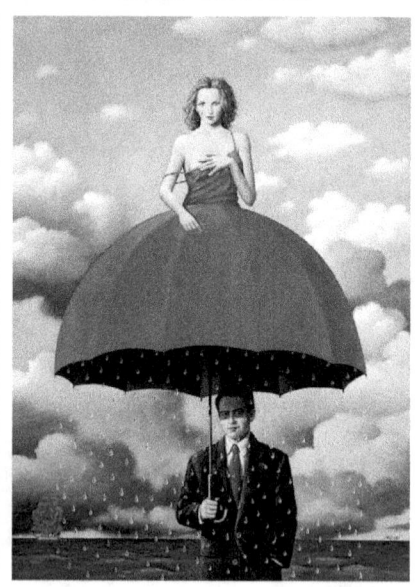

Rafal Olbiński, série *Tales of Love: Red Umbrella*, *The Umbrella*,

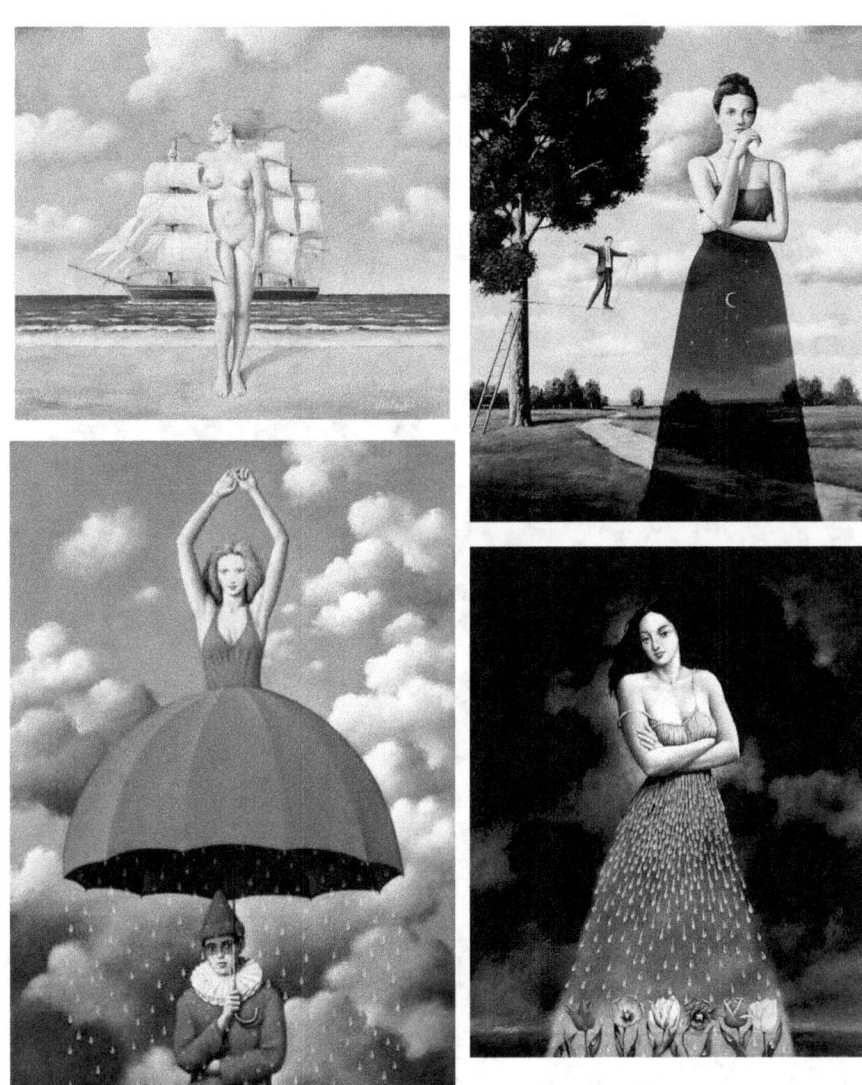

Rafal Olbiński, série *Tales of Love: Sailer, Umbrella, Moon Dress, Flowerdress*

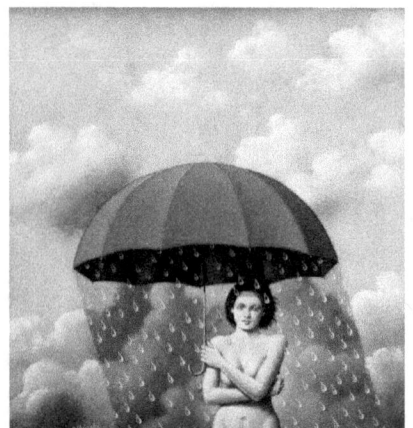

Rafal Olbiński, *Unbearable piety*

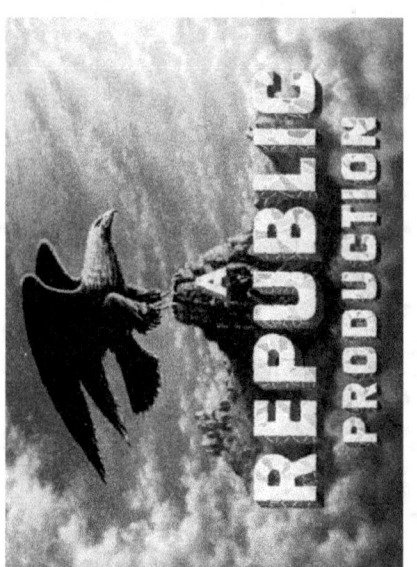

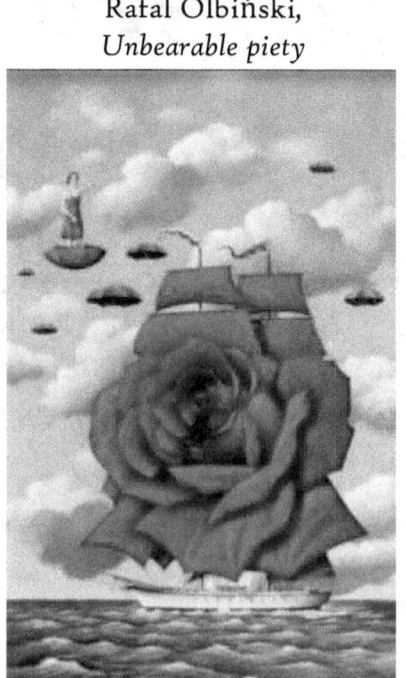

Rafal Olbiński, *Sailing*

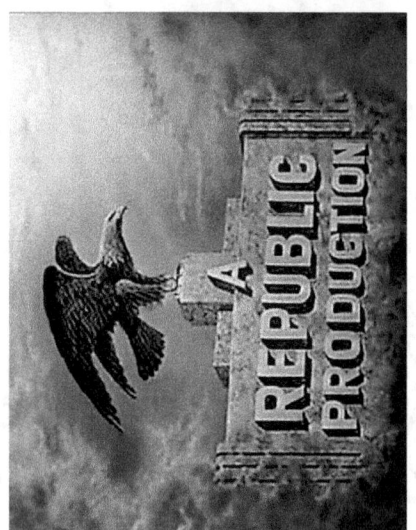

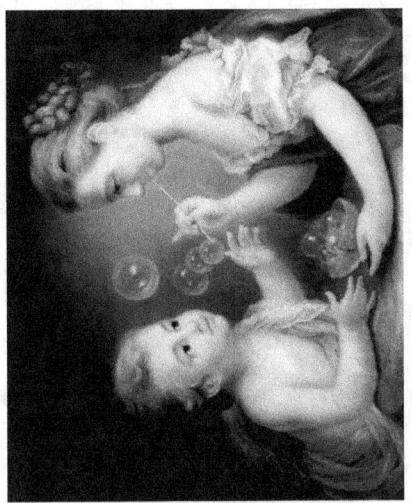

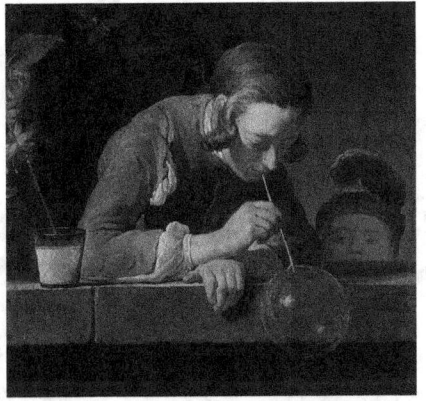

Jean-Siméon Chardin,
*La bulle de savon*

Jean-Étienne Liotard,
*Enfants soufflant des bulles*

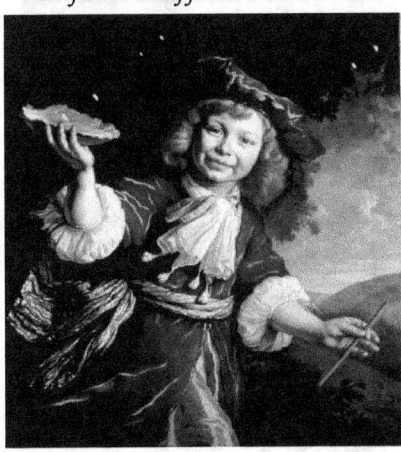

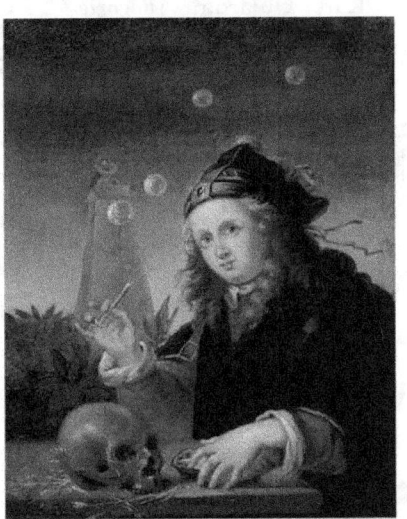

Bartholomeus van der Helst,
*Homo bulla*

Reinier de la Haye, *Garçon
soufflant des bulles de savon*

Jan Steen, *La vie de l'homme*,
détail

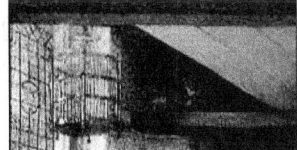

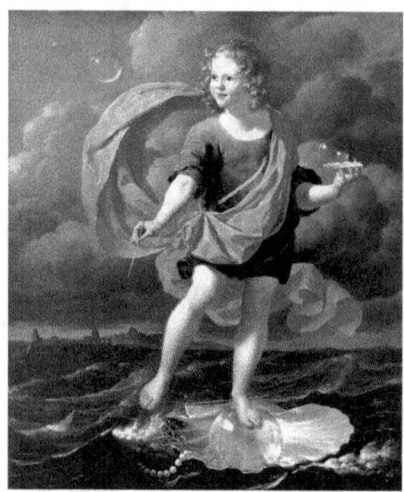

Karel Dujardin, *Allégorie*

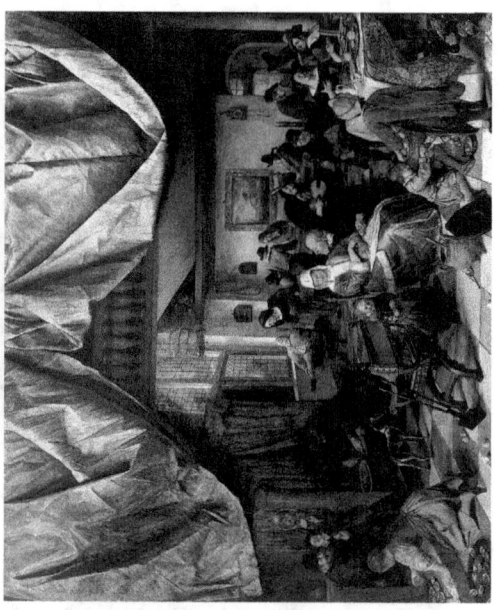

Jan Steen, *La vie de l'homme*

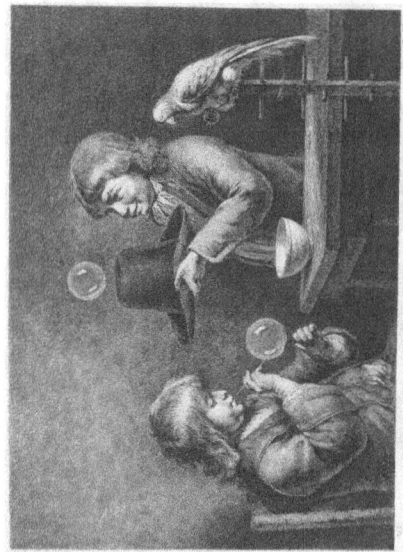

Jean-Jacques de Boissieu, *Deux enfants jouant avec des bulles de savon; à droite, un perroquet perché sur son bâton*

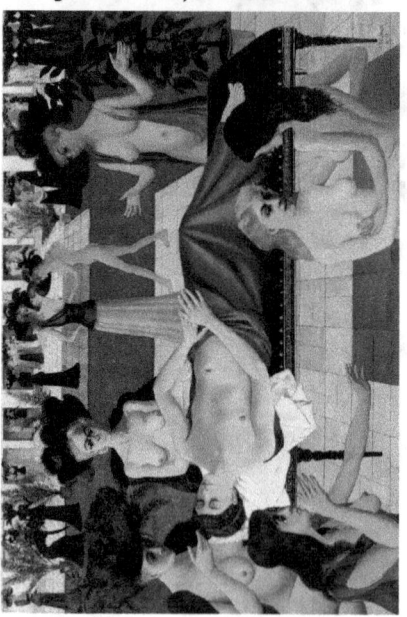

Paul Delvaux, *Antinoüs*

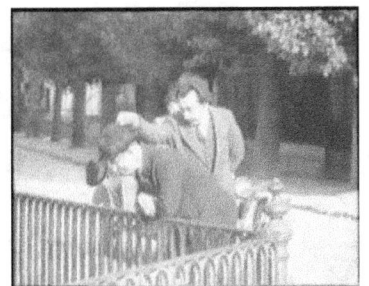
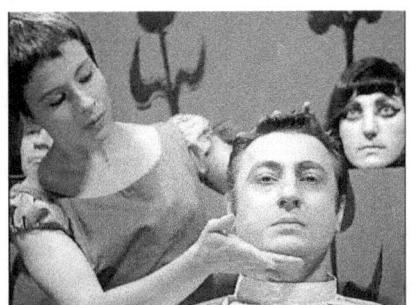
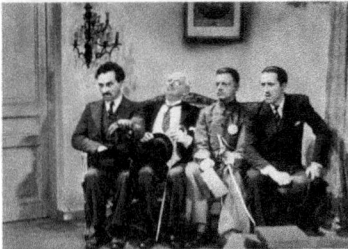
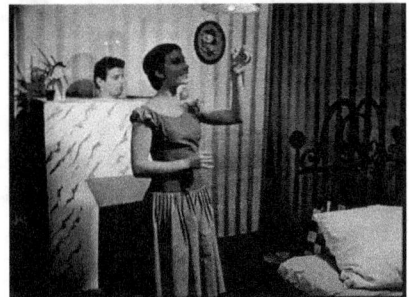
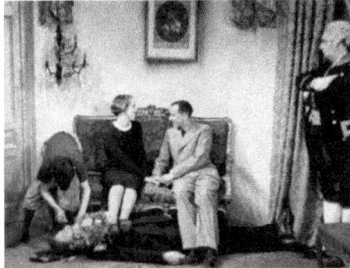
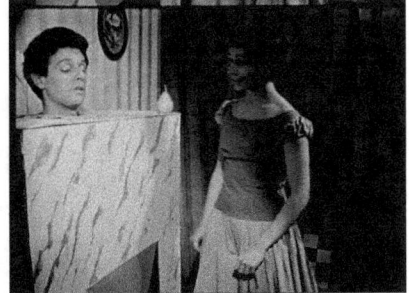
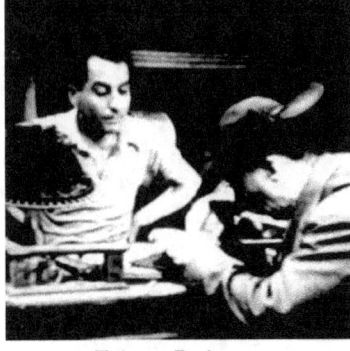
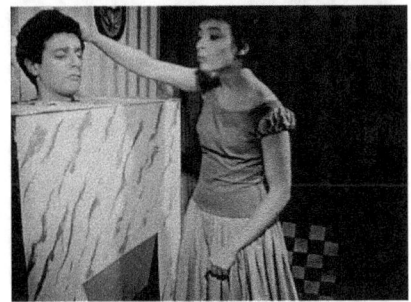

Frères Prévert,
*L'affaire est dans le sac*

Alejandro Jodorowsky,
*La Cravate*

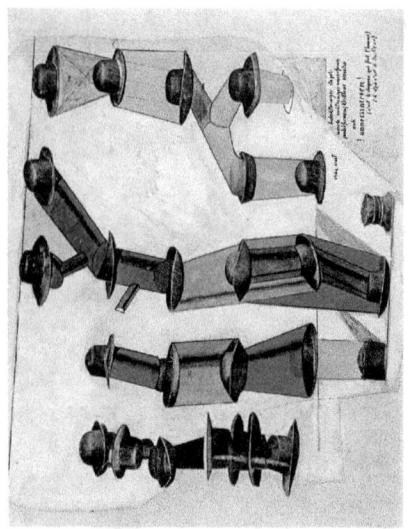

Max Ernst, *C'est le chapeau qui fait l'homme*

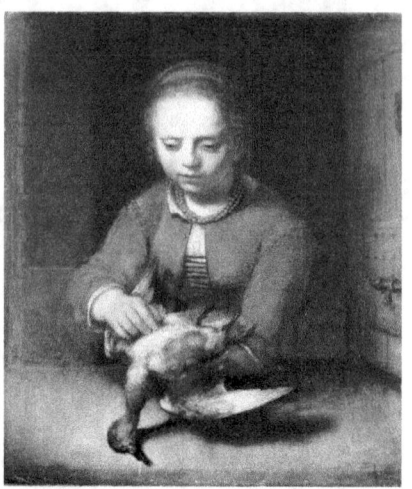

Barent Fabritius, *Femme plumant un canard*

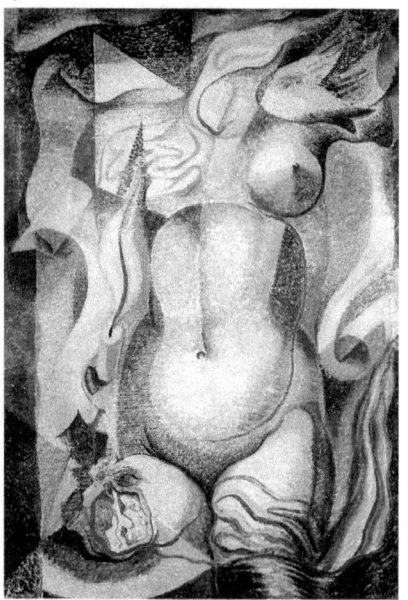

André Masson, *L'Armure*

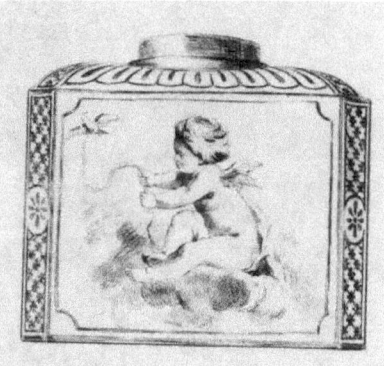

Paul Lacroix, *Un mobilier historique des XVIIe et XVIIIe siècles*

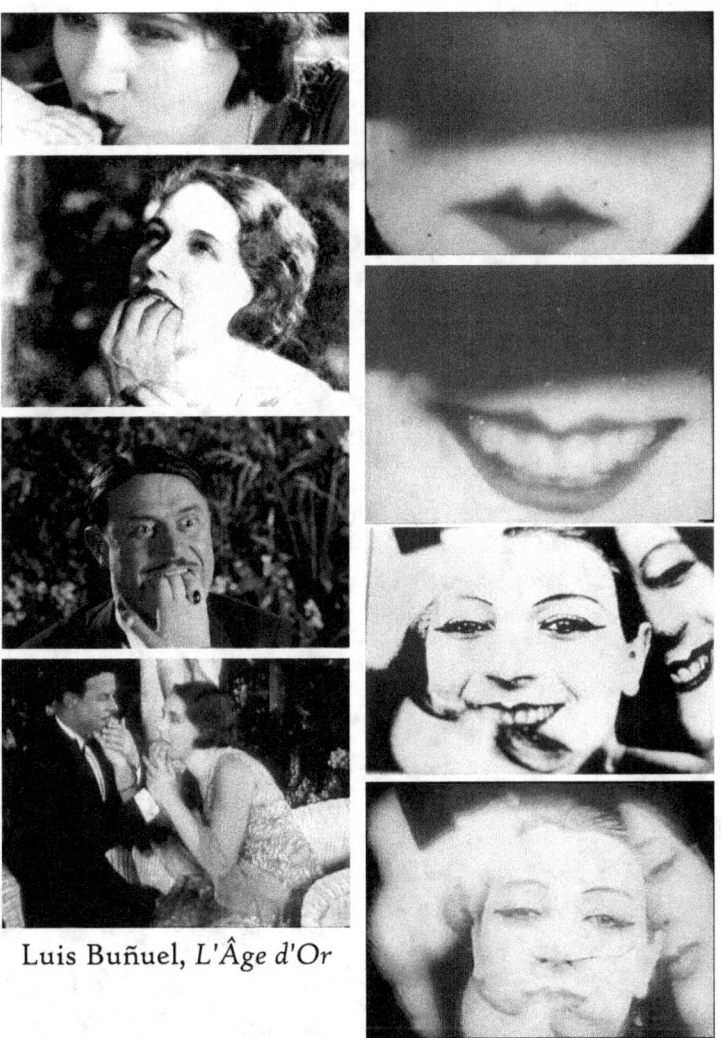

Luis Buñuel, *L'Âge d'Or*

Fernand Léger, *Ballet mécanique*

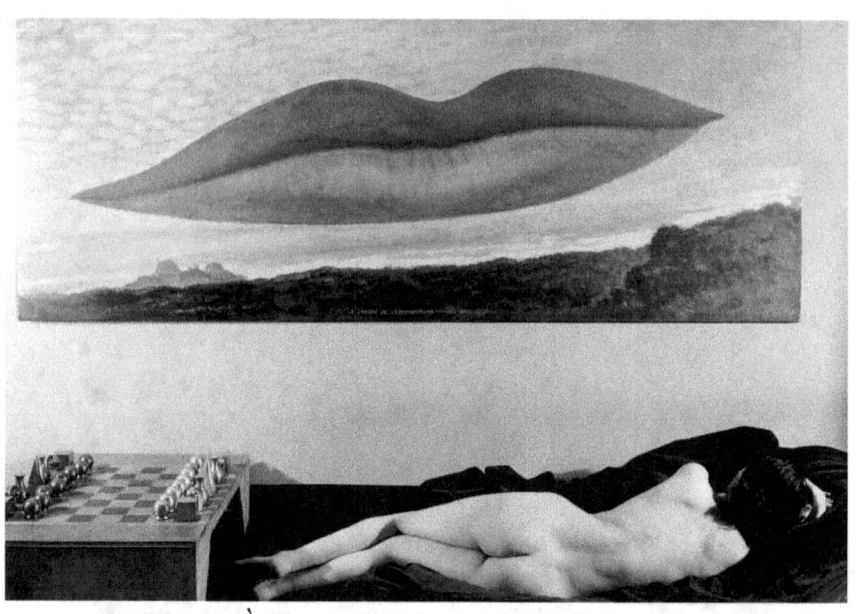

Man Ray, À l'heure de l'observatoire - Les Amoureux

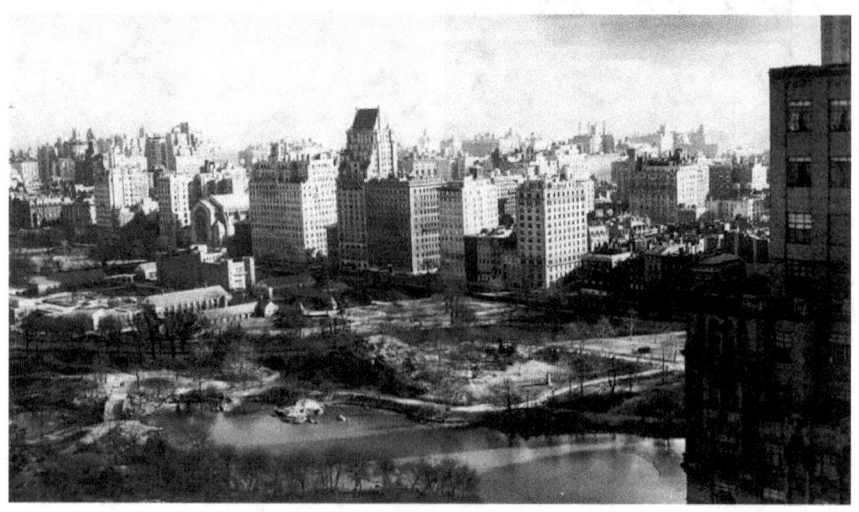

Man Ray, New York

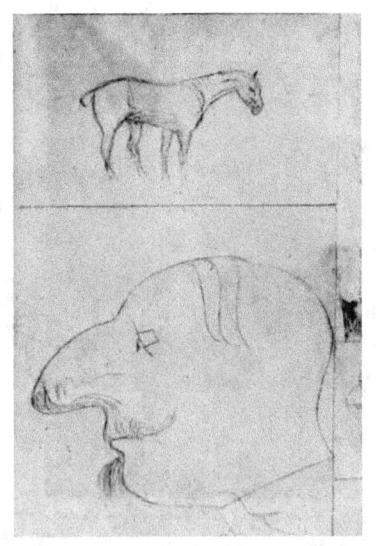

Toulouse-Lautrec, dessins, murs de l'Orangerie, Château du Bosc

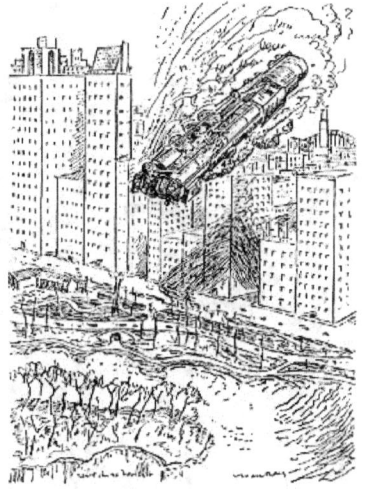

Man Ray, *Le Rêve*

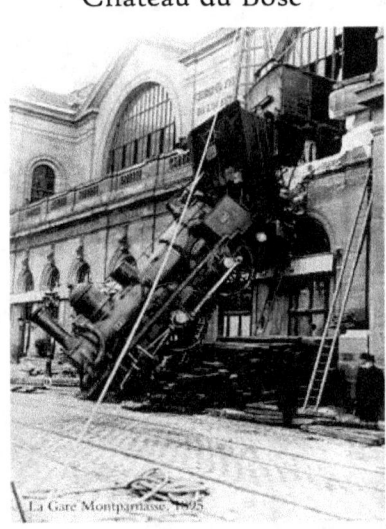

Accident de la gare Montparnasse, 1895

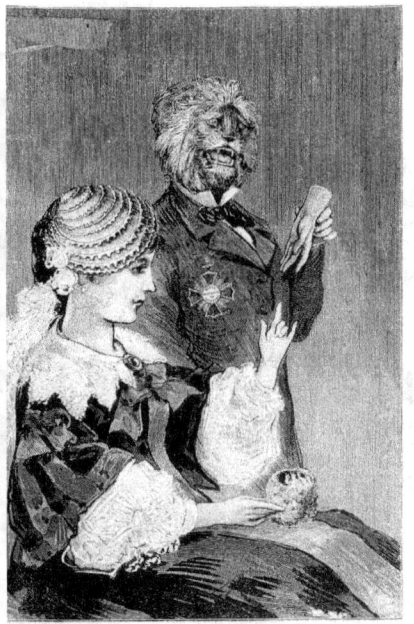

Max Ernst, *Une semaine de bonté*

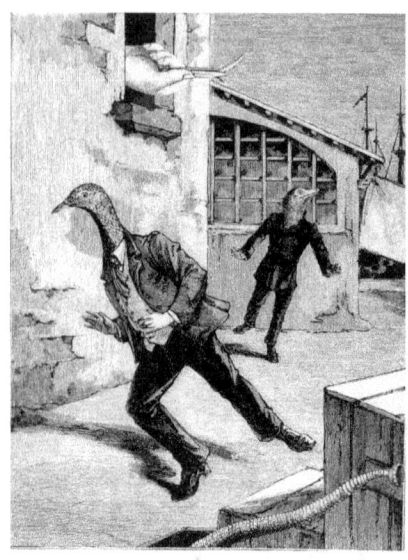

Max Ernst, *Une semaine de bonté*

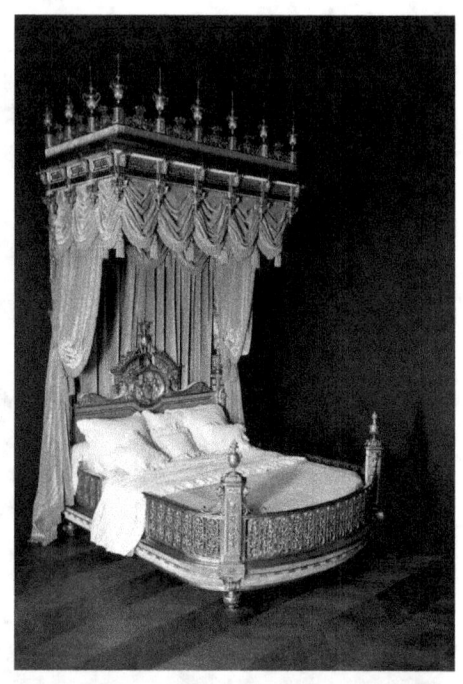

Édouard Lièvre, *Lit de parade de Valtesse de la Bigne*

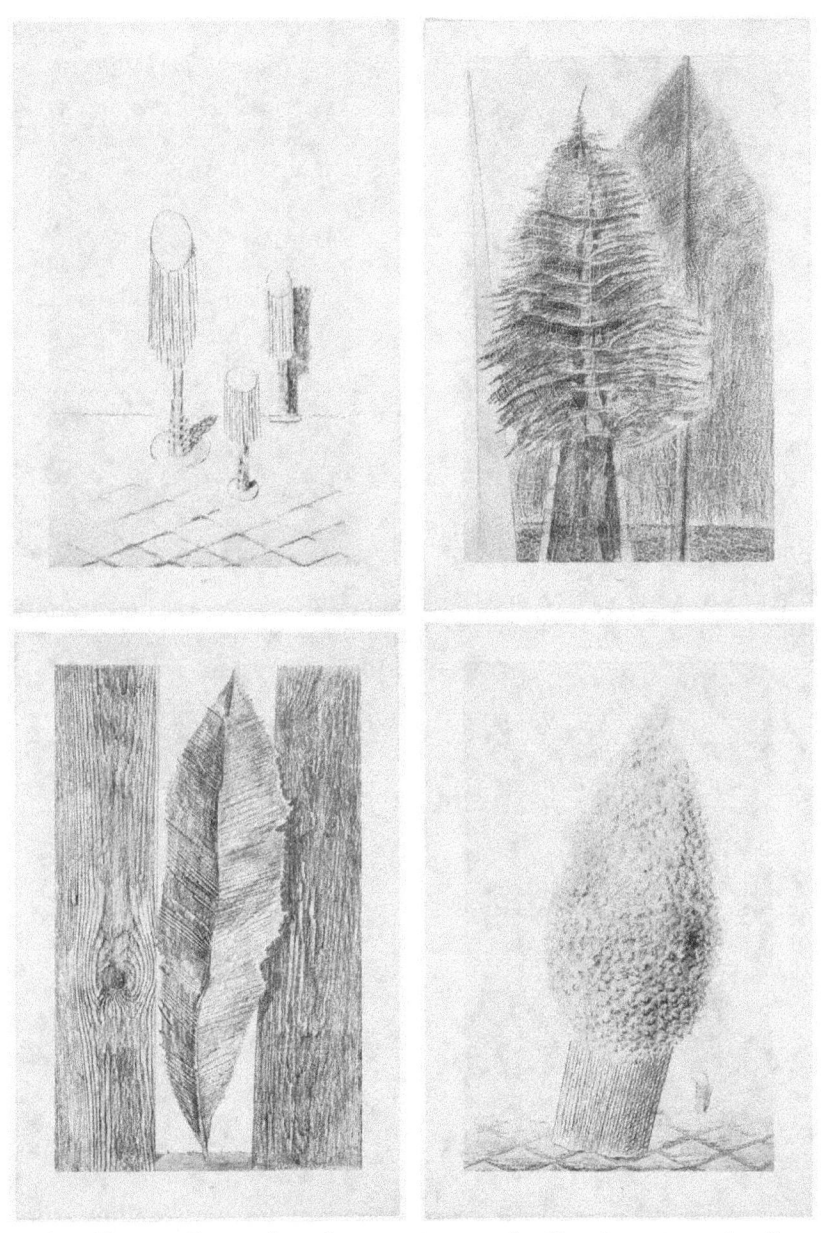

Max Ernst, *Entre dans les continents*; *Le Fascinant cyprès*; *Les Moeurs des feuilles*; *Les Confidences*

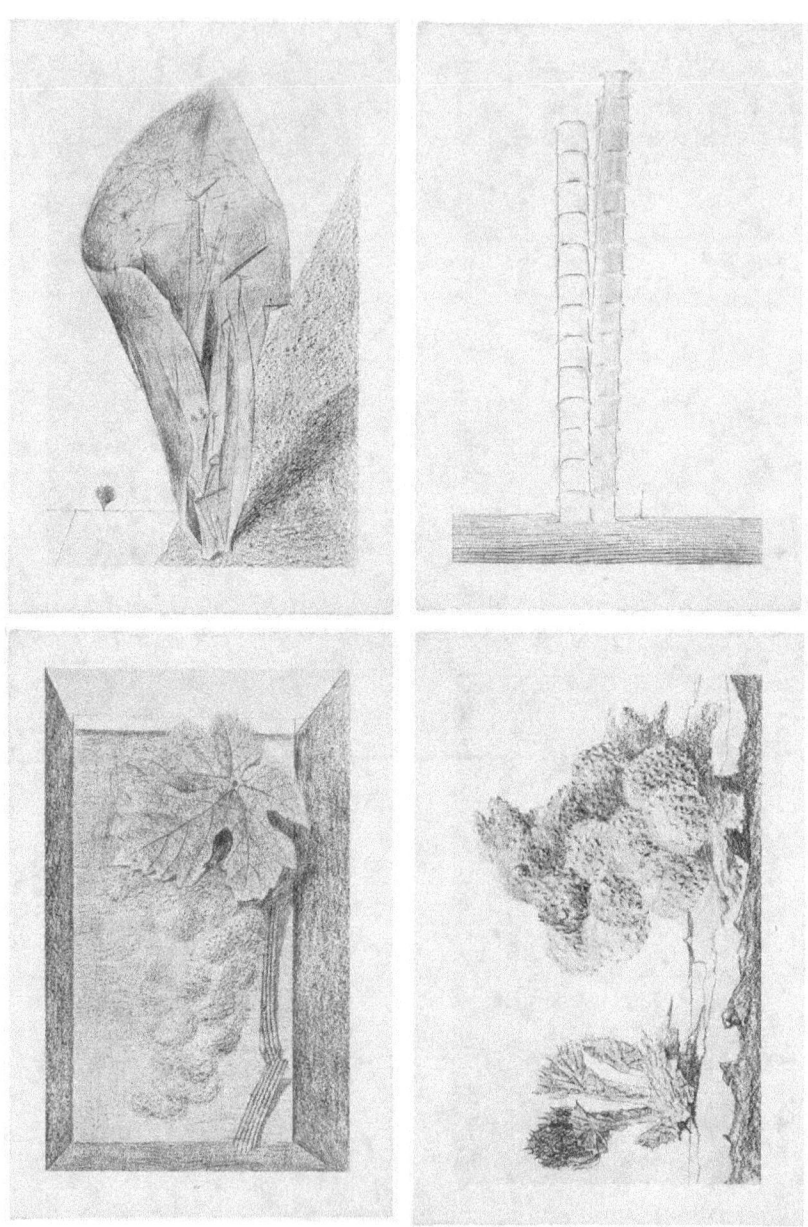

Max Ernst, *Elle garde son secret*; *Les Fausses positions*; *L'Idole*; *Le Start du châtaignier*

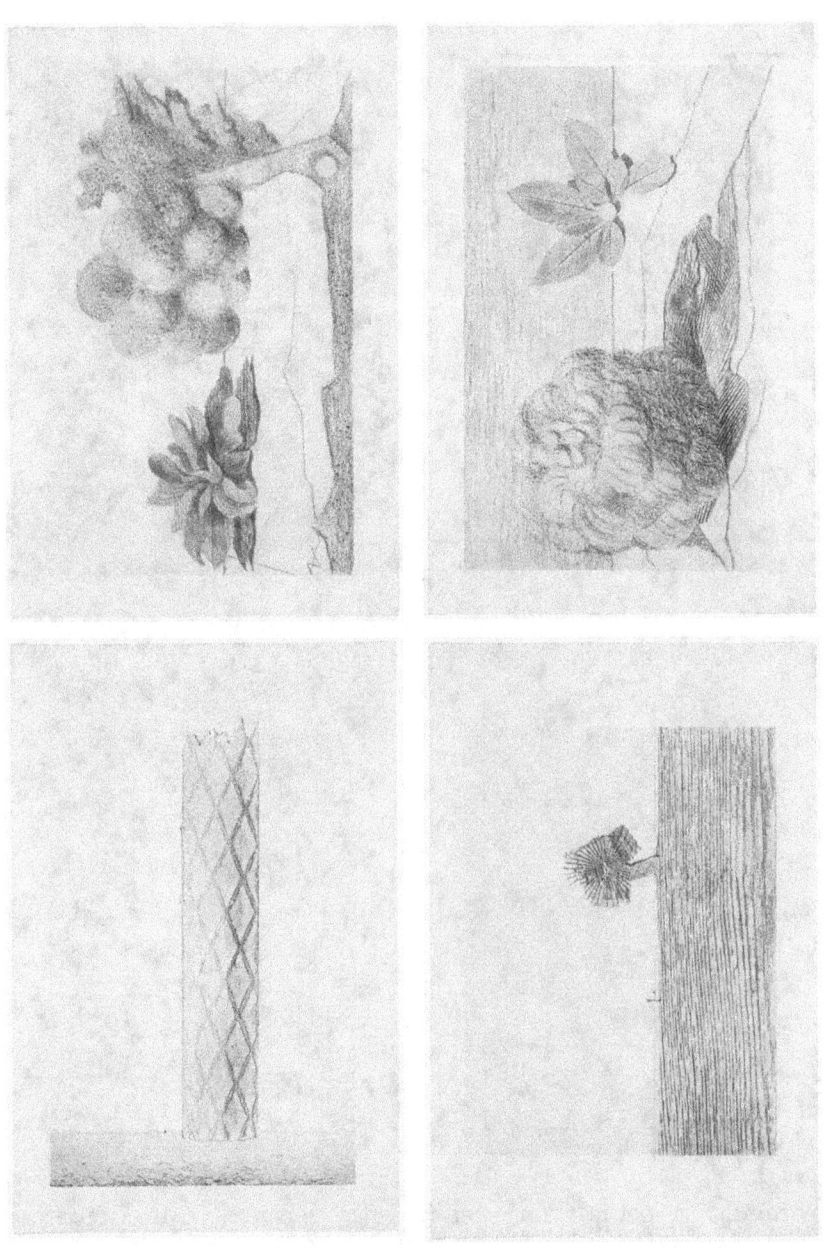

Max Ernst, *Les Épouvantails*; *Les Champs d'honneur, les inondations, les plantes sismiques*; *Il tombera loin d'ici*; *Les Pampas*

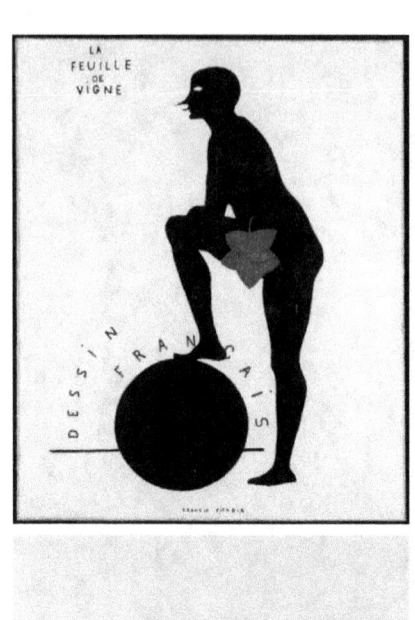
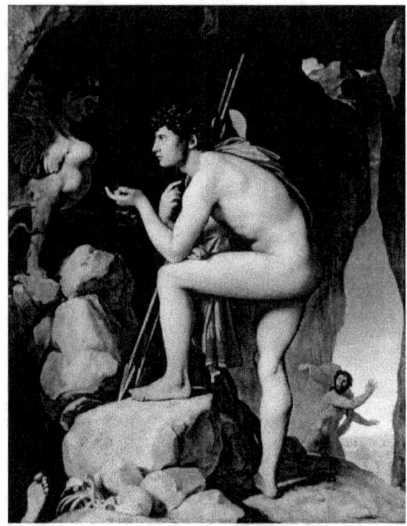
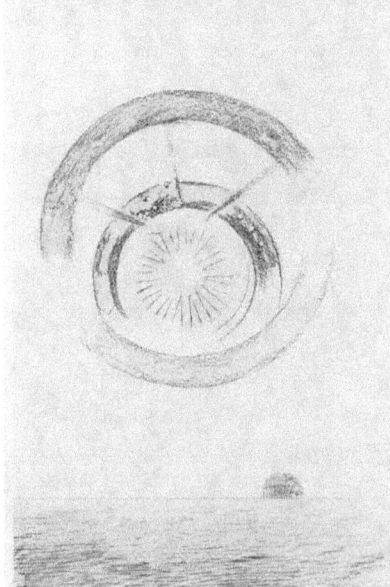
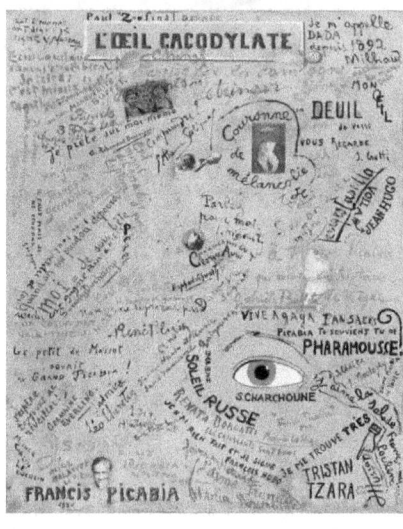

Francis Picabia, *La Feuille de Vigne*; Jean-Auguste-Dominique Ingres, *Œdipe explique l'énigme du sphinx*; Max Ernst, *Un coup d'oeil*; Francis Picabia, *L'Œil cacodylate*

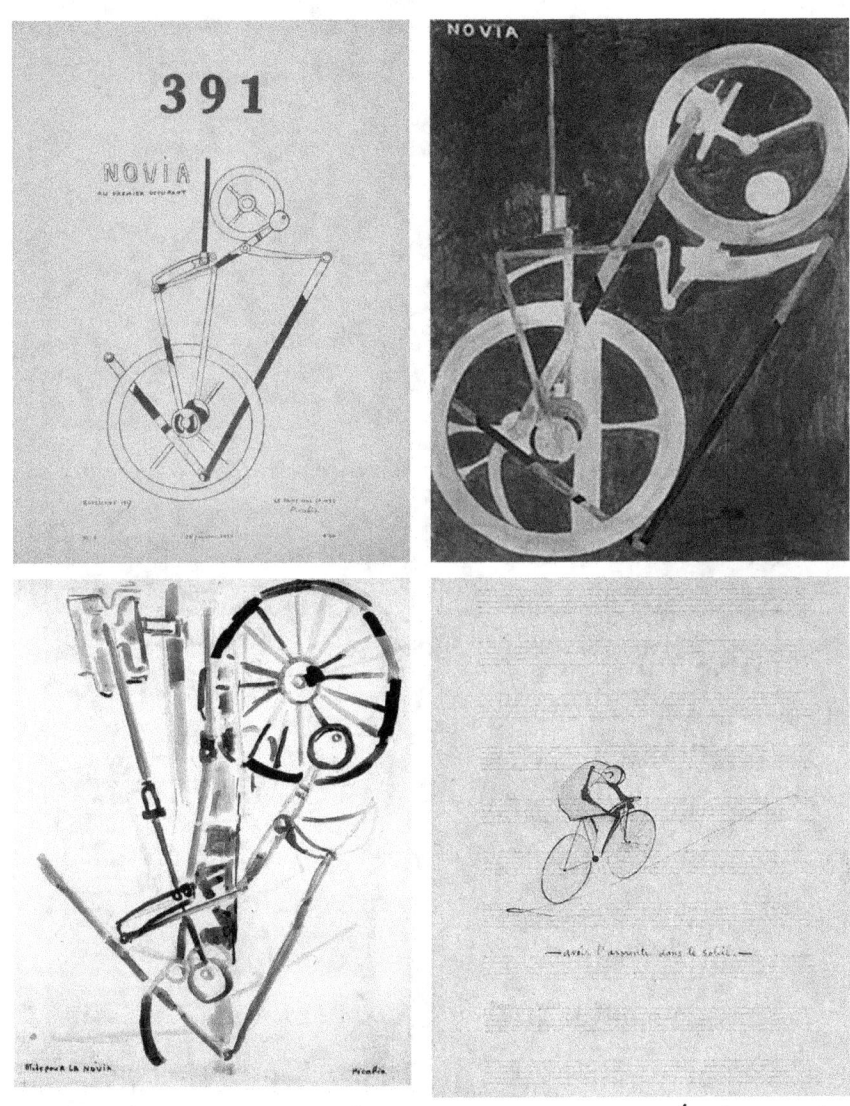

Francis Picabia, *Novia, 25 Janvier 1917*, 391; 1917; *Étude pour la Novia*, 1916-17; Marcel Duchamp, *Avoir l'apprenti dans le soleil*

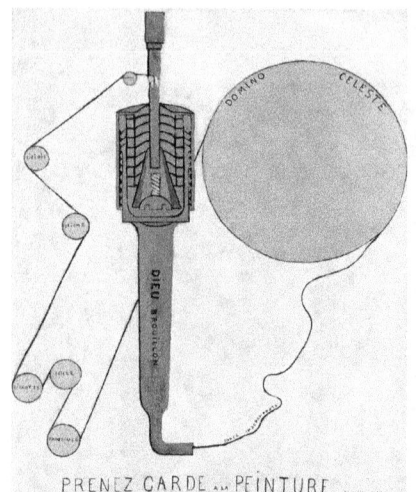 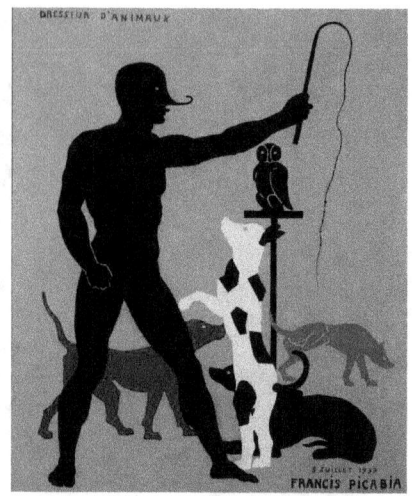

Francis Picabia, *Prenez garde à la peinture; Dresseur d'animaux*

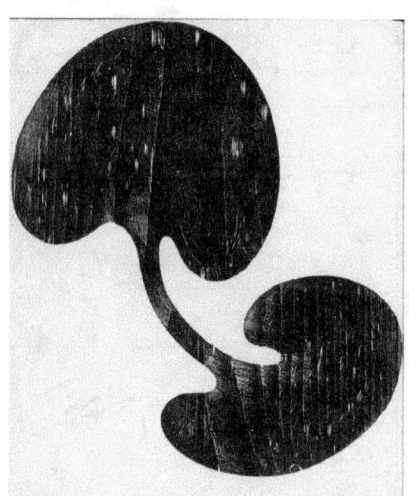

Hans Arp, *Feuilles Jumelles*

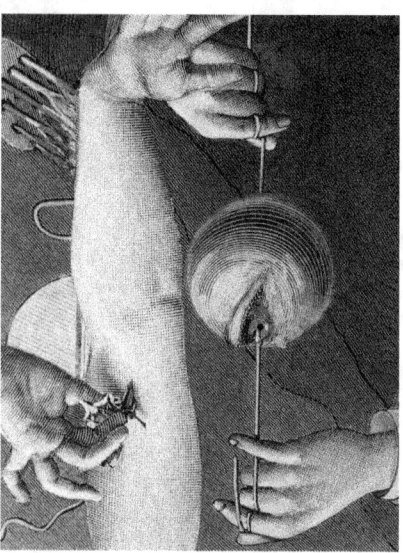

Max Ernst, *Sans titre*

Man Ray, *Pisces*, 1938 et 1941; Trois photographies de la bouche de Lee Miller; À *l'heure de l'observatoire - les amoureux*; *L'œil dans la bouche*; *Éventail sans titre*; *Lèvres en or*; Affiche surréaliste; *La femme et son poisson*, dessin et bronze

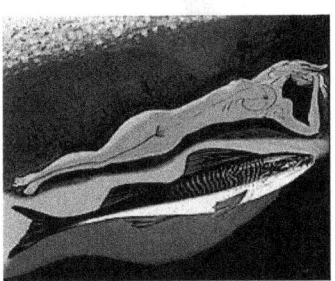

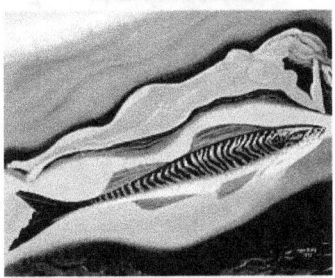

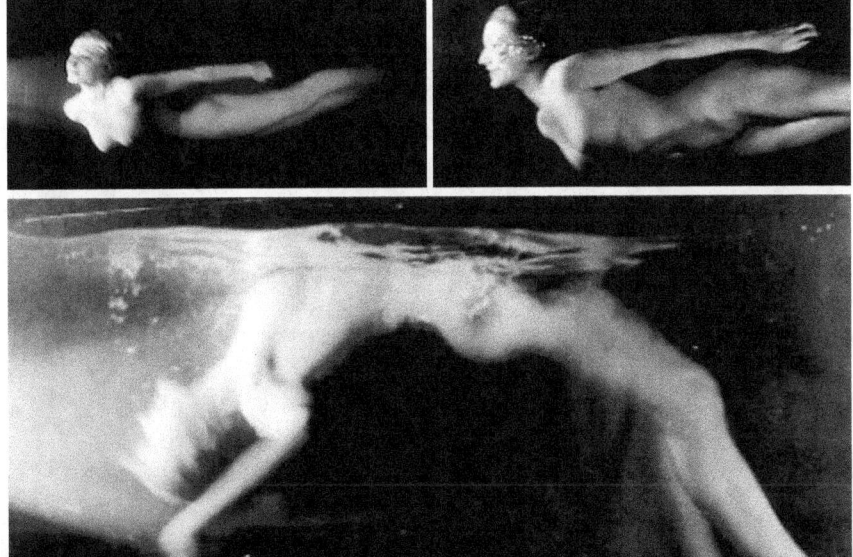

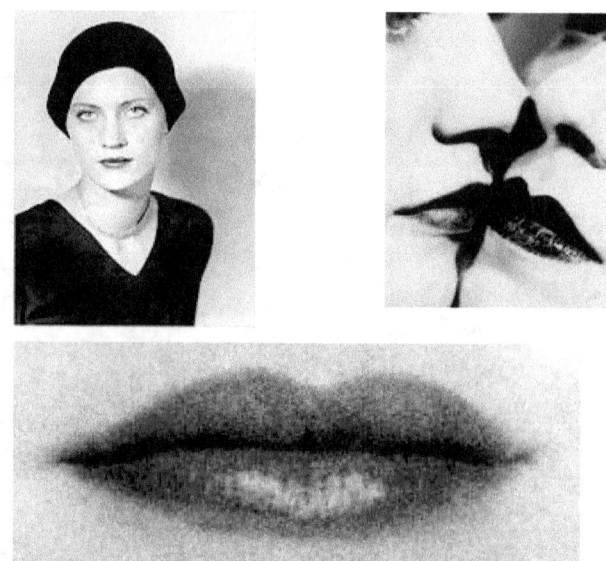
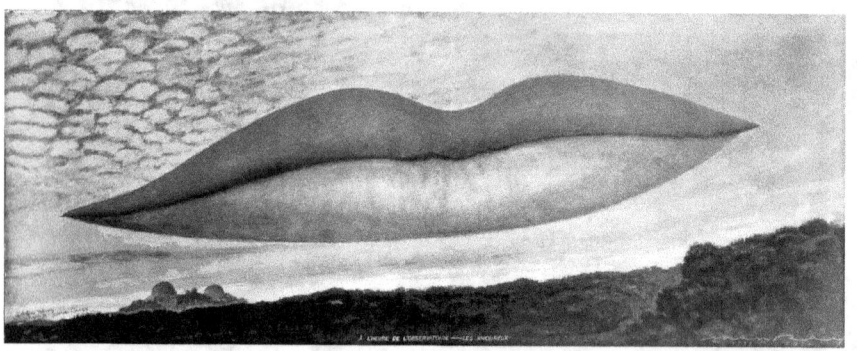
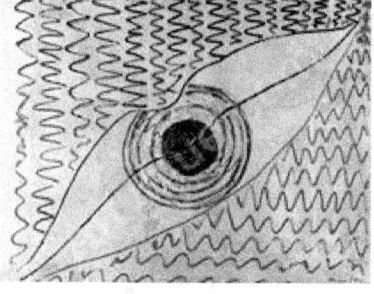
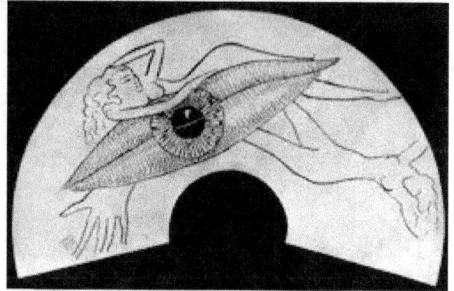

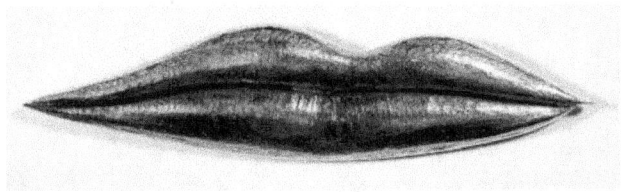

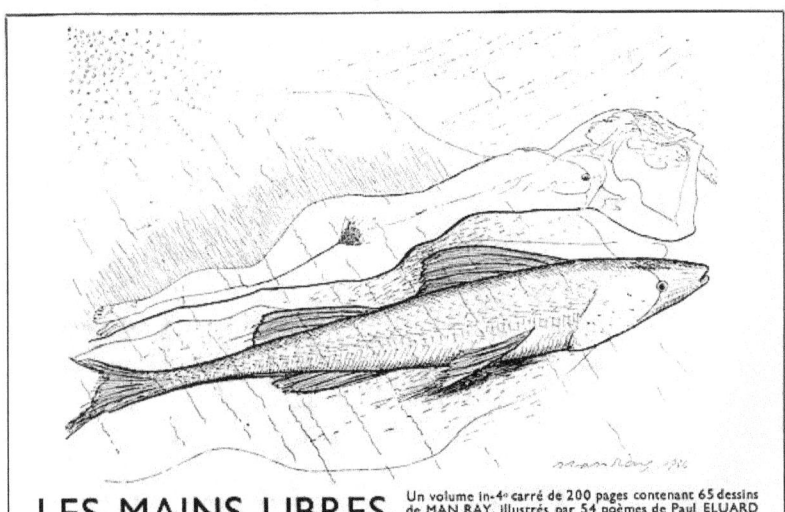

LES MAINS LIBRES  Un volume in-4° carré de 200 pages contenant 65 dessins de MAN RAY, illustrés par 54 poèmes de Paul ELUARD
650 ex. ... 70 fr.   25 ex. sur Japon impérial, signés par les auteurs ... 300 fr.
Aux EDITIONS JEANNE BUCHER — 9ter, boulevard du Montparnasse, PARIS-VIe

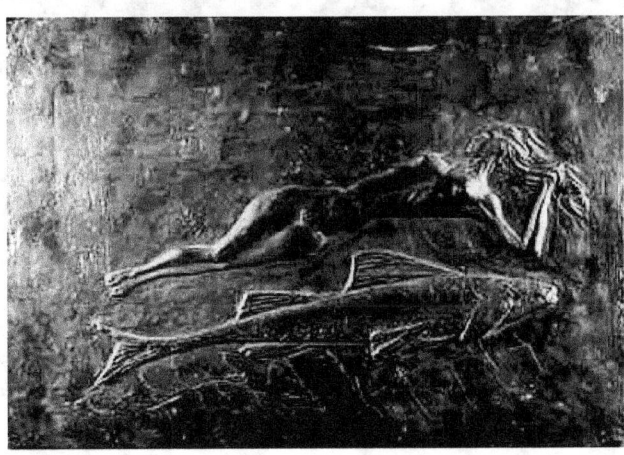

Nous sommes à la veille d'une **RÉVOLUTION**

SURRÉALISME

Vous pouvez y prendre part.
**Le BUREAU CENTRAL DE RECHERCHES SURRÉALISTES** 15, Rue de Grenelle, PARIS-7e

est ouvert tous les jours de 4 h. 1/2 à 6 h. 1/2

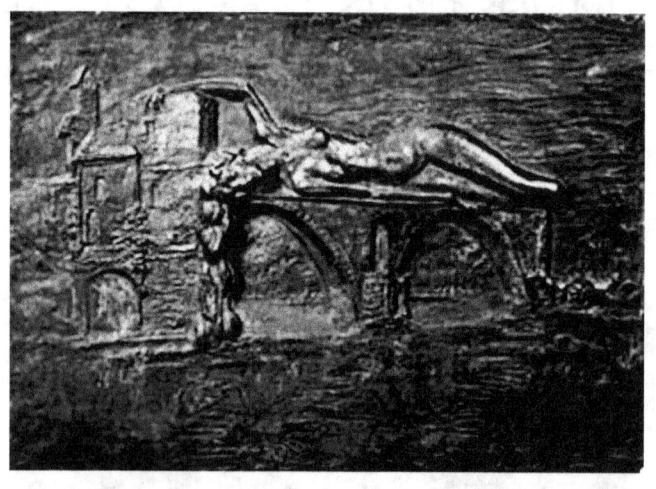

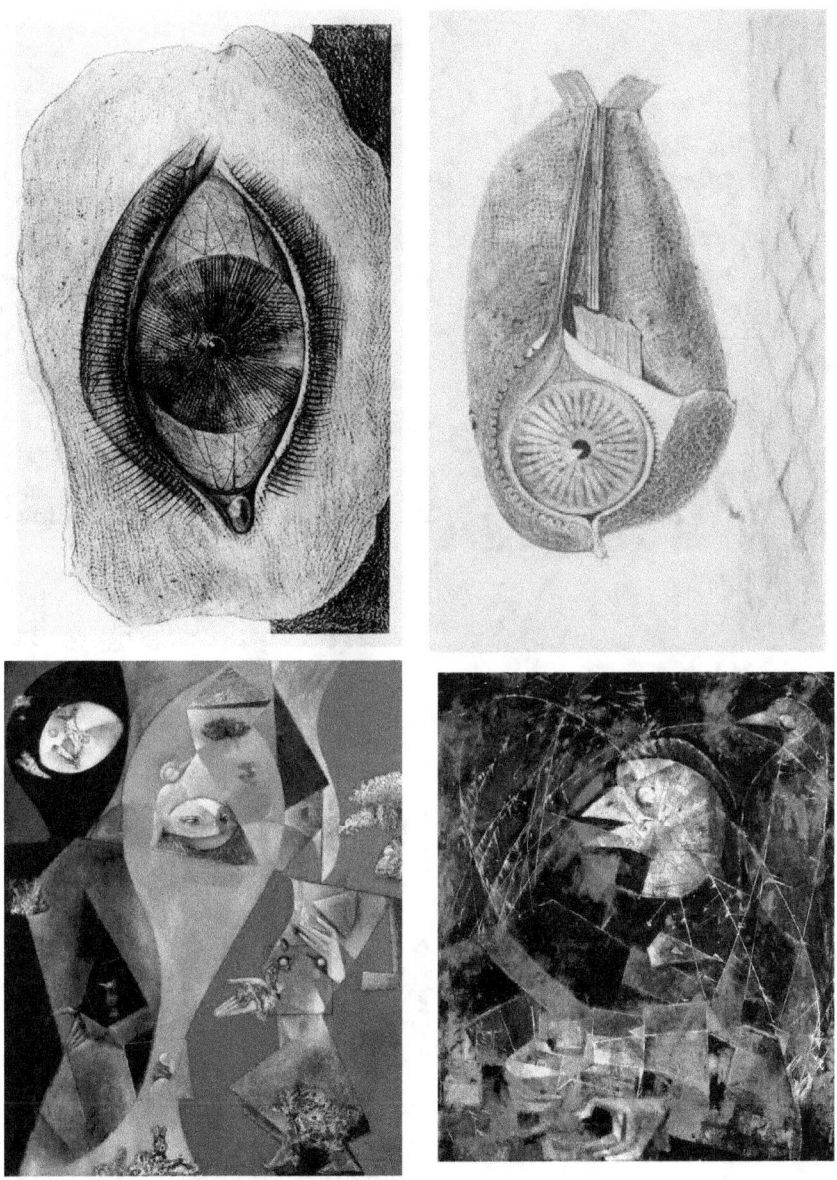

Max Ernst, *L'évadé*, 2 versions; *Ceci est une autoroute vers le Ciel*; *Le bijoutier du Ciel*

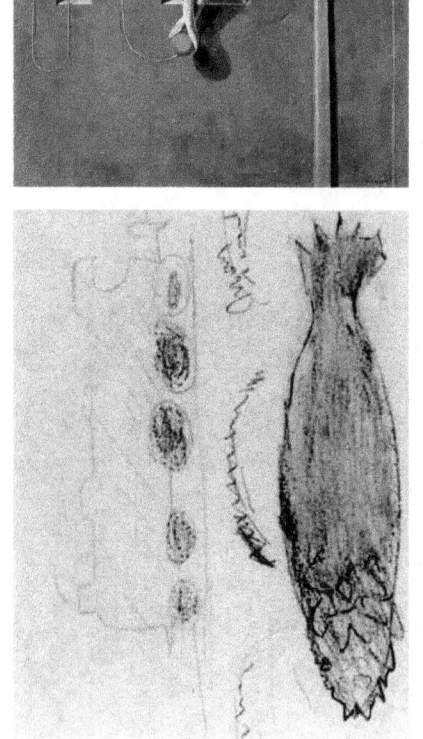
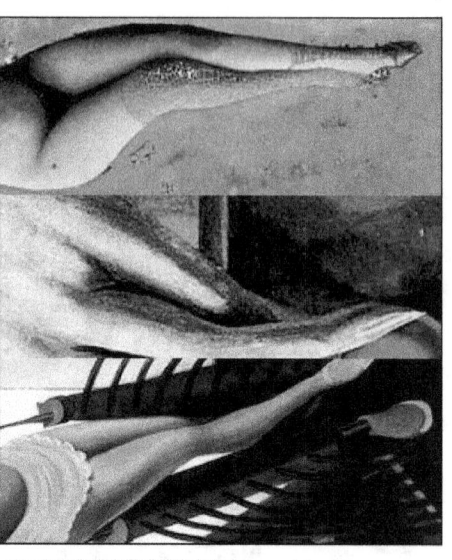
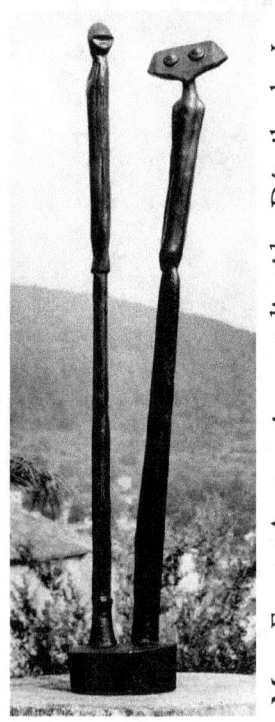

Max Ernst, *Au premier mot limpide*; Détails de *La femme équivoque*, 1923, *La puberté proche ou les pléiades*, 1921, *Au premier mot limpide*, 1923; René Magritte, *Train et poisson*; Max Ernst, *Les Asperges de la lune*

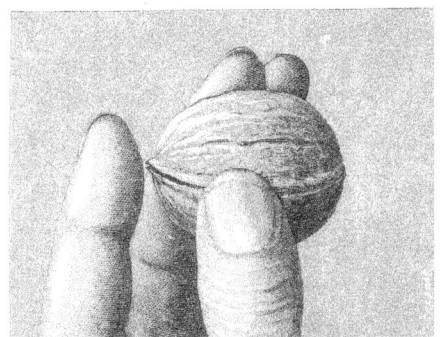
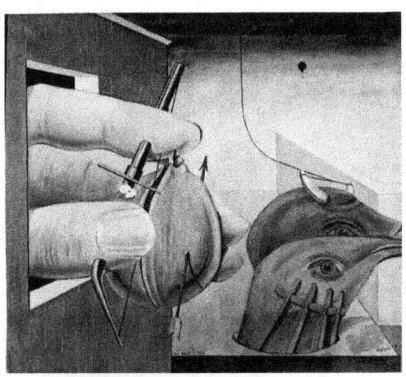
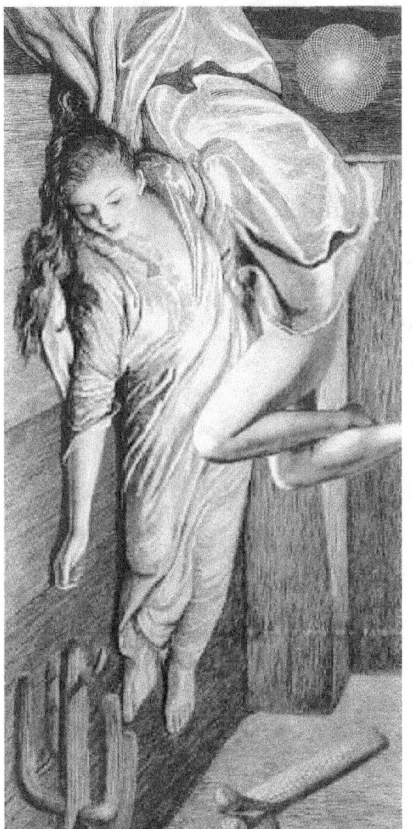
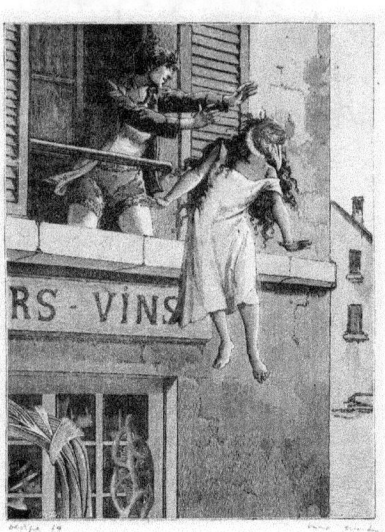

"Expérience sur l'élasticité, faite avec une noix", La Nature; Max Ernst, OEdipe Roi; La Femme 100 Têtes; Une semaine de bonté

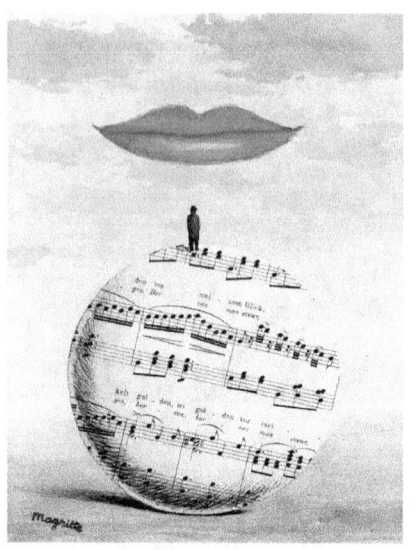
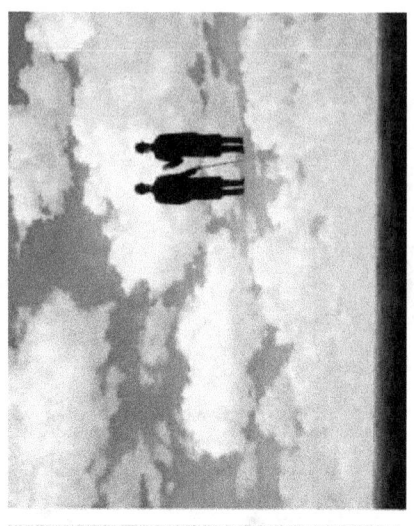
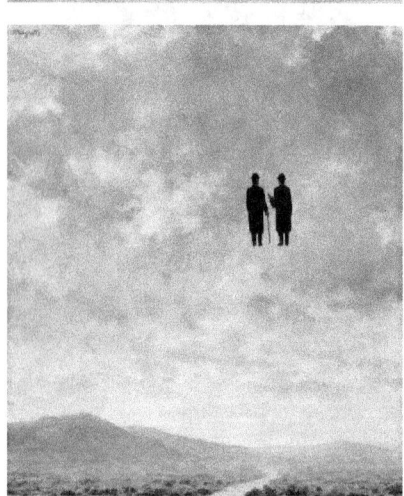
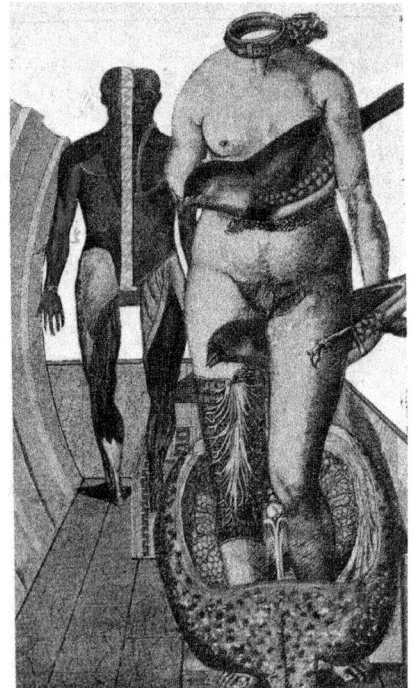

René Magritte, *La reconnaissance infinie*, 1961 et 2 versions de 1963; Max Ernst, *Le Monde (Femme Oiseau)*

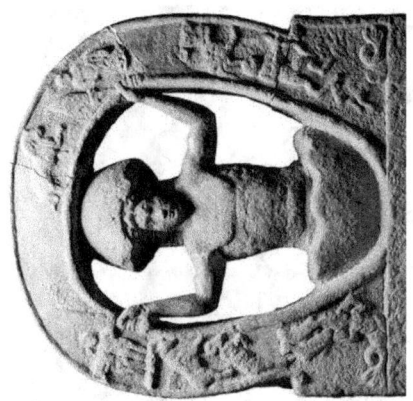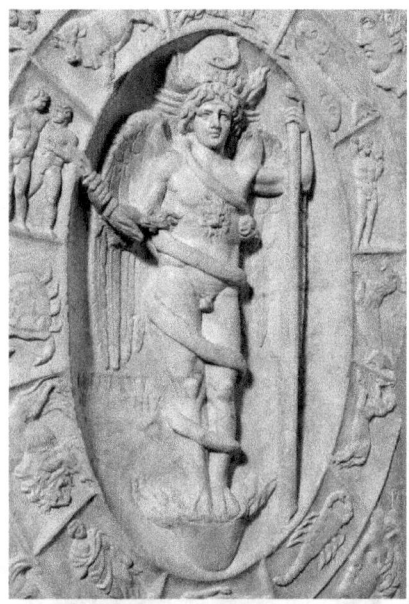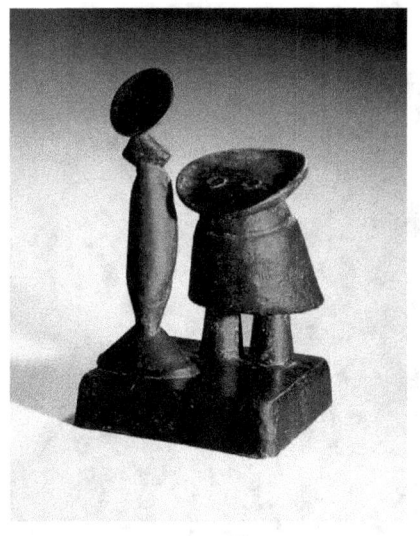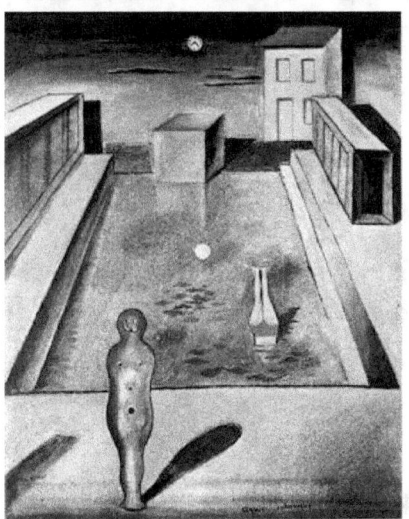

Reliefs en Pierre montrant Mithra-Phanès entouré de la roue du zodiaque et naissant de l'oeuf cosmique, Housesteads et Galleria Estense de Modène; Max Ernst, *Fille et Mère*; *Aqua Submersus*

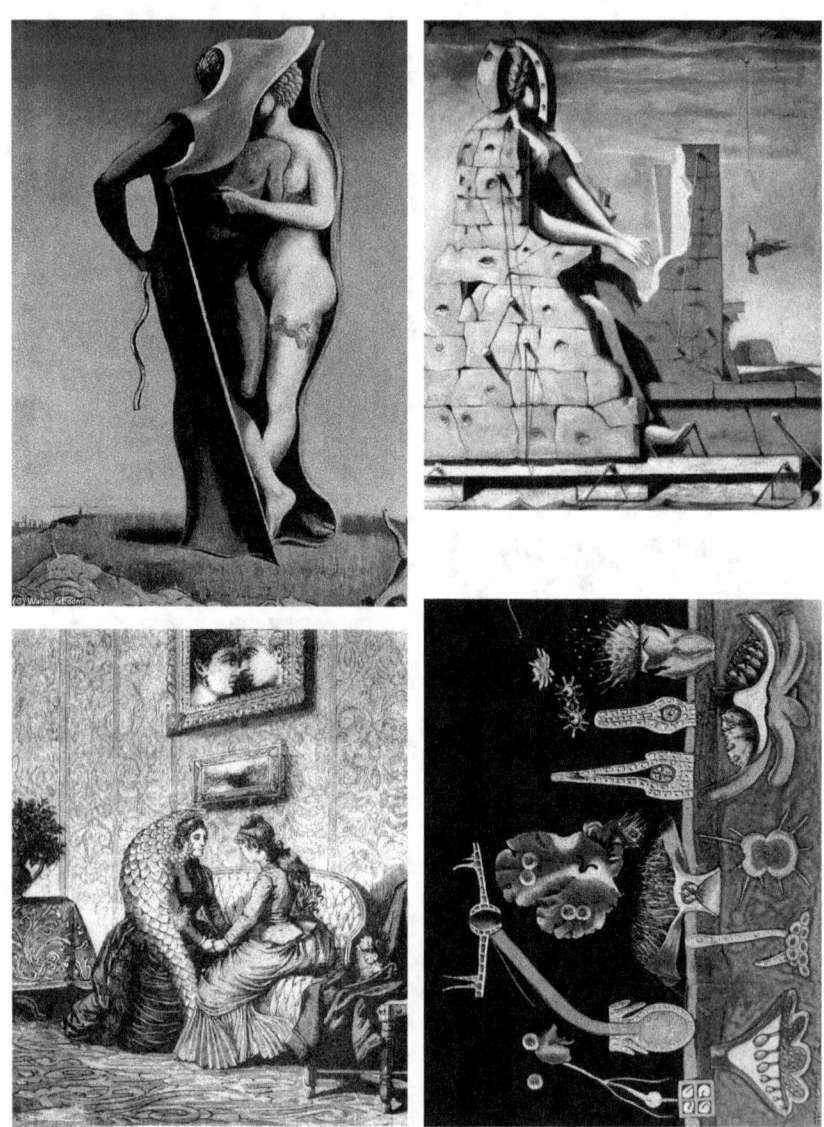

Max Ernst, *Vive l'amour (Le Pays Charmant)*; *Sainte Cécile ou le piano invisible*; *Une semaine de bonté* ; *Sans Titre 1*

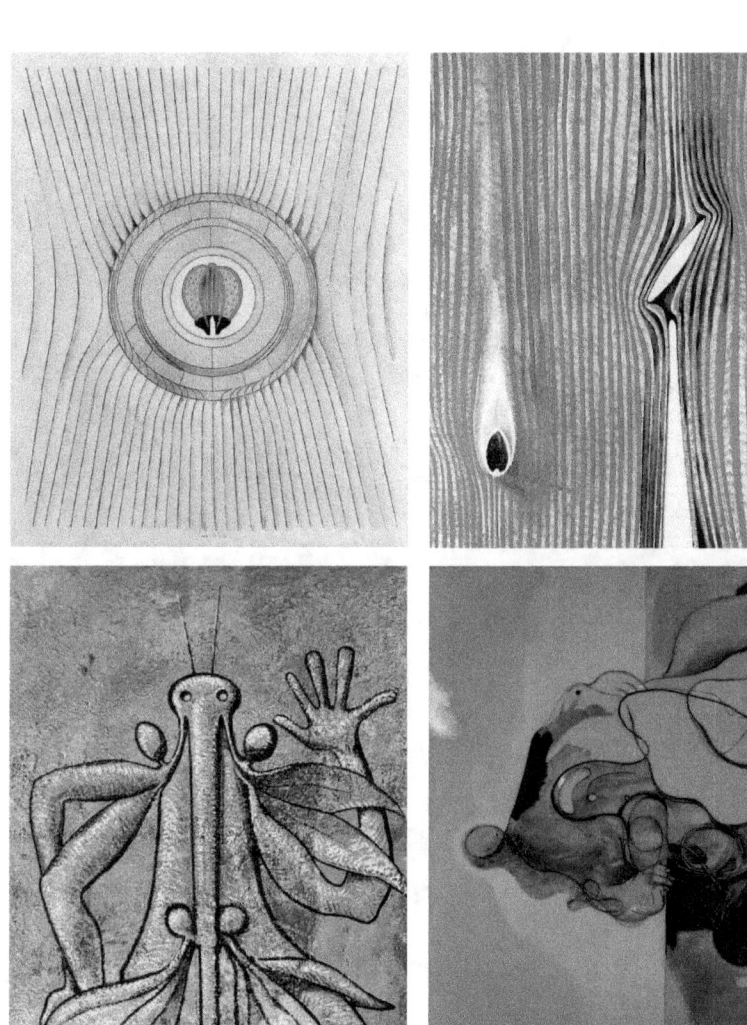

Max Ernst, *Nageur Aveugle*, 2 versions; *Forme Humaine*; *Le Baiser*

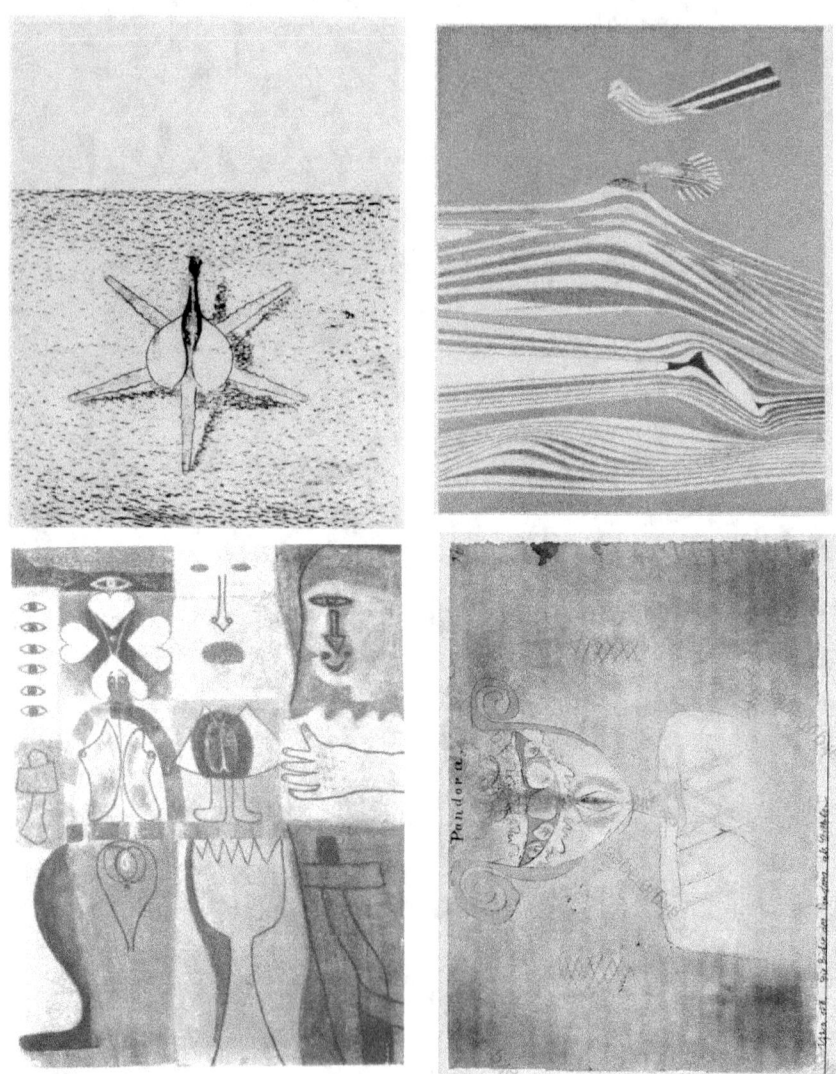

Max Ernst, *L'Unique et sa propriété*; *Paysage avec des Effets Tactiles*; Adolph Gottlieb. *Oracle*; Paul Klee, *La boîte de Pandore en Nature Morte*

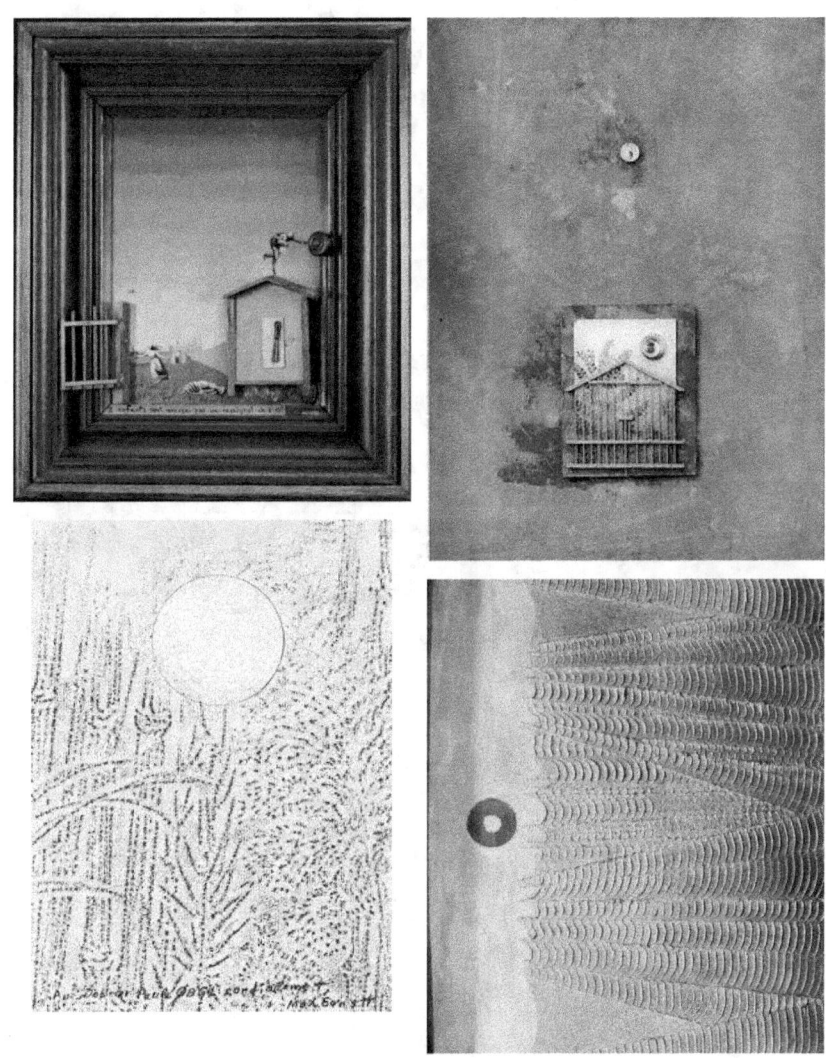

Max Ernst, *Deux Enfants sont menacés par un rossignol*; *Sanctuaire*; *Végétaux sous la lune*; *Forêt et Soleil*

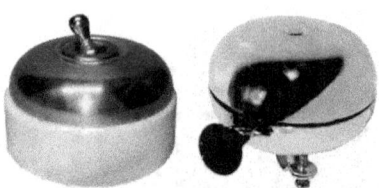

Interrupteur et sonnette de bicyclette; Marcel Duchamp, *Prière de toucher*

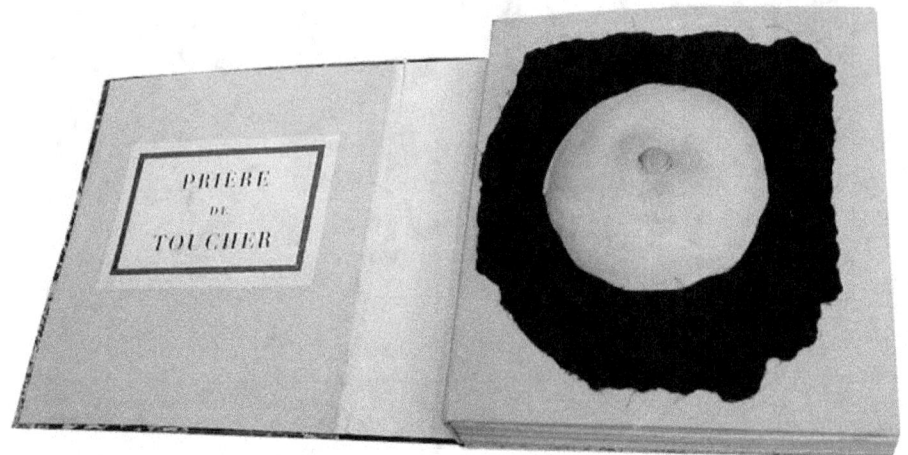

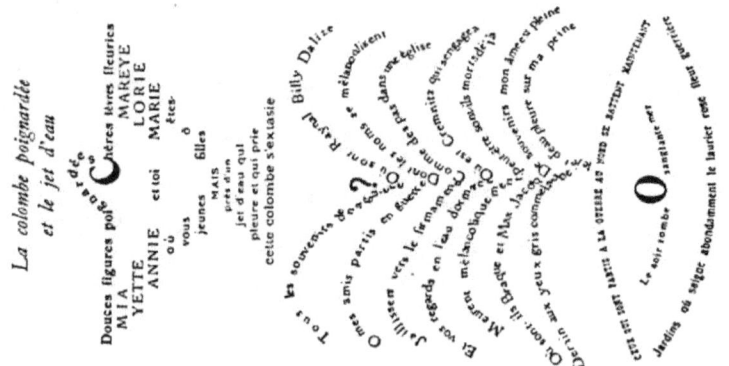

Guillaume Apollinaire, "*La colombe poignardée et le jet d'eau*"

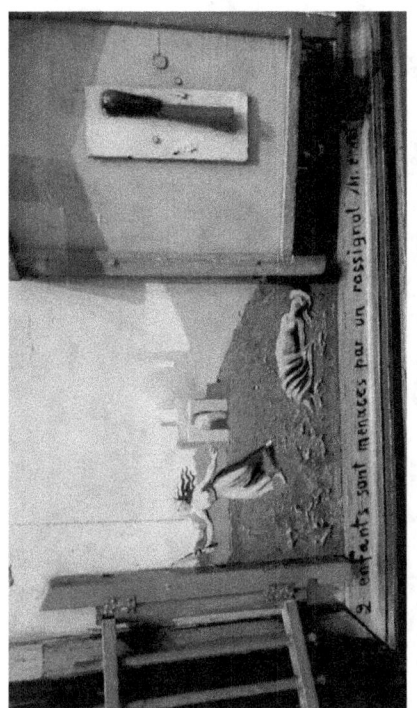
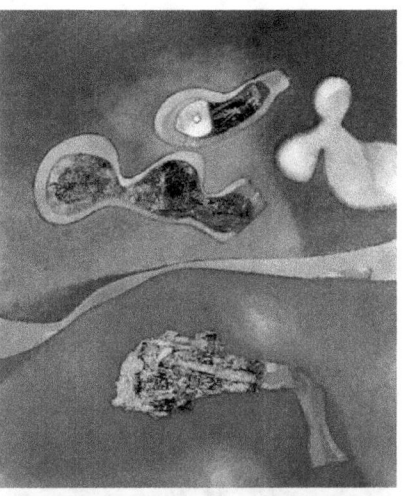
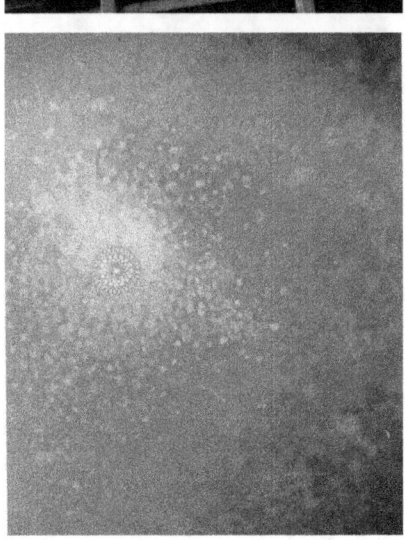
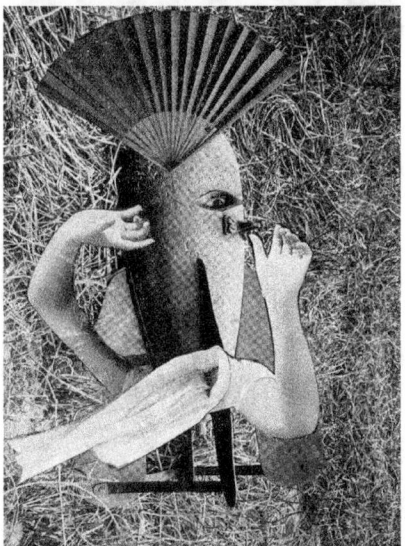

Max Ernst, *Deux Enfants sont menacés par un rossignol*, détail; *Une Vierge, une épouse et une veuve*; *Ci meurent les cardinaux*; *Le Rossignol chinois*

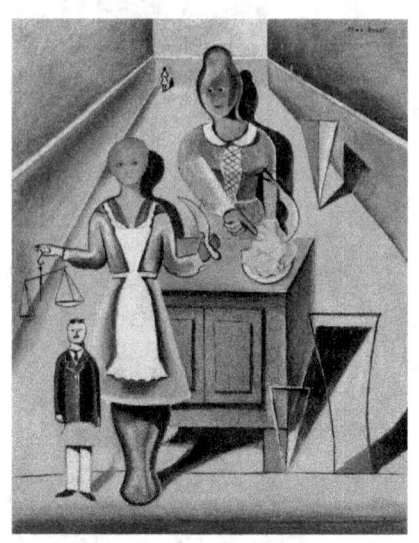 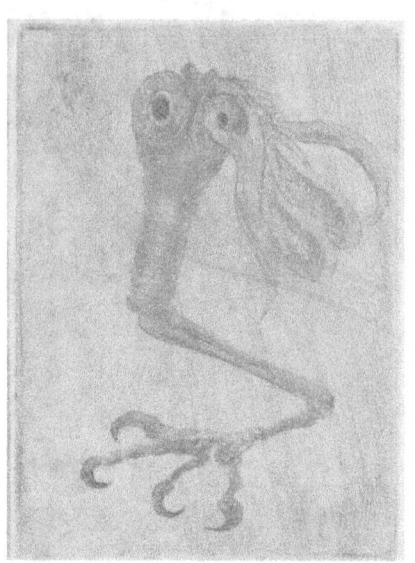

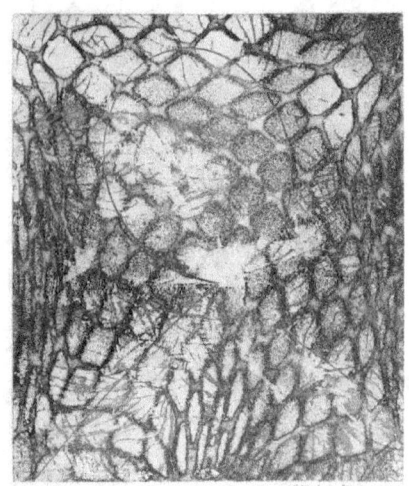

Max Ernst, *Justitia ou Metzgerladen*; Zu: Samuel Beckett

Man Ray, "*La photographie qui console*", manuscrit autographe

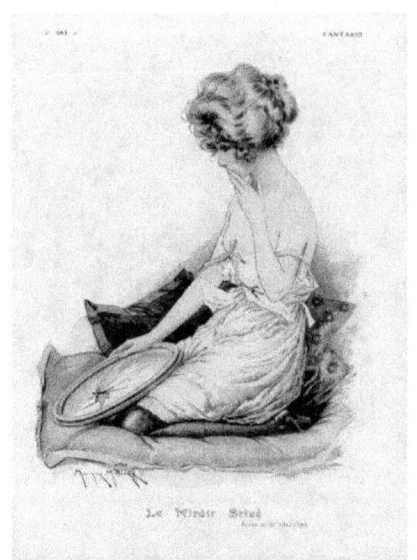 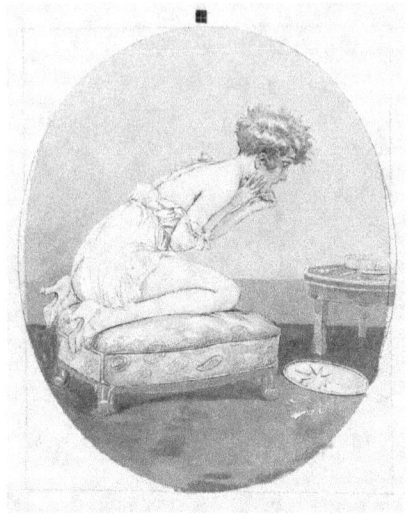

Maurice Millière, *Le miroir brisé*, 1918 et c.1920

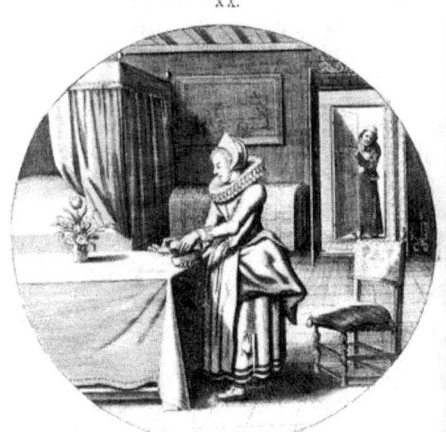

Jacob Cats,
«Reperire, perire est»

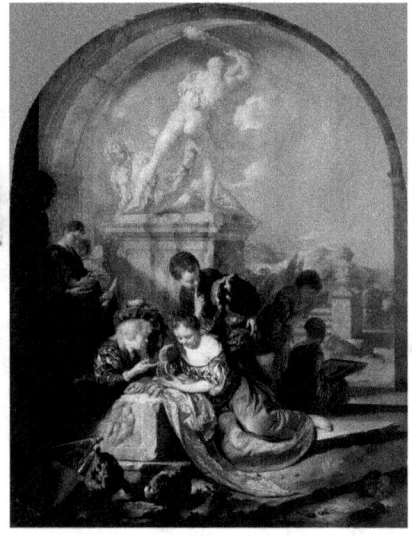

Adriaen van der Werff, *Enfants jouant devant un groupe d'Hercule*

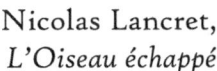

Illustration pour *Les contemporaines* (1780) de Rétif de la Bretonne

Nicolas Lancret,
*L'Oiseau échappé*

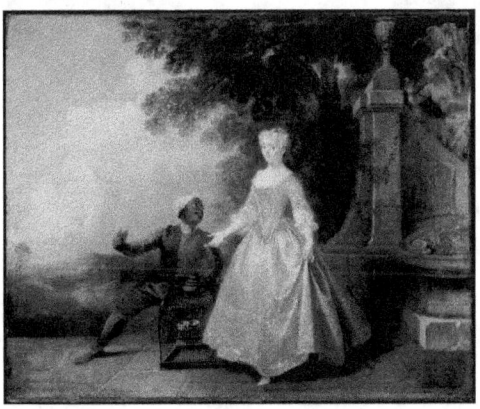

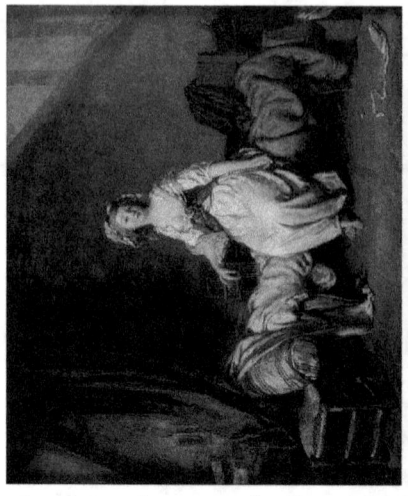

Jean-Frédéric Schall, *Fille avec une cage à oiseaux assise sur un lit*

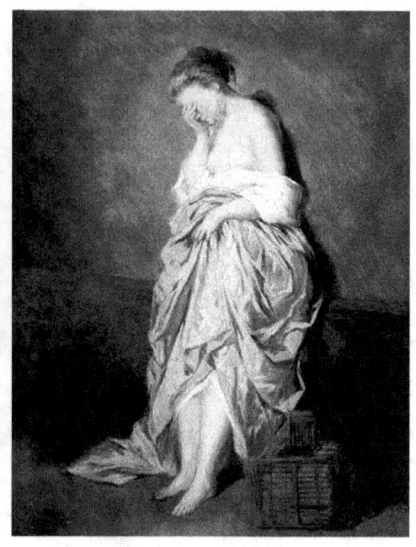

Charles Chaplin, *The lost bird*

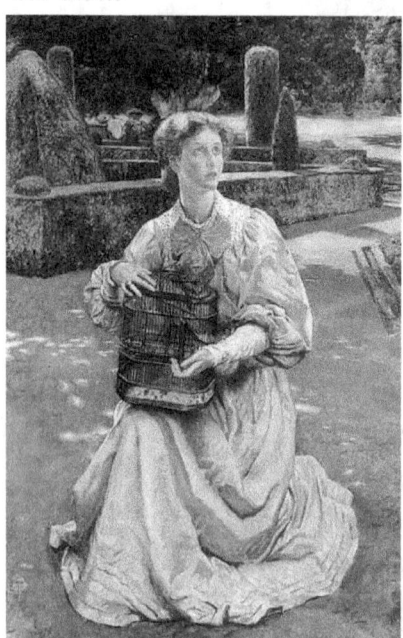

John Byam Liston Shaw, *The Caged Bird*

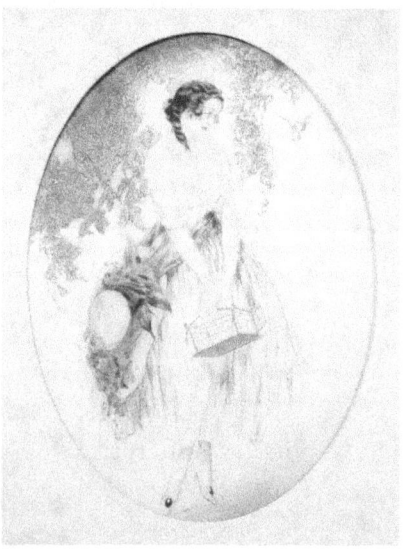

Icart, *La cage ouverte*

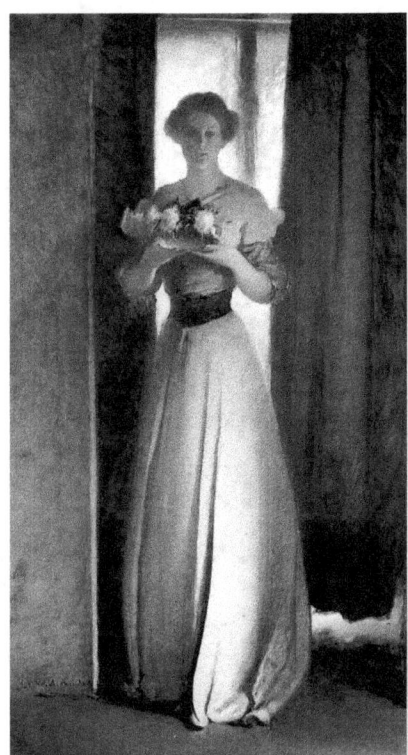

John White Alexander, *Onteora*

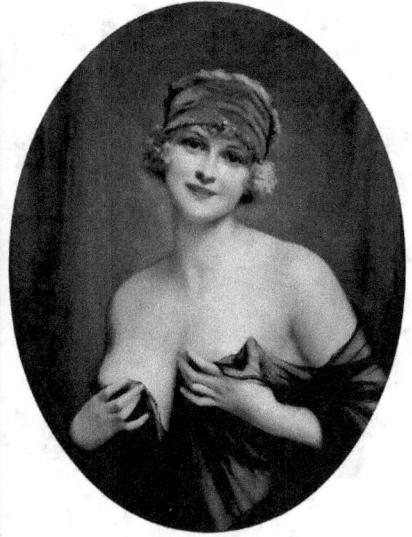

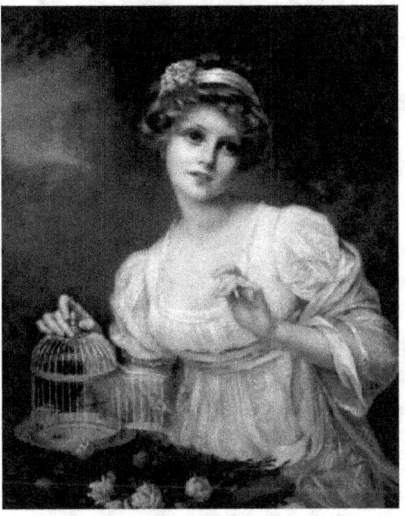

François-Martin Kavel, *Jeune femme en déshabillé; La cage vide*

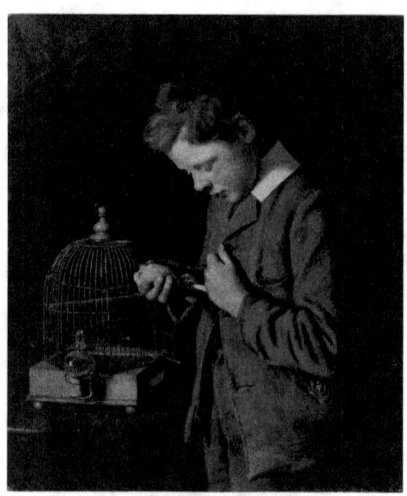

Charles Spencelayh,
*His first grief*

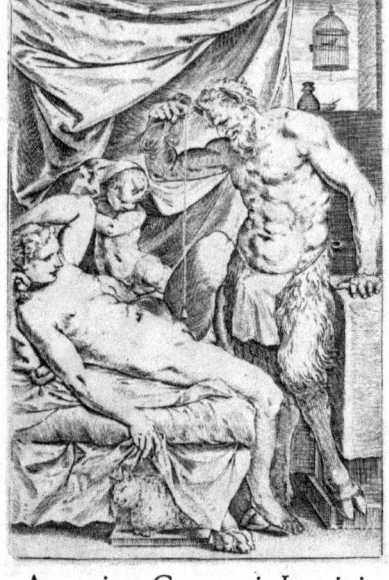

Agostino Carracci, *Lascivie*

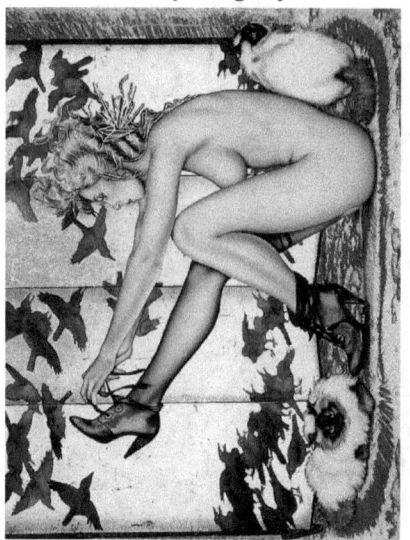

*pin-up* d'Olivia De Berardinis
et de Duane Bryers

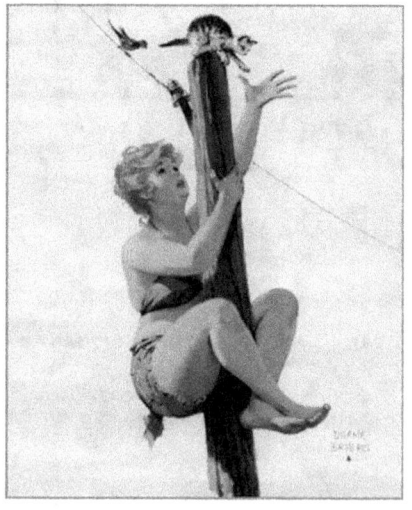

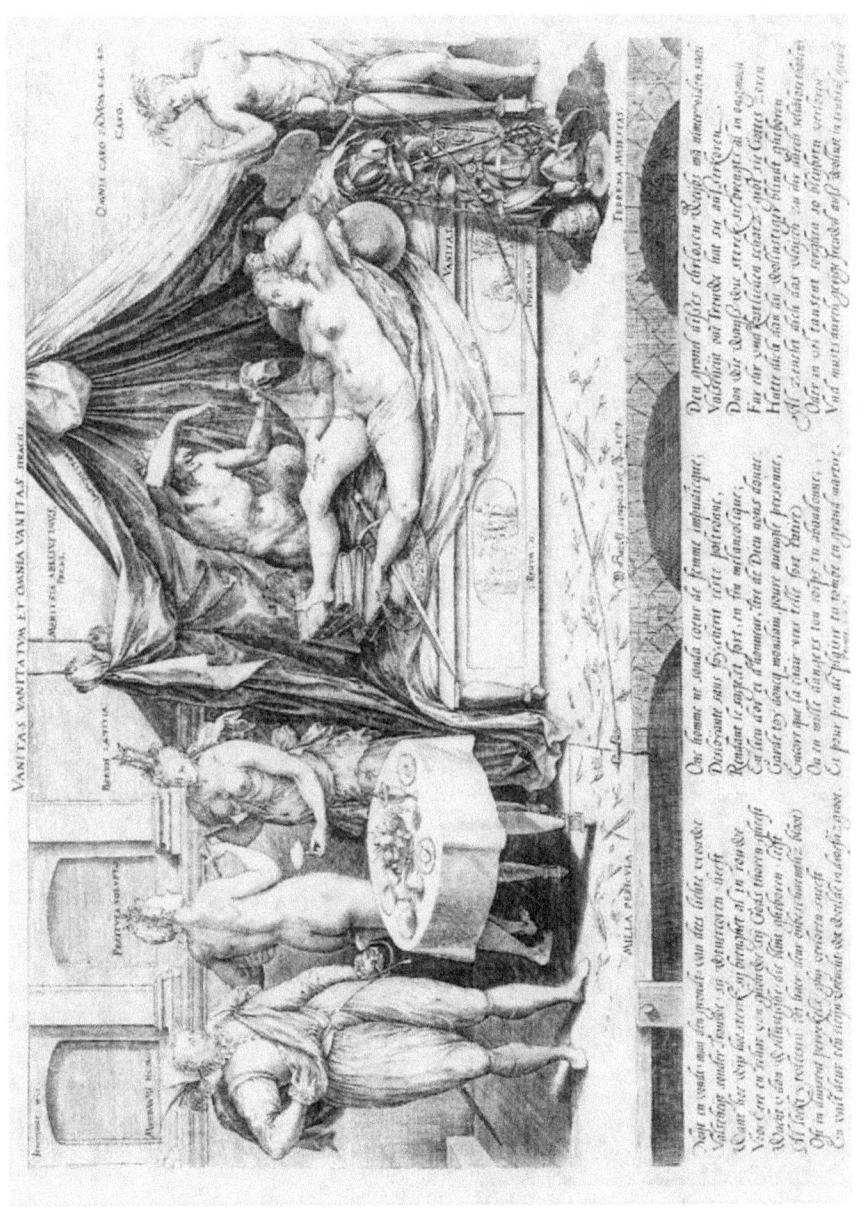

Hieroymus Wierix, "*Vanitas Vanitatvm et Omnia Vanitas*"

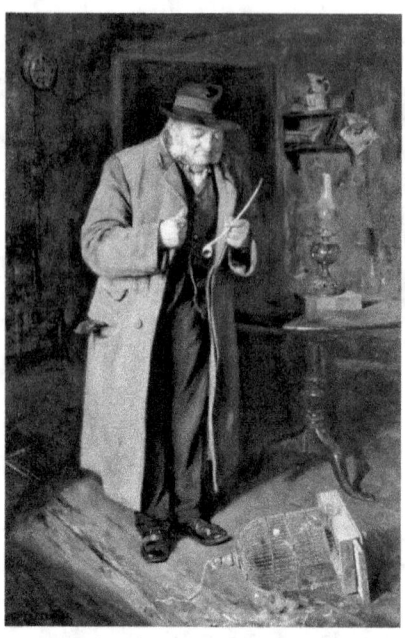

Charles Spencelayh, *That Damned Cat*

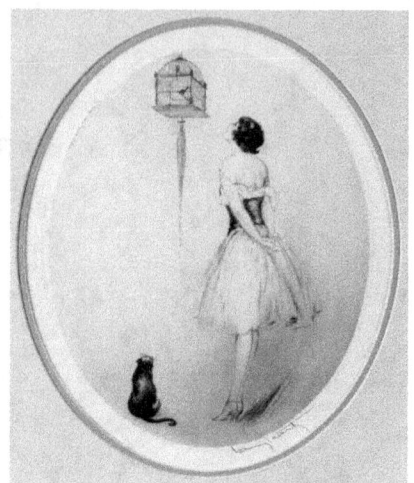

Icart, *Le chat et la cage*

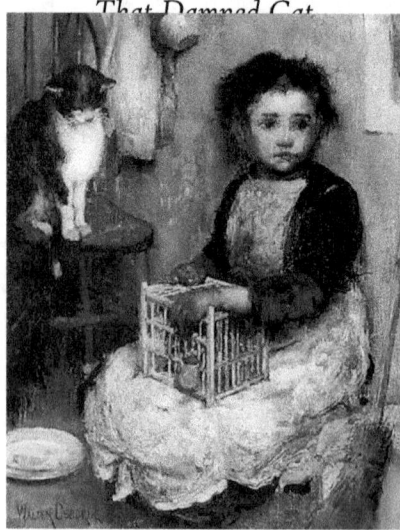

Walter Osborne, *Petite fille avec un chat*

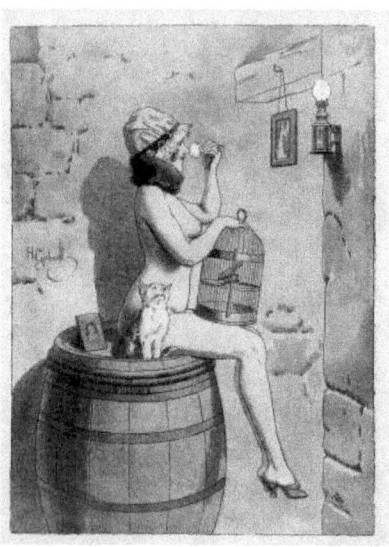

Henry Gerbault, "*Pendant l'alerte*"

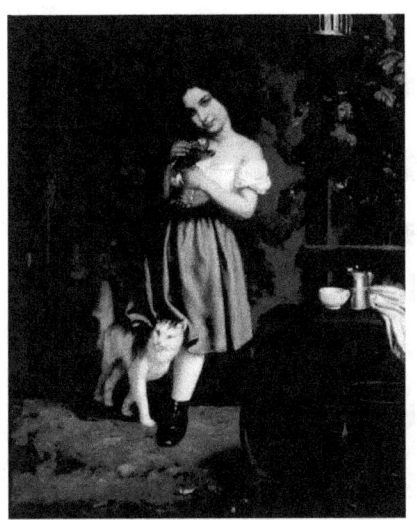

Charles Nahl,
*Jeune fille et son chat*

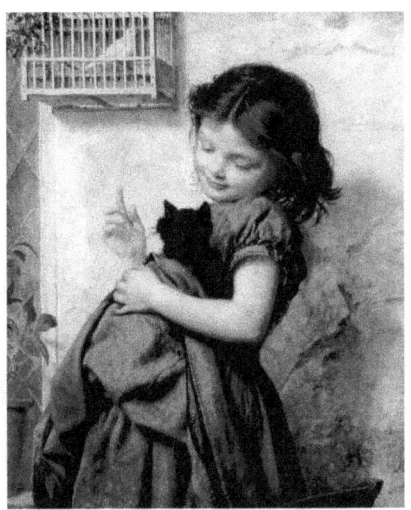

Sophie Gengembre
Anderson, *Le chat et l'oiseau*

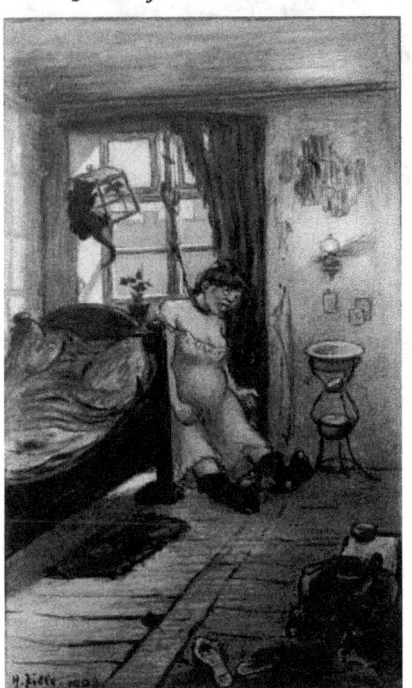

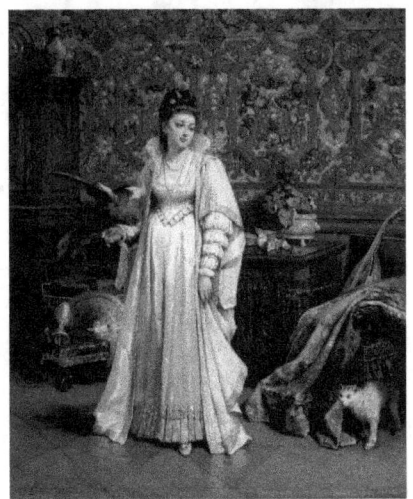

Adrien de Boucherville,
*Son perroquet favori*

Heinrich Zille, *La femme pendue*

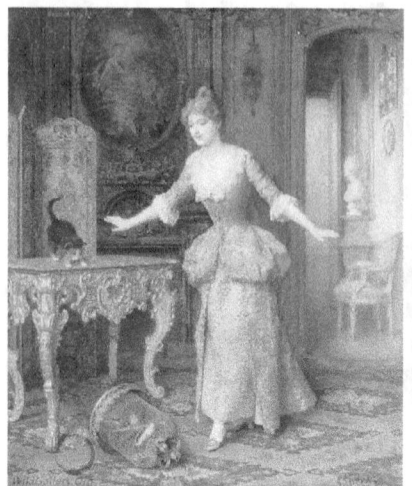 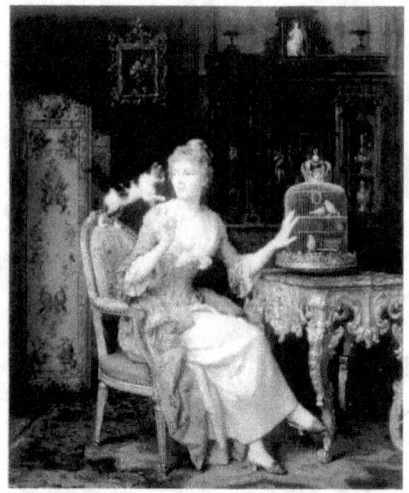

Antonio Gisbert, *Un chat méfiant* et *Le chat et la cage*

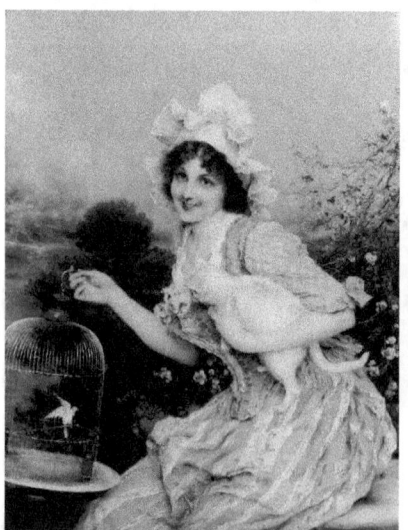 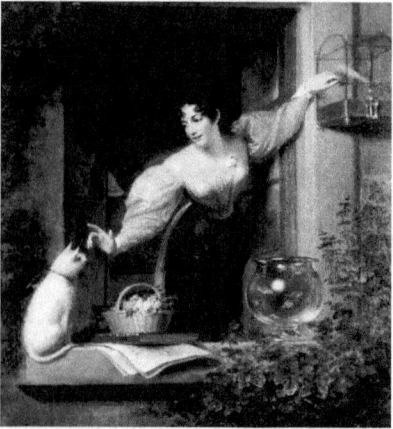

George Francis Joseph, *La Harpiste*

Francesco Vinea, *Jeune fille avec un chat et une cage à oiseau*

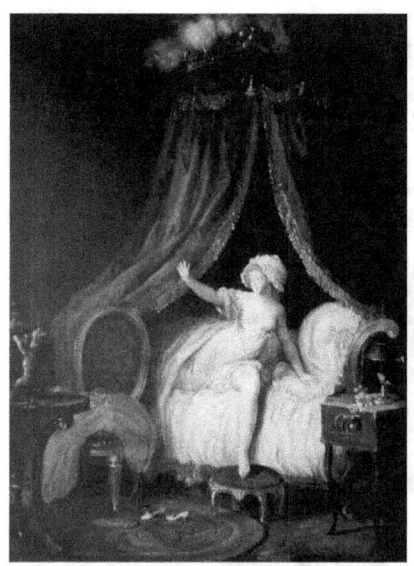 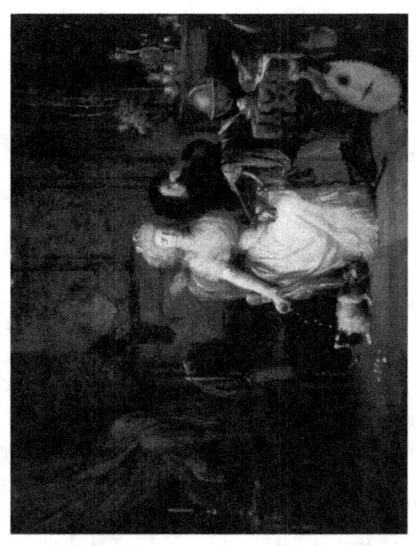

Jean-Frédéric Schall, *Jeune fille sortant du lit; L'Amoureux caché et le chien indiscret*

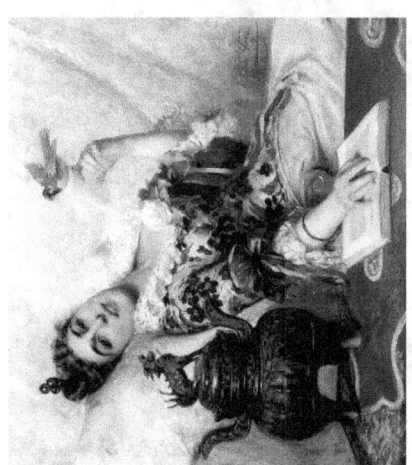

Léo Herbo, *La charmeuse*

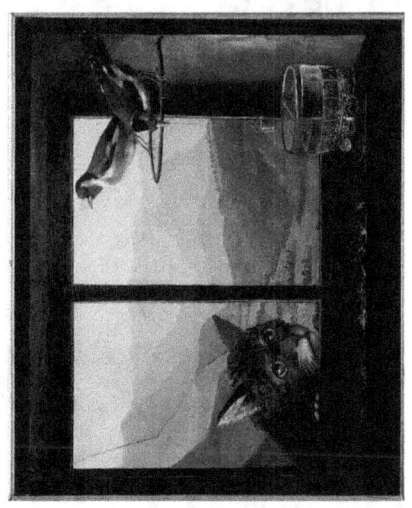

*Le chat et les chardonnerets*

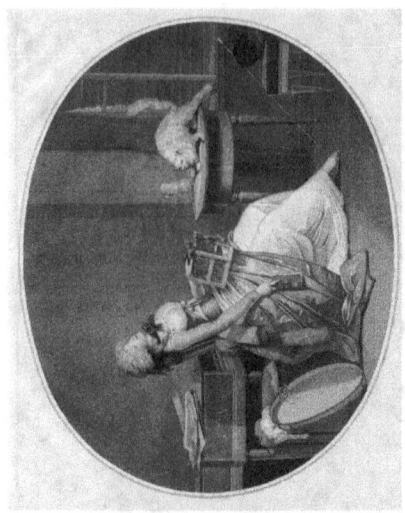

Debucourt, *Minet aux aguets*

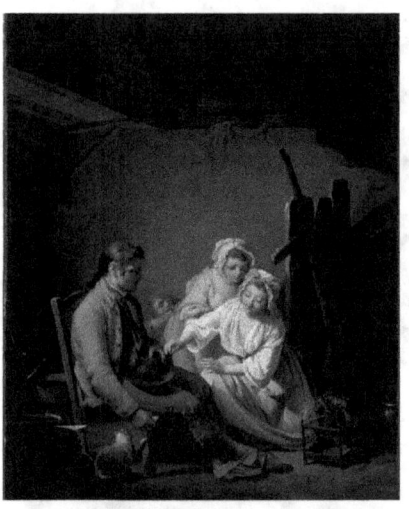

Louis Léopold Boilly, *Méfie-toi du chat!*

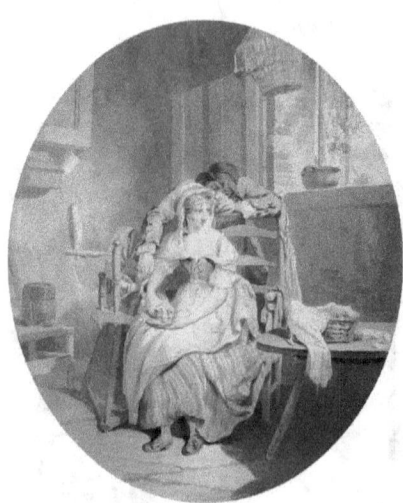

Francis Wheatley, *The rustic lover*

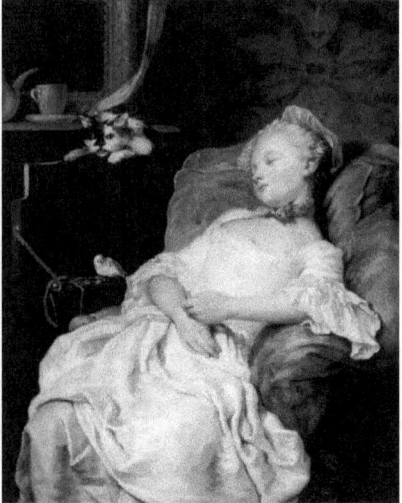

Jean-François Colson, *Le Repos*

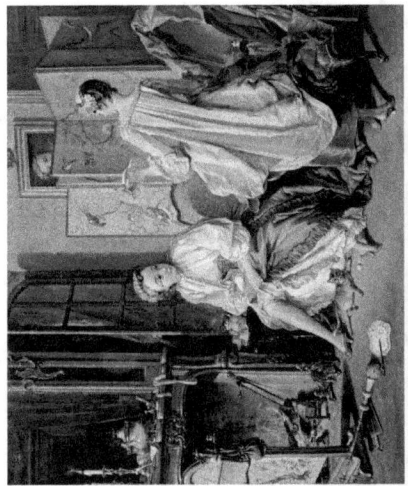 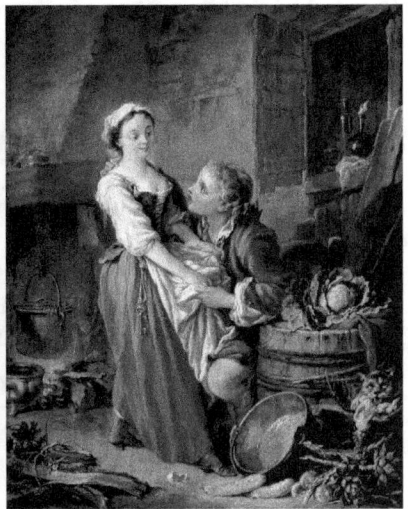

François Boucher, *La Toilette*; *La belle cuisinière*

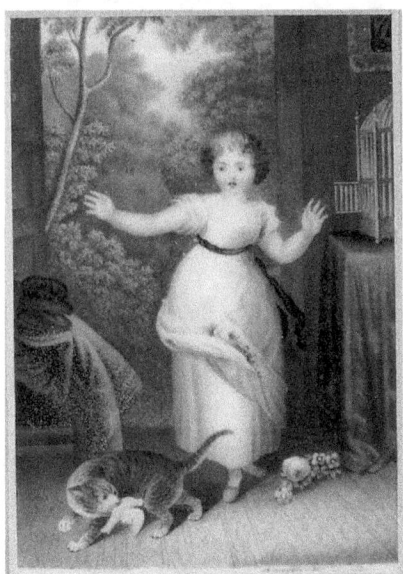 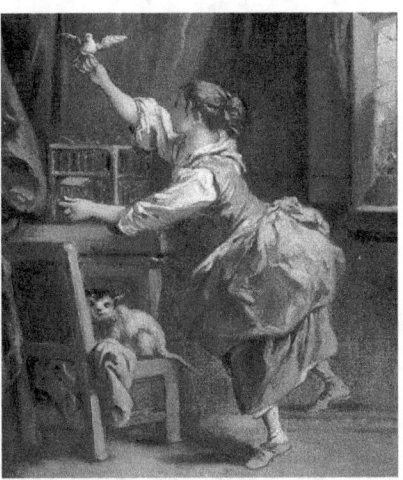

*Jeune fille sortant un oiseau de sa cage*, École de Boucher

*Le chat et l'oiseau*, Plaque de porcelaine de Woodhouse,

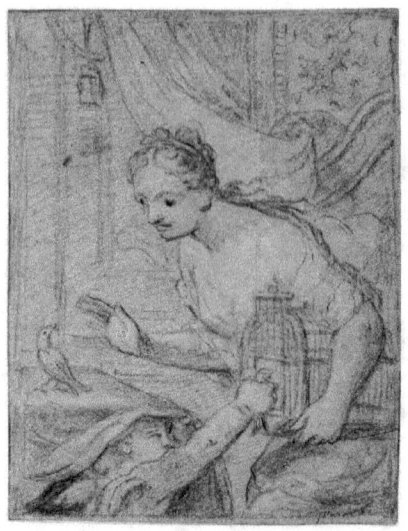

Nicolas Fouché, *Femme et enfant, d'après l'Antique*

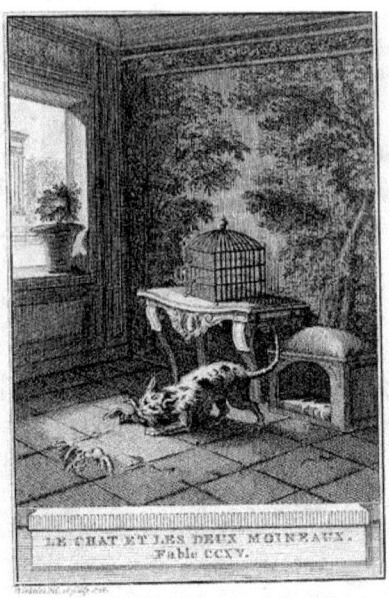

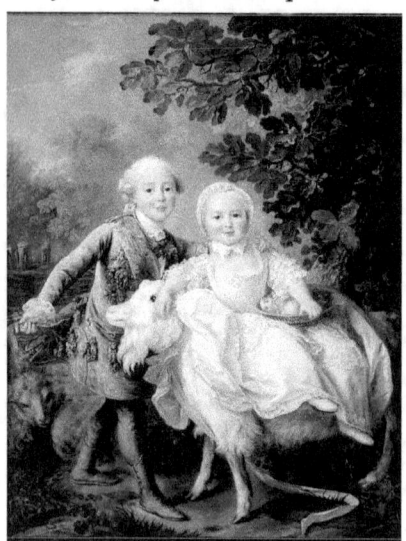

François-Hubert Drouais, *Le comte d'Artois et sa soeur, Madame Clotilde*

*Le chat et les deux moineaux*, 1778, Gravure d'après Oudry pour La Fontaine, deuxième fable du livre XII

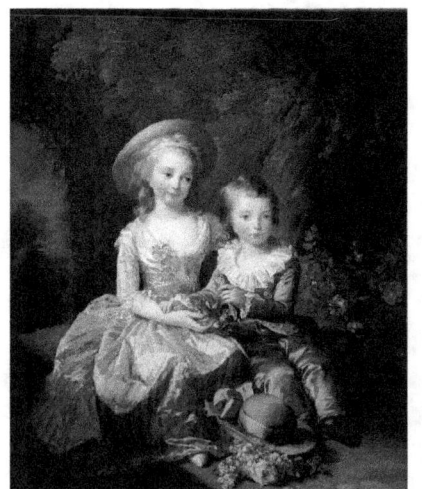 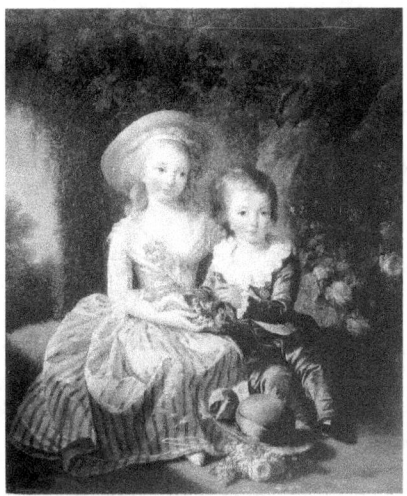

Élisabeth Vigée Le Brun, *Madame Royale et le dauphin*, 1784 et 1789

www.ingramcontent.com/pod-product-compliance
Lightning Source LLC
Chambersburg PA
CBHW050044230526
45470CB00004B/1400